安徽省统计局
ANHUI STATISTICAL BUREAU
国家统计局安徽调查总队
NBS SURVEY OFFICE IN ANHUI
编
COMPILED

2010 安徽统计年鉴
ANHUI STATISTICAL YEARBOOK

（总第22期 NO.22）

中国统计出版社
China Statistics Press

★(京)新登字 041 号

图书在版编目(CIP)数据

安徽统计年鉴 2010/ 安徽省统计局·国家统计局安徽调查总队 编
ISBN 978-7-5037-5991-8

Ⅰ. 安…
Ⅱ. 安…
Ⅲ. 统计资料 - 安徽省 - 2010 - 年鉴
Ⅳ. C832.54-54

中国版本图书馆 CIP 数据核字(2010)138418 号

2010《安徽统计年鉴》
ANHUI STATISTICAL YEARBOOK-2010

安徽统计年鉴
作者/ 安徽省统计局·国家统计局安徽调查总队
责任编辑/ 佘竞雄 刘金成 翟晓琴 田野
E-mail / yearbook@stats.gov.cn
责任校对/ 吴敏 翟晓琴
封面设计/ 安徽众艺广告有限公司
出版发行/ 中国统计出版社
通信地址/ 北京市西城区三里河月坛南街 57 号 中国统计出版社
邮编/ 100826
电话/ (010)63376907
印刷/ 安徽省新华印刷股份有限公司
经销/ 新华书店
开本/ 880×1230 毫米 1/16
字数/ 140 万字
印张/ 44 7 彩页
印数/ 1-3000 册
版别/ 2010 年 8 月第 1 版
版次/ 2010 年 8 月第 1 次印刷
书号/ ISBN 978-7-5037-5991-8/C·2357
定价/ 360 元

2010《安徽统计年鉴》编辑委员会

ANHUI STATISTICAL YEARBOOK-2010 EDITORIAL COMMITTEE

2010《安徽统计年鉴》
编 辑 部

ANHUI STATISTICAL YEARBOOK-2010
EDITORIAL BOARD

Editorial Department

Editor in Chief: Ni Shengru

Associate Editor-in-Chief: Wu Min

Coordinators: Zhai Xiaoqin Tian Ye

Editorial Staff: (in order of strokes of Chinese surname)

Wang Sanlong	Wang Wenfu	Wang Wei	Wang Xuesong	Wang Feng
Deng Hong	Deng Weiwei	Feng Hui	Ji Xiaojun	Sun Dongjian
Yan Xieping	Guo Jinsong	Li Fangqi	Li Zhiying	Li Xin
Li Shengnan	Li Zhenzhong	He Wenquan	He Shenming	Wu Jiguang
Chen Zhiqing	Chen Xiaoyong	Chen Zhengbao	Min Zhihong	Zhang Wei
Zhang Zhiyong	Zhang Hui	Zhang Wei	Zhou Yuhua	Lin Mousheng
Zheng Xinhua	Hu Yongjin	Yao Xinglu	Gao Wendong	Qian Ankun
Tao Zonghua	Guo Lingling	Xu Xiaopeng	Huang Donglian	Dai Wei
Wei Bo				

English Translator: Sun Naijing

CD-ROM Designer: Sun Daozhi

Distribution Staff: Wang Jian

编辑说明

一、《安徽统计年鉴—2010》是一部全面反映安徽省国民经济和社会发展情况的资料性年刊。本书收录全省及各市、县经济和社会各方面的2009年统计数据，重点反映"十一五"时期的全省主要统计数据，展现了安徽人民在经济建设及社会发展方面取得的新成就。

二、为了服务于本省"十一五"发展战略要求，《安徽统计年鉴—2010》新增了皖江城市带承接产业转移示范区主要指标；投入产出系列资料；R&D项目新产品和政策情况、自主知识产权和技术；新增城镇就业情况，城乡居民卫生服务体系建设方面的民生内容。同时有皖江城市带承接产业转移示范区展示；县域经济建设风采；开发区、省辖市、县、区发展新貌，以及各部门取得新成绩的宣传图片。

三、全书内容共分22个篇章和附录，即：综合；国民经济核算；人口；就业人员和职工工资；固定资产投资；能源生产和消费；财政金融保险；物价指数；城乡人民生活；城市概况；自然资源和环境保护；农业；工业；建筑业；运输和邮电；国内贸易；对外经济贸易；旅游；教育、科技；文化、体育、卫生、社会福利和其他；企业景气调查；省级和县级主要经济指标及位次。附录部分有：贫困县监测和2008年度环保等内容。为了进一步帮助读者理解和使用有关数据，各篇章附有简要说明和主要指标解释，介绍统计范围和统计方法。

四、本年鉴资料主要来自全省国民经济社会统计报表和部分抽样调查资料。为了与第二次经济普查衔接，部分历史数据有调整，谨以本年鉴数据为准。

五、本年鉴中使用的度量衡单位均采用国际统一标准计量单位。

六、本年鉴符号使用说明："…"表示该数据不足本表最小计量单位数；"空格"表示该项无统计数据；"# "表示其中的主要项。

七、本年鉴中部分合计数或相对数因单位取舍不同产生计算误差未作机械调整。全书中英文对照，配套出版磁质光盘。

Preface

Ⅰ. Anhui Statistical Yearbook 2010 is an annual statistics publication, which covers mainly statistics in 2009 at provincial level and local levels of city and county, reflecting statistics during the period of "eleventh-five-year-plan" at provincial level, therefore, mainly shows various aspects of the new achievements that the people in Anhui made in economic construction and social development in the period of "eleventh five-year-plan".

Ⅱ. In coordination with the strategic demands of the development of the "Eleventh five-year-plan" in Anhui Province, we newly added the contents of that main indictors of Wanjiang city Zone contract industry shift district, input-output series material, R&D project new product and policy situation, independently knowledge property right and technology, newly added cities employment status, city and countryside resident health service system construction of the people livelihood, simultaneously it has demonstration of Wanjiang city Zone contract industry shift district, county territory economic development demonstration, Development zone, municipality city, county, area development new look, and propaganda pictures of new achievements of departments and enterprises.

Ⅲ. The book contains the following 22 parts and appendix. Division of Administrative Areas and Natural Resources; General Survey; National Accounts; Population; Employment and Wages; Investment in Fixed Assets; Production and Consumption of Energy; Finance, Banking and Insurance; Price Indices; People's Livelihood; General Survey of Cities, Environment Protection; Agriculture; Industry; Construction; Transportation, Postal and Telecommunication Services; Wholesale, Retail Sale and Catering Trade; Foreign Trade and Tourism; Education, Science; Culture, Sports, Public Health, Social Welfare and Others; Key Enterprise, Group and Business Survey; Main Economic Indicators and Their Orders of Precedence of Provinces and Counties. The appendix includes: observation and survey of poor counties and environmental protection in 2008 and so on. To help readers further understand and make use of the data, each part is supplemented by brief introduction and explanatory note on main statistical indicators, introducing statistical coverage and statistical methods.

Ⅳ. Data in this yearbook are mainly obtained from regular statistical reports on national economy in the province and part of sample surveys. For the second economical general survey engagement, the partial historical data has adjustment, sincerely take this yearbook data as the standard.

Ⅴ. The units of measurement used in this book are internationally standard measurement units.

Ⅵ. Notations used in this book: "…" indicates that figure is not large enough to be measured with the smallest unit in the table; "(blank)" indicates that data not available; "#" indicates the major items of the total.

Ⅶ. Statistical discrepancies due to rounding are not adjusted in this book. Anhui Statistical Yearbook 2010 year is compiled in Chinese-English bilingual way and magnetic CD-ROM is published to form a complete set.

安徽形象

风采展示

肥西县

跨越发展 辉煌成就

省长王三运（左一）陪同国家财政部部长谢旭人一行来我县三河镇调研

市四大班子领导来我县参加合肥市新开工项目现场会暨肥西县15家项目集中开工典礼

人民西路游园

县委书记、县人大主任　陈晓波

县委副书记、县长　李海鹰

肥西县地处安徽中部、合肥西南、巢湖之滨，现辖4乡10镇2园区，总面积1970平方公里、人口90万，素有“淮军故里、改革首县、巢湖明珠、花木之乡”美誉。近年来，全县上下紧紧围绕“全省创第一、中部进十强、全国争百强”奋斗目标，大力实施“工业强县、特色富民”战略，解放思想，真抓实干，闯出了一条科学发展的崛起新路，创造了引人注目的“肥西速度”，至2008年底，综合实力已连续6年位居全省十强、连续5年跻身中部百强，并荣获全省科学发展先进县一类县第一名。2009年，面对全球金融危机的严峻挑战，肥西经济继续保持“增长迅猛、领跑全省”的良好态势，物质文明、精神文明、政治文明和生态文明协调发展。

综合实力不断增强　全年实现地区生产总值214.6亿元，增长21.8%；规上工业产值368.1亿元，增长60.7%；财政收入20.2亿元，增长27.5%；地方财政收入10.2亿元，增长21.1%；社会消费品零售额30.5亿元，增长23.3%。地区生产总值、规上工业产值和地方财政收入位居全省第一。

工业经济迅猛发展　坚持把“工业强县”作为加快县域突破的主战略，大力发展园区经济，四园二镇“千亿大桃花”工业板块雏形初现，乡镇工业聚集区水、电、路等基础设施不断完善，园区建成面积达57.6平方公里。全年引进工业项目100个，新开工工业项目110个；净增规上工业企业87家，总数达287家；实现规上工业增加值99.2亿元，增长36.4%，首次超越凤台县跃居全省首位。

现代农业硕果累累　突出围绕优化农业产业结构，大力推进农业产业化经营，重点发展家禽、苗木花卉、菜瓜果、蚕桑、花生、水产六大特色产业。全年出栏家禽7500万只，继续保持全省第一；新增苗木基地8000亩、市级农业产业化龙头企业13家、农副产品加工项目8个，新评定安徽省农产品著名商标1个，新认证有机食品2个、绿色食品2个、无公害农产品3个，并荣获“全国绿化模范县”称号。

投资增长势头强劲　牢固树立“发展为上，投资为本”的理念不动摇，全方位加大有效投入，全年完成全社会固定资产投资204.5元，是“十五”末的8.1倍，连续三年蝉联全省61个县市第一。特别是工业投资增长迅猛，完成投资94亿元，是“十五”末的16倍。投资结构继续优化，合肥西南副中心建设、小城镇建设、新农村建设、农业基础设施建设等协调推进，完成城镇投资161.1亿元，房地产投资32.7亿元，农村非农户投资41.5亿元。

三产服务业活力增强　依托近城、生态优势，深挖旅游文化资源，三岗氧吧、三河古镇、紫蓬名山、淮军圩堡、小井庄红色游等旅游名片日益响亮，目前全县已有国家4A级景区2家，星级“农家乐”48家，“乡村健身休闲娱乐文化游”的旅游发展主特色逐步形成。全年接待游客190万人次，实现国际旅游外汇收入134万美元，国内旅游收入12.8亿元。

社会民生显著改善　多措并举，着力增加人民群众收入，提高广大人民群众生活水平，城镇在岗职工平均工资29700元(预计)、农民人均纯收入6047元，分别增长11.1%、11.7%。投入6.3亿元，强力推进33项民生工程，覆盖城乡的养老、医疗、住房、就业、特困救助等社会保障体系逐步建立，广大人民群众普遍实现了老有所养、学有所教、病有所医、居有定所的基本生活保障，幸福感、满意度逐步调高。

紫蓬山敬老院

淮军故里　改革首县

2009中国·合肥苗木花卉交易大会在我县举办

中央电视台“激情广场”大型文艺活动在我县举行

中国·三河第二届水文化节龙舟赛

巢湖明珠　花木之乡

美的生产车间

安徽江汽第一辆“和悦”轿车下线

三河对越桥

中国中小城市科学发

宣城市委常委、宁国市委书记孙正东（前排中）在京参加中小城市科学发展高峰论坛并接受颁奖

宁国地处皖东南，东临浙江，西依黄山，距上海、南京、杭州、合肥四大城市170-300公里车程。全市辖13个乡镇6个街道办事处，人口38万，总面积2487平方公里，综合经济实力连续九年位居安徽省县市领先位次，2009年，实现生产总值114.9亿元，增长17.6%；完成财政收入15.2亿元，增长21.4%；完成全社会固定资产投资149.5亿元，增长47.8%；被评为2009年度“中国中小城市科学发展百强”和“中国最具区域带动力中小城市百强”。

宁国是“自然山水，宜居、度假的创业之地”，森林覆盖率近75%，是“中国山核桃之乡”、“中国元竹之乡”，素有“长三角绿色氧吧”之称，境内拥有峰岭地貌的天下奇观青龙湖，有北亚热带东北部最后一片原始森林板桥自然保护区，有地球上濒临灭绝的防癌治癌珍稀树种，素有植物界大熊猫之称的3000亩天然红豆杉群落，已逐步成为区域性的生态胜地、休闲福地和创业旺地。

宁国是“多元文化，相融、共生的繁荣之地”，东汉建安13年置县，迄今已有1800多年历史，1997年撤县设市。民风淳朴，开放包容，儒释道文化源远流长，江南商埠文化、徽商文化和苏商文化一脉相承，风土人情与“红学文化”息息相关，先后被评为浙商、粤商最佳投资城市，形成了“打造创新型城市、构建企业家社会、培育文明化市民”的城市价值理念。

市区远景

宁国市

市长唐佑文（中）在保隆公司调研

宁国是“特色产业，研发、经营的总部之地”，初步形成了汽车橡胶零部件、耐磨铸件、电子元器件等三大产业集群，被授予“中国耐磨铸件之都”荣誉称号；着力培育节能建材与新能源应用、生物医药、电子信息等高新技术产业；大力扶持发展以健康休闲为主的“绿色”产业，努力建设全国最知名的有机绿色食品生产供应基地和休闲度假基地；加快发展总部经济和现代服务业，积极引进各类设计、文化传媒、动漫制作等创意产业，着力打造现代金融企业聚集区和现代物流配送集散区。跻身国家知识产权强县工程试点市、全国农业产业化先进县（市）、“全省旅游经济发展十强县”行列，被评为全省唯一的县级“金融安全区”。

宁国将深入贯彻落实科学发展观，按照“开放兴市、工业强市、生态立市、创新活市、和谐安市”的战略要求，以创新、创业、创优为动力，以提高效能、效益、效率为抓手，大力实施融入全球化的大开放发展战略、新型工业化的大产业发展战略、森林景观化的大生态发展战略、学习知识化的大促进发展战略、城乡一体化的大和谐发展战略，加快建设皖江城市带承接产业转移示范区的先行区、全省县域自主创新综合试验区、全省县域信息化和工业化融合试验区、全国生态文明示范区和全省统筹城乡发展的示范区，争当全省科学发展、和谐发展、率先发展的排头兵，努力建设生态文明的现代化中小城市。

省级自主创新综合试验区

世纪广场雄姿

美丽的滨河长廊

国家级4A风景区——恩龙世界木屋村

东津河漂流

国家水利风景区——青龙湾生态旅游区

皖江城市带承接产业转移先行区

中国最大的CBB金属化薄膜电容器研制基地——飞达集团

亚洲最大的耐磨材料专业生产商——凤形耐磨材料公司

全国汽车经销商十佳营销集团——亚夏集团

全国最大的汽车橡胶零部件生产出口基地——中鼎集团

宁国省级经济技术开发区景观公园

繁昌

熠熠生辉的皖江明珠

县委书记汤春和（右六）、县长贺东（右七）出席招商项目集中开工仪式

繁昌位于皖南北部、长江南岸，面积630平方公里，人口31.5万，辖6镇79个村委会、22个居委会。繁昌历史悠久，公元前109年立县，古称春谷，三国时期东吴名将周瑜曾任春谷长。境内现有全国重点文物保护单位3处，“繁昌人字洞”是迄今亚欧大陆发现最早的古人类活动遗址。解放战争时期人民解放军渡江第一船在繁昌荻港登陆。繁昌资源丰富，拥有矿产资源7大类34个品种、长江岸线23公里以及国家森林公园、国家4A级旅游景区马仁奇峰。繁昌交通便捷，沪铜铁路、沿江高速、长江黄金水道和纵横交错的农村公路构成了四通八达的大交通格局，宁安城际铁路、滁黄高速、芜湖长江二桥将进一步提升繁昌的区位优势。

近年来，繁昌县以科学发展、和谐发展、率先发展为要求，坚持强工业、优农业、兴三产，大力推进新型工业化、城乡一体化和“三农”现代化，全县经济社会快速协调发展。2006年跻身安徽省综合十强县、动态十佳县行列，2007年、2008年连续两年位居全省综合十强县第二位。2009年，围绕“保增长、保民生、保稳定”这一主线，致力“发展大招商、城市大建设、项目大推进”，全年实现地区生产总值87.6亿元，同比增长19.8%；固定资产投资106.8亿元，增长53.7%；社会消费品零售总额18.2亿元，增长23.5%；财政收入13.2亿元，增长20%。与此同时，科技、教育、综治、文化、金融、统计、民政、人口计生、文明创建等工作先后荣获国家级荣誉称号。

国家森林公园、国家4A级旅游景区——马仁奇峰

重点民生工程——县污水处理厂投入运营

国内最大单体水泥熟料生产基地——芜湖海螺

富鑫钢铁年产100万吨精品钢项目

同福食品倾力打造“中国碗粥第一品牌”

世界最大的运动鞋制造商——宋成鞋业

吴楚要冲 包公故里

省长王三运、省委常委、合肥市委书记孙金龙等省市领导为中盐红四方奠基

国家4A级旅游景点：岱山湖风景区

肥东新区美菱工业园

工业超千亿 全国争百强

和谐号动车组停靠肥东车站

白龙现代牧业转盘挤奶车间

紫气东来 崛起肥东

县委书记杨宏星（右二）向群众发放“新农保”养老存折

县长路军(右二）调研旅游工作

肥东县居皖中腹地，东望南京，南滨巢湖，史称“吴楚要冲、包公故里”。全县总面积2216平方公里，人口109.3万，辖18个乡镇和肥东新城经济开发园区、合肥循环经济示范园。自2002年以来，连续七年跻身全省县域经济”“综合十强县”，2008 、2009连续两年荣膺“全省科学发展先进县”；连续两届被评为“安徽投资环境十佳县”； 在第九届全国县域经济基本竞争力评价中位列第189位,在中部百强县中位列第28位。肥东还先后被评为全国商品粮生产基地县、全国油料生产重点县、全国瘦肉型猪生产基地县、全国能源先进县、全国科普示范县、全国科技进步先进县、全国渔业致富先进县、全国幼教先进县、全国特殊教育先进县、全国计划生育优质服务先进县、全省优质农产品十强县、全省无公害蔬菜生产示范基地县、全省双拥模范县、全省创建文明县城工作先进县、全省社会治安综合治理模范县、全省教育强县、全省园林县城。

近年来，肥东县委、县政府坚持以科学发展观为统揽，着力实施“工业立县、城乡统筹、东向发展、科教兴县”四大战略，抢抓机遇，乘势而上，奋力拼搏，实现了县域经济跨越式发展，一大批体量大、带动力强的工业项目纷纷落户肥东，世界500强企业韩国SK集团和广东黑牛集团、江苏雨润集团、安徽和威集团、四川新希望集团、桑铌科技集团、马钢集团等一批国内外知名企业先后落户肥东。总投资114亿元的中盐合肥化工基地项目开工建设，开创了肥东单体项目总投资超百亿元的历史。2009年，全县实现地区生产总值186.8亿元，比上年增长19.1%,人均生产总值达到了2500美元；财政收入14亿元，增长19.6%；其中地方财政收入9.62亿元，增长18.5%；完成全社会固定资产投资180.3亿元，增长49.9%；全年引进内资125.8亿元，增长15%，实际到位外资2813万美元，增长15.7%；实现规上工业总产值235.2亿元，工业增加值67.5亿元，增长29.7%；社会消费品零售总额35.8亿元，增长23.4%；年末金融机构各项存款余额首次突破百亿元，达110.2亿元，增长28.2%；农民人均纯收入5962元，增长10.9%。

满怀豪情酬壮志，砥砺奋进铸辉煌。站在新的历史起点上，肥东县委、县政府带领全县百万人民，紧紧围绕“工业超千亿、全国争百强”目标，坚持改革开放，扩大有效投入，改善人民生活，全力推进跨越发展、统筹发展、创新发展、和谐发展，着力建设更有实力的肥东、更具魅力的肥东、更加幸福的肥东。

撮镇荷花基地一景

肥东母亲河——店埠河

当涂 千年

县委书记操隆山陪同省委书记王金山考察园艺村经济社会发展情况

代县长杨善斌深入基层调研

过去的2009年是极不寻常、极不平凡的一年。

经济运行在克难攻坚中企稳回升　全县生产总值150.4亿元，增长19.1%；固定资产投资174亿元，增长44.5%；财政一般预算收入18亿元，增长15.5%。全县工业总产值301.8亿元，增长25.6%，其中规模工业产值206.3亿元，增长25.9%；规模工业增加值57.7亿元，增长34.5%；新发展规模企业59家，新增销售收入超亿元企业9家。全县109个重点项目完成投资62亿元，其中24个省“861”项目完成投资14亿元，25个市重点项目完成投资33.4亿元。鼎泰公司成为我县第一家上市公司，市场募集资金6亿多元。全年新发展民营企业560家，个体工商户3800户，总数分别达到2989家、1.7万多户。

城乡面貌在整体推进中明显改善　县城建设完成投资27.2亿元，开工建设东环北路、釜山路、太白东路等7条市政道路，城市建设框架进一步拉开。加快博望、石桥、丹阳、太白、黄池等重点小城镇建设，小城镇建设完成投资15.5亿元。扎实有序推进社会主义新农村建设，重点抓好3个省级示范镇和30个县级示范村建设。

民生工程在提标扩面中巩固提升　全县在岗职工平均工资3.3万元，增长16.3%；农民人均纯收入7808元，增长9.8%，连续七年保持全省第一。组织实施50项民生工程，完成投资4.55亿元。不断完善社会保障体系建设，全县各类社会保险参保人数累计达31.5万人次，社会保障工作走在全省前列。全面实施农村低保提标扩面工作，城乡低保标准分别提高到户月人均300元和160元。

改革开放在应对危机中不断深化　积极参加中博会、徽商大会和厦洽会，成功举办2009中国安徽•当涂石臼湖螃蟹节暨经贸洽谈会、中国（马鞍山）刃模具暨机床博览会。全年新引进项目192个，其中超亿元项目13个，超5000万元项目24个，实际利用县外资金93.1亿元，同比增长50.9%。全力推进开发区和各类园区建设，全县各类园区建成区面积达到48平方公里，开发园区对全县经济的支撑带动作用进一步凸显，承接产业转移能力进一步增强。

新城新貌

古县 投资热土

中国生态养蟹第一县

县委、县政府举办返乡农民工招聘周活动

2009中国（马鞍山）刃模具暨机床博览会开幕式

同盛小额贷款公司开业

太白文化园

大唐发电公司

全省科学发展先

省委常委、市委书记孙金龙在长丰调研

市长吴存荣在长丰调研

长丰县位于安徽省中部，南与省会合肥相融，北与华东能源城淮南紧依，东与交通枢纽蚌埠呼应，是典型的城间县。现辖15个乡镇、1个省级开发区，总面积1922平方公里，总人口□80.6万人。

“十一五”以来，长丰县积极响应省委、省政府加快县域经济发展和市委、市政府“工业立市、县域突破”的号召，进一步解放思想、积极创新工作思路，坚持以科学发展和跨越发展统揽全局，主动承接沿海地区产业转移，积极融入皖江城市带发展战略规划，全县经济社会呈现良好的发展态势，综合经济实力大幅提高。2009年，全县完成地区生产总值132.22亿元，增长20.4%；工业总产值突破200亿元，全社会固定资产投资148.9亿元，增长48%；社会消费品零售总额18.69亿元，增长22%;财政收入10.02亿元，增长 29.6%；农民人均纯收入5185元，增长12.7%。在全省县域一类县考核中综合位次位居第7位，比上年前进5位，迈入安徽省2009年度科学发展先进县行列。

长丰工业特色鲜明，初步形成汽车配件、新型建材、食品加工、服装制造、电子电气等五大支柱产业。中粮集团、海螺集团、万向集团、江汽集团、伊利集团、鄂尔多斯集团、新希望集团、温氏集团等全国500强和一批知名企业落户县内，成为全省汽配生产基地、全省建材生产大县、全省农产品食品加工大县，着力打造国家级液晶平板显示基地。

长丰农业资源丰富，已培育形成畜牧水产、蔬菜、林果、优质粮油四大主导产业，是全国草莓设施栽培种植第一大县，全国商品粮生产基地县、全国油料生产百强县、全国商品瘦肉型猪生产基地县、全国无公害草莓生产示范基地、全国无公害雪山草鸡标准化生产示范区、全省畜牧富民行动先进县、全省蔬菜产业化十强县。“长丰草莓”是安徽省第六件、合肥市第一件地理标志注册商标。

长丰城市化进程全面提速，县域南部是合肥现代化滨湖大城市“141” 城市发展战略的北部组团，多条城市主干道通达主城区，水、电、气、热、污水等基础设施与合肥市区无缝对接，北部县城与淮南政务新区毗连，形成了南北双城引领城市化快速推进的格局。长丰旅游资源丰富，合肥丰乐生态园、安徽元一双凤湖国际旅游度假区为国家4A级旅游景区。

2010年，全县将围绕加快经济发展方式转变的战略任务，紧抓皖江城市带承接产业转移示范区建设的大好机遇，把跨越赶超作为各项工作的总要求，坚持好字为上、快字为先，努力实现长丰经济社会又好又快发展。

安徽元一高尔夫球会

新农村建设示范村--宋岗村

进县

长丰县

万亩茶

县长操云河在人武部调研

项目开工奠基

龙舟大赛

朝阳柴油机厂生产车间

合肥伊利乳业公司

AAA级旅游景区

庐州北翼　水绿新都

徽州古城 歙县

市委书记王福宏（右一）、县委书记滕祁源（左一）陪同省长王三运 （中）到歙县调研

县委书记滕祁源（右二）、县长胡仕圣(右一)陪同黄山市委书记王福宏（中）指导工作

歙县位于安徽省南部，北倚世界著名风景区黄山，东邻浙江杭州，南连千岛湖，辖28个乡（镇），288个行政村，17个居委会。总面积2236平方公里，总人口50万。

歙县历史悠久，文风昌盛。秦始置县（公元前221年），古称新安，自隋唐以来，一直为州治、府治所在地，史称“徽州府”，是古徽州政治、经济、文化中心，素有“东南邹鲁”、“文化之邦”的美誉，是国家历史文化名城和著名的“中国徽墨之都”、“中国歙砚之乡”，是徽文化的主要发祥地，是辉煌明清四百年的徽商故里。

2009年，在市委、市政府的坚强领导下，歙县县委、县政府带领全县人民紧紧围绕加快建设“现代经济强县”目标，扎实开展“项目建设推进年”活动，全面推进经济、政治、文化、社会和生态建设，全县经济社会保持了平稳较快发展，全年实现生产总值73亿元，增长12.6%，三次产业结构调整为14.9：46.8：38.3。2008年被省委、省政府授予“科学发展先进县”荣誉称号，2009年获省县域经济三类县考核第一名。

工业经济提速增效。规模以上企业工业增加值达21.5亿元，增长27.8%。开发区建设全面提速，入园企业累计达到113户；实现产值30.1亿元，增长44.7%；实现税收1亿元，增长26.7%。农业经济稳步发展。全县农业总产值达17.6亿元，增长4.6%；农民人均纯收入5513元，增长10.8%。被确认为“全国绿色食品原料（茶叶）示范基地县”。旅游经济日益壮大。旅游接待量突破400万人次，入境游客17万人次，旅游综合收入超28.9亿元。国家4A 级景区4处，被评为“中国最佳旅游目的地”、“县域旅游品牌百强县”。城镇建设日新月异。组织实施以徽州府衙修复为中心的城区“百亿”工程改造项目，强力实施城建“八大工程”，全年城建重点项目完成投资13.8亿元，全县城镇化率提高到36.1%。社会事业健康发展。荣获“全国文明县城”、“全国科技进步先进县”、“全国园林县城”、“全国文化先进县”、“全国平安畅通县”和“安徽省首届文明县城”、“安徽省教育强县”称号，被列为“全国首批传统知识知识产权保护试点县”。

百里新安醉游人

民俗文化节

丰收

棠樾牌坊群

徽商故里

张曙音乐广场

安徽省歙县经济开发区

开放的合肥欢迎您

省委书记王金山陪同江西省委书记苏荣率领的考察团考察我市

省长王三运出席安徽省、铁道部举行的合武客运专线开通运营仪式

中央巡回检查组充分肯定我市深入学习实践科学发展观活动

常务副市长张晓麟一行考察滨湖现代农业综合开发示范区

全国首批园林城市合肥在奋力赶超中崛起

省委常委、市委书记孙金龙出席宁合昌战略合作备忘录签署仪式

市长吴存荣出席合肥和温州缔结为友好城市签字仪式

位八百里巢湖之邻，居千里江淮之中，安徽省会合肥——一座正在崛起的现代化滨湖大城市。作为全省政治、经济、文化、商贸、交通和信息中心，合肥享有“包公故里、科教基地、滨湖新城”之美誉。合肥市土地面积7055平方公里，常住人口510万人。现辖肥东、肥西、长丰3个县，瑶海、庐阳、蜀山、包河4个区，有合肥高新技术产业开发区、合肥经济技术开发区2个国家级开发区和新站综合开发试验区等7个省级开发区。

2009年，全市地区生产总值（GDP）2102.12亿元，增长17.3%，分别快于全国、全省8.6个和4.4个百分点，连续6年保持17%以上的增幅，仅用3年就实现了从1千亿元向2千亿元的跨越。在26个省会城市中，GDP总量位列15位，增速连续三年位居第一；社会固定资产投资先后超过杭州和长沙，出口总额超过太原和石家庄，均跃居第7位。规上工业增加值增幅连续两年位居第一。

合肥区位交通优越，是长三角经济圈的新会员 合肥区位优越，古有“江南唇齿，淮右襟喉”、“江淮首郡、吴楚要冲”之称，为军事重镇和兵家必争之地。今日合肥，为沿海之腹地，内地之前沿，是中国区域性综合交通枢纽城，有6条铁路、7条高速公路在此交汇，未来几年还将有6条高速铁路、4条电气化铁路交汇。高速铁路全部开通后，合肥到南京不到1小时，到武汉2个小时，到上海2个多小时，到北京3个多小时。设计年吞吐能力1200万人次的4E级合肥新桥国际机场、合肥新港正在建设，合肥新港建成后1500吨级货轮可从合肥通江达海，合肥海关已与长三角地区实行区域通关一体化。尤其在合肥成为长三角正式会员后，为承接产业转移，分享世界最活跃、中国最大城市经济带内群体增长的要素资源，借鉴长三角先发城市的成功经验，赢得了先机。未来合肥将成为长三角企业的战略重心和销售市场，是中国经济实力最强、发展活力最佳的经济区域之一。

合肥科技资源丰富，是首批国家科技创新型试点市 合肥科教优势突出，早在上世纪八十年代就被确定为全国“四大科教基地”之一，拥有高等院校57所、国家大科学工程4个和国家及省部级重点实验室40个；以江汽为代表的企业自主品牌创新，以合力叉车为代表的自主产品创新，以中科院合肥物质研究院、中科大为代表的战略前沿创新等，都走出了具有合肥特色的自主创新之路。合肥拥有省内建成区面积最大的2个国家级开发区，具有完善的产业承接平台。2009年，全市高新技术企业发展到626家，高新技术产业总产值1445亿元，增加值440亿元、占GDP的20.9%，远高于全省平均水平。

合肥产业门类众多，是加速崛起的新兴工业城市 合肥具备全方位承接转移的现代产业体系，拥有汽车、家电、装备制造业等八大重点产业。合肥是重要的装备制造城，是全国最大的挖掘机、叉车、轮胎生产基地之一，重装变压器、锻压装备生产位于全国前列。合肥是家电城，有格力、海尔、美的、华凌、美菱、荣事达、三洋等一大批家电生产企业，是集聚家电品牌企业最多的城市，2009年冰箱、洗衣机、空调、彩电四大件产量3096.7万台，居全国第1位。合肥是汽车城，是全国汽车及零部件出口基地，是我国为数不多的全系列汽车生产基地，有江淮、安凯、昌河等知名汽车品牌，汽车配套企业200多家，2009年整车产量39.1万辆，较2008年增长了53.9%。

合肥投资环境良好，是跨国公司眼中最具投资价值的城市 近年来，合肥以“商鞅变法”的精神推行效能革命，着力打造中部地区乃至全国审批环节最少、办事效率最高、投资环境最优的城市，推出缺席默认制、超时默认制、限时办结制、两次终结制、并联审批制等一系列效能建设新举措；整合全市85个政务和公用企事业服务热线，形成“12345，一个号码找政府”的服务格局，政府行政能力和办事效率大幅提升，投资发展环境持续改善，被评为“浙商投资最佳城市”。合肥是平安城，连续四届被评为“全国社会治安综合治理优秀城市”并两次荣获“长安杯”。合肥是园林城，气候宜人，风景秀丽，是国家首批命名的3个园林城市之一，荣膺“中国人居环境范例奖”。合肥政策环境优越，出台了承接产业转移促进高新技术产业、新型工业、现代服务业和现代农业四大产业发展优惠政策体系。2005—2009年，合肥累计引进省外资金1952.86亿元，其中来自浙江、上海、江苏三省达到1117.17亿元，占省外到位资金的57.2%，年均增长46.2%。

合肥作为省会、皖江城市带“一轴双核两翼”中两大核心之一，必将牢牢抓住皖江城市带承接产业转移示范区建设重大战略机遇，以做大经济总量、增强综合实力为主线，以壮大工业经济、强化县域经济为突破口，以改革创新作为推进经济社会跨越赶超的强大动力，积极承接产业转移，参与泛长三角分工协作，努力把合肥建设成为辐射全省，面向全国的现代制造业基地、高新技术产业基地、现代服务业基地和独具魅力的现代化滨湖大城市，在安徽崛起中勇当先锋，在中部崛起中争先进位。

第四届中国中部投资贸易博览会在合肥开幕

第五届中国国际徽商大会开幕

政务文化新区

合肥体育中心

畅通的一环路

合肥 三河古镇

合宁、合武动车开通拉近了合肥与长三角和珠三角的距离

合淮阜高速公路

国有产权转让暨承接长三角产业转移重点项目招商对接会

2009中国安徽（合肥）农业产业化交易会开幕

合肥美的生产车间

江淮汽车

加速崛起的新兴工业城市

国家级合肥高新技术产业开发区必将成为皖江城市带承接产业转移的重要载体

马鞍山　坚持科学发展

市委书记　人大主任　郑为文

市长　周春雨

马鞍山建市于1956年10月，位于安徽省东部、长江下游东岸，地处长三角经济圈顶端，东部、北部与江苏南京接壤，是我国东部和中部地区的交汇点，是安徽省东向发展的重要门户，是皖江城市带承接产业转移示范区核心城市，是长三角经济协调会会员城市，是南京都市圈核心城市，是无缝对接长三角的先导区，是一座有着较深文化底蕴、充满生机活力的城市。马鞍山现辖1县3区，人口128.6万人，总面积1686平方公里。目前建成区面积75.5平方公里，城市化率65.7%。近年来，马鞍山先后荣获“全国文明城市”、“中国综合实力百强城市”、“国家卫生城市”、“国家园林城市”、“国家环保模范城市”、“中国优秀旅游城市”、“国家科技进步先进城市”、“全国双拥模范城”、“全国绿化模范城市”、“中国人居环境范例奖”、“迪拜国际改善居住环境良好范例奖”等称号。

近年来，全市上下坚持以邓小平理论和“三个代表”重要思想为指导，深入贯彻落实科学发展观，紧紧围绕“又好又快新跨越、率先全面达小康”奋斗目标，全市上下共同努力，经济保持了持续健康发展的良好势头，主要总量指标位居安徽省前列。2009年，全市实现GDP665.9亿元；财政收入122.31亿元；城市居民人均可支配收入20390元；农民人均纯收入7947元。

奋进马

走在全省前列

马鞍山是一座工业之城

马鞍山以工业立市、工业兴市，是安徽省工业重镇，现已形成以钢铁为龙头，汽车、电力、化工、机械、建材、食品、纺织、轻工、医药等多门类工业体系，在全国同行业有较强的影响力。马鞍山是我国重要的钢铁生产基地，马钢是国内最大的上市公司之一，年产钢达到1500万吨。星马专用汽车产销量和市场占有率均位居全国第一，华菱汽车集团被列入中国自主创新品牌60家行业最具成长力的企业。

马鞍山是一座绿色之城

马鞍山历来高度重视环境保护和绿化建设，不断加强生态文明建设，大力实施“蓝天”、“碧水”、“绿地”工程。目前，市区绿化覆盖率达42.6%，城市空气质量优良率达到95.9%，集中式饮用水源地水质达标率、城市水环境功能区水质达标率均达到100%，工业固体废弃物处置率达到91.18%，城市污水集中处理率达到85%。2006年，顺利通过“国家环保模范城市”验收，成为中部地区第一个获此殊荣的城市。

马鞍山是一座开放之城

马鞍山发挥区位优势，坚持实施大开放主战略，大力推进东向发展，主动与长三角实施无缝接轨，努力建设与长三角互动发展的现代加工制造业基地、绿色食品基地和休闲旅游基地。长江马鞍山港是对外籍轮开放的天然深水良港，为长江十大港口之一、国家一类口岸，是国家批准的首批与台湾直航港口之一，常年可停靠万吨级船舶，江海联运可达几十个国家和地区。

马鞍山是一座和谐之城

马鞍山是一座移民城市，兼容并蓄、和谐共存，人民安居乐业，社会和谐稳定，各个阶层、各个方面都能和睦相处、共同发展。近年来，我们围绕经济建设这个中心，坚持以人为本，最大限度地实现好、维护好、发展好最广大人民群众的根本利益，使广大人民群众真正享受到改革发展的成果。建立健全覆盖城乡的社会保障体系，加快发展教育、医疗卫生等社会事业，城乡居民的生活水平明显提高。社会治安持续稳定，人民群众对社会治安的满意度逐年提高，是安徽省社会治安状况最好的城市之一。

马鞍山区位图

长江三楼一阁——太白楼

马钢厂区夜景

皖江之畔的山水铜都

铜都大道

铜陵市位于安徽省中南部、长江下游南岸，辖铜陵县和铜官山、狮子山、郊区三个区，总面积1113平方公里，人口74万。铜陵铜的采冶始于商周，盛于唐宋，至今已有3000多年历史，是中国青铜文化的发祥地之一，其悠久的铜采冶历史和现代铜工业的辉煌而被誉为“中国古铜都、当代铜基地”。

铜陵物华天宝，资源丰富，素有“八宝之地”的美称。境内矿产资源繁多，在国内首屈一指，现已探明的矿产达30余种。铜陵地处黄山、九华山风景带内，境内风光秀美，人文荟萃。

改革开放以来，铜陵人民在市委、市政府的领导下，发扬“古朴厚重、熔旧铸新、自强不息、敢为人先”的铜都精神，立志走工业富市、工业强市之路，坚定不移地加快发展、扩大开放，坚持不懈地调整和优化经济结构。特别是近年来，全市经济持续、快速、健康发展，综合实力显著增强，人民生活不断改善，城市建设日新月异，各项社会事业蓬勃发展。

铜陵是全国创建文明工作先进城市、国家科技进步示范市、全国发展循环经济“双试点”城市、全国社会治安治理优秀城市、全国优秀旅游城市和国家园林城市。

铜陵区位优势明显，交通便捷。长江流经全市60公里，水运条件得天独厚；沿江铁路大动脉铜九段和合铜黄、沿江、铜宣三条高速公路穿境而过；未来几年，京台高速铁路项目庐铜铁路和对接长三角城市的城际轻轨将分步兴建，铜陵作为皖中南交通枢纽和中心城市的格局正在逐步形成。

2009年，铜陵市果断采取多种有力措施化解全球金融危机带来的冲击和不利影响，全市整体经济实现了平稳较快增长，各项社会事业取得了丰硕成果。全市实现生产总值343.72亿元，增长13.7%；财政收入70.06亿元，增长1.2%；城镇居民人均可支配收入和农民人均纯收入分别为16769元和6194元，比上年分别增长10.5%和11.1%。

进入新的发展阶段，全市上下正积极抢抓皖江城市带承接产业转移示范区建设这一历史机遇，以率先崛起、跨越发展和建设富裕文明和谐新铜陵为时代主题，团结拼搏，扎实苦干，全力打造沿江工业名城、区域交通枢纽和“中国生态山水铜都”。铜陵正以崭新形象展现在世人面前，她就像一颗镶嵌在皖江之滨的璀璨明珠，日益放射出耀眼夺目的光彩。

铜文化广场

铜 陵 市

内贸市场活跃繁荣

晨练

大通互通立交

中科大铜陵科技创业园

国电铜陵电厂

电解铜生产

铜陵港外贸码头

滁州

安徽东向发展桥头堡

市委书记韩先聪、市长江山陪同省委书记张宝顺等在小岗村调研

市长江山、市委常委、秘书长何希勇、常务副市长袁华陪同省领导到皖江城市带示范区调研

皖江城市带承接产业转移示范区建设动员大会

第二届中国农民歌会在滁举办

滁州，安徽省省辖市，属泛长三角合作核心区，为“南京一小时经济都市圈”核心城市之一，是国家建设的皖江城市带承接产业转移示范区的桥头堡、第一站。全市土地面积1.35万平方公里，人口450万。滁州现辖天长、明光两市，来安、全椒、定远、凤阳四县和琅琊、南谯两区。

市委书记韩先聪陪同省长王三运在安康公司调研

历史文化底蕴厚重 滁州，一座历史文化古城，这里是《醉翁亭记》、《儒林外史》的诞生地；这里曾是兵家必争的古战场，历史人文赋予了这座城市浓郁的历史气息；这里是大包干的发源地，解放思想，敢为人先，掀开了中国当代改革的辉煌篇章。

区位优越，交通便捷 滁州是安徽省的东大门，地理位置承东启西，东南与江苏省南京市、扬州市、淮安市接壤，西北与安徽省淮南市、合肥市相连。

滁州的交通四通八达，使得滁州拥有了相对低廉的物流成本。境内多条高速公路和铁路交织成网，正在建设的滁宁快速通道建成后滁城距南京过江隧道不到40公里，半小时即可进入南京市区。京沪高铁也在滁州设站，建成通车后，滁州到上海只需1小时，到北京仅需3个半小时。距南京禄口国际机场、合肥骆岗机场均在1.5小时车程内。

山水秀美，资源丰富 滁州拥有琅琊山国家级风景名胜区、醉翁亭、明皇陵等著名自然与人文景观。境内岩盐、石膏、芒硝等非金属矿产资源储量居华东之冠，品质优良。滁州是国家大型商品粮生产基地，粮食总产量占全省1/8，粮食商品量占全省1/4。滁州拥有5万多名各类专业技术人才和80多万名较高素质的技术工人。全市拥有11个开发区和工业园区，其中省级开发区9个。园区规划面积150平方公里，目前已开发建成60平方公里，土地资源储备量大。水、电、气等要素资源丰富，价格低廉。

产业基础优势明显，发展环境好 滁州现已形成了家电、机械（汽车）、纺织、化工、农副产品深加工、非金属矿深加工等六大支柱产业，产业集群初步显现。尤其是以西门子冰箱、康佳彩电、扬子空调为代表的家电制造业，达到了年产各类家用电器1600万台的生产能力，被列为安徽省首家电子信息产业基地，是一座正在崛起的中国家电城。目前，滁州正着力打造信息家电、硅能材料两大千亿元产业基地。

近年来，滁州市不断优化投资环境，先后被评为浙商（中国）最佳投资城市、浙商（安徽）最佳服务城市、深港企业投资潜力城市和苏商（中国）最佳投资环境城市。

积极打造皖江城市带承接产业转移“第一站” 滁州市紧紧抓住所辖8个县市区全部纳入皖江城市带承接产业转移示范区规划范围的机遇，快速启动相关工作，高点定位，高位推动，高效对接，积极主动承接，全力抢占先机，努力将滁州打造成“安徽东向发展桥头堡、承接产业转移第一站”。

2009年发展成果显著 2009年全市认真落实中央和省应对金融危机的各项政策，出台了一系列保增长的具体措施，克服了复杂环境带来的不利影响，在实现“双超”“追宿迁，超千亿，进前列”的征途上迈出了坚实的一步。主要经济指标增速全面超过全省平均增幅，增幅排位上升，部分指标与宿迁差距在缩小。全年实现生产总值576.2亿元，按可比价格计算，比上年增长13.5%，比"十五"时期年平均增幅高7.5个百分点，比全省平均增幅高0.6个百分点，居全省17市第5位，比上年提升7位。三次产业比为23.3:45.5:31.2。全年粮食总产量为423.5万吨，比上年增长2.7%，创历史最好记录。全年工业实现增加值227.59亿元，比上年增长19.9%，规模以上工业企业经济效益综合指数为193.1%，比上年提高10.4个百分点，创近13年最好水平。全社会固定资产投资完成524.85亿元，比上年增长45.4%，全年50万元以上固定资产施工项目2466个，当年新开工项目1817个，其中500万元以上项目1675个，已投产项目1009个。全年实现社会消费品零售总额183.6亿元，比上年增长18.9%，扣除价格因素增长18.8%，为近13年最高增长水平。全年商品进出口总额6.88亿美元，比上年下降2.0%。其中，出口总额5.36亿美元，下降7.7%；进口总额1.52亿美元，增长25.4%。年末公路通车里程14540公里。全市建成区面积149.29平方公里，比上年末增加13.89平方公里，其中市辖区50.22平方公里；建成区绿化面积27.47平方公里，比上年末增加4.02平方公里。全年接待旅游人数506.79万人次，比上年增长21.6%。全年旅游总收入31.55亿元，比上年增长9.8%。年末，全市共有星级旅游饭店19个，名胜风景区和文化保护区23个。全年实现财政总收入68.32亿元，比上年增长22.9%。其中，地方财政收入37.07亿元，增长29.4%。全年在岗职工年平均工资24429元，比上年增长13.7%；城镇居民人均可支配收入13368元，比上年增长9.1%；农民人均纯收入5026元，比上年增长10.6%。年末，城乡居民储蓄存款352.7亿元，比上年末增加49.15亿元；城市居民人均住房使用建筑面积29.44平方米；农村居民人均住房使用面积为30.2平方米。

新兴工贸旅游城市鸟瞰

打造皖江城市带承

政府积极为企业创新搞好服务

政府为中小企业融资搭建平台

中国四大明亭之一醉翁亭

龙蟠小区

滁城中都大道

丰乐大道

接产业转移第一站

滁州中学新校区开工建设

“大滁城”建设政策咨询

滁州职业技术学院新校区

城南新区工地一角

长丰扬子生产线

安康电子电器公司是康佳集团最大的彩电生产基地

抢抓产业转移机遇 加速池州

池州地处安徽西南部，是皖江城市带承接产业转移示范区的重要组成部分，全市面积8272平方公里，人口160万。

池州历史悠久，是安徽省历史文化名城　池州文化底蕴深厚，诗仙李白“三上九华，五游秋浦”，留下四十余首诗作。杜牧任池州刺史，一首《清明》诗，让杏花村芳名远扬。池州傩、青阳腔已被收入第一批国家非物质文化遗产名录。池州当代名人辈出，中央政治局原常委、国务院原副总理姚依林，全国政协原副主席陈锦华都是池州人。

池州生态环境优美，是一个旅游城市　池州是中国第一个生态经济示范区，境内有四大佛教名山之一的九华山、国家级中亚热带常绿阔叶林群落及野生动物自然保护区牯牛降和国家级飞禽鸟类湿地自然保护区升金湖。池州主城区直接北临长江，内抱11平方公里的平天湖，是一个濒江环湖城市。2010年温家宝总理视察池州时赞美道“池州非常美，有河有湖、有山有水，生态环境很好，人也很热情”。

池州潜力巨大，是一个蓄势待发的城市　池州通江达海、承东启西，区位优势明显。长江黄金水道流经池州162公里，318国道、206国道和沿江高速、合铜黄高速、铜九铁路、安景高速纵横穿越，九华山机场、宁宜城际客运铁路和池州长江公路大桥等相继开工建设。池州矿产资源十分丰富，有金、银、铜、铅、锌、白云石、方解石、石灰石等40余种富矿，非金属矿居华东之首，开发潜力巨大。池州沿江未利用土地达到1000平方公里，沿江岸线70%尚未开发。池州市现已建成了五个省级开发区和一批工业集中区。

常务副市长张夏林出席经济服务区安置房项目开工典礼

2009年，全市紧紧围绕“保增长、保民生、保稳定”，抢抓机遇，趋利避害，团结协作，奋力拼搏，经济社会呈现“回升平稳，持续增长，结构优化，民生改善”的良好态势，实现经济15%的增长速度，居全省第三。池州成功跻身国家皖江城市带承接产业转移示范区铜池枞先行先试区和综合交通枢纽城市，安池铜省管集中区落户池州梅龙。池州还获得了“2009年浙商（省外）最佳外商投资城市”、“苏商投资中国最具有投资价值城市”等殊荣。

2010年，池州市强力推进皖江城市带承接产业转移示范区建设，围绕打造新材料产业基地、佛教文化旅游胜地两个世界级基地，重点承接有色金属及特钢新材料产业、新型化工产业、非金属新材料产业、数控机床及机械零部件制造产业、新能源产业、船舶及船用设备制造产业、电子信息产业、轻工纺织产业、旅游文化创意产业等九大产业，努力建设一个“名山秀水、名城宜居、民富市强、民和政通”的新池州。

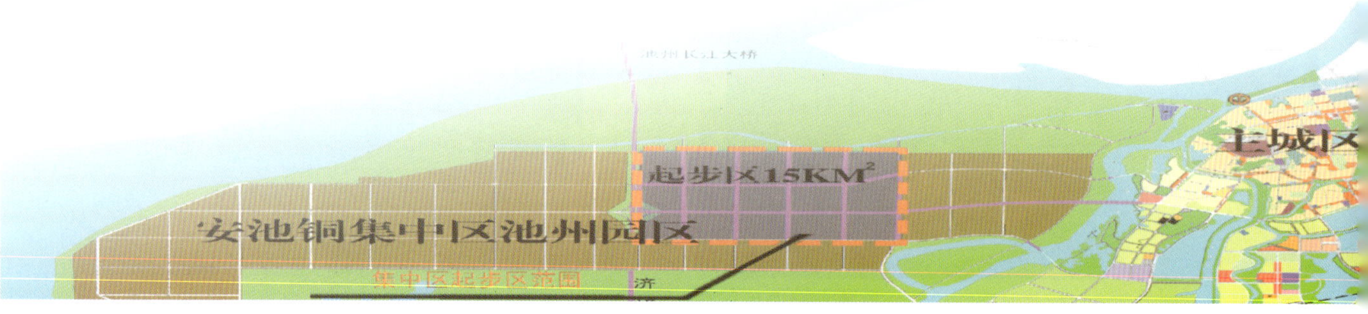

崛起皖江

省长王三运在池州考察

市委书记童怀伟慰问环卫工人

市长方西屏看望特教学校儿童

溶洞奇观

天台雪景

池州海螺

皖江投资热土

省委书记王金山在上海华谊无为煤化工调研

市委书记陈强、市长张飞飞陪同省长王三运在巢湖调研

水让巢湖充满灵气

巢湖市

无为煤基多联产精细化工一期工程开工典礼

巢湖市是一个以湖命名的省辖市，现辖庐江、无为、含山、和县、居巢区和巢湖经济开发区，土地面积9394平方公里。2009年末总人口458.6万人。2009年，全市生产总值达529.36亿元，增长12.4%，人均生产总值12880元；三次产业比例为20.1∶45.9∶34.0；财政收入完成52.48亿元，增长17.1%；全社会固定资产投资完成444.03亿元，增长28.0%；规模以上工业实现增加值168.6亿元，增长23.6%；城镇居民人均可支配收入达14434元，增长10.7%；农民人均纯收入达5271元，增长10.2%。

巢湖区位条件优越　巢湖地处皖中，襟江环湖，毗邻长三角，与合肥、南京两个省会城市接壤，陆运四通八达，水运通江达海，是合肥经济圈和南京都市圈的重要成员，具有区位叠加和政策组合优势。芜合、沪蓉、合宁、合铜黄高速公路穿境而过，淮南、合九铁路纵贯南北，特别是随着芜湖长江大桥、南京长江三桥的建成通车，以及马鞍山长江大桥、芜湖二桥、巢马高速、北沿江高速的建设和规划，巢湖的区位优势进一步凸显。

巢湖自然资源丰富　巢湖地下矿藏丰富，已探明金属和非金属矿42种，其中磁铁矿10亿吨、石膏矿58亿吨、石灰石远景储量170亿吨，含山石膏矿单体矿储量为亚洲第一。拥有182公里的长江岸线，其中可开发利用岸线96公里，其中可建深水港口泊位的一级岸线74公里，适宜建设万吨级港口的岸线30公里。

巢湖历史文化悠久　巢湖因湖得名，距今30－40万年的和县猿人遗址，将长江文明与黄河文明联为一体；距今5300多年的凌家滩古文化遗址，是中华城市文明的最早雏形。巢湖还流传着有巢氏筑木为巢、商汤放桀于南巢、伍子胥过昭关、楚霸王自刎乌江等历史典故，留下了王安石的《游褒禅山记》、刘禹锡的《陋室铭》等传世名篇。古往今来，涌现出范增、周瑜、丁汝昌、冯玉祥、张治中、李克农、戴安澜、林散之、许海峰等一代风流人物。

巢湖产业基础较好　经过多年发展，初步形成了化工、建材、电工器材、造船、采掘、食品加工等特色产业，现有上市公司4家。无为县高沟镇是全国著名的特种电缆基地，上海华谊化工集团、美国普莱克斯、华能电力等一批国内外知名企业纷纷落户巢湖投资建设。全市现有7个省级开发区和59个工业集中区，基础设施完善，产业配套齐全，具有较强的产业承载能力。巢湖农业资源特色明显，是长江中下游地区最大的“菜园子”，粮油棉三大传统产业优势突出，水产、水禽、蔬菜三大特色产业已成规模，和县是第一批全国无公害蔬菜生产基地县。巢湖是国家级风景名胜区、“中国温泉之乡”和省级园林城市，拥有四个国家级森林公园，境内有自然人文景观130多处，集江、湖、山、泉，以水见长，湖光、温泉、山色是“巢湖风景三绝”。

皖江城市带承接产业转移示范区建设为巢湖发展带来了历史性机遇。在皖江示范区“一轴两核两翼”规划中，巢湖既处在皖江六市“轴线”上，又介入合肥、芜湖“两核”之间，是芜马巢集中区重要组成部分。巢湖以“主场、主角”的姿态，“决战、决胜”的信心，抢抓机遇，先行先试，重点承接新型化工、装备制造、高新技术、现代物流和现代农业五大产业；全力打造高起点承接沿海地区和国外产业转移的集中区、泛长三角合作发展的试验区、长江经济带新兴的现代产业密集区、安徽省经济发展的新兴增长极、生态环境优良的滨江新型城市群，把示范区建设的优势，变成经济发展的强势、巢湖崛起的胜势，为巢湖及安徽的腾飞构建“新平台”、打造“新引擎”。

巢湖新港

产业承接看皖江

巢城春色

洗耳池水景

半汤温泉

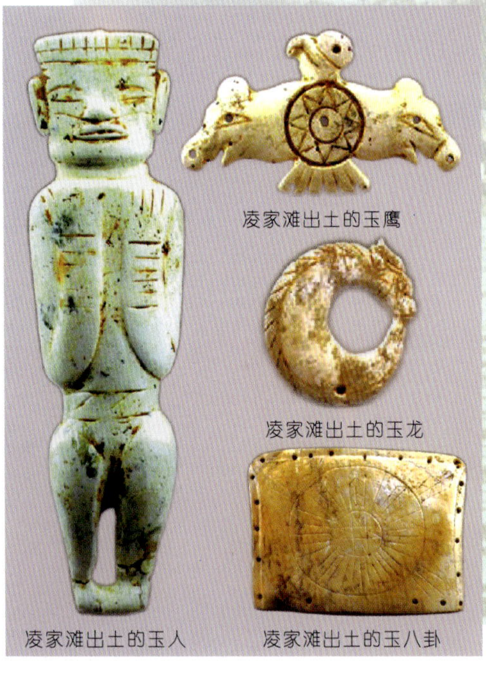

凌家滩出土的玉鹰

凌家滩出土的玉龙

凌家滩出土的玉人

凌家滩出土的玉八卦

庐江汤池美景

皖江示范看巢湖

皖维公司全景

华星化工

电缆基地

高沟电缆

华能巢湖电厂

中华药都 养生亳州

ZhongHuaYaoDu YangShengBoZhou

省委书记张宝顺到亳州调研

省长王三运考察亳州民生工程建设

魏武广场

市委书记方春明在中国工商银行亳州分行调研

市长牛弩韬深入企业调研

亳州地处苏、鲁、豫、皖结合部，2000年5月经国务院批准设立为地级市，辖涡阳、蒙城、利辛三县和谯城区，国土面积8374平方公里，人口596.9万人。

历史悠久，文化厚重　已有3700多年历史，是道家文化、中医药文化和酒文化的发源地，诞生过道家鼻祖老子、一代圣哲庄子、神医华佗、魏武帝曹操等彪炳史册的历史人物，是国家级历史文化名城、中国优秀旅游城市。

区位优越、交通便捷　京九、徐阜、规划中的许亳宿铁路，G105、G311和济广、南洛、许泗高速穿境而过，涡河、茨淮新河航运直通沪杭。

物产丰富　是全国重要的商品粮、商品棉、商品用材林基地；是著名的“白酒之乡”，现有古井、高炉等白酒生产企业150多家；是全国闻名的“中华药都”，中药材种植面积占全国的十分之一，中药饮片生产占全国的四分之一，出口总额进入全国三强；是一座能源新城，已探明煤炭储量57亿吨，并且拥有丰富的铜、铁、煤层气、浅层地热、石油、天然气、优质矿泉水资源，预计到2015年，将建成11对矿井，年生产能力达1500-2000万吨，煤及煤电、煤化工将成为亳州的支柱产业。

产业发达　正在着力打造百亿斤粮仓、千亿元中药产业、千万吨煤炭基地、百亿元白酒产业、500亿元农产品加工业、10万辆汽车产业和百万人的旅游目的地。

热烈庆祝地级亳州市组建十周年

天下道源 华佗故里

康美药业入驻亳州

利辛至亳州天然气工程开工奠基

中国（亳州）酒类产品展

亳州博物馆竣工开馆盛典

亳州火车站新站竣工开通典礼

“药都欢歌——江淮情”艺术团来亳慰问演出

历史名城　活力新城

机械化农业生产

环境优美的居民小区

药品制造业

能源基地

中药材交易中心

宿州市 全面实现

省市领导及江上青烈士亲属共同瞻仰江上青烈士事迹陈列馆

省市人大领导陪同全国人大关工委领导一行来萧县专题调研

宿州市位于黄淮海平原南端，与苏鲁豫三省十一市交界，是淮海经济区核心城市之一，也是安徽省距离出海口最近的城市。公元809年（唐宪宗元和四年）设宿州，此后一直是历代州府治所。1998年12月6日，经国务院批准成立省辖宿州市。1999年5月撤地建市。现辖砀山县、萧县、灵璧县、泗县、埇桥区和宿州经济开发区，全市总面积9787平方公里，总人口635万人。

宿州文化底蕴深厚，自古人杰地灵 宿州紧靠儒家文化发源地，古有闵子骞、嵇康等历史名人，近有刘开渠、萧龙士等艺术大师，白居易、苏东坡曾在此留下脍炙人口的诗篇，李白、韩愈以及诺贝尔文学奖获得者赛珍珠曾寓居于此。中国历史上第一次农民起义、楚汉垓下之战、淮海战役等对中国历史进程发生重大影响的事件发端于此，涉故台、古战场、虞姬墓遗址尚存。宿州市是著名的书画之乡、奇石之乡、马戏之乡，现代戏曲“泗州戏”被列为国家级非物质文化遗产。

宿州地理位置优越，区位优势明显 宿州襟连沿海、背依中原，京沪、陇海铁路，连霍、京福高速纵横穿境，与国省道构筑成四通八达的立体交通网络。市区距徐州观音机场70公里，距连云港码头200公里，与全国20多个大城市通航。随着京沪高铁、宿淮铁路和泗许高速、徐明高速的开工，将形成“两纵两横”的高速网和“两纵两横”的铁路网，中部地区交通枢纽的地位将更加突出，承载经济发展的能力日益增强。

宿州自然资源丰富，开发潜力巨大 宿州是全国著名的粮棉基地、水果主产区和畜牧业发达地区，素有“果海粮仓”之称，所辖四县一区均为全国著名粮棉大县，棉花产量占安徽省三分之一，畜牧业连续20多年保持稳定增长。萧砀百里黄河故道是全国最大的连片水果产区，灵璧、泗县为全省畜牧十强县。砀山酥梨、萧县葡萄、符离集烧鸡、夹沟香稻贡米等名优特产久负盛名。宿州林业资源丰富，现有林地407万亩，活立木总蓄积量1238万立方米，每年可生产成品材250万立方米。宿州矿产资源丰富，煤炭储量60亿吨，占淮北煤田煤储量的75%以上，煤层气储量600亿立方，石灰石储量60亿吨，高岭土储量5亿吨，瓷土储量11.25亿吨，白云石储量4.7亿吨。灵璧石雄居中国四大名石之首，曾被乾隆皇帝御封为“天下第一石”。

宿州投资成本低廉，生产要素充足 宿州市电力资源丰盈，现有和在建的22万伏的变电所4个，总装机容量180万千瓦，年发电量超过80亿千瓦时。预计到“十二五”前期，我市的电力总装机容量将达到6000MW，电力充足且电价低廉。作为“皖电东送”500千伏输变电工程的东通道，宿州已经成为安徽省重要的能源城市和华东地区输送电力的能源基地。宿州市劳动力资源充足，拥有劳力340万人，年劳务输出超过120万人，各类职业技术学院、学校19所，培训了一支具有一定产业素质的劳动大军;宿州资源储备丰富，可用耕地面积998万亩，占土地总面积的67.97%。我市有四个省级开发区和一个省级循环经济示范园区，市经济开发区占地规模达到20平方公里，各个县区开发区和工业园区均能满足投资项目用地需要，项目供地均按“一事一议”予以优惠。

宿州对外开放不断扩大，经济发展充满活力 近年来，我们始终坚持以经济建设为中心，以转变发展方式、加快结构调整为主线，以推进工业化、城市化为核心，凝心聚力抓发展，全心全意图崛起，经济社会发展不断跃上新台阶。2009年，全市生产总值比上年增长12.1%；财政收入增长18.6%；规模以上工业增加值增长26.3%；固定资产投资增长40.2%；社会消费品零售总额增长18.6%；城镇居民人均可支配收入增长10.1%；农民人均纯收入增长11%，经过多年积累，宿州正跨入工业化、城镇化加速推进的新阶段，迈上持续较快发展的新平台。今后，我们将继续深入贯彻落实科学发展观，充分发挥煤炭、农产品和人力资源三大优势，大力实施工业扩张、城镇扩容、农业提升三大战略，加快工业化、城镇化和农业现代化进程，协调推进经济、文化、社会和生态建设，努力构建产业发达、城乡优美、社会和谐、民生殷实的新宿州，全面实现“两个跃升、一个崛起”的奋斗目标。

“两个跃升、一个崛起”

市委书记李宏鸣、市长吴旭军在行政服务中心调研

铁道部、安徽省、江苏省有关领导在宿州为宿淮铁路开工奠基

第五届黄淮海地区农资博览会投资环境说明暨项目签约仪式

2009年宿州市银企对接会

城市新貌

新 宿 州

村村通上致富路

生态宿州

动车开进宿州站

畅通的京台高速公路宿州段

新汴河大桥

新　景　象

食品加工业

第五届黄淮海农博会成功举办

汽车零部件制造业

铸造业

化工基地

能源基地

黄山市

市委书记　王福宏

世界旅游胜地

2009年，在省委、省政府和市委的坚强领导下，全市上下以开展深入学习实践科学发展观活动为动力，以加快建设现代国际旅游城市为目标，以推进“十大工程”和“四区建设”为抓手，立足保增长、保民生、保稳定，全年实现生产总值266.9亿元，同比增长11.5%；财政收入突破30亿元，增长21.4%；城镇居民人均可支配收入14068元、农民人均纯收入5704元，分别增长9.9%和10.5%，呈现出整体经济运行平稳、社会事业全面加强、民计民生继续改善的发展态势。

着力扩大三大需求，促进经济平稳较快发展　扎实开展重大项目建设年活动，“十大工程”重点项目完成固定资产投资348.4亿元，同比增长30.6%，其中省“861”行动计划重点项目增幅位列全省第一。综合交通提速升级工程完成投入23.4亿元，其中合福铁路客运专线正式开工，国省道路网改造、宣黄高速公路建设步伐加快，黄祁高速公路全线开工，黄山机场升级改造（一期）基本完成。着力激活城乡消费市场，全年实现社会消费品零售总额107.6亿元，增长19%，位居全省前列；商品房销售面积增长77%；家电下乡万户购买量全省第一。完成外贸进出口总额2.33亿美元，增长30.5%，成为全省唯一进出口全面增长的地市，并跻身中国城市外贸竞争力百强行列。

强力推进结构调整，综合经济实力稳步提高　三次产业比例调整到13.3∶40.7∶45.0，第二产业上升了1.7个百分点。农村经济稳步发展。十大特色产业基地初具规模，新增绿色、有机、无公害农产品认证面积13.7万亩；全市规模以上农产品加工企业实现营销收入42.15亿元，增长21.9%，超亿元龙头企业达到7家；茶叶产量、产值继续保持全省第一，8家企业进入全国茶业百强。工业经济提速增效。规上工业实现增加值73.6亿元，增长26.1%，发展速度和利税增幅均居全省前列。旅游经济逆势上扬。全市游客接待量达到2122.52万人次，其中接待入境游客87.71万人次，分别增长17.83%和8.23%，旅游总收入168.15亿元，创汇2.44亿美元，分别增长19.34%和10.86%，四项指标增幅高于全国平均水平、总量连续四年全省第一。

黄山市中心城区

皖江示范看巢湖

ShijieLvYouShengDi

市长 宋国权

皖维公司全景

华星化工

全面深化改革开放，经济发展活力显著增强 成功举办纪念邓小平同志“黄山谈话”三十周年、第十三届中国黄山国际旅游节暨徽文化节、世博安徽论坛等一系列重大活动。招商引资取得显著成效，全年共引进市外资金220亿元、实际利用外资1.44亿美元，同比增长36.5%和11.2%。对外交往不断扩大，与美国檀香山市、南非开普敦市达成建立友城关系意向。县域经济发展进一步提速，全市非公有制经济增加值占到生产总值的59%，36家企业分别入选全省民营企业营业收入、纳税总额和出口创汇“百强”。超常规推进金融创新发展，金融机构新增贷款66.8亿元，增长36.4%，高出全省2.8个百分点。批准组建3家农村合作银行。

全力加快城乡建设，基础条件不断完善 统筹推进城乡建设管理提升工程，修、编城市总体规划等24项规划，完成全市城镇建设投资165亿元，城镇化率提高到41.7%。中心城区建设完成投入60亿元，新建主次干道9条，新增和延长公交线路2条；人均公共绿地达到15.46平方米。区县城建设步伐加快，新建道路23条，新建改建水厂3座；44个建制镇全部实现垃圾统一焚烧和填埋，有38个实现集中供水。扎实推进新农村建设，投入建设资金12.5亿元，新增“十有”标准达标村、基本达标村各50个，农村公路“村村通”建成769.9公里，农村安全饮用水覆盖率达94.28%。

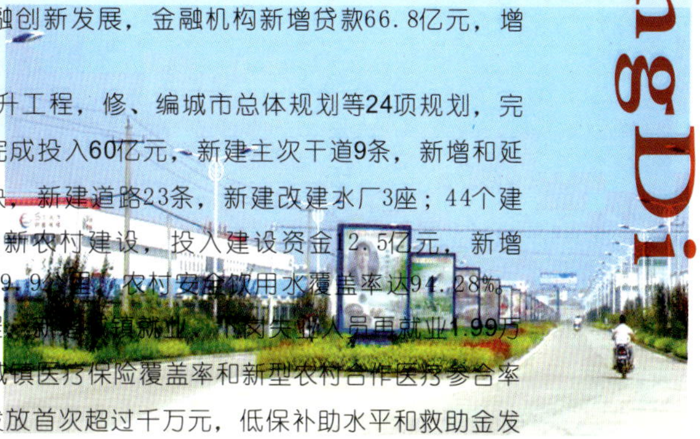

认真实施民生工程，人民生活水平继续改善 扎实推进30项民生工程，新增城镇就业、下岗失业人员再就业1.99万和1.06万人，转移农村劳动力27.91万人，城镇登记失业率控制在3.8%。城镇医疗保险覆盖率和新型农村合作医疗参合率分别达到95%、94.35%。发放城镇和农村低保金9333万元，医疗救助金发放首次超过千万元，低保补助水平和救助金发放增幅均居全省前列；新建和改扩建农村五保供养服务机构29所；6550户家庭享受了廉租住房或住房补贴。继续开展整村推进扶贫工程，实施295个扶贫项目。

切实加大公共投入，各项社会事业协调发展 全市科教文卫体支出13.17亿元，同比增长27.9%。全市新增7家省级企业技术中心、4家工程技术研究中心，入选国家创新基金项目29项、高新技术产品47个，7项科技成果获省科学技术奖。高考再创佳绩，文理科三本以上达线率为40.07%，高出全省水平10.5个百分点，居全省前列。编制完成徽州文化生态保护实验区规划，率先在全省完成非物质文化遗产普查，全面启动“百村千幢”古民居保护利用工程，市美术馆、黄梅戏剧院投入使用，大型群体歌舞《徽韵》荣获“五个一工程”奖，屯溪老街跻身首批十大中国历史文化名街行列。

高沟电缆

华能巢湖电厂

黄山市世纪公园夜景

产业承接看皖江

巢城景色

滁州市委常委、天长市委书记　陈书华

洗耳池水景

市长　杨东坡

半汤温泉

凌家滩出土的玉鹰

凌家滩出土的玉龙

凌家滩出土的玉八卦

庐江汤池美景

天长市民广场夜景

天长市

崛起皖江

天长地处皖东，高邮湖西岸。东北、东、东南、南面与江苏省扬州市的高邮……与江苏……京市六合区接壤，北、西北与江苏省淮安市的金湖、盱眙县毗邻，被江苏环抱……末总人口63.2万人，辖14个镇、1个街道办事处，总面积1751平方公里。

历史悠久，人杰地灵。唐天宝六年（公元742年），唐玄宗李隆基为纪念自己……宝七年，改千秋节为天长节（取天长地久之意），千秋县随之改为天长县。天……孝”之一朱寿昌，明代有抗倭名将沃田，清代有被誉为晚清小说压卷之作《孽……武，旁通六艺、在天文、数学、地理、书画诗赋方面成就斐然的女学者王贞仪，……芬，民国……著名导演卜万苍……。悠久的历史造就灿烂的文明，留下了丰富的文化遗产。天长博物馆收藏的西周青铜器、战国玉璧、汉代铜弩机、博山炉、清代巨笔均为国家级重点文物。1992年在三角圩发掘的汉墓群被列为当年“全国考古新发现”，出土文物749件，其中的漆器可与马王堆出土的媲美，世称“又一个马王堆”，而一套保存完好的二十八件木工工具更为我国考古史上罕见。

省长王三运在池州考察

交通便捷，区位独特。天长地处长三角，是承接东部沿海发达地区产业向中西部递度转移的桥头堡。距……点城市上海375公里，南京75公里，扬州54公里，镇江129公里，常州192公里，……270公里，宁连（南京至连云港）、宁淮（南京淮安）高速公路贯穿境内。水运四季通航，经白塔河入高邮湖直通大运河、长江，可达全国各大港口。

经济繁荣，社会进步。天长是国家商品粮、……基地县，盛产稻、麦、油菜、棉花等……天长坚持走新型工业化之路，以推进工业园区建设、小城镇建设、新农村建设为重点，克难奋进，真抓实干，……不断跃上新台阶，初步形成食品加工、机械制造、电……仪表、医疗医疗器械、电子电器、玩具服装、汽车零部件、……等九大特色产业，工业体系较为完备，是省产业集群优势县，拥有天长、秦栏两个省级经济开发区，四个省级农民工创业园。2009年，全市……总值……亿元，规模工业增加值53.1亿元，财政收入12.2亿元，固定资产投资83……品零售额……城……平均……25……农民人均纯收入6428元，外贸出口2.7亿美元；……“综合十强县”，位列全国中小城市综合实力百强，全国最具投资潜力中小城市……强，全国中部百强县（市）。随着国民经济不断跃上新台阶，社会事业也协调发展，近年来先后荣获全国初级卫生保健先进县、全国计划生育先进县、全国体育先进县、全国科技进步先进县、全国基础教育先进县、全省文明县城等一系列荣誉称号。

市委书记章怀伟慰问环卫工人

市长方西屏看望特教学校儿童

溶洞奇观

天台雪景

池州海螺

高邮湖晚霞

天长中学

高新技术创业服务中心

秦栏镇农民住宅示范小区

和谐宜居的城市环境

湿地生态园

金佩集团缸盖生产车间

天大集团钢管冷床

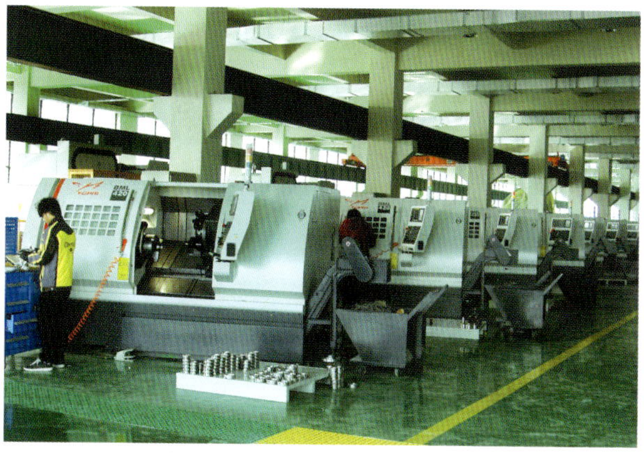

蓝德集团仪表车间

富华集团电子车间

产业转移的桥头堡

天长市经济开发区

中国中西部第一个生态县

县委书记　束学龙

县长　陈俊

霍山地处安徽省西部，大别山腹地，地貌特征为“七山一水一分田，一分道路和庄园”，县域面积2043平方公里，人口37万，辖16个乡镇、1个经济开发区、125个行政村、19个社区，大别山主峰白马尖雄居境内，远东第一坝佛子岭水库镶嵌其中。

霍山环境优美、景色可餐，创建国家生态县通过环保部验收，成为中西部第一个生态县。

改革开放特别是近年来，霍山县委、县政府始终坚持以科学发展观为指导，大力实施工业富县、开放兴县、生态立县、文明育县“四县战略”，加快推进新型工业化、农业产业化、城镇化和信息化“四化进程”，县域经济取得可喜成就，2009年，全县生产总值达66.8亿元，增长15%；财政收入8.76亿元，增长25%；规模工业达到128家，18家企业产值超亿元，应流集团、迎驾集团和世林集团实现产值33.2亿元、25.4亿元和8.1亿元，冶金铸造、食品酿造、竹制品加工等传统优势产业做大做强，光伏、新能源、汽摩配等新兴产业发展壮大，实现规模工业总产值和增加值96.2亿元和37亿元，分别增长29.9%和28%；完成50万元以上项目固定资产投资54.4亿元，增长42.7%，到位内资24.2亿元，增长56.4%，到位外资4294万美元，增长27.2%，金融机构贷款余额达到41.4亿元，增长54%，大城关建设、经济开发区、衡山工业园区和乡镇工业集中区投资加大，保持了经济增长的持续性；农村经济稳步发展，粮食丰产，茶叶、药材、油料、毛竹等农产品增产增效，农民人均纯收入达到4321元，增长10.5%；教育、卫生、文化、水利等社会事业协调发展，县域经济综合竞争力有了新的提高。

霍山民风纯朴，社会安定，连续三届获全国社会治安综合治理先进县并捧回长安杯，同时，霍山是全国创建文明村镇工作先进县、全国最具投资潜力中小城市百强、全国绿色小康县、全国科技进步先进县、国家卫生县城、浙商最佳投资城市。

佛子岭水库

霍山

大别山国家地质公园——白马尖

美丽的霍山县城

万亩茶园

龙井河大峡谷景区

和谐霍山

安徽应流集团

中国观赏石之乡

新宿州

村村通公路致富路

县委书记 唐庆明

生态宿州

县长 卓传计

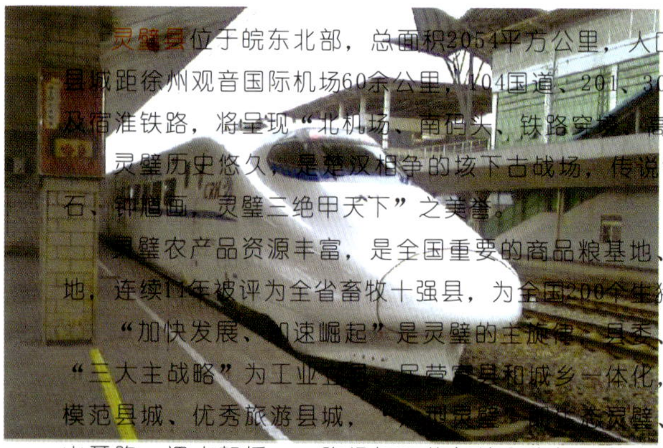

动车开进宿州站

畅通的京台高速公路宿州段

灵璧县位于皖东北部，总面积2054平方公里，人口121.2万人，辖13镇6乡和1个省级经济开发区。灵璧区位优势明显，县城距徐州观音国际机场60余公里，104国道、201、302、303省道穿境，新汴河连淮达江，加上在建的许泗高速、徐明高速及宿淮铁路，将呈现“北机场、南码头、铁路穿境、高速纵横”的立体交通格局。

灵璧历史悠久，是楚汉相争的垓下古战场，传说钟馗的故里，中国四大名石之首---灵璧石的产地，素有“虞姬、奇石、钟馗画，灵璧三绝甲天下”之美誉。

灵璧农产品资源丰富，是全国重要的商品粮基地、优质肉牛生产基地、瘦肉型猪生产基地、禽蛋生产基地和优质棉基地，连续11年被评为全省畜牧十强县，为全国200个生猪大县和100个生猪良种补贴县之一。

“加快发展、加速崛起”是灵璧的主旋律。县委、县政府大力推行“1356”行动计划（即：“一个目标”就是发展，“三大主战略”为工业立县、民营富县和城乡一体化，“五城联创”就是争创园林县城、卫生县城、文明县城、环境保护模范县城、优秀旅游县城，“六个灵璧”[illegible]、诚信灵璧、平安灵璧、富裕灵璧、和谐灵璧和魅力灵璧），以“逢山开路、遇水架桥、一路绿灯”的气魄和胸怀，着力“打造政策洼地、建设服务高地、营造创业福地”，在全县上下大力开展“争先进位、争创一流”活动，良好的政治生态和优美的发展环境已经形成。2009年实现GDP78.6亿元，增长10%，财政一般预算收入2.1亿元，增长15.5%，其它主要经济指标基本实现两位数增长。各项社会事业稳步推进，荣获“全国平安先进县”称号。

新汴河大桥

历史名城　活力新城

灵璧县

灵璧钟馗画

机械化农业生产

药品制造业

灵璧石

中药材交易中心

钟灵文化园

环境优美的居民小区

虞姬楚汉文化园

能源基地

奇石公园

天一园

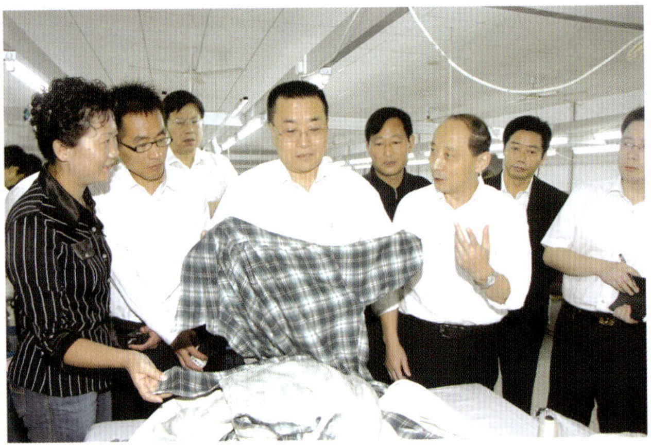

省委书记王金山等领导在泗县返乡创业园调研

省委副书记王明方在泗县调研

泗县　奋力

2009年，泗县县委、县政府坚持以科学发展观为统领，以招商引资为抓手，以经济开发区和新型乡村工业园区建设为平台，大力实施“开放兴县、工业强县、项目立县”三大战略，不断深化“工业项目突破”、“城市建设跨越”和“农业产业化和农产品品牌建设”三大活动，加快推进大开放、大建设、大发展。全年完成地区生产总值73.46亿元，同比增长11%；实现财政收入2.38亿元，同比增长18.7%；完成固定资产投资35.53亿元，同比增长25.9%；社会消费品零售总额16.77亿元，同比增长20.6%；在岗职工平均工资18907元，同比增长6.7%；农民人均纯收入4145元，同比增长9.6%。招商引资到位资金36亿元，同比增长26.4%。新增规模以上工业企业36家，同比增长37.8%，规模以上工业完成增加值14.5亿元，增长20%，工业总量持续扩张。荣获“全国生猪调出大县”、“安徽省粮食生产三大行动先进县”和“中国山芋之乡”称号，现代农业建设步伐加快。中心广场、雪枫公园、博物馆、展览馆、妇女儿童活动中心及一批高档次的商住小区等城市建设重点工程相继投入使用，城市品位不断提升。“泗县石龙湖国家湿地公园”被国家林业局正式命名和批准建设，泗许高速、徐明高速、宿淮铁路等重点项目建设加速推进，省级经济开发区和新型乡村工业园区总面积达9.2平方公里，产业集聚初步显现，泗县发展潜力显著增强。

2010年，泗县县委、县政府将全面贯彻党的十七大和十七届三中、四中全会以及中央、省、市经济工作会议精神，深入贯彻落实科学发展观，围绕“工业增量、城镇化水平提升、新农村建设推进和城乡居民增收”四个重点，着力抓好“打造两个平台”（开发区和新型乡村工业园区）、实施四个“三年规划”（农田水利基本建设、中小学布局调整、县乡公路建设和卫生资源整合）、加快城市重点工程建设、规划建设现代农业综合试验区和推进民生工程等五项工作，着力打造“创业泗州、特产泗州、水韵泗州、湿地泗州、靓丽泗州、戏曲泗州”，全力推进经济社会又好又快发展。

府前广场

宿州市委书记李宏鸣在泗县调研石龙湖湿地建设

中国山芋之乡授牌仪式

崛起　加快发展

石龙湖国家湿地公园

第二届泗州戏艺术节

创业泗州　特产泗州　水韵泗州
湿地泗州　靓丽泗州　戏曲泗州

泗州广场

河畔人家

加速崛起的舒城县

县领导现场调研经济开发区规划设计

舒城经济开发区俯瞰

万佛湖风光

万佛山风光

舒城县幸福村康居点

舒城小兰花茶叶

舒城位于安徽省中部、江淮之间、大别山东麓、巢湖之滨，是合肥、六安、安庆、巢湖四市交会处。现辖21个乡镇、一个经济开发区，一个旅游度假区，人口100万。2009年，全县上下坚持工业化核心战略、招商引资主战略和城镇化带动战略，启动工业经济三年提升行动、县城重点工程建设三年实施计划、旅游发展三年行动计划，积极应对金融危机的冲击和影响，狠抓工作落实，进一步转变发展方式，全县经济社会发展取得了新的显著成就，呈现出经济增长较快、综合实力增强、民生持续改善的发展势头，圆满完成了全年的各项目标，提前一年完成了“十一五”规划的主要任务。

综合实力显著增强　地区生产总值80亿元，增长14.0%；财政收入4.75亿元，增长18.8%；固定资产投资32.6亿元，增长48.5%；社会消费品零售额30.9亿元，增长19.1%；农民人均纯收入4117元，比上年增加378元，增长10.1%；城乡居民储蓄存款71.0亿元，增长16.2%。

工业经济增势强劲　全县实现工业增加值22.3亿元，比上年增长25.5%。其中规模工业企业由2008年103家增加到127家，实现增加值19.7亿元，增长30.1%。实现销售收入过亿元的规模工业企业19家，比去年增加5家。全年完成工业总产值105亿元,同比增长27%。全县初步形成了以羽绒服装、食品加工、童车系列、羽毛制品等为主导的产业集群。

项目投资力度空前　成功挤进皖江城市带承接产业转移示范区。率先编制了融入合肥经济圈实施方案。全年共争取国家各类项目资金5.9亿元。争取列入省“861”计划项目22个,列入市重点项目77个。全年落实境内招商引资项目166个,到位资金20.2亿元,增长61.2%。利用境外资金1420万美元,增长20.3%。安徽现代粮食物流中心库、生物质能发电、汇联汽车轮毂等一批亿元以上的重点项目开工建设。央企对接工作成效明显,国电舒城电厂项目完成了可研评审,晓天抽水蓄能电站项目达成意向性协议。全年落实境内招商引资项目157个，到位资金12.6亿元，比上年增长33.6%。生物质能发电项目已完成正式开工前的基础投入；万佛湖整体开发、集成房屋项目、滨湖公园、万佛山旅游开发等9个投资亿元以上项目已经签约。列入省“861”计划项目11个，完成投资4亿元。

农村经济稳步发展　全年粮食总产40.2万吨,增长0.4%。油料总产3.5万吨,增长7.1%。蔬菜种植面积16.6万亩,增长4.6%,成为合肥重要的蔬菜供应基地。全年累计实现肉类总产量44080吨，增长4.2%。水产品产量33489吨，增长4.9%。油茶面积发展到13.5万亩,被确定为全国油茶示范县。全县建立现代农业小区140个,发展农业产业化龙头企业99家。

社会事业全面进步　全县实施的28项民生工程总投入近5亿元，基本惠及全县广大城乡居民。城乡低保制度不断完善,敬老院建设大力推进,社会保障救助能力进一步提高。全年征收城镇职工养老、失业、医疗、工伤和生育保险基金1.97亿元，比上年增长30.9%。认真实施知识产权强县试点工程，通过了国家科技进步先进县考核。开展了全县非物质文化遗产普查，在全市率先通过全国第三次文物普查验收。农民体育健身工程扎实推进，全民健身活动蓬勃开展。组织实施了广播电视村村通工程和广播振兴工程。开展了第一次全国污染源普查，超额完成主要污染物减排任务。全面落实优抚安置政策，双拥创建成果进一步巩固。普法宣传力度加大，平安舒城创建活动积极推进，社会治安综合治理成效明显，安全生产工作全面强化。各项社会事业取得全面进步。

县十强企业华润雪花啤酒（舒城）有限公司

舒城圣桂食品有限公司

推进科学发展

光伏电子签约

2009年，怀宁县委、县政府坚持以科学发展观为统领，全力做好“保增长、保民生、保稳定”各项工作，经济社会继续保持发展较快、后劲增强、民生改善、大局稳定、社会和谐的良好态势。全年完成县内生产总值86亿元，同比增长13%；实现财政一般预算收入8.668亿元，增长16.3%；全社会固定资产投资57.5亿元，增长31.8%；农民人均纯收入5666元，增长10%。

推进产业调整，经济结构持续优化 工业经济快速扩张。规模以上工业企业总数达到203家，完成工业固定资产投资31亿元，规模以上工业总产值突破百亿大关。农业经济稳步发展。粮油棉喜获丰收，农业产业化较快发展，农业产业化龙头企业实现营销收入31.4亿元，增长13%，带动参与经营农户14.2万户，带动农民增收超亿元。第三产业持续发展。全年实现第三产业增加值26.7亿元，同比增长10%；实现社会消费品零售总额28亿元，增长18.6%；年末金融机构存款余额95.6亿元，同比增长23.5%，贷款余额46.5亿元，增长29.6%。

深化改革开放，发展后劲明显增强 改革改制取得新进展。加快金融机构改革创新，温银担保公司和新惠民、厦华小额贷款公司等多家机构落户我县，农村合作银行顺利组建。积极启动政府机构改革，深化农村综合改革和集体林权制度主体改革。引资引项取得新突破。全年引资实施项目226个，合同利用县外资金106.8亿元，实际到位53亿元，同比增长20 %。重大项目取得突破，投资20亿元的“诸暨机械工业园”和投资10亿元的20兆瓦光伏发电等项目成功落户，西锐重工、华信博伟等投资超亿元项目建成试产。科技创新取得新成绩。安徽大学研究生联合培养创新基地有效运行， 7项产品被认定为省级自主创新产品，申请专利32件。

致力统筹发展，城乡面貌显著改善 城镇建设有力推进。独秀公园、城市规划馆、工业展览馆、青少年妇女儿童科技活动中心正式对外开放。 E区框架全面拉开，东南新区建设扎实推进。统筹城乡发展水平不断提升，月山、石牌、茶岭镇跻身全省经济强镇行列，集镇建设取得实效，新农村建设有序推进。基础设施建设有效推进，规划面积42平方公里的平山现代农业综合开发示范区项目获批建设。

着力改善民生，社会保持和谐稳定 全年投入资金3.16亿元,倾力实施33项民生工程，改革发展成果更多惠及广大群众。强化社会治安综合治理，荣获“全国平安建设先进县”称号。狠抓交通安全隐患整治，获国家六部委“全国平安畅通县”殊荣。教育教学质量稳步提升，教育督导考核获得省级优秀。卫生事业健康发展，文化旅游事业稳步发展，电视剧《孔雀东南飞》央视热播，黄梅戏《独秀山下的女人》荣获“金黄梅”大奖。

今年是“十一五”的收官之年，我们将以只争朝夕的精神和决战决胜的姿态，迎难而上，扎实工作，确保实现“百亿怀宁、十亿财政”目标，圆满完成“十一五”规划，奋力开创怀宁经济社会发展新局面。

四星级宾馆奠基仪式

加速怀宁崛起

污水处理厂

怀宁海螺公司

上信电子科技有限公司

科技创新中心

西锐重工集团

八宝之地谱新篇

市委秘书长、县委书记、县人大主任　陈吕虎

县委副书记、县长　黄学龙

铜陵县位于皖中南长江下游南岸。全县人口29万，国土面积823平方公里。地势自南而北由低山区、丘陵区、洲圩区依次分布。气候属亚热带季风过渡区，四季分明，雨热同季，利于农业生产。县境内长江下游成矿带上，矿产资源多达30余种，素有“铜陵虽小、八宝俱全”之美誉。

2009年，铜陵县委、县政府以开展深入学习实践科学发展观活动为动力，迎难而上，奋力拼搏，扎实做好保增长、保民生、保稳定的各项工作，有效遏制了经济增长明显下滑态势，实现经济形势总体回升向好，在跨越发展、科学发展、和谐发展的进程中迈出了坚实步伐。

经济稳步发展　全年实现地区生产总值57.52亿元，按可比价计算，比上年增长18.0%；人均生产总值19545元，增加1658元；完成全社会固定资产投资109.04亿元，增长40.7%；财政一般预算收入8.84亿元，增长22.3%；城镇居民人均可支配收入12498元，增长13.9%；农民人均纯收入6048元，增长10.6%。

社会全面进步　全年组织实施43项民生工程，总投入资金2.55亿元，惠及城乡95%以上的居民；新增城镇就业3903人，其中下岗失业人员再就业1608人；新型农村养老保险列入国家首批试点，参保人数达5.4万人，其中1.9万人领取养老金；新型农村合作医疗人均筹资标准提高到130元。荣获“全国群众体育工作先进县”和“全国文化工作先进单位”称号，继续保持“全国科技进步先进县”和“全国文明县城”荣誉。

国色天香——铜陵凤丹园

铜　陵　县

丰富多彩的文化活动

县城临湖广场

坐落在金桥工业园的花园式厂房——安徽特力

安徽金源流体技术公司生产的上装式偏心半球阀

中国江南文化园

中国红茶之乡

县委书记　张敏

县长　杨龙

祁门县地处安徽南端，黄山西麓，与江西景德镇毗邻，总面积2257平方公里，人口18.7万，辖8镇10乡。

2009年，祁门县紧紧围绕建设“生态文明展示区”目标，深入学习实践科学发展观，开拓创新，克难奋进，全县经济保持平稳较快增长，社会事业协调发展，人民生活水平持续提高。在全省县域经济运行综合评价考核中位居三类县第四位。

过去一年，祁门县坚持“新型化发展工业，产业化提升农业，生态化发掘旅游业”的发展思路，加快推进产业升级，综合实力明显增强。全县生产总值和财政收入比上年分别增长11%和10.5%。初步形成了以经济开发区为龙头、重点乡镇为基础、特色产业基地为补充的生态产业网络。2009年全县规模以上工业企业经济效益综合指数245.1，比上年提高12.9个百分点；经济开发区工业增加值和税收收入分别增长20.9%和27%；绿色产业园区启动实施，为工业发展增添了新的平台。电子电器、节能灯、农副产品精深加工等主导产业进一步扩张，电子电器、节能灯产业产值比上年分别增长29.7%和17%；茶叶产值增长12.5%，其中“祁门红茶”产值增长11%；金银花、油茶、袋料食用菌、木材深加工等产业健康发展，跻身全省林业产业十强县（区）行列。牯牛降生态旅游开发、鲁溪湾休闲旅游度假区等项目建设加速推进，目连戏、傩舞、御医等文化遗产进一步发掘，古戏台、古村落、古树林等文化遗存得到有效保护和利用，生态旅游产业明显提升，全年旅游接待量和旅游总收入分别增长21.8%和22.4%。

2010年，县委、县政府确立了在全市率先建成“生态文明展示区”这一目标，力争全县生产总值和财政收入比上年分别增长12%和20%以上，同时加快黄祁高速等重大基础设施建设，进一步改善城乡面貌，努力把祁门建成生态环境优美、生态产业发达、生态文化繁荣的生态经济强县。

黄祁高速建设工地

教育园区

祁　门　县

茶园风光

鲁溪湾美景

牯牛降

绝佳生态

全力打造生态文明展示区

QuanLiDaZaoShengTaiWenMingZhanShiQu

黄山药谷生物科技公司

黄山电器

省发展和改革委员会

省委书记王金山在省发展和改革委调研

2009年是我省积极应对国际金融危机挑战、在奋力崛起进程中迈出扎实步伐的一年。在省委、省政府坚强领导下，省发展改革委紧紧围绕促进经济平稳较快增长这个首要任务，认真履行职责，抢抓机遇发展，较好发挥了省委、省政府的参谋助手作用。

积极组织实施“861”行动计划，努力扩大有效投入，争取中央投资144亿元，合蚌客运专线、京福铁路安徽段、京东方六代线、合肥大陆轮胎、海螺3条日产万吨生产线等一批重大项目先后开工建设，全年完成全社会固定资产投资9238亿元，增长36.2%。全力支持合芜蚌自主创新综合试验区建设，加大自主创新力度，加快培育新兴产业，改造提升传统产业，推动产业结构优化升级。配合国家发改委完成了皖江城市带承接产业转移示范区规划编制工作，并获得国务院批复，这是我省第一个上升到国家战略层面的规划，为加快发展提供了重要的平台。与长三角展开了多层次的交流合作，完善合作机制，深化合作内容。启动医药卫生体制改革，推动基层医疗卫生机构向公益性方向回归。在各地各部门共同努力下，我省迅速扭转了经济增速下滑的局面，回升向好势头不断巩固，总体情况超出预期、好于全国、领先中部，全年地区生产总值增长12.9%，经济总量突破万亿元大关，提前一年实现“十一五”规划目标。

2010年是实施“十一五”规划的最后一年，也是巩固经济回升基础、谋划“十二五”发展，启动承接产业转移示范区建设的关键之年。省发展改革委将坚持以科学发展观为指导，认真贯彻全省经济工作会议精神，全面落实省委、省政府的部署，进一步突出重点、强化基础、注重效能，推动发展改革工作再上新水平，为实现安徽奋力崛起做出更大贡献。

国家部委联合调研组在皖调研产业承接

项目谋划专题会议

全省“861”行动计划暨铁路建设工作会议

全省发展和改革工作会议

皖江城市带承接产业转移示范区建设动员大会

全国医改工作经验交流会

参加国庆健身走比赛

省经济和信息化委员会

国家工信部部长李毅中在第六届中博会安徽展厅展台前现场指导

积极推进皖沪产业合作

副省长黄海嵩参观中国国际工业博览会安徽展厅

2009年，是新世纪以来我省工业发展最为困难的一年。面对严峻复杂的国际国内经济形势，在省委省政府的坚强领导下，在全省工业和信息化系统广大干部职工的大力支持下，省经信委认真组织实施中央和省里扩内需、保增长的各项决策部署，积极开展应对危机的各项举措，搭建地产品供需对接平台，重点推进技术改造技术创新，调整优化产业结构，编制完成纺织、轻工、汽车、家电等九大产业调整和振兴规划，大力推进专业镇建设，着力培育“专精特新”中小企业和成长性小企业，深入推进数字安徽建设。

2009年工业经济和信息化工作一举扭转了过去在经济危机时期“下得快、回升慢、振幅深”的被动局面，呈现出“下得慢、回升快、振幅小”的良好态势。全省规模以上工业实现增加值3988亿元，比上年增长22.6%，增速居中部第1位、全国第3位。全省规模以上工业实现销售收入达到1.22万亿元，增长16.8%，规模以上工业实现利税1000亿元以上，相当于同期财政收入的65%。安徽工业品在全国的市场占有率比2008年提高了0.15百分点，工业化率由上年的39.3%上升到40.4%，工业对全省经济增长的贡献率提高到60%以上。

礼赞新中国60周年华诞

全省经信委系统举行工作座谈会

推动我省自主品牌汽车走向雪域高原

委领导出席中建材合肥光电产业基地开工典礼

安徽省国家税务局

书记王金山、省长王三运会见来皖参加全国税务系统收入规划核算会议的国家税务总局副局长钱冠林一行

安徽省国家税务局主要负责安徽省国内增值税、国内消费税、企业所得税、储蓄存款利息所得个人所得税、车辆购置税的管理以及出口退税工作。系统共设17个省辖市局、130个县（市、区）局、297个基层税务分局，在职正式职工1.5万人。截至2009年底，全系统共管理纳税人54万户，其中增值税一般纳税人6.5万户，小规模企业10.4万户，个体户37.1万户。

面对2009年严峻的金融危机，安徽省国税系统在安徽省委、省政府和国家税务总局的正确领导下，坚持以科学发展观为指导，以构建和谐国税为主题，以依法治税为主业，以干部队伍为主体，以“十一项工程”为主线，经受了既要减税、又要增收两重压力的考验。全面落实结构性减税措施，制定实施促进全省经济平稳较快发展以及支持服务业、非公经济和区域发展的一系列意见、措施和办法，累计减、免、退税212亿元。加大组织收入力度，坚持依靠经济发展增加收入、依靠落实政策增加收入、依靠加强管理增加收入、依靠税务稽查增加收入四项增收措施，圆满完成了组织收入任务，全年累计组织国税收入738亿元，全省国税收入比上年增收111亿元，同比增长17.7%，增幅居全国第6位、中部第2位，为历史最好水。

全年有37个集体和11人次获得省级以上表彰，10个单位被授予为“全国文明单位”和“全国精神文明建设先进单位”，数量是上届的2.5倍，在全省各级效能、行风评比活动中国税部门均名列前茅。

召开深入学习实践科学发展观活动总结大会

召开全省国税工作会议

国家税务总局总经济师张志勇来皖就大企业税收管理工作开展调研

省国税局局长胡道新看望参加税收咨询活动的税务干部

深入皖北调研

在全国税务稽查业务考试考点巡考

开展第三轮系列能手竞赛活动

安徽地税

省委常委、常务副省长孙志刚出席全省税务工作会议并作重要讲话

统筹做好“两篇文章”
全力服务安徽崛起

全省地税系统“深入学习实践科学发展观、全力以赴保增长促发展”动员大会

省人大副主任任海深到税收宣传咨询点慰问地税工作人员

局长汪建国在“共克时艰，加速崛起”税企交流论坛上发言

2009年，在省委、省政府和国家税务总局的坚强领导下，全省地税系统紧紧抓住保增长促发展这条主线，统筹做好组织收入与服务发展“两篇文章”，全力服务经济社会发展。一方面，依法科学组织收入，为保增长促发展提供财力保障。2009年，全省地税系统坚持“四个更加突出”，即：更加突出支持企业科学发展、更加突出用足用活用好税收政策、更加突出搞好重点税源管理、更加突出发挥参谋助手作用，依法科学组织税费收入，确保税费收入及时足额入库。 2009年，共组织各项税费收入832.1亿元，比上年增长16.1%，其中：税收收入485.4亿元，比上年增长18.8%，超省政府考核目标6.8个百分点，税收规模超越“两湖”；社保费等基金费收入346.6亿元，比上年增长12.5%,养老、医疗、失业三项社保费征缴率全部超过省政府90%的考核目标，省政府为此专门发来贺信。一方面，主动服务崛起大局，为保增长促发展提供政策支持。制定和落实《贯彻落实省政府促进我省经济平稳较快增长若干意见》、《服务合芜蚌自主创新综合配套改革实验区建设意见》、《发挥税收职能推动非公有制经济又好又快发展的实施意见》、《发挥地方税收职能加快发展服务业的实施意见》，跟进服务安徽发展战略。继续落实结构性减税政策，促进高新技术企业发展、支持下岗再就业等税收优惠政策，全省减免抵和缓缴税款60多亿元。落实社保费“五缓四降”政策，对符合条件的困难企业，核销养老保险费历史欠费,全省减免、缓缴和核销社保费超过50亿元。

四川省松潘县副县长姚晓荣等感谢地税系统全力支援灾区重建

接听新安晚报“厅长零距离”热线

举办由各市政府领导参加的“2010展望·地方税收工作座谈会”

邀请中国社会科学院李扬博士作宏观经济形势报告

安徽省人民政府

省长王三运出席全省金融工作座谈会并作重要讲话

主任周建春陪同常务副省长孙志刚到金博会安徽展馆检查指导

2009年，在省委、省政府的正确领导下，省政府金融办紧紧围绕省委、省政府各项工作部署，沉着应对国际金融危机，开拓创新，攻坚克难，有力推动金融工作取得积极进展。

2009年，全省金融发展取得可喜成绩，对全省经济社会发展的支撑作用进一步凸显。全省信贷规模再创历史新高，2009年末，全省银行业金融机构本外币各项贷款余额为9438.6亿元，比年初增加2406.3亿元，增幅34.2%。全省中小企业贷款余额3373.3亿元，较年初增加863.3亿元，贷款增量占全部企业类贷款增量的70.2%，地方金融组织体系进一步健全，全年新开业农村银行13家，批准筹建小额贷款公司195家，获准开业123家；民生银行、汇丰银行等13家境内外银行在我省新设立23家分支行。薄弱环节金融服务明显改善,全年实现直接融资397亿元，新增上市公司7家，上市公司累计已达63家，居全国第8位，累计融资额866亿元，居中部地区第一位。保险保障功能有效发挥，全年实现保费总收入357.2亿元，同比增长20.4%，增速位居全国第9位，中部第1位。

省政府金融办的工作得到各方面的肯定，被省政府授予“2009年‘861’行动计划突出贡献单位”、“2009年全省银企对接先进单位”、“全省推进与央企合作发展组织贡献奖单位”。

全省金融工作会议召开

金融工作办公室

党组书记、主任周建春

国元证券股份有限公司上市仪式敲钟开盘

召开党组中心组会议

2010年皖江城市带承接产业转移示范区建设银企对接会

省政府召开全省金融工作座谈会

安徽农垦创新发展事业兴

省农垦集团董事长田文俊与蚌埠市委书记陈启涛为蚌埠龙亢农场现代农业创新综合改革试验区揭牌

2009年安徽农垦在国际金融危机不利环境和自然灾害双重影响下逆势而上，实现农垦生产总值14.94亿元，比上年增长21.2%，一、二、三产分别增长23.4%、20.8%和15.7%。统一经利润增长65.4%，垦区在岗职工年均收入15035元，人均纯收入9808元，分别增长22.6%和21.6%。农垦现代农业建设取得良好成就，小麦、水稻、棉花、茶叶、酥梨亩产分别达600、700、120、350、2500公斤，万亩高产示范片和现代农业示范场已成为区域农业的亮点。“敬亭绿雪”牌茶叶和“倮倮”牌大米等5个农产品率先在全省实现了质量可追溯。农垦全力打造种业、棉业、食品业、茶业、都市产业等专业公司，其中“皖垦”牌小麦良种产销量已占安徽全省的46%，并辐射到周边省份，促进了农民增收。安徽农垦不断扩大对外开放，充分发挥资源优势，加强与地方政府战略合作，不断融入区域经济社会发展。农垦已与宣城、淮南、蚌埠、六安等市及省农科院签署了战略合作协议，携手进行项目开发，共建开发区等各类园区，实现又好又快发展。

农垦旱地作物综合机械化水平已达95%

位于合肥市长江中路的农垦黄山大厦酒店

省农垦集团总经理李卓民与淮南市政府签署垦地合作发展协议

省农垦长期坚持科技帮农活动，示范带动作用进一步增强

皖垦种业先进的良种加工中心

皖垦棉业400型打包生产车间

农垦小麦飞防作业

安徽农垦全国首批质量可追溯茶园

农垦现代农业自动化喷灌作业

合肥高新技术

省委书记王金山一行到高新区调研并听取工委书记、管委会主任李兵工作汇报

省市领导王三运、孙金龙、倪发科、花建慧、吴存荣出席合肥国家科技创新型试点市重点项目启动仪式

融智 聚商 通未来

RongZhi Ju Shang Tong Wei Lai

产业开发区

合肥荣事达三洋150亿机电产业园奠基

高新区家电汽车配套项目集中签约仪式

国家级合肥高新区依托本地丰富的科教资源和得天独厚的区位优势，大力推进自主创新，持续优化发展环境，不断加强招商引资。区域主要经济指标快速增长，经济社会取得了又好又快的发展，已成为合肥乃至安徽发展高新技术产业的重要基地和最具活力的经济增长极，在全国56个国家高新区综合评价中位居14位。

2009年，合肥高新区（含政策区）实现工业总产值1071.6亿元，增长27.94%；实现工业增加值374.09亿元，增长29%，园区经济取得了新跨越。新认定高新技术企业195家，占全市57%，全省30%以上，3家企业跻身福布斯“中国潜力企业榜”200强，上市公司达到10家。现已形成了光机电一体化、电子信息及软件、公共安全、生物医药、新材料、节能环保等成长性高、竞争力强的高新技术产业集群。众多高新技术及产品应用于载人航天、抗震救灾、北京奥运和上海世博。

当前，合肥高新区将抢抓皖江城市带承接产业转移示范区等众多政策叠加的难得机遇，把引进重大项目和服务企业作为工作主线，加快实施“重点企业发展计划”和“创新型企业培育计划”，力争在引进重大项目、做大做强优势产业集群、加快示范区创新平台建设、激发创新活力上取得新突破，努力把园区建设成为创新动力强劲、高端产业发达、国际化水平较高、创新人才集聚、人居环境优美的现代化科技新城区。

地址：合肥高新区黄山路622号　　**邮编：230088**
电话：0551-5310378　　**网址：www.hefei-stip.com.cn**

绿色高新区

六安经济技术开发区

现代工业新城 秀美城市新区

工委书记、管委主任　周耀

安徽省投资环境十佳开发区

全国十大最具投资价值开发区

和谐中国最佳投资环境开发区

浙江企业家投资中国首选开发区

开发区招商中心

年产220万千升啤酒的华润雪花啤酒六安有限公司

年产50万台乘用车变速器的星瑞齿轮传动有限公司

六安经济技术开发区始建于1992年，1993年被安徽省人民政府批准为省级经济技术开发区。园区位于六安市东部，淠河总干渠横贯其中，312国道穿区而过，宁西铁路、沪汉蓉高速铁路、沪陕高速公路沿区而行，距合肥新桥国际机场仅40分钟车程，区位优势明显，水、陆、空交通便捷。园区控制面积43平方公里，规划面积24.8 平方公里,建成区面积18平方公里，功能定位为“工业园、科技园、生态园和新城区”。

园区现有300多家国内外企业入驻，其中规模工业企业66家，产值亿元以上企业14家，已形成了以长江精工、星瑞齿轮为代表的机械制造，索伊电器、巨鹰科技等为代表的轻工电器，宝利嘉纺织、星星轻纺为代表的纺织服装，华润雪花啤酒、华源制药等为代表的食品医药，墙煌彩铝、美雅达铝业为代表的新型建材，六安国际汽车城为代表的三产物流等六大主导产业。2009年规模以上工业实现产值46.8亿元，实现地区生产总值16亿元，实现财政收入3.7亿元。六安经济技术开发区在发展经济的同时，更加注重城市新区的环境营造，目前新加坡御苑、香榭花城、白鹭雅苑等特色商住小区已投入使用，金领欢乐世界、五星级曙光国际度假村正在建设，淠河总干渠生态廊道、白鹭洲公园、皋陶文化陵园、东城都遗址等生态人文景观都在积极规划开发中。六安经济技术开发区不仅是理想的投资、创业宝地，也是优美的人居、观光新城，先后荣获“全国十大最具投资价值开发区”、“全国百佳科学发展示范区”和“安徽省十佳开发区”等称号，连续五年被授予全市园区建设先进单位称号，在全省同类开发区的位次上升到第10位“让一切投资者赚钱，让所有创业者成功”是六安开发区的郑重承诺,“服务零缺陷，满意在园区”是六安开发区的不懈追求，开发、开放、开明、开心的六安开发区欢迎您！

年产220万台电冰箱的索伊电器产品展示厅

曾参与北京奥运“鸟巢”等重大项目建设的长江精工工业园

中部地区最大的车城——六安国际汽车城

正在建设中的五星级亲水型酒店曙光国际度假村

国家开发银行安徽省分行

国家发改委来安徽指导解读皖江示范区规划座谈会

安徽省政府与国家开发银行举行高层联席会议

安徽省产业发展银企座谈会

2009年,在省委省政府的正确领导下，我行认真实践科学发展观，积极应对宏观经济形势和金融市场剧烈变化的重大挑战，适应商业化转型要求快速转变观念，努力实践以“规划先行”统领各项业务发展的工作思路，全面深化与政府及企业的金融合作，各项业务加快发展，主要经营指标全线飘红，业绩喜人。

面对挑战与机遇并存的2009年，全行上下正视困难、沉着应对，一心一意谋发展，砥砺前行创佳绩：认真贯彻国家“保增长、扩内需、调结构”的方针，围绕“千亿分行”发展目标，全年发放各类贷款378亿元，其中，两基一支领域发放贷款逾300亿元，支持了安庆石化、无为煤化工、奇瑞汽车高科技、铜陵有色、望峰矿井、田集电厂、京沪高铁、六长高速等一大批重大项目建设。在为安徽实体经济发展作出积极贡献的同时，也快速扩大了分行资产规模，开拓了业务领域，提升了市场竞争力。

2009年末，我行信贷资产余额986亿元，资产质量保持高位运行，全年实现拨备前利润15.75亿元。实现了又好又快的发展目标。

党委书记、行长　徐明

分行成立十周年庆祝晚会

出版的《透视危机——百年来历次典型经济危机研究》

贷款支持的淮沪煤电田集发电厂一期项目

ICBC 中国工商银行

工行安徽省分行组织召开二级分行行长工作会议

在省内同业中率先成立小企业金融专营机构

安徽省分行

工行安徽省分行负责人深入小企业调研了解金融服务需求

开展映山红行动 工行献爱心公益活动

中国工商银行安徽省分行是安徽省内规模最大的商业银行。近年来，面对复杂多变的经济金融形势，该行坚持以科学发展观为指导，加快提升金融服务质量和水平，在支持安徽经济保持平稳较快发展过程中，取得了较好的经营业绩，主要业务市场占比始终保持省内同业首位。2009年，该行先后被省政府授予“金融工作最佳贡献奖”、“金融产品创新先进单位”、“银企对接活动先进单位”等荣誉称号。

工作中，该行坚持把支持地方经济发展与商业银行经营原则有机结合起来，着力强化信贷服务功能，充分发挥了大型商业银行的融资主渠道作用。重点围绕省委、省政府“增投入”要求，加快项目衔接和贷款投放进度，积极促进项目早建设、早竣工、早投产；积极加大短期贷款投放，重点发展贸易融资和票据贴现业务，以及保函、信用证等表外信用业务，多方式、多渠道地满足企业短期资金需求；坚持把支持小企业和个私经济发展作为工作重点，在省内同业中率先成立小企业金融专营机构，切实优化信贷投向，同时积极支持居民扩大消费，努力促进我省加快经济结构调整。

该行还不断加快改革创新，积极推进业务运营、信贷无纸化审批和授信审批垂直集中管理等内部改革，着力优化业务流程，业务处理效率进一步提高；重点加快信贷业务创新，为部分大型企业量身定制融资方案，提供了多种形式的融资安排；为小企业客户创新推出了商品融资、应收账款融资等对企业资产、担保要求相对较低的新型融资业务。

在各项业务快速发展的同时，该行不断加强服务工作管理，积极开展服务提升活动，统筹推进网点建设工作，服务质量和能力进一步提升，目前是全省金融系统唯一一家省级文明行业。同时，该行还积极履行社会责任，2009年举办“映山红行动，工行献爱心”大型公益活动，为部分贫困农村小学捐赠了图书。

工行安徽省分行积极为企业提供现金管理等高端金融服务

工行安徽省分行与安徽煤田地质局签署战略合作协议

徽商银行 HUISHANG BANK

徽商银行股份有限公司2009年度股东大会在合肥召开

2009年是徽商银行成立四年来实现科学发展最好的一年。年末，全行各项存款余额1366.1亿元、各项贷款余额965.21亿元，分别比年初增长28.76%和25.78%，对公存款余额和票据业务量双双突破1000亿元，在全省银行业机构中对公存款余额继续保持第一位；资产质量持续向好，全行不良贷款率0.93%；全行累计实现经营利润27.5亿元。全年获得多项荣誉称号，品牌知名度和美誉度快速提升。

公司治理水平不断提高　2009年，顺利完成了换届工作。换届后，董、监事结构明显改善，决策、监督的水平和效率进一步提高。同时，根据新的公司章程和监管部门对银行公司治理的最新要求，全年共修订基本制度14项，新制定制度11项。

机构管理成效显著　2009年，亳州、巢湖直属支行正式开业，由此成为全国首家率先完成省内中心城市机构布局的城市商业银行，并成功跨出安徽，在南京设立首家省外分行——南京分行，跨区域发展迈出了实质性步伐。在对外机构投资上，与奇瑞汽车公司共同投资设立了国内首家自主品牌的汽车金融公司——奇瑞徽银汽车金融公司挂牌运营；尝试在安徽无为县发起设立的无为徽银村镇银行正在筹建之中。

巢湖直属支行开业标志着对省内17个中心城市机构布局的完成

第一家省外分行——南京分行开业

信息化建设取得新进展 全年共开发和改进项目20个，其中重点项目7个。完成了数据平台（一期）项目的建设，开发了经营管理分析系统、客户业务信息查询系统，为经营管理与决策提供有力的数据支持。完成了资金管理、资产托管系统开发和客户经理绩效系统改造，积极推进前端系统整合、低柜业务处理、对公信用风险评级系统的建设。并在异地建立了信息系统灾备中心，实现了关键业务数据实时同步备份，进一步提升了全行的信息系统抗风险能力。持续开展了重要信息系统的风险评估和安全检查，系统稳定性不断增强。

服务水平稳步提高 一是服务渠道得到有效拓展。电子渠道交易行内及同业占比大幅提升。自助银行建设和自助设备投放提速，离行式自助银行省内行业占比名列前茅。手机银行服务范围延伸，实现移动、联通用户银信通业务全国覆盖、手机钱包业务全省覆盖，网上支付合作项目顺利开展。电话银行已建成覆盖全国的服务网络及全国统一客服号。二是服务产品日益丰富。三是服务监督考核不断强化。通过暗访、抽查、聘请行风监督员等形式，积极开展服务质量监督检查。聘请专业公司负责客户满意度调查，推进我行业务品牌及服务的优化改进工作。

企业文化建设全面推进 正式提出了“创一流品牌，建百年徽银”的企业愿景，企业文化建设正式拉开序幕。相继制定了《徽商银行企业文化建设实施方案》、《徽商银行企业文化要素及释义》、《徽商银行职业道德与职业纪律》、《徽商银行员工行为规范》；制定了机构网点形象标准化设计手册和建设工程规范，为全行统一标识奠定了基础。

与省科技厅科技金融合作全面启动暨政银企签约仪式在合肥举行

徽商银行钻石卡首发暨机场贵宾通道开通仪式在合肥骆岗机场举行

与工行安徽省分行签署全面合作协议

中国黄山 国际

China Mt.Huangshanthe Internat

黄山市市委书记王福宏在景区调研

石林风景区与黄山风景区缔结为友好景区

精品旅游区

al Classic Tourist Scenic Spot

黄山——世界文化与自然遗产、世界地质公园、国家5A级旅游景区、全国文明风景旅游区，以奇松、怪石、云海、温泉、冬雪"五绝"著称于世，素有"人间仙境"之美誉。明代大旅行家徐霞客曾两次登临黄山，赞叹道："薄海内外无如徽之黄山，登黄山天下无山，观止矣！"

旅游经济蓬勃发展　近年来，黄山接待量每年递增十万人以上，2009年接待进山游客235.62万人次，其中，入境游客24.48万人次；黄山旅游集团公司实现经营收入14.4亿元、税前利润3亿元，跻身中国旅游集团20强。截至2009年，集团公司、股份公司共有下属企业37家，总资产38.65亿元，员工4000人，经营范围涵盖宾馆酒店、园林、索道、旅行社、房地产和旅游食品开发等领域。

基础设施日渐完善　先后修建了四条总长19.7千米的旅游公路、三条客运索道、80多千米的游览步道，景区内交通日趋便捷。经过改造，核心景区内股份公司所属酒店全部达到四星级标准，并通过国家服务标准化试点验收。近年来，西海大峡谷开发、云谷索道改建、黄山地质博物馆、温泉地段综合整治（一期）、立体停车场等重点工程顺利竣工，景区基础设施日渐完善。

保护管理引领潮流　在全国风景名胜区中，率先完成总体规划编制，建成首家高山防火水网、大气自动监测站、雷电预警监测系统，率先实施景点轮休、污水统管、"净菜上山、洗涤下山"制度，建成黄山风景区保护管理指挥调度中心和电子门禁、GPS定位、视频监控、地理信息等二十九大系统，荣膺首批"全国风景名胜区数字化示范基地"称号。经过精心管护，景区森林覆盖率由56%提高到84.7%，成为"人类生态第一山"（曲格平语）。

品牌形象不断提升　1982年，被国务院评为首批国家重点风景名胜区；1990年，被联合国教科文组织确定为世界文化与自然遗产；1999年，在全国风景名胜区中首获联合国教科文组织颁发的"梅利娜•迈尔库里文化景观保护与管理荣誉奖"；2004年，联合国教科文组织入选世界地质公园网络；2006年，中央文明办、建设部、国家旅游局联合授予黄山"全国文明风景区旅游区"称号，被国家环保总局评为"ISO14000国家示范区"；2007年，被国家旅游局评为首批"5A"级旅游景区；2008年，世界旅游组织在黄山设立全球第一个世界遗产地旅游可持续发展观测站；2009年，荣获"20052008年度全国社会综合治理先进集体"称号；2010年5月，获世界旅游旅游理事会（WTTC）颁发的"全球旅游目的地管理奖"（迄今为止，中国唯一获奖单位）。

黄山美名誉满天下　1979年7月，邓小平同志视察黄山，作出了"黄山是发展旅游的好地方，要有点雄心壮志，把黄山的牌子打出去"的重要指示。2001年5月，江泽民同志登临黄山时称赞："黄山是个宝，是祖国大好河山中的瑰宝，是得天独厚的旅游资源。"前世界遗产中心主任冯•德罗斯特说："黄山具有伟大的文化意义，拥有无与伦比的美丽，是最特别的世界遗产。"卡梅隆（《阿凡达》导演）称："哈利路亚山的原型来自中国的黄山，是中国黄山给了我们灵感，只是我们把原型放到了天上。"前联合国秘书长科菲•安南考察黄山时指出："中国人民为保护这块世界遗产地所付出的不懈努力令我们赞叹。"

展望未来，黄山风景区将在科学发展观的指引下，按照"世界旅游精品、中国景区一流、安徽旅游龙头、全市工作标兵"的要求，持续加强保护管理，大力发展旅游经济，加快打造国际精品旅游景区，不断提升"系统化、数字化、精细化、人性化"建设水平，为中国旅游发展作出新贡献！

第五界中国黄山国际凳山大会启动仪式

仙桃石

仙人晒靴

世界文化与自然遗产

The world cultural and national heritage

云海

九龙瀑

UNITED NATIONS EDUCATIONAL, SCIENTIFIC AND CULTURAL ORGANIZATION

CONVENTION CONCERNING THE PROTECTION OF THE WORLD CULTURAL AND NATURAL HERITAGE

The World Heritage Committee has inscribed

Mount Huangshan

on the World Heritage List

Inscription on this List confirms the exceptional and universal value of a cultural or natural site which requires protection for the benefit of all humanity

DATE OF INSCRIPTION 12 December 1990

DIRECTOR-GENERAL OF UNESCO

世界文化与自然遗产证书

Global Network of Geoparks

Certificate of Membership

ISSUED TO

HUANGSHAN GEOPARK, People's Republic of China

by the Division of Earth Sciences of UNESCO

IN RECOGNITION AS MEMBER OF THE GLOBAL NETWORK OF GEOPARKS

Paris, 13th February 2004

The Director of the Division of Earth Sciences

世界地质公园证书

国家5A级景区奖牌

国家5A级旅游景区

The National 5A tourist attractions

轩辕灵泉

神奇灵秀地 天下九华山

省委书记王金山在九华山考察

省长王三运考察九华山

省委副书记王明方陪同中央统战部部长杜青林一行到九华山调研

池州市委书记童怀伟等市领导在九华山调研

市委常委、风景区党工委书记、管委会主任王贵杰察看防汛工作

2009年12月25日全省国家级风景名胜区工作座谈会在九华山召开

欧洲华侨华人社团联合会在九华山举办庆祝建国60周年国庆活动

2009年7月10日举行的百寺文明燃香活动启动仪式

九华山天台寺

九华山位于安徽省池州市境内，是以佛教文化和自然与人文圣境为特色的山岳型国家级风景名胜区，是中国佛教四大名山之一、国家首批5A级旅游景区、自然与文化双遗产地，第二批全国文明风景旅游区，第五批国家地质公园。景区规划面积120平方公里，保护面积174 平方公里，由11个景区和1个景观带组成。

九华山风景区管理委员会（副厅级）于2001年4月11日经安徽省编委批复成立，为池州市人民政府派出机构，同时设立中共九华山风景区工作委员会，为中共池州市委派出机构。现辖一乡一镇，总面积67.6平方公里，人口近2万人。

2009年，面对国际金融危机、甲型H1N1流感、飓风山洪等一系列不利因素影响，风景区党工委、管委会团结带领全山广大干群，在上级党委政府的正确领导下，以打造国际重要佛教道场、争创世界一流旅游胜地为目标，围绕“保增长、保民生、保稳定”战略部署，认真学习实践科学发展观，大力实施“六个一”工程，锐意进取，攻坚克难，圆满完成了全年各项目标任务，旅游经济实现又好又快发展，各项社会事业取得全面进步。

旅游经济逆势上扬 全年接待游客310万人次，增长13.82%；实现旅游收入31亿元，增长16.72%。假日旅游经济异常火爆，元旦、春节、清明、端午、五一、中秋、十一等假日旅游市场持续繁荣，保持强劲势头。

旅游环境全面优化 九华街区拆迁整治向纵深推进，东崖广场、闵园尼庵群整治全面完成，肉身殿北大门地段建筑物成功拆迁，九华老街整治有序推进。加强旅游市场综合管理，完成全国规范宗教旅游场所文明燃香活动试点工作，率先发布佛事香烛省级质量标准并成功实施，香烛市场秩序全面优化。景区品牌创建成效显著，成功进入第五批国家地质公园序列，获得“2009中国十大特色休闲胜地”称号。

景区建设加快推进 全年完成固定资产投资15.5亿元，增长114.66%。完成招商引资10亿元，增长25%。新增规模以上项目14个，竣工投产3个。大愿文化景区建设加快推进，征地拆迁、铜壁板浇铸两大关键性节点任务全面完成，外明堂广场建设全面铺开。九华新区路网框架逐步拉开，花台索道全面竣工，雨润•月松阁度假酒店、龙溪山庄、金九华国际大酒店、西环旅游服务区二期等一批星级宾馆和旅游接待设施进展顺利。

社会事业全面进步 全面落实22项民生工程，资金到位、提标扩面等均走在全市前列，社会保障水平进一步提高。农民人均纯收入达5445元，增长14.1%。“平安九华山”建设深入有效推进，安全生产形势保持平稳。民族宗教、资源保护、计划生育、教育、卫生、气象、档案等各项事业均取得显著进步。

新建成的九华山中心学校

建设中的九华大道工程

建设中的大愿佛主体工程

整治一新的九华山闵园尼庵群

九华山花台索道

全国重点寺庙百岁宫远景

佛教文化和自然的人文圣境

睡佛远眺

安　徽　省　财　政　厅

财政部部长谢旭人来皖调研家电下乡和财政科学化精细化管理等工作

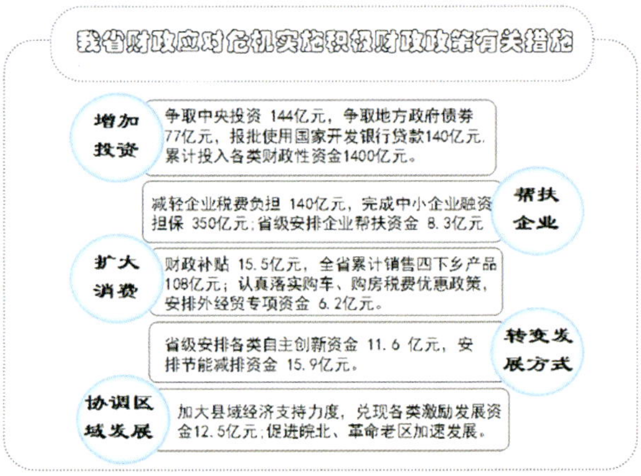

省财政充分发挥职能作用攻坚克难应对国际金融危机

2009年，全省各级财政部门认真贯彻积极的财政政策，主动作为，攻坚克难，全力以赴保增长、保民生、保稳定，全面完成各项工作任务，“最为困难”一年取得“极为不易”的成绩。全省财政总收入完成1551.2亿元，实现五年增长3倍，其中地方财政收入完成863.9亿元，增长19.2%，增幅位居中部第一。财政收入质量进一步提高，自主增长机制更加巩固。区域财政协调发展，合肥、芜湖、马鞍山3市财政总收入达612亿元，占全省财政收入39.5%；皖北6市财政总收入达331.8亿元，同比增长22.6%，占比提高1个百分点；县级财政总收入增长23.7%，高出全省平均增幅6.7个百分点。财政支出突破2000亿元大关，达到2141.3亿元，实现3年翻一番，同比增长30%，增幅位居全国第六、中部第一。财政收支规模的不断壮大，为全省经济社会平稳较快发展提供了更加坚实的财力支撑。

在全系统深入开展“能力建设年”活动，深入开展向沈浩同志学习活动，大力实施“百千万培训工程”，已对全省108名县（区）财政局长、1398名乡镇财政所长进行岗位轮训，正在对近3万名农村财会人员进行分期分批集训。规范管理，广泛建设，政治、思想、业务、文化建设齐头并进，先后荣获“全国精神文明建设工作先进单位”、“全国助残扶残先进集体”、“全国民族团结进步模范集体”等国家级荣誉，在省直机关效能建设和省政府目标考核中，双双名列第一。

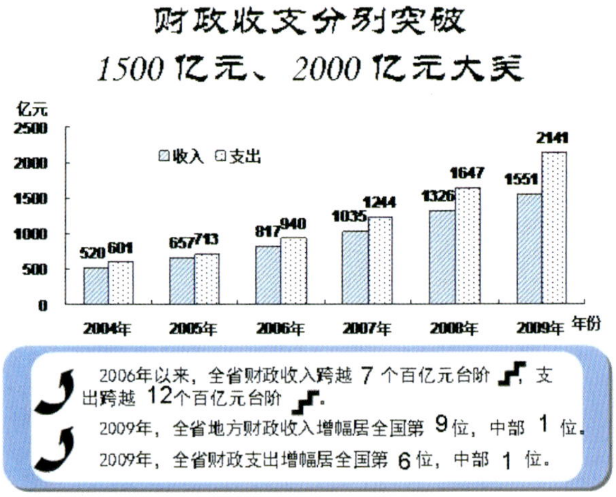

2009年全省财政收支双双迈上新台阶

沈浩先进事迹报告会在北京人民大会堂举行

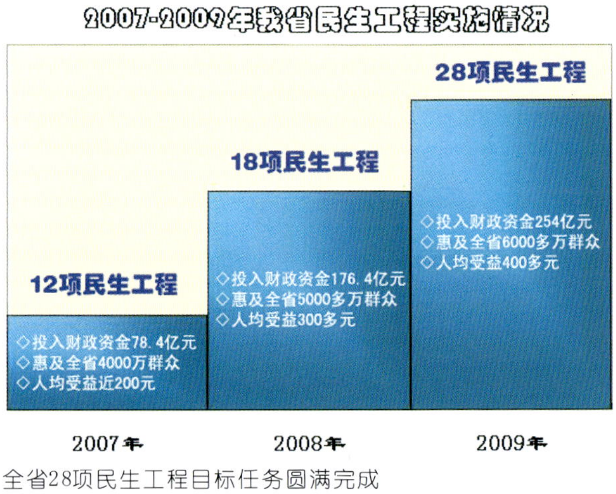

全省28项民生工程目标任务圆满完成

目　　录
CONTENTS

一、综　　合
Chapter 1 General Survey

二、国民经济核算
Chapter 2 National Accounts

三、人　口
Chapter 3 Population

四、就业人员和职工工资
Chapter 4 Employment and Wages

五、固定资产投资
Chapter 5 Investment in Fixed Assets

六、能源生产和消费
Chapter 6 Production and Consumption of Energy

七、财政、金融、保险
Chapter 7 Finance, Banking and Insurance

八、物价指数
Chapter 8 Price Indices

九、城乡人民生活
Chapter 9 Livelihood of Urban and Rural People

十、城市概况
Chapter 10 General Survey of Cities

十一、自然资源和环境保护
Chapter 11 Natural Resources and Environment Protection

十二、农　业
Chapter 12 Agriculture

十三、工　业
Chapter 13 Industry

十四、建 筑 业
Chapter 14 Construction

十五、运输和邮电
Chapter 15 Transport, Post and Telecommunication Services

十六、国内贸易
Chapter 16 Domestic Trade

十七、对外经济贸易
Chapter 17 Foreign Trade and Economic Cooperation

十八、旅　游
Chapter 18 Tourism

十九、教育、科技
Chapter 19 Education, Science

二十、文化、体育、卫生、社会福利和其他
Chapter 20 Culture Sports, Public Health, Social Welfare and Others

二十一、企业景气调查
Chapter 21 Business Survey of Enterprises

二十二、省级和县级主要经济指标及位次
Chapter 22 Main Economic Indicators and Their Orders of Precedence of Province and County

附 录
Appendix

第一篇

Chapter 1

综合

GENERAL SURVEY

简要说明

一、本篇包括我省行政区划、国民经济综合资料等内容。

二、国民经济综合资料中的“各部门机构数”统计口径为第二次基本单位普查后部分行业企业资料更新维护数据。

三、国民经济总量、速度、结构、比例和效益指标均取自本年鉴各篇；国民经济综合资料由省统计局综合处整理。

四、我省境内国家级旅游景点黄山、九华山风景区旅游基本情况，由所在统计部门提供。

Brief Introduction

I. This chapter covers the summary data on national economy.

II. Data on “the number of grassroots units in various sectors” are the renewed data of some trade enterprises after the second basic unit census.

III. Data on the total value, speed, structure, ratio and effects on the national economy are extracted from the concerned data in other chapters in this yearbook. The summary data on national economy are prepared by the Division of Integrated Statistics of Anhui Statistical Bureau.

IV. Data on the basic conditions of national scenic spot-Mount Huang and Mount Jiuhua are provided by the statistical department where they are.

1—1 全省行政区划（2009年末）
Administrative Divisions in Anhui (End of 2009)

单位：个 (unit)

市名称 Name of City		市级 区划数 Number of Regions at Cities Level	县级 区划数 Number of Regions at County Level	县级市 Cities at County Level	县 Counties	市辖区 Districts under the Jurisdiction of Cities	乡镇级 区划数 Number of Regions at Townships Level	镇 Towns	乡 Townships	街道办事处 Street Communities
总计	**Toatl**	**17**	**105**	**5**	**56**	**44**	**1520**	**906**	**356**	**258**
合肥市	Hefei	1	7		3	4	94	36	19	39
淮北市	Huaibei	1	4		1	3	35	17	1	17
亳州市	Bozhou	1	4		3	1	89	71	8	10
宿州市	Suzhou	1	5		4	1	106	71	23	12
蚌埠市	Bengbu	1	7		3	4	74	36	19	19
阜阳市	Fuyang	1	8	1	4	3	170	119	38	13
淮南市	Huainan	1	6		1	5	65	25	21	19
滁州市	Chuzhou	1	8	2	4	2	109	82	12	15
六安市	Luan	1	7		5	2	167	104	55	8
马鞍山市	Maanshan	1	4		1	3	31	12	6	13
巢湖市	Chaohu	1	5		4	1	76	65	5	6
芜湖市	Wuhu	1	7		3	4	50	22		28
宣城市	Xuancheng	1	7	1	5	1	98	57	27	14
铜陵市	Tongling	1	4		1	3	25	7	5	13
池州市	Chizhou	1	4		3	1	53	36	9	8
安庆市	Anqing	1	11	1	7	3	171	96	57	18
黄山市	Huangshan	1	7		4	3	107	50	51	6

1—2 全省县以上行政区划（2009年末）

Administrative Divisions of Counties and Above in Anhui (End of 2009)

省辖市 City Under Province Administration	县（市、区） Name of County (City) , District Under Administative
合肥市 Hefei	瑶海区、庐阳区、蜀山区、包河区、长丰县、肥东县、肥西县 Yaohai District，Luyang District，Shushan District，Baohe District，Changfeng, Feidong, Feixi
淮北市 Huaibei	杜集区、相山区、烈山区、濉溪县 Duji District，Xiangshan District，Lieshan District，Suixi
亳州市 Bozhou	谯城区、涡阳县、蒙城县、利辛县 Qiaocheng District，Guoyang, Mengcheng, Lixin
宿州市 Suzhou	埇桥区、萧 县、砀山县、灵璧县、泗 县 Yongqiao District，Xiaoxian, Dangshan, Lingbi, Sixian
蚌埠市 Bengbu	龙子湖区、蚌山区、禹会区、淮上区、怀远县、五河县、固镇县 Longzihu District，Bengshang District，Yuhui District，Huaishang District，Huaiyuan, Wuhe, Guzhen
阜阳市 Fuyang	颍州区、颍东区、颍泉区、界首市、临泉县、太和县、颍上县、阜南县 Yingzhou District，Yingdong District，Yingquan District，Jieshou, Linquan, Taihe, Yingshang, Funan
淮南市 Huainan	大通区、田家庵区、谢家集区、八公山区、潘集区、凤台县 Datong District，Tianjaan District，Xiejiaji District，Bagongshan District，Panji District，Fengtai
滁州市 Chuzhou	琅琊区、南谯区、天长市、明光市、来安县、全椒县、定远县、凤阳县 Langya District，Nanqiao District，Tianchang, Mingguang, Laian, Quanjiao, Dingyuan, Fengyang
六安市 Luan	金安区、裕安区、寿 县、霍邱县、舒城县、金寨县、霍山县 Jinan District，Yuan District，Shouxian, Huoqiu, Shucheng, Jinzhai, Huoshan
马鞍山市 Maanshan	金家庄区、花山区、雨山区、当涂县 Jinjiazhuang District，Huashan District，Yushan District，Dangtu
巢湖市 Chaohu	居巢区、庐江县、无为县、含山县、和 县 Juchao District，Lujiang, Wuwei, Hanshan, Hexian
芜湖市 Wuhu	镜湖区、弋江区、鸠江区、三山区、芜湖县、繁昌县、南陵县 Jinghu District，Yijiang District，Jiujiang District，Sanshang District，Wuhu, Fanchang, Nanling
宣城市 Xuancheng	宣州区、宁国市、郎溪县、广德县、泾 县、旌德县、绩溪县 Xuanzhou District，Ningguo, Langxi, Guangde, Jingxian, Jingde, Jixi
铜陵市 Tongling	铜官山区、狮子山区、郊 区、铜陵县 Tongguanshan District，Shizishan District，Suburban District，Tongling
池州市 Chizhou	贵池区、东至县、石台县、青阳县 Guichi District，Dongzhi, Shitai, Qingyang
安庆市 Anqing	迎江区、大观区、宜秀区、桐城市、枞阳县、怀宁县、潜山县、太湖县、宿松县、望江县、岳西县 Yingjiang District，Daguan District，Yixiu District，Tongcheng, Zongyang, Huaining, Qianshan, Taihu, Susong, Wangjiang, Yuexi
黄山市 Huangshan	屯溪区、黄山区、徽州区、歙 县、休宁县、黟 县、祁门县 Tunxi District，Huangshan District，Huizhou District，Shexian, Xiuning, Yixian, Qimen

1—3 各行业机构单位数（2009年）
Number of Grass Root Units in Various Sectors (2009)

单位：个 (unit)

行业类别	Industrial Category	单位数 Numbe of Units	#法人单位 Legal Units
合　计	**Total**	**289243**	**224307**
农、林、牧、渔业	**Farming, Forestry, Animal Husbandry and Fishery**		
农　业	Farming		
林　业	Forestry		
畜牧业	Animal Husbandry		
渔　业	Fishery		
农、林、牧、渔服务业	Agicultural Services		
采掘业	**Mining and Quarrying**	**3525**	**3341**
煤炭开采和洗选业	Coal Mining and Dressing	305	240
石油和天然气开采业	Extraction of Petroleum and Natural Gas	3	2
黑色金属矿采选业	Mining and Dressing of Ferrous Metals	534	522
有色金属矿采选业	Mining and Dressing of Nonferrous Metals	306	303
非金属矿采选业	Mining and Dressing of Nonmetal Minerals	2347	2248
其他采矿业	Mining and Dressing of Other Minerals	30	26
制造业	**Manufacturing**	**58849**	**57738**
农副食品加工业	Agricultural and Non-staple Food Processing Industry	6086	5818
食品制造业	Food Production	1350	1313
饮料制造业	Beverages	1932	1864
烟草制品业	Tabacco	14	9
纺织业	Textiles	2209	2147
纺织服装、鞋、帽制造业	Textile Dress, Footwear and Headgear	2634	2604
皮革、毛皮、羽毛（绒）及其制品业	Leather, Furs, Feather (Down) and Related Products	649	643
木材加工及竹、藤、棕、草制品业	Timber Processing, Bamboo, Cane, Palm Fiber and Straw Products	3187	3137
家具制造业	Furniture Manufacturing	1167	1160
造纸及纸制品业	Papermaking and Paper Products	1070	1064
印刷业和记录媒介的复制	Printing and Record Medium Reproduction	1324	1284
文教体育用品制造业	Cultural, Educational and Sports Goods	729	710
石油加工、炼焦及核燃料加工业	Petroleum Processing, Coking and Nuclear Fuel Processing	74	73
化学原料及化学制品制造业	Raw Chemical Materials and Chemical Products	2822	2793
医药制造业	Medical and Pharmaceutical Products	518	516
化学纤维制造业	Chemical Fiber	101	101
橡胶制品业	Rubber Products	515	508
塑料制品业	Plastic Products	2738	2713
非金属矿物制品业	Nonmetal Mineral Products	11845	11705
黑色金属冶炼及压延加工业	Smelting and Pressing of Ferrous Metals	389	372
有色金属冶炼及压延加工业	Smelting and Pressing of Nonferrous Metals	461	457
金属制品业	Metal Products	3052	3000
通用设备制造业	Equipments in Current Use	3879	3834
专用设备制造业	Equipments in Special Use	2157	2122
交通运输设备制造业	Transport Equipments	2546	2467
电气机械及器材制造业	Electric Equipments and Machinery	2456	2424
通信设备、计算机及其电子设备制造业	Telecommunication Equipments, Computer and Related Electronic Equipments	870	860
仪器仪表及文化、办公用机械制造业	Instruments, Meters, Cultural and Office Machinery	435	427
工艺品及其他制造业	Handiwork and Other Manufacturing	1116	1093
废弃资源和废旧材料回收加工业	Recovery and Processing of Discarded Resources and Waste Materials	524	520

1—3 续表1 continued

单位：个 (unit)

行业类别	Industrial Category	单位数 Numbe of Units	#法人单位 Legal Units
电力、燃气及水的生产和供应业	**Production and Supply of Electric Power, Gas and Water**	**3182**	**2040**
电力、热力的生产和供应业	Production and Supply of Electric Power and Heating Power	1873	828
燃气生产和供应业	Production and Supply of Gas	131	116
水的生产和供应业	Production and Supply of Tap Water	1178	1096
建筑业	**Construction**	**11207**	**10457**
房屋和土木工程建筑业	Civil Engineering Construction	5519	5029
建筑安装业	Installation	1336	1212
建筑装饰业	Fitting and Decoration	2754	2671
其他建筑业	Other Construction	1598	1545
交通运输、仓储和邮政业	**Transportation, Storage and Postal Services**	**7440**	**5742**
铁路运输业	Railway Transport	19	12
道路运输业	Highway Transport	4055	3165
城市公共交通业	Civic Public Transit	319	266
水上运输业	Waterway Transport	747	679
航空运输业	Air Transport	42	13
管道运输业	Transport Via Pipelines	1	0
装卸搬运和其他运输服务业	Loading, Unloading, Transporting and Other Services	931	841
仓储业	Storage	963	627
邮政业	Postal Services	363	139
信息传输、计算机服务和软件业	**Information Circulation, Computer Service and Software**	**5979**	**5422**
电信和其他信息传输服务业	Telecommunication and Other Information Circulation Services	1338	849
计算机服务业	Computer Services	3984	3948
软件业	Software	657	625
批发和零售业	**Wholesale & Retail Trade**	**47203**	**37273**
批发业	Wholesale Trade	26631	22471
零售业	Retail Trade	20572	14802
住宿和餐饮业	**Accommodation and Catering Trade**	**5173**	**4348**
住宿业	Accomodation Trade	1761	1589
餐饮业	Catering Trade	3412	2759
金融业	**Banking**	**6433**	**1525**
银行业	Banking	4297	330
中央银行	Central Bank	95	28
商业银行	Commercial Bank	4014	271
其他银行	Other Banks	188	31
证券业	Securities	131	62
保险业	Insurance	1043	374
其他金融活动	Other Financial Activities	962	759
房地产业	**Real Estate**	**8840**	**7960**
房地产开发经营	Real Estate Development and Operation	3726	3639
物业管理	Estate Management	2443	2038
房地产中介服务	Intermediary Services of Real Estate	1224	981
其他房地产活动	Other Real Estate Activities	1447	1302
租赁和商务服务业	**Leasing and Commercial Services**	**12016**	**10557**
租赁业	Leasing	787	760
商务服务业	Commercial Services	11229	9797

1—3　续表2　continued

单位：个 (unit)

行业类别　Industrial Category		单位数 Numbe of Units	#法人单位 Legal Units
科学研究、技术服务和地质勘查业	**Scientific Research, Technical Services and Geological Prospecting**	**6131**	**4812**
研究与试验发展	Research and Experimental Development	534	492
专业技术服务业	Professional and Technical Services	3109	2622
科技交流和推广服务业	Exchange and Extending Services of Science and Technology	2354	1582
地质勘查业	Geological Prospecting	134	116
水利、环境和公共设施管理业	**Water Conservancy, Environmental and Public Facilities Management**	**3130**	**1778**
水利管理业	Water Conservancy Management	1660	594
环境管理业	Environmental Management	475	331
公共设施管理业	Public Facilities Management	995	853
居民服务和其他服务业	**Resident Services and Other Services**	**3509**	**3084**
居民服务业	Resident Services	1936	1638
其他服务业	Other Services	1573	1446
教　育	**Education**	**27054**	**13342**
学前教育	Education Before School	2565	2170
初等教育	Primary Education	17891	5401
中等教育	Secondary Education	4403	3755
高等教育	High Education	219	192
其他教育	Other Education	1976	1824
卫生、社会保障和社会福利业	**Health Care, Social Protection and Social Welfare**	**15687**	**7124**
卫　生	Health Care	13872	6141
医　院	Hospitals	946	788
卫生院及社区医疗活动	Medical Activities in Commune Hospicals and Communities	5009	2778
门诊部医疗活动	Medical Activities in Outpatient Departments	6314	1765
计划生育技术服务活动	Technical Service Activities for Family Planning	928	333
妇幼保健活动	Activities for Maternity and Child Care	121	115
专科疾病防治活动	Activities for Specialized Disease Prevention and Treatment	141	67
疾病预防控制及防疫活动	Activities for Disease Prevention and Controlling	282	193
其他卫生活动	Other Health Activities	131	102
社会保障业	Social Protection	368	231
社会福利业	Social Welfare	1447	752
提供住宿的社会福利	Social Welfare Services With Accomodations	1320	649
不提供住宿的社会福利	Social Welfare Services Without Accomodations	127	103
文化、体育和娱乐业	**Culture, Sports and Entertainment**	**2856**	**2336**
新闻出版业	Press and Publication	177	148
广播、电视、电影和音像业	Broadcasting, TV, Film, Audio-video and Recorders	647	387
文化艺术业	Culture and Art	1150	982
体　育	Sports	246	225
娱乐业	Entertainment	636	594
公共管理和社会组织	**Public Management and Social Organizations**	**61029**	**45428**
中国共产党机关	Organs of Chinese Communist Party	1731	1640
国家机构	State Organs	28499	13683
人民政协和民主党派	CPPCC and Domocratic Parties	268	266
群众团体、社会团体和宗教组织	Mass Organizations, Social Organizations and Religious Organizations	11647	10978
基层群众自治组织	Local Mass Autonomy Organs	18884	18861

注：本表仅包括二、三产业的法人单位和产业活动单位。
a) This table only includes the second and tertiary industry legal Units and the industry activity units.

1—4 国民经济和社会发展总量与速度指标

指 标		Item		总量指标 1995
人口与就业		**Population and Employment**		
人 口		**Population**		
年底总人口	(万人)	Population at the Year-end	(10000 persons)	6000
#市镇人口		Urban		1145
乡村人口		Rural		4855
男性人口		Male		3116
女性人口		Female		2884
出生人口	(万人)	Births	(10000 persons)	96.2
死亡人口	(万人)	Deaths	(10000 persons)	38.4
人口密度	(人/平方公里)	Density of Population (person/sq.km)		428
年末总户数	(万户)	Total Number of Households at the Year-end	(10000 households)	1551.0
#乡村户数		Numbers of Rural Households		1244.3
就 业	**(万人)**	**Employment**	**(10000 persons)**	
经济活动人口		Economically Active Population		
从业人员		Employment		3206.9
#国有经济		State-owned Units		380.1
城镇集体经济		Urban of Other Types of Ownership		126.3
港澳台投资经济		Economic Units Funded by Entreneurs from Hong Kong Macao and Taiwan		2.8
外商投资经济		Foreign Funded Units		3.8
城镇私营经济		Urban Private Enteprises		10.1
城镇个体		Urban Self-employed Individuals		81.9
职工人数		Staff and Workers		502.8
国有经济		State-owned Units		363.7
城镇集体经济		Urban of Other Types of Ownership		123.1
其他经济合计		Units of Other Types of Ownership		16.0
城镇登记失业人数		Registered Unemployed in Urban Areas		29.9
宏观经济		**Macroeconomic Indicator**		
国民经济核算	**(亿元)**	**National Accounting**	**(100 million yuan)**	
生产总值		Gross Domestic Product		1810.7
第一产业		Primary Industry		584.1
第二产业		Secondary Industry		660.1
#工 业		Industry		562.4
第三产业		Tertiary Industry		566.5
支出法生产总值		Gross Domestic Expenditures		2003.6
#最终消费		Total Consumption		1174.7
居民消费		Resident Consumption		996.1
政府消费		Public Consumption		178.6
资本形成总额		Total Investment		824.6
固定资本形成		Fixed Assets		619.1
存货增加		Stock		205.5
固定资产投资	**(亿元)**	**Investment in Fixed Assets**	**(100 million yuan)**	
全社会固定资产投资总额		Total Investment in Fixed Assets		532.5
#国有单位		State-owned Units		266.2
集体单位		Collective-owned Units		96.5
个体经济		Individuals		124.8
固定资产投资按产业分		Investment in Fixed Assets Grouped by Type of Industry		
#第一产业		Primary Industry		1.8
第二产业		Secondary Industry		188.4
第三产业		Tertiary Industry		342.3
#城 镇		Urban		
#房地产开发		Real Estate Development		36.1
农 村		Rural		

Principal Aggregate Indicators On National Economic and Social Development and Their Related Indices and Growth Rates

Aggregate Date				速度指标 (%) Indices and Growth Rates						
				指　数 (2009年为以下各年) Index (2009 as Percentage of the Following Years)				平均增长速度 Average Annual Growth Rate		
2000	2005	2008	2009	1995	2000	2005	2008	1996—2000	2001—2005	2006—2009
6278	6516	6741	6795	113.2	108.2	104.3	100.8	0.9	0.7	1.1
1758	2313	2730	2861	249.8	162.7	123.7	104.8	9.0	5.6	5.5
4520	4203	4011	3934	81.0	87.0	93.6	98.1	-1.4	-1.4	-1.6
3258	3388	3503	3528	113.2	108.3	104.1	100.7	0.9	0.8	1.0
3020	3127	3238	3266	113.2	108.1	104.4	100.9	0.9	0.7	1.1
81.5	75.9	80.1	80.1	83.3	98.3	105.6	100.0	-3.3	-1.4	1.4
34.5	37.9	40.5	40.5	105.4	117.3	106.8	99.9	-2.1	1.9	1.6
448	465	484	487	113.9	108.8	104.8	100.8	0.9	0.7	1.2
1656.1	1849.4	1999.5	2040.5	131.6	123.2	110.3	102.1	1.3	2.2	2.5
1294.6	1346.1	1370.4	1392.6	111.9	107.6	103.5	101.6	0.8	0.8	0.9
3530.9	3712.8	3966.8	4052.2		114.8	109.1	102.2		1.0	2.2
3450.7	3669.7	3916.0	3988.0	124.4	115.6	108.7	101.8	1.5	1.2	2.1
314.8	208.7	199.8	202.1	53.2	64.2	96.9	101.2	-3.7	-7.9	-0.8
91.2	30.8	24.4	18.8	14.9	20.6	61.0	77.1	-6.3	-19.5	-11.6
2.3	3.7	6.6	5.4	192.9	234.8	145.9	81.8	-3.9	10.0	9.9
3.8	6.7	8.9	12.6	331.1	331.1	187.8	141.4	平	12.0	17.1
37.6	86.5	92.2	92.5	915.9	246.0	106.9	100.3	30.1	18.1	1.7
134.8	123.6	144.5	184.8	225.7	137.1	149.5	127.9	10.5	-1.7	10.6
470.0	317.4	343.7	359.9	71.6	76.6	113.4	104.7	-1.3	-7.6	3.2
307.8	199.2	199.8	202.1	55.6	65.7	101.5	101.2	-3.3	-8.3	0.4
89.1	28.2	24.4	18.8	15.3	21.1	66.7	77.0	-6.3	-20.6	-9.6
73.1	90.1	119.5	139.0	868.8	190.2	154.3	116.3	35.5	4.3	11.4
31.6	27.8	29.3	30.1	100.7	95.3	108.3	102.7	1.1	-2.5	2.0
2902.1	5350.2	8851.7	10062.8	432.5	268.3	163.5	112.9	10.0	10.4	13.1
741.8	966.5	1418.1	1495.5	171.5	129.9	120.8	105.0	5.7	1.5	4.8
1056.8	2245.9	4198.9	4905.2	602.9	362.6	192.7	116.8	10.7	13.5	17.8
885.1	1837.4	3505.7	4064.7	617.2	372.1	200.7	117.4	10.7	13.1	19.0
1103.5	2137.8	3234.6	3662.2	486.7	272.8	152.1	111.0	12.3	12.4	11.0
3041.2	5350.2	8851.7	10062.8							
1947.8	3006.7	4572.0	5179.1							
1615.4	2399.4	3679.3	4188.3	342.1	222.2	154.8	110.3	9.0	7.5	11.5
332.3	607.3	892.6	990.8							
1095.0	2354.1	4319.2	4914.2							
928.1	2214.0	4229.6	4820.5							
166.9	140.0	89.5	93.7							
866.7	2521.0	6800.0	9263.2	1739.6	1068.8	367.4	136.2	10.2	23.8	38.5
431.1	880.6	1793.5	2533.1	951.6	587.6	287.7	141.2	10.1	15.4	30.2
124.7	48.4	134.0	183.9	190.6	147.5	380.0	137.3	5.3	-17.2	39.6
169.3	230.2	350.6	454.6	364.2	268.5	197.5	129.6	6.3	6.3	18.5
9.1	75.4	182.6	236.7	13148.2	2600.7	313.9	129.6	38.3	52.6	33.1
232.9	995.1	2959.8	3999.9	2123.1	1717.4	402.0	135.1	4.3	33.7	41.6
624.7	1450.4	3657.5	5026.6	1468.5	804.6	346.6	137.4	12.8	18.3	36.4
639.5	2139.1	6001.6	8154.6		1275.1	381.2	135.9		27.3	39.7
87.9	459.4	1362.7	1669.8	4625.6	1899.1	363.4	122.5	19.5	39.2	38.1
227.1	381.8	798.3	1108.6		488.1	290.3	138.9		10.9	30.5

1—4 续表1 continued

指标		Item		总量指标 1995
财 政	**（亿元）**	**Public Finance**	**(100 million yuan)**	
财政收入		Total Revenue		147.0
中 央		Central Covernment		63.2
地 方		Local Governments		83.8
#增值税		Value-added Tax		14.7
营业税		Operation Tax		16.1
企业所得税		Enterprises' Income Tax		11.3
财政支出		Total Expenditures		135.9
中 央		Central Covernment		
地 方		Local Governments		135.9
#基建支出		Expenditure for Capital Construction		8.3
科技三项费用		Expenditure for Scientific and Technological Promotion		0.7
文教科卫事业费		Operating Expenses for Culture, Education Science & Health Care		40.6
物价总指数	**（上年=100）**	**Price Indices**	**(preceding year=100)**	
商品零售价格指数		Retail Price Index		112.7
居民消费价格指数		Consumer Price Index		114.8
农业生产资料价格指数		Price Indices of Agricultural Means of Production		128.0
农产品生产价格指数		Production Price Indices of Agricultural Products		
工业品出厂价格指数		Ex-Factory Price Indices of Industrial Products		117.1
原材料、燃料、动力购进价格指数		Purchasing Price Indices of Raw Material, Fuel and Power		117.9
固定资产投资价格指数		Price Indices of Investment in Fixed Assets		106.5
利用外资	**（万美元）**	**Utilization of Foreign Capital**	**(USD 10000)**	
签订利用外资协议额		Amount of Foreign Capital for Utilization Through Signed Contracts or Agreements		133856
实际利用外资额		Amount of Foreign Capital Actually Utilized		76749
#外商直接投资		Foreign Direct Investments		48256
能源生产与消费	**（万吨标准煤）**	**Production and Consumption of Energy**	**(10000 tons of SCE)**	
能源生产总量		Total Energy Production		3219
能源消费总量		Total Energy Consumption		4194
产 业		**Industry**		
农 业		**Agriculture**		
耕地面积	（千公顷）	Cultivated Areas	(1000 hectares)	4291.1
总播种面积	（千公顷）	Total Sown Area	(1000 hectares)	8354.2
#粮食播种面积		Sown Area of Grain Crops		5852.5
农林牧渔业总产值	（亿元）	Gross Output Value of Farming, Forestry, Animal Husbandry and Fishery	(100 million yuan)	980.3
农林牧渔业总产值指数	（上年=100）	Indices of Gross Output of Farming, Forestry, Animal Husbandry and Fishery	(preceding year=100)	114.2
主要农产品产量		Output of Major Farm Products		
粮 食	（万吨）	Grain	(10000 tons)	2652.7
棉 花	（万吨）	Cotton	(10000 tons)	30.1
油 料	（万吨）	Oil-bearing Crops	(10000 tons)	191.8
黄红麻	（万吨）	Jute and Ambary Hemp	(10000 tons)	8.1
烤 烟	（万吨）	Flue-cured Tobacco	(10000 tons)	4.3
茶 叶	（万吨）	Tea	(10000 tons)	4.6
猪 肉	（万吨）	Pork	(10000 tons)	136.7
牛 肉	（万吨）	Beef	(10000 tons)	23.8
羊 肉	（万吨）	Mutton	(10000 tons)	5.3
肉猪出栏	（万头）	Number of Slaughtered Fattened Hogs	(10000 heads)	1674.6
奶 类	（万吨）	milk	(10000 tons)	2.5
水产品	（万吨）	Aquatic Products	(10000 tons)	75.2
农业机械总动力	（万千瓦）	Total Agricultural Machinery Power	(10000 kw)	1836.0
有效灌溉面积	（千公顷）	Irrigated Area	(1000 hectares)	2933.7
化肥使用量	（万吨）	Consumption of Chemical Fertilizers	(10000 tons)	203.3
农村用电量	（亿千瓦时）	Electricity Consumed in Rural Areas	(100 million kwh)	37.4

Aggregate Date				速度指标　（%）　Indices and Growth Rates						
				指　数　（2009年为以下各年）Index (2009 as Percentage of the Following Years)				平均增长速度 Average Annual Growth Rate		
2000	2005	2008	2009	1995	2000	2005	2008	1996—2000	2001—2005	2006—2009
290.4	656.6	1326.0	1551.3	1055.3	534.2	236.3	117.0	14.6	17.7	24.0
111.7	277.0	527.9	618.1	978.0	553.4	223.1	117.1	12.1	19.9	22.2
178.7	334.0	724.6	863.9	1030.9	483.4	258.7	119.2	16.4	13.3	26.8
26.3	57.7	96.8	106.2	722.3	403.7	184.0	109.7	12.3	17.0	16.5
32.0	78.1	177.7	219.8	1365.0	686.8	281.4	123.7	14.7	19.5	29.5
23.4	30.1	74.7	79.9	707.0	341.4	265.4	106.9	15.7	5.2	27.6
323.5	713.1	1647.1	2141.9	1576.1	662.1	300.4	130.0	18.9	17.1	31.6
322.5	713.1	1647.1	2141.9	1576.1	664.2	300.4	130.0	18.9	17.2	31.6
40.1	64.1									
2.1	3.8									
75.0	161.7	446.6	568.1	1399.4	757.5	351.4	127.2	13.1	16.6	36.9
98.0	100.6	106.3	99.0	113.3	114.6	110.9	99.0	-0.2	0.7	2.6
100.7	101.4	106.2	99.1	131.8	120.2	112.2	99.1	1.9	1.4	2.9
98.2	108.3	123.9	95.8	141.7	150.7	126.8	95.8	-1.2	3.5	6.1
	98.7	114.7	99.1		165.5	128.8	99.1		5.1	6.5
98.9	103.3	108.4	92.8	112.6	122.3	107.4	92.8	-1.6	2.6	1.8
102.6	107.1	112.4	95.3	157.3	151.3	117.0	95.3	0.8	5.3	4.0
101.6	101.0	109.4	96.0	133.0	125.9	112.8	96.0	1.1	2.2	3.1
75154	155358	205628	208883	156.1	277.9	134.5	101.6	-10.9	15.6	7.7
41521	68845	348988	388416	506.1	935.5	564.2	111.3	-11.6	10.6	54.1
31847	68845	348988	388416	804.9	1219.6	564.2	111.3	-8.0	16.7	54.1
3436	6215	8414	9299	288.9	270.6	149.6	110.5	1.3	12.6	10.6
4879	6506	8325	8896	212.1	182.3	136.7	106.9	3.1	5.9	8.1
4229.6	4092.5	4145.0	4171.2	97.2	98.6	101.9	100.6	-0.3	-0.7	0.5
8418.0	8755.2	8967.9	9012.1	107.9	107.1	102.9	100.5	0.2	0.8	0.7
5565.6	5988.1	6561.2	6605.6	112.9	118.7	110.3	100.7	-1.0	1.5	2.5
1220.0	1666.2	2446.5	2569.5	188.2	138.1	124.0	105.5	6.4	2.2	5.5
101.7	101.4	106.3	105.5	188.2	138.1	124.0	105.5	6.4	2.2	5.5
2472.0	2605.3	3023.3	3069.9	115.7	124.2	117.8	101.5	-1.4	1.1	4.2
28.5	31.1	36.9	34.6	114.8	121.3	111.1	93.7	-1.1	1.8	2.7
285.1	270.7	228.0	240.4	125.3	84.3	88.8	105.4	8.3	-1.0	-2.9
2.2	1.9	1.9	1.2	14.6	53.6	62.1	63.8	-22.9	-2.9	-11.2
3.1	2.5	2.4	2.9	67.2	93.2	115.6	120.4	-6.3	-4.2	3.7
4.5	6.0	7.6	8.2	178.3	182.2	136.7	108.0	-0.4	5.9	8.1
198.5	231.7	217.4	229.9	168.1	115.8	99.2	105.7	7.7	3.1	-0.2
31.9	31.5	17.1	17.5	73.7	55.0	55.7	102.5	6.0	-0.3	-13.6
11.2	17.6	13.4	13.8	260.8	123.4	78.5	103.0	16.1	9.5	-5.9
2393.2	2812.1	2527.4	2680.2	160.1	112.0	95.3	106.0	7.4	3.3	-1.2
4.1	11.0	18.1	20.1	807.1	487.8	181.9	110.9	10.6	21.8	16.1
159.8	177.6	178.4	183.2	243.6	114.6	103.1	102.7	16.3	2.1	0.8
2975.9	3983.8	4807.5	5108.9	278.3	171.7	128.2	106.3	10.1	6.0	6.4
3197.4	3330.8	3453.7	3484.0	118.8	109.0	104.6	100.9	1.7	0.8	1.1
253.2	285.7	307.4	312.8	153.9	123.5	109.5	101.8	4.5	2.4	2.3
45.8	64.2	89.9	98.0	262.1	214.0	152.7	109.0	4.1	7.0	11.2

1—4 续表2 continued

指 标		Item		总量指标 1995
工 业（规模以上）		**Industry**		
主要工业产品产量		Output of Major Industrial Products		
布	（亿米）	Cloth	(100 million m)	8.75
家用电冰箱	（万台）	Household Refrigerators	(10000 units)	150.4
房间空气调节器	（万台）	Air Conditioners	(10000 units)	12.2
家用洗衣机	（万台）	Household Washing Machines	(10000 units)	127.7
彩色电视机	（万台）	Colour Television Sets	(10000 units)	20.3
原 煤	（亿吨）	Coal	(100 million tons)	0.44
发电量	（亿千瓦小时）	Electricity	(100 million kwh)	310.3
粗 钢	（万吨）	Crude Steel	(10000 tons)	325.5
钢 材	（万吨）	Rolled Steel	(10000 tons)	267.6
水 泥	（万吨）	Cement	(10000 tons)	1983
企业单位数	（个）	Number of Industrial Enterprises	(unit)	
#大型企业		Large		138
工业总产值	（亿元）	Gross Industrial Output Value	(100 million yuan)	
工业增加值	（亿元）	Value Added of Industry	(100 million yuan)	
资产总计	（亿元）	Total Assets	(100 million yuan)	
负债合计	（亿元）	Total Liabilities	(100 million yuan)	
主营业务收入	（亿元）	Revenue from principal Business	(100 million yuan)	
利润总额	（亿元）	Total Profits	(100 million yuan)	
建 筑 业		**Construction**		
企业单位数	（个）	Number of Enterprises	(unit)	75321
企业从业人员	（万人）	Number of Persons Engaged	(10000 persons)	177.3
建筑业总产值	（亿元）	Gross Output Value	(100 million yuan)	582.1
房屋建筑施工面积	（万平方米）	Floor Space of Buildings Under Construction	(10000 sq.m)	1985.4
房屋建筑竣工面积	（万平方米）	Floor Space of Buildings Completed	(10000 sq.m)	853.3
#住宅面积		Residential Buildings		389.6
交通运输		**Transportation**		
货 运 量	（万吨）	Freight Traffic	(10000 tons)	40462
铁 路		Railways		5103
公 路		Highways		30236
水 运		Waterways		5122
民 航		Total Civil Aviation Routes		1.0
客 运 量	（万人次）	Passenger Traffic	(10000 persons)	57881
铁 路		Railways		2537
公 路		Highways		54153
水 运		Waterways		1098
民 航		Total Civil Aviation Routes		93
主要港口货物吞吐量	（万吨）	Volume of Freight Handled in Major Ports	(10000 tons)	4765
公路里程	（公里）	Total Length of Highways	(km)	35178
等级路里数	（公里）	Length of Expressway and Class Ⅰ to Ⅳ Highway	(km)	32102
邮电通信业		**Postal and Telecommunication Services**		
邮电业务总量(1990年不变价)	(亿元)	Total Business Revenue (1990 constant prices)	(100 million yuan)	22.7
函 件	（亿件）	Number of Letters Delivered	(100 million pieces)	2.4
报刊期发数	（万份）	Number of Newspapers and Magazines Distributed	(10000 copies)	708.0
交换机容量	（万门）	Capacity of Office Telephone Exchanges	(10000 lines)	249.0
移动电话年末用户	（万户）	Number of Mobile Telephone Subsecribers at Year-end	(10000 subscribers)	6.0
固定电话年末用户	（万户）	Number of Fixed Telephone Subsecribers at Year-end	(10000 subscribers)	124.1
城 市		Urban		103.0
农 村		Rural		21.1
公用电话	（万户）	Public Telephone	(10000 subscribers)	

Aggregate Date				速度指标 (%) Indices and Growth Rates						
				指　数 (2009年为以下各年) Index (2009 as Percentage of the Following Years)				平均增长速度 Average Annual Growth Rate		
2000	2005	2008	2009	1995	2000	2005	2008	1996—2000	2001—2005	2006—2009
7.4	5.6	4.9	5.6	64.3	76.0	99.9	114.4	-3.3	-5.3	平
169.9	530.4	1130.5	1565.8	1041.1	921.6	295.2	138.5	2.5	25.6	31.1
115.8	515.0	658.4	1022.8	8383.5	883.2	198.6	155.3	56.8	34.8	18.7
131.7	441.8	695.0	1002.3	784.9	761.0	226.9	144.2	0.6	27.4	22.7
156.1	374.4	229.7	389.9	1920.6	249.8	104.1	169.8	50.4	19.1	1.0
0.5	0.8	1.2	1.3	289.1	268.2	152.3	107.9	1.5	12.0	11.1
368.1	645.7	1093.4	1320.2	425.5	358.7	204.5	120.7	3.5	11.9	19.6
460.6	1105.6	1770.2	1759.7	540.6	382.0	159.2	99.4	7.2	19.1	12.3
431.7	1141.6	1906.6	2112.0	789.2	489.2	185.0	110.8	10.0	21.5	16.6
2136	3218	5915	7056	355.8	330.3	219.3	119.3	1.5	8.5	21.7
3680	5277	11392	14122		383.8	267.6	124.0		7.5	27.9
193	61	73	82	59.4	42.5	134.4	112.3	6.9	-20.6	7.7
1661.44	4567.23	11162.16	13312.6							
507.4	1483.8	3259.7	3980.6							
2977.9	5067.1	10122.2	12171.7		408.7	240.2	120.2		11.2	24.5
1855.1	3029.0	6337.3	7453.5		401.8	246.1	117.6		10.3	25.2
1688.1	4523.3	10980.4	12787.2		757.5	282.7	116.5		21.8	29.7
38.2	218.2	606.7	819.0		2144.1	375.4	135.0		41.7	39.2
40785	1946	2357	2408			123.7	102.2			5.5
125.6	98.6	138.1	143.5	81.0	114.3	145.6	104.0	-6.7	-4.7	9.8
532.0	923.1	1857.9	2239.9							
4631.3	9869.5	16852.5	18693.9	941.6	403.6	189.4	110.9	18.5	16.3	17.3
2595.3	5081.3	7918.1	8815.4	1033.1	339.7	173.5	111.3	24.9	14.4	14.8
1448.0	3073.9	4972.1	5481.8	1407.0	378.6	178.3	110.3	30.0	16.2	15.6
44536	67128	180170	196676				109.2	1.9	8.6	
6473	10386	12014	11328	222.0	175.0	109.1	94.3	4.9	9.9	2.2
32740	49614	140379	157991				112.5	1.6	8.7	
5320	7125	27774	27355				98.5	0.8	6.0	
2.5	3.0	2.5	2.6	260.0	104.0	86.7	104.0	20.1	3.7	-3.5
62033	72871	129488	141494				109.3	1.4	3.3	
2994	3486	4662	5131	202.2	171.4	147.2	110.1	3.4	3.1	10.1
58026	68927	124426	135984				109.3	1.4	3.5	
860	244	153	114				74.5	-4.8	-22.3	
153	214	247	265	284.9	173.2	123.8	107.3	10.5	6.9	5.5
7114	17157	27267	26449	555.1	371.8	154.2	97.0	8.3	19.3	11.4
44493	72807	148827	149184	424.1	335.3	204.9	100.2	4.8	10.4	19.6
42579	67083	134669	139424	434.3	327.4	207.8	103.5	5.8	9.5	20.1
120.1	284.0	550.8	662.5	2924.9	551.4	233.3	120.3	39.6	18.8	23.6
1.9	2.1	2.3	2.4	100.4	126.4	115.6	107.0	-4.5	1.8	3.7
929.8	738.0	396.7	518.2	73.2	55.7	70.2	130.6	5.6	-4.5	-8.5
717.1	1611.7	1613.8	1279.1	513.7	178.4	79.4	79.3	23.6	17.6	-5.6
209.1	1046.9	1715.1	2154.3	36025.7	1030.4	205.8	125.6	103.6	38.0	19.8
483.8	1349.5	1379.9	1267.3	1021.6	261.9	93.9	91.8	31.3	22.8	-1.6
273.0	680.0	677.5	625.8	607.8	229.2	92.0	92.4	21.5	20.0	-2.1
210.8	669.5	702.4	641.5	3043.0	304.3	95.8	91.3	58.5	26.0	-1.1
10.9	65.5	78.8	93.2		852.1	142.2	118.2		43.1	9.2

1—4 续表3 continued

指　　标 Item			总量指标 1995
国内商业		**Domestic Trade**	
社会消费品零售总额	（亿元）	Total Retail Sales of Consumer Goods (100 million yuan)	599.6
#批发零售业		Engaged in Wholesale and Retail Trade	395.2
住宿和餐饮业		Accommodation and Catering Trade	37.3
其　他		Others	106.1
批发零售业购进总额	（亿元）	Total Goods Purchases of Enterprises in Wholesale and Retail Sale Trade (100 million yuan)	1026.3
批发零售业销售总额	（亿元）	Total Sales of Enterprises in Wholesale and Retail Sale Trade (100 million yuan)	1078.4
批发零售业库存总额	（亿元）	Total Inventory of Enterprises in Wholesale and Retail Sale Trade (100 nillion yuan)	226.6
对外经济贸易		**Foreign Trade**	
进出口总额	（万美元）	Total Exports and Tourists (USD 10000)	200739
进口额		Imports	61381
出口额		Exports	139358
国际旅游		**International Tourism**	
旅游人数	（万人次）	Total Number of Tourists (10000 persons)	14.3
#外国人		Foreigners	7.5
旅游外汇收入	（万美元）	Foreign Exchange Earnings from Tourism (USD 10000)	4436
旅游星级宾馆个数	（个）	Number of Tourist Hotel of Star Class (unit)	60
金融保险		**Finance and Insurance**	
金融机构存款余额	（亿元）	Deposits of National Banking System (100 million yuan)	1111.7
#企业存款		Deposits of Enterprises	308.2
居民储蓄存款		Saving Deposits of Residents	683.9
定　期		Fixed Deposits	
活　期		Current Deposits	
金融机构贷余额	（亿元）	Loans of National Banking System (100 million yuan)	1279.3
#工业贷款		Industrial Loans	273.3
商业贷款		Commercial Loans	416.0
农业贷款		Agricultural Loans	22.9
保险公司保费收入	（亿元）	Income From Premium of Insurance Companies (100 million yuan)	
保险公司赔款及给付	（亿元）	Amount Reparations of Insurance Companies (100 million yuan)	
教育、科技、文化		**Education, Science and Technology and Culture**	
教　育		**Education**	
幼儿园数	（个）	Number of Kindergartens (unit)	2243
入园儿童数	（万人）	Student Enrollment in Kingdergartens (10000 persons)	103.48
学龄儿童入学率	（%）	Percentage of School-age Children Enrolled （%）	99.70
专任教师数	（万人）	Full-time Teachers (10000 persons)	
普通高等学校		Regular Institutions of Higher Education	1.16
中等专业学校		Specialized Secondary Schools	0.85
普通中学		Regular Secondary Schools	14.03
#高　中		Senior Secondary Schools	2.04
职业中学		Vocational Secondary Schools	1.65
小　学		Primary Schools	26.73

Aggregate Date				速度指标　(%)　Indices and Growth Rates						
				指　数　(2009年为以下各年) Index (2009 as Percentage of the Following Years)				平均增长速度 Average Annual Growth Rate		
2000	2005	2008	2009	1995	2000	2005	2008	1996—2000	2001—2005	2006—2009
1077.8	1776.7	3045.2	3527.8	588.4	327.3	198.6	115.8	12.4	10.5	18.7
681.1	1509.6	2656.3	2958.2	748.5	434.3	196.0	111.4	11.5	17.3	18.3
119.6	242.3	354.3	529.1	1418.5	442.4	218.4	149.3	26.2	15.2	21.6
22.4	24.8	34.6	40.5	38.2	180.8	163.5	117.1	-26.7	2.0	13.1
1901.1	1513.1	3258.8	3521.6	343.1	185.2	232.7	108.1	13.1	-4.5	23.5
1764.0	3835.3	6566.1	7758.3	719.4	439.8	202.3	118.2	10.3	16.8	19.3
393.8	116.1	291.7	271.0	119.6	68.8	233.4	92.9	11.7	-21.7	23.6
334689	911971	2043529	1563520	778.9	467.2	171.4	76.5	10.8	22.2	14.4
117483	392933	908258	674791	1099.3	574.4	171.7	74.3	13.9	27.3	14.5
217206	519038	1135271	888729	637.7	409.2	171.2	78.3	9.3	19.0	14.4
31.8	63.3	132.1	156.2	1092.0	491.1	246.7	118.2	17.3	14.8	25.3
16.8	41.1	90.8	97.7	1303.3	582.2	237.8	107.6	17.5	19.6	24.2
8621	18559	45445	56584	1275.6	656.4	304.9	124.5	14.2	16.6	32.1
163	373	433	456	760.0	279.8	122.3	105.3	22.1	18.0	5.2
2485.5	5993.8	10303.3	13306.5	1197.0	535.4	222.0	129.1	17.5	19.2	22.1
761.9	1661.4	3019.7	4318.2	1401.1	566.8	259.9	143.0	19.8	16.9	27.0
1447.2	3508.7	5647.5	6619.5	967.9	457.4	188.7	117.2	16.2	19.4	17.2
1091.4	2445.6	3843.7	4277.0		391.9	174.9	111.3		17.5	15.0
355.7	1063.1	1803.8	2342.5		658.6	220.3	129.9		24.5	21.8
2384.9	4313.6	6948.7	9289.4	726.1	389.5	215.4	133.7	13.3	12.6	21.1
398.6	491.0	686.8	757.8	277.3	190.1	154.3	110.3	7.8	4.3	11.5
679.8	626.5	704.6	788.6	189.6	116.0	125.9	111.9	10.3	-1.6	5.9
181.1	430.6	560.4	630.2	2752.1	348.0	146.4	112.5	51.2	18.9	10.0
38.2	133.2	296.5	357.2		935.1	268.2	120.5		28.4	28.0
12.3	30.4	87.8	91.7		745.7	301.7	104.5		19.8	31.8
3932	2715	3232	3611	161.0	91.8	133.0	111.7	11.9	-7.1	7.4
116.19	72.38	87.53	93.8241	90.7	80.8	129.6	107.2	2.3	-9.0	6.7
99.67	99.54	99.84	99.88	100.2	100.2	100.3	100.0	-0.01	-0.03	0.08
1.51	3.24	4.36	4.64	399.8	307.1	143.1	106.4	5.4	16.5	9.4
0.88	0.61	0.76	0.78	92.2	89.1	128.5	103.1	0.7	-7.1	6.5
15.81	19.70	21.97	22.46	160.1	142.1	114.0	102.2	2.4	4.5	3.3
2.92	5.11	6.32	6.39	313.1	218.8	125.0	101.1	7.4	11.8	5.7
1.94	1.73	1.46	1.39	84.4	71.8	80.5	95.4	3.3	-2.3	-5.3
27.37	25.95	25.10	24.86	93.0	90.8	95.8	99.0	0.5	-1.1	-1.1

1—4 续表4 continued

指　标		Item		总量指标 1995
在校学生数	(万人)	Student Enrollment	(10000 persons)	
普通高等学校		Regular Institutions of Higher Education		8.80
中等专业学校		Specialized Secondary Schools		12.08
普通中学		Regular Secondary Schools		281.53
#高　中		Senior Secondary Schools		28.94
职业中学		Vocational Secondary Schools		35.14
小　学		Primary Schools		606.88
在校学生毕业生数	(万人)	Graduates of Student Enrollment	(10000 persons)	
普通高等学校		Regular Institutions of Higher Education		2.90
中等专业学校		Specialized Secondary Schools		3.20
普通中学		Regular Secondary Schools		71.26
#高　中		Senior Secondary Schools		7.37
职业中学		Vocational Secondary Schools		7.02
小　学		Primary Schools		103.24
教育经费支出	(亿元)	Government Expenditures on Education	(100 million yuan)	27.03
科　技		**Science and Technology**		
科学家、工程师数	(万人)	Number of Scientists and Engineers	(10000 persons)	3.84
研究与试验发展经费支出	(亿元)	Expenditures on Research and Development	(100 million yuan)	2.74
技术市场成交额	(万元)	Volume of Transaction in Technical Markets	(10000 yuan)	
文　化		**Culture**		
出版数量		Publicatons		
图　书	(万册)	Number of Books Published	(10000 copies)	27555
杂　志	(万册)	Number of Magazines Issued	(10000 copies)	3197
报　纸	(万份)	Number of Newspapers Issued	(10000 copies)	47569
公共图书馆	(个)	Number of Public Libraries	(unit)	83
公共图书馆藏书量	(万册)	Total Collections of Public Libraries	(10000 volumes)	752.4
电视节目制作时间	(小时)	Production Hours of TV Programs	(hours)	13719
广播覆盖率	(%)	Broadcast Covering Rate	(%)	82.5
电视覆盖率	(%)	TV Covering Rate	(%)	79.0
家庭、生活、环境		**Family, Peole's Livelihood and Environment**		
家　庭		**Family**		
城镇居民平均每户人口	(人)	Average Household Size in Urban Areas	(person)	3.18
农村居民平均每户人口	(人)	Average Household Size in Rural Areas	(person)	4.44
婚　姻	**(万对)**	**Marriages and Divorces**	**(10000 couple)**	
结婚数		Number of Marriages		60.96
离婚数		Number of Divorces		2.99
居　住	**(平方米)**	**Housing**	**(sq.m)**	
城市居民人均居住面积		Per Capita Gross Floor Space of Urban Residents		11.61
农村居民人均居住面积		Per Capita Net Floor Space of Rural Residents		17.82
生　活		**People's Livelihood**		
城镇居民人均可支配收入	(元)	Per Capita Annual Disposable Income of Urban Households	(yuan)	3779
城镇居民人均消费性支出	(元)	Per Capita Annual Living Expenditures of Urban Residents	(yuan)	3161
#食品支出		Food		1698
农村居民人均纯收入	(元)	Per Capita Net Income of Rural Residents	(yuan)	1302.8
农村居民人均生活费支出	(元)	Per Capita Annual Living Expenditures of Rural Residents	(yuan)	1070.6
#食品支出		Food		625.4

Aggregate Date				速度指标　(%)　Indices and Growth Rates						
				指　数　(2009年为以下各年) Index (2009 as Percentage of the Following Years)				平均增长速度 Average Annual Growth Rate		
2000	2005	2008	2009	1995	2000	2005	2008	1996—2000	2001—2005	2006—2009
18.24	58.91	80.83	87.78	997.5	481.2	149.0	108.6	15.7	26.4	10.5
19.19	18.55	27.71	27.99	231.7	145.9	150.9	101.0	9.7	-0.7	10.8
358.32	460.86	443.57	428.00	152.0	119.4	92.9	96.5	4.9	5.2	-1.8
54.14	116.90	133.71	130.57	451.2	241.2	111.7	97.7	13.3	16.6	2.8
45.28	54.78	55.97	53.49	152.2	118.1	97.7	95.6	5.2	3.9	-0.6
644.24	584.11	520.35	486.88	80.2	75.6	83.4	93.6	1.2	-1.9	-4.4
2.59	11.70	19.11	20.57	709.5	794.4	175.9	107.7	-2.2	35.2	15.2
6.04	3.78	7.72	8.48	264.9	140.3	224.2	109.8	13.5	-8.9	22.4
102.31	142.61	152.11	146.50	205.6	143.2	102.7	96.3	7.5	6.9	0.7
13.15	30.10	43.75	44.92	609.6	341.6	149.3	102.7	12.3	18.0	10.5
14.83	14.51	17.76	17.83	254.0	120.3	122.9	100.4	16.1	-0.4	5.3
121.20	116.25	103.93	98.37	95.3	81.2	84.6	94.7	3.26	-0.8	-4.1
53.99	117.40	309.84	355.45	1315.0	658.4	302.8	114.7	14.8	16.8	31.9
5.57	5.81	9.98						7.7	0.8	
20.02	45.61	99.49	138.50	5054.7	691.8	303.7	139.2	48.8	17.9	32.0
61011	142553	324865	356174		583.8	249.9	109.6		18.5	25.7
30992	25220	27900	23990	87.1	77.4	95.1	86.0	2.4	-4.0	-1.2
7736	5804	5908	5484	171.5	70.9	94.5	92.8	19.3	-5.6	-1.4
76083	98134	101600	108100	227.2	142.1	110.2	106.4	9.8	5.2	2.4
84	88	85	89	107.2	106.0	101.1	104.7	0.2	0.9	0.3
787.4	847.4	1052.7	1136.2	151.0	144.3	134.1	107.9	0.9	1.5	7.6
24833	58725	71253	75181	548.0	302.7	128.0	105.5	12.6	18.8	6.4
94.8	95.6	96.8	97.0	117.6	102.3	101.5	100.2	2.8	0.2	0.4
93.8	95.0	96.9	97.2	123.0	103.6	102.3	100.3	3.5	0.3	0.6
3.08	2.95	2.87	2.84	89.3	92.2	96.3	99.0	-0.6	-0.9	-0.9
4.18	4.08	4.06	4.05	91.2	96.9	99.3	99.8	-1.2	-0.5	-0.2
49.20	43.94	55.76	60.92	99.9	123.8	138.7	109.3	-4.2	-2.2	8.5
4.27	5.75	10.00	11.68	390.7	273.6	203.1	116.8	7.4	6.1	19.4
14.76	19.90	29.91	30.89	266.1	209.3	155.2	103.3	4.9	6.2	11.6
22.16	27.00	29.88	31.01	174.0	139.9	114.9	103.8	4.5	4.0	3.5
5294	8471	12990	14086	372.7	266.1	166.3	108.4	7.0	9.9	13.6
4233	6368	9524	10233.98	323.8	241.8	160.7	107.5	6.0	8.5	12.6
1935	2782	3905	4051	238.6	209.4	145.6	103.7	2.6	7.5	9.9
1934.6	2641.0	4202.5	4504.3	345.7	232.8	170.6	107.2	8.2	6.4	14.3
1321.5	2196.2	3284.1	3655.0	341.4	276.6	166.4	111.3	4.3	10.7	13.6
693.2	999.8	1454.2	1494.2	238.9	215.5	149.4	102.8	2.1	7.6	10.6

1—4 续表5 continued

指 标		Item		总量指标 1995
工资、福利和保障		**Wages and Welfare**		
职工工资总额	（亿元）	Total Wages	(100 million yuan)	228.13
国有单位		State-owned Units		179.28
城镇集体单位		Urban Collective-ownad Units		37.44
其他单位		Units of Other Types of Ownership		11.41
职工平均工资	（元）	Average Wage of Staff and Workers	(yuan)	4609
城镇居民最低生活保障	（人）	Receiving Lowest Cost-of-living in Urban Area	(person)	
农村居民最低生活保障	（人）	Receiving Lowest Cost-of-living in Rural Area	(person)	
社会保险基金收入	（亿元）	Revenue of Social Insurance Fund	(100 million yuan)	
卫 生		**Health Care**		
卫生机构数	（个）	Number of Health Institutions	(unit)	6593
医院、卫生院		Hospitals		3243
疾病防治中心		Disease Prevention and Controlling		132
妇幼保健站		Maternity and Child Care Centers		109
卫生机构床位数	（张）	Number of Beds in Health Institutions	(unit)	119846
#医院、卫生院		Hospitals		109516
卫生机构人员数	（人）	Number of Persons Engaged in Health Institutions	(person)	184884
专业卫生技术人员	（人）	Number of Technical Personnel in Hospitals	(person)	150619
#执业（助理）医师		Licensed (Assistant) Doctors		66714
注册护士		Registered Nurse		36308
市政建设		**City Construction**		
供水管道长度	（公里）	Length of Water Supply Pipelines	(km)	3164
供水总量	（万吨）	Total Annual Volume of Water Supply	(10000 tons)	192887
#生活用水		For Residential Use		46778
用水人口	（万人）	Number of Residents With Access to Tap Water	(10000 persons)	660
天然气供气量	（万立方米）	Supply of Natural Gas	(10000 cu.m)	
#家庭用量		Consumption of Coal Gas for Residential Use		
液化石油气供气量	（吨）	Liquefied Petroleum Gas	(ton)	194213
#家庭用量		Consumption of Liquefied Gas for Residential Use		80750
污水排放量	（万吨）	Volume of Sewage Discharged	(10000 tons)	99382
污水处理量	（万吨）	Volume of Sewage Treated	(10000 tons)	26849
排水管长度	（公里）	Length of Drainage	(km)	3008
生活垃圾清运量	（万吨）	Volume of Garbage Swept Away	(10000 tons)	193
生活垃圾无公害处理量	（万吨）	Volume of Garbage Treated	(10000 tons)	
公共汽（电）车总数	（辆）	Total Number of Public Buses and Trolley Buses	(unit)	3027
出租汽车数	（辆）	Number of Taxis	(unit)	12565
铺装道路长度	（公里）	Length of Paved Roads	(km)	4799
公园面积	（公顷）	Area of Parks	(hectare)	3004
绿地面积	（公顷）	Areas of Green Land	(hectare)	26556
建成区绿化覆盖率	（%）	Afforestation Covering Rate in the Constructed Area	(%)	26.8
环境、灾害		**Environment and Disaster**		
污染治理项目本年完成投资额	（万元）	Actual Investment in Implemrnyation of the Project for Pollution Treatment in the Project	(10000 yuan)	44948
环境污染与破坏次数	（起）	Number of Pollution Accidents	(cases)	
环境污染直接经济损失	（万元）	Losses Converted Into Cash	(10000 yuan)	
火灾事故发生数	（起）	Number of Fire Disasters	(cases)	2012
火灾伤亡人数	（人）	Number of Casualties in Fire Disasters	(person)	
火灾损失金额	（万元）	Fire Loss	(10000 yuan)	2946
交通事故发生数	（起）	Number of Traffic Accidents	(cases)	4137
交通受伤人数	（人）	Number of Injured in Traffic Accidents	(person)	
交通死亡人数	（人）	Number of Death in Traffic Accidents	(person)	
交通事故损失金额	（万元）	Loss of Traffic Accidents	(10000 yuan)	1698

Aggregate Date				速度指标 (%) Indices and Growth Rates						
				指　数 (2009年为以下各年) Index (2009 as Percentage of the Following Years)				平均增长速度 Average Annual Growth Rate		
2000	2005	2008	2009	1995	2000	2005	2008	1996—2000	2001—2005	2006—2009
275.53	484.13	844.47	974.29	435.6	353.5	201.2	115.4	4.3	11.9	19.1
201.58	307.16	495.07	563.50	320.2	279.7	183.5	113.8	2.7	8.8	16.4
31.74	27.69	39.71	33.92	93.1	106.9	122.5	85.4	-2.7	-2.7	5.2
42.20	149.28	309.69	376.87	3380.8	893.0	252.5	121.7	30.5	28.7	26.1
6989	15334	26363	29658	595.1	424.4	193.4	112.5	7.0	17.0	17.9
126460	977182	993548	949802		751.1	97.2	95.6		50.5	-0.7
102973	251183	1862710	2129320		2067.8	847.7	114.3		19.5	70.6
6705	9197	7854	7010	106.3	104.5	76.2	89.3	0.3	6.5	-6.6
2953	2684	2564	2426	74.8	82.2	90.4	94.6	-1.9	-1.9	-2.5
166	132	127	124	93.9	74.7	93.9	97.6	4.7	-4.5	-1.6
110	117	119	118	108.3	107.3	100.9	99.2	0.2	1.2	0.2
123873	127179	159802	176724	147.5	142.7	139.0	110.6	0.7	0.5	8.6
114921	119625	150568	165435	151.1	144.0	138.3	109.9	1.0	0.8	8.4
188278	193973	227470	244477	132.2	129.8	126.0	107.5	0.4	0.6	6.0
153808	159788	187785	202382	134.4	131.6	126.7	107.8	0.4	0.8	6.1
69943	66102	73845	79230	118.8	113.3	119.9	107.3	0.9	-1.1	4.6
41226	47329	60860	69291	190.8	168.1	146.4	113.9	2.6	2.8	10.0
6236	8745	11062	13314	420.8	213.5	152.3	120.4	14.5	7.0	11.1
200918	206386	195543	162243	84.1	80.8	78.6	83.0	0.8	0.5	-5.8
61398	49728	50323	49072	104.9	79.9	98.7	97.5	5.6	-4.1	-0.3
794.1	1053	1608.7	1699	257.4	213.9	161.3	105.6	3.8	5.8	12.7
600	11564	68481	89259		14876.6	771.9	130.3		80.7	66.7
560	5123	17253	20812		3716.4	406.2	120.6		55.7	42.0
458621	613614	680514	594994	306.4	129.7	97.0	87.4	18.8	6.0	-0.8
167146	195508	163523	158589	196.4	94.9	81.1	97.0	15.7	3.2	-5.1
104871	126761	113306	117004	117.7	111.6	92.3	103.3	1.1	3.9	-2.0
40660	66347	89353	73006	271.9	179.6	110.0	81.7	8.7	10.3	2.4
4120	7606	9836	11333	376.8	275.1	149.0	115.2	6.5	13.0	10.5
327	477	428	433	224.2	132.3	90.7	101.0	11.1	7.8	-2.4
165	83.9	223.5	263.6		159.8	314.2	118.0		-12.7	33.1
6359	8450	10240	11687	386.1	183.8	138.3	114.1	16.0	5.9	8.4
31998	34287	35382	50483	401.8	157.8	147.2	142.7	20.6	1.4	10.2
5954	7985	9271.4	9718.2	202.5	163.2	121.7	104.8	4.4	6.0	5.0
3472	3970	10683	12338	410.7	355.4	310.8	115.5	2.9	2.7	32.8
32852	41896	59139	67269	253.3	204.8	160.6	113.7	4.3	5.0	12.6
27.1	27.5	36.0	37.2	138.7	137.1	135.1	103.2	0.2	0.3	7.8
56470	45443	115341	108282	240.9	191.8	238.3	93.9	4.7	-4.3	24.2
66	28	16	22		33.3	78.6	137.5		-15.8	-5.9
802.0	275.4	1440.7	625.4		78.0	227.1	43.4		-19.2	22.8
6099	9182	5882	5479	272.3	89.8	59.7	93.1	24.8	8.5	-12.1
227	189	101	69		30.4	36.5	68.3		-3.6	-22.3
5704	3393	8618.6	8280	281.1	145.2	244.0	96.1	14.1	-9.9	25.0
25809	17474	8413	8191	198.0	31.7	46.9	97.4	44.2	-7.5	-17.3
20096	19771	10283	10302		51.3	52.1	100.2		-0.3	-15.0
3782	4355	3027	2930		77.5	67.3	96.8		2.9	-9.4
7970	6118	2308	2427.8	143.0	30.5	39.7	105.2	36.2	-5.2	-20.6

1—5 国民经济和社会发展结构指标
Structural Indicators on National Economic and Social Development

单位：%

指　标	Item	1995	2000	2005	2008	2009
人口与就业	**Population and Employment**					
人　口	**Population**					
城乡结构	Urban and Rural Structure					
城　镇	Urban	19.1	28.0	35.5	40.5	42.1
乡　村	Rural	80.9	72.0	64.5	59.5	57.9
性别结构	Sexual Structure					
男	Male	51.9	51.9	52.0	52.0	51.9
女	Female	48.1	48.1	48.0	48.0	48.1
就　业	**Employment**					
产业结构	Industrial Structure					
第一产业	Primary Industry	60.7	58.5	48.6	40.7	39.3
第二产业	Secondary Industry	17.9	16.9	21.4	24.7	25.0
第三产业	Tertiary Industry	21.4	24.6	30.0	34.6	35.7
宏观经济	**Macro Economy**					
国民核算	**National Accounting**					
生产总值产业结构	Structure of Total Investment in Fixed Assets					
第一产业	Primary Industry	32.3	25.6	18.1	16.0	14.9
第二产业	Secondary Industry	36.5	36.4	42.0	47.4	48.7
第三产业	Tertiary Industry	31.3	38.0	39.9	36.6	36.4
投　资	**Investment**					
全社会固定资产产业结构	Structure of Total Investment in Fixed Assets					
第一产业	Primary Industry	0.3	1.0	3.0	2.7	2.5
第二产业	Secondary Industry	35.4	26.9	39.5	43.5	43.2
第三产业	Tertiary Industry	64.3	72.1	57.5	53.8	54.3
资金来源结构	Structure of Funded Sources					
国家预算内资金	State Budgetary Appropriation	3.4	6.4	4.6	5.4	5.9
国内贷款	Domestic Loans	27.7	18.7	17.4	11.2	10.9
利用外资	Foreign Investment	5.7	2.5	1.8	1.4	1.0
自筹和其他投资	Fundraising	63.2	72.4	76.2	82.0	82.2
财　政	**Government Finance**					
财政收入结构	Structure of Government Revenue					
中　央	Central Government	43.0	38.5	42.2	39.8	39.8
地　方	Local Government	57.0	61.5	50.9	54.6	55.7
财政支出结构	Structure of Government Expenditures					
地　方	Local Government		100.0	100.0	100.0	100.0
利用外资	**Utilization of Foreign Capital**					
实际利用外资结构	Structure of Foreign Capital Actually Utilized					
外商直接投资	Direct Investment by Foreign Entrepreneurs	62.9	76.7	100.0	100.0	100.0
能源生产与消费	**Energy Production and Consumption**					
能源生产总量结构	Composition of Total Energy Production					
原　煤	Coal	99.5	99.8	99.8	98.9	98.9
水　电	Hydro-power	0.5	0.2	0.2	1.1	1.1
能源消费总量结构	Composition of Total Energy Consumption					
煤　品	Coal			92.3	97.2	100.3
油　品	Petroleum			10.5	10.2	10.1
天然气	Natural Gas			0.2	1.2	1.5
水　电	Hydro-power			0.7	1.1	1.0
其　他	Other			-3.6	-9.6	-12.9
产　业	**Industrial**					
农　业	**Agriculture**					
农林牧渔业产值结构	Structure of Gross Output Value					
农　业	Farming	65.1	55.4	49.1	49.0	50.2
林　业	Forestry	4.0	5.2	4.7	4.7	4.9

1—5 续表1 continued

单位：%

指　标	Item	1995	2000	2005	2008	2009
牧　业	Animal Husbandry	25.1	28.6	33.2	33.0	31.0
渔　业	Fishery	5.8	10.8	9.9	9.5	10.0
工　业	**Industry**					
工业总产值规模结构	Structure of Gross Output Value of Industry					
大型企业	Large Enterprises		49.3	41.2	35.7	34.6
中型企业	Medium-sized Enterprises		14.9	32.2	29.6	26.7
小型企业	Small Enterprises		35.8	26.6	34.7	38.7
建 筑 业	**Construction**					
建筑业总产值结构	Structure of Gross Output Value of Construction Enterprises					
建筑工程	Construction Projects	85.2	86.6	85.1	86.0	87.1
安装工程	Installation Projects	13.3	11.0	10.8	9.9	9.1
其　他	Others	1.5	2.4	4.1	4.1	3.8
运 输 业	**Transportation**					
货运量结构	Structure of Freight Traffic					
铁　路	Railways	12.6	14.5	15.5	6.7	5.8
公　路	Highways	74.7	73.5	73.9	77.9	80.3
水　运	Waterways	12.7	12.0	10.6	15.4	13.9
民　航	Total Civil Aviation Routes					
国内商业	**Domestic Trade**					
社会消费品零售总额构成	Composition of Retail Sales of Consumer Goods					
市	Cities	48.4	47.3	53.3	55.1	55.0
县	Counties	22.4	22.2	20.2	20.3	20.3
县以下	Below Counties	29.2	30.5	26.5	24.6	24.7
对外经济贸易	**Foreign Trade**					
出口商品结构	Structure of Exports					
初级产品	Primary Goods		13.3	7.1	8.6	9.5
工业制成品	Manufactured Goods		86.7	92.9	91.4	90.5
进口商品结构	Structure of Imports					
初级产品	Primary Goods		38.9	53.0	66.0	56.4
工业制成品	Manufactured Goods		61.1	47.0	34.0	43.6
国际旅游	**International Tourism**					
来华旅游人数结构	Structure of Tourists					
外国人及华侨	Foreigners and Overseas Chinese	52.2	52.7	64.9	68.8	62.6
港澳台同胞	Compatriots form Hong Kong, Macao and Taiwan	47.8	47.3	35.1	31.2	37.4
金融保险业	**Finance and Insurance**					
金融机构资金来源结构	Structure of Sources of Funds in State Banks					
#各项存款	Deposits		99.1	96.3	107.1	107.1
其　他	Others		0.6	-0.3	-16.4	-16.9
金融机构资金运用结构	Structure of Fund Uses in State Banks					
#各项贷款	Loans		95.1	69.3	72.2	74.8
有价证券及投资	Securities and Investment		2.7	3.1	4.8	4.8
教育、科技、文化	**Education, Science and Culture**					
教　育	**Education**					
在校学生结构	Structure of Student Enrollment					
大 学 生	College and University Students	0.9	1.7	4.7	6.6	7.4
中 学 生	Secondary School Students	29.5	32.8	41.2	41.0	40.8
小 学 生	Primary School Students	63.5	59.0	46.7	42.7	41.3
专任教师结构	Full-time Teachers by Type					
大　学	College and University Students	2.6	3.2	6.3	7.8	8.2
中　学	Secondary School Students	37.2	39.2	42.9	43.3	43.4
小　学	Primary School Students	60.2	57.6	50.6	45.0	43.8
科　技	**Science and Technology**					
科技经费筹集额结构	Structure of Funding for Scientific and Technological Outlat					
#政府资金	Government Fund	19.2	28.3	23.6	16.3	
企业资金	Enternment Fund	53.0	51.9	57.6	70.9	
银行贷款	Loans from Banfs					

1—5 续表2 continued

单位：%

指　　标	Item	1995	2000	2005	2008	2009
科技经费内部支出结构	Structure of Internal Expenditures on Scientific and Technological Activities					
#劳 务 费	Service Fees			15.1	16.7	
固定资产购建	Purchases of Fixed Assets			45.0	36.8	
#研究与发展经费支出	Research and Development Expenses	20.5	46.9	35.7	40.5	
#基础研究	Basic Research			3.2	2.3	
应用研究	Applied research			7.2	4.6	
试验发展	Experimental development			21.9	32.2	
生活、环境	**Family, People's Livelihood and Environment**					
生　活	**People's Livelihood**					
城镇居民消费结构	Consumption Structure of Urban Residents					
食 品 类	Food	53.7	45.7	43.7	41.0	39.6
衣 着 类	Clothing	13.4	10.3	12.0	10.6	10.5
居　住	Residence	6.7	8.8	9.3	10.4	11.9
家庭设备用品及服务	Household Facilities, Articles and Services	7.5	7.1	4.6	6.1	5.8
医疗保健	Health Care and medical Services	1.6	4.3	6.3	6.6	7.0
交通通信	Transport and Communications	5.3	7.3	10.6	9.7	9.9
教育文化娱乐服务	Education, Cultural and Recreation Services	8.3	12.0	10.4	12.2	12.0
杂项商品与服务	Miscellaneous Goods and Services	3.5	4.5	3.1	3.4	3.3
农村居民消费结构	Consumption Structure of Rural Residents					
食 品 类	Food	58.4	52.4	45.5	44.3	40.9
衣 着 类	Clothing	6.6	5.4	5.3	5.5	5.6
居　住	Residence	15.5	14.9	15.7	19.8	22.2
家庭设备用品及服务	Household Facilities, Articles and Services	5.3	4.4	4.8	5.0	6.3
交通通讯	Transport and Telecommunications	2.0	4.4	9.0	8.5	8.3
文教娱乐用品及服务	Education, Cultural and Recreation and Services	7.4	11.0	11.7	9.0	8.5
医疗保健	Health Care and medical Services	3.2	4.4	6.1	6.1	6.2
其他商品及服务	Other Goods and Services	1.6	3.1	1.8	1.8	2.0
福　利	**Social Welfare**					
离退休人员结构	Structure of Retired Staff and Workers					
国有单位	State-owned Units	75.4	66.4	68.5		
城镇集体单位	Urban Collective Owned Units	19.9	24.2	21.7		
其他单位	Others	4.7	9.4	9.8		
卫　生	**Health Care**					
卫生技术人员结构	Composition of medical Technical personnel					
#执业（助理）医师	Licensed (Assistant) Doctors	44.3	45.5	41.4	39.3	39.1
注册护士	Registered Nurses	24.1	26.8	29.6	32.4	34.2
医院床位结构	Hospital Beds by Area					
市 医 院	Hospitals at City Level	49.4	53.8	69.5		
县 医 院	Hospitals at County Level	50.6	46.2	30.5		
环境、灾害	**Environment and Disasters**					
治理污染资金使用结构	Uses of Funds in Pollution Treatment					
治理废水	Waste Water Treatment	57.2	46.7	53.1	21.4	18.1
治理废气	Waste Gas Treatment	25.8	45.4	36.9	47.7	60.8
治理固体废物	Solid Wastes Treatment	7.9	3.8	6.4	1.9	0.1
治理噪声	Noise Abatement	1.6	0.7	0.5	0.3	0.4
其　他	Others	7.5	3.4	3.1	0.7	20.6
火灾事故损失额结构	Structure of Fire Losses Converted into Cash					
特　大	Extraordinarily Serious Fires	10.6	41.6	10.7	43.2	
重　大	Serious Fires	39.6	6.3	10.9	15.9	
一　般	Ordinary Fires	49.8	52.1	78.4	40.9	100.0
交通事故损失额结构	Structure of Losses of Traffic Accidents Converted into Cash					
特　大	Extraordinarily Serious Fires	11.6	3.8	5.0	6.5	11.0
重　大	Serious Fires	40.2	19.9	31.6	44.4	43.5
一　般	Ordinary Fires	48.2	76.3	63.4	49.1	45.5

1—6 国民经济和社会发展比例和效益指标
Indicators on Proportions and Efficiency in National Economic and Social Development

指　标	Item	1995	2000	2005	2008	2009
人　口	**Population**					
出生率 (‰)	Birth Rate (‰)	16.07	13.40	12.43	13.05	13.07
死亡率 (‰)	Death Rate (‰)	6.41	5.76	6.23	6.60	6.60
自然增长率 (‰)	Natural Growth Rate (‰)	9.66	7.64	6.20	6.45	6.47
就　业	**Employment**					
三次产业从业者比例 (以第一产业为100)	Employment Ratio by Type of Industry (Employment in primary industry=100)					
第一产业	Primary Industry	100.0	100.0	100.0	100.0	100.0
第二产业	Secondary Industry	29.5	29.0	44.0	60.8	63.6
第三产业	Tertiary Industry	35.3	42.0	61.8	85.0	91.0
城镇登记失业率 (%)	Registered Unemployment Rate in Urban Areas	3.1	3.3	4.4	3.9	3.9
国民核算	**National Accounting**					
全社会劳动生产率 (元/人)	Overall Labor Productivity (yuan/person)	5722	8410	14709	22890	25463
第一产业	Primary Industry	3033	3674	5345	8774	9468
第二产业	Secondary Industry	11488	18071	29590	44822	49934
第三产业	Tertiary Industry	8245	13029	19975	24618	26343
人均生产总值 (元)	Per Capita GDP (yuan)	3070	4779	8631	14448	16408
固定资产投资	**Investment in Fixed Assets**					
全社会固定资产投资相当于生产总值比例 (%)	Proportion of Investment in Fixed Assets to GDP (%)	29.4	29.9	46.9	76.6	92.1
全社会房屋建筑面积竣工率 (%)	Rate of Total Floor Space of Buildings Completed in Construction (%)	43.0	56.0	51.5	47.0	47.2
财　政	**Finance**					
财政收入相当于生产总值比例 (%)	Proportion of Government Revenue to GDP (%)	8.1	10.0	12.2	14.9	15.4
财政支出相当于生产总值比例 (%)	Proportion of Government Expenditure of GDP (%)	7.5	11.1	13.3	18.6	21.3
地方收入相当于中央财政收入比例 (%)	Proportion of Local Government Revenue to Central Government Revenue (%)	132.7	160.0	120.6	137.3	139.8
利用外资	**Utilization of Foreign Capital**					
实际利用外资额相当于签订利用外资额比例 (%)	Proportion of Foreign Capital Actually Used to Total Amount of Foreign Capital for Utilization by Signed Contracts or Agreements (%)	57.3	55.2	44.3	169.7	185.9
能源生产与消费	**Production and Consumption of Energy**					
能源生产弹性系数	Elasticity Ratio of Energy Production	0.67	0.26	0.54	1.95	0.82
电力生产弹性系数	Elasticity Ratio of Electricity Production	0.26	1.84	0.51	2.12	1.59
能源消费弹性系数	Elasticity Ratio of Energy Consumption	0.90	0.66	0.71	0.60	0.53
电力消费弹性系数	Elasticity Ratio of Electricity Consumption	0.74	1.00	1.08	0.92	0.84
每万元生产总值消耗的能源 (吨标准煤)	Energy Consumption per 10000 yuan GDP (ton of SCE)	2.10	1.68	1.21	1.08	1.02

1—6 续表1 continued

指　　标	Item	1995	2000	2005	2008	2009
农　业	**Agriculture**					
每公顷耕地农业机械总动力（千瓦）	Total Power of Agricultural Machinery per Hectare of Cultivated Land (kw)	4.28	7.04	9.73	11.60	12.25
每公顷耕地用电量　（千瓦小时）	Electare Power Consumption per Hectare of Cultivated Land (kwh)	871	1083	1569	2169	2350
每公顷耕地化肥施用量　（公斤）	Chemical Fertilizer Consumption per Hectare of Cultivated Land (kg)	474	599	698	742	750
农业从业者人均农产品产量（公斤）	Output of Farm Products per Agricultural (kg)					
粮　　食	Grain	1383	1235	1474	1870	1943
棉　　花	Cotton	16	14	18	23	22
油　　料	Oil-bearing Crops	100	142	153	141	152
肉　　类	Meat	103	156	217	213	230
水 产 品	Aquatic Products	39	80	100	110	116
每公顷播种面积农产品产量（公斤）	Output of Farm Crops per Hectare of Sown Area (kg)					
粮　　食	Grain	4533	4442	4351	4608	4647
棉　　花	Cotton	680	867	816	967	1055
油　　料	Oil-bearing Crops	1518	1956	2077	2434	2481
工　业	**Industry**					
总资产贡献率　(%)	Ratio of Total Assets to Industrial Output Value (%)		7.09	38.90	13.71	14.12
资产负债率　(%)	Assets-liability Ratio (%)		63.19	61.63	62.61	61.24
成本费用利润率　(%)	Ratio of Profits to Industrial Cost (%)		2.40	5.14	5.98	6.90
流动资产周转次数　(次/年)	Number of Times of Annual of Turnover Circulating Funds (times /year)		1.43	2.25	2.81	2.55
产品销售率　(%)	Proportion of products Sold (%)			98.24	97.44	97.12
建 筑 业	**Construction**					
技术装备率　(元/人)	Value of Machinery per Laborer (yuan/peron)	4252	4570	9020	7875	8129
产值利税率　(%)	Ratio of Per-tax Profits to Gross Output Value (%)	2.97	4.16	5.4	7.14	7.29
全员劳动生产率　(元/人)	Overall Labor Productivity (yuan/person)	36080	42406	95803	131657	156258
交通运输业	**Transportation**					
客运量弹性系数	Elasticity of Passenger Traffic	2.20	0.20	0.47	3.84	0.72
货运量弹性系数	Elasticity of Freight Traffic	-0.49	0.99	1.04	9.17	0.71
铁路网密度　(公里/万平方公里)	Railway Density (km/10000 sq.km)	126	155	169	206	204
公路网密度　(公里/万平方公里)	Highway Density (km/10000 sq.km)	2524	3187	5223	10676	10702
铁路货运密度　(吨/公里)	Railway Freight Traffic Density (ton/km)	19477	29787	45000	41846	39748
公路货运密度　(吨/公里)	Highway Freight Traffic Density (ton/km)	8595	7358	6814	9432	10590
邮电通信业	**Postal and Telecommunications Services**					
邮电业务总量弹性系数	Elasticity of Postal and Telecommunications Services	3.20	3.19	2.30	1.85	1.57
全省电话普及率　(部/百人)	Access to Telephones, National (set/100 persons)	1.73	11.38	36.78	50.45	55.80
#移动电话普及率	Access to Mobile Phones		3.43	16.07	27.96	35.14
国内商业	**Domestic Trade**					
批零和餐饮业人均消费品零售额(元)	Per Capita Retail Sales of Consumer Good (yuan)	724	1281	2700	4488	5153
对外经济贸易	**Foreign Trade**					
进出口总额相当于生产总值比例　(%)	Proportion of Total Imports & Exports to GDP (%)	8.3	9.1	13.9	16.0	10.6
国际旅游	**International Tourism**					
每一来华游客花费　(美元)	Expenditure per International Tourist in China(USD)	311	355	388	411	425
国内旅游人均花费　(元)	Expenditure per Domestic Tourist (yuan)			661.5	731	755

1—6 续表2 continued

指　　标	Item	1995	2000	2005	2008	2009
金融保险	**Finance and Insurance**					
金融机构存款相当于生产总值比例 (%)	Bank Deposits as Percentage of GDP (%)	55.50	81.80	111.50	116.10	132.23
金融机构贷款相当于生产总值比例 (%)	Bank Loans as Percentage of GDP (%)	63.80	78.50	80.24	78.30	92.31
金融机构现金支出相当于收入比例 (%)	Bank of Cash Outlay to Cash Receipt in State Banking System (%)	99.30	98.90	97.95	97.89	98.02
教　育	**Education**					
学龄儿童净入学率 (%)	Net Enrollment Ratio of Primary Schools (%)	99.70	99.67	99.54	99.84	99.88
小学升学率 (%)	Promotion Rate from Primary Schools to Junior Secondary Schools (%)	98.76	97.55	99.56	101.18	100.81
初中升学率 (%)	Promotion Rate from Junior Secondary Schools to Senior Secondary Schools (%)	31.56	33.46	60.51	70.86	73.47
高中升学率	Poomotion Rate from Senior Secondary Schools to Higher Education (%)					
学校教师负担系数 (%)	Student-teacher Ratio (in percentage) (%)					
高等学校	Colleges and Universities	7.61	12.11	18.16	18.53	18.93
中等学校	Secondary Schools	19.89	22.69	24.24	21.80	20.68
小学学校	Primary Schppls	22.71	23.53	22.51	20.73	19.59
科　技	**Science and Technology**					
研究与开发经费支出相当于生产总值比例 (%)	R&D Expenditures as Percentage of GDP (%)	0.14	0.66	0.85	1.12	1.37
卫　生	**Health Care**					
每万人执业(助理)医师数 (人)	Number of Doctors per 10000 Persons (person)	11.10	11.20	10.19	11.01	11.71
每万人医院床位数 (张)	Number of Hospital Beds per 10000 Persons (unit)	18.20	18.36	18.44	22.45	24.44
医院病床使用率 (%)	Utilization Rate of Hospital Beds (%)	66.20	50.50	65.65	73.82	76.22
文　化	**Culture**					
每百万人有艺术表演团体 (个)	Number of Troupes per Million Persons (unit)	1.50	1.50	1.42	1.30	1.27
每百万人有公共图书馆 (个)	Number of Public Libraries per Million Persons (unit)	1.40	1.30	1.36	1.27	1.32
每百万人有博物馆 (个)	Number of Museums per Million Persons (unit)	0.50	0.60	0.66	0.66	1.00
家　庭	**Family**					
负担少儿系数 (%)	Dependency Ratio of Children (%)	41.45	38.10	34.51	28.70	28.05
负担老年系数 (%)	Dependency Ratio of the Aged (%)	10.20	11.35	15.08	16.15	16.52
婚　姻	**Marriages and Divorces**					
离 婚 率 (‰)	Divorce Rate (‰)	1.00	1.37	1.76	3.26	3.45
生　活	**People's Livelihood**					
城镇与农村居民收入增长率比例 (1990=100)	Proportion of Growth Rate of Annual Income of Urban Residents to the Growth Rate of Annual Net Income of Rural Residents (1990=100)	1.15	1.09	1.28	1.23	1.24
离、退休	**Retired Persons**					
退职人员相当于在职人数比例 (%)	Proportion of the Number of Workers Who Have Retired or Resigned to the Number of Employed Ones (%)	18.90	29.90	48.64		
市政建设	**City Construction**					
城市自来水普及率 (%)	Percentage of Households with Access to Tap Water (%)	93.30	95.78	90.52	95.11	95.30
城市用气普及率 (%)	Percentage of Households with Access to Tap Gas (%)	55.60	76.95	72.29	87.60	88.62
人均公园绿地面积 (平方米)	Public Green Areas per Person (sq.m)				9.29	10.00

1—7 平均每天主要社会经济活动

Selected Indicators on Average Daily Social and Economic Activities

指标	Item	1995	2000	2005	2008	2009
每天创造的财富	**Daily Production**					
安徽生产总值（万元）	Gross Domestic Product (10000 yuan)	49608	79509	146580	242511	275694
第一产业	Primary Industry	16003	20323	26479	38852	40971
第二产业	Secondary Industry	18085	28953	61532	115039	134390
工　　业	Industry	15408	24249	50339	96046	111362
建 筑 业	Construction	2677	4704	11193	18994	23027
第三产业	Tertiary Industry	15520	30233	58569	88620	100333
#运输邮电	Transportation, Postal & Telecommunications Services	2971	5907	12204		
财政收入（万元）	Government Revenue (10000 yuan)	4027	7956	17988	36329	42500
#地　方	Local	2296	4896	9151	19852	23669
粮　　食（吨）	Grain (ton)	72678	67726	71378	82830	84106
棉　　花（吨）	Cotton (ton)	825	781	852	1010	947
油　　料（吨）	Oil-bearing Crops (ton)	5254	7811	7416	6247	6585
布（万米）	Cloth (10000 m)	240	203	154	135	154
原　　煤（万吨）	Coal (10000 tons)	12.20	13.10	23.11	32.64	35.20
发 电 量（亿千瓦时）	Electricity (100 million kwh)	0.85	1.01	1.77	3.00	3.62
钢（万吨）	Steel (10000 tons)	0.89	1.26	3.03	4.85	4.82
成品钢材（万吨）	Rolls Steel (final products) (10000 tons)	0.73	1.18	3.13	5.22	5.79
水　　泥（万吨）	Cement (10000 tons)	5.43	5.85	8.82	16.21	19.33
家用电冰箱（台）	Household Refrigerator (unit)	4121	4655	14532	30973	42899
家用洗衣机（台）	Household Washing Machines (unit)	3499	3608	12104	19041	27459
每天消费量	**Daily National Consumption**					
居民消费总额（万元）	Resident Consumption (10000 yuan)	27290	44258	65737	100804	114748
农　　民	Peasants Consumption	17598	26424	24115	33036	36321
非农业居民	Non-agricultural Residents' Consumption	9692	17834	41622	67767	78426
政府消费总额（万元）	Governmert Consumption Expenditure (10000 yuan)	4892	9105	16638	24456	27145
能源消费量（万吨标准煤）	Energy Consumption (10000 tons of SCE)	11.5	13.4	17.8	22.8	24.4
每天其他经济活动	**Other Daily Economic Activities**					
货物运输量（万吨）	Volume of Freight Traffic (10000 tons)	110.9	122.0	183.9	493.6	538.8
旅客运输量（万人）	Volume of Passenger Traffic (10000 persons)	158.6	170.0	199.6	354.8	387.7
邮电业务总量（万元）	Business Volume of Postal and Telecommunications Services (10000 yuan)	621	2735	7781	15089	18150
出版图书（万册）	Books Published (10000 copies)	75	85	69	76	66
出版杂志（万册）	Magzines Published (10000 copies)	9.0	21.0	15.9	16.2	15.0
出版报纸（万份）	Newspaper Published (10000 copies)	130	208	269	278	296
固定资产投资（万元）	Investment in Fixed Assets (10000 yuan)	14589	23745	69068	186300	253786
城　　镇	Urban		17522	58607	164428	223414
农　　村	Rural		6223	10461	21873	30372
社会消费品零售总额（万元）	Total Retail Sales of Consumer Goods (10000 yuan)	16427	29528	48677	83430	96652
货物进出口总额（万美元）	Total Value of Imports and exports (USD 10000)	550	917	2499	5599	4284
出口总额	Total Exports	382	595	1422	3110	2435
进口总额	Total Imports	168	322	1077	2488	1849
实际利用外资额（万美元）	Foreign Capital Actually Used (USD 10000)	210.3	113.8	188.6	956.1	1064.2
国际旅游外汇收入(万美元)	Foreign Exchange Earnings from International Tourism (USD 10000)	12.2	23.6	50.8	124.5	155.0
每天人口变动和婚姻	**Daily Population Changes and Marriages**					
出　　生（人）	Births (person)	2622	2234	2079	2193	2195
死　　亡（人）	Deaths (person)	1047	946	1038	1109	1108
结　　婚（对）	Marriages (couple)	1670	1348	1204	1528	1669
离　　婚（对）	Divorces (couple)	82	117	157	274	320

1—8　皖江城市带承接产业转移示范区主要指标（2009年）

Anhui Demonstration Zone for Industrial Relocation into cities along Yangtze River Main Indicators (2009)

指　标		Item		全　省 the Whole Province	皖　江 the Area of Wanjiang River	占全省比重（%） Percentage to the Whole Province	2015年规划目标 2015 Plan Goal
经济发展		**Economical Development**					
地区生产总值	（亿元）	Gross Domestic Product	(100 million yuan)	10062.8	6733.2	66.9	13500
财政收入	（亿元）	Government Revenue	(100 million yuan)	1551.3	1001.5	64.6	1700
城镇化率	（%）	Rate of Urbanization	(%)	42.1	48.0		≥55
R&D经费相当于GDP比例	（%）	Proportion of R&D fund to GDP	（%）				2.2
产业结构		**Industrial Structure**					
非农产业比重	（%）	Non-agricultural Industries	（%）	85.1	89.3		93
规模以上工业企业	（个）	Industrial Enterprises Above Designated Size	(unit)	14122	9483	67.2	14000
规模以上工业增加值中开发区所占比重	（%）	Proportion of Development Zones of Add-value of Industrial Enterprises Above Designated Size	（%）	40.2	49.6		65
开发区单位土地实现经济收入	（万元/亩）	Economic Income of Unit Land Development Zones	(10000 yuan per mu)				140
开放合作		**Opening-up and Cooperation**					
实际利用外商直接投资	（亿美元）	Actual Use of Foreign Direct Investment	(USD 100 million)	38.8	29.8	76.7	75
实际利用省外资金	（亿元）	Actual Use of Fund Outside Anhui Province	(100 million yuan)	4639.7	3323.3	71.6	8500
外贸进出口相当于GDP比例	（%）	Proportion of Foreign Trade Import and Export to GDP	(%)	10.6	14.3	134.4	≥30
公共服务		**Public Service**					
城镇居民人均可支配收入	（元）	Unban Dweller Per Capita Disposable Income	(yuan)	14086	15465	110	30900
农民人均纯收入	（元）	Farmer Per Capita Net Income	(yuan)	4504	5156	114	9800
新增城镇就业岗位	（万个）	New Increasing Cities Employment Post Every Year	(10 thousand)	51.2	38.9	76.0	40
职业中学在校学生数	（万人）	Number of Students in Vocational Schools	(10000 persons)	53.5	29.6	55.3	
环境保护		**Environmental Protection**					
城市污水厂集中处理率	（%）	Central Processing Rate of Sewage Treatment Plant	(%)	62.4	64.2	102.9	75
工业企业污染物稳定达标排放率	（%）	Central Processing Rate of Sewage Treatment Plant	(%)				100

注：皖江城市带承接产业转移示范区是指合肥、芜湖、马鞍山、铜陵、安庆、池州、巢湖、滁州和宣城市，以及六安市的金安区和舒城县。

a) The Wanjiang City Zone Contracting Industrial shifting Model District Refers to Hefei, Wuhu, Maanshan, Tongling, Anqing, Chizhou, Chaohu, Chuzhou and Xuancheng, and Liuan's Jinan District and Shucheng County.

1—9 皖江城市带承接产业转移示范区分地区主要指标（2009年）

Anhui Demonstration Zone for Industrial Relocation into cities along Yangtze River Main Indicators by Cities (2009)

地 区	Region	经 济 发 展 Economical Development				产 业 结 构 Industrial Structure			
		地区生产总值 (亿元) Gross Domestic Product (100 million yuan)	财政收入 (亿元) Government Revenue (100 million yuan)	城镇化率 (%) Rate of Urbanization (%)	R&D经费相当于GDP比例 (%) Proportion of R&D fund to GDP (%)	非农产业比重 (%) Non-agricultural Industries (%)	规模以上工业企业 (个) Industrial Enterprises Above Designated Size (unit)	规模以上工业增加值中开发区所占比重 (%) Proportion of Development Zones of Add-value of Industrial Enterprises Above Designated Size (%)	开发区单位土地实现经济收入 (万元/亩) Economic Income of Unit Land Development Zones (10000 yuan per mu)
合 肥 市	Hefei	2102.1	341.9	64.1	2.3	94.8	1917	68.9	
芜 湖 市	Wuhu	888.4	147.8	66.0	2.1	95.3	1586	78.0	
马鞍山市	Maanshan	666.5	122.3	67.3	1.6	96.1	705	28.1	
铜 陵 市	Tongling	343.7	70.1	76.4	3.4	97.4	295	23.5	
安 庆 市	Anqing	796.1	96.2	36.6	0.4	82.2	1414	38.7	
池 州 市	Chizhou	245.6	33.2	42.0	0.3	83.3	449	17.9	
巢 湖 市	Chaohu	529.6	52.5	40.0	0.4	79.9	669	18.4	
滁 州 市	Chuzhou	576.2	68.3	41.0	0.3	76.7	1104	41.4	
宣 城 市	Xuancheng	432.8	60.4	43.2	0.9	81.9	1111	31.1	
金 安 区	Jinan District	66.5	4.0			76.7	85		
舒 城 县	Shucheng	80.0	4.8			76.2	148		

地 区	Region	开放合作 Opening-up and Cooperation			公 共 服 务 Public Service				城市污水厂集中处理率 (%) Central Processing Rate of Sewage Treatment Plant (%)
		实际利用外商直接投资 (亿美元) Actual Use of Foreign Direct Investment (USD 100 million)	实际利用省外资金 (亿元) Actual Use of Fund Outside Anhui Province (100 million yuan)	外贸进出口相当于GDP比例 (%) Proportion of Foreign Trade Import and Export to GDP (%)	城镇居民人均可支配收入 (元) Unban Dweller Per Capita Disposable Income (yuan)	农民人均纯收入 (元) Farmer Per Capita Net Income (yuan)	新增城镇就业岗位 (万个) New Increasing Cities Employment Post (10 thousand)	职业中学在校学生数 (万人) Number of Students in Vocational Schools (10000 person)	
合 肥 市	Hefei	8.6	777.4	20.9	14086	4504	11.0	7.0	83.0
芜 湖 市	Wuhu	5.9	575.6	11.0	17158	6065	5.5	1.4	57.1
马鞍山市	Maanshan	5.7	217.1	16.8	16747	6738	4.0	1.4	37.9
铜 陵 市	Tongling	1.6	196.3	44.0	20390	7947	2.1	0.9	38.4
安 庆 市	Anqing	1.7	469.3	4.3	16769	6194	4.4	5.5	87.6
池 州 市	Chizhou	1.2	152.1	5.5	13454	4246	1.5	1.8	68.1
巢 湖 市	Chaohu	2.5	247.1	5.7	14197	4955	2.8	4.8	83.9
滁 州 市	Chuzhou	0.9	322.0	8.2	14434	5271	3.7	4.0	68.6
宣 城 市	Xuancheng	1.5	345.2	7.4	13368	5026	3.2	2.8	2.4
金 安 区	Jinan District	0.1	11.8	2.8	13302	5632	0.4		
舒 城 县	Shucheng	0.1	9.3	2.2		3961	0.4		

1—10　黄山旅游区域主要经济指标（2009年）
Main Economic Indicators of Tourist Region of Mount Huang (2009)

指　标　Item	黄山市市区 HuangShan Reigon Of City	歙　县 SheXian	休宁县 XiuNing	黟　县 YiXian	祁门县 QiMen
土地面积（平方公里）Total Land Area (sq.km)	2342	2236	2125	847	2257
年末总人口（万人）Population at the Year-end (10000 persons)	43.7	49.1	27.5	9.6	18.7
#非农业人口 Non-agricultural Population	20.0	6.4	3.7	1.9	4.0
年末城镇从业人员数（万人）Employment at the Year-ent (10000 persons)					
生产总值（亿元）Gross Domestic Product (100 milliog yuan)	237.40	73.03	36.33	13.78	29.52
第一产业 Primary Industry	31.69	10.90	7.96	2.68	3.92
第二产业 Secondary Industry	96.89	34.16	14.16	5.70	11.53
第三产业 Tertiary Industry	108.82	27.97	14.20	5.40	14.07
农业总产值（可比价）（亿元）Gross Agricultural Output Value (Constant Price) (100 million yuan)	53.87	17.60	14.02	4.63	6.34
农业增加值（亿元）Value-added of Agriculture (100 million yuan)	31.75	10.90	7.96	2.68	3.92
工业增加值（亿元）e-added of Industry (100 million yuan)	67.51	21.52	9.32	3.14	6.08
公路通车里程（公里）Length of Highways (km)	4517.2	1397.0	1169.8	522.9	941.8
邮电业务总量（现行价）（万元）Business Volume of Post and Telecommunications (Current Price) (10000 yuan)	135222	27055	14921	7929	14505
全社会固定资产投资额（万元）Total Investment in Fixed Assets (10000 yuan)	3156861	643916	424443	165917	256491
#50万元以上项目投资额 Accomplished Investment Below 5 million Yuan	2297628	554766	361907	125915	231331
房地产投资额 Investment in Real Estate Development	859233	89150	62536	40002	25160
社会消费品零售总额（万元）Total Retail Sales of Consumer Goods (10000 yuan)	988812	264168	125962	39492	86792
年末职工人数（在岗）（人）Number of Staff and Workers at the Year-end (Fully Employed) (person)	51621	12159	9335	4121	7394
职工工资总额（在岗）（万元）Total Wages of Staff and Workers (Fully Employed) (10000 yuan)	143825	31962	25461	10304	19226
财政收入（不含基金）（万元）Government Revenue (Excluding Fund) (10000 yuan)	290821	40066	30098	12706	21509
财政支出（不含基金）（万元）Government Expenditure (Excluding Fund) (10000 yuan)	515577	111747	73754	38601	64740
城乡居民储蓄存款年末余额（万元）Outstanding Amount of Saving Deposits in Urban and Rural Areas at the Year-end (10000 yuan)	1934045	530966	276479	127109	230770
农民人均纯收入（元）Per Capita Net Income of Rural Residents (yuan)	5762	5513	5708	5562	5529
接待旅游人数（万人）Tourists Received (10000 persons)	2033.52	404.50	211.90	432.80	89.00
#国际游客 International Tourists	87.46	17.10	3.97	18.36	0.25
国内游客 Domestic Tourists	1946.06	387.40	207.93	414.44	88.75
旅游外汇收入（万美元）Foreign Exchange Earnings from Tourism (USD 10000)	24389.0	2872.0	1751.0	2278.0	12.0

1—11 九华山旅游区域主要经济指标（2009年）
Main Economic Indicators of Tourist Region of Mount Jiu Hua (2009)

指　标	Item	池州市市区 ChiZhou Reigon Of City	青阳县 QingYang	石台县 ShiTai	东至县 DongZhi
土地面积（平方公里）	Total Land Area (sq.km)	2432	1181	1403	3256
年末总人口（万人）	Population at the Year-end (10000 persons)	65.8	27.0	10.9	54.4
#非农业人口	Non-agricultural Population	14.1	4.4	2.1	7.1
年末城镇从业人员数（万人）	Employment at the Year-ent (10000 persons)	13.3	4.2	0.9	4.5
生产总值（万元）	Gross Domestic Product (10000 yuan)	1121841	307609	93861	535453
第一产业	Primary Industry	170501	58421	21263	157645
第二产业	Secondary Industry	466752	155084	40690	194891
第三产业	Tertiary Industry	484588	94104	31908	182916
农业总产值（现行价）（万元）	Gross Agricultural Output Value (Current Price) (10000 yuan)	273878	90429	32815	268257
农业增加值（万元）	Value-added of Agriculture (10000 yuan)	170501	58421	21263	157645
工业增加值（万元）	Value-added of Industry (10000 yuan)	326652	134584	36000	146472
公路通车里程（公里）	Length of Highways (km)	2348	1145	842	2407
邮电业务总量（现行价）（万元）	Business Volume of Post and Telecommunications (Current Price) (10000 yuan)	23862	8723	3528	13161
全社会固定资产投资额（万元）	Total Investment in Fixed Assets (10000 yuan)	266227	207205	47589	334276
社会消费品零售总额（万元）	Total Retail Sales of Consumer Goods (10000 yuan)	414263	129240	50985	173917
年末职工人数（在岗）（万人）	Number of Staff and Workers at the Year-end (Fully Employed) (10000 yuan)	3.07	1.06	0.49	1.54
职工工资总额（在岗）（万元）	Total Wages of Staff and Workers (Fully Employed) (10000 yuan)	88712	27355	11813	41273
财政收入（不含基金）（万元）	Government Revenue (Excluding Fund) (10000 yuan)	178721	50064	10066	45011
财政支出（不含基金）（万元）	Government Expenditure (Excluding Fund) (10000 yuan)	252504	87026	46965	118343
城乡居民储蓄存款年末余额（万元）	Outstanding Amount of Saving Deposits in Urban and Rural Areas at the Year-end (10000 yuan)	803420	328401	108082	448887
农民人均纯收入（元）	Per Capita Net Income of Rural Residents (yuan)	5320.7	5062	2821.9	4928.6
接待旅游人数（人）	Tourists Received (person)	2941000	2328000	1611000	2062000
#国际游客	International Tourists	70000	35000	10000	16000
国内游客	Domestic Tourists	2871000	2293000	1601000	2046000
旅游营业收入（万元）	Income of Tourism (10000 yuan)	282000	229000	111000	156000
旅游外汇收入（万美元）	Foreign Exchange Earnings from Tourism (USD 10000)	1900	950	271	434

主要统计指标解释

可比价格

指计算各种总量指标所采用的扣除了价格变动因素的价格，可进行不同时期总量指标的对比。按可比价格计算总量指标有两种方法：一种是直接用产品产量乘某一年的不变价格计算；另一种是用价格指数进行缩减。

平均增长速度

我国计算平均增长速度有两种方法：一种是习惯上经常使用的"水平法"，又称几何平均法，是以间隔期最后一年的水平同基期水平对比来计算平均每年增长（或下降）速度；另一种是"累计法"，又称代数平均法或方程法，是以间隔期内各年水平的总和同基期水平对比来计算平均每年增长（或下降）速度。在一般正常情况下，两种方法计算的平均每年增长速度比较接近；但在经济发展不平衡、出现大起大落时，两种方法计算的结果差别较大。

本《年鉴》内所列的平均增长速度，均用"水平法"计算。从某年到某年平均增长速度的年份，均不包括基期年在内。如建国四十三年的平均增长速度是以1949年为基期计算的，则写为1950-1992年平均增长速度，其余类推。

企业（单位）登记注册类型

是以在工商行政管理机关登记注册的各类企业为划分对象，以工商行政管理部门对企业登记注册的类型为依据，将企业登记注册类型分为内资企业、港澳台商投资企业和外商投资企业三大类。内资企业包括国有企业、集体企业、股份合作企业、联营企业、有限责任公司、股份有限公司、私营公司和其他企业；港澳台商投资企业和外商投资企业分别包括合资经营企业、合作经营企业、独资经营企业和股份有限公司。对不在工商行政管理部门进行登记注册的行政机关、事业单位和社会团体，主要按其经费来源和管理方式进行划分。

法人单位

指具备以下条件的单位：（一）依法成立，有自己的名称、组织机构和场所，能够独立承担民事责任；（二）独立拥有和使用（或授权使用）资产，承担负债，有权与其他单位签订合同；（三）会计上独立核算，能够编制资产负债表。法人单位包括企业法人、事业单位法人、机关法人、社会团体法人和其他法人。按照下属是否有产业活动单位，又分为单产业法人和多产业法人。

产业活动单位

法人单位所属的产业活动单位，指具备以下条件的单位：（一）在一个场所从事一种或主要从事一种社会经济活动；（二）相对独立组织生产经营或业务活动；（三）能够掌握收入和支出等业务核算资料。

单位数

表中的单位数为单产业法人数和多产业法人所属的产业活动单位数之和。

国有企业

指企业全部资产归国家所有，并按《中华人民共和国企业法人登记管理条例》规定登记注册的非公司制的经济组织。不包括有限责任公司中的国有独资公司。

集体企业

指企业资产归集体所有，并按《中华人民共和国企业法人登记管理条例》规定登记注册的经济组织。

股份合作企业

指以合作制为基础，由企业职工共同出资入股，吸收一定比例的社会资产投资组建，实行自主经营，自负盈亏，共同劳动，民主管理，按劳分配与按股分红相结合的一种集体经济组织。

联营企业

指两个及两个以上相同或不同所有制性质的企业法人或事业单位法人，按自愿、平等、互利的原则，共同投资组成的经济组织。联营企业包括国有联营企业、集体联营企业、国有与集体联营企业和其他联营企业。

有限责任公司

指根据《中华人民共和国公司登记管理条例》规定登记注册，由两个以上、五十个以下的股东共同出资，每个股东以其所认缴的出资额对公司承担有限责任，公司以其全部资产对其债务承担责任的经济组织。有限责任公司包括国有独资公司以及其他有限责任公司。

股份有限公司

指根据《中华人民共和国公司登记管理条例》规定登记

注册，其全部注册资本由等额股份构成并通过发行股票筹集资本，股东以其认购的股份对公司承担有限责任，公司以其全部资产对其债务承担责任的经济组织。

私营企业

指由自然人投资设立或由自然人控股，以雇佣劳动为基础的营利性经济组织。包括按照《公司法》、《合伙企业法》、《私营企业暂行条例》规定登记注册的私营有限责任公司、私营股份有限公司、私营合伙企业和私营独资企业。

其他内资企业

指上述企业之外的其他内资经济组织。

与港澳台商合资经营企业

指港澳台地区投资者与内地企业依照《中华人民共和国中外合资经营企业法》及有关法律的规定，按合同规定的比例投资设立、分享利润和分担风险的企业。

与港澳台商合作经营企业

指港澳台地区投资者与内地企业依照《中华人民共和国中外合作经营企业法》及有关法律的规定，依照合作合同的约定进行投资或提供条件设立、分配利润和分担风险的企业。

港澳台商独资经营企业

指依照《中华人民共和国外资企业法》及有关法律的规定，在内地由港澳台地区投资者全额投资设立的企业。

港澳台商投资股份有限公司

指根据国家有关规定，经外经贸部依法批准设立，其中港、澳、台商的股本占公司注册资本的比例达25% 以上的股份有限公司。凡其中港、澳、台商的股本占公司注册资本的比例小于25%的，属于内资企业中的股份有限公司。

中外合资经营企业

指外国企业或外国人与中国内地企业依照《中华人民共和国中外合资经营企业法》及有关法律的规定，按合同规定的比例投资设立、分享利润和分担风险的企业。

中外合作经营企业

指外国企业或外国人与中国内地企业依照《中华人民共和国中外合作经营企业法》及有关法律的规定，依照合作合同的约定进行投资或提供条件设立、分配利润和分担风险的企业。

外资企业

指依照《中华人民共和国外资企业法》及有关法律的规定，在中国内地由外国投资者全额投资设立的企业。

外商投资股份有限公司

指根据国家有关规定，经外经贸部依法批准设立，其中外资的股本占公司注册资本的比例达 25% 以上的股份有限公司。凡其中外资股本占公司注册资本的比例小于25%的，属于内资企业中的股份有限公司。

行政机关、事业单位和社会团体

参照企业登记注册类型，主要按其经费来源和管理方式划分。具体规定如下：

⑴行政机关：包括国家机关和政党机关，原则上均列为“国有”。但有特殊规定的，如供销社等，则列为“集体”。

⑵事业单位：包括经国家机构编制部门和有关业务主管部门批准成立的各类事业单位，不包括实行企业化管理的事业单位。事业单位的划分办法如下：

①由国家财政预算拨款或列入财政预算外资金管理以及经费主要来源于国有主管部门或国有上级单位的事业单位，列为“国有”。

②经费主要来源于集体单位的事业单位，列为“集体”。

③公民个人（或个人合伙）开办的事业单位，列为“私营”。

④上述以外的其他事业单位，如果其经费来源不明确，按管理方式进行归类。

⑶社会团体：包括经民政部门批准成立以及未纳入社会团体管理条例范围的工会、妇联等各类社会团体。社会团体的划分办法如下：

①未纳入民政部社会团体管理条例范围的工会、妇联、共青团、青联、工商联、科协、侨联等社会团体，国家拨款设立的基金会或基金管理组织以及经费主要来源于国有业务主管部门或国有上级单位的社会团体，列为“国有”。

②经费主要来源于集体单位的社会团体，列为“集体”。

③公民个人（或个人合伙）开办的社会团体，划为“私营”。

④上述以外的其他社会团体，如果其经费来源不明确，改按管理方式进行归类。

Explanatory Notes for Major Statistical Indicators

Comparable Prices

Refer to prices that are used to remove the factors of price change in calculating economic aggregates, so as to facilitatc comparison of aggregates over time. Two methods are used for calculating economic aggregates at comparable prices: 1.Multiplying the output of products by their constant prices of certain year; 2.Deflation of data at current prices by relevant price index.

Average Annual Growth Rate

Two methods for calculating average annual growth rate are applied in China, one is often called "level approach" or the method of calculating geometric average, which is derived by comparing the level of the last year of the interval with that of the beginning year; the other is called "accumulative approach" or algebraic average or equation method, which is derived by the summation of the actual figure of each year in the interval divided by the figure in the base year.

Usually the results calculated by the two methods are fairly close, but they differed sharply when uneven economic development occurred with striking fluctuations in growth.

The average annual growth rates listed in this statistical yearbook are calculated by level approach except for the growth rate of investment in fixed assets. The base years are not listed when the years are listed for average annual growth rates. For instance, the average annual growth rate of 43 years since 1949 is listed as average annual growth rate of 1950-1992 without listing the base year 1949. And the analogy of this is also the same for the rest of the years.

Registration Status of Enterprises

Enterprises are classified into 3 categories, namely domestic-funded enterprises, enterprises with investment from Hong Kong, Macao and Taiwan, and enterprises with foreign investment, in the light of the registration status of an enterprise in industrial and commercial administration agencies. Domestic-funded enterprises include state-owned enterprises, collective-owned enterprises, cooperative enterprises, joint ownership enterprises, limited liability corporations, share-holding corporations Ltd., private enterprises and other enterprises. Included in the enterprises with investment from Hong Kong, Macao and Taiwan and enterprises with foreign investment are joint-venture enterprises, cooperative enterprises, sole investment enterprises and share-holding corporations Ltd. For government agencies, institutions and social organizations which are not requested to be registered in industrial and commercial administration agencies, they are classified mainly by their sources of funds and way of management.

State-owned Enterprises

Refer to non-corporation economic units where the entire assets are owned by the state and which have registered in accordance with the Regulation of the People's Republic of China on the Management of Registration of Corporate Enterprises. Excluded from this category are sole state-funded corporations in the limited liability corporations.

Collective-owned Enterprises

Refer to economic units where the assets are owned collectively and which have registered in accordance with the Regulation of the People's Republic of China on the Management of Registration of Corporate Enterprises.

Cooperative Enterprises

refer to a form of collective economic units (enterprises) where capitals come mainly from employees as their shares, with certain proportion of capital from the outside, where production is organized on the basis of independent operation, independent accounting for profits and losses, joint work, democratic management, and a distribution system that integrates remuneration according to work with dividend according to capital share.

Joint Ownership Enterprises

Refer to economic units established by two or more corporate enterprises or corporate institutions of the same or different ownership, through joint investment on the basis of equality, voluntary participation and mutual benefits. They include state joint ownership enterprises, collective joint ownership enterprises, joint state-collective enterprises, other joint ownership enterprises.

Limited Liability Corporations

Refer to economic units established with investment from 2-50 investors and registered in accordance with the Regulation of the People's Republic of China on the Management of Registration of Corporations, each investor bearing limited liability to the corporation depending on its share of investment, and the corporation bearing liability to its debt to the maximum of its total assets. Limited liability corporations include exclusive state-funded limited liability corporations and other limited liability corporations.

Share-holding Corporations Ltd

Refer to economic units registered in accordance with the Regulation of the People's Republic of China on the Management of Registration of Corporations, with total registered capitals divided into equal shares and raised through issuing stocks. Each investor bears limited liability to the corporation depending on the holding of shares, and the corporation bears liability to its debt to the maximum of its total assets.

Private Enterprises

Refer to profit-making economic units invested and established by natural persons, or controlled by natural persons using employed labour. Included in this category are private limited liability corporations, private share-holding corporations Ltd., private partnership enterprises and private-funded enterprises registered in accordance with the Corporation Law, Partnership Enterprises Law and Interim Regulations on Private Enterprises.

Other Domestic-funded Enterprises

Refer to domestic-funded economic units other than those mentioned above.

Joint-venture Enterprises with Funds from Hong Kong, Macao and Taiwan

Refer to enterprises jointly established by investors from Hong Kong, Macao and Taiwan with enterprises in the mainland of China in accordance with the Law of the People's Republic of China on Sino-foreign Joint Venture Enterprises and other relevant laws, where the share of investment, profits and risks is stipulated in the contract.

Cooperative Enterprises with Funds from Hong Kong Macao and Taiwan

Established by investors from Hong Kong, Macao and Taiwan with enterprises in the mainland of China in accordance with the Law of the People's Republic of China on Sino-foreign Cooperative Enterprises and other relevant laws, where the investment or provision of facilities, and the share of profits and risks is stipulated in the cooperative contract.

Enterprises with Sole (exclusive) Investment from Hong Kong, Macao and Taiwan

Refer to enterprises established in the mainland of China with exclusive investment from investors from Hong Kong, Macao and Taiwan in accordance with the Law of the Peoples Republic of China on Foreign-Funded Enterprises and other relevant laws.

Share-holding Corporations Ltd. with Investment from Hong Kong, Macao and Taiwan

refer to share-holding corporations Ltd. established with the approval from the Ministry of Foreign Trade and Economic Relations in line with relevant state regulations, where the share of investment from Hong Kong, Macao or Taiwan businessmen exceeds 25% of the total registered capital of the corporation. In case the share of investment from Hong Kong, Macao or Taiwan is less than 25% of the total registered capital, the enterprise is to be classified as domestic-funded share-holding corporation Ltd.

Joint-venture Enterprises with Foreign Investment

Refer to enterprises jointly established by foreign enterprises or foreigners with enterprises in the mainland of China in accordance with the Law of the People's Republic of China on Sino-foreign Joint Venture Enterprises and other relevant laws, where the share of investment, profits and risks is stipulated in the contract.

Cooperation Enterprises with Foreign Investment

Refer to enterprises jointly established by foreign enterprises or foreigners with enterprises in the mainland of China in accordance with the Law of the People's Republic of China on Sino-foreign Cooperative Enterprises and other relevant laws, where the investment or provision of facilities, and the share of profits and risks is stipulated in the cooperative contract.

Enterprises with Sole (exclusive) Foreign Investment

Refer to enterprises established in the mainland of China with exclusive investment from foreign investors in accordance with the Law of the People's Republic of China on Foreign-Funded Enterprises and other relevant laws.

Share-holding Corporations Ltd. with Foreign Investment

refer to share-holding corporations Ltd. established with the approval from the Ministry of Foreign Trade and Economic Relations in line with relevant state regulations, where the share of investment from foreign investors exceeds 25% of the total registered capital of the corporation. In case the share of foreign investment is less than 25% of the total registered capital, the enterprise is to be classified as domestic-funded share-holding corporation Ltd.

Government Agencies, Institutions and Social Organizations are classified into following categories by source of funds and way of management taking reference of the registration status of enterprises:

(1) Government agencies: include state and party agencies, classified in principle as “state-owned”. There are exceptions, such as supply and marketing cooperatives which are classified as “collective”.

(2) Institutions: include institutions of various types established with the approval by organization and staffing departments of the government, but exclude institutions where enterprise management system is introduced. Institutions are further classified as follows:

a) Institutions whose main budget is listed in the government budget appropriations or extra-budget funds, or allocated from the budget of their competent government agencies. Such institutions are classified as “state-owned”.

b) Institutions whose budget mainly comes from collective units. Such institutions are classified as “collective”.

c) Institutions other than those mentioned above whose source of budget are not clear. Such institutions are classified by way of management.

(3) Social organizations: include social organizations established with the approval from the Ministry of Civil Affairs, and organizations that are not covered by social organization management regulations such as trade unions, women's federations etc. Social organizations are further classified as follows:

a) Social organizations that are not covered by social organization management regulations of the Ministry of Civil Affairs such as trade unions, women's federations, communist youth leagues, youth associations, industrial and commerce associations, scientists associations, overseas Chinese associations, etc., foundations and fund management organizations established with funds from the state, and social organizations whose funds mainly come from the budget of their competent government agencies. Such institutions are classified as “state-owned”.

b) Social organizations whose budget mainly comes from collective units. Such institutions are classified as “collective”.

c) Social organizations established by individual or a group of citizens, which are classified as “private”.

d) Social organizations other than those mentioned above whose source of budget are not clear. Such organizations are classified by way of management.

第 二 篇

Chapter 2

国民经济核算

NATIONAL ACCOUNTS

简要说明

一、本篇包括国民经济核算资料等内容。

二、居民消费水平是按人口平均计算的居民消费额，它综合反映一个国家(或地区)人民物质文化生活水平。

三、国民经济核算资料主要包括国内生产总值表、资金流量表、资产负债综合表。

四、有关“指数”部分分为“以上年为 100 的指数”和“以 1978 年为 100 的指数”两个方面，“以上年为 100 的指数”表中 2000 年以前(含 2000 年)的数据是按 1990 年价格计算的，2000-2005 年的数据是按 2000 年价格计算的，2005 年以后的数据是按 2005 年价格计算的；“以 1978 年为 100 的指数”是以 1978 年为基数，每年指数相乘得到的。

Brief Introduction

I. This chapter covers Data on national accounts.

II. Consumption level of residents is average consumption value by population, and reflects people's standard of material and culture life in a country (region).

III. Statistics on national accounts include mainly gross domestic product table, flow of fund table, assets and liability table and input-output table.

IV. Indices include two parts: one is “the preceding year=100” and the other is “Year 1978=100”. Data in the tables that “the preceding year=100” are calculated at the fixed prices of 1990 before 2000 (including 2000) data in the years from 2000 to 2005 are calculated at the fixed price of 2000 and data are calculated at the fixed price of 2005 after 2005. Data in the tables that “Year 1978=100” are all obtained by the multiplied index each year based on 1978.

2—1 安徽生产总值
Gross Domestic Product

本表按当年价格计算。 Data in value terms in this table are calculated at current price.

年份 Year	生产总值 (亿元) Gross Domestic Product (100 million yuan)	第一产业 Primary Industry	第二产业 Secondary Industry	工业 Industry	建筑业 Construction	第三产业 Tertiary Industry	#交通运输仓储邮电通信业 Transportation, Storage, Post and Telecommunications	#批发和零售贸易餐饮业 Wholesale, Retail Trade and Catering Trade	人均生产总值(按常住人口计算)(元/人) Per Capita GDP by Permanent Residents (yuan/person)
1995	1810.66	584.12	660.09	562.44	97.65	566.45	108.44	162.29	3069.7
2000	2902.09	741.77	1056.78	885.10	171.68	1103.54	215.61	300.75	4779.5
2001	3246.71	760.77	1254.88	1062.00	192.88	1231.06	239.50	323.51	5313.3
2002	3519.72	783.66	1337.04	1115.09	221.95	1399.02	275.27	343.87	5736.2
2003	3923.11	749.40	1535.29	1255.80	279.49	1638.42	326.34	380.49	6375.4
2004	4759.30	950.50	1844.90	1488.90	356.00	1963.90	411.60	427.10	7681.2
2005	5350.17	966.50	2245.90	1837.36	408.54	2137.77	336.39	393.75	8630.7
2006	6112.50	1011.03	2711.18	2240.37	470.81	2390.29	363.12	442.41	9995.9
2007	7360.92	1200.18	3370.96	2810.00	560.96	2789.78	408.33	511.66	12039.5
2008	8851.66	1418.09	4198.93	3505.67	693.26	3234.64	443.81	611.15	14448.2
2009	10062.82	1495.45	4905.22	4064.72	840.50	3662.15	467.92	733.19	16407.7

注：1．1993—2003年的数据按2004年经济普查数据进行历史调整。

2．2005年以后数据，交通运输仓储邮电通信业不包括电信业，批发零售贸易餐饮业不包括餐饮业。(后同)

3．2005—2008年的数据按2008年经济普查结果进行修订。(后同)

a) Data in the table from 1993 to 2003 were adjusted according to the result of 2004 economic census.

b) In the table since 2005,Telecommunications were not included in Transportation Storage Post and Telecommunications,and Catering Trade was not included in Wholesale Retail Trade and Catering Trade.

c) In 2005-2008, data carries on the revision according to the economical general survey result in 2008 (Similarly in the following tables)

2—2 安徽生产总值构成
Composition of Gross Domestic Product

本表按当年价格计算。（单位：%） Data in value terms in this table are calculated at current price. (%)

年份 Year	生产总值 Gross Domestic Product	第一产业 Primary Industry	第二产业 Secondary Industry	工业 Industry	建筑业 Construction	第三产业 Tertiary Industry	#交通运输仓储邮电通信业 Transportation, Storage, Post and Telecommunications	#批发和零售贸易餐饮业 Wholesale, Retail Trade and Catering Trade
1995	100.00	32.26	36.46	31.07	5.39	31.28	5.99	8.96
2000	100.00	25.56	36.41	30.50	5.91	38.03	7.43	10.36
2001	100.00	23.43	38.65	32.71	5.94	37.92	7.38	9.96
2002	100.00	22.26	37.99	31.68	6.31	39.75	7.82	9.77
2003	100.00	19.11	39.13	32.01	7.12	41.76	8.32	9.70
2004	100.00	19.98	38.76	31.28	7.48	41.26	8.65	8.97
2005	100.00	18.06	41.98	34.34	7.64	39.96	6.29	7.36
2006	100.00	16.55	44.35	36.65	7.70	39.10	5.94	7.24
2007	100.00	16.30	45.80	38.17	7.63	37.90	5.55	6.95
2008	100.00	16.02	47.44	39.61	7.83	36.54	5.01	6.90
2009	100.00	14.86	48.75	40.40	8.35	36.39	4.65	7.29

2—3 安 徽 生 产 总 值 指 数

Indices of Gross Domestic Product

本表按不变价格计算。（上年为100）　　The indices in this table are calculated at constant price.（preceding year=100）

年份 Year	生产总值 Gross Domestic Product	第一产业 Primary Industry	第二产业 Secondary Industry	工业 Industry	建筑业 Construction	第三产业 Tertiary Industry	#交通运输仓储邮电通信业 Transportation, Storage, Post and Telecommunications	#批发和零售贸易餐饮业 Wholesale, Retail Trade and Catering Trade	人均生产总值 Per Capita GDP
1995	114.32	117.42	111.17	111.02	112.20	116.71	124.11	116.88	113.40
2000	108.27	101.20	109.49	108.88	113.66	111.46	112.65	109.37	107.57
2001	108.89	102.86	109.53	109.02	112.15	112.33	112.07	108.99	108.19
2002	109.61	101.02	111.60	111.69	111.15	113.03	113.76	107.44	109.16
2003	109.36	93.65	113.38	111.79	121.39	114.30	115.01	108.88	109.04
2004	113.31	108.60	114.67	114.00	117.74	114.18	118.34	109.60	112.54
2005	110.97	101.73	118.39	119.46	113.61	108.24	105.21	112.15	110.91
2006	112.53	104.54	118.72	119.72	114.21	109.65	104.13	111.47	114.08
2007	114.17	103.60	119.70	121.57	110.90	112.43	107.35	110.71	114.19
2008	112.67	106.20	116.08	117.51	108.70	111.10	106.69	112.37	112.44
2009	112.94	105.02	116.83	117.38	113.78	111.04	105.44	118.92	112.83

2—4 安 徽 生 产 总 值 指 数

Indices of Gross Domestic Product

本表按不变价格计算。（1978=100）　　The indices in this table are calculated at constant price.（1978=100）

年份 Year	生产总值 Gross Domestic Product	第一产业 Primary Industry	第二产业 Secondary Industry	工业 Industry	建筑业 Construction	第三产业 Tertiary Industry	#交通运输仓储邮电通信业 Transportation, Storage, Post and Telecommunications	#批发和零售贸易餐饮业 Wholesale, Retail Trade and Catering Trade	人均生产总值 Per Capita GDP
1995	520.91	229.99	867.81	866.68	875.40	1002.86	1721.84	675.06	410.75
2000	839.59	303.73	1443.27	1437.49	1482.42	1789.25	3813.76	1179.58	642.84
2001	914.21	312.40	1580.75	1567.12	1662.50	2009.88	4274.10	1285.58	695.51
2002	1002.03	315.60	1764.15	1750.36	1847.79	2271.68	4862.15	1381.24	759.21
2003	1095.83	295.56	2000.14	1956.65	2243.07	2596.57	5591.75	1503.94	827.86
2004	1241.65	320.98	2293.52	2230.68	2641.02	2964.84	6617.20	1648.32	931.66
2005	1377.89	326.55	2715.18	2664.87	3000.53	3209.22	6961.69	1848.52	1033.31
2006	1550.56	341.37	3223.34	3190.29	3427.02	3518.80	7249.15	2060.53	1178.76
2007	1770.25	353.66	3858.50	3878.51	3800.64	3956.09	7781.64	2281.17	1346.00
2008	1994.46	375.59	4478.86	4557.47	4131.23	4395.21	8302.05	2563.30	1513.38
2009	2252.63	394.44	5232.61	5349.35	4700.42	4880.36	8754.06	3048.19	1707.48

2—5 三次产业贡献率
Contribution Rate of the Three Industries

本表按不变价格计算。（单位：%） The indices in this table are calculated at constant price. （%）

年份 Year	生产总值 Gross Domestic Product	第一产业 Primary Industry	第二产业 Secondary Industry	工业 Industry	第三产业 Tertiary Industry
1995	100.00	30.13	36.06	31.01	33.81
2000	100.00	3.24	52.63	43.02	44.13
2005	100.00	2.89	64.72	55.89	32.39
2006	100.00	6.54	62.70	54.03	30.76
2007	100.00	4.26	61.59	55.62	34.15
2008	100.00	7.46	58.94	53.77	33.60
2009	100.00	5.57	62.19	54.46	32.24

注：产业贡献率指各产业增加值增量与GDP增量之比，按可比价格计算。
a) Industrial Contributing refers to the proportion of increment of every industrial value-added to increment of GDP, according to comparable price computation.

2—6 三次产业拉动率
Pulling Rate of the Three Industries

本表按不变价格计算。（单位：百分点） The indices in this table are calculated at constant price. （percentage points）

年份 Year	生产总值 Gross Domestic Product	第一产业 Primary Industry	第二产业 Secondary Industry	工业 Industry	第三产业 Tertiary Industry
1995	14.32	4.32	5.16	4.44	4.84
2000	8.27	0.27	4.35	3.56	3.65
2005	10.97	0.32	7.10	6.13	3.55
2006	12.53	0.82	7.86	6.77	3.85
2007	14.17	0.60	8.73	7.88	4.84
2008	12.67	0.94	7.47	6.81	4.26
2009	12.94	0.72	8.05	7.05	4.17

注：产业拉动率指GDP增长速度与各产业贡献率之乘积，按可比价格计算。
a) The industrial pulling rate to GDP growth refers to the growth rate of GDP multiplying the industrial contributing rate, according to comparable price computation.

2—7 安徽生产总值收入法构成项目（2009年）

Income Method Structure of Anhui Gross Domestic Product (2009)

本表按当年价格计算。(单位：亿元)　Data in this table are calculated at current price. (100 million yuan)

		增加值 Value-added	劳动者报酬 Compensation of Employees	生产税净额 Net Taxes on Production	固定资产折旧 Depreciation of Fixed Assets	营业盈余 Operation Surplus
安徽生产总值	**Gross Domestic Product**	**10062.82**	**5039.17**	**1458.49**	**1383.92**	**2181.24**
第一产业	Primary Industry	1495.45	1434.60	0.49	60.36	0.00
第二产业	Secondary Industry	4905.22	1771.49	1067.69	681.24	1384.79
工　业	Industry	4064.72	1232.53	947.39	644.91	1239.88
建筑业	Construction	840.50	538.96	120.30	36.33	144.91
第三产业	Tertiary Industry	3662.15	1833.07	390.30	642.32	796.45
交通运输、仓储及邮政业	Transportation, Storage and Postal Services	467.92	280.44	48.65	71.70	67.13
信息传输、计算机服务和软件业	Information Circulation, Computer Service and Software	159.33	33.20	9.02	52.57	64.54
批发和零售业	Wholesale & Retail Trade	733.19	351.44	162.15	30.29	189.31
住宿和餐饮业	Accommodation and Catering Trade	157.14	70.28	20.43	23.86	42.57
金融业	Banking	359.60	124.97	39.15	21.16	174.32
房地产业	Real Estate	497.94	47.16	75.89	288.19	86.69
租赁和商务服务业	Leasing and Commercial Services	200.29	53.63	11.13	25.18	110.36
科学研究、技术服务和地质勘查业	Scientific Research, Technical Services and Geological Prospecting	87.66	44.43	8.15	6.56	28.53
水利、环境和公共设施管理业	Water Conservancy, Environmental and Public Facilities Management	58.08	18.07	1.76	30.12	8.13
居民服务和其他服务业	Resident Services and Other Services	103.71	91.37	3.44	1.94	6.96
教　育	Education	311.14	270.54	0.91	35.36	4.32
卫生、社会保障和社会福利业	Health Care, Social Protection and Social Welfare	136.88	121.43	1.07	16.32	-1.93
文化、体育和娱乐业	Culture, Sports and Entertainment	51.94	29.65	7.59	5.88	8.82
公共管理和社会组织	Public Management and Social Organizations	337.33	296.47	0.96	33.20	6.71

2—8 安徽生产总值收入法构成项目比例（2009年）

Proprotion of Income Method Structure of Anhui Gross Domestic Product (2009)

本表按当年价格计算。(单位：%)　Data in this table are calculated at current price. (%)

		增加值 Value-added	劳动者报酬 Compensation of Employees	生产税净额 Net Taxes on Production	固定资产折旧 Depreciation of Fixed Assets	营业盈余 Operation Surplus
安徽生产总值	**Gross Domestic Product**	**100.00**	**50.08**	**14.49**	**13.75**	**21.68**
第一产业	Primary Industry	100.00	95.93	0.03	4.04	0.00
第二产业	Secondary Industry	100.00	36.11	21.77	13.89	28.23
工　业	Industry	100.00	30.32	23.31	15.87	30.50
建筑业	Construction	100.00	64.13	14.31	4.32	17.24
第三产业	Tertiary Industry	100.00	50.05	10.66	17.54	21.75
交通运输、仓储及邮政业	Transportation, Storage and Postal Services	100.00	59.93	10.40	15.32	14.35
信息传输、计算机服务和软件业	Information Circulation, Computer Service and Software	100.00	20.84	5.66	32.99	40.51
批发和零售业	Wholesale & Retail Trade	100.00	47.93	22.12	4.13	25.82
住宿和餐饮业	Accommodation and Catering Trade	100.00	44.73	13.00	15.18	27.09
金融业	Banking	100.00	34.75	10.89	5.89	48.47
房地产业	Real Estate	100.00	9.47	15.24	57.88	17.41
租赁和商务服务业	Leasing and Commercial Services	100.00	26.78	5.55	12.57	55.10
科学研究、技术服务和地质勘查业	Scientific Research, Technical Services and Geological Prospecting	100.00	50.68	9.30	7.48	32.54
水利、环境和公共设施管理业	Water Conservancy, Environmental and Public Facilities Management	100.00	31.12	3.02	51.86	14.00
居民服务和其他服务业	Resident Services and Other Services	100.00	88.10	3.32	1.87	6.71
教　育	Education	100.00	86.95	0.29	11.37	1.39
卫生、社会保障和社会福利业	Health Care, Social Protection and Social Welfare	100.00	88.71	0.78	11.92	-1.41
文化、体育和娱乐业	Culture, Sports and Entertainment	100.00	57.09	14.61	11.32	16.98
公共管理和社会组织	Public Management and Social Organizations	100.00	87.89	0.28	9.84	1.99

2—9 第三产业增加值
Value-added of the Tertiary Industry

本表按当年价格计算。（单位：亿元） Data in value terms in this table are calculated at current price. （100 million yuan)

行　业	Sector	2005	2008	2009
总　计	**Total**	**2137.77**	**3234.64**	**3662.15**
交通运输、仓储及邮政业	Transportation, Storage and Postal Services	336.39	443.81	467.92
信息传输、计算机服务和软件业	Information Circulation, Computer Service and Software	108.52	160.37	159.33
批发和零售业	Wholesale & Retail Trade	393.75	611.15	733.19
住宿和餐饮业	Accommodation and Catering Trade	96.27	144.35	157.14
金融业	Banking	127.05	313.81	359.60
房地产业	Real Estate	231.66	431.27	497.94
租赁和商务服务业	Leasing and Commercial Services	83.22	157.09	200.29
科学研究、技术服务和地质勘察业	Scientific Research, Technical Services and Geological Prospecting	63.45	85.98	87.66
水利、环境和公共设施管理业	Water Conservancy, Environmental and Public Facilities Management	29.34	29.77	58.08
居民服务和其他服务业	Resident Services and Other Services	115.80	87.67	103.71
教　育	Education	213.50	274.62	311.14
卫生、社会保障和社会福利业	Health Care, Social Protection and Social Welfare	104.94	130.42	136.88
文化、体育和娱乐业	Culture, Sports and Entertainment	39.75	39.45	51.94
公共管理和社会组织	Public Management and Social Organizations	194.13	324.88	337.33

2—10 第三产业增加值构成
Composition of Value-added of the Tertiary Industry

本表按当年价格计算。（单位：%） Data in value terms in this table are calculated at current price. （%）

行　业	Sector	2005	2008	2009
总　计	**Total**	**100.0**	**100.0**	**100.0**
交通运输、仓储及邮政业	Transportation, Storage and Postal Services	15.7	13.7	12.8
信息传输、计算机服务和软件业	Information Circulation, Computer Service and Software	5.1	5.0	4.4
批发和零售业	Wholesale & Retail Trade	18.4	18.9	20.0
住宿和餐饮业	Accommodation and Catering Trade	4.5	4.5	4.3
金融业	Banking	5.9	9.7	9.8
房地产业	Real Estate	10.8	13.3	13.6
租赁和商务服务业	Leasing and Commercial Services	3.9	4.9	5.5
科学研究、技术服务和地质勘察业	Scientific Research, Technical Services and Geological Prospecting	3.0	2.7	2.4
水利、环境和公共设施管理业	Water Conservancy, Environmental and Public Facilities Management	1.4	0.9	1.6
居民服务和其他服务业	Resident Services and Other Services	5.4	2.7	2.8
教　育	Education	10.0	8.5	8.5
卫生、社会保障和社会福利业	Health Care, Social Protection and Social Welfare	4.9	4.0	3.7
文化、体育和娱乐业	Culture, Sports and Entertainment	1.9	1.2	1.4
公共管理和社会组织	Public Management and Social Organizations	9.1	10.0	9.2

2—11 第三产业增加值指数
Indices of Value-added of the Tertiary Industry

本表按不变价格计算。（上年为100） The indices in this table are calculated at constant price.（preceding year=100）

行业	Sector	2005	2008	2009
总计	**Total**	**108.24**	**111.10**	**111.04**
交通运输、仓储及邮政业	Transportation, Storage and Postal Services	105.21	106.69	105.44
信息传输、计算机服务和软件业	Information Circulation, Computer Service and Software	116.67	116.14	98.51
批发和零售业	Wholesale & Retail Trade	112.15	112.37	118.92
住宿和餐饮业	Accommodation and Catering Trade	99.71	111.50	106.73
金融业	Banking	132.97	130.84	113.19
房地产业	Real Estate	120.02	105.92	111.08
租赁和商务服务业	Leasing and Commercial Services	125.01	102.90	110.47
科学研究、技术服务和地质勘察业	Scientific Research, Technical Services and Geological Prospecting	77.76	116.83	95.21
水利、环境和公共设施管理业	Water Conservancy, Environmental and Public Facilities Management	102.19	101.53	173.25
居民服务和其他服务业	Resident Services and Other Services	87.93	97.25	120.10
教育	Education	109.17	109.04	108.35
卫生、社会保障和社会福利业	Health Care, Social Protection and Social Welfare	88.85	110.88	110.02
文化、体育和娱乐业	Culture, Sports and Entertainment	101.28	98.35	131.27
公共管理和社会组织	Public Management and Social Organizations	120.56	115.81	107.30

2—12 各市生产总值和指数
Gross Domestic Product and Its Indices by Region

本表绝对数按当年价格计算，指数按不变价格计算。
Level data in this table are calculated at current prices while indices at constant prices.

地区	Region	生产总值（亿元） Gross Domestic Product (100 million yuan)					指数（上年=100） Indices (preceding year=100)				
		1995	2000	2005	2008	2009	1995	2000	2005	2008	2009
合肥市	Hefei	167.58	324.73	925.61	1776.86	2102.13	120.4	110.5	117.5	117.7	117.8
淮北市	Huaibei	71.78	98.95	205.14	341.53	371.87	111.1	106.9	110.8	114.8	111.0
亳州市	Bozhou	11.99	160.10	235.40	386.88	431.91	119.2	99.6	110.4	111.8	112.8
宿州市	Suzhou	109.08	178.03	313.79	483.28	541.70	117.0	108.1	106.6	116.6	112.3
蚌埠市	Bengbu	94.29	159.66	302.45	472.42	532.09	111.2	106.0	108.2	112.3	112.2
阜阳市	Fuyang	170.38	200.50	329.03	548.93	607.81	119.7	92.1	111.8	112.5	112.8
淮南市	Huainan	83.50	126.00	267.15	455.45	508.77	114.6	102.5	116.4	115.7	113.7
滁州市	Chuzhou	155.91	255.73	324.35	502.84	576.18	118.6	108.2	107.6	110.8	113.6
六安市	Luan	120.60	170.90	309.11	523.15	563.72	108.5	100.8	111.3	113.2	113.4
马鞍山市	Maanshan	80.29	126.17	349.54	606.18	666.49	112.3	108.0	111.9	116.3	112.1
巢湖市	Chaohu	122.85	190.23	299.18	470.15	529.59	112.7	107.8	110.2	112.9	112.4
芜湖市	Wuhu	100.88	200.58	401.16	751.43	888.42	123.9	108.8	112.6	117.0	115.5
宣城市	Xuancheng	120.68	160.44	242.54	392.37	432.76	131.9	102.6	108.6	112.0	113.6
铜陵市	Tongling	44.27	73.30	175.68	315.41	343.66	115.7	109.1	113.2	113.2	113.7
池州市	Chizhou	42.73	58.12	117.00	213.72	245.59	108.4	103.5	120.5	116.7	115.1
安庆市	Anqing	169.14	252.44	421.29	666.42	796.13	113.3	107.1	109.4	113.6	112.3
黄山市	Huangshan	46.60	81.31	158.64	241.46	266.97	116.4	108.5	111.0	111.0	111.5

2—13 各市生产总值（2009年）
Gross Domestic Product by Region (2009)

本表绝对数按当年价格计算，指数按可比价格计算。 （单位：亿元）
Level data in this table are calculated at current prices while indices at constant prices. (100 million yuan)

地区	Region	第一产业 Primary Industry	第二产业 Secondary Industry	工业 Industry	建筑业 Construction	第三产业 Tertiary Industry	#交通运输、仓储和邮政业 Transport, Storage and Postal Services	批发零售贸易 Wholesale, Retail Trade	住宿和餐饮业 Accommodation and Catering Trade	金融业 Banking
合肥市	Hefei	108.69	1104.99	840.49	264.50	888.45	98.14	162.93	33.39	115.89
淮北市	Huaibei	35.64	228.31	207.21	21.10	107.93	21.06	22.25	7.16	10.39
亳州市	Bozhou	122.53	147.38	118.08	29.30	162.00	29.06	40.96	9.23	6.83
宿州市	Suzhou	160.55	183.45	159.45	24.00	197.71	34.42	46.12	9.09	5.98
蚌埠市	Bengbu	104.39	236.45	202.35	34.10	191.25	24.67	32.54	15.08	16.26
阜阳市	Fuyang	174.13	219.02	184.72	34.30	214.66	31.19	51.85	11.48	17.17
淮南市	Huainan	41.76	319.45	283.95	35.50	147.56	17.72	30.08	9.22	8.91
滁州市	Chuzhou	134.51	262.09	227.59	34.50	179.59	27.05	30.41	11.25	14.37
六安市	Luan	138.33	217.27	172.27	45.00	208.12	32.11	33.02	12.80	12.45
马鞍山市	Maanshan	25.70	443.02	407.02	36.00	197.77	21.59	41.91	12.40	14.99
巢湖市	Chaohu	106.47	244.04	202.94	41.10	179.08	24.34	35.41	11.74	10.98
芜湖市	Wuhu	41.83	555.03	496.03	59.00	291.57	49.56	36.91	21.96	26.77
宣城市	Xuancheng	78.19	188.32	149.52	38.80	166.26	29.44	26.04	9.09	10.47
铜陵市	Tongling	8.93	233.29	212.47	20.82	101.44	14.98	17.09	7.90	14.24
池州市	Chizhou	40.98	106.29	77.29	29.00	98.32	13.79	13.23	7.82	7.18
安庆市	Anqing	142.05	387.63	329.63	58.00	266.45	26.77	49.46	22.54	19.29
黄山市	Huangshan	35.67	108.31	78.31	30.00	122.99	16.42	16.53	9.39	7.31

地区	Region	房地产业 Real Estate Trade	构成(%) Composition 第一产业 Primary Industry	第二产业 Secondary Industry	第三产业 Tertiary Industry	指数 Indices 2008=100 国内生产总值 Gross Domestic Product	第一产业 Primary Industry	第二产业 Secondary Industry	第三产业 Tertiary Industry	人均生产总值（元/人） Per Capita GDP (yuan/person)
合肥市	Hefei	124.89	5.2	52.6	42.2	117.8	106.2	122.8	113.1	41585
淮北市	Huaibei	8.74	9.6	61.4	29.0	111.0	105.9	112.7	109.1	18096
亳州市	Bozhou	17.00	28.4	34.1	37.5	112.8	106.2	120.8	110.8	8477
宿州市	Suzhou	11.07	29.6	33.9	36.5	112.3	106.2	119.6	111.5	9545
蚌埠市	Bengbu	19.70	19.6	44.4	36.0	112.2	105.7	116.7	110.2	14802
阜阳市	Fuyang	25.67	28.6	36.1	35.3	112.8	106.3	121.0	109.7	7288
淮南市	Huainan	13.00	8.2	62.8	29.0	113.7	106.1	115.9	111.1	22169
滁州市	Chuzhou	26.96	23.3	45.5	31.2	113.6	106.0	119.0	111.3	14002
六安市	Luan	39.63	24.5	38.6	36.9	113.4	106.4	121.0	109.2	9281
马鞍山市	Maanshan	22.03	3.9	66.5	29.6	112.1	105.2	113.2	110.1	51927
巢湖市	Chaohu	20.52	20.1	46.1	33.8	112.4	106.5	117.3	109.7	12885
芜湖市	Wuhu	27.52	4.7	62.5	32.8	115.5	105.3	119.9	110.0	38553
宣城市	Xuancheng	17.66	18.1	43.5	38.4	113.6	106.4	119.7	110.8	16774
铜陵市	Tongling	8.26	2.6	67.9	29.5	113.7	105.5	116.4	108.8	46765
池州市	Chizhou	13.42	16.7	43.3	40.0	115.1	106.7	125.2	109.3	17295
安庆市	Anqing	30.10	17.8	48.7	33.5	112.3	106.0	117.6	109.0	14242
黄山市	Huangshan	13.85	13.4	40.6	46.0	111.5	105.9	115.6	109.7	17981

2—14 支出法计算的安徽生产总值

Gross Domestic Product of Anhui by Expenditure Approach

本表按当年价格计算，2005—2008年数据按2008年经济普查结果进行修订。

Data in value terms in this table are calculated at current prices, In 2005-2008, data carries on the revision according to the economical general survey result in 2008.

年份 Year	支出法生产总值（亿元）Gross Domestic Product by Expenditure Approach (100 million yuan)	最终消费 Final Consumption Expenditure	资本形成总额 Gross Captital Formation	货物和服务净出口 Net Export of Goods and Services	资本形成率（投资率）(%) Capital Formation Rate (%)	最终消费率（消费率）(%) Final Consumption Rate (%)
1995	2003.58	1174.65	824.61	4.32	41.16	58.84
1996	2339.25	1368.54	976.31	-5.60	41.74	58.26
1997	2669.68	1612.22	1064.27	-6.81	39.86	60.14
1998	2805.45	1690.36	1117.86	-2.77	39.75	60.25
1999	2908.59	1861.17	1049.96	-2.54	36.10	63.90
2000	3041.24	1947.78	1094.97	-1.50	36.00	64.05
2001	3290.13	2108.09	1185.50	-3.46	36.03	64.07
2002	3553.55	2262.95	1294.76	-4.16	36.44	63.68
2003	3973.02	2520.31	1455.21	-2.50	36.63	63.44
2004	4814.65	2835.44	1983.21	-4.00	41.19	58.89
2005	5350.17	3006.70	2354.10	-10.59	44.00	56.20
2006	6112.50	3374.70	2760.50	-22.74	45.16	55.21
2007	7360.92	3979.71	3418.20	-36.99	46.44	54.07
2008	8851.66	4571.97	4319.15	-39.46	48.79	51.65
2009	10062.82	5179.08	4914.15	-30.41	48.83	51.47

2—15 支出法安徽生产总值结构

Structure of Gross Domestic Product Calculated by Expenditure Approach

本表按当年价格计算，2005—2008年数据按2008年经济普查结果进行修订。

Data in value terms in this table are calculated at current prices, In 2005-2008, data carries on the revision according to the economical general survey result in 2008.

年份 Year	最终消费 Final Consumption Expenditure								资本形成总额 Gross Capital Formation			
	绝对数（亿元）Absolute Figure (100 million yuan)				比重 Proportion				绝对数（亿元）Absolute Figure (100 million yuan)		比重（资本形成总额=100）Proportion (Gross Capital Formation=100)	
					最终消费=100 Final Consumption Expenditure=100		居民消费=100 Household Consumption=100					
	居民消费 Household Consumption Expenditure	农村居民 Rural House	城镇居民 Urban House	政府消费 Govermment Consumption Expenditure	居民消费 House hold Consumption Expenditure	政府消费 Govermment Consumption Expenditure	农村居民 Rural Households	城镇居民 Urban Households	固定资本形成总额 Gross Fixed Capital Formation	存货增加 Changes in Inventories	固定资本形成总额 Gross Fixed Capital Formation	存货增加 Changes in Inventories
1995	996.10	642.33	353.77	178.55	84.80	15.20	64.48	35.52	619.07	205.54	75.07	24.93
1996	1172.15	738.39	433.76	196.39	85.65	14.35	62.99	37.01	710.63	274.68	72.12	27.88
1997	1383.48	893.60	489.88	228.74	85.81	14.19	64.60	35.40	779.21	285.06	73.22	26.78
1998	1453.35	920.87	532.48	237.01	85.98	14.02	63.36	36.64	822.73	295.13	73.60	26.40
1999	1559.10	968.43	590.67	302.07	83.77	16.23	62.11	37.89	839.29	210.67	79.94	20.06
2000	1615.43	964.49	650.95	332.34	82.94	17.06	59.70	40.30	928.09	166.88	84.76	15.24
2001	1725.82	1003.83	721.98	382.29	81.87	18.13	58.17	41.83	1012.31	173.19	85.39	14.61
2002	1833.19	1010.70	822.49	429.76	81.01	18.99	55.13	44.87	1138.20	156.56	87.91	12.09
2003	2038.10	1086.61	951.50	482.21	80.87	19.13	53.31	46.69	1362.18	93.03	93.61	6.39
2004	2296.38	1212.25	1084.12	539.06	80.99	19.01	52.79	47.21	1877.75	105.46	94.68	5.32
2005	2399.40	880.20	1519.20	607.30	79.80	20.20	36.68	63.32	2214.00	140.00	94.05	5.95
2006	2707.20	949.30	1757.90	667.50	80.22	19.78	35.07	64.93	2656.90	103.60	96.25	3.75
2007	3225.49	1092.92	2132.57	754.22	81.05	18.95	33.88	66.12	3344.78	73.42	97.85	2.15
2008	3679.34	1205.83	2473.51	892.63	80.48	19.52	32.77	67.23	4229.64	89.51	97.93	2.07
2009	4188.29	1325.73	2862.56	990.79	80.87	19.13	31.65	68.35	4820.46	93.69	98.09	1.91

2—16 居 民 消 费 水 平
Household Consumption

本表绝对数按当年价格计算，指数按可比价格计算，2005—2008年数据按2008年经济普查结果进行修订。
Level data in this table are calculated at current prices while indices at constant prices.
In 2005-2008, data carries on the revision according to the economical general survey result in 2008.

年 份 Year	绝对数（元） Value (yuan)			城乡消费水平对比（农民=1）	指数（上年为100） Index (Preceding year=100)			指数（1978年为100） Index (1978=100)		
	全省居民 All Households	农村居民 Agricultural Households	城镇居民 Non-agricultural Households	Urban/Rural Consumption Ratio (Agricultural Households=1)	全省居民 All Households	农村居民 Agricultural Households	城镇居民 Non-agricultural Households	全省居民 All Households	农村居民 Agricultural Households	城镇居民 Non-agricultural Households
1990	670	570	1236	2.17	96.68	95.48	100.16	210.03	199.30	206.34
1991	683	559	1379	2.47	117.01	103.33	124.84	245.77	205.94	257.60
1992	762	597	1646	2.76	102.81	102.21	122.55	252.66	210.49	315.69
1993	973	700	2389	3.41	105.96	103.65	100.74	267.71	218.18	318.03
1994	1251	969	2671	2.76	105.74	103.69	114.23	283.07	226.22	363.27
1995	1669	1300	3441	2.65	107.20	109.43	101.84	303.45	247.55	369.95
1996	1945	1488	4073	2.74	113.12	112.85	111.64	343.26	279.37	413.02
1997	2275	1796	4429	2.47	114.34	118.52	106.02	392.48	331.12	437.90
1998	2370	1845	4675	2.53	107.10	106.20	107.05	420.06	351.40	468.78
1999	2523	1939	4985	2.57	106.60	104.70	107.40	447.96	367.83	503.34
2000	2588	1922	5323	2.77	104.30	100.70	108.00	466.94	370.43	543.36
2001	2739	1985	5806	2.92	106.31	104.05	109.13	496.40	385.43	592.97
2002	2988	2353	4468	1.90	105.96	101.01	111.52	525.99	389.32	661.28
2003	3312	2572	4933	1.92	108.04	104.65	109.83	570.17	407.42	726.28
2004	3707	2910	5343	1.84	106.80	106.40	104.90	608.94	433.49	761.86
2005	3870	2167	7102	3.28	110.40	110.40	106.30	672.27	478.57	809.86
2006	4409	2427	7886	3.25	112.10	110.50	109.20	753.61	528.82	884.37
2007	5276	2878	9204	3.20	112.90	111.30	109.80	850.83	588.58	971.04
2008	6006	3259	10196	3.13	110.90	109.30	108.40	943.57	643.32	1052.61
2009	6829	3683	11301	3.07	110.30	108.80	107.90	1040.76	699.93	1135.77

注：根据国家统计局制度规定，从2003年起按常住人口计算，2002年数据作同口径调整。
a) In accordance with the regulation of NBS, the permanent population has been used since the year 2003 and the data of 2002 have been adjusted in the same scope.

2—17 各市、县生产总值及指数（2009年）
Gross Domestic Product and Indices by County or City (2009)

市、县 County、city		生产总值（亿元）Gross Domestic Product (100 million yuan)	第一产业 Primary Industry	第二产业 Secondary Industry	第三产业 Tertiary Industry	生产总值指数（%）Indices of Gross Domestic Product (2008=100)	第一产业 Primary Industry	第二产业 Secondary Industry	第三产业 Tertiary Industry	人均生产总值（元/人）Per Capita GDP (yuan/person)
合肥市	**Hefei**	**2102.1**	**108.7**	**1105.0**	**888.4**	**117.8**	**106.2**	**122.8**	**113.1**	**41585**
长丰县	Changfeng	132.2	32.5	67.6	32.1	120.4	108.6	131.5	113.3	16399
肥东县	Feidong	186.8	34.8	99.7	52.3	119.1	108.6	126.4	114.1	17091
肥西县	Feixi	214.6	32.5	128.8	53.2	121.8	107.1	132.1	111.6	23916
淮北市	**Huaibei**	**371.9**	**35.6**	**228.3**	**107.9**	**111.0**	**105.9**	**112.7**	**109.1**	**18096**
濉溪县	Suixi	91.7	23.9	39.5	28.3	117.6	105.8	132.0	110.9	8485
亳州市	**Bozhou**	**431.9**	**122.5**	**147.4**	**162.0**	**112.8**	**106.2**	**120.8**	**110.8**	**8477**
涡阳县	Guoyang	105.8	29.2	38.8	37.9	114.4	106.4	125.5	110.7	7124
蒙城县	Mengcheng	95.8	31.0	31.5	33.3	112.8	106.2	122.1	112.1	7307
利辛县	Lixin	81.3	29.2	18.0	34.2	111.8	107.5	117.5	112.7	5225
宿州市	**Suzhou**	**541.7**	**160.5**	**183.4**	**197.7**	**112.3**	**106.2**	**119.6**	**111.5**	**9545**
砀山县	Dangshan	65.3	22.9	24.6	17.8	115.7	114.0	123.0	109.2	6685
萧　县	Xiaoxian	96.5	30.8	33.1	32.5	110.6	103.4	119.1	110.3	6971
灵璧县	Lingbi	78.1	34.5	17.6	25.9	109.4	104.6	122.8	107.7	6561
泗　县	Sixian	73.6	29.9	24.1	19.6	110.4	106.6	113.0	113.0	8129
蚌埠市	**Bengbu**	**532.1**	**104.4**	**236.4**	**191.2**	**112.2**	**105.7**	**116.7**	**110.2**	**14802**
怀远县	Huaiyuan	111.9	39.3	41.0	31.7	115.0	105.6	130.2	108.1	8428
五河县	Wuhe	74.6	31.6	20.7	22.2	111.4	106.9	120.1	108.9	10289
固镇县	Guzhen	66.3	26.5	18.9	20.8	112.7	106.4	122.7	111.1	10742
阜阳市	**Fuyang**	**607.8**	**174.1**	**219.0**	**214.7**	**112.8**	**106.3**	**121.0**	**109.7**	**7288**
界首市	Jieshou	59.6	14.9	27.7	17.0	114.9	105.7	126.9	106.7	7672
临泉县	Linquan	74.7	38.4	12.5	23.7	108.6	106.0	111.1	111.4	3466
太和县	Taihe	94.1	28.8	35.0	30.3	113.0	106.9	122.8	109.2	5588
阜南县	Funan	70.4	28.3	19.6	22.5	111.1	107.1	124.4	106.1	4308
颍上县	Yingshang	105.7	28.4	52.9	24.4	111.1	108.2	112.8	110.4	6348
淮南市	**Huainan**	**508.8**	**41.8**	**319.5**	**147.6**	**113.7**	**106.1**	**115.9**	**111.1**	**22169**
凤台县	Fengtai	147.1	18.3	99.2	29.6	113.0	107.0	115.4	110.9	23960
滁州市	**Chuzhou**	**576.2**	**134.5**	**262.1**	**179.6**	**113.6**	**106.0**	**119.0**	**111.3**	**14002**
天长市	Tianchang	117.1	20.2	67.7	29.1	113.2	104.3	116.5	113.6	18534
明光市	Mingguang	57.6	20.1	16.0	21.5	112.7	106.5	122.4	112.2	8789
来安县	Laian	57.8	13.3	27.3	17.2	114.7	106.0	120.1	112.1	11523
全椒县	Quanjiao	54.0	15.5	21.1	17.5	115.8	106.0	125.8	113.4	11600
定远县	Dingyuan	72.3	31.0	18.3	23.1	112.6	107.6	120.5	113.1	7480
凤阳县	Fengyang	72.6	21.2	27.9	23.5	115.1	106.6	123.3	112.9	9690
六安市	**Luan**	**563.7**	**138.3**	**217.3**	**208.1**	**113.4**	**106.4**	**121.0**	**109.2**	**9281**
寿　县	Shouxian	93.4	36.1	30.5	26.8	110.7	104.1	117.7	110.2	6843

2—17 续表 continued

市、县 County、city		生产总值(亿元) Gross Domestic Product (100 million yuan)	第一产业 Primary Industry	第二产业 Secondary Industry	第三产业 Tertiary Industry	生产总值指数(%) Indices of Gross Domestic Product (2008=100)	第一产业 Primary Industry	第二产业 Secondary Industry	第三产业 Tertiary Industry	人均生产总值(元/人) Per Capita GDP (yuan/person)
霍邱县	Huoqiu	114.3	28.2	47.6	38.5	114.8	106.6	126.7	110.7	6993
舒城县	Shucheng	80.0	19.1	30.4	30.5	114.0	107.9	121.6	109.5	8006
金寨县	Jinzhai	51.2	13.3	18.4	19.5	113.5	106.6	121.8	110.0	7637
霍山县	Huoshan	66.8	6.9	41.2	18.8	115.4	107.3	119.5	109.7	18051
马鞍山市	**Maanshan**	**666.5**	**25.7**	**443.0**	**197.8**	**112.1**	**105.2**	**113.2**	**110.1**	**51927**
当涂县	Dangtu	149.3	22.7	91.7	34.8	118.4	105.1	125.4	113.3	22966
巢湖市	**Chaohu**	**529.6**	**106.5**	**244.0**	**179.1**	**112.4**	**106.5**	**117.3**	**109.7**	**12885**
庐江县	Lujiang	88.7	25.5	28.4	34.7	111.5	107.3	115.7	111.4	7577
无为县	Wuwei	178.5	34.9	91.5	52.1	115.4	106.0	121.3	113.2	12605
含山县	Hanshan	53.5	12.5	22.0	19.0	111.5	108.5	114.9	109.8	12094
和　县	Hexian	72.7	17.5	31.2	24.0	112.4	105.6	118.7	110.1	11105
芜湖市	**Wuhu**	**888.4**	**41.8**	**555.0**	**291.6**	**115.5**	**105.3**	**119.9**	**110.0**	**38553**
芜湖县	Wuhu	80.5	12.6	48.7	19.2	120.2	106.6	128.3	112.6	20965
繁昌县	Fanchang	87.7	6.6	57.1	23.9	119.8	110.8	125.2	111.8	27773
南陵县	Nanling	81.7	14.9	45.4	21.4	117.3	106.4	125.2	110.3	14791
宣城市	**Xuancheng**	**432.8**	**78.2**	**188.3**	**166.3**	**113.6**	**106.4**	**119.7**	**110.8**	**16774**
宁国市	Ningguo	106.8	13.1	60.6	33.0	117.5	105.8	124.0	111.5	27741
郎溪县	Langxi	44.5	9.1	23.3	12.2	114.5	106.8	119.6	111.0	13140
广德县	Guangde	82.4	12.5	35.0	34.8	113.8	103.9	120.1	111.3	16113
泾　县	Jingxian	38.4	9.5	14.6	14.3	113.1	107.0	118.3	111.7	10802
绩溪县	Jixi	28.0	6.4	12.5	9.1	113.2	107.0	120.2	108.2	18613
旌德县	Jingde	16.7	4.0	7.0	5.8	113.2	104.9	120.9	110.8	9412
铜陵市	**Tongling**	**343.7**	**8.9**	**233.3**	**101.4**	**113.7**	**105.5**	**116.4**	**108.8**	**46765**
铜陵县	Tongling	57.5	6.5	36.4	14.6	118.0	105.3	126.6	110.0	19545
池州市	**Chizhou**	**245.6**	**41.0**	**106.3**	**98.3**	**115.1**	**106.7**	**125.2**	**109.3**	**17295**
东至县	Dongzhi	56.5	15.8	20.4	20.4	113.6	106.7	125.1	108.6	10387
石台县	Shitai	10.9	2.1	4.2	4.6	113.6	106.5	124.1	107.7	9985
青阳县	Qingyang	35.4	5.8	16.5	13.1	115.0	106.5	123.9	108.7	12335
安庆市	**Anqin**	**796.1**	**142.1**	**387.6**	**266.4**	**112.3**	**106.0**	**117.6**	**109.0**	**14242**
桐城市	Tongcheng	102.8	17.1	55.5	30.1	114.1	106.2	120.6	107.3	13655
怀宁县	Huaining	85.1	16.5	43.3	25.3	114.6	102.9	123.0	108.5	12317
枞阳县	Zongyang	93.0	23.1	42.9	27.0	114.9	107.5	121.4	111.4	9607
潜山县	Qianshan	56.0	12.1	24.8	19.1	112.5	106.3	115.4	112.3	9626
太湖县	Taihu	44.4	14.1	15.0	15.3	112.3	107.2	121.0	109.7	7870
宿松县	Susong	70.9	26.1	22.8	22.0	113.4	108.0	121.6	111.1	8611
望江县	Wangjiang	44.6	14.6	15.5	14.5	113.0	105.0	122.1	111.9	7147
岳西县	Yuexi	35.2	9.1	16.5	9.6	113.7	106.1	120.3	110.1	8716
黄山市	**Huangshan**	**267.0**	**35.7**	**108.3**	**123.0**	**111.5**	**105.9**	**115.6**	**109.7**	**17981**
歙　县	Shexian	67.6	10.9	30.0	26.7	112.2	107.4	115.7	110.6	13779
休宁县	Xiuning	35.2	8.0	13.0	14.2	113.7	106.2	121.4	111.4	12797
黟　县	Yixian	13.7	2.7	5.6	5.4	112.1	101.1	120.5	109.3	14250
祁门县	Qimen	27.7	3.9	10.3	13.5	110.7	105.9	116.6	107.9	14750

注：本表绝对额按当年价格计算，指数按可比价格计算。

a) Level data in this table are calculated at current prices while indices at constant prices.

2—18 资产负债综合表（2008年末）

交易项目 Transaction		非金融企业部门 Non-financial Enterprises 使用 Utilization	非金融企业部门 Non-financial Enterprises 来源 Source	金融机构部门 Financial Institutions 使用 Utilization	金融机构部门 Financial Institutions 来源 Source
非金融资产	**Non-financial Assets**	**10875.05**		**582.31**	
固定资产	Fixed Assets	8097.31		152.66	
#在建工程	Constructing Project	1123.00		13.43	
存货	Inventory	2215.64			
#产成品和商品库存	Products and Inventory	1139.20			
其他非金融资产	Other Non-financial Assets	562.10		429.65	
#无形资产	Intangible Assets	415.83		39.69	
金融资产与负债	**Financial Assets and Liabilities**	**8299.89**	**12482.49**	**10195.75**	**11958.09**
国内金融资产与负债	Domestic Financial Assets and Liabilities	8291.76	11683.66	10195.75	11793.15
通货	Current in Circulation	128.36		59.18	
存款	Savings Deposits	3939.50			10330.24
长期存款	Long Period Savings Deposits	2757.65			6836.95
短期存款	Short Period Savings Deposits	1181.85			3493.29
贷款	Loans		6107.70	6948.66	
长期贷款	Long-term Loans		3225.10	4005.40	
短期贷款	Short-term Loans		2882.60	2943.26	
股票及其他股权	Stocks and Other Stock Rights	1772.09	3593.05	242.18	311.60
证券（不含股票）	Securities (Not Including Stocks)	36.20	135.41	56.90	
保险准备金	Insurance Reserve Funds	181.61			726.46
其他	Other	2234.00	1847.50	2888.83	424.86
国外金融资产与负债	Foreign Financial Assets and Liabilities	8.13	798.83		164.94
直接投资	Direct Investment	8.13	746.66		
证券投资	Security Investment		52.17		
其他投资	Other Investment				164.94
资产负债差额	**Balance Between Assets and Liabilities**		**6692.45**		**-1180.03**
资产、负债与差额总计	**The Sum Total of Assets, Liabilities and Balance**	**19174.94**	**19174.94**	**10778.06**	**10778.06**

Assets and Liabilities Table (end of 2008)

单位：亿元 (100 million yuan)

政府部门 Governments		住户部门 Households		省内合计 Regional Sum		国内省外 Outside Province		国外部门 Overseas		合计 Total	
使用 Utilization	来源 Source	使用 Utilization	来源 Source	使用 Utilization	来源 Source	使用 Utilization	来源 Source	使用 Utilization	来源 Source	使用 Utilization	来源 Source
1495.03		**6622.45**		**19574.84**						**19574.84**	
1289.09		5858.37		15397.43						15397.43	
64.23				1200.66						1200.66	
0.61		758.13		2974.38						2974.38	
0.55		466.54		1606.29						1606.29	
205.33		5.95		1203.03						1203.03	
9.30				464.82						464.82	
1031.85	**573.70**	**7840.72**	**844.76**	**27368.22**	**25859.04**	**1106.96**	**3571.78**	**963.77**	**8.13**	**29438.95**	**29438.95**
1031.85	573.70	7840.72	844.76	27360.09	24895.28	1106.96	3571.78			28467.05	28467.05
3.50		308.65		499.69			499.69			499.69	499.69
716.34		5674.40		10330.24	10330.24					10330.24	10330.24
214.90		3864.40		6836.95	6836.95					6836.95	6836.95
501.44		1810.00		3493.29	3493.29					3493.29	3493.29
	192.65		840.96	6948.66	7141.31	192.65				7141.31	7141.31
	113.70		780.30	4005.40	4119.10	113.70				4119.10	4119.10
	78.95		60.66	2943.26	3022.21	78.95				3022.21	3022.21
0.00		1049.57		3063.84	3904.65	866.26	25.45			3930.10	3930.10
2.51		182.92		278.53	135.41	25.61	168.73			304.14	304.14
		544.84		726.46	726.46					726.46	726.46
309.50	381.05	80.34	3.80	5512.67	2657.21	22.44	2877.90			5535.11	5535.11
				8.13	963.77			963.77	8.13	971.90	971.90
				8.13	746.66			746.66	8.13	754.79	754.79
					52.17			52.17		52.17	52.17
					164.94			164.94		164.94	164.94
	1953.18		**13618.41**		**21084.01**		**-2464.81**		**955.64**		**19574.84**
2526.88	**2526.88**	**14463.17**	**14463.17**	**46943.06**	**46943.06**	**1106.96**	**1106.96**	**963.77**	**963.77**	**49013.79**	**49013.79**

2—19 2007年投入产出基本流量表（中间使用部分）

按当年生产者价格计算(Data are calculated at producers' prices of 2007)

产出 Output / 投入 Input	农林牧渔业 Agriculture, Forestry, Animal Husbandry and Fishery	采掘业 Mining and Quarrying	制造业 Manufacturing	电力及燃气、热水生产和供应业 Production and Supply of Electric Power, Steam and Hot Water	建筑业 Construction	交通运输、仓储及邮政业 Transportation, Storage and Postal Services	信息传输、计算机服务和软件业 Information Circulation, Computer Service and Software	批发和零售业 Wholesale and Retail Trade
总投入合计 Total Input	**2078.80**	**724.25**	**8566.71**	**708.73**	**1556.19**	**1072.42**	**217.59**	**684.20**
中间投入合计 Intermediate Input	**866.47**	**325.10**	**6450.87**	**487.24**	**1016.87**	**596.39**	**73.62**	**180.29**
农林牧渔业 Agriculture, Forestry, Animal Husbandry and Fishery	307.49	3.08	594.89	0.07	5.07	1.19		0.05
采掘业 Mining and Quarrying	4.78	100.79	731.72	242.06	26.57	0.33		0.06
制造业 Manufacturing	354.57	91.37	3783.16	106.41	778.89	293.87	29.49	19.21
电力及燃气、热水生产和供应业 Production and Supply of Electric Power, Steam and Hot Water	32.35	41.30	247.20	37.96	28.47	13.01	9.53	20.69
建筑业 Construction	0.38	0.92	1.71	0.59		18.42	0.65	3.15
交通运输、仓储及邮政业 Transportation, Storage and Postal Services	25.38	26.19	242.92	20.46	42.73	127.20	3.21	45.47
信息传输、计算机服务和软件业 Information Circulation, Computer Service and Software	1.19	0.78	10.61	0.71	1.27	9.15	11.08	1.25
批发和零售业 Wholesale and Retail Trade	91.79	22.29	637.45	38.61	106.68	58.41	10.14	3.36
住宿和餐饮业 Accommodation and Catering Trade	2.18	3.11	28.62	1.78	3.17	26.03	1.72	14.46
金融业 Banking and Insurance	3.64	4.99	35.27	13.28	1.65	13.70	3.20	9.03
房地产业 Real Estate		0.16	4.50	0.23	0.03	3.41	0.56	7.34
租赁和商务服务业 Leasing and Commercial Services	1.91	11.38	65.19	1.12	11.32	7.74	2.75	26.76
科学研究事业 Scientific Research	0.07	0.15	9.55	0.47	5.35	0.10	0.07	0.11
综合技术服务业 Comprehensive Technical Service	2.70	0.76	9.02	1.13	2.55	4.73	0.18	0.64
其他服务业 Other Services	27.60	7.11	27.27	18.27	1.65	11.24	0.11	23.76
教　育 Education	1.25	1.77	3.05	0.35	0.29	2.08	0.26	1.59
卫生、社会保障和社会福利业 Health, Social Securities and Social Welfare	5.28	8.24	14.63	3.30				0.12
文化、体育和娱乐业 Culture, Sports and Entertainment	0.03	0.70	4.11	0.44	1.17	5.64	0.68	3.25
公共管理和社会组织 Public Management and Social Organizations	3.89					0.13		
增加值合计 Total Value-added	**1212.32**	**399.15**	**2115.84**	**221.49**	**539.32**	**476.03**	**143.97**	**503.91**
劳动者报酬 Compensation for Laborers	1169.06	148.09	519.29	49.27	248.79	139.83	34.35	129.68
生产税净额 Net Taxes on Production	0.31	66.03	506.79	35.39	56.59	56.83	7.55	106.92
固定资产折旧 Depreciation of Fixed Assets	42.96	49.58	183.56	74.52	21.60	122.66	66.45	50.31
营业盈余 Operating Surplus		135.45	906.20	62.31	212.34	156.71	35.61	217.00

Intermediate Use Part of 2007 Input-output Table

单位：亿元 (100 million yuan)

住宿和餐饮业 Accommodation and Catering Trade	金融业 Banking and Insurance	房地产业 Real Estate	租赁和商务服务业 Leasing and Commercial Services	科学研究事业 Scientific Research	综合技术服务业 Comprehensive Technical Service	其他服务业 Other Services	教育 Education	卫生、社会保障和社会福利业 Health, Social Securities and Social Welfare	文化、体育和娱乐业 Culture, Sports and Entertainment	公共管理和社会组织 Public Management and Social Organizations	中间使用合计 Total Intermediate Use
358.16	**302.45**	**360.09**	**294.94**	**35.02**	**130.90**	**445.31**	**410.82**	**391.56**	**116.97**	**438.49**	**18893.58**
216.81	**150.00**	**56.35**	**163.49**	**23.23**	**45.77**	**235.87**	**190.72**	**268.73**	**52.99**	**158.06**	**11558.83**
101.79		7.47	0.22		1.77	14.59					1037.68
0.02						0.03	0.36	0.24	0.02	0.12	1107.11
42.44	29.91	24.96	66.78	18.35	17.29	137.13	78.43	209.90	23.66	27.42	6133.24
9.84	7.04	1.31	3.17	0.56	2.31	17.69	33.02	9.17	7.05	16.14	537.81
0.52	5.15	0.45	1.24	0.05	0.93	2.00	3.89	2.58	0.80	1.28	44.73
3.31	20.86	2.18	21.44	1.12	6.07	6.57	15.12	6.98	2.14	6.24	625.59
0.93	14.62	0.95	1.68	0.06	1.05	1.90	5.35	2.41	1.41	7.00	73.39
31.40	6.70	4.81	8.87	1.46	3.35	29.16	13.38	23.86	5.80	5.71	1103.24
1.78	25.07	2.45	24.74	0.86	4.63	8.80	11.17	1.57	3.84	12.24	178.23
5.69	0.47	2.38	16.22	0.01	0.33	1.19	3.92	0.57	0.88	1.13	117.54
2.36	4.09	0.37	3.87	0.02	0.64	5.14	2.59	1.26	2.26	0.95	39.79
6.78	20.83	6.31	3.39	0.14	4.02	3.31	1.36	1.60	2.14	1.07	179.14
0.02	0.05										15.93
0.07											21.78
8.83	3.80	1.50	8.79	0.13	1.36	4.83	8.38	3.81	0.84	13.28	172.57
0.26	3.27	0.51	0.87	0.11	0.37	0.55	1.04	0.57	0.18	51.00	69.36
0.24	0.27			0.15	0.84	0.95	10.76	2.77	0.92	12.91	61.39
0.51	5.70	0.66	1.29	0.21	0.72	1.95	1.94	1.42	1.03	1.53	32.96
	2.17	0.04	0.93		0.07	0.07	0.03	0.04		0.01	7.38
141.35	**152.45**	**303.74**	**131.45**	**11.79**	**85.13**	**209.44**	**220.11**	**122.83**	**63.98**	**280.44**	**7334.75**
30.07	42.14	41.54	24.74	8.99	47.28	131.75	214.46	119.27	22.94	254.36	3375.89
12.17	13.42	22.62	1.28	0.29	6.83	22.19	0.08		9.65		924.95
10.08	5.17	221.15	1.71	1.00	8.38	18.44		2.41	10.56	26.08	916.65
89.02	91.71	18.44	103.72	1.52	22.63	37.06	5.58	1.15	20.83		2117.26

2—20 2007年投入产出基本流量表（最终使用部分）

按当年生产者价格计算(Data are calculated at producers' prices of 2007)

产出 Output / 投入 Input	最终使用 Final Use 最终消费 Final Consumption Expenditure 居民最终消费 Household Consumption Expenditure 农村居民 Rural Households	城镇居民 Urban Households	小计 Subtotal	政府消费 Government Consumption Expenditure	合计 Total Consumption
总投入合计 Total Input					
中间投入合计 Intermediate Input	**1121.21**	**2250.07**	**3371.27**	**1026.79**	**4398.06**
农林牧渔业 Agriculture, Forestry, Animal Husbandry and Fishery	148.82	256.54	405.36	7.51	412.87
采掘业 Mining and Quarrying	10.25	1.02	11.26		11.26
制造业 Manufacturing	407.56	737.12	1144.67		1144.67
电力及燃气、热水生产和供应业 Production and Supply of Electric Power, Steam and Hot Water	25.86	98.21	124.07		124.07
建筑业 Construction	3.29	20.57	23.86		23.86
交通运输、仓储及邮政业 Transportation, Storage and Postal Services	40.88	76.75	117.63	34.94	152.57
信息传输、计算机服务和软件业 Information Circulation, Computer Service and Software	34.30	106.52	140.82		140.82
批发和零售业 Wholesale and Retail Trade	113.22	218.53	331.74	0.11	331.86
住宿和餐饮业 Accommodation and Catering Trade	48.08	138.67	186.75		186.75
金融业 Banking and Insurance	29.48	112.30	141.78	0.44	142.22
房地产业 Real Estate	98.24	164.86	263.10	5.24	268.34
租赁和商务服务业 Leasing and Commercial Services	0.96	11.75	12.72	10.62	23.34
科学研究事业 Scientific Research				16.79	16.79
综合技术服务业 Comprehensive Technical Service				30.72	30.72
其他服务业 Other Services	26.91	129.66	156.57	67.58	224.15
教育 Education	77.01	60.48	137.48	204.57	342.05
卫生、社会保障和社会福利业 Health, Social Securities and Social Welfare	50.77	80.28	131.05	198.29	329.34
文化、体育和娱乐业 Culture, Sports and Entertainment	5.59	35.78	41.37	19.90	61.26
公共管理和社会组织 Public Management and Social Organizations		1.03	1.03	430.07	431.10

Final Use Part of 2007 Input-output Table

单位：亿元　(100 million yuan)

最 终 使 用 Final Use						调　进 Flowing in	进　口 Import	总 产 出 Total Output
资本形成总额 Capital Formation			调　出 Flowing out	出　口 Export	最终使用合　计 Total of Final Use			
固定资产形成总额 Gross Fixed Capital Formation	存货增加 Changes in Inventories	小　计 Subtotal						
4755.90	**252.04**	**5007.95**	**7142.10**	**649.77**	**17196.89**	**9389.16**	**474.01**	**18893.58**
1.53	28.63	30.16	866.87	10.23	1320.13	273.62	5.39	2078.80
	25.87	25.87	349.26	0.50	386.90	574.56	195.20	724.25
1316.85	166.31	1483.16	4294.20	512.19	7433.23	4784.37	215.39	8566.71
			112.25		236.32	65.39		708.73
3053.79		3053.79	0.37		3078.02	1566.56		1556.19
26.07	4.99	31.06	391.63	23.36	598.62	142.00	9.80	1072.42
14.47	0.01	14.49	1.02	1.48	157.81	13.33	0.28	217.59
130.73	26.23	156.96	779.12	94.44	1362.37	1733.46	47.95	684.20
			42.67	4.08	233.50	53.57		358.16
			61.07		203.29	18.39		302.45
131.50		131.50	0.18		400.02	79.72		360.09
			141.67	0.60	165.61	49.81		294.94
2.24		2.24	0.05		19.08			35.02
78.72		78.72			109.45	0.38		130.90
			66.11	2.25	292.52	20.47		445.31
					342.05	0.58		410.82
			0.82		330.16			391.56
			34.80	0.65	96.72	12.96		116.97
					431.10			438.49

2—22 投入产出直接消耗系数表（2007年）

产出 Output / 投入 Input	农林牧渔业 Agriculture, Forestry, Animal Husbandry and Fishery	采掘业 Mining and Quarrying	制造业 Manufacturing	电力及燃气、热水生产和供应业 Production and Supply of Electric Power, Steam and Hot Water	建筑业 Construction	交通运输、仓储及邮政业 Transportation, Storage and Postal Services	信息传输、计算机服务和软件业 Information Circulation, Computer Service and Software
总投入合计 Total Input	**1.0000000**	**1.0000000**	**1.0000000**	**1.0000000**	**1.0000000**	**1.0000000**	**1.0000000**
中间投入合计 Intermediate Input	**0.4168139**	**0.4488737**	**0.7530159**	**0.6874795**	**0.6534329**	**0.5561167**	**0.3383240**
农林牧渔业 Agriculture, Forestry, Animal Husbandry and Fishery	0.1479152	0.0042503	0.0694418	0.0000971	0.0032610	0.0011098	
采掘业 Mining and Quarrying	0.0022978	0.1391602	0.0854149	0.3415351	0.0170721	0.0003100	
制造业 Manufacturing	0.1705661	0.1261634	0.4416116	0.1501448	0.5005134	0.2740266	0.1355091
电力及燃气、热水生产和供应业 Production and Supply of Electric Power, Steam and Hot Water	0.0155628	0.0570253	0.0288556	0.0535597	0.0182977	0.0121320	0.0437832
建筑业 Construction	0.0001837	0.0012728	0.0001994	0.0008294		0.0171800	0.0029833
交通运输、仓储及邮政业 Transportation, Storage and Postal Services	0.0122083	0.0361549	0.0283560	0.0288704	0.0274557	0.1186136	0.0147548
信息传输、计算机服务和软件业 Information Circulation, Computer Service and Software	0.0005708	0.0010782	0.0012385	0.0010070	0.0008150	0.0085281	0.0509232
批发和零售业 Wholesale and Retail Trade	0.0441563	0.0307810	0.0744098	0.0544769	0.0685541	0.0544682	0.0466208
住宿和餐饮业 Accommodation and Catering Trade	0.0010495	0.0042989	0.0033405	0.0025145	0.0020366	0.0242713	0.0078981
金融业 Banking and Insurance	0.0017525	0.0068903	0.0041169	0.0187337	0.0010578	0.0127765	0.0146872
房地产业 Real Estate	0.0000005	0.0002261	0.0005257	0.0003243	0.0000213	0.0031784	0.0025778
租赁和商务服务业 Leasing and Commercial Services	0.0009184	0.0157179	0.0076102	0.0015771	0.0072750	0.0072217	0.0126485
科学研究事业 Scientific Research	0.0000327	0.0002049	0.0011146	0.0006564	0.0034364	0.0000905	0.0003125
综合技术服务业 Comprehensive Technical Service	0.0012979	0.0010496	0.0010535	0.0015996	0.0016357	0.0044085	0.0008277
其他服务业 Other Services	0.0132775	0.0098116	0.0031832	0.0257844	0.0010612	0.0104794	0.0004965
教育 Education	0.0005999	0.0024374	0.0003563	0.0004952	0.0001890	0.0019385	0.0011948
卫生、社会保障和社会福利业 Health, Social Securities and Social Welfare	0.0025408	0.0113818	0.0017080	0.0046573			
文化、体育和娱乐业 Culture, Sports and Entertainment	0.0000142	0.0009693	0.0004797	0.0006166	0.0007508	0.0052607	0.0031066
公共管理和社会组织 Public Management and Social Organizations	0.0018689					0.0001230	
增加值合计 Total Value-added	**0.5831861**	**0.5511263**	**0.2469841**	**0.3125205**	**0.3465671**	**0.4438833**	**0.6616760**
劳动者报酬 Compensation for Laborers	0.5623730	0.2044791	0.0606173	0.0695121	0.1598734	0.1303865	0.1578806
生产税净额 Net Taxes on Production	0.0001470	0.0911724	0.0591580	0.0499389	0.0363646	0.0529888	0.0347153
固定资产折旧 Depreciation of Fixed Assets	0.0206661	0.0684605	0.0214274	0.1051518	0.0138808	0.1143815	0.3054148
营业盈余 Operating Surplus		0.1870144	0.1057814	0.0879177	0.1364483	0.1461264	0.1636652

Direct Input Coefficient of Input-output Table (2007)

批发和零售业 Wholesale and Retail Trade	住宿和餐饮业 Accommodation and Catering Trade	金融业 Banking and Insurance	房地产业 Real Estate	租赁和商务服务业 Leasing and Commercial Services	科学研究事业 Scientific Research	综合技术服务业 Comprehensive Technical Service	其他服务业 Other Services	教育 Education	卫生、社会保障和社会福利业 Health, Social Securities and Social Welfare	文化、体育和娱乐业 Culture, Sports and Entertainment	公共管理和社会组织 Public Management and Social Organizations
1.0000000	**1.0000000**	**1.0000000**	**1.0000000**	**1.0000000**	**1.0000000**	**1.0000000**	**1.0000000**	**1.0000000**	**1.0000000**	**1.0000000**	**1.0000000**
0.2635019	**0.6053395**	**0.4959520**	**0.1564784**	**0.5543101**	**0.6633085**	**0.3496804**	**0.5296835**	**0.4642264**	**0.6863155**	**0.4530063**	**0.3604517**
0.0000746	0.2842081		0.0207408	0.0007499		0.0135072	0.0327643				
0.0000879	0.0000696				0.0001245	0.0000223	0.0000692	0.0008805	0.0006152	0.0001783	0.0002782
0.0280748	0.1184939	0.0988914	0.0693085	0.2264106	0.5241159	0.1321115	0.3079346	0.1909063	0.5360555	0.2022553	0.0625381
0.0302339	0.0274789	0.0232813	0.0036262	0.0107364	0.0161004	0.0176182	0.0397329	0.0803777	0.0234120	0.0603070	0.0368123
0.0046011	0.0014543	0.0170201	0.0012599	0.0041997	0.0014460	0.0071271	0.0044987	0.0094641	0.0065879	0.0068812	0.0029295
0.0664589	0.0092507	0.0689571	0.0060530	0.0727009	0.0319587	0.0464053	0.0147590	0.0367922	0.0178201	0.0183163	0.0142382
0.0018250	0.0026048	0.0483495	0.0026423	0.0056889	0.0015823	0.0080450	0.0042708	0.0130106	0.0061542	0.0120496	0.0159617
0.0049138	0.0876685	0.0221484	0.0133697	0.0300773	0.0416549	0.0255745	0.0654831	0.0325583	0.0609311	0.0495935	0.0130204
0.0211391	0.0049609	0.0829001	0.0067936	0.0838933	0.0244980	0.0353875	0.0197715	0.0271774	0.0040128	0.0328492	0.0279102
0.0132020	0.0158843	0.0015526	0.0066223	0.0549776	0.0004094	0.0025184	0.0026637	0.0095397	0.0014479	0.0075164	0.0025848
0.0107206	0.0066008	0.0135223	0.0010176	0.0131220	0.0005636	0.0048827	0.0115522	0.0063081	0.0032103	0.0193367	0.0021728
0.0391079	0.0189359	0.0688635	0.0175291	0.0115058	0.0040064	0.0307149	0.0074388	0.0033141	0.0040741	0.0183054	0.0024444
0.0001602	0.0000675	0.0001790									
0.0009338	0.0001852										
0.0347272	0.0246623	0.0125570	0.0041567	0.0298007	0.0037050	0.0103736	0.0108559	0.0204036	0.0097369	0.0072156	0.0302918
0.0023181	0.0007298	0.0108061	0.0014210	0.0029473	0.0030973	0.0028480	0.0012290	0.0025237	0.0014553	0.0015540	0.1162971
0.0001699	0.0006693	0.0008980			0.0041693	0.0064480	0.0021315	0.0261951	0.0070797	0.0078537	0.0294452
0.0047531	0.0014148	0.0188390	0.0018312	0.0043613	0.0058549	0.0055264	0.0043809	0.0047114	0.0036167	0.0087810	0.0034954
		0.0071864	0.0001065	0.0031385	0.0000218	0.0005696	0.0001471	0.0000637	0.0001057	0.0000129	0.0000316
0.7364981	**0.3946605**	**0.5040480**	**0.8435216**	**0.4456899**	**0.3366915**	**0.6503196**	**0.4703165**	**0.5357736**	**0.3136845**	**0.5469937**	**0.6395483**
0.1895405	0.0839577	0.1393434	0.1153502	0.0838765	0.2565898	0.3611783	0.2958527	0.5220137	0.3046003	0.1961108	0.5800725
0.1562703	0.0339885	0.0443719	0.0628175	0.0043390	0.0082540	0.0521886	0.0498364	0.0001885		0.0825271	
0.0735302	0.0281567	0.0171079	0.6141582	0.0058117	0.0284427	0.0640530	0.0414111		0.0061438	0.0902895	0.0594758
0.3171571	0.2485576	0.3032249	0.0511957	0.3516627	0.0434049	0.1728997	0.0832163	0.0135714	0.0029404	0.1780664	

2—22 投入产出完全消耗系数表（2007年）

投入 Input \ 产出 Output	农林牧渔业 Agriculture, Forestry, Animal Husbandry and Fishery	采掘业 Mining and Quarrying	制造业 Manufacturing	电力及燃气、热水生产和供应业 Production and Supply of Electric Power, Steam and Hot Water	建筑业 Construction	交通运输、仓储及邮政业 Transportation, Storage and Postal Services	信息传输、计算机服务和软件业 Information Circulation, Computer Service and Software
农林牧渔业 Agriculture, Forestry, Animal Husbandry and Fishery	0.2152400	0.0466490	0.1743800	0.0550430	0.0993020	0.0751010	0.0363250
采掘业 Mining and Quarrying	0.0661020	0.2413800	0.2375800	0.4964800	0.1563100	0.0933080	0.0640490
制造业 Manufacturing	0.4569800	0.4186700	1.0299000	0.5457600	1.0799000	0.7155900	0.3618900
电力及燃气、热水生产和供应业 Production and Supply of Electric Power, Steam and Hot Water	0.0439530	0.0955620	0.0896130	0.1141200	0.0729150	0.0534690	0.0703410
建筑业 Construction	0.0020807	0.0042507	0.0040762	0.0048959	0.0034814	0.0221390	0.0052230
交通运输、仓储及邮政业 Transportation, Storage and Postal Services	0.0457240	0.0799220	0.0995320	0.0914220	0.0937980	0.1810600	0.0462340
信息传输、计算机服务和软件业 Information Circulation, Computer Service and Software	0.0028111	0.0043622	0.0057971	0.0057778	0.0049061	0.0138990	0.0564090
批发和零售业 Wholesale and Retail Trade	0.0988250	0.0873650	0.1832700	0.1323200	0.1731700	0.1370100	0.0908990
住宿和餐饮业 Accommodation and Catering Trade	0.0088605	0.0155890	0.0195310	0.0178430	0.0169520	0.0401940	0.0175790
金融业 Banking and Insurance	0.0081171	0.0164380	0.0179030	0.0314720	0.0136310	0.0241160	0.0223670
房地产业 Real Estate	0.0021546	0.0028510	0.0046027	0.0039899	0.0038018	0.0071153	0.0050471
租赁和商务服务业 Leasing and Commercial Services	0.0111610	0.0291620	0.0298860	0.0231170	0.0276960	0.0246880	0.0236660
科学研究事业 Scientific Research	0.0006215	0.0008265	0.0024345	0.0014981	0.0047766	0.0010705	0.0008359
综合技术服务业 Comprehensive Technical Service	0.0024996	0.0024048	0.0033826	0.0034924	0.0037711	0.0064246	0.0017830
其他服务业 Other Services	0.0244120	0.0224840	0.0229070	0.0439080	0.0180370	0.0253210	0.0099289
教育 Education	0.0018561	0.0040039	0.0025128	0.0030570	0.0019966	0.0036975	0.0023092
卫生、社会保障和社会福利业 Health, Social Securities and Social Welfare	0.0050919	0.0157640	0.0073338	0.0123050	0.0044733	0.0030956	0.0019727
文化、体育和娱乐业 Culture, Sports and Entertainment	0.0014388	0.0030002	0.0033846	0.0036010	0.0033942	0.0082798	0.0049199
公共管理和社会组织 Public Management and Social Organizations	0.0023762	0.0003136	0.0005674	0.0004233	0.0003880	0.0005453	0.0003121

Total Input Coefficient of Input-output Table (2007)

批发和零售业 Wholesale and Retail Trade	住宿和餐饮业 Accommodation and Catering Trade	金融业 Banking and Insurance	房地产业 Real Estate	租赁和商务服务业 Leasing and Commercial Services	科学研究事业 Scientific Research	综合技术服务业 Comprehensive Technical Service	其他服务业 Other Services	教育 Education	卫生、社会保障和社会福利业 Health, Social Securities and Social Welfare	文化、体育和娱乐业 Culture, Sports and Entertainment	公共管理和社会组织 Public Management and Social Organizations
0.0295340	0.3789700	0.0696130	0.0438580	0.0890160	0.1071900	0.0645280	0.1099500	0.0598070	0.1030400	0.0602320	0.0398710
0.0393010	0.0713900	0.0649100	0.0242430	0.0829920	0.1416000	0.0562520	0.1045400	0.1030900	0.1485800	0.0914270	0.0590680
0.1989100	0.4538300	0.4154600	0.1832600	0.6273500	1.1323000	0.3897800	0.7219800	0.5480300	1.1590000	0.5312100	0.3061400
0.0483540	0.0633540	0.0579680	0.0148260	0.0510350	0.0722190	0.0431750	0.0814860	0.1189800	0.0814840	0.0960530	0.0704890
0.0074822	0.0042951	0.0210440	0.0022509	0.0090211	0.0050100	0.0097917	0.0072646	0.0126500	0.0100830	0.0096088	0.0060952
0.0957460	0.0533590	0.1163100	0.0207450	0.1281200	0.0986730	0.0817020	0.0639120	0.0816430	0.0858710	0.0604090	0.0450080
0.0050455	0.0063902	0.0552360	0.0041560	0.0127620	0.0059194	0.0112910	0.0077950	0.0173720	0.0107430	0.0160370	0.0207070
0.0393230	0.1547000	0.0876850	0.0349680	0.1102300	0.1527800	0.0755900	0.1432600	0.1012900	0.1733600	0.1133900	0.0603100
0.0324760	0.0181820	0.1007100	0.0120110	0.1023600	0.0391980	0.0462930	0.0318210	0.0386120	0.0191670	0.0448480	0.0383390
0.0204980	0.0253370	0.0151070	0.0102020	0.0663340	0.0131510	0.0108760	0.0129760	0.0193690	0.0144460	0.0176090	0.0099381
0.0133690	0.0102290	0.0180610	0.0022573	0.0178460	0.0044161	0.0076527	0.0149160	0.0094563	0.0072098	0.0226090	0.0051991
0.0470060	0.0336240	0.0832670	0.0223190	0.0309630	0.0243010	0.0410580	0.0234440	0.0172010	0.0252900	0.0324170	0.0114420
0.0004708	0.0006941	0.0008194	0.0002395	0.0008357	0.0013994	0.0005382	0.0009438	0.0007906	0.0014565	0.0007437	0.0004464
0.0017815	0.0017268	0.0013823	0.0004326	0.0016572	0.0021941	0.0010872	0.0015831	0.0014502	0.0022104	0.0012969	0.0008380
0.0429070	0.0418410	0.0274900	0.0086547	0.0454810	0.0207170	0.0206490	0.0255750	0.0339810	0.0272950	0.0205500	0.0414500
0.0033367	0.0023889	0.0131980	0.0019558	0.0054286	0.0048701	0.0039863	0.0026938	0.0039402	0.0033083	0.0029156	0.1174800
0.0015700	0.0038280	0.0037288	0.0009030	0.0030790	0.0087200	0.0084746	0.0055162	0.0295350	0.0117600	0.0107720	0.0345830
0.0065713	0.0037118	0.0216030	0.0026314	0.0079152	0.0085078	0.0073068	0.0065647	0.0069842	0.0063639	0.0109280	0.0055538
0.0003710	0.0010113	0.0077092	0.0003364	0.0039050	0.0004112	0.0009130	0.0005344	0.0003890	0.0004997	0.0003689	0.0002373

主要统计指标解释

国内生产总值（GDP）

指按市场价格计算的一个国家（或地区）所有常住单位在一定时期内生产活动的最终成果。国内生产总值有三种表现形态，即价值形态、收入形态和产品形态。从价值形态看，它是所有常住单位在一定时期内生产的全部货物和服务价值超过同期投入的全部非固定资产货物和服务价值的差额，即所有常住单位的增加值之和；从收入形态看，它是所有常住单位在一定时期内创造并分配给常住单位和非常住单位的初次收入之和；从产品形态看，它是所有常住单位在一定时期内最终使用的货物和服务价值减去货物和服务进口价值。在实际核算中，国内生产总值有三种计算方法，即生产法、收入法和支出法。三种方法分别从不同的方面反映国内生产总值及其构成。

三次产业

三产业的划分是世界上较为常用的产业结构分类，但各国的划分不尽一致。我国的三次产业划分是：

第一产业是指农业、林业、畜牧业、渔业和农林牧渔服务业。

第二产业是指采矿业，制造业，电力、煤气及水的生产和供应业，建筑业。

第三产业是指除第一、二产业以外的其他行业。

劳动者报酬

指劳动者因从事生产活动所获得的全部报酬。包括劳动者获得的各种形式的工资、奖金和津贴，既包括货币形式的，也包括实物形式的，还包括劳动者所享受的公费医疗和医药卫生费、上下班交通补贴、单位支付的社会保险费、住房公积金等。对于个体经济来说，其所有者所获得的劳动报酬和经营利润不易区分，这两部分统一作为劳动者报酬处理。

生产税净额

指生产税减生产补贴后的余额。生产税指政府对生产单位从事生产、销售和经营活动以及因从事生产活动使用某些生产要素（如固定资产、土地、劳动力）所征收的各种税、附加费和规费。生产补贴与生产税相反，指政府对生产单位的单方面转移支出，因此视为负生产税，包括政策亏损补贴、价格补贴等。

固定资产折旧

指一定时期内为弥补固定资产损耗按照规定的固定资产折旧率提取的固定资产折旧，或按国民经济核算统一规定的折旧率虚拟计算的固定资产折旧。它反映了固定资产在当期生产中的转移价值。各类企业和企业化管理的事业单位的固定资产折旧是指实际计提的折旧费；不计提折旧的政府机关、非企业化管理的事业单位和居民住房的固定资产折旧是按照统一规定的折旧率和固定资产原值计算的虚拟折旧。原则上，固定资产折旧应按固定资产当期的重置价值计算，但是目前我国尚不具备对全社会固定资产进行重估价的基础，所以暂时只能采用上述办法。

营业盈余

指常住单位创造的增加值扣除劳动者报酬、生产税净额和固定资产折旧后的余额。它相当于企业的营业利润加上生产补贴，但要扣除从利润中开支的工资和福利等。

支出法国内生产总值

是从最终使用的角度反映一个国家（或地区）一定时期内生产活动最终成果的一种方法，包括最终消费支出、资本形成总额及货物和服务净出口三部分。计算公式为：

支出法国内生产总值=最终消费支出+资本形成总额+货物和服务净出口

最终消费支出

指常住单位为满足物质、文化和精神生活的需要，从本国经济领土和国外购买的货物和服务的支出。它不包括非常住单位在本国经济领土内的消费支出。最终消费支出分为居民消费支出和政府消费支出。

居民消费支出

指常住住户在一定时期内对于货物和服务的全部最终消费支出。居民消费支出除了直接以货币形式购买的货物和服务的消费支出外，还包括以其他方式获得的货物和服务的消费支出，即所谓的虚拟消费支出。居民虚拟消费支出包括如下几种类型：单位以实物报酬及实物转移的形式提供给劳动者的货物和服务；住户生产并由本住户消费了的货物和服务，其中的服务仅指住户的自有住房服务；金融机构提供的金融媒介服务；保险公司提供的保险服务。

政府消费支出

指政府部门为全社会提供的公共服务的消费支出和免费或以较低的价格向居民住户提供的货物和服务的净支出，前者等于政府服务的产出价值减去政府单位所获得的经营收入的价值，后者等于政府部门免费或以较低价格向居民住户提供的货物和服务的市场价值减去向住户收取的价值。

资本形成总额

指常住单位在一定时期内获得减去处置的固定资产和存货的净额，包括固定资本形成总额和存货增加两部分。

固定资本形成总额

指常住单位在一定时期内获得的固定资产减处置的固定资产的价值总额。固定资产是通过生产活动生产出来的，且其使用年限在一年以上、单位价值在规定标准以上的资产，不包括自然资产。可分为有形固定资本形成总额和无形固定资本形成总额。有形固定资本形成总额包括一定时期内完成的建筑工程、安装工程和设备工器具购置（减处置）价值，以及土地改良、新增役、种、奶、毛、娱乐用牲畜和新增经济林木价值。无形固定资本形成总额包括矿藏的勘探、计算机软件等获得减处置。

存货增加

指常住单位在一定时期内存货实物量变动的市场价值，即期末价值减期初价值的差额，再扣除当期由于价格变动而产生的持有收益。存货增加可以是正值，也可以是负值，正值表示存货上升，负值表示存货下降。存货包括生产单位购进的原材料、燃料和储备物资等存货，以及生产单位生产的产成品、在制品和半成品等存货。

货物和服务净出口

指货物和服务出口减货物和服务进口的差额。出口包括常住单位向非常住单位出售或无偿转让的各种货物和服务的价值；进口包括常住单位从非常住单位购买或无偿得到的各种货物和服务的价值。由于服务活动的提供与使用同时发生，一般把常住单位从非常住单位得到的服务作为进口，非常住单位从常住单位得到的服务作为出口。货物的出口和进口都按离岸价格计算。

直接消耗系数

也称为投入系数，记为 a_{ij}（i，j=1，2，…，n）它是指在生产经营过程中第 j 产品（或产业）部门的单位总产出所直接消耗的第 i 产品部门货物或服务的价值量，将各产品（或产业）部门的直接消耗系数用表的形式表现，就是直接消耗系数表或直接消耗系数矩阵，通常用字母 A 表示。

完全消耗系数

指第 j 产品部门每提供一个单位最终使用时，对第 i 产品部门货物或服务的直接消耗和间接消耗之和。将各产品部门的完全消耗系数用表的形式表现，就是完全消耗系数表或完全消耗系数矩阵，通常用字母 B 表示。

机构单位

指有权拥有资产和承担负债，能够独立地从事经济活动并与其他实体进行交易的经济实体。

机构部门

将相同性质的机构单位归并在一起，就形成机构部门。资金流量核算将常住机构单位划分为以下四个机构部门：非金融企业部门、金融机构部门、政府部门、住户部门。与常住单位发生经济往来关系的非常住单位组成国外部门，在资金流量核算中也视同机构部门。

非金融企业与非金融企业部门

非金融企业指主要从事市场货物生产和提供非金融市场服务的常住企业，它主要包括从事上述活动的各类法人企业。所有非金融企业归并在一起，就形成非金融企业部门。

金融机构与金融机构部门

金融机构指主要从事金融媒介以及与金融媒介密切相关的辅助金融活动的常住单位，它主要包括中央银行、商业银行和政策性银行、非银行信贷机构和保险公司。所有金融机构归并在一起，就形成金融机构部门。

政府单位与政府部门

政府单位指在我国境内通过政治程序建立的、在一特定区域内对其他机构单位拥有立法、司法和行政权的法律实体及其附属单位。政府单位的主要职能是利用征税和其他方式获得的资金向社会和公众提供公共服务。通过转移支付，对社会收入和财产进行再分配。它主要包括各种行政单位和非营利性事业单位。所有政府单位归并在一起，就形成政府部门。

住户与住户部门

住户指共享同一生活设施、部分或全部收入和财产集中使用、共同消费住房、食品和其他消费品与消费服务的常住个人或个人群体。所有住户归并在一起，就形成住户部门。

非常住单位与国外部门

所有不具有常住性的机构单位都是非常住单位。将所有与我国常住单位发生交易的非常住单位归并在一起，就形成国外部门。

初次分配总收入

初次分配是生产活动形成的净成果在参与生产活动的生产要素的所有者及政府之间的分配。生产活动的净成果是增加值。生产要素包括劳动力、土地、资本。劳动力所有者因提供劳动而获得劳动报酬；土地所有者因出租土地而获得地租；

资本的所有者因资本的形态不同而获得不同形式的收入：借贷资本所有者获得利息收入；股权所有者获得红利或未分配利润；政府因直接或间接介入生产过程而获得生产税或支付补贴。初次分配的结果形成各个机构部门的初次分配总收入。各部门的初次分配总收入之和就等于国民总收入，亦即国民生产总值。

经常转移

转移是一个机构单位向另一个机构单位提供货物、服务或资产，而同时并没有从后一机构单位获得任何货物、服务或资产作为回报的一种交易。经常转移包括扣除资本转移外的所有转移。其形式有收入税、社会保险付款、社会补助和其他经常转移。

可支配总收入

在初次分配总收入的基础上，通过经常转移的形式对初次分配总收入进行再次分配。再分配的结果形成各个机构部门的可支配总收入。各部门的可支配总收入之和称为国民可支配总收入。

总储蓄

指可支配总收入用于最终消费后的余额。各部门的总储蓄之和称为国民总储蓄。

资本转移

指一个部门无偿地向另一个部门支付用于非金融投资的资金，是一种不从对方获取任何对应物作为回报的交易。资本转移具有不同于经常转移的两个特征，一是转移的目的是用于投资，而不是用于消费；二是资本转移其实物形式往往涉及除存货和现金以外资产所有权的转移；其现金形式往往涉及除存货以外的资产的处置。资本转移包括投资性补助和其他资本转移。

净金融投资

它反映机构部门或经济总体资金富余或短缺的状况。从实物交易角度看，它是指总储蓄加资本转移收入减资本转移支出减非金融投资后的差额。从金融交易角度看，它是金融资产的增加额减金融负债的增加额之后的差额。

通货

指以现金形式存在于市场流通中的货币，包括本币和外币。

存款

指金融机构接受客户存入的货币款项，存款人可随时或按约定时间支取款项的信用业务。包括活期存款、定期存款、住户储蓄存款、财政存款、外汇存款和其他存款等。

贷款

指金融机构将其所吸收的资金，按一定的利率贷放给客户并约期归还的信用业务。包括短期贷款、中长期贷款、财政贷款、外汇贷款和其他贷款。

证券（不含股票）

由债券购买者承购的或因销售产品而拥有的，可在金融市场上交易并代表一定债权的书面证明。包括政府债券、金融债券、企业债券、商业票据、支付固定收入但不提供法人企业残余价值分享权的优先股等。

股票及其他股权

指股票购买者及直接投资者对其投资企业净资产所拥有的权益。股票是股份公司签发的证明股东投资并按其所持股份享有权益和承担义务的权益性证券。其他股权是机构单位以直接投资的方式用除股票、债权性证券以外的土地、房屋及建筑物、机器设备、存货、资源资产等实物资产，商标、专利权、土地使用权、特许使用权、商誉等无形资产及货币资金直接向其他单位进行的投资。通常以股权证、出资证明书、参与证或类似的单据为凭证。

保险准备金

指对人寿保险准备金和养恤基金的净权益、保险费预付款和未结索赔准备金。

Explanatory Notes for Major Statistical Indicators

Gross Domestic Product (GDP)

refers to the final products at market prices produced by all resident units in a country (or a region) during a certain period of time. Gross domestic product is expressed in three different perspectives, namely value, income, and products respectively. GDP in its value perspective refers to the total value of all goods and services produced by all resident units during a certain period of time, minus the total value of input of goods and services of the nature of non-fixed assets; in other words, it is the sum of the value-added of all resident units. GDP from the perspective of income includes the primary income created by all resident units and distributed to resident and non-resident units. GDP from the perspective of products refers to the value of all goods and services for final consumption by all resident units minus the net exports of goods and services during a given period of time. In the practice of national accounting, gross domestic product is calculated from three approaches, namely production approach, income approach and expenditure approach, which reflect gross domestic product and its composition from different angles.

Three Strata of Industry

Classification of economic activities into three strata of industry is a common practice in the world, although the grouping varies to some extent form country to country. In China economic activities are categorized into the following three strata of industry:

Primary industry refers to agriculture, forestry, animal husbandry and fishery and services in support of these industries.

Secondary industry refers to mining and quarrying, manufacturing, production and supply of electricity, water and gas, and construction.

Tertiary industry refers to all other economic activities not included in the primary or secondary industries.

Labourers Remuneration

refers to the total payment of various forms to labourers for the productive activities they are engaged in. It includes wages, bonuses and allowances, which the labourers earn in cash and in kind. It also includes the free medical services provided to the labourers and the medicine expenses, transport subsidies and social insurance, and housing fund paid by the employers. As regards the individual economy, since labourers remuneration is not easily distinguishable from the operating profit, both parts are treated as labourer remuneration.

Net Taxes on Production

refers to taxes on production less subsidies on production. The taxes on production refers to the various taxes, extra charges and fees levied on the production units on their production, sale and business activities as well as on the use of some factors of production, such as fixed assets, land and labour in the production activities they are engaged in. In contrast to taxes on production, subsidies on production refer to the unilateral government transfer to the production units and are therefore regarded as negative taxes on production. They include subsidies on the loss due to implementation of government policies, price subsidies, etc.

Depreciation of Fixed Assets

refers to the depreciation of fixed assets in a given period, drawn in accordance with the stipulated depreciation rate for the purpose of compensating the wear-and-tear loss of the fixed assets or the depreciation of fixed assets imputed in accordance with the stipulated unified depreciation rate in the national economic accounting system. It reflects the value of transfer of the fixed assets in the production of the current period. The depreciation of fixed assets in various enterprises and institutions managed as enterprises refers to the depreciation expenses actually drawn. In government agencies and institutions not managed as enterprises which do not draw the depreciation expenses, as well as for the houses of residents, the depreciation of fixed assets is the imputed depreciation, which is calculated in accordance with the stipulated unified depreciation rate. In principle, the depreciation of fixed assets should be calculated on the basis of the re-purchased value of the fixed assets. However, currently the conditions in China do not facilitate the revaluation of all the fixed assets. Therefore, only the above-mentioned methods can be adopted at present.

Operating Surplus

refers to the balance of the value added created by the resident units after deducting the labourers remuneration, net taxes on production and the depreciation of fixed assets. It is equivalent to the business profit of the enterprises plus subsidies to production, but the wages and welfare expenses paid from the profits should be deducted.

GDP by Expenditure Approach

refers to the method of measuring the final results of production activities of a country (region) during a given period from the perspective of final uses. It includes final consumption expenditure, gross capital formation and net export of goods and services. The formula for computation is.:

GDP by expenditure approach = final consumption expenditure + gross capital formation + net export of goods and services

Final Consumption Expenditure

refers to the total expenditure of resident units for purchases of goods and services from both the domestic economic territory and abroad to meet the needs of material, cultural and spiritual life. It does not include the expenditure of non-resident units on consumption in the economic territory of the country. The final consumption expenditure is broken down into household consumption expenditure and government consumption expenditure.

Household Consumption Expenditure

refers to the total expenditure of resident households on the final consumption of goods and services. In addition to the consumption of goods and services bought by the households directly with money, the household consumption expenditure also includes expenditure on goods and services obtained by the households in other ways, i.e. the so-called imputed consumption expenditure, which includes the following: (a) the goods and services provided to households by employers in the form of payment in kind and transfer in kind; (b) goods and services produced and consumed by the households themselves, in which the services refer only to the owner-occupied housing; (c) financial intermediate services provided by financial institutions; (d) insurance services provided by insurance companies.

Government Consumption Expenditure

refers to the consumption expenditure spent for the provision of public services provided by the government to the whole country and the net expenditure on the goods and services provided by the government to households free of charge or at reduced prices. The former equals to the output value of the government services minus the value of operating income obtained by the government departments. The latter equals to the market value of the goods and services provided by the government free of charge or at reduced prices to the households minus the value received by the government from the households.

Gross Capital Formation

refers to the fixed assets acquired less disposals and the net value of inventory, thus including gross fixed capital formation and changes in inventories.

Gross Fixed Capital Formation

refers to the value of acquisitions less those disposals of fixed assets during a given period. Fixed assets are the assets produced through production activities with unit value above a specified amount and which could be used for over one year. Natural assets are not included. Gross fixed capital formation can be categorized into total tangible fixed capital formation and total intangible fixed capital formation. Total tangible fixed capital formation includes the value of the construction projects and installation projects completed and the equipment, apparatus and instruments purchased (less those disposed) as well as the value of land improved, the value of draught animals, breeding stock and animals for milk, for wool and for recreational purposes and the newly increased forest with economic value. Total intangible fixed capital formation includes the prospecting of minerals and the acquisition of computer software minus the disposal of them.

Changes in Inventories

refers to the market value of the change in the physical volume of inventory of resident units during a given period, i.e. the difference between the values at the beginning and at the end of the period minus the gains due to the change in prices. The changes in inventories can have a positive or a negative value. A positive value indicates an increase in inventory while a negative value indicates a decrease in inventory. The inventory includes raw materials, fuels and reserve materials purchased by the production units as well as the inventory of finished products, semi-finished products and work-in-progress.

Net Export of Goods and Services

refers to the exports of goods and services subtracting the imports of goods and services. Exports include the value of various goods and services sold or gratuitously transferred by resident units to non-resident units. Imports include the value of various goods and services purchased or gratuitously acquired resident units from non-resident units. Because the provision of services and the use of them happen simultaneously, the acquisition of services by resident units from abroad is usually treated as import while the acquisition of services by non-resident units in this country is usually treated as export. The exports and imports of goods are calculated at FOB.

Direct Input Coefficient

refers to the volume of products and services of industry i, which is consumed directly by industry j in the course of its production or business, recorded as aij (i,j=1,2, … ,n). The table of direct input coefficients, or the direct input coefficients matrix, usually denoted as A, is a table that presents direct input coefficients of all industries.

Total Input Coefficient

refers to the volume of products and services of industry i which is consumed directly and indirectly by industry j in producing each unit of final use. The table of total input coefficients, or total input coefficients matrix, usually denoted as B, is a table that presents total input coefficients of all industries.

Institutional Units

refer to economic entities that are in a position to own assets and incur liabilities; to engage independently in economic activities; and to conduct transactions with other entities.

Institutional Sectors

refer to groups of institutional units that are homogenous in nature and have been grouped together. The following 4 institutional sectors are identified in the flow of funds accounts: non-financial corporations, financial institutions, general government and households. Also treated as an institutional sector is the rest of the world, which is composed of non-resident units that have economic relations with resident units.

Non-Financial Corporations and the Sector of Non-Financial Corporations

Non-financial corporations refer to resident corporations that are engaged in the production of goods and the provision of non financial services in the market, mainly covering corporate enterprises of various types engaged in the above-mentioned activities. All non-financial corporations make up the sector of non-financial corporations.

Financial Institutions and the Sector of Financial Institutions

Financial institutions refer to resident institutions that are engaged in the financial intermediary services or auxiliary financial activities that are closely related with financial intermediary services, mainly covering the Central Bank, commercial banks, policy banks, non-banking credit institutions and insurance companies. All financial institutions together make up the sector of financial institutions.

General Government and the Sector of General Governments General

government refer to legal entities and their auxiliary units within the territory of China that are established through the political process and are empowered with legislative, administrative or judicial rights over other institutional within specific regions. The main function of general government is to acquire funds through taxation or other means in order to provide public services to society and households, and to conduct redistribution of income and properties of society through transfer payment. General government cover mainly administrative and non-profit institutional units of various types. All general government together makes up the sector of general governments.

Households and the Sector of Households

Households refer to resident individuals or groups of resident individuals who share common living facilities, pool together entire or part of their income and properties for their common disposal, and share their housing, food and other consumer goods and services. All households together make up the sector of households.

Non-resident Units and the Rest of the World

Non-resident units refer to units that are of a non-resident nature. All non-resident units that have transactions with resident units together make up the rest of the world.

Total Income from Primary Distribution

Primary distribution refers to the distribution of net results from production activities among the owners of factors of production and the governments. The net results from production activities are the value-added. Factors of production include labour force, land and capital. Owners of labour force gain remuneration by providing labour. Owners of land receive rents from leasing of land. Owners of capitals get income of various forms depending on the type of capital: owners of loan capital receive income from interests. Share holders receive dividends or non-distributed profits. Government either obtains production tax or pays subsidies in participating directly or indirectly in the production processes. Results of primary distribution generate the total income from primary distribution of each sector, and the sum of the total income of primary distribution of all sectors make up the Gross National Income, or the Gross National Product.

Current Transfers

Transfer refers to the transaction in the form of provision of goods, services or assets by an institutional unit to another institutional unit without receiving any goods, services or assets in return from the recipient. Current transfers refer to all kinds of transfers other than capital transfers. They include income tax, payment to social securities, social allowances and other current transfers.

Total Disposable Income

Total income from primary distribution is re-distributed through current transfer, resulting in the total disposable income of various institutional sectors. The sum of total disposable income of all institutional sectors makes up the total national disposable income.

Total Savings

refer to total disposable income subtracting final consumption. Total savings of all sectors make up the total national savings.

Capital Transfer

refers to the free payment from one sector to another sector of non-financial investment capital, and is a transaction that seeks no return from the recipient. Capital transfer differs from current transfer in 2 aspects: 1) The purpose of the capital transfer is investment rather than consumption. 2) Capital transfer features the transfer of the ownership of assets other than inventory and cash, and capital transfer in its monetary form involves the disposal of assets other than inventory. Capital transfer includes investment subsidies and other capital transfers.

Net Financial Investment

reflects the surplus or shortage of capitals of institutional sectors or of the economy in general. It refers to total savings plus the income from capital transfer minus payment for capital transfer and the non-financial investment from the point of view of physical transaction. In terms of monetary transaction, it is the difference between the increases in financial assets minus the increases of the financial liabilities.

Currency

refers to currency that is in circulation in the market, including local and foreign currencies.

Deposits

refer to credit transactions by which financial institutions accept deposits from clients who could withdraw their deposit at any time or by an agreed time frame. They include demand deposit, time deposit, savings deposit, fiscal deposit, foreign exchange deposit and other deposits.

Loans

refer to credit transactions by which financial institutions lend their capital to clients at certain level of interest rates, which the latter will repay by an agreed time frame. They include short-term loan, medium- and long-term loan, fiscal loan, foreign exchange loan and other loans.

Securities (excluding shares)

refer to written certificates representing creditors' rights as purchased by bond holders or as acquired by selling products, which can be transacted at the financial markets. They include government bonds, financial bonds, corporation bonds, commercial drafts, preferential stocks that provide fixed income without the right to share the residual value of corporations, and so on.

Shares and Other Holding Rights

refer to the rights of stockholders and direct investors on the net assets of corporations they have invested in. Shares refer to negotiable securities on creditor's rights, issued by share companies certifying the investment by stockholders and their rights and duties in accordance with the amount of stocks that they hold. Other holding rights refer to the direct investment by institutional units in other units with currency capital or with assets, in forms other than shares and negotiable securities on creditor's rights, including such tangible assets such as land, buildings, machines and equipment, inventory, resources, etc., and such intangible assets as trade marks, patents, monopolies, rights on land use, licenses, commercial reputation, etc.. Documents of proof of holding rights usually include certificates on creditor's right, certificates on investment or on participation, etc.

Insurance Reserve Funds

consists of net equity of households in life insurance reserves and in pension funds reserves, prepayments of insurance premiums, and reserves for outstanding claims.

第三篇

Chapter 3

人口

POPULATION

简要说明

一、本篇资料反映我省2009年及主要年份人口方面的基本情况，包括全省主要人口统计数据，主要指标有：总户数、总人口、家庭户规模、性别比、少年儿童系数、老年系数、老少比、文化程度状况、少年儿童抚养系数、老年抚养系数、总抚养系数、婚姻构成、就业者身份等。

二、本篇资料来源主要有以下三个方面：

1. 有关家庭户数据、人口性别比、人口受教育程度、抚养系数等资料是根据2009年安徽省人口抽样调查数据整理的。

2. 有关历史上五次人口普查资料，是根据历次人口普查资料整理的。

3. 有关户籍人口、非农业人口、农业人口，是根据省公安厅提供的2009年度户籍人口统计年报资料整理的。

三、本篇资料均由省统计局人口和社会科技统计处整理编制。

Brief Introduction

I. Data in this chapter show the basic conditions of Anhui's population in 2009, including the main data of population statistics of the whole province, such as family size, sex ratio, children ratio, the aged ratio, ratio of the aged to children, educational level, children dependency ratio, the aged dependency ratio, and total dependency ratio.

II. There are three main sources for Data published in this chapter.

1. Data on family size, sex ratio, educational level and dependency ratio are tabulated in accordance with Anhui province sample survey on population in 2009.

2. The historical data of the four population censuses are prepared in accordance with the previous population censuses.

3. Data of residence, non-agricultural and agricultural population are collected in accordance with the annual statistical report on residence population in 2009 by the Department of Public Security of the province.

III. Data in this chapter are prepared by the Population and Social Science Division, Anhui Statistical Bureau.

3—1 主要年份人口指标
Major Population Indicators Over The Years

年份 Year	户籍人口 Residence Populations 总数(万人) Total (10000 persons)	非农业人口比重(%) Proportion of Non-agricultural Populations (%)	常住人口 Permanent Populations 总数(万人) Total (10000 persons)	城镇人口比重(%) Proportion of Urban Populations (%)	出生率(‰) Birth Rate (‰)	死亡率(‰) Death Rate (‰)	自然增长率(‰) Natural Growth Rate (‰)	流向省外半年以上的人数(万人) Floating Out of This Province for More Than Half a Year (10000 persons)
1995	6000	17.40	5923	19.09	16.07	6.41	9.66	228
1996	6054	17.94	5957	21.71	16.00	6.50	9.50	276
1997	6109	18.42	5992	22.02	15.80	6.50	9.30	324
1998	6152	18.95	6016	22.33	15.74	6.54	9.20	372
1999	6205	19.40	6051	26.00	15.10	6.50	8.60	420
2000	6278	19.59	6093	28.00	13.40	5.76	7.64	433
2001	6325	19.87	6128	29.30	12.46	5.85	6.61	497
2002	6369	20.24	6144	30.70	11.20	5.17	6.03	567
2003	6410	20.57	6163	32.00	11.15	5.20	5.95	720
2004	6461	20.77	6228	33.50	11.62	5.50	6.12	630
2005	6516	20.99	6120	35.50	12.43	6.23	6.20	842
2006	6593	21.74	6110	37.10	12.60	6.30	6.30	934
2007	6676	21.98	6118	38.70	12.75	6.40	6.35	1005
2008	6741	22.23	6135	40.50	13.05	6.60	6.45	954
2009	6795	22.33	6131	42.10	13.07	6.60	6.47	992

注：1．户籍人口为公安户籍统计数，常住人口为人口抽样调查推算数；
2．常住人口是指常住本地的人，不包括户籍人口中到省外半年以上的人口，包括外省来我省常住半年以上的人口；
3．以下各表除加以注明的外，均为常住人口数。

a) Residence population is taken from the annual reports of the Department of Public Security and permanent population is calculated from the Sample Survay of Population.

b) Permanent population refers to people inhabit local place, excluding those residence population that going out of this province for more than one year and including the population moving to this province from other province for more than one year.

c) Data in the following tables refer to permanent populations excluding those with notes.

3—2 主要年份人口系数
Ratio of Population Over the Years

单位：%

年份 Year	少年儿童系数 Ratio of Children	老年系数 Retio of the Aged	老少比 Ratio of the Aged to Children	少年儿童抚养系数 Chilren Dependency Ratio	老年抚养系数 The Aged Dependency Ratio	总抚养系数 Dependency Ratio	年龄中位数(岁) Median of Age (year)
1995	27.33	6.73	24.61	41.45	10.20	51.65	26.38
1996	26.63	6.50	24.41	39.82	9.72	49.54	27.95
1997	26.04	6.71	25.77	38.72	9.98	48.70	28.35
1998	24.95	7.02	28.14	36.67	10.32	46.99	29.52
1999	24.60	7.38	30.00	36.17	10.85	47.03	30.63
2000	25.49	7.59	29.79	38.10	11.35	49.44	30.38
2001	24.87	8.10	32.57	37.10	12.09	49.19	31.08
2002	24.36	8.50	34.89	36.28	12.65	48.93	32.22
2003	23.43	9.19	39.22	34.77	13.63	48.40	33.46
2004	22.82	9.30	40.75	33.63	13.69	47.32	34.16
2005	23.07	10.08	43.69	34.51	15.08	49.59	34.32
2006	21.48	10.16	47.30	31.42	14.86	46.28	35.04
2007	20.41	10.72	52.52	29.64	15.57	45.20	35.86
2008	19.81	11.15	56.28	28.70	16.15	44.85	36.25
2009	19.40	11.43	58.92	28.05	16.52	44.57	37.79

注：1990年、2000年为普查数据，其余年份为人口变动抽样调查数。

a) Data in 1990 and 2000 are taken from National Population Cansuses and data of other years were taken from the annual National Sample Surveys on Population Changes.

3—3 五次全省人口普查基本情况
Basic Statistics on National Population Census in 1953, 1964, 1982, 1990 and 2000

指　标 Item		1953	1964	1982	1990	2000
总 人 口 （万人）	**Total Population (10000 persons)**	**3066.33**	**3124.12**	**4966.60**	**5618.10**	**5899.99**
男	Male	1610.66	1618.17	2576.38	2902.64	3043.78
女	Female	1455.66	1505.95	2390.21	2715.46	2856.21
育龄妇女 （15—49岁）	Women at Childbearing Age (Age 15-49)	705.38	741.21	1150.76	1498.78	1576.89
总 户 数 （万户）	**Total Number of Households (10000 household)**	**713.16**	**765.17**	**1052.21**	**1337.65**	**1650.54**
家 庭 户	Family Households			1047.08	1332.01	1631.39
集 体 户	Non-family Households			5.14	5.64	19.15
家庭户规模 （人/户）	**Average Family Size (person/household)**	**4.30**	**4.08**	**4.64**	**4.14**	**3.51**
各年龄组人口 （万人）	**Population by Age (10000 persons)**					
0—6岁	Age 0-6	624.73	542.67	679.94	781.52	515.37
7—14岁	Age 7-14	480.96	657.58	1115.36	813.44	988.65
15—64岁	Age 15-64		1849.63	2968.50	3719.46	3947.98
65岁以上	Age 65 and Over		74.24	202.79	303.68	448.00
劳动年龄人口	Population Within Working Age	1649.27	1657.63	2615.91	3336.73	3535.08
男60岁、女55岁以上人口	Males Aged 60 and Females Aged 55 and Over			425.69	577.12	761.58
民族人口 （万人）	**Nationality Population (10000 persons)**					
汉　族	Han Nationality	3052.70	3108.58	4940.41	5585.67	5860.21
少数民族	Minority Nationalities	13.63	15.53	26.18	32.44	39.78
15岁及以上人口 （万人）	**Marital Status of Population Aged 15 and Over (10000 persons)**			**3171.29**	**4023.15**	**4395.96**
未　婚	Unmarried			954.57	1112.47	964.19
有 配 偶	Married			1959.30	2641.92	3199.86
丧　偶	Widowed			237.21	247.70	177.10
离　婚	Divorced			20.22	21.05	54.83
每十万人拥有的受教育程度人口 （人）	**Population with Education Attainment Per 10000 from Population Censuses (person)**					
大专以上	Colleges and Over		258	408	883	2312
高　中	Senior Secondary School		1010	3977	5037	7653
初　中	Junior Secondary School		3861	14236	19970	32826
小　学	Primary School		19307	29716	34701	37362
文盲人口及文盲率	**Illiterate Population and Illiterate Rate**					
文盲人口 （万人）	Illiterate Population (10000 persons)			1900.70	1381.80	602.20
文 盲 率 （%）	Illiterate Rate (%)			31.80	24.60	10.06
市镇县人口 （万人）	**Population of Cities, Towns and Counties (10000 persons)**					
市	City	112.47	214.71	488.50	692.14	843.47
镇	Town	153.80	146.74	219.73	310.26	733.17
县	County	2800.07	2762.67	4258.36	4615.70	4323.36

3—4 各市主要人口指标（2009年）
Main Population Indicators by Region (2009)

地区	Region	户籍人口 Residence Populations 总数（万人） Total (10000 persons)	非农业人口比重(%) Proportion of Non-agricultural Populations (%)	常住人口 Permanent Populations 总数（万人） Total (10000 persons)	城镇人口比重(%) Proportion of Urban Populations (%)
总计	**Total**	**6794.53**	**22.33**	**6131**	**42.1**
合肥市	Hefei	491.43	43.48	510	64.1
淮北市	Huaibei	217.74	43.33	206	56.1
亳州市	Bozhou	596.93	11.01	508	33.1
宿州市	Suzhou	635.19	13.37	566	33.2
蚌埠市	Bengbu	360.64	28.13	321	46.6
阜阳市	Fuyang	1000.50	12.52	832	32.4
淮南市	Huainan	242.52	46.73	230	64.1
滁州市	Chuzhou	450.25	21.97	411	41.0
六安市	Luan	705.89	14.07	606	36.9
马鞍山市	Maanshan	128.61	49.84	129	67.3
巢湖市	Chaohu	458.60	16.39	410	40.0
芜湖市	Wuhu	230.10	49.15	230	66.0
宣城市	Xuancheng	277.77	18.04	258	43.2
铜陵市	Tongling	73.99	58.76	74	76.4
池州市	Chizhou	159.88	17.63	142	42.0
安庆市	Anqing	615.88	17.88	558	36.6
黄山市	Huangshan	148.60	24.26	140	39.8

注：本表根据2009年人口抽样调查汇总数据推算。
a) Data in this table are projected from the 2009 Sample Survey of Population.

3—5 各市户数、人口数、性别比和户规模（2009年）
Number of Household, Population, Sex Ratio and Household Size by Region (2009)

地区	Region	户数（万户） Number of Households (10000 household)	人口数（万人） Population (10000 persons)	男 Male	性别比（女=100） Sex Ratio (Female=100)
总计	**Total**	**2040.53**	**6794.53**	**3528.25**	**108.02**
合肥市	Hefei	152.93	491.43	256.76	109.41
淮北市	Huaibei	64.58	217.74	111.52	104.98
亳州市	Bozhou	167.53	596.93	312.55	109.91
宿州市	Suzhou	172.06	635.19	326.70	105.90
蚌埠市	Bengbu	103.38	360.64	186.82	107.47
阜阳市	Fuyang	279.91	1000.50	519.31	107.92
淮南市	Huainan	75.17	242.52	126.49	109.02
滁州市	Chuzhou	139.83	450.25	233.05	107.30
六安市	Luan	224.92	705.89	372.62	111.81
马鞍山市	Maanshan	39.95	128.61	66.18	106.01
巢湖市	Chaohu	144.27	458.60	239.12	108.94
芜湖市	Wuhu	78.38	230.10	118.67	106.49
宣城市	Xuancheng	91.46	277.77	144.32	108.14
铜陵市	Tongling	24.87	73.99	37.91	105.04
池州市	Chizhou	53.63	159.88	81.85	104.90
安庆市	Anqing	177.69	615.88	318.26	106.93
黄山市	Huangshan	49.97	148.60	76.13	105.04

注：本表为公安户籍年报统计数。
a) Data in this table are taken from the annual reports of Department of Puplis Security.

3—6 各市主要年份总人口文盲率
Illiteracy Ratio by Region in the Primary Years

单位：%

地 区 Region	1990	1995	2000	2004	2005	2008	2009
总 计 Total	**24.60**	**14.09**	**10.06**	**11.80**	**11.74**	**11.07**	**9.84**
合 肥 市 Hefei	20.61	12.97	7.69	8.96	8.67	7.59	7.47
淮 北 市 Huaibei	21.82	12.20	8.42	9.44	7.59	7.04	7.17
亳 州 市 Bozhou	29.49	13.78	10.70	14.24	14.59	11.62	11.72
宿 州 市 Suzhou	24.43	16.34	10.28	10.78	11.32	11.94	11.09
蚌 埠 市 Bengbu	21.76	16.11	10.60	12.03	12.17	11.02	9.96
阜 阳 市 Fuyang	26.91	13.28	11.25	13.37	13.18	11.92	11.73
淮 南 市 Huainan	18.16	9.31	8.32	9.39	10.47	9.99	10.52
滁 州 市 Chuzhou	22.49	13.66	10.77	14.27	13.14	14.15	10.54
六 安 市 Luan	26.08	15.95	9.75	13.17	12.67	11.49	8.45
马鞍山市 Maanshan	19.99	8.76	8.87	8.14	7.94	6.62	5.63
巢 湖 市 Chaohu	32.01	15.82	8.75	14.11	10.67	12.75	10.26
芜 湖 市 Wuhu	24.25	12.27	10.81	9.98	10.45	8.82	8.95
宣 城 市 Xuancheng	19.74	13.29	8.88	11.71	14.47	12.23	9.74
铜 陵 市 Tongling	18.16	14.74	10.76	10.82	7.20	9.38	6.34
池 州 市 Chizhou	25.71	14.56	11.29	14.05	11.21	16.19	14.72
安 庆 市 Anqing	24.73	15.10	11.84	12.12	11.80	10.15	9.29
黄 山 市 Huangshan	17.00	10.69	8.35	11.18	8.26	9.31	8.36

3—7 各市15—49岁妇女活产和存活子女状况（2009年）
Live Births and Surviving Children of Women Aged 15-49 by Region（2009）

单位：人 (person)

地 区 Region	15—49岁妇女人数 Number of Women Aged 15-49	活产子女人数 Number of Live Births			存活子女人数 Number of Surviving Children			妇女平均活产子女数 Average Number of Live Births per Women	妇女平均存活子女数 Average Number of Surviving Children per Women
			男 Male	女 Female		男 Male	女 Female		
总 计 Total	**57012**	**68850**	**37184**	**31666**	**67924**	**36649**	**31275**	**1.21**	**1.19**
合 肥 市 Hefei	5116	5082	2796	2286	5014	2759	2255	0.99	0.98
淮 北 市 Huaibei	3051	3500	1934	1566	3465	1913	1552	1.15	1.14
亳 州 市 Bozhou	4696	6536	3622	2914	6438	3569	2869	1.39	1.37
宿 州 市 Suzhou	4302	5903	3194	2709	5882	3177	2705	1.37	1.37
蚌 埠 市 Bengbu	3100	3797	2057	1740	3745	2027	1718	1.22	1.21
阜 阳 市 Fuyang	6498	9218	5078	4140	9094	5013	4081	1.42	1.40
淮 南 市 Huainan	2471	2825	1552	1273	2811	1540	1271	1.14	1.14
滁 州 市 Chuzhou	5701	7021	3712	3309	6946	3668	3278	1.23	1.22
六 安 市 Luan	4967	6082	3309	2773	5994	3253	2741	1.22	1.21
马鞍山市 Maanshan	1501	1488	810	678	1483	808	675	0.99	0.99
巢 湖 市 Chaohu	2213	2585	1401	1184	2529	1367	1162	1.17	1.14
芜 湖 市 Wuhu	1606	1591	834	757	1558	810	748	0.99	0.97
宣 城 市 Xuancheng	2295	2445	1251	1194	2407	1238	1169	1.07	1.05
铜 陵 市 Tongling	973	949	516	433	935	506	429	0.98	0.96
池 州 市 Chizhou	1838	2169	1117	1052	2082	1065	1017	1.18	1.13
安 庆 市 Anqing	4238	4979	2634	2345	4888	2581	2307	1.17	1.15
黄 山 市 Huangshan	2446	2680	1367	1313	2653	1355	1298	1.10	1.08

注：本表及3—9、3—16、3—19、3—22、3—23表绝对数为2009年人口抽样实际调查样本数。

a) The total numbers in this table and table 3-9、3-16、3-19、3-22、3-23 are taken from the sample surveys of population in 2009.

3—8　各市人口平均预期寿命
Population Life Expectancy by Region

单位：岁　(age)

地　区	Region	1990年预期寿命 Life Expectancy in 1990	男 Male	女 Female	2000年预期寿命 Life Expectancy in 2000	男 Male	女 Female
总　计	**Total**	**70.22**	**68.33**	**72.14**	**72.62**	**71.04**	**74.27**
合肥市	Hefei	71.42	69.33	73.52	75.66	74.18	77.17
淮北市	Huaibei	74.37	71.52	76.66	75.75	74.08	77.42
亳州市	Bozhou				72.47	70.89	73.87
宿州市	Suzhou	74.39	72.13	76.26	74.84	72.51	77.14
蚌埠市	Bengbu	72.84	70.73	74.79	74.70	73.12	76.11
阜阳市	Fuyang	71.62	69.54	73.55	72.69	70.48	75.01
淮南市	Huainan	71.28	69.36	72.97	71.89	70.81	73.51
滁州市	Chuzhou	72.18	69.86	74.29	74.40	72.86	75.88
六安市	Luan	68.87	67.33	70.54	71.34	69.88	73.01
马鞍山市	Maanshan	71.47	68.87	73.94	74.72	72.58	77.11
巢湖市	Chaohu	67.95	65.89	70.00	71.46	69.49	73.57
芜湖市	Wuhu	68.85	67.00	70.65	72.69	70.37	75.34
宣城市	Xuancheng	68.75	67.07	70.42	72.93	71.07	75.12
铜陵市	Tongling	68.67	67.04	69.70	73.46	71.62	75.58
池州市	Chizhou	66.03	64.51	67.40	71.00	68.91	73.31
安庆市	Anqing	65.54	64.19	66.87	69.84	68.42	71.22
黄山市	Huangshan	69.09	66.90	71.23	72.18	69.50	75.12

注：2000年各市人口平均预期寿命是根据1990年以来人口变动调查公布的死亡率对2000年人口普查死亡数据修正后计算的。

a) Life expectancy in 2000 by region is calculated by the death data of 2000's Population Census, which modified by the mortality rates from the annual national sample surveys on population changes since 1990.

3—9　按年龄和性别分人口构成（2009年）
Population by Age and Sex (2009)

年　龄 Age	人口数（人） Population (person)			占总人口比重（%） Percentage to Total Population (%)			性别比（女=100） Sex Ratio (female=100)
	合　计 Total	男 Male	女 Female	合　计 Total	男 Male	女 Female	
总　计 Total	**213988**	**107579**	**106409**	**100.00**	**50.27**	**49.73**	**101.10**
0—4	12988	7374	5614	6.07	3.45	2.62	131.35
5—9	13098	7245	5853	6.12	3.39	2.74	123.78
10—14	15430	8482	6948	7.21	3.96	3.25	122.08
15—19	16779	8999	7780	7.84	4.21	3.64	115.67
20—24	12566	5913	6653	5.87	2.76	3.11	88.88
25—29	10683	4837	5846	4.99	2.26	2.73	82.74
30—34	12762	6162	6600	5.96	2.88	3.08	93.36
35—39	19705	9347	10358	9.21	4.37	4.84	90.24
40—44	22315	10604	11711	10.43	4.96	5.47	90.55
45—49	15808	7744	8064	7.39	3.62	3.77	96.03
50—54	11994	6032	5962	5.60	2.82	2.79	101.17
55—59	14519	7359	7160	6.78	3.44	3.35	102.78
60—64	10889	5576	5313	5.09	2.61	2.48	104.95
65+	24452	11905	12547	11.43	5.56	5.86	94.88

3—10 各市常住人口基本情况（2009年）
Basic Conditions of Population by Region (2009)

地　区	Region	家庭户人口占总人口比重（%）Proportion of Family Members to the Total Population (%)	人口性别比（女=100）Sex Ratio (female=100)	外出半年以上人员性别比（女=100）Sex Ratio of Persons Having Gone out for More Than A Half Year (female=100)	农林牧渔业人口占在业人口比重（%）Proprtion of Farming, Forestry, Husbandary and Fishery People to the Total (%)	其他行业人口占在业人口比重（%）Proportion of People in Other Sectors to the Total (%)
总　计	**Total**	**99.37**	**101.10**	**132.39**	**53.84**	**46.16**
合 肥 市	Hefei	99.09	101.85	138.51	35.00	65.00
淮 北 市	Huaibei	99.86	103.30	159.11	38.39	61.61
亳 州 市	Bozhou	99.55	105.58	135.95	56.01	43.99
宿 州 市	Suzhou	99.83	103.12	135.79	66.18	33.82
蚌 埠 市	Bengbu	99.67	101.76	122.09	52.19	47.81
阜 阳 市	Fuyang	99.22	99.48	130.79	60.63	39.37
淮 南 市	Huainan	99.52	107.09	113.44	40.55	59.45
滁 州 市	Chuzhou	99.63	101.54	127.90	64.32	35.68
六 安 市	Luan	99.53	102.37	139.79	66.93	33.07
马鞍山市	Maanshan	99.89	101.49	132.29	28.79	71.21
巢 湖 市	Chaohu	99.16	95.49	137.62	61.75	38.25
芜 湖 市	Wuhu	99.28	95.63	132.32	30.28	69.72
宣 城 市	Xuancheng	99.39	102.55	128.81	46.22	53.78
铜 陵 市	Tongling	99.52	103.75	106.78	26.08	73.92
池 州 市	Chizhou	96.78	96.74	129.55	60.98	39.02
安 庆 市	Anqing	99.13	94.88	139.50	51.19	48.81
黄 山 市	Huangshan	99.47	100.74	118.33	59.84	40.16

3—11 各市按家庭户规模分的户数构成（2009年）
Composition of Households by Size of Household and Region (2009)

单位：%

地　区	Region	家庭户规模（人/户）Size of Family Household (person/household)	一人户 One Person	二人户 Two Persons	三人户 Three Persons	四人户 Four Persons	五人户 Five Persons	六人及六人以上户 Six Persons and Over
总　计	**Total**	**3.01**	**12.10**	**26.70**	**28.80**	**19.06**	**8.39**	**4.95**
合 肥 市	Hefei	2.92	12.67	25.66	33.66	17.75	6.48	3.79
淮 北 市	Huaibei	3.28	7.60	20.06	32.19	24.91	9.32	5.92
亳 州 市	Bozhou	3.34	10.42	21.65	23.13	25.60	10.48	8.71
宿 州 市	Suzhou	3.15	9.80	25.80	26.33	22.39	9.76	5.90
蚌 埠 市	Bengbu	3.19	8.55	26.13	29.60	18.79	10.24	6.69
阜 阳 市	Fuyang	2.98	14.35	28.71	22.70	20.19	8.33	5.73
淮 南 市	Huainan	3.09	10.73	23.52	32.72	18.84	8.86	5.33
滁 州 市	Chuzhou	3.22	9.58	24.45	26.59	21.77	10.92	6.69
六 安 市	Luan	2.93	13.61	27.33	28.61	18.36	7.60	4.50
马鞍山市	Maanshan	2.92	10.55	28.77	33.59	16.12	7.84	3.14
巢 湖 市	Chaohu	2.80	14.61	30.48	28.53	16.46	6.96	2.96
芜 湖 市	Wuhu	2.74	15.22	29.17	33.61	13.00	6.88	2.13
宣 城 市	Xuancheng	2.95	11.99	26.94	32.83	15.34	8.92	3.97
铜 陵 市	Tongling	2.85	9.90	27.35	40.26	14.12	6.25	2.11
池 州 市	Chizhou	2.77	13.59	31.72	30.12	15.08	6.55	2.94
安 庆 市	Anqing	2.87	13.53	28.90	29.80	17.02	7.21	3.54
黄 山 市	Huangshan	2.70	16.21	31.20	29.66	13.95	6.37	2.60

3—12　各市人口年龄结构（2009年）
Age Composition of Population by Region (2009)

单位：%

地　区	Region	总人口（万人） Total Population (10000 persons)	年龄构成 Proportion to Total Populations 0—14岁 Age 0-14	15—64岁 Age 15-64	15—59岁 Age 15-59	60岁及以上 Age 60 and Over	65岁及以上 Age 65 and Over	抚养比 Dependency Ratio 总抚养比 Gross Dependency Ratio	少儿抚养比 Children Dependency Ratio	老年抚养比 The Aged Dependency Ratio
总　计	**Total**	**6131**	**19.40**	**69.17**	**64.08**	**16.52**	**11.43**	**44.57**	**28.05**	**16.52**
合肥市	Hefei	510	17.06	72.43	67.52	15.42	10.51	38.06	23.55	14.51
淮北市	Huaibei	206	18.10	72.55	68.45	13.44	9.35	37.84	24.95	12.89
亳州市	Bozhou	508	24.37	66.08	61.99	13.64	9.54	51.32	36.88	14.44
宿州市	Suzhou	566	20.25	68.37	63.95	15.80	11.39	46.28	29.62	16.66
蚌埠市	Bengbu	321	19.29	70.47	65.85	14.86	10.24	41.90	27.37	14.53
阜阳市	Fuyang	832	25.04	63.41	58.37	16.59	11.55	57.70	39.49	18.21
淮南市	Huainan	230	17.23	71.90	67.11	15.66	10.87	39.08	23.96	15.12
滁州市	Chuzhou	411	18.55	69.78	65.04	16.40	11.67	43.31	26.58	16.72
六安市	Luan	606	20.25	67.45	61.56	18.19	12.30	48.26	30.02	18.24
马鞍山市	Maanshan	129	14.79	74.15	69.49	15.72	11.06	34.86	19.95	14.92
巢湖市	Chaohu	410	19.11	66.54	60.07	20.82	14.36	50.30	28.72	21.58
芜湖市	Wuhu	230	14.94	71.82	66.03	19.03	13.23	39.22	20.80	18.42
宣城市	Xuancheng	258	15.35	73.48	68.22	16.43	11.17	36.09	20.89	15.20
铜陵市	Tongling	74	14.35	74.04	68.58	17.07	11.60	35.05	19.38	15.67
池州市	Chizhou	142	17.85	70.81	64.54	17.61	11.34	41.22	25.21	16.01
安庆市	Anqing	558	19.02	68.16	62.41	18.57	12.82	46.71	27.90	18.81
黄山市	Huangshan	140	14.74	72.75	66.94	18.32	12.51	37.46	20.26	17.20

3—13　各市6岁及以上各种文化程度人口占总人口比重及文盲率（2009年）
The Proportion and Illiteracy Ratio of People Aged Six and Over with Various Educational Level to the Total Population by Region (2009)

单位：%

地　区	Region	大专及以上 College and Higher Level	#女 Female	高中和中专 Senior Secondary School	#女 Female	初中 Junior Secondary School	小学 Primary School	总人口文盲率(%) Total Illiterate Ratio (%)	#女 Female
总　计	**Total**	**4.47**	**1.80**	**9.64**	**3.99**	**38.79**	**29.83**	**9.84**	**13.95**
合肥市	Hefei	11.02	4.59	14.77	6.77	37.04	23.60	7.47	11.14
淮北市	Huaibei	6.66	3.13	10.47	4.56	47.69	21.97	7.17	10.04
亳州市	Bozhou	1.87	0.69	6.04	2.33	40.14	30.18	11.72	16.67
宿州市	Suzhou	2.74	1.04	8.01	3.34	43.59	26.12	11.09	15.83
蚌埠市	Bengbu	5.92	2.52	12.21	5.52	39.92	24.15	9.96	14.13
阜阳市	Fuyang	2.73	1.01	6.22	2.30	39.79	29.36	11.73	16.28
淮南市	Huainan	6.80	2.72	12.09	5.56	41.11	22.46	10.52	13.73
滁州市	Chuzhou	1.84	0.74	7.77	2.94	40.10	33.36	10.54	15.32
六安市	Luan	3.12	1.21	8.19	3.08	37.74	34.46	8.45	11.09
马鞍山市	Maanshan	6.95	2.72	13.28	5.70	44.49	24.63	5.63	8.68
巢湖市	Chaohu	3.85	1.22	9.80	4.13	32.03	37.60	10.26	14.93
芜湖市	Wuhu	6.98	2.94	13.04	5.58	36.24	29.26	8.95	13.43
宣城市	Xuancheng	4.58	1.90	9.14	3.41	39.74	30.77	9.74	13.49
铜陵市	Tongling	7.42	2.80	17.78	7.44	35.30	27.29	6.34	9.69
池州市	Chizhou	3.05	1.39	11.58	4.45	30.87	32.72	14.72	19.41
安庆市	Anqing	4.19	1.60	11.15	4.62	32.36	36.86	9.29	13.42
黄山市	Huangshan	4.75	1.85	8.61	3.51	36.46	35.80	8.36	12.86

3—14 各市每十万人口拥有的受教育程度人口
Population by Educational Level and Region Per 100 Thousand Persons

单位：人 (person)

地 区	Region	大专及以上 College and Higher Level		高中和中专 Senior Secondary School		初 中 Junior Secondary School		小 学 Primary School	
		2008	2009	2008	2009	2008	2009	2008	2009
总 计	**Total**	**4577**	**4827**	**10655**	**10412**	**40695**	**41896**	**32186**	**32227**
合肥市	Hefei	12102	11738	16345	15726	37866	39439	25610	25127
淮北市	Huaibei	6604	7087	11718	11138	49000	50738	25213	23375
亳州市	Bozhou	2887	2081	6956	6718	44602	44626	32583	33550
宿州市	Suzhou	3289	2992	9537	8746	48593	47588	25640	28516
蚌埠市	Bengbu	6072	6419	14500	13249	40579	43294	27317	26191
阜阳市	Fuyang	2878	3033	9059	6917	40977	44279	33803	32674
淮南市	Huainan	5786	7311	13043	13009	44995	44231	25492	24170
滁州市	Chuzhou	1982	1965	7150	8297	41210	42833	34582	35632
六安市	Luan	3053	3389	8931	8900	37607	41033	37913	37461
马鞍山市	Maanshan	5578	7311	14181	13961	42460	46782	30772	25899
巢湖市	Chaohu	3310	4123	9653	10480	35073	34267	38359	40217
芜湖市	Wuhu	4714	7385	14959	13797	38576	38349	32602	30964
宣城市	Xuancheng	4601	4873	10135	9720	40111	42279	32245	32734
铜陵市	Tongling	9158	7877	18215	18882	37710	37492	25084	28984
池州市	Chizhou	2928	3296	9465	12517	34930	33374	35167	35364
安庆市	Anqing	3992	4470	11409	11883	35258	34491	38547	39285
黄山市	Huangshan	5811	5057	10092	9163	37089	38807	37466	38095

注：本表系根据当年人口抽样调查数据推算，因样本原因导致个别市数据变化较大。

a) Data in this table are calculated in accordance with the sample survey on population in those years. Data of a few cities have big changes because of the samples.

3—15 各市2008—2009学年小学初中入学率状况
Percentage of Children Enrolled in Primary Schools and Junior Secondary Schools by Region (2008-2009)

单位：%

地 区	Region	初中净入学率 Net Enrollment Ratio of Junior Secondary Schools		小学净入学率 Net Enrollment Ratio of Primary Schools		小学辍学率 Percent of Primary Schoolchildren Quitting Their Studies
		小计 Total	#女 Female	小计 Total	#女 Female	
总 计	**Total**	**99.18**	**99.14**	**99.88**	**99.90**	**0.20**
合肥市	Hefei	99.76	99.61	99.94	99.90	0.02
淮北市	Huaibei	98.68	98.77	100.00	100.00	0.02
亳州市	Bozhou	98.92	98.88	99.69	99.69	0.54
宿州市	Suzhou	99.94	99.94	99.92	99.91	0.25
蚌埠市	Bengbu	99.76	99.70	99.93	99.94	0.01
阜阳市	Fuyang	98.60	98.50	99.76	99.86	0.35
淮南市	Huainan	99.42	99.43	99.93	99.94	0.11
滁州市	Chuzhou	99.08	99.06	99.88	99.88	0.15
六安市	Luan	98.05	98.02	99.83	99.84	0.17
马鞍山市	Maanshan	98.48	97.96	100.00	100.00	-0.42
巢湖市	Chaohu	99.58	99.59	100.00	100.00	0.11
芜湖市	Wuhu	100.00	100.00	100.00	100.00	0.10
宣城市	Xuancheng	99.87	99.88	100.00	100.00	0.00
铜陵市	Tongling	100.00	100.00	100.00	100.00	0.12
池州市	Chizhou	99.17	99.29	100.00	100.00	0.24
安庆市	Anqing	99.48	99.47	100.00	100.00	0.16
黄山市	Huangshan	99.09	99.15	99.87	99.91	0.02

3—16 各市婚姻人口构成（2009年）
Composition of Marriage Status by Region (2009)

单位：%

地 区 Region		15岁及15岁以上的人口合计（人） Total Population Aged 15 and Over (person)	未婚 Never Married	初婚有配偶 Firstly Married	再婚有配偶 Remarried	离婚 Divorced	丧偶 Widowed
总　计	**Total**	**172470**	**17.17**	**73.90**	**1.37**	**0.98**	**6.58**
合 肥 市	Hefei	14929	18.20	73.60	1.52	1.36	5.33
淮 北 市	Huaibei	8323	20.51	72.59	1.43	0.79	4.67
亳 州 市	Bozhou	13328	18.65	73.87	0.80	0.72	5.96
宿 州 市	Suzhou	12833	18.12	73.72	1.02	0.83	6.31
蚌 埠 市	Bengbu	9152	17.67	75.09	1.29	1.16	4.80
阜 阳 市	Fuyang	19391	18.09	73.39	0.92	0.61	6.99
淮 南 市	Huainan	7564	18.87	72.62	1.48	1.47	5.57
滁 州 市	Chuzhou	17309	16.51	74.25	1.36	0.98	6.90
六 安 市	Luan	15655	15.69	74.88	1.15	0.66	7.61
马鞍山市	Maanshan	4608	16.75	74.05	2.00	1.95	5.25
巢 湖 市	Chaohu	7010	15.52	73.78	1.38	1.01	8.30
芜 湖 市	Wuhu	5180	14.32	75.15	2.05	1.76	6.72
宣 城 市	Xuancheng	7208	15.26	75.22	2.40	1.32	5.80
铜 陵 市	Tongling	3026	15.96	74.69	2.18	1.32	5.85
池 州 市	Chizhou	5846	16.70	72.63	2.07	0.89	7.71
安 庆 市	Anqing	12819	16.79	72.77	1.29	0.66	8.49
黄 山 市	Huangshan	8289	14.39	74.98	1.62	1.03	7.99

3—17 全省育龄妇女分年龄孩次的生育率（2009年）
Fertility Rate of Women At Childbearing Age by Age and Children's Order (2009)

单位：‰

年 龄 Age	生育率 Fertility-rate	第一孩生育率 The First Child	第二孩生育率 The Second Child	第三孩及以上生育率 The Third Child and Over
总　计 Total	**31.67**	**21.31**	**9.24**	**1.12**
15-19	**44.86**	**42.93**	**1.67**	**0.26**
20-24	**175.11**	**148.35**	**24.20**	**2.56**
20	214.64	200.56	11.96	2.11
21	200.15	178.49	19.42	2.24
22	155.25	137.63	13.56	4.07
23	153.97	108.86	42.77	2.33
24	145.76	106.01	37.99	1.77
25-29	**116.32**	**55.08**	**55.25**	**5.99**
25	170.40	113.00	53.81	3.59
26	121.29	59.30	53.91	8.09
27	125.69	45.06	74.31	6.32
28	93.25	36.41	47.96	8.88
29	74.16	26.08	44.82	3.26
30-34	**39.55**	**10.00**	**26.82**	**2.73**
30	51.72	18.81	32.13	0.78
31	36.28	7.56	26.45	2.27
32	43.01	11.58	25.64	5.79
33	34.76	6.52	26.07	2.17
34	33.31	6.38	24.10	2.83
35-39	**10.62**	**2.03**	**7.05**	**1.54**
40-44	**0.60**		**0.34**	**0.26**
45-49	**0.12**	**0.12**		

3—18 各市主要年份妇女平均初婚年龄

Women's Average Age At Their First Marriage in Major Years by Region

单位：岁 (age)

地　区	Region	1995	2000	2005	2008	2009
总　计	**Total**	**22.72**	**22.61**	**23.37**	**23.03**	**23.09**
合肥市	Hefei	23.06	23.10	23.98	23.89	25.68
淮北市	Huaibei	22.99	22.58	23.67	22.34	22.72
亳州市	Bozhou	21.17	21.90	22.75	22.20	22.37
宿州市	Suzhou	22.55	22.32	23.34	22.88	21.71
蚌埠市	Bengbu	23.01	22.07	23.50	23.67	22.80
阜阳市	Fuyang	21.31	22.17	22.90	23.11	22.60
淮南市	Huainan	23.38	22.98	23.41	23.67	22.67
滁州市	Chuzhou	23.00	22.54	23.02	22.79	21.55
六安市	Luan	22.46	22.29	23.34	22.30	23.32
马鞍山市	Maanshan	22.82	23.05	23.86	23.50	23.00
巢湖市	Chaohu	23.07	22.65	23.79	21.81	25.54
芜湖市	Wuhu	22.87	23.21	23.87	24.46	24.65
宣城市	Xuancheng	22.05	22.80	23.85	23.51	22.76
铜陵市	Tongling	23.20	23.84	24.96	23.44	24.00
池州市	Chizhou	22.68	22.68	23.39	23.32	22.92
安庆市	Anqing	22.02	22.24	23.32	23.14	23.69
黄山市	Huangshan	22.76	23.13	23.46	23.37	24.38

3—19 各市按就业身份的在业人口比例（2009年）

Proportion of Employed Persons by Their Identities and Region (2009)

单位：%

地　区	Region	合计（人）Total (person)	国有单位从业人员 Employed Persons of State-owned Units	城镇集体单位从业人员 Employed Persons of Urban Collective-Owned Units	其他经济单位类型 Other Types of Ownership	乡镇企业从业人员 Employed Persons of Township & Village Enterprises	乡村农林牧渔劳动者 Farming Forestry Herd Fishing Workers	私营、个体雇主、雇员 Employer and Employee of Private Employer and Private	自营劳动者 Self-management Workers	其他 Other
总　计	**Total**	**125549**	**7.62**	**1.55**	**2.80**	**1.90**	**53.15**	**19.67**	**10.87**	**2.45**
合肥市	Hefei	10338	12.78	2.32	4.65	1.56	33.59	26.60	13.63	4.88
淮北市	Huaibei	5606	19.43	1.90	2.83	2.24	40.72	20.44	10.00	2.44
亳州市	Bozhou	10405	2.00	0.89	2.23	3.84	56.13	18.19	15.20	1.52
宿州市	Suzhou	9397	5.20	1.68	1.73	1.67	66.34	15.45	5.79	2.15
蚌埠市	Bengbu	6510	9.26	2.46	3.00	1.45	51.98	19.25	7.16	5.44
阜阳市	Fuyang	14757	3.97	1.29	2.07	1.24	60.04	20.38	10.44	0.56
淮南市	Huainan	4969	22.51	1.81	1.16	0.77	39.99	25.46	7.86	0.45
滁州市	Chuzhou	13079	2.44	1.53	1.67	2.74	64.15	18.04	8.92	0.51
六安市	Luan	12130	4.39	1.05	2.09	2.37	66.70	12.33	9.02	2.04
马鞍山市	Maanshan	3270	14.90	2.26	4.65	4.09	27.42	34.70	10.63	1.36
巢湖市	Chaohu	4943	7.12	1.38	1.20	0.71	61.15	14.69	11.62	2.12
芜湖市	Wuhu	3638	8.92	2.17	11.28	1.19	29.47	29.53	12.00	5.44
宣城市	Xuancheng	5330	5.48	1.32	5.22	1.39	45.48	24.30	12.75	4.05
铜陵市	Tongling	1964	29.36	3.18	4.93	0.31	20.33	27.62	12.37	1.90
池州市	Chizhou	4076	5.16	0.54	2.95	0.64	60.29	17.85	11.19	1.38
安庆市	Anqing	8828	7.77	2.02	2.14	2.63	48.93	13.59	16.81	6.11
黄山市	Huangshan	6309	6.14	0.40	2.27	0.45	56.49	21.93	10.69	1.64

3—20 各市未工作人口按寻找工作方式分的比例（2009年）

Proportion of Unemployed Persons by Their Types of Seeking Job by Region (2009)

单位：%

地　区	Region	合　计 Total	在职业介绍机构登记 Registration in the Employment Agencies Corporate Enterprises	委托亲友找工作 Looking for a job Commissioned by Friends and Relatives	应答或刊登广告 Response or to Advertise	为自己经营做准备 To Prepare Business by Themselves	下岗等待安置 No Position and Prepare for Placement	其他方式 Others	未找工作 No Looking for a job
总　计	**Total**	**100.00**	**11.35**	**35.69**	**0.47**	**5.21**	**4.98**	**17.50**	**24.81**
合肥市	Hefei	100.00	16.97	22.42	0.61	6.67	9.70	26.67	16.97
淮北市	Huaibei	100.00	23.08	42.31		3.85	2.88	7.69	20.19
亳州市	Bozhou	100.00	4.08	26.53		2.04	2.04	18.37	46.94
宿州市	Suzhou	100.00	16.98	15.09		9.43	5.66	18.87	33.96
蚌埠市	Bengbu	100.00	3.45	40.23	1.15	5.75	5.75	17.24	26.44
阜阳市	Fuyang	100.00	2.41	40.96	0.00	6.02	4.82	10.84	34.94
淮南市	Huainan	100.00	10.96	38.36	1.37	0.00	8.22	15.07	26.03
滁州市	Chuzhou	100.00	2.83	15.09	0.94	5.66	11.32	34.91	29.25
六安市	Luan	100.00	5.26	21.05	0.00	2.63	5.26	50.00	15.79
马鞍山市	Maanshan	100.00	23.81	30.16	1.59	0.00	0.00	7.94	36.51
巢湖市	Chaohu	100.00	1.41	60.56		15.49	1.41		21.13
芜湖市	Wuhu	100.00	13.85	60.00		2.56	4.62	10.26	8.72
宣城市	Xuancheng	100.00	3.64	23.64	1.82	5.45	1.82	18.18	45.45
铜陵市	Tongling	100.00	40.00	35.00				10.00	15.00
池州市	Chizhou	100.00	0.00	30.77		0.00	7.69		61.54
安庆市	Anqing	100.00	8.70	30.43		8.70		24.64	27.54
黄山市	Huangshan	100.00	14.29	28.57		9.52		21.43	26.19

3—21 各市外出半年以上人口比重、性别比及流向（2009年）

Proportion, Sexual Distinction and Floating Direction of Persons Going Out for More Than Half a Year by Region (2009)

单位：%

地　区	Region	占总人口比重(%) Percentage to Total Population (%)	外出人口性别比(女=100) Sexual Distinction of Persons Going Out (Female=100)	外出流向构成 Composition of Floating Directions			
				本县其他乡镇街道 Other Villages, Towns or Neighbourhoods in This County	本市其他县区 Other Counties or Districts in This City	本省其他市 Other Cities in This Province	外省 Other Provinces
总　计	**Total**	**22.30**	**132.39**	**9.86**	**4.89**	**7.36**	**77.90**
合肥市	Hefei	14.59	138.51	22.86	32.80	9.15	35.19
淮北市	Huaibei	7.35	159.11	11.54	7.43	9.28	71.75
亳州市	Bozhou	18.39	135.95	6.23	0.90	5.58	87.29
宿州市	Suzhou	16.82	135.79	6.00	1.23	6.89	85.88
蚌埠市	Bengbu	15.49	122.09	8.84	6.87	8.69	75.61
阜阳市	Fuyang	32.23	130.79	5.18	2.08	4.38	88.36
淮南市	Huainan	17.85	113.44	15.81	14.01	12.71	57.47
滁州市	Chuzhou	19.90	127.90	13.53	5.48	7.45	73.53
六安市	Luan	29.76	139.79	6.80	1.34	9.35	82.52
马鞍山市	Maanshan	12.14	132.29	20.03	18.83	6.93	54.22
巢湖市	Chaohu	31.65	137.62	7.89	1.12	8.80	82.19
芜湖市	Wuhu	18.65	132.32	14.30	9.99	9.84	65.87
宣城市	Xuancheng	17.28	128.81	22.76	3.00	7.45	66.79
铜陵市	Tongling	12.76	106.78	13.76	11.91	10.68	63.66
池州市	Chizhou	26.70	129.55	13.74	1.47	9.06	75.73
安庆市	Anqing	25.74	139.50	6.76	3.27	6.53	83.44
黄山市	Huangshan	25.28	118.33	17.48	7.27	7.07	68.18

3—22 各市流向省外半年以上的流动人口构成 （2009年）

Composition of Persons Floating Out of the Province for More Than Half a Year by Region (2009)

单位：%

地 区	Region	合计（人）Total (person)	江苏 Jiangsu	浙江 Zhejiang	上海 Shanghai	广东 Guangdong	北京 Beijing	福建 Fujian	山东 Shandong
总 计	**Total**	**46371**	**27.93**	**27.29**	**20.70**	**6.53**	**3.85**	**2.31**	**1.68**
合肥市	Hefei	942	38.11	16.56	18.58	7.64	6.16	1.80	2.44
淮北市	Huaibei	541	38.26	30.87	14.23	2.22	2.96	0.37	2.22
亳州市	Bozhou	3488	25.66	32.08	13.39	12.10	2.95	1.26	1.66
宿州市	Suzhou	2804	45.15	20.83	11.48	6.49	1.75	1.46	2.10
蚌埠市	Bengbu	1497	17.50	47.03	20.17	6.48	1.07	2.27	0.87
阜阳市	Fuyang	10740	15.45	32.63	15.10	10.74	4.19	3.62	2.29
淮南市	Huainan	1058	17.67	26.56	29.87	12.38	3.12	4.44	1.23
滁州市	Chuzhou	3890	49.07	22.19	21.18	2.01	1.05	0.95	0.44
六安市	Luan	6849	38.88	16.76	38.93	1.93	1.12	0.28	0.38
马鞍山市	Maanshan	360	43.33	16.11	16.94	6.39	7.22		6.11
巢湖市	Chaohu	3148	29.10	10.90	29.00	5.97	12.71	1.05	1.27
芜湖市	Wuhu	857	36.64	14.47	36.64	2.57	3.97	1.05	0.70
宣城市	Xuancheng	1112	25.90	32.64	33.18	1.35	1.98	1.26	0.45
铜陵市	Tongling	310	26.13	28.06	29.68	9.68	1.61	0.97	0.00
池州市	Chizhou	2006	22.23	33.30	13.11	4.29	5.33	2.44	4.54
安庆市	Anqing	4667	22.35	24.00	13.22	6.30	6.77	6.58	2.96
黄山市	Huangshan	2102	14.37	65.03	9.42	4.33	1.57	1.19	0.48

地 区	Region	天津 Tianjin	湖北 Hubei	河北 Hebei	辽宁 Liaoning	河南 Henan	新疆 Xinjiang	陕西 Shanxi	流向其他省市 Floating to Other Provinces or Cities
总 计	**Total**	**1.24**	**0.97**	**0.95**	**0.92**	**0.76**	**0.66**	**0.56**	**3.64**
合肥市	Hefei	0.32	0.64	0.21	0.11	0.00	0.96	0.11	6.37
淮北市	Huaibei	1.85	0.18	0.37	0.18	0.18	0.37	0.74	4.99
亳州市	Bozhou	1.78	0.23	1.18	1.12	0.52	1.26	0.17	4.64
宿州市	Suzhou	0.43	0.43	0.75	0.18	1.32	1.64	2.25	3.74
蚌埠市	Bengbu		0.20	0.53	0.07	0.67	0.40	0.53	2.20
阜阳市	Fuyang	2.88	0.98	2.67	0.96	1.68	1.55	0.75	4.52
淮南市	Huainan	0.57	0.38	0.57	0.47	0.57	0.09		2.08
滁州市	Chuzhou	0.21	0.39	0.08	0.59	0.44	0.23	0.08	1.11
六安市	Luan	0.09	0.35	0.10	0.06	0.13		0.22	0.77
马鞍山市	Maanshan	1.39	0.00	0.00	1.39		0.28	0.00	0.83
巢湖市	Chaohu	1.62	3.81	0.64	0.25	0.13	0.10	0.48	2.99
芜湖市	Wuhu		0.58		0.12		0.12	0.70	2.45
宣城市	Xuancheng		0.18	0.09	0.27	0.72	0.27	0.09	1.62
铜陵市	Tongling	0.32	0.32	0.32	0.97	0.32			1.61
池州市	Chizhou	0.35	0.25	0.35	5.18	1.65	0.05	0.45	6.48
安庆市	Anqing	1.84	2.76	0.75	2.51	0.51	0.28	0.90	8.27
黄山市	Huangshan	0.52	0.52	0.05	0.10	0.29		0.19	1.95

3—23 各市省内跨市外出半年以上的流动人口构成（2009年）

Composition of Floating Population From City to City in the Province by Region (2009)

单位：%

地　区	Region	合计（人） Total (person)	合肥市 Hefei	淮北市 Huaibei	亳州市 Bozhou	宿州市 Suzhou	蚌埠市 Bengbu	阜阳市 Fuyang	淮南市 Huainan	滁州市 Chuzhou
总　计	**Total**	**4381**	**49.60**	**4.22**	**1.12**	**1.46**	**3.93**	**2.21**	**6.46**	**1.78**
合肥市	Hefei	245		3.27	0.41		13.47	0.00	33.06	8.98
淮北市	Huaibei	70	31.43		8.57	22.86	2.86	7.14	5.71	1.43
亳州市	Bozhou	223	43.95	12.11			4.48	10.76	1.79	5.83
宿州市	Suzhou	225	42.22	27.56	0.89		5.78	1.33	4.44	0.44
蚌埠市	Bengbu	172	50.00	4.07		4.65		3.49	24.42	0.00
阜阳市	Fuyang	532	46.62	9.40	5.08	4.51	5.45		6.58	2.82
淮南市	Huainan	234	59.40	3.85	3.42	0.85	6.41	9.83		0.43
滁州市	Chuzhou	394	67.26	0.76		0.51	7.11	1.52	3.81	
六安市	Luan	776	73.97	1.42	0.13		1.03	0.90	7.60	0.90
马鞍山市	Maanshan	46	34.78			2.17	6.52		4.35	2.17
巢湖市	Chaohu	337	40.36	0.89		1.19	1.48	0.89	0.89	0.89
芜湖市	Wuhu	128	24.22		0.78		1.56	3.91	1.56	0.00
宣城市	Xuancheng	124	47.58	2.42		0.81	3.23	3.23	2.42	0.81
铜陵市	Tongling	52	48.08							
池州市	Chizhou	240	34.58				1.67	0.83	1.25	1.67
安庆市	Anqing	365	52.88		0.55	1.10	2.74	1.10	4.66	1.92
黄山市	Huangshan	218	47.25	0.92	0.46	0.92	2.75	2.29	1.38	0.92

地　区	Region	六安市 Luan	马鞍山市 Maanshan	巢湖市 Chaohu	芜湖市 Wuhu	宣城市 Xuancheng	铜陵市 Tongling	池州市 Chizhou	安庆市 Anqing	黄山市 Huangshan
总　计	**Total**	**1.71**	**4.88**	**1.85**	**8.79**	**1.19**	**3.40**	**1.76**	**4.15**	**1.46**
合肥市	Hefei	12.65	2.45	3.67	16.33		0.82	2.45	2.04	0.41
淮北市	Huaibei	1.43	1.43	1.43	15.71					
亳州市	Bozhou	1.79	4.04	2.69	4.04		5.38	0.45	1.79	0.90
宿州市	Suzhou	1.78		0.44	5.78	0.44	0.44	1.33	0.89	6.22
蚌埠市	Bengbu	0.58	2.33	0.58	2.91		0.58		4.07	2.33
阜阳市	Fuyang	2.07	3.95	0.94	8.83	0.19	0.38	0.19	1.88	0.94
淮南市	Huainan	2.99	2.56	4.70	1.28		1.28		2.14	0.85
滁州市	Chuzhou	0.25	1.27	2.54	10.15	0.76	0.76	0.25	1.78	1.27
六安市	Luan		3.22	0.26	5.03	0.64	1.16	0.39	3.22	0.13
马鞍山市	Maanshan			17.39	28.26				4.35	
巢湖市	Chaohu	2.08	17.51		14.54	0.59	11.87		5.93	0.89
芜湖市	Wuhu	1.56	26.56	6.25		15.63	8.59	2.34	2.34	4.69
宣城市	Xuancheng	0.81	2.42	1.61	25.81		0.81		4.84	3.23
铜陵市	Tongling	1.92	7.69	9.62	9.62			15.38	5.77	1.92
池州市	Chizhou	0.83	2.92	1.67	10.00	1.67	7.08		31.25	4.58
安庆市	Anqing	0.27	4.11	1.10	7.40	1.10	11.23	8.49		1.37
黄山市	Huangshan	0.46	6.88	1.83	12.84	5.50	2.75	9.17	3.67	

3—24 全省外出半年以上人口分年龄构成（2009年）

Composition of Population Going out More Than Half a Year in the Whole Province (2009)

单位：%

年 龄 Age	总人口数 Population	男 Male	女 Female	性别比 (女=100) Sex Ratio (Female=100)
总计 Total	**100.00**	**56.97**	**43.03**	**132.39**
0-4	**2.51**	**1.42**	**1.09**	**129.95**
5-9	**2.50**	**1.43**	**1.07**	**134.65**
10-14	**2.60**	**1.47**	**1.12**	**131.19**
15-19	**12.23**	**6.32**	**5.90**	**107.05**
15岁	0.80	0.44	0.36	123.58
16岁	1.48	0.76	0.73	104.16
17岁	2.27	1.20	1.08	111.54
18岁	3.13	1.62	1.51	106.99
19岁	4.54	2.31	2.24	103.23
20-24	**18.85**	**10.20**	**8.65**	**117.87**
20岁	4.67	2.43	2.23	108.78
21岁	4.09	2.21	1.88	117.28
22岁	3.92	2.13	1.79	119.23
23岁	3.20	1.79	1.41	126.75
24岁	2.98	1.64	1.34	122.71
25-29	**13.03**	**7.29**	**5.75**	**126.73**
25岁	2.76	1.48	1.28	116.29
26岁	2.67	1.52	1.15	131.88
27岁	2.62	1.44	1.18	122.40
28岁	2.42	1.38	1.04	133.28
29岁	2.56	1.46	1.11	131.87
30-34	**12.12**	**7.00**	**5.13**	**136.41**
30岁	2.62	1.53	1.09	141.05
31岁	2.45	1.40	1.05	134.35
32岁	2.18	1.22	0.96	126.43
33岁	2.46	1.41	1.05	134.94
34岁	2.41	1.43	0.98	144.80
35-39	**13.60**	**8.11**	**5.49**	**147.71**
35岁	2.39	1.44	0.94	152.58
36岁	2.72	1.62	1.11	146.28
37岁	2.89	1.76	1.13	155.03
38岁	2.71	1.61	1.10	146.19
39岁	2.89	1.68	1.20	139.69
40-44	**11.49**	**6.87**	**4.62**	**148.84**
40岁	2.65	1.60	1.06	151.19
41岁	2.62	1.49	1.13	132.05
42岁	2.13	1.35	0.78	172.90
43岁	2.10	1.25	0.85	146.65
44岁	1.98	1.18	0.80	148.32
45-49	**5.45**	**3.36**	**2.08**	**161.51**
45岁	1.66	0.98	0.68	145.41
46岁	1.72	1.09	0.63	174.26
47岁	1.25	0.79	0.47	167.74
48岁	0.48	0.31	0.17	179.61
49岁	0.34	0.20	0.14	139.29
50-54	**2.11**	**1.38**	**0.73**	**190.07**
50岁	0.29	0.17	0.12	139.44
51岁	0.44	0.31	0.13	234.18
52岁	0.50	0.34	0.16	214.89
53岁	0.45	0.29	0.16	176.53
54岁	0.43	0.28	0.15	180.22
55-59	**1.72**	**1.10**	**0.62**	**178.32**
60-64	**0.92**	**0.58**	**0.34**	**168.78**
65+	**0.87**	**0.43**	**0.44**	**98.47**

3—25 各市按外出时间分的外出人口比例（2009年）
Proportion of Persons Going Out by Time and Region (2009)

单位：%

地 区	Region	合 计 (人) Total (person)	一个月内 Below One Month	1至3个月 1—3 Month	3至6个月 3—6 Month	半年到一年 6Month —1Year	一年到五年 1—5 Year	五年以上 5 Year and Over
总 计	**Total**	**74373**	**2.81**	**5.55**	**10.28**	**51.19**	**24.02**	**6.16**
合肥市	Hefei	3609	2.38	4.87	16.96	42.75	28.96	4.08
淮北市	Huaibei	1266	4.21	11.26	23.48	39.84	17.89	3.32
亳州市	Bozhou	6282	5.42	11.46	17.54	46.64	17.38	1.56
宿州市	Suzhou	4844	4.97	10.53	16.83	46.53	19.44	1.70
蚌埠市	Bengbu	2454	2.57	5.47	9.98	44.31	33.29	4.39
阜阳市	Fuyang	14368	2.45	3.56	8.06	60.60	21.45	3.87
淮南市	Huainan	2072	1.94	2.18	6.73	34.77	37.19	17.19
滁州市	Chuzhou	6478	3.21	7.84	6.63	30.05	40.37	11.90
六安市	Luan	9739	1.00	3.83	8.94	51.98	26.63	7.63
马鞍山市	Maanshan	850	9.86	2.16	8.17	62.14	12.86	4.81
巢湖市	Chaohu	4091	1.01	1.24	2.97	56.64	28.24	9.90
芜湖市	Wuhu	1589	3.50	3.95	9.68	55.16	21.40	6.31
宣城市	Xuancheng	2328	3.90	11.84	11.23	33.90	27.81	11.32
铜陵市	Tongling	644	7.85	6.59	9.11	43.80	24.49	8.16
池州市	Chizhou	3196	2.65	4.94	7.97	59.39	18.78	6.28
安庆市	Anqing	6836	1.96	4.30	9.35	68.62	11.04	4.72
黄山市	Huangshan	3727	1.80	2.86	11.48	52.56	23.80	7.51

3—26 历年全省总人口、总户数
Total Populations and Households of the Province Over the Years

单位：万户、万人（10000 households、10000 persons）

年 份 Year	总户数 Total Number of Households	总人口 Population 合 计 Total	男 Male	女 Female	性别比(女=100) Sex Ratio (Female=100)	非农业人口 Non-agricultural Population	农业人口 Agriculturl Population
1978	1018	4713	2439	2274	107.27	504	4209
1980	1051	4893	2530	2363	107.10	556	4337
1985	1174	5156	2683	2473	108.46	724	4432
1990	1445	5661	2934	2727	107.57	843	4818
1991	1481	5744	2977	2767	107.58	876	4868
1992	1500	5817	3015	2802	107.59	940	4877
1993	1512	5870	3044	2826	107.74	964	4906
1994	1532	5938	3081	2857	107.83	1013	4925
1995	1551	6000	3116	2884	108.08	1044	4956
1996	1569	6054	3144	2910	108.03	1086	4968
1997	1592	6109	3171	2938	107.92	1125	4984
1998	1608	6152	3191	2961	107.74	1166	4986
1999	1632	6205	3219	2986	107.81	1204	5001
2000	1656	6278	3258	3020	107.87	1230	5048
2001	1684	6325	3283	3042	107.91	1257	5068
2002	1710	6369	3307	3062	108.00	1289	5080
2003	1755	6410	3333	3077	108.32	1319	5091
2004	1795	6461	3359	3102	108.28	1342	5119
2005	1849	6516	3388	3127	108.34	1368	5148
2006	1899	6593	3429	3164	108.38	1433	5160
2007	1949	6676	3469	3206	108.20	1467	5208
2008	2000	6741	3503	3238	108.16	1498	5243
2009	2041	6795	3528	3266	108.02	1517	5277

注：本表为公安户籍年报统计数。

a) Data in this table are taken from the annual reports of the Department of Puplis Security.

3—27 各市、县、区户数、人口数（2009年）

Total Number of Households and Population by City, County and Region (2009)

单位：人 (person)

地区	Region	总户数（户）Total Number of Households (household)	总人口数 Population	男 Male	女 Female	性别比（女=100）Sex Ratio (Female=100)	非农业人口 Non-agricultural Population
总计	**Total**	**20405322**	**67945286**	**35282529**	**32662757**	**108.02**	**15172765**
合肥市	**Hefei**	**1529327**	**4914294**	**2567611**	**2346683**	**109.41**	**2136961**
市辖区	Reigon of City	640203	2085774	1085971	999803	108.62	1763036
瑶海区	Yaohai District	175021	496981	254348	242633	104.83	414349
庐阳区	Luyang District	138804	464085	236621	227464	104.03	427274
蜀山区	Shushan District	172704	630240	330599	299641	110.33	563409
包河区	Baohe District	153674	494468	264403	230065	114.93	358004
长丰县	Changfeng	244193	806258	419443	386815	108.44	102788
肥东县	Feidong	352012	1092676	575626	517050	111.33	131331
肥西县	Feixi	292919	929586	486571	443015	109.83	139806
淮北市	**Huaibei**	**645816**	**2177442**	**1115185**	**1062257**	**104.98**	**943395**
市辖区	Reigon of City	345999	1090231	558490	531741	105.03	788960
杜集区	Duji District	116279	336908	172123	164785	104.45	275654
相山区	Xiangshan District	120809	403498	204473	199025	102.74	329111
烈山区	Lieshan District	108911	349825	181894	167931	108.31	184195
濉溪县	Suixi	299817	1087211	556695	530516	104.93	154435
亳州市	**Bozhou**	**1675282**	**5969300**	**3125510**	**2843790**	**109.91**	**657358**
谯城区	Qiaocheng District	483404	1595240	827864	767376	107.88	215034
涡阳县	Guoyang	350019	1489910	777025	712885	109.00	154917
蒙城县	Mengcheng	388172	1310826	687678	623148	110.36	150496
利辛县	Lixin	453687	1573324	832943	740381	112.50	136911
宿州市	**Suzhou**	**1720561**	**6351871**	**3267005**	**3084866**	**105.90**	**849272**
埇桥区	Yongqiao District	529551	1838627	942830	895797	105.25	414621
砀山县	Dangshan	266883	977010	507854	469156	108.25	125882
萧县	Xiaoxian	388278	1413102	726190	686912	105.72	146436
灵璧县	Lingbi	299919	1212186	624980	587206	106.43	90670
泗县	Sixian	235930	910946	465151	445795	104.34	71663
蚌埠市	**Bengbu**	**1033807**	**3606431**	**1868161**	**1738270**	**107.47**	**1014523**
市辖区	Reigon of City	295659	925155	470788	454367	103.61	658325
龙子湖区	Longzihu District	76851	231629	118210	113419	104.22	175909
蚌山区	Bengshang District	87313	284786	144017	140769	102.31	256035
禹会区	Yuhui District	80367	237387	121047	116340	104.05	188361
淮上区	Huaishang District	51128	171353	87514	83839	104.38	38020
怀远县	Huaiyuan	353358	1336321	700556	635765	110.19	177719
五河县	Wuhe	207639	725460	376432	349028	107.85	89198
固镇县	Guzhen	177151	619495	320385	299110	107.11	89281
阜阳市	**Fuyang**	**2799123**	**10004976**	**5193147**	**4811829**	**107.92**	**1252167**
市辖区	Reigon of City	575809	2042341	1052134	990207	106.25	493054
颍州区	Yingzhou District	216774	719272	363684	355588	102.28	255768
颍东区	Yingdong District	167480	632550	330655	301895	109.53	128233
颍泉区	Yingquan District	191555	690519	357795	332724	107.54	109053

注：本表为公安户籍年报统计数。

a) Data in this table are taken from the annual reports of Department of Puplis Security.

3—27 续表1 continued

单位：人 (person)

地　区 Region		总户数（户）Total Number of Households (household)	总人口数 Population	男 Male	女 Female	性别比（女=100）Sex Ratio (Female=100)	非农业人口 Non-agricultural Population
临泉县	Linquan	553287	2173456	1117321	1056135	105.79	143004
太和县	Taihe	527390	1693702	889010	804692	110.48	150357
阜南县	Funan	447149	1642826	851159	791667	107.51	128196
颍上县	Yingshang	468295	1671721	879631	792090	111.05	189375
界首市	Jieshou	227193	780930	403892	377038	107.12	148181
淮南市	**Huainan**	**751653**	**2425162**	**1264931**	**1160231**	**109.02**	**1133320**
市辖区	Reigon of City	515879	1675823	868114	807709	107.48	973529
大通区	Datong District	62256	183932	94010	89922	104.55	76065
田家庵区	Tianjaan District	163387	541237	280849	260388	107.86	432969
谢家集区	Xiejiaji District	105068	337188	172738	164450	105.04	231911
八公山区	Bagongshan District	54626	170517	87106	83411	104.43	143498
潘集区	Panji District	130542	442949	233411	209538	111.39	89086
凤台县	Fengtai	235774	749339	396817	352522	112.57	159791
滁州市	**Chuzhou**	**1398349**	**4502525**	**2330549**	**2171976**	**107.30**	**989310**
市辖区	Reigon of City	187329	532412	270257	262155	103.09	251566
琅琊区	Langya District	101070	269307	135540	133767	101.33	218534
南谯区	Nanqiao District	86259	263105	134717	128388	104.93	33032
来安县	Laian	158607	501538	257519	244019	105.53	85147
全椒县	Quanjiao	157697	465845	241012	224833	107.20	113301
定远县	Dingyuan	274441	966986	512450	454536	112.74	138036
凤阳县	Fengyang	218076	749141	391535	357606	109.49	109032
天长市	Tianchang	192068	631735	321746	309989	103.79	168450
明光市	Mingguang	210131	654868	336030	318838	105.39	123778
六安市	**Luan**	**2249181**	**7058912**	**3726182**	**3332730**	**111.81**	**993409**
市辖区	Reigon of City	613709	1851452	976061	875391	111.50	337273
金安区	Jinan District	295203	860389	448845	411544	109.06	185735
裕安区	Yuan District	318506	991063	527216	463847	113.66	151538
寿县	Shouxian	426172	1364498	723142	641356	112.75	167005
霍邱县	Huoqiu	572426	1803733	955267	848466	112.59	220153
舒城县	Shucheng	312591	999001	519621	479380	108.39	129590
金寨县	Jinzhai	206433	670246	359631	310615	115.78	85096
霍山县	Huoshan	117850	369982	192460	177522	108.41	54292
马鞍山市	**Maanshan**	**399504**	**1286113**	**661830**	**624283**	**106.01**	**640949**
市辖区	Reigon of City	202548	636147	324912	311235	104.39	527884
金家庄区	Jinjiazhuang District	35284	106369	54202	52167	103.90	88410
花山区	Huashan District	83942	263172	132950	130222	102.09	233930
雨山区	Yushan District	83322	266606	137760	128846	106.92	205544
当涂县	Dangtu	196956	649966	336918	313048	107.63	113065
巢湖市	**Chaohu**	**1442734**	**4585997**	**2391156**	**2194841**	**108.94**	**751872**
居巢区	Juchao District	312071	886426	456884	429542	106.37	234580
庐江县	Lujiang	351560	1173691	609988	563703	108.21	158319
无为县	Wuwei	425581	1424261	743840	680421	109.32	177658
含山县	Henshan	149617	443244	234677	208567	112.52	86348
和县	Hexian	203905	658375	345767	312608	110.61	94967
芜湖市	**Wuhu**	**783797**	**2300977**	**1186664**	**1114313**	**106.49**	**1130972**
市辖区	Reigon of City	366901	1049194	538534	510660	105.46	910281
镜湖区	Jinghu District	153615	435226	220960	214256	103.13	435226

3—27 续表2 continued

单位：人 (person)

地　区	Region	总户数(户) Total Number of Households (household)	总人口数 Population	男 Male	女 Female	性别比(女=100) Sex Ratio (Female=100)	非农业人口 Non-agricultural Population
弋江区	Yijiang District	75245	228753	116436	112317	103.67	228753
鸠江区	Jiujiang District	86729	234457	122929	111538	110.21	234457
三山区	Sanshang District	51312	150758	78209	72549	107.80	11845
芜湖县	Wuhu	124710	383677	199966	183711	108.85	60284
繁昌县	Fanchang	110376	314795	162376	152419	106.53	77448
南陵县	Nanling	181810	553311	285788	267523	106.83	82959
宣城市	**Xuancheng**	**914584**	**2777726**	**1443207**	**1334519**	**108.14**	**501056**
宣州区	Xuanzhou District	280043	857615	443680	413935	107.19	168707
郎溪县	Langxi	104101	338995	176118	162877	108.13	58865
广德县	Guangde	160785	511415	268064	243351	110.16	63158
泾县	Jingxian	125322	356031	185804	170227	109.15	70033
绩溪县	Jixi	66910	177029	91402	85627	106.74	36753
旌德县	Jingde	45736	150732	78107	72625	107.55	24373
宁国市	Ningguo	131687	385909	200032	185877	107.62	79167
铜陵市	**Tongling**	**248738**	**739920**	**379056**	**360864**	**105.04**	**434767**
市辖区	Reigon of City	146222	449477	229665	219812	104.48	390251
铜官山区	Tongguanshan District	86800	275097	140609	134488	104.55	274976
狮子山区	Shizishan District	34907	102860	53288	49572	107.50	72276
郊区	Suburban District	24515	71520	35768	35752	100.04	42999
铜陵县	Tongling	102516	290443	149391	141052	105.91	44516
池州市	**Chizhou**	**536266**	**1598775**	**818487**	**780288**	**104.90**	**281804**
贵池区	Guichi District	226635	658120	335770	322350	104.16	140927
东至县	Dongzhi	180423	544120	278233	265887	104.64	71275
石台县	Shitai	35192	109237	56605	52632	107.55	21379
青阳县	Qingyang	94016	287298	147879	139419	106.07	48223
安庆市	**Anqing**	**1776889**	**6158832**	**3182574**	**2976258**	**106.93**	**1101166**
市辖区	Reigon of City	255923	739603	370894	368709	100.59	463574
迎江区	Yingjiang District	75107	210557	105612	104945	100.64	166242
大观区	Daguan District	93794	274375	137560	136815	100.54	210232
宜秀区	Yixiu District	87022	254671	127722	126949	100.61	87100
怀宁县	Huaining	194704	692277	356721	335556	106.31	78827
枞阳县	Zongyang	275933	969697	501969	467728	107.32	108264
潜山县	Qianshan	160235	583584	301038	282546	106.54	57124
太湖县	Taihu	166449	564043	293921	270122	108.81	64151
宿松县	Susong	226816	825523	439210	386313	113.69	105139
望江县	Wangjiang	171412	625499	321049	304450	105.45	64291
岳西县	Yuexi	116236	404591	212459	192132	110.58	44952
桐城市	Tongcheng	209181	754015	385313	368702	104.51	114844
黄山市	**Huangshan**	**499711**	**1486033**	**761274**	**724759**	**105.04**	**360464**
市辖区	Reigon of City	145740	436640	221839	214801	103.28	199945
屯溪区	Tunxi District	55463	173131	86197	86934	99.15	135300
黄山区	Huangshan District	56340	163169	83998	79171	106.10	38488
徽州区	Huizhou District	33937	100340	51644	48696	106.05	26157
歙县	Shexian	170656	490623	253514	237109	106.92	64341
休宁县	Xiuning	86484	275334	140623	134711	104.39	36750
黟县	Yixian	35193	95970	49143	46827	104.95	19189
祁门县	Qimen	61638	187466	96155	91311	105.30	40239

主要统计指标解释

人口数

指一定时点、一定地区范围内的有生命的个人的总和。

常住人口

是指具有中华人民共和国国籍并在中华人民共和国境内常住的人。

（1）居住本乡、镇、街道，户口在本乡、镇、街道的人；

（2）居住本乡、镇、街道半年以上，户口在外乡、镇、街道的人；

（3）在本乡、镇、街道居住不满半年，离开户口登记地半年以上的人；

（4）居住本乡、镇、街道，户口待定的人；

（5）原住本乡、镇、街道，现在国外工作学习，暂无户口的人；

常住户口在本乡、镇、街道，但已离开本乡、镇、街道半年以上的人，在户口所在地只登记人数，不计入户口所在地的常住人口数内。

总人口文盲率

15岁及以上不识字人数与总人口数的比例。

出生率（又称粗出生率）

指在一定时期内（通常为一年）平均每千人所出生的人数的比率，一般用千分率表示。计算公式为：

出生率＝年出生人数/年平均人数×1000‰

式中：出生人数指活产婴儿，即胎儿脱离母体时（不含怀孕月数），有过呼吸或其他生命现象。年平均人数指年初、年底人口数的平均数，也可用年中人口数代替。

死亡率（又称粗死亡率）

指在一定时期内（通常为一年）一定地区的死亡人数与同期平均人数（或期中人数）之比，一般用千分率表示。计算公式为：

死亡率＝年死亡人数/年平均人数×1000‰

人口自然增长率

指在一定时期内（通常为一年）人口自然增加数（出生人数减死亡人数）与该时期内平均人数（或期中人数）之比，一般用千分率表示。计算公式为：

人口自然增长率＝（年出生人数－年死亡人数）/年平均人数×1000‰

＝人口出生率－人口死亡率

在业人口（又称就业人口）

指十五周岁及十五周岁以上人口中从事一定的社会劳动并取得劳动报酬或经营收入的人口。

未工作人口

指十五周岁及十五周岁以上人口中未从事社会劳动的人口，包括在校学生、料理家务、待升学、失去工作、离退休、退职、丧失劳动能力等非在业人口。

抚养系数

指被抚养人口（0-14岁和65岁以上人口）与15-64岁人口的比例。计算公式为：

抚养系数＝被抚养人口/15-64岁人口×100%

老年抚养系数

指老年人口（65岁以上人口）与15-64岁人口的比例。计算公式为：

老年抚养系数＝老年人口/15-64岁人口×100%

少年儿童抚养系数

指0-14岁少年儿童与15-64岁人口的比例。计算公式为：

少年儿童系数抚养＝少年儿童人口/15-64岁人口×100%

Explanatory Notes for Major Statistical Indicators

Total Population

refers to the total number of people alive at a certain point of time within a given area.

Permanent Population

refers to the persons who hold the nationality of, and have permanent residing place in the People's Republic of China.

a) Those who reside in the townships, towns and street communities and have their permanent household registration there.

b) Those who have resided in the townships, towns and street communities for more than 6 months but the places of their permanent household registration are elsewhere.

c) Those who have resided in the townships, towns and street communities for less than 6 months but have been away from the place of their permanent household registration for more than 6 months.

d) Those who live in the townships, towns and street communities while the places of their household registration have not yet settled.

e) Those who used to live in the townships, towns and street communities but are working or studying abroad and have no permanent household registration for the time being.

Those who have their permanent household registration in the townships, towns and street communities but have been away from these places for more than 6 months are only registered as total population not counted as permanent population of the places of their household registration.

Total Population Illiterate Ratio

refers to the ratio of the number of illiterate people aged 15 and over to total population.

Birth Rate or (Crude Birth Rate)

refers to the ratio of the number of births to the average population during a certain period of time (usually a year) which is often expressed in‰. The following formula is used:

Birth Rate=Number of Births/Average Number of Population×1000‰

Number of births refers to live births i.e. the births when babies had showed any vital phenomena regardless of the length of pregnancy.

Annual Average Number of Population is the average of the number of population at the beginning of the year and that at the end of the year. Sometimes it is substituted for with the mid year population.

Death Rate (or Crude Death Rate)

refers to the ratio of the number of deaths to the average population (or mid year population) during a certain period of time (usually a year) which is often expressed in‰. The following formula is used:

Death Rate umber of Deaths=Number of Deaths/Annual Average Number of Population×1000‰

Natural Growth Rate of Population

refers to the ratio of natural increase in population (number of births minus number of deaths) in a certain period of time (usually a year) to the average population (or mid year population) of the same period which is often expressed in‰. The following formulas are applied:

Natural Growth of Population=(Number of Births-Number of Deaths)/Average Number of Population×1000‰

Natural Growth Rate of Population=Birth Rate-Death Rate

Employed Population

refers to population aged 15 or over engaging in social labour which generates income.

Not Working Population

refers to population aged 15 or over not engaging in any social labour which generates income, including students enrolled in schools, house wives, students waiting for entering schools with higher level, persons losing their jobs, retirees, job quitters, disabled, etc.

Total Dependency Ratio

refers to the ratio of number of dependents to the total population aged 15-64, the number of dependents being population aged 0-14 and population aged 65 and over. The total dependency ratio is calculated as follows:

Total Dependency Ratio=Number of dependents/Population aged 15-64×100%

The Aged Dependency Ratio

refers to the ratio of the number of the aged population to the total population aged 15-64, the aged being population aged 65 and over. The aged dependency ratio is calculated as follows:

The Aged Dependency Ratio=Number of the aged population/Population aged 15-64×100%

The Juvenile and Children Dependency Ratio

refers to the ratio of the number of the juvenile and children to the total population aged 15-64, the juvenile and children being population aged 0-14. The juvenile and children dependency ratio is calculated as follows:

The Juvenile and Children Dependency Ratio=Number of juvenile and children/Population aged 15-64×100%

第四篇

Chapter 4

就业人员和职工工资

EMPLOYMENT AND WAGES

简要说明

一、本篇资料反映我省 2009 年及主要年份劳动经济方面的基本情况，包括全省和 17 个市的主要劳动统计数据。主要指标有：从业人员、城镇私营和个体从业人员、城镇登记失业人员及失业率、单位从业人员、在岗职工、单位从业人员增减变动情况、职工工资总额和职工平均工资等。

二、本篇资料来源主要有四个方面：

1. 职工人数、工资总额、平均工资及单位从业人员增减变动情况，是根据《2009 年度全省劳动统计年报》汇总整理提供的。

2. 私营企业和个体从业人员，是根据省工商局提供的资料整理的。

3. 城镇登记失业人数、城镇登记失业数、新就业人数、城镇登记失业率、职业介绍机构、职业介绍工作情况和劳动部门社会保障、劳动仲裁情况，是根据省劳动和社会保障厅提供的资料整理的。

4. 就业基本情况是根据全省劳动统计年报、全省 2009 年人口变动抽样调查资料、省统计局农业统计年报、省工商统计年报、省乡镇企业统计年报等综合编制的。

三、1998 年及以后城镇单位就业人员、职工工资、工资总额、平均工资等指标中不再包括离开本单位仍保留劳动关系职工及其生活费。

四、本篇资料均由省统计局人口和社会科技统计处整理编制。

Brief Introduction

I. Data in this chapter show the basic conditions of Anhui's labor economy in 2009 and the mainly previous years, including the main data of labor statistics of the whole province and 17 prefectures such as number of the employed persons, number of persons employed in the urban private enterprises and self-employment, registered urban unemployed persons and unemployment rate, number of employment in units, number of other employed persons, number of staff and workers, number of on-post staff and workers, increase and decrease in the number of the employed persons, total wages and average wages of the staff and workers.

II. There are four main sources for Data published in this chapter.

1. Data on number of staff and workers, total wages and average wages of the staff and workers and increase and decrease in the number of the employed persons are tabulated and provided in accordance with "the Annual Labor statistical Report of Anhui Province in 2009".

2. Data on the number of person employed in private enterprises and self-employed persons are tabulated in accordance with the data supplied by the Provincial Administration for Industry and Commerce.

3. Data on newly employed registered unemployees in urban area, registered urban unemployed persons and unemployment rate and employment services and situations in employment services of labor departments are tabulated in accordance with data supplied by the Department of Labor and Social Insurance.

4. Data on persons employed are provided in accordance with the Provincial Annual Labour Statistical Report, Sample Survey of population changes in 2009, annual agricultural statistical report of Anhui Statistical Bureau, annual statistical report of industry and commerce and annual statistical report of township and village enterprises.

III. The scope of statistics on employed person in urban areas, total number of staff and workers, total wage bills, average wages do not include the persons who had left their working units and while keeping their labour contract/employment relation unchanged since 1998.

Ⅳ. Data in this chapter are prepared by the Population and Social Science Division, Anhui Statistical Bureau.

4—1 就 业 基 本 情 况
Basic Conditions of Employment

单位：万人 （10000 persons）

项 目	Item	1995	2000	2005	2008	2009
经济活动人口	**Economically Active Population**		**3530.9**	**3712.8**	**3966.8**	**4052.2**
从业人员合计	**Total Number of Employed Persons**	**3206.9**	**3450.7**	**3669.7**	**3916.0**	**3988.0**
第一产业	Primary Industry	1945.3	2018.9	1783.3	1592.8	1566.1
第二产业	Secondary Industry	574.6	584.8	783.9	968.7	996.0
第三产业	Tertiary Industry	687.0	847.0	1102.4	1354.5	1425.9
从业人员构成（合计=100）	**Composition of Employed Persons (total=100)**					
第一产业	Primary Industry	60.7	58.5	48.6	40.7	39.3
第二产业	Secondary Industry	17.9	16.9	21.4	24.7	25.0
第三产业	Tertiary Industry	21.4	24.6	30.0	34.6	35.8
按城乡分从业人员	**Number of Employed Persons by Urban and Rural Areas**					
城镇从业人员	Urban Employed Persons	614.7	652.9	730.5	901.9	936.2
#国有单位	State-owned Units	380.1	314.8	208.7	199.8	202.1
城镇集体单位	Urban Collective Owned Units	126.3	91.2	30.8	24.4	18.8
股份合作单位	Share Holding Units		8.4	3.9	4.8	4.5
联营单位	Joint Owned Units	0.7	1.2	0.8	1.0	0.8
有限责任公司	Limited Liability Corporations		38.0	52.3	67.5	75.9
股份有限公司	Share-holding Corporations Ltd.		20.2	24.8	26.5	35.7
私营企业	Private Enterprises	10.1	37.6	86.5	92.2	92.5
港澳台商投资单位	Units Funded by Entrepreneurs from Hong Kong, Macao & Taiwan	2.8	2.3	3.7	6.6	5.4
外商投资单位	Foreign Funded Units	3.8	3.8	6.7	8.9	12.6
个 体	Self-employed Individuals	81.9	134.8	123.6	144.5	184.8
乡村从业人员	Rural Employed Persons	2592.2	2797.7	2939.0	3014.1	3051.8
#私营企业	Private Enterprises		27.6	79.2	107.5	104.6
个 体	Self-employed Individuals		201.6	143.3	100.1	78.5
全部职工人数	**Number of Staff and Workers**	**502.8**	**470.0**	**317.4**	**343.7**	**359.9**
国有单位	State-owned Units	363.7	307.8	199.2	199.8	202.1
城镇集体单位	Urban Collective Owned Units	123.1	89.1	28.2	24.4	18.8
其他单位	Units of Other Types of Ownership	16.0	73.1	90.1	119.5	139.0
城镇单位女性从业人员	**Number of Female Employment in Urban Units**		**143.0**	**112.4**	**111.9**	**113.6**
城镇登记失业人数	**Number of Registered Unemployed Persons in Urban Areas**	**29.9**	**31.6**	**27.8**	**29.3**	**30.1**
城镇登记失业率 (%)	**Registered Unemployment Rate in Urban Areas (%)**	**3.1**	**3.3**	**4.4**	**3.9**	**3.9**

注：全社会从业人员总计、城镇和乡村从业人员小计资料根据有关部门资料进行了调整，因此分市、分类型、分行业的资料相加不等于总计。（下同）

a) Data on the total employed persons and the sub-total of employed persons in urban and rural areas have been adjusted in accordance with the data of related departments. As a result, the sum of the data by city, by ownership or by sector is not equal to the total. The same as in the following tables.

4—2 主要年份分行业从业人员数
Number of Employed Persons by Industry In Main Year

单位：万人 （10000 persons）

行业	Sector	2005	2008	2009
总计	**Total**	**3669.7**	**3916.0**	**3988.0**
农、林、牧、渔业	Farming, Forestry, Animal Husbandry and Fishery	1783.3	1592.8	1566.1
采矿业	Mining and Quarrying	59.9	63.7	70.1
制造业	Manufacturing	393.8	500.1	514.5
电力、燃气及水的生产和供应业	Production and Supply of Electricity Gas and Water	10.6	10.6	10.4
建筑业	Construction	319.6	394.3	401.0
交通运输、仓储和邮政业	Transport, Storage and Postal Services	133.8	166.9	166.2
信息传输、计算机服务和软件业	Information Circulation, Computer Services and Software	16.0	24.1	27.4
批发和零售业	Wholesale and Retail Trade	304.1	423.5	460.1
住宿和餐饮业	Accommodation and Catering Trade	108.9	138.6	146.3
金融业	Banking	11.9	13.2	14.8
房地产业	Real Estate	16.7	20.4	25.4
租赁和商务服务业	Leasing and Commercial Services	16.3	21.0	24.8
科学研究、技术服务和地质勘查业	Scientific Research, Technical Services and Geological Prospecting	6.4	7.9	8.2
水利、环境和公共设施管理业	Water Conservancy, Environmental and Public Facilities Management	13.5	25.2	30.1
居民服务和其他服务业	Resident Services and Other Services	319.6	335.5	340.2
教育	Education	63.8	66.4	66.5
卫生、社会保障和社会福利业	Health, Social Securities and Social Welfare	21.9	28.2	31.3
文化、体育和娱乐业	Culture, Sports and Entertainment	18.6	29.0	29.0
公共管理和社会组织	Public Management and Social Organizations	51.0	54.6	55.5

4—3 各市按三次产业分的从业人员数（2009年）
Number of Employed Persons by Type of Industry and Region (2009)

地区	Region	从业人员（万人） Total (10000 persons)	第一产业 Primary Industry	第二产业 Secondary Industry	第三产业 Tertiary Industry	构成（合计=100） Composition in Percentage (total=100) 第一产业 Primary Industry	第二产业 Secondary Industry	第三产业 Tertiary Industry
总计	**Total**	**3988.0**	**1566.1**	**996.0**	**1425.9**	**39.3**	**25.0**	**35.8**
合肥市	Hefei	307.0	71.1	113.7	122.2	23.2	37.0	39.8
淮北市	Huaibei	110.3	40.5	36.4	33.4	36.7	33.0	30.3
亳州市	Bozhou	327.0	167.4	52.5	107.1	51.2	16.1	32.8
宿州市	Suzhou	352.3	183.6	79.1	89.6	52.1	22.5	25.4
蚌埠市	Bengbu	195.2	95.9	40.0	59.3	49.1	20.5	30.4
阜阳市	Fuyang	579.3	264.7	181.4	133.2	45.7	31.3	23.0
淮南市	Huainan	130.1	31.5	54.2	44.4	24.2	41.7	34.1
滁州市	Chuzhou	252.7	123.7	67.2	61.8	49.0	26.6	24.5
六安市	Luan	393.5	220.0	95.3	78.2	55.9	24.2	19.9
马鞍山市	Maanshan	64.9	15.6	26.8	22.5	24.0	41.3	34.7
巢湖市	Chaohu	289.7	129.4	86.9	73.4	44.7	30.0	25.3
芜湖市	Wuhu	134.8	29.9	46.0	58.9	24.2	32.6	43.2
宣城市	Xuancheng	192.3	82.5	52.5	57.3	42.9	27.3	29.8
铜陵市	Tongling	44.9	9.8	16.2	18.9	21.8	36.1	42.1
池州市	Chizhou	108.3	44.1	27.6	36.6	40.7	25.5	33.8
安庆市	Anqing	421.3	205.3	96.4	119.6	48.7	22.9	28.4
黄山市	Huangshan	90.6	41.1	20.6	28.9	45.4	22.7	31.9

4—4 主要年份按城乡分的从业人员数

Number of Employed Persons by Residence in Urban and Rural Areas and Region in Main Year

单位：人 （person）

年份 Year	合计 Total	城镇 Urban Area						
		小计 Sub-total	国有单位 State-owned Units	集体单位 Collective-owned Units	股份合作单位 Share Holding Units	联营单位 Joint-owned Units	有限责任公司 Limited Liability Corporations	股份有限公司 Share Holding Corpara-tions Ltd.
2000	34507000	6529000	3148000	912000	84000	12000	380000	202000
2005	36697160	7305030	2086085	308461	39122	8082	523049	247753
2006	37410000	7558693	2028679	283074	43221	11166	597157	248857
2007	38180000	8181000	2021322	257684	50379	10597	639119	247262
2008	39160000	9018766	1998185	243975	48274	9726	675265	264546
2009	39880000	9362457	45525	188016	45003	8343	759197	356847

年份 Year	城镇 Urban Area					乡村 Rural Area		
	私营企业 Private Enterprises	港澳台商投资单位 Economic Units Funded by Entrepreneurs from Hong Kong, Macao and Taiwan	外商投资单位 Foreign Funded Economic Units	个体 Self-employed Individuals	其他 Other	小计 Sub-total	私营企业 Private Enterprises	个体 Self-employed Individuals
2000	376000	23000	38000	1348000	6000	27977000	276000	2016000
2005	864874	37423	66736	1236364	1887081	29392130	792074	1432430
2006	861291	49613	72881	1440111	1922643	29851307	1194970	1625564
2007	1372856	63593	82252	1337874	2098062	29999000	806601	1335254
2008	921748	66144	88604	1445017	3257282	30141234	1074869	1001096
2009	925024	53842	125809	1848366	5006485	30517543	1045783	785131

4—5 各市按城乡分的从业人员数（2009年）

Number of Employed Persons by Residence in Urban and Rural Areas and Region (2009)

单位：人 （person）

地区	Region	合计 Total	城镇 Urban Area 小计 Sub-total	国有单位 State-owned Units	集体单位 Collective-owned Units	股份合作单位 Share Holding Units	联营单位 Joint-owned Units	有限责任公司 Limited Liability Corporations	股份有限公司 Share Holding Corparations Ltd.
总计	**Total**	**39880000**	**9362457**	**45525**	**188016**	**45003**	**8343**	**759197**	**356847**
合肥市	Hefei	3070000	1432000	2906	17640	5236	1179	164414	88319
淮北市	Huaibei	1103000	468000	1076	9269	217		29605	7527
亳州市	Bozhou	3269811	454724	3432	10369	2706	20	26372	4901
宿州市	Suzhou	3523000	505000	3737	21213	1894	783	17936	4742
蚌埠市	Bengbu	1952000	342000	2312	9114	6916		31660	24561
阜阳市	Fuyang	5792889	507835	5981	21784	3724	19	47012	4132
淮南市	Huainan	1301000	517000	1804	13728	5168	812	151520	32867
滁州市	Chuzhou	2527167	448285	2783	10140	654		28582	8251
六安市	Luan	3935000	639000	4898	18801	3435	26	33325	14961
马鞍山市	Maanshan	649671	262802	862	6915			34755	51915
巢湖市	Chaohu	2896502	416971	2804	14625	4315	774	32967	11394
芜湖市	Wuhu	1343372	565719	1511	2248	557		62817	43270
宣城市	Xuancheng	1923800	317100	1550	6633	1525	7	16920	14332
铜陵市	Tongling	448739	265310	1082	2184	1638	1913	34489	12282
池州市	Chizhou	1082829	229529	2058	3301	701	1832	7311	9076
安庆市	Anqing	4213000	862000	5168	17949	5119	710	19259	13807
黄山市	Huangshan	906000	160000	1561	2103	1198	268	20253	10510

地区	Region	城镇 Urban Area 私营企业 Private Enterprises	港澳台商投资单位 Economic Units Funded by Entrepreneurs from Hong Kong, Macao and Taiwan	外商投资单位 Foreign Funded Economic Units	个体 Self-employed Individuals	其他 Other	乡村 Rural Area 小计 Sub-total	私营企业 Private Enterprises	个体 Self-employed Individuals
总计	**Total**	**925024**	**53842**	**125809**	**1848366**	**5006485**	**30517543**	**1045783**	**785131**
合肥市	Hefei	322843	16573	41492	191649	579749	1638000	177272	7901
淮北市	Huaibei	31003	1166	1618	47034	339485	635000	10567	15886
亳州市	Bozhou	31500		602	83505	291317	2815087	45433	71271
宿州市	Suzhou	14899	1354	1851	219290	217301	3018000	67342	64417
蚌埠市	Bengbu	50490	413		116987	99547	1610000	23374	19747
阜阳市	Fuyang	28940	1566	2717	175187	216773	5285054	92486	97766
淮南市	Huainan	24632	2653	4152	96766	182898	784000	26174	10476
滁州市	Chuzhou	71686	1748	13741	128953	181747	2078882	57702	24578
六安市	Luan	46413	589	1107	97038	418407	3296000	70637	123608
马鞍山市	Maanshan	47447	5142	9342	57554	48870	386869	58789	15859
巢湖市	Chaohu	14649	1177	3260	99034	231972	2479531	83210	47406
芜湖市	Wuhu	69822	11760	32701	66138	274895	777653	35205	57267
宣城市	Xuancheng	47212	2203	6441	94352	125925	1606700	80085	53764
铜陵市	Tongling	7036	2072	1834	28483	172297	183429	44162	15647
池州市	Chizhou	22702	920	1733	53962	125933	853300	27754	46669
安庆市	Anqing	69553	1861	2224	245887	480463	3351000	110024	80381
黄山市	Huangshan	24197	2645	994	46547	49724	746000	35567	32488

4—6 各市分行业城镇单位从业人员数（2009年）
Number of Employed Persons by Sector and Region (2009)

单位：万人 （10000 persons）

地区 Region	合计 Total	农林牧渔业 Farming, Forestry, Animal Husbandry and Fishery	采矿业 Mining and Quarrying	制造业 Manufacturing	电力、燃气及水的生产和供应业 Production and Supply of Electricity Gas and Water	建筑业 Construction	交通运输、仓储和邮政业 Transport, Storage, Post & Telecommunications	信息传输、计算机服务和软件业 Information, Circulation Computer Services and Software	批发和零售业 Wholesale and Retail Trade	住宿和餐饮业 Accommodation and Catering Trade
总 计 Total	**359.86**	**6.25**	**30.30**	**70.61**	**9.43**	**40.70**	**14.74**	**3.74**	**13.46**	**3.74**
合肥市 Hefei	62.72	0.10		14.46	0.89	11.96	4.09	0.85	3.74	1.20
淮北市 Huaibei	20.82		11.20	2.83	0.50	0.28	0.35	0.10	0.16	0.09
亳州市 Bozhou	15.81	0.05	0.67	2.12	0.24	1.31	0.24	0.25	1.08	0.15
宿州市 Suzhou	22.75	0.59	3.13	2.26	0.50	2.79	0.59	0.23	0.85	0.07
蚌埠市 Bengbu	17.43	0.23		4.37	0.57	0.80	1.21	0.17	0.51	0.11
阜阳市 Fuyang	28.09	0.32	1.12	3.51	0.72	2.98	1.34	0.26	1.49	0.15
淮南市 Huainan	30.56	0.33	11.75	3.54	1.45	2.37	1.01	0.13	0.83	0.27
滁州市 Chuzhou	18.28	0.90	0.34	3.47	0.32	1.28	0.95	0.18	0.60	0.10
六安市 Luan	21.84	0.86	0.03	2.03	0.67	3.79	0.71	0.22	0.71	0.09
马鞍山市 Maanshan	15.40	0.05	1.51	6.98	0.38	0.87	0.35	0.07	0.36	0.05
巢湖市 Chaohu	17.38	0.21	0.18	2.19	0.40	3.43	0.32	0.17	0.70	0.20
芜湖市 Wuhu	24.32	0.04	0.05	9.59	0.48	3.54	1.73	0.18	0.47	0.28
宣城市 Xuancheng	12.40	0.32	0.01	3.06	0.38	0.40	0.34	0.19	0.22	0.06
铜陵市 Tongling	11.67	0.22	0.13	5.05	0.29	2.13	0.27	0.08	0.25	0.08
池州市 Chizhou	7.20	0.13	0.11	0.99	0.19	0.50	0.10	0.09	0.21	0.11
安庆市 Anqing	24.07	1.79	0.07	3.07	1.24	1.16	0.74	0.35	1.15	0.23
黄山市 Huangshan	9.12	0.11	0.01	1.08	0.20	1.11	0.42	0.22	0.16	0.48

地区 Region	金融业 Banking	房地产业 Real Estate Trade	租赁和商务服务业 Leasing and Commercial Services	科学研究、技术服务和地质勘查业 Scientific Research, Technical Services and Geological Prospecting	水利、环境和公共设施管理业 Water Conservancy, Environmental and Public Facilities Management	居民服务和其他服务业 Resident Services and Other Services	教育 Education	卫生、社会保障和社会福利业 Health, Social Securities and Social Welfare	文化、体育和娱乐业 Culture, Sports and Entertainment	公共管理和社会组织 Public Management and Social Organizations
总 计 Total	**14.54**	**4.35**	**4.33**	**6.00**	**6.55**	**0.57**	**59.56**	**21.54**	**3.32**	**46.15**
合肥市 Hefei	2.40	1.40	0.78	2.33	1.02	0.17	7.30	3.14	0.99	5.90
淮北市 Huaibei	0.36	0.03	0.04	0.10	0.27	0.02	2.04	0.82	0.07	1.58
亳州市 Bozhou	1.01	0.15	0.06	0.12	0.25	0.04	4.34	1.13	0.16	2.44
宿州市 Suzhou	0.86	0.13	0.21	0.29	0.30	0.03	5.30	1.39	0.17	3.06
蚌埠市 Bengbu	0.88	0.13	0.54	0.58	0.46	0.03	3.16	1.30	0.15	2.24
阜阳市 Fuyang	1.48	0.25	0.22	0.18	0.47	0.02	6.80	2.03	0.17	4.58
淮南市 Huainan	0.89	0.74	0.80	0.27	0.52	0.02	2.66	1.14	0.13	1.70
滁州市 Chuzhou	0.73	0.09	0.08	0.18	0.50	0.02	3.85	1.41	0.11	3.19
六安市 Luan	0.74	0.14	0.08	0.21	0.68	0.04	5.29	1.69	0.18	3.67
马鞍山市 Maanshan	0.58	0.06	0.30	0.28	0.17	0.01	1.34	0.60	0.12	1.32
巢湖市 Chaohu	0.52	0.24	0.30	0.14	0.31	0.02	3.74	1.31	0.10	2.89
芜湖市 Wuhu	0.92	0.18	0.11	0.31	0.39	0.02	2.50	1.19	0.09	2.27
宣城市 Xuancheng	0.56	0.34	0.29	0.14	0.11	0.01	2.21	1.00	0.11	2.66
铜陵市 Tongling	0.33	0.10	0.07	0.12	0.17	0.01	0.81	0.36	0.08	1.13
池州市 Chizhou	0.67	0.06	0.22	0.12	0.26	0.00	1.19	0.53	0.29	1.42
安庆市 Anqing	0.98	0.22	0.15	0.47	0.40	0.09	5.70	1.81	0.30	4.14
黄山市 Huangshan	0.63	0.11	0.07	0.15	0.26	0.02	1.35	0.69	0.10	1.95

4—7 主要年份私营企业年末从业人员数
Number of Employed Persons in Private Enterprises at the Year-end in Main Year

单位：户、人 （household, person)

年份 Year	合计 Total 户数 Number of Enterprises	合计 Total 从业人员 Number of Employed Persons	合计 Total #投资者 Employers	城镇 Urban Areas 户数 Number of Enterprises	城镇 Urban Areas 从业人员 Number of Employed Persons	城镇 Urban Areas #投资者 Employers	乡村 Rural Areas 户数 Number of Enterprises	乡村 Rural Areas 从业人员 Number of Employed Persons	乡村 Rural Areas #投资者 Employers
1997	20862	294347	50860	13775	178203	34457	7087	116144	16403
1998	28697	425646	70951	19252	262292	48898	9445	163354	22053
1999	37020	550694	91476	23891	327911	62297	13129	222783	29179
2000	46934	651992	110350	28495	375760	72252	18439	276232	38098
2001	55690	785162	134603	34653	465090	88677	21037	320072	45926
2002	60219	960698	150494	39562	596611	99057	22457	364087	51437
2003	74815	1187954	188233	46705	707726	118506	28110	480228	69727
2004	89010	1413199	228734	57127	824019	145300	31883	589180	83434
2005	105998	1656948	270425	63586	864874	160040	42412	792074	110385
2006	130476	2301402	314300	65551	861291	160332	64925	1440111	153968
2007	144895	2179457	363612	103584	1372856	255183	41311	806601	108429
2008	174046	1996617	376738	80506	921748	169862	93540	1074869	206876
2009	189525	1970807	395790	91342	925024	181707	98183	1045783	214083

4—8 各市私营企业年末从业人员数（2009年）
Number of Employed Persons in Private Enterprises at the Year-end by Region (2009)

单位：户、人 （household, person)

地区	Region	合计 Total 户数 Number of Enterprises	合计 Total 从业人员 Number of Employed Persons	合计 Total #投资者 Employers	城镇 Urban Areas 户数 Number of Enterprises	城镇 Urban Areas 从业人员 Number of Employed Persons	城镇 Urban Areas #投资者 Employers	乡村 Rural Areas 户数 Number of Enterprises	乡村 Rural Areas 从业人员 Number of Employed Persons	乡村 Rural Areas #投资者 Employers
总计	**Total**	**189525**	**1970807**	**395790**	**91342**	**925024**	**181707**	**98183**	**1045783**	**214083**
合肥市	Hefei	49734	499759	106421	32241	322652	70303	17493	177107	36118
淮北市	Huaibei	4350	41570	8609	3711	31003	6068	639	10567	2541
亳州市	Bozhou	7453	76933	18500	3242	31500	6834	4211	45433	11666
宿州市	Suzhou	7551	82241	15354	1459	14899	2353	6092	67342	13001
蚌埠市	Bengbu	8240	73864	16406	5822	50490	11727	2418	23374	4679
阜阳市	Fuyang	12657	121426	22108	3217	28940	4769	9440	92486	17339
淮南市	Huainan	6227	50806	11399	2950	24632	5389	3277	26174	6010
滁州市	Chuzhou	10850	129388	21558	5731	71686	10661	5119	57702	10897
六安市	Luan	9893	117050	21293	4042	46413	8787	5851	70637	12506
马鞍山市	Maanshan	10321	106236	23545	4866	47447	11640	5455	58789	11905
巢湖市	Chaohu	8689	97859	20027	1096	14649	2326	7593	83210	17701
芜湖市	Wuhu	12846	105027	22137	8532	69822	14710	4314	35205	7427
宣城市	Xuancheng	10781	127297	22079	4003	47212	6588	6778	80085	15491
铜陵市	Tongling	4921	51198	12547	715	7036	1631	4206	44162	10916
池州市	Chizhou	5291	50456	9821	2514	22702	4202	2777	27754	5619
安庆市	Anqing	13551	179577	32520	4838	69553	9889	8713	110024	22631
黄山市	Huangshan	6086	59764	11374	2298	24197	3767	3788	35567	7607
其他	Others	84	356	92	65	191	63	19	165	29

4—9 主要年份个体年末从业人员数
Number of Self-Employed Individuals at the Year-end in Main Year

单位：户、人 （household, person)

年份 Year	合计 Total 户数 Number of Enterprises	合计 Total 从业人员 Number of Employed Persons	城镇 Urban Areas 户数 Number of Enterprises	城镇 Urban Areas 从业人员 Number of Employed Persons	乡村 Rural Areas 户数 Number of Enterprises	乡村 Rural Areas 从业人员 Number of Employed Persons
1997	1204936	2657856	486885	1099184	718051	1558672
1998	1335341	3044121	547761	1249659	787580	1794462
1999	1460932	3374010	611439	1356851	849493	2017159
2000	1489085	3363571	627100	1347892	861985	2015679
2001	1492870	3396193	633513	1395799	859357	2000394
2002	1402168	3267252	586203	1325486	815965	1941766
2003	1200804	2863314	559658	1288683	641146	1574631
2004	1067271	2562432	501511	1185509	565760	1376923
2005	1110417	2668794	522609	1236364	587808	1432430
2006	1201167	2820534	530394	1194970	670773	1625564
2007	1125342	2673128	579524	1337874	545818	1335254
2008	1142457	2446113	701914	1445017	440543	1001096
2009	1250875	2633497	868141	1848366	382734	785131

4—10 各市新增就业和个体年末从业人员数（2009年）
Number of New Additional Employment and Individual at the End of the Year by Region (2009)

单位：户、人 （household, person)

地区	Region	新增就业人员 New Additional Employment	个体合计 Total 户数 Number of Enterprises	个体合计 Total 从业人员 Number of Employed Persons	城镇 Urban Areas 户数 Number of Enterprises	城镇 Urban Areas 从业人员 Number of Employed Persons	乡村 Rural Areas 户数 Number of Enterprises	乡村 Rural Areas 从业人员 Number of Employed Persons
总计	**Total**	**512263**	**1250875**	**2633497**	**868141**	**1848366**	**382734**	**785131**
合肥市	Hefei	109593	92603	199550	88731	191649	3872	7901
淮北市	Huaibei	31811	33125	62920	26984	47034	6141	15886
亳州市	Bozhou	31063	83278	154776	42325	83505	40953	71271
宿州市	Suzhou	33525	100633	283707	59455	219290	41178	64417
蚌埠市	Bengbu	32799	79651	136734	65412	116987	14239	19747
阜阳市	Fuyang	59106	122109	272953	88962	175187	33147	97766
淮南市	Huainan	38326	46705	107242	44089	96766	2616	10476
滁州市	Chuzhou	36800	80018	153531	65988	128953	14030	24578
六安市	Luan	38280	103003	220646	52100	97038	50903	123608
马鞍山市	Maanshan	39599	40911	73413	32103	57554	8808	15859
巢湖市	Chaohu	27675	84515	146440	55556	99034	28959	47406
芜湖市	Wuhu	55155	53658	123405	24300	66138	29358	57267
宣城市	Xuancheng	32438	72771	148116	48284	94352	24487	53764
铜陵市	Tongling	20927	22230	44130	13682	28483	8548	15647
池州市	Chizhou	15137	44393	100631	19943	53962	24450	46669
安庆市	Anqing	43896	149003	326268	115543	245887	33460	80381
黄山市	Huangshan	19912	42269	79035	24684	46547	17585	32488

4—11 城镇非私营单位在岗职工人数
Number of Staff and Workers of Urban Non-private Owned Units

单位：万人 （10000 persons）

行 业	Sector	2005	2008	2009
总 计	**Total**	**317.4**	**322.6**	**332.7**
农、林、牧、渔业	Farming, Forestry, Animal Husbandry and Fishery	8.9	6.7	5.4
采矿业	Mining and Quarrying	27.5	29.0	30.1
制造业	Manufacturing	66.2	65.7	68.6
电力、燃气及水的生产和供应业	Production and Supply of Electricity Gas and Water	9.1	9.6	9.3
建筑业	Construction	23.8	29.9	33.9
交通运输、仓储和邮政业	Transport, Storage and Postal Services	15.3	13.9	13.4
信息传输、计算机服务和软件业	Information Circulation, Computer Service and Software	2.7	2.9	3.2
批发和零售业	Wholesale and Retail Trade	16.5	13.1	12.8
住宿和餐饮业	Accommodation and Catering Trade	2.5	3.0	3.5
金融业	Banking	8.7	9.5	10.0
房地产业	Real Estate	2.9	3.1	3.8
租赁和商务服务业	Leasing and Commercial Services	3.8	4.3	3.6
科学研究、技术服务和地质勘查业	Scientific Research, Technical Services and Geological Prospecting	5.1	5.3	5.7
水利、环境和公共设施管理业	Water Conservancy, Environmental and Public Facilities Management	5.3	5.5	5.5
居民服务和其他服务业	Resident Services and Other Services	0.4	0.4	0.5
教 育	Education	56.3	56.9	57.5
卫生、社会保障和社会福利业	Health, Social Securities and Social Welfare	16.9	18.5	20.0
文化、体育和娱乐业	Culture, Sports and Entertainment	4.0	3.4	3.1
公共管理和社会组织	Public Management and Social Organizations	41.4	41.9	42.8

4—12 各市城镇非私营单位在岗职工人数（2009年）
Number of Staff and Workers of Urban Non-private Owned Units by Region (2009)

单位：万人 （10000 persons）

地 区	Region	合 计 Total	国有经济单 位 State-owned Units	城镇集体经济单位 Urban Collective-owned Units	其他经济单 位 Units of Other Types of Ownership	比 重（%） Proportion (%) 国有经济单 位 State-owned Units	城镇集体经济单位 Urban Collective-owned Units	其他经济单 位 Units of Other Types of Ownership
总 计	**Total**	**332.75**	**187.52**	**16.86**	**128.37**	**56.4**	**5.1**	**38.6**
合肥市	Hefei	58.30	25.74	1.51	31.04	44.2	2.6	53.2
淮北市	Huaibei	20.45	15.45	0.91	4.09	75.6	4.5	20.0
亳州市	Bozhou	14.78	10.26	1.02	3.50	69.4	6.9	23.7
宿州市	Suzhou	21.24	16.71	1.85	2.67	78.7	8.7	12.6
蚌埠市	Bengbu	16.18	9.51	0.74	5.92	58.8	4.6	36.6
阜阳市	Fuyang	26.95	19.00	2.14	5.81	70.5	7.9	21.6
淮南市	Huainan	27.47	7.64	1.27	18.56	27.8	4.6	67.6
滁州市	Chuzhou	17.22	11.14	0.95	5.13	64.7	5.5	29.8
六安市	Luan	19.54	13.46	1.41	4.67	68.9	7.2	23.9
马鞍山市	Maanshan	14.31	3.96	0.59	9.75	27.7	4.2	68.2
巢湖市	Chaohu	16.12	9.78	1.43	4.90	60.7	8.9	30.4
芜湖市	Wuhu	22.21	7.48	0.18	14.55	33.7	0.8	65.5
宣城市	Xuancheng	11.14	7.06	0.64	3.45	63.3	5.7	30.9
铜陵市	Tongling	10.52	5.21	0.19	5.11	49.5	1.9	48.6
池州市	Chizhou	6.50	4.42	0.30	1.78	68.1	4.6	27.3
安庆市	Anqing	21.41	15.86	1.53	4.02	74.1	7.1	18.8
黄山市	Huangshan	8.42	4.83	0.19	3.40	57.3	2.3	40.4

4—13 城镇非私营单位在岗专业技术人员数（2009年）
Professional and Technical Personnel of Urban Non-private Owned Units (2009)

单位：万人 (10000 persons)

行业	Sector	合计 Total	国有单位 State-owned Units	城镇集体单位 Urban Collective-owned Units	其他单位 Units of Other Types of Ownership
总计	**Total**	**107.48**	**80.45**	**5.07**	**21.97**
按执行会计制度类别分组	**Grouped by Executive Acounting System Type**				
企业	Enterprises	33.23	10.78	1.59	20.85
事业	Institutions	69.94	65.97	3.43	0.54
机关	Agencies & Organizations	3.41	3.39	0.02	
民间非营利组织	Non-profit Organizations	0.44		0.02	0.42
其他	Others	0.46	0.31	0.01	0.15
按国民经济行业分组	**Grouped by Economic Sector**				
农、林、牧、渔业	Farming, Forestry, Animal Husbandry and Fishery	0.85	0.84	0.01	
采矿业	Mining and Quarrying	2.47	0.91	0.03	1.53
制造业	Manufacturing	10.54	1.51	0.18	8.85
电力、燃气及水的生产和供应业	Production and Supply of Electricity Gas and Water	2.79	1.62	0.03	1.14
建筑业	Construction	6.17	1.65	0.40	4.12
交通运输、仓储和邮政业	Transport, Storage and Postal Services	1.67	1.00	0.18	0.49
信息传输、计算机服务和软件业	Information Circulation, Computer Service and Software	1.15	0.60	0.01	0.54
批发和零售业	Wholesale and Retail Trade	1.35	0.45	0.09	0.80
住宿和餐饮业	Accommodation and Catering Trade	0.39	0.08	0.01	0.30
金融业	Banking	3.83	1.74	0.43	1.67
房地产业	Real Estate	0.95	0.28	0.03	0.65
租赁和商务服务业	Leasing and Commercial Services	0.45	0.27	0.01	0.17
科学研究、技术服务和地质勘查业	Scientific Research, Technical Services and Geological Prospecting	3.32	2.96	0.09	0.27
水利、环境和公共设施管理业	Water Conservancy, Environmental and Public Facilities Management	0.99	0.89	0.01	0.09
居民服务和其他服务业	Resident Services and Other Services	0.08	0.05	0.01	0.02
教育	Education	48.53	47.74	0.15	0.65
卫生、社会保障和社会福利业	Health, Social Securities and Social Welfare	14.92	10.97	3.31	0.64
文化、体育和娱乐业	Culture, Sports and Entertainment	1.62	1.53	0.04	0.05
公共管理和社会组织	Public Management and Social Organizations	5.42	5.38	0.04	

4—14 各市城镇非私营单位在岗专业技术人员数（2009年）
Professional and Technical Personnel of Urban Non-private Owned Units by Region (2009)

单位：人 (person)

地区	Region	合计 Total	国有经济单位 State-owned Units	城镇集体经济单位 Urban Collective-owned Units	其他经济单位 Units of Other Types of Ownership
总计	**Total**	**1074841**	**804495**	**50653**	**219693**
合肥市	Hefei	178208	112228	5569	60411
淮北市	Huaibei	28871	23763	1424	3684
亳州市	Bozhou	60017	50460	2784	6773
宿州市	Suzhou	72061	62423	6052	3586
蚌埠市	Bengbu	58798	44779	2852	11167
阜阳市	Fuyang	103883	91504	4989	7390
淮南市	Huainan	66950	35158	2718	29074
滁州市	Chuzhou	62750	51074	4983	6693
六安市	Luan	79300	65764	5293	8243
马鞍山市	Maanshan	34225	18390	945	14890
巢湖市	Chaohu	60498	46617	2593	11288
芜湖市	Wuhu	63904	35903	895	27106
宣城市	Xuancheng	39324	30848	2144	6332
铜陵市	Tongling	27117	17903	799	8415
池州市	Chizhou	26514	22675	521	3318
安庆市	Anqing	82283	72819	4985	4479
黄山市	Huangshan	30138	22187	1107	6844

4—15 城镇非私营单位分行业在岗职工人数（2009年）

Number of Staff and Workers of Urban Non-private Owned Units by Status (2009)

单位：人 （person）

行业	Sector	合计 Total	国有单位 State-owned Units	城镇集体单位 Urban Collective-owned Units	其他单位 Units of Other Types of Ownership
总计	**Total**	**3327466**	**1875193**	**168622**	**1283651**
按执行会计制度类别分组	**Grouped by Executive Acounting System Type**				
企业	Enterprises	1955172	575108	116922	1263142
事业	Institutions	1002296	941345	50422	10529
机关	Agencies & Organizations	354358	353649	709	
民间非营利组织	Non-profit Organizations	7366		220	7146
其他	Others	8274	5091	349	2834
按国民经济行业分组	**Grouped by Economic Sector**				
农、林、牧、渔业	**Farming, Forestry, Animal Husbandry and Fishery**	**54089**	**53614**	**464**	**11**
农业	Farming	29190	29121	66	3
林业	Forestry	9930	9922		8
牧畜业	Animal Husbandry	604	604		
渔业	Fishery	938	905	33	
农、林、牧、渔服务业	Agricultural Services	13427	13062	365	
采矿业	**Mining and Quarrying**	**300659**	**128152**	**3873**	**168634**
制造业	**Manufacturing**	**685892**	**83673**	**20339**	**581880**
#饮料制造业	Beverage	33880	6346	68	27466
烟草制品业	Tobacco	6979	6059	920	
石油加工、炼焦及核燃料加工业	Petroleum Processing, Coking and Nuclear Fuel Processing	1829	910		919
化学原料及化学制品制造业	Raw Chemical Materials and Chemical Products	50329	4332	721	45276
橡胶制品业	Rubber Products	17174	4	20	17150
非金属矿物制品业	Nonmetal Mineral Products	41000	6184	2920	31896
黑色金属冶炼及压延加工业	Smelting and Pressing of Ferrous Metals	60454	157	335	59962
有色金属冶炼及压延加工业	Smelting and Pressing of Nonferrous Metals	26573	19383	102	7088
金属制品业	Metal Products	22883	868	807	21208
通用设备制造业	Equipments in Current Use	60428	19587	1108	39733
交通运输设备制造业	Transport Equipment	79408	5637	1065	72706
电气机械及器材制造业	Electric Equipment and Machinery	47002	1207	881	44914
电力、燃气及水的生产和供应业	**Production and Supply of Electricity, Gas and Water**	**93152**	**54499**	**733**	**37920**
建筑业	**Construction**	**338576**	**63837**	**45000**	**229739**
房屋和土木工程建筑业	Civil Engineering Construction	283956	60738	37105	186113
建筑安装业	Installation	40276	2055	7321	30900
建筑装饰业	Fitting and Decoration	6048	133	176	5739
其他建筑业	Other Construction	8296	911	398	6987
交通运输、仓储及邮政业	**Transport, Storage and Postal Services**	**134238**	**83530**	**7483**	**43225**
#铁路运输业	Railway Transport	31951	28823	499	2629
道路运输业	Highway Transport	47247	26191	2970	18086
水上运输业	Water Way Transport	7258	1283	2070	3905
航空运输业	Air Transport	2649	1368		1281
邮政业	Postal Services	11975	11752		223
信息传输、计算机服务和软件业	**Information Circulation, Computer Service and Software**	**31901**	**17567**	**174**	**14160**
电信和其他信息传输服务业	Telecommunication and Other Information Circulation Services	29304	17390	174	11740
软件业	Software	2068	30		2038
批发和零售业	**Wholesale and Retail Trade**	**128161**	**51159**	**13874**	**63128**
批发业	Wholesale	77113	41851	9029	26233
零售业	Retail Trade	51048	9308	4845	36895
住宿和餐饮业	**Accommodation and Catering Trade**	**34949**	**9950**	**1331**	**23668**
住宿业	Accommodation Trade	27667	8077	1040	18550
餐饮业	Catering Services	7282	1873	291	5118

4—15 续表 continued

单位：人 (person)

行 业	Sector	合 计 Total	国有单位 State-owned Units	城镇集体单位 Urban Collective-owned Units	其他单位 Units of Other Types of Ownership
金 融 业	**Banking and Insurance**	**100102**	**35957**	**16400**	**47745**
银行业	Bank	79578	30023	16204	33351
证券业	Securities	2853	1293		1560
保险业	Insurance	15197	3403		11794
其他金融活动	Other Financial Activities	2474	1238	196	1040
房地产业	**Real Estate**	**38128**	**10882**	**868**	**26378**
#房地产开发经营	Real Estate Development and Operation	20847	3660	154	17033
物业管理	Real Estate Management	12194	3139	444	8611
租赁和商务服务业	**Leasing and Commercial Services**	**35862**	**20310**	**4406**	**11146**
租赁业	Leasing	1149	557		592
商务服务业	Commercial Services	34713	19753	4406	10554
科学研究、技术服务和地质勘查业	**Scientific Research, Technical Services and Geological Prospecting**	**57152**	**49253**	**1824**	**6075**
研究与试验发展	Research and Experimental Development	12848	11521	12	1315
专业技术服务业	Professional and Technical Services	28691	22534	1608	4549
科技交流和推广服务业	Exchange and Extending Services of Science and Technology	7206	6817	204	185
地质勘查业	Geological Prospecting	8407	8381		26
水利、环境和公共设施管理业	**Water Conservancy, Environmental and Public Facilities Management**	**55413**	**49678**	**938**	**4797**
水利管理业	Water Conservancy Management	18737	18553	137	47
环境管理业	Environmental Management	18620	17462	457	701
公共设施管理业	Public Facilities Management	18056	13663	344	4049
居民服务和其他服务业	**Resident Services and Other Services**	**5365**	**2778**	**773**	**1814**
居民服务业	Resident Services	3921	2222	751	948
其他服务业	Other Services	1444	556	22	866
教 育	**Education**	**574811**	**560124**	**1799**	**12888**
#高等教育	High Education	53687	51474		2213
中等教育	Secondary Education	255315	248511	852	5952
初等教育	Primary Education	248891	246700	580	1611
卫生、社会保障和社会福利业	**Health, Social Securities and Social Welfare**	**200199**	**146409**	**45249**	**8541**
卫 生	Health	195006	141341	45230	8435
社会保障业	Social Securities	2679	2629	3	47
社会福利业	Social Welfare	2514	2439	16	59
文化、体育和娱乐业	**Culture, Sports and Entertainment**	**30970**	**28195**	**873**	**1902**
新闻出版业	Press and Publication	5187	4290	26	871
广播、电视、电影和音像业	Broadcasting, TV, Film, Audio-video and Recorders	13308	12938	257	113
文化艺术业	Culture and Arts	9952	8932	590	430
体 育	Sports	1875	1607		268
娱乐业	Entertainment	648	428		220
公共管理和社会组织	**Public Management and Social Organizations**	**427847**	**425626**	**2221**	
中国共产党机关	Organs of Chinese Communist Party	14878	14878		
国家机构	State Organs	403627	402383	1244	
人民政协和民主党派	CPPCC and Democratic Parties	2490	2490		
群众团体、社会团体和宗教组织	Mass Organizations, Social Organizations and Religious Organizations	6002	5779	223	

4—16 城镇非私营单位分行业在岗女性从业人员占全部从业人员比重（2009年）

Proportion of Female Employed to Total of Urban Non-private Owned Units by Status by Sector (2009)

以本类型从业人员为100 (Total number of this item employed=100)　　单位：%

行　业	Sector	合　计 Total	国有单位 State-owned Units	城镇集体单　位 Urban Collective-owned Units	其他单位 Units of Other Types of Ownership
总　　计	**Total**	**31.6**	**31.8**	**32.8**	**31.1**
按执行会计制度类别分组	**Grouped by Executive Acounting System Type**				
企　业	Enterprises	29.3	26.7	27.7	30.7
事　业	Institutions	38.8	38.4	44.7	47.0
机　关	Agencies & Organizations	23.1	23.1	21.4	0.0
民间非营利组织	Non-profit Organizations	61.2		46.4	61.9
其　他	Others	47.8	45.1	33.0	54.5
按国民经济行业分组	**Grouped by Economic Sector**				
农、林、牧、渔业	**Farming, Forestry, Animal Husbandry and Fishery**	**33.2**	**33.2**	**37.4**	**9.1**
农　业	Farming	34.7	34.7	42.6	
林　业	Forestry	32.1	32.1		12.5
牧畜业	Animal Husbandry	37.0	37.0		
渔　业	Fishery	27.8	27.8	29.5	
农、林、牧、渔服务业	Agricultural Services	31.4	31.2	37.3	
采矿业	**Mining and Quarrying**	**12.6**	**10.6**	**19.9**	**14.0**
制造业	**Manufacturing**	**37.0**	**32.5**	**50.0**	**37.1**
#饮料制造业	Beverages	40.3	36.5	40.9	41.2
烟草制品业	Tobacco	31.3	29.8	41.4	
石油加工、炼焦及核燃料加工业	Petroleum Processing, Coking and Nuclear Fuel Processing	26.8	28.2		25.4
化学原料及化学制品制造业	Raw Chemical Materials and Chemical Products	29.5	28.7	41.9	29.4
橡胶制品业	Rubber Products	36.6	25.0	70.0	36.6
非金属矿物制品业	Nonmetal Mineral Products	26.1	22.4	25.7	26.9
黑色金属冶炼及压延加工业	Smelting and Pressing of Ferrous Metals	17.5	28.0	24.9	17.4
有色金属冶炼及压延加工业	Smelting and Pressing of Nonferrous Metals	21.5	21.9	16.7	20.4
金属制品业	Metal Products	28.7	22.0	65.8	27.6
通用设备制造业	Equipments in Current Use	30.1	41.6	36.9	24.4
交通运输设备制造业	Transport Equipment	25.0	21.0	44.6	25.0
电气机械及器材制造业	Electric Equipment and Machinery	41.2	33.6	55.7	41.2
电力、燃气及水的生产和供应业	**Production and Supply of Electricity Gas and Water**	**27.2**	**27.9**	**41.9**	**25.8**
建筑业	**Construction**	**11.9**	**13.5**	**11.2**	**11.5**
房屋和土木工程建筑业	Civil Engineering Construction	11.2	13.6	9.1	10.8
建筑安装业	Installation	16.9	11.3	21.4	16.4
建筑装饰业	Fitting and Decoration	14.4	40.4	11.9	13.9
其他建筑业	Other Construction	11.7	8.1	67.6	9.6
交通运输、仓储及邮政业	**Transportation, Storage and Postal Services**	**28.9**	**28.3**	**30.9**	**29.8**
#铁路运输业	Railway Transport	15.7	15.3	51.7	13.8
道路运输业	Highway Transport	32.4	31.6	22.3	35.0
水上运输业	Water Way Transport	21.7	20.9	39.0	13.7
航空运输业	Air Transport	32.7	31.4		34.0
邮 政 业	Postal Services	38.5	38.7		22.4
信息传输、计算机服务和软件业	**Information Circulation, Computer Service and Software**	**37.8**	**35.8**	**32.8**	**40.3**
电信和其他信息传输服务业	Telecommunication and Other Information Circulation Services	38.4	35.8	32.8	42.5
软 件 业	Software	25.7	33.3		25.6
批发和零售业	**Wholesale and Retail Trade**	**45.0**	**36.1**	**36.5**	**53.8**
批 发 业	Wholesale	35.6	33.7	31.8	40.1
零 售 业	Retail Trade	58.3	46.6	44.8	63.1
住宿和餐饮业	**Accommodation and Catering Trade**	**56.4**	**53.9**	**62.3**	**57.2**
住 宿 业	Accommodation Trade	56.1	55.8	65.8	55.7
餐 饮 业	Catering Services	57.5	45.5	49.5	62.2

4—16 续表 continued

单位：%

行业	Sector	合计 Total	国有单位 State-owned Units	城镇集体单位 Urban Collective-owned Units	其他单位 Units of Other Types of Ownership
金融业	**Banking and Insurance**	**48.9**	**44.5**	**42.7**	**53.5**
银行业	Bank	43.2	37.9	42.7	48.0
证券业	Securities	39.1	47.5		32.4
保险业	Insurance	58.4	54.9		60.3
其他金融活动	Other Financial Activities	44.6	49.6	39.1	39.6
房地产业	**Real Estate**	**33.3**	**36.2**	**36.4**	**32.1**
#房地产开发经营	Real Estate Development and Operation	27.3	32.6	40.0	26.2
物业管理	Real Estate Management	41.4	40.6	43.0	41.5
租赁和商务服务业	**Leasing and Commercial Services**	**28.0**	**26.8**	**6.7**	**37.3**
租赁业	Leasing	21.0	17.0		25.0
商务服务业	Commercial Services	28.2	27.1	6.7	37.8
科学研究、技术服务和地质勘查业	**Scientific Research, Technical Services and Geological Prospecting**	**27.1**	**27.4**	**28.0**	**24.4**
研究与试验发展	Research and Experimental Development	34.2	34.4	25.0	32.6
专业技术服务业	Professional and Technical Services	25.3	25.8	28.2	22.0
科技交流和推广服务业	Exchange and Extending Services of Science and Technology	26.7	26.5	26.6	31.9
地质勘查业	Geological Prospecting	23.0	23.0		7.7
水利、环境和公共设施管理业	**Water Conservancy, Environmental and Public Facilities Management**	**39.2**	**39.0**	**26.3**	**44.1**
水利管理业	Water Conservancy Management	26.0	26.0	25.2	25.5
环境管理业	Environmental Management	50.2	50.4	24.4	63.1
公共设施管理业	Public Facilities Management	37.2	36.2	29.2	41.3
居民服务和其他服务业	**Resident Services and Other Services**	**41.0**	**29.1**	**38.7**	**62.1**
居民服务业	Resident Services	41.4	29.0	39.4	75.6
其他服务业	Other Services	40.0	29.2	13.6	47.6
教育	**Education**	**37.8**	**37.5**	**39.5**	**50.6**
#高等教育	High Education	40.5	40.0		52.6
中等教育	Secondary Education	33.3	33.1	26.9	43.0
初等教育	Primary Education	40.3	40.2	47.6	53.3
卫生、社会保障和社会福利业	**Health, Social Securities and Social Welfare**	**52.9**	**54.2**	**46.6**	**65.9**
卫生	Health	53.1	54.5	46.6	66.2
社会保障业	Social Securities	40.2	40.2		46.8
社会福利业	Social Welfare	49.9	50.2	63.2	35.3
文化、体育和娱乐业	**Culture, Sports and Entertainment**	**39.9**	**39.3**	**41.3**	**48.7**
新闻出版业	Press and Publication	37.9	35.2	42.3	51.7
广播、电视、电影和音像业	Broadcasting, TV, Film, Audio-video and Recorders	38.2	38.1	38.7	48.7
文化艺术业	Culture and Arts	44.0	43.8	42.4	49.8
体育	Sports	32.0	31.5		34.4
娱乐业	Entertainment	50.9	49.1		54.5
公共管理和社会组织	**Public Management and Social Organizations**	**23.8**	**23.6**	**45.3**	
中国共产党机关	Organs of Chinese Communist Party	17.3	17.3		
国家机构	State Organs	23.8	23.7	47.3	
人民政协和民主党派	CPPCC and Democratic Parties	19.3	19.3		
群众团体、社会团体和宗教组织	Mass Organizations, Social Organizations and Religious Organizations	32.9	33.5	16.7	

4—17 各市城镇非私营单位分行业在岗职工人数（2009年）

Number of Staff and Workers of Urban Non-private Owned Units by Sector and Region (2009)

单位：人 (person)

地 区 Region	合 计 Total	农林牧渔业 Farming, Forestry, Animal Husbandry and Fishery	采矿业 Mining and Quarrying	制造业 Manufacturing	电力、燃气及水的生产和供应业 Production and Supply of Electricity Gas and Water	建筑业 Construction	交通运输、仓储和邮政业 Transport, Storage and Postal Services	信息传输、计算机服务和软件业 Information, Circulation Computer Services and Software	批发和零售业 Wholesale and Retail Trade	住宿和餐饮业 Accommodation and Catering Trade
总 计 Total	**3327466**	**54089**	**300659**	**685892**	**93152**	**338576**	**134238**	**31901**	**128161**	**34949**
合肥市 Hefei	583003	949		141148	8775	98152	39077	8426	37144	11090
淮北市 Huaibei	204456	21	111959	28181	5013	2799	3363	956	1399	939
亳州市 Bozhou	147766	479	6697	20577	2337	12731	2111	2287	10698	1277
宿州市 Suzhou	212383	5592	31163	22140	4914	24041	5239	1428	7892	702
蚌埠市 Bengbu	161753	2178		42645	5705	7358	11212	938	4947	1071
阜阳市 Fuyang	269494	3130	11022	34834	7216	27983	13118	2542	14580	1430
淮南市 Huainan	274715	3182	115950	33845	14498	13415	9060	848	7591	2403
滁州市 Chuzhou	172216	8815	3370	34085	3204	11949	7091	1821	5732	959
六安市 Luan	195440	7017	328	19997	6536	28263	5727	1264	6519	721
马鞍山市 Maanshan	143071	471	15087	67258	3777	7780	3129	742	3454	460
巢湖市 Chaohu	161172	1899	1660	20055	3921	30006	2873	1326	6757	2009
芜湖市 Wuhu	222091	279	193	94815	4752	30063	15497	1703	4381	2585
宣城市 Xuancheng	111405	3089	146	27305	3458	3460	2854	1664	2116	599
铜陵市 Tongling	105231	2183	1250	48653	2840	17520	2593	563	2406	837
池州市 Chizhou	64971	1245	1076	9492	1920	4031	940	781	2001	1106
安庆市 Anqing	214093	12589	691	30414	12301	8124	6585	2566	9027	2124
黄山市 Huangshan	84206	971	67	10448	1985	10901	3769	2046	1517	4637

地 区 Region	金融业 Banking	房地产业 Real Estate Trade	租赁和商务服务业 Leasing and Commercial Services	科学研究、技术服务和地质勘查业 Scientific Research, Technical Services and Geological Prospecting	水利、环境和公共设施管理业 Water Conservancy, Environmental and Public Facilities Management	居民服务和其他服务业 Resident Services and Other Services	教育 Education	卫生、社会保障和社会福利业 Health, Social Securities and Social Welfare	文化、体育和娱乐业 Culture, Sports and Entertainment	公共管理和社会组织 Public Management and Social Organizations
总 计 Total	**100102**	**38128**	**35862**	**57152**	**55413**	**5365**	**574811**	**200199**	**30970**	**427847**
合肥市 Hefei	20089	13403	7344	22372	9764	1646	69192	29781	9223	55428
淮北市 Huaibei	2830	263	376	1007	1246	154	20195	7844	606	15305
亳州市 Bozhou	4710	1454	611	1194	2205	334	43071	10197	1534	23262
宿州市 Suzhou	5823	1301	1950	2833	2362	303	51461	12767	1615	28857
蚌埠市 Bengbu	5617	1241	4378	5421	3932	288	30947	12545	1426	19904
阜阳市 Fuyang	7638	2478	2204	1789	4725	206	67778	19899	1711	45211
淮南市 Huainan	4993	5362	4043	2550	3854	216	25069	10771	1291	15774
滁州市 Chuzhou	6319	801	816	1710	4034	190	37499	12982	1026	29813
六安市 Luan	5703	1383	433	2026	6317	391	51795	15386	1709	33925
马鞍山市 Maanshan	3350	296	2239	2635	1617	62	12547	5334	1070	11763
巢湖市 Chaohu	4578	2327	2991	1324	2702	171	36121	12305	933	27214
芜湖市 Wuhu	6199	1747	1034	2961	2964	161	22997	10465	736	18559
宣城市 Xuancheng	4603	1338	2817	1256	944	69	21053	9030	951	24653
铜陵市 Tongling	2326	993	565	1163	704	27	7744	3406	630	8828
池州市 Chizhou	3601	534	2157	1008	2551	12	11317	5111	2863	13225
安庆市 Anqing	7562	2142	1224	4574	3224	908	53175	16129	2827	37907
黄山市 Huangshan	4161	1065	680	1329	2268	227	12850	6247	819	18219

4—18 城镇非私营单位主要年份在岗从业人员变动情况
Changes of Units Employment of Urban Non-private Owned Units in Major Years

单位：人 (person)

项目	Item	2000	2005	2008	2009
本年增加人数合计	**Total Increase in Employment**	**175703**	**213341**	**275480**	**284955**
从农村招收	Recruited From Rural Area	20491	48882	63188	70225
从城镇招收	Recruited From Urban Area	16372	44091	68870	67264
录用的复员转业军人	Demobilized Armymen	10670	7728	5593	5301
录用的大中专技工毕业	Graduates from Universities, Secondary Technical School and Worker Training Schools	51261	48553	77056	85413
调入	Transferred Into	40174	35737	28779	24939
#由外省区、市	From Other Provine or City	433	551	727	914
其他	Others	36735	28350	31994	31813
本年减少人数合计	**Total Diminish in Employment**	**313818**	**253247**	**280125**	**245015**
离休退休离职	Retired and Resigned	58880	46883	49343	52868
开除除名辞职	Expelled and Discharged	16340	13482	16253	12908
终止合同	Termination of Contract	57787	90405	116175	105977
离开本单位仍保留劳动关系	Workers Leaving Self Units but Still Keeping Labor Contract	113127	30782	23639	13830
死亡	Death		4129	3777	3539
调出	Transferred Out	37594	36589	33895	24208
#调到外省区、市	To Other Province or City	1430	1043	996	1329
其他	Others	30090	30977	37043	31685

4—19 城镇非私营单位在岗从业人员变动情况（2009年）
Changes of Units Employment of Urban Non-private Owned Units (2009)

单位：人 (person)

项目	Item	合计 Total	国有单位 State-owned Units	城镇集体单位 Urban Collective-owned Units	其他单位 Units of Other Types of Ownership
本年增加人数合计	**Total Increase in Employment**	**284955**	**92483**	**11928**	**180544**
从农村招收	Recruited From Rural Area	70225	8570	4834	56821
从城镇招收	Recruited From Urban Area	67264	11930	1325	54009
录用的复员转业军人	Demobilized Armymen	5301	2596	176	2529
录用的大中专技工毕业	Graduates from Universities, Secondary Technical School and Worker Training Schools	85413	36926	2579	45908
调入	Transferred Into	24939	19193	1731	4015
#由外省区、市	From Other Provine or City	914	378	2	534
其他	Others	31813	13268	1283	17262
本年减少人数合计	**Total Diminish in Employment**	**245015**	**90410**	**10056**	**144549**
离休退休离职	Retired and Resigned	52868	30317	2363	20188
开除除名辞职	Expelled and Discharged	12908	2859	190	9859
终止合同	Termination of Contract	105977	15505	3001	87471
离开本单位仍保留劳动关系	Workers Leaving Self Units but Still Keeping Labor Contract	13830	10530	953	2347
死亡	Death	3539	2527	142	870
调出	Transferred Out	24208	19653	865	3690
#调到外省区、市	To Other Province or City	1329	790	1	538
其他	Others	31685	9019	2542	20124

4—20 城镇非私营单位主要年份在岗职工工资总额和指数

Total Wages of Staff & Workers and Related Index of Urban Non-private Owned Units in Major Years

年 份 Year	工 资 总 额 (万元) Total Wages (10000 yuan)				指 数 (上年=100) Index (Preceding year=100)			
	合 计 Total	国有单位 State-owned Units	城镇集体单位 Urban Collective-owned Units	其他单位 Units of Other Types of Ownership	合 计 Total	国有单位 State-owned Units	城镇集体单位 Urban Collective-owned Units	其他单位 Units of Other Types of Ownership
1995	2281335	1792794	374403	114138	123.7	123.0	122.3	143.3
1996	2561976	2031093	411474	119409	112.3	113.3	109.9	104.6
1997	2737847	2121533	433653	182661	106.9	104.5	105.4	153.0
1998	2627674	1972353	346450	308871	97.8	94.6	82.0	173.1
1999	2671105	1974191	320714	376201	101.7	100.1	92.6	121.8
2000	2755252	2015830	317435	421987	103.2	102.1	99.0	112.2
2001	2957016	2160271	298631	498114	107.3	107.2	94.1	118.0
2002	3371312	2315317	285112	770882	114.0	107.2	95.5	154.8
2003	3610004	2410746	265168	934090	107.1	104.1	93.0	121.2
2004	4214523	2804400	258762	1151362	116.7	116.3	97.6	123.3
2005	4841315	3071572	276909	1492834	114.9	109.5	107.0	129.7
2006	5710401	3428392	311674	1970336	118.0	111.6	112.6	132.0
2007	7089072	4256242	362330	2470500	124.1	124.1	116.3	125.4
2008	8444708	4950723	397080	3096905	119.1	116.3	109.6	125.4
2009	9742920	5634976	339225	3768719	115.4	113.8	85.4	121.7

注：1998年及以后工资总额和平均工资为城镇非私营单位在岗职工总额和平均工资，1998年及以后指数按可比口径计算（以下各表同）。

a) Data on total wages since 1998 refer to wages of fully employed staff and workers of Urban Non-private Owned Units, and the indices since 1998 was calculated on the basis of comparable coverage (Similarly in the following tables).

4—21 城镇非私营单位主要年份在岗职工年平均工资及指数

Average Wage of Staff & Workers and Related Index of Urban Non-private Owned Units in Major Years

年 份 Year	平均货币工资 (元) Average Wage in Monetary Terms (yuan)				指 数 (上年=100) Index (Preceding year=100)			
	合 计 Total	国有单位 State-owned Units	城镇集体单位 Urban Collective-owned Units	其他单位 Units of Other Types of Ownership	合 计 Total	国有单位 State-owned Units	城镇集体单位 Urban Collective-owned Units	其他单位 Units of Other Types of Ownership
1995	4609	4994	3107	7361	121.5	120.1	124.9	115.0
1996	5175	5600	3522	7680	112.3	112.1	113.4	104.3
1997	5492	6039	3692	6139	106.1	107.8	104.8	79.9
1998	6117	6628	4166	6323	103.0	103.6	98.7	94.2
1999	6516	7092	4409	6396	106.5	107.0	105.8	101.2
2000	6989	7471	4762	7310	107.3	105.3	108.0	114.3
2001	7908	8501	5106	8125	113.1	113.8	107.2	111.1
2002	9296	9961	5808	9501	117.6	117.2	113.7	116.9
2003	10581	11220	6407	10999	113.8	112.6	110.3	115.8
2004	12928	13522	7840	13453	122.2	120.5	122.4	122.3
2005	15334	15450	9894	16788	118.6	114.3	126.2	124.8
2006	17949	17755	11869	19946	117.1	114.9	120.0	118.8
2007	22180	22428	15340	23257	123.6	126.3	129.2	116.6
2008	26363	26475	18340	27731	118.9	118.0	119.6	119.2
2009	29658	30220	20606	30011	112.5	114.1	112.4	108.2

4—22 城镇非私营单位分行业在岗职工工资总额（2009年）

Total Wages of Staff and Workers of Urban Non-private Owned Units by Sector (2009)

单位：万元 （10000 yuan)

行 业	Sector	合 计 Total	国有单位 State-owned Units	城镇集体单位 Urban Collective-owned Units	其他单位 Units of Other Types of Ownership
总 计	**Total**	**9742920**	**5634976**	**339225**	**3768719**
按执行会计制度类别分组	**Grouped by Executive Acounting System Type**				
企 业	Enterprises	5762968	1816257	228364	3718348
事 业	Institutions	2771626	2637394	108338	25895
机 关	Agencies & Organizations	1164047	1162455	1592	
民间非营利组织	Non-profit Organizations	18116		401	17715
其 他	Others	26162	18871	530	6762
按国民经济行业分组	**Grouped by Economic Sector**				
农、林、牧、渔业	**Farming, Forestry, Animal Husbandry and Fishery**	**76825**	**76123**	**677**	**24**
农 业	Farming	34915	34798	110	6
林 业	Forestry	15940	15922		18
牧畜业	Animal Husbandry	636	636		
渔 业	Fishery	1006	956	50	
农、林、牧、渔服务业	Agricultural Services	24328	23811	517	
采矿业	**Mining and Quarrying**	**1447837**	**529052**	**7840**	**910945**
制造业	**Manufacturing**	**1699043**	**247323**	**39057**	**1412664**
#饮料制造业	Beverages	68872	11633	74	57166
烟草制品业	Tobacco	43225	38942	4283	
石油加工、炼焦及核燃料加工业	Petroleum Processing, Coking and Nuclear Fuel Processing	4427	2490		1937
化学原料及化学制品制造业	Raw Chemical Materials and Chemical Products	113341	6846	1370	105124
橡胶制品业	Rubber Products	49408	4	26	49379
非金属矿物制品业	Nonmetal Mineral Products	84771	14068	5018	65685
黑色金属冶炼及压延加工业	Smelting and Pressing of Ferrous Metals	253041	389	358	252295
有色金属冶炼及压延加工业	Smelting and Pressing of Nonferrous Metals	86356	73285	200	12871
金属制品业	Metal Products	58149	1798	2545	53806
通用设备制造业	Equipments in Current Use	146912	53994	2206	90712
交通运输设备制造业	Transport Equipment	249761	18836	1902	229023
电气机械及器材制造业	Electric Equipment and Machinery	95235	2611	1754	90870
电力、燃气及水的生产和供应业	**Production and Supply of Electricity Gas and Water**	**332670**	**180975**	**1293**	**150401**
建筑业	**Construction**	**786965**	**187153**	**83845**	**515966**
房屋和土木工程建筑业	Civil Engineering Construction	656375	180420	68951	407005
建筑安装业	Installation	99601	4265	13782	81554
建筑装饰业	Fitting and Decoration	13434	264	289	12881
其他建筑业	Other Construction	17554	2205	823	14526
交通运输、仓储及邮政业	**Transportation, Storage and Postal Services**	**345170**	**228128**	**9359**	**107683**
#铁路运输业	Railway Transport	125962	112704	675	12582
道路运输业	Highway Transport	89494	48672	4437	36385
水上运输业	Water Way Transport	15210	2607	2054	10549
航空运输业	Air Transport	13928	5271		8657
邮 政 业	Postal Services	33860	33147		713
信息传输、计算机服务和软件业	**Information Circulation, Computer Service and Software**	**104597**	**52007**	**336**	**52253**
电信和其他信息传输服务业	Telecommunication and Other Information Circulation Services	93762	51438	336	41988
软 件 业	Software	9666	241		9425
批发和零售业	**Wholesale and Retail Trade**	**306253**	**125091**	**16523**	**164639**
批 发 业	Wholesale	214937	111158	11345	92434
零 售 业	Retail Trade	91315	13932	5179	72204
住宿和餐饮业	**Accommodation and Catering Trade**	**60260**	**18779**	**1821**	**39659**
住 宿 业	Accommodation Trade	47882	15496	1376	31010
餐 饮 业	Catering Services	12378	3283	446	8649

4—22 续表 continued

单位：万元 （10000 yuan）

行业	Sector	合计 Total	国有单位 State-owned Units	城镇集体单位 Urban Collective-owned Units	其他单位 Units of Other Types of Ownership
金融业	**Banking and Insurance**	**452472**	**155160**	**56758**	**240554**
金融业	Bank	367514	134378	56285	176852
证券业	Securities	23043	6833		16210
保险业	Insurance	53850	10531		43319
其他金融活动	Other Financial Activities	8064	3418	474	4173
房地产业	**Real Estate**	**89972**	**25680**	**1497**	**62795**
#房地产开发经营	Real Estate Development and Operation	55518	10744	327	44447
物业管理	Real Estate Management	22897	5407	519	16971
租赁和商务服务业	**Leasing and Commercial Services**	**79195**	**49087**	**6550**	**23558**
租赁业	Leasing	3109	1410		1699
商务服务业	Commercial Services	76086	47677	6550	21858
科学研究、技术服务和地质勘查业	**Scientific Research, Technical Services and Geological Prospecting**	**184583**	**162329**	**5542**	**16713**
研究与试验发展	Research and Experimental Development	48771	46018	19	2734
专业技术服务业	Professional and Technical Services	97495	78962	5156	13376
科技交流和推广服务业	Exchange and Extending Services of Science and Technology	16196	15349	367	481
地质勘查业	Geological Prospecting	22121	21999		122
水利、环境和公共设施管理业	**Water Conservancy, Environmental and Public Facilities Management**	**111988**	**99435**	**1346**	**11206**
水利管理业	Water Conservancy Management	39031	38688	256	87
环境管理业	Environmental Management	29504	27700	448	1356
公共设施管理业	Public Facilities Management	43453	33047	643	9763
居民服务和其他服务业	**Resident Services and Other Services**	**10358**	**6920**	**612**	**2826**
居民服务业	Resident Services	7669	5709	577	1384
其他服务业	Other Services	2689	1211	36	1442
教育	**Education**	**1651919**	**1617368**	**4868**	**29684**
#高等教育	High Education	180632	176342		4290
中等教育	Secondary Education	741026	723954	2081	14990
初等教育	Primary Education	684601	678577	2038	3987
卫生、社会保障和社会福利业	**Health, Social Securities and Social Welfare**	**562593**	**443901**	**96169**	**22523**
卫生	Health	549914	431618	96140	22155
社会保障业	Social Securities	6749	6605	6	139
社会福利业	Social Welfare	5931	5678	23	229
文化、体育和娱乐业	**Culture, Sports and Entertainment**	**77597**	**71489**	**1481**	**4627**
新闻出版业	Press and Publication	16117	13607	56	2455
广播、电视、电影和音像业	Broadcasting, TV, Film, Audio-video and Recorders	32724	32060	485	179
文化艺术业	Culture and Arts	22528	20790	940	798
体育	Sports	4957	4346		611
娱乐业	Entertainment	1271	687		584
公共管理和社会组织	**Public Management and Social Organizations**	**1362625**	**1358977**	**3649**	
中国共产党机关	Organs of Chinese Communist Party	53223	53223		
国家机构	State Organs	1278660	1276168	2493	
人民政协和民主党派	CPPCC and Democratic Parties	10231	10231		
群众团体、社会团体和宗教组织	Mass Organizations, Social Organizations and Religious Organizations	19570	19176	394	

4—23 各市城镇非私营单位分行业在岗职工工资总额（2009年）

Total Wages of Staff and Workers of Urban Non-private Owned Units by Sector and Region (2009)

单位：万元 (10000 yuan)

地区 Region	合计 Total	农林牧渔业 Farming, Forestry, Animal Husbandry and Fishery	采矿业 Mining and Quarrying	制造业 Manufac-turing	电力、燃气及水的生产和供应业 Production and Supply of Electricity Gas and Water	建筑业 Construc-tion	交通运输、仓储和邮政业 Transport, Storage and Postal Services	信息传输、计算机服务和软件业 Information, Circulation Computer Services and Software	批发和零售业 Wholesale and Retail Trade	住宿和餐饮业 Accommo-dation and Catering Trade
总　计 Total	**9742920**	**76825**	**1447837**	**1699043**	**332670**	**786965**	**345170**	**104597**	**306253**	**60260**
合肥市 Hefei	1944479	1727		368035	43069	300856	132980	34299	123935	21363
淮北市 Huaibei	725820	44	485210	63197	14833	6843	8949	2290	3485	1320
亳州市 Bozhou	335310	886	28332	37085	5619	20246	4431	6248	16896	2231
宿州市 Suzhou	523308	6837	132098	29471	18737	54832	7171	4403	13472	865
蚌埠市 Bengbu	415084	3541		79447	15776	11181	34876	4304	12114	1507
阜阳市 Fuyang	586982	3262	52748	54602	22478	40399	19698	5260	24199	1773
淮南市 Huainan	1098611	4253	658368	68815	65917	29961	17069	3119	22293	3508
滁州市 Chuzhou	417559	13396	9532	71360	11000	24409	12342	7124	10814	1453
六安市 Luan	460802	9333	790	42012	16134	56132	11569	3088	12641	1152
马鞍山市 Maanshan	545239	752	67789	257496	13428	23979	9809	2240	7631	768
巢湖市 Chaohu	431572	3400	4663	45072	11474	75913	6174	4921	14112	2428
芜湖市 Wuhu	692347	537	483	270624	15978	63009	45792	6864	9038	4853
宣城市 Xuancheng	316208	4391	245	65224	13104	4846	6396	4282	6539	1086
铜陵市 Tongling	326078	3021	2898	140575	11143	35325	4763	2218	4826	1437
池州市 Chizhou	177721	2094	2789	18777	6614	7150	2318	2461	4810	2007
安庆市 Anqing	521567	17544	1745	65109	41621	13010	10761	5893	14681	3208
黄山市 Huangshan	224236	1809	150	22145	5746	18876	10074	5582	4768	9301

地区 Region	金融业 Banking	房地产业 Real Estate Trade	租赁和商务服务业 Leasing and Commercial Services	科学研究、技术服务和地质勘查业 Scientific Research, Technical Services and Geological Prospecting	水利、环境和公共设施管理业 Water Conservancy, Environmental and Public Facilities Management	居民服务和其他服务业 Resident Services and Other Services	教育 Education	卫生、社会保障和社会福利业 Health, Social Securities and Social Welfare	文化、体育和娱乐业 Culture, Sports and Entertain-ment	公共管理和社会组织 Public Manage-ment and Social Organiza-tions
总　计 Total	**452472**	**89972**	**79195**	**184583**	**111988**	**10358**	**1651919**	**562593**	**77597**	**1362625**
合肥市 Hefei	138505	33749	17483	87555	22846	3055	242174	107464	26751	238633
淮北市 Huaibei	11462	534	648	2218	2669	328	57956	18513	1378	43944
亳州市 Bozhou	16547	2579	1008	2730	3355	662	105398	22040	2978	56040
宿州市 Suzhou	22272	1982	2141	5148	3344	584	119204	30084	3112	67554
蚌埠市 Bengbu	18727	2615	16183	17455	10248	638	87568	32118	3280	63506
阜阳市 Fuyang	27643	3766	2289	4109	6478	354	162708	46486	3454	105278
淮南市 Huainan	22350	13906	8140	6855	6815	429	75452	30733	3263	57365
滁州市 Chuzhou	21606	1605	1168	3811	7541	396	102267	30831	2313	84593
六安市 Luan	20003	2689	1052	4908	8115	717	137109	38296	3199	91863
马鞍山市 Maanshan	20017	1017	5560	9554	4557	288	46386	17827	3912	52233
巢湖市 Chaohu	17316	6386	5244	3675	6126	436	107067	31239	2411	83518
芜湖市 Wuhu	32229	4232	2876	10639	8265	740	91910	40345	2196	81739
宣城市 Xuancheng	17192	3094	4463	3231	1767	255	69240	26424	2539	81890
铜陵市 Tongling	13131	2961	1775	4623	1969	107	32827	13212	1988	47281
池州市 Chizhou	14104	1651	4029	2615	6096	37	35796	14801	7445	42128
安庆市 Anqing	23662	4449	3008	11674	6799	1070	141494	44665	5610	105567
黄山市 Huangshan	15708	2760	2129	3784	5000	263	37366	17516	1769	59491

4—24 各市城镇非私营单位在岗职工工资总额（2009年）

Total Wages of Staff and Workers of Urban Non-private Owned Units at Their Posts by Region (2009)

单位：万元 （10000 yuan）

地　　区 Region		合　计 Total	国有经济单位 State-owned Units	城镇集体经济单位 Urban Collective-owned Units	其他经济单位 Units of Other Types of Ownership
总　　计	**Total**	**9742920**	**5634976**	**339225**	**3768719**
合 肥 市	Hefei	1944479	983473	33260	927746
淮 北 市	Huaibei	725820	550136	15798	159886
亳 州 市	Bozhou	335310	249669	19092	66549
宿 州 市	Suzhou	523308	446235	31149	45924
蚌 埠 市	Bengbu	415084	291817	13726	109541
阜 阳 市	Fuyang	586982	425869	36305	124808
淮 南 市	Huainan	1098611	222022	22674	853916
滁 州 市	Chuzhou	417559	289578	19822	108158
六 安 市	Luan	460802	331900	28720	100182
马鞍山市	Maanshan	545239	148341	13479	383419
巢 湖 市	Chaohu	431572	282965	37617	110990
芜 湖 市	Wuhu	692347	303822	5604	382922
宣 城 市	Xuancheng	316208	216568	13919	85721
铜 陵 市	Tongling	326078	202401	4768	118909
池 州 市	Chizhou	177721	131806	7577	38338
安 庆 市	Anqing	521567	412886	31023	77659
黄 山 市	Huangshan	224236	145490	4693	74053

4—25 城镇非私营单位分行业在岗职工年平均工资

Average Wage of Staff and Workers of Urban Non-private Owned Units by Sector

单位：元 （yuan）

行　业	Sector	2005	2008	2009
总　　计	**Total**	**15334**	**26363**	**29658**
农、林、牧、渔业	Farming, Forestry, Animal Husbandry and Fishery	7827	12670	14088
采矿业	Mining and Quarrying	24473	44086	48651
制造业	Manufacturing	13651	22644	25178
电力、燃气及水的生产和供应业	Production and Supply of Electricity Gas and Water	18269	31383	35905
建筑业	Construction	11425	20309	24473
交通运输、仓储和邮政业	Transport, Storage and Postal Services	12999	22808	25797
信息传输、计算机服务和软件业	Information Circulation, Computer Service and Software	23751	31187	33407
批发和零售业	Wholesale and Retail Trade	9889	17223	23674
住宿和餐饮业	Accommodation and Catering Trade	10159	14249	17258
金融业	Banking	20099	39069	45870
房地产业	Real Estate	13964	22080	23964
租赁和商务服务业	Leasing and Commercial Services	14877	19973	23056
科学研究、技术服务和地质勘查业	Scientific Research, Technical Services and Geological Prospecting	18432	29714	32596
水利、环境和公共设施管理业	Water Conservancy, Environmental and Public Facilities Management	12310	18217	20354
居民服务和其他服务业	Resident Services and Other Services	13981	22603	19444
教　育	Education	15317	25843	28828
卫生、社会保障和社会福利业	Health, Social Securities and Social Welfare	15608	25838	28525
文化、体育和娱乐业	Culture, Sports and Entertainment	14978	23221	25194
公共管理和社会组织	Public Management and Social Organizations	17020	29801	31991

4—26 城镇非私营单位在岗职工年平均工资（2009年）

Average Wage of Staff and Workers of Urban Non-private Owned Units at Their Posts (2009)

单位：元 （yuan）

行　业	Sector	合　计 Total	国有单位 State-owned Units	城镇集体单位 Urban Collective-owned Units	其他单位 Units of Other Types of Ownership
总　计	**Total**	**29658**	**30220**	**20606**	**30011**
按执行会计制度类别分组	**Grouped by Executive Acounting System Type**				
企　业	Enterprises	30023	31842	20124	30093
事　业	Institutions	27783	28135	21719	25162
机　关	Agencies & Organizations	33017	33038	22551	
民间非营利组织	Non-profit Organizations	24923		19014	25099
其　他	Others	32160	37666	15172	24360
按国民经济行业分组	**Grouped by Economic Sector**				
农、林、牧、渔业	Farming, Forestry, Animal Husbandry and Fishery	14088	14081	14629	27000
采矿业	Mining and Quarrying	48651	41811	20217	54489
制造业	Manufacturing	25178	29512	18969	24765
电力、燃气及水的生产和供应业	Production and Supply of Electricity Gas and Water	35905	33175	19301	40182
建筑业	Construction	24473	30580	20357	23541
交通运输、仓储和邮政业	Transport, Storage and Postal Services	25797	27279	12212	25333
信息传输、计算机服务和软件业	Information Circulation, Computer Service and Software	33407	30022	19206	37832
批发和零售业	Wholesale and Retail Trade	23674	24518	11622	25675
住宿和餐饮业	Accommodation and Catering Trade	17258	18753	13724	16823
金融业	Banking	45870	43588	35053	51341
房地产业	Real Estate	23964	23762	17451	24265
租赁和商务服务业	Leasing and Commercial Services	23056	24291	15355	23856
科学研究、技术服务和地质勘查业	Scientific Research, Technical Services and Geological Prospecting	32596	33102	30566	28935
水利、环境和公共设施管理业	Water Conservancy, Environmental and Public Facilities Management	20354	20108	14602	24115
居民服务和其他服务业	Resident Services and Other Services	19444	24801	7922	16020
教　育	Education	28828	28944	27029	23846
卫生、社会保障和社会福利业	Health, Social Securities and Social Welfare	28525	30813	21477	26845
文化、体育和娱乐业	Culture, Sports and Entertainment	25194	25495	17039	24467
公共管理和社会组织	Public Management and Social Organizations	31991	32069	16722	

4—27 各市城镇非私营单位在岗职工年平均工资（2009年）

Average Wage of Staff and Workers of Urban Non-private Owned Units at Their Posts by Region (2009)

单位：元 （yuan）

地　区	Region	合　计 Total	国有经济单位 State-owned Units	城镇集体经济单位 Urban Collective-owned Units	其他经济单位 Units of Other Types of Ownership
总　计	**Total**	**29658**	**30220**	**20606**	**30011**
合 肥 市	Hefei	34143	38691	22943	30840
淮 北 市	Huaibei	35566	35648	17026	39506
亳 州 市	Bozhou	22958	24513	18676	19585
宿 州 市	Suzhou	24982	26970	17136	17774
蚌 埠 市	Bengbu	25511	30466	18790	18373
阜 阳 市	Fuyang	22160	22566	17892	22340
淮 南 市	Huainan	40029	28985	17821	46124
滁 州 市	Chuzhou	24429	26068	21020	21454
六 安 市	Luan	24006	24819	21664	22279
马鞍山市	Maanshan	38223	37925	22574	39300
巢 湖 市	Chaohu	27238	29068	28617	23145
芜 湖 市	Wuhu	32154	41068	31930	27433
宣 城 市	Xuancheng	29169	30949	22178	26659
铜 陵 市	Tongling	31034	38961	24453	23237
池 州 市	Chizhou	27607	29963	25718	21982
安 庆 市	Anqing	24390	26106	20046	19313
黄 山 市	Huangshan	27048	30030	24378	22702

4—28 城镇私营单位就业人员和工资情况（2009年）

Wages of Employed People in Private Enterprises of Urban Areas (2009)

行业	Sector	单位就业人员 Unit Employed People 年末人数（人） Number of Persons At the end of Year (person)	平均人数（人） Average Number of Persons (person)	工资总额（万元） Total Wage (10000 yuan)	平均工资（元） Average Wage (yuan)
总计	**Total**	**2125644**	**2042790**	**3552068**	**17388**
按企业、非企业分组	**Grouped by Enterprises and Non-enterprises**				
企业	Enterprises	2112665	2030996	3531920	17390
非企业	Non-enterprises	12979	11794	20148	17083
按国民经济行业分组	**Grouped by Economic Sector**				
农、林、牧、渔业	Farming, Forestry, Animal Husbandry and Fishery	409	320	777	24266
采矿业	Mining and Quarrying	54687	55466	104258	18797
制造业	Manufacturing	1249169	1203422	1982942	16478
电力、燃气及水的生产和供应业	Production and Supply of Electricity Gas and Water	2025	1951	4143	21237
建筑业	Construction	470213	446040	906833	20331
交通运输、仓储和邮政业	Transport, Storage and Postal Services	75530	68880	136757	19854
信息传输、计算机服务和软件业	Information Circulation, Computer Service and Software	3568	3332	8970	26919
批发和零售业	Wholesale and Retail Trade	106817	103594	151610	14635
住宿和餐饮业	Accommodation and Catering Trade	73852	72489	95879	13227
房地产业	Real Estate	36210	35047	65293	18630
租赁和商务服务业	Leasing and Commercial Services	15793	15767	27950	17727
科学研究、技术服务和地质勘查业	Scientific Research, Technical Services and Geological Prospecting	9848	9441	22024	23328
水利、环境和公共设施管理业	Water Conservancy, Environmental and Public Facilities Management	2700	2708	3898	14393
居民服务和其他服务业	Resident Services and Other Services	11847	11836	17201	14532
教育	Education	1925	1818	4220	23211
卫生、社会保障和社会福利业	Health, Social Securities and Social Welfare	6368	6181	10427	16870
文化、体育和娱乐业	Culture, Sports and Entertainment	4683	4498	8887	19759

注：本表数据为20人及以上私营单位抽样调查推算数。

a) Data in this table is projected number of 20 people or more Sample Survey of private units.

4—29 城镇非私营单位分行业在岗职工年平均工资（2009年）
Average Wage of Staff and Workers of Urban Non-private Owned Units by Sector (2009)

单位：元 （yuan）

行业	Sector	合计 Total	国有单位 State-owned Units	城镇集体单位 Urban Collective-owned Units	其他单位 Units of Other Types of Ownership
总计	**Total**	**29658**	**30220**	**20606**	**30011**
按执行会计制度类别分组	**Grouped by Executive Acounting System Type**				
企业	Enterprises	30023	31842	20124	29332
事业	Institutions	27783	28135	21719	24661
机关	Agencies & Organizations	33017	33038	22551	
民间非营利组织	Non-profit Organizations	24923		19014	25099
其他	Others	32160	37666	15172	24360
按国民经济行业分组	**Grouped by Economic Sector**				
农、林、牧、渔业	**Farming, Forestry, Animal Husbandry and Fishery**	**14088**	**14081**	**14629**	**27000**
农业	Farming	11828	11816	16697	21000
林业	Forestry	15955	15946		30000
牧畜业	Animal Husbandry	10568	10568		
渔业	Fishery	11040	10887	15091	
农、林、牧、渔服务业	Agricultural Services	18005	18110	14212	
采矿业	**Mining and Quarrying**	**48651**	**41811**	**20217**	**54489**
制造业	**Manufacturing**	**25178**	**29512**	**18969**	**24765**
#饮料制造业	Beverages	21113	19780	11000	21432
烟草制品业	Tobacco	61320	63651	46003	
石油加工、炼焦及核燃料加工业	Petroleum Processing, Coking and Nuclear Fuel Processing	24257	27336		21188
化学原料及化学制品制造业	Raw Chemical Materials and Chemical Products	22559	15392	19033	23323
橡胶制品业	Rubber Products	30128	9000	12750	30155
非金属矿物制品业	Nonmetal Mineral Products	20709	23506	16470	20589
黑色金属冶炼及压延加工业	Smelting and Pressing of Ferrous Metals	41589	26442	10672	41798
有色金属冶炼及压延加工业	Smelting and Pressing of Nonferrous Metals	32439	38011	11213	17968
金属制品业	Metal Products	26445	21410	32091	26432
通用设备制造业	Equipments in Current Use	24318	26821	19657	23165
交通运输设备制造业	Transport Equipment	32393	33505	18132	32516
电气机械及器材制造业	Electric Equipment and Machinery	21297	22921	20608	21267
电力、燃气及水的生产和供应业	**Production and Supply of Electricity Gas and Water**	**35905**	**33175**	**19301**	**40182**
建筑业	**Construction**	**24473**	**30580**	**20357**	**23541**
房屋和土木工程建筑业	Civil Engineering Construction	24544	30991	20395	23203
建筑安装业	Installation	25001	21951	20285	26222
建筑装饰业	Fitting and Decoration	21947	20122	16247	22163
其他建筑业	Other Construction	21468	24204	20132	21184
交通运输、仓储及邮政业	**Transportation, Storage and Postal Services**	**25797**	**27279**	**12212**	**25333**
#铁路运输业	Railway Transport	39063	38754	13560	47195
道路运输业	Highway Transport	19172	18632	14601	20769
水上运输业	Water Way Transport	21134	19693	9734	28034
航空运输业	Air Transport	53384	39393		68112
邮政业	Postal Services	28470	28403		31973
信息传输、计算机服务和软件业	**Information Circulation, Computer Service and Software**	**33407**	**30022**	**19206**	**37832**
电信和其他信息传输服务业	Telecommunication and Other Information Circulation Services	32489	29993	19206	36401
软件业	Software	49850	83069		49346
批发和零售业	**Wholesale and Retail Trade**	**23674**	**24518**	**11622**	**25675**
批发业	Wholesale	27360	26654	12069	33666
零售业	Retail Trade	17975	14955	10750	19691
住宿和餐饮业	**Accommodation and Catering Trade**	**17258**	**18753**	**13724**	**16823**
住宿业	Accommodation Trade	17281	18983	13202	16760
餐饮业	Catering Services	17170	17737	15635	17050

4—29 续表 continued

单位：元 (yuan)

行业	Sector	合计 Total	国有单位 State-owned Units	城镇集体单位 Urban Collective-owned Units	其他单位 Units of Other Types of Ownership
金融业	**Banking and Insurance**	**45870**	**43588**	**35053**	**51341**
金融业	Bank	46773	45057	35173	54004
证券业	Securities	81110	53468		103712
保险业	Insurance	36263	31807		37541
其他金融活动	Other Financial Activities	33913	28864	24942	41564
房地产业	**Real Estate**	**23964**	**23762**	**17451**	**24265**
#房地产开发经营	Real Estate Development and Operation	27100	29484	20962	26637
物业管理	Real Estate Management	19100	17470	12077	20053
租赁和商务服务业	**Leasing and Commercial Services**	**23056**	**24291**	**15355**	**23856**
租赁业	Leasing	27986	26810		29044
商务服务业	Commercial Services	22891	24224	15355	23529
科学研究、技术服务和地质勘查业	**Scientific Research, Technical Services and Geological Prospecting**	**32596**	**33102**	**30566**	**28935**
研究与试验发展	Research and Experimental Development	38521	39915	15500	24414
专业技术服务业	Professional and Technical Services	34258	35221	32307	30099
科技交流和推广服务业	Exchange and Extending Services of Science and Technology	22464	22509	17898	25833
地质勘查业	Geological Prospecting	26658	26595		46885
水利、环境和公共设施管理业	**Water Conservancy, Environmental and Public Facilities Management**	**20354**	**20108**	**14602**	**24115**
水利管理业	Water Conservancy Management	20847	20853	20772	18596
环境管理业	Environmental Management	16037	16074	9827	19148
公共设施管理业	Public Facilities Management	24275	24183	18738	25086
居民服务和其他服务业	**Resident Services and Other Services**	**19444**	**24801**	**7922**	**16020**
居民服务业	Resident Services	19756	25635	7679	15304
其他服务业	Other Services	18606	21501	16227	16772
教育	**Education**	**28828**	**28944**	**27029**	**23846**
#高等教育	High Education	33994	34527		20796
中等教育	Secondary Education	29207	29301	24343	25935
初等教育	Primary Education	27442	27444	34771	24608
卫生、社会保障和社会福利业	**Health, Social Securities and Social Welfare**	**28525**	**30813**	**21477**	**26845**
卫生	Health	28625	31037	21479	26745
社会保障业	Social Securities	25496	25432	19000	29468
社会福利业	Social Welfare	23991	23669	16714	38797
文化、体育和娱乐业	**Culture, Sports and Entertainment**	**25194**	**25495**	**17039**	**24467**
新闻出版业	Press and Publication	31583	32273	21385	28511
广播、电视、电影和音像业	Broadcasting, TV, Film, Audio-video and Recorders	24784	24979	18949	15832
文化艺术业	Culture and Arts	22648	23281	16014	18551
体育	Sports	26101	26627		22884
娱乐业	Entertainment	19645	16080		26564
公共管理和社会组织	**Public Management and Social Organizations**	**31991**	**32069**	**16722**	
中国共产党机关	Organs of Chinese Communist Party	35828	35828		
国家机构	State Organs	31828	31862	20703	
人民政协和民主党派	CPPCC and Democratic Parties	40991	40991		
群众团体、社会团体和宗教组织	Mass Organizations, Social Organizations and Religious Organizations	32610	33188	17655	

4—30 各县（市）城镇非私营单位在岗职工人数和工资（2009年）

Number of Staff and Workers and Their Wages of Urban Non-private Owned Units by County (City) (2009)

县（市） County (City)		职工人数（人） Number of Staff and Workers (person)	#国有单位 State-owned Units	#城镇集体单位 Urban Collective-owned Units	工资总额（千元） Total Wages (1000 yuan)	#国有单位 State-owned Units	#城镇集体单位 Urban Collective-owned Units	平均工资（元） Average Wage (yuan)	#国有单位 State-owned Units	#城镇集体单位 Urban Collective-owned Units
长丰县	Changfeng	29782	12992	1436	838026	416661	30551	28350	32170	21714
肥东县	Feidong	33258	20560	2731	964123	615403	47543	29442	30012	17460
肥西县	Feixi	53242	16447	4470	1457238	602078	99412	28655	36833	24607
濉溪县	Suixi	26401	18747	4333	673419	505757	71252	25536	26942	16482
谯城区	Qiaocheng District	26261	15366	576	618080	371080	11194	23650	24243	19468
涡阳县	Guoyang	34653	24964	4056	793266	607135	78255	22939	24617	19583
蒙城县	Mengcheng	37320	24436	1615	814593	615723	41281	22864	25442	25688
利辛县	Lixin	28814	18637	3379	612170	418270	47204	21154	22599	14024
埇桥区	Yongqiao District	31184	23231	6070	584214	458117	92809	18734	19650	15378
砀山县	Dangshan	27357	17773	1627	539871	384031	21467	20568	21850	14086
萧　县	Xiaoxian	30914	23543	6465	676544	539490	120043	22031	22898	19228
灵璧县	Lingbi	21652	17289	1594	457498	371739	30586	21156	21534	19273
泗　县	Sixian	22216	16192	2759	420151	335236	46029	18908	20599	16665
怀远县	Huaiyuan	28051	19501	2059	566374	436287	33640	20205	22238	16386
五河县	Wuhe	15135	10946	1191	330884	268787	17849	21888	24409	15139
固镇县	Guzhen	16079	10707	938	361604	270953	18294	22305	25058	19906
颍州区	Yingzhou District	15433	9610	1052	343647	244786	21120	22522	25578	19574
颍东区	Yingdong District	11105	9458	1363	278265	246855	28080	25033	26228	20187
颍泉区	Yingquan District	13604	8649	2940	283518	220674	34494	22705	25414	19079
界首市	Jieshou	22097	17675	2642	405245	338194	46460	18530	19141	19505
临泉县	Linquan	29565	25832	3120	591601	526929	58381	20414	20853	18863
太和县	Taihe	29224	22743	3788	620459	515863	70259	21433	22630	19061
阜南县	Funan	23485	22194	807	490805	463983	18882	20674	21019	15948
颍上县	Yingshang	38111	22714	1890	1085820	462331	36429	29679	20624	19285
凤台县	Fengtai	40298	14148	4006	1281076	315858	53551	30601	22281	13568
天长市	Tianchang	22425	13859	1802	563296	400848	39479	25196	28836	22393
明光市	Mingguang	20069	15143	1033	396866	301857	19775	19886	19951	19143
来安县	Laian	13718	9584	1587	322715	248503	28326	23656	25956	18146
全椒县	Quanjiao	19114	12089	1621	469891	320062	34717	24696	26504	21404
定远县	Dingyuan	23200	16764	1611	529821	408164	31441	22966	24523	19480
凤阳县	Fengyang	18789	13763	1097	431249	324025	22183	23116	23650	20222
金安区	Jinan District	18639	10746	2377	447480	261521	35459	24580	24496	16750
裕安区	Yuan District	19479	12314	1184	426515	286828	14616	22970	23434	12450
寿　县	Shouxian	27144	23450	845	547294	481786	15707	20242	20526	18588
霍邱县	Huoqiu	27496	23061	2097	672509	596433	43196	24490	25776	20521
舒城县	Shucheng	20574	15769	2118	533336	433995	52567	26072	27652	25200

4—30 续表 continued

县（市） County or City		职工人数（人） Number of Staff and Workers (person)	#国有单位 State-owned Units	#城镇集体单位 Urban Collective-owned Units	工资总额（千元） Total Wages (1000 yuan)	#国有单位 State-owned Units	#城镇集体单位 Urban Collective-owned Units	平均工资（元） Average Wage (yuan)	#国有单位 State-owned Units	#城镇集体单位 Urban Collective-owned Units
金寨县	Jinzhai	17683	13277	3520	424559	331036	79875	24860	25092	26563
霍山县	Huoshan	20982	9734	1074	473405	245353	26983	23609	25367	25171
当涂县	Dangtu	14671	10851	870	479914	401565	18889	33011	37268	21514
居巢区	Juchao District	17484	10241	1401	417564	282648	23501	24008	27581	16786
庐江县	Lujiang	38605	21500	1275	960039	626701	33810	25214	29213	26833
无为县	Wuwei	36897	23373	1087	1119539	740603	27973	30405	31712	25758
含山县	Hanshan	11952	9210	390	344630	276752	7995	28970	30180	20448
和　县	Hexian	25531	12414	10129	668059	318244	282273	27646	25568	31427
芜湖县	Wuhu	8592	6341	344	315364	250670	10823	36581	39333	31832
繁昌县	Fanchang	14261	6058	158	482079	248892	5143	34637	41310	32346
南陵县	Nanling	15437	6951	623	475953	254099	17760	31585	37373	29404
宣州区	Xuanzhou District	15580	12373	1283	422766	358614	36343	27237	29217	28594
宁国市	Ningguo	21555	10031	323	759888	379767	13502	37028	37833	41673
郎溪县	Langxi	12097	7299	503	292285	204880	11517	25119	28361	25201
广德县	Guangde	10945	9839	499	324426	287967	15088	30026	29635	30792
泾　县	Jingxian	12437	9236	522	348899	276866	9652	28426	30325	17743
绩溪县	Jixi	6311	5104	208	180109	154730	6016	28422	30339	28648
旌德县	Jingde	7950	4601	820	189972	122831	16284	24200	26731	20104
铜陵县	Tongling	12601	6561	521	430167	278706	23411	34764	42629	45370
贵池区	Guichi District	12088	8909	866	337217	268087	22644	28059	30207	26957
东至县	Dongzhi	15465	11342	1513	412730	322517	29534	26806	28701	19546
石台县	Shitai	4998	4126	54	118131	106061	370	23884	25768	6852
青阳县	Qingyang	10775	6504	418	273545	180099	20868	25867	27849	49686
桐城市	Tongcheng	19157	17892	1213	504485	481767	20929	26428	27028	17254
怀宁县	Huaining	17021	13144	1752	448907	369376	33234	26480	28194	19067
枞阳县	Zongyang	18826	15413	3250	455804	388746	63662	24386	25456	19546
潜山县	Qianshan	13590	12271	1130	321150	294758	22590	23815	24194	20170
太湖县	Taihu	13542	10589	924	348754	283509	33063	25488	26797	32703
宿松县	Susong	20187	19213	798	505044	487277	14054	25031	25362	17812
望江县	Wangjiang	13012	10950	589	282140	245889	14079	21600	22704	18672
岳西县	Yuexi	10816	9410	589	249638	224324	8564	23087	23862	14766
屯溪区	Tunxi District	5459	2751	52	154227	93530	1143	28576	33900	21981
黄山区	Huangshan District	8319	6158	173	224888	182284	6847	28252	29678	40041
徽州区	Huizhou District	4837	2625	380	132596	87833	11649	27798	33435	28002
歙　县	Shexian	12159	9199	411	319624	256468	9640	26620	27820	23861
休宁县	Xiuning	9335	6017	156	254609	170683	3035	27289	28372	19581
黟　县	Yixian	4121	3165	207	103043	82284	2491	24587	26023	12034
祁门县	Qimen	7394	5779	528	192259	159725	12122	26034	27615	23312

4—31 职业介绍机构基本情况
Basic Conditions of Employment Services

年份 Year	本年末职业介绍机构个数（个） Number of Labour Exchanges (unit)	劳动保障部门办 Run by Labor Departments	其他组织办 Run by Other Organs	公民个人办 Run by Private	本年末职业介绍机构人数（人） Staff and Workers (person)	劳动保障部门办 Run by Labor Departments	其他组织办 Run by Other Organs	公民个人办 Run by Private
2000	1885	1113	544	228	5039	3186	1245	608
2001	1740	1336	114	290	4465	3112	481	872
2002	1767	1334	170	263	4588	3131	643	814
2003	2022	1554	106	362	5274	3887	371	1016
2004	1894	1323	169	402	5423	3700	527	1196
2005	1929	1355	139	435	5391	3649	408	1334
2006	2030	1409	127	494	5645	3719	288	1638
2007	1892	1274	128	490	5535	3518	360	1657
2008	2198	1537	126	535	5942	3923	284	1735
2009	1923	1405	125	393	5610	3903	398	1309

4—32 劳动部门职业介绍工作情况
Situations in Employment Services of Labor Departments

单位：万人 (10000 persons)

年份 Year	本年登记招聘人数 Total Registered Recruitment	本年登记求职人次数 Registered Person-times in This Year	#下岗职工 Laid-off Workers	#失业人员 Former Unemployed	#获得职业资格人员 Person with Certificates	本年介绍成功人次数 Number of Person-times Actually Employed	#下岗职工 Laid-off Workers	#失业人员 Former Unemployed	#获得职业资格人员 Person with Certificates
2000	23.9	55.1	8.3	12.7	2.9	24.7	5.0	6.4	1.8
2001	35.5	46.8	9.3	14.3	6.1	27.1	5.4	9.0	4.1
2002	49.8	58.2	10.3	18.5	5.8	33.6	6.3	11.5	4.0
2003	89.9	110.4	12.7	24.8	8.6	61.5	7.5	15.7	6.2
2004	115.7	127.0	12.5	31.6	9.2	64.8	6.7	19.9	7.1
2005	117.3	132.4	10.2	48.0	18.5	72.2	7.0	24.3	7.4
2006	122.1	127.5	15.8	47.1	13.7	61.1	8.0	21.8	7.4
2007	136.0	130.5	12.8	33.8	17.4	66.6	6.4	18.3	11.1
2008	156.9	137.9	8.2	30.9	21.2	73.2	4.9	16.0	14.0
2009	195.9	151.9	9.2	38.7	18.6	80.7	4.2	21.7	15.0

4—33 城镇登记失业人数及失业率
Number of Registered Urban Unemployed Persons and Unemployment Rate

单位：万人 (10000 persons)

年份 Year	本年新登记失业人数 Number of New Unemployed Persons in this Year	登记失业人员中新增就业人数 New Added Employees of the Registered Urban Unemployed Persons	年末实有登记失业人数 Number of Unemployed Persons (Year-end)	#女性 Female	城镇登记失业率(%) Urban Unemployed Ratio (%)
2000	31.59	12.26	16.52	9.12	3.30
2001	22.83	18.94	19.91	10.57	3.70
2002	23.84	20.30	22.21	12.15	4.00
2003	33.19	29.66	25.14	13.51	4.10
2004	35.59	32.65	26.08	13.29	4.20
2005	34.63	32.88	13.60	13.60	4.40
2006	32.96	31.99	28.20	13.59	4.25
2007	29.78	29.71	28.02	13.70	4.06
2008	26.49	26.52	29.31	13.63	3.92
2009	25.24	26.08	30.07	13.89	3.92

主要统计指标解释

从业人员

指从事一定社会劳动并取得劳动报酬或经营收入的全部劳动力。包括：1. 全部职工；2. 城镇私营企业从业人员；3. 城镇个体劳动者；4. 农村社会劳动者；5. 其他社会劳动者。这一指标反映了一定时期内全部劳动力资源的实际利用情况，是研究基本国情国力的重要指标。

单位从业人员

指在各级国家机关、政党机关、社会团体及企业、事业单位中工作，取得工资或其他形式的劳动报酬的全部人员。包括在岗职工、再就业的离退休人员、民办教师以及在各单位中工作的外方人员和港澳台方人员、兼职人员、借用的外单位人员和第二职业者。不包括离开本单位仍保留劳动关系的职工。各单位的从业人员反映了各单位实际参加生产或工作的全部劳动力。

城镇私营和个体从业人员

城镇私营从业人员指在工商管理部门注册登记，其经营地址设在县城关镇（含城关镇）以上的私营企业从业人员；包括私营企业投资者和雇工。城镇个体从业人员指在工商管理部门注册登记，并持有城镇户口或在城镇长期居住，经批准从事个体工商经营的从业人员；包括个体经营者和在个体工商户劳动的家庭帮工和雇工。

城镇登记失业人员

指有非农业户口，在一定的劳动年龄内，有劳动能力，无业而要求就业，并在当地就业服务机构进行求职登记的人员。

城镇登记失业率

指城镇登记失业人数同城镇从业人数与城镇登记失业人数之和的比。计算公式为：

城镇登记失业率=城镇登记失业人数/（城镇从业人数+城镇登记失业人数）×100%

职工

指在国有经济、城镇集体经济、联营经济、股份制经济、外商和港、澳、台投资经济、其他经济单位及其附属机构工作，并由其支付工资的各类人员，不包括返聘的离退休人员、民办教师、在国有经济单位工作的外方人员和港、澳、台人员（1998 年以后的数据均为在岗职工数据，其他相关指标如职工工资总额，职工平均工资等指标也从 1998 年按此口径进行了相应调整）。

国有单位职工

指在国有经济单位及其附属机构工作，并由其支付工资的各类人员。

城镇集体单位职工

指在城镇集体经济单位及其管理部门工作，并由其支付工资的各类人员。

其他单位职工

指在联营经济、股份制经济、外商投资经济、港、澳、台投资经济单位工作，并由其支付工资的各类人员。

在岗职工

指在本单位工作并由单位支付工资的人员，以及有工作岗位，但由于学习、病伤产假等原因暂未工作，仍由单位支付工资的人员。

专业技术人员

指从事专业技术工作的人员以及从事专业技术管理工作且已在 1983 年以前评定了专业技术职称或在 1984 年以后聘任了专业技术职务的人员。

专业技术人员具体指工程技术人员、农业技术人员、科研人员（含自然科学研究、社会科学研究及实验技术人员）、卫生技术人员、教学人员（含高等院校、中等专业学校、技工学校、中学、小学）、民用航空飞行技术人员、船舶技术人员、经济人员、会计人员、统计人员、翻译人员、图书资料、档案、文博人员、新闻、出版人员、律师、公证人员、广播电视播音人员、工艺美术人员、体育人员、艺术人员及政工人员。

专业技术管理人员具体指企业、事业单位的领导；企业、事业单位下设的职能机构、企业的生产车间和辅助车间（或附属辅助生产单位）中从事生产、技术、经济管理和政治工作的人员。

按照公务员管理或参照公务员管理的人员不统计为专业技术人员。

单位从业人员增加人数

指在报告期内，本单位招收、录用和调入的全部人员。

单位从业人员减少人数

指在报告期内，离开本单位且不再由本单位支付工资的人员。

职工工资总额

指各单位在一定时期内直接支付给本单位全部职工的劳动报酬总额。

工资总额的计算应以直接支付给职工的全部劳动报酬为依据。各单位支付给本单位全部职工的劳动报酬，不论是计入成本还是不计入成本，不论是以货币形式支付还是以实物形式支付，不论是单位自筹的资金还是上级（或政府财政部门）下拨的资金，不论是厂级单位筹集的资金还是下属车间（科室）及附属经营单位筹集的资金，均应列入工资总额计算的范围。

工资总额的统计应按国务院 1989 年 9 月 30 日批准、国家统计局 1990 年 1 月 1 日发布的《关于工资总额组成的规定》执行。

职工平均工资

指企业、事业、机关单位的职工在一定时期内平均每人所得的货币工资额。它表明一定时期职工工资收入的高低程度，是反映职工工资水平的主要指标。计算公式为：

职工平均工资=报告期实际支付的全部职工工资总额/报告期全部职工平均人数

Explanatory Notes for Major Statistical Indicators

Employed Persons

refers to the persons who are engaged in social labor and receive remuneration payment or earn business income, including: (1)Total staff and workers; (2)Employed persons in private enterprises in urban areas; (3)Self-employed individuals in urban areas; (4)Social laborers in rural areas; (5)Other social laborers. It reflects the utilization of total labor force during a given period of time.

Persons Employed in Various Units

refer to all the persons working in government agencies of various levels, political and party organizations, social organizations, enterprises and institutions, and receiving wages or other forms of payment. They include fully-employed staff and workers, re-employed retirees, teachers in schools run by the local people, foreigners and Chinese compatriots from Hong Kong, Macao, and Taiwan working in various units, part-time employees, employees of other units working temporarily at current posts, and employees holding the second job, but exclude staff and workers who have left their working units while keeping their labour contract (employment relation) unchanged. This indicator reflects the total number of laborers actually engaged in production or other operations in various units.

Persons Employed in Private Enterprises and Self-Employed Individuals in Urban Areas

Persons employed in private enterprises refer to the persons employed in the private enterprises which have been registered at the departments of industrial and commercial administration and are situated at a county town (i.e. a town where the county government is located) for business operation or at urban areas with the level higher than a county town. The self-employed individuals in urban areas refer to persons who hold the certificates of residence in urban areas or have resided in the urban areas for a long time and have been registered at the departments of industrial and commercial administration and approved to be engaged in individual industrial or commercial business, including self-employed persons as well as helpers and hired labourers who work in the individual households engaged in industrial or commercial business.

Registered Urban Unemployed Persons

The registered unemployed persons in urban areas refer to the persons who are registered as permanent residents in the urban areas engaged in non-agricultural activities, aged within the range of working age, capable to labour, unemployed but desirous to be employed and have been registered at the local employment service agencies to apply for a job.

Registered Urban Unemployment Rate

Registered unemployment rate in urban areas refers to the ratio of the number of the registered unemployed persons to the sum of the number of employed persons and the registered unemployed persons. The formula is as follows:

Registered urban unemployment rate =number of registered urban unemployed persons/(urban employed person number + registered urban unemployed person number) × 100%

Staff and Workers

refer to the persons who work in (and receive payment there from) enterprises and institutions of state ownership, collective ownership, joint ownership, share holding, foreign ownership, and ownership by entrepreneurs from Hong Kong, Macao, and Taiwan, and other types of ownership and their affiliated units, excluding the retired persons invited to work in the units again, teachers in the schools run by the local people and foreigners and persons coming from Hong Kong, Macao and Taiwan and working in the state-owned economic units. (The figures since 1998 refer to those of fully employed staff and workers. Other relative figures since 1998, such as total wages of staff and workers, average wage of staff and workers, etc., were adjusted according to the standard).

Staff and Workers in State-owned Economic Units

refer to the persons who work in the state-owned economic

units or their attached units and are listed in their payrolls.

Staff and Workers of Collective Owned Units in Urban Areas

refer to the persons who work in collective owned units in urban areas and their administration departments and receive payment there from.

Staff and Workers in Units of Other types of Ownership

refer to those who work in (and receive payment there from) enterprises and institutions of joint ownership, share holding, foreign ownership, and ownership by entrepreneurs from Hong Kong, Macao, and Taiwan.

Fully Employed Staff and Workers

refer to persons who work in, and receive wages from their working units, as well as persons who have their work posts, but are temporarily absent from work for reasons of study or on sick, injury or maternal leave and still receive wages from their working units.

Professional and Technical Personnel

refers to professional, technical and managerial staff members in institutions who were rated professional and technical titles before 1983 or appointed professional and technical posts after 1984.

Professional and technical personnel includes the following: Engineering, Agriculture, Scientific Research (including natural science, social science and laboratory technique), Health care, Teaching, civil aviation, shipping, economics, accounting, statistics, translating, archives, publishing, lawyer, broadcasting, craft, physical culture, art and political workers.

Managerial staff refers to the leadership of enterprises and institutions and persons engaged in production, technology, economic management and political work in functioning organizations under enterprises or institutions and workshop of enterprises.

Public servants or the personnel in light of public service are not included.

Increase of Employment in Various Units

refers to the persons recruited taken on or transferred in to this unit during the reporting period.

Decrease of Employment in Various Units

refers to the persons left this unit and no longer got payment from this unit during the reporting period.

Total Wages of Staff and Workers

refer to the total remuneration payment to staff and workers in various units during a certain period of time.

The calculation of total wages is based on the total remuneration payment to the staff and workers. Therefore, all the wages and salaries and other payments to staff and workers are included in the total wages regardless of their sources, category and forms.

Total wages should be counted in accordance with “the Regulation of the constitution of Total Wages” issued by NBS approved by the State Council on September 30, 1989.

Average Wage of Staff and Workers refers to the average wage in money terms per person during a certain period of time for staff and workers in enterprises, institutions, and government agencies, which reflects the general level of wage income during a certain period of time and is calculated as follows:

Average Wage of Staff and Workers = Total Wages of Staff and Workers in Reference Period/Average Number of Staff and Workers in Reference Period

第五篇

Chapter 5

固定资产投资

INVESTMENT IN FIXED ASSETS

简要说明

一、按照国家统计局现行统计制度规定, 全社会固定资产投资统计的范围包括：(1)城镇投资 50 万元以上项目；(2)城镇工矿区私人建房（城关镇及以上）；(3)房地产开发投资；(4)农村非农户投资；(5)农村农户投资。按登记注册类型分，包括内资、港澳台商及外商投资。

二、固定资产投资统计资料来源为：跨地区项目资料来自省直有关部门；农村个人固定资产投资由国家统计局安徽调查总队根据农村社会经济调查资料整理提供；其他固定资产投资统计资料均由省统计局投资处整理提供。

三、固定资产投资统计的调查方法，除农村个人固定资产投资统计采用抽样调查方法外，其他均为全面统计报表。

Brief Introduction

I. According to the current statistical system stipulated by State Statistical Burea, the social fixed assets investment includes: (1)items in town with investment of half million yuan and above; (2)houses built for private use at industrial and mining areas of town (the town refers to Chenguan town and above); (3)the real estate investment; (4)invested not by farmers in rural districts; (5)invested by farmers in rural districts. By the registration, they include domestic investment, investment from Hong Kong, Macao and Taiwan and investment from foreign countries.

II. Data sources for the statistics of investment in fixed assets are as follows: Data on the trans-regional projects are provided by the various departments under the Provincial Government. Data on the investment in fixed assets by individuals in rural areas are prepared and provided the NBS Survey office in Anhui on the basis of data collected by the survey on the rural social and economic development. The other statistical data on the investment in fixed assets are prepared and provided by the Division of Statistics of Investment in Fixed Assets, Anhui Statistical Bureau.

III. Method of data collection: All Data on the investment in fixed assets are collected by the statistical reporting scheme with the coverage of complete enumeration, with the only exception that data on the investment in fixed assets by individuals in rural areas are collected by sample surveys.

5—1 全社会固定资产投资
Total Investment in Fixed Assets

指　　标　　Item		1995	2000	2005	2008	2009
投资总额　　（万元）	**Total Investment　　(10000 yuan)**	**5325424**	**8666667**	**25209640**	**67999535**	**92631822**
按注册类型分	Grouped by Ownership					
内　资	Domestic Funded					
国有经济	State-holding Units	2661739	4311079	8805643	17935114	25331024
集体经济	Collective-owned Units	964692	1246991	484491	1339724	1839340
#农　　村	Rural	781392	1064861	121968	363879	482831
私营经济	Private Units			4054698	12629281	19959005
#农　　村	Rural			765026	2111137	3169037
联营经济	Joint-ownership Economic Units	21780	64789	54026	153776	261064
股份制经济	Share Holding Economic Units	178778	625138	3102845	5165580	5487583
其他经济	Others	34174	255962	4806926	23435643	30846459
个体经济	Individuals	1247623	1693002	2302287	3506458	4545695
#农　　村	Rural	1036075	1206437	2118895	3182660	3907538
外商投资经济	Foreign Funded Economic Units	1921830	353036	642187	1868409	1926398
港澳台投资经济	Economic Units Funded by Entrepreneurs from Hong Kong, Macao and Taiwan	23808	116670	956537	1965550	2435254
按三次产业分	Grouped by the Three Industries					
第一产业	Primary Industry	18415	90636	754433	1826302	2366667
第二产业	Secondary Industry	1883593	2328718	9951088	29598379	39998968
#工　　业	Industry	1718877	2138299	9475947	27926674	37174016
第三产业	Tertiary Industry	3423416	6247313	14504119	36574854	50266187
#房地产开发	Real Estate Development	361015	879261	4594413	13626657	16698263
按资金来源分	Grouped by Source of Funds					
国家预算内资金	State Budgetary Appropriation	179033	546533	1308469	3729165	5929835
国内贷款	Domestic Loans	1482079	1592274	4874000	7732711	10829836
利用外资	Foreign Investment	306259	217262	499980	973078	994813
自筹资金	Fundraising	2738886	4647474	16227669	49321291	68836149
其他资金	Others	634816	1532662	5153255	7473466	13135930
按构成分	Grouped by Use of Funds					
建筑安装工程	Construction and Installation	3388229	5620873	15426301	44504518	61353114
设备工具器具购置	Purchase of Equipment and Instruments	1488909	2039620	5518895	13192367	18119260
其他费用	Others	448286	1006174	4264444	10302650	13159448
房屋建筑面积　（万平方米）	**Floor Space of Buildings　　(10000 sq.m)**					
施工面积	Floor Space Under Construction	8002.8	10091.4	12389.9	26030.0	33738.2
#住　　宅	Residential Buildings			8337.6	15900.8	20155.5
竣工面积	Floor Space Completed	6614.8	8397.1	6986.2	10587.4	13702.0
#住　　宅	Residential Buildings	4930.4	6782.9	5109.0	6848.7	8804.8

5—2 全社会固定资产投资增长速度
Growth Rate of Total Investment in Fixed Assets by Ownership

年　份 Year	总　计 Total	国有经济 State-owned Units	集体经济 Collective-owned Units	私营经济 Private Units	个体经济 Individuals	其他各种经济 Other Types of Ownership
增长速度（上年=100）						
Growth Rate (previous year=100)						
1995	33.29	34.15	39.99		36.59	10.46
2000	11.99	22.67	-3.33		0.91	12.63
2001	11.24	10.61	4.25		16.58	12.97
2002	17.55	7.68	6.35		24.53	47.59
2003	30.39	9.58	-5.81		9.30	118.80
2004	29.54	31.60	-52.01		-24.43	75.91
2005	31.70	18.92	-22.47		13.50	49.90
2006	40.61	19.47	12.14	63.39	9.28	92.03
2007	43.70	38.63	58.80	71.88	19.73	43.50
2008	33.50	22.97	55.28	10.91	16.41	54.52
2009	36.22	41.24	37.29	58.04	29.64	31.62

5—3 全社会固定资产投资资金来源增长速度及构成
Source of Funds and Growth Rate of All Social Investment in Fixed Assets

年　份 Year	资金来源 Grouped by Source Finance				按构成分 Grouped by Use of Funds		
	国家预算内资金 State Budgetary Appropriation	国内贷款 Domestic Loans	利用外资 Foreign Investment	自筹和其他资金 Fundraising and Others	建筑安装工程 Construction and Installation	设备工具器具购置 Purchase of Equipment and Instruments	其他费用 Others
增长速度（上年=100）							
Growth Rate (previous year=100)							
1995	3.36	27.83	5.75	51.43	63.62	27.96	8.42
2000	6.31	18.37	2.51	53.62	64.86	23.53	11.61
2001	7.89	16.09	2.76	68.38	65.45	21.99	12.57
2002	7.89	17.20	2.67	72.24	64.04	22.07	13.89
2003	-16.59	50.91	-4.42	38.81	25.83	33.55	46.38
2004	19.01	0.62	-1.73	40.34	27.73	29.89	36.23
2005	41.45	58.03	68.61	28.66	32.26	27.18	35.84
2006	47.21	26.81	17.58	42.91	46.67	33.00	28.54
2007	52.76	17.18	53.19	43.11	41.21	48.84	47.08
2008	26.73	6.77	8.05	29.88	39.30	20.76	27.78
2009	29.01	40.05	2.23	44.33	37.86	37.35	27.73

5—4 按城乡分全社会固定资产投资
Total Investment in Fixed Assets of Rural and Urban Area

单位：万元　(10000 yuan)

年　份 Year	全社会投资 Total Investment	城　镇 Urban	#房地产开　发 Real Estate Development	农　村 Rural	农　户 Rural Households	非　农　户 Non-Rural Households
2000	8666667	6395369	879261	2271298	1206437	1064861
2001	9641133	7278532	1109914	2362601	1275131	1087470
2002	11333146	8700846	1464887	2632300	1520000	1112300
2003	14777162	12146765	2406505	2630397	1500851	1129546
2004	19142273	16120830	3502733	3021443	1900000	1121443
2005	25209640	21391395	4594413	3818245	2118895	1699350
2006	35446671	30611574	6374464	4835097	2375011	2460086
2007	50936811	44507343	7756432	6429468	2749791	3679677
2008	67999535	60016050	13626657	7983485	4800825	3182660
2009	92631822	81546076	16698263	11085746	3907538	7178208

5—5 全社会分行业固定资产投资
Investment in Fixed Assets by Sector In Whole Society

单位：万元　(10000 yuan)

行　业	Sector	2005	2008	2009
总　　计	**Total**	**22991963**	**64816875**	**88724284**
农、林、牧、渔业	Farming, Forestry, Animal Husbandry and Fishery	341939	1192546	1827352
采掘业	Mining and Quarrying	1471068	3042099	3520044
制造业	Manufacturing	6046773	21150269	30502346
电力、燃气及水的生产和供应业	Production and Supply of Electricity Gas and Water	1949850	3734306	3151626
建筑业	Construction	462578	1668979	2800491
交通运输、仓储和邮政业	Transport, Storage and Postal Services	2297456	3783625	5029509
信息传输、计算机服务和软件业	Information Circulation, Computer Service and Software	339691	585400	953379
批发和零售业	Wholesale and Retail Trade	449262	1351756	2357272
住宿和餐饮业	Accommodation and Catering Trade	265639	860359	1363733
金融业	Banking	19322	109169	180969
房地产业	Real Estate	5053472	16965364	21506618
租赁和商务服务业	Leasing and Commercial Services	158214	491333	556143
科学研究、技术服务和地质勘查业	Scientific Research, Technical Services and Geological Prospecting	128055	196638	327441
水利、环境和公共设施管理业	Water Conservancy, Environmental and Public Facilities Management	2357571	6284848	8903279
居民服务和其他服务业	Resident Services and Other Services	32640	150638	286747
教　育	Education	574529	1094165	1766094
卫生、社会保障和社会福利业	Health Care, Social Protection and Social Welfare	151905	494388	1000071
文化、体育和娱乐业	Culture, Sports and Entertainment	210860	526394	957903
公共管理和社会组织	Public Management and Social Organizations	681139	1134599	1733267

注：为50万元以上项目统计口径。
a) Items above 500 thousand yuan.

5—6 按经济类型分的全社会固定资产投资（2009年）
Total Investment in Fixed Assets by Ownership (2009)

指 标	Item	总计 Total	国有经济 State-owned Units	集体经济 Collective-owned Units	私营经济 Private Units	个体经济 Individuals
投资总额 （万元）	**Total Investment (10000 yuan)**	**92631822**	**25331024**	**1839340**	**19959005**	**4545695**
资金来源	**Grouped by Source of Funds**					
国家预算内资金	State Budgetary Appropriation	5929835	5465263	166330	33964	807
国内贷款	Domestic Loans	10829836	4612223	41644	1056080	38751
利用外资	Foreign Investment	994813	86083	1890	57335	300
自筹资金	Fundraising	68836149	15072271	1478945	18481831	4363446
其他资金	Others	13135930	1991073	172506	446078	149713
按构成分	**Grouped by Use of Funds**					
建筑安装工程	Construction and Installation	61353114	18987040	1498814	11393459	3575290
设备工具器具购置	Purchase of Equipment and Instruments	18119260	2635527	129366	6557062	781104
其他费用	Others	13159448	3708457	211160	2008484	189301
房屋建筑面积（万平方米）	**Floor Space of Buildings (10000 sq.m)**					
施工面积	Floor Space Under Construction	33738.20	4931.28	696.56	4318.60	5695.50
竣工面积	Floor Space Completed	13701.98	1543.09	376.02	2195.93	5241.92
#住 宅	Residential Buildings	8804.78	719.72	237.47	298.77	4978.56

指 标	Item	联营经济 Joint-owned Units	股份制经济 Share Holding Corparations Ltd.	外商投资经济 Foreign Funded Economic Units	港澳台商经济 Economic Units Funded by Entrepreneurs from Hong Kong, Macao and Taiwan	其他经济 Ecomomic Units of Other Types of Ownership
投资总额 （万元）	**Total Investment (10000 yuan)**	**261064**	**5487583**	**1926398**	**2435254**	**30846459**
资金来源	**Grouped by Source of Funds**					
国家预算内资金	State Budgetary Appropriation	23524	61162			178785
国内贷款	Domestic Loans	84149	812979	219883	305613	3658514
利用外资	Foreign Investment	1750	30206	382444	281134	153671
自筹资金	Fundraising	101799	4596397	1480674	2188754	21072032
其他资金	Others	91266	885895	589175	635847	8174377
按构成分	**Grouped by Use of Funds**					
建筑安装工程	Construction and Installation	146010	3087148	1048152	1508687	20108514
设备工具器具购置	Purchase of Equipment and Instruments	39713	1602163	586783	629672	5157870
其他费用	Others	75341	798272	291463	296895	5580075
房屋建筑面积（万平方米）	**Floor Space of Buildings (10000 sq.m)**					
施工面积	Floor Space Under Construction	92.47	1442.19	594.98	905.42	15061.20
竣工面积	Floor Space Completed	10.97	462.26	183.91	100.15	3587.74
#住 宅	Residential Buildings	3.18	211.95	107.85	54.67	2192.62

5—7 城镇建设项目投资完成情况（2009年）
Investment in Construction Items of Urban Area (2009)

行　业	Sector	合计 Total	地方项目 Local Projects
计划投资（万元）	**Total Planned Investment (10000 yuan)**		
建设项目计划总投资	Total Investment of Construction Project Plan	150867585	141027105
自开始建设累计完成投资	Total Investment Complished from the Beginning	105951987	100687181
自年初累计完成投资（万元）	**Total Investment Completed from the Beginning of the Year (10000 yuan)**	**64847813**	**62358431**
#500万元以下项目完成投资	Accomplished Investment Below 5 million Yuan	1555211	1551707
#国有经济控股	State-owned and State-controlled	28259877	25950470
#住　宅	Residential Buildings	2078657	2062423
按建设性质分	Grouped By Type of Construction		
#新　建	New Construction	38150805	36576574
扩　建	Expansion	11946766	11580770
改建和技术改造	Reconstruction and Technical Reconstruction	12271873	11796409
按构成分	Grouped by Composition		
建筑工程	Construction	36364061	35016785
安装工程	Installation	4804937	4525653
设备工器具购置	Purchase of Equipment and Instruments	15680912	15059371
#用于更新的设备	Use for Renewal of Equipment	1586135	1475427
其他费用	Others	7997903	7756622
新增固定资产（万元）	**Newly Increased Assets (10000 yuan)**	**40258135**	**39446879**
项目个数（个）	**Number of Projects (unit)**		
施工项目个数	Number of Projects Under Construction	26877	26552
#500万元以下项目	Project Below 5 million Yuan	4212	4195
#本年新开工	Started this Year	19924	19711
本年投产项目个数	Number of Projects Put into Use this Year	17406	17221
房屋建筑面积（万平方米）	**Floor Space of Buildings (10000 sq.m)**		
施工面积	Floor Space Under Construction	11950.49	11844.87
#住　宅	Residential Buildings	2896.54	2862.79
竣工面积	Floor Space Completed	4528.59	4494.33
#住　宅	Residential Buildings	1101.96	1092.27
本年资金来源合计（万元）	**Subtotal of Source of Funds this Year (10000 yuan)**	**67836059**	**65061745**
上年末结余资金	Surplus Funds at the Year-end	1798211	1757111
本年资金来源小计	Subtotal of Source of Funds this Year	66037848	63304634
国家预算内资金	State Budgetary Appropriation	5307316	4807538
国内贷款	Domestic Loans	7573540	6587290
债　券	Bonds	21439	20678
利用外资	Foreign Investment	710843	679905
#外商直接投资	Direct Investment	373636	369731
自筹资金	Self-raising Funds	49943405	48801929
#企事业单位自有资金	Funds Owned by Enterprises and Public Institutions	14894511	14442238
#发行股票	Issue of Shares		
其他资金来源	Others	2481305	2407294
各项应付款合计（万元）	**Total of All Payable Account (10000 yuan)**	**4231301**	**4095002**
#工 程 款	Project Account	1520355	1461880
规划用地面积（万平方米）	**Planning Land Area (10000 sq.m)**	**71700.43**	**69314.57**
本年实际征用和购置土地面积（万平方米）	**Actual Acquisition and Purchase of Land Area this Year (10000 sq.m)**	**19720.07**	**18848.30**
本年实际征用和购置土地成交价款（万元）	**Funds of Actual Acquisition and Purchase of Land this Year (10000 yuan)**	**2215819**	**2133761**

5—8 各行业城镇建设项目投资（2009年）

Investment of Town Construction Projects by Sector (2009)

单位：万元 (10000 yuan)

行　业	Sector	投资额 Investment	#新建 New Construction	扩建 Expansion	改建 Reconstruction	新增固定资产 Newly Increased Fixed Assets
总　计	**Total**	**64847813**	**38150805**	**11946766**	**12271873**	**40258135**
农、林、牧、渔业	**Agriculture, Forestry, Animal Husbandry and Fishery**	**973436**	**616797**	**203384**	**136575**	**761339**
农业	Farming	214261	156061	29667	27499	133118
林业	Forestry	122816	76931	31803	12209	97598
畜牧业	Animal Husbandry	330487	239803	75983	8901	264701
渔业	Fishery	73583	48429	15107	8044	59799
农、林、牧、渔服务业	Services in Support of Agriculture	232289	95573	50824	79922	206123
采矿业	**Mining**	**3180757**	**1282850**	**590920**	**1281607**	**1950252**
煤炭开采和洗选业	Mining and Washing of Coal	1984390	632902	314609	1035789	1123454
石油和天然气开采业	Extraction of Petroleum and Natural Gas	1960	1960			
黑色金属矿采选业	Mining and Processing of Ferrous Metal Ores	495541	328066	102704	61361	248122
有色金属矿采选业	Mining and Processing of Non-Ferrous Metal Ores	273464	128692	58925	81838	246910
非金属矿采选业	Mining and Processing of Nonmetal Ores	419987	185980	114682	102619	326901
其他采矿业	Mining of Other Ores	5415	5250			4865
制造业	**Manufacturing**	**27777964**	**16807362**	**4865485**	**5233639**	**17545731**
农副食品加工业	Processing of Food from Agricultural Products	1399450	731857	369535	266440	1020538
食品制造业	Manufacture of Foods	577743	332243	113810	120822	357570
饮料制造业	Manufacture of Beverages	387763	173316	128606	72494	238747
烟草制品业	Manufacture of Tobacco	26811	11728	2870	12213	7135
纺织业	Manufacture of Textile	832426	493331	185395	120270	568186
纺织服装、鞋、帽制造业	Manufacture of Textile Wearing Apparel, Foot ware and Caps	993979	703751	146950	116336	668238
皮革毛皮羽毛(绒)及其制品业	Manufacture of Leather, Fur, Feather and Related Products	190391	128107	34030	23174	149358
木材加工及木竹藤棕草制品业	Processing of Timber, Manufacture of Wood, Bamboo, Rattan, Palm and Straw Products	569420	357608	106195	99239	426502
家具制造业	Manufacture of Furniture	339781	234957	46379	43487	246982
造纸及纸制品业	Manufacture of Paper and Paper Products	425096	217744	56165	126108	277652
印刷业和记录媒介的复制	Printing, Reproduction of Recording Media	398135	264710	53417	59733	323332
文教体育用品制造业	Manufacture of Articles For Culture, Education and Sport Activities	203827	134638	43070	21058	150598
石油加工、炼焦及核燃料加工业	Processing of Petroleum, Coking, Processing of Nuclear Fuel	277857	203360	10485	62805	43890
化学原料及化学制品制造业	Manufacture of Raw Chemical Materials and Chemical Products	1743016	953162	266002	449137	1310146
医药制造业	Manufacture of Medicines	558289	318830	97924	128381	325190
化学纤维制造业	Manufacture of Chemical Fibers	138253	115776	10851	11626	38694
橡胶制品业	Manufacture of Rubber	278628	135364	29651	84994	161247
塑料制品业	Manufacture of Plastics	1123069	699191	176910	216054	737164
非金属矿物制品业	Manufacture of Non-metallic Mineral Products	3250352	2182330	530508	464172	2014157
黑色金属冶炼及压延加工业	Smelting and Pressing of Ferrous Metals	780088	283307	85480	402415	305284
有色金属冶炼及压延加工业	Smelting and Pressing of Non-ferrous Metals	452779	241356	48424	147079	296463
金属制品业	Manufacture of Metal Products	1651535	1029800	342083	231754	1116352
通用设备制造业	Manufacture of General Purpose Machinery	2494901	1406407	450523	535568	1718912
专用设备制造业	Manufacture of Special Purpose Machinery	1437925	892986	221201	264146	903962
交通运输设备制造业	Manufacture of Transport Equipment	3102631	1841787	652986	538992	1800817
电气机械及器材制造业	Manufacture of Electrical Machinery and Equipment	2396998	1417724	458362	401502	1460603
通信设备、计算机及其他电子设备制造业	Manufacture of Communication Equipment, Computers and Other Electronic Equipment	1065838	870415	83318	90038	451586
仪器仪表文化办公用机械制造业	Manufacture of Measuring Instruments and Machinery for Cultural Activity and Office Work	245443	160228	37931	44882	143150
工艺品及其他制造业	Manufacture of Artwork and Other Manufacturing	346269	211823	54247	72344	222993
废弃资源和废旧材料回收加工业	Recycling and Disposal of Waste	89271	59526	22177	6376	60283
电力燃气水的生产供应业	**Production and Supply of Electricity, Gas and Water**	**2941015**	**1830986**	**446382**	**649774**	**2181582**
电力、热力的生产和供应业	Production and Supply of Electric Power and Heat Power	2033170	1201458	304869	525161	1645884
燃气生产和供应业	Production and Supply of Gas	261341	190429	44685	17896	122802
水的生产和供应业	Production and Supply of Water	646504	439099	96828	106717	412896
建筑业	**Construction**	**2393999**	**1491153**	**274802**	**508891**	**1952781**
房屋和土木工程建筑业	Construction of Buildings and Civil Engineering	2063587	1317259	232257	460392	1689000
建筑安装业	Building Installation	55292	11673	8838	19655	37053
建筑装饰业	Building Decoration	61385	18110	13746	13248	51329
其他建筑业	Other Construction	213735	144111	19961	15596	175399

5—8 续表 continued

单位：万元 (10000 yuan)

行业	Sector	投资额 Investment	#新建 New Construction	扩建 Expansion	改建 Reconstruction	新增固定资产 Newly Increased Fixed Assets
交通运输、仓储和邮政业	**Transport, Storage and Post**	**4649526**	**2749227**	**796350**	**835241**	**1975248**
铁路运输业	Railway Transport	1166821	867587	277997	13776	54145
道路运输业	Road Transport	2543284	1335025	372163	723951	1379800
城市公共交通业	Urban Public Transport	73569	28248	3680	29343	40946
水上运输业	Water Transport	357181	167136	48310	18180	190081
航空运输业	Air Transport	103157	70639	8000	24518	35089
管道运输业	Transport Via Pipelines	14316	14000			30316
装卸搬运和其他运输服务业	Loading, Unloading and Other Transport Services	97515	70080	9514	7978	40163
仓储业	Storage	288903	193462	76536	17495	201158
邮政业	Post	4780	3050	150		3550
信息传输、计算机服务和软件业	**Information Transmission, Computer Services and Software**	**945769**	**282897**	**190295**	**431984**	**906874**
电信和其他信息传输服务业	Telecommunications and Other Information Transmission Services	800028	257348	177577	342275	840472
计算机服务业	Computer Services	63239	17356	5129	26807	49941
软件业	Software	82502	8193	7589	62902	16461
批发和零售业	**Wholesale and Retail Trades**	**2153761**	**1158671**	**436834**	**367104**	**1443497**
批发业	Wholesale Trade	1149490	599832	289197	149456	726122
零售业	Retail Trade	1004271	558839	147637	217648	717375
住宿和餐饮业	**Hotels and Catering Services**	**1280089**	**695438**	**159281**	**366581**	**937874**
住宿业	Hotels	693203	498761	62343	116116	426736
餐饮业	Catering Services	586886	196677	96938	250465	511138
金融业	**Financial Intermediation**	**177351**	**67810**	**12332**	**71492**	**104013**
银行业	Bank	139084	63015	7340	49734	72168
证券业	Security Activities	4523			2377	2657
保险业	Insurance	11486	595		7683	8855
其他金融活动	Other Financial Activities	22258	4200	4992	11698	20333
房地产业	**Real Estate**	**4078607**	**2816729**	**563558**	**461898**	**2346349**
租赁和商务服务业	**Leasing and Business Services**	**535705**	**228440**	**127436**	**114539**	**305228**
租赁业	Leasing	15684	3440	1361		10215
商务服务业	Business Services	520021	225000	126075	114539	295013
科学研究、技术服务和地质勘查业	**Scientific Research, Technical Service and Geologic Prospecting**	**300760**	**147123**	**62428**	**63868**	**185930**
研究与试验发展	Research and Experimental Development	82522	55310	14178	10403	47336
专业技术服务业	Professional Technical Services	127956	27731	41120	41803	75653
科技交流和推广服务业	Services of Science and Technology Exchanges and Promotion	60375	44935	3130	7612	38838
地质勘查业	Geologic Prospecting	29907	19147	4000	4050	24103
水利、环境和公共设施管理业	**Management of Water Conservancy, Environment and Public Facilities**	**8344560**	**4764103**	**2357668**	**1098698**	**4417894**
水利管理业	Management of Water Conservancy	856188	428045	118551	303577	473517
环境管理业	Environmental Management	420040	266575	36549	113028	118442
公共设施管理业	Management of Public Facilities	7068332	4069483	2202568	682093	3825935
居民服务和其他服务业	**Services to Households and Other Services**	**268057**	**98137**	**51364**	**86010**	**223718**
居民服务业	Services to Households	182906	56192	34769	68932	159408
其他服务业	Other Services	85151	41945	16595	17078	64310
教育	**Education**	**1563744**	**966210**	**287981**	**134236**	**1024867**
卫生、社会保障和社会福利业	**Health, Social Security and Social Welfare**	**925036**	**582309**	**169962**	**103068**	**458545**
卫生	Health	780986	471332	150791	92333	358038
社会保障业	Social Security	7812	5812		2000	5800
社会福利业	Social Welfare	136238	105165	19171	8735	94707
文化、体育和娱乐业	**Culture, Sports and Entertainment**	**887876**	**621052**	**90856**	**145995**	**597629**
新闻出版业	Journalism and Publishing Activities	40751	35401	550	4500	74593
广播、电视、电影和音像业	Broadcasting, Movies, Television and Audiovisual Activities	73808	48796	6782	14985	21502
文化艺术业	Cultural and Art Activities	215380	170076	19676	18431	132446
体育	Sports Activities	129697	92646	22448	12083	120587
娱乐业	Entertainment	428240	274133	41400	95996	248501
公共管理和社会组织	**Public Management and Social Organization**	**1469801**	**943511**	**259448**	**180673**	**938784**
中国共产党机关	Organs of Communist Party of China	34779	18195	2420	12364	16571
国家机构	Government Agencies	1210973	781198	216120	136164	750705
人民政协和民主党派	People's Political Consultative Conference and Democratic Parties	227				
群众团体、社会团体和宗教组织	Non-Governmental Organizations, Social Organizations and Religion Organizations	61608	42038	9835	5232	43532
基层群众自治组织	Grass Roots Self-governing Organizations	162214	102080	31073	26913	127976

5—9 主要年份城镇50万元以上施工、投产项目个数

Number of Construction Projects over 500 Thousand Yuan under Construction and Put into Use in Urban Area

年份 Year	项目投资（万元）Investment in Projects (10000 yuan)	施工项目（个）Number of projects Under Construction (unit)	全部建成投产项目（个）Number of Projects Completed and Put into Use (unit)	项目建成投产率（%）Ratio of Projects Completed and Put into Use (%)	新增固定资产（万元）Newly Increased Fixed Assets (10000 yuan)	固定资产交付使用率（%）Ratio of Fixer Assets Put into Use (%)
2004	12529909	7071	3100	43.84	7451008	59.47
2005	16698200	10535	5050	47.94	8455176	50.64
2006	24237110	13293	6972	52.45	12199231	50.33
2007	35586665	16761	8090	48.27	19586434	55.04
2008	46389393	19749	10097	51.13	23778646	51.26
2009	64847813	26877	17406	64.76	40258135	62.08

5—10 各市城镇50万元以上施工、投产项目个数（2009年）

Number of Construction Projects over 500 Thousand Yuan under Construction and Put into Usein Urban Area by Region（2009）

地区	Region	项目投资（万元）Investment in Projects (10000 yuan)	施工项目（个）Number of projects Under Construction (unit)	全部建成投产项目（个）Number of Projects Completed and Put into Use (unit)	项目建成投产率（%）Ratio of Projects Completed and Put into Use (%)	新增固定资产（万元）Newly Increased Fixed Assets (10000 yuan)	固定资产交付使用率（%）Ratio of Fixer Assets Put into Use (%)
总计	**Total**	**64847813**	**26877**	**17406**	**64.76**	**40258135**	**62.08**
合肥市	Hefei	16237232	4166	3128	75.08	9410167	57.95
淮北市	Huaibei	2375458	737	508	68.93	2161256	90.98
亳州市	Bozhou	1327302	887	465	52.42	818071	61.63
宿州市	Suzhou	1842628	608	280	46.05	770336	41.81
蚌埠市	Bengbu	2652170	773	336	43.47	1047458	39.49
阜阳市	Fuyang	1815101	905	411	45.41	1061285	58.47
淮南市	Huainan	1969390	464	243	52.37	876323	44.50
滁州市	Chuzhou	4100349	2030	1231	60.64	2766179	67.46
六安市	Luan	2734925	2343	1716	73.24	1717417	62.80
马鞍山市	Maanshan	4346155	1582	1146	72.44	3543739	81.54
巢湖市	Chaohu	3347883	1578	1005	63.69	2513443	75.08
芜湖市	Wuhu	6736166	2305	1483	64.34	4053029	60.17
宣城市	Xuancheng	4798097	2332	1759	75.43	3929880	81.90
铜陵市	Tongling	2270032	616	311	50.49	929962	40.97
池州市	Chizhou	1341967	777	503	64.74	661296	49.28
安庆市	Anqing	4663358	2839	1729	60.9	2745848	58.88
黄山市	Huangshan	2289600	1935	1152	59.53	1252446	54.70

5—11 各市按经济类型分城镇建设项目投资（2009年）

Investment of Construction Items by Ownership & by Region (2009)

单位：万元　(10000 yuan)

地区	Region	总计 Total	内资 Domestic-funded	#国有及国有经济 State Controlling Share Hold	港澳台商经济 With Investment Investment from Hong Kong, Macao and Taiwan	外商投资经济 Foreign Funded	私营经济 Private Units	个体经济 Individual Ownership
总　计	**Total**	**64847813**	**61571047**	**24568910**	**1473494**	**1342550**	**16789968**	**460722**
合肥市	Hefei	16237232	15439736	6589430	260530	475753	3817157	61213
淮北市	Huaibei	2375458	2338404	913516	10714	26340	999057	
亳州市	Bozhou	1327302	1286987	705550	7640	536	154714	32139
宿州市	Suzhou	1842628	1802285	981395	24543	4495	422169	11305
蚌埠市	Bengbu	2652170	2421162	1209383	158156	67277	646780	5575
阜阳市	Fuyang	1815101	1749061	889228	4670	5914	177795	55456
淮南市	Huainan	1969390	1918739	1628122	15372	32699	37852	2580
滁州市	Chuzhou	4100349	3992979	1253129	56023	33579	1233549	17768
六安市	Luan	2734925	2622835	1009660	52220	47082	823270	12788
马鞍山市	Maanshan	4346155	4002976	1457514	141072	163435	1601621	38672
巢湖市	Chaohu	3347883	3231249	841441	6524	104230	1642460	5880
芜湖市	Wuhu	6736166	5971313	1534488	480780	220441	1898198	63632
宣城市	Xuancheng	4798097	4760422	1601726	10380	22505	1369433	4790
铜陵市	Tongling	2270032	2152565	1095981	98694	13093	261401	5680
池州市	Chizhou	1341967	1256322	369135	44460	38985	298993	2200
安庆市	Anqing	4663358	4415664	1423272	77486	45612	998350	124596
黄山市	Huangshan	2289600	2208348	1065940	24230	40574	407169	16448

5—12 各市城镇固定资产投资按三次产业分（2009年）

Investment in Fixed Assets in Urban Area Grouped By Three Industries by Region (2009)

单位：万元　(10000 yuan)

地区	Region	总计 Total	第一产业 Primary Industry	第二产业 Secondary Industry	#工业 Industry	第三产业 Tertiary Industry	#房地产 Real Estate Development	#住宅 Residential Buildings
总　计	**Total**	**81546076**	**973436**	**36293735**	**33899736**	**44278905**	**16698263**	**11755778**
合肥市	Hefei	22940791	82883	7159883	7008847	15698025	6703559	4681890
淮北市	Huaibei	2690598	17595	1751490	1737197	921513	315140	252722
亳州市	Bozhou	1543740	16501	580213	563792	947026	216438	145664
宿州市	Suzhou	2205815	12526	885982	779633	1307307	363187	320607
蚌埠市	Bengbu	3026125	13441	1400090	1395911	1612594	373955	314979
阜阳市	Fuyang	2246292	35964	1186387	819584	1023941	431191	320917
淮南市	Huainan	2516440	40166	1109296	1101163	1366978	547050	407556
滁州市	Chuzhou	4764044	67763	2870579	2527392	1825702	663695	448529
六安市	Luan	3169884	74338	1364886	1318648	1730660	434959	329694
马鞍山市	Maanshan	4973747	42245	2437869	2380507	2493633	627592	459030
巢湖市	Chaohu	3950094	93055	2078031	2077247	1779008	602211	454258
芜湖市	Wuhu	8804883	48122	4533551	4510550	4223210	2068717	1585383
宣城市	Xuancheng	5676569	182478	3503857	2604724	1990234	878472	536276
铜陵市	Tongling	2734740	24292	1119474	1096561	1590974	464708	336268
池州市	Chizhou	1811638	11674	793756	728105	1006208	469671	199323
安庆市	Anqing	5316683	144455	2704122	2648241	2468106	653325	474853
黄山市	Huangshan	3173993	65938	814269	601634	2293786	884393	487829

5—13 各市分行业城镇建设项目投资（2009年）

Investment of Town Construction Projects by Sector & by Region (2009)

单位：万元 (10000 yuan)

地区 Region	合计 Total	农林牧渔业 Farming, Foresry, Animal Husbandry and Fishery	采掘业 Mining and Quarrying	制造业 Manufacturing	电力、燃气及水的生产和供应业 Production and Supply of Electricity Gas and Water	建筑业 Construction	交通运输、仓储和邮政业 Transport, Storage and Postal Services	信息传输、计算机服务和软件业 Information, Circulation Computer Services and Software	批发和零售业 Wholesale and Retail Trade	住宿和餐饮业 Accommodation and Catering Trade
总计 Total	**64847813**	**973436**	**3180757**	**27777964**	**2941015**	**2393999**	**4649526**	**945769**	**2153761**	**1280089**
合肥市 Hefei	16237232	82883	3910	6383329	621608	151036	820449	352027	909449	453353
淮北市 Huaibei	2375458	17595	643292	991544	102361	14293	200419	29807	35801	8788
亳州市 Bozhou	1327302	16501	118288	388724	56780	16421	245185	12240	44732	4136
宿州市 Suzhou	1842628	12526	192919	549105	37609	106349	409256	19148	93205	7150
蚌埠市 Bengbu	2652170	13441		1192297	203614	4179	302462	47534	97213	35499
阜阳市 Fuyang	1815101	35964	244921	502613	72050	366803	78119	59040	40354	16142
淮南市 Huainan	1969390	40166	843179	204524	53460	8133	116027	23000	13089	22497
滁州市 Chuzhou	4100349	67763	67626	2389250	70516	343187	162890	41800	140156	21916
六安市 Luan	2734925	74338	230733	951310	136605	46238	433836	61780	20970	32283
马鞍山市 Maanshan	4346155	42245	95694	2001144	283669	57362	208447	60624	245607	85291
巢湖市 Chaohu	3347883	93055	188910	1762530	125807	784	240713	45763	52380	57859
芜湖市 Wuhu	6736166	48122	140084	4047699	322767	23001	327151	51111	127371	162838
宣城市 Xuancheng	4798097	182478	149652	2142487	312585	899133	130636	25848	49449	90963
铜陵市 Tongling	2270032	24292	110981	793531	192049	22913	272038	26652	29929	20095
池州市 Chizhou	1341967	11674	31746	651588	44771	65651	109167	4532	25060	32965
安庆市 Anqing	4663358	144455	94910	2333185	220146	55881	263559	53276	172253	84893
黄山市 Huangshan	2289600	65938	23912	493104	84618	212635	329172	31587	56743	143421

地区 Region	金融业 Banking	房地产业 Real Estate Trade	租赁和商务服务业 Leasing and Commercial Services	科学研究、技术服务和地质勘查业 Scientific Research, Technical Services and Geological Prospecting	水利、环境和公共设施管理业 Water Conservancy, Environmental and Public Facilities Management	居民服务和其他服务业 Resident Services and Other Services	教育 Education	卫生、社会保障和社会福利业 Health, Social Securities and Social Welfare	文化、体育和娱乐业 Culture, Sports and Entertainment	公共管理和社会组织 Public Management and Social Organizations
总计 Total	**177351**	**4078607**	**535705**	**300760**	**8344560**	**268057**	**1563744**	**925036**	**887876**	**1469801**
合肥市 Hefei	112463	1718260	227054	147831	2472718	147286	681231	354138	325267	272940
淮北市 Huaibei		170634	9398	4987	67224	10300	37366	14750	3860	13039
亳州市 Bozhou	4820	171207	11500	7010	77909	2465	33297	17759	9000	89328
宿州市 Suzhou	1600	112202	2703	1720	158308	6152	47298	18890	10022	56466
蚌埠市 Bengbu	5750	104066	61358	16980	392711	5370	67164	31373	10597	60562
阜阳市 Fuyang	980	103962	460	330	168161	1150	55588	30654	3651	34159
淮南市 Huainan	1115	61506		7186	487880	600	31372	36033	12161	7462
滁州市 Chuzhou	240	293630	2250	4704	314670	2941	36612	32821	9360	98017
六安市 Luan	361	222226	3485	21508	315213	6036	78407	56007	27167	16422
马鞍山市 Maanshan	9380	232304	33810	40736	707040	16520	84891	48928	55040	37423
巢湖市 Chaohu	395	238050	8260	7732	326867	5940	84229	50506	14630	43473
芜湖市 Wuhu	7091	247517	40296	9666	763132	9259	76309	71852	156903	103997
宣城市 Xuancheng	2910	33770	15540	6110	413327	12646	63374	24605	101764	140820
铜陵市 Tongling	13125	27477	25873	9521	570983	4613	19002	13244	13167	80547
池州市 Chizhou	4559	62007	58587		123213	1341	23992	12870	13564	64680
安庆市 Anqing	11736	137122	24695	12720	608277	14166	115294	69048	65437	182305
黄山市 Huangshan	826	142667	10436	2019	376927	21272	28318	41558	56286	168161

5—14 各市分行业城镇建设项目新增固定资产（2009年）

Newly Increased Fixed Assets of Town Construction Projects by Sector & by Region (2009)

单位：万元 (10000 yuan)

地区 Region	合计 Total	农林牧渔业 Farming, Foresry, Animal Husbandry and Fishery	采掘业 Mining and Quarrying	制造业 Manufacturing	电力、燃气及水的生产和供应业 Production and Supply of Electricity Gas and Water	建筑业 Construction	交通运输、仓储和邮政业 Transport, Storage and Postal Services	信息传输、计算机服务和软件业 Information, Circulation Computer Services and Software	批发和零售业 Wholesale and Retail Trade	住宿和餐饮业 Accommodation and Catering Trade
总计 Total	**40258135**	**761339**	**1950252**	**17545731**	**2181582**	**1952781**	**1975248**	**906874**	**1443497**	**937874**
合肥市 Hefei	9410167	52205	5410	3002755	343487	117898	320561	497945	670921	415902
淮北市 Huaibei	2161256	14359	567315	861658	298469	14293	90333	23494	35181	5515
亳州市 Bozhou	818071	13056	206145	159517	43774	28461	141043	12240	17891	380
宿州市 Suzhou	770336	10171	29542	310419	23184	81859	24034	16301	27581	1060
蚌埠市 Bengbu	1047458	7901		515851	45623	330	69117	13075	27785	27863
阜阳市 Fuyang	1061285	28766	1200	305341	45357	297627	38257	7398	16846	3495
淮南市 Huainan	876323	23179	353103	204418	44919	6133	24165	13398	2072	12167
滁州市 Chuzhou	2766179	40909	32935	1601121	35961	270031	161673	33004	70987	8890
六安市 Luan	1717417	56077	43487	760395	120315	38374	217294	37575	18210	26853
马鞍山市 Maanshan	3543739	35675	74170	1507462	554357	56066	130199	67244	209166	66080
巢湖市 Chaohu	2513443	75134	161352	1301574	97939		163656	40310	44630	56090
芜湖市 Wuhu	4053029	42004	125477	2747938	69425	19057	195614	44411	69678	102567
宣城市 Xuancheng	3929880	204745	142292	1763411	203816	770404	107980	18440	40988	88335
铜陵市 Tongling	929962	9165	117690	421750	52485	20443	40881	26861	9705	7865
池州市 Chizhou	661296	10574	6980	359176	16036	34681	40963	3468	24679	14941
安庆市 Anqing	2745848	96484	71254	1421034	130649	46914	107451	28755	134560	35544
黄山市 Huangshan	1252446	40935	11900	301911	55786	150210	102027	22955	22617	64327

地区 Region	金融业 Banking	房地产业 Real Estate Trade	租赁和商务服务业 Leasing and Commercial Services	科学研究、技术服务和地质勘查业 Scientific Research, Technical Services and Geological Prospecting	水利、环境和公共设施管理业 Water Conservancy, Environmental and Public Facilities Management	居民服务和其他服务业 Resident Services and Other Services	教育 Education	卫生、社会保障和社会福利业 Health, Social Securities and Social Welfare	文化、体育和娱乐业 Culture, Sports and Entertainment	公共管理和社会组织 Public Management and Social Organizations
总计 Total	**104013**	**2346349**	**305228**	**185930**	**4417894**	**223718**	**1024867**	**458545**	**597629**	**938784**
合肥市 Hefei	62033	902812	172206	96227	1660815	135487	421321	117734	256523	157925
淮北市 Huaibei		91087	14820	4987	59940	12100	24395	8003	25735	9572
亳州市 Bozhou	220	70226			34023	550	11987	11964	2545	64049
宿州市 Suzhou	1500	65964	1453	1720	101814	5700	38468	6716	2572	20278
蚌埠市 Bengbu	5454	48309	15220	4281	154051	3740	46131	22820	9208	30699
阜阳市 Fuyang	100	67253	300		179529	1000	36539	9082	1041	22154
淮南市 Huainan	44	31450		270	108640	600	11406	27440	9451	3468
滁州市 Chuzhou	240	169051	1360	4704	221838	1110	26715	14757	3420	67473
六安市 Luan	563	83485	6835	17295	144762	4431	67740	36006	22362	15358
马鞍山市 Maanshan	4880	162231	8810	25350	479013	15570	43162	24314	58450	21540
巢湖市 Chaohu	395	217550	13709	7920	172431	4690	68386	38333	8720	40624
芜湖市 Wuhu	6291	156372	31422	2435	314333	7949	37780	10733	30412	39131
宣城市 Xuancheng	2910	27520	8450	6110	231693	12146	42082	19905	96074	142579
铜陵市 Tongling	11072	8117	11438	3058	113897	5373	14577	9787	1964	43834
池州市 Chizhou		42355	1140		20949	1000	29538	15194	4025	35597
安庆市 Anqing	7330	109142	14749	9263	251945	7910	82487	57822	20128	112427
黄山市 Huangshan	981	93425	3316	2310	168221	4362	22153	27935	44999	112076

5—15 各市按资金来源和隶属关系分的城镇建设项目投资（2009年）

Investment of Urban Construction Projects by Source of Funds and Administrative Relationship (2009)

单位：万元 (10000 yuan)

地区	Region	按资金来源分 By Source of Funds					按隶属关系分 By Administrative Relationship	
		国家预算内资金 State Budgetary Appropriations	国内贷款 Domestic Loans	利用外资 Foreign Investment	自筹资金 Fund-raising	其他资金 Others	中央项目 Central Covernment Projects	地方项目 Local Projects
总计	**Total**	**5307316**	**7573540**	**710843**	**49943405**	**2481305**	**2489382**	**62358431**
合肥市	Hefei	1293914	1476141	31107	14292468	419414	240129	15997103
淮北市	Huaibei	46565	123261	5076	2116439	59399	49713	2325745
亳州市	Bozhou	237444	135093	8091	853202	119984	16380	1310922
宿州市	Suzhou	192652	343637	600	1307998	57051	262687	1579941
蚌埠市	Bengbu	154832	373790	99791	1886521	95634	247201	2404969
阜阳市	Fuyang	283952	260734	7020	1091773	140400	257043	1558058
淮南市	Huainan	131940	542469	15853	1035898	49112	87071	1882319
滁州市	Chuzhou	265295	562242	90385	3083394	218959	58752	4041597
六安市	Luan	628201	218202	54545	1930640	95646	302622	2432303
马鞍山市	Maanshan	117158	1171285	60425	2979415	18817	139823	4206332
巢湖市	Chaohu	248228	175334	21869	2936352	112724	28520	3319363
芜湖市	Wuhu	276509	591662	184838	5485886	107411	388884	6347282
宣城市	Xuancheng	473879	209406	23418	3944808	139016	73030	4725067
铜陵市	Tongling	348583	516208	12290	931372	128198	118845	2151187
池州市	Chizhou	145332	227169	20088	1116941	84341	48036	1293931
安庆市	Anqing	208480	444093	24846	3355319	421027	132351	4531007
黄山市	Huangshan	254352	202814	50601	1594979	214172	38295	2251305

5—16 各市按构成和建设性质分的城镇建设项目投资（2009年）

Investment of Urban Construction Projects by Use of Funds and Type of Constrnction (2009)

单位：万元 (10000 yuan)

地区	Region	投资额 Investment	按构成分 By Use of Funds			按建设性质分 By Type of Construction		
			建筑安装工程 Construction and Installation	设备、工器具购置 Purchase of Equipment and Instruments	其他费用 Others	新建 New Construction	扩建 Expansion	改建 Recon-struction
总计	**Total**	**64847813**	**41168998**	**15680912**	**7997903**	**38150805**	**11946766**	**12271873**
合肥市	Hefei	16237232	11274193	3156529	1806510	9157313	2826686	3243974
淮北市	Huaibei	2375458	1216121	842779	316558	1247028	434850	582176
亳州市	Bozhou	1327302	880809	245622	200871	860957	173816	254638
宿州市	Suzhou	1842628	1319756	401379	121493	1593476	128332	96079
蚌埠市	Bengbu	2652170	1697682	742519	211969	1647422	415417	477242
阜阳市	Fuyang	1815101	1345616	296879	172606	634737	767446	390845
淮南市	Huainan	1969390	1099058	461851	408481	735375	118444	1034059
滁州市	Chuzhou	4100349	2563809	1076911	459629	2496879	508131	1004045
六安市	Luan	2734925	2049822	513770	171333	2051848	384129	274833
马鞍山市	Maanshan	4346155	2273138	1518993	554024	1652026	1512492	1107983
巢湖市	Chaohu	3347883	1941326	940422	466135	2022831	809197	423468
芜湖市	Wuhu	6736166	3904009	2045840	786317	4056331	1654988	816962
宣城市	Xuancheng	4798097	2893939	1128465	775693	2861386	543824	1224338
铜陵市	Tongling	2270032	1163404	565067	541561	1736947	170649	230719
池州市	Chizhou	1341967	851463	279212	211292	925595	148717	199693
安庆市	Anqing	4663358	2978355	1200894	484109	2851751	1124132	522886
黄山市	Huangshan	2289600	1716498	263780	309322	1618903	225516	387933

5—17 城镇建设项目新增主要产品生产能力
Newly Increased Production Capacity Through Urban Construction Projects

名称		Item		2000	2005	2008	2009
原煤开采	（万吨/年）	Coal Mining	(10000 tons/year)	180	45	1075	585
焦 炭	（万吨/年）	Coke	(10000 tons/year)		80		0.1
铁矿石原矿开采	（万吨/年）	Crude Iron Ore Mining	(10000 tons/year)		187	304.61	634.1
钢 材	（万吨/年）	Steels	(10000 tons/year)		132.5	706.9	465
热轧钢材		Hot-rolling Steel			70.5	160	308
冷加工钢材		Cold Working Steel			52	8.2	154
发电机组容量	（万千瓦）	Capacity of Power Generating Sets	(10000 kw)	90.0	190.8	582.9	1045.4
水力发电		Hydropower			7.4	19.4	363.7
火力发电		Thermal Power		90.0	183.3	394.4	552.8
水 泥	（万吨/年）	Cement	(10000 tons/year)	30	1795.65	2048.5	4130
平板玻璃	（万重量箱/年）	Plate Glass	(10000 weight cases/year)		170.5	722	956.5
农用氮、磷、钾化学肥料	（吨/年）	Chemical Fertilizers	(ton/year)		168300		421420
氮 肥		Nitrogen Fertilizers			152300	44000	412500
磷 肥		Phosphate Fertilizers			16000	3000	8800
塑料树脂及共聚物	（吨/年）	Plastic Resin and Copolymer	(ton/year)		9501	19885.52	40701
载货汽车制造		Trucks			10000		22650
轿车制造		Cars			70000	1000	17500
客车制造		Units			60150	385150	
化学纤维	（吨/年）	Chemical Fiber	(ton/year)		8000	10550.1	7839
棉纺锭	（锭）	Cotton Printing and Dyeing	(unit)		126340	102380	
家用洗衣机	（万台/年）	Household Washing Machines	(10000 units/year)		140	350	
新建公路	（公里）	Length of New Highways	(km)	187	1289.23	1867.96	1172.9
#高速公路		Expressway			187.2	319.6	
改建公路	（公里）	Length of Reconstructed Highways	(km)	520	1671.74	3360.93	2901.82
城市自来水供水能力	（万吨/日）	Tap Water Supply Capacity	(10000 tons/day)	2	23.7	192.07	78.01
城市污水处理能力	（万吨/日）	Urban Waster Water Treatment Capacity	(10000 tons/day)		43.6	80.6	57
机制纸	（万吨／年）	Machine-made Paper	(10000 tons/year)		46.5	0.26	

5—18 房地产开发主要指标
Main Indicators of Real Estate Development

指　标		Item		2000	2005	2006	2008	2009
企业个数	**（个）**	**Number of Enterprises**	**(unit)**	**988**	**1917**	**2194**	**3277**	**3097**
内　资		Domestic Funded		901	1811	2070	3139	2966
#国　有		State-owned Enterprises		298	145	133	140	125
集　体		Collective Enterprises		148	51	44	32	28
港、澳、台投资		Funded by Entrepreneurs from Hong Kong, Macao and Taiwan		65	56	66	79	74
外商投资		Foreign Funded		22	50	58	59	57
平均从业人数	**（人）**	**Average Number of Employed Persons**	**(person)**	**27839**	**49030**	**58805**	**73864**	**68443**
内　资		Domestic Funded		26005	46681	55816	70200	64023
#国　有		State-owned Enterprises		9378	5301	4242	5507	4631
集　体		Collective Enterprises		3848	1336	1160	800	448
港、澳、台投资		Funded by Entrepreneurs from Hong Kong, Macao and Taiwan		1386	1276	1729	2232	2537
外商投资		Foreign Funded		448	1073	1260	1432	1883
本年完成投资额	**（万元）**	**Investment Completed this Year**	**(10000 yuan)**	**879261**	**4594413**	**6374464**	**13626657**	**16698263**
#住　宅		Residential Buildings		575174	3233619	4809034	10115919	11755778
#经济适用房屋		Economical Houses		169288	97301	143014	235303	241184
土地开发及购置	**（万平方米）**	**Land Development and Purchase**	**(10000 sq.m)**					
本年土地开发面积		Land Space Developed this Year		428.01	1067.17	1020.39	1519.34	856.50
本年土地购置面积		Land Space Purchased this Year		641.30	1896.39	1693.50	2248.47	1918.59
资金来源小计	**（万元）**	**Source of Funds**	**(10000 yuan)**	**977459**	**5430807**	**7266731**	**14789981**	**22616131**
#国内贷款		Domestically Loans		185685	757235	969852	1766385	2968570
利用外资		Foreign Investment		19163	67788	69761	196425	158549
自筹资金		Fundraising		325053	2288821	2905581	7525847	9301533
房屋建筑面积	**（万平方米）**	**Floor Space of Buildings**	**(10000 sq.m)**					
施工面积		Floor Space Under Construction		1693.36	5306.92	7062.41	11729.43	14169.62
竣工面积		Floor Space Completed		759.33	1816.86	2067.23	2541.12	2861.25
本年新开工面积		Floor Space Started this Year		900.58	2623.41	3171.88	4585.04	5319.72
#住　宅		Residential Buildings		713.17	2181.61	2607.23	3732.52	4218.04
#经济适用房屋		Economical Houses		240.92	58.90	112.57	159.09	170.81
商品房屋销售面积	**(万平方米)**	**Floor Space of Selling House**	**(10000 sq.m)**	**536.20**	**1907.21**	**2307.83**	**2785.83**	**4030.92**
#住　宅		Residential Buildings		462.82	1686.03	2037.54	2542.60	3646.44
#经济适用房屋		Economical Houses		142.97	63.22	89.77	55.20	73.21
商品房屋销售价格	**(元/平方米)**	**Selling Price of House**	**(yuan/sq.m)**	**1193**	**2220**	**2322**	**2949**	**3420**
#住　宅		Residential Buildings		1040	2065	2153	2808	3235
#经济适用房屋		Economical Houses		878	1059	1325	1731	1657
实收资金合计	**（万元）**	**Total Capital Hold**	**(10000 yuan)**	**801091**	**2976285**	**4186029**	**7853337**	**6923493**
#国家资本金		State Capital		28926	266769	779917	867985	512002
资产负债率	(%)	Ratio of Liabilities to Assets	(%)	68	70	69	71	75
经营总收入	**（万元）**	**Total Revenue**	**(10000 yuan)**	**701896**	**2720528**	**3659888**	**6959557**	**9597305**
#土地转让收入		land Transferred		12293	12785	17610	44760	137598

5—19 房地产开发投资（2009年）
Investment in Real Estate Development (2009)

项目	Item	企业数（个）Number of Enterprises (unit)	计划总投资（万元）Total Planned Investment (10000 yuan)	累计完成投资（万元）Accumulative Investment Actually Made (10000 yuan)	本年完成投资（万元）Investment Completed in this Year (10000 yuan)	#土地开发投资额 Investment in Land Development	配套工程投资 Amount of Investment on Auxiliary Project
总计	**Total**	**3097**	**64543242**	**40400408**	**16698263**	**1191770**	**289791**
按注册类型分	**Grouped by Status of Registration**						
内资	Domestic Funded	2966	58283582	36270820	15244855	1104930	220825
#国有	State-owned Enterprises	125	3384754	2194445	951897	38765	31966
集体	Collective Enterprises	28	80999	57052	26862	3458	497
港、澳、台投资	Funded by Entrepreneurs from Hong Kong, Macao and Taiwan	74	3750013	2618429	931471	56937	46287
外商投资	Foreign Funded	57	2509647	1511159	521937	29903	22679
按隶属关系分	**Grouped by Administrative Relationship**						
中央	Central Government	8	1135472	391534	179410	5451	350
省	Province	62	4539977	3142724	1142282	81914	20910
地区	Prefecture	382	10941432	7424494	2703572	103398	36544
县	County	246	3793207	2169307	1174904	87307	11866
乡镇企业	Township and Village Enterprises	3	15800	7505	7505		
其他	Other	2396	44117354	27264844	11490590	913700	220121

项目	Item	本年新增固定资产（万元）Newly Increased Fixed Assets in this Year (10000 yuan)	本年完成开发土地面积（平方米）Land Space Developed this Year (sq.m)	待开发土地面积（平方米）Land Space Needed to be Developed (sq.m)	本年购置土地面积（平方米）Land Space Purchased this Year (sq.m)	本年土地成交价款（万元）Volume of Land Business (10000 yuan)
总计	**Total**	**6689861**	**8565017**	**18280983**	**19185913**	**2356231**
按注册类型分	**Grouped by Status of Registration**					
内资	Domestic Funded	6194165	7390075	15128464	17987954	2286224
#国有	State-owned Enterprises	295904	307593	399470	433390	36522
集体	Collective Enterprises	15402	50935	6000	88147	4307
港、澳、台投资	Funded by Entrepreneurs from Hong Kong, Macao and Taiwan	222188	350034	1176517	652534	44707
外商投资	Foreign Funded	273508	824908	1976002	545425	25300
按隶属关系分	**Grouped by Administrative Relationship**					
中央	Central Government	1650	137167	708335	73000	7100
省	Province	224933	218090	383337	555529	102547
地区	Prefecture	805261	793553	2334642	1205880	156052
县	County	540161	641776	969220	2489595	185073
乡镇企业	Township and Village Enterprises	1150				
其他	Other	5116706	6774431	13885449	14861909	1905459

5—20 房地产开发企业（单位）财务状况
Enterprise's Financial Situation in Real Estate Development

单位：万元 (10000 yuan)

项目	Item	2000	2005	2008	2009
年初存货	**Opening Stock This Year**		**3403211**	**10400243**	**14562527**
年末资产负债	**Assets and Liabilities at the Year-end**				
流动资产合计	Total of Current Assets		10211981	26833209	35184214
#存货	Stock		5013742	14569539	18424589
固定资产原价	Prime Cost of Fixed Assets		642349	1210189	1592388
累计折旧	Progressive Depreciation	51914	115739	236686	619780
#本年折旧	Depreciation This Year	11650	28292	63762	119037
资产总计	Total of Assets	2471288	12152955	31573303	41275462
负债合计	Total of Liabilities	1685674	8530794	22491947	30755216
所有者权益合计	Total of Ownership Interest	785614	3622161	9081356	10520246
#实收资本	Pail-up Capital	801091	2976285	7853337	6923493
国家资本	National Capital	28926	266769	867985	512002
集体资本	Collectively Owned Capital		64849	131754	80879
法人资本	Capital of Artificial Person		1245856	3171874	3586648
个人资本	Individual Capital		1191508	3200986	2264140
港澳台资本	Capital of Hong Kong, Macao and Taiwan		106341	190019	211725
外商资本	Foreign Capital		100962	290719	268099
损益及分配	**Profit and Loss and Distribution**				
主营业务收入	Main Business Earning	701896	2720528	6959557	9597305
土地转让收入	Earning of Land Transfer	12293	12785	44760	137598
商品房屋销售收入	Sales Revenue of Commercial Houses	651655	2643962	6687380	9311335
房屋出租收入	Rental Income of Buildings	1781	17969	25581	20872
其他收入	Other Income	36167	45812	201835	127500
主营业务成本	Main Business Cost		2150369	5193892	7270881
主营业务税金及附加	Main Business Tax and Affixation	38186	165159	455391	705100
主营业务利润	Main Business Profit		325943	1076301	1524926
其他业务收入	Other Business Earning		15622	26571	45516
其他业务利润	Other Business Profit		14302	28916	42091
销售费用	Sales Expense		79057	234542	239009
管理费用	Management Expense		193611	433267	452815
财务费用	Financial Expense		57022	102610	159192
营业利润	Operating Profit	-14439	89612	568771	812400
投资收益	Investment Yield		2949	14227	11630
利润总额	Total of Profit		91318	502556	825833
应交所得税	Payable Income Tax		45306	129076	198797
劳动、失业保险费	Labor and Unemployment Insurance Expenses		4039	12554	22869
住房公积金及住房补贴	Public Accumulation Fund and Subsidy for Housing Construction		1564	3800	4295
工资、福利费	**Wages and Welfares**				
本年应付工资总额	Total Payable Wages This Year		71633	188153	237809
本年应付福利费总额	Total Payable Welfares This Year		18740	20675	20333
全部从业人员年平均人数（人）	**Average Number of Staff and Workers (person)**	**27839**	**49030**	**73864**	**68443**

5—21 房地产开发企业（单位）投资、资金和土地情况
Investment, Funds and Land Condition of Real Estate Developer

单位：万元 (10000 yuan)

指　标	Item		2005	2008	2009
计划总投资	Total Planned Investment		19301096	48074128	64543242
自开始建设累计完成投资	Accumulative Investment Actually Made Since Starting of Construction up to the End		8452758	30225449	40400408
本年完成投资	Investment Made this Year		4594413	13626657	16698263
#土地开发投资额	Land Development		444798	1300158	1191770
配套工程投资	Auxiliary Project		92904	466070	289791
#国有控股	State-holding Stock			2159712	2868127
按构成分：建筑工程	Grouped by Composition: Construction Project		2910705	8826711	11052885
安装工程	Installation Project		192634	787631	1197792
设备工器具购置	Purchase of Equipment and Instrument		42448	212038	256639
其他费用	Other Expenses		1448626	3800277	4190947
#旧建筑物购置费	Total Expenses of Purchasing Old Buildings		35903	127449	124290
土地购置费	Total Value of Land Purchased		1005275	2698862	2919765
按工程用途分：	Grouped by the Use of Project				
住　宅	Residential Buildings		3233619	10115919	11755778
#90平方米以下	Below $90m^2$			2476554	3602568
140平方米以上	Above of $140m^2$			814300	1066395
#经济适用房	Economically Affordable Houses		97301	235303	241184
别墅、高档公寓	Villas and Good Apartments		61564	307074	475665
办公楼	Office Buildings		132116	378339	721124
商业营业用房	Houses for Business Use		648456	1722382	2362832
其　他	Other		580222	1410017	1858529
本年新增固定资产	Newly Increased Fixed Assets This Year		2366611	4712756	6689861
本年资金来源合计	Total by Source of Funds This Year		6388421	16791683	25161043
上年末结余资金	Surplus Funds at the End of Last Year		957614	2001702	2544912
本年资金来源小计	Total Funds this Year		5430807	14789981	22616131
国内贷款	Domestic Loans		757235	1766385	2968570
利用外资	Foreign Investment		67788	196425	158549
自筹资金	Self-raising Fund		2288821	7525847	9301533
其他资金来源	Others		2316963	5301324	10187479
本年各项应付款合计	Total of All Payable Account This Year		630600	1820593	2894090
#工程款	Project Account		415047	952133	1445597
本年完成开发土地面积(万平方米)	Land Space Developed this Year	(10000 sq.m)	1067.17	1519.34	856.50
待开发土地面积　(万平方米)	Land Space Prepared for Development	(10000 sq.m)	1504.06	2924.50	1828.10
本年购置土地面积　(万平方米)	Land Space Purchased this Year	(10000 sq.m)	1896.39	2248.47	1918.59
本年土地成交价款	Land Costs This Year		1195393	2144620	2356231

5—22 房地产开发企业财务状况（2009年）

项　目	Item	流动资产合计 Circulating Funds	#存货 Stock	固定资产原价 Original Value of Fixed Assets	累计折旧 Accumulated Depreciation	资产合计 Total Assets
总　计	**Total**	**35184214**	**18424589**	**1592388**	**619780**	**41275462**
国有及国有控股企业	State Controlling Share Hold Enterprises	6992035	3565965	280972	85633	8551151
按注册类型分	**Grouped by Status of Registration**					
内　资	Domestic Funded	32030018	16806769	1460886	593759	37599200
#国　有	State-owned Enterprises	1720531	793847	123855	54081	2322452
集　体	Collective Enterprises	132987	52417	26809	9222	160706
港、澳、台投资	Funded by Entrepreneurs from Hong Kong, Macao and Taiwan	1939159	1009641	70383	15959	2281482
外商投资	Foreign Funded	1215037	608179	61119	10061	1394780
按隶属关系分	**Grouped by Administrative Relationship**					
中　央	Central Government	302160	218119	851	367	316471
省	Province	2579263	1267069	48526	21056	2989861
地　区	Prefecture	5792219	3089312	255586	97605	7186561
县	County	2675412	1265688	147776	22592	3206506
乡镇企业	Township and Village Enterprises	114313	56417	4733	1158	157122
其　他	Other	23720847	12527984	1134916	477002	27418941
按资质等级分	**Grouped by qualification grade**					
一　级	First Grade	673988	309369	32306	7312	875017
二　级	Second Grade	5169279	2493963	320531	120193	6410033
三　级	Third Grade	9012720	4205527	464338	132373	10652163
四　级	Forth Grade	1398908	732853	59348	17876	1623341

5—23 各市房地产开发企业财务状况（2009年）

地　区	Region	流动资产合计 Circulating Funds	#存货 Stock	固定资产原价 Original Value of Fixed Assets	累计折旧 Accumulated Depreciation	资产合计 Total Assets
总　计	**Total**	**35184214**	**18424589**	**1592388**	**619780**	**41275462**
合 肥 市	Hefei	13713916	6890201	742610	409657	16401173
淮 北 市	Huaibei	812107	397435	28894	9693	904719
亳 州 市	Bozhou	276551	156846	6666	1642	338201
宿 州 市	Suzhou	585538	204669	18529	3780	657515
蚌 埠 市	Bengbu	1780508	1117657	75649	8408	2057159
阜 阳 市	Fuyang	1194841	612297	65180	10203	1327637
淮 南 市	Huainan	1180352	698183	31400	8796	1360081
滁 州 市	Chuzhou	987941	508915	32406	6537	1139158
六 安 市	Luan	916891	457060	45301	9040	1199927
马鞍山市	Maanshan	1065982	577792	56931	12392	1318493
巢 湖 市	Chaohu	1520164	814308	38002	10177	1865548
芜 湖 市	Wuhu	5034431	2733687	134445	20589	5720219
宣 城 市	Xuancheng	1190231	709698	17461	5313	1300597
铜 陵 市	Tongling	890538	452104	30320	6787	1042997
池 州 市	Chizhou	889240	424092	19496	5378	967449
安 庆 市	Anqing	1986098	1081837	205851	84121	2353150
黄 山 市	Huangshan	1158886	587809	43248	7266	1321439

Enterprise's Financial Situation in Real Estate Development (2009)

单位：万元　(10000 yuan)

负债合计 Total Liabilities	资产负债率(%) Ratio of Liabilities to Assets (%)	所有者权益合计 Owners Equity	实收资本 Capital Hold	主营业务收入 Main Business Income	土地转让收入 Revenue of Land Transfer	主营业务成本 Main Business Cost	主营业务税金及附加 Main Business and Extra Charges	主营业务利润 Main Business Profits	投资收益 Income on Investments	本年应付工资总额 Wages Payable This Year	全部从业人员年平均数(人) Annual Average Employed Persons (person)
30755216	**74.51**	**10520246**	**6923493**	**9597305**	**137598**	**7270881**	**705100**	**1524926**	**11630**	**237809**	**68443**
5902822	69.03	2648328	1140057	1836519	105237	1410376	120181	296438	7915	36738	9450
28120748	74.79	9478452	6029639	8748609	134737	6640568	646378	1376069	10864	188418	64023
1805591	77.75	516862	377741	614573	8304	504814	37813	68677	2310	15203	4631
135563	84.35	25143	16775	37904		26617	2334	8733		1161	448
1676812	73.50	604670	541660	469866	460	349153	34423	81293	766	43944	2537
957656	68.66	437125	352195	378830	2402	281160	24299	67563		5447	1883
280703	88.70	35767	20630	41570		31417	2506	7083	4259	1869	212
2631846	88.03	358015	349585	790869		640692	95940	52695	2196	13546	2326
5053047	70.31	2133515	1183264	1351779	7216	979665	104029	254351	4043	33656	10483
2093801	65.30	1112704	480350	545948	21292	414821	35857	91019	1460	13452	5004
111833	71.18	45289	42869	52299	328	43741	3335	4384	527	1192	615
20583985	75.07	6834956	4846796	6814841	108763	5160545	463433	1115393	-856	174094	49803
636645	72.76	238373	53342	221306		162951	13939	42347	415	3977	1482
4965422	77.46	1444611	948057	1674986	6366	1296765	114552	250146	7697	36206	9076
7998323	75.09	2653839	1678972	2992066	35279	2225944	200783	540423	5448	53770	21436
1197643	73.78	425699	346244	580925		448085	35066	89874	765	17269	7444

Enterprise's Financial Situation in Real Estate Development by Region (2009)

单位：万元　(10000 yuan)

负债合计 Total Liabilities	资产负债率(%) Ratio of Liabilities to Assets (%)	所有者权益合计 Owners Equity	实收资本 Capital Hold	主营业务收入 Main Business Income	土地转让收入 Revenue of Land Transfer	主营业务成本 Main Business Cost	主营业务税金及附加 Main Business and Extra Charges	主营业务利润 Main Business Profits	投资收益 Income on Investments	本年应付工资总额 Wages Payable This Year	全部从业人员年平均数(人) Annual Average Employed Persons (person)
30755216	**74.51**	**10520246**	**6923493**	**9597305**	**137598**	**7270881**	**705100**	**1524926**	**11630**	**237809**	**68443**
12747507	77.72	3653666	2656506	4026306		3054736	328851	614321	9620	67554	17050
629892	69.62	274826	206138	221204		166229	13831	33445	-3356	5177	2981
225731	66.74	112470	90305	114942		96998	8460	8798		3113	1219
518048	78.79	139468	105146	167810		153198	11959	2324		6211	1956
1286710	62.55	770449	177885	174812		103602	16662	49456	1444	7631	2655
993757	74.85	333879	235046	323647	18354	248868	24506	46537		8767	3664
1070518	78.71	289563	235442	262851		208806	22173	20982		8907	2708
825212	72.44	313946	221214	390181		287040	28023	73294	151	6904	3314
827682	68.98	372245	175820	443934	8638	325162	27451	85467	2200	9507	3210
1012435	76.79	306058	184749	379054	6366	299172	24180	53075	-25	8601	2342
1192894	63.94	672654	465439	438444	108	334908	28165	68848	4	11271	4662
4287834	74.96	1432385	806545	736017	98871	522482	49890	161096	768	14779	5055
945414	72.69	355183	245938	470415	1551	357010	31503	79081	1705	8809	2913
742441	71.18	300556	215071	192680		144940	11506	34582	26	5407	1860
673431	69.61	294018	251070	391406		315355	24319	45093	-18	6537	2254
1910968	81.21	442182	279005	589951	3251	449864	35232	99025	27	14811	6862
864741	65.44	456698	372173	273652	460	202513	18389	49503	-915	43823	3738

5—24 房地产开发企业（单位）施工、销售和空置情况（2009年）

Basic Statistics on Construction, Sales and Vacant Space of Real Estate Developer (2009)

指标 Item	合计 Total	按工程用途分 Grouped by the Use of Project 住宅 Residential Buildings	经济适用房屋 Economical Houses	办公楼 Office Buildings	商业营业用房 Houses for Business Use	其他 Others
房屋施工面积（万平方米）Floor Space of Buildings Under Construction (10000 sq.m)	14169.6	11289.6	371.9	433.2	1820.8	626.1
#新开工面积 Newly Started	5319.7	4218.0	170.8	163.5	696.2	242.0
房屋竣工面积（万平方米）Floor Space of Buildings Completed (10000 sq.m)	2861.3	2350.6	80.7	62.6	366.6	81.4
#不可销售面积 Not for Sale	121.8	91.2	6.5	2.4	8.6	19.7
商品住宅竣工套数（套）Sets of Commercial Residential Buildings Completed (set)		217388	8841			
竣工房屋价值（万元）Value of Buildings Completed (10000 yuan)	5551872	4374072	99950	185803	841745	150252
出租房屋面积（万平方米）Floor Space of Buildings for Renting (10000 sq.m)	88.8	0.6		6.0	73.1	9.1
商品房销售面积（万平方米）Floor Space of Selling House (10000 sq.m)	4030.9	3646.4	73.2	49.5	299.0	35.9
#现房销售面积 Floor Space of Accomplished Buildings Sold	828.2	696.7	46.2	17.4	104.0	10.1
期房销售面积 Floor Space of Futures Marketable Housings Sold	3202.8	2949.7	27.0	32.2	195.0	25.8
商品房销售额（万元）Total Sales of Commercial Houses (10000 yuan)	13783861	11796852	121348	214381	1677182	95446
#现房销售额 Sales Value of Accomplished Buildings	2398519	1776448	71866	52405	546939	22727
期房销售额 Sales Value of Futures House	11385342	10020404	49482	161976	1130243	72719
商品住宅销售套数（套）Sets of Commercial Residential Buildings Sold (set)		351367	8532			
#现房销售套数 Sets of Accomplished Buildings Sold		63418	5129			
期房销售套数 Sets of Futures House		287949	3403			
空置面积（万平方米）Floor Space of Vacant Houses (10000 sq.m)	491.9	303.3	3.8	15.6	142.9	30.1
空置1-3年 Vacant 1-3 Years	275.6	170.4	3.4	7.9	75.5	21.8
空置3年以上 Vacant More than 3 Years	25.9	10.2		4.8	9.2	1.7

5—25 各市房地产开发企业（单位）个数（2009年）
Number of Enterprises for Real Estate Development by Region (2009)

单位：个 (unit)

地 区 Region		企业个数 Number of Enterprises	内资企业 Domestic Funded Enterprises	#国有 State-owned	#集体 Collective-owned	#私营 Private Units	港澳台投资企业 Funded by Entrepreneurs from Hong Kong, Macao and Taiwan	外商投资企业 Foreign Funded Enterprises	国有及国有控股 State-owned and State Controlling Share Hold Enterprises
总 计	**Total**	**3097**	**2966**	**125**	**28**	**1122**	**74**	**57**	**294**
合 肥 市	Hefei	738	680	40	6	218	32	26	110
淮 北 市	Huaibei	125	120	10	1	93	1	4	12
亳 州 市	Bozhou	67	65	4		20	2		7
宿 州 市	Suzhou	100	100	3	1	35			8
蚌 埠 市	Bengbu	113	109	8	3	31	2	2	19
阜 阳 市	Fuyang	174	168	5	1	44	6		9
淮 南 市	Huainan	86	85	2	1	41		1	9
滁 州 市	Chuzhou	173	170	4	1	44	2	1	15
六 安 市	Luan	108	108	4	1	51			10
马鞍山市	Maanshan	132	126	4	1	87	2	4	10
巢 湖 市	Chaohu	186	179	6	2	79	1	6	13
芜 湖 市	Wuhu	203	187	10		65	11	5	19
宣 城 市	Xuancheng	197	196	2		35		1	4
铜 陵 市	Tongling	102	99	4	1	36	3		15
池 州 市	Chizhou	150	142	3	3	84	2	6	7
安 庆 市	Anqing	259	253	9	6	96	5	1	15
黄 山 市	Huangshan	184	179	7		63	5		12

5—26 各市房地产开发企业（单位）从业人数（2009年）
Number of Employed Persons in Enterprises for Real Estate Development by Region (2009)

单位：人 (person)

地 区 Region		平均从业人数 Average Number of Employed Persons	内资企业 Domestic Funded Enterprises	#国有 State-owned	#集体 Collective-owned	#私营 Private Units	港澳台投资企业 Funded by Entrepreneurs from Hong Kong, Macao and Taiwan	外商投资企业 Foreign Funded Enterprises	国有及国有控股 State-owned and State Controlling Share Hold Enterprises
总 计	**Total**	**68443**	**64023**	**4631**	**448**	**22097**	**2537**	**1883**	**9450**
合 肥 市	Hefei	17050	15469	1762	73	4053	1087	494	3785
淮 北 市	Huaibei	2981	2510	167	26	1858	39	432	286
亳 州 市	Bozhou	1219	1187	218		399	32		250
宿 州 市	Suzhou	1956	1956	48	12	716			265
蚌 埠 市	Bengbu	2655	2539	392	35	546	51	65	654
阜 阳 市	Fuyang	3664	3573	177	3	1220	91		224
淮 南 市	Huainan	2708	2677	23	30	1237		31	246
滁 州 市	Chuzhou	3314	3283	82	20	1033	10	21	217
六 安 市	Luan	3210	3210	124	30	1688			221
马鞍山市	Maanshan	2342	2271	592		1264	20	51	718
巢 湖 市	Chaohu	4662	4094	148	18	1839	60	508	293
芜 湖 市	Wuhu	5055	4158	259		923	721	176	980
宣 城 市	Xuancheng	2913	2913	34		418			59
铜 陵 市	Tongling	1860	1819	157	16	484	41		425
池 州 市	Chizhou	2254	2133	40	46	1186	31	90	116
安 庆 市	Anqing	6862	6710	303	139	1858	137	15	510
黄 山 市	Huangshan	3738	3521	105		1375	217		201

5—27 各市房地产开发建设投资总规模及完成投资（2009年）
General Scale of and Actually Completed Investment in Real Estate Development by Region (2009)

单位：万元 （10000 yuan)

地 区	Region	计划总投资 Total Investment Actually Needed	自开始建设至本年底累计完成投资 Accumulative Investment Actually Made Since Starting of Construction up to the End of this Year	本年完成投资 Investment Made this Year	#土地开发投资额 Investment in Land Development	全部建成尚需投资 Further Investment Required for the Completion of Construction
总 计	**Total**	**64543242**	**40400408**	**16698263**	**1191770**	**24142834**
合肥市	Hefei	26261752	17644699	6703559	478621	8617053
淮北市	Huaibei	1313145	678932	315140	3365	634213
亳州市	Bozhou	580180	349701	216438	15770	230479
宿州市	Suzhou	1423990	879301	363187	40843	544689
蚌埠市	Bengbu	1358795	890103	373955	10936	468692
阜阳市	Fuyang	2026635	1268217	431191	81726	758418
淮南市	Huainan	2066079	1455488	547050	8042	610591
滁州市	Chuzhou	2005961	1260279	663695	91645	745682
六安市	Luan	1962489	1161045	434959	22715	801444
马鞍山市	Maanshan	2079362	1252725	627592	66081	826637
巢湖市	Chaohu	2704901	1549598	602211	32445	1155303
芜湖市	Wuhu	9775010	5070509	2068717	6411	4704501
宣城市	Xuancheng	3012298	1755543	878472	100717	1256755
铜陵市	Tongling	1681894	982468	464708	37689	699426
池州市	Chizhou	1696561	1005873	469671	44753	690688
安庆市	Anqing	1858167	1347737	653325	69019	510430
黄山市	Huangshan	2736023	1848190	884393	80992	887833

5—28 各市按用途分的房地产开发企业（单位）完成投资额（2009年）
Actually Completed Investment of Enterprises for Real Estate Development by Region and by Use (2009)

单位：万元 （10000 yuan)

地 区	Region	本年完成投资额 Investment Made this Year	住宅 Residential Buildings	#90平米以下 Below 90 sq.m	#经济适用房屋 Economical Houses	#别墅、高档公寓 Villas and Good Apartments	办公楼 Office Buildings	商业营业用房 Houses for Business Use	其他 Other
总 计	**Total**	**16698263**	**11755778**	**3602568**	**241184**	**475665**	**721124**	**2362832**	**1858529**
合肥市	Hefei	6703559	4681890	1429630	17096	161018	595086	708282	718301
淮北市	Huaibei	315140	252722	104879	13830	600	2384	47494	12540
亳州市	Bozhou	216438	145664	21161	17382	660	2	19068	51704
宿州市	Suzhou	363187	320607	86103	17870	4300	6817	27481	8282
蚌埠市	Bengbu	373955	314979	126092	130	9028	2314	38016	18646
阜阳市	Fuyang	431191	320917	130194	4479	3219	6551	58994	44729
淮南市	Huainan	547050	407556	147932	12886	383	7079	66811	65604
滁州市	Chuzhou	663695	448529	160405	78313	12930	12343	118355	84468
六安市	Luan	434959	329694	84893		535	1486	67661	36118
马鞍山市	Maanshan	627592	459030	123622	8231	15768	11883	92488	64191
巢湖市	Chaohu	602211	454258	100841	3633	18069	6382	74982	66589
芜湖市	Wuhu	2068717	1585383	666067		84139	9315	375210	98809
宣城市	Xuancheng	878472	536276	113771	23089	15004	5287	117294	219615
铜陵市	Tongling	464708	336268	127790	29464	3	4934	50822	72684
池州市	Chizhou	469671	199323	33398	680	28898	39454	176648	54246
安庆市	Anqing	653325	474853	45962	2701	3176	3723	110447	64302
黄山市	Huangshan	884393	487829	99828	11400	117935	6084	212779	177701

5—29 各市房地产开发建设房屋建筑面积和造价（2009年）
Floor Space of Buildings and their Cost in Real Estate Development by Region (2009)

地　区	Region	施工房屋面积（平方米） Floor Space of Buildings Under Construction (sq.m)	新开工 Newly Started	竣工房屋面积（平方米） Floor Space of Buildings Completed (sq.m)	房屋建筑面积竣工率（%） Ratio of Floor Space of Buildings Completed (%)	竣工房屋价值（万元） Value of Buildings Completed (10000 yuan)	竣工房屋造价（元/平方米） Cost of Buildings Completed (yuan/sq.m)
总　计	**Total**	**141696175**	**53197240**	**28612490**	**20.19**	**5551872**	**1940**
合 肥 市	Hefei	47512891	14770854	6005528	12.64	1631917	2717
淮 北 市	Huaibei	5129891	1563035	1102327	21.49	156231	1417
亳 州 市	Bozhou	2101824	981607	375638	17.87	48036	1279
宿 州 市	Suzhou	3572128	1435374	1134547	31.76	189816	1673
蚌 埠 市	Bengbu	4325491	1492204	1729984	40.00	238136	1377
阜 阳 市	Fuyang	5215779	1851059	1032607	19.80	198161	1919
淮 南 市	Huainan	5156952	2188928	1262476	24.48	157072	1244
滁 州 市	Chuzhou	6289460	3204018	1747134	27.78	342051	1958
六 安 市	Luan	5360753	2691762	1214915	22.66	231052	1902
马鞍山市	Maanshan	5228050	2035539	1791764	34.27	316507	1766
巢 湖 市	Chaohu	7117822	2830576	1757100	24.69	287708	1637
芜 湖 市	Wuhu	17007491	6034269	2179119	12.81	410337	1883
宣 城 市	Xuancheng	7006462	3334360	1698414	24.24	290723	1712
铜 陵 市	Tongling	3473597	1652601	1154783	33.24	269555	2334
池 州 市	Chizhou	4672442	2108195	1446178	30.95	274595	1899
安 庆 市	Anqing	7533138	3275508	1977722	26.25	300450	1519
黄 山 市	Huangshan	4992004	1747351	1002254	20.08	209525	2091

5—30 各市按用途分的房地产开发企业（单位）新开工房屋面积（2009年）
Floor Space Started in Real Estate Development by Region and by Use (2009)

单位：平方米　(sq.m)

地　区	Region	本年新开工房屋面积 Floor Space Started This Year	住　宅 Residential Buildings	#90平米以下 Below 90 sq.m	#经济适用房屋 Economical Houses	#别　墅、高档公寓 Villas and Good Apartments	办公楼 Office Buildings	商业营业用房 Houses for Business Use	其　他 Other
总　计	**Total**	**53197240**	**42180442**	**13117378**	**1708076**	**641487**	**1634685**	**6962057**	**2420056**
合 肥 市	Hefei	14770854	10974055	3369084	26181	110881	1052760	1710941	1033098
淮 北 市	Huaibei	1563035	1134407	487712	8705		74376	265829	88423
亳 州 市	Bozhou	981607	839416	233317	82940	520		138438	3753
宿 州 市	Suzhou	1435374	1225498	397917	111000		2110	179523	28243
蚌 埠 市	Bengbu	1492204	1346536	398278		75344	1631	119358	24679
阜 阳 市	Fuyang	1851059	1387971	721453	147540	500	48109	389580	25399
淮 南 市	Huainan	2188928	1801091	809182	31486		28824	265739	93274
滁 州 市	Chuzhou	3204018	2582722	1117971	632677	29776	10573	496342	114381
六 安 市	Luan	2691762	2141656	411900			40851	438551	70704
马鞍山市	Maanshan	2035539	1759659	594495	64095	20820	12839	212750	50291
巢 湖 市	Chaohu	2830576	2579799	442496	65697	149376	9915	196785	44077
芜 湖 市	Wuhu	6034269	5101855	2415379		60012	6925	725302	200187
宣 城 市	Xuancheng	3334360	2717567	560388	287498	102006	20554	434941	161298
铜 陵 市	Tongling	1652601	1347536	539118	198631	22000	31463	148741	124861
池 州 市	Chizhou	2108195	1241513	169610	1716	9392	262973	467074	136635
安 庆 市	Anqing	3275508	2642270	174152	5962	10000	12494	450257	170487
黄 山 市	Huangshan	1747351	1356891	274926	43948	50860	18288	321906	50266

5—31 各市商品房屋销售情况（2009年）
Selling of Commercial Houses by Region (2009)

地区	Region	房屋销售面积（平方米）Floor Space of Selling House (sq.m)	#商品住宅 Residential Buildings	商品房销售额（万元）Total Sales of Commercial Houses (10000 yuan)	#商品住宅 Residential Buildings	现房 Completed Buildings	期房 Buildings Completed in Future
总计	**Total**	**40309238**	**36464362**	**13783861**	**11796852**	**2398519**	**11385342**
合肥市	Hefei	12979511	11803324	5487654	4833797	485238	5002416
淮北市	Huaibei	1197783	1168313	327133	313035	60556	266577
亳州市	Bozhou	664020	636677	152932	142789	18647	134285
宿州市	Suzhou	1335965	1224723	312770	274268	159763	153007
蚌埠市	Bengbu	1756193	1632362	586565	528534	59133	527432
阜阳市	Fuyang	1667919	1500252	497717	375714	148291	349426
淮南市	Huainan	1749066	1602656	570519	467121	126446	444073
滁州市	Chuzhou	2126332	1924668	631027	502585	206569	424458
六安市	Luan	1699547	1524783	493871	391095	153961	339910
马鞍山市	Maanshan	1146092	1057378	455308	408337	68737	386571
巢湖市	Chaohu	2182910	2026324	660684	560527	145977	514707
芜湖市	Wuhu	2860886	2738847	1101905	1030734	68724	1033181
宣城市	Xuancheng	2551563	2251918	723004	574715	200708	522296
铜陵市	Tongling	737967	683925	274905	249292	51883	223022
池州市	Chizhou	1519102	1093243	445674	272416	105384	340290
安庆市	Anqing	2675455	2314566	650744	539190	200199	450545
黄山市	Huangshan	1458927	1280403	411449	332703	138303	273146

5—32 各市按用途分的商品房屋实际销售面积（2009年）
Floor Space of Commercial Houses Actually Sold by Use and by Region (2009)

单位：平方米 (sq.m)

地区	Region	房屋销售面积 Floor Space of Selling House	商品住宅 Residential Buildings	#90平米以下 Below 90 sq.m	#经济适用房屋 Economical Houses	#别墅、高档公寓 Villas and Good Apartments	办公楼 Office Buildings	商业营业用房 Houses for Business Use	其他 Other
总计	**Total**	**40309238**	**36464362**	**9686697**	**732124**	**775160**	**495441**	**2990221**	**359214**
合肥市	Hefei	12979511	11803324	4242534	55110	78315	401613	574390	200184
淮北市	Huaibei	1197783	1168313	408831	154143	1305		24981	4489
亳州市	Bozhou	664020	636677	153633	78023			27143	200
宿州市	Suzhou	1335965	1224723	262491	158520	15900	13269	94163	3810
蚌埠市	Bengbu	1756193	1632362	367968		44850	226	118069	5536
阜阳市	Fuyang	1667919	1500252	622432	14756	22887	3461	134584	29622
淮南市	Huainan	1749066	1602656	550907	77886			136645	9765
滁州市	Chuzhou	2126332	1924668	425722		34014		186598	15066
六安市	Luan	1699547	1524783	253053		1196	293	168913	5558
马鞍山市	Maanshan	1146092	1057378	193385		43129		88686	28
巢湖市	Chaohu	2182910	2026324	348270		189854	4075	149397	3114
芜湖市	Wuhu	2860886	2738847	837160		130089	9045	111069	1925
宣城市	Xuancheng	2551563	2251918	352126	46846	100878	1749	282907	14989
铜陵市	Tongling	737967	683925	136991	73242		800	45858	7384
池州市	Chizhou	1519102	1093243	134987		44559	51568	351720	22571
安庆市	Anqing	2675455	2314566	162486	31558	1162	3783	343894	13212
黄山市	Huangshan	1458927	1280403	233721	42040	67022	5559	151204	21761

5—33 各市按用途分的商品房屋平均销售价格（2009年）
Average Selling Price of Commercial Houses by Region and by Use (2009)

单位：元/平方米 (yuan/sq.m)

地区	Region	房屋平均销售价格 Average Selling Price of Houses	商品住宅 Residential Buildings	#90平米以下 Below 90 sq.m	#经济适用房屋 Economical Houses	#别墅、高档公寓 Villas and Good Apartments	办公楼 Office Buildings	商业营业用房 Houses for Business Use	其他 Other
总计	**Total**	**3420**	**3235**	**3373**	**1657**	**4325**	**4327**	**5609**	**2657**
合肥市	Hefei	4228	4095	4151	2857	7184	4655	7176	2734
淮北市	Huaibei	2731	2679	2365	1622	2958		4995	3611
亳州市	Bozhou	2303	2243	1673				3700	5000
宿州市	Suzhou	2341	2239	2287	1906	3050	1994	3635	4276
蚌埠市	Bengbu	3340	3238	2934		3888	3496	4633	5882
阜阳市	Fuyang	2984	2504	2568	1343	3573	3638	8233	3355
淮南市	Huainan	3262	2915	2752	1577			7423	2012
滁州市	Chuzhou	2968	2611	2665		4177		6721	1674
六安市	Luan	2906	2565	2609		5510	3208	6025	1637
马鞍山市	Maanshan	3973	3862	3199		5211		5294	6071
巢湖市	Chaohu	3027	2766	2610		4318	3870	6543	2672
芜湖市	Wuhu	3852	3763	3660		5360	5385	5929	2327
宣城市	Xuancheng	2834	2552	2580	1262		4002	5112	1983
铜陵市	Tongling	3725	3645	3698	1839			5011	3566
池州市	Chizhou	2934	2492	2408		3470	2594	4424	1901
安庆市	Anqing	2432	2330	2120	1960		2086	3124	2513
黄山市	Huangshan	2820	2598	2452	1248	3500	2777	4825	1954

5—34 各市按用途分的商品房空置情况（2009年）
Situation of Vacant Residential Buildings Grouped by Use by Region (2009)

单位：平方米 (sq.m)

地区	Region	房屋空置面积 Floor Space of Vacant Buildings	商品住宅 Residential Buildings	#90平米以下 Below 90 sq.m	#经济适用房屋 Economical Houses	#别墅、高档公寓 Villas and Good Apartments	办公楼 Office Buildings	商业营业用房 Houses for Business Use	其他 Other
总计	**Total**	**4919168**	**3033436**	**475671**	**38330**	**99654**	**155630**	**1428660**	**301442**
合肥市	Hefei	1277544	807048	184780		22817	64480	228502	177514
淮北市	Huaibei	90196	68819	6795	4700			20477	900
亳州市	Bozhou	12165	12165						
宿州市	Suzhou	133581	82356	9020	5090	2187	695	45530	5000
蚌埠市	Bengbu	81431	61600	1688			87	19603	141
阜阳市	Fuyang	278722	181374	46095	3446	10837	42661	54492	195
淮南市	Huainan	443120	335059	32705			13342	87607	7112
滁州市	Chuzhou	274525	142228	27290	6722	3467	2989	126688	2620
六安市	Luan	269226	188649	4867		598	1489	77280	1808
马鞍山市	Maanshan	99092	49219	9043	75		5295	29169	15409
巢湖市	Chaohu	195477	110746	10433		3804	7038	67744	9949
芜湖市	Wuhu	71538	48107	568		7491		17011	6420
宣城市	Xuancheng	458617	258601	36835	3143	24807		183872	16144
铜陵市	Tongling	32077	11709	1585				17408	2960
池州市	Chizhou	370787	171746	4340		13007	3216	173341	22484
安庆市	Anqing	486918	335889	50649	69		3623	131790	15616
黄山市	Huangshan	344152	168121	48978	15085	10639	10715	148146	17170

5—35 各县（市）城镇建设项目、房地产投资和新增固定资产（2009年）

Urban Construction Projects, Real Estate Investment and Newly Increased Fixed Assets by County (City) (2009)

单位：万元 (10000 yuan)

县（市）	County (City)	城镇建设项目 Urban Construction Projects	房地产开发 Investment in Real Estate Development	新增固定资产 Newly Increased Fixed Assets
合肥市辖区	Hefei Region of City	12549555	5927322	9149069
长丰县	Changfeng	977208	165680	866138
肥东县	Feidong	1321680	284307	766697
肥西县	Feixi	1388789	326250	560882
淮北市辖区	Huaibei Region of City	1806862	293422	1876652
濉溪县	Suixi	568596	21718	443035
亳州市辖区	Bozhou Region of City	653075	83343	307551
涡阳县	Guoyang	263862	45367	365668
蒙城县	Mengcheng	240305	51800	142398
利辛县	Lixin	170060	35928	130973
宿州市辖区	Suzhou Region of City	1086019	219550	572663
砀山县	Dangshan	209178	17232	17808
萧县	Xiaoxian	294493	43600	191590
灵璧县	Lingbi	84247	24705	70836
泗县	Sixian	168691	58100	185610
蚌埠市辖区	Bengbu Region of City	1658656	302627	805310
怀远县	Huaiyuan	473931	19868	208575
五河县	Wuhe	326089	41935	201588
固镇县	Guzhen	193494	9525	151471
阜阳市辖区	Fuyang Region of City	840666	242192	726365
界首市	Jieshou	109109	17234	17434
临泉县	Linquan	121327	27960	171357
太和县	Taihe	155337	53366	77102
阜南县	Funan	267467	20073	275468
颍上县	Yingshang	321195	70366	40905
淮南市辖区	Huainan Region of City	1720541	488529	707852
凤台县	Fengtai	248849	58521	396609
滁州市辖区	Chuzhou Region of City	896574	231490	891654
天长市	Tianchang	862845	46332	827032
明光市	Mingguang	244322	60369	258511
来安县	Laian	552596	71423	220477
全椒县	Quanjiao	520254	90164	419130
定远县	Dingyuan	471498	83596	126294
凤阳县	Fengyang	552260	80321	518723
六安市辖区	Luan Region of City	1000013	270536	478555
寿县	Shouxian	308565	23528	242246
霍邱县	Huoqiu	392877	33123	240346
舒城县	Shucheng	262292	53514	392608

5—35 续表 continued

单位：万元 (10000 yuan)

县（市） County (City)		城镇建设项目 Urban Construction Projects	房地产开发 Investment in Real Estate Development	新增固定资产 Newly Increased Fixed Assets
金 寨 县	Jinzhai	287736	18382	317763
霍 山 县	Huoshan	483442	35876	424632
马鞍山市辖区	Maanshan Region of City	2767717	442230	2072567
当 涂 县	Dangtu	1578438	185362	1816380
巢湖市辖区	Chaohu Region of City	602319	270476	539410
庐 江 县	Lujiang	553310	60666	588570
无 为 县	Wuwei	1298871	136189	958890
含 山 县	Hanshan	340740	44463	355385
和 县	Hexian	552643	90417	418653
芜湖市辖区	Wuhu Region of City	3833006	1901287	2395656
芜 湖 县	Wuhu	1148411	35617	817345
繁 昌 县	Fanchang	984553	63909	799490
南 陵 县	Nanling	770196	67904	647610
宣城市辖区	Xuancheng Region of City	665560	305723	366642
宁 国 市	Ningguo	1224285	243147	1105635
郎 溪 县	Langxi	713719	34067	561673
广 德 县	Guangde	1107778	170437	1055422
泾 县	Jingxian	456332	27164	483436
绩 溪 县	Jixi	486880	74400	561570
旌 德 县	Jingde	143543	23534	172142
铜陵市辖区	Tongling Region of City	1295792	381468	896435
铜 陵 县	Tongling	974240	83240	349667
池州市辖区	Chizhou Region of City	752897	371589	408978
东 至 县	Dongzhi	334276	24245	358306
石 台 县	Shitai	47589	4742	32107
青 阳 县	Qingyang	207205	69095	146653
安庆市辖区	Anqing Region of City	1070934	292077	900936
桐 城 市	Tongcheng	805420	51439	707404
怀 宁 县	Huaining	500655	33688	171892
枞 阳 县	Zongyang	713374	81040	450692
潜 山 县	Qianshan	226168	48292	103273
太 湖 县	Taihu	280532	21010	106109
宿 松 县	Susong	441883	62339	311726
望 江 县	Wangjiang	242453	41265	113979
岳 西 县	Yuexi	381939	22175	219959
黄山市辖区	Huangshan Region of City	1102487	667545	689677
歙 县	Shexian	519284	89150	493065
休 宁 县	Xiuning	343257	62536	154229
黟 县	Yixian	113266	40002	40845
祁 门 县	Qimen	211306	25160	169406

5—36 本年新开工大型项目基本情况（2009年）

单位名称	Name of Enterprise
中国太和纺织服装生产基地	China Taihe Textile Marketplace Production Base
中国太和医药生产基地	China Taihe Medicine Production Base
阜阳市交通局	Fuyang Transportation Bureau
淮南市建委	Huainan Construction Committee
淮南市交通局	Huainan Transportation Bureau
淮河整治及堤防工程管理处	Improvement and Dike project Administrative Office of Huai River
淮南高速铁路指挥部	Huainan High-Speed Railway Headquarter
淮南海螺水泥有限责任公司	Huainan Conch Cement Co.,Ltd
安徽省中沛房地产开发有限责任公司	Anhui Zhongpei Real Estate Development Co.,Ltd
黄山市交通局	Huangshan Transportation Bureau
黄山市交通局	Huangshan Transportation Bureau
新安江延伸综合开发项目指挥部	Extending Comprehensive Development Project Headquarter of Xinan River
耿城现代农业综合开发示范区	Gencheng Mdern Agriculture Comprehensive Development Representative Area
黄山徽商城旅游有限公司	Huangshan Huishangcheng Tour Co.,Ltd
黄山华泰建设投资有限公司	Huangshan Huatai Construction Investment Co.,Ltd
池州市九华山机场建设投资有限公司	Chizhou Jiuhuashang Airport Construction Investment Co.,Ltd
池州市铁路筹建办事处	Chizhou Railway Prepare to Construct Office
池州九华地方铁路投资有限公司	Chizhou Jiuhua Local Railway Investment Co.,Ltd
池州九华地方铁路投资有限公司	Chizhou Jiuhua Local Railway Investment Co.,Ltd
池州市贵池区贵航金属制品有限公司	Chizhou Guichi Guihong Metal Product Co.,Ltd
池州市贵池兴业投资开发有限责任公司	Chizhou Guichi Xingye Investment Development Co.,Ltd
池州市智科铜业有限公司	Chizhou Zhike Copper Co.,Ltd
安徽省池州市平天湖建设工程有限公司	Anhui Chizhou Tianping Lake Construction Work Co.,Ltd
安徽省池州市平天湖建设工程有限公司	Anhui Chizhou Tianping Lake Construction Work Co.,Ltd
蚌埠玻璃工业设计研究院	Bengbu Glass Industry Design and Research Institute
铜陵有色金属集团股份有限公司	Tongling Nonferrous Metal Group Co.,Ltd
安徽东至广信农化公司	Anhui Tongzhi Guangxing Agricultural Chemical Company
安徽中山化工公司	Anhui Zhongshan Chemical Company
安徽鸿凌仪表公贸公司	Anhui Hongling Instrument Company
石台县城市投资有限公司	Shitai County City Investment Co.,Ltd
富莱茵汽车部件有限公司	Fulaiying Auto Parts Co.,Ltd
安徽青阳经济开发区管理委员会	Anhui Qingyang Economic Development Zone Management Committee
九鼎环保纸业股份有限公司	Juding Environmental Protection Paper Co.,Ltd
青阳县工业园区发展有限责任公司	Qingyang County Industrial Park Development Co.,Ltd
青阳县乔木乡企业集体资产经营公司	Collective Property Management Co.,Ltd of Qiaomu Region, Qingyang County
安徽省电力公司池州供电公司	Chizhou Electrical Supply Company of Anhui Power Company
安徽省电力公司池州供电公司	Chizhou Electrical Supply Company of Anhui Power Company
池州地华旅游发展有限公司	Chizhou Dehua Tourism Development Co.,Ltd
安徽广信集团铜陵化工有限公司	Anhui Guangxing Group Tongling Chemical Industry Co.,Ltd
安徽金源流体控制技术有限公司	Anhui Jinyuan Fluid Control Technology Co.,Ltd
安徽铜陵海螺水泥有限公司	Anhui Tongling Conch Cement Co.,Ltd
铜陵市旋力特殊钢有限公司	Tongling Xuanli Special Steel Co.,Ltd
铜陵市铁路建设办公室	Tongling Railway Construction Office
铜陵市重点工程建设局	Tongling Important Engineering Construction Bureau
安徽润坤实业(天利来工贸)有限公司	Anhui REnkan Industry (Tianlilai Industry and Trade) Co.,Ltd
铜陵有色金属集团控股有限公司	Tongling Nonferrous Metal Group Co.,Ltd
铜陵市城市建设投资开发有限责任公司	Tongling City Construction Investment and Development Co.,Ltd
信义节能玻璃(芜湖)有限公司	Xingyi Energy-Saving Glass (Wuhu) Co.,Ltd

Basic Situation of Large Projects under Construction (2009)

单位：万元 (10000 yuan)

项目名称	Name of Project	开工时间 Starting Time	计划总投资 Total Planned Investment	本年完成投资 Accumulated Newly Increased Fixed Assets
基地建设	Base Construction	2009.01	100000	11000
基地建设	Base Construction	2009.01	50000	16000
阜周高速公路	Fu Zhou Highway	2009.03	54000	54000
东西部第二通道	The Second Channel of East and West	2009.05	155700	59077
淮蚌高速公路	Huaibeng Highway	2009.06	123638	19500
石姚湾洛河湾堤防加固	Shiyaowan and Luohewan Embankment Reinforcement	2009.04	93307	86112
淮蚌高铁项目	Huaibeng High-speed Railway Project	2009.08	180000	21800
建厂	Building Factory	2009.09	50000	5100
焦岗湖滨湖渡假村一期工程	Jiaoganghu and Binhu Resort Village Project No.1	2009.01	60000	7000
黄山至祁门高速公路	Speed Way of Huangshan to Qimen	2009.01	650000	140500
宣黄高速公路一期工程黄山市境内段	Yuhuang Highway Phase one Huangshan Domestic Section	2009.01	70000	31050
新安江延伸综合开发项目	Extending Comprehensive Development Items of Xinan River	2009.01	138800	53839
耿城镇政府	Gen Cheng Township Government	2009.03	66000	5000
黄山东大门旅游综合开发	East Front Door of Huangshan Tour comprehensive development	2009.11	100000	3729
中国黄山新安医药文化博物园	China Huangshan Medicine Culture Botanical Museum	2009.12	55000	150
九华山机场	Jiu Hua Shan Airport	2009.08	60925	15107
宁安铁路池州路	Ningan Railway Chizhou Section	2009.11	600000	40000
池州九华山旅游轨道交通工程	Chizhou Jiuhuashan Traveling Track Traffic Engineering	2009.12	140000	300
池州江口港区铁路专用线	Chizhou Jiangkou Harbour District Special Rail	2009.12	50000	500
中小型钢材、线材制造（二期）	Middle and Small Model Steel Products, Wire Rod Manufacture (Phase Two)	2009.06	140000	70616
园区基础设施建设（二期）	Campus Infrastructural Facilities (Phase Two)	2009.03	100000	33440
铜冶炼	Copper Smelting	2009.11	210000	200
新能源产业园	New Energy Industry Park	2009.06	120000	1000
循环经济产业园	Circular Economy Industry Park	2009.10	80000	1000
池州建材基地	Chi Zhou Building Material Base	2009.12	120000	500
40万吨铜扩规	400,000 Tons Copper Expanding	2009.11	450000	500
年产30万吨离子膜烧碱	Yearly Production 300,000 tons Ionic Membranes Alkali	2009.11	100000	1500
年产15000吨酰胺类除草剂	Yearly Production 15000 ton Amide Class Weed Killers	2009.12	50000	500
鸿凌产业园	Hong Ling Industry Park	2009.03	73100	1010
大渡口石台新材料产业园建设项目	Dadukou Shitai New Material Industry Garden Items of Basic Construction	2009.12	50000	310
汽车零部件	Automobile Parts	2009.11	107000	1740
基础设施建设	Infrastructural Construction	2009.01	80000	17277
环保石头纸	Environmental Protection Rich Mineral Paper	2009.08	50000	1790
机械制造业标准化厂房	Machine Building Industry Standardized Workshops	2009.11	85000	9700
白云岩提炼金属镁	Separating Magnesium from Dolomite	2009.12	53580	50
500千伏葛沪直流综合改造工程	500 kilo volt Gehu directly Current Synthesis Improvement Project	2009.03	75117	100
800千伏向家坝至上海直流输电线路工程（池州段 ）	800 kilovolts Xiangjiaba to Shanghai Direct Current Transmission Line Project (Chizhou Section)	2009.01	52002	102
九华山雨润月松阁度假酒店	Ju hua Shan Yu Run Yue Song Ge Resort Hotel	2009.04	60000	28400
年产30万吨离子膜烧碱项目	Yearly Production 300,000 tons Ionic Membranes Alkali Item	2009.02	85162	500
流体控制机械产业园	Fluid Control Machinery Industry Park	2009.08	100000	2200
日产12000吨熟料生产线和皮带廊项目	Daily production 12000 Tons Chamotte Production Lines and Leather Belt Porch Project	2009.01	100000	26549
旋力产业基地项目	Xuanli Industries Base Project	2009.09	250000	20801
宁安城际铁路建设项目	Ningan The Inter-city Railway Construction Project	2009.01	430000	32000
铜芜路	Tongwu Road	2009.03	64000	54294
轻纺基地项目	Geography of Light Base Project	2009.10	50000	3020
铜冶炼工艺技术升级改造项目建设	Copper Smelting Process Engineering Upgrading Project Construction	2009.10	550483	20671
铜都大道三期	Tongdu Main Road (phase 3)	2009.02	50000	17932
年产250万平方米低辐射中空玻璃项目	Yearly Production 2,500,000 Square Meters Low Radiation Insulating Glass Project	2009.05	100000	58619

5—35 续表1 continued

单位名称	Name of Enterprise
芜湖美的厨卫电器制造有限公司	Wuhu Meide Chuwei Electrical Appliance Co.,Ltd
芜湖中和生物塑业科技有限公司	Wuhu Zhonghe Biology Plastic Industry S&T Co,Ltd
芜湖新兴铸管有限责任公司	Wuhu Xingxin Cast Tube Co.,Ltd
联合动力股份有限公司	Synergy Drive Co.,Ltd
芜湖新联造船有限公司	Wuhu Xinglian Shipbuilding Co.,Ltd
集瑞联合重工有限公司	Jirui United Heavy Industry Co.,Ltd
信德公园芜湖有限公司	Xingde Park Wuhu Co.,Ltd
芜湖市港航管理局	Wuhu Port and Waterway Administration
芜湖市交通局	Wuhu Transportation Bureau
芜湖华强文化科技产业有限公司	Wuhu Huaqiang Culture S&T Industry Co.,Ltd
芜湖亚夏汽车股份有限公司	Wuhu Yaxia Auto Co.,Ltd
安徽神源煤化工有限公司	Anhui Shenyuan Coal Chemical Industry Co,Ltd
皖北煤电公司	Wanbei Coal and Electricity Co,Ltd
淮北市建设投资有限责任公司	Haibei Construction Investment Co.,Ltd
淮北市交通局	Huaibei Transportation Bureau
阜阳国际汽车城	Fuyang International Automobile City
蚌埠投资集团有限公司	Bengbu Investment Group Co,Ltd
蚌埠市交通局	Bengbu Transportation Bureau
蚌埠高新投资集团有限公司	Bengbu Hi-tech Fair Investment Group Co,Ltd
蚌埠现代置业投资有限公司	Bengbu Modern Real Estate Investment Co,Ltd
永红科技（蚌埠）有限公司	Yonghong S&T (Bengbu) Co.,Ltd
蚌埠科技创业投资有限公司	Bengbu S&T Entrepreneurship Investment Co.,Ltd
水利局	Water Resources Bureau
安徽省蓝翔节能玻璃有限公司	Anhui Lanxiang Energy-Saving Glass Co.,Ltd
安徽省高速公路总公司	Anhui Highway Corporation
皖能马鞍山发电有限公司	Wannen Maanshan Power Co.,Ltd
马鞍山市能源交通投资公司	Maanshan Energy, Communication Investment Company
马鞍山市教育局	Maanshan Education Bureau
安徽华菱汽车股份有限公司	Anui Hualin Automobile Co,Ltd
马鞍山方圆回转承股份有限公司	Maanshan Fangyuan Co.,Ltd
马鞍山市市政管理处	Maanshan Municipal Administration Office
马鞍山市科技局	Maanshan S&T Bureau
马鞍山市交通局	Maanshan Transportation Bureau
安徽长江钢铁股份有限公司	Anhui Changjiang Iron Co.,Ltd
安徽确成硅化学有限公司	Anhui Qucheng Silicon Chemistry Co.,Ltd
凤阳县小岗村高尔高新农业发展有限公司	Fengyang Xiaogang Village Gaoergao new Agricultural Development Co.,Ltd
安徽盼盼食品有限公司	Anhui Panpan Food Co,Ltd
安徽大雄华东投资发展有限公司	Anhui Daxiou Investment and Deveiopment Co.,Ltd
全椒县海螺水泥有限责任公司	Quanjiao Conch Cement Co.,Ltd
宿州森发纸业有限责任公司	Suzhou Senfa Paper Co.,Ltd
百丽鞋业（宿州）有限公司	Baili Detxter (Suzhou) Co.,Ltd
安徽省宿州福润肉类食品有限公司	Anhui Suzhou Furun Meat Food Co Ltd.
宿淮铁路建设筹备组	Suhuai Railway Construction Arrangement Group
天瑞集团	Tianrui Group
安徽海螺创业投资有限责任公司	Anhui Hailuo Venture Capital Co.Ltd
富凯矿业	Fukai Minal Industry
安徽省立医院	Anhui Provincial Hospital
安徽省广播电影电视局	Anhui Provincial Radio, Film and Television Bureau
合肥市重点工程建设管理局	Hefei Major Project Construction Administration
合肥市重点工程建设管理局	Hefei Major Project Construction Administration
安徽新华电脑专修学院	Anhui Xinhua Computer Repairing College

单位：万元 (10000 yuan)

项目名称	Name of Project	开工时间 Starting Time	计划总投资 Total Planned Investment	本年完成投资 Accumulated Newly Increased Fixed Assets
年产860万台厨卫电器项目	Chuwei Electrical Appliance Project	2009.10	73800	19902
年产50万吨环保塑料粒子项目	Environment Protection Plastic Granule Project	2009.12	52034	643
三山大型铸锻件基地项目	Sanshan large Size Casting and Forging Base Project	2009.09	332840	13500
汽车零部件制造	Automobile Parts Manufacture	2009.10	75000	14000
造船厂建设	Shipyard Construction	2009.03	157000	42300
重型卡车制造	Heavy Truck Manufacture	2009.08	186290	39449
峨桥镇多功能生态体育公园项目投资	Erqiao Town Multi-purpose Ecology Sport Park Project Investment	2009.08	100000	32050
芜申运河芜湖段	Wusheng Canal (Wuhu Section)	2009.10	385000	14900
溧芜高速（芜雁段）	Shengwu Highway (Wuyan Section)	2009.08	110000	30500
芜湖华强方特未来世界	Wuhu Huaqiang Fangte Future World	2009.01	100000	69925
二期汽车商城	Automobile Commercial City (Phase two)	2009.06	72879	8530
邹楼煤矿建设工程	Zoulou Coal Mine Construction Works	2009.01	214211	18051
技术改造项目	Technological Transformation Project	2009.01	69361	69361
合徐高速淮北连接线	Hexie Highway (Huaibei Ties)	2009.04	75000	56800
泗许高速淮北段	Sixie Highway (Huaibei Section)	2009.12	240000	20000
国际汽车城	International Automobile City	2009.08	200000	2900
50兆瓦非晶硅电池	Amorphous Silicon Cell	2009.01	58400	20000
大庆路淮河公路桥	Daqing Road Huaihe River Highway Bridge	2009.10	73900	2200
高新区道路建设	Road Construction of High-tech Zone	2009.01	185753	37520
农机电大市场建设	Farm Machinery and Electricity Big Market Construction	2009.03	60000	23800
厂房建设	Factory Building Construction	2009.06	57000	4000
大学科技园项目	University Science Park Project	2009.12	55000	1000
荆山湖行洪堤退建加固工程	Jingshan Lake Dike Construction and Strengthening Project	2009.09	67012	22280
节能玻璃	Energy-saving Glass	2009.10	69400	4000
马鞍山长江公路大桥建设项目	Ma'anshan Yangtze River Road Bridge Construction Item	2009.01	708000	107000
2台60万千瓦时扩建项目	Two 600000 (1,000 watt /hour) Machines Enlargement Project	2009.05	410000	5000
宁安城际铁路马鞍山站前配套项目及车站广场建设	Maanshan Station Item and Square Construction of Ningan City Border Railroad	2009.04	380000	53000
市教育局中等职业园区	Medium Professional Campus of Bureau of Education of City	2009.04	50000	5130
年产3万辆重型载货汽车项目	Yearly production 30,000 Heavy Motor Trucks Project	2009.12	118363	3000
年产10000套大型风电回转数控化生产线	Yearly Production 10000 Sets of Large-scale Wind Electricity Numerical-control Production Line	2009.12	66777	600
沿江大道(薛家凹一恒兴路)	The Main Road Along the River (Xiejiaer-henxingluo)	2009.12	56100	2631
市科技馆、市青少宫、市妇女儿童活动中心	Science Museum of the City ,Child Palace of the City, Women and Children Action Center of the City	2009.12	52000	3105
东环路高速化改造	Dongkuan Road High Speed Transformation	2009.12	75000	6000
产能置换技改项目	Production Capacity Permutation Technically Improving Project	2009.08	800000	86780
年产40万吨硅酸钠、20万吨白炭黑	Yearly Production 400,000 Tons Sodium Silicate and 200,000 Tons White Carbon Black	2009.09	80000	4500
小岗村农产品高科产业园	Xiaogang Village Agricultural Production high Science Industry Garden	2009.05	50000	10000
食品深加工	Food Deep Processing	2009.11	80000	10000
安徽一大雄华东农贸食品城	Anhui-Daxiang Huadong Agriculture Trade Food City	2009.11	200000	2500
海螺水泥2条日产4500吨干法水泥	Hailuo Cement two Daily Production 4500 tons Dry Processing Cement Machines	2009.01	90000	64390
年产9.8万吨杨木化机浆	Yearly Production 98,000 tons YangMuhua Machine Thick Liquid	2009.07	117486	4300
百丽鞋生产基地项目	Baili Shoes Production Base Project	2009.09	55000	13000
年屠宰300万头生猪项目	Yearly slaughtering 3,000,000 Pigs Project	2009.01	50500	25800
宿州至淮安铁路安徽段	Shuzhou to Huaian Railway (Anhui Section)	2009.07	245599	49014
天瑞水泥新建	Tianrui Cement New Construction	2009.08	65000	19623
海创弋江高新节能装备制造基地	Haichangyijiang High New Energy Conservation Equipment Manfacture Base	2009.11	93300	6754
付老庄矿	Fulaozhuang Mine	2009.01	119000	3660
综合病房大楼	General Ward Building	2009.01	93019	25780
安徽省广播电视新中心项目	Anhui Province Radio And Television New Centre Project	2009.08	260000	27300
二十埠河综合治理工程	Comprehensive Control Engineering	2009.05	51215	37140
裕溪路高架建设	Elevated Construction of Yuxi Road	2009.10	146000	28337
新校区建设	New Campus Construction	2009.04	163443	44360

5—35 续表1 continued

单位名称	Name of Enterprise
合肥市瑶海区城建投资有限公司	Hefei Yaohai Urban Construction Investment Co.,Ltd
市铁路指挥部办公室	City Railroad Headquarter Office
六安市城市重点工程建设指挥部	Liuan City Priority Project Construction Headquarter
六安市城市重点工程建设指挥部	Liuan City Priority Project Construction Headquarter
合肥市重点工程建设局	Hefei Important Engineering Construction Bureau
安徽江淮汽车集团有限公司	Anhui Jianghuai Auto Group Co.,Ltd
合肥宏泰汽车用品市场管理有限公司	Hefei Hongtai Automobile Products Market Co.,Ltd
安徽润洋总部基地有限公司	Anhui Renyang Headquarters basement Co.,Ltd
安徽江淮客车有限公司	Anhui Jianghuai Passenger Car Co.,Ltd
安徽交通投资集团有限责任公司	Anhui Transportation Investment Group Co.,Ltd
合肥市重点工程建设管理局	Hefei Important Engineering Construction Bureau
合肥市滨湖新区建设投资有限公司	Hefei Binghu New Area Construction Investment Co.,Ltd
谯城区建设委员会	Qiao City Construction Committee
绩溪县绩宁高速公路	Jixi County Jining Highway
宣城市建委	Xuancheng Construction Committee
宣城市交通局	Xuancheng Transportation Bureau
宣州经济开发区科技创业园起步区建设	S&T Garden Construction of Xuancheng Economical Development Zone
宣城市交通局(芜雁高速)	Xuancheng Transportation Bureau (Wuyan Highway)
宣城市园林处	Xuancheng Garden Department
安徽宁宣杭高速公路投资有限公司	Anhui Ningxuanhang Highway Investment Co.,Ltd
上海通用汽车有限公司	Shanghai General Motors Co,Ltd
广生燃气有限公司	Guangsheng Gas Co.,Ltd
安徽广德金鹏科技发展有限公司	Anhui Guangde Jinpeng S&T Development Co.,Ltd
合肥经济技术开发区新港工业园办事处	Xinghong Industry Garden Office of Hefei Economical Development Zone
安徽华教投资股份有限公司	Anhui Huajiao Investment Co,Ltd
合肥市双凤经济开发区有限公司	Hefei Shuangfeng Economical Development Zone Co.,Ltd
合肥市重点工程管理局	Hefei Important Engineering Control Bureau
安徽花木城投资发展有限公司	Anhui Huamucheng Investment and Development Co.,Ltd
肥西县水务局	Feixi Water Buearu
中盐安徽红四方股份有限公司	Zhongyan Anhui Hongsifang Co.,Ltd
马鞍山现代牧业有限公司肥东分公司	Maanshan Modern animal husbandry Co., Ltd Feidong branch office
安徽鑫昊等离子显示器件有限公司	Anhui Xinhao Plasma Panel Displayparts Co.,Ltd
合肥京东方光电科技有限公司	Hefei Jindongfang Photoelectric S&T Co.,Ltd
彩虹(合肥)液晶玻璃有限公司	Caihong (Hefei) Liquid Crystal Glass Co.,Ltd
合肥市重点局	Hefei Important Bureau
合肥市铁路建设协调领导小组	Hefei Railroad Construction Coordinated Leading Group
合肥市铁路建设协调领导小组	Hefei Railroad Construction Coordinated Leading Group
合肥高新股份有限公司	Hefei Gaoxing Co.,Ltd
大陆轮胎合肥有限公司	Dalu Tyre Hefei Co.,Ltd
合肥荣事达三洋电器股份有限公司	Hefei Rongshida Sanyang Electrical Appliance Co.,Ltd
恒昊集团有限公司	Henhao Group Co.,Ltd
安徽应流机电有限公司	Anhui Yingliu Mechanical and Electrical Co.,Ltd
安徽派雅新能源股份有限公司	Anhui Paiya New Energy Co.,Ltd
合肥熔安动力机械有限公司	Hefei Rongan Power Machinery Co.,Ltd
安庆舒怡国际家居购物广场有限公司	Anqing Shuyi International Home Shopping Malls Co.,Ltd
安徽精科机器有限公司	Anhui Jinke Machine Co.,Ltd
怀宁上峰水泥有限公司	Huaining Shangfeng Cement Co.,Ltd
普莱克斯（安徽）工业气体公司	(Anhui) Industrial Gas Company.
安徽华泰林浆纸有限公司	Anhui Huatai Forestry-Pulp-Paper Co,Ltd
安徽桐城滨河投资建设发展有限公司	Anhui Tongcheng Binghe Investment Build and Development Co.,Ltd
安徽顺驰电缆有限公司	Anhui Shunchi Electric Cable Co.,Ltd

单位：万元 (10000 yuan)

项目名称	Name of Project	开工时间 Starting Time	计划总投资 Total Planned Investment	本年完成投资 Accumulated Newly Increased Fixed Assets
新海家园C块项目	Xinghai Homeland C Project	2009.10	68000	8280
阜六铁路六安段	Fulu Railroad (Luan Section)	2009.08	430000	88050
市政建设	City Construction	2009.01	119200	111735
安居工程	Comfortable Housing Project	2009.04	141823	113278
南北高架一号线	North and South High Structure Line One	2009.10	210000	6398
年产3万辆轻型客货车项目	Yearly Producion 30,000 Passenger and Cargo Vehicles Project	2009.01	59200	26652
包河汽车用品基地	Baohe Auto Supplies Base	2009.07	70000	18300
金谷产业园	Jingu Industry Park	2009.01	100000	20614
客车生产新基地建设项目	Passenger Car Production New Base	2009.07	81000	7800
泗许高速公路亳州段	Sixie Highway (Bozhou Section)	2009.01	173780	45834
安徽国际会展中心	Anhui International Exhibition Center	2009.10	150000	200
滨湖康园	Bingwu Kang Park	2009.01	115000	100000
城区段涡河治理拆迁还原	City Sector Guohe River Government and recovery	2009.02	58134	30993
高速公路工程	Highway Engineering	2009.11	231000	14000
环城大道	Avenue Around the City	2009.07	140000	6630
高速公路建设	Highway Construction	2009.09	151478	5824
科技创业园基础设施	S&T Park Infrastructure	2009.05	50000	46110
芜雁高速公路宣城段	Wuyan Highway (Xuancheng Section)	2009.10	56000	3500
宛溪河综合整治	Wanxi River Comprehensive Improvement	2009.10	50000	20000
宁宣杭高速宁国段	Ningxuanhang Highway (Ningguo Section)	2009.09	130000	49081
汽车研发试验中心	Auto Research and Development Experiment Center	2009.10	164346	30210
燃气供应	Gas Supply	2009.01	61821	40083
PVC管材管件	PVC.PPR.PE	2009.05	50000	22984
滨河小区安置点项目	Binhe Plot Placement Project	2009.08	140000	25872
中国（合肥）非物质文化遗产产业园一期	China (Hefei) Non-material Cultural Heritage Industry Park	2009.10	50000	9000
双凤开发区拓展区路网工程	Shuangfeng Development Zone Development Area Rad Ntwork Poject	2009.12	123000	80
合肥新桥国际机场	Hefei Xingqiao International Airport	2009.02	430500	54053
中国中部花木城二期工程	China Central Flowers and Trees City (phase 2)	2009.04	56000	12000
潭冲河及卞小河综合治理工程	Tanchu River and Bianxiao River Comprehensive Project	2009.08	59000	23000
28万吨/年合成氨系列产品生产项目	Synthetic Ammoni Aseries Product Production Project	2009.10	247705	3500
奶产品加工和饲料加工	Milk Products Processing And feedstuffs Processing	2009.03	65705	31798
PDP项目	PDP Project	2009.09	200000	73720
京东方第六代TFT-LCD项目	Beijing East The Sixth Generation of TFT-LCD Project	2009.04	1750000	254818
彩虹高世代TFT-LCD玻璃基板	Rainbow High Generation TFT-LCD Glass Substrate Project	2009.12	370000	5038
长江西路高架桥工程	Yangtze River West Road Viaduct Project	2009.06	180937	33503
合蚌铁路建设合肥段	Hebeng Railroad Construction (Hefei Section)	2009.05	611100	266997
合肥南环线高铁站建设	Hefei South Loop Line High-speed Railway Station Construction	2009.12	954000	99503
高新区动漫产业基地	High-tech Zone Comic and Animation Industrial Base	2009.02	50000	59497
年产425万条子午线轮胎生产基地项目	Yearly Production 4,250,000 Zhiwuxian Tyres Production Base Project	2009.10	199000	17595
南岗新工业园	Nangang New Industry Park	2009.10	126032	37279
中国高清产业基地	Chinese High Definition Industrial Base	2009.06	100000	15500
应流工业园二期项目	Yinliu Industry Garden Project (Phase 2)	2009.03	81000	12526
太阳能电此片、组件及光电系列产品项目	Solar Energy Electricity Piece, Module and Electro-optic Serial Product Project	2009.04	50000	9249
船用柴油机项目	Marine Diesel Project	2009.03	459690	101759
安庆舒怡国际家居购物广场	Anqing Shuyi International Home Shopping Malls	2009.09	65000	16163
年产2万台大马力拖拉机	High-power Tractor	2009.05	50000	5950
水泥生产	Cement Production	2009.01	120000	38000
空气分离项目	Air Separation Project	2009.09	66640	14334
林纸一体化项目	Dowling Paper Integration Project	2009.01	310000	21600
龙眠河综合整治起步区建设	Longmian River Comprehensive Improvement Area Construction	2009.01	82485	29900
年产56万公里特种机车电缆项目	Special Locomotive Cable Project	2009.01	56000	29500

主要统计指标解释

全社会固定资产投资

固定资产投资额是以货币表现的建造和购置固定资产活动的工作量，它是反映固定资产投资规模、速度、比例关系和使用方向的综合性指标。全社会固定资产投资按经济类型可分为国有、集体、个体、联营、股份制、外商、港澳台商、其他等。按照管理渠道，全社会固定资产投资统计的范围包括：⑴城镇50万元以上项目；⑵房地产开发投资；⑶农村非农户投资；⑷农村农户投资。

房地产开发投资

指房地产开发公司、商品房建设公司及其他房地产开发法人单位和附属于其他法人单位实际从事房地产开发或经营的活动单位统一开发的包括统代建、拆迁还建的住宅、厂房、仓库、饭店、宾馆、度假村、写字楼、办公楼等房屋建筑物和配套的服务设施，土地开发工程（如道路、给水、排水、供电、供热、通讯、平整场地等基础设施工程）的投资；不包括单纯的土地交易活动。

固定资产投资的资金来源

根据固定资产投资的资金来源不同，分为国家预算内资金、国内贷款、利用外资、自筹资金和其他资金来源。

⑴国家预算内资金：指中央财政和地方财政中由国家统筹安排的基本建设拨款和更新改造拨款，以及中央财政安排的专项拨款中用于基本建设的资金和基本建设拨款改贷款的资金等。

⑵国内贷款：指报告期内企、事业单位向银行及非银行金融机构借入的用于固定资产投资的各种国内借款。包括银行利用自有资金及吸收的存款发放的贷款、上级主管部门拨入的国内贷款、国家专项贷款（包括煤代油贷款、劳改煤矿专项贷款等）、地方财政专项资金安排的贷款、国内储备贷款、周转贷款等。

⑶利用外资：指报告期内收到的用于固定资产投资的国外资金，包括统借统还、自借自还的国外贷款，中外合资项目中的外资，以及对外发行债券和股票等。国家统借统还的外资指由我国政府出面同外国政府、团体或金融组织签订贷款协议、并负责偿还本息的国外贷款。

⑷自筹资金：指建设单位报告期内收到的，用于进行固定资产投资的上级主管部门、地方和企、事业单位自筹资金。

⑸其他资金来源：指报告期内收到的除以上各种拨款。

固定资产投资按建设性质分

建设项目的性质一般分为新建、扩建、改建、迁建、恢复。基本建设按建设项目划分建设性质，更新改造、国有单位其他固定资产投资及城镇集体投资等按整个企业、事业单位的建设情况确定建设性质，房地产开发单位、农村投资、城镇工矿区私人建房等投资不划分建设性质。

⑴新建：一般是指从无到有、“平地起家”新开始建设的单位。有的单位原有的基础很小，经过建设后其新增加的固定资产价值超过原有固定资产价值（原值）三倍以上的也算新建。

⑵扩建：一般是指为扩大原有产品的生产能力，在厂内或其他地点增建主要生产车间（或主要工程）、独立的生产线或分厂的企业；事业单位和行政单位在原单位增建业务用房（如学校增建教学用房、医院增建门诊部或病床用房、行政机关增建办公楼等）也作为扩建。

⑶改建：一般是指现有企业、事业单位为了技术进步，提高产品质量，增加花色品种，促进产品升级换代，降低消耗和成本，加强资源综合利用和三废治理、劳保安全等，采用新技术、新工艺、新设备、新材料等对现有设施、工艺条件进行技术改造或更新（包括相应配套的辅助性生产、生活福利设施）。有的企业为充分发挥现有生产能力，进行填平补齐而增建不增加本单位主要产品生产能力的车间等，也属于改建。

固定资产投资按构成分

固定资产投资活动按其工作内容和实现方式分为建筑安装工程，设备、工具、器具购置，其他费用三个部分。

⑴建筑安装工程（建筑安装工作量）：指各种房屋、建筑物的建造工程和各种设备、装置的安装工程。包括各种房屋建造工程，各种用途设备基础和各种工业窑炉的砌筑工程；为施工而进行的各种准备工作和临时工程以及完工后的清理工作等；铁路、道路的铺设，矿井的开凿及石油管道的架设等；水利工程；防空地下建筑等特殊工程；以及各种机械设备的安装工程；为测定安装工程质量，对设备进行的试运工

作。在安装工程中，不包括被安装设备本身的价值。

⑵设备、工具、器具购置：指购置或自制达到固定资产标准的设备、工具、器具的价值，固定资产的标准按财务部门规定。新建单位、扩建单位的新建车间按照设计和计划要求购置或自制的全部设备、工具、器具，不论是否达到固定资产标准均计入“设备、工具、器具购置”中。

⑶其他费用：指在固定资产建造和购置过程中发生的，除建筑安装工程和设备、工具、器具购置以外的各种应摊入固定资产的费用。

施工项目

指报告期内曾进行建筑或安装工程施工活动的建设项目，包括报告期内新开工项目、报告期以前开工跨入报告期继续施工的项目以及报告期施过工并在报告期内全部建成投产或停缓建的项目。

全部建成投产项目

工业项目是指设计文件规定形成生产能力的主体工程及其相应配套的辅助设施全部建成，经负荷试运转，证明具备生产设计规定合格产品的条件，并经过验收鉴定合格或达到竣工验收标准，与生产性工程配套的生活福利设施可以满足近期正常生产的需要，正式移交生产的建设项目。非工业项目是指设计文件规定的主体工程和相应的配套工程全部建成，能够发挥设计规定的全部效益，经验收鉴定合格或达到竣工验收标准，正式移交使用的建设项目。

新增生产能力

指通过固定资产投资活动而增加的设计能力或工程效益，它是用实物形态表示的固定资产投资的成果。新增生产能力的计算，是以能独立发挥生产能力或工程效益的单项工程（或项目）为对象。当单项工程（或项目）建成，经有关部门鉴定合格，正式移交投入生产，即可计算新增生产能力。

新增生产能力的数量一般按设计能力计算。设计能力是指设计文件中规定的在正常情况下能够达到的生产能力，而不论投产后的实际产量如何。以设备数量、建筑物容积、面积、长度等表示的新增生产能力或工程效益，则按建成的实际数量计算。

商品住宅

指房地产开发企业（单位）建设并出售、出租给使用者，仅供居住用的房屋。

土地开发投资额

指房地产开发企业完成的前期工程投资，即路通、水通、电通、场地平整等（也称七通一平）所完成的投资。一般指生地开发成熟地的投资。在旧城区（老区拆迁）的开发中，如果有统一的规划，如政府有关部门批准的小区建设的前期工程中，有场地平整，原有建筑物、构筑物拆除，供水供电工程等工作量也可计算。未进行开发工程、只进行单纯的土地交易活动不作为土地开发投资统计。土地开发投资额在房屋用途分组中能分摊的部分就分摊，不能分摊的全部计入其他。

土地购置费

指房地产开发企业为取得土地使用权而支付的费用。土地购置费按当期发生数计入投资，如土地购置费为分期付款的，可分期计入投资；不计入新增固定资产。土地购置费支出包括：①通过草拟方式取得的土地使用权所支付的土地补偿费、附着物和青苗补偿费、安置补偿费及土地征收管理费等；②通过出让方式取得土地使用权所支付的出让金。

投资额按房屋工程用途分组

指投资额中用于各类房屋建设的投资。

住宅

指专供居住的房屋，包括别墅、公寓、职工家属宿舍和集体宿舍（包括职工单身宿舍和学生宿舍）等。但不包括住宅楼中作为人防用、不住人的地下室等。

别墅、高档公寓

一般指单位建筑面积造价高于当地同等地段商品住宅平均造价一倍以上的公寓或别墅，或者经有权审批房地产投资计划的审批单位审定为高档公寓、别墅的房地产投资项目。

经济适用房

指根据国家经济适用房计划安排建设的住宅。由国家统一下达计划，地方政府统一组织建设；用地一般实行行政划拨的方式，免收土地出让金，对各种经批准的收费实行减半征收；出售价格实行政府指导价，按保本微利的原则确定。

本年完成开发土地面积

指报告期内对土地进行开发并已完成七通一平等前期开发工程，具备进行房屋建筑物施工或出让条件的土地面积。

本年购置土地面积

指在本年内通过各种方式获得土地使用权的土地面积。

本年土地成交价款

指进行土地使用权交易活动的最终金额。在土地一级市场，是指土地最后的划拨款和出让价；在土地二级市场是指土地转让、出租、抵押等最后确定的合同价格。土地成交价款与土地购置面积同口径，目的是正确计算平均土地购置价格。

房屋施工面积

指报告期内施工的全部房屋建筑面积。包括本期新开工的面积和上年开工跨入本期继续施工的房屋面积，以及上期已停建在本期恢复施工的房屋面积。本期竣工和本期施工后又停建缓建的房屋面积仍包括在施工面积中，多层建筑应填各层建筑面积之和。

房屋竣工面积

指报告期内房屋建筑按照设计要求已全部完工，达到住人和使用条件，经验收鉴定合格或达到竣工验收标准（实行房地产开发小区综合验收的城市，应经小区综合验收合格），可正式移交使用的各栋房屋建筑面积的总和。

实际销售面积

指报告期内已竣工的房屋面积中已正式交付给购房者或已签订（正式）销售合同的商品房屋面积。不包括已签订预售合同正在建设的商品房屋面积，但包括报告期或报告期以前签订了预售合同，在报告期又竣工的商品房屋面积。

在管物业占地面积

指报告期末物业管理单位正在进行管理的物业所占用的全部土地面积。

在管房屋建筑面积

指报告期末物业管理单位正在进行管理的已竣工交付使用的全部房屋建筑面积。

房屋代理销售成交合同面积

指经房地产中介服务机构代理，并签订销售合同的商品房及以外的所有房屋的成交面积。

房屋代理销售成交合同数

指房地产中介服务机构代理销售商品房及以外的所有房屋并签订销售合同的业务笔数。

房屋代理销售成交合同金额

指房地产中介服务机构对商品房及以外的所有房产进行销售，并签订销售合同的商品房成交金额。

房屋代理出租成交合同面积

指经房地产中介服务机构代理，并签订租赁合同的商品房及以外的所有出租房屋的总面积。

房屋代理出租成交合同数

指房地产中介服务机构代理出租商品房及以外的所有房屋，并签订租赁合同的业务笔数。

房屋代理出租成交合同金额

指房地产中介服务机构对商品房及以外的所有房产进行租赁，并签订租赁合同的商品房成交金额。

直接从建设单位承揽工程完成的产值

指总承包企业或专业承包企业直接与建设单位（业主）签订的承包合同（包括报告期及以往年度签订的合同，不包括无效合同和中途解除的合同），在报告期内完成的工程总值。包括企业向其他专业承包企业或劳务分包企业分包出去的工程所完成产值，还包括分包企业缴纳的管理费。

Explanatory Notes for Major Statistical Indicators

Total Investment in Fixed Assets in the Whole Country

Amount of investment in fixed assets refers to the volume of activities in construction and purchases of fixed assets in monetary terms. It is a comprehensive indicator which shows the size, pace, proportional relations and use orientation of the investment in fixed assets. Total investment in fixed assets in the whole country includes, by status of economic ownership, the investment by the state-owned units, collective units, individuals, joint ownership units, share-holding units, as well as investment by businessmen from foreign countries and from Hong Kong, Macao and Taiwan, and by other units. According to management channels, the statistical ranges of the investment in fixed assets include: (1) item invested half million Yuan and over in urban; (2) house built for private person in urban industrial districts (Chengguan town and above); (3) investment of real estates; (4) investment in rural district not by farmer; (5) investment in rural district by farmer.

Investment in Real Estate Development

It includes the investment by the real estate development companies, commercial buildings construction companies and other real estate development units of various types of ownership in the construction of house buildings, such as residential buildings, factory buildings, warehouses, hotels, guesthouses, holiday villages, office buildings, and the complementary service facilities and land development projects, such as roads, water supply, water drainage, power supply, heating, telecommunications, land leveling and other projects of infrastructure. It excludes the activities in simple land transactions.

Private Investment in House Construction in Urban Areas, Industrial and Mining Areas and Individual Investment in Rural Areas

The private house construction in the urban areas and industrial and mining areas includes all the private house construction under the jurisdiction of cities, counties, towns and industrial and mining areas, no matter whether the owner of the house is registered as the permanent resident in the locality or not. The individual investment in the rural areas includes the investment in house construction and purchase of productive fixed assets by the individuals in the rural areas.

Sources of Funds for Investment in Fixed Assets

state budgetary appropriation, domestic loans, foreign investment, self-raised funds, and others.

a) State budgetary appropriation refers to appropriation in the budget of the central and local governments earmarked for capital construction and for innovation projects, and the special appropriation from the budget of the central government for capital construction and for the transfer fund to banks to be issued as loans for capital construction projects.

b) Domestic loans refer to various funds borrowed by enterprises and institutions from banks and non-bank financial institutions during the reference period for the purpose of investment in fixed assets, including loans issued by banks from their self-owned funds and deposit, loans appropriated by higher responsible authorities, special loans by government (including loan for replacing petroleum with coal, special loan for reform-through-labour coal mines), loans arranged by local government from special funds, domestic reserve loan, and working loan, etc.

c) Foreign Investment refers to foreign funds received during the reference period for the purpose of investment in fixed assets, including foreign funds borrowed and managed by the government, by individual units, foreign fund in joint venture program, and issue of bonds and stocks at the international financial markets. The foreign funds borrowed and managed by the government refer to foreign loans borrowed by the government from foreign governments, organizations, or financial institutions under official agreements signed by both parties, under which government is responsible for the repayment of both the principal and interests of the foreign loans.

d) Self-raised funds refer to funds received by construction enterprises from their higher responsible authorities, local governments, or raised by enterprises or institutions themselves for the purpose of investment in fixed assets during the reference period.

f) Others refer to funds received during the reference period which are not included in the above-mentioned sources.

Investment in Fixed Assets by Type of Construction

The construction projects in general can be classified by the type of construction into new construction, expansion, reconstruction and moving away. In capital construction, the type of construction is determined by the condition of the project. In investment in innovation, in other investment by state-owned units and investment by collective-owned units, the type of construction is determined by the condition of the whole enterprise or institutions. Investment by type of construction is not applied to investment by real-estate development units, investment in rural areas and investment in housing by urban individuals.

a) New construction in general refers to newly constructed units. In the case in which the value of the original fixed assets is quite small, and the value of newly added fixed assets exceeds the original ones by three times, the expansion construction is considered as new construction.

b) Expansion refers to construction of new major production workshop or independent production line within a factory or in other locations, or construction of a branch factory so as to increase the production capacity of the original products. Newly constructed business houses in institutions and administrative organizations (such as the newly constructed teaching buildings in schools, clinics or bed building in hospitals, and office buildings in administrative agencies, etc.) are also classified as expansion.

c) Reconstruction refers to technical innovation and transformation of the existing equipment and technical conditions undertaken by enterprises and institutions for the purposes of technological advancement, improvement in product quality, enlarging variety of products, promoting new generation of products, reducing production consumption and cost, promoting comprehensive utilization of resources, strengthening treatment of waste gas, waste water and solid wastes, and safety in production, etc. through application of new technologies and techniques, use of new equipment and new materials (including accessory facilities for production or for living and welfare purposes).Construction of new workshops for improving existing production capacity rather than increasing production capacity is also considered as reconstruction.

Investment in Fixed Assets by Structure

refers to the three major parts of investment activities, i.e. construction and installation, purchase of equipment and instrument, and other expenses.

a) Construction and installation (work volume of construction and installation) refers to the construction of various houses and buildings and installation of various kinds of equipment and instruments, including construction of various houses, equipment foundations and industrial kilns and stoves, preparation works for project construction, and clearing up works post project construction, pavement of railways and roads, drilling of mines and putting up of oil pipes, construction of projects of water conservancy, construction of underground air-raid shelters and construction of other special projects, installation of various machinery equipment, testing operation for pre-testing the quality of installation projects. The value of equipment installed is not included in the value of installation projects.

b) Purchase of equipment and instruments refers to the total value of equipment, tools, and vessels purchased or self-produced which come up to standards for fixed assets. Equipment, tools and vessels purchased or self-produced for new workshops by newly established or expanded units are categorized as purchase of equipment and instruments no matter whether they come up to the standards for fixed assets or not.

c) Other expenses refer to expenses occurring during the construction or purchase of fixed assets other than construction, installation or purchase of equipment and instruments.

Projects Under Construction

refer to projects having construction and installation activities undertaken in the reference period, including projects started in the reference period, or continued from the previous period, or completed and put into production or suspended in the reference period.

Projects Completed and Put into Use

Industrial projects refer to the major projects and accessory facilities completed which result in forming production capacity and have been checked and accepted while the living and welfare facilities have been completed and can ensure normal production and formally put into production. Non-industrial projects refer to the major projects and accessory facilities completed which possess the designed capacity and have been checked, accepted and formally put into production.

Newly Increased Production Capacity

refers to the increase of designed capacity and project efficiency through investment in fixed assets, which reflects the accomplishment of investment in fixed assets in kind. The calculation of newly increased production capacity is based on individual project which operates independently and efficiently. When an individual project is completed and checked and accepted and put into production, it is counted as newly increased production capacity.

Newly increased production capacity in terms of quantity is calculated in designed capacity in general, which refers to the production capacity of a project under normal conditions designed in construction documents regardless of the actual output.

Commercial Housing

refers to the building just for living sailed and rented to the user by real estate development company.

Amount of Investment on Land

refers to the previous construction investment completed by real estate development company, which includes road project completed, water project completed, electricity project completed, site grading and so on (and also called seven completed one grading). This investment is usually called fresh land developed in to mature land. If there lave unified planning in old section of city (the moving of old district) development, for example, in the prior project of housing estate construction authorized by related party of government the amount of work of site grading, demolition of primary buildings water supply project and power supply project can be calculated. The project without development and purely transaction of land can't be the statistics of development and investment in land. The amount of land development and investment must be apportioned if they can be apportioned in the group by the use of building. If the part can't be apportioned, they can be calculated in others wholly.

The Cost of Buying Land

refers to the cost paid by the real estate company, which can be used for gaining the usufruct of land. The cost of buying land can be calculated for investment based on the current period amounts. The cost of buying land can be calculated for investment by stages if the cost of buying land is divided payments. The cost of buying land can't be calculated for the new permanent assets. The cost of buying land includes ① compensation cost of land, adhesive material, green croups, allocation and management expenses of land expropriation paid by the land-use right in rough style. ②fees for assignment paid by the land-use right in remised style.

Amount of Investment Classified by the Use of Building Engineering

refers to the investment of all types of building construction among of the amount of investment.

House

refers to the building for living merely including villa, apartment, dormitory of employee, collective dormitory (including the dormitory for bachelors and students) and so on, excluding the basement of resident buildings for civil air defense and no living.

Villas, High-grade Apartments

refer to per construction cost on villas or high-grade apartments are higher by over 100% compared with the average prices of commercial housing at the same place, or projects for the construction of villas or high-grade apartments approved by competent departments in chare of real estate development and investment plans.

Economical Affordable Housing

refers to the housing constructed according to the state plan for economically affordable housing. Economical affordable housing project was organized by local government with state investment plan. Use of land was normally adopted by administrative transfer style. Exempted land leasing money. All styles of fees with authorization were hawed collection. The sale price was directed by government with holding cost & meager profit principle.

Exploitative Land Area Completed This Year

refers to prior development project of land (seven completed one grading and soon) which was developed and completed at report period. The land area has building operations or remised condition.

The Land Area Bought This Year

refers to the area attained land-use right by all kinds of modes this year.

Bargain Price of Land This Year

refers to final sum bargained for the land-use right. The price refers to the final transfer and remised price at land primary market; The price refers to the finally affirmed contract price with land remised, rented, mortgage and so on at land secondary market. Bargain price of land have the same caliber with the land buying area, the aim is to calculate the mean land buying price correctly.

Floor Space Under Construction

refers to total floor space of all buildings under construction during the reference period, including floor space of newly started buildings during the reference period, floor space of construction extended from the previous period to the current period, floor space of construction suspended during the previous period and resumed in the current period, floor space of construction completed in the current period, and floor space of construction started and then suspended in the current period.

Floor Space of Buildings Completed

refers to the floor space of buildings completed in the reference period, which have come up to the designed standards and have been put into use.

Effective Sale Areas

refer to commercial building areas which were handed formally to the buyers or signed sale contracts in the completed building areas at the report period. The area include the accomplish commercial building area at the report period which was signed pre contract at the report period or before the report period, excluding the commercial building area which was building now and has been signed pre contract.

Land Area Occupied by Estate Management

refers to all of land area occupied by the estate management at the end of report period.

Building Construction Area Under Management

refers to all of the building construction area which has been completed to use and was managed by the estate management at the end of report period.

Contract Area Signed and Vended by the Agent of Building

refers to the commercial building and other building areas which were substituted and signed sale contract by the estate agency organ.

Numbers of Contracts Signed and Vended by the Agent of Building

refer to numbers of business which have signed sale contract including the commercial building and other building vended vicariously by the estate agency organ.

Contract Sum Signed and Vended by the Estate Agency Organ

refers to commercial buildings sale sum sailed and signed sale contract by the estate agency organ including commercial building and other buildings.

Contract Area Rented by Agent of Building

refers to total area substituted and signed rent contract by the real estate agency including commercial building and other all rentals.

Numbers of Contracts Signed and Rented by the Agent of Buildings

refer to numbers of business rented by the estate agency organ including commercial building and other buildings which are signed rent contract.

Contract Sum Signed and Rented by the Agent of Building

refers to commercial buildings rent sum rented and sighed rent contract by the estate agency organ including commercial buildings and other all buildings.

Production Value of Project Completed Directly from Construction Units

refers to the accomplished project total value at report period according to the contract signed by the general contracting enterprise or special contracting enterprise with construction unit (or construction owner). The contract includes the report period and former contract, excluding invalid contract and contract relieved in midway. The production value includes the accomplished value completed by special contracting enterprise or subcontract enterprise, also included administrative expenses paid by subcontract enterprise.

第六篇

Chapter 6

能源生产和消费

PRODUCTION AND CONSUMPTION OF ENERGY

简要说明

一、本篇包括的主要内容有：能源生产、消费及品种构成，能源生产和消费弹性系数，近年来综合能源平衡表和电力平衡表，分行业分主要能源品种的消费量等。

二、分行业主要能源品种消费量、分行业工业用水量为全部国有及年销售收入500万元以上工业企业。

三、本篇资料取自省统计局能源处，是按照国家统计局报表制度逐级汇总整理。

四、关于数据口径与计算的说明

1. 一次能源生产量与工业统计数据一致。

2. 行业分类采用现行统一的国民经济行业分类国家标准。

3. 能源生产与消费弹性系数分别以能源生产、消费增长速度与国内生产总值增长速度相比求得。

Brief Introduction

I. Data in this chapter cover mainly the energy production, consumption and their composition, the elasticity ratio of energy production and consumption, the overall balance of energy and the balance of electricity, the consumption of energy by sector and by main variety.

II. The consumption of energy by sector and by main variety and industrial water consumption by sector include all state-owned industrial enterprises and the industrial enterprises with yearly sales revenue over five million yuan.

III. Data in this chapter are prepared and provided by the Division of Energy, Anhui Statistical Bureau, in accordance with the national reporting system.

IV. Coverage and calculation of data:

1. Data on the production of primary energy are the same as the concerned data of the industrial statistics.

2. The state classification of national economic sectors is used in the classification of sectors.

3. The elasticity ratio of energy production is calculated as the quotient of the growth rate of energy production divided by the growth rate of GDP; and the elasticity ratio of energy consumption is calculated as the quotient of the growth rate of energy consumption divided by the growth of GDP.

6—1 能源生产和消费总量及电力生产和消费量
Total Production and Consumption of Energy and Electricity

年　份 Year	能源生产总量（万吨标准煤）Total Energy Production（10000 tons of SCE)	电力生产量（亿千瓦时）Electricity (100 million kwh)	能源消费总量（万吨标准煤）Total Energy Consumption（10000 tons of SCE)	电力消费量（亿千瓦时）Electricity (100 million kwh)
1995	3218.53	309.33	4194.06	288.97
2000	3436.14	364.63	4878.82	338.92
2001	3840.06	413.92	5118.33	359.62
2002	4478.04	465.66	5315.97	389.94
2003	4844.90	557.18	5457.09	445.44
2004	5845.96	611.57	6016.89	515.94
2005	6215.42	648.38	6505.98	581.65
2006	5993.75	734.38	7069.39	662.40
2007	6742.44	868.04	7739.33	768.70
2008	8413.93	1101.94	8325.40	858.87
2009	9288.36	1328.58	8895.90	952.30

注：1. 电力生产量为水电和火电的发电量。能源生产和消费量按等价热值计算。2006年后能源生产总量不含跨地区原煤产量。
2. 根据第二次经济普查结果，2005年以后的有关数据有所调整（下同）。

a) Electricity production is the output of hydropower and thermal power. The production and consumption of energy are calculated on the basis of equal caloric value.

B) According to the second economical general survey result, after 2005 related data has adjustment (same as below).

6—2 综合能源平衡表
Overall Energy Balance

单位：万吨标准煤　(10000 tons of SCE)

指　标	Item	1995	2000	2005	2008	2009
可供消费的能源总量	**Total Energy Available for Consumption**					
一次能源生产量	Primary Energy Output	3218.53	3436.14	6215.42	8413.96	9288.36
能源消费总量	**Total Energy Consumption**	**4194.06**	**4878.82**	**6505.98**	**8325.40**	**8895.90**
在总量中：	Consumption by Sector:					
农、林、牧、渔、水利业	Farming, Forestry, Animal Husbandry, Fishery and Water Conservancy	176.02	163.48	149.10	180.67	186.22
工　业	Industry	3249.67	3881.06	5016.86	6470.63	6905.32
建筑业	Construction	47.20	53.93	54.32	88.93	94.04
交通运输和邮电通信业	Transportation, Post and Telecommunications Services	156.91	178.38	280.27	439.75	460.47
商业、饮食、物资供销和仓储业	Commerce, Catering Services, Materials Supply, Marketing and Storage	37.94	57.24	101.75	104.76	126.28
其　他	Others	44.19	57.65	132.90	204.90	230.74
生活消费	Residential Consumption	386.28	487.07	770.78	831.10	888.04
在总量中：	Consumption by Usage:					
终端消费	Final Consumption	4046.48	4689.61	6126.54	7955.55	8503.31
#工　业	Industry	3197.99	3691.85	4637.41	6105.44	6517.52
加工转换损失量	Losses in Processing and Transformation	51.68	189.21	379.44	365.19	387.80
输配损失量	Losses in Transportation and Delivery	95.90	73.64	155.34	170.92	206.27
平衡差额	**Balance**	**9.47**	**8.38**	**17.54**	**27.35**	**20.77**

6—3 能源生产弹性系数
Elasticity Ratio of Energy Production

年 份 Year	能源生产比上年增长（%） Growth Rate of Energy Production over preceding Year (%)	电力生产比上年增长（%） Growth Rate of Electricity Production over Preceding Year (%)	安徽生产总值比上年增长（%） Growth Rate of Gross Domestic Product (GDP) over Preceding Year (%)	能源生产弹性系数 Elasticity Ratio of Energy Production	电力生产弹性系数 Elasticity Ratio of Electricity Production
1995	9.53	3.67	14.3	0.67	0.26
1997	-3.77	1.07	12.7	-0.30	0.08
1998	-6.59	-5.41	8.5	-0.78	-0.64
1999	2.33	1.56	8.1	0.29	0.19
2000	2.16	15.25	8.3	0.26	1.84
2001	11.76	13.52	8.6	1.37	1.57
2002	16.61	12.50	8.9	1.87	1.40
2003	8.19	19.65	9.2	0.89	2.14
2004	20.66	9.76	12.5	1.67	0.78
2005	6.32	6.02	11.8	0.54	0.51
2006	5.96	13.26	12.5	0.48	1.06
2007	12.49	18.20	14.2	0.88	1.28
2008	24.79	26.95	12.7	1.95	2.12
2009	10.39	20.57	12.9	0.81	1.59

注：能源生产增长速度按等价热值计算；电力生产增长速度按实物量计算。

a) The rate of rise of energy production is calculated on the basis of equal caloric value; The rate of rise of electricity production is calculated on the basis of real amount.

6—4 能源消费弹性系数
Elasticity Ratio of Energy Consumption

年 份 Year	能源消费比上年增长（%） Growth Rate of Energy Consumption over Preceding Year (%)	电力消费比上年增长（%） Growth Rate of Electricity Consumption over Preceding Year (%)	安徽生产总值比上年增长（%） Growth Rate of Gross Domestic Product (GDP) over Preceding Year (%)	能源消费弹性系数 Elasticity Ratio of Energy Consumption	电力消费弹性系数 Elasticity Ratio of Electricity Consumption
1995	12.83	10.64	14.3	0.90	0.74
1997	-2.57	2.45	12.7	-0.20	0.19
1998	3.23	-2.05	8.5	0.38	-0.24
1999	2.37	1.22	8.1	0.29	0.15
2000	5.47	8.29	8.3	0.66	1.00
2001	4.91	6.11	8.6	0.57	0.71
2002	3.86	8.43	8.9	0.43	0.95
2003	2.65	14.23	9.2	0.29	1.55
2004	10.26	15.83	12.5	0.82	1.27
2005	8.33	12.74	11.8	0.71	1.08
2006	8.66	13.88	12.5	0.69	1.11
2007	9.48	16.05	14.2	0.67	1.13
2008	7.57	11.73	12.7	0.60	0.92
2009	6.85	10.88	12.9	0.53	0.84

注：能源消费增长速度按等价热值计算；电力消费增长速度按实物量计算。

a) The rate of rise of energy consumption is calculated on the basis of equal caloric value; The rate of rise of electricity consumption is calculated on the basis of real amount.

6—5 电 力 平 衡 表
Electricity Balance Sheet

单位：亿千瓦小时 （100 million kwh）

指 标	Item	1995	2000	2005	2008	2009
可供量	**Total Energy Available for Consumption**					
生产量	Output	309.33	364.63	648.38	1101.94	1328.58
水 电	Hydropower	11.39	4.58	13.48	28.13	29.15
火 电	Thermal Power	297.94	360.05	634.90	1073.81	1299.43
消费量	**Total Energy Consumption**	**288.97**	**338.92**	**581.65**	**858.87**	**952.31**
在消费量中	Consumption by Sector					
农、林、牧、渔、水利业	Agriculture, Forestry, Animal Husbandry, Fishery and Water Conservancy	23.85	21.31	11.75	11.07	11.28
工 业	Industry	190.69	238.26	430.98	632.65	693.05
#输配电损失量	Losses in Transmission	24.73	22.81	43.81	50.46	63.71
建筑业	Construction	3.00	3.75	4.88	9.56	10.66
交通运输、仓储和邮政业	Transport, Storage and Post	2.96	4.22	4.98	10.53	12.16
批发、零售业和住宿、餐饮业	Wholesale and Retail Trades, Hotels and Catering Services	2.87	5.74	12.57	22.20	28.42
其他行业	Others Sectors	8.03	12.61	26.79	38.24	45.43
生活消费	Household Consumption	32.84	53.03	89.70	134.62	151.30

6—6 平均每天各种能源消费量
Average Daily Energy Consumption by Variety

指 标		Item		1995	2000	2005	2008	2009
合 计	**（万吨标准煤）**	**Total**	**(10000 tons of SCE)**	**11.49**	**13.36**	**17.82**	**22.81**	**24.37**
原 煤	（万吨）	Coal	(10000 tons)	13.84	15.96	23.24	31.15	35.70
焦 炭	（万吨）	Coke	(10000 tons)	1.21	1.46	1.48	2.33	2.35
原 油	（万吨）	Crude Oil	(10000 tons)	0.76	0.94	1.14	1.17	1.24
燃料油	（万吨）	Fuel Oil	(10000 tons)	0.13	0.13	0.07	0.04	0.04
汽 油	（万吨）	Gasoline	(10000 tons)	0.16	0.19	0.24	0.35	0.38
柴 油	（万吨）	Diesel Oil	(10000 tons)	0.29	0.39	0.58	0.85	0.90
电 力	（亿千瓦小时）	Electricity	(100 million kwh)	0.79	0.93	1.59	2.35	2.61

6—7 生活能源消费量
Average Annual Energy Consumption for Households

指标		Item		1995	2000	2005	2008	2009
合计	**（万吨标准煤）**	**Total**	**(10000 tons of SCE)**	**386.28**	**487.07**	**770.78**	**831.10**	**888.04**
煤炭	（万吨）	Coal	(10000 tons)	325.00	433.00	580.00	378.98	310.61
液化石油气	（万吨）	Liquefied Petroleum Gas	(10000 tons)	9.04	16.30	28.11	32.68	42.81
天然气	（亿立方米）	Natural Gas	(100 million cu.m)			0.40	1.85	2.23
热力	（万百万千焦）	Heat	(10 billion kilo-joule)	92.06		653.00	1235.35	1309.47
电力	（亿千瓦小时）	Electricity	(100 million kwh)	32.84	53.03	89.70	134.62	151.30

6—8 人均生活能源消费量
Annual per Capita Energy Consumption of Households

指标		Item		1995	2000	2005	2008	2009
平均每人生活消费能源	**（千克标准煤）**	**Annual per Capita Consumption for Households**	**(kg of SCE)**	**65.04**	**80.22**	**124.84**	**135.66**	**144.80**
煤炭	（千克）	Coal	(kg)	54.72	71.31	93.94	61.86	50.65
液化石油气	（千克）	Liquefied Petroleum Gas	(kg)	1.52	2.68	4.55	5.33	6.98
天然气	（立方米）	Natural Gas	(cu.m)			0.65	3.02	3.64
热力	（万千焦）	Heat	(kilo-joule)	1.55		10.58	20.16	21.35
电力	（千瓦小时）	Electricity	(kwh)	55.30	87.34	145.29	219.73	246.70

注：按年平均人口数计算。

a) Data in the table are calculated with the data on the annual average population.

6—9 全社会用电情况
Electricity Used in Whole Society

单位：亿千瓦时 (100 million kwh)

类别	Types	2005	2008	2009
全社会用电量总计	**Total of Electricity Used in Whole Society**	**581.65**	**858.87**	**952.31**
全行业用电量合计	Total of Electricity Used in Whole Trade	491.95	724.25	801.00
第一产业	Primary Industry	11.75	11.07	11.28
第二产业	Secondary Industry	435.86	642.21	703.71
第三产业	Tertiary Industry	44.34	70.97	86.01
城乡居民生活用电量合计	Electricity Used for Life	89.70	134.62	151.31
城镇居民	Urban	47.97	70.62	77.70
乡村居民	Rural	41.73	64.00	73.61
分行业用电	Grouped by Trade			
农、林、牧、渔业	Farming, Forestry,Animal Husbandry and Fishery	11.75	11.07	11.25
工　业	Industry	430.98	632.65	693.05
#轻工业	Light Industry	68.65	83.85	93.70
重工业	Heavy Industry	362.32	548.80	599.35
#采矿业	Mining and Quarrying	45.97	67.72	74.26
制造业	Manufacturing	290.86	418.01	450.84
电力、燃气及水的生产和供应业	Production and Supply of Electricity Gas and Water	94.14	146.92	167.95
建筑业	Construction	4.9	9.6	10.7
交通运输、仓储和邮政业	Transport, Storage and Postal Services	5.0	10.5	12.2
信息传输、计算机服务和软件业	Information Circulation, Computer Services and Software	2.6	4.4	5.3
商业和住宿、餐饮业	Commercial、Accommodation and Catering Trade	12.6	22.2	28.4
金融、房地产、商务及居民服务业	Finance、Real Estate、Business Affair & Resident Service	8.2	11.6	13.9
公共事业及管理组织	Public Service & Management Organization	16.0	22.2	26.2

6—10 电力建设情况
Electric Power Construction Situation

类别		Types		2005	2008	2009
发电量	**（亿千瓦时）**	**Electric Power Generated**	**(100 million kwh)**	**648.38**	**1101.94**	**1328.58**
线损率	**（%）**	**Electricity Loss Rate on Lines**	**(%)**	**6.09**	**6.04**	**5.99**
年末发电设备容量	**（万千瓦）**	**Power Generating Equipment Capacity (year-end)**	**(10000 kw)**	**1217.30**	**2638.07**	**2841.07**
架空线长度	**（公里）**	**Length of Overhead Lines**	**(km)**	**32432.51**	**40742.59**	**42561.85**
500KV	（公里）	500KV	(km)	1857.92	3870.76	3588.80
220KV	（公里）	220KV	(km)	6212.53	7743.04	8476.57
110KV	（公里）	110KV	(km)	8143.99	10457.31	11294.79
35KV	（公里）	35KV	(km)	16218.07	18671.47	19201.69
电缆长度	**（公里）**	**Length of Cable**	**(km)**	**101.54**	**150.00**	**257.00**
110KV	（万千伏安）	110KV	(10000 kva)	63.41	87.45	157.00
35KV	（万千伏安）	35KV	(10000 kva)	38.13	62.45	100.00
公用变电容量	**（万千伏安）**	**Public Transformer Capacity**	**(10000 kva)**	**3948.13**	**6267.21**	**7293.96**
500KV	（万千伏安）	500KV	(10000 kva)	510.30	1110.00	1210.00
220KV	（万千伏安）	220KV	(10000 kva)	1452.00	2319.00	2835.00
110KV	（万千伏安）	110KV	(10000 kva)	1419.80	2052.40	2424.43
35KV	（万千伏安）	35KV	(10000 kva)	566.1	785.8	824.5
用电最高负荷	**（万千瓦）**	**Transport, Storage and Postal Services**	**(10000 kw)**	**1010.0**	**1329.0**	**1596.0**

6—11 分行业全社会工业用电量
Industrial Electricity Consumption by Sector

单位：亿千瓦时 (100 million kwh)

行 业	Sector	1995	2000	2005	2008	2009
消费总量	**Total Consumption**	**190.69**	**238.26**	**430.98**	**632.65**	**693.05**
煤炭开采和洗选业	Coal Mining and Dressing	20.20	21.14	37.09	50.22	54.50
黑色金属矿采选业	Mining and Dressing of Ferrous Metals	3.03	3.69	5.74	11.24	11.60
有色金属矿采选业	Mining and Dressing of Nonferrous Metals	3.81	4.52	1.09	2.74	3.64
非金属矿采选业	Mining and Dressing of Nonmetal Minerals	2.51	2.45	2.05	3.52	4.51
其他矿采选业	Other Minerals Mining and Dressing		0.06			
农副食品加工业	Agricultural and Non-staple Food Processing Industry	3.60	2.33	4.34	7.34	9.49
食品制造业	Food Production	0.80	1.67	4.52	4.95	7.39
饮料制造业	Beverage Manufacturing	2.47	1.55	2.72	3.39	2.65
烟草加工业	Tobacco Processing	0.75	1.25	1.55	1.54	0.80
纺织业	Textiles	9.96	10.90	15.28	14.99	14.81
纺织服装鞋帽制造业	Textile Dress, Footwear and Headgear	0.54	0.20	1.39	1.60	2.09
皮革毛皮羽绒及其制品业	Leather, Furs, Down and Related Products	0.20	0.16	0.49	1.11	1.00
木材加工及竹藤棕草制品业	Timber Processing, Bamboo, Cane, Palm Fiber and Straw Products	0.53	0.55	3.90	7.68	8.31
家具制造业	Furniture Manufacturing	0.14	0.02	0.11	0.42	0.47
造纸及纸制品业	Papermaking and Paper Products	4.53	3.45	0.10	6.34	7.96
印刷业、记录媒介的复制	Printing and Record Medium Reproduction	0.30	1.80	1.29	1.88	2.09
文教体育用品制造业	Cultural, Educational and Sports Goods	0.11	0.12	0.49	0.89	1.07
石油加工、炼焦及核燃料加工业	Petroleum Processing, Coking and Nuclear Fuel Processing	2.09	2.63	2.11	2.54	2.57
化学原料及制品制造业	Raw Chemical Materials and Chemical Products	35.89	43.61	65.13	72.13	76.24
医药制造业	Medical and Pharmaceutical Products	2.33	1.35	3.96	4.26	4.84
化学纤维制造业	Chemical Fiber	2.65	3.83	7.41	7.11	7.12
橡胶制品业	Rubber Products	0.97	0.59	2.38	4.34	3.45
塑料制品业	Plastic Products	1.72	1.92	5.84	7.85	9.92
非金属矿物制品业	Nonmetal Mineral Products	16.21	19.45	59.89	96.00	106.64
黑色金属冶炼及压延加工业	Smelting and Pressing of Ferrous Metals	25.17	26.95	66.74	110.27	112.18
有色金属冶炼及压延加工业	Smelting and Pressing of Nonferrous Metals	5.67	7.74	9.67	12.93	14.31
金属制品业	Metal Products	3.45	3.12	7.37	12.87	13.99
普通机械制造业	Ordinary Machinery	2.84	5.72	5.04	8.70	9.90
专用设备制造业	Equipment for Special Purposes	1.98	0.72	1.77	1.69	2.24
交通运输设备制造业	Transport Equipment	2.36	1.69	6.32	9.02	9.87
电气机械及器材制造业	Electric Equipment and Machinery	2.48	0.90	5.65	8.52	11.48
通信设备、计算机及其他电子设备制造业	Telecommunication Equipments, Computer and Related Electronic Equipments	0.52	0.60	1.77	2.22	2.15
仪器仪表及文化办公用机械制造业	Instruments, Meters, Cultural and Office Machinery	0.14	0.10	0.23	0.27	0.30
工艺品及其他制造业	Handiwork and Other Manufacturing	5.06	5.47	2.89	4.30	4.68
废弃资源和废旧材料回收加工业	Recovery and Processing of Discarded Resources and Waste Materials			0.51	0.80	0.80
电力、热力的生产和供应业	Production and Supply of Electric Power and Heating Power	22.18	52.10	88.61	140.42	160.41
煤气的生产和供应业	Production and Supply of Gas	0.02	0.06	0.64	0.70	1.03
自来水的生产和供应业	Production and Supply of Tap Water	3.39	3.66	4.90	5.86	6.51

6—12 分行业工业用水情况（2009年）
Industrial Water Situation by Industry (2009)

单位：万立方米 (10000 M^3)

行 业	Sector	工业取水总量 Industrial Water Got Total Amount of Industrial Water Got	#地表水数量 Surface Water	地下水数量 Ground Water	自来水数量 Tap Water	重复用水数量 Repeat of Water Consumption
消费总量	**Total Consumption**	**406760.4**	**346970.4**	**24330.9**	**29157.3**	**681280.5**
煤炭开采和洗选业	Coal Mining and Dressing	8404.3	1740.0	5316.5	1294.1	9392.1
黑色金属矿采选业	Mining and Dressing of Ferrous Metals	3360.5	2096.3	590.6	654.5	3407.0
有色金属矿采选业	Mining and Dressing of Nonferrous Metals	372.1	87.7	257.2	26.2	113.8
非金属矿采选业	Mining and Dressing of Nonmetal Minerals	826.8	742.2	67.4	17.1	71.9
农副食品加工业	Agricultural and Non-staple Food Processing Industry	1816.0	104.2	854.0	853.0	73.5
食品制造业	Food Production	1469.5	63.2	195.7	997.7	1435.7
饮料制造业	Beverage Manufacturing	2016.1	233.1	804.4	977.9	467.9
烟草加工业	Tobacco Processing	237.8	0.2	6.6	231.0	0.0
纺织业	Textiles	2640.9	493.2	235.9	1883.3	1824.8
纺织服装鞋帽制造业	Textile Dress, Footwear and Headgear	409.2	4.0	23.7	379.6	1.8
皮革毛皮羽绒及其制品业	Leather, Furs, Down and Related Products	311.9	79.9	90.5	140.3	4.0
木材加工及竹藤棕草制品业	Timber Processing, Bamboo, Cane, Palm Fiber and Straw Products	413.8	61.8	94.6	256.5	30.5
家具制造业	Furniture Manufacturing	57.1	2.5	12.8	41.0	1.2
造纸及纸制品业	Papermaking and Paper Products	2771.3	1934.8	537.8	274.3	3054.7
印刷业、记录媒介的复制	Printing and Record Medium Reproduction	164.2	1.5	13.9	148.8	92.2
文教体育用品制造业	Cultural, Educational and Sports Goods	86.2	3.2	12.0	71.0	
石油加工、炼焦及核燃料加工业	Petroleum Processing, Coking and Nuclear Fuel Processing	1792.8	0.1	113.1	1679.4	550.2
化学原料及制品制造业	Raw Chemical Materials and Chemical Products	13862.1	8547.3	1627.7	3366.9	105254.4
医药制造业	Medical and Pharmaceutical Products	2253.9	544.1	689.5	1012.9	201.2
化学纤维制造业	Chemical Fiber	988.3	762.9	212.7	12.8	44000.0
橡胶制品业	Rubber Products	597.7	171.9	21.4	404.4	341.1
塑料制品业	Plastic Products	754.3	28.2	68.4	653.8	158.8
非金属矿物制品业	Nonmetal Mineral Products	6699.8	4640.5	751.0	1222.6	2649.2
黑色金属冶炼及压延加工业	Smelting and Pressing of Ferrous Metals	12341.7	8404.9	97.1	936.7	261054.5
有色金属冶炼及压延加工业	Smelting and Pressing of Nonferrous Metals	5620.3	1421.1	399.3	3798.8	26209.8
金属制品业	Metal Products	615.8	11.1	32.3	569.8	5.8
普通机械制造业	Ordinary Machinery	1395.5	149.4	151.0	1074.8	352.9
专用设备制造业	Equipment for Special Purposes	467.6	17.9	30.0	419.6	73.7
交通运输设备制造业	Transport Equipment	2016.6	114.9	46.4	1784.6	4040.1
电气机械及器材制造业	Electric Equipment and Machinery	1638.6	54.0	95.6	1479.1	506.7
通信设备、计算机及其他电子设备制造业	Telecommunication Equipments, Computer and Related Electronic Equipments	379.9	2.8	21.4	355.4	41.4
仪器仪表及文化办公用机械制造业	Instruments, Meters, Cultural and Office Machinery	40.9	0.1	0.3	40.5	
工艺品及其他制造业	Handiwork and Other Manufacturing	102.9	4.6	10.3	88.0	0.2
废弃资源和废旧材料回收加工业	Recovery and Processing of Discarded Resources and Waste Materials	18.9	0.9	1.9	16.1	0.3
电力、热力的生产和供应业	Production and Supply of Electric Power and Heating Power	201693.6	198547.7	2440.1	570.7	215869.3
煤气的生产和供应业	Production and Supply of Gas	70.3		2.9	67.4	
自来水的生产和供应业	Production and Supply of Tap Water	128051.2	115898.3	8405.5	1357.0	

6—13 分行业工业企业主要能源品种消费量（2009年）

行业	Sector	原煤（吨）Raw Coal (ton)
消费总量	**Total Consumption**	**124477719**
煤炭开采和洗选业	Coal Mining and Dressing	36840141
黑色金属矿采选业	Mining and Dressing of Ferrous Metals	98175
有色金属矿采选业	Mining and Dressing of Nonferrous Metals	2102
非金属矿采选业	Mining and Dressing of Nonmetal Minerals	427478
农副食品加工业	Agricultural and Non-staple Food Processing Industry	314845
食品制造业	Food Production	230026
饮料制造业	Beverage Manufacturing	332267
烟草加工业	Tobacco Processing	4826
纺织业	Textiles	221488
纺织服装、鞋、帽制造业	Textile Dress, Footwear and Headgear	22292
皮革、毛皮、羽毛（绒）及其制品业	Leather, Furs, Down and Related Products	44242
木材加工及竹、藤、棕、草制品业	Timber Processing, Bamboo, Cane, Palm Fiber and Straw Products	110589
家具制造业	Furniture Manufacturing	1388
造纸及纸制品业	Papermaking and Paper Products	1273145
印刷业、记录媒介的复制	Printing and Record Medium Reproduction	21643
文教体育用品制造业	Cultural, Educational and Sports Goods	13170
石油加工、炼焦及核燃料加工业	Petroleum Processing, Coking and Nuclear Fuel Processing	427599
化学原料及化学制品制造业	Raw Chemical Materials and Chemical Products	7342768
医药制造业	Medical and Pharmaceutical Products	267131
化学纤维制造业	Chemical Fiber	705836
橡胶制品业	Rubber Products	139049
塑料制品业	Plastic Products	78960
非金属矿物制品业	Nonmetal Mineral Products	15454021
黑色金属冶炼及压延加工业	Smelting and Pressing of Ferrous Metals	3405377
有色金属冶炼及压延加工业	Smelting and Pressing of Nonferrous Metals	228126
金属制品业	Metal Products	66642
通用设备制造业	Equipment in Current Use	120574
专用设备制造业	Equipment in Special Use	17913
交通运输设备制造业	Transport Equipment	161388
电气机械及器材制造业	Electric Equipment and Machinery	92085
通讯设备、计算机及其他电子设备制造业	Telecommunication Equipments, Computer and Related Electronic Equipments	4502
仪器仪表及文化、办公用机械制造业	Instruments, Meters, Cultural and Office Machinery	40
工艺品及其他制造业	Handiwork and Other Manufacturing	37670
废弃资源和废旧材料回收加工业	Recovery and Processing of Discarded Resources and Waste Materials	9351
电力、热力的生产和供应业	Production and Supply of Electric Power and Heating Power	55960869
燃气的生产和供应业	Production and Supply of Gas	
水的生产和供应业	Production and Supply of Tap Water	

Consumption of Main Energy Varieties by Sector (2009)

洗精煤(吨) Washed and Refined Coal (ton)	其他洗煤(吨) Other Washed Coal (ton)	焦炭(吨) Coke (ton)	原油(吨) Crude Oil (ton)	汽油(吨) Gasoline (ton)	煤油(吨) Kerosene (ton)	柴油(吨) Diesel Oil (ton)	燃料油(吨) Fuel Oil (ton)	热力(百万千焦) Heat (10 billion kilo-joule)
11742352	**949931**	**8449584**	**4541322**	**64257**	**8203**	**290343**	**104850**	**87861818**
2187160	257801			4759	75	26298	47	
				573		22106	1897	
				327		3189		
1000		147		487	1	25699		4144878
	959	3396		3367	37	3572	161	403824
85	2718	257		2527		883	1109	808025
		602		680		884		1639525
				457		400		405314
	1	2351		1453	46	1150	526	1815506
3274	14	317		726	12	863		49529
875				666		260		6000
		268		334	17	1600	2	
			13	444		444		
				922	38	3207		5254347
			23	1539	99	649	39	39859
		3501		693	2	554		
613687		677	4538801	450		2156	12009	12403602
493328	195229	26155	2480	5439	2788	10129	12287	19370206
135	287	384	4	843	84	734		872138
				24		305		19474
		19		1902	60	1689	52	2248126
	92	118		1593	69	2546	99	162971
23463	19141	4702		3263	243	94535	30895	16630676
8404280	222013	8208918		1248	15	16620	3	18514541
8603		45054		971	49	8649	42227	410920
1100	4	1595		2112	375	5035	30	13200
2683		122045		5489	697	10834	2378	9715
13		1142	1	3973	20	4490	21	
1700		23775		6520	3408	16553	742	756518
149		2911		4181	41	7665	94	1150492
326				1099	25	2020	229	284
		104		252		74		
490		7		394	3	390		
		36		126		1033		
	251673	1105		3690		12331		732147
				227		549	3	
				505		248		

6—14 规模以上工业企业能源购进、消费及库存（2009年）

Buys, Consumes and Stock of the Energy of Above Designated Size Industrial Enterprises (2009)

能源名称 Energy Item	购进量 Purchasing Amount		消费量 Consumption Amount			年末库存量 Volume of Stock of the end of the Year
	实物量 Real Amount	金额（万元） Amount (10000 yuan)	工业生产消费 Consumption of Industrial Production	#用于原材料 Used in the Raw Materials	非工业生产消费 Used in non-consumption of Industrial Production	
原煤（吨）Raw Coal (ton)	83996864	4581197.7	124196288	3683158	281431	2400345
洗精煤（吨）Washed and Refined Coal (ton)	9589293	803190.8	11732684	379102	9668	187399
其他洗煤（吨）Other Washed Coal (ton)	688065	51479.5	949917		14	20839
型煤（吨）Coal Briquette (ton)	28965	2574.5	50717		36	461
焦炭（吨）Coke (ton)	3279408	462400.9	8449109	5203	476	149612
其他焦化产品（吨）Other Coking Products (ton)	139751	33259.7	137289	133598		13403
焦炉煤气（万立方米）Coke Oven Coal Gas (10000 cu.m)	1420	972.1	257807		24060	
高炉煤气（万立方米）Blast Furnace Gas (10000 cu.m)	19354	275.8	2477498			
其他煤气（万立方米）Other Coal Gas (10000 cu.m)	1842	440.7	5933		1134	
天然气（万立方米）Natural Gas (10000 cu.m)	61224	124967.3	35014	4489	3072	
液化天然气（万立方米）Liquefied Natural Gas (10000 cu.m)	6933	4129.3	6808	3	83	51
原油（吨）Crude Oil (ton)	4541613	1456127.3	4541316	2470	6	73530
汽油（吨）Gasoline (ton)	62815	39503.5	40885	4487	23369	816
煤油（吨）Kerosene (ton)	6919	4099.5	6636	1104	1567	749
柴油（吨）Diesel Oil (ton)	289930	170089.3	251042	5883	39299	11905
燃料油（吨）Fuel Oil (ton)	93264	29973.0	104389	3081	461	5517
液化石油气（吨）Liquefied Petroleum Gas (ton)	14741	6572.2	14201	184	190	1014
炼厂干气（吨）Refinery Gas (ton)	46185	6512.1	162723			
其他石油制品（吨）Other Petroleum Products (ton)	166275	56173.3	355624	31904	4840	17677
热力（百万千焦）Heat (10 billion kilo-joule)	23250357	137238.7	80746688		7115130	

6—15 主要年份分行业工业企业主要能源品种消费量
Major of Energy Consumption Species of Industrial Enterprises in Main Year by Sectors

指 标		Item		2000	2005	2006	2008	2009
原 煤	(万吨)	Coal	(10000 tons)	3378.49	7121.30	7769.88	10835.37	12447.77
洗精煤	(万吨)	Washed and Refined Coal	(10000 tons)	399.60	643.14	686.52	1144.62	1174.24
其他洗煤	(万吨)	Other Washed Coal	(10000 tons)		105.49	71.31	80.82	94.99
焦 炭	(万吨)	Coke	(10000 tons)	251.52	537.63	623.68	851.28	844.96
原 油	(万吨)	Crude Oil	(10000 tons)	344.17	414.49	445.40	426.34	454.13
汽 油	(万吨)	Gasoline	(10000 tons)	4.02	4.98	7.00	6.79	6.43
煤 油	(万吨)	Kerosene	(10000 tons)		0.44	0.46	0.44	0.82
柴 油	(万吨)	Diesel Oil	(10000 tons)	11.00	21.22	22.98	27.71	29.03
燃料油	(万吨)	Fuel Oil	(10000 tons)	18.65	19.82	15.99	11.52	10.48
热 力	(万百万千焦)	Heat	(10 billion kilo-joule)		5381.30	5157.25	5906.86	8786.18

6—16 成品油批发和零售企业能源商品购进、销售与库存（2009年）
Energy Products Trade and Inventory of Refined Oil Wholesale and Retail Businesses (2009)

单位：吨 (ton)

指 标	Item	汽 油 Gasoline	柴 油 Diesel Oil	煤 油 Kerosene	燃料油 Fual Oil	润滑油 Lubricating oil
批发企业	**Wholesale Business**					
年初库存量	Inventory At the Beginning of the Year	111433	270493	347	393	4467
累计购进量	Total Purchase	1487604	4251241	71	80741	17873
#购自省外	Purchased from Outside the Province	92412	1662384	51	58093	6036
累计销售量	Total Sales	1487720	4360436	195	89071	18546
#销往省外	Sale to Outside the Province	22346	123907	6	48082	1324
售予省内批发和零售企业	Sales to Wholesale and Retail Business	1116401	3081018	169	38099	13380
期末库存量	Inventories at the end of Period	87577	162370	222	724	3835
零售企业	**Retail Business**					
年初库存量	Inventory At the Beginning of the Year	49420	97971	80	1685	2072
累计销售量	Total Sales	1546116	2610948	882	11860	69861
#本季销售量	Sales During the Period	409970	677235	88	1319	6167
年末库存量	Inventories at the end of the Year	40389	55125	74	288	2348

主要统计指标解释

能源生产总量

指一定时期内全省一次能源生产量的总和，是观察全省能源生产水平、规模、构成和发展速度的总量指标。一次能源生产量包括原煤，原油，天然气，水电、核能及其他动力能（如风能、地热能等）发电量，不包括低热值燃料生产量、生物质能、太阳能等的利用和由一次能源加工转换而成的二次能源产量。

能源消费总量

指一定时期内全省物质生产部门、非物质生产部门和生活消费的各种能源的总和，是观察能源消费水平、构成和增长速度的总量指标。能源消费总量包括原煤和原油及其制品、天然气、电力，不包括低热值燃料、生物质能和太阳能等的利用。能源消费总量分为终端能源消费量、能源加工转换损失量和损失量三部分。

⑴终端能源消费量：指一定时期内全省生产和生活消费的各种能源在扣除了用于加工转换二次能源消费量和损失量以后的数量。

⑵能源加工转换损失量：指一定时期内全省投入加工转换的各种能源数量之和与产出各种能源产品之和的差额，是观察能源在加工转换过程中损失量变化的指标。

⑶能源损失量：指一定时期内能源在输送、分配、储存过程中发生的损失和由客观原因造成的各种损失量，不包括各种气体能源放空、放散量。

能源生产弹性系数

是研究能源生产增长速度与国民经济增长速度之间关系的指标。计算公式为：

能源生产弹性系数＝能源生产总量年平均增长速度/国民经济年平均增长速度

国民经济年平均增长速度，可根据不同的目的或需要，用国民生产总值、国内生产总值等指标来计算，本年鉴是采用国内生产总值指标计算的。

电力生产弹性系数

是研究电力生产增长速度与国民经济增长速度之间关系的指标。一般来说，电力的发展应当快于国民经济的发展，也就是说电力应超前发展。计算公式为：

电力生产弹性系数＝电力生产量年平均增长速度/国民经济年平均增长速度

能源消费弹性系数

是反映能源消费增长速度与国民经济增长速度之间比例关系的指标。计算公式为：

能源消费弹性系数＝能源消费量年平均增长速度/国民经济年平均增长速度

电力消费弹性系数

反映电力消费增长速度与国民经济增长速度之间比例关系的指标。计算公式为：

电力消费弹性系数＝电力消费量年平均增长速度/国民经济年平均增长速度

能源加工转换效率

指一定时期内能源经过加工、转换后，产出的各种能源产品的数量与同期内投入加工转换的各种能源数量的比率。它是观察能源加工转换装置和生产工艺先进与落后、管理水平高低等的重要指标。计算公式为：

能源加工转换效率＝能源加工、转换产出量/能源加工、转换投入量×100

Explanatory Notes for Major Statistical Indicators

Total Energy Production

refers to the total production of primary energy by all energy producing enterprises in the province in a given period of time. It is a comprehensive indicator to show the capacity, scale, composition and development of energy production of the province. The production of primary energy includes that of coal, crude oil, natural gas, hydro-power and electricity generated by nuclear energy and other means such as wind power and geothermal power. However, it excludes the production of fuels of low calorific value, bio-energy, solar energy and the secondary energy converted from the primary energy.

Total Domestic Energy Consumption

refers to the total consumption of energy of various kinds by material production sectors, non material production sectors and households in the province in a given period of time. It is a comprehensive indicator to show the scale, composition and development of energy consumption. The total energy consumption includes that of coal, crude oil and their products, natural gas and electricity; However, it excludes the consumption of fuel of low calorific value, bio-energy and solar energy. Total domestic energy consumption can be divided into three parts:

a)Final Energy Consumption: It refers to the total energy consumption by material production sectors, non material production sectors and households in the province in a given period of time, but excludes the consumption in conversion of the primary energy into the secondary energy and the loss in the process of energy conversion.

b) Loss During the Process of Energy Conversion: It refers to the total input of various kinds of energy for conversion, minus the total output of various kinds of energy in the province in a given period of time. It is an indicator to show the loss that occurs during the process of energy conversion.

c) Loss: It refers to the total of the loss of energy during the course of energy transport, distribution and storage and the loss caused by any objective reason in a given period of time. The loss of various kinds of gas due to gas discharges and stocktaking is excluded.

Elasticity Ratio of Energy Production

is an indicator to show the relationship between the growth rate of energy production and the growth rate of the national economy? The formula is:

Elasticity Ratio of Energy Production=Average Annual Growth Rate of Energy Production/Average Annual Growth Rate of National Economy

The average annual growth rate of the national economy can be shown by the gross national product, gross domestic product and other indicators, depending upon the purposes or needs. The gross domestic product is used in calculation of the ratio in this chapter.

Elasticity Ratio of Electricity Production

is an indicator to show the relationship between the growth rate of electricity production and the growth rate of the national economy. Generally speaking, the growth rate of electricity production should be higher than that of the national economy. Its formula is:

Elasticity Ratio of Electricity Production=Average Annual Growth Rate of Electricity Production/Average Annual Growth Rate of National Economy

Elasticity Ratio of Energy Consumption

is an indicator to show the relationship between the growth rate of energy consumption and the growth rate of the national economy. The formula is:

Elasticity Ratio of Energy Consumption=Average Annual Growth Rate of Energy Consumption/Average Annual Growth Rate of National Economy

Elasticity Ratio of Electricity Consumption

is an indicator to show the relationship between the growth rate of electricity consumption and the growth rate of the national economy. The formula is:

Elasticity Ratio of Electricity Consumption=Average Annual Growth Rate of Electricity/Average Annual Growth Rate of National Economy

Efficiency of Energy Processing and Conversion

refers to the ratio of the total output of energy products of various kinds after processing and conversion and the total input of energy of various kinds for processing and conversion in the same reference period. It is an important indicator to show the current conditions of energy processing and conversion equipment, production technique and management. The formula is:

Efficiency of Energy Processing & Conversion=Output of Energy After Processing & Conversion/Input of Energy for Processing & Conversion×100%

第七篇
Chapter 7

财政、金融、保险

FINANCE，BANKING AND INSURANCE

简要说明

一、本篇反映全省财政收支、金融保险业发展状况。

二、财政收支资料来源于省财政厅财政决算。

三、金融保险业资料有以下三个部分：一是反映金融机构、国有商业银行、农村信用社等信贷收支情况，资料由中国人民银行合肥中心支行提供；二是反映保险业务情况，资料由中国保险监督管理委员会安徽监管局提供；三是反映股票发行及筹资情况，资料由中国证券监督管理委员会安徽监管局提供。

Brief Introduction

I. Data in this chapter show the provincial government revenue and expenditure and the development of banking and insurance.

II. Data on the government revenue and expenditure come from the Department of Finance in the province. Data are based on the final financial accounts.

III. Data of banking and insurance include the following three parts:

1. Data on the credit funds revenue and expenditure of banking institutions, state-owned commercial banks and rural credit cooperatives are provided by Hefei Branch Office of the People's Bank of China.

2. Data on the business of insurance are provided by Anhui Regulatory Bureau of the Insurance Regulatory Commission of China.

3. Data on issuing summary for stocks are provided by Anhui Regulatory Bureau of the Securities Regulatory Commission of China.

7—1 财政收支总额及增长速度
Total Government Revenue and Expenditures and Their Increase Rate

年 份 Year	财政收入 (万元) Total Revenue (10000 yuan)	财政支出 (万元) Total Expenditures (10000 yuan)	增 长 速 度 (%) Increase Rate (%)	
			财政收入 Total Revenue	财政支出 Total Expenditures
1990	528866	615702	0.9	11.4
1993	732092	720085	32.8	-2.8
1994	1087602	932746	48.6	29.5
1995	1469994	1358776	35.2	45.7
1996	1931403	1787143	31.4	31.5
1997	2308100	2115260	19.5	18.4
1998	2620687	2420656	13.5	14.4
1999	2808495	2886031	7.2	19.2
2000	2904229	3234728	8.0	12.1
2001	3095500	4037988	6.6	25.2
2002	3466520	4568579	12.0	13.1
2003	4122917	5074398	18.9	11.1
2004	5207114	6015280	26.3	18.5
2005	6565525	7130633	26.1	18.5
2006	8165120	9402329	24.4	31.9
2007	10347253	12438342	26.7	32.3
2008	13260466	16471253	28.2	32.4
2009	15512563	21419217	17.0	30.0

注：2000年财政收入增长速度按可比口径计算；2000年财政支出根据《安徽60年》做了修正，财政支出增长速度相应做出调整。

a) The increase rate of total revenue in 2000 is calculated according to comparable requirement.

7—2 财政收入占安徽生产总值的比重
Government Revenue as Percentage to Gross Product of Anhui

年 份 Year	财政收入 (万元) Total Revenue (10000 yuan)	安徽生产总值 (万元) Gross Domestic Product (10000 yuan)	财政收入相当安徽生产总值的百分比 (%) Percentage of Government Revenue to the Gross Product of Anhui (%)
1990	528866	6580200	8.0
1993	732092	10371400	7.1
1994	1087602	13204300	8.2
1995	1469994	18106600	8.1
1996	1931403	20933000	9.2
1997	2308100	23473200	9.8
1998	2620687	25429600	10.3
1999	2808495	27123400	10.4
2000	2904229	29020900	10.0
2001	3095500	32467100	9.5
2002	3466520	35197200	9.8
2003	4122917	39231100	10.5
2004	5207114	47593000	10.9
2005	6565525	53501700	12.3
2006	8165120	61125000	13.4
2007	10347253	73609200	14.1
2008	13260466	88516600	15.0
2009	15512563	100628200	15.4

注：2005—2008年安徽生产总值数据根据2008年经济普查资料进行了修订。

a) In 2005-2008, According to 2008 the economical general survey material, Gross Product of Anhui has the adjustment.

7—3 中央和地方财政收入及比重
Total Revenue and Proportion of Central and Local Governments

年 份 Year	绝对数（万元） Total Revenue (10000 yuan)			比重（%） Proportion (%)	
	全省 Total	中央 Central Government	地方 Local Governments	中央 Central Government	地方 Local Governments
1995	1469994	631740	838254	43.0	57.0
2000	2904229	1117042	1787187	38.5	61.5
2004	5207114	2187970	2746284	42.0	52.7
2005	6565525	2769790	3340170	42.2	50.9
2006	8165120	3298929	4280265	40.4	52.4
2007	10347253	4241715	5436973	41.0	52.5
2008	13260466	5278878	7246197	39.8	54.6
2009	15512563	6181100	8639175	39.8	55.7

注：2004、2005、2006、2007、2008、2009年财政收入包括出口货物退增值税。

a) Financial Revenue of 2004, 2005, 2006, 2007, 2008 2009 Includes Value-added Taxes Reimbursed from Exports.

7—4 税收收入和非税收入及比重
Total Revenue and Proportion of Tax and Non-tax

年 份 Year	绝对数（万元） Total Revenue (10000 yuan)			比重（%） Proportion (%)	
	全省 Total	税收收入 Tax Revenue	非税收入 Non-tax Revenue	税收收入 Tax Revenue	非税收入 Non-tax Revenue
1995	838254	728977	109277	87.0	13.0
2000	1787187	1445761	341426	80.9	19.1
2004	2746284	2048296	697988	74.6	25.4
2005	3340170	2445450	894720	73.2	26.8
2006	4280265	3124220	1156045	73.0	27.0
2007	5436973	4018799	1418174	73.9	26.1
2008	7246197	5279349	1966848	72.9	27.1
2009	8639175	6293236	2345939	72.8	27.2

7—5 各项税收收入
Government Tax Revenue

单位：万元 (10000 yuan)

年 份 Year	税收收入 Tax	#增值税 Value-added Tax	#营业税 Operation Tax	#契 税 Contract Tax	#企业所得税 Enterprises' Income Tax	#个人所得税 Individual Income Tax
1995	728977	147115	161039		112559	28802
2000	1445761	262559	319719	23493	233524	94675
2004	2048296	389776	602792	103944	258301	102995
2005	2445450	577244	781042	178145	300808	124964
2006	3124220	691811	1025791	238502	410852	139687
2007	4018799	823766	1366197	313501	559040	182886
2008	5279349	967533	1777021	405443	747311	214336
2009	6293236	1061787	2197687	479024	798857	230346

7—6 地方财政收支情况
Revenue and Expenditure of Local Governments

单位：万元 (10000 yuan)

指　标	Item	2008	2009
收入合计	**Total Revenue**	**7246197**	**8639175**
增值税	Value-added Tax	967533	1061787
营业税	Operation Tax	1777021	2197687
企业所得税	Enterprises' Income Tax	747311	798857
企业所得税退税	Return for Enterprises' Income Tax	-2186	-3259
个人所得税	Individual Income Tax	214336	230346
资源税	Resources Tax	98453	115561
城市维护建设税	Tax on Town maintenance and Construction	380843	415668
房产税	Tax on Real Estates	113747	149654
印花税	Stamp Tax	63287	83442
城镇土地使用税	Tax on the Use of Urban Land	220315	283636
土地增值税	Land Value Added Tax	123115	154583
车船税	Vehiclesand Ship Tax	34164	48196
耕地占用税	Tax on the Occupancy of Cultivated Land	132130	273153
契　税	Contract Tax	405443	479024
烟叶税	Leaf Tobacco Tax	3837	4901
专项收入	Expert Project Income	476458	470450
行政事业性收费收入	Income from Adiministrative Departments Fees	844921	854303
罚没收入	Penalty and Confiscatory Income	243117	283356
国有资本经营收入	Stated-owned Assets Profit	93387	174393
国有资源（资产）有偿使用收入	Income from the Paid Use of Stated-owned Resources (Assets)	255632	471585
其他收入	Other Income	53333	91852
支出合计	**Total Expenditure**	**16471253**	**21419217**
一般公共服务	General Public Service	2341531	2674982
国　防	National Defence	20027	29731
公共安全	Public Security	868949	1053219
教　育	Education	2862557	3237914
科学技术	Science	237788	364693
文化体育与传媒	Culture, Sports and Media	327465	421390
社会保障和就业	Social Security and Employment	2282005	3039604
医疗卫生	Public Health	1038442	1657413
环境保护	Environmental Protection	547367	592653
城乡社区事务	Expenses in Urban、Rural Areas and Communities	1478746	1658503
农林水事务	Expenses of Agriculture、Forest and Irrigation	1367525	2592146
交通运输	Transport	518196	1427280
采掘电力信息等事务	Excavation Electric Power Information		997093
粮油物资储备管理等事务	Grain and Oil Material Reserving and Management		572302
金融监管支出	Financial Supervision Expenditure		10350
工业商业金融等事务	Expenses of Industrial、Commercial and Financial	1862857	
地震灾后恢复重建支出	Reconstruction Expenditure After Earthquake	20381	115000
国债还本付息支出	National Debt Repay and Interests Expenditure		70735
其他支出	Other Expenditure	697417	904209

7—7 各市地方财政收入（2009年）
Final Statement of Local Government Revenue by Region (2009)

单位：万元 (10000 yuan)

地 区	Region	收入合计 Total Revenue	增值税 Value-added Tax	营业税 Operation Tax	企业所得税 Enterprises' Income Tax	企业所得税退税 Return for Enterprises' Income Tax
合肥市	Hefei	1808977	212564	672948	159108	
淮北市	Huaibei	221226	68065	55379	18902	
亳州市	Bozhou	173184	22789	47956	5148	
宿州市	Suzhou	185322	30390	45735	6126	
蚌埠市	Bengbu	317195	45933	94136	11438	
阜阳市	Fuyang	299226	53118	95085	16843	
淮南市	Huainan	372847	92792	95901	18506	
滁州市	Chuzhou	370665	50434	98140	16297	
六安市	Luan	330759	30586	100016	10644	
马鞍山市	Maanshan	637281	126164	106195	21944	
巢湖市	Chaohu	309447	47935	87753	12004	
芜湖市	Wuhu	694123	93949	208829	51784	-2037
宣城市	Xuancheng	354225	57239	86241	13441	
铜陵市	Tongling	330450	52660	71127	15387	
池州市	Chizhou	240977	15603	61291	7404	
安庆市	Anqing	415553	44361	106958	14840	
黄山市	Huangshan	207809	17205	75858	9962	

地 区	Region	个人所得税 Individual Income Tax	资源税 Resources Tax	城市维护建设税 Tax on Town Maintenance and Construction	房产税 Tax on Real Estates	印花税 Stamp Tax
合肥市	Hefei	38712	482	94711	46754	24838
淮北市	Huaibei	4689	7921	18012	4147	2857
亳州市	Bozhou	3128	1543	8840	3016	1133
宿州市	Suzhou	3648	4651	8257	2581	1419
蚌埠市	Bengbu	5496	132	34853	6171	2892
阜阳市	Fuyang	6842	4045	20093	5603	2585
淮南市	Huainan	10282	13301	28302	8502	3790
滁州市	Chuzhou	7133	4950	21256	6858	3005
六安市	Luan	6601	8269	12255	4901	2324
马鞍山市	Maanshan	9283	9602	36232	14897	8256
巢湖市	Chaohu	7097	9618	14145	4583	2990
芜湖市	Wuhu	11478	12956	47099	14251	10016
宣城市	Xuancheng	6155	10775	20560	5588	3562
铜陵市	Tongling	4227	12488	13790	5905	6929
池州市	Chizhou	3593	7544	5795	2167	1489
安庆市	Anqing	7775	6211	18659	8139	3443
黄山市	Huangshan	4298	1073	7422	5249	1826

7—7 续表 continued

单位：万元 (10000 yuan)

地 区 Region		城镇土地使用税 Tax on the Use of Urban Land	土地增值税 Land Value Added Tax	车船税 Tax on Vehicles and Vessels	耕地占用税 Tax on the Occupancy of Cultivated Land	契税 Contract Tax	烟叶税 Leaf Tobacco Tax
合肥市	Hefei	47962	55517	8442	34234	147112	
淮北市	Huaibei	16774	1914	1276	100	195	
亳州市	Bozhou	3809	951	3273	8352	8822	991
宿州市	Suzhou	7947	1846	1996	4713	8596	195
蚌埠市	Bengbu	11165	8085	2396	6344	21065	54
阜阳市	Fuyang	7204	6401	6149	3982	21509	132
淮南市	Huainan	17735	2549	1502	7210	12891	
滁州市	Chuzhou	17641	9671	2629	7791	26585	
六安市	Luan	8839	5569	4409	4831	19499	23
马鞍山市	Maanshan	21192	6874	2052	9298	21878	
巢湖市	Chaohu	12843	5512	1925	7043	23574	
芜湖市	Wuhu	50624	15356	2924	21957	45347	1135
宣城市	Xuancheng	15057	13806	2730	8450	31334	1554
铜陵市	Tongling	14090	3690	919	2164	18145	
池州市	Chizhou	10764	5496	856	7958	20372	705
安庆市	Anqing	13347	6079	3414	10965	35723	
黄山市	Huangshan	6103	5267	1304	4474	16377	112

地 区 Region		专项收入 Expert Project Income	行政事业性收费收入 Income from Adiministrative Departments Fees	罚没收入 Penalty and Confiscatory Income	国有资本经营收入 State-owned Assets Profit	国有资源（资产）有偿使用收入 Income from the Paid Use of Stated-owned Resources (Assets)	其他收入 Other Income
合肥市	Hefei	46328	83074	36745	64176	24754	10516
淮北市	Huaibei	19033	3929	6085	-8400	341	7
亳州市	Bozhou	6438	25663	15900	650	4642	140
宿州市	Suzhou	7140	24651	21877	52	2312	1190
蚌埠市	Bengbu	16775	28640	13509	1378	5994	739
阜阳市	Fuyang	12105	15758	16977	949	3033	813
淮南市	Huainan	26006	23696	10462	-3229	1299	1350
滁州市	Chuzhou	13775	41058	15845	1193	24952	1452
六安市	Luan	14579	65966	20861	255	7186	3146
马鞍山市	Maanshan	22100	61044	7441	39280	104678	8871
巢湖市	Chaohu	14404	26472	13070	10236	6925	1318
芜湖市	Wuhu	24182	33605	12663	25952	7564	4489
宣城市	Xuancheng	12763	26185	15664	12764	9919	438
铜陵市	Tongling	10034	37593	3487	8700	39261	9854
池州市	Chizhou	9641	53495	5487	3263	17589	465
安庆市	Anqing	11294	69953	19171	3235	24875	7111
黄山市	Huangshan	4844	17619	5946	6986	12243	3641

7—8 各 市 财 政 支 出（2009年）

Final Statement of Government Expenditure by Region (2009)

单位：万元 (10000 yuan)

地 区 Region	支出合计 Total Expenditure	一般公共服务 General Public Service	国防 National Defence	公共安全 Public Security	教育 Education	科学技术 Science	文化体育与传媒 Culture, Sports and Media	社会保障和就业 Social Security and Employment	医疗卫生 Public Health
合 肥 市 Hefei	2458575	253606	916	120517	300537	88094	18291	230279	113996
淮 北 市 Huaibei	542611	66008	20	27329	98929	6692	4297	102425	42228
亳 州 市 Bozhou	801010	95893	1733	39299	171882	1813	9303	138140	100190
宿 州 市 Suzhou	954915	118958	389	55112	255620	5019	16286	101394	119856
蚌 埠 市 Bengbu	877276	78222	982	51986	134837	23764	9943	159349	75711
阜 阳 市 Fuyang	1339949	142521	1735	66693	297959	4035	12201	269853	154064
淮 南 市 Huainan	696485	76863	796	43287	109576	9451	7935	190421	53078
滁 州 市 Chuzhou	1078925	125667	2574	60942	169420	7440	12479	178655	100654
六 安 市 Luan	1329039	169846	914	64670	274374	7163	18582	180463	144504
马鞍山市 Maanshan	800721	133472	10	34571	89690	18550	8176	98607	46887
巢 湖 市 Chaohu	932419	117553	1185	48887	202650	9881	10357	137782	100545
芜 湖 市 Wuhu	1084741	101800	1442	47442	135531	72630	9418	197213	64472
宣 城 市 Xuancheng	866391	125048	607	52493	133343	11192	12807	133037	76243
铜 陵 市 Tongling	486384	61184		26909	55557	8547	7262	78091	24782
池 州 市 Chizhou	547496	118546	1176	25010	78631	5604	6548	69104	45946
安 庆 市 Anqing	1399597	190824	2418	72440	318254	16894	21199	230134	127248
黄 山 市 Huangshan	580432	87700	1802	39868	66834	9745	13982	105394	50524

地 区 Region	环境保护 Environmental Protection	城乡社区事务 Expenses in Urban、Rural Areas and Communities	农林水事务 Expenses of Agriculture、Forest and Irrigation	交通运输 Transport	采掘电力信息等事务 Excavation Electric Power Information	粮油物资储备管理等事务 Grain and Oil Material Reserving and Management	金融监管 Financial Supervision Expenditure	国债还本付息 National Debt Repay and Interests Expenditure	其他支出 Other Expenditure
合 肥 市 Hefei	50823	645681	130325	35530	288688	28795	12		152485
淮 北 市 Huaibei	13827	71855	45214	6491	22003	11279	5		24009
亳 州 市 Bozhou	14938	20050	111637	21262	24729	19429	505		30207
宿 州 市 Suzhou	18301	40046	122891	18252	37964	26248	607	2000	15972
蚌 埠 市 Bengbu	100940	68303	79863	11966	28876	14016	624		37894
阜 阳 市 Fuyang	17340	72252	162473	33801	39873	30285	2005	1106	31753
淮 南 市 Huainan	11376	82565	53702	9118	14562	9121	150	5500	18984
滁 州 市 Chuzhou	21635	84362	189481	26869	33761	23122	1949	1442	38473
六 安 市 Luan	38612	62946	209611	41758	20883	38679	933	17900	37201
马鞍山市 Maanshan	21278	97174	30966	17525	41367	11461	316	41977	108694
巢 湖 市 Chaohu	35170	49411	130890	33015	26477	21039	1172		6405
芜 湖 市 Wuhu	26661	107013	62596	17103	108912	15180	63	400	116865
宣 城 市 Xuancheng	24309	64973	116861	23045	48451	20893	1007	25	22057
铜 陵 市 Tongling	12499	54989	20502	12842	91279	12429	215		19297
池 州 市 Chizhou	11739	43523	75000	12520	20436	11215			22498
安 庆 市 Anqing	34045	69233	185295	34560	27229	36851	99		32874
黄 山 市 Huangshan	18266	21453	71413	23828	17303	13460	452		38408

7—9 各县（市）地方财政收入（2009年）

Final Statement of Local Government Revenue by County (City) (2009)

单位：万元 (10000 yuan)

县（市） County (City)	收入合计 Total Revenue	增值税 Value-added Tax	营业税 Operation Tax	企业所得税 Enterprises' Income Tax	个人所得税 Individual Income Tax	资源税 Resources Tax	城市维护建设税 Tax on Town Maintenance and Construction	耕地占用税 Tax on The Occupancy of Cultivated Land	契税 Contract Tax
合肥市本级 Hefei City at Its Own Level	1282019	157411	483351	123214	28540		69597	21486	128120
长丰县 Changfeng	62302	8266	20721	3745	468	37	2430	4936	3343
肥东县 Feidong	92180	8814	30099	2638	788	294	2239	5178	10104
肥西县 Feixi	102030	13961	34863	3381	1447	14	7105	2634	5545
淮北市本级 Huaibei City at Its Own Level	134289	50143	25375	15102	3373	5607	14257		
濉溪县 Suixi	50636	12554	14193	2372	751	725	2286	100	195
亳州市本级 Bozhou City at Its Own Level	36555	5576	8548	1922	803	13	2701	1456	1948
涡阳县 Guoyang	38235	6138	9457	1123	774	381	1977	2380	1681
蒙城县 Mengcheng	37683	5197	9893	798	592	891	1904	1707	2457
利辛县 Lixin	25132	1088	8899	492	465	11	621	1842	973
宿州市本级 Suzhou City at Its Own Level	55347	8840	13822	3090	723	455	3277	481	3579
砀山县 Dangshan	15330	1884	3811	319	309	74	391	131	1016
萧县 Xiaoxian	24299	2944	4779	759	465	897	623	1237	2177
灵璧县 Lingbi	15863	854	4344	214	365	242	308	111	911
泗县 Sixian	16935	1434	3789	236	282	502	333	394	583
蚌埠市本级 Bengbu City at Its Own Level	163919	27481	35505	5760	2339		26679	3030	15649
怀远县 Huaiyuan	32106	4073	11969	794	412	102	1468	917	2165
五河县 Wuhe	23191	1027	7828	543	372	7	582	948	1921
固镇县 Guzhen	18518	845	4721	254	207	17	365	708	1330
阜阳市本级 Fuyang City at Its Own Level	98503	12130	33187	1885	2187		10351	1000	12700
界首市 Jieshou	25081	7588	5700	428	385		1276	547	1100
临泉县 Linquan	21828	2381	6173	1002	662	22	805	171	988
太和县 Taihe	28587	6334	7771	591	755	4	1163	469	1796
阜南县 Funan	16127	1529	5974	145	482	31	496	757	1173
颍上县 Yingshang	58715	16506	12967	9839	1585	3981	3816		
淮南市本级 Huainan City at Its Own Level	176122	42363	34991	11426	5655	10564	10515	3268	10958
凤台县 Fengtai	104014	32043	17355	3387	2874	1769	10950	1840	1933
滁州市本级 Chuzhou City at Its Own Level	97019	13940	20722	6523	1751	190	9468	4290	8132
天长市 Tianchang	66699	14437	11855	2123	1218	89	3854	308	4578
明光市 Mingguang	26975	2240	7875	543	502	691	1047	1166	1495
来安县 Laian	28554	4574	8429	1007	615	85	1332	278	2370
全椒县 Quanjiao	35353	3003	9173	1478	868	145	1012	544	2933
定远县 Dingyuan	29217	2007	8461	806	709	1579	822	183	3444
凤阳县 Fengyang	42797	4511	12976	1725	608	1762	1312	502	2858
六安市本级 Luan City at Its Own Level	101295	6543	35405	1838	1489	27	4251	1361	10268
寿县 Shouxian	21611	1307	8231	616	640	119	555	532	1205
霍邱县 Huoqiu	57639	7322	11118	2759	876	6991	1485	1099	1788
舒城县 Shucheng	31124	2520	10378	1137	778	91	922	830	2434

7—9 续表1 continued

单位：万元 (10000 yuan)

县（市） County (City)	收入合计 Total Revenue	增值税 Value-added Tax	营业税 Operation Tax	企业所得税 Enterprises' Income Tax	个人所得税 Individual Income Tax	资源税 Resources Tax	城市维护建设税 Tax on Town Maintenance and Construction	耕地占用税 Tax on The Occupancy of Cultivated Land	契税 Contract Tax
金寨县 Jinzhai	22673	2045	8842	284	586	64	851	350	1041
霍山县 Huoshan	43721	7332	8552	2304	662	436	2640	200	1600
马鞍山市本级 Maanshan City at Its Own Level	433742	84432	37127	9814	5269	5579	21936	4720	17806
当涂县 Dangtu	91900	23406	22551	4328	1812	3087	5537	4578	4072
巢湖市本级 Chaohu City at Its Own Level	74362	7800	23035	1738	1308	1553	3242	1639	6229
庐江县 Lujiang	42831	6304	12306	3741	1246	2004	1704	835	2716
无为县 Wuwei	77614	20683	13231	2636	2373	243	5047	2412	5489
含山县 Hanshan	36035	4375	8740	523	429	1699	1189	460	3141
和县 Hexian	39404	4281	14739	1995	943	1330	1129	632	4521
芜湖市本级 Wuhu City at Its Own Level	240343	29365	51047	17039	5970		29559	5151	3924
芜湖县 Wuhu	69938	5988	26167	4081	575	1344	2896	3482	5258
繁昌县 Fanchang	74320	11446	17634	7745	834	10144	2943	1364	3589
南陵县 Nanling	51974	3945	18791	2713	631	457	1438	2545	4822
宣城市本级 Xuancheng City at Its Own Level	58678	6798	14310	1300	1198	1907	3766	819	2857
宁国市 Ningguo	89603	13239	20930	6336	1402	2636	5024	582	9194
郎溪县 Langxi	25506	7947	4129	470	325	836	2397	175	1839
广德县 Guangde	55708	10423	15540	1415	1042	3704	3103	2440	3257
泾县 Jingxian	27107	4033	7089	1159	618	779	1578	615	2010
旌德县 Jingde	11238	1361	3437	303	279	244	348	160	1242
绩溪县 Jixi	21271	4555	4830	695	260	111	1195	887	2147
铜陵市本级 Tongling City at Its Own Level	230448	34165	29886	10598	2600	6182	11901	1051	12485
铜陵县 Tongling	50664	9086	11764	1943	499	4615	1889	1113	5638
池州市本级 Chizhou City at Its Own Level	108458	6608	23598	3957	1083	4869	3047	2624	8790
东至县 Dongzhi	34319	2274	7123	900	656	567	622	1899	2556
石台县 Shitai	7389	639	1699	124	180	12	185	504	218
青阳县 Qingyang	36783	3038	9558	1104	608	1120	898	1209	4180
安庆市本级 Anqing City at Its Own Level	118363	19306	26446	4931	3132	83	10472	1445	16600
桐城市 Tongcheng	56463	5734	13684	1989	1030	93	2100	549	2954
怀宁县 Huaining	59114	4946	8524	2345	675	1856	1043	7012	2050
枞阳县 Zongyang	49621	3504	8568	1941	471	3049	562	653	5953
潜山县 Qianshan	23762	1794	7716	556	258	392	682	390	2157
太湖县 Taihu	15632	1087	4771	254	452	110	378	197	898
宿松县 Susong	22221	1494	6341	252	439	307	430	304	2293
望江县 Wangjiang	17177	1225	6036	388	310	170	437	150	1900
岳西县 Yuexi	14129	1532	4621	283	241	25	434	265	918
黄山市本级 Huangshan City at Its Own Level	69765	3560	27850	5561	1408		2302	200	5959
歙县 Shexian	26583	3072	6860	1194	482	246	784	1003	1826
休宁县 Xiuning	20901	2024	7072	611	466	259	785	1403	2007
黟县 Yixian	9579	717	2787	206	169	79	226	232	797
祁门县 Qimen	17130	980	4508	266	316	123	352	683	1882

7—9 续表2 continued

单位：万元 (10000 yuan)

县（市） County (City)	烟叶税 Leaf Tobacco Tax	其他各项税收收入 Other Income of Tax	专项收入 Expert Projcct Income	行政事业性收费收入 Income from Adiministr-ative Departments Fees	罚没收入 Penalty and Confisca-tory Income	国有资本经营收入 Stated-owned Assets Profit	国有资源（资产）有偿使用收入 Income from the Paid Use of Stated-owned Resources (Assets)	其他收入 Other Income
合肥市本级 Hefei City at Its Own Level		83050	38509	43991	16930	64030	15877	7913
长丰县 Changfeng		8065	1887	5027	2750		316	311
肥东县 Feidong		8974	1869	16005	4188	146	844	
肥西县 Feixi		8294	4046	12648	6447		1208	437
淮北市本级 Huaibei City at Its Own Level		13951	9248		3558	-6600	275	
濉溪县 Suixi		4025	8945	2651	1800		35	4
亳州市本级 Bozhou City at Its Own Level		3006	1656	4759	4005		162	
涡阳县 Guoyang		2297	2067	4487	4044	639	696	94
蒙城县 Mengcheng		3098	1315	5596	3493	11	685	46
利辛县 Lixin		1415	471	5308	3161		386	
宿州市本级 Suzhou City at Its Own Level		4914	2229	5365	7002		1098	472
砀山县 Dangshan		1647	276	3070	2136		226	40
萧县 Xiaoxian		1184	1625	4026	2941		117	525
灵璧县 Lingbi		876	1015	2966	3263		394	
泗县 Sixian		779	376	5084	2724	52	367	
蚌埠市本级 Bengbu City at Its Own Level		11677	11961	13857	6364	1151	2364	102
怀远县 Huaiyuan	19	3292	1096	2965	2721		113	
五河县 Wuhe		1696	884	3703	1515	223	1700	242
固镇县 Guzhen	35	1474	375	4733	1613		1447	394
阜阳市本级 Fuyang City at Its Own Level		11622	4787	834	6948	98	100	674
界首市 Jieshou	12	2035	800	3220	1732		258	
临泉县 Linquan		1944	687	2303	3718	636	336	
太和县 Taihe	89	1814	834	4196	1227	143	1401	
阜南县 Funan		1381	393	1534	2078		65	89
颍上县 Yingshang	31	4120	3617	1469	506		278	
淮南市本级 Huainan City at Its Own Level		16919	12012	14423	6063	-3332	297	
凤台县 Fengtai		8918	13061	6964	1809		761	350
滁州市本级 Chuzhou City at Its Own Level		10421	4454	10689	5897	55	189	298
天长市 Tianchang		4041	1988	10952	2445		8731	80
明光市 Mingguang		4402	715	4571	803	88	807	30
来安县 Laian		2532	1145	1835	1136		2713	503
全椒县 Quanjiao		5628	974	4559	1008	650	3181	197
定远县 Dingyuan		2591	660	1999	1278		4619	59
凤阳县 Fengyang		5813	2502	4014	2256		1691	267
六安市本级 Luan City at Its Own Level	23	7793	2072	21411	6117	16	1993	688
寿县 Shouxian		1666	387	1992	3750	216	341	54
霍邱县 Huoqiu		2611	8572	8461	3398		1159	
舒城县 Shucheng		2850	581	5405	1874		309	1015
金寨县 Jinzhai		1186	665	3210	1341		877	1331

7—9 续表3 continued

单位：万元 (10000 yuan)

县（市） County (City)	烟叶税 Leaf Tobacco Tax	其他各项税收收入 Other Income of Tax	专项收入 Expert Projcct Income	行政事业性收费收入 Income from Adiministr-ative Departments Fees	罚没收入 Penalty and Confisca-tory Income	国有资本经营收入 Stated-owned Assets Profit	国有资源（资产）有偿使用收入 Income from the Paid Use of Stated-owned Resources (Assets)	其他收入 Other Income
霍　山　县 Huoshan		3981	1239	12031	2471		263	10
马鞍山市本级 Maanshan City at Its Own Level		32146	14468	53093	3240	39280	95961	8871
当　涂　县 Dangtu		8703	3884	2698	2558		4686	
巢湖市本级 Chaohu City at Its Own Level		6305	5608	6974	4895	1716	1343	977
庐　江　县 Lujiang		2807	2429	4902	1685		152	
无　为　县 Wuwei		7442	3323	6152	3063	5074	446	
含　山　县 Hanshan		2094	1220	3084	1298	3446	4233	104
和　　县 Hexian		3487	906	4060	1166		215	
芜湖市本级 Wuhu City at Its Own Level		32910	15188	21220	4802	23753	415	
芜　湖　县 Wuhu	882	11329	1501	3445	1030	1619	22	319
繁　昌　县 Fanchang		8601	2281	4371	917	580	1726	145
南　陵　县 Nanling	253	5065	827	2887	3372		235	3993
宣城市本级 Xuancheng City at Its Own Level		6185	2258	11244	2935	1693	1304	104
宁　国　市 Ningguo	91	12328	2210	4086	2397	8730	418	
郎　溪　县 Langxi	48	2176	2002	1055	1532		575	
广　德　县 Guangde		7753	2411	430	4172		18	
泾　　县 Jingxian	83	2736	1078	3661	1428	200	36	4
旌　德　县 Jingde	15	1042	348	1928	244	56	127	104
绩　溪　县 Jixi		1716	730	1626	899		1620	
铜陵市本级 Tongling City at Its Own Level		23811	8487	35065	1950	4200	38521	9546
铜　陵　县 Tongling		5169	1547	2373	1007	4000	21	
池州市本级 Chizhou City at Its Own Level		8098	2754	35454	1606	3263	2707	
东　至　县 Dongzhi	526	4591	625	2643	2131		7188	18
石　台　县 Shitai	83	996	150	883	626		1090	
青　阳　县 Qingyang	96	2610	5052	4963	516		1531	300
安庆市本级 Anqing City at Its Own Level		11522	5755	9002	4281	3019	1751	618
桐　城　市 Tongcheng		5232	882	13887	1136		7181	12
怀　宁　县 Huaining		3491	812	23527	2094		71	668
枞　阳　县 Zongyang		3426	523	7925	1732	7	7475	3832
潜　山　县 Qianshan		1842	500	2026	2026		3423	
太　湖　县 Taihu		1148	806	1848	2016		1367	300
宿　松　县 Susong		1307	351	4588	2070		955	1090
望　江　县 Wangjiang		1083	336	1914	1812	206	977	233
岳　西　县 Yuexi		976	354	2437	890		795	358
黄山市本级 Huangshan City at Its Own Level		7398	1174	5906	1651	1600	5190	6
歙　　县 Shexian	72	2309	750	4343	1017		2625	
休　宁　县 Xiuning	36	1066	754	1051	1167	1764	225	211
黟　　县 Yixian		820	160	908	297		206	1975
祁　门　县 Qimen		1157	248	3428	191	2342	141	513

7—10 各县（市）财政支出（2009年）

Final Statement of Government Expenditure by County (City) (2009)

单位：万元 (10000 yuan)

县（市） County (City)	支出合计 Total Revenue	一般公共服务 General Public Service	国防 National Defence	公共安全 Public Security	教育 Education	科学技术 Science	文化体育与传媒 Culture, Sports and Media	社会保障和就业 Social Security and Employment	医疗卫生 Public Health
合肥市本级 Hefei City at Its Own Level	1534889	106169	584	79640	84769	72276	7736	145924	40832
长丰县 Changfeng	155479	16929	248	7796	38270	1273	1733	16414	13853
肥东县 Feidong	208130	34648		10746	59941	1263	2534	15421	20514
肥西县 Feixi	206220	41633	84	8743	49239	11230	2702	11068	19864
淮北市本级 Huaibei City at Its Own Level	270584	23455	20	15340	24182	3849	2259	63229	16638
濉溪县 Suixi	164869	25464		7491	40759	236	1574	24820	18804
亳州市本级 Bozhou City at Its Own Level	99357	13389	1492	10317	4311	473	3392	15750	3966
涡阳县 Guoyang	188676	16972	83	9955	52562	281	1572	29602	27119
蒙城县 Mengcheng	167479	24780		7200	40207	284	1807	27673	21417
利辛县 Lixin	179668	16243	158	9078	36259	177	1488	36366	23689
宿州市本级 Suzhou City at Its Own Level	152868	22109	187	19836	8834	1817	7679	30656	8867
砀山县 Dangshan	135689	14977	64	7608	42295	414	1585	14823	19280
萧县 Xiaoxian	184928	18355	111	8852	57561	273	2452	17212	23450
灵璧县 Lingbi	147219	12807		7603	44351	548	1525	13132	19227
泗县 Sixian	120426	15731	27	6353	34965	172	1456	9349	17003
蚌埠市本级 Bengbu City at Its Own Level	420090	24460	577	26938	26882	19795	6045	84800	23770
怀远县 Huaiyuan	161184	16494	199	7577	40655	3414	1149	25134	20054
五河县 Wuhe	111519	13423	42	6111	23555	318	1257	18957	12815
固镇县 Guzhen	102403	11892		6403	24143	157	974	15754	11150
阜阳市本级 Fuyang City at Its Own Level	217131	24942	996	18334	13343	1023	2658	56828	11822
界首市 Jieshou	108781	11525	26	7070	20627	671	1096	21045	11443
临泉县 Linquan	197181	18240	182	9478	53319	548	1647	40614	32114
太和县 Taihe	177024	23917	37	8788	42281	301	1556	32668	25706
阜南县 Funan	166751	13236	153	7036	47236	325	1541	30737	21199
颍上县 Yingshang	233543	24947	159	10125	56018	734	2006	39807	22643
淮南市本级 Huainan City at Its Own Level	353543	31737	430	28671	25599	5186	4759	139226	21104
凤台县 Fengtai	181999	20791	80	6799	33398	2313	1381	23995	16534
滁州市本级 Chuzhou City at Its Own Level	248442	30562	1482	18372	16677	1549	3410	53807	13273
天长市 Tianchang	158328	14737	163	7880	30235	1205	1641	20050	18283
明光市 Mingguang	108892	12926	58	5810	18343	911	1009	17826	13645
来安县 Laian	94325	10598	38	5339	16725	958	1877	14246	8938
全椒县 Quanjiao	101799	13382	250	7138	17743	1158	1245	16641	9117
定远县 Dingyuan	152640	13913	67	7038	27325	80	1048	23724	15612
凤阳县 Fengyang	126720	20210	516	6686	24451	545	1756	18905	13294
六安市本级 Luan City at Its Own Level	252270	23587	294	18353	14544	2002	4341	54352	12411
寿县 Shouxian	167285	18787	84	7645	37748	142	1734	29547	19991
霍邱县 Huoqiu	235016	34060	36	10678	56826	1205	2293	20555	29371
舒城县 Shucheng	166851	17914	108	7519	37115	1078	1342	26279	21003

7—10 续表1 continued

单位：万元 (10000 yuan)

县（市） County (City)	支出合计 Total Revenue	一般公共服务 General Public Service	国防 National Defence	公共安全 Public Security	教育 Education	科学技术 Science	文化体育与传媒 Culture, Sports and Media	社会保障和就业 Social Security and Employment	医疗卫生 Public Health
金寨县 Jinzhai	134980	19428	68	8420	33301	1005	2356	12736	15856
霍山县 Huoshan	120845	14708	80	6362	27076	878	2720	9203	10950
马鞍山市本级 Maanshan City at Its Own Level	545468	90255	10	21640	28923	15354	5678	71970	27724
当涂县 Dangtu	169844	26638		7241	36655	2041	1579	19313	14028
巢湖市本级 Chaohu City at Its Own Level	167774	19114	333	17046	8141	2667	2142	38000	9029
庐江县 Lujiang	184956	23862	187	7521	38344	1519	1181	29074	26039
无为县 Wuwei	226736	23291	199	9039	73612	2276	1628	31138	25576
含山县 Hanshan	97185	10730	97	5619	26564	1491	2331	6762	10538
和县 Hexian	118421	15182	160	6792	25737	1141	1756	12556	15608
芜湖市本级 Wuhu City at Its Own Level	531169	26300	568	22211	31983	67215	3783	111044	25600
芜湖县 Wuhu	127646	14927	205	6285	21629	814	817	17074	10504
繁昌县 Fanchang	128501	18925	87	4837	20659	1198	2814	22422	8602
南陵县 Nanling	128803	13862	150	6438	20768	1092	1153	23607	10303
宣城市本级 Xuancheng City at Its Own Level	143638	19860	298	14777	2710	458	2446	46172	9313
宁国市 Ningguo	148855	19866	91	8054	20515	4384	1695	17093	13373
郎溪县 Langxi	82193	10490	19	4989	19968	825	992	7312	8676
广德县 Guangde	131723	25940	51	8705	24502	1409	2411	9456	11838
泾县 Jingxian	90139	13822	20	4477	13064	768	2215	14515	6560
旌德县 Jingde	45930	6288		4223	5129	518	901	6924	4134
绩溪县 Jixi	63248	11876		4699	10242	872	1529	7324	6123
铜陵市本级 Tongling City at Its Own Level	323557	34518		16168	24698	6512	5405	54409	15128
铜陵县 Tongling	94947	13177		5924	21968	1299	1338	13821	7243
池州市本级 Chizhou City at Its Own Level	161358	47406	1163	9800	7780	1450	1902	23827	5355
东至县 Dongzhi	118343	23083		6072	24159	1192	1390	11226	12635
石台县 Shitai	46965	7750		3091	5220	522	812	5923	2627
青阳县 Qingyang	87026	16297		3985	11434	1100	1424	10297	7697
安庆市本级 Anqing City at Its Own Level	282453	25578	1964	21807	21588	3347	3872	81580	19621
桐城市 Tongcheng	152700	24524	5	6290	46748	2366	3156	9869	12828
怀宁县 Huaining	145200	27400	296	7851	41497	1800	3435	16775	15280
枞阳县 Zongyang	155243	23189	125	4997	45375	2205	1956	20065	19110
潜山县 Qianshan	128128	15781	28	4980	24644	1093	1385	25286	10498
太湖县 Taihu	118647	15009		5035	33681	1253	1321	18168	8979
宿松县 Susong	134162	17864		6388	35026	1300	1454	18497	12689
望江县 Wangjiang	103883	12823		5753	23597	1040	1563	15031	11208
岳西县 Yuexi	93563	12317		4214	22913	1330	1956	14266	9905
黄山市本级 Huangshan City at Its Own Level	144923	22965	1714	12364	8462	2111	2648	39311	5929
歙县 Shexian	111747	12795		5786	19627	1577	2935	16282	13102
休宁县 Xiuning	73754	10619		5474	10106	1145	2251	11109	7171
黟县 Yixian	38626	5446	72	3611	4403	768	1836	6979	4795
祁门县 Qimen	64740	7595	16	3963	9485	2068	1083	8585	6505

7—10 续表2 continued

单位：万元 (10000 yuan)

县（市） County (City)	环境保护 Environmental Protection	城乡社区事务 Expenses in Urban、Rural Areas and Communities	农林水事务 Expenses of Agriculture、Forest and Irrigation	交通运输 Transport	采掘电力信息等事务 Excavation Electric Power Information	粮油物资储备管理等事务 Grain and Oil Material Reserving and Management	金融监管 Financial Supervision Expenditure	国债还本付息 National Debt Repay and Interests Expenditure	其他支出 Other Expenditure
合肥市本级 Hefei City at Its Own Level	37004	529015	38769	18082	270759	12913			90417
长丰县 Changfeng	4172	8376	20355	4026	8149	3845			10040
肥东县 Feidong	3730	9194	30811	4208	2792	3861			8467
肥西县 Feixi	4019	7150	28259	5918	1176	5141	12		9982
淮北市本级 Huaibei City at Its Own Level	12042	52528	18308	1133	15381	5486			16734
濉溪县 Suixi	1117	11463	17374	4847	1315	5324	5		4276
亳州市本级 Bozhou City at Its Own Level	3840	7002	10328	3410	5864	2249	64		13510
涡阳县 Guoyang	2743	4620	23863	3837	5978	3936			5553
蒙城县 Mengcheng	1850	4701	20902	6180	4557	4420			1501
利辛县 Lixin	3341	1885	34354	3651	3761	4743	441		4034
宿州市本级 Suzhou City at Its Own Level	7484	11966	14190	941	6032	7047	44	2000	3179
砀山县 Dangshan	2014	2177	20445	2050	1624	2686			3647
萧县 Xiaoxian	5085	7964	22769	4257	7408	6633	276		2270
灵璧县 Lingbi	1265	11303	22448	2606	2665	3933	154		3652
泗县 Sixian	1644	5488	17810	3724	3635	2964	19		86
蚌埠市本级 Bengbu City at Its Own Level	95586	45053	16312	1710	15652	5892	61		26557
怀远县 Huaiyuan	642	6598	27731	3616	2895	3276	10		1740
五河县 Wuhe	2999	2977	16612	2708	3694	2817	330		2904
固镇县 Guzhen	1108	5066	12548	3708	2274	1966	210		5050
阜阳市本级 Fuyang City at Its Own Level	4646	21887	14211	10057	7167	4204	1112		23901
界首市 Jieshou	4509	9057	11318	1598	6222	1662	10	751	151
临泉县 Linquan	1419	3331	24327	1969	2988	4915	653	67	1370
太和县 Taihe	1145	9972	19970	4281	4084	4124	46		-1852
阜南县 Funan	1150	6733	21519	5988	2692	4440		108	2658
颍上县 Yingshang	2097	11242	44576	6327	6024	3342	184		3312
淮南市本级 Huainan City at Its Own Level	9204	32668	20072	4629	10293	4760	45	5500	9660
凤台县 Fengtai	1923	43634	20158	4024	1387	2303	105		3174
滁州市本级 Chuzhou City at Its Own Level	3759	19597	67745	946	5222	2896	213	1442	7490
天长市 Tianchang	3758	9912	23711	4750	12407	4567	1432		3597
明光市 Mingguang	1156	5372	15107	2962	2301	1777	85		9604
来安县 Laian	3127	7544	13324	3307	2121	1803	8		4372
全椒县 Quanjiao	4057	5141	15219	3627	1065	2458			3558
定远县 Dingyuan	2006	20461	28126	3811	390	4199	10		4830
凤阳县 Fengyang	3472	7884	15629	6974	2406	2350	61		1581
六安市本级 Luan City at Its Own Level	18288	16601	40563	3724	7174	5762	161	15000	15113
寿县 Shouxian	1214	10213	26379	5693	1539	5143	80		1346
霍邱县 Huoqiu	3564	5910	33062	12912	6484	10079	651		7330
舒城县 Shucheng	7134	8707	26071	4447	2023	3808	41		2262
金寨县 Jinzhai	2431	5316	21529	3751	1083	3799		2900	1001

7—10 续表3 continued

单位：万元 (10000 yuan)

县（市） County (City)	环境保护 Environmental Protection	城乡社区事务 Expenses in Urban、Rural Areas and Communities	农林水事务 Expenses of Agriculture、Forest and Irrigation	交通运输 Transport	采掘电力信息等事务 Excavation Electric Power Information	粮油物资储备管理等事务 Grain and Oil Material Reserving and Management	金融监管 Financial Supervision Expenditure	国债还本付息 National Debt Repay and Interests Expenditure	其他支出 Other Expenditure
霍山县 Huoshan	4216	13724	19553	3725	340	2610			4700
马鞍山市本级 Maanshan City at Its Own Level	15583	70371	13458	14575	25481	7707	153	41402	95184
当涂县 Dangtu	5116	18261	13396	2950	14154	3277	163		5032
巢湖市本级 Chaohu City at Its Own Level	14112	18738	24423	6548	3370	3684	26		401
庐江县 Lujiang	5810	5607	29673	7097	3922	4610	260		250
无为县 Wuwei	3021	7669	30433	6976	4988	4276	94		2520
含山县 Hanshan	3231	5945	11989	3184	4762	1800			2142
和县 Hexian	3123	6206	16438	5836	3119	3207	471		1089
芜湖市本级 Wuhu City at Its Own Level	18939	68139	10769	2553	57251	7097			77717
芜湖县 Wuhu	2101	4286	13798	1255	24814	2294	27	400	6416
繁昌县 Fanchang	2147	9582	13318	1696	16237	1832			4145
南陵县 Nanling	3418	7630	19386	9751	5583	2437	36		3189
宣城市本级 Xuancheng City at Its Own Level	6792	15184	11143	946	8434	1922	102		3081
宁国市 Ningguo	4596	15826	16516	4863	8989	3532			9462
郎溪县 Langxi	1485	3094	12084	1790	5490	3392	170		1417
广德县 Guangde	2648	5163	19082	5993	9800	3368	568	8	781
泾县 Jingxian	3612	1712	17808	1809	5212	1732	31		2782
旌德县 Jingde	2272	2031	7358	612	3064	986		17	1473
绩溪县 Jixi	2671	4072	8729	800	2554	1507	89		161
铜陵市本级 Tongling City at Its Own Level	11431	46003	6552	11100	68821	10921	161		11730
铜陵县 Tongling	923	2071	12295	1349	8605	1272			3662
池州市本级 Chizhou City at Its Own Level	6228	24812	12292	1721	12609	3317			1696
东至县 Dongzhi	716	5419	21306	2974	3617	2359			2195
石台县 Shitai	1078	3122	9253	1980	1632	2868			1087
青阳县 Qingyang	3607	9338	12080	2139	2134	1820			3674
安庆市本级 Anqing City at Its Own Level	8929	20977	33825	4926	7671	10290	24		16454
桐城市 Tongcheng	4241	9664	19982	1788	4004	4880			2355
怀宁县 Huaining	2960	2000	17123	2900	956	3693			1234
枞阳县 Zongyang	963	9275	18437	2843	590	3073			3040
潜山县 Qianshan	3788	7889	18146	3241	4770	3312	13		3274
太湖县 Taihu	3433	2532	17540	7224	847	3408	20		197
宿松县 Susong	1831	9424	21847	3932	2621	1245	32		12
望江县 Wangjiang	4664	2071	18308	3557	1000	2682	10		576
岳西县 Yuexi	1982	2392	13660	1778	3355	2292			1203
黄山市本级 Huangshan City at Its Own Level	2894	5082	8463	8274	4322	3981	11		16392
歙县 Shexian	4593	3830	15683	5259	3788	2454	435		3601
休宁县 Xiuning	1568	1973	12497	4361	1413	1394			2673
黟县 Yixian	405	1536	5258	1224	269	967			1057
祁门县 Qimen	4417	1122	10543	2651	794	1165			4748

7—11 主要年份金融机构人民币各项存款和贷款余额

Total Deposite and Loan (RMB)in Financial organ In Main Years

单位：亿元 (100 million yuan)

年　份 Year	各项存款 合　计 Total Deposit	#企业存款 Enterprise Deposit	#农村存款 Countryside Deposit	#城乡居民储蓄存款 City and Countryside Resident Savings Deposit	#城　镇 Cities	各项贷款 合　计 Total Loan	#工业企业 Industrial Enterprise	#商业企业 Commercial Department	#农业贷款 Agriculture Loan
1990	293.44	81.00	9.14	163.05	117.53	446.03	118.38	178.16	20.56
1995	1111.72	308.20	28.57	683.93	512.42	1279.25	273.27	415.96	22.93
2000	2485.54	761.90		1447.15		2384.95	398.58	679.76	181.12
2001	2907.33	857.45		1700.47		2605.39	435.60	701.98	212.80
2002	3449.23	978.21		2047.51		2941.59	463.28	677.74	256.79
2003	4190.20	1234.15		2475.83		3374.59	515.85	632.96	307.80
2004	5045.34	1489.54		2972.37		3900.57	543.49	646.53	370.66
2005	5993.82	1661.44		3508.67		4313.55	490.97	626.47	430.60
2006	7100.37	2017.32		4077.80		5132.02	606.78	674.69	482.13
2007	8406.57	2537.03		4546.49		6042.51	714.89	734.27	564.87
2008	10303.30	3019.66		5647.51		6948.70	686.84	704.62	560.36
2009	13306.53	4318.24		6619.48		9289.40	757.79	788.58	630.23

注：本表中工业企业、商业企业、农业贷款均属短期贷款，其中1984—1996年为国家银行口径。

a) In this table, industrial enterprises, commercial enterprises, agriculture loans are short-term loans, In1984-1996 for State bank data.

7—12 主要年份金融机构现金投放回笼差额

Total Cash Difference Currency Issued and Recalled in Financial organ In Main Years

单位：万元 (10000 yuan)

年　份 Year	现 金 收 入 Cash Income	现 金 支 出 Cash Expenditures	投放（+）　回笼（−） Currency Issued (+) Currency Recalled (-)
1990	4450423	4695717	245294
1995	21571432	21411267	-160165
2000	54124477	53544668	-579809
2001	63682262	62361139	-1321123
2002	75830095	74354623	-1475472
2003	97357708	95329803	-2027905
2004	125343547	122772480	-2571067
2005	140581519	137695147	-2886372
2006	163504543	160479040	-3025502
2007	196132412	192282475	-3849937
2008	207759090	203377676	-4381414
2009	234001250	229373317	-4627933

注：1980—1997年数据系“国家银行”口径，包括人民银行、工商银行、农业银行、中国银行、建设银行、交通银行、中信银行、农业发展银行、邮政储汇局。

a) Data from 1980 to 1997 were about "national banks", including People's Bank, Industrial and Commercial Bank, Agricultural Bank, Bank of China, Construction Bank, Communication Bank, Credit Bank, Agricultural Bank and Savings Deposit Agencies of Post offices.

7—13 金融机构人民币信贷资金平衡表（资金来源）
Credit Funds Balance Sheet of Financial Institutions (Sources of Funds)

（年末余额）(year-end) 单位：万元 (10000 yuan)

项目	Item	2005	2008	2009
资金来源合计	**All Sources**	**62208918**	**96203308**	**124213865**
各项存款	Deposits	59938218	103033048	133065346
企业存款	Deposits of Enterprises	16614416	30196606	43182402
活期存款	Current Deposits	13061948	21986894	31674816
定期存款	Fixed Deposits	3552469	8209712	11507586
财政存款	Treasury Deposits	1386975	2059889	2994941
机关团体存款	Deposits of Government Agencies and Organizations	2542688	5103619	7271545
储蓄存款	Urban and Rural Savings Deposits	35086727	56475121	66194831
活期储蓄	Current Deposits	10631280	18038226	23425302
定期储蓄	Fixed Deposits	24455447	38436895	42769530
农业存款	Agricultural Deposits	1028014	2789293	4749910
委托存款	Commission Deposits	368341	321542	297641
其他存款	Other Deposits	2911056	6086976	8374076
金融债券	Bonds	50	41	32
应付及暂收款	Account Payable and Temporary Credit	868630	2425793	2445290
#应付及预收利息	Payable and Pre-received Interest	291029	1381428	1338506
同业往来	Commercial Dealings of the Same Trade	571807	1565434	3510249
各项准备	Every Capital Reserve	591755	1351007	1480410
#贷款损失准备	Capital Reserves for Loss of Loan	432165	1246157	1404648
所有者权益	Creditors' Equity	400413	3647968	4664219
#实收资本	Paid-in Capital	626271	1612338	1993897
当年结益	Carried Interest in the Same Year	336631	1785405	
其　他	Others	-161954	-15819983	-20951681

注：本表金融机构包括中国人民银行、政策性银行、国有商业银行、股份制商业银行、徽商银行、农村合作银行、农村商业银行、邮储银行、农村信用社、财务公司、信托投资公司等。

a) Financial institutions in this table include Chinese People's Bank, policy banks, state-sole-owned commercial bank, commercial banks of stock-sharing system, urban commercial banks, savings deposit agencies of postal banks, rural credit cooperative, rural credit cooperatives and financial trust investment agencies.

7—14 金融机构人民币信贷资金平衡表（资金运用）
Credit Funds Balance Sheet of Financial Institutions (Uses of Funds)

（年末余额）(year-end) 单位：万元 (10000 yuan)

项 目	Item	2005	2008	2009
资金运用合计	**All Uses**	**62208918**	**96203308**	**124213865**
各项贷款	Loans	43135493	69486959	92893977
短期贷款	Short-term Loans	22471115	29604525	35014179
工业贷款	Industrial Loans	4909659	6868357	7577861
商业贷款	Commercial Loans	6264717	7046230	7885846
#农副产品贷款	Farm and Sideline Product Loan	4414313		
建筑业贷款	Construction Loans	507832	639557	659656
农业贷款	Agricultural Loans	4305971	5603586	6302265
乡镇企业贷款	Loans to Township Enterprises	1602172	1810051	2336847
三资企业贷款	Loans to Sino-foreign Joint Venture and Cooperative Enterprises and Foreign-funded Enterprises	194702	337083	211146
私营企业及个体贷款	Loans to Private Enterprises and Individuals	245028	569249	1259629
其他短期贷款	Other Short-term Loans	4441034	6730412	8780930
#个人短期消费贷款	Personal Short-term Consumptive Loans	141387	379635	563921
中长期贷款	Medium-term & Long-term Loans	17457388	36237222	52921619
基本建设贷款	Capital Construction Loans	8835050	16287924	22107939
技术改造贷款	Innovation Loans	579827	428845	512063
其他中长期贷款	Other Medium-term and Long-term Loans	8042510	19520453	30301617
#个人中长期消费贷款	Personal Medium-term and Long-term Consumptive Loans	3345334	7779788	12824464
信托贷款	Trust Loans	70444		
融资租赁	Capital Blending and Leasing	504		
委托贷款	Commission Loans	478018	3717	3714
票据融资	Note Financing	2567963	3627620	4943329
#贴 现	Discount	2567963	3627620	4943329
各项垫款	Advanced Money to be Paid Back Later	90062	13876	11136
有价证券及投资	Securities & Investment	1917627	4600993	5992846
应收及预付款	Receivables and prepayments	410883	1409431	2479438
#应收利息	Interest Recievable	96440	261113	355226
同业往来	Commercial Dealings of the Same Trade	19412	308668	262191
二级准备金	Sencondary Bank Reserve	7537497		
行内资金往来	Inter-bank Debts	7390860		20206145
系统内资金往来	Found Intercourse in System		18357714	
委托投资	Commission Investment	77060		
外汇占款	Purchase of Foreign Exchanges	8847	5756	6394
固定资产	Fixed Assets	1247658	1358368	1536546
库存现金	Cash Stock	463580	675418	836328

7—15 金融机构现金收入
Cash Income of Financial Institutions

单位：万元 (10000 yuan)

项　目	Item	2005	2008	2009
收入合计	**Total Income**	**140581519**	**207759090**	**234001250**
商品销售收入	Income from Commodity Sales	17660775	24820482	26030529
服务业收入	Income from Service Trade	8350396	10197444	10245408
税款收入	Income from Taxes	840783		
行政税费收入	Income from Administrative Tax		1858315	2115178
城乡个体经营收入	Income from Urban and Rural Individual Business	3518865	5385382	6026522
储蓄存款收入	Income from Savings Deposits	97321475	148777039	170483724
其他金融机构收入	Income from Other Financial Institutions	395318		
其他金融性公司收入	Income from Other Financial Companies		419967	342659
居民归还贷款收入	Income from Repayment of Loans by Residents	4565028	5806668	6489034
汇兑收入	Income from Remittances	791748	1371743	1768621
有价证券收入	Income from Securities	242062		
有价证券及其他投资性收入	Income from Securities and Other Investment		325740	274607
其他收入	Other Income	6895071	8796310	10224967
#兑换外币收入	Income from Exchange of Foreign Currencies	18348	96510	111242

7—16 金融机构现金支出
Cash Expenditures of Financial Institutions

单位：万元 (10000 yuan)

项　目	Item	2005	2008	2009
支出合计	**Total Expenditure**	**137695147**	**203377676**	**229373317**
工资及对个人其他支出	Wages and Expenditure to Individual	9655406	12264790	11822362
农副产品采购支出	Purchases of Agricultural and Sideline Products	5444406	8111541	7641906
工矿及其他产品采购支出	Expenditure for Purchases of Industrial and Mineral Products	4374396	4959325	4383105
行政企事业管理费支出	Government and Enterprises Overhead	6699842		
行政企业管理与经营费支出	Expenditure for Government Administration and Management		9113561	9225555
城乡个体经营支出	Expenditure for Individual Business	4350722	6474696	7069623
储蓄存款支出	Expenditure for Savings Deposits	95511839	149147875	174292184
其他金融机构支出	Expenditure for Other Financial Institutions	606480		
其他金融性公司支出	Expenditure for Other Financial Companies		677042	453380
居民提取贷款支出	Expenditure for Loans by Residents	4617914	4112256	4704000
汇兑支出	Expenditure for Remittances	598382	707317	806378
有价证券支出	Expenditure for Securities	206287	454579	
有价证券及其他投资性支出	Income from Securities and Other Investment			237562
其他支出	Other Expenditure	5629474	7354694	8737262
#兑换外币支出	Expenditure for Exchange of Foreign Currencies	97065	146513	108103

7—17 金融机构本外币合并信贷收支
Source and Uses of Credit Funds of Home and Foreign Currency of Financial Institutions

（年末余额）(year-end) 单位：万元 (10000 yuan)

项 目	Item	2005	2008	2009
各项存款	**Deposits**	**60687902**	**103869860**	**134043826**
企事业单位存款	Deposits of Enterprises and Institutions	16901815	30779990	43680860
活期存款	Current Deposits	13304091	22530108	32129734
定期存款	Fixed Deposits	3597723	8249882	11551125
储蓄存款	Saving Deposits	35517112	56744097	66483579
活期储蓄	Carrent Deposits	10688392	18100215	23496317
定期储蓄	Fixed Deposits	24828720	38643881	42987262
委托存款	Commission Deposits	372658	295919	270898
其他存款	Other Deposits	7896317	16049855	23608488
各项贷款	**Loans**	**43992467**	**70302676**	**94385744**
短期贷款	Short-term Loans	22788687	29833343	35629328
中长期贷款	Medium-term & Long-term Loans	17571315	36353540	53104096
信托贷款	Trust Loans	70444		
委托贷款	Commission Loans	483022	3717	3714
其他贷款	Other Loans	413946	469930	694055
票据融资	Note Financing	2568907	3627880	4943415
各项垫款	Advanced Money to be Paid Back Later	96146	14267	11136

7—18 各市金融机构本外币信贷收支（2009年）
Credit Income and Expenses of Renminbi and Foreign Currencies of Financial Institutions by Region (2009)

（年末余额）(year-end) 单位：万元 (10000 yuan)

地 区	Region	各项存款 Deposits	企业存款 Deposits Enterprises	定期存款 Fixed Deposits	储蓄存款 Saving Deposits	定期储蓄 Fixed Deposits	所有者权益 Creditors' Equity	各项贷款 Loans
总 计	**Total**	**133433822**	**43328869**	**11511864**	**66315306**	**42898182**	**3701912**	**92326794**
合肥市	Hefei	37613754	19255719	6173602	10411671	6186907	1585900	35288201
淮北市	Huaibei	4722059	1540513	454661	2508829	1630345	74461	2423738
亳州市	Bozhou	4339882	678085	118442	3023798	1842892	111650	2024847
宿州市	Suzhou	5664023	981536	180206	3911813	2298672	92697	2566732
蚌埠市	Bengbu	5800919	1699080	455363	3347721	2078172	99996	3375044
阜阳市	Fuyang	8613252	1038591	114951	6294932	4291849	156017	3738869
淮南市	Huainan	7212579	2461101	630200	3806196	2638666	223077	5174835
滁州市	Chuzhou	6165663	1421281	392632	3533440	2126938	130001	3899386
六安市	Luan	6811732	1457322	304147	4035831	2733295	137556	3785324
马鞍山市	Maanshan	7058794	2185168	404893	3058269	2061621	119685	4530964
巢湖市	Chaohu	5761970	985689	173049	4067757	2852088	118187	2910814
芜湖市	Wuhu	9712265	3973872	1142900	4092325	2618165	265085	8098971
宣城市	Xuancheng	4382391	949141	127291	2577156	1502137	110815	2856887
铜陵市	Tongling	3500143	1171353	195180	1697466	1168779	135795	3321577
池州市	Chizhou	2880731	707566	180241	1691991	1130348	68305	1716406
安庆市	Anqing	9448769	1936367	266408	6083191	4310311	192919	4494954
黄山市	Huangshan	3744896	886485	197698	2172920	1426997	79766	2119245

7—19 人民币信贷收支情况（2009年）
Credit Receipts and Payments (2009)

（年末余额）(year-end) 单位：万元 (10000 yuan)

项 目	Item	国有商业银行 State-owned Commercial Bank	股份制商业银行 Commercial Bank of Stock-sharing System	政策性银行 Policy Bank	农村信用社 Rural Credit Cooperatives	农村商业银行 Rural Commercial Bank	农村合作银行 Roral Cooperative Bank
各项存款	**Deposits**	**65884499**	**16762662**	**3468833**	**11487221**	**4122603**	**4862041**
企业存款	Deposits of Enterprises	20409157	9546081	2943186	82677	479711	155244
活期存款	Carrent Deposits	15000961	6722493	2255936			
定期存款	Fixed Deposits	5408196	2823588	687250	82677	479711	155244
机关团体存款	Deposits of Government Agencies and Organizations	6134517	837180		448		2557
储蓄存款	Saving Deposits	36218202	3309782		9556677	1476096	3338043
活期储蓄	Carrent Deposits	13160396	1223638		2793057	488523	1156176
定期储蓄	Fixed Deposits	23057806	2086144		6763620	987573	2181867
农业存款	Agricultural Deposits	46793	6172		1739867	1701112	1241840
其他存款	Other Deposits	3075830	3063447	525648	107552	465684	124357
各项贷款	**Loans**	**39463590**	**13268581**	**15454170**	**8396996**	**2573450**	**3515795**
短期贷款	Short-term Loans	8363013	5603035	6617463	6134577	1031250	2555672
工业贷款	Industrial Loans	4122502	2059214				
商业贷款	Commercial Loans	749952	700142	5449394			
建筑业贷款	Construction Loans	271844	201643				
农业贷款	Agricultural Lans	90859	17400		4254611	221847	1574074
乡镇企业贷款	Loans to Township Enterprises				1064131	640308	628448
三资企业贷款	Loans to Sino-foreign Joint Venture and Cooperative Enterprises and Foreign-funded Enterprises	111171	94325				
私营企业及个体贷款	Loans to Private Enterprises and Individuals	471003	119724		1942		45
其他短期贷款	Other Short-term Loans	2545683	2410588	1168069	813893	169095	353105
#个人短期消费贷款	Personsal Short-term Consumptive Loans	295508	57489		5307	3389	
中长期贷款	Medium-term & Long-term Loans	28796473	7291526	8836669	2020662	628484	840895
基本建设贷款	Capital Construction Loans	12138091	2476460	5629783	3900		7500
技术改造贷款	Innovation Loans	340578	62185				
其他中长期贷款	Other Medium-term and Long-term Loans	16317804	4752881	3206886	2016762	628484	833395
#个人中长期消费贷款	Personal Medium-term and Long-term Consumptive Loans	9440132	1831609	21395	117907	199210	25106
票据融资	Note Financing	2299083	372706	38	240335	913076	119228
#贴 现	Discount	2299083	372706	38	240335	913076	119228
各项垫款	Advanced Money to be Paid Back Later	5021	1314		1422	640	

注：1. 本表国有商业银行包括工商银行、农业银行、中国银行、建设银行。
2. 本表股份制商业银行包括交通银行、光大银行、中信银行、招商银行、浦东发展银行、兴业银行、民生银行。
3. 本表政策性银行包括国家开发银行和农业发展银行。

a) State-sole-owned commercial banks in this table include Industrial and Commercial Bank, Agrricultural Bank, Bank of China and Construction Bank.

b) Commercial banks of stocksharing system in this table include Bank of Communications, Everbright Bank, Citic Industrial Bank, Merchants Bank and Pudong Development bank.

c) The Policy Bank Include National Development Bank and Agricultural Development Bank.

7—20 安徽省上市公司数量
Number of Listed Companies of Anhui

年份 Year	全省合计 Provincial Total	上交所 Shanghai Stock Exchange	深交所 Shenzhen Stock Exchange	仅发A股公司 A Share Only	发A、H股公司 A & H Share	发A、B股公司 A & B Share	仅发H股公司 H Share Only
1995	3	1	2	2	1		
1998	19	6	11	13	1	3	2
1999	20	6	12	14	1	3	2
2000	26	9	15	20	1	3	2
2001	29	12	15	23	1	3	2
2002	33	18	15	27	3	3	
2003	36	21	15	30	3	3	
2004	44	27	17	38	3	3	
2005	45	27	18	39	3	3	
2006	47	27	19	40	3	3	1
2007	53	28	24	46	3	3	1
2008	56	28	27	49	3	3	1
2009	58	28	29	51	3	3	1

7—21 安徽省股票发行及筹资情况
Issuing Summary for Stocks of Anhui

年份 Year	股票发行额（万股） Amount Issued (10000 shares)		筹资额合计（万元） Raised Capital (10000 yuan)						
	A股 A Shares	H股 H Shares		A股 A Shares	H股 H Shares	配股筹资 Shares Rights Issued	可转债筹资 Changeable Bonds	认股权行权 Stocks and Rights Issue	公司债 Corporate Bonds
1998	27500		210486	148600		61886			
1999	6000		64074	39000		25074			
2000	27300		391741	226602		165139			
2001	20300		245990	186680		59310			
2002	60500		288552	268140		20412			
2003	13300	7220	308633	94504	63129		151000		
2004	47817		339453	234020		17433	88000		
2005	4000		15200	15200					
2006	24500	16757	726267	125860	50407		550000		
2007	188184		1451247	1364247			87000		
2008	119083		1765186	1458052				307134	
2009	91711		1629589	1429589					200000

注：股票发行额包括首次发行、增发和认股权行权。

a) Amount issued and raised capital of shares include the-first-time issued and additional issued stocks and rights issues .

7—22 各市股票发行情况及筹资情况（截止2009年）
Issuing Summary for Stocks by Region (Up to 2009)

地　区	Region	上市公司（家）Number of Listed Companies (unit)	发行股票（只）Number of Listed Shares (unit)	股份总数（万股）Number of Shares (10000 share)	#无限售股份 Unlimited Shares	当年募集资金（万元）Raised Capital (10000 yuan)	#发行股票 Number of Listed Shares
总　计	**Total**	**58**	**64**	**3194338**	**2541638**	**1629589**	**1429589**
合肥市	Hefei	18	20	931886	662571	1263500	1063500
淮北市	Huaibei	3	3	71949	27683	279611	279611
亳州市	Bozhou	1	2	23500	23500		
宿州市	Suzhou	1	1	12400	8951		
蚌埠市	Bengbu	3	3	130449	130449		
阜阳市	Fuyang	1	1	26072	26072		
淮南市	Huainan	1	1	185039	104778		
滁州市	Chuzhou	2	2	28340	28340		
六安市	Luan	1	1	38700	34500	35238	35238
马鞍山市	Maanshan	5	6	868131	855319		
巢湖市	Chaohu	4	4	111497	90969		
芜湖市	Wuhu	6	7	320475	270640	26600	26600
宣城市	Xuancheng	2	2	49554	16880	24640	24640
铜陵市	Tongling	6	6	240680	163805		
池州市	Chizhou						
安庆市	Anqing	1	1	62911	33699		
黄山市	Huangshan	3	4	92755	63481		

注：增发股票、认股权行权募集资金包括在发行股票中。
a) The raised capital of additional listed stocks is included in the listed shares.

7—23 保险公司业务经济技术指标（2009年）
Main Professional Technical Indicators of Insurance Companies (2009)

单位：万元 (10000 yuan)

项　目	Item	保费收入 Income From Premium	赔付 Claim and Payment
合　计	**Total**	**3572104**	**917234**
按公司类型分：	**Devided By The Character of Company**		
财产保险公司	Property Insurance Companies	897632	504645
人身保险公司	Life Insurance Companies	2674472	412589
按业务性质分：	**Devided BY The Nature of The Business**		
财产保险业务	**Property Insurance Businesses**	**875885**	**494368**
企业财产险	Enterprise Property Insurance	42988	23705
家庭财产险	Family Property Insurance	2944	455
机动车辆险	Motor Vehicle Insurance	676500	400339
工程保险	Engineering Insurance	5260	708
责任保险	Liability Insurance	21607	8866
信用保险	Credit Insurance	6096	2771
保证保险	Guarantee Insurance	1741	675
船舶保险	Ship Insurance	9254	3876
货物运输险	Freight Transport Insurance	8905	3455
特殊风险保险	Peculiar Risk Insurance	314	0
农业保险	Agriculture Insurance	99754	49473
其他保险	Other Insurance	521	45
人身保险业务	**Insurance Service of Life**	**2696219**	**422865**
寿　险	Life Insurance	2515584	366428
健康险	Health Insurance	134773	45538
意外伤害险	Personal Accident Insurance	45862	10899

主要统计指标解释

财政收入

指国家财政参与社会产品分配所取得的收入，是实现国家职能的财力保证。财政收入所包括的内容几经变化，目前主要包括：

（1） 税收收入：包括增值税、消费税、营业税、企业所得税、个人所得税、资源税、城市维护建设税、房产税、印花税、城镇土地使用税、土地增值税、车船税、耕地占用税、契税和烟叶税等。

（2） 非税收入：包括专项收入、行政事业性收费收入、罚没收入、国有资本经营收入和国有资源（资产）有偿使用收入等。

财政支出

国家财政将筹集起来的资金进行分配使用，以满足社会各项事业发展和经济建设的需要，主要包括：

（1）一般公共服务：反映政府提供一般公共服务的支出。具体包括人大事务、政协事务、政府办公厅（室）及相关机构事务、发展与改革事务、统计信息事务、财政事务、税收事务、审计事务、海关事务、人事事务、纪律监察事务、人口与计划生育事务、商贸事务、知识产权事务、工商行政管理事务、食品和药品监督管理事务、质量技术监督与检验检疫事务、国土资源事务、海洋管理事务、测绘事务、地震事务、气象事务、民族事务、宗教事务、港澳台侨事务、档案事务、共产党事务、民主党派事务、群众团体事务、彩票事务、国债事务、其他一般公共服务支出。

（2）公共安全：反映政府维护社会公共安全方面的支出。具体包括武装警察、公安、国家安全、检察、法院、司法、监狱、劳教、国家保密、其他公共安全支出。

（3）教育：反映政府教育支出情况。具体包括教育管理事务、普通教育、职业教育、成人教育、广播电视教育、留学教育、特殊教育、教师进修及干部继续教育、教育附加及基金支出、其他教育支出。

（4）科学技术：反映国家用于科学技术方面的支出。具体包括科学技术管理事务、基础研究、应用研究、技术研究与开发、科技条件与服务、社会科学、科学技术普及、科技交流与合作、其他科学技术支出。

（5）文化体育与传媒：反映政府在文化、文物、体育、广播影视、新闻出版等方面支出。

（6）社会保障和就业：反映政府在社会保障与就业方面的支出。具体包括社会保障和就业管理事务、民政管理事务、财政对社会保险基金的补助、补充全国社会保障基金、行政事业单位离退休、企业关闭破产补助、就业补助、抚恤、退役安置、社会福利、残疾人事业、城市居民最低生活保障、其他城镇社会救济、农村社会救济、自然灾害生活救助、红十字事业、其他社会保障和就业支出。

（7）医疗卫生：反映政府用于医疗卫生方面的支出。具体包括医疗卫生管理事务、医疗服务、社区卫生服务、医疗保障、疾病预防控制、卫生监督、其他医疗卫生支出。

（8）环境保护：反映政府用于环境保护方面的支出。具体包括环境保护管理事务支出、环境监测与监察支出、污染防治支出、自然生态保护支出、天然林保护支出、退耕还林支出、风沙荒漠治理支出、退牧还草支出、已垦草原退耕还草支出等，

（9）城乡社区事务： 反映政府用于城乡社区事务方面的支出。包括城乡社区管理事务、城乡社区规划与管理、城乡社区公共设施、城乡社区住宅、城乡社区环境卫生、建设市场管理与监督、政府住房基金支出、土地有偿使用支出、城镇公用事业附加支出、其他城乡社区事务支出。

（10）农林水事务：反映政府用于农林水事务方面的支出。具体包括农业支出、林业支出、水利支出、南水北调支出、扶贫支出、农业综合开发支出、其他农林水事务支出。

（11）交通运输：反映政府用于交通运输方面的支出。具体包括公路运输支出、铁路运输支出、民用航空运输支出等。

（12）工业商业金融等事务：反映政府在工业、商业、金融等事务方面的支出。具体包括采掘业支出、制造业支出、建筑业支出、电力支出、信息产业支出、旅游业支出、涉外发展支出、粮油事务支出、商业流通事务支出、物资储备支出、金融业支出、烟草事务支出、安全生产支出、国有资产

监管支出、中小企业事务支出、可再生能源支出、能源节约利用支出、其他工业商业金融等事务支出。

信贷资金

指金融机构以信用方式积聚和分配的货币资金。金融机构信贷资金的来源有各项存款、对国际金融机构负债、流通中货币、银行自有资金及当年结益等；信贷资金的运用有各项贷款、黄金占款、外汇占款、财政借款及在国际金融机构中的资产等。

存款

指企业、机关、团体或居民根据资金必须收回的原则，把货币资金存入银行或其他信用机构保管并取得一定利息的一种信用活动形式。根据存款对象的不同可划分为企业存款、财政存款、机关团体存款、基本建设存款、城镇储蓄存款、农村存款等科目。它是银行信贷资金的主要来源。

贷款

指银行或其他信用机构根据资金必须归还的原则，按一定利率，为企业、个人等提供资金的一种信用活动形式。我国银行贷款分为流动资金贷款、固定资产贷款、城乡个体工商户贷款以及农业贷款等科目。

保费

指投保人为取得保险人在约定范围内所承担赔偿责任而支付给保险人的费用。

赔款

指保险人根据保险合同的规定，向被保险人支付的赔偿保险责任损失的金额。

给付

包括死伤医疗给付和满期给付。死伤医疗给付是指保险人根据人寿保险及长期健康保险合同的规定，因被保险人在保险期内发生保险责任范围内的保险事故支付给被保险人（或受益人）的金额。满期给付是指被保险人生存期满，保险人按人寿保险合同规定支付给被保险人的满期保险金额。

Explanatory Notes for Major Statistical Indicators

Government Revenue

refers to the revenue of the government finance by means of participating in the distribution of the social products, which is the financial resource for ensuring the government to function. The contents of government revenue have been changed several times. Now it includes the following main items:

1) Various tax revenues, including value added tax, consumption tax, business tax, Enterprise tax, individual income tax, resource tax, city maintenance construction tax, estate tax, stamp tax, town land used tax, land value added tax, vehicle tax and land occupy tax, contract tax and tobacco tax etc.

2) Non tax revenue: Include special revenue and administrative collect fees revenue, punish revenue, state-owned capital operation revenue and state-owned resource (asset) used revenue etc.

Government Expenditure

refers to the distribution and use of the funds the government finance has raised, so as to meet the needs of social various causes and economic construction and. It includes the following main items:

(1) general public service: refers to government expenditure for general public service. Include affairs of the National People's Congress, affairs of the Chinese People's Political Consultative Conference , government office and its relation organization , affairs of development and reform , statistical information, financial, tax revenue, audit, customs, personnel and discipline, population and family planning, business trade , intellectual property, industry and commercial management, food and medicine management, quality and technical supervise and inspection and quarantine, territory resource, marine management, survey, Earthquake, meteorological, national, religious, Hong Kong and Macao and Taiwan, files, affairs of the Communist Party, affairs of democratic party, the organization of the masses, affairs of lottery ticket, affairs of national debt, other general public service expenditure.

(2) Public safety: refers to government expenditure for maintenance social public safety. Include armed police, public security, national safety, procurator work, court, administration of justice, prison, labor education, national security and other public safety expenditure.

(3) Education: Refers to government educational expenditure. Include educational management, ordinary education, professional education, adult education and the education of broadcasting television , study abroad education , special education, teacher study and cadre continued education , education additional and fund expenditure and other educational expenditure.

(4) Science and technology: refers to country expenditure for science and technology. Include the management, basic research, application research, technical research and development of science and technology, the condition of science and technology and service, social science, the popularity of science and technology, the exchange of science and technology and cooperative, other science and technology expenditure.

(5) Culture sport and media: refers to government expenditure for cultural, cultural relic, sports, broadcast movie and TV, news publication and other expenditure.

(6) Social security and employment: refers to government expenditure for social security and employment. Include social security and employment management, administration management and finance, the subsidy for social safety fund, the supplementary nation fund of social security and administrative institution of retirement ,and enterprise to close bankruptcy subsidy and employment subsidy, compensated , discharge to settle, social welfare, handicapped person, city resident lowest life guarantee, other town social relief , rural social relief , natural calamity life help, Red Cross , other social security and employment expenditure

(7) Medical and sanitary: refers to government expenditure for medical and sanitary. Include medical and sanitary management, medical service, community sanitary service, medical guarantee, disease prevention and control, sanitary supervise and other medical and sanitary expenditure.

(8) environmental protection: refers to government expenditure for environmental protection. Include the management expenditure for environmental protection, and supervise expenditure, pollution prevention expenditure, and natural ecology protection expenditure ,natural forest protection expenditure, retreating to plough forest expenditure, desert of dust storm administer expenditure , retreat to herd rough expenditure , already retreat to plough still rough expenditure,

(9) Town and rural community: Refers to government

expenditure for the community of town and rural. Include the community management of town and rural, the community program and management of town and rural, community public facility of town and rural, the community residence of town and rural, the community sanitary of town and rural, building market and supervise, government housing fund expenditure and land used payment, town public affairs additional expenditure, the other community expenditure of town and rural of.

(10) Agricultural and forest and water: Refers to government expenditure for agricultural and forest and water. Include agricultural expenditure, forestry expenditure, the expenditure of water conservancy, south water to north, help poor expenditure, agricultural comprehensive development expenditure and other expenditure agricultural and forest and water.

(11) Traffic transportation: refers to government expenditure for traffic transportation. Include highway transportation expenditure, railway transportation expenditure, civil aerial transportation expenditure and so on.

(12) Industry and commercial financial affairs etc.. refers to government expenditure for industry and commercial financial etc. . Include excavation trade expenditure, manufacturing industry expenditure, construction expenditure, power expenditure, information industrial expenditure, tourism expenditure, development concerning foreign affairs expenditure, grain and oil expenditure, trade expenditure, financial expenditure, tobacco expenditure, safety production expenditure, state-owned asset superintendence expenditure, affairs medium and small enterprises expenditure, energy that can be reused expenditure, energy save and used expenditure, other industrial and commercial finances expenditure.

Credit Funds

refer to the funds issued as loans by banking institutions. The sources of credit funds of the banking institutions included deposits, liabilities to international financial institutions, currency in circulation, self-owned funds and current retained profits, etc. The credit funds can be used in forms of loans, gold, foreign exchange, government debt and assets in the international financial institutions.

Deposit

is a form of credit by which enterprises, institutions, organizations or households can put money into banks and other credit institutions for safekeeping and interest earning under the principle of free withdrawal. According to different depositors, deposits are divided into enterprise deposits, treasury deposits, deposits of government agencies and organizations, capital construction deposits, urban savings deposits, rural deposits and other deposits. Deposits are major sources of the credit funds of banks.

Loan

is a form of credit by which banks and other credit institutions provide funds at certain interest rate to enterprises and individuals in the light of the principle of unconditional repayment. Loans from Chinese banks include circulating capital loans, fixed assets loans, loans to urban and rural individuals engaged in industrial and commercial business and agricultural loans.

Premium

is the fee paid by the insurant to the insurer to obtain the obligation of compensation from the insurance within the agreed terms.

Settled Claim

is the compensation paid by the insurer to the insurant in accordance with the insurance contract.

Payment

includes payment for death, injury or medical treatment and mature payment. Payment for death, injury or medical treatment refers to the money paid to the insurant (or the beneficiary) in accordance with the life or health insurance contract when the insurant encounters accidents within the insured period covered in the contract. Mature payment refers to the mature payment to the insurant in accordance with the life insurance contract at the end of the insured period.

第八篇

Chapter 8

物价指数

PRICE INDICES

简要说明

一、本篇价格指数资料，反映生产、流通、消费与投资等环节的价格变动趋势和变动幅度。主要包括居民消费价格指数、商品零售价格指数、农业生产资料价格指数、农产品生产价格指数、工业品出厂价格指数、原材料燃料动力购进价格指数、固定资产投资价格指数、房地产价格指数。

二、价格指数统计由国家统计局安徽调查总队组织实施，各市、县调查队依据国家统计局统一制定的价格统计调查制度向基层采集原始数据汇总后上报。

三、消费、零售价格指数都是采用分层抽样调查方法编制的，以样本推断总体，被抽选的调查市县 16 个。

四、农产品生产价格调查采用抽样调查和重点调查相结合的调查方法，调查采用月报和季报相结合的方式，目前我省抽选的调查县为 31 个。

五、工业品出厂价格及原材料、燃料动力价格指数采用重点调查和典型调查相结合的方法，调查实行月报，调查对象包括全省 17 个市的 3000 余家工业企业。

六、固定资产投资价格调查采用重点调查与典型调查相结合的方法，调查实行季报，调查对象为全省重点建筑施工企业和建设单位。

七、房地产价格调查为非全面调查，采用重点调查与典型调查相结合的方法，调查实行月报和季报，目前我省的调查城市为 10 个。

Brief Introduction

I. Data on the price indices in this chapter show the changing trend and change rates in production, circulation, consumption and investment, etc., including mainly consumer price indices of residents, retail price indices, price indices of agricultural means of production, purchasing price indices of farm products, producers price indices of industrial products, purchasing price indices of raw materials, fuels and power, prices of investment in fixed assets and price index of reat estate.

II. The statistics of price indices is organized by the NBS Survey Office in Anhui. The survey offices of the selected cities and counties collect statistical data from the grassroots units in accordance with the scheme of prices survey stipulated by the State Statistical Bureau, tabulate them and report them to higher agencies.

III. Data for calculation of the consumer price indices of residents and the retail price indices are collected with the stratified sampling method. Data on the population are estimated on the basis of the sample. Sixteen cities and counties have been selected for this purpose.

IV. Agricultural product produce price surveys were calculated by sample survey and typical survey. The surveys were performed monthly and quarterly together including 31conties in Anhui province.

V. Data for the calculation of the price indices of industrial products, raw materials, fuels and energy are collected by the key survey and typical survey. The surveys are performed monthly including more than 3000 industrial enterprises in Anhui 17 cities.

VI. Data for the calculation of the price indices of the investment in fixed assets are collected by the key unit survey and typical survey. The surveys are performed quarterly including all important building and construction enterprises and construction units in Anhui province.

VII. The survey of real estate prices used by key unit survey and typical survey methods including ten cities of Anhui province presently is partial survey. The survey was executed by monthly report and quarterly report.

8—1 各 种 价 格 总 指 数
Price Indices

上年=100 (preceding year=100)

年 份 Year	居民消费价格指数 General Consumer Price Index	城市居民消费价格指数 Urban Areas	农村居民消费价格指数 Rural Areas	商品零售价格指数 General Retail Price Index	工业品出厂价格指数 Ex-factory Price Indices of Industrial Products	原材料、燃料、动力购进价格指数 Purchasing Price Indices of Raw Material, Fuel and Power	农业生产资料价格指数 Price Indices of Agricultural Means of Production	固定资产投资价格指数 Investment in Fixed Assets Price Index
1995	114.8	115.9	113.7	112.7	117.1	117.9	128.0	106.5
1997	101.3	101.9	100.7	99.4	99.3	101.7	98.9	101.3
1998	100.0	100.3	99.9	98.1	96.4	96.0	94.8	100.0
1999	97.8	97.6	98.0	96.6	95.9	94.5	95.3	99.3
2000	100.7	100.9	100.5	98.0	98.9	102.6	98.2	101.6
2001	100.5	100.0	101.3	99.6	98.6	100.2	97.9	99.5
2002	99.0	99.1	98.7	99.2	99.8	98.2	99.9	101.1
2003	101.7	101.8	101.7	101.3	103.5	106.7	100.2	103.5
2004	104.5	104.3	104.8	102.7	108.2	115.0	112.0	106.1
2005	101.4	101.0	101.9	100.6	103.3	107.1	108.3	101.0
2006	101.2	101.4	100.9	100.8	103.1	103.9	100.0	101.9
2007	105.3	105.3	105.2	104.5	103.6	105.1	106.8	105.4
2008	106.2	106.0	106.4	106.3	108.4	112.4	123.9	109.4
2009	99.1	98.9	99.4	99.0	92.8	95.3	95.8	96.0

8—2 各 种 价 格 定 基 指 数
Fixed-base Price Indices

(1990=100)

年 份 Year	居民消费价格指数 General Consumer Price Index	城市居民消费价格指数 Urban Areas	农村居民消费价格指数 Rural Areas	商品零售价格指数 General Retail Price Index	工业品出厂价格指数 Ex-factory Price Indices of Industrial Products	原材料、燃料、动力购进价格指数 Purchasing Price Indices of Raw Material, Fuel and Power	农业生产资料价格指数 Price Indices of Agricultural Means of Production	固定资产投资价格指数 Investment in Fixed Assets Price Index
1995	191.8	197.4	186.3	176.8	193.0	211.3	186.1	216.4
1997	213.6	221.4	205.8	188.3	194.6	236.3	197.3	226.8
1998	213.6	222.1	205.6	184.7	187.5	226.8	187.0	226.8
1999	208.9	216.8	201.5	178.4	179.8	214.3	178.2	225.2
2000	210.4	218.8	202.5	174.8	177.7	219.8	175.0	228.8
2001	211.5	218.8	205.1	174.1	175.3	220.2	171.4	227.6
2002	209.4	216.8	202.4	172.7	175.0	216.3	171.2	230.1
2003	213.0	220.7	205.8	175.0	181.1	230.8	171.5	238.2
2004	222.6	230.2	215.7	179.7	195.9	265.4	192.1	252.6
2005	225.7	232.5	219.8	180.8	202.4	284.2	208.0	255.1
2006	228.4	235.8	221.8	182.3	208.7	295.2	208.0	259.8
2007	240.5	248.3	233.3	190.5	216.2	310.3	222.1	273.8
2008	255.4	263.2	248.2	202.5	234.4	348.8	275.2	299.5
2009	253.1	260.3	246.7	200.5	217.5	332.4	263.6	287.5

注：工业品出厂价格、原材料燃料动力购进价格、固定资产投资价格指数以1992年为100。

a) The ex-factory price indices of industrial products, purchasing price indices of raw material, fuel and power and investment in fixed assets price index are got by taking the prices in 1992 as 100.

8—3 居民消费价格分类指数（2009年）

Consumer Price Indices by Category (2009)

上年=100 (preceding year=100)

类 别	Item	全 省 Provincial Indices	城 市 Urban Indices	农 村 Rural Indices
居民消费价格总指数	**General Consumer Price Index**	**99.1**	**98.9**	**99.4**
食 品	**Food**	**100.8**	**101.3**	**99.8**
粮 食	Grain	107.3	108.3	105.1
淀 粉	Starch	101.2	100.7	103.0
干豆类及豆制品	Bean and Its Products	97.4	94.9	101.8
油 脂	Oil or Fat	82.0	81.8	82.5
肉禽及其制品	Meat and Poultry	88.6	89.1	87.6
蛋	Eggs	101.3	101.1	101.5
水产品	Aquatic Products	102.3	102.0	102.7
菜	Vegetables	115.5	117.0	112.2
#鲜 菜	Fresh Vegetables	117.0	118.5	113.6
调味品	Flavoring	103.5	105.3	101.4
糖	Carbohydrate	102.3	102.8	101.8
茶及饮料	Tea and Beverages	102.3	102.5	102.0
干鲜瓜果	Melons and Fruits	109.0	110.4	105.8
糕点饼干面包	Cake and Bread	103.3	102.6	104.6
液体乳及乳制品	Liquid Breast and Its Products	103.5	102.7	104.9
在外用膳食品	Food for External Use	104.4	104.8	103.4
其他食品	Other Food and Food Processing Services	104.2	102.5	106.3
烟酒及用品	**Tobacco and Liquor Goods**	**101.2**	**101.4**	**101.0**
烟 草	Tobacco	100.1	100.2	99.8
酒	Liquor	103.0	103.0	103.1
吸烟、饮酒用品	Tobacco and Tiquor Goods	99.8	99.8	100.1
衣 着	**Clothing**	**97.1**	**95.9**	**99.3**
服 装	Garments	96.6	95.8	98.3
衣着材料	Clothing Material	100.7	100.1	101.1
鞋袜帽	Footwear and Hats	97.6	95.6	101.5
衣着加工服务	Clothing Processing Services	102.1	102.9	100.6
家庭设备用品及维修服务	**Household Facilities and Maintenance Service**	**99.0**	**99.0**	**99.1**
耐用消费品	Durable Consumer Goods	96.5	96.2	97.3
室内装饰品	Interior Decorations	99.8	99.3	100.8
床上用品	Bed Articles	98.3	97.6	100.1
家庭日用杂品	Daily Use Household Articles	100.7	100.8	100.1
家庭服务及加工维修服务	Household Services and Processing Maintenance Services	111.6	113.9	106.6
医疗保健和个人用品	**Medicine, Medical Services and Personal Articles**	**101.2**	**101.4**	**100.9**
医疗保健	Medical Services	101.2	101.1	101.3
个人用品及服务	Personal Articles and Services	101.4	102.2	100.0
交通和通信	**Means of Transportation and Communication**	**97.9**	**98.0**	**97.8**
交 通	Transportation	99.5	99.2	99.9
通 信	Communication	96.5	96.9	95.6
娱乐教育文化用品及服务	**Recreational, Educational and Cultural Articles & Services**	**100.3**	**99.9**	**101.0**
文娱用耐用消费品及服务	Durable Consumer Goods and Services for Recreational Use	89.8	89.6	90.2
教 育	Education	102.7	102.2	103.6
文化娱乐	Cultural and Entertainment	101.5	102.3	100.3
旅 游	Traveling	101.0	101.4	99.1
居 住	**Housing**	**94.0**	**92.0**	**97.4**
建房及装修材料	Building and Decoration Material	99.6	99.1	100.0
租 房	Renting House	109.9	109.0	110.8
自有住房	One's Own House	77.9	74.5	87.0
水、电、燃料	Water, Electricity and Fuel	97.0	96.9	97.4

8—4 商品零售价格分类指数（2009年）
Retail Price Indices by Category of Commodities (2009)

上年=100 (preceding year=100)

类别	Item	全省 Provincial Indices	城市 Urban Indices	农村 Rural Indices
商品零售价格总指数	**General Retail Price Index**	**99.0**	**99.0**	**99.1**
食　品	**Food**	**101.1**	**101.8**	**100.3**
粮　食	Grain	106.8	108.2	105.3
淀　粉	Starches and Tubers	103.0	100.9	104.3
干豆类及豆制品	Bean and Its Products	97.4	94.3	100.3
油　脂	Oil or Fat	83.4	82.4	84.5
肉禽及其制品	Meat and Poultry	89.3	89.6	89.1
蛋	Eggs	101.1	101.0	101.3
水产品	Aquatic Products	102.5	102.7	102.2
菜	Vegetables	114.8	117.0	112.0
调味品	Flavoring	102.7	104.8	101.2
糖	Carbohydrate	102.8	103.0	102.6
干鲜瓜果	Melons and Fruits	108.9	110.8	105.8
糕点饼干面包	Cake and Bread	103.9	102.5	105.0
液体乳及乳制品	Liquid Breast and Its Products	103.1	103.3	102.5
在外用膳食品	Food for Exteral Use	104.8	105.4	103.8
其他食品	Other Food	103.7	104.0	103.3
饮料、烟酒	**Beverages, Tobacco and Liquor**	**101.4**	**101.6**	**101.1**
茶及饮料	Tea and Beverages	102.2	102.3	102.1
烟　草	Tobacco	100.0	100.1	99.9
酒	Liquor	102.7	102.8	102.6
服装、鞋帽	**Garments, Shoes and Hats**	**97.7**	**96.4**	**99.3**
服　装	Garments	97.3	96.2	98.8
鞋袜帽	Footwear and Hats	98.4	96.7	100.3
其　他	Other	100.7	98.5	102.0
纺织品	**Textiles**	**99.7**	**98.9**	**100.7**
衣着材料	Clothing Material	100.9	100.3	101.4
床上用品	Bed Articles	98.9	98.1	100.0
家用电器及音像器材	**Household Electrical Appliance and Audio-video Supplies**	**92.7**	**91.3**	**94.5**
家庭设备	Household Facilities	95.9	95.1	97.0
文娱用耐用消费品	Durable Consumer Goods for Recreational Use	87.5	85.0	90.4
音像器材	Audio-video Supplies	98.4	96.6	99.8
文化办公用品	**Cultural and Office Articles**	**96.6**	**96.4**	**96.9**
日用品	**Articles for Daily Use**	**101.9**	**102.1**	**101.6**
日用百货	Daily Use Sundry Goods	101.6	102.4	100.6
日用杂品	Daily Use Groceries	101.9	102.3	101.4
洗涤用品	Washing Articles	103.5	103.2	103.9
其它日用品	Other Articles for Daily Use	100.7	100.4	101.0
体育娱乐用品	**Sports and Recreational Articles**	**99.2**	**98.9**	**99.8**
体育用品	Sports Articles	101.1	101.7	100.4
娱乐用品	Recreational Articles	97.8	97.0	99.3
交通、通信用品	**Transportation and Telecommunication Articles**	**94.8**	**94.7**	**94.9**
交通运输机械	Transportation Mechanism	98.2	97.8	98.8
通信器材	Telecommunication Facility	86.9	86.4	87.6
家　具	**Furniture**	**99.6**	**99.8**	**99.4**
化妆品	**Cosmetics**	**101.7**	**101.9**	**101.5**
金银珠宝	**Jewelry**	**92.1**	**90.8**	**94.0**
中西药品及医疗保健用品	**Traditional Chinese and Western Medicines and Health Care Articles**	**101.2**	**100.8**	**101.8**
医疗器具及用品	Medical Appliances and Articles	101.2	102.0	100.3
中药材及中成药	Traditional Chinese Medicine	103.4	102.7	104.2
西　药	Western Medicine	99.9	99.4	100.4
保健器具及用品	Health Care Appliances and Articles	100.9	101.1	100.6
书报杂志及电子出版物	**Newspapers, Magazines and Electronic Publications**	**104.3**	**104.9**	**103.6**
教材及参考书	Teaching Materials and Reference Books	107.4	106.6	108.2
书报杂志	Newspapers and Magzines	102.9	104.5	101.4
电子音像制品	Electronic Audio-video Products	98.8	99.7	98.1
燃　料	**Fuels**	**92.9**	**92.0**	**94.0**
煤炭及制品	Coal and Related Products	106.0	103.0	107.3
石油及制品	Petroleum and Related Products	88.3	89.4	86.8
建筑材料及五金电料	**Building Materials, Hardware and Electrical Materials**	**97.0**	**96.9**	**97.1**
建筑装璜材料	Building Decoration Materials	96.3	95.8	96.7
五金电料	Hardware and Electrical Materials	99.4	100.0	98.7

8—5 调查市、县居民消费价格分类指数（2009年）
Consumer Price Indices by Category and by Surveyed City and County (2009)

上年=100 (preceding year=100)

市 县 Surveyed City and County		总指数 General Index	食品 Food	#粮食 Grain	油脂 Oil or Fat	肉禽及其制品 Meat and Poultry	蛋 Eggs	水产品 Aquatic Products	菜 Vegetables	鲜菜 Fresh Vegetables
合肥市	Hefei	99.1	103.0	107.4	81.4	88.2	99.9	106.4	117.0	118.0
淮北市	Huaibei	98.2	100.3	108.6	81.6	89.0	107.8	102.4	117.7	119.4
亳州市	Bozhou	98.3	101.9	108.9	82.2	93.1	107.4	99.1	121.6	123.6
宿州市	Suzhou	99.1	102.3	110.1	84.9	91.4	103.6	100.9	123.6	125.5
蚌埠市	Bengbu	99.5	101.2	107.1	77.7	89.7	101.0	99.7	119.0	121.4
阜阳市	Fuyang	98.8	99.6	111.0	89.4	90.2	94.9	102.3	111.9	111.9
淮南市	Huainan	98.3	99.5	110.2	75.6	89.2	95.6	97.5	113.9	115.7
滁州市	Chuzhou	100.1	101.5	102.5	78.7	91.7	104.6	107.7	121.5	122.6
马鞍山市	Maanshan	98.3	100.3	108.8	83.5	87.5	99.8	95.9	116.1	118.2
芜湖市	Wuhu	99.2	102.1	108.2	84.3	90.4	101.6	100.7	120.1	122.0
宣城市	Xuancheng	99.7	99.1	105.1	86.6	86.4	100.1	101.3	109.2	110.0
铜陵市	Tongling	98.9	100.8	106.8	81.6	87.5	101.8	106.9	114.2	115.6
安庆市	Anqing	98.6	100.6	106.7	81.5	88.1	103.0	105.0	113.8	114.6
黄山市	Huangshan	98.4	100.0	110.8	85.3	87.9	100.2	100.8	110.0	111.3
桐城市	Tongcheng	99.0	100.2	106.4	79.2	89.9	101.3	104.1	112.3	113.4
歙县	Shexian	99.4	100.3	104.5	79.3	87.6	103.8	101.7	117.6	120.8

市 县 Surveyed City and County		茶及饮料 Tea and Beverages	干鲜瓜果 Melons and Fruits	烟酒及用品 Tobacco and Ligquor Goods	衣着 Clothing	家庭设备用品及维修服务 Household Facilities and Maintenance Service	医疗保健和个人用品 Medicine, Medical Services and Personal Articles	交通和通信 Means of Transportation & Communication	娱乐教育文化用品及服务 Recreational, Educational and Cultural Articles and Services	居住 Housing
合肥市	Hefei	102.5	112.8	101.2	98.9	100.9	102.6	97.1	98.5	87.2
淮北市	Huaibei	101.8	117.8	101.3	92.0	99.2	101.7	97.7	98.3	94.9
亳州市	Bozhou	104.6	104.7	101.4	88.2	96.0	98.0	99.3	102.1	91.7
宿州市	Suzhou	101.0	110.6	102.2	93.6	97.9	101.3	98.1	98.0	93.9
蚌埠市	Bengbu	103.2	114.6	101.8	97.3	96.9	101.9	98.3	102.1	93.9
阜阳市	Fuyang	99.4	101.3	100.2	97.0	99.4	97.0	99.0	101.8	95.1
淮南市	Huainan	103.2	103.3	102.2	88.8	99.8	101.6	99.1	101.5	94.7
滁州市	Chuzhou	103.4	100.3	99.6	101.0	98.9	101.6	99.0	101.0	95.7
马鞍山市	Maanshan	100.2	113.9	100.5	101.6	97.0	101.2	97.3	99.3	88.0
芜湖市	Wuhu	105.5	110.7	101.2	93.9	97.0	103.1	97.6	98.9	94.5
宣城市	Xuancheng	100.2	109.5	101.0	104.0	100.2	101.1	97.4	100.1	97.8
铜陵市	Tongling	100.3	107.1	99.9	95.0	100.0	100.1	98.0	102.4	93.1
安庆市	Anqing	101.2	110.4	103.1	98.4	99.9	100.1	99.1	100.1	89.5
黄山市	Huangshan	99.1	108.3	99.7	103.9	102.8	100.6	97.4	97.9	89.7
桐城市	Tongcheng	100.4	101.3	100.8	92.9	97.0	99.5	98.2	102.7	96.6
歙县	Shexian	108.7	103.2	101.3	96.1	100.2	102.1	97.8	101.1	97.2

8—6 调查市、县商品零售价格分类指数（2009年）

Retail Price Indices by Category of Commodities and Surveyed City and County (2009)

上年=100 (preceding year=100)

市 县 Surveyed City and County		总指数 General Index	#食 品 Food	饮料、烟 酒 Beverages, Tobacco and Liquor	服装、鞋帽 Clothing, Shoes and Hats	纺织品 Textiles	家用电器及音像器材 Household Electrical Appliance and Audio-video Supplies	文化办公用 品 Cultural and Office Articles	日用品 Articles for Daily Use
合 肥 市	Hefei	99.8	103.4	101.4	98.9	100.3	91.9	93.6	103.6
淮 北 市	Huaibei	99.0	101.7	101.2	92.8	98.9	91.7	100.6	100.0
亳 州 市	Bozhou	98.4	101.9	102.5	88.0	94.9	94.8	99.6	99.2
宿 州 市	Suzhou	99.0	102.3	101.8	94.2	96.4	91.0	95.0	100.3
蚌 埠 市	Bengbu	98.7	101.3	102.3	97.3	98.9	88.0	97.7	100.7
阜 阳 市	Fuyang	97.9	99.4	99.7	96.6	97.9	98.0	95.6	102.0
淮 南 市	Huainan	98.1	98.5	102.6	87.5	95.5	98.1	100.0	100.9
滁 州 市	Chuzhou	99.6	101.6	100.6	101.2	94.2	91.1	99.4	103.4
马鞍山市	Maanshan	98.7	101.1	100.6	101.5	100.2	90.5	95.4	100.2
芜 湖 市	Wuhu	98.1	102.1	102.3	93.8	93.0	82.3	95.2	101.8
宣 城 市	Xuancheng	100.0	100.2	100.8	103.9	100.1	96.5	99.1	101.5
铜 陵 市	Tongling	98.5	101.3	99.8	95.2	102.7	94.4	96.3	105.0
安 庆 市	Anqing	98.8	101.0	102.1	98.4	103.4	93.0	99.1	102.5
黄 山 市	Huangshan	98.9	100.7	99.7	103.8	104.7	94.1	95.8	101.5
桐 城 市	Tongcheng	97.8	100.6	100.9	93.2	100.7	92.4	93.5	102.1
歙 县	Shexian	98.9	100.4	102.0	96.1	102.0	91.5	96.0	101.2

市 县 Surveyed City and County		体育娱乐用 品 Sports and Recreational Articles	交 通、通信用品 Transportation and telecommunication Articles	家 具 Furniture	化妆品 Cosmetics	金银珠宝 Jewelry	中西药品及医疗保健用品 Traditional Chinese and Western Medicines and Health Care Articles	书报杂志及电子出版物 Newspapers, Magzines and Electronic Publications	燃 料 Fuels	建筑材料及五金电料 Building Materials, Hardware and Electrical Materials
合 肥 市	Hefei	97.3	94.3	102.2	103.7	91.7	100.1	105.2	90.7	95.0
淮 北 市	Huaibei	100.2	94.2	99.4	98.1	89.9	102.7	103.8	100.1	97.4
亳 州 市	Bozhou	100.0	96.0	100.0	99.9	103.2	97.3	105.4	89.8	101.7
宿 州 市	Suzhou	99.1	97.4	103.3	100.9	89.6	101.3	100.0	90.6	98.3
蚌 埠 市	Bengbu	99.9	95.9	102.0	100.8	85.2	102.6	100.5	91.8	97.6
阜 阳 市	Fuyang	99.0	95.7	98.5	100.4	94.4	94.6	101.1	90.3	95.7
淮 南 市	Huainan	103.4	98.0	100.0	102.6	87.2	102.4	106.7	94.1	97.1
滁 州 市	Chuzhou	100.0	96.8	96.7	102.5	92.0	101.7	111.4	93.3	97.6
马鞍山市	Maanshan	98.7	95.2	95.8	99.4	89.7	102.3	105.3	90.1	97.1
芜 湖 市	Wuhu	98.5	94.8	94.9	99.4	90.9	104.4	107.2	92.0	99.4
宣 城 市	Xuancheng	101.1	96.2	100.1	104.6	92.3	101.5	106.0	95.4	98.6
铜 陵 市	Tongling	96.9	92.1	99.1	102.9	88.5	99.2	103.1	93.6	96.5
安 庆 市	Anqing	98.2	92.2	99.0	104.6	88.3	99.4	104.7	92.1	96.5
黄 山 市	Huangshan	101.1	93.8	93.1	101.6	91.1	101.5	102.6	88.4	99.7
桐 城 市	Tongcheng	98.3	93.4	96.3	98.5	91.6	100.4	100.8	89.6	96.5
歙 县	Shexian	98.1	94.4	101.5	100.1	100.3	103.5	101.2	96.3	95.4

8—7 农业生产资料价格分类指数

Price Indices of Agricultural Means of Production by Category

上年=100 (preceding year=100)

类别	Item	1995	1999	2000	2005	2007	2008	2009
总指数	**General Index**	**128.0**	**95.3**	**98.2**	**108.3**	**106.8**	**123.9**	**95.8**
农用手工工具	Hand Tools for Agriculture uses	122.9	97.4	100.5	111.1	107.6	120.1	102.8
饲料	Forage	137.0	97.7	94.0	107.6	105.4	122.8	108.3
产品畜	Product Animals	126.5	83.3	111.8	114.7	126.5	126.5	90.8
半机械化农具	Semi-mechanized Farm Tools	110.0	97.6	97.6	105.0	107.5	126.2	100.7
机械化农具	Mechanized Farm Machinery	119.8	96.2	96.0	106.2	104.2	121.9	100.5
化学肥料	Chemical Fertilizer	138.5	92.6	92.2	109.0	105.7	136.4	81.0
农药及农药械	Pesticide & Its Appliances	112.9	93.5	97.1	103.9	99.8	108.2	100.4
农用机油	Oil for Farm Machinery	107.3	106.0	122.0	107.9	102.6	109.4	93.7
其他农业生产资料	Other Agricultural Means of Production					102.5	113.0	105.8
农业生产服务	Agricultural Production Service					111.2	108.3	102.0

注：农用手工工具2005年以前为小农具。

a) Before 2005 hand tools for agriculture were small farm tools .

8—8 调查市、县农业生产资料价格指数（2009年）

Price Indices of Agricultural Means of Production by Category and Surveyed City and County (2009)

上年=100 (preceding year=100)

市县 Surveyed City and County	总指数 General Index	农业手工工具 Hand Tools for Agriculture uses	饲料 Forage	产品畜 Product Animals	半机械化农具 Semimechanized Farm Tools	机械化农具 Mechanized Farm Machinery	化学肥料 Chemical Fertilizer	农药及农药械 Pesticide & Its Appliances	农用机油 Oil for Farm Machinery	其他农业生产资料 Other Agricultural Means of Production	农业生产服务 Agricultural Production Service
歙县 Shexian	93.4	102.7	103.6	60.5	104.0	102.7	83.3	98.1	89.9	94.9	100.0
桐城市 Tongcheng	94.5	93.3	108.0	78.5	100.1	91.8	83.1	103.1	94.9	114.5	105.4
宣城市 Xuancheng	97.1	106.8	111.4	111.2	98.7	102.5	79.7	100.4	94.8	106.4	102.2

8—9 农产品生产价格指数
Production Price Indices of Agricultural Products

上年=100 (preceding year=100)

类别	Item	2005	2006	2007	2008	2009
总指数	**General Index**	**98.71**	**99.33**	**114.13**	**114.68**	**99.08**
农业产品	**Agricultural Products**	**97.30**	**100.94**	**109.88**	**109.63**	**103.14**
谷 物	Cereal	95.41	100.08	107.85	107.38	107.38
小 麦	Wheat	91.51	101.04	105.04	107.80	112.48
稻 谷	Rice	98.98	98.96	108.62	108.04	104.96
玉 米	Corn	96.96	100.20	115.39	103.10	99.30
薯 类	Tubers	102.95	102.75	107.00	105.80	100.67
豆 类	Beans	88.64	95.98	119.13	126.89	85.20
油 料	Oil-bearing Crops	89.23	103.57	127.13	127.47	78.54
棉 花	Cotton	109.54	100.94	109.91	88.48	111.45
蔬 菜	Vegetables	102.89	105.57	103.89	110.05	105.93
花 卉	Flowers	100.00	100.00	100.00	100.00	100.00
茶	Tea	112.35	103.06	104.68	104.11	110.01
林业产品	**Forestry Products**	**107.39**	**107.85**	**109.04**	**106.46**	**97.58**
木 材	Timber	107.00	108.85	108.20	106.48	97.56
原 木	Logs	106.74	107.41	108.53	106.51	96.96
竹 材	Bamboo Material	110.39	108.12	113.73	109.32	95.41
牧 业	**Animal Husbandry**	**99.71**	**94.34**	**123.88**	**125.88**	**90.59**
牲畜的饲养	Livestock Breeding	108.01	103.18	107.85	124.46	91.22
牛	Cattle and Buffaloes	108.25	100.36	107.49	124.58	89.03
羊	Sheep and Goats	112.56	108.51	110.25	124.51	99.93
猪的饲养	Pig Breeding	91.37	88.06	138.37	137.14	82.56
家 禽	Poultry	106.34	96.36	114.21	109.23	102.84
鸡	Chicken	103.76	98.25	112.02	110.34	100.98
鸭	Duck	102.41	97.42	112.32	102.85	105.99
禽 蛋	Poultry Eggs	110.74	94.60	117.50	110.95	103.50
鸡 蛋	Chicken Eggs	110.67	95.03	117.90	111.28	104.06
奶 类	Dairy Products	98.86	100.85	104.05	123.54	70.12
毛绒类	Fur and Fine Down	100.00	100.00	100.00	100.00	100.00
渔 业	**Fishery**	**105.56**	**108.41**	**104.46**	**107.29**	**106.02**
内陆水域水产品	Aquatic products in Inland Water	105.56	108.41	104.46	107.29	106.02
淡水鱼类	Freshwater Fishes	104.93	105.52	104.14	108.28	106.49
淡水虾蟹类	Freshwater Shrimps and Crabs	108.08	120.73	106.08	102.43	104.07
其他淡水养殖产品	Other Freshwater Aquatic Products	100.00	100.00	100.67	108.59	104.49

8—10 工业品出厂价格分类指数
Ex-factory Price Indices of Industrial Products

上年=100 (preceding year=100)

年份 Year	全部工业品 Total Industry Products	生产资料 Means of production	采掘工业 Mining & Quarrying Industry	原材料工业 Raw Materials Industry	加工工业 Manufacturing Industry	生活资料 Consumer Goods	食品 Food	衣着 Clothing	一般日用品 Articles for Daily Use	耐用消费品 Durable Consumer Goods
1995	117.12	113.31	116.16	108.32	118.30	121.69	125.01	121.79	117.55	109.72
2000	98.86	102.05	100.11	106.16	98.78	93.73	91.14	98.48	96.12	98.22
2004	108.16	110.93	116.89	115.07	107.98	101.36	105.65	101.50	101.99	95.35
2005	103.25	104.91	113.04	111.06	100.47	98.93	99.60	100.32	101.84	96.67
2006	103.07	104.53	97.85	114.90	100.56	98.36	98.43	100.68	101.55	96.86
2007	103.62	103.74	104.20	102.98	104.05	103.25	105.63	100.89	101.64	100.95
2008	108.41	109.27	119.54	104.54	109.92	105.42	109.70	102.03	102.24	101.25
2009	92.83	91.39	94.98	90.59	91.14	97.82	98.89	99.43	98.56	95.67

8—11 分部门工业品出厂价格指数
Ex-factory Price Indices of Industrial Products by Department

上年=100 (preceding year=100)

类别	Item	1995	2000	2005	2008	2009
总指数	**General Index**	**117.12**	**98.86**	**103.25**	**108.41**	**92.83**
冶金工业	Metallurgical Industry	94.49	103.34	106.92	113.90	81.67
电力工业	Power Industry	110.36	99.70	104.94	102.01	101.90
煤炭工业	Coal Industry	111.78	95.65	112.78	121.11	98.30
石油工业	Petroleum Industry	99.81	130.33	121.13	118.13	83.32
化学工业	Chemical Industry	125.10	96.09	105.83	109.90	94.08
机械工业	Machine Building Industry	107.61	100.09	100.07	102.11	95.76
建筑材料工业	Building Materials Industry	114.14	96.13	89.58	107.28	93.11
森林工业	Timber Industry	105.88	98.21	99.87	102.61	99.65
食品工业	Food Industry	125.01	91.74	99.44	110.37	98.68
纺织工业	Textile Industry	124.05	104.07	98.28	99.92	96.87
缝纫工业	Tailoring Industry	100.59	90.77	100.75	100.92	99.02
皮革工业	Leather Industry	93.48	99.46	101.04	100.81	99.86
造纸工业	Paper Industry	152.36	103.38	101.06	106.58	95.27
文教艺术用品工业	Cultural Educational & Handicrafts Articles	111.66	98.55	100.56	101.87	95.62

8—12 工业品出厂价格轻重工业分类指数
Ex-factory Price Indices of Industrial Products by Light & Heavy Industry

上年=100 (preceding year=100)

年份 Year	轻工业 Light Industry	以农产品为原料 Using Farm Products as Raw Materials	以非农产品为原料 Using Non-farm Products Raw Materials	重工业 Heavy Industry	#采掘工业 Mining and Quarrying	原料工业 Raw Materials Industry	加工工业 Manufacturing Industry
1995	123.88	126.37	115.54	110.13	116.16	104.44	115.02
2000	95.68	95.36	97.64	102.06	101.01	106.09	97.67
2005	99.05	99.54	98.62	106.31	112.59	111.32	101.36
2007	103.36	103.75	103.02	103.77	104.24	102.94	104.26
2008	105.35	107.08	103.80	110.12	119.02	104.93	116.66
2009	97.01	97.87	96.19	90.52	95.40	90.33	89.45

8—13 原材料、燃料、动力购进价格分类指数
Purchasing Price Indices by Category of Raw Material, Fuel and Power

上年=100 (preceding year=100)

年份 Year	全部原材料 Total Raw and Other Materials	#燃料、动力类 Fuel and Power	黑色金属材料 Ferrous Metals	有色金属材料和电线类 Nonferrous Metals	化工原料 Industrial Chemicals	木材及纸浆 Timber and Paper Pulp	建筑材料 Building Materials	其他工业原材料及半成品 Other Raw Materials and Semi-finished Products	农副产品 Agricultural and Subsidiary Products	纺织原料 Textile Raw Material
1995	117.90	107.39	94.40	129.34	127.71	121.11	115.21		146.01	117.46
2000	102.58	103.22	102.94	110.50	108.97	100.24	95.25	100.76	94.32	103.95
2005	107.13	114.95	108.07	116.42	106.87	103.47	106.55	104.35	98.16	95.41
2007	105.13	102.36	105.76	106.16	104.42	104.25	103.30	106.39	110.55	100.10
2008	112.39	116.69	119.38	97.53	107.75	110.48	110.26	110.72	114.92	102.23
2009	95.25	98.54	86.93	84.32	90.50	99.32	100.16	94.17	96.08	97.04

注：1997年以后的建筑材料类为建筑材料及非金属矿类。1995—1996年建筑材料及非金属矿类中不包括非金属矿类。1996年以前无“其他工业原材料及半成品”分类。

a) Construction materials include building materials and nonmetal mine since 1997 and nonmetal mine wasn't included from 1995 to 1996. There was no such classification as "Other Raw Materials and Semi finished Products" before 1996.

8—14 固定资产投资价格指数
Price Indices of Investment in Fixed Assets

上年=100 (preceding year=100)

年份 Year	固定资产投资 Investment in Fixed Assets	建筑安装工程 Construction and Installation	设备工器具购置 Purchase of Equipment, Tools and Instruments	其他费用 Others
1995	106.50	102.40	107.70	131.10
2000	101.60	102.80	100.10	98.20
2005	101.04	100.98	100.33	102.26
2007	105.36	107.44	100.35	103.73
2008	109.43	113.66	101.17	103.80
2009	95.97	94.35	97.10	101.05

8—15 房 地 产 价 格 指 数
Price Indices of Real Estate

上年=100 (preceding year=100)

类 别	Item	2005	2006	2007	2008	2009
土地交易价格指数	**Transactions Price Indices of Land**	**108.1**	**103.9**	**106.8**	**107.3**	**103.9**
居住用地	Land for Residential Building Use	107.7	104.0	105.7	106.1	104.1
工业用地	Land for Industry Use	100.1	101.2	114.7	104.6	103.5
商业营业用地	Land for Commerce and Business	111.4	105.3	107.1	116.7	105.5
其他用地	Land for Other	106.5	102.5	102.5	102.3	99.5
房屋销售价格指数	**Selling Price Indices of Houses**	**107.6**	**103.9**	**105.3**	**108.2**	**100.4**
新建房	New-built Houses	108.0	103.4	105.3	108.8	101.3
住 宅	Residential Buildings	108.4	103.5	105.4	109.5	101.3
经济适用房	Economical and Suitable Houses	108.9	101.2	100.7	103.8	101.4
普通住宅	General Residential Buildings	107.9	103.7	105.6	107.7	100.6
高档住宅	Luxury residential Buildings	109.4	102.2	105.0	127.3	108.8
非住宅	Non-residential Buildings	106.2	103.2	104.9	105.2	101.1
办公楼	Office Buildings	104.9	99.6	102.2	104.0	100.8
商业营业用房	Houses for Commerce and Business	106.4	104.1	104.9	106.6	101.3
工业仓储用房	Workshops and Storehouses	102.0	101.2	110.7		
其它用房	Others	103.7	102.4	102.5		
二手房	Second-hand Houses	105.0	105.5	105.4	106.7	97.9
住 宅	Residential Buildings	104.7	106.4	106.5	105.1	97.2
非住宅	Non-residential Buildings	106.2	103.5	103.6	112.1	100.4
房屋租赁价格指数	**Renting Price Indices of Houses**	**101.7**	**103.7**	**102.5**	**103.0**	**101.7**
住 宅	Residential Buildings	99.9	101.6	100.9	101.9	101.5
办公楼	Office Buildings	103.7	101.1	100.4	98.7	102.0
商业营业用房	Houses for Commerce and Business	103.2	105.8	104.3	105.5	101.6
工业仓储用房	Workshops and Storehouses	101.4	101.1	100.5		
物业管理价格指数	**Price Indices of Estate Management**	**101.2**	**100.5**	**101.9**	**103.0**	**103.6**
住 宅	Residential Buildings	101.2	100.2	101.4	103.4	105.0
办公楼	Office Buildings	100.1	101.6	105.4	100.0	100.0
商业营业用房	Houses for Commerce and Business	102.7	100.4	100.0	103.7	100.0

主要统计指标解释

居民消费价格指数

是度量消费商品及服务项目价格水平随着时间而变动的相对数，反映居民家庭购买的消费品及服务价格水平的变动情况。它是宏观经济分析和决策、价格总水平监测和调控以及国民经济经济核算的重要指标。其按年度计算的变动率通常被用来作为反映通货膨胀（或紧缩）程度的指标。

商品零售价格指数

商品的零售价格是商品在流通过程中最后一个环节的价格，是工业、商业、餐饮业和其他零售企业向城乡居民、机关团体出售生活消费品和办公用品的价格。商品零售价格指数，反映了市场商品零售价格的变动趋势和变动程度，为国家宏观调控和国民经济核算提供参考依据。同时，还可以在此基础上编制其他派生价格指数。

城市居民消费价格指数

是反映城市居民家庭所购买的生活消费品价格和服务项目价格变动趋势和程度的相对数。城市居民消费价格指数可以观察和分析消费品的零售价格和服务项目价格变动对职工货币工资的影响，作为研究职工生活和确定工资政策的依据。

农村居民消费价格指数

是反映农村居民家庭所购买的生活消费品价格和服务项目价格变动趋势和程度的相对数。农村居民消费价格指数可以观察农村消费品的零售价格和服务项目价格变动对农村居民生活消费支出的影响，直接反映农民生活水平的实际变化情况，为分析和研究农村居民生活问题提供依据。

农产品生产价格指数

是反映一定时期内，农产品生产者出售农产品价格水平变动趋势及幅度的相对数。该指数可以客观反映全省农产品生产价格水平和结构变动情况，满足农业与国民经济核算需要。其中某代表品生产价格指数是通过对全部有出售该产品行为的调查单位的个体指数进行几何平均求得的，类价格指数是通过对其所属的类（或代表品）的价格指数进行加权平均求得的。季度累计价格指数的计算方法与分季指数的计算方法相同。

工业品出厂价格指数

是反映各工业行业产品出厂价格总水平的变动趋势和程度的相对数。为国民经济核算、测算工业发展速度、宏观经济分析和调控、理顺价格体系提供依据。

原材料、燃料和动力购进价格指数

是反映工业企业作为生产投入，而从物资交易市场和能源、原材料生产企业购买原材料、燃料和动力产品时，所支付的价格水平变动趋势和程度的统计指标，是扣除工业企业物质消耗成本中的价格变动影响的重要依据。

目前，我国编制的原材料、燃料和动力购进价格指数所调查的产品包括燃料动力、黑色金属、有色金属、化工、建材等九大类的900多种产品。

固定资产投资价格指数

是反映固定资产投资额价格变动趋势和程度的相对数。固定资产投资额是由建筑安装工程投资完成额、设备、工器具购置投资完成额和其他费用投资完成额三部分组成的。编制固定资产投资价格指数应首先分别编制上述三部分投资的价格指数，然后采用加权算术平均法求出固定资产投资价格总指数。

编制固定资产投资价格指数可以准确地反映固定资产投资中涉及的各类商品和取费项目价格变动趋势和变动幅度，消除按现价计算的固定资产投资指标中的价格变动因素，真实地反映固定资产投资的规模、速度、结构和效益，为国家科学地制定、检查固定资产投资计划并提高宏观调控水平，为完善国民经济核算体系提供科学的、可靠的依据。

房地产价格指数

是反映房地产业的价格变化趋势和程度的相对数。房地产，从广义上讲，是房产与地产的总称。因此房地产开发与经营价格调查的内容主要包括（1）房屋销售价格；（2）房屋租赁和物业管理价格；（3）土地交易价格。

房地产作为固定资产投资的重要组成部分，涉及的相关产业多，而且房地产价格的变动与城镇居民和其它经济主体的经济利益密切相关，它是反映国民经济运行情况的晴雨表。

消费、零售价格指标编制过程有五大要素：

1.调查地区和调查点的选择。调查地区选择的方法参照住户调查方法的第一阶段，在此基础上选定经营规模大、商品种类多的商场（包括集市）作为主要调查点。

2.代表商品和代表规格品的选择。代表商品由国家城调总队统一规定，代表规格品由省市城调队自行确定，代表规格品确定的原则：（1）与社会生产和人民生活关系密切；（2）销售数量（金额）大；（3）市场供应保持稳定；（4）价格变动趋势有代表性。

3.价格调查方式。采用派员直接到调查点登记调查，聘请辅助调查员协助登记调查。

4.权数的确定。商品零售价格指数的计算权数是根据省商品零售额统计确定的，居民消费价格指数的计算权数是根据城乡居民家庭消费支出构成计算。

5.计算公式的选择。居民消费价格指数、商品零售价格指数是采用链式拉氏公式：$L_t=(\Sigma W_{t-1}\times P_t/P_{t-1})\times L_{t-1}$；其中：W：权数；P：价格；t：报告期。其中居民消费价格指数以2005年为基期，商品零售价格指数以2005年为基期。

Explanatory Notes for Major Statistical Indicators

Resident's Consumer Price Index

As relative index which measures the change in price level of a group of representative consumer goods and services with the passage of time, reflecting the changes in prices of consumer goods and services purchased by residents. It is an important index of macroscopic economic analysis and decisions, general price level monitoring, adjustment and control, and national business accounting. Its changing rate by the year is usually regarded as reflecting the degree of inflation (or tightens).

Retail Price Index

Retail price of goods is the price of the last link in the circulating course. It is the price of consumer goods and official supplies sold to urban and rural residents or organs by industrial, commercial, catering trade and other retail enterprises. Retail price index reflects the trend and degree of changes in retail price of market commodities. It offers the consulting basis of national macroscopic adjustment and control and national business accounting. Besides, other deriving price indices could be worked out basing on it.

Urban Consumer Price Index

reflects the trend and degree of changes in prices of consumer goods and services purchased by urban households. It can be used to observe and analyze the impact of price changes in consumer goods and services on money wages of staff and workers, and provide basis for policy making concerning the living cost and wages of staff and workers.

Rural Consumer Price Index

reflects the trend and degree of changes in prices of consumer goods and services purchased by rural households. It can be used to observe the impact of change in retail prices of consumer goods and service prices in rural areas on living expenditure of rural households, and to show the changes in the living standard of peasants. It provides basis for analysis and research on condition of life in rural areas.

Ex-factory Price Indices of Industrial Products

reflect the trend and degree of changes in general ex-factory prices of all provincial products during a given period, including sales of industrial products by an industrial enterprise to all units outside the enterprise, as well as sales of consumer goods to residents. It can be used to analyze the impact of ex-factory prices on gross output value and value-added of the industrial sector.

Ex-factory Price Index of Industrial Products

reflects the trend and degree of changes in general ex-factory prices of all industrial products. It offers basis of national business accounting, calculating industrial development speed, national macroscopic analysis, adjustment and control and rationalizing the price system.

Indices of Purchasing Prices of Raw Materials, Fuels and Power

reflect changes in the level and degree of prices paid by industrial enterprises when they purchase production input such as raw materials, fuels and power from the market or from other energy or raw materials producing enterprises. These indices provide important basis for measuring the material consumption of industrial enterprises after removing influence of price changes.

At present, over 900 products in 9 categories, including fuels and power, ferrous metals, non-ferrous metals, chemicals, building materials, are covered in China for the survey to produce indices of purchasing prices of raw materials, fuels and power.

Price Index of Investment in Fixed Assets

reflects the trend and degree of changes in prices of investment in fixed assets. The investment in fixed assets consists of three components, namely the investment in construction and installation, the investment in purchases of equipment and instrument, and the investment in other items. Price index of investment in fixed assets is calculated as the weighted arithmetic mean of the price indices of the three components of investment in fixed assets. Removing the factor of price change in the aggregates of investment at current prices, this indicator shows the changes in the prices of commodities and fees involved in the investment of fixed assets, and can be used to observe the actual size, growth, structure, and efficiency of investment in fixed assets and provides reliable and scientific data for government planning, management, decision making, and further improving the current national accounting system.

The Real Estate Price Index

reflects the trend and degree of changes in prices of real estate. The real estate, spoken from the broad sense, is the general names of house property and landed property. So the price investigation of real estate development and management covers the following three parts: (A) selling price of the house, (B) leasing price of the house, (C) transaction price of land.

Real estate is an important component part of investment in fixed assets, and it touches many relevant industries. Also, the change of price real estate is closely related with the economic benefits of town dwellers and other economic subjects. It is the barometer that reflects the operation situation of national economy.

Five Major Points in the Process of Calculation of the Consumer Price Indices of Residents and the Retail Price Indices:

1. The selection of the areas and places for survey. The method of selecting the sample areas refers to the first step of the method of households survey. When the sample areas are selected, large[a2]scale shops and market (including fairs) with great varieties of commodities are selected as the survey places.

2. The selection of the representative commodities and their specifications or varieties. The representative commodities are prescribed by the Urban Socio-Economic Survey Organization, State Statistical Bureau and the representative specifications or varieties are determined by the Urban Socio-Economic Survey Organization of the provinces or cities. In principle, only those specifications or varieties of the commodities can be selected:

(1) Being closely related with social production and people's livelihood;

(2) With large volume of sales;

(3) With stable supply;

(4) The changing tendency of price is typical.

3. Survey way: Enumerators are sent to the survey places to take the records of the price and assistant enumerators are invited to assist the survey work.

4. The determination of the weights. The weights for calculation of the retail price indices are determined according to the total retail of commodities in the province. The weights for calculation of the consumer price indices are determined according to the composition of the consumption expenditures of urban and rural households.

5. The selection of the calculation formula. Both consumer price indices of residents and retail price indices are calculated in accordance with the comprehensive formula: $L_t=(\Sigma W_{t-1}\times P_t/P_{t-1})\times L_{t-1}$. In which, W is weight, P is price and t is reporting time. The consumer price indices of residents take the year 2000 as base time and the retail price indices take the year 2002 as base time.

第九篇

Chapter 9

城乡人民生活

LIVELIHOOD OF
URBAN AND RURAL PEOPLE

简要说明

一、本篇资料反映我省城乡人民生活状况。包括就业、居民收支、消费水平、住房及主要消费品拥有量、文化、教育、卫生、公用设施等。

二、本篇中有关城镇居民生活状况的数据来源于城镇住户调查资料，是对城镇居民家庭抽样调查汇总的结果。主要内容包括家庭人口及其构成、家庭现金收支、主要商品购买数量及支出金额、劳动就业状况、居住状况和耐用消费品的拥有量等。

城镇住户调查是由了国家统计局安徽调查总队组织实施，各市、县调查队依据国家统计局统一制定的城市住户调查方案收集资料逐级汇总上报。

城镇住户调查是采用固定样本户进行连续记帐调查方式，一般连续调查3年，每年轮换三分之一。调查户是按“多阶段”、“划类选点”、“等距抽样”随机抽选的。共抽选出调查市县15个、调查户2350户。

2002年，国家城调总队对城市住户调查制度进行了较大改革，其中家庭总收入、可支配收入、消费支出等主要指标口径进行了调整，新老指标的数据不可直接使用比较。

三、有关农村居民生活的统计资料主要来源于国家统计局安徽调查总队的农村居民住户调查。主要内容包括农村居民家庭基本情况、人均总收入和纯收入、生活消费支出、主要消费品消费量、耐用消费品拥有量等。

国家统计局安徽调查总队的农村住户调查采取多阶段、随机选点、对称等距的抽样方法。抽样时一般分为省抽县、县抽村、村抽户等几个阶段。共抽中31个调查县(市)，调查户3100户。

Brief Introduction

I. Data in this chapter show the condition of urban and rural people’s livelihood in Anhui, including employment, income and expenditure of the residents, standard of consumption, housing condition, possession of the consumer goods, culture, education, health care and public facilities.

II. Data on the livelihood of the urban residents in this chapter come from data collected by the sample survey on the urban households. The main content of the survey includes the population in the household and its composition, the cash income and expenditure of the household, the quantity of major commodities purchased and the expenditure for them, the employment of the household members, the housing condition and the ownership of the durable consumer goods.

The survey on the urban household is organized by the NBS Survey office in Anhui. The survey organization of the cities and counties collect Data in accordance with the survey scheme stipulated by the State Statistical Bureau and report them to the higher organization.

The survey on the urban household is conducted in such a way that the selected households by sampling method should keep accounts for successive three years and be interviewed by the enumerators. By a rotation sampling scheme, one third of the old sample households should be replaced by the new sample households every year. The respondent households are selected by the two-stage stratified systematic random sampling scheme. Totally, 15 sample cities (counties) and 2350 households are selected.

In 2002, big reforms were made in urban household survey system by the National Urban Socio-economic Survey Organization. The scope of total income of the household, disposable income and living expenditures have been adjusted, so that the old quota and the new one could not be contrasted directly.

III. Data on the livelihood of the rural residents come mainly from Data collected by the sample survey on the rural households, which is organized by the NBS Survey Office in Anhui. The main content of the survey includes the basic condition of the rural households, the per capita total income and net income, the expenditure for the residential consumption, the consumption of major consumer goods and the quantity of durable consumer goods owned.

The sample survey on the rural households is conducted with a multi-stage balanced systematic sampling scheme with a random chose sample. In the sampling process, the sample counties are selected by the provinces; the sample villages are selected by the sample counties; and the sample households are selected by the sample villages. Totally, 31 sample counties (cities) and 3100 households are selected.

9—1 人民物质文化生活情况
People's Material and Cultural Life

项目	Item	1995	2000	2005	2008	2009
就业	**Employment**					
每一农村劳动力负担人数（人）	Number of Dependents per Rural Laborer (person)	1.48	1.51	1.45	1.42	1.40
每一城镇就业者负担人数（人）	Number of Dependents per Urban Employee (person)	1.71	1.86	1.92	1.99	1.92
城镇登记失业率（%）	Urban Unemployment Rate (%)	3.1	3.3	4.4	3.9	3.9
收入	**Income of Rural and urban Residents**					
农村居民家庭人均纯收入（元）	Annual per Capita Net Income of Rural Residents (yuan)	1302.8	1934.6	2641.0	4202.5	4504.3
农村居民家庭人均纯收入指数 (1990=100)	Index of Annual per Capita Net Income of Rural Residents (1990=100)	241.64	358.81	489.83	779.45	835.43
城镇居民家庭人均可支配收入（元）	Annual per Capita Disposable Income of Urban Residents (yuan)	3779	5294	8471	12990	14086
城镇居民家庭人均可支配收入指数 (1990=100)	Index of Annual per Capita Disposable Income of Urban Residents (1990=100)	279.0	390.8	625.3	959.0	1039.9
农村基尼系数	Gini Coefficient of Countryside	0.26	0.23	0.29	0.31	0.33
城市基尼系数	Gini Coefficient of City	0.19	0.29	0.29		
农村居民家庭恩格尔系数（%）	Engle Coefficient of Rural Households (%)	58.4	52.5	45.5	44.3	40.9
城镇居民家庭恩格尔系数（%）	Engle Coefficient of Urban Households (%)	53.7	45.7	43.7	41.0	39.6
职工年平均工资（元）	Annual Average Wages of Staff and Workers (yuan)	4609	6989	15334	26363	29658
消费水平（元）	**Annual per Capita Consumption (yuan)**					
全省居民	Per Capita Consumption of All Residents	1669	2588	3870	6006	6829
农村居民	Rural Residents	1300	1922	2167	3259	3683
城镇居民	Urban Residents	3441	5323	7102	10196	11301
储蓄	**Savings**					
城乡居民年底储蓄存款余额（亿元）	Balance of Savings Deposit of Rural and Urban Residents (year-end) (100 million yuan)	683.9	1447.2	3508.7	5647.5	6619.5
平均每人储蓄存款余额（元）	Per Capita Balance of Saving Deposit (yuan)	1146	2319	5408	8419	9781
住房面积（平方米）	**Per Capita Floor Space of Residential Buildings (sq.m)**					
农村平均每人居住	Rural Areas (Net)	17.82	22.16	27.00	29.88	31.01
城市平均每人居住	Urban Areas (Net)	11.61	14.76	19.90	29.91	30.89
交通	**Traffic**					
城镇每百户拥有摩托车（辆）	Number of Motor Cycles per 100 Households in Urban Areas (unit)	5.51	16.56	21.87	21.84	25.90
城市每万人拥有公共车辆(标台)	Number of Buses per 10000 Persons in Cities (unit)	5.0	7.6	7.3	9.2	8.0
城市公用事业	**Public Utilities in Urban Areas**					
自来水普及率（%）	Ratio of Access to Tap Water (%)	93.3	95.8	90.5	95.1	95.3
燃气普及率（%）	Ratio of Access to Tap Water (%)	55.6	77.0	72.3	87.6	88.6
人均公园绿地（平方米）	Per Capita Park Greenery Area (sq.m)	6.1	7.0	7.0	9.0	10.0
文化	**Culture**					
城镇每百户有彩色电视机（台）	Number of Color TV Sets per 100 Household in Urban Areas (unit)	79.77	111.47	132.42	137.39	140.09
农村每百户有彩色电视机（台）	Number of Color TV Sets per 100 Household in Rural Areas (unit)	9.00	39.29	84.65	102.81	106.10
广播人口覆盖率（%）	Broadcast Covering Ratio of Population (%)	82.5	94.8	95.6	96.8	97.0
电视人口覆盖率（%）	TV Covering Ratio of Population (%)	79.0	93.8	95.0	96.9	97.2
教育	**Education**					
学龄儿童入学率（%）	Enrollment Ratio of School-age Children (%)	99.7	99.7	99.5	99.8	99.9
每万人口中在校大学生数（人）	Number of University Students per 10000 Persons (person)	14.7	29.1	90.4	131.9	143.1
卫生	**Public Health**					
每万人有医院、卫生院病床数（张）	Number of Hospital Beds per 10000 Persons (unit)	18.2	18.4	18.4	22.5	24.4
每万人有医生数（人）	Number of Doctors per 10000 Persons (person)	11.1	11.2	10.2	11.0	11.7

注：2008年始，城市平均每人居住面积为建筑面积。

a) Since 2008, urban per capita living space is the construction area.

9—2 全省城乡储蓄存款年末余额和年增加额
Savings Deposit in Urban and Rural Areas (Year-end)

单位：万元 (10000 yuan)

年份 Year	年末余额 Outstanding Amount					年增加额 Increased Amount		
	储蓄存款 Savings Deposit	城镇 Urban	农村 Rural	定期 Fixed Deposits	活期 Current Deposits	储蓄存款 Savings Deposit	城镇 Urban	农村 Rural
1995	6839300	5124200	1715100			1965200	1525000	440200
1996	8840700	6771100	2069600			2001400	1646900	354500
1997	10365500	7888300	2477200			1524800	1117200	407600
1998	11750779	8959612	2791167	9401107	2349672	1385279	1071312	313967
1999	13028756	10050649	2978107	10185760	2842996	1277977	1091037	186940
2000	14471539	11199341	3272198	10914299	3557240	1442783	1148692	294091
2001	17004661	13220052	3784609	12550595	4454066	2533122	2020711	512411
2002	20475117	16091364	4383753	14738457	5736660	3470456	2871312	599144
2003	24758257	19613835	5144422	17506286	7251971	4283140	3522471	760669
2004	29723666	23556586	6167080	20759945	8963721	4965409	3942751	1022658
2005	35086727	27863991	7222736	24455447	10631280	5363061	4307405	1055656
2006	40778041	32301332	8476709	27728939	13049102	5691314	4437341	1253973
2007	45464944			30173327	15291617	4686903		
2008	56475121			38436895	18038226	11010177		
2009	66194831			42769530	23425302	9715535		

注：1. 1997年以前数据根据中国人民银行合肥中心支行历史资料进行了调整。
2. 2009年储蓄存款增加额根据《安徽省金融统计月报》资料填列。

a) The data before the year 1997 were adjusted in accordance with the data of Hefei Branch of the People's Bank of China.

b) According to "Anhui Province Statistics of finances Monthly Report", the annual saving deposit rate increasing volume in 2009 was filled out the forms.

9—3 城乡居民人均收入及恩格尔系数
Per Capita Annual Income and Engel's Coefficient of Urban and Rural Households

年份 Year	农村居民家庭人均纯收入 Per Capita Annual Net Income of Rural Households		城镇居民家庭人均可支配收入 Per Capita Annual Disposable Income of Urban Households		农村居民家庭恩格尔系数(%) Engle Coefficient of Rural Households (%)	城镇居民家庭恩格尔系数(%) Engle Coefficient of Urban Households (%)
	绝对数(元) Value (yuan)	指数(1990年=100) Index (1990=100)	绝对数(元) Value (yuan)	指数(1990年=100) Index (1990=100)		
1995	1302.82	241.64	3778.86	279.0	58.41	53.7
1996	1607.72	298.19	4493.92	331.8	56.99	53.7
1997	1808.75	335.48	4599.27	339.5	56.51	52.4
1998	1863.06	345.55	4770.47	352.2	54.92	49.5
1999	1900.29	352.45	5064.60	373.9	54.37	47.3
2000	1934.57	358.81	5293.55	390.8	52.45	45.7
2001	2020.04	374.66	5668.80	418.5	49.75	44.2
2002	2117.57	392.75	6032.40	445.3	47.46	43.2
2003	2127.48	394.59	6778.03	500.4	46.03	44.2
2004	2499.33	463.56	7511.43	554.5	47.50	43.9
2005	2640.96	489.83	8470.68	625.3	45.50	43.7
2006	2969.08	550.69	9771.05	721.1	43.17	42.4
2007	3556.27	659.59	11473.58	847.0	43.30	39.7
2008	4202.49	779.45	12990.35	959.0	44.30	41.0
2009	4504.32	835.43	14085.74	1039.9	40.90	39.6

9—4 城镇居民家庭基本情况
Basic Conditions of Urban Households

项 目		Item	1995	2000	2005	2008	2009
调查户数	**（户）**	**Number of Households Surveyed (household)**	**1270**	**1750**	**2150**	**2350**	**2350**
平均每户家庭人口	**（人）**	**Average Household Size (person)**	**3.18**	**3.08**	**2.95**	**2.87**	**2.84**
平均每户就业人口	**（人）**	**Average Number of Employed persons per Household (person)**	**1.86**	**1.66**	**1.54**	**1.44**	**1.48**
平均每户就业面	**（%）**	**Percentage of Employment per Household (%)**	**58.49**	**53.90**	**52.20**	**50.17**	**52.10**
平均每一就业者负担人数（包括就业者本人）	**（人）**	**Number of Persons Supported by Each Employee Including the Employee Himself or Herself (persons)**	**1.71**	**1.86**	**1.92**	**1.99**	**1.92**
平均每人全部年收入	**（元）**	**Per Capita Annual Income (yuan)**	**3796.93**	**5331.58**	**9184.55**	**14159.46**	**15691.94**
#可支配收入		Disposable Income	3778.86	5293.55	8470.68	12990.4	14085.7
工资性收入		Wages Income	3046.97	3648.29	6425.54	9302.38	10362.4
经营性收入		Net Income From Business	56.78	336.16	620.71	959.43	1023.48
财产性收入		Property Income	52.32	73.21	124.59	293.92	272.87
转移性收入		Transfer Income	640.86	1273.92	2013.71	3603.72	4033.2
平均每人消费性支出	**（元）**	**Per Capita Annual Living Expenditures for Consumption (yuan)**	**3161.41**	**4232.98**	**6367.67**	**9524.04**	**10233.98**
#食 品		Food	1697.66	1934.83	2781.50	3905.05	4051.4
衣 着		Clothing	423.32	437.55	763.54	1010.61	1080.06
居 住		Residence	212.46	370.90	590.27	988.12	1219.83
家庭设备用品及服务		Household Facilities, Articles and Service	237.37	301.43	290.88	579.59	589.73
医疗保健		Medicine and Medical Service	49.21	181.23	400.34	633.93	716.87
交通和通信		Transportation and Communications	167.55	307.87	676.86	920.77	1013.38
教育文化娱乐服务		Education, Cultural & Recreation Service	263.93	508.62	666.42	1160.14	1225.36
杂项商品与服务		Miscellaneous Commodities and Services	109.91	190.55	197.87	325.82	337.36
平均每人消费性支出构成（人均消费性支出=100）	**(%)**	**Composition of per Capita Annual Living Expenditures for Consumption (%)**	**100.00**	**100.00**	**100.00**	**100.00**	**100.00**
#食 品		Food	53.70	45.71	43.68	41.00	39.60
衣 着		Clothing	13.39	10.34	11.99	10.61	10.60
居 住		Residence	6.72	8.76	9.27	10.38	11.92
家庭设备用品及服务		Household Facilities, Articles and Service	7.51	7.12	4.57	6.08	5.76
医疗保健		Medicine and Medical Service	1.56	4.28	6.29	6.66	7.00
交通和通信		Transportation and Communications	5.30	7.27	10.63	9.67	9.90
教育文化娱乐服务		Education, Cultural & Recreation Service	8.35	12.02	10.47	12.18	11.97
杂项商品与服务		Miscellaneous Commodities and Services	3.48	4.50	3.11	3.42	3.30

9—5 城镇居民家庭平均每人全年购买的主要商品数量
Per Capita Annual Purchases of Major Commodities in Urban Households

单位：千克 (kg)

项 目	Item	1995	2000	2005	2008	2009
粮 食	Grain	110.82	93.30	85.13	60.73	57.25
鲜 菜	Fresh Vegetables	106.68	116.40	122.07	124.39	130.51
食用植物油	Edible Vegetable Oil		10.20	9.90	10.22	10.07
猪 肉	Pork	21.64	21.40	21.59	18.63	18.98
牛 羊 肉	Beef and Mutton	2.02	2.90	3.63	2.72	3.76
家 禽	Poultry	5.72	8.50	11.23	9.62	8.76
鲜 蛋	Fresh Eggs	11.70	13.60	14.71	14.60	13.92
水 产 品	Aquatic Products	9.67	13.00	12.02	11.50	10.71
酒 类	Liquor	9.02	13.20	13.17	11.65	11.94
煤 炭	Coal	181.27	196.90	157.09	86.03	46.34

9—6 城镇居民家庭平均每百户年末耐用消费品拥有量
Number of Major Durable Consumer Goods Owned Per 100 Urban Households at Year-end

项 目		Item		1995	2000	2005	2008	2009
成套家具	(套)	Unit Furniture	(set)	25.00	49.66	66.88		
摩 托 车	(辆)	Motorcycle	(unit)	5.51	16.56	21.87	21.84	25.90
自 行 车	(辆)	Bicycle	(unit)	167.55	142.61	124.91		
助 力 车	(辆)	Strength-aid Cycle	(unit)			8.42	22.55	25.59
家用汽车	(辆)	Automobile	(unit)		0.65	0.76	2.33	2.76
洗 衣 机	(台)	Washing Machine	(unit)	86.51	87.17	97.28	94.75	96.76
电 风 扇	(台)	Electric Fan	(unit)	245.50	244.60	241.93		
电 冰 箱	(台)	Refrigerator	(unit)	69.83	83.50	91.75	94.21	96.69
冰 柜	(台)	Freezer	(unit)	2.19	5.81	4.45		
彩 电	(台)	Color TV Set	(unit)	79.77	111.47	132.42	137.39	140.09
影 碟 机	(台)	Video Disc Player	(unit)		33.57	60.48		
录 音 机	(台)	Recorder	(unit)		26.75	39.34		
录放像机	(台)	Video-Recorder	(unit)	12.02	16.96	13.74		
家用电脑	(台)	Computer	(unit)		6.72	25.97	50.73	56.10
组合音响	(套)	Music Center	(set)	8.10	19.04	22.00	21.31	22.11
摄 像 机	(架)	Pickup Camera	(unit)		1.12	2.39	3.20	3.45
照 相 机	(架)	Camera	(unit)	22.54	27.82	35.84	26.47	28.03
钢 琴	(架)	Piano	(unit)	0.45	0.82	1.96	0.97	0.94
微 波 炉	(台)	Microwave Oven	(unit)		11.28	40.54	50.37	53.23
空 调 器	(台)	Air Conditioner	(unit)	9.58	30.77	81.82	108.00	110.31
取 暖 器	(台)	Warmer	(unit)			44.83		
电 炊 具	(台)	Electric Cooking Utensils	(unit)	60.22	88.28	97.06		
淋浴热水器	(台)	Shower	(unit)	23.95	44.36	64.14	81.94	85.58
排油烟机	(台)	Fume Deflector	(unit)	27.24	46.62	54.86		
消毒碗柜	(台)	Sterilizing Cupboard	(unit)			5.76	6.25	6.01
洗 碗 机	(台)	Dish Washer	(unit)			0.41	0.86	0.36
饮 水 机	(台)	Drinking Machine	(unit)			29.92		
吸 尘 器	(台)	Dust Catcher	(unit)	4.40	7.23	7.99		
健身器材	(套)	Setting-up Apparatus	(set)		2.81	3.86	2.49	1.75
普通电话	(部)	Ordinary Telephone	(unit)			95.94	86.27	87.81
移动电话	(部)	Mobile Telephone	(unit)			111.33	152.30	158.19
传 真 机	(部)	Fax Machine	(unit)			0.24		

9—7 按收入等级分的城镇居民家庭基本情况（2009年）
Basic Conditions of Urban Households by Level of Income (2009)

项目 Item	总平均 Average	最低收入户 Lowest Income Households	#更低户 Lower Income Households	低收入户 Low Income Households	中等偏下户 Lower Middle Income Households
调查户数 (户) Number of Households Surveyed (household)	2350	234	117	235	471
比重 (%) Proportion (%)					
平均每户家庭人口 (人) Average Household Size (person)	2.84	3.20	3.41	3.23	2.99
平均每户就业人口 (人) Average Number of Employees per Household (person)	1.48	1.6	1.61	1.47	1.57
平均每户就业面 (%) Percentage of Employed Persons per Household (%)	52.1	50.0	47.2	45.5	52.5
平均每一就业者负担人数（包括就业者本人）(人) Number of Persons Supported by Each Employee (including the employee himself or herself) (person)	1.92	2.00	2.12	2.20	1.90
平均每人全部年收入 (元) Per Capita Annual Income (yuan)	15691.94	6403.48	5569.73	8884.77	11798.94
平均每人可支配收入 (元) Per Capita Disposable Income (yuan)	14085.74	5671.67	4890.08	8037.28	10518.29
平均每人消费性支出 (元) Per Capita Annual Living Expenditure (yuan)	10233.98	4764.23	4341.66	6354.57	8341.44

项目 Item	中等收入户 Middle Income Households	中等偏上户 Upper Middle Income Households	高收入户 High Income Households	最高收入户 Highest Income Households	#更高户 Higher Income Households
调查户数 (户) Number of Households Surveyed (household)	473	470	235	232	116
比重 (%) Proportion (%)					
平均每户家庭人口 (人) Average Household Size (person)	2.75	2.73	2.36	2.26	2.12
平均每户就业人口 (人) Average Number of Employees per Household (person)	1.39	1.52	1.42	1.24	1.25
平均每户就业面 (%) Percentage of Employed Persons per Household (%)	50.55	55.68	60.17	54.87	58.96
平均每一就业者负担人数（包括就业者本人）(人) Number of Persons Supported by Each Employee (including the employee himself or herself) (person)	1.98	1.80	1.66	1.82	1.70
平均每人全部年收入 (元) Per Capita Annual Income (yuan)	15233.03	20349.13	26980.76	38994.59	47400.03
平均每人可支配收入 (元) Per Capita Disposable Income (yuan)	13573.40	18229.04	23860.87	36018.46	43831.48
平均每人消费性支出 (元) Per Capita Annual Living Expenditure (yuan)	10554.33	13516.24	15306.98	20803.34	24510.73

9—8 按收入等级分的城镇居民家庭就业情况（2009年）

Household Size and Employment of Urban Households by Level of Income (2009)

项 目	Item	总平均 Average	最低收入户 Lowest Income Households	#更低户 Lower Income Households	低收入户 Low Income Households	中等偏下户 Lower Middle Income Households
调查户数 (户)	**Number of Households Surveyed (household)**	**2350**	**234**	**117**	**235**	**471**
家庭人口数 (人)	**Household Size (person)**	**2.84**	**3.20**	**3.41**	**3.23**	**2.99**
有收入者人数	Persons With Income	2.03	1.86	1.88	2.05	2.04
就业人口数	Number of Employed Persons per Household	1.48	1.60	1.61	1.47	1.57
国有经济单位职工人数	Working in State-owned Units	0.69	0.38	0.49	0.44	0.64
城镇集体经济单位职工人数	Workers and Staff of Urban Collective Economic Units	0.05	0.04	0.05	0.08	0.06
其他经济单位职工人数	Working in Other Types of Units	0.31	0.30	0.23	0.39	0.41
城镇个体经营者人数	Number of Self-employed Urban Individuals	0.14	0.24	0.19	0.05	0.19
城镇个体被雇者人数	Number of Employed Urban Individuals	0.24	0.52	0.51	0.43	0.22
离退休再就业人数	Reemployed Retirees	0.01	0.01			0.02
其他就业者人数	Other Employed Persons	0.04	0.12	0.15	0.08	0.02
离退休者人数	Retired Persons	0.51	0.15	0.09	0.55	0.42
其他有收入者人数	Other Persons With Income	0.04	0.11	0.18	0.03	0.05
无收入者人数	Persons Without Income	0.81	1.34	1.53	1.18	0.95
期末家庭人口数 (人)	**Household Size at Year-end (person)**					
附：非家庭人口在家用餐人次数 (人次/户)	Number of Nonfamily Persons Eating at Home (person-time/household)	5.6	1.09	1.23	2.25	6.52
家庭人口在外用餐人次数 (人次/户)	Number of the Persons Eating Outside (person-time/household)	14.17	7.31	8.21	12.38	15.2

项 目	Item	中等收入户 Middle Income Households	中等偏上户 Upper Middle Income Households	高收入户 High Income Households	最高收入户 Highest Income Households	#更高户 Higher Income Households
调查户数 (户)	**Number of Households Surveyed (household)**	**473**	**470**	**235**	**232**	**116**
家庭人口数 (人)	**Household Size (person)**	**2.75**	**2.73**	**2.36**	**2.26**	**2.12**
有收入者人数	Persons With Income	2.08	2.11	2.04	1.93	1.82
就业人口数	Number of Employed Persons per Household	1.39	1.52	1.42	1.24	1.25
国有经济单位职工人数	Working in State-owned Units	0.74	0.92	0.92	0.79	0.70
城镇集体经济单位职工人数	Workers and Staff of Urban Collective Economic Units	0.05	0.04	0.02	0.03	0.04
其他经济单位职工人数	Working in Other Types of Units	0.28	0.25	0.24	0.22	0.27
城镇个体经营者人数	Number of Self-employed Urban Individuals	0.11	0.12	0.12	0.11	0.12
城镇个体被雇者人数	Number of Employed Urban Individuals	0.18	0.16	0.07	0.05	0.06
离退休再就业人数	Reemployed Retirees	0.01	0.01	0.03	0.03	0.04
其他就业者人数	Other Employed Persons	0.02	0.03	0.02	0.01	0.01
离退休者人数	Retired Persons	0.65	0.56	0.61	0.68	0.55
其他有收入者人数	Other Persons With Income	0.05	0.03	0.01	0.01	0.02
无收入者人数	Persons Without Income	0.67	0.62	0.32	0.33	0.30
期末家庭人口数 (人)	**Household Size at Year-end (person)**					
附：非家庭人口在家用餐人次数 (人次/户)	Number of Nonfamily Persons Eating at Home (person-time/household)	6.34	6.29	13.81	3.81	5.6
家庭人口在外用餐人次数 (人次/户)	Number of the Persons Eating Outside (person-time/household)	14.31	18.89	14.63	12.92	11.84

9—9 按收入等级分的城镇居民家庭年人均现金收入（2009年）

Annual Per Capita Cash Income of Urban Households by Level of Income (2009)

单位：元 (yuan)

项目	Item	总平均 Average	最低收入户 Lowest Income Households	#更低户 Lower Income Households	低收入户 Low Income Households	中等偏下户 Lower Middle Income Households
家庭总收入	**Total Income**	**15691.94**	**6403.48**	**5569.73**	**8884.77**	**11798.94**
#可支配收入	Disposable Income	14085.74	5671.67	4890.08	8037.28	10518.29
工资性收入	Wages Income	10362.39	4666.25	4239.41	5868.94	8029.73
工资及补贴收入	Wage and Subsidy Income	10142.46	4534.22	4082.16	5674.55	7903.29
其他劳动收入	Other Labor Income	219.93	132.02	157.24	194.39	126.44
经营性收入	Net Income From Business	1023.48	630.38	508.17	247.90	927.40
财产性收入	Property Income	272.87	103.13	64.21	144.83	122.91
利息收入	Interest	58.34	2.73	3.26	9.84	30.92
股息与红利收入	Dividend and Bonus	60.19	16.05	34.16	0.71	10.02
保险收益	Insurance Profits	7.34	0.69			6.97
其他投资收入	Other Investment Income	22.82	52.77	0.62	0.37	10.05
出租房屋收入	Income From Renting House	113.69	5.26	6.82	132.23	63.46
知识产权收入	Income From Intellectual Property Right	1.15				1.50
其他财产收入	Other Property Income	9.34	25.63	19.35	1.68	
转移性收入	Transfer Income	4033.20	1003.72	757.94	2623.09	2718.90
养老金或离退休金	Pension for Old-age for Retired Persons	3041.05	541.13	274.76	2216.72	2030.66
社会救济收入	Social Relief	47.60	167.51	229.35	24.15	61.52
辞退金	Dismissal Income	4.68				
赔偿收入	Income From Compensation	21.19	2.73	5.65	0.17	30.86
保险收入	Income From Insurance	19.92	13.58	11.83	20.89	16.38
赡养收入	Supporting Income	129.86	52.77	95.76	47.30	202.01
捐赠收入	Giving Income	436.65	74.04	70.04	115.27	256.45
亲友搭伙费	Boarding Expenses From Kith and Kin					
提取住房公积金	Withdraw Housing Collective Accumulation Fund	148.82	7.59	3.92	6.07	1.17
记帐补贴	Account Subsidy	82.50	60.96	53.55	67.69	80.08
其他转移性收入	Other Transfer Income	100.92	83.41	13.09	124.84	39.78
出售财物收入	**Income From Selling Belongings**	**263.77**	**1.30**	**0.40**	**2.02**	**330.89**
出售住房收入	Income From Selling House	166.15				0.43
出售其他物品收入	Income From Selling Other Goods	97.62	1.30	0.40	2.02	330.46
借贷收入	**Loan Income**	**3713.70**	**577.53**	**509.57**	**736.69**	**1437.68**
提取储蓄存款	Withdraw Saving Deposit	2692.85	439.38	284.67	566.30	1157.31
借入款	Cash Borrowed	197.44	129.57	216.76	107.70	116.45
收回借出款	Paid-back Loan	128.61	4.28	6.20	24.57	60.86
收回储蓄性保险本金	Withdraw Saving Premium	19.52	4.19	1.68	26.23	23.66
兑售有价证券	Securities Cashed and Sold	7.49			0.42	6.93
收回投资本金	Withdraw Investment Principal	18.32	0.03	0.07		
住房贷款	Housing Loan	597.05				40.89
汽车贷款	Personal Auto Loan					
教育贷款	Education Loan	1.46			2.38	5.26
其他贷款	Other Loans	15.51				
其他借贷收入	Other Loan Income	35.46	0.09	0.19	9.09	26.33

9—9 续表 continued

单位：元 (yuan)

项　　目	Item	中等收入户 Middle Income Households	中等偏上户 Upper Middle Income Households	高收入户 High Income Households	最高收入户 Highest Income Households	#更高户 Higher Income Households
家庭总收入	**Total Income**	**15233.03**	**20349.13**	**26980.76**	**38994.59**	**47400.03**
#可支配收入	Disposable Income	13573.40	18229.04	23860.87	36018.46	43831.48
工资性收入	Wages Income	10226.86	14280.32	18017.99	21031.03	25678.16
工资及补贴收入	Wage and Subsidy Income	10038.01	14010.37	17665.50	20461.90	25013.10
其他劳动收入	Other Labor Income	188.85	269.94	352.49	569.13	665.06
经营性收入	Net Income From Business	904.14	1319.40	1728.76	2632.20	3613.01
财产性收入	Property Income	148.12	318.97	540.54	1338.17	1887.28
利息收入	Interest	30.93	55.95	107.39	402.60	584.06
股息与红利收入	Dividend and Bonus	17.16	85.65	135.25	416.73	478.61
保险收益	Insurance Profits	5.27	12.32	20.19	17.31	14.09
其他投资收入	Other Investment Income	3.66	8.01	38.31	130.29	194.11
出租房屋收入	Income From Renting House	85.59	146.10	234.68	325.92	522.69
知识产权收入	Income From Intellectual Property Right		4.51			
其他财产收入	Other Property Income	5.51	6.44	4.72	45.30	93.73
转移性收入	Transfer Income	3953.90	4430.43	6693.47	13993.20	16221.58
养老金或离退休金	Pension for Old-age for Retired Persons	3403.62	3406.16	5374.03	8806.99	8565.54
社会救济收入	Social Relief	21.16	10.01	12.71	20.84	31.93
辞退金	Dismissal Income		7.11	5.15	45.66	
赔偿收入	Income From Compensation	2.13	0.38	5.77	204.07	327.10
保险收入	Income From Insurance	25.45	17.37	35.46	17.54	29.31
赡养收入	Supporting Income	86.03	120.00	180.88	344.99	590.02
捐赠收入	Giving Income	260.30	523.63	681.69	2479.34	3423.97
亲友搭伙费	Boarding Expenses From Kith and Kin					
提取住房公积金	Withdraw Housing Collective Accumulation Fund	15.67	112.67	179.79	1675.33	2828.21
记帐补贴	Account Subsidy	89.34	90.21	104.54	103.53	113.92
其他转移性收入	Other Transfer Income	50.20	142.90	113.44	294.91	311.57
出售财物收入	**Income From Selling Belongings**	**206.77**	**477.51**	**573.36**	**420.41**	**269.02**
出售住房收入	Income From Selling House	201.08	392.28	559.18	263.36	186.44
出售其他物品收入	Income From Selling Other Goods	5.69	85.24	14.19	157.06	82.57
借贷收入	**Loan Income**	**2816.42**	**6549.80**	**6055.73**	**16200.90**	**24278.79**
提取储蓄存款	Withdraw Saving Deposit	2136.38	4568.43	4602.65	11290.29	16919.35
借入款	Cash Borrowed	59.35	153.54	333.68	1173.01	1600.84
收回借出款	Paid-back Loan	121.73	323.63	154.60	276.46	395.28
收回储蓄性保险本金	Withdraw Saving Premium	3.63	5.17	106.77	21.02	18.90
兑售有价证券	Securities Cashed and Sold	4.21	3.64	61.89	5.03	10.63
收回投资本金	Withdraw Investment Principal	14.67	62.50	47.76	11.02	23.30
住房贷款	Housing Loan	379.54	1358.10	668.59	3326.15	5289.16
汽车贷款	Personal Auto Loan					
教育贷款	Education Loan				0.28	0.58
其他贷款	Other Loans	80.72		0.84	0.80	1.69
其他借贷收入	Other Loan Income	16.19	74.79	78.95	96.83	19.07

9—10 按收入等级分的城镇居民家庭年人均现金支出（2009年）

Annual Per Capita Expenditure of Urban Households by Level of Income (2009)

单位：元 (yuan)

项目	Item	总平均 Average	最低收入户 Lowest Income Households	#更低户 Lower Income Households	低收入户 Low Income Households	中等偏下户 Lower Middle Income Households
家庭总支出	**Total Expenditure**	**15283.56**	**5970.23**	**5379.16**	**8060.12**	**10964.23**
消费性支出	Consumption Expenditure	10233.98	4764.23	4341.66	6354.57	8341.44
#服务性消费支出	Service Consumption Expenditure	2557.33	1048.83	865.17	1272.69	1996.21
购房与建房支出	Expenditure From Buying and Constructing House	1573.17			110.26	85.99
购房	Buying House	1543.19			110.26	62.61
建房	Constructing House	29.98				23.39
转移性支出	Transfer Expenditure	1932.58	531.39	410.54	835.85	1295.23
交纳的税赋	Paid Taxes	45.87	0.34	0.03	24.75	6.61
捐赠支出	Expenditure Presented	1098.94	214.50	140.17	528.14	805.18
购买彩票	Buying Lottery Tickets	27.24	6.20	1.59	5.49	31.06
赡养支出	Expenditure of Alimony	617.39	245.08	226.48	192.08	342.00
各种非储蓄性保险支出	Non-saving Premium	87.72	6.36	1.55	49.13	70.17
其他转移性支出	Other Transfer Expenditure	55.42	58.92	40.71	36.27	40.21
财产性支出	Property Expenditure	65.98	4.10	0.88	4.38	47.59
社会保障支出	Social Protection Expenditure	1477.84	670.52	626.08	755.06	1193.97
借贷支出	**Loan Expenditure**	**3769.35**	**744.25**	**443.60**	**1476.98**	**2061.38**
存入储蓄存款	Depositing Money	2910.67	625.16	319.68	1328.21	1552.74
借出款	Cash Lent	65.28	20.25	21.28	32.25	15.44
归还借款	Returning Borrowed Cash	120.27	28.64	56.33	58.65	39.06
储蓄性保险支出	Saving Premium Expenditure	136.79	46.07	17.22	32.36	104.23
购买有价证券	Buying Securities	26.82			2.04	11.99
其他投资支出	Other Investment Expenditure	62.38	11.25	23.94	2.49	7.55
归还住房贷款	Returning Housing Loan	383.84	10.44	1.14	18.85	250.85
归还汽车贷款	Returning Automobile Loan	10.17				
归还教育贷款	Returning Education Loan	0.27				
归还其他贷款	Returning Other Loans	5.49				
其他贷款支出	Other Loan Expenditure	47.37	2.46	4.01	2.13	79.52

9—10 续表 continued

单位：元 (yuan)

项 目	Item	中等收入户 Middle Income Households	中等偏上户 Upper Middle Income Households	高收入户 High Income Households	最高收入户 Highest Income Households	#更高户 Higher Income Households
家庭总支出	**Total Expenditure**	**14883.27**	**21222.38**	**24589.28**	**39157.21**	**50514.74**
消费性支出	Consumption Expenditure	10554.33	13516.24	15306.98	20803.34	24510.73
#服务性消费支出	Service Consumption Expenditure	2540.81	3619.43	4122.71	5756.74	6836.81
购房与建房支出	Expenditure From Buying and Constructing House	1021.48	2670.27	2883.56	9928.42	15191.70
购 房	Buying House	1017.96	2562.08	2883.56	9861.54	15131.12
建 房	Constructing House	3.52	108.19		66.88	60.58
转移性支出	Transfer Expenditure	1718.11	2940.35	3415.64	5547.43	7390.27
交纳的税赋	Paid Taxes	50.39	55.32	143.90	171.60	255.93
捐赠支出	Expenditure Presented	1097.17	1456.39	1866.07	3340.49	4419.09
购买彩票	Buying Lottery Tickets	30.76	45.75	38.04	33.47	34.62
赡养支出	Expenditure of Alimony	411.45	1205.52	1115.21	1631.44	2295.52
各种非储蓄性保险支出	Non-saving Premium	105.69	105.58	174.99	206.31	296.04
其他转移性支出	Other Transfer Expenditure	22.66	71.79	77.43	164.11	89.07
财产性支出	Property Expenditure	69.45	120.96	111.65	177.02	223.33
社会保障支出	Social Protection Expenditure	1519.90	1974.56	2871.45	2701.00	3198.71
借贷支出	**Loan Expenditure**	**2776.99**	**5629.36**	**7167.89**	**14670.10**	**19750.30**
存入储蓄存款	Depositing Money	2225.47	4068.58	5302.08	11720.70	15554.00
借出款	Cash Lent	83.74	97.78	128.72	179.77	251.94
归还借款	Returning Borrowed Cash	79.81	114.23	381.23	569.89	573.83
储蓄性保险支出	Saving Premium Expenditure	79.47	257.95	286.88	329.74	368.89
购买有价证券	Buying Securities	19.03	20.96	32.58	216.72	323.33
其他投资支出	Other Investment Expenditure	13.33	223.97	65.88	158.54	293.11
归还住房贷款	Returning Housing Loan	238.81	802.12	841.06	1160.25	1720.57
归还汽车贷款	Returning Automobile Loan			17.57	135.91	285.92
归还教育贷款	Returning Education Loan				4.05	2.55
归还其他贷款	Returning Other Loans	3.07	3.34	26.37	38.02	80.38
其他贷款支出	Other Loan Expenditure	34.26	40.44	85.52	156.52	295.77

9—11 按收入等级分的城镇居民家庭年人均消费性支出（2009年）
Per Capita Annual Living Expenditure of Urban Households by Income Scale (2009)

单位：元 (yuan)

项目	Item	总平均 Average	最低收入户 Lowest Income Households	#更低户 Lower Income Households	低收入户 Low Income Households	中等偏下户 Lower Middle Income Households
消费性支出	**Total Living Expenditures**	**10233.98**	**4764.23**	**4341.66**	**6354.57**	**8341.44**
食品	Food	4051.40	2341.92	2240.28	3066.89	3615.63
粮油类	Grain and Edible Oil	528.43	373.87	356.03	454.01	496.69
肉禽蛋水产品类	Meat, Poultry, Eggs and Aquatic Products	1030.97	666.55	644.27	844.97	966.64
蔬菜类	Vegetables	442.50	313.76	298.08	394.14	407.90
调味品	Condiment	39.45	26.97	25.92	33.82	37.68
糖烟酒饮料类	Sugar, Tobacco, Liquor and Beverages	678.09	379.49	384.49	449.39	634.02
干鲜瓜果类	Dried and Fresh Fruits	265.72	162.93	160.76	193.97	243.99
糕点、奶及奶制品	Cakes, Milk and Dairy Products	320.89	196.05	187.10	255.78	296.48
其他食品	Other Food	73.03	43.21	41.89	56.72	71.71
饮食服务	Catering Services	672.33	179.09	141.74	384.10	460.52
衣着	Clothing	1080.06	476.60	392.78	702.52	860.33
服装	Garments	734.09	310.01	256.41	443.37	566.33
衣着材料	Clothing Material	22.32	8.36	6.53	17.01	23.47
鞋类	Footwear	278.91	140.77	113.85	209.70	234.69
其他衣着用品	Other Clothing Articles	36.03	14.14	11.94	26.66	29.45
衣着加工服务费	Clothing Processing Fee	8.72	3.33	4.05	5.77	6.38
居住	Residence	1219.83	475.24	390.47	533.86	804.53
住房	Housing	576.39	35.30	33.79	43.56	171.25
水电燃料及其他	Water, Electricity, Fuel and Others	574.74	394.68	346.85	459.99	558.65
居住服务费	Living Services Fee	68.70	45.27	9.82	30.30	74.62
家庭设备用品及服务	Household Facilities, Articles and Services	589.73	184.31	160.78	320.89	442.91
耐用消费品	Durable Consumer Goods	241.25	31.82	27.25	105.46	166.28
室内装饰品	Interior Furnishing Articles	30.02	1.89	1.24	11.78	22.74
床上用品	Bedding	67.09	16.90	21.44	39.25	49.89
家庭日用杂品	Household Articles of Daily Use	203.38	121.05	107.55	161.25	185.78
家具材料	Furniture Material	12.37	2.56	0.55	0.17	4.58
家庭服务	Household Services	35.63	10.08	2.74	2.99	13.65
医疗保健	Medicine and Medical Services	716.87	271.34	246.80	481.81	590.47
医疗器具	Medical Appliances	10.46	0.82		8.21	1.01
保健器具	Setting-up Apparatus	10.58	0.94	0.67	1.79	4.55
药品费	Drugs Fee	300.84	130.73	145.07	256.25	259.29
滋补保健品	Nutritious and Heath Food	110.95	11.86	5.78	36.51	94.20
医疗费	Medical Expenses	257.21	126.54	95.07	174.35	219.19
其他	Others	26.84	0.46	0.21	4.69	12.22
交通和通信	Transportation and Communications	1013.38	391.08	321.55	488.12	721.79
交通	Transportation	492.08	142.63	150.26	178.56	253.88
通信	Communications	521.30	248.45	171.29	309.56	467.91
教育文化娱乐服务	Education, Cultural and Recreation Services	1225.36	489.89	453.74	594.96	1035.25
文化娱乐用品	Recreation Articles	283.53	74.20	59.03	158.09	199.92
文化娱乐服务	Recreation Services	303.95	59.54	55.96	108.24	165.43
教育	Education	637.88	356.16	338.76	328.63	669.89
杂项商品和服务	Miscellaneous Commodities and Services	337.36	133.84	135.25	165.52	270.55
杂项商品	Miscellaneous Commodities	203.30	66.43	78.92	79.17	157.25
服务	Services	134.06	67.41	56.32	86.36	113.31

9—11 续表 continued

单位：元 (yuan)

项目	Item	中等收入户 Middle Income Households	中等偏上户 Upper Middle Income Households	高收入户 High Income Households	最高收入户 Highest Income Households	#更高户 Higher Income Households
消费性支出	**Total Living Expenditures**	**10554.33**	**13516.24**	**15306.98**	**20803.34**	**24510.73**
食　品	Food	4409.45	4930.28	5629.46	6041.28	6433.29
粮油类	Grain and Edible Oil	594.30	575.72	660.60	656.45	686.55
肉禽蛋水产品类	Meat, Poultry, Eggs and Aquatic Products	1123.81	1190.15	1364.52	1347.14	1397.05
蔬菜类	Vegetables	486.33	497.60	543.11	542.94	560.22
调味品	Condiment	44.39	42.17	48.85	51.89	54.81
糖烟酒饮料类	Sugar, Tobacco, Liquor and Beverages	718.70	846.16	955.36	1068.66	1202.24
干鲜瓜果类	Dried and Fresh Fruits	290.00	324.83	353.89	379.93	406.66
糕点、奶及奶制品	Cakes, Milk and Dairy Products	344.00	369.29	447.32	469.52	509.67
其他食品	Other Food	84.24	80.14	101.62	93.68	92.40
饮食服务	Catering Services	723.69	1004.22	1154.20	1431.08	1523.68
衣　着	Clothing	1195.63	1312.87	1740.56	2198.38	2468.13
服　装	Garments	795.37	925.06	1219.50	1576.64	1798.40
衣着材料	Clothing Material	33.40	14.49	24.24	47.40	40.25
鞋　类	Footwear	317.97	324.09	415.22	479.69	511.81
其他衣着用品	Other Clothing Articles	41.10	36.91	64.89	76.48	97.56
衣着加工服务费	Clothing Processing Fee	7.80	12.33	16.71	18.17	20.12
居　住	Residence	1059.69	2001.20	2039.72	3019.67	4216.73
住　房	Housing	408.83	1246.42	1239.39	2078.41	3175.73
水电燃料及其他	Water, Electricity, Fuel and Others	595.13	670.55	707.67	789.23	846.10
居住服务费	Living Services Fee	55.73	84.23	92.66	152.03	194.90
家庭设备用品及服务	Household Facilities, Articles and Services	614.99	677.03	959.63	1791.63	1994.13
耐用消费品	Durable Consumer Goods	222.61	288.01	389.52	983.24	1181.52
室内装饰品	Interior Furnishing Articles	28.81	31.86	63.66	115.54	118.69
床上用品	Bedding	63.91	85.53	135.59	174.56	159.35
家庭日用杂品	Household Articles of Daily Use	223.24	231.01	251.02	339.50	360.28
家具材料	Furniture Material	14.61	11.19	57.17	35.05	41.50
家庭服务	Household Services	61.81	29.41	62.67	143.74	132.80
医疗保健	Medicine and Medical Services	774.70	988.25	1017.55	1326.16	1459.97
医疗器具	Medical Appliances	32.12	10.64	4.17	8.71	3.89
保健器具	Setting-up Apparatus	9.68	10.56	31.77	49.87	90.37
药品费	Drugs Fee	289.53	411.89	392.35	513.46	561.28
滋补保健品	Nutritious and Heath Food	132.65	160.46	162.99	278.65	336.84
医疗费	Medical Expenses	299.12	337.31	365.65	374.99	440.52
其　他	Others	11.59	57.37	60.61	100.48	27.09
交通和通信	Transportation and Communications	1025.69	1431.19	1511.57	2665.16	3687.77
交　通	Transportation	463.60	756.22	710.82	1777.03	2703.85
通　信	Communications	562.09	674.97	800.75	888.13	983.92
教育文化娱乐服务	Recreation, Education and Cultural Services	1162.01	1704.06	1871.18	2919.59	3287.58
文化娱乐用品	Recreation Articles	260.41	438.84	475.05	695.06	755.78
文化娱乐服务	Recreation Services	249.05	431.13	559.57	1220.10	1338.08
教　育	Education	652.55	834.09	836.56	1004.43	1193.71
杂项商品和服务	Miscellaneous Commodities and Services	312.18	471.37	537.31	841.47	963.12
杂项商品	Miscellaneous Commodities	190.88	275.38	346.65	592.95	683.25
服　务	Services	121.31	195.99	190.66	248.52	279.88

9—12 按收入等级分的城镇居民家庭年人均消费性支出构成（2009年）

Composition of Per Capita Annual Living Expenditure of Urban Households by Income Scale (2009)

单位：%

项目	Item	总平均 Average	最低收入户 Lowest Income Households	#更低户 Lower Income Households	低收入户 Low Income Households	中等偏下户 Lower Middle Income Households
消费性支出	**Total Living Expenditures**	**10233.98**	**4764.23**	**4341.66**	**6354.57**	**8341.44**
食　品	Food	4051.40	2341.92	2240.28	3066.89	3615.63
衣　着	Clothing	1080.06	476.60	392.78	702.52	860.33
居　住	Residence	1219.83	475.24	390.47	533.86	804.53
家庭设备用品及服务	Household Facilities, Articles and Services	589.73	184.31	160.78	320.89	442.91
医疗保健	Medicine and Medical Services	716.87	271.34	246.80	481.81	590.47
交通和通信	Transportation and Communications	1013.38	391.08	321.55	488.12	721.79
教育文化娱乐服务	Education, Cultural and Recreation Services	1225.36	489.89	453.74	594.96	1035.25
杂项商品和服务	Miscellaneous Commodities and Services	337.36	133.84	135.25	165.52	270.55

项目	Item	中等收入户 Middle Income Households	中等偏上户 Upper Middle Income Households	高收入户 High Income Households	最高收入户 Highest Income Households	#更高户 Higher Income Households
消费性支出	**Total Living Expenditures**	**10554.33**	**13516.24**	**15306.98**	**20803.34**	**24510.73**
食　品	Food	4409.45	4930.28	5629.46	6041.28	6433.29
衣　着	Clothing	1195.63	1312.87	1740.56	2198.38	2468.13
居　住	Residence	1059.69	2001.20	2039.72	3019.67	4216.73
家庭设备用品及服务	Household Facilities, Articles and Services	614.99	677.03	959.63	1791.63	1994.13
医疗保健	Medicine and Medical Services	774.70	988.25	1017.55	1326.16	1459.97
交通和通信	Transportation and Communications	1025.69	1431.19	1511.57	2665.16	3687.77
教育文化娱乐服务	Education, Cultural and Recreation Services	1162.01	1704.06	1871.18	2919.59	3287.58
杂项商品和服务	Miscellaneous Commodities and Services	312.18	471.37	537.31	841.47	963.12

9—13 按收入等级分的城镇居民家庭平均每百户年末耐用消费品拥有量（2009年）

Number of Durable Consumer Goods Owned Per 100 Urban Households at Year-end by Level of Income (2009)

项 目 Item		总平均 Average	最低收入户 Lowest Income Households	#更低户 Lower Income Households	低收入户 Low Income Households	中等偏下户 Lower Middle Income Households	中等收入户 Middle Income Households	中等偏上户 Upper Middle Income Households	高收入户 High Income Households	最高收入户 Highest Income Households	#更高户 Higher Income Households
摩托车（辆）Motorcycle	(unit)	25.90	26.61	27.21	33.75	23.65	31.80	26.47	21.19	7.94	11.59
助力车（辆）Strength-aid Cycle	(unit)	25.59	15.71	11.03	24.15	27.16	25.44	30.80	32.26	21.03	11.50
家用汽车（辆）Automobile	(unit)	2.76				1.74	1.12	4.85	6.05	9.39	11.33
洗衣机（台）Washing Machine	(unit)	96.76	85.94	83.90	95.57	96.60	99.45	98.57	99.93	101.89	104.15
电冰箱（台）Refrigerator	(unit)	96.69	87.49	87.86	89.90	97.69	99.37	100.28	101.56	99.22	99.65
彩电（台）Color TV Set	(unit)	140.09	125.25	133.57	135.57	131.81	134.66	146.89	165.10	162.12	162.06
家用电脑（台）Computer	(unit)	56.10	26.31	16.96	47.87	51.64	52.41	76.24	65.10	78.19	79.86
组合音响（套）Combined Acoustics	(set)	22.11	13.19	15.30	17.04	25.99	24.31	24.51	22.25	23.28	29.04
摄像机（架）Pickup Camera	(unit)	3.45	0.64	0.39	0.40	2.65	2.06	4.60	7.26	11.09	14.92
照相机（架）Camera	(unit)	28.03	6.22	6.00	18.59	24.26	26.26	31.91	44.60	63.47	64.80
钢琴（架）Piano	(unit)	0.94				1.11	0.52	0.97	2.29	2.95	2.65
微波炉（台）Microwave Oven	(unit)	53.23	21.38	21.38	40.85	47.34	49.11	70.70	80.82	77.24	82.20
空调器（台）Air Conditioner	(unit)	110.31	52.29	38.82	90.73	98.86	95.08	138.61	158.86	179.10	191.59
淋浴热水器（台）Shower	(unit)	85.58	74.43	71.45	76.14	83.83	82.19	93.42	97.21	99.61	101.93
消毒碗柜（台）Sterilizing Cupboard	(unit)	6.01	1.03	0.69	6.70	2.05	9.06	4.66	8.58	15.41	19.56
洗碗机（台）Dish Washer	(unit)	0.36			1.30	0.44	0.43	0.15			
健身器材（套）Setting-up Apparatus	(unit)	1.75	0.13		1.30	0.95	1.51	1.12	2.94	7.59	8.78
普通电话（部）Ordinary Telephone	(unit)	87.81	84.13	83.84	89.10	86.20	83.56	90.63	92.16	94.57	90.88
移动电话（部）Mobile Telephone	(unit)	158.19	125.92	117.46	154.77	158.13	153.94	177.10	177.17	160.84	157.81

9—14 按收入等级分的城镇居民家庭平均每人全年购买商品数量（2009年）
Per Capita Annual Purchases of Major Commodities of Urban Households by Level of Income (2009)

项　目 Item	总平均 Average	最低收入户 Lowest Income Households	#更低户 Lower Income Households	低收入户 Low Income Households	中等偏下户 Lower Middle Income Households	中等收入户 Middle Income Households	中等偏上户 Upper Middle Income Households	高收入户 High Income Households	最高收入户 Highest Income Households	#更高户 Higher Income Households
粮　食（千克）Grain (kg)	67.51	50.44	48.18	59.43	64.47	75.64	71.31	83.49	80.06	80.81
淀粉及薯类（元）Starches and Tubers (yuan)	19.19	12.10	12.63	16.42	18.70	20.40	22.19	24.29	24.52	26.67
干豆类及豆制品（元）Dried Beans and Bean Products (yuan)	61.95	43.64	44.53	56.7	56.12	67.9	69.96	76.66	75.46	77.29
食用植物油(千克) Edible Vegetable Oil (kg)	10.07	7.42	6.97	9.00	9.54	11.34	10.68	12.21	12.07	12.70
食用动物油（元）Edible Animal Oil (yuan)	6.26	7.78	7.03	5.46	4.64	7.05	6.51	6.75	6.47	6.09
猪　肉（千克）Pork (kg)	18.98	13.02	12.78	15.99	17.83	21.41	21.26	23.85	23.24	24.37
牛　肉（千克）Beef (kg)	2.28	1.52	1.52	1.91	2.07	2.38	2.72	3.00	3.05	3.17
羊　肉（千克）Mutton (kg)	0.88	0.43	0.42	0.59	0.86	0.93	1.14	1.25	1.25	1.40
禽　类（千克）Poultry (kg)	8.76	5.78	5.74	7.19	8.20	9.44	10.22	12.01	10.89	10.81
鲜　蛋（千克）Fresh Eggs (kg)	13.92	9.19	8.65	12.41	13.72	15.28	14.69	17.44	18.00	18.20
鱼（千克）Fish (kg)	9.29	6.51	6.50	8.40	8.53	9.87	10.50	12.39	11.27	11.54
虾（千克）Shrimp (kg)	1.42	0.85	0.83	1.13	1.31	1.45	1.62	2.10	2.16	2.36
鲜　菜（千克）Fresh Vegetables (kg)	130.51	93.19	91.00	124.84	126.01	143.29	140.21	154.46	146.65	149.51
糖　类（元）Sugar (yuan)	32.20	18.69	18.62	23.66	29.19	33.07	38.07	41.88	59.72	70.29
烟草类（元）Tobaccos (yuan)	327.86	175.35	183.05	205.60	306.47	343.59	433.19	461.71	503.48	571.04
白　酒（千克）Liquor (kg)	4.15	3.38	3.37	3.07	3.82	5.35	4.25	4.67	4.87	4.65
啤　酒（千克）Beer (kg)	7.49	5.43	4.77	5.64	7.92	8.37	7.76	9.68	9.01	9.20
鲜瓜果（千克）Fresh Melons & Fruits (kg)	62.22	40.85	40.02	48.27	59.75	70.18	72.13	77.65	78.63	81.90
糕　点（千克）Cake (kg)	5.14	3.45	3.39	4.23	4.72	5.69	6.26	6.21	6.24	6.60
鲜乳品（千克）Fresh Dairy Products (kg)	11.33	6.98	6.00	8.46	10.08	11.70	12.67	18.51	18.39	18.25
奶　粉（千克）Milk Powder (kg)	1.05	0.61	0.63	1.18	0.91	1.24	1.06	1.40	1.23	1.30
酸　奶（千克）Yogurt (kg)	8.35	4.90	4.52	6.69	8.16	9.10	9.53	11.29	11.36	12.27
洗衣机（台/百户）Washing Machine (unit/100 household)	4.19	0.4		0.81	1.48	5.26	3.27	12.28	13.11	20.83
电冰箱（台/百户）Refrigerator (unit/100 household)	2.63	0.47	0.49	2.48	1.63	1.73	3.68	3.71	7.05	8.79
空调器（台/百户）Air Conditioners (unit/100 household)	6.87	0.53	0.06	6.82	12.76	2.77	6	5.57	15.22	21.46
移动电话（部/百户）Mobile Telephone Subscribers (unit/100 household)	25.87	6.38	6.39	11.08	23.22	31.94	30.58	41.93	42.56	45.23
彩色电视机（台/百户）Color Television Set (unit/100 household)	6.01	2.59	1.86	2.65	4.54	5.86	10.08	4.55	12	10.29
家用电脑（台/百户）Computer (unit/100 household)	3.75	1.52	0.19	5.35	3.08	3	3.64	4.29	7.69	9.12

9—15 各调查市、县城镇居民家庭年人均现金收支（2009年）

项 目	Item	全 省 Province Indices	合肥市 Hefei	淮北市 Huaibei	亳州市 Bozhou
家庭总收入	**Total Income**	**15691.94**	**18924.87**	**15134.77**	**14229.16**
#可支配收入	Disposable Income	14085.74	17158.47	13735.68	13884.29
工资性收入	**Wages Income**	**10362.39**	**12368.97**	**9102.80**	**7447.30**
工资及补贴收入	Wage and Subsidy Income	10142.46	12075.39	8848.33	6943.70
其他劳动收入	Other Labor Income	219.93	293.57	254.47	503.61
经营性收入	**Net Income From Business**	**1023.48**	**2029.09**	**142.15**	**4700.57**
财产性收入	**Property Income**	**272.87**	**314.72**	**83.65**	**244.64**
利息收入	Interest	58.34	87.29	5.43	23.94
股息与红利收入	Dividend and Bonus	60.19	55.15	9.19	45.76
保险收益	Insurance Profits	7.34	4.25		16.70
其他投资收入	Other Investment Income	22.82	8.51	16.55	43.59
出租房屋收入	Income from Hiring House	113.69	157.17	8.83	102.42
知识产权收入	Income From Intellectual Property Right	1.15			
其他财产收入	Other Property Income	9.34	2.34	43.65	12.23
转移性收入	**Transfer Income**	**4033.20**	**4212.09**	**5806.17**	**1836.65**
养老金或离退休金	Pension for Old-age for Retired Persons	3041.05	3035.70	4450.03	802.46
社会救济收入	Social Relief	47.60	35.87	0.96	40.97
辞退金	Dismissal Income	4.68	0.68		5.93
赔偿收入	Income From Compensation	21.19	23.52	0.58	
保险收入	Income From Insurance	19.92	25.71	20.16	4.28
赡养收入	Supporting Income	129.86	36.23	416.12	218.63
捐赠收入	Giving Income	436.65	674.17	696.24	512.05
提取住房公积金	Withdraw Housing Collective Accumulation Fund	148.82	243.89	169.07	4.09
记帐补贴	Account Subsidy	82.50	91.56	40.86	122.75
其他转移性收入	Other Transfer Income	100.92	44.78	12.15	125.49
出售财物收入	**Income From Selling Belongings**	**263.77**	**79.40**	**3.55**	**310.24**
出售住房收入	Income From Selling House	166.15	0.13		305.65
出售其他物品收入	Income From Selling Other Goods	97.62	79.27	3.55	4.58
借贷收入	**Loan Income**	**3713.70**	**6314.81**	**1769.71**	**3425.39**
提取储蓄存款	Withdraw Saving Deposit	2692.85	4308.53	1083.49	2289.66
借入款	Cash Borrowed	197.44	156.30	659.03	12.23
收回借出款	Paid-back Loan	128.61	98.27	21.01	835.97
收回储蓄性保险本金	Withdraw Saving Premium	19.52	50.39	6.18	5.11
兑售有价证券	Securities Cashed and Sold	7.49	1.32		7.34
收回投资本金	Withdraw Investment Principal	18.32	5.27		275.09

Annual Per Capita Cash Income and Expenditure of Urban Households by Surveyed County or City (2009)

单位：元　(yuan)

蚌埠市 Bengbu	阜阳市 Fuyang	淮南市 Huainan	滁州市 Chuzhou	马鞍山市 Maanshan	芜湖市 Wuhu	宣城市 Xuancheng	铜陵市 Tonglin	安庆市 Anqin	桐城市 Tongcheng	黄山市 Huangshan	歙县 Shexian
14375.51	**14374.87**	**16431.13**	**14168.20**	**23584.17**	**17525.34**	**14054.70**	**18551.89**	**14925.79**	**11800.29**	**15299.41**	**13368.69**
13483.26	12692.52	14046.17	13367.74	20390.36	15764.70	12908.60	16769.34	13454.14	10884.88	14068.25	11895.37
8765.33	**11017.50**	**11514.16**	**8998.19**	**15425.76**	**9885.80**	**7609.49**	**12810.17**	**8962.07**	**7277.36**	**9685.34**	**9512.36**
8335.02	10705.20	11450.12	8741.41	15101.92	9806.56	7560.76	12611.17	8758.01	6640.87	9472.65	9402.88
430.31	312.29	64.04	256.78	323.85	79.25	48.73	199.00	204.06	636.49	212.69	109.48
1030.10	**696.42**	**811.04**	**1142.50**	**461.33**	**835.28**	**1941.78**	**716.72**	**1246.78**	**1699.81**	**826.06**	**373.35**
139.24	**304.77**	**183.05**	**443.56**	**520.92**	**455.77**	**492.58**	**278.23**	**365.28**	**40.48**	**246.58**	**216.95**
7.25	91.95	63.99	103.51	44.48	96.39	60.10	51.91	50.35	16.23	24.97	51.46
24.69	71.74	37.60	172.66	116.65	143.93	30.32	156.41	24.54	2.26	59.12	49.42
		13.76	7.06	72.23	9.33	25.09		2.19		4.38	
5.70	2.80	19.08	24.70	155.87		17.46	3.86	35.49	0.04		29.23
78.59	137.57	41.59	58.47	122.09	201.12	359.61	43.53	252.71	21.95	158.10	78.49
4.75		6.42			4.99						
18.26	0.70	0.62	77.17	9.60			22.51				8.35
4440.85	**2356.19**	**3922.88**	**3583.95**	**7176.16**	**6348.49**	**4010.84**	**4746.78**	**4351.66**	**2782.63**	**4541.43**	**3266.02**
2795.61	1920.83	3098.64	2393.24	5193.73	4935.73	3528.63	3662.00	3760.44	2237.54	3461.72	2473.20
37.69	51.45	81.85	17.61	33.77	65.53	154.11	57.09	48.57		40.93	43.71
			57.63	0.71	44.89		9.74				
2.99	9.98		18.03	50.08	51.87	0.64	0.32	131.01		6.57	21.72
7.21	17.31	76.00	57.47	17.93	28.67	39.81	21.60	1.58	4.38	6.58	
380.69	85.06	15.70	121.92	61.10	153.87	12.72	55.07	60.52	83.02	50.73	157.06
1002.36	187.01	301.39	382.84	1030.14	404.14	153.27	327.60	237.06	230.34	470.69	261.74
140.24	1.40	97.99	347.10	666.11	225.69	13.73	535.75	2.97	60.38	180.30	58.89
	78.24	144.47	23.27	90.76	107.51	94.91	48.70	92.46	135.85	72.26	75.28
74.04	4.90	106.85	164.84	31.83	330.61	13.02	28.92	17.05	31.13	251.65	174.42
430.00	**3.16**	**370.66**	**12.74**	**1759.37**	**5.38**	**0.78**	**320.20**	**580.59**	**0.15**	**184.03**	**276.26**
422.38		197.97	0.01	1752.03			308.95	578.49		163.73	
7.61	3.16	172.68	12.73	7.34	5.38	0.78	11.25	2.10	0.15	20.30	276.26
5497.13	**1340.97**	**4961.24**	**1833.87**	**6745.94**	**2976.73**	**4414.62**	**4063.05**	**3069.93**	**1245.28**	**5613.98**	**2760.33**
3830.26	1093.23	3267.57	1182.18	5909.20	2198.17	2432.29	3241.47	1910.08	1237.74	3915.80	2244.21
350.03	41.31	238.48	281.21	467.90	62.59	723.67	125.30	281.95		833.94	28.54
62.14	98.02	90.29	88.21	83.30	187.53	95.05	65.13	244.72		29.20	127.03
16.06	55.55	27.40	47.28	20.07	8.73	3.53	2.11	1.22	7.55	2.92	
4.07	11.55	14.35	56.45	0.35	0.50	56.45	0.18	24.31		14.60	
0.08	30.81	20.31	105.85		20.45						

9—15 续表 continued

项　　目	Item	全　省 Province Indices	合肥市 Hefei	淮北市 Huaibei	亳州市 Bozhou
住房贷款	Housing Loan	597.05	1649.85		
教育贷款	Education Loan	1.46	0.13		
其他贷款	Other Loans	15.51			
其他借贷收入	Other Loan Income	35.46	44.76		
家庭总支出	**Total Expenditure**	**15283.56**	**19497.38**	**13209.01**	**12652.78**
消费性支出	**Consumption Expenditure**	**10233.98**	**12694.82**	**9081.73**	**9648.75**
#服务性消费支出	Service Consumption Expenditure	2557.33	3568.30	1949.18	2471.48
财产性支出	**Property Expenditure**	**65.98**	**0.02**	**21.64**	**2.49**
转移性支出	**Transfer Expenditure**	**1932.58**	**1487.05**	**2022.54**	**1861.22**
交纳的个人所得税	Individual Income Tax	45.87	33.93	1.45	1.82
捐赠支出	Expenditure Presented	1098.94	993.05	1111.46	1274.63
购买彩票	Buying Lottery Tickets	27.24	38.19	37.79	35.97
赡养支出	Expenditure of Alimony	617.39	297.09	731.84	447.72
各种非储蓄性保险支出	Non-saving Premium	87.72	99.83	69.98	93.84
其他转移性支出	Other Transfer Expenditure	55.42	24.95	70.02	7.24
社会保障费支出	**Social Protection Expenditure**	**1477.84**	**1640.91**	**1356.79**	**220.30**
个人交纳的养老基金	Old-age Fund Paid	602.43	774.49	491.61	60.44
个人交纳的住房公积金	Housing Collective Accumulation Fund Paid	670.46	528.67	687.43	81.59
个人交纳的医疗基金	Medical Fund Paid	167.26	289.04	135.11	71.73
个人交纳的失业基金	Unemployment Fund Paid	30.52	43.00	34.49	4.68
其他社会保障支出	Other Social Protection Expenditure	7.17	5.71	8.16	1.86
购房与建房支出	**Expenditure From Buying and Constructing House**	**1573.17**	**3674.59**	**726.33**	**920.02**
购　房	Buying House	1543.19	3660.02	726.33	764.14
建　房	Constructing House	29.98	14.57		155.88
借贷支出	**Loan Expenditure**	**3769.35**	**4378.28**	**2413.96**	**5344.45**
存入储蓄存款	Depositing Money	2910.67	3349.17	2001.72	4895.06
借出款	Cash Lent	65.28	125.14	12.14	129.90
归还借款	Returning Borrowed Cash	120.27	63.17	249.34	1.53
储蓄性保险支出	Saving Premium Expenditure	136.79	206.15	68.31	177.58
购买有价证券	Buying Securities	26.82	9.48	27.95	70.30
其他投资支出	Other Investment Expenditure	62.38	50.71	36.78	6.63
归还住房贷款	Returning Housing Loan	383.84	493.12	14.49	62.96
归还汽车贷款	Returning Automobile Loan	10.17	58.17		
归还教育贷款	Returning Education Loan	0.27			
归还其他贷款	Returning Other Loans	5.49	2.63		
其他贷款支出	Other Loan Expenditure	47.37	20.54	3.24	0.48

单位：元　(yuan)

蚌埠市 Bengbu	阜阳市 Fuyang	淮南市 Huainan	滁州市 Chuzhou	马鞍山市 Maanshan	芜湖市 Wuhu	宣城市 Xuancheng	铜陵市 Tonglin	安庆市 Anqin	桐城市 Tongcheng	黄山市 Huangshan	歙县 Shexian
1210.20		1258.74		248.26	498.75	530.04	614.39	243.06		817.52	348.03
	10.50						10.53				
				16.85			3.39	364.59			
24.28		44.10	72.68			573.58	0.55				12.53
14984.75	**14064.84**	**16595.59**	**12546.17**	**23080.31**	**15406.31**	**14147.27**	**15558.55**	**13936.13**	**10901.60**	**15801.45**	**13353.07**
9762.06	**10092.97**	**9612.56**	**9588.96**	**12738.67**	**10767.96**	**9671.83**	**10114.39**	**9664.22**	**8245.13**	**11001.32**	**9368.26**
2438.69	2526.93	2522.26	2085.72	3481.86	2709.59	2525.52	2549.72	2332.92	1736.53	3043.52	2115.35
178.86	**0.35**	**92.54**	**3.53**	**136.06**	**31.86**	**26.20**	**12.61**	**93.35**	**29.94**	**187.96**	**118.49**
1839.62	**2235.06**	**2374.12**	**1569.92**	**2751.85**	**1935.56**	**2013.57**	**1285.61**	**1982.38**	**1785.85**	**1533.03**	**1891.34**
26.67	54.45	72.11	22.52	174.76	42.06	38.81	35.87	21.99	0.45	52.38	49.50
993.97	1403.77	1491.76	951.51	1595.54	998.89	1130.29	530.10	771.31	766.68	773.79	1007.69
13.68	79.24	18.01	12.83	33.70	16.24	14.62	10.76	33.59	34.05	21.92	7.38
558.54	581.37	619.72	513.45	660.33	604.16	764.63	620.64	1086.84	863.77	578.27	708.86
48.38	84.95	129.74	59.06	134.30	65.55	36.29	69.38	56.00	100.69	94.21	92.26
198.38	31.29	42.79	10.55	153.21	208.66	28.93	18.86	12.65	20.20	12.47	25.65
865.58	**1549.66**	**2168.38**	**754.68**	**2928.28**	**1611.08**	**1012.38**	**1697.98**	**1357.19**	**779.10**	**1106.52**	**1348.54**
408.80	734.58	852.55	315.33	1244.30	708.25	197.44	469.04	588.79	354.80	237.87	505.00
341.87	617.85	1041.88	253.39	1296.12	621.88	711.47	980.93	569.23	272.04	756.82	721.20
96.08	154.14	192.35	147.32	261.89	250.67	92.91	187.25	161.05	139.16	92.91	111.74
17.19	34.83	72.61	28.47	104.73	20.09	9.79	31.69	25.24	13.10	16.08	7.61
1.64	8.27	8.98	10.16	21.25	10.19	0.77	29.07	12.88		2.84	2.98
2338.63	**186.79**	**2347.99**	**629.09**	**4525.44**	**1059.85**	**1423.29**	**2447.96**	**838.99**	**61.58**	**1972.63**	**626.45**
2326.77	186.79	2337.32	569.81	4109.87	1059.85	1423.29	2447.96	838.99		1972.63	626.45
11.86		10.67	59.28	415.57					61.58		
5166.70	**1567.12**	**4874.82**	**2311.83**	**7064.32**	**4113.85**	**3252.17**	**5014.94**	**3919.70**	**1796.30**	**4870.11**	**3178.18**
4340.89	1253.91	3439.41	1707.75	5808.59	2982.07	1641.99	3812.78	2973.43	1598.64	3730.48	2464.46
33.93	31.51	219.21	112.91	111.25	9.93	21.91	51.08	26.74		69.85	23.67
187.65	55.31	212.40	141.17	295.96	148.93	153.71	383.91	262.99	51.32	137.23	18.10
108.40	46.28	244.57	30.77	265.48	205.44	56.71	185.86	117.83	20.75	310.19	89.79
116.27	14.00	35.11	14.11	22.79	14.96			109.38		232.57	
7.36	106.13	346.41	3.53	22.15	0.61	31.70	41.74	0.49		43.63	27.15
324.27	59.99	253.89	248.60	506.00	692.87	465.78	536.02	381.81	125.58	329.99	555.02
			35.28	25.36	2.99					2.73	
				1.77	2.99						
44.37		2.88				8.13		46.67		13.44	
3.56		120.94	17.69	4.97	53.06	872.24	3.55	0.36			

9—16 按收入等级分的城镇居民家庭就业人员年均收入（2009年）

Annual Per Capita Income of Employees of Urban Households by Level of Income (2009)

单位：元 (yuan)

项目	Item	工资性收入 Wages Income	#工资及补贴收入 Wage and Subsidy Income	#其他劳动收入 Part-time Income	经营净收入 Mangement Income
总平均	**Average**	**10362.39**	**10142.46**	**219.93**	**1023.48**
最低收入户	Lowest Income Households	4666.25	4534.22	132.02	630.38
#更低户	Lower Income Households	4239.41	4082.16	157.24	508.17
低收入户	Low Income Households	5868.94	5674.55	194.39	247.90
中等偏下户	Lower Middle Income Households	8029.73	7903.29	126.44	927.40
中等收入户	Middle Income Households	10226.86	10038.01	188.85	904.14
中等偏上户	Upper Middle Income Households	14280.32	14010.37	269.94	1319.40
高收入户	High Income Households	18017.99	17665.50	352.49	1728.76
最高收入户	Highest Income Households	21031.03	20461.90	569.13	2632.20
#更高户	Higher Income Households	25678.16	25013.10	665.06	3613.01

9—17 各调查市、县城镇居民家庭就业人员年均收入情况（2009年）

Annual Per Capita Income of Employees of Urban Households by Level of Income by Surveyed City and County (2009)

单位：元 (yuan)

市县	Surveyed City and County	工资性收入 Wages Income	#工资及补贴收入 Wage and Subsidy Income	#其他劳动收入 Part-time Income	经营净收入 Mangement Income
全省	**Province Indices**	**10362.39**	**10142.46**	**219.93**	**1023.48**
合肥市	Hefei	12368.97	12075.39	293.57	2029.09
淮北市	Huaibei	9102.80	8848.33	254.47	142.15
亳州市	Bozhou	7447.30	6943.70	503.61	4700.57
蚌埠市	Bengbu	8765.33	8335.02	430.31	1030.10
阜阳市	Fuyang	11017.50	10705.20	312.29	696.42
淮南市	Huainan	11514.16	11450.12	64.04	811.04
滁州市	Chuzhou	8998.19	8741.41	256.78	1142.50
马鞍山市	Maanshan	15425.76	15101.92	323.85	461.33
芜湖市	Wuhu	9885.80	9806.56	79.25	835.28
宣城市	Xuancheng	7609.49	7560.76	48.73	1941.78
铜陵市	Tongling	12810.17	12611.17	199.00	716.72
安庆市	Anqing	8962.07	8758.01	204.06	1246.78
桐城市	Tongcheng	7277.36	6640.87	636.49	1699.81
黄山市	Huangshan	9685.34	9472.65	212.69	826.06
歙县	Shexian	9512.36	9402.88	109.48	373.35

9—18 各调查市、县城镇居民平均每人全年家庭收入来源（2009年）

Per Capita Annual Income in Urban Residents by Source and by Surveyed City and County (2009)

单位：元 (yuan)

市 县	Surveyed City and County	家庭总收入 Total Income	#可支配收入 Disposable Income	工资性收入 Wages Income	经营性收入 Management Income	财产性收入 Income From Property	转移性收入 Transfer Income
全 省	**Province Indices**	**15691.94**	**14085.74**	**10362.39**	**1023.48**	**272.87**	**4033.20**
合 肥 市	Hefei	18924.87	17158.47	12368.97	2029.09	314.72	4212.09
淮 北 市	Huaibei	15134.77	13735.68	9102.80	142.15	83.65	5806.17
亳 州 市	Bozhou	14229.16	13884.29	7447.30	4700.57	244.64	1836.65
蚌 埠 市	Bengbu	14375.51	13483.26	8765.33	1030.10	139.24	4440.85
阜 阳 市	Fuyang	14374.87	12692.52	11017.50	696.42	304.77	2356.19
淮 南 市	Huainan	16431.13	14046.17	11514.16	811.04	183.05	3922.88
滁 州 市	Chuzhou	14168.20	13367.74	8998.19	1142.50	443.56	3583.95
马鞍山市	Maanshan	23584.17	20390.36	15425.76	461.33	520.92	7176.16
芜 湖 市	Wuhu	17525.34	15764.7	9885.80	835.28	455.77	6348.49
宣 城 市	Xuancheng	14054.70	12908.6	7609.49	1941.78	492.58	4010.84
铜 陵 市	Tongling	18551.89	16769.34	12810.17	716.72	278.23	4746.78
安 庆 市	Anqing	14925.79	13454.14	8962.07	1246.78	365.28	4351.66
桐 城 市	Tongcheng	11800.29	10884.88	7277.36	1699.81	40.48	2782.63
黄 山 市	Huangshan	15299.41	14068.25	9685.34	826.06	246.58	4541.43
歙 县	Shexian	13368.69	11895.37	9512.36	373.35	216.95	3266.02

9—19 各调查市、县城镇居民家庭平均每人全年消费性支出（2009年）

Per Capita Annual Living Expenditure of Urban Residents by Surveyed City and County (2009)

单位：元 (yuan)

市 县	Surveyed City and County	消费性支出 Living Expenditure	#服务性消费支出 Service Consumption Expenditure	食品 Food	粮油类 Grain and Oil	肉禽蛋水产品类 Meat, Poultry and Related Products Eggs Aquatic Products	蔬菜类 Vegetables	调味品 Condiment	糖烟酒饮料类 Sugar, Tobacco, Liquor and Beverages	干鲜瓜果类 Dried and Fresh Fruits
全 省	**Province Indices**	**10233.98**	**2557.33**	**4051.40**	**528.43**	**1030.97**	**442.50**	**39.45**	**678.09**	**265.72**
合 肥 市	Hefei	12694.82	3568.30	4712.82	550.71	1109.59	452.02	46.20	888.51	270.05
淮 北 市	Huaibei	9081.73	1949.18	3779.50	538.59	1029.34	431.22	38.08	603.41	279.90
亳 州 市	Bozhou	9648.75	2471.48	3372.14	466.13	695.64	381.15	40.96	647.86	158.60
蚌 埠 市	Bengbu	9762.06	2438.69	3585.75	429.35	921.23	318.77	34.04	565.10	241.29
阜 阳 市	Fuyang	10092.97	2526.93	4179.56	598.15	1045.71	412.52	43.03	637.17	223.60
淮 南 市	Huainan	9612.56	2522.26	4112.97	497.50	1030.21	333.61	33.75	691.51	289.47
滁 州 市	Chuzhou	9588.96	2085.72	3662.12	455.71	1136.86	513.54	46.40	509.98	258.40
马鞍山市	Maanshan	12738.67	3481.86	4978.68	577.31	1249.28	491.67	40.60	991.35	340.28
芜 湖 市	Wuhu	10767.96	2709.59	4326.26	568.27	1087.76	449.92	45.14	814.11	268.93
宣 城 市	Xuancheng	9671.83	2525.52	4208.30	574.12	984.97	484.52	43.08	795.95	294.85
铜 陵 市	Tongling	10114.39	2549.72	4298.74	528.65	1134.14	538.17	32.36	664.22	321.64
安 庆 市	Anqing	9664.22	2332.92	4115.86	522.99	1065.73	567.52	39.55	718.73	227.01
桐 城 市	Tongcheng	8245.13	1736.53	3925.47	512.63	1045.85	485.56	42.23	944.41	189.79
黄 山 市	Huangshan	11001.32	3043.52	4021.06	499.64	935.08	458.08	35.89	658.30	293.30
歙 县	Shexian	9368.26	2115.35	3612.24	511.10	980.24	467.55	35.73	502.48	274.85

9—19 续表1 continued

单位：元 (yuan)

市 县 Surveyed City and County	糕点、奶及奶制品 Cakes, Milk and Dairy Products	其他食品 Other Food	饮食服务 Catering Services	衣 着 Clothing	服 装 Garments	衣着材料 Clothing Materials	鞋 类 Foot ware	其他衣着用品 Other Clothing Articles	衣着加工服务费 Clothing Processing Fee
全 省 Province Indices	**320.89**	**73.03**	**672.33**	**1080.06**	**734.09**	**22.32**	**278.91**	**36.03**	**8.72**
合 肥 市 Hefei	392.61	60.12	943.00	1261.57	870.80	16.56	321.85	42.78	9.58
淮 北 市 Huaibei	366.64	93.38	398.94	1007.25	690.71	20.00	253.60	35.28	7.65
亳 州 市 Bozhou	204.04	112.73	665.02	1188.78	762.90	14.39	342.21	62.36	6.93
蚌 埠 市 Bengbu	263.95	37.48	774.55	919.90	650.29	16.16	228.12	15.23	10.09
阜 阳 市 Fuyang	293.74	79.10	846.56	1280.92	888.90	34.89	300.30	49.52	7.30
淮 南 市 Huainan	305.36	42.43	889.14	1050.98	720.71	14.96	283.89	24.41	7.00
滁 州 市 Chuzhou	329.78	165.68	245.76	1061.76	685.16	38.09	276.31	52.81	9.39
马鞍山市 Maanshan	433.24	89.32	765.63	1237.20	841.45	18.83	323.05	42.68	11.19
芜 湖 市 Wuhu	405.17	73.63	613.33	998.64	694.08	15.46	250.24	22.48	16.37
宣 城 市 Xuancheng	265.15	43.42	722.24	1173.48	779.03	18.58	326.85	36.41	12.61
铜 陵 市 Tongling	337.97	102.79	638.79	1153.83	790.04	17.69	300.39	35.57	10.14
安 庆 市 Anqing	276.16	83.33	614.85	1006.06	628.80	22.44	296.51	50.17	8.14
桐 城 市 Tongcheng	164.71	33.70	506.59	840.35	598.24	4.83	207.90	26.29	3.09
黄 山 市 Huangshan	352.55	73.34	714.90	1095.39	758.69	28.87	250.16	45.49	12.19
歙 县 Shexian	296.46	77.21	466.61	946.43	631.28	28.98	248.51	30.86	6.79

市 县 Surveyed City and County	家庭设备用品及服务 Houshold Facilities, Articles and Services	耐用消费品 Durable Consumer Goods	室内装饰品 Interior Furnishing Articles	床上用品 Bedding	家庭日用杂品 Household Articles For Daily Use	家具材料 Furniture Material	家庭服务 Household Services	医疗保健 Medical and Medical Services	医疗器具 Medical Appliances
全 省 Province Indices	**589.73**	**241.25**	**30.02**	**67.09**	**203.38**	**12.37**	**35.63**	**716.87**	**10.46**
合 肥 市 Hefei	820.40	419.51	48.82	91.72	201.15	28.11	31.08	581.75	6.08
淮 北 市 Huaibei	526.98	210.08	13.91	63.05	220.31	13.10	6.52	731.23	89.81
亳 州 市 Bozhou	703.78	129.16	199.32	102.09	224.17	39.29	9.74	623.84	0.21
蚌 埠 市 Bengbu	675.74	442.43	6.59	61.90	141.47	0.45	22.90	712.35	10.07
阜 阳 市 Fuyang	549.59	168.91	45.66	81.52	226.39	6.78	20.32	758.67	14.26
淮 南 市 Huainan	488.86	219.93	9.79	64.87	166.43	0.29	27.56	581.58	1.56
滁 州 市 Chuzhou	758.72	147.37	183.29	137.86	249.39	26.76	14.05	740.47	4.29
马鞍山市 Maanshan	869.25	361.38	24.60	123.66	249.09	43.36	67.16	989.10	4.87
芜 湖 市 Wuhu	567.41	219.54	10.52	107.75	178.46	5.55	45.58	882.96	3.11
宣 城 市 Xuancheng	405.55	137.69	8.78	57.72	179.74	6.59	15.04	805.27	1.61
铜 陵 市 Tongling	453.71	179.80	17.18	57.39	153.82	4.46	41.06	562.14	1.06
安 庆 市 Anqing	563.45	225.31	22.99	65.93	202.87	9.27	37.08	412.44	3.13
桐 城 市 Tongcheng	456.21	168.40	63.99	32.02	158.38	19.52	13.90	229.58	
黄 山 市 Huangshan	595.04	218.13	5.09	61.29	212.90	66.72	30.92	988.06	0.95
歙 县 Shexian	492.47	180.35	4.23	25.00	222.29	2.28	58.32	819.21	5.46

9—19 续表2 continued

单位：元 (yuan)

市 县 Surveyed City and County	保健器具 Setting-up Apparatus	药品费 Drugs	滋补保健品 Nutritious and Health Food	医疗费 Medical Expenses	交通和通信 Transportation and Communications	交通 Transportation	通信 Communications	教育文化娱乐服务 Recreation Education and Cultural Services	文化娱乐用品 Recreation Articles
全 省 Province Indices	**10.58**	**300.84**	**110.95**	**257.21**	**1013.38**	**492.08**	**521.30**	**1225.36**	**283.53**
合 肥 市 Hefei	10.81	244.72	75.45	214.38	1491.48	812.13	679.35	1741.16	282.45
淮 北 市 Huaibei	3.84	320.83	87.36	221.00	642.53	232.14	410.39	1029.91	273.12
亳 州 市 Bozhou	2.96	205.23	43.58	358.72	1445.01	898.22	546.79	886.68	92.64
蚌 埠 市 Bengbu	7.59	418.28	30.65	178.95	684.95	295.96	388.99	1017.98	308.20
阜 阳 市 Fuyang	2.95	362.59	135.50	232.70	870.25	350.07	520.18	1146.80	277.20
淮 南 市 Huainan	36.53	259.48	94.11	182.06	912.35	344.03	568.33	1236.25	304.43
滁 州 市 Chuzhou	3.79	248.97	104.92	310.39	1018.53	571.70	446.83	1093.28	277.10
马鞍山市 Maanshan	10.07	361.14	138.74	452.85	1283.61	676.58	607.03	1886.85	447.84
芜 湖 市 Wuhu	33.37	277.19	148.95	390.03	1171.46	670.13	501.33	1361.06	431.99
宣 城 市 Xuancheng	6.10	284.06	166.04	333.41	834.70	305.35	529.35	1142.01	253.32
铜 陵 市 Tongling	15.96	223.21	50.60	265.64	1011.75	574.80	436.95	1416.48	246.86
安 庆 市 Anqing	6.55	184.22	60.73	144.74	902.86	470.36	432.50	1226.90	254.73
桐 城 市 Tongcheng	2.85	154.34	14.08	58.31	863.36	451.85	411.51	681.76	226.62
黄 山 市 Huangshan	7.13	514.48	82.63	374.35	929.56	425.99	503.57	1300.54	276.79
歙 县 Shexian	4.09	330.88	163.44	273.06	920.16	419.39	500.76	989.53	253.45

市 县 Surveyed City and County	文化娱乐服务 Recreation Services	教育 Education	居住 Residence	住房 Housing	水电燃料及其他 Water, Electricity, Fuels and Others	居住服务费 Living Service Fee	杂项商品和服务 Miscellaneous Commodities and Services	杂项商品 Miscellaneous Commodities	服务 Services
全 省 Province Indices	**303.95**	**637.88**	**1219.83**	**576.39**	**574.74**	**68.70**	**337.36**	**203.30**	**134.06**
合 肥 市 Hefei	489.95	968.75	1682.75	954.12	644.26	84.37	402.90	261.29	141.61
淮 北 市 Huaibei	168.33	588.46	934.39	383.52	520.04	30.83	429.95	277.78	152.17
亳 州 市 Bozhou	245.19	548.85	981.96	270.17	640.01	71.78	446.55	240.49	206.06
蚌 埠 市 Bengbu	239.77	470.01	1728.39	1188.17	491.94	48.28	436.99	329.37	107.62
阜 阳 市 Fuyang	205.41	664.19	883.85	188.27	585.23	110.35	423.32	212.06	211.26
淮 南 市 Huainan	292.40	639.42	873.95	342.27	488.96	42.72	355.61	230.83	124.78
滁 州 市 Chuzhou	252.47	563.70	924.92	313.51	526.87	84.54	329.15	185.37	143.78
马鞍山市 Maanshan	482.89	956.11	1119.03	555.43	506.42	57.18	374.96	223.95	151.00
芜 湖 市 Wuhu	312.41	616.67	1166.41	451.61	639.09	75.71	293.76	173.47	120.29
宣 城 市 Xuancheng	345.39	543.31	714.09	109.69	544.04	60.37	388.43	228.32	160.11
铜 陵 市 Tongling	294.28	875.34	939.24	302.73	591.04	45.46	278.51	171.60	106.91
安 庆 市 Anqing	270.17	702.00	1185.39	447.70	605.05	132.65	251.25	160.92	90.34
桐 城 市 Tongcheng	179.83	275.30	1073.15	537.53	501.62	34.00	175.25	109.45	65.79
黄 山 市 Huangshan	254.80	768.95	1744.48	1121.68	549.56	73.24	327.18	203.57	123.61
歙 县 Shexian	285.12	450.97	1355.55	704.99	590.29	60.27	232.67	126.86	105.81

9—20 各调查市、县城镇居民家庭平均每百户年末耐用消费品拥有量（2009年）

Number of Major Durable Consumer Goods Owned Per 100 Urban Households at the Year-end by Region (2009)

市 县 Surveyed City and County	摩托车（辆）Motorcycle (unit)	助力车（辆）Strength-aid Cycle (unit)	家用汽车（辆）Automobile (unit)	洗衣机（台）Washing Machine (unit)	电冰箱（台）Refrigerator (unit)	彩色电视机（台）Color TV Set (unit)	家用电脑（台）Computer (unit)	组合音响（套）Combined Acoustics (set)	摄像机（架）Pickup Camera (unit)
全　省 Province Indices	**25.90**	**25.59**	**2.76**	**96.76**	**96.69**	**140.09**	**56.10**	**22.11**	**3.45**
合肥市 Hefei	9.54	22.00	5.87	94.87	99.02	133.01	58.44	14.67	6.60
淮北市 Huaibei	8.41	2.80	0.93	94.39	91.59	118.69	58.88	15.89	1.87
亳州市 Bozhou	36.00	77.00	8.00	99.00	84.00	132.00	43.00	20.00	6.00
蚌埠市 Bengbu	9.93	13.25	1.32	95.36	91.39	146.36	40.40	19.87	3.97
阜阳市 Fuyang	20.00	33.00	1.00	104.00	97.00	134.00	56.00	27.00	5.00
淮南市 Huainan	8.15	15.06	1.73	97.28	99.26	137.53	54.07	20.49	3.21
滁州市 Chuzhou	30.00	31.00	2.00	100.00	94.00	131.00	45.00	25.00	7.00
马鞍山市 Maanshan	22.00	54.50	5.00	101.00	101.50	153.00	59.50	29.50	9.50
芜湖市 Wuhu	8.00	23.33	4.00	94.00	98.00	146.00	54.00	23.33	0.67
宣城市 Xuancheng	26.21	9.71	1.94	95.15	94.17	151.46	56.31	17.48	4.85
铜陵市 Tongling	10.89	14.85	3.47	92.08	97.52	131.68	55.45	14.36	5.94
安庆市 Anqing	27.33	52.00	2.67	95.33	96.67	130.00	59.33	14.67	4.00
桐城市 Tongcheng	40.00	20.00		74.00	94.00	106.00	34.00	16.00	2.00
黄山市 Huangshan	27.00	38.00	3.00	97.00	93.00	163.00	65.00	19.00	4.00
歙　县 Shexian	55.77	25.00	1.92	98.08	98.08	151.92	61.54	28.85	

市 县 Surveyed City and County	照相机（架）Camera (unit)	钢琴（架）Piano (unit)	微波炉（台）Microwave Oven (unit)	空调器（台）Air Conditioner (unit)	淋浴热水器（个）Shower (unit)	消毒碗柜（台）Sterilizing Cupboard (unit)	洗碗机（台）Dish Washer (unit)	健身器材（套）Setting-up Apparatus (set)	普通电话（部）Ordinary Telephone (unit)	移动电话（部）Mobile Telephone (unit)
全　省 Province Indices	**28.03**	**0.94**	**53.23**	**110.31**	**85.58**	**6.01**	**0.36**	**1.75**	**87.81**	**158.19**
合肥市 Hefei	34.96	0.73	72.37	133.74	94.38	8.31	0.49	0.98	79.22	167.73
淮北市 Huaibei	28.04	0.93	41.12	106.54	85.05	8.41	0.93	3.74	91.59	124.30
亳州市 Bozhou	13.00	1.00	13.00	92.00	30.00	6.00	1.00	4.00	91.00	170.00
蚌埠市 Bengbu	24.50	0.66	56.29	96.03	85.43	3.31		1.32	80.13	142.38
阜阳市 Fuyang	30.00	1.00	48.00	114.00	77.00	2.00	1.00	4.00	83.00	172.00
淮南市 Huainan	21.48	1.48	63.70	115.31	85.68	1.98		0.99	78.77	175.56
滁州市 Chuzhou	22.00		65.00	98.00	81.00	2.00		4.00	87.00	152.00
马鞍山市 Maanshan	50.00	1.00	80.00	155.50	98.50	10.00		4.00	93.50	167.50
芜湖市 Wuhu	28.00	3.33	64.67	128.00	85.33	8.67	1.33	1.33	94.00	137.33
宣城市 Xuancheng	40.78		52.43	126.21	73.79	9.71		2.91	85.44	152.43
铜陵市 Tongling	30.20	1.98	52.97	123.76	98.02	2.97		0.99	87.62	155.94
安庆市 Anqing	25.33	1.33	63.33	127.33	92.00	10.67		3.33	91.33	142.67
桐城市 Tongcheng	24.00	4.00	50.00	68.00	78.00	6.00		2.00	94.00	112.00
黄山市 Huangshan	34.00	1.00	50.00	99.00	84.00	6.00	1.00	2.00	94.00	172.00
歙　县 Shexian	23.08		38.46	86.54	88.46	5.77			94.23	163.46

9—21 城镇居民家庭居住情况
Living Condition of Urban Households

单位：%

项　　目	Item	2000	2005	2007	2008	2009
按房屋产权分	**Grouped by Property of Dwelling**	**100.00**	**100.00**	**100.00**	**100.00**	**100.00**
租赁公房	Rented Public House	16.06	5.44	3.68	3.84	2.63
租赁私房	Rented Private House	2.40	2.34	1.31	2.85	3.13
原有私房	Original Private House		17.67	16.73	15.41	14.42
房改私房	Private House of Housing Reform	72.23	49.72	49.32	42.09	41.69
商品房	Commercial House		22.78	26.87	33.38	34.66
其　他	Others	9.31	2.05	2.09	2.43	3.47
按住宅建筑式样分	**Grouped by the Type of Residential Building**	**100.00**	**100.00**	**100.00**	**100.00**	**100.00**
单栋住宅	Independent House	1.89	3.21	10.82	8.33	6.57
四居室	Four Rooms	1.37	1.45	2.50	2.34	2.23
三居室	Three Rooms	22.29	25.99	27.69	25.04	26.79
二居室	Two Rooms	34.86	42.09	44.73	48.85	48.82
一居室	Single Room	5.71	4.28	2.97	3.95	3.91
普通楼房	Ordinary Stored Building	11.54	8.96	5.47	6.48	7.03
平房及其他	Single-store House and Others	22.34	14.01	5.80	5.00	4.65
按饮水情况分	**Grouped by Water Drinking**		**100.00**	**100.00**	**100.00**	**100.00**
自来水	Tap Water		87.73	94.71	96.40	96.33
矿泉水	Mineral Water		0.24	0.26	0.19	0.15
纯净水	Pure Water		8.30	3.56	2.03	2.11
井、河水	Well Water or River Water		3.73	1.47	1.06	1.08
其　他	Others				0.33	0.33
按用水情况分	**Grouped by Water Usage**		**100.00**	**100.00**	**100.00**	**100.00**
独用自来水	Tap Water for Sole Use	91.60	91.15	98.39	98.34	98.39
公用自来水	Public Tap Water	5.10	1.14	0.09	0.23	0.20
井、河水	Well Water or River Water		7.55	1.04	1.27	1.29
其　他	Others		0.16	0.49	0.16	0.12
按卫生设备分	**Grouped by Sanitary Equipment**	**100.00**	**100.00**	**100.00**	**100.00**	**100.00**
无卫生设施	Without Sanitary Equipment	25.54	12.40	6.29	4.75	4.00
有浴室厕所	With Bathroom and Toilet	52.63	72.46	82.41	84.31	86.57
有厕所无浴室	With Toilet But No Bathroom	19.03	13.78	10.65	9.46	7.97
公　用	Public Sanitary Equipment	2.80	1.36	0.65	1.48	1.46
按取暖设备分	**Grouped by Heater**	**100.00**	**100.00**	**100.00**	**100.00**	**100.00**
无取暖设备	Without Heater	81.38	40.27	33.03	27.36	27.53
空调设备	Air Conditioner	16.03	51.46	63.10	68.59	68.59
暖　气	Heating Installation	1.73	2.25	2.88	2.58	2.53
其　他	Others	0.86	6.02	0.98	1.47	1.35
按炊用燃料使用情况分	**Grouped by Cooking Usage**	**100.00**	**100.00**	**100.00**	**100.00**	**100.00**
管道煤气、天然气	Pipeline petroleum Gas	22.91	22.69	33.93	32.40	34.16
液化石油气	Liquefied Petroleum	48.06	49.95	43.35	46.64	46.16
煤	Coal	28.51	26.83	21.83	17.79	16.95
其　他	Others	0.51	0.53	0.90	3.18	2.73
按电话拥有情况分	**Grouped by telephone Usage**					
有电话	With Telephone	80.82	98.16			
固定电话　（部/百户）	Fixed Telephone　(subscrbe/100 households)	75.00	95.94			
移动电话　（部/百户）	Mobile Telephone　(subscrbe/100 households)		111.33			

9—22 农村居民家庭基本情况
Basic Conditions of Rural Households

项目	Item	1995	2000	2005	2008	2009
调查户数 （户）	**Number of Households Surveyed (household)**	**3100**	**3100**	**3100**	**3100**	**3100**
常住人口 （人）	Number of Permanent Residents in the Households Surveyed (person)	13777	12950	12637	12599	12549
平均每户常住人口 （人）	Average Number of Permanent Residents per Household (person)	4.44	4.18	4.08	4.06	4.05
平均每户整半劳力 （人）	Average Number of Able-bodied and Semi-able-bodied Laborers per Household (person)	3.00	2.76	2.83	2.86	2.89
平均每个劳动力负担人口（含本人） （人）	Average Number of Persons Supported by a Laborer (including the laborer himself of herself) (person)	1.48	1.51	1.45	1.42	1.40
平均每人年收入 （元）	**Per Capita Annual Income (yuan)**					
总收入	Total Revenue	2016.35	2585.56	3669.00	5769.84	6000.58
工资性收入	Wages Income	234.21	547.83	1010.05	1737.84	1882.42
家庭经营收入	Household Business Income	1688.53	1910.31	2471.25	3594.64	3640.70
财产性收入	Property Income	35.39	24.70	44.91	119.04	117.00
转移性收入	Transfer Income	58.22	102.71	142.80	318.32	360.45
现金收入	Cash Income	1367.72	1901.60	3043.19	4775.85	5224.72
工资性收入	Wages Income	233.87	547.20	1009.70	1737.24	1881.71
家庭经营收入	Household Business Income	1041.42	1230.52	1872.49	2630.77	2882.03
财产性收入	Property Income	20.94	23.15	25.88	96.23	106.26
转移性收入	Transfer Income	71.48	100.74	135.12	311.62	354.71
平均每人年支出 （元）	**Per Capita Annual Expenditures (yuan)**					
总支出	Total Expenditure	1855.83	2045.56	3360.35	5048.29	5378.03
家庭经营费用支出	Expendititure for Household Business	568.97	452.22	861.60	1317.59	1240.47
购置生产性固定资产	Purchasing Productive Fixed Assets	66.06	53.66	108.86	143.89	150.72
税费支出	Expendititure for Tax and Fee	97.10	93.28	14.61	21.40	17.36
生活消费支出	Expendititure for Consumption	1070.64	1321.50	2196.23	3284.11	3655.02
转移性和财产性支出	Expendititure for Transfer and Property	53.06	124.89	179.05	281.31	314.45
现金支出	Cash Expenditure	1321.74	1614.69	2887.90	4556.46	4899.22
家庭经营费用支出	Expendititure for Household Business	399.34	395.44	788.56	1251.34	1183.53
购置生产性固定资产	Purchasing Productive Fixed Assets	66.06	53.66	108.86	143.89	150.72
税费支出	Expendititure for Tax and Fee	94.05	91.65	14.52	21.40	17.36
生活消费支出	Expendititure for Consumption	682.54	954.93	1797.66	2859.14	3233.63
转移性和财产性支出	Expendititure for Transfer and Property	79.75	119.01	178.31	280.70	313.97
平均每人年纯收入 （元）	**Per Capita Annual Net Income (yuan)**	**1302.82**	**1934.57**	**2640.96**	**4202.49**	**4504.32**
工资性收入	Wages Income	234.24	547.83	1010.05	1737.84	1882.42
家庭经营纯收入	Household Business Income	980.70	1298.40	1499.25	2114.24	2238.62
转移性和财产性收入	Transfer and Property Income	87.88	88.33	131.66	350.41	383.27

9—23 农村居民按纯收入分组的户数占调查户比重
Percentage of Rural Households Grouped by per Capita Annual Net Income

项 目	Item	1995	2000	2005	2008	2009
按纯收入分组户数占调查户比重 (%)	**Percentage of Households Grouped by per Capita Annual Net Income (%)**					
100元以下	Under 100 Yuan			0.32	0.35	0.58
100—200元	100—200 Yuan			0.16		0.03
200—300元	200—300 Yuan	0.45	0.06	0.10	0.10	0.13
300—400元	300—400 Yuan	0.42	0.03	0.35	0.10	0.10
400—500元	400—500 Yuan	1.42	0.23	0.45	0.10	0.16
500—600元	500—600 Yuan	2.13	0.48	0.35	0.23	0.19
600—800元	600—800 Yuan	9.65	2.39	1.74	0.45	0.77
800—1000元	800—1000 Yuan	14.90	4.48	2.68	0.71	0.77
1000—1200元	1000—1200 Yuan	18.42	8.16	4.55	0.94	0.84
1200—1300元	1200—1300 Yuan	7.58	4.87	2.77	1.16	0.94
1300—1500元	1300—1500 Yuan	14.42	10.42	5.68	2.32	2.26
1500—1700元	1500—1700 Yuan	8.68	10.48	6.32	2.77	2.26
1700—2000元	1700—2000 Yuan	10.13	16.42	10.39	4.39	3.77
2000—2500元	2000—2500 Yuan	7.06	19.29	16.23	9.03	7.32
2500—3000元	2500—3000 Yuan	3.06	10.23	13.29	10.16	8.74
3000—3500元	3000—3500 Yuan	0.97	5.74	10.42	10.03	9.35
3500—4000元	3500—4000 Yuan	0.42	2.87	7.03	9.35	8.74
4000—4500元	4000—4500 Yuan	0.19	1.71	4.84	8.74	8.16
4500—5000元	4500—5000 Yuan	0.03	0.74	3.65	7.42	6.97
5000元以上	5000 Yuan and Over	0.06	1.39	8.68	31.65	37.90

9—24 农村居民家庭按人均纯收入分组（2009年）
Rural Households Grouped by per Capita Annual Net Income (2009)

项 目	Item	调查户数 (户) Number of Households Surveyed (household)	比 重 (%) Percentage (%)	常住人口 (人) Number of Permanent Residents in the Households Surveyed (person)	纯收入总额 (元) Total Net Income (yuan)	比 重 (%) Percentage (%)
合 计	**Total**	**3100**	**100.00**	**12549**	**56524709.79**	**100.00**
400元以下	Under 400 Yuan	26	0.84	113	-195517.89	-0.35
400—500元	400—500 Yuan	5	0.16	27	11834.84	0.02
500—600元	500—600 Yuan	6	0.19	30	16346.94	0.03
600—800元	600—800 Yuan	24	0.77	106	74030.26	0.13
800—1000元	800—1000 Yuan	24	0.77	111	98760.82	0.17
1000—1500元	1000—1500 Yuan	125	4.03	614	802699.47	1.42
1500—2000元	1500—2000 Yuan	187	6.03	874	1535041.15	2.72
2000—2500元	2000—2500 Yuan	227	7.32	1022	2297159.81	4.06
2500—3000元	2500—3000 Yuan	271	8.74	1192	3263623.22	5.77
3000元以上的户	3000 Yuan and Over	2205	71.13	8460	48620731.17	86.02

9—25 农村居民人均收支情况
Per Capita Cash Income and Expenditure of Rural Residents

单位：元 (yuan)

项 目	Item	2000	2005	2008	2009
总收入	**Total Income**	**2585.56**	**3669.00**	**5769.84**	**6000.58**
工资性收入	Wage Income	547.83	1010.05	1737.84	1882.42
在非企业组织中得到收入	From Organizations Except Enterprises	76.27	114.51	183.00	196.41
在本地企业中得到收入	From Local Enterprises	94.29	135.99	243.87	267.58
#在本地乡企得到收入	From Local Township Enterprises	69.67	47.70		
常住人口外出从业得到收入	From Insiders Working Outside	312.64	635.44	1075.30	1143.72
其 他	Others	64.64			
家庭经营收入	Income From Household Business	1910.31	2471.25	3594.64	3640.70
转移性和财产性收入	Transfer and Property Income	127.41	187.71	437.36	477.45
纯收入	**Net Income**	**1934.57**	**2640.96**	**4202.49**	**4504.32**
按纯收入来源分	**By Source of Income**				
工资性收入	Wage Income	547.83	1010.05	1737.84	1882.42
家庭经营收入	Income From Household Business	1298.40	1499.25	2114.24	2238.62
农业收入	Farming	802.76	1031.24	1466.40	1603.84
林业收入	Forest	17.38	29.17	41.96	49.57
牧业收入	Husbandry	228.52	184.31	190.59	155.72
渔业收入	Fishery	14.34	33.47	49.67	47.04
工业收入	Industry	31.81	20.14	23.14	24.02
建筑业收入	Construction	42.30	33.45	91.86	94.51
交通、运输和邮电业收入	Transportation, Postal and Telecommunication	35.78	32.59	61.10	67.00
批发零售贸易、餐饮业收入	Wholesale, Retail Sale and Catering Trade	45.03	74.07	112.14	125.22
社会服务业收入	Service Trade	26.70	24.49	30.61	38.07
文教卫生业收入	Culture, Education and Public Health	4.98	8.89	17.20	14.14
其他家庭经营收入	From Other Household Business	48.79	27.43	29.56	19.51
转移性和财产性收入	Transfer and Property Income	88.33	131.66	350.41	383.27
按收入性质分	**By Type of Income**				
生产性纯收入	Productive Income	1819.54	2484.81	3821.47	4082.97
非生产性纯收入	Non-productive Income	115.03	156.15	381.02	421.35
期内现金收入合计	**Total Income During the Period**	**1901.60**	**3043.19**	**4775.85**	**5224.72**
工资性收入	Wage Income	547.20	1009.70	1737.24	1881.71
在非企业组织中得到收入	From Organizations Except Enterprises	76.20	114.51	182.76	196.08
在本乡地域内劳动得到收入	Working Inside the Town		260.00	479.33	542.23
在企业中劳动得到收入	Working in the Enterprises		135.99	243.77	267.55
在国家投资基建项目得到收入	Working in the National Funded Capital Construction Projects		7.26	19.30	20.17
提供其他劳务收入	Providing Other Labour Services		116.75	216.26	254.51
外出从业得到收入	Working Outside		635.19	1075.15	1143.40
在乡外县内从业得到收入	Outside the Township and Inside the County		56.98	88.13	105.94
在县外省内从业得到收入	Outside the County and Inside the Province		53.88	93.69	109.86
在省外国内从业得到收入	Outside the Province and Inside the Country		524.33	890.95	922.34
家庭经营收入	Income From Household Business	1230.52	1872.49	2630.77	2882.03
#出售产品的收入	Selling Products	931.47	1519.07	2090.45	2296.83
出售农业产品收入	Selling Farming Products	568.32	1051.85	1465.92	1724.88
出售林业产品收入	Selling Forest Products	20.06	34.59	48.10	51.61
出售牧业产品收入	Selling Husbandry Products	308.13	370.76	478.22	428.60
出售渔业产品收入	Selling Fishery Products	19.56	61.87	82.10	64.70

9—25 续表 continued

单位：元 (yuan)

项　目	Item	2000	2005	2008	2009
出售工业产品的收入	Selling Industrial Products	7.06	15.86	14.46	25.31
出售其他产品的收入	Selling Other Products	8.34	1.87	1.65	1.73
工业加工费	Industrial Processing	35.59	22.71	15.85	21.46
建筑业	Construction	50.83	35.50	96.54	104.12
交通运输	Transportation	52.80	61.10	103.68	113.10
批发和零售贸易、餐饮业	Wholesale, Retail Sale and Catering Trade	56.32	115.93	167.06	182.01
社会服务业	Service Trade	32.27	27.05	36.86	44.51
文教卫生业	Culture, Education and Public health	6.00	10.81	20.74	23.04
其他家庭经营收入	From Other Household Business	50.96	27.91	29.76	21.07
财产性收入	Property Income	23.15	25.88	96.23	106.26
转移性收入	Transfer Income	100.74	135.12	311.62	354.71
#家庭非常住人口寄回或带回	Cash Sent Back by Outsiders	42.52	15.35	20.66	14.79
亲友赠送	Cash Presented by Kith and Kin	40.84	53.15	88.49	95.86
农村外部亲友赠送	From Kith and Kin Out of the Rural Area	5.23	3.03	5.42	6.16
非收入所得	**Got Except Income**	**259.57**	**402.05**	**490.40**	**725.33**
期内现金支出合计	**Total Cash Expenditure in the Period**	**1614.69**	**2887.90**	**4556.46**	**4899.22**
生产费用支出	Productive Expenditures	449.11	897.41	1395.22	1334.26
家庭经营费用支出	Expenditures for Household Business	395.44	788.56	1251.34	1183.53
农业生产支出	Farming	245.84	499.90	811.44	748.27
林业生产支出	Forest	2.94	6.08	8.00	4.50
牧业生产支出	Husbandry	94.89	174.91	301.63	269.51
渔业生产支出	Fishery	7.12	29.46	40.50	39.46
工业生产支出	Industry	8.02	16.19	3.14	19.70
建筑业生产支出	Construction	5.17	1.67	3.88	8.37
交通运输支出	Transportation	13.50	20.52	29.01	32.21
批发和零售贸易、餐饮业	Wholesale, Retail Sale and Catering Trade	7.54	35.75	45.26	46.62
社会服务业支出	Service Trade	3.42	1.71	5.33	5.37
文教卫生业	Culture, Education and Public Health	0.62	1.04	2.39	7.83
其他经营支出	Others	6.39	1.32	0.77	1.70
购置生产性固定资产支出	Purchasing Productive Fixed Assets	53.66	108.21	143.89	150.72
税费支出	Tax Paid	91.65	14.52	21.40	17.36
第一产业	Primary Industry			0.05	
第二产业	Secondary Industry			0.09	
第三产业	Tertiary Industry		0.77	0.75	0.16
其他各项收费	Other Expenditure		13.75	20.51	17.20
生活消费支出	Consumption Expenditure	954.93	1797.66	2859.14	3233.63
财产性支出	Property Expenditure	6.69	2.59	5.44	10.08
转移性支出	Transfer Expenditure	112.30	175.72	275.26	303.89
#寄给或带给家庭非常住人口	Cash Sent to Outsiders	2.79	31.36	33.16	26.05
赠送亲友支出	Cash Presented to Kith and Kin	100.08	125.72	195.25	227.77
赠送农村外部亲友	To Kith and Kin Out of the Rural Area	1.40	3.96	4.07	4.99
非消费性现金支出	**Non-consumption Expenditure**	**196.45**	**440.99**	**546.05**	**646.20**

9—26 农村居民家庭平均每人生活消费支出
Per Capita Living Expenditure of Rural Households

单位：元 (yuan)

项　目	Item	1995	2000	2005	2008	2009
生活消费支出	**Living Expenditure**	**1070.64**	**1321.50**	**2196.23**	**3284.11**	**3655.02**
按消费类别分	**By Category of Consumption**					
食　品	Food	625.42	693.15	999.79	1454.18	1494.19
衣　着	Clothing	70.56	71.16	117.41	180.04	203.37
居　住	Residence	165.63	196.85	344.86	650.51	813.12
家庭设备用品及服务	Household Facilities, Articles and Services	57.23	57.58	106.36	165.53	229.66
医疗保健	Medicines and Medical Services	34.07	58.05	133.68	199.44	227.10
交通通讯	Transportation and Communications	21.29	58.44	196.72	280.63	302.23
文教娱乐用品及服务	Cultural, Educational and Recreational Articles and Services	79.45	145.46	256.80	294.84	312.05
其他商品及服务	Other Commodities and Services	17.00	40.81	40.61	58.94	73.30
按消费性质分	**By Source of Consumption**					
货币性消费	**Consumption Paid in Money**	**682.54**	**954.93**	**1797.66**	**2859.14**	**3233.63**
食　品	Food	285.09	362.25	638.93	1043.95	1093.93
衣　着	Clothing	69.87	70.76	117.21	179.79	202.72
居　住	Residence	118.54	161.58	310.20	636.21	792.69
家庭设备用品及服务	Household Facilities, Articles and Services	57.23	57.58	103.63	165.33	229.61
医疗保健	Medicines and Medical Services	34.07	58.05	133.68	199.44	227.10
交通通讯	Transportation and Communications	21.29	58.44	196.72	280.63	302.23
文教娱乐用品及服务	Cultural, Educational and Recreational Articles and Services	79.45	145.46	256.80	294.84	312.05
其他商品及服务	Other Commodities and Services	17.00	40.81	40.49	58.94	73.30
实物性消费	**Consumption in Kind**	**388.11**	**366.57**	**398.57**	**424.97**	**421.39**
食　品	Food	340.33	330.90	360.86	410.23	400.26
衣　着	Clothing	0.69	0.40	0.20	0.25	0.65
居　住	Residence	47.09	35.27	34.66	14.30	20.43

9—27 农村居民家庭平均每人生活消费支出构成
Composition of per Capita Living Expenditure of Rural Households

单位：%

项　目	Item	1995	2000	2005	2008	2009
生活消费支出	**Living Expenditure**	**100.00**	**100.00**	**100.00**	**100.00**	**100.00**
按消费类别分	**By Category of Consumption**					
食　品	Food	58.42	52.45	45.52	44.28	40.88
衣　着	Clothing	6.59	5.38	5.35	5.48	5.56
居　住	Residence	15.47	14.90	15.70	19.81	22.25
家庭设备用品及服务	Household Facilities, Articles and Services	5.35	4.36	4.84	5.04	6.28
医疗保健	Medicines and Medical Services	3.18	4.39	6.09	6.07	6.21
交通通讯	Transportation and Communications	1.99	4.42	8.96	8.55	8.27
文教娱乐用品及服务	Cultural, Educational and Recreational Articles and Services	7.42	11.01	11.69	8.98	8.54
其他商品及服务	Other Commodities and Services	1.59	3.09	1.85	1.79	2.01
按消费性质分	**By Source of Consumption**					
货币性消费	**Consumption Paid in Money**	**100.00**	**100.00**	**100.00**	**100.00**	**100.00**
食　品	Food	41.77	37.93	35.54	36.51	33.83
衣　着	Clothing	10.24	7.41	6.52	6.29	6.27
居　住	Residence	17.37	16.92	17.26	22.25	24.51
家庭设备用品及服务	Household Facilities, Articles and Services	8.38	6.03	5.76	5.78	7.10
医疗保健	Medicines and Medical Services	4.99	6.08	7.44	6.98	7.02
交通通讯	Transportation and Communications	3.12	6.12	10.94	9.82	9.35
文教娱乐用品及服务	Cultural, Educational and Recreational Articles and Services	11.64	15.23	14.29	10.31	9.65
其他商品及服务	Other Commodities and Services	2.49	4.27	2.25	2.06	2.27
实物性消费	**Consumption in Kind**	**100.00**	**100.00**	**100.00**	**100.00**	**100.00**
食　品	Food	87.69	90.27	90.54	96.53	94.99
衣　着	Clothing	0.18	0.11	0.05	0.06	0.15
居　住	Residence	12.13	9.62	8.70	3.37	4.85

9—28 农村居民家庭平均每人主要消费品消费量
Per Capita Consumption of Major Consumer Goods in Rural Households

品名		Item		1995	2000	2005	2008	2009
粮食（原粮）	（公斤）	Grain (Unprocessed)	(kg)	256.50	270.24	214.68	191.24	181.59
#细　粮		Wheat and Rice		246.64	255.78	203.18	182.71	172.18
蔬　菜	（公斤）	Fresh Vegetables	(kg)	79.41	80.28	78.70	109.63	76.94
食　油	（公斤）	Edible Oil	(kg)	5.76	7.66	6.31	6.87	6.29
猪牛羊肉	（公斤）	Pork, Beef and Mutton	(kg)	8.05	9.51	10.70	8.74	9.55
家　禽	（公斤）	Poultry	(kg)	2.42	3.57	4.64	5.37	4.74
蛋及制品	（公斤）	Eggs and Related Products	(kg)	3.51	5.56	4.69	5.96	5.84
鱼　虾	（公斤）	Fish and Shrimp	(kg)	2.81	3.50	5.00	5.48	5.18
食　糖	（公斤）	Sugar	(kg)	1.53	1.59	1.16	1.02	0.98
酒	（公斤）	Liquor	(kg)	6.12	9.99	12.72	12.46	12.92

9—29 农村居民家庭平均每百户年底耐用消费品拥有量
Number of Durable Consumer Goods Owned per 100 Rural Households at the Year-end

品名		Item		1995	2000	2005	2008	2009
自行车	（辆）	Bicycle	(unit)	124.35	127.42	114.32	107.23	104.06
电风扇	（台）	Electric Fan	(unit)	142.00	162.16	202.84		
洗衣机	（台）	Washing Machine	(unit)	2.29	14.74	32.71	45.23	51.77
家用电冰箱	（台）	Refrigerator	(unit)	1.90	8.16	21.71	40.71	51.42
摩托车	（辆）	Motorcycle	(unit)	1.19	8.65	34.65	49.55	53.35
黑白电视机	（台）	Black and White TV Set	(unit)	78.45	68.65	32.23	13.68	7.84
彩色电视机	（台）	Color TV Set	(unit)	9.00	39.29	84.65	102.81	106.10
照相机	（架）	Camera	(unit)	0.94	2.03	3.06	3.29	3.48
电话机	（部）	Telephone Set	(set)			72.84	80.35	69.90
影碟机	（台）	Video Disc Player	(unit)			44.97	44.16	42.39
移动电话	（部）	Mobile Telephone	(set)			50.23	101.26	110.58
组合音响	（部）	Hi-fi Stereo Component System	(set)		7.94	10.39		
热水器	（台）	Shower	(unit)		0.94	8.26	27.00	35.84

9—30 农村居民人均粮食收支情况
Per Capita Grain Received and Expenditure of Rural Residents

单位：公斤 (kg)

项 目	Item	1995	2000	2005	2008	2009
年内粮食收入合计	**Total Grain Received in the Year**	**662.78**	**808.17**	**831.05**	**1071.18**	**1084.82**
家庭经营生产的	Produced From Household Operation	636.64	737.33	779.92	990.06	994.19
购 入	Purchased	23.72	69.71	50.78	70.35	80.16
#从集市上购入	From Country Fair	9.57				
借 入	Borrowed	1.33	0.31	0.06	5.36	5.28
收回借出粮	Recall of Loaned Grain	0.83	0.36	0.02	5.09	4.77
其他粮食收入	Other Grain Income	0.21	0.45	0.27	0.31	0.42
年内粮食支出合计	**Total Expenditure**	**563.02**	**712.37**	**729.93**	**844.05**	**870.44**
主食用粮	Staple Food	256.50	270.24	214.68	191.24	181.59
#稻 谷	Rice	160.34	171.81			
小 麦	Wheat	86.30	83.97			
其他生活用粮	Other Living Expense of Grain	0.53	0.94	0.58	0.37	0.48
出 售	Sold	217.62	319.00	445.13	593.41	621.47
种 籽	Seeds	13.88	12.96	15.72	17.90	22.28
饲 料	Forage	72.15	103.11	53.34	40.92	44.48
借 出	Loaned Grain	0.06	1.64	0.11	0.01	0.01
归还借粮	Returning Borrowed Grain	0.10	0.72	0.09		0.01
其他粮食支出	Other Expenditure From Grain	0.97	1.59	0.27	0.20	0.13
补充资料：生产加工用粮	Grain for Processing		1.19			
#食品加工用粮	For Food		0.44			
饲料加工用粮	For Feed		0.67			

9—31 农村家庭房屋使用情况
Housing Conditions of Rural Households

项　目	Item		1995	2000	2005	2008	2009
本年新建房屋	**Rooms Newly Built Within the Year**						
面　积　（平方米/人）	Per Capita Floor Space of Houses	(sq.m/person)	0.79	0.91	1.03	1.57	1.57
#砖木结构	Brick and Wood Structure		0.37	0.26	0.19	0.20	0.22
钢筋混凝土结构	Reinforced Concrete Structure		0.38	0.60	0.84	1.37	1.35
每平方米价值　（元）	Value per Square Meter	(yuan)	192.21	227.86	373.88	507.15	603.60
楼房面积　（平方米/人）	Per Capita Floor Space of Multi-floor Buildings	(sq.m/person)	0.06	0.60	0.87	1.40	1.41
年末使用房屋	**Rooms Used at the Year-end**						
居住面积　（平方米/人）	Per Capita Floor Space	(sq.m/person)	17.82	22.16	27.02	29.88	31.01
#砖木结构	Brick and Wood Structure		11.97	12.80	14.04	13.91	12.37
钢筋混凝土结构	Reinforced Concrete Structure		2.62	7.72	12.37	15.51	17.98

9—32 农村居民居住情况
Living Condition of Rural Residents

单位：平方米　(sq.m)

项　目	Item		2006	2007	2008	2009
期末住房情况	**Housing Conditions End of this Term**					
住房面积	Living Area		27.97	28.89	29.88	31.01
住房价值　（元）	Housing Value	(yuan/sq.m)	6967.78	8263.46	9326.52	10545.53
住房类型	Housing Type					
楼房面积	Building of Two or More Storey Area		13.56	14.55	16.43	17.73
砖瓦平房面积	Bricks and Tiles Collage Area		13.79	13.80	12.99	12.61
其　他	Other		0.62	0.54	0.45	0.68
住房结构	Housing Structure					
钢筋混凝土结构面积	Reinforced Concrete Structure Housing Area		13.67	14.27	15.51	17.98
砖木结构面积	Bricks and Woods Structure Housing Area		13.67	14.18	13.91	12.73
其　他	Other		0.63	0.44	0.47	0.66
期内新建（购）住房情况	**Newly Built (Bought) Housing Situation This Term**					
新建（购）住房面积	Housing Area		0.92	0.99	1.57	1.57
新建（购）住房价值　（元）	Housing Value	(yuan)	353.62	539.40	797.94	949.25
新建（购）住房类型	Housing Style					
楼房面积	Building of Two or More Storey Area		0.77	0.80	1.40	1.41
砖瓦平房面积	Bricks and Tiles Collage Area		0.15	0.18	0.17	0.16
其　他	Other			0.01	0.01	
新建（购）住房结构	Newly built (Bought) Housing Structure					
钢筋混凝土结构面积	Reinforced Concrete Structure Housing Area		0.85	0.87	1.37	1.35
砖木结构面积	Bricks and Woods Structure Housing Area		0.08	0.11	0.20	0.22
其　他	Other			0.01	0.01	
期内新建（购）房屋资金来源	Fund Source of Newly Built Bought) Housing This Term					
自　筹　（元）	Self-financing	(yuan)	273.33	434.85	634.11	784.85
银行、信用社贷款　（元）	Loan from Bank and Credit Cooperative	(yuan)	11.10	17.94	18.57	20.40
其　他　（元）	Other	(yuan)	69.03	86.62	145.26	144.00

9—33 各市农村居民人均现金收入情况
Per Capita Income in Cash of Rural Households by Region

单位：元 (yuan)

地　区	Region	2000	2005	2008	2009
全　省	**Province Indices**	**1901.60**	**3043.19**	**4775.85**	**5224.72**
合肥市	Hefei	1981.94	3322.71	5639.43	6417.30
淮北市	Huaibei	2331.63	3274.88	5363.97	5464.64
亳州市	Bozhou	2289.60	3118.08	4359.77	4921.86
宿州市	Suzhou	1987.23	2506.18	4453.53	5193.81
蚌埠市	Bengbu	2329.05	3102.48	4787.08	5395.58
阜阳市	Fuyang	2080.14	2611.10	3712.54	4462.45
淮南市	Huainan	3186.96	3578.14	5595.22	5950.52
滁州市	Chuzhou	2131.99	3047.04	5236.03	5889.04
六安市	Luan	1716.47	2217.58	3994.55	4182.29
马鞍山市	Maanshan	3098.44	5017.12	8066.24	9261.85
巢湖市	Chaohu	2431.64	3150.93	4819.44	5667.73
芜湖市	Wuhu	2846.81	4235.57	6938.90	7635.63
宣城市	Xuancheng	2086.29	3130.56	5428.84	6422.55
铜陵市	Tongling	2802.74	3445.25	5762.75	6540.23
池州市	Chizhou	2147.17	2994.06	5217.86	5404.41
安庆市	Anqing	1816.93	2685.82	3968.34	4135.43
黄山市	Huangshan	2117.47	2868.42	4826.08	5859.27

9—34 各市农村居民人均现金支出情况
Per Capita Expenditure in Cash of Rural Households by Region

单位：元 (yuan)

地　区	Region	2000	2005	2008	2009
全　省	**Province Indices**	**1614.69**	**2887.90**	**4556.46**	**4899.22**
合肥市	Hefei	1442.25	2912.22	4569.15	4708.38
淮北市	Huaibei	1644.72	2412.62	5276.95	5183.76
亳州市	Bozhou	1605.84	2391.38	3905.55	4138.94
宿州市	Suzhou	1459.43	2006.64	3549.91	4074.04
蚌埠市	Bengbu	1698.30	2655.90	4399.17	4535.85
阜阳市	Fuyang	1378.59	2121.57	3213.66	3937.21
淮南市	Huainan	2052.62	2770.82	4008.33	4470.86
滁州市	Chuzhou	1515.29	2365.21	4081.50	4846.41
六安市	Luan	1247.34	1965.96	3047.94	3603.94
马鞍山市	Maanshan	2034.54	4254.36	6833.12	7855.84
巢湖市	Chaohu	1802.38	2510.47	3698.89	4202.29
芜湖市	Wuhu	1949.46	3131.96	5143.90	5949.94
宣城市	Xuancheng	1673.42	2872.09	4391.14	5691.22
铜陵市	Tongling	2063.78	2820.57	5044.62	5999.10
池州市	Chizhou	1609.52	2682.19	4635.43	4778.14
安庆市	Anqing	1271.68	2433.17	3222.98	3270.60
黄山市	Huangshan	1541.60	2450.08	4122.54	4821.75

9—35 各市、县农村居民人均现金收支情况（2009年）

Per Capita Income and Expenditure in Cash of Rural Households by County or City (2009)

单位：元 (yuan)

市、县 County、city		期内现金收入合计 Total Cash Income in the Period	工资性收入 Wage Income	家庭经营现金收入 Cash Income From Household Business	#出售产品的现金 From Selling Products	批发和零售贸易、餐饮业现金收入 Cash Income form Whole-sale, Retail Sale and Catering Trade	财产性收入 Property Income	转移性收入 Transfer Income
合肥市	**Hefei**	**6417.30**	**3121.01**	**2890.56**	**2446.28**	**51.91**	**61.18**	**344.54**
瑶海区	Yaohai District	7418.97	6334.44	240.41	30.44	5.35	216.11	628.01
庐阳区	Luyang District	9225.57	7049.80	1354.04	528.19	304.31	331.79	489.94
蜀山区	Shushan District	9196.55	6469.20	1325.28	998.98		950.55	451.52
包河区	Baohe District	7869.61	5234.03	1736.56	1055.57	63.03	274.40	624.61
长丰县	Changfeng	5716.12	1779.31	3630.93	3442.12	25.19	19.39	286.50
肥东县	Feidong	6563.08	3414.60	2750.95	2093.24	79.01	64.16	333.37
肥西县	Feixi	6374.71	3150.03	2873.91	2487.27	34.99	12.74	338.03
淮北市	**Huaibei**	**5464.64**	**2508.39**	**2736.64**	**2262.58**	**81.84**	**15.95**	**203.66**
杜集区	Duji District	5955.97	3443.78	2159.86	1355.46	103.52	69.31	283.02
相山区	Xiangshan District	6514.28	3287.54	3147.99	2308.39	55.82	8.59	70.16
烈山区	Lieshan District	5871.08	2721.51	3004.95	2825.03	132.07	9.38	135.25
濉溪县	Suixi	5210.93	2267.03	2711.13	2244.38	69.70	11.27	221.50
亳州市	**Bozhou**	**4921.86**	**1648.40**	**2966.32**	**2344.30**	**218.48**	**80.65**	**226.50**
谯城区	Qiaocheng District	6326.80	1904.32	4017.59	2746.55	668.62	101.72	303.17
涡阳县	Guoyang	5198.46	1917.06	2886.60	2202.53	99.27	184.49	210.30
蒙城县	Mengcheng	4673.08	1578.22	2753.03	2411.87	109.41	28.84	313.00
利辛县	Lixin	3602.60	1222.51	2270.32	2064.24	14.56	5.26	104.50
宿州市	**Suzhou**	**5193.81**	**1975.30**	**2777.28**	**2227.11**	**65.79**	**77.35**	**363.88**
埇桥区	Yongqiao District	5474.48	2105.80	2920.83	2581.66	29.44	98.56	349.28
砀山县	Dangshan	5160.77	1817.18	2959.41	2693.72	55.23		384.18
萧县	Xiaoxian	4347.53	2474.39	1629.36	1234.30	63.75	101.90	141.88
灵璧县	Lingbi	5318.61	1704.60	3056.81	2233.57	88.19	38.40	518.79
泗县	Sixian	5519.82	1713.34	3248.15	2231.59	111.09	140.72	417.61
蚌埠市	**Bengbu**	**5395.58**	**1525.60**	**3480.26**	**2993.02**	**127.03**	**37.64**	**352.09**
龙子湖区	Longzihu District	5293.46	1675.01	3441.63	1530.38	178.69		176.83
蚌山区	Bangshan District	3340.81	1994.30	1083.91	1058.03	25.00		262.60
禹会区	Yuhui District	5868.23	3288.04	2230.12	2031.75		0.10	349.97
淮上区	Huaishang District	4736.05	2853.21	1667.71	1409.30	64.07	9.62	205.51
怀远县	Huaiyuan	5710.50	1576.56	3669.84	2999.70	234.49	75.53	388.57
五河县	Wuhe	5269.67	1390.50	3597.73	3194.40	42.16	5.39	276.05
固镇县	Guzhen	5121.05	924.26	3751.05	3600.18	28.53	13.12	432.62
阜阳市	**Fuyang**	**4462.45**	**1632.54**	**2364.00**	**1766.03**	**134.62**	**14.07**	**451.85**
颍州区	Yingzhou District	5827.82	2207.97	3286.01	2130.76	169.56	14.77	319.06
颍东区	Yingdong District	3956.91	1563.02	2228.02	1780.10	92.88	8.76	157.10
颍泉区	Yingquan District	5016.93	2286.99	2262.42	1921.86	57.61	5.99	461.53
临泉县	Linquan	3337.81	957.20	1926.60	1281.49	189.73	4.32	449.68
太和县	Taihe	5672.31	2279.15	2678.11	1816.91	293.73	24.03	691.01
阜南县	Funan	3453.94	1449.40	1803.58	1544.71	16.13	1.10	199.86
颍上县	Yingshang	4515.44	1338.35	2456.00	1850.57	37.02	42.10	678.98
界首市	Jieshou	6352.00	2364.00	3685.49	3055.01	162.33		302.51
淮南市	**Huainan**	**5950.52**	**2441.09**	**2935.84**	**1762.19**	**245.31**	**78.13**	**406.59**
大通区	Datong District	6427.57	1696.07	4285.39	1713.95	269.89	12.19	433.92
田家庵区	Tianjaan District	7295.61	3130.00	3131.37	1721.86	419.13	19.57	195.22
谢家集区	Xiejiaji District	6019.11	3515.00	2194.53	1541.48	251.36	42.80	266.78
八公山区	Bagongshan District	6297.80	5030.00	889.60	183.73	30.41	35.30	342.90
潘集区	Panji District	5243.77	2128.96	2544.06	1610.74	271.35	89.24	481.51
凤台县	Fengtai	6076.83	2328.90	2999.12	1836.08	239.26	116.17	491.56
毛集区	Maoji Distrct	5374.60	2173.30	3570.74	2625.05	14.82	36.69	120.30
滁州市	**Chuzhou**	**5889.04**	**1946.24**	**3485.96**	**3010.00**	**64.23**	**51.83**	**405.01**
琅琊区	Langya District	7594.87	4331.24	2025.13	1832.65	109.29	507.51	730.98
南谯区	Nanqiao District	5485.75	1499.59	3127.38	2856.69	17.99	94.98	209.11
来安县	Laian	6709.34	2539.62	3650.86	3236.61	78.91	68.17	450.70
全椒县	Quanjiao	6150.64	1564.34	3785.99	3546.10	14.39	193.39	586.56
定远县	Dingyuan	4883.10	872.00	3634.58	3277.82	41.14	82.49	343.41
凤阳县	Fengyang	5439.55	1639.91	3434.22	2341.95	214.88	3.29	362.13
天长市	Tianchang	7615.88	4338.41	2735.61	2559.65	14.48	157.71	384.15
明光市	Mingguang	6147.11	2338.69	3423.40	3015.87	65.02	11.30	373.71

9—35 续表1 continued

单位：元 (yuan)

市、县 County、city		期内现金收入合计 Total Cash Income in the Period	工资性收入 Wage Income	家庭经营现金收入 Cash Income From Household Business	#出售产品的现金 From Selling Products	批发和零售贸易、餐饮业现金收入 Cash Income form Whole-sale, Retail Sale and Catering Trade	财产性收入 Property Income	转移性收入 Transfer Income
六安市	**Luan**	**4182.29**	**1735.92**	**2059.40**	**1675.30**	**71.17**	**18.76**	**389.84**
金安区	Jinan District	3002.91	1694.80	1265.81	960.79	38.94	10.54	118.09
裕安区	Yuan District	3624.79	1834.30	1404.44	835.60	103.30	6.90	392.97
寿县	Shouxian	5547.88	1733.80	3461.84	3314.87	38.42	12.57	227.63
霍邱县	Huoqiu	4008.23	1951.50	1803.15	1574.15	1.82	9.04	387.40
舒城县	Shucheng	3641.02	1338.87	1857.04	1429.94	109.56	35.46	428.31
金寨县	Jinzhai	4410.59	1718.80	1988.08	1126.39	190.77	13.14	690.57
霍山县	Huoshan	4356.43	1826.85	1933.39	1342.49	204.06	110.10	486.09
叶集区	Yeji District	5241.58	1308.70	2080.65	1245.89	57.80		1655.71
马鞍山市	**Maanshan**	**9261.85**	**4641.30**	**3675.75**	**3027.93**	**233.81**	**43.78**	**663.62**
金家庄区	JInjiazhan District	9322.28	4903.90	4322.38	2560.58	323.80		96.00
花山区	Huashan District	8973.43	7265.41	779.95	235.99		162.49	765.58
雨山区	Yushan District	8972.97	6138.00	1876.55	1517.71		86.23	419.78
当涂县	Dangtu	9308.64	4318.00	4017.00	3368.94	270.27	34.00	706.00
巢湖市	**Chaohu**	**5667.73**	**2285.32**	**2785.93**	**2041.26**	**196.43**	**207.52**	**388.96**
居巢区	Juchao District	4615.47	1676.67	2436.55	1390.33	26.07	213.65	288.60
庐江县	Lujiang	4570.86	2295.81	1754.97	1309.91	58.50	36.70	483.38
无为县	Wuwei	6589.48	2169.01	3607.85	2375.94	495.13	554.18	258.44
含山县	Henshan	6067.78	3240.80	2437.86	1850.12	348.07	9.42	379.69
和县	Hexian	7216.82	2578.28	4026.93	3863.41	22.63	34.43	577.18
芜湖市	**Wuhu**	**7635.63**	**4044.61**	**3134.64**	**1912.13**	**369.66**	**119.30**	**337.09**
弋江区	Yijiang District	7967.63	4710.83	3083.74	732.42	925.56	54.51	118.54
鸠江区	Jiujiang District	6738.03	5774.64	896.60	892.54		31.89	34.91
三山区	Sanshang District	7294.29	3207.13	3532.49	1943.53	608.64	302.71	251.96
芜湖县	Wuhu	8298.53	3624.63	4165.23	2929.69	410.29	49.47	459.20
繁昌县	Fanchang	6841.32	4563.47	1909.94	759.13	237.89	54.67	313.24
南陵县	Nanling	7812.43	3802.06	3428.48	2250.00	301.31	176.15	405.74
宣城市	**Xuancheng**	**6422.55**	**2741.16**	**3217.82**	**2139.62**	**171.73**	**55.47**	**408.09**
宣州区	Xuanzhou District	6787.89	2163.71	4133.92	3520.88	163.05	110.73	379.53
郎溪县	Langxi	5023.40	2687.00	2109.34	1623.44	5.81		227.06
广德县	Guangde	7830.18	3033.82	4149.78	1179.61	329.89	78.85	567.74
泾县	Jingxian	5008.90	2034.85	2499.34	1649.79	148.18	22.65	452.06
绩溪县	Jixi	5208.84	2123.18	2701.59	2049.40	74.79	41.06	343.02
旌德县	Jingde	4163.46	2250.00	1110.90	321.46	41.54		802.56
宁国市	Ningguo	7693.25	4962.29	2491.51	1830.54	241.72		239.45
铜陵市	**Tongling**	**6540.23**	**3712.97**	**2150.79**	**1275.12**	**116.92**	**165.35**	**511.12**
狮子山区	Shuzushan District	7233.32	4688.51	1952.08	1319.23		375.90	216.83
郊区	Reigon of City	7239.20	4523.14	2279.14	1613.35	298.94	190.92	246.01
铜陵县	Tongling	6366.67	3495.14	2150.46	1219.30	100.49	141.09	579.99
池州市	**Chizhou**	**5404.41**	**2652.83**	**2420.26**	**1823.15**	**123.30**	**40.93**	**290.39**
市辖区	Reigon of City	6639.35	3264.42	2914.19	468.55	352.62	117.02	343.72
贵池区	Guichi District	5245.00	3019.00	1917.20	1404.21	118.18	50.80	258.00
东至县	Dongzhi	6100.75	2467.99	3320.51	2790.52	166.05	13.67	298.58
石台县	Shitai	3001.33	1225.00	1473.99	1118.68	62.52	68.48	233.85
青阳县	Qingyang	5216.34	2830.00	1962.78	1050.12	57.17	61.48	362.08
安庆市	**Anqing**	**4135.43**	**2164.74**	**1596.10**	**1021.57**	**136.37**	**26.08**	**348.51**
迎江区	yingjiang District	5531.65	3568.83	1703.51	564.92	306.08		259.31
大观区	daguan District	5445.83	3364.53	1607.14	877.73	252.10	9.86	464.31
宜秀区	yixu District	5978.12	3794.16	1832.04	416.13	104.14	85.06	266.87
怀宁县	Huaining	5403.98	3608.80	1449.48	719.19	275.87	10.55	335.15
枞阳县	Zongyang	2532.92	779.68	1255.03	939.37	108.27	8.77	489.44
潜山县	Qianshan	3844.22	2271.23	1379.20	549.33	185.47	4.11	189.68
太湖县	Taihu	2956.06	1589.43	1200.51	893.22	60.15	8.59	157.54
宿松县	Susong	4258.54	1569.15	2151.31	1645.01	55.49	17.00	521.08
望江县	Wangjiang	4182.27	1784.89	1914.05	1676.28	37.81	83.99	399.34
岳西县	Yuexi	3080.79	1441.59	1391.66	935.50	50.14	48.96	198.58
桐城市	Tongcheng	5985.53	3769.71	1866.88	922.36	262.12	31.96	316.98
黄山市	**Huangshan**	**5859.27**	**2499.38**	**2868.46**	**2143.21**	**116.14**	**51.81**	**439.62**
屯溪区	Tunxi District	8676.65	4188.72	3838.70	1190.83	402.87	191.54	457.69
黄山区	Huangshan District	6236.03	2797.90	2936.12	1819.93	194.60	82.87	419.12
徽州区	Huizhou District	6760.50	2496.80	3508.13	3002.68	51.36	68.33	687.23
歙县	Shexian	5812.36	2590.42	2763.49	2228.22	40.47	23.82	434.64
休宁县	Xiuning	5267.52	2306.04	2592.76	1957.07	106.61	34.94	333.79
黟县	Yixian	5665.00	1979.00	3094.17	2281.06	406.19	30.34	561.49
祁门县	Qimen	5178.56	1947.73	2709.88	2316.66	56.50	81.90	439.05

9—35 续表2 continued

单位：元 (yuan)

市、县 County、city		期内现金支出合计 Total Cash Expenditure in the Period	#生产费用支出 Productive Expenditure	缴纳生产税 Productive Tax	生活消费支出 Expenditure for Consumption	财产性支出 Property Expenditure	转移性支出 Transfer Expenditure
合肥市	**Hefei**	**4708.38**	**1343.96**	**0.02**	**2974.23**	**3.97**	**381.87**
瑶海区	Yaohai District	4619.20	41.54		4123.84	75.85	377.34
庐阳区	Luyang District	7181.16	739.92		5792.48		648.76
蜀山区	Shushan District	6754.66	855.87		5205.43	1.91	691.46
包河区	Baohe District	7477.65	846.95		5703.42		918.23
长丰县	Changfeng	4593.34	1640.76		2625.41	2.51	318.47
肥东县	Feidong	4053.73	1070.30		2713.86	4.24	265.10
肥西县	Feixi	5027.63	1621.53	0.07	2917.28	0.36	480.84
淮北市	**Huaibei**	**5183.76**	**1113.02**	**1.00**	**3510.54**	**12.04**	**544.58**
杜集区	Duji District	4521.31	572.70	1.57	3090.14	1.86	855.02
相山区	Xiangshan District	5496.60	1146.59		3422.84	0.61	902.18
烈山区	Lieshan District	5323.10	1361.96	5.36	3551.52		404.26
濉溪县	Suixi	5208.35	1121.68		3563.24	17.20	504.69
亳州市	**Bozhou**	**4138.94**	**1441.53**	**5.54**	**2292.46**	**5.65**	**386.05**
谯城区	Qiaocheng District	5311.68	2911.29	0.18	2003.10	6.66	379.51
涡阳县	Guoyang	4720.33	1109.64	0.12	3074.23	1.88	527.92
蒙城县	Mengcheng	3651.73	1032.72	24.92	2152.74	9.72	427.31
利辛县	Lixin	2929.94	763.58	0.04	1926.90	5.07	225.73
宿州市	**Suzhou**	**4074.04**	**1343.02**	**0.23**	**2342.63**	**9.33**	**374.19**
埇桥区	Yongqiao District	3866.82	1216.97		2203.34	10.63	428.93
砀山县	Dangshan	4751.03	1358.71	0.05	2947.65	7.22	432.58
萧县	Xiaoxian	2223.75	459.99		1668.72	19.48	69.81
灵璧县	Lingbi	4662.83	1521.08	1.09	2587.87	5.89	545.82
泗县	Sixian	5001.68	2261.81		2389.48	2.61	343.94
蚌埠市	**Bengbu**	**4535.85**	**1474.94**	**0.16**	**2614.82**	**0.13**	**443.71**
龙子湖区	Longzihu District	3091.34	924.63		2116.09		50.62
蚌山区	Bangshan District	3588.42	962.29		2455.98	8.84	161.32
禹会区	Yuhui District	4630.92	1460.39	6.47	2963.99		200.08
淮上区	Huaishang District	2501.90	492.31		1797.44		212.15
怀远县	Huaiyuan	4729.18	1315.01		2945.44		468.73
五河县	Wuhe	4491.95	1915.42		2188.62		385.75
固镇县	Guzhen	4972.67	1677.12		2668.61	0.13	618.95
阜阳市	**Fuyang**	**3937.21**	**1266.13**	**11.55**	**2209.54**	**1.93**	**444.21**
颍州区	Yingzhou District	5277.32	1514.03		3184.14	6.45	565.34
颍东区	Yingdong District	3526.49	1018.57		1947.58	2.63	554.36
颍泉区	Yingquan District	4792.77	871.71	1.19	3243.22		670.35
临泉县	Linquan	3302.97	1252.99	29.26	1666.40	0.30	349.40
太和县	Taihe	4391.42	1502.08	26.73	2406.73	0.28	450.87
阜南县	Funan	3071.38	915.43		1783.28	4.14	365.73
颍上县	Yingshang	3775.42	1153.57		2074.43	3.87	540.57
界首市	Jieshou	5921.25	2205.39		3395.27		320.59
淮南市	**Huainan**	**4470.86**	**1191.46**	**8.71**	**2884.97**	**0.25**	**384.98**
大通区	Datong District	4629.55	1278.63	3.24	3025.33	0.70	320.22
田家庵区	Tianjaan District	3924.63	1218.95		2429.05		267.54
谢家集区	Xiejiaji District	4570.13	1027.41	11.65	3140.06		383.10
八公山区	Bagongshan District	4402.89	201.87		3686.39		513.82
潘集区	Panji District	4495.07	1444.80	8.27	2650.93	0.68	385.65
凤台县	Fengtai	4720.35	1162.07	13.74	3113.03	0.06	438.25
毛集区	Maoji Distrct	3528.96	833.30		2403.38		287.76
滁州市	**Chuzhou**	**4846.41**	**1498.94**	**0.56**	**2960.81**	**4.34**	**377.10**
琅琊区	Langya District	5056.86	995.75		3717.57		343.54
南谯区	Nanqiao District	6148.17	1489.93	3.20	4360.22	0.65	292.75
来安县	Laian	5862.28	1752.94		3393.70	2.58	709.80
全椒县	Quanjiao	4363.49	1726.72		2421.03	2.31	196.54
定远县	Dingyuan	4988.18	1789.40	0.15	2868.89	6.01	308.94
凤阳县	Fengyang	3556.36	1164.29	0.87	2272.22	0.18	118.80
天长市	Tianchang	6209.47	1535.07	0.98	3841.96	8.06	816.14
明光市	Mingguang	5697.06	2994.47		2414.82	7.85	273.47

9—35 续表3 continued

单位：元 (yuan)

市、县 County、city	期内现金支出合计 Total Cash Expenditure in the Period	#生产费用支出 Productive Expenditure	缴纳生产税 Productive Tax	生活消费支出 Expenditure for Consumption	财产性支出 Property Expenditure	转移性支出 Transfer Expenditure
六 安 市 Luan	**3603.94**	**913.48**	**2.77**	**2364.03**	**8.87**	**300.79**
金 安 区 Jinan District	4109.93	785.93	2.28	2877.29	5.08	428.82
裕 安 区 Yuan District	2669.21	489.95		1964.01		212.41
寿 县 Shouxian	3408.03	1419.07		1795.78	2.96	166.72
霍 邱 县 Huoqiu	4113.15	1125.79	1.19	2663.28		322.25
舒 城 县 Shucheng	3171.23	497.12		2420.13	41.47	192.65
金 寨 县 Jinzhai	3911.26	1073.77	24.80	2362.70	18.09	392.47
霍 山 县 Huoshan	4174.65	480.89	1.13	2960.93	6.73	717.94
叶 集 区 Yeji District	3400.90	318.76		2506.98	1.76	531.86
马鞍山市 Maanshan	**7855.84**	**1447.23**		**5279.75**	**67.92**	**905.17**
金家庄区 JInjiazhan District	5819.02	386.07		4818.67		614.28
花 山 区 Huashan District	8198.92	245.97		6548.96		1403.99
雨 山 区 Yushan District	6268.26	866.10		4793.20		607.86
当 涂 县 Dangtu	8091.40	1615.92		5283.55	81.78	922.72
巢 湖 市 Chaohu	**4202.29**	**967.96**	**0.66**	**2865.15**	**3.22**	**360.14**
居 巢 区 Juchao District	3416.38	623.28	0.03	2511.35	11.80	268.32
庐 江 县 Lujiang	3971.18	880.43	0.13	2723.29	2.19	362.04
无 为 县 Wuwei	3869.89	734.99	0.37	2946.81	0.71	175.28
含 山 县 Henshan	4741.64	798.62		3333.40	0.04	607.82
和 县 Hexian	5916.51	2144.78	3.55	3117.14	1.42	645.72
芜 湖 市 Wuhu	**5949.94**	**1290.07**	**0.49**	**4156.26**	**2.04**	**499.11**
弋 江 区 Yijiang District	6505.45	1600.47	0.11	4124.12	0.09	780.66
鸠 江 区 Jiujiang District	4845.52	181.52		4471.84		192.16
三 山 区 Sanshang District	5977.36	1619.36		3955.39		402.12
芜 湖 县 Wuhu	6722.72	1245.53		4842.84	7.22	624.03
繁 昌 县 Fanchang	5200.12	809.00	0.32	3915.38	1.74	473.00
南 陵 县 Nanling	5915.68	1645.14	1.26	3798.75	0.12	467.27
宣 城 市 Xuancheng	**5691.22**	**1274.84**	**1.18**	**3827.53**	**15.31**	**564.49**
宣 州 区 Xuanzhou District	4854.54	1366.83		3120.53	0.97	360.96
郎 溪 县 Langxi	3385.75	730.28		2307.56	6.31	338.19
广 德 县 Guangde	8433.77	2265.28	4.68	5256.75	61.43	817.32
泾 县 Jingxian	5372.55	879.16	0.71	3989.42	3.96	498.76
绩 溪 县 Jixi	3940.89	844.71	1.98	2634.70	12.56	446.90
旌 德 县 Jingde	4699.08	496.19		3844.02		358.87
宁 国 市 Ningguo	7476.79	1052.84	0.73	5297.91	11.62	1110.23
铜 陵 市 Tongling	**5999.10**	**933.07**		**4307.25**	**22.57**	**736.14**
狮子山区 Shuzushan District	6807.33	517.76		5473.04		816.52
郊 区 Reigon of City	5562.63	1004.35		3852.49	8.37	697.33
铜 陵 县 Tongling	5987.45	962.38		4263.79	26.92	734.28
池 州 市 Chizhou	**4778.14**	**1252.11**	**1.43**	**3125.62**	**12.00**	**385.59**
市 辖 区 Reigon of City	7945.13	2277.11	39.11	4784.13	2.63	842.15
贵 池 区 Guichi District	4803.34	1150.38	1.54	3303.13	14.40	333.70
东 至 县 Dongzhi	4647.00	1395.52	0.65	2824.90	5.21	417.79
石 台 县 Shitai	3854.21	901.66	2.89	2702.92	6.82	239.70
青 阳 县 Qingyang	5208.49	1255.27	0.12	3465.04	23.82	462.90
安 庆 市 Anqing	**3270.60**	**791.32**	**0.22**	**2263.43**	**4.93**	**207.72**
迎 江 区 yingjiang District	4500.36	657.20	0.70	3533.82	3.84	304.81
大 观 区 daguan District	3190.59	432.63		2668.03		87.13
宜 秀 区 yixu District	3222.16	218.68		2636.37		366.61
怀 宁 县 Huaining	2750.87	300.35		2221.48	2.56	226.32
枞 阳 县 Zongyang	2646.92	533.13	1.25	2043.71	2.23	64.38
潜 山 县 Qianshan	3362.30	985.29		2293.32		83.06
太 湖 县 Taihu	2422.09	622.82		1648.92	7.96	140.07
宿 松 县 Susong	3719.64	1022.24		2401.70	6.04	285.10
望 江 县 Wangjiang	5112.90	2139.76		2705.84	8.23	249.47
岳 西 县 Yuexi	1945.07	301.13		1412.60	21.74	205.92
桐 城 市 Tongcheng	3825.27	646.21		2780.76	0.32	395.95
黄 山 市 Huangshan	**4821.75**	**1092.83**	**0.17**	**3324.67**	**11.81**	**388.30**
屯 溪 区 Tunxi District	9756.68	1289.73	1.32	7466.30	39.07	960.01
黄 山 区 Huangshan District	5989.00	1067.61	0.07	4224.32	47.65	643.58
徽 州 区 Huizhou District	6170.18	1888.54	1.05	3714.39	17.55	547.44
歙 县 Shexian	4218.67	1081.38	0.04	2906.75	5.45	217.88
休 宁 县 Xiuning	3880.69	1019.40		2604.79	1.95	252.82
黟 县 Yixian	5142.64	1120.66		3392.98	2.18	626.53
祁 门 县 Qimen	4233.72	722.99		3049.73	6.37	453.04

9—36 各市、县农村居民家庭平均每人生活消费现金支出（2009年）

Per Capita Living Expenditure in Cash of Rural Households by County or City (2009)

单位：元 (yuan)

市、县 County、city	生活消费支出合计 Living Expenditure	食品 Food	衣着 Clothing	居住 Residence	医疗保健 Medicines and Medical Services	交通和通讯 Transport, and Communi-cation Services	文教、娱乐用品及服务 Cultural, Educational and Recreational Articles and Services	其他商品及服务 Other Commodi-ties and Services
合肥市 Hefei	**2974.23**	**1221.53**	**217.40**	**360.63**	**184.93**	**306.44**	**325.98**	**357.32**
瑶海区 Yaohai District	4123.84	1967.75	453.81	473.22	60.32	429.10	232.46	507.19
庐阳区 Luyang District	5792.48	2269.88	569.91	461.78	205.27	1205.55	610.90	469.18
蜀山区 Shushan District	5205.43	2252.81	474.11	334.79	593.39	448.50	380.45	721.39
包河区 Baohe District	5703.42	2319.85	537.01	451.68	351.28	386.36	458.92	1198.34
长丰县 Changfeng	2625.41	1037.62	192.23	315.54	174.11	294.14	301.30	310.46
肥东县 Feidong	2713.86	1217.96	161.00	289.52	163.79	242.80	348.05	290.74
肥西县 Feixi	2917.28	1093.57	219.28	462.70	191.96	327.64	293.94	328.20
淮北市 Huaibei	**3510.54**	**1280.06**	**224.33**	**783.95**	**181.03**	**305.59**	**311.64**	**423.93**
杜集区 Duji District	3090.14	1293.53	224.08	541.39	238.48	256.70	188.58	347.37
相山区 Xiangshan District	3422.84	1200.50	303.49	569.67	239.14	366.37	333.78	409.89
烈山区 Lieshan District	3551.52	1262.11	225.31	740.69	124.20	301.29	362.75	535.18
濉溪县 Suixi	3563.24	1289.74	216.93	844.85	181.58	307.37	313.60	409.15
亳州市 Bozhou	**2292.46**	**907.31**	**173.25**	**423.08**	**179.70**	**229.39**	**142.21**	**237.53**
谯城区 Qiaocheng District	2003.10	843.42	159.76	200.13	188.33	247.64	135.79	228.03
涡阳县 Guoyang	3074.23	1137.97	245.78	828.47	193.72	251.35	156.82	260.11
蒙城县 Mengcheng	2152.74	845.89	159.31	319.06	185.51	242.59	136.65	263.73
利辛县 Lixin	1926.90	796.25	128.15	323.77	154.18	181.93	138.62	203.99
宿州市 Suzhou	**2342.63**	**1032.65**	**128.74**	**379.21**	**151.14**	**202.12**	**213.15**	**235.61**
埇桥区 Yongqiao District	2203.34	838.48	141.03	366.92	162.98	223.08	171.79	299.06
砀山县 Dangshan	2947.65	1231.76	197.32	443.10	216.53	307.29	317.44	234.21
萧县 Xiaoxian	1668.72	918.71	95.08	128.71	89.08	117.08	157.09	162.97
灵璧县 Lingbi	2587.87	1149.19	108.75	507.14	168.62	159.19	227.85	267.12
泗县 Sixian	2389.48	1132.78	100.09	448.54	111.50	205.22	218.78	172.57
蚌埠市 Bengbu	**2614.82**	**1031.39**	**146.95**	**522.81**	**173.76**	**226.07**	**273.85**	**240.00**
龙子湖区 Longzihu District	2116.09	782.08	245.45	722.72	66.56	145.14	71.68	82.46
蚌山区 Bangshan District	2455.98	1100.28	144.46	201.57	82.79	247.81	438.87	240.20
禹会区 Yuhui District	2963.99	1279.79	273.37	355.66	148.52	379.42	199.45	327.77
淮上区 Huaishang District	1797.44	958.23	91.62	324.41	105.93	125.30	77.21	114.74
怀远县 Huaiyuan	2945.44	1141.01	151.83	587.78	196.63	235.30	347.53	285.36
五河县 Wuhe	2188.62	892.34	110.35	465.63	132.63	186.05	214.22	187.40
固镇县 Guzhen	2668.61	975.06	169.25	523.27	213.97	272.65	266.00	248.40
阜阳市 Fuyang	**2209.54**	**779.94**	**153.38**	**412.56**	**177.92**	**217.55**	**213.85**	**254.35**
颍州区 Yingzhou District	3184.14	1018.75	233.50	754.82	244.27	322.29	260.98	349.54
颍东区 Yingdong District	1947.58	634.81	127.75	240.48	261.02	257.03	236.70	189.79
颍泉区 Yingquan District	3243.22	980.37	193.26	986.72	282.59	280.97	236.92	282.40
临泉县 Linquan	1666.40	584.42	139.41	242.04	144.30	177.88	204.94	173.40
太和县 Taihe	2406.73	801.89	169.94	527.92	157.52	242.33	274.53	232.61
阜南县 Funan	1783.28	683.39	129.89	283.20	154.05	153.90	170.15	208.69
颍上县 Yingshang	2074.43	753.82	89.62	374.66	146.84	190.03	140.82	378.65
界首市 Jieshou	3395.27	1400.12	288.72	480.75	246.17	332.53	289.52	357.46
淮南市 Huainan	**2884.97**	**1181.68**	**234.86**	**487.56**	**143.12**	**262.44**	**207.40**	**367.91**
大通区 Datong District	3025.33	1252.54	269.67	593.36	82.02	280.98	155.96	390.80
田家庵区 Tianjaan District	2429.05	1055.02	215.46	325.85	112.46	306.53	155.78	257.95
谢家集区 Xiejiaji District	3140.06	1617.63	258.83	316.21	189.02	237.01	217.53	303.81
八公山区 Bagongshan District	3686.39	1706.02	336.56	361.89	155.91	308.57	228.19	589.26
潘集区 Panji District	2650.93	1002.82	207.92	481.91	180.36	259.68	202.04	316.21
凤台县 Fengtai	3113.03	1205.68	254.91	589.88	139.86	260.93	230.43	431.34
毛集区 Maoji Distrct	2403.38	1117.23	155.91	284.31	87.05	222.83	206.59	329.45
滁州市 Chuzhou	**2960.81**	**1079.52**	**202.32**	**634.76**	**159.36**	**271.38**	**275.98**	**337.47**
琅琊区 Langya District	3717.57	1434.37	157.26	540.32	339.90	397.97	262.87	584.89
南谯区 Nanqiao District	4360.22	961.64	179.17	2205.16	123.72	250.36	308.71	331.46
来安县 Laian	3393.70	1282.28	239.14	514.82	194.21	373.17	323.42	466.66
全椒县 Quanjiao	2421.03	910.68	109.78	388.78	116.19	255.37	353.03	287.19
定远县 Dingyuan	2868.89	1253.08	185.63	412.27	190.36	247.66	260.41	319.48
凤阳县 Fengyang	2272.22	979.64	199.67	354.38	67.80	188.07	191.96	290.70
天长市 Tianchang	3841.96	1102.47	325.63	868.94	278.98	448.17	409.81	407.96
明光市 Mingguang	2414.82	906.89	155.19	616.62	113.70	171.20	172.71	278.51

9—36 续表 continued

单位：元 (yuan)

市、县	County、city	生活消费支出合计 Living Expenditure	食 品 Food	衣 着 Clothing	居 住 Residence	医疗保健 Medicines and Medical Services	交通和通讯 Transport, and Communi-cation Services	文教、娱乐用品及服务 Cultural, Educational and Recreational Articles and Services	其他商品及服务 Other Commodi-ties and Services
六 安 市	**Luan**	**2364.03**	**912.91**	**152.32**	**359.23**	**165.78**	**272.93**	**221.89**	**278.97**
金 安 区	Jinan District	2877.29	845.14	167.71	344.11	164.70	710.52	396.06	249.04
裕 安 区	Yuan District	1964.01	799.25	145.14	202.76	90.25	329.91	165.45	231.23
寿 县	Shouxian	1795.78	857.32	97.26	239.33	94.53	129.64	163.60	214.11
霍 邱 县	Huoqiu	2663.28	1117.80	170.62	516.53	185.09	217.62	135.45	320.18
舒 城 县	Shucheng	2420.13	806.05	160.42	482.02	197.32	173.40	287.17	313.76
金 寨 县	Jinzhai	2362.70	801.23	175.01	222.85	350.62	209.00	281.49	322.50
霍 山 县	Huoshan	2960.93	1025.24	208.68	396.58	197.86	382.29	375.19	375.08
叶 集 区	Yeji District	2506.98	1119.88	153.12	524.41	100.60	181.55	155.26	272.17
马鞍山市	**Maanshan**	**5279.75**	**1544.76**	**340.43**	**1097.59**	**564.36**	**521.29**	**462.79**	**748.53**
金家庄区	JInjiazhan District	4818.67	2129.76	675.96	447.20	183.96	526.51	413.62	441.66
花 山 区	Huashan District	6548.96	2256.54	731.68	583.32	1082.61	543.41	515.59	835.81
雨 山 区	Yushan District	4793.20	1866.10	572.22	715.85	244.40	520.73	301.99	571.91
当 涂 县	Dangtu	5283.55	1448.98	280.93	1191.97	586.59	519.98	480.22	774.88
巢 湖 市	**Chaohu**	**2865.15**	**1119.35**	**217.72**	**434.69**	**171.78**	**267.75**	**278.59**	**375.28**
居 巢 区	Juchao District	2511.35	1082.86	149.40	279.67	118.82	205.91	301.65	373.04
庐 江 县	Lujiang	2723.29	923.19	167.48	520.17	181.28	270.79	342.88	317.49
无 为 县	Wuwei	2946.81	1338.00	294.60	309.67	109.40	219.88	216.22	459.05
含 山 县	Henshan	3333.40	1348.73	325.83	379.07	236.52	429.96	282.87	330.42
和 县	Hexian	3117.14	989.61	185.00	733.23	291.47	315.21	232.93	369.71
芜 湖 市	**Wuhu**	**4156.26**	**1505.25**	**341.35**	**544.32**	**254.06**	**462.55**	**456.24**	**592.49**
弋 江 区	Yijiang District	4124.12	1345.17	467.12	336.02	246.72	453.10	361.40	914.59
鸠 江 区	Jiujiang District	4471.84	2245.78	332.04	339.67	75.81	308.24	275.36	894.93
三 山 区	Sanshang District	3955.39	1650.61	448.75	488.72	149.39	374.18	435.72	408.03
芜 湖 县	Wuhu	4842.84	1756.48	363.14	635.57	325.54	596.51	557.88	607.72
繁 昌 县	Fanchang	3915.38	1263.27	377.77	760.81	263.00	391.95	481.73	376.84
南 陵 县	Nanling	3798.75	1270.86	251.03	481.98	275.02	469.65	441.09	609.11
宣 城 市	**Xuancheng**	**3827.53**	**1368.64**	**287.42**	**479.37**	**249.50**	**357.98**	**455.56**	**629.07**
宣 州 区	Xuanzhou District	3120.53	1176.40	240.70	435.73	178.23	346.03	388.05	355.39
郎 溪 县	Langxi	2307.56	880.72	272.49	240.42	116.53	217.75	257.00	322.65
广 德 县	Guangde	5256.75	1614.05	483.13	524.11	452.80	314.79	833.72	1034.14
泾 县	Jingxian	3989.42	1454.86	249.86	472.10	296.18	383.46	334.88	798.08
绩 溪 县	Jixi	2634.70	813.61	132.59	546.50	227.40	267.07	275.41	372.11
旌 德 县	Jingde	3844.02	2087.67	185.14	394.88	103.65	302.56	212.63	557.48
宁 国 市	Ningguo	5297.91	1811.20	290.01	747.67	280.47	616.33	567.13	985.10
铜 陵 市	**Tongling**	**4307.25**	**1468.88**	**354.25**	**878.88**	**222.44**	**381.84**	**473.00**	**527.96**
狮子山区	Shuzushan District	5473.04	1736.25	706.96	636.74	386.12	517.19	540.89	948.89
郊 区	Reigon of City	3852.49	1351.02	403.63	571.92	92.32	327.87	505.85	599.89
铜 陵 县	Tongling	4263.79	1460.98	312.61	949.08	226.44	376.98	461.42	476.28
池 州 市	**Chizhou**	**3125.62**	**1259.55**	**175.53**	**466.30**	**208.82**	**310.09**	**335.94**	**369.39**
市 辖 区	Reigon of City	4784.13	1360.13	397.77	1159.76	236.65	522.68	490.96	616.18
贵 池 区	Guichi District	3303.13	1398.64	150.48	549.57	184.42	296.45	391.36	332.22
东 至 县	Dongzhi	2824.90	1126.90	171.94	341.98	230.30	300.12	306.30	347.35
石 台 县	Shitai	2702.92	960.30	164.40	511.41	250.28	278.22	264.27	274.05
青 阳 县	Qingyang	3465.04	1363.44	228.04	493.67	196.41	361.16	302.47	519.85
安 庆 市	**Anqing**	**2263.43**	**828.44**	**173.47**	**278.21**	**130.92**	**206.21**	**304.64**	**341.56**
迎 江 区	yingjiang District	3533.82	1703.99	417.06	249.06	70.34	288.29	240.21	564.86
大 观 区	daguan District	2668.03	1276.61	95.19	256.86	127.48	237.09	254.48	420.32
宜 秀 区	yixu District	2636.37	905.16	202.54	362.13	177.27	281.12	237.14	471.02
怀 宁 县	Huaining	2221.48	1054.77	157.85	188.39	117.90	255.41	224.10	223.06
枞 阳 县	Zongyang	2043.71	481.41	260.55	402.66	80.90	105.48	322.46	390.24
潜 山 县	Qianshan	2293.32	958.49	276.22	247.91	55.24	295.29	200.53	259.65
太 湖 县	Taihu	1648.92	544.19	101.33	153.65	106.38	160.40	323.21	259.77
宿 松 县	Susong	2401.70	864.52	115.91	394.76	130.88	182.82	397.87	314.94
望 江 县	Wangjiang	2705.84	1000.72	168.41	297.11	268.49	207.77	461.55	301.80
岳 西 县	Yuexi	1412.60	533.25	88.78	118.14	158.86	147.90	162.03	203.63
桐 城 市	Tongcheng	2780.76	1027.41	141.47	255.51	150.53	288.02	307.77	610.04
黄 山 市	**Huangshan**	**3324.67**	**1148.92**	**197.00**	**517.08**	**323.59**	**367.30**	**343.76**	**427.02**
屯 溪 区	Tunxi District	7466.30	2402.60	584.15	1144.20	498.07	1451.31	621.80	764.17
黄 山 区	Huangshan District	4224.32	1419.89	300.35	736.46	362.48	432.13	449.28	523.75
徽 州 区	Huizhou District	3714.39	1382.77	194.52	507.94	286.48	360.36	496.25	486.07
歙 县	Shexian	2906.75	1064.24	122.07	462.01	365.98	257.25	302.52	332.68
休 宁 县	Xiuning	2604.79	997.15	175.02	344.07	199.52	250.03	250.11	388.89
黟 县	Yixian	3392.98	1069.40	202.75	588.87	313.66	328.42	387.13	502.74
祁 门 县	Qimen	3049.73	814.69	207.90	491.60	326.96	421.73	308.79	478.07

主要统计指标解释

城镇家庭总收入

指调查户中生活在一起的所有家庭成员在调查期得到的工薪收入、经营净收入、财产性收入、转移性收入的总和，不包括出售财物和借贷收入。

城镇家庭可支配收入

指调查户可用于最终消费支出和其它非义务性支出以及储蓄的总和，即居民家庭可以用来自由支配的收入。它是家庭总收入扣除交纳的所得税、个人交纳的社会保障费以及调查户的记账补贴后的收入。计算公式为：

可支配收入=家庭总收入—交纳所得税—个人交纳的社会保障费—记账补贴

城镇家庭总支出

指家庭除借贷支出以外的全部实际支出。包括消费性支出、购房建房支出、转移性支出、财产性支出、社会保障支出。

城镇家庭消费性支出

指调查户用于本家庭日常生活的全部支出，包括食品、衣着、家庭设备用品及服务、医疗保健、交通和通信、教育文化娱乐服务、居住、杂项商品和服务八大类等。

农村居民家庭总收入

指调查期内农村住户和住户成员从各种来源渠道得到的收入总和。按收入的性质划分为工资性收入、家庭经营收入、财产性收入和转移性收入。

农村居民家庭纯收入

指农村住户当年从各个来源得到的总收入相应地扣除所发生的费用后的收入总和。计算方法：

纯收入=总收入—税费支出—家庭经营费用支出—生产性固定资产折旧—赠送农村外部亲友支出

纯收入主要用于再生产投入和当年生活消费支出，也可用于储蓄和各种非义务性支出。“农民人均纯收入”按人口平均的纯收入水平，反映的是一个地区或一个农户农村居民的平均收入水平。

农村居民家庭生活消费支出

指农村住户用于物质生活和精神生活方面的支出。生活消费支出包括食品、衣着、居住、家庭设备用品及服务、医疗保健、交通和通讯、文化教育娱乐用品及服务、其他商品和服务等消费支出。

全省城乡居民储蓄存款余额

指某一时点城乡居民存入银行及农村信用社的储蓄金额，包括城镇居民储蓄存款和农民个人储蓄存款，不包括居民的手存现金和工矿企业、部队、机关、团体等单位存款。

Explanatory Notes for Major Statistical Indicators

Total Income of Urban Households

refers to the total income of all the family members living together in the sample households, including wage income, net income of business, property income and transfer income. The income from selling belongings and loan income are excluded.

Disposable Income of Urban Households

refers to the total amount of the sample households, including that could be used as ultimate expenditure for consumption and other non-obligation expenditure and savings deposit that is the income that the household could freely budget. It is the balance that total income of household minus income tax, social protection fee and account subsidy of sample household. The formula is as follows:

Disposable income=total income of household – income tax – social protection fee paid by individual – account subsidy

Total Expenditure of Urban Households

refers to the total actual expenditure of the household except loan expenditure. It includes expenditure for consumption, expenditure from buying and constructing house, property expenditure and expenditure for social protection.

Expenditure for Consumption of Urban Households

refers to total expenditure of the sample households for consumption in daily life, including eight categories as follows: food, clothing, household appliances and services, health care and medical services, transport and communications, recreation, education and cultural services, housing, miscellaneous goods and services.

Total Income of Rural Households

refers to the sum of income earned from various sources by the rural households and their members during the reference period, and is classified as income from wages and salaries, income from household operations, income from properties and income from transfers.

Net Income of Rural Households

refers to the total income of rural households from all sources minus all corresponding expenses. The formula for calculation is as follows:

Net income = total income – household operation expenses – taxes and fees – depreciation of fixed assets for production – subsidy for participating in household survey – gifts to non-rural relatives

Net income is mainly used as input for reproduction and as consumption expenditure of the year, and also used for savings and non-compulsory expenses of various forms. “Per capita net income of farmers” is the level of net income averaged by population which reflects the average income level of rural households in a given area.

Expenditure on Consumption of Rural Households

refers to expenditure by rural households on their material and cultural life, including expenditure on food; clothing; housing; household appliances, articles and services; health and medical service; transportation and communications; articles and services on culture, education and recreation; and other goods and services.

The Savings Deposits of Urban and Rural Residents

refers to the total value of savings deposits of urban and rural households in banks and rural credit cooperatives at a given point of time, including the savings deposit of urban residents and the savings deposit of rural residents. The cash in hand by residents and the deposits of organizations such as enterprises, military units, government agencies, institutions, etc. are not included.

第十篇

Chapter 10

城市概况

GENERAL SURVEY OF CITIES

简要说明

一、本篇资料反映全省及17个地级城市市辖区社会、经济发展和城市建设的规模、效益及综合水平等基本情况，主要内容：

1. 人口、劳动力及土地面积；

2. 综合经济指标；

3. 固定资产投资；

4. 教育、科技、文化、卫生情况；

5. 财政、金融情况；

6. 人民生活情况；

7. 社会福利、劳动保险；

8. 市政公用事业情况；

二、全省城市社会经济资料由安徽省统计局综合处根据国家统计局《城市社会经济基本情况统计报表制度》搜集、汇总整理提供。

Brief Introduction

I. Data in this chapter show the social and economic development as well as the scale, economic efficiency, overall level and other basic conditions of 17 cities at the prefecture and county level in Anhui Province. The main content is composed of the following parts.

1. Population, labor force and area of land.

2. Comprehensive economic indicators.

3. Investment in fixed assets.

4. The conditions of education, science and technology, culture and health care.

5. The conditions of finance and banking.

6. People's livelihood.

7. Social welfare and labor insurance.

8. The conditions of municipal public utilities.

II. Data on the social and economic conditions of the cities in the province are prepared and provided by the Division of Integrated Statistics of Anhui Statistical Bureau in accordance with the statistical reporting scheme on the basic social and economical situations of the cities, which is stipulated by the State Statistical Bureau.

10—1 地级城市基本情况（2009年）
Basic Statement of Cities at Prefectural Level (2009)

指标		Item		全省 Province	#市区合计 City
人口、劳动力及土地面积		**Population, Labor Force and Land Area**			
年末总人口	（万人）	Population (year-end)	(10000 persons)	6794.52	1951.24
#非农业人口		Non-agricultural Population		1517.28	
年平均人口	（万人）	Annual Average Population	(10000 persons)	6767.73	1937.73
年末单位从业人员数	（万人）	Employed Persons in Various Units (year-end)	(10000 persons)	359.86	219.58
城镇私营和个体从业人员	（人）	Self-employed Individuals in Urban Areas	(persons)	3653079	1857602
行政区域土地面积	（平方公里）	Land Area	(sq.m)	139427	27517
#建成区面积		Developed Area			1303.5
综合经济		**General Economy**			
地区生产总值（当年价格）	（万元）	Gross Regional Product (at current price)	(10000 yuan)	100628200	55033397
第一产业增加值		Primary Industry		14954500	2947334
第二产业增加值		Secondary Industry		49052200	29858088
第三产业增加值		Tertiary Industry		36621500	22227975
财政、金融		**Government Finance and Banking**			
地方财政一般预算内收入	（万元）	Local Budgetary Financial Revenue	(10000 yuan)	8639175	4632858
地方财政一般预算内支出	（万元）	Local Budgetary Financial Expenditure	(10000 yuan)	21419217	8124866
一般性公共服务支出		General Public Service		2674982	933300
科学技术支出		Expenses for Science		364693	226356
教育支出		Expenses for Education		3237914	977467
文化体育与传媒支出		Culture, Sports and Media		421390	84268
社会保障和就业支出		Social Security and Employment		3039604	1398360
社会保险基金支出		Social Security Subsidiary Expenses		2520451	1747387
医疗卫生支出		Expenses for Public Health		1657413	509923
环境保护支出		Environmental Protection		592653	285442
城乡社区事务支出		Expenses in Urban、Rural Areas and Communities		1658503	1169056
交通运输支出		Transport		1427280	137952
城乡居民储蓄年末余额	（万元）	Balance of Savings Deposit of Rural and Urban Residents (year-end)	(10000 yuan)	66194800	34825939
农业		**Agriculture**			
蔬菜产量	（吨）	Output of Vegetables	(ton)	20280546	
水果产量	（吨）	Output of Fruits	(ton)	2157169	
肉类总产量	（吨）	Output of Meat	(ton)	3625873	
奶类产量	（吨）	Output of Milk	(ton)	212000	
水产品产量	（吨）	Output of Aquatic Products	(ton)	1831462	
工业		**Industry**			
规模以上工业法人企业		Industrial Corporate Enterprises above Designated Size			
工业企业数	（个）	Number of Enterprises	(unit)	14122	5545
内资企业		Domestic Funded Enterprises		13239	4978
港澳台商投资企业		Funded by Entrepreneurs from Hong Kong, Macao and Taiwan		365	227
外商投资企业		Foreign Funded Enterprises		518	340
工业总产值（当年价格）	（万元）	Gross Output Value (at current price)	(10000 yuan)	133126000	79176394
内资企业		Domestic Funded Enterprises		115144600	64243393
港澳台商投资企业		Funded by Entrepreneurs from Hong Kong, Macao and Taiwan		5343500	3939619
外商投资企业		Foreign Funded Enterprises		12637800	10993382
从业人员年平均人数	（万人）	Annual Average Number of Employed Persons	(10000 persons)	231.53	125.77
流动资金合计	（万元）	Total Working Capital	(10000 yuan)	50017563	34687954
固定资产合计	（万元）	Total Fixed Assets	(10000 yuan)	55583559	39860873
主营业务收入	（万元）	Main Business Revenue	(10000 yuan)	127871700	76946808
主营业务税金及附加	（万元）	Main Business Taxes and Extra-charges	(10000 yuan)	2337200	1875100
本年应交增值税	（万元）	Value Added Tax Payable	(10000 yuan)	5230500	3451398
利润总额	（万元）	Total Profits	(10000 yuan)	8190400	4557084

10—1 续表1 continued

指 标		Item		全 省 Province	#市区合计 City
交通运输、邮电通信、能源电力		**Transportation, Post & Telecommunication and Electric Power**			
铁路旅客运量	（万人）	Passenger Traffic of Railways	(10000 persons)	5131.00	
铁路货物运量	（万吨）	Freight Traffic of Railways	(10000 tons)	11328	
境内铁路营业里程	（公里）	Length of Railways Within the Boundary	(km)	2850	
民用汽车拥有量	（辆）	Number of Civil Vehicles Owned	(unit)	2023124	
#私人汽车拥有量		Number of Motor Vehicls owned by Individuals		1315150	
公路客运量	（万人）	Passenger Traffic of Highways	(10000 persons)	135984	
公路货运量	（万吨）	Freight Traffic of Highways	(10000 tons)	157991	
境内等级公路里程	（公里）	Length of Classfied Highways Within the Boundary	(km)	139424	
境内高速公路里程	（公里）	Express Highways	(km)	2810	
内河港口货物吞吐量	（万吨）	Cargo Handled in Ports of Inland Rivers	(10000 tons)	26449	
水运客运量	（万人）	Passenger Traffic of Waterways	(10000 persons)	114	
水运货运量	（万吨）	Freight Traffic of Waterways	(10000 tons)	27355	
民用航空货邮运量	（万吨）	Freight Traffic of Civil Aviation	(10000 tons)	3	
民用航空客运量	（人）	Passenger Traffic of Civil Aviation	(persons)	2650000	
年末邮政局（所）数	（处）	Number of Post Offices (year-end)	(unit)	5867	
邮政业务总量	（万元）	Business Revenue of of Postal Services	(10000 yuan)	357244	
电信业务总量	（万元）	Business Revenue of of Telecommunication Services	(10000 yuan)	6267604	
年末固定电话用户数	（万户）	Local Telephone Subscribers at Year-end	(10000 subscribers)	1267.25	514.66
年末移动电话用户数	（万户）	Number of Mobile Telephone Subscribers at Year-end	(10000 subscriber)	2154	1056
国际互联网用户数	（户）	Number of Subscribers of Internet Service	(subscriber)	2487899	1537119
全社会用电量	（万千瓦时）	Total Electricity Consumption	(10000 kwh)	9523100	5086246
#工业用电		Industrial Electricity Consumption		6930500	3686004
居民生活用电		Residential Power Consumption		1513100	716278
内外贸易、外经、旅游		**Trade Foreign Trade and Tourism**			
限额以上批发和零售业商品销售总额	（万元）	Total Sale of Enterprises Above Designed Size in Wholesale and Retail Trade	(10000 yuan)	38636999	33515086
社会消费品零售总额	（万元）	Retailsale of Consumer Goods	(10000 yuan)	35277844	19670017
货物进口额（海关数）	（万美元）	Total Imports (customs statistics)	(USD 10000)	674791	
货物出口额（海关数）	（万美元）	Total Exports (customs statistics)	(USD 10000)	888729	
外商直接投资		Forign Drirect Investment			
当年新签项目（合同）个数	（个）	Number of Contracts Newly Signed	(unit)	303	157
当年实际使用外资金额	（万美元）	Amount of Foreign Capital Actually Used	(USD 10000)	388416	289910
海外游客人数（含一日游游客）	（人）	Number of International Tourists (including one-day tour)	(person)	1561600	
#外国人		Foreigners		977457	
港、澳、台同胞		Compatriots from Hong Kong, Macao and Taiwan		584143	
旅游（外汇）收入	（万美元）	Foreign Exchange Earnings from International Tourism	(10000 USD)	56584	
星级饭店数	（个）	Number of Tourist Hotel of Star Class	(unit)	456	
固定资产投资		**Investment in Fixed Assets**			
全社会固定资产投资总额	（万元）	Total Actually Completed Investment in Fixed Assets	(10000 yuan)	92631822	50692856
#城镇固定资产投资额		Amount of Investment in Fixed Assets of Urban Area		81546078	46298633
#房地产开发投资额		Total Investment in Real Estate Devlopment		16698263	12786935
#住 宅		Residential Buildings		11755778	8949421
全年新增固定资产	（万元）	Newly Increased Fixed Assets	(10000 yuan)	50758179	24742495

10—1 续表2 continued

指 标		Item		全省 Province	#市区合计 City
商品房屋销售面积	(万平方米)	Floor Space of Selling House	(10000 sq.m)	403092.00	2737.27
#住 宅		Residential Buildings		3646.44	2494.74
商品房屋销售额	(万元)	Total Sales of Commercial House	(10000 yuan)	13783861	10538964
#住 宅		Residential Buildings		11796852	9147787
商品房屋空置面积	(万平方米)	Vacant Space of Commercial House	(10000 sq.m)	490.71	276.59
教育、科技、文化、卫生		**Education, S&T, Culture and Public Health**			
学校数	(所)	Number of Schools	(unit)		
普通高等学校		Institutions of Higher Education		95	93
中等职业教育学校		Secondary Vocational Technical School		571	292
普通中学		Regular Secondary Schools		3856	1098
小 学		Primary Schools		14974	3458
专任教师数	(人)	Number of Full-time Teachers	(person)		
普通高等学校		Institutions of Higher Education		46400	42399
中等职业教育学校		Secondary Vocational Technical School		26105	13927
普通中学		Regular Secondary Schools		224626	70044
小 学		Primary Schools		248595	73027
在校学生数		Number of Student Enrollment			
普通高等学校	(人)	Institutions of Higher Education	(person)	877782	863171
高中阶段在校学生	(人)	Senior Secondary		1305719	604574
中等职业教育学校	(人)	Secondary Vocational Technical School	(person)	902357	489422
普通中学	(万人)	Regular Secondary Schools	(10000 persons)	428.00	124.82
小 学	(万人)	Primary Schools	(10000 persons)	486.88	134.55
成人高等学校在校学生数	(人)	Student Enrollment in Institutions of Higher Education for Adults	(person)	184430	153656
体育场地数	(个)	Number of Stadiuns and Gymnasiums	(unit)	244	96
剧场、影剧院数	(个)	Number of Theaters and Music Halls	(unit)	113	49
公共图书馆图书总藏量	(千册、件)	Total Collecters of Public Libraries	(1000 unit)	11362	5706
医院、卫生院数	(个)	Number of Hospitals	(unit)	2426	798
医院、卫生院床位数	(张)	Number of Hospital Beds	(unit)	176724	82366
医生数(执业医师+执业助理医师)	(人)	Number of Doctors (Practicing Doctors + Practicing Mediatinuses)	(person)	79230	40038
注册护士	(人)	Registered Nurses	(person)	69291	42311
人民生活、社会保障		**Living Standards, Social Security**			
在岗职工平均人数	(万人)	Average Number of Staff and Workers at Their Posts	(10000 persons)	332.75	192.82
在岗职工工资总额	(万元)	Total Wages of Staff and Workers at Their Posts	(10000 yuan)	9742920	6242268
基本养老保险参保人数	(人)	Number of Staff and Workers Participated in Endowment Insurance	(person)	4586947	2916556
基本医疗保险参保人数	(人)	Number of People Participated in Medical Insurance	(person)	5702162	3708152
失业保险参保人数	(人)	Number of People Participated in Unemployed Insurance	(person)	3778000	2395281
社会福利院数	(个)	Number of Social Welfare Homes	(unit)	2479	531
社会福利院床位数	(张)	Number of Social Welfare Homes Beds	(unit)	170895	42554
社区服务设施数	(个)	Number of Service Facilities of Community	(unit)	9152	5513
城镇居民最低生活保障人数	(人)	Number of Urban Residents Living on the Minimum Standard of Living	(person)	949802	486655
社会治安		**Public Security**			
交通事故死亡人数	(人)	Number of Deaths on Traffic Accidents	(person)	2930	1022
交通事故损失额	(万元)	Amount of Loss on Traffic Accidents	(10000 yuan)	2427.80	1136.36
火灾事故死亡人数	(人)	Number of Deaths on Fire Accidents	(person)	45	17
火灾事故损失额	(万元)	Amount of Loss on Fire Accidents	(10000 yuan)	8280.00	3655.60

10—2 地级城市市区基本情况（2009年）

指标	Item	合肥市 Hefei	淮北市 Huaibei	亳州市 Bozhou	宿州市 Suzhou
人口、劳动力及土地面积	**Population, Labor Force and Land Area**				
年末总人口（万人）	Population (year-end) (10000 persons)	208.58	109.02	159.52	183.90
#非农业人口	Non-agricultural Population				
年平均人口（万人）	Annual Average Population (10000 persons)	206.03	108.70	157.53	182.25
年末单位从业人员数（万人）	Employed Persons in Various Units (year-end) (10000 persons)	50.09	18.17	5.24	11.80
城镇私营和个体从业人员（人）	Self-employed Individuals in Urban Areas (10000 persons)	603032	150945	47813	59231
行政区域土地面积（平方公里）	Land Area (sq.m)	839	760	2226	2868
#建成区面积	Developed Area	280	63	57	50
综合经济	**General Economy**				
地区生产总值(当年价格)（万元）	Gross Regional Product (at current price) (10000 yuan)	15914706	2818637	1602390	2152324
第一产业	Primary Industry	89092	117108	333154	423208
第二产业	Secondary Industry	8184606	1888292	665502	901630
第三产业	Tertiary Industry	7641008	813237	603734	827486
财政、金融	**Government Finance, Banking and Insurance**				
地方财政一般预算内收入（万元）	Local Budgetary Financial Revenue (10000 yuan)	1552465	170590	72134	57548
地方财政一般预算内支出（万元）	Local Budgetary Financial Expenditure (10000 yuan)	1888746	377742	265187	213785
一般性公共服务支出	General Public Service	160396	40544	37898	34979
科学技术支出	Expenses for Science	74328	6456	1071	1795
教育支出	Expenses for Education	153087	58170	42854	67614
文化体育与传媒支出	Culture, Sports and Media	11322	2723	4436	1589
社会保障和就业支出	Social Security and Employment	187376	77605	44499	16222
社会保险基金支出	Social Security Subsidiary Expenses	364643	79644	36186	
医疗卫生支出	Expenses for Public Health	59765	23424	27965	32029
环境保护支出	Environmental Protection	38902	12710	7004	809
城乡社区事务支出	Expenses in Urban、Rural Areas and Communities	620961	60392	8844	1148
交通运输支出	Transport	21378	1644	7594	4674
年末金融机构存款余额（万元）	Balance of Deposits of Financial Institutions (10000 yuan)	34515121	3734596	1737453	2815698
工　业	**Industry**				
规模以上工业法人企业	Industrial Corporate Enterprises above Designated Size				
工业企业数（个）	Number of Enterprises (unit)	1102	423	132	276
内资企业	Domestic Funded Enterprises	946	401	131	272
港澳台商投资企业	Funded by Entrepreneurs from Hong Kong, Macao and Taiwan	61	12		1
外商投资企业	Foreign Funded Enterprises	95	10	1	3
工业总产值(当年价格)（万元）	Gross Output Value (at current price) (10000 yuan)	21124568	4632286	1038722	2199477
内资企业	Domestic Funded Enterprises	14439260	4392694	1021990	2190169
港澳台商投资企业	Funded by Entrepreneurs from Hong Kong, Macao and Taiwan	1296977	106511		799
外商投资企业	Foreign Funded Enterprises	5388331	133081	16732	8509
从业人员年平均人数（万人）	Annual Average Number of Employed Persons (10000 persons)	22.76	19.74	2.39	1.90
流动资产合计（万元）	Total Fixed Assets (10000 yuan)	8883482	2109400	339144	431718
固定资产合计（万元）	Main Business Revenue (10000 yuan)	5764863	3694114	396234	1119657
主营业务收入（万元）	Main Business Revenue (10000 yuan)	18317089	4719990	935701	1010874
主营业务税金及附加（万元）	Main Business Taxes and Extra-charges (10000 yuan)	437542	59773	14373	6569
本年应交增值税（万元）	Value Added Tax Payable (10000 yuan)	854083	361695	20626	12119
利润总额（万元）	Total Profits (10000 yuan)	1584273	290182	138642	24498

Basic Statement of Cities at Prefectural Level by Region (2009)

蚌埠市 Bengbu	阜阳市 Fuyang	淮南市 Huainan	滁州市 Chuzhou	六安市 Luan	马鞍山市 Maanshan	巢湖市 Chaohu	芜湖市 Wuhu	宣城市 Xuancheng	铜陵市 Tongling	池州市 Chizhou	安庆市 Anqing	黄山市 Huangshan
92.52	204.23	180.77	53.24	185.15	63.61	88.64	104.92	85.76	44.95	65.81	73.96	46.66
92.51	202.66	180.29	53.04	184.64	63.35	88.20	105.25	85.45	44.52	65.63	74.11	43.57
11.21	13.10	26.32	5.77	8.05	13.85	5.15	20.07	1.60	10.17	3.57	9.64	5.78
116376	79502	125856	77700	80519	92501	47159	151213	39800	28648	55481	65000	36826
601	1844	1691	1404	3583	340	2031	764	2621	350	2432	821	2342
103	71	97	50	56	76	38	130	39	47	33	72	42
2670865	1889074	3625392	1365465	1266583	5206912	1406214	6523380	1312149	2861210	1266739	1923460	1227897
69738	352742	234579	132030	306299	29651	160770	77578	235192	24991	170712	88967	101523
1558490	701484	2202038	768543	413539	3553486	686277	4101944	418975	1968768	571359	777727	495428
1042637	834848	1188775	464892	546745	1623775	559167	2343858	657982	867451	524668	1056766	630946
243380	148888	272355	141070	52696	545381	105397	497891	65114	279786	137113	157434	133616
488886	456669	527465	336221	481079	630877	293276	699791	160665	391437	253404	368071	291565
36517	50656	58111	39901	61130	106835	42945	54086	16906	48007	51227	41917	51245
19875	1456	7406	2583	2765	16509	2136	69526	1958	7248	2550	4507	4187
46814	78478	79906	34598	77954	53034	37618	72475	37213	33589	36077	44773	23213
6783	4355	6646	3903	7938	6596	3443	4634	618	5924	2508	4973	5877
99004	104982	167966	67263	78687	79294	58112	134110	24241	64270	40113	92177	62439
124336	70109	152918	53896	103235	222848	41122	220068	12918	129887	10503	89963	35111
31696	40959	37051	21765	44473	32859	20880	35063	16226	17539	22527	26751	18951
96191	7020	9764	4059	18510	16162	19883	18995	233	11576	6158	10183	7283
53688	31917	39988	28048	18335	78913	19991	85515	17891	52918	13529	23986	12992
1934	13638	5150	1438	10966	14575	9922	4401	6232	11493	5283	7297	10333
3999674	3305578	6380841	2160713	2858057	5691267	1699610	7451695	1632568	2849516	1647021	3489890	2149964
292	191	326	277	260	363	152	711	210	196	193	238	203
264	180	314	239	249	318	126	587	195	177	182	209	188
12	3	6	11	7	13	11	57	3	10	5	8	7
16	8	6	27	4	32	15	67	12	9	6	21	8
3596511	1859906	4513210	2424978	1503950	9168356	1752100	12461868	1307246	5620433	1076483	3789019	1107281
2956789	1597223	3988717	1458093	1437693	7930686	1550800	9190230	1203301	5162425	1024859	3634336	1064128
434047	10029	485668	35958	42929	171711	94500	863957	12880	310747	31308	17210	24388
205675	252654	38825	930927	23328	1065959	106800	2407681	91065	147261	20316	137473	18765
7.00	3.60	15.53	4.78	2.59	11.15	2.87	13.91	2.46	6.58	1.68	4.89	1.94
1915848	688265	2661490	875425	444317	4369148	573900	6036568	478056	3089559	475168	922402	394064
1245646	821386	8477411	1101651	625551	5892039	1099200	3761425	666841	2907294	775950	1302718	208893
3502238	1859337	6336984	2208324	1465981	9563815	1679200	11191340	1261664	6952359	1035359	3873630	1032923
249548	112948	72498	106982	9250	51439	7700	323818	8443	21123	10989	376867	5238
157722	65135	436157	80638	6860	464055	43800	505636	71292	148964	39076	148378	35162
252033	140108	225100	139763	129112	508657	83000	590903	60284	177229	62779	67272	83249

10—2 续表1 continued

指标	Item	合肥市 Hefei	淮北市 Huaibei	亳州市 Bozhou	宿州市 Suzhou
邮电通信、电力	**Post & Telecommunication and Electric Power**				
年末邮政局（所）数（处）	Number of Post Offices (year-end) (unit)	65	37	36	41
年末固定电话用户数（万户）	Installed Telephones at Year-end (10000 subscribers)	105.02	20.13	26.85	34.92
年末移动电话用户数（万户）	Number of Mobile Telephone Subscribers at Year-end (10000 subscriber)	229.94	49.86	46.94	61.36
国际互联网用户数（户）	Number of Subscribers of Internet Service (subscriber)	326706	80542	43312	74351
全社会用电量（万千瓦时）	Total Electricity Consumption (10000 kwh)	750319	293108	67166	188242
#工业用电	Industrial Electricity Consumption	318066	248440	20823	119805
居民生活用电	Residential Power Consumption	198088	24639	29402	35949
内外贸易、外经	**Trade Foreign Trade and Tourism**				
限额以上批发零售贸易业商品销售总额（万元）	Total Sale of Enterprises Above Designed Size in Wholesale and Retail Trade (10000 yuan)	20477383	424231	215640	170412
社会消费品零售总额（万元）	Retailsale of Consumer Goods (10000 yuan)	6183640	768383	788083	447146
外商直接投资	Forign Drirect Investment				
当年新签项目（合同）个数（个）	Number of Contracts Newly Signed (unit)	50	3	4	
当年实际使用外资金额（万美元）	Amount of Foreign Capital Actually Used (USD 10000)	75971	8393	1600	200
固定资产投资	**Investment in Fixed Assets**				
全社会固定资产投资总额（万元）	Actually Completed Investment in Fixed Assets (10000 yuan)	19566036	2181675	941153	1507516
#城镇固定资产投资额	Amount of Investment in Fixed Assets of Urban Area	19274036	2100284	653075	1086019
#房地产开发投资完成额	Actually Completed Investment in Real Estate Devlopment	6059226	293422	83343	219550
#住宅	Residential Buildings	4243184	231609	72724	201399
全年新增固定资产（万元）	Newly Increased Fixed Assets (10000 yuan)	9725924	1954873	234085	867344
商品房屋销售面积（万平方米）	Floor Space of Selling House (10000 sq.m)	1128.28	101.67	24.64	85.20
#住宅	Residential Buildings	1030.29	98.73	23.90	80.27
商品房屋销售额（万元）	Total Sales of Commercial House (10000 yuan)	4947187	283415	64399	212705
#住宅	Residential Buildings	4368527	269317	61044	195699
商品房屋空置面积（万平方米）	Vacant Space of Commercial House (10000 sq.m)	100.19	9.02	1.22	5.11
教育、科技、文化、卫生	**Education, S&T, Culture and Public Health**				
学校数（所）	Number of Schools (unit)				
普通高等学校	Institutions of Higher Education	43	3	2	
中等职业教育学校	Secondary Vocational Technical School	88	23	10	3
普通中学	Regular Secondary Schools	110	80	76	96
小学	Primary Schools	155	178	412	373
专任教师数（人）	Number of Full-time Teachers (person)				
普通高等学校	Institutions of Higher Education	19186	1608	449	
中等职业教育学校	Secondary Vocational Technical School	4308	833	476	164
普通中学	Regular Secondary Schools	8348	4648	4372	5615
小学	Primary Schools	6481	5371	6237	6827

蚌埠市 Bengbu	阜阳市 Fuyang	淮南市 Huainan	滁州市 Chuzhou	六安市 Luan	马鞍山市 Maanshan	巢湖市 Chaohu	芜湖市 Wuhu	宣城市 Xuancheng	铜陵市 Tongling	池州市 Chizhou	安庆市 Anqing	黄山市 Huangshan
28	45	66	30	41	29	37	38	25	18	29	23	38
32.27	36.71	36.30	16.57	27.15	21.15	23.29	42.15	19.27	17.57	13.68	23.02	18.61
62.46	75.87	81.04	39.96	52.84	57.12	40.80	82.58	33.95	40.22	23.21	42.94	34.71
107300	43507	103297	46994	39883	106654	90258	174594	39000	78918	34045	92607	55151
258628	224575	463277	126750	111817	915470	166444	479730	98336	431922	145504	286422	78536
172446	154018	365292	83480	40955	849392	123989	371368	58390	390273	117602	219366	32299
38863	41306	55254	25000	36398	30651	25239	52420	23221	18449	16313	47056	18030
958145	1999610	705700	701312	791188	1658063	613119	1889195	716980	606846	372114	806343	408805
1405428	1034229	1310997	436770	639154	964457	450870	1719473	653300	715095	419851	1173951	559190
8	3	2	4	3	15	3	24	2	10	7	7	12
20403	3763	11974	1957	2651	51121	7207	51912	724	20159	8341	13579	9955
2149219	1183748	2504530	1173178	1142536	3721379	1053444	5752082	1097748	1739033	1410122	1646872	1922585
1588656	1084758	2214142	1173178	820838	3316947	876758	5734293	971283	1295792	975531	1363011	1770032
302627	244092	493601	231490	219316	442230	274439	1901287	305723	385378	371589	292077	667545
256525	187663	361246	162458	95292	297897	177703	1447719	181547	287771	168087	217960	358637
953253	727365	904206	818354	60666	2357979	356485	2332289	468340	924557	414307	900936	741532
126.67	107.16	152.90	48.76	41.54	91.28	112.51	234.32	100.05	69.46	116.50	96.42	99.91
121.43	94.18	140.30	43.60	37.96	85.35	104.15	226.16	88.46	64.56	82.26	86.60	86.54
456983	383043	502618	182707	147253	399086	393457	963754	351650	260383	345578	340009	304737
430965	278611	416135	152119	110800	359010	320807	907145	287649	236148	207869	296537	249405
6.62	17.89	41.70	5.91	15.42	9.91	6.32	4.15	1.03	3.10	27.27	4.89	16.84
5	3	5	2	3	6		10	1	3	3	3	1
15	30	19	7	19	6	10	11	12	4	5	18	12
48	116	99	28	120	25	53	48	52	30	40	41	36
131	461	292	62	450	43	199	82	120	54	172	137	137
2791	990	2947	996	1200	2169		5802	198	1152	778	1504	629
791	1523	658	357	691	691	466	599	452	122	281	1128	387
3156	6472	6642	2263	6718	2517	3460	3095	3443	1974	2453	3249	1619
3230	9039	7403	2185	6197	2437	2997	3136	2976	1674	2403	2719	1715

10—2 续表2 continued

指 标		Item		合肥市 Hefei	淮北市 Huaibei	亳州市 Bozhou	宿州市 Suzhou
在校学生数		Number of Student Enrollment					
普通高等学校	(人)	Institutions of Higher Education	(person)	352091	29685	8810	
高中阶段在校学生	(人)	Senior Secondary	(person)	206761	30247	28390	19172
中等职业教育学校	(人)	Secondary Vocational Technical School	(person)	155881	30710	14055	3316
普通中学	(万人)	Regular Secondary Schools	(10000 persons)	13.71	7.63	10.02	9.56
小 学	(万人)	Primary Schools	(10000 persons)	15.21	8.17	14.83	11.66
初中毕业生升学率	(%)	Proportion of Junior Secondary Graduates Entering into Senior Secondary Schools	(%)	232.00	60.00	63.00	58.00
成人高等学校在校学生数	(人)	Student Enrollment in Institutions of Higher Education for Adults	(person)	59914	1304	3300	
体育场馆数	(个)	Number of Stadiuns and Gymnasiums	(unit)	35	6	5	7
剧场、影剧院数	(个)	Number of Theaters and Music Halls	(unit)	7	3	1	3
公共图书馆图书藏量	(千册、件)	Total Collecters of Public Libraries	(1000 units)	2650	210	120	33
医院、卫生院数	(个)	Number of Hospitals	(unit)	102	72	25	37
医院、卫生院床位数	(张)	Number of Hospital Beds	(unit)	18380	6331	2343	3042
医生数（执业医师+执业助理医师）	(人)	Number of Doctors (Practicing Doctors + Practicing Mediatinuses)	(person)	8586	3028	796	2036
注册护士	(人)	Registered Nurses	(person)	10485	3357	793	1677
人民生活		**People's Livelihood**					
在岗职工平均人数	(万人)	Average Number of Staff and Workers at Their Posts	(10000 persons)	45.63	17.77	4.69	3.20
在岗职工工资总额	(万元)	Total Wages of Staff and Workers at Their Posts	(10000 yuan)	1618540	658478	113307	58421
城镇居民人均可支配收入	(元)	Annual Per Capita Disposable Income of Urban Households	(yuan)	17158	13736	14042	13097
城镇居民人均消费支出	(元)	Annual Per Capita Consumption Expenditure of Urban	(yuan)	12695	9081	9649	9148
食 品		Food		4713	3779	3372	3811
衣 着		Clothing		1262	1007	1189	915
居 住		Residence		1683	934	982	921
家庭设备用品及服务		Household Facilities, Articles and Service		820	527	704	573
医疗保健		Medicine and Medical Service		582	731	624	730
交通和通信		Transportation and Communications		1491	642	1445	805
教育文化娱乐服务		Education, Cultural & Recreation Service		1741	1030	887	1106
每百户居民家庭拥有：		Per 100 Households Possessing					
家用汽车	(辆)	Automobile	(unit)	6	1	8	1
家用电脑	(台)	Computer	(unit)	58	59	43	38
人均住房建筑面积	(平方米)	Per-capita Area of Housing	(sq.m)	26.11	25.65	39.51	32.06
居民消费价格指数(上年为100)	(%)	Conumer Price Indices of Residents (preceding year=100)	(%)	99.13	98.20	98.30	99.10
社会福利、劳动保险		**Social Welfare, Labor and Insurance**					
基本养老保险参保人数	(人)	Number of Staff and Workers Participated in Fundmental Pension Insurance	(person)	790697	275961	30798	46572
基本医疗保险参保人数	(人)	Number of People Participated in Medical Insurance	(person)	776696	350330	66050	58423
失业保险参保人数	(人)	Number of People Participated in Unemployed Insurance	(person)	581136	225755	41400	62000
社会福利院数	(个)	Number of Social Welfare Homes	(unit)	50	16	29	34
社会福利院床位数	(张)	Number of Social Welfare Homes Beds	(unit)	6114	1138	2156	2172
社区服务设施数	(个)	Number of Service Facilities of Community	(unit)	552	144	88	138
城镇居民最低生活保障人数	(人)	Number of People Enjoyed the Lowest Residential Living Protection Line	(person)	41903	56278	12024	17159

蚌埠市 Bengbu	阜阳市 Fuyang	淮南市 Huainan	滁州市 Chuzhou	六安市 Luan	马鞍山市 Maanshan	巢湖市 Chaohu	芜湖市 Wuhu	宣城市 Xuancheng	铜陵市 Tongling	池州市 Chizhou	安庆市 Anqing	黄山市 Huangshan
50628	29225	59727	21115	30409	39930		124196	4094	24681	19165	28158	14125
17425	39806	35073	29184	51574	15486	18410	19367	18695	9831	16052	24672	24429
26567	45210	41672	16060	25021	17399	12881	17426	13988	9052	14570	32001	13613
4.94	15.58	10.66	3.37	13.63	4.02	5.40	5.29	5.13	2.78	4.62	5.89	2.59
5.46	18.85	11.26	3.57	12.59	3.78	5.44	4.88	4.82	2.70	4.36	4.77	2.20
116.00	82.88	102.00	202.00	88.00	124.00	79.00	108.00	100.00	116.00	95.00	166.00	100.00
6580	7518	19540	7080	499	6692	737	11679	1115	5773	3868	11277	6780
6	2	3	2	2	7	1	10	3	4		1	2
7	4	1	2	2	2	1	1	2	2	4	4	3
55	112	294	97	55	490	164	401	75	407	87	300	156
56	52	85	20	46	25	55	62	30	23	34	32	42
6446	5396	7895	2433	4287	2783	3209	6223	2528	3041	1845	3913	2271
2851	2532	3473	1234	2615	1904	1290	3226	1029	1460	867	2016	1095
2687	2039	3735	1201	2106	2186	1415	3732	1004	1533	904	2245	1212
10.33	11.49	23.26	5.40	7.67	12.83	4.75	17.77	1.55	9.27	3.07	8.90	5.24
289198	246186	970503	146174	188410	497846	122348	565008	42289	283061	88700	209975	143824
13483	12693	14046	13368	13001	20390	14434	16747	13302	16769	14197	13454	14068
9762	10093	9613	9589	9829	12739	8331	11786	9821	10114	9724	9664	11001
3586	4180	4113	3662	4149	4979	3844	4582	4178	4299	3945	4116	4021
920	1281	1051	1062	1206	1237	1167	1058	1207	1154	1211	1006	1095
1728	884	874	925	828	1119	657	1347	714	939	1354	1185	1744
676	550	489	759	607	869	568	746	433	454	623	564	595
712	759	582	740	405	989	227	913	723	562	538	412	988
685	870	912	1019	1073	1284	896	1311	901	1012	766	903	930
1018	1147	1236	1093	1102	1887	710	1442	1219	1417	971	1227	1301
1	1	2	2	4	5	1	5	5	4	2	3	3
40	56	54	45	50	60	37	61	59	55	63	59	65
23.62	32.00	24.46	29.44	36.80	26.83	35.38	29.37	20.31	26.01	36.02	28.13	34.24
99.50	98.80	98.30	100.10	99.10	98.30	98.40	99.20	99.70	98.90		98.60	98.40
192591	109978	184204	73177	89000	263644	65888	277786	34750	134129	42155	240168	65058
315259	167176	397125	105914	127728	297824	89537	353648	45658	221154	61405	191227	82998
153373	130472	277101	61753	96800	171461	54974	178074	26700	135924	36703	110511	51144
22	57	35	24	57	22	32	26	29	12	23	24	39
2925	3660	4286	2330	3827	2453	2433	2320	1836	639	1557	1645	1063
302	92	46	226	21	843	66	851	1	232	1	1828	82
31579	48989	57168	16008	24226	26951	24059	34805	11843	23501	12736	33586	13840

10—3 城市市政公用基础设施基本情况
Basic Statistics on Urban Public Utilities

指标		Item		2000	2005	2008	2009
城市面积		**Cities Areas**					
建成区面积	(平方公里)	Developed Areas	(sq.km)	886.00	1260.35	1310.88	1377.67
城市人口密度	(人/平方公里)	Population Density of Urban Districts	(persons/sq.km)	1542	1449	2043	2114
供水、供气及供热		**Water Supply, Gas Supply and Heating**					
供水管道长度	(公里)	Length of the Pipeline for Supplying Water	(km)	6236	8745	11062	13314
供水总量	(万立方米)	Annual Supply of Tap Water	(10000 cu.m)	200918	206386	195543	162243
#居民家庭用水量		Water Consumption for Residential Use		61398	49728	50323	49072
人均日生活用水	(升)	Per Capita Water Consumption for Residential Use	(liter)	211.84	195.69	174.71	160.96
用水普及率	(%)	Percentage of Population With Access to Tap Water	(%)	95.78	90.52	95.11	95.25
人工煤气供气量	(万立方米)	Supply of Manufactured Gas	(10000 cu.m)	22996	8723	2268	1372
#家庭用量		Consumption of Coal Gas for Residential Use		17054	6848	1866	922
天然气供气量	(万立方米)	Supply of Natural Gas	(10000 cu.m)	600	11564	68481	89259
#家庭用量		Consumption of Coal Gas for Residential Use		560	5123	17253	20812
液化石油气供气量	(吨)	Liquefied Petroleum Gas	(ton)	458621	613614	680514	594994
#家庭用量		Consumption of Liquefied Gas for Residential Use		167146	195508	163523	164939
供气管道长度	(公里)	Length of Gas Pipelines	(km)	2007.00	4068.30	6943.67	8764.06
燃气普及率	(%)	Percentage of Population With Access to Gas	(%)	76.95	72.29	87.60	88.62
集中供热面积	(万平方米)	Heated Area	(10000 sq.m)	208.29	313.36	1993.50	2061.20
公共交通		**Public Traffic**					
公共汽（电）车总数	(辆)	Number of Public Transportation Vehicles (buses and trolley buses etc.)	(unit)	6359	8450	10240	11687
每万人拥有	(标台)	Number of Public Transportation Vehicles per 10000 Population	(unit)	7.60	7.29	9.18	7.95
出租汽车	(辆)	Taxi	(unit)	31998	34287	35382	50483
市政工程		**Municipal Engineering**					
道路长度	(公里)	Length of Paved Roads	(km)	5954.00	7985.47	9271.40	9718.20
道路面积	(万平方米)	Area of Paved Roads	(10000 sq.m)	6865	13454	16276	17974
每人拥有	(平方米)	Area of Paved Roads per Population	(sq.m)	9.62	11.92	14.15	14.91
排水管道长度	(公里)	Length of Sewer Pipelines	(km)	4120	7606	9836	11333
建成区排水管道密度	(公里/平方公里)	Density of Sewer Pipelines	(km/sq.km)	4.74	6.03	1.75	8.23
防洪堤长度	(公里)	Length of Flood-preventing Dyke	(km)	1333.40	1479.40	1118.00	1127.00
污水排放量	(万立方米)	Volume of Waste Water Discharged	(10000 cu.m)	104871	126761	113306	117004
污水处理厂处理量	(万立方米)	Volume of Waste Water Treated	(10000 cu.m)	40660	66347	89353	73006
城市绿化		**Forestation in Cities**					
绿化覆盖面积	(公顷)	Afforested Area	(hectare)	37865	47946	78022	80251
#建成区		Developed District		23978	34680	47147	51192
园林绿地面积	(公顷)	Greenery Area of Gardens	(hectare)	32852	41896	59139	67269
#建成区		Developed District		19325	28864	41989	46332
公园绿地面积	(公顷)	Park Greenery Area	(hectare)			10683	12338
人均公园绿地面积	(平方米)	Per Capita Park Greenery Area	(sq.m)			9	10
公园个数	(个)	Number of Parks	(unit)	105	140	210	219
公园面积	(公顷)	Area of Parks	(hectare)	3472	3970	7252	7664
市容环境卫生		**Environmental Sanitation**					
生活垃圾清运量	(万吨)	Volume of Disposal of Excrement	(10000 tons)	327.00	477.00	428.45	432.78
生活垃圾无害化处理量	(万吨)	Environment-friendly Handling Capacity of the Domestic Rubbish	(10000 tons)		83.87	223.50	263.62
生活垃圾无害化处理率	(%)	Living Refuse Treatment Rate	(%)			52.16	60.91
公共厕所	(座)	Public Lavatory	(unit)	4755	3600	2987	2918
#三类以上		Above Three Kinds				2291	2392

注：2009年，建成区排水管道密度、污水处理厂处理量、万人拥有公共汽车标台等指标口径变动，与往年不可比。

a) In 2009, the indicators requirements of the built-up district discharge pipe track density, the Sewage treatment plant process load, ten thousand people have bus platform and so on have changed and could not compare with the old times.

10—4 各市城市建设情况(2009年)

Statistics on City Construction by Region (2009)

单位：平方公里 (sq.km)

地 区	Region	城市建设用地面积 Land Area for City Construction	居住用地 For Residence	公共设施用地 For Public Facilities	道路广场用地 For Roads & Squares	绿地 For Green Areas	征用土地面积 Land Put in Requisition for State Construction Projects	城市人口密度（人/平方公里） Population Density of Urban Area (persons/sq.km)
总计	**Total**	**1452.10**	**454.71**	**169.96**	**170.20**	**204.02**	**106.18**	**2114**
合肥市	Hefei	305.03	88.71	34.18	30.05	87.60	17.34	4082
淮北市	Huaibei	71.20	19.39	12.36	10.22	7.92	4.89	3963
亳州市	Bozhou	39.93	15.40	5.96	3.10	1.13	3.40	4406
宿州市	Suzhou	60.35	18.44	8.73	7.10	5.62	1.74	2768
蚌埠市	Bengbu	103.50	35.15	12.85	12.29	7.72	8.21	3099
阜阳市	Fuyang	69.59	38.46	7.71	6.55	3.47	1.90	2193
淮南市	Huainan	113.31	40.19	11.02	14.62	8.58	10.15	958
滁州市	Chuzhou	53.02	16.66	4.99	7.83	0.93	5.79	1126
六安市	Luan	55.50	18.31	7.04	7.78	8.77	1.83	3989
马鞍山市	Maanshan	83.44	18.33	9.33	10.00	4.22	6.11	5309
巢湖市	Chaohu	36.18	12.50	6.10	2.30	4.60	1.50	1919
芜湖市	Wuhu	130.12	31.66	7.83	16.37	35.33	16.65	4864
宣城市	Xuancheng	38.60	10.40	5.37	5.75	3.33	2.06	2067
铜陵市	Tongling	47.00	12.80	7.90	3.90	3.70	4.00	2333
池州市	Chizhou	28.18	10.44	4.07	6.25	1.42	2.37	987
安庆市	Anqing	72.12	25.10	5.80	3.58	6.14	3.55	1924
黄山市	Huangshan	40.16	11.59	7.95	6.13	4.75	7.05	585
桐城市	Tongcheng	25.36	5.29	2.64	5.17	2.45	1.07	1728
天长市	Tianchang	25.20	7.39	1.65	3.51	2.24	4.10	9168
明光市	Mingguang	18.01	7.25	1.89	2.56	1.01	0.62	540
界首市	Jieshou	17.05	7.39	2.61	2.36	0.87	0.68	2334
宁国市	Ningguo	19.25	3.86	1.98	2.78	2.22	1.17	568

10—5 各市城市设施水平（2009年）

Level of Public Facilities in Cities by Region (2009)

地 区	Region	城市用水普及率(%) Coverage Rate of Urban Population with Access to Tap Warer (%)	城市燃气普及率(%) Coverage Rate of Urban Population with Access to Gas (%)	每万人拥有公共交通车辆（标台） Number of Public Transportation Vehicles Per 10000 Population (unit)	人均城市道路面积（平方米） Per Capita Area of Paved Roads (sq.m)	人均公园绿地面积（平方米） Per Capita Public Green Areas (sq.m)	生活垃圾无害化处理率(%) Living Refuse Treatment Rate (%)	污水处理厂集中处理率(%) Central Processing Rate of Sewage Treatment Plant (%)
总计	**Total**	**95.25**	**88.62**	**7.95**	**14.91**	**10.23**	**60.91**	**62.40**
合肥市	Hefei	97.16	94.00	14.28	17.09	13.27	99.97	83.00
淮北市	Huaibei	94.88	91.28	4.79	10.14	12.56	88.34	74.09
亳州市	Bozhou	96.14	86.31	3.90	31.84	10.28	100.00	82.09
宿州市	Suzhou	99.25	87.83	4.89	17.20	8.21	96.98	47.85
蚌埠市	Bengbu	97.96	91.49	8.29	12.83	7.78	66.67	70.22
阜阳市	Fuyang	91.24	63.57	5.06	14.55	7.07		72.92
淮南市	Huainan	97.41	86.31	9.29	10.00	11.54		37.54
滁州市	Chuzhou	99.78	99.59	6.45	20.33	8.27	100.00	68.64
六安市	Luan	98.9	76.39	7.91	6.87	9.50	98.55	59.07
马鞍山市	Maanshan	100	100.00	8.40	15.50	13.27	100.00	37.90
巢湖市	Chaohu	77.57	96.33	4.86	8.95	8.45	100.00	83.85
芜湖市	Wuhu	99.21	99.00	12.04	18.62	9.11	100.00	57.11
宣城市	Xuancheng	98.56	77.46	6.78	19.50	7.01		2.41
铜陵市	Tongling	95.16	90.20	7.08	11.30	10.78	85.99	38.37
池州市	Chizhou	93.17	99.39	4.97	23.91	16.97	85.67	68.09
安庆市	Anqing	94.99	94.37	5.14	14.77	9.53		87.58
黄山市	Huangshan	99.27	98.16	8.59	17.30	15.15	81.60	79.96
桐城市	Tongcheng	75.47	56.89		17.69	6.95		
天长市	Tianchang	89	96.65		9.59	0.51		81.57
明光市	Mingguang	90.1	64.17		13.80	3.49		84.00
界首市	Jieshou	72.95	40.85		11.58	2.86		69.78
宁国市	Ningguo	67.58	67.58		14.65	8.68		

10—6 城市供水用水情况
Water Supply and Water Use of Cities

年份 Year	综合生产能力(万立方米/日) Integrated Production Capacity (10000 cu.m/day)	地下水 Ground Water	供水总量(万立方米) Water Supply (10000 cu.m)	#生产运营用水 Water Used for Business	公共服务用水 Water Used for Public Services	居民家庭用水 Water Used for Residents	消防及其他用水 Water Used for Fire Fighting and Others	人均日生活用水量(升) Per Capita Water Use (liter)
1995	901.1	150.2	192887	134953		46788		194.30
2000	961.8	159.6	200918	123629		61398		211.84
2003	1026.5	162.7	204128	121167	21724	50589	10648	213.47
2004	1018.9	152.4	201047	117776	22169	51391	9711	206.12
2005	1032.7	156.5	206386	123285	23231	49728	10142	195.69
2006	1026.0	145.7	220174	102877	28373	57515	6778	237.84
2007	999.2	109.3	207574	116823	20918	48145	3780	180.40
2008	1728.7	109.4	195543	101119	19353	50323	3596	174.71
2009	2080.6	92.9	162243	67362	18656	49072	4248	160.96

10—7 各市城市供水用水情况(2009年)
Water Supply and Water Use of Cities by Region (2009)

地区 Region	综合生产能力(万立方米/日) Integrated Production Capacity (10000 cu.m/day)	地下水 Ground Water	供水总量(万立方米) Water Supply (10000 cu.m)	#生产运营用水 Water Used for Business	公共服务用水 Water Used for Public Services	居民家庭用水 Water Used for Residents	消防及其他用水 Water Used for Fire Fighting and Others	人均日生活用水量(升) Per Capita Water Use (liter)
总计 Total	**2080.6**	**92.9**	**162242.6**	**67362.0**	**18656.5**	**49072.1**	**4248.1**	**160.96**
合肥市 Hefei	127.5		27713.1	3647.7	6160.3	13781.0		243.57
淮北市 Huaibei	41.5	23.0	4609.8	1639.1	174.2	2386.5		88.85
亳州市 Bozhou	7.5	7.5	2315.0	890.0	275.0	1035.0		149.92
宿州市 Suzhou	17.1	16.6	6031.0	2565.0	1181.0	1950.0	335.0	169.17
蚌埠市 Bengbu	77.2	2.0	18999.0	10294.0	4152.0	3274.0	492.0	235.45
阜阳市 Fuyang	35.5	25.5	5879.0	2113.0	469.0	2576.0		125.40
淮南市 Huainan	60.5		11092.7	2913.9	782.0	3534.2	178.2	116.41
滁州市 Chuzhou	18.0		2898.0	735.9	300.6	1065.7	116.3	117.94
六安市 Luan	25.0		4565.3	1383.9	220.6	1339.9	330.9	79.62
马鞍山市 Maanshan	1033.6		24128.1	18134.3	819.4	3422.2		206.78
巢湖市 Chaohu	20.2	0.2	4491.0	1830.4	920.1	915.4	150.1	233.03
芜湖市 Wuhu	77.0		14338.0	4258.5	469.8	4856.9	1140.9	131.47
宣城市 Xuancheng	19.7	0.2	2231.9	696.9	347.1	925.9	21.0	130.53
铜陵市 Tongling	403.0		13325.0	10959.0	735.0	1136.0	40.0	127.86
池州市 Chizhou	8.6		2328.0	357.0	139.8	903.2	17.0	123.92
安庆市 Anqing	56.6		8899.8	2664.6	631.7	2515.7	814.3	151.54
黄山市 Huangshan	19.4	0.1	2717.0	441.0	351.0	1058.7	361.9	157.86
桐城市 Tongcheng	3.2		784.0	106.3	37.1	344.0	105.6	87.45
天长市 Tianchang	12.9	11.9	1466.0	305.5	335.6	494.3	118.6	93.07
明光市 Mingguang	3.0	0.3	507.2	79.0	25.2	355.5	13.5	82.45
界首市 Jieshou	5.6	5.6	1669.2	780.0	80.0	716.0	4.2	164.34
宁国市 Ningguo	8.0		1254.7	567.0	50.0	486.0	8.7	119.39

10—8 各市城市燃气情况（2009年）
Basic Statistics on Supply of Gas in Cities by Region (2009)

地 区 Region	管道长度(公里) Length of Gas Pipelines (km)			全年供气总量 Volume of Gas Supply			用气人口(万人) Population with Access to Gas (10000 persons)		
	人工煤气 Coal Gas	液化石油气 Liquefied Petroleum Gas	天然气 Natural Gas	人工煤气(万立方米) Coal Gas (10000 cu.m)	液化石油气(吨) Liquefied Petroleum Gas (ton)	天然气(万立方米) Natural Gas (10000 cu.m)	人工煤气 Coal Gas	液化石油气 Liquefied Petroleum Gas	天然气 Natural Gas
总 计 Total	**282.0**	**317.2**	**8164.9**	**1372.4**	**594994.5**	**89259.5**	**14.4**	**524.7**	**529.5**
合 肥 市 Hefei		68.1	2061.2		47238.0	18626.0		83.0	134.0
淮 北 市 Huaibei			504.5		18663.0	2354.0		38.2	37.8
亳 州 市 Bozhou			219.0		12300.0	1119.0		17.0	4.5
宿 州 市 Suzhou			374.0		7820.0	1294.0		25.0	15.0
蚌 埠 市 Bengbu		13.0	700.9		24000.0	7660.7		42.8	37.9
阜 阳 市 Fuyang			380.0		7110.0	4870.0		22.4	24.0
淮 南 市 Huainan			715.8		13499.0	6641.0		35.6	54.6
滁 州 市 Chuzhou			473.1		6121.0	7666.9		12.8	18.9
六 安 市 Luan			221.7		7650.0	1290.5		32.0	9.5
马鞍山市 Maanshan			726.6			9510.0			56.2
巢 湖 市 Chaohu			277.8		6400.0	1861.1		16.0	10.8
芜 湖 市 Wuhu			703.0		29560.0	15531.0		41.0	69.7
宣 城 市 Xuancheng		3.0	70.0		3100.0	865.8		20.1	0.9
铜 陵 市 Tongling		4.6	333.0		23346.0	8541.0		2.0	36.0
池 州 市 Chizhou		25.1	263.1		3114.5	613.0		16.1	8.5
安 庆 市 Anqing	282.0	95.9	70.5	1372.4	356381.0	660.1	14.4	39.3	2.8
黄 山 市 Huangshan		31.5			10714.0			25.6	
桐 城 市 Tongcheng		40.0	30.0		4000.0	12.9		3.0	6.0
天 长 市 Tianchang			18.2		5300.0	20.0		25.0	1.5
明 光 市 Mingguang		6.0	16.5		1700.0	82.4		8.8	0.2
界 首 市 Jieshou					2878.0			7.4	
宁 国 市 Ningguo		30.0	6.0		4100.0	40.0		11.7	0.7

10—9 各市城市市容环境卫生情况（2009年）
Basic Statistics on Urban Sanitation in Cities by Region (2009)

地 区 Region	清扫保洁面积(万平方米) Area under Cleaning Program (10000 sq.m)	生活垃圾清运量(万吨) Volume of Garbage Disposal (10000 tons)	粪便清运量(万吨) Volume of Excrement and Urine Disposal (10000 tons)	市容环卫专用车辆设备总数(台) Number of Special Vehicles for Environmental Sanitation (unit)	公共厕所(座) Number of Public Lavatories (unit)	#三类以上 Third Grade and Above
总 计 Total	**14579**	**432.8**	**55.7**	**1327**	**2918**	**2392**
合 肥 市 Hefei	3199	62.0	1.5	306	199	183
淮 北 市 Huaibei	715	11.0	0.2	39	36	36
亳 州 市 Bozhou	370	10.3	4.5	30	216	113
宿 州 市 Suzhou	701	17.5	2.6	119	129	42
蚌 埠 市 Bengbu	930	33.0	3.2	71	303	276
阜 阳 市 Fuyang	990	26.6	0.7	89	180	146
淮 南 市 Huainan	1980	31.0	0.5	65	193	183
滁 州 市 Chuzhou	550	16.4	2.2	18	172	106
六 安 市 Luan	588	17.3	0.5	30	170	150
马鞍山市 Maanshan	718	16.9	0.6	60	122	122
巢 湖 市 Chaohu	384	10.9	0.7	27	83	62
芜 湖 市 Wuhu	1390	33.2	28.5	102	302	302
宣 城 市 Xuancheng	295	15.2		30	25	25
铜 陵 市 Tongling	700	33.5	0.1	71	144	144
池 州 市 Chizhou	608	9.8	0.8	36	112	81
安 庆 市 Anqing	990	28.5	3.2	57	179	158
黄 山 市 Huangshan	358	13.5		40	39	10
桐 城 市 Tongcheng	200	7.8		29	6	6
天 长 市 Tianchang	110	10.7	4.5	36	162	142
明 光 市 Mingguang	100	8.6	0.7	10	15	8
界 首 市 Jieshou	123	8.9	0.5	45	96	62
宁 国 市 Ningguo	120	10.2		17	35	35

10—10 各市城市公共交通情况(2009年)

Basic Statistics on Public Transportation in Cities by Region (2009)

地　区 Region		年末公共交通运营数(辆) Number of Public Vehicles under Operation at Year-end (unit)	公共汽、电车 Bus and Trolley Bus	运营线路网长度(公里) Network Length (1000 m)	公共汽、电车 Bus and Trolley Bus	公共交通客运总量(万人次) Number of Passengers Carried of Bus,Trolley Bus (10000 person-times)	公共汽、电车 Bus and Trolley Bus	出租汽车(辆) Number of Taxi (unit)
总　计	**Total**	**11687**	**11687**	**7565**	**7565**	**198112**	**198112**	**50483**
合肥市	Hefei	2757	2757	828	828	61758	61758	7995
淮北市	Huaibei	403	403	211	211	6947	6947	1626
亳州市	Bozhou	306	306	319	319	2030	2030	2429
宿州市	Suzhou	457	457	564	564	5610	5610	2278
蚌埠市	Bengbu	819	819	705	705	18938	18938	2674
阜阳市	Fuyang	612	612	482	482	9036	9036	3305
淮南市	Huainan	996	996	280	280	15768	15768	3204
滁州市	Chuzhou	625	625	651	651	10408	10408	2851
六安市	Luan	798	798	481	481	15199	15199	5347
马鞍山市	Maanshan	461	461	166	166	8831	8831	2550
巢湖市	Chaohu	406	406	404	404	6412	6412	3612
芜湖市	Wuhu	1345	1345	670	670	17203	17203	3575
宣城市	Xuancheng	401	401	361	361	4941	4941	1652
铜陵市	Tongling	271	271	135	135	4425	4425	1570
池州市	Chizhou	140	140	192	192	2146	2146	1116
安庆市	Anqing	541	541	457	457	6161	6161	4036
黄山市	Huangshan	349	349	659	659	2299	2299	663

10—11 各市城市绿地和园林（2009年）

Basic Statistics on Parks and Green Areas in Cities by Region (2009)

地　区 Region		园林绿地面积(公顷) Area of Urban Green Areas (hectare)	#公园绿地 Park Green Areas	公园(个) Number of Parks (unit)	公园面积(公顷) Area of Parks (hectare)	建成区绿化覆盖率(%) Green Covered Area as % of Completed Area (%)
总　计	**Total**	**67269**	**12338**	**219**	**7664**	**37.16**
合肥市	Hefei	10037	3063	37	1931	38.44
淮北市	Huaibei	3725	1045	7	992	43.04
亳州市	Bozhou	915	256	13	146	40.88
宿州市	Suzhou	1330	374	19	275	36.54
蚌埠市	Bengbu	3119	686	6	755	33.97
阜阳市	Fuyang	2959	516	5	183	33.01
淮南市	Huainan	3843	1206	9	545	40.95
滁州市	Chuzhou	2524	263	10	62	34.15
六安市	Luan	2400	516	13	221	40.72
马鞍山市	Maanshan	4859	746	11	291	42.57
巢湖市	Chaohu	1440	235	9	171	35.33
芜湖市	Wuhu	4979	1019	14	602	38.10
宣城市	Xuancheng	2681	190	6	147	34.53
铜陵市	Tongling	4645	454	7	233	40.85
池州市	Chizhou	1168	420	8	370	40.67
安庆市	Anqing	2687	571	8	235	39.07
黄山市	Huangshan	12386	395	17	153	49.33
桐城市	Tongcheng	250	110	5	100	14.79
天长市	Tianchang	307	14	4	5	15.40
明光市	Mingguang	65	49	2	32	3.08
界首市	Jieshou	177	52	1	25	24.06
宁国市	Ningguo	773	158	8	190	40.26

主要统计指标解释

年末供水管道长度

指从送水泵至用户水表之间所有管道的长度。不包括新安装尚未使用的管道。

全年供水总量

指报告期供水企业（单位）供出的全部水量。包括有效供水量和损失水量。

生活用水量

包括公共服务用水和居民家庭用水。公共服务用水指为城市社会公共生活服务的用水。包括行政事业单位、部队营区和公共设施服务、社会服务业、批发零售贸易业、旅馆饮食业以及其他公共服务业等单位的用水。居民家庭用水指城市范围内所有居民家庭的日常生活用水。包括城市居民、农民家庭、公共供水站用水。

用水普及率

指城市用水人口数与城市人口总数的比率。计算公式：

用水普及率=城市用水人口数/城市人口总数×100%

全年供气总量

指全年燃气企业（单位）向用户供应的燃气数量。包括销售量和损失量。

用气普及率

指报告期末使用燃气的城市人口数与城市人口总数的比率。计算公式为：

用气普及率 = 城市用气人口数/城市人口总数×100%

城市排水管道长度

指所有排水总管、干管、支管、检查井及连接井进出口等长度之和。

公园绿地

城市中向公众开放的以游憩为主要功能，有一定的游憩设施和服务设施，同时兼有健全生态、美化景观，防灾减灾等综合作用的绿化用地。包括综合公园、社区公园、专类公园、带状公园和街旁绿地。其中综合公园、专类公园和带状公园面积之和为公园面积。

Explanatory Notes for Major Statistical Indicators

Length of Water Supply Pipelines at the Year-end

refers to the total length of all the pipelines between the water pumps and the user water meters, excluding pipelines newly installed but not used yet.

Annual Volume of Water Supply

refers to the total volume of water supplied by water-works (units) during the reference period, including both the effective water supply and loss during the water supply.

Consumption of Water for Residential Use

refers to the water consumption of households for daily life and the water consumption of public service facilities. The latter refers to water consumption for urban public services, including the consumption of government agencies and public institutions, military barracks, public facilities, wholesale and retail outlets, restaurants, hotels, and other units providing public services. Household water consumption refers to consumption of water for daily life of all households in the boundary of cities, including households of urban residents and farmers, and public water supply stations.

Percentage of Urban Population with Access to Tap Water

refers to the ratio of the urban population with access to tap water to the total urban population. The formula is:

Percentage of population with access to tap water= (Urban population with access to tap water) / (Urban population)×100%

Volume of Gas Supply

refers to the total volume of gas provided to users by gas-producing enterprises (units) in a year, including the volume sold and the volume lost.

Percentage of Urban Population with Access to Gas

refers to the ratio of the urban population with access to gas to the total urban population at the end of the reference period. The formula is:

Percentage of population with access to gas = (Urban population with access to gas / Urban population) x 100%

Length of Urban Sewage Pipes

refers to the total length of general drainage, trunks. branch and inspection wells, connection wells, inlets and outlets, etc.

Park Green Area

refers to green areas open to the public for amusement and rest with the facilities of amusement, rest and services. Its function includes perfecting ecology, beautifying landscape, and preventing and reducing disaster. Park green areas include comprehensive park, community park, topic park, belt-shaped park and green area nearby street. Total areas of comprehensive park, topic park and belt-shaped is the area of park.

第十一篇

Chapter 11

自然资源和环境保护

NATURAL RESOURCES AND ENVIRONMENT PROTECTION

简要说明

一、自然状况包括地域、气象状况。自然资源包括土地、气候、林木、水资源。

1. 林木资料来自省林业厅；

2. 水资源资料由省水利厅和省水产局提供；

3. 气象资料由省气象中心整理提供。

二、环境保护统计资料由省环保厅提供。统计资料是依据国家环保总局制定的环境统计报表制度，由各地、市的环境统计年报汇总整理而成。主要包括“三废”排放与处理，反映各工业行业有关“三废”排放与处理的情况。

Brief Introduction

I. Natural conditions cover region and meteorological conditions. Natural resources cover land, climate, forest and water resources.

1. Data on forest are provided by the Department of Forestry of Anhui Province.

2. Data on water conservancy are provided by the Water Conservancy Department and the Marine Products Bureau of Anhui Province.

3. The meteorological data are provided by the Provincial Meteorological Center.

II. Data on environmental protection are provided by the Provincial Environment Protection Department. Data are collected and tabulated by the prefectures and cities in accordance with the annual environmental protection reporting scheme stipulated by the State Environment Protection General Bureau. Data include mainly the discharge and treatment of waste water, waste gas and solid wastes, which show various indicators abot the discharge and treatment of waste water, waste gas and solid wastes in various regions and various industrial sectors.

11—1 自　然　状　况
Natural Conditions

项　目		Item		2009
区　域		**Climate**		
土地总面积	（平方公里）	Total Land Area	(sq.km)	139427
山　区		Mountain		41162
平　原		Plain		34608
丘　陵		Hills		40448
圩　区		Low-lying Paddy Fields		12097
湖泊洼地		Lakes and Low-lying Lands		11122
山峰高程	**（米）**	**Height of Mountain Peak**	**(m)**	
大别山		Da Bie Shan		1729.0
黄　山		Huangshan		1864.8
九华山		Jioll Hua Shan		1344.4
天柱山		Tian Zhu Shan		1489.8
河流长度	**（公里）**	**Length**	**(km)**	
淮　河		Huaihe River		430
长　江		Changjiang River		416
新安江		Xin An Ijng River		240
湖泊面积		**Area of Lakes**		
巢　湖	（平方公里）	Chao Hu Lake	(sq.km)	800
气　候		**Climate**		
年平均气温	（摄氏度）	Annual Average Temperature	(℃)	
淮北地区		Huai Bei Area		15.6
江淮地区		Jiang Huai Area		16.5
沿江地区		Along Chang Jiang River		17.2
江南地区		Lying South of Chang Jiang		16.5
降水量	（毫米）	Precipitation	(mm)	
淮河流域		Huaihe River Basin		937.9
淮河上游区		The Upper Reaches of Huaihe River		1045.9
淮河中游区		The Middle Reaches of Huaihe River		935.8
淮河下游区		The Lower Reaches of Huaihe River		1026.3
沂沭泗河		Yishusi River		696.7
长江流域		Changjiang River Basin		1399.8
湖口以下干流		Main Rivers Below Hukou		1388.4
鄱阳湖水系		River System of Poyang Lake		1656.5
太湖水系		River System of Taihu Lake		1382.2
东南诸河		South-eastern Rivers		1721.1
钱塘江		Qiantang River		1721.1

11—2 自 然 资 源
Natural Resources

项 目		Item		2009
土地资源		**Land Resources**		
耕地面积	(千公顷)	Area of Cultivated Land	(1000 hectares)	4171.22
水 田		Paddy Fields		1904.70
旱 田		Dry Fields		2266.53
林业用地面积	(千公顷)	Area of Afforestated Land	(1000 hectares)	4404.00
造林面积		Area of Afforesded Hilly Area		83.61
果园面积		Area of Orchard		104.50
茶园面积		Area of Tea Plantations		128.83
林木资源		**Forest Resources**		
活立木总蓄积量	(万立方米)	Total Standing Stock Volume	(10000 cu.m)	16258.35
森林面积	(千公顷)	Forest Area	(1000 hectares)	3601.00
森林覆盖率	(%)	Forest-cover Rate	(%)	26.06
水资源		**Water Resources**		
水资源总量	(亿立方米)	Total Resources	(100 million cu.m)	733.10
淮河流域		Huaihe River Basin		216.89
淮河上游区		The Upper Reaches of Huaihe River		1.68
淮河中游区		The Middle Reaches of Huaihe River		208.73
淮河下游区		The Lower Reaches of Huaihe River		5.99
沂沭泗河		Yishusi River		0.49
长江流域		Changjiang River Basin		455.95
湖口以下干流		Main Rivers Below Hukou		429.81
鄱阳湖水系		River System of Poyang Lake		24.65
太湖水系		River System of Taihu Lake		1.49
东南诸河		South-eastern Rivers		60.26
钱塘江		Qiantang River		60.26
天然年径流量	(亿立方米)	Natural Annual Flow	(100 million cu.m)	685.92
淮河流域		Huaihe River Basin		171.30
淮河上游区		The Upper Reaches of Huaihe River		1.19
淮河中游区		The Middle Reaches of Huaihe River		164.20
淮河下游区		The Lower Reaches of Huaihe River		5.75
沂沭泗河		Yishusi River		0.16
长江流域		Changjiang River Basin		454.36
湖口以下干流		Main Rivers Below Hukou		428.22
鄱阳湖水系		River System of Poyang Lake		24.65
太湖水系		River System of Taihu Lake		1.49
东南诸河		South-eastern Rivers		60.26
钱塘江		Qiantang River		60.26
地下水天然补给资源量	(亿立方米)	Natural Supply of Ground Water	(100 million cu.m)	177.43
淮河流域		Huaihe River Basin		90.75
长江流域		Changjiang River Basin		82.53
新安江流域		Xinanjiang River Basin		4.15
淡水面积	(千公顷)	Freshwater Area	(1000 hectares)	1054.00
#养殖面积		Cultivated Area		509.80
主要矿产基础储量		**Major Mineral Basic Reserves**		
煤 炭	(亿吨)	Coal	(100 million tons)	107.90
铁 矿	(矿石，亿吨)	Iron	(Ore, 100 million tons)	17.20
钒 矿	(V_2O_5，万吨)	Vanadium	(V_2O_5, 10000 tons)	33.70
铜 矿	(铜，万吨)	Copper	(Metal, 10000 tons)	218.60
铅 矿	(铅，万吨)	Lead	(Metal, 10000 tons)	13.60
硫铁矿	(矿石，万吨)	Pyrite Ore	(Ore, 10000 tons)	27927.20
磷 矿	(矿石，万吨)	Phosphorus Ore	(Ore, 10000 tons)	3793.30
高岭土	(矿石，万吨)	Kaolin Ore	(Ore, 10000 tons)	696.40

11—3 主要城市平均气温（2009年）
Monthly Average Temperature in Major Cities (2009)

单位：摄氏度（℃）

城市	City	1月 Jan.	2月 Feb.	3月 Mar.	4月 Apr.	5月 May.	6月 June	7月 July	8月 Aug.	9月 Sept.	10月 Oct.	11月 Nov.	12月 Dec.	年平均 Annual Average
合肥市	Hefei	2.6	7.7	10.5	17.6	21.9	27.1	28.6	27.5	24.0	20.3	7.8	4.6	16.7
淮北市	Huaibei	1.0	6.4	9.5	16.9	21.7	26.7	27.1	26.0	21.8	19.4	6.3	2.7	15.5
亳州市	Bozhou	1.8	7.1	10.2	17.1	21.4	27.2	27.7	26.4	21.7	19.6	5.2	2.6	15.7
宿州市	Suzhou	1.4	6.6	9.5	16.8	21.7	27.0	27.3	26.2	22.2	19.7	6.5	3.0	15.7
蚌埠市	Bengbu	1.7	6.7	9.5	16.6	21.2	26.7	27.0	26.3	22.0	19.4	6.8	3.1	15.6
阜阳市	Fuyang	1.4	6.6	9.8	16.1	20.1	26.5	26.8	25.7	21.4	18.8	5.9	3.0	15.2
淮南市	Huainan	3.3	7.8	10.8	18.1	22.6	27.9	28.4	27.4	23.3	21.4	7.9	4.3	16.9
滁州市	Chuzhou	2.6	7.2	10.1	17.3	22.2	27.0	28.0	27.0	23.2	20.2	8.1	4.1	16.4
六安市	Luan	2.7	7.4	10.5	17.0	20.8	26.2	27.7	26.2	22.4	19.7	7.3	4.1	16.0
马鞍山市	Maanshan	3.0	8.0	10.5	17.5	22.8	27.2	28.7	27.7	24.2	20.8	8.6	4.9	17.0
巢湖市	Chaohu	2.9	7.8	10.5	17.7	22.5	27.3	29.1	27.8	24.3	20.8	8.3	4.8	17.0
芜湖市	Wuhu	3.1	8.2	10.6	17.5	22.5	27.2	29.0	28.1	24.6	20.5	8.8	5.2	17.1
宣城市	Xuancheng	2.1	7.9	10.3	17.0	21.9	26.3	28.6	27.5	24.1	19.2	8.5	4.7	16.5
铜陵市	Tongling	3.6	8.4	11.1	17.9	22.3	27.1	29.0	27.8	24.5	20.6	8.7	5.6	17.2
池州市	Chizhou	3.6	8.5	11.2	17.9	22.4	27.0	29.2	28.1	24.8	20.5	8.8	5.6	17.3
安庆市	Anqing	4.1	8.9	11.4	18.3	22.8	27.2	29.4	28.5	24.8	20.9	8.7	5.5	17.5
黄山市	Huangshan	4.0	10.2	11.5	17.8	22.3	26.1	28.8	28.0	25.9	19.7	10.0	5.6	17.5

11—4 主要城市降水量（2009年）
Monthly Precipitation in Major Cities (2009)

单位：毫米（millimeters）

城市	City	1月 Jan.	2月 Feb.	3月 Mar.	4月 Apr.	5月 May.	6月 June	7月 July	8月 Aug.	9月 Sept.	10月 Oct.	11月 Nov.	12月 Dec.	全年 Annual Total
合肥市	Hefei	29.3	84.4	67.8	64.9	119.4	160.2	128.6	91.5	19.3	12.8	115.6	58.1	951.9
淮北市	Huaibei	0.4	11.7	32.6	19.2	124.6	145.9	146.9	158.5	55.7	16.8	38.7	18.8	769.8
亳州市	Bozhou	0.6	22.0	38.3	37.4	143.1	163.0	72.4	129.9	122.9	15.8	56.7	18.7	820.8
宿州市	Suzhou	1.7	17.9	31.1	18.2	73.3	100.4	105.8	109.3	217.6	11.3	51.8	28.1	766.5
蚌埠市	Bengbu	6.1	41.4	36.6	27.0	73.7	184.6	379.1	88.4	147.5	10.7	82.5	40.8	1118.4
阜阳市	Fuyang	2.5	50.3	51.6	46.4	82.3	55.8	329.3	124.2	30.9	28.7	64.8	27.7	894.5
淮南市	Huainan	11.3	55.6	64.5	34.2	71.8	121.1	256.1	111.1	87.8	7.3	94.7	41.0	956.5
滁州市	Chuzhou	20.4	81.5	46.0	34.8	82.5	79.0	221.1	102.5	120.8	2.0	136.2	60.1	986.9
六安市	Luan	25.4	101.1	66.5	53.9	156.0	122.8	171.9	137.5	37.0	6.2	126.9	53.7	1058.9
马鞍山市	Maanshan	32.7	133.8	80.1	60.1	54.9	263.9	352.9	159.3	21.6	5.2	131.2	74.1	1369.8
巢湖市	Chaohu	25.5	114.4	67.8	60.9	81.0	227.4	160.7	123.8	18.4	5.5	130.9	65.0	1081.3
芜湖市	Wuhu	34.2	143.5	74.7	93.3	63.5	345.5	253.5	148.4	25.3	3.3	165.9	68.7	1419.8
宣城市	Xuancheng	38.5	159.7	93.3	102.2	93.3	344.0	143.9	184.4	48.4	8.2	170.4	78.3	1464.6
铜陵市	Tongling	34.4	182.7	123.4	127.6	131.6	420.3	228.5	163.8	60.7	8.2	220.2	77.0	1778.4
池州市	Chizhou	28.8	185.3	101.4	142.2	133.3	359.4	174.3	130.5	57.0	8.8	152.2	81.6	1554.8
安庆市	Anqing	23.4	167.7	88.8	169.3	135.2	329.4	193.3	40.8	38.6	14.3	161.1	61.0	1422.9
黄山市	Huangshan	26.7	259.9	135.0	156.5	141.2	177.2	305.0	266.5	75.0	5.9	143.9	50.9	1743.7

11—5 各市全年降水量（2009年）
Total Precipitation by Region (2009)

地区 Region		年降水量 Precipitation 毫米 0.001(m)	年降水量 Precipitation 亿立方米 (100 million cu.m)	多年平均降水量（亿立方米） Average Precipitation in Many Years (100 million cu.m)	与上年比较 Compared With Last Year (±%)	与多年平均比较 Compared With The Average Precipitation of Many Years (±%)
总　计	**Total**	**1194.0**	**1665.35**	**1636.34**	**4.2**	**1.8**
合 肥 市	Hefei	926.6	62.99	64.72	2.0	-2.7
淮 北 市	Huaibei	801.5	21.84	23.00	-7.0	-5.0
亳 州 市	Bozhou	792.5	66.36	69.12	-19.4	-4.0
宿 州 市	Suzhou	724.1	71.35	82.61	-19.0	-13.6
蚌 埠 市	Bengbu	863.4	51.91	52.69	-6.0	-1.5
阜 阳 市	Fuyang	913.4	89.99	87.12	-3.2	3.3
淮 南 市	Huainan	942.9	24.60	23.13	0.9	6.4
滁 州 市	Chuzhou	984.7	131.24	127.35	3.4	3.1
六 安 市	Luan	1213.6	223.83	218.00	5.3	2.7
马鞍山市	Maanshan	1278.5	21.53	17.91	32.1	20.2
巢 湖 市	Chaohu	1250.5	116.35	104.23	13.1	11.6
芜 湖 市	Wuhu	1532.1	50.82	42.41	26.4	19.8
宣 城 市	Xuancheng	1561.8	192.72	178.58	12.7	7.9
铜 陵 市	Tongling	1618.1	18.01	15.48	28.6	16.3
池 州 市	Chizhou	1547.3	130.41	135.56	11.9	-3.8
安 庆 市	Anqing	1449.5	224.18	215.68	16.6	3.9
黄 山 市	Huangshan	1701.3	167.22	178.75	-5.8	-6.5

11—6 流域分区全年降水量（2009年）
Total Precipitation by Area of Rivers (2009)

流域分区 River Area	年降水量 Precipitation 毫米 0.001(m)	年降水量 Precipitation 亿立方米 (100 million cu.m)	多年平均降水量（亿立方米） Average Precipitation in Many Years (100 million cu.m)	与上年比较 Compared With Last Year (±%)	与多年平均比较 Compared With The Average Precipitation of Many Years (±%)
总　计 Total	**1194.0**	**1665.35**	**1636.34**	**4.2**	**1.8**
淮河流域 Huaihe River Basin	937.9	624.90	628.42	-4.4	-0.6
淮河上游区 The Upper Reaches of Huaihe River	1045.9	3.87	3.52	21.3	9.9
淮河中游区 The Middle Reaches of Huaihe River	935.8	599.03	602.67	-4.7	-0.6
淮河下游区 The Lower Reaches of Huaihe River	1026.3	19.91	20.00	4.6	-0.4
沂沭泗河 Yishusi River	696.7	2.09	2.23	-8.3	-6.3
长江流域 Changjiang River Basin	1399.8	929.61	892.75	12.5	4.1
湖口以下干流 Main Rivers Below Hukou	1388.4	879.57	840.75	13.7	4.6
鄱阳湖水系 River System of Poyang Lake	1656.5	46.93	48.89	-6.8	-4.0
太湖水系 River System of Taihu Lake	1382.2	3.11	3.11	17.4	
东南诸河 South-eastern Rivers	1721.1	110.84	115.17	-6.5	-3.8
钱塘江 Qiantang River	1721.1	110.84	115.17	-6.5	-3.8

11—7 各市水资源总量（2009年）
Water Resources by Region (2009)

单位：亿立方米（100 million cu.m)

地　区	Region	天　然年径流量 Natural Annual Flow by Region	山丘区地下水资源量 Ground Water Volume of Mountain and Hill Areas	山丘区河川基流量 River Flow of Mountain and Hill Areas	平原区降水入渗补给量 Permeated Precipitation Supply of Plain Areas	平原区降水入渗补给形成的河道排泄量 River Way Drainage Volume Caused by Permeated Precipitation Supply of Plain Areas	地下水资源与地表水资源不重复量 Amount of Non-repeat-calculated Water Between Ground Water and Surface Water	水资源总量 Total Amount of Water Resources by Region
总　计	**Total**	**685.92**	**93.12**	**92.88**	**86.06**	**9.47**	**47.18**	**733.10**
合肥市	Hefei	17.31	2.93	2.93	0.62		0.06	17.37
淮北市	Huaibei	3.42	0.07	0.03	3.72	0.66	3.10	6.52
亳州市	Bozhou	10.05			12.09	2.05	10.04	20.09
宿州市	Suzhou	7.32	0.29	0.09	12.21	1.10	11.31	18.63
蚌埠市	Bengbu	12.18	0.44	0.44	7.56	1.59	5.97	18.15
阜阳市	Fuyang	20.46			16.11	3.36	12.75	33.21
淮南市	Huainan	6.57	0.39	0.39	2.66	0.71	1.87	8.44
滁州市	Chuzhou	38.62	5.15	5.15	3.25		0.37	38.99
六安市	Luan	95.59	15.39	15.39	4.86		0.30	95.89
马鞍山市	Maanshan	10.47	0.59	0.59	1.84		0.11	10.58
巢湖市	Chaohu	49.47	5.66	5.66	5.39		0.38	49.85
芜湖市	Wuhu	29.26	2.95	2.95	3.24		0.15	29.41
宣城市	Xuancheng	111.38	20.42	20.42	1.60		0.09	111.47
铜陵市	Tongling	9.29	1.13	1.13	0.90		0.05	9.34
池州市	Chizhou	64.04	10.74	10.74	2.29		0.14	64.18
安庆市	Anqing	109.79	12.52	12.52	7.72		0.49	110.28
黄山市	Huangshan	90.70	14.45	14.45				90.70

11—8 流域分区水资源总量（2009年）
Water Resources by Area of Rivers (2009)

单位：亿立方米（100 million cu.m)

流域分区 River Area	天　然年径流量 Natural Annual Flow by Region	山丘区地下水资源量 Ground Water Volume of Mountain and Hill Areas	山丘区河川基流量 River Flow of Mountain and Hill Areas	平原区降水入渗补给量 Permeated Precipitation Supply of Plain Areas	平原区降水入渗补给形成的河道排泄量 River Way Drainage Volume Caused by Permeated Precipitation Supply of Plain Areas	地下水资源与地表水资源不重复量 Amount of Non-repeat-calculated Water Between Ground Water and Surface Water	水资源总量 Total Amount of Water Resources by Region
总　计 Total	**685.92**	**93.12**	**92.88**	**86.06**	**9.47**	**47.18**	**733.10**
淮河流域 Huaihe River Basin	171.30	18.00	17.76	60.86	9.47	45.59	216.89
淮河上游区 The Upper Reaches of Huaihe River	1.19			0.68	0.19	0.49	1.68
淮河中游区 The Middle Reaches of Huaihe River	164.20	17.88	17.64	57.91	9.25	44.53	208.73
淮河下游区 The Lower Reaches of Huaihe River	5.75	0.12	0.12	1.91		0.24	5.99
沂沭泗河 Yishusi River	0.16			0.36	0.03	0.33	0.49
长江流域 Changjiang River Basin	454.36	66.08	66.08	25.20		1.59	455.95
湖口以下干流 Main Rivers Below Hukou	428.22	60.85	60.85	25.20		1.59	429.81
鄱阳湖水系 River System of Poyang Lake	24.65	4.93	4.93				24.65
太湖水系 River System of Taihu Lake	1.49	0.30	0.30				1.49
东南诸河 South-eastern Rivers	60.26	9.04	9.04				60.26
钱塘江 Qiantang River	60.26	9.04	9.04				60.26

11—9 环境综合整治

Environmental Improvement

指标	Item	2000	2005	2008	2009
环境质量	**Environment Quality**				
大气总悬浮微粒日平均值可吸入颗粒物（毫克/立方米）	The Average Daily Indicators of Respirable Suspended Particulate Matter in Atmosphere (mg/cu.m)	0.215	0.084	0.082	0.077
二氧化硫日平均值（毫克/立方米）	The Average Daily Indicators of Sulfur Dioxide (mg/cu.m)	0.023	0.030	0.030	0.028
二氧化氮日平均值（毫克/立方米）	The Average Daily Indicators of Nitrogen Dioxide (mg/cu.m)	0.036	0.031	0.028	0.025
饮用水源水质达标率 (%)	Up-to-standard Rate of Drinking Water Quality (%)	99.6	98.2	88.6	93.1
城市地面水质达标率 (%)	Up-to-standard Rate of Urban Surface Water Quality (%)	84.4	82.4	88.5	90.7
区域环境噪声平均值(分贝(A))	The Average Indicator of Urban Noise (decibel)	55.6	54.8	54.8	54.7
交通干线噪声平均值(分贝(A))	The Average Indicator of Traffic Main Line Noise (decibel)	68.6	68.6	69.3	68.9
省辖城市区域环境达标数（个）	Developed Districts of Environmental Noise Meeting National Standard (unit)		9	8	9
省辖城市道路交通环境噪声达标（个）	Area of Urban Environmental Noise Meeting National Standard (unit)		12	12	14
生态环境	**Eco-environment Protection**				
森林面积（万公顷）	Area of Forest (10000 hectares)	331.9	360.1	360.1	360.1
森林覆盖率 (%)	Forest Coverage (%)	24.02	26.06	26.06	26.06
当年造林面积（万公顷）	Area of Reforestation of the Year (10000 hectares)	6.9	5.7	5.3	8.4
自然保护区数（个）	Number of Nature Reserves (unit)	31	31	38	38
#国家级	National Level	6	6	6	6
自然保护区面积（万公顷）	Area of Nature Reserves (10000 hectares)	34.7	34.7	46.1	43.8
自然保护区面积占辖区面积比重 (%)	Area of Nature Reserves in Regions (%)	2.5	2.5	3.2	3.0
生态示范区数（个）	Number of Demonstration Zones of Ecology (unit)	34	34	34	34
#国家级	National Level	30	30	30	30
污染控制	**Pollution Control**				
工业废水排放达标率 (%)	Up-to-satndard Rate of Industrial Waste Water Discharge (%)	84.6	97.4	96.2	96.2
工业固体废物综合利用率 (%)	Rate of Comprehensive Utilization of Solid Industrial Waste (%)	71.6	79.3	82.8	83.1
危险废物处置率 (%)	Rate of Treatment of Hazardous Waste (%)	2.2	49.9	90.7	59.9
环境建设	**Environment Improvement**				
城市污水厂集中处理率 (%)	Rate of Concentrating Treatment of Sewage in the City (%)	38.80	26.31	58.64	62.40
城市燃气普及率 (%)	Rate of Gas Utilization in the City (%)	77.5	72.3	87.6	88.6
建成区绿化覆盖率 (%)	Green Coverage Rate in Constructed Areas (%)	27.1	27.5	36.0	37.2

11—9 续表 continued

指标	Item	2000	2005	2008	2009
自然灾害	**Natural Disaster**				
发生地质灾害起数（次）	Geological Disaster (unit)	3779	8548	556	349
#滑　坡	Landslide	1964	3397	247	116
崩　塌	Collapse	1236	4907	285	216
泥石流	Mudflow	300	228	8	4
地面塌陷	Land Subsidence			16	13
人员伤亡（人）	Casualties (person)	21		3	8
#死亡人数	Deaths	9		2	2
森林病虫害防治面积（万公顷）	Forest Area Affected and Cured from Diseasease and Pests (10000 hectares)	27.4	21.0	28.9	26.0
环境污染	**Pollution**				
环境污染与破坏事故次数(次)	Pollution Accidents (unit)	66	28	16	22
#水污染	Water Pollution	43	16	9	12
大气污染	Air Pollution	23	10	6	3
噪声与震动危害	Noise and Vibration Pollution		2		
污染直接经济损失（万元）	Direct Economic Loss Due to Pollution (10000 yuan)	802.0	275.4	1440.7	625.4
污染事故赔款总额（万元）	Reparations for Pollution Incidents (10000 yuan)		144.1	30.0	
污染事故罚款总额（万元）	Fines to Pollution Incidents (10000 yuan)	62.0	55.2		17.0
城镇生活污水排放量（亿吨）	Urban Comsumption Waste Water Discharge (100 million tons)			10.17	10.62
城镇生活污水中化学需氧量排放量（万吨）	COD Discharge from Urban Consumption Waste Water (10000 tons)			30.60	29.53
城镇生活污水中氨氮排放量（吨）	Ammonia Nitrogen Discharge from Urban Consumption Waste Water (ton)			33066	32366
环境污染治理	**Investment in the Treatment of Environmental Pollution**				
省辖市空气质量达二级标准（个）	Cities Directly under the Provincial Government Where the Air Quality Attains the Second Grade National Standards (unit)		14	15	15
绿色标志产品（个）	Green-Labeled Products (unit)		363	340	310
无公害农产品（个）	Pollution-Free Agriculture Products (unit)		109	213	212
建设项目环评执行率（%）	Construct Projects Assessment against the Environment		97	99	100
应执行“三同时”项目数（个）	3-Simultaneous Policy for Construction Projects Should Carry Out (unit)		679	1905	2011
实际执行“三同时”项目数（个）	3-Simultaneous Policy for Construction Projects Carried out (unit)		649	1865	1997
#新　建	Newly Built		523		
扩　建	Enlarged Built		68		
技　改	Technical Transformation		58.0		
“三同时”合格率（%）	3-Simultaneous Policy up to Standard (%)		92.2	97.9	99.3

注：“三同时”是指防治污染设施必须与主体工程同时设计、同时施工、同时投产。饮用水源水质达标率自2008年起改变计算方法，与历史年份数据不可比。

a) The "Three-simultaneous" means that pollution prevention measures shall be adopted simultaneously with construction, production and designing.

11—10 环保系统机构、人员数
Environmental Protection Agencies and Persons Engaged

年份 Year	机构总数（个）Number of Agencies (unit)	人员总数（人）Total Number of Staff & Workers (person)	#科技人员 Scientific and Technical Personnel	#监测人员 Monitoring Personnel	#监理人员 Supervising and Administrative Personnel
1995	240	2376	1687	1220	179
2000	361	4104	1934	1442	957
2001	387	4371		1517	1122
2002	388	4388	1971	1517	1122
2003	379	4769	2027	1544	1435
2004	384	4896	2109	1551	1536
2005	388	5128	2195	1593	1626
2006	391	5281			
2007	402	5547			
2008	386	5532	2503	1675	2107
2009	405	5527	2513	1659	2109

11—11 生活污染物排放
Discharge of Pollutants from Daily Life

年份 Year	城镇生活污水排放量（万吨）Volume of Urban Waste Water Discharged From Daily Life (10000 tons)	生活污水中化学需氧量排放量（吨）Absorption of Oxygen by Waste Water From Daily Life (ton)	生活及其他二氧化硫排放量（吨）Emission of Sulfur Dioxide From Daily Life and Others (ton)	生活及其他烟尘排放量（吨）Emission of Dust From Daily Life and Others (ton)
1998	71688	283923	44474	32516
1999	71389	277300	45545	34860
2000	80189	275104	44639	37166
2001	72564	284273	47588	37982
2002	78171	285012	47487	36105
2003	77735	289184	49500	35075
2004	84262	300908	50529	35439
2005	93104	307257	56495	45116
2006	96351	310100	65300	56535
2007	101771	311046	54969	51569
2008	101662	305954	53061	49435
2009	106259	295299	51560	50396

11—12 工业企业"三废"排放及治理

Discharge and Treatment of Waste Water, Waste Gas and Solid Wastes by Industry Enterprises

指 标	Item	1995	2000	2005	2008	2009
废 水	**Waste Water**					
工业废水排放总量 （万吨）	Total Volume of Industrial Waste Water Discharged (10000 tons)	87006	63106	63487	67007	73441
工业废水排放达标量 （万吨）	Volume of Industrial Waste Water up to the Standards for Discharge (10000 tons)	40745	53355	61816	64438	70657
工业废水排放达标率 （%）	Percentage of Industrial Waste Water up to the Standards for Discharge (%)	46.80	84.60	97.37	96.20	96.21
废 气	**Waste Gas**					
工业废气排放总量 （亿标立方米）	Total Volume of Industrial Waste Gas Emission (100 million cu.m)	3559	3945	6960	15749	15273
工业二氧化硫排放量 （万吨）	Volume of Sulphur Dioxide Emission (10000 tons)	35.0	35.0	51.47	50.26	48.68
烟尘排放量 （万吨）	Volume of Soot Emission (10000 tons)	26.0	24.0	25.27	24.15	22.96
工业粉尘排放量 （万吨）	Volume of Industrial Dust Emission (10000 tons)	22.0	29.0	46.23	32.23	28.47
固体废物	**Solid Wastes**					
工业固体废物产生量 （万吨）	Volume of Industrial Solid Wastes Produced (10000 tons)	2749	2815	4196	7569	8471
工业固体废物综合利用量 （万吨）	Volume of Industrial Solid Wastes Utilized (10000 tons)	1522	2014	3357	6326	7227
工业固体废物综合利用率 （%）	Percentage of Industrial Solid Wastes Utilized (%)	55.4	71.6	79.32	82.83	83.13
工业固体废物贮存量 （万吨）	Volume of Industrial Solid Wastes Accumulated (10000 tons)	600	489	360	451	544
工业固体废物处置量 （万吨）	Volume of Industrial Solid Wastes Treated (10000 tons)	829	949	519	862	923
工业固体废物排放量 （万吨）	Volume of Industrial Solid Wastes Discharged (10000 tons)	10.0	2.0	0.05		
"三废"综合利用产品产值 （万元）	Output Value of Products Made from Waste Gas, Waste Water and Solid Wastes (10000 yuan)	51373	74921	187616	576974	509654
污染治理	**Pollution Treatment**					
本年施工项目总数 （个）	Total of Construction Items (unit)	722	861	265	175	229
污染治理项目本年完成投资额 （万元）	Actual Investment in Implentation of the Project for Pollution Treatment in the Year (10000 yuan)	44948	56470	45443	115341	10822
#治理废水	Treatment of Waste Water	25724	26389	24122	24646	19570
治理废气	Treatment of Waste Gas	11599	25621	16768	55037	65880
治理固体废物	Treatment of Solid Wastes	3535	2165	2902	2121	80
治理噪声	Noise Abatement	698	375	249	392	471
治理其他	Others	3391	1920	1402	819	22282
排污收费及使用	**Fee for Discharging Waste and Fines for Pollution**					
排污费交纳单位 （个）	Number of Units Charged (unit)	3932		22617	17852	17490
排污费征收额 （万元）	Amount of Pollution Charges (10000 yuan)	10752	13215	28112	42989	45002
排污费支出额 （万元）	Outlays of Pollution Levy Charges (10000 yuan)	8377	14159	13886		

11—13 各市工业废水排放及处理（2009年）
Discharge and Treatment of Industrial Waste Water by Region (2009)

地 区	Region	汇总工业企业个数（个） Number of Industrial Enterprises (unit)	工业废水排放总量（万吨） Total Volume of Waste Water Discharge (10000 tons)	#排入污水处理厂 Disperses into the Sewage Treatment Plants	工业废水中污染物排放量（吨） Total Volume Pollutant of Waste Water Discharge (ton) #化学需氧量 COD	#石油类 Petroleum
总 计	Total	3198	73441.47	9172.02	128805.83	202.22
合肥市	Hefei	341	2035.60	904.28	1380.74	4.77
淮北市	Huaibei	96	1749.45		3245.50	8.49
亳州市	Bozhou	53	1669.28	400.53	1784.38	2.05
宿州市	Suzhou	100	3146.92	61.31	3524.74	0.97
蚌埠市	Bengbu	83	5975.18	2998.37	9363.90	0.79
阜阳市	Fuyang	95	2947.25	229.24	3511.53	7.30
淮南市	Huainan	67	5778.56		7426.41	61.30
滁州市	Chuzhou	436	9145.21	239.68	16055.72	3.19
六安市	Luan	441	5314.85		8235.21	9.60
马鞍山市	Maanshan	79	8060.23	3482.50	5466.74	76.06
巢湖市	Chaohu	166	3789.43		5290.63	0.02
芜湖市	Wuhu	296	4722.93	179.94	12530.24	2.24
宣城市	Xuancheng	307	5821.54		8813.07	9.34
铜陵市	Tongling	170	4447.71		4393.27	0.65
池州市	Chizhou	119	1306.37		7564.43	0.98
安庆市	Anqing	304	5478.85	676.16	26839.89	14.48
黄山市	Huangshan	45	2052.10		3379.43	

地 区	Region	#氨 氮 Ammonia & Nitrogen	工业废水排放达标量（万吨） Industrial Waste Water Meeting Discharge Standards (10000ton)	废水治理设施数（套） Number of Facilities for Treatment of Waste Water (set)	废水治理设施处理能力（万吨／日） Handling Ability of Facilities for Treatmnent of Waste Water (10000cu.m/h)	废水治理设施运行费用（万元） Opearating Cost of Facilities of Waste Water (10000Yuan)
总 计	Total	14429.98	70657.35	1987	1014.41	174912.9
合肥市	Hefei	80.07	1961.41	166	81.44	9570.4
淮北市	Huaibei	211.05	1720.53	75	27.41	9794.1
亳州市	Bozhou	653.63	1454.05	62	63.23	2845.7
宿州市	Suzhou	479.55	3005.31	81	25.45	6008.3
蚌埠市	Bengbu	742.72	5952.12	81	15.04	14264.3
阜阳市	Fuyang	2380.75	2890.27	69	133.60	15846.1
淮南市	Huainan	2901.98	5657.21	133	81.24	11813.0
滁州市	Chuzhou	1115.74	8943.91	228	59.23	5543.2
六安市	Luan	2296.90	5224.14	114	49.29	3475.0
马鞍山市	Maanshan	147.47	7846.05	107	293.25	54240.9
巢湖市	Chaohu	255.18	3318.12	85	12.15	4710.7
芜湖市	Wuhu	98.15	4687.32	145	25.31	7755.8
宣城市	Xuancheng	1215.22	5538.90	192	26.19	2742.6
铜陵市	Tongling	263.19	4411.04	179	87.27	12494.1
池州市	Chizhou	165.48	1233.07	82	3.27	2108.8
安庆市	Anqing	963.88	4761.80	143	25.09	11074.9
黄山市	Huangshan	459.03	2052.10	45	5.97	625.0

11—14 各市工业废气排放及处理（2009年）
Emission and Treatment of Industrial Waste Gas by Region (2009)

地 区 Region		汇总工业企业个数（个）Number of Industrial Enterprises (unit)	工业废气治理设施数（套）Number of Facilities for treat-ment of Waste Gas (set)	工业废气排放总量（万标立方米）Total Volume of Industrial Waste Gas Emission (10000 cu.m)	燃料燃烧过程中废气排放量 Volume of Waste Gas in the Process of Fuel Burning	生产工艺过程中废气排放量 Volume of Waste Gas from the Process of Production
总　计	**Total**	**3198**	**4733**	**152725709**	**70381629**	**82344080**
合肥市	Hefei	341	381	6002137	3678587	2323550
淮北市	Huaibei	96	271	6022846	4787593	1235253
亳州市	Bozhou	53	88	796137	584115	212022
宿州市	Suzhou	100	145	3321943	3228440	93503
蚌埠市	Bengbu	83	98	3881494	3628997	252497
阜阳市	Fuyang	95	189	3963677	3116672	847005
淮南市	Huainan	67	220	22070748	21196898	873850
滁州市	Chuzhou	436	109	3070452	1394967	1675485
六安市	Luan	441	301	1437967	991973	445994
马鞍山市	Maanshan	79	247	37336577	6635449	30701128
巢湖市	Chaohu	166	509	12715539	2452171	10263368
芜湖市	Wuhu	296	338	14866248	4506759	10359489
宣城市	Xuancheng	307	564	7953050	3218151	4734899
铜陵市	Tongling	170	318	10315354	4587892	5727462
池州市	Chizhou	119	410	9354157	3672729	5681428
安庆市	Anqing	304	481	9457127	2547230	6909897
黄山市	Huangshan	45	64	160256	153006	7250

地 区 Region		工业二氧化硫去除量（吨）Volume of Sulphur Sioxide Removed (ton)	工业烟尘排放量（吨）Volume of Industrial Soot Emission (ton)	工业烟尘去除量（吨）Volume of Industrial Soot Removed (ton)	工业粉尘排放量（吨）Volume of Industrial Dust Emission (ton)	工业粉尘去除量（吨）Volume of Industrial Dust Romoved (ton)
总　计	**Total**	**1618524**	229626	**13636303**	**284745**	3444275
合肥市	Hefei	17620	10602	1054717	4591	126715
淮北市	Huaibei	6350	25064	1378674	18726	75923
亳州市	Bozhou	1251	1287	11021	251	9707
宿州市	Suzhou	20548	12134	688860	2054	7518
蚌埠市	Bengbu	17178	11557	684298	2418	2908
阜阳市	Fuyang	28971	3838	1003689	94	24975
淮南市	Huainan	227889	41555	3971695	5449	38499
滁州市	Chuzhou	4517	20548	42254	39988	7459
六安市	Luan	3887	4727	90308	7347	85033
马鞍山市	Maanshan	48836	9227	1436568	25702	1504614
巢湖市	Chaohu	38834	17714	736802	75146	474187
芜湖市	Wuhu	27949	12214	279792	27723	267742
宣城市	Xuancheng	15544	6227	74343	49656	65102
铜陵市	Tongling	1069106	8525	1160630	7545	303242
池州市	Chizhou	39037	33916	449215	11383	25140
安庆市	Anqing	50808	7920	568421	3158	425399
黄山市	Huangshan	200	2569	5015	3515	114

11—15 各市工业固体废物产生及处理利用（2009年）

Discharge, Treatment and Utilization of Industrial Solid Wastes by Region (2009)

地　区 Region		汇总工业企业个数（个） Number of Industrial Enterprises (unit)	工业固体废物产生量（万吨） Volume of Industrial Solid Wastes Produced (10000 tons)	#危险废物产生量（吨） Dangerous Wastes (ton)	工业固体废物综合利用量（万吨） Volume of Industrial Solid Wastes Utilized in a Comprehensive Way (10000 ton)
总　计	**Total**	**3198**	**8470.83**	**115833.48**	**7227.04**
合肥市	Hefei	341	276.72	11177.13	273.14
淮北市	Huaibei	96	980.86	115.00	896.97
亳州市	Bozhou	53	180.48	1.00	180.07
宿州市	Suzhou	100	410.77		398.36
蚌埠市	Bengbu	83	149.80	68.60	146.25
阜阳市	Fuyang	95	296.11	28888.00	265.76
淮南市	Huainan	67	2018.62	896.11	1866.98
滁州市	Chuzhou	436	145.64	1015.87	142.23
六安市	Luan	441	286.83	58.54	204.32
马鞍山市	Maanshan	79	1867.35	15302.00	1127.92
巢湖市	Chaohu	166	209.70	60.00	169.70
芜湖市	Wuhu	296	231.58	5011.18	223.05
宣城市	Xuancheng	307	79.28	8.00	77.28
铜陵市	Tongling	170	1037.05	9177.00	830.69
池州市	Chizhou	119	113.35	10395.70	96.28
安庆市	Anqing	304	181.02	33659.35	323.04
黄山市	Huangshan	45	5.66		5.01

地　区 Region		工业固体废物贮存量（万吨） Volume of Industrial Solid Wastes Accumulated (10000 tons)	工业固体废物处置量（万吨） Volume of Industrial Solid Wastes Treated (10000 tons)	“三废”综合利用产品产值（万元） Output Value of Products Made from Comprehensive Utilization of Waste Cas, Waste Water & Solid Wastes (10000 yuan)
总　计	**Total**	**543.98**	**922.70**	**509654.3**
合肥市	Hefei	3.11	0.52	31899.3
淮北市	Huaibei	50.51	37.81	32603.1
亳州市	Bozhou	0.03	0.42	7308.6
宿州市	Suzhou		12.41	5387.0
蚌埠市	Bengbu	3.44	0.11	36700.9
阜阳市	Fuyang	27.47	2.89	47896.5
淮南市	Huainan	109.55	86.20	46820.8
滁州市	Chuzhou	3.30	0.11	25057.8
六安市	Luan	82.51	0.01	10638.1
马鞍山市	Maanshan	164.61	574.82	13737.5
巢湖市	Chaohu	40.00	0.01	52806.0
芜湖市	Wuhu	0.00	8.53	74944.3
宣城市	Xuancheng	2.00		13292.4
铜陵市	Tongling	40.78	186.71	65554.1
池州市	Chizhou	16.67	0.41	7562.7
安庆市	Anqing		11.10	37072.4
黄山市	Huangshan		0.66	372.8

11—16 各市城市空气质量指标（2009年）
Ambient Air Quality in Main Cities by Region (2009)

单位：毫克/立方米 (milligram/cu.m)

地 区	Region	可吸入颗粒物 (PM_{10}) Clean Area	二氧化硫 (SO_2) Lightly Polluted Area	二氧化氮 (NO_2) Moderately Polluted Area	空气质量达到及好于二级的天数（天） Days of Air Quality Equal to or Above Grade Ⅱ (days)
全省平均	**Average**	**0.077**	**0.028**	**0.025**	**354**
合 肥 市	Hefei	0.111	0.023	0.027	319
淮 北 市	Huaibei	0.092	0.027	0.023	358
亳 州 市	Bozhou	0.088	0.037	0.026	364
宿 州 市	Suzhou	0.074	0.017	0.026	362
蚌 埠 市	Bengbu	0.065	0.029	0.027	364
阜 阳 市	Fuyang	0.088	0.020	0.016	342
淮 南 市	Huainan	0.080	0.021	0.027	345
滁 州 市	Chuzhou	0.071	0.020	0.025	355
六 安 市	Luan	0.074	0.023	0.026	361
马鞍山市	Maanshan	0.078	0.021	0.026	355
巢 湖 市	Chaohu	0.071	0.032	0.020	358
芜 湖 市	Wuhu	0.072	0.025	0.024	356
宣 城 市	Xuancheng	0.065	0.025	0.025	361
铜 陵 市	Tongling	0.098	0.068	0.027	352
池 州 市	Chizhou	0.041	0.020	0.020	365
安 庆 市	Anqing	0.087	0.056	0.040	343
黄 山 市	Huangshan	0.049	0.014	0.023	365

11—17 各市城市道路交通噪声监测情况（2009年）
Monitoring of Urban Road Traffic Noise in Key Cities by Region (2009)

地 区	Region	监测总长度（公里） Total Length of Roads (km)	路段平均宽度（米） Average Width of Roads (m)	平均车流量（辆/小时） Average Traffic Volume (car/hour)	噪声均值 (LeqdBA) Average Noise Value (LeqdBA)
总 计	**Total**	**818.38**		**1352**	**68.9**
合 肥 市	Hefei	94.02	41.0	2342	69.8
淮 北 市	Huaibei	61.51	42.8	1283	67.1
亳 州 市	Bozhou	42.10	37.3	623	72.0
宿 州 市	Suzhou	52.60	30.0	1016	71.1
蚌 埠 市	Bengbu	113.15	43.0	1094	67.0
阜 阳 市	Fuyang	16.50	34.0	1086	72.4
淮 南 市	Huainan	48.40	33.7	1013	67.6
滁 州 市	Chuzhou	23.14	26.2	1126	69.7
六 安 市	Luan	67.80	33.6	1302	68.4
马鞍山市	Maanshan	56.30	31.0	1299	68.8
巢 湖 市	Chaohu	40.05	44.0	1086	70.0
芜 湖 市	Wuhu	35.66		2622	68.2
宣 城 市	Xuancheng	37.45	45.6	1448	68.8
铜 陵 市	Tongling	29.23	32.6	1557	66.9
池 州 市	Chizhou	14.60	22.2	1763	66.3
安 庆 市	Anqing	47.50	38.4	1547	69.5
黄 山 市	Huangshan	38.38	31.5	770	68.0

11—18 水 资 源 情 况
Water Resources

年份 Year	水资源总量（亿立方米）Total Water Resources (100 million cu.m)	地表水资源量 Surface Water	地下水资源量 Ground Water	地表水与地下水资源重复量 Duplicated Measurement Between Surface Water and Groundwater	人均水资源量（立方米／人）Per Capita Water Resources (cu.m/person)
1995	558.82	502.91	140.40	84.49	0.09
2000	644.21	554.62	188.74	99.15	0.11
2004	500.65	462.01	151.97	113.33	0.08
2005	719.25	672.20	195.41	148.36	0.12
2006	580.50	532.77	159.12	111.39	950.10
2007	712.46	666.10	181.84	135.48	1164.50
2008	699.29	651.88	178.07	130.66	1139.80
2009	733.10	685.92	185.43	138.25	1195.70

注：水资源总量=地表水资源量＋地下水资源量－地表水与地下水资源重复量。

a) Total Water Resources=Surface Water+Ground Water-Duplicated Measurement Between Surface Water and Groundwater.

11—19 各 市 水 资 源 情 况（2009年）
Water Resources by Region (2009)

地区	Region	水资源总量（亿立方米）Total Water Resources (100 million cu.m)	地表水资源量 Surface Water	地下水资源量 Ground Water	地表水与地下水资源重复量 Duplicated Measurement Between Surface Water and Groundwater	人均水资源量（立方米／人）Per Capita Water Resources (cu.m/person)
总计	**Total**	**733.10**	**685.92**	**185.43**	**138.25**	**1195.70**
合肥市	Hefei	17.37	17.31	3.59	3.53	340.60
淮北市	Huaibei	6.52	3.42	4.11	1.01	316.50
亳州市	Bozhou	20.09	10.05	13.23	3.19	395.50
宿州市	Suzhou	18.63	7.32	13.66	2.35	329.20
蚌埠市	Bengbu	18.15	12.18	8.72	2.75	565.40
阜阳市	Fuyang	33.21	20.46	17.42	4.67	399.20
淮南市	Huainan	8.44	6.57	3.24	1.37	367.00
滁州市	Chuzhou	38.99	38.62	8.56	8.19	948.70
六安市	Luan	95.89	95.59	20.57	20.27	1582.30
马鞍山市	Maanshan	10.58	10.47	2.52	2.41	820.20
巢湖市	Chaohu	49.85	49.47	11.33	10.95	1215.90
芜湖市	Wuhu	29.41	29.26	6.33	6.18	1278.70
宣城市	Xuancheng	111.47	111.38	22.06	21.97	4320.50
铜陵市	Tongling	9.34	9.29	2.05	2.00	1262.20
池州市	Chizhou	64.18	64.04	13.09	12.95	4519.70
安庆市	Anqing	110.28	109.79	20.50	20.01	1976.10
黄山市	Huangshan	90.70	90.70	14.45	14.45	6478.60

11—20 农村环境状况
The Environment of Rural Areas

年份 Year	农村改水受益率(%) Benefical Rate of the Water Renovation in Rural Areas (%)	农村自来水普及率(%) Popularity Rate of Tape Water in Rural Areas (%)	农村卫生厕所普及率(%) Popularity Rate of Sanitation Toilet in Rural Areass (%)	农村户用沼气 Marsh Gas in Rural House		太阳能热水器 Solar Water Heater
				用户数(万户) (10000 Housrholds)	总产气量(万立方米) Total Volum Gas Production (10000 cu.m)	面积(万平方米) Area (10000 sq.m)
1995	85.0		10.8			
2000	98.5	36.8	40.1	11.44	2862	50.37
2004	98.2	35.9	52.5	25.95	6718	151.75
2005	99.0	37.6	54.2	31.94	9076	172.88
2006	98.2	39.5	55.6	37.64	10809	224.50
2007	96.2	35.2	51.9	49.21	14763	262.14
2008	97.7	39.1	53.3	56.43	17959	307.53
2009	98.4	43.7	54.1	67.06	20654	373.16

11—21 各市农村环境状况（2009年）
The Environment of Rural Areas by Region (2009)

地区	Region	农村改水受益率(%) Benefical Rate of the Water Renovation in Rural Areas (%)	农村自来水普及率(%) Popularity Rate of Tape Water in Rural Areas (%)	农村卫生厕所普及率(%) Popularity Rate of Sanitation Toilet in Rural Areass (%)	农村户用沼气 Marsh Gas in Rural House		太阳能热水器 Solar Water Heater
					用户数(万户) (10000 Housrholds)	总产气量(万立方米) Total Volum Gas Production (10000 cu.m)	面积(万平方米) Area (10000 sq.m)
总计	**Total**	**98.40**	**43.70**	**54.10**	**67.06**	**20654.34**	**373.16**
合肥市	Hefei	100.00	45.40	92.20	3.85	1330.00	63.94
淮北市	Huaibei	99.70	60.10	62.30	1.95	545.65	17.53
亳州市	Bozhou	109.10	23.70	39.90	2.42	735.00	17.28
宿州市	Suzhou	99.60	38.40	36.40	4.03	1307.71	13.49
蚌埠市	Bengbu	99.50	14.40	26.40	1.21	375.73	31.71
阜阳市	Fuyang	100.00	20.90	28.20	6.11	2038.51	16.24
淮南市	Huainan	97.00	39.60	71.90	1.55	451.71	5.36
滁州市	Chuzhou	97.40	54.70	45.20	3.88	1216.88	31.92
六安市	Luan	90.80	42.70	84.50	6.71	1817.97	27.57
马鞍山市	Maanshan	100.00	100.00	53.30	0.37	128.80	6.76
巢湖市	Chaohu	96.40	58.10	70.40	4.99	1480.33	47.96
芜湖市	Wuhu	98.10	78.60	66.00	1.14	355.04	11.39
宣城市	Xuancheng	94.50	60.60	65.60	5.28	1460.83	28.23
铜陵市	Tongling	106.10	93.10	66.50	0.72	238.00	6.60
池州市	Chizhou	94.20	54.90	39.40	7.07	2073.68	13.55
安庆市	Anqing	96.40	59.00	61.10	12.48	3940.51	23.15
黄山市	Huangshan	96.80	90.00	55.00	3.32	1158.01	10.50

11—22 农村改水、改厕情况
The Water and Toilets Renovation in Rural Area

指　　标		Item		2005	2008	2009
农村改水		**Water Renovation**				
农村总人口	(万人)	Total Rural Population	(10000 Persons)	4490.75	5250.85	5250.85
累计已改水受益人口	(万人)	Accumulative Population to benefit from water renovation	(10000 Persons)	4419.44	5131.66	5165.43
自来水		Tap Water				
厂、站	(个)	Factory.Sation	(Unit)	14162	15299	14928
累计受益	(万人)	Accumulative Benefit Population	(10000 Persons)	1690.61	2054.66	2292.84
占农村总人口	(%)	Proportion of the Total Rural Population	(%)	37.65	39.13	43.67
手压机井		Manual Pumped Wells				
数　　量	(万台)	Number	(10000 unat)	640.00	1390.91	616.25
累计受益	(万人)	Accumulative Benefit Population (10000 Persons)		2241.32	2713.30	2582.01
占农村总人口	(%)	Proportion of the Total Rural Population (%)		49.91	51.67	49.17
雨水收集		Rainwater Collection				
水　　窖	(个)	Water Cellars (Unit)		4019	1541	1521
累计受益	(万人)	Accumulative Benefit Population (10000 Persons)		31.71	16.54	16.48
占农村总人口	(%)	Proportion of the Total Rural Population (%)		0.71	0.31	0.31
其　他		Other				
累计受益	(万人)	Accumulative Benefit Population (10000 Persons)		455.80	347.17	274.10
占农村总人口	(%)	Proportion of the Total Rural Population (%)		10.15	6.61	5.22
农村改厕		**Toilets Renovation in Rural Area**				
农村总户数	(万户)	Total Rural Households (10000 Subscribers)		1213.72	1346.55	1346.55
累计使用卫生厕所户数	(万户)	Households Used Toilets (10000 Subscribers)		657.38	717.71	729.06
卫生厕所普及率	(%)	Rate of the Sanitation Toilets	(%)	54.16	53.30	54.13
累计使用卫生公厕户数	(万户)	Household Used Public Sanitation Toilets	(10000 Subscribers)	82.33	126.16	129.36

11—23 农村改水、改厕投资情况
Investment of Water and Toilets Renovation in Rural Area

指　　标		Item		2005	2008	2009
农村改水		**Water Renovation in Rural Area**				
农村改水投入	(万元)	Investment	(10000 yuan)	21669	72053	110095
国家投入		State Investment		10011	54229	93354
国家投入占总投入比重	(%)	The Proportion of State Investment	(%)	46.20	75.26	84.79
农村改厕		**Toilets Renovation in Rural Area**				
农村改厕投入	(万元)	Investment	(10000 yuan)	11413	14426	18458
国家投入		State Investment		3577	5730	9113
国家投入占总投入比重	(%)	The Proportion of State Investment	(%)	31.34	39.72	49.37

11—24 环境污染与破坏事故情况
Environment Pollution and Destruction Accidents

年份 Year	环境污染与破坏事故次数（次） Number of Pollution and Destruction Accidents (time)	水污染 Water Pollution	大气污染 Air Pollution	固体废物污染 Solid Wastes Pollution	噪声与振动危害 Noise and Vibration Pollution	污染直接经济损失（万元） Direct Economic Losses (10000 yuan)	污染事故赔款总额（万元） Total Compensation of Pollution Accident (10000 yuan)	污染事故罚款总额（万元） Total Amount of Fines on Pollution Accidents (10000 yuan)
2000	66	43	23			802.20	802.20	62.46
2004	55	28	21		6	655.10	655.10	16.60
2005	28	16	10		2	275.40	275.40	55.20
2006	21	15	4		2	354.80	452.90	58.70
2007	22	13	9			450.00		
2008	16	9	6	1		1440.70	30.00	
2009	22	12	3	7		625.36		17.00

11—25 各市环境污染与破坏事故情况（2009年）
Environment Pollution and Destruction Accidents by Region (2009)

地区	Region	环境污染与破坏事故次数（次） Number of Pollution and Destruction Accidents (time)	水污染 Water Pollution	大气污染 Air Pollution	噪声与振动危害 Noise and Vibration Pollution	污染直接经济损失（万元） Direct Economic Losses (10000 yuan)	污染事故赔款总额（万元） Total Compensation of Pollution Accident (10000 yuan)	污染事故罚款总额（万元） Total Amount of Fines on Pollution Accidents (10000 yuan)
总计	**Total**	**22**	**12**	**3**		**625.36**		**17.00**
合肥市	Hefei	2	1					
淮北市	Huaibei	1	1			13.76		
亳州市	Bozhou	2				220.00		
宿州市	Suzhou	1	1			15.00		
蚌埠市	Bengbu	4	2	2		334.00		
阜阳市	Fuyang							
淮南市	Huainan	1	1					
滁州市	Chuzhou	2	1			12.00		
六安市	Luan	1				10.00		
马鞍山市	Maanshan							
巢湖市	Chaohu	2	2					10.00
芜湖市	Wuhu	1	1					
宣城市	Xuancheng							
铜陵市	Tongling	1		1		15.00		
池州市	Chizhou	2	2			1.10		7.00
安庆市	Anqing							
黄山市	Huangshan	2				4.50		

11—26 土地利用情况
Land Use

单位：公顷 (hectares)

年份 Year	土地调查面积 Area Under Land Survey	农用地 Land for Agriculture Use	#园地 Garden Land	建设用地 Land for Construction	居民点及工矿用地 Land for Living Quarters, Mining and Manufacturing Sites	交通用地 Land for Transport Pacilities	水利设施用地 Land for Water Conservancy Facilities
1995	14012579	9754831	341365	1733484	1255073	255656	222755
2000	14012579	9720009	342242	1771264	1272671	273137	225456
2004	14012579	11219967	341187	1613391	1293480	90027	229884
2005	14012579	11212107	342070	1621772	1302399	91982	227391
2006	14012579	11200504	341812	1639505	1315212	97377	226915
2007	14012579	11193252	340533	1652351	1325947	99102	227302
2008	14012579	11190204	339428	1661804	1334111	100744	226949

11—27 各市土地利用情况（2008年）
Land Use by Region (2008)

单位：公顷 (hectares)

地区 Region		土地调查面积 Area Under Land Survey	农用地 Land for Agriculture Use	#园地 Garden Land	建设用地 Land for Construction	居民点及工矿用地 Land for Living Quarters, Mining and Manufacturing Sites	交通用地 Land for Transport Pacilities	水利设施用地 Land for Water Conservancy Facilities
总计	**Total**	**14012579**	**11190204**	**339428**	**1661804**	**1334111**	**100744**	**226949**
合肥市	Hefei	702948	543315	2171	120332	94267	7350	18715
淮北市	Huaibei	274091	218555	5156	47013	41891	2812	2310
亳州市	Bozhou	852258	708677	6312	124517	106192	9092	9233
宿州市	Suzhou	993980	791159	53940	149115	124463	8580	16073
蚌埠市	Bengbu	595213	454447	2742	82371	68367	4602	9403
阜阳市	Fuyang	1012277	775668	3174	185968	159974	10556	15437
淮南市	Huainan	258513	187260	3209	46228	37810	3193	5226
滁州市	Chuzhou	1352322	1078431	8585	186329	135122	6473	44734
六安市	Luan	1841094	1513659	55860	186974	142630	8133	36212
马鞍山市	Maanshan	168574	122367	720	25786	22062	1180	2544
巢湖市	Chaohu	939367	686715	8703	110850	90833	5419	14599
芜湖市	Wuhu	336255	266262	3743	48559	41978	3715	2866
宣城市	Xuancheng	1232343	1054613	47693	73170	55848	6985	10337
铜陵市	Tongling	106447	67619	1996	18221	15058	1349	1814
池州市	Chizhou	839173	675535	31247	45855	35175	3828	6852
安庆市	Anqing	1539839	1153305	25393	161470	127262	12422	21786
黄山市	Huangshan	967884	892617	78783	49044	35179	5054	8811

11—28 自 然 保 护 基 本 情 况
Basic Situation of Natural Protection

年份 Year	自然保护区(市级以上) Nature Reserves 个数(个) Number of Nature Reserves (unit)	面积(万公顷) Area of Nature Reserves (10000 hectares)	珍稀濒危动物繁殖场(个) Number of Farms to Breed Rare or Endangered Animals (unit)	珍稀植物引种栽培场(个) Cultivating Farms of Rare Plants (unit)	生态示范区建设试点地区和单位(个) Number of Experimental Units and Region of Ecological Demonstration Zones (unit)	已批准国家级生态示范区(个) Number of Approved the National-level Ecological Demonstration Zones (unit)
2004	31	34.68	6	4	34	9
2005	31	34.68	5	1	34	9
2006	35	44.81	3		34	9
2007	37	44.00			34	11
2008	37	46.13			34	13
2009	38	43.84			34	13

11—29 各 市 自 然 保 护 基 本 情 况（2009年）
Basic Situation of Natural Protection by Region (2009)

地区 Region	自然保护区(市级以上) Nature Reserves 个数(个) Number of Nature Reserves (unit)	面积(万公顷) Area of Nature Reserves (10000 hectares)	珍稀濒危动物繁殖场(个) Number of Farms to Breed Rare or Endangered Animals (unit)	珍稀植物引种栽培场(个) Cultivating Farms of Rare Plants (unit)	生态示范区建设试点地区和单位(个) Number of Experimental Units and Region of Ecological Demonstration Zones (unit)	已批准国家级生态示范区(个) Number of Approved the National-level Ecological Demonstration Zones (unit)
总计 Total	**38**	**43.84**			**34**	**13**
合肥市 Hefei						
淮北市 Huaibei					1	
亳州市 Bozhou					1	1
宿州市 Suzhou	5	2.32			2	1
蚌埠市 Bengbu	3	2.25			2	
阜阳市 Fuyang	2	2.56			3	1
淮南市 Huainan						
滁州市 Chuzhou	2	2.46			1	
六安市 Luan	4	5.18			3	3
马鞍山市 Maanshan	1	1.07			1	1
巢湖市 Chaohu					2	
芜湖市 Wuhu					3	
宣城市 Xuancheng	3	2.86			5	1
铜陵市 Tongling	1	3.15				
池州市 Chizhou	4	5.23			1	1
安庆市 Anqing	4	13.78			5	1
黄山市 Huangshan	9	2.98			4	3

11—30 森林资源情况
Forest Resources

年份 Year	林业用地面积 (千公顷) Area of Afforested Land (1000 hectares)	森林面积 (千公顷) Forest Area (1000 hectares)	#人工林 Man-made Forest	森林覆盖率 (%) Forest Coverage Rate (%)	活立木总蓄积量 (万立方米) Total Standing Forest Stock (10000 cu.m)	森林蓄积量 (万立方米) Stock Volume of Forest (10000 cu.m)
1995	4186.50	3170.50	1075.90	22.95	10441.14	82957.70
2000	4123.20	3318.70	1174.80	24.02	12667.41	10371.90
2005	4403.50	3600.70	2098.70	26.06	16258.35	13755.41
2006	4404.00	3601.00	2099.00	26.06	16258.35	13755.41
2007	4404.00	3601.00	2099.00	26.06	16258.35	13755.41
2008	4404.00	3601.00	2099.00	26.06	16258.35	13755.41
2009	4404.00	3601.00	2099.00	26.06	16258.35	13755.41

注：2005年及以后为一类资源清查数。
a) The figures after 2005 of the national first class forest resources by Surveyed.

11—31 各市森林资源情况（2009年）
Forest Resources by Region (2009)

地区	Region	林业用地面积 (千公顷) Area of Afforested Land (1000 hectares)	森林面积 (千公顷) Forest Area (1000 hectares)	森林覆盖率 (%) Forest Coverage Rate (%)	活立木总蓄积量 (万立方米) Total Standing Forest Stock (10000 cu.m)	森林蓄积量 (万立方米) Stock Volume of Forest (10000 cu.m)
合肥市	Hefei	53.93	50.98	15.48	256.00	65.41
淮北市	Huaibei	44.92	40.38	14.99	211.07	151.14
亳州市	Bozhou	148.19	145.54	17.10	842.09	677.52
宿州市	Suzhou	293.86	279.86	28.80	1238.01	1035.67
蚌埠市	Bengbu	86.96	74.64	12.91	302.67	299.32
阜阳市	Fuyang	165.62	160.25	16.46	898.76	800.96
淮南市	Huainan	17.93	16.37	6.20	151.39	30.17
滁州市	Chuzhou	199.46	158.24	11.90	885.16	591.17
六安市	Luan	660.36	607.16	34.74	2278.37	1984.36
马鞍山市	Maanshan	17.14	13.72	8.10	81.20	36.34
巢湖市	Chaohu	148.52	117.54	12.60	494.38	335.26
芜湖市	Wuhu	77.27	66.69	20.85	279.34	187.92
宣城市	Xuancheng	724.30	640.15	54.00	2446.98	2323.04
铜陵市	Tongling	36.78	32.10	32.12	137.64	115.10
池州市	Chizhou	539.49	458.66	56.86	2277.00	2237.43
安庆市	Anqing	598.92	546.67	35.60	2291.09	2099.21
黄山市	Huangshan	791.50	680.96	77.80	3298.56	3252.88

11—32 造 林 面 积
Area of Afforestation

单位：公顷 (hectares)

年份 Year	造林总面积 Total Area of Afforestation	#人工造林 Manual Planting	按林种用途分 by Function of Forest 用材林 Timber Forests	经济林 By-product Forests	防护林 Protection Forests	薪炭林 Fuel Forests	特种用途林 Forests for Special Purpose
1995	72506	72506	21170	42302	1679	35	1320
2000	69214	69214	29068	33592	4730		1824
2004	57364	57364	16511	5116	30048	1999	690
2005	57457	57457	26388	4489	25727	739	114
2006	45888	45888	19517	6655	19704		12
2007	58910	52240	21083	6947	29048	179	1653
2008	53322	48366	17037	8444	26440	1033	368
2009	83606	70229	25314	8858	48171		1263

11—33 各 市 造 林 面 积（2009年）
Area of Afforestation by Region (2009)

单位：公顷 (hectares)

地区	Region	造林总面积 Total Area of Afforestation	#人工造林 Manual Planting	按林种用途分 by Function of Forest 用材林 Timber Forests	经济林 By-product Forests	防护林 Protection Forests	特种用途林 Forests for Special Purpose
总　计	**Total**	**83606**	**70229**	**25314**	**8858**	**48171**	**1263**
合肥市	Hefei	2277	2277	18	397	1781	81
淮北市	Huaibei	754	754		230	524	
亳州市	Bozhou	3844	3844	200	12	3632	
宿州市	Suzhou	5920	5787	1373	1059	3450	38
蚌埠市	Bengbu	876	876	70	13	793	
阜阳市	Fuyang	6544	6544	4159	198	2070	117
淮南市	Huainan	356	356		16	340	
滁州市	Chuzhou	7889	7523	626	250	6933	80
六安市	Luan	7555	6782	2015	841	4246	453
马鞍山市	Maanshan	575	575	426	8	141	
巢湖市	Chaohu	2954	2621	376	107	2318	153
芜湖市	Wuhu	2826	2826	1755	66	994	11
宣城市	Xuancheng	9093	8227	2236	1648	5121	88
铜陵市	Tongling	732	732	267	285	180	
池州市	Chizhou	4745	3325	1209	182	3354	
安庆市	Anqing	22868	13382	9438	2008	11188	234
黄山市	Huangshan	3798	3798	1146	1538	1106	8

11—34 退耕还林工程建设情况

Situation of Projects for Reforesting Formerly Cultivated Land

单位：公顷 (hectares)

年份 Year	造林总面积 Total Area of Afforestation	退耕地造林面积 Reforesting Formerly Cultivated Land Area	荒山荒地造林面积 Afforested Area of Waste Mountains & Land	按林种用途分 by Function of Forest: 用材林 Timber Forests	经济林 By-product Forests	防护林 Protection Forests	薪炭林 Fuel Forests	特种用途林 Forests for Special Purpose
2003	161724	73675	88049		10055	151669		
2004	29462	6701	22761	3654	1467	23588	753	
2005	17026	13333	3693	1054	725	15082	133	32
2007	16557		16557	258	1635	14353		311
2008	19567		19134	3556	3303	12705	3	
2009	32540		19211	1802	386	30144		208

11—35 各市退耕还林工程建设情况（2009年）

Situation of Projects for Reforesting Formerly Cultivated Land by Region (2009)

单位：公顷 (hectares)

地区 Region	造林总面积 Total Area of Afforestation	退耕地造林面积 Reforesting Formerly Cultivated Land Area	荒山荒地造林面积 Afforested Area of Waste Mountains & Land	按林种用途分 by Function of Forest: 用材林 Timber Forests	经济林 By-product Forests	防护林 Protection Forests	薪炭林 Fuel Forests	特种用途林 Forests for Special Purpose
总计 Total	**32540**		**19211**	**1802**	**386**	**30144**		**208**
合肥市 Hefei	644		644			644		
淮北市 Huaibei	393		60		100	293		
亳州市 Bozhou	686		686		8	678		
宿州市 Suzhou	1147		1014			1147		
蚌埠市 Bengbu	267					267		
阜阳市 Fuyang	1518		1518	783		735		
淮南市 Huainan	80		13			80		
滁州市 Chuzhou	3444		2246			3444		
六安市 Luan	4519		2252	81		4438		
马鞍山市 Maanshan	13		13			13		
巢湖市 Chaohu	2028		1161			2028		
芜湖市 Wuhu	379		179			379		
宣城市 Xuancheng	4624		2759			4624		
铜陵市 Tongling	66		66			66		
池州市 Chizhou	2862		1596			2862		
安庆市 Anqing	5712		2978	938		4774		
黄山市 Huangshan	4158		2026		278	3672		208

11—36 森林病虫害防治情况
Prevention of Forest Diseases and Pests

年份 Year	合计 Total			森林病害 Forest Diseases			森林虫害 Forest Plague		
	发生面积(公顷) Area of Occurrence (hectare)	防治面积(公顷) Area of Prevention (hectare)	防治率(%) Prevention Rate (%)	发生面积(公顷) Area of Occurrence (hectare)	防治面积(公顷) Area of Prevention (hectare)	防治率(%) Prevention Rate (%)	发生面积(公顷) Area of Occurrence (hectare)	防治面积(公顷) Area of Prevention (hectare)	防治率(%) Prevention Rate (%)
1995	287180	186693	65.01	55047	30200	54.86	232133	152627	65.75
2000	370273	274367	74.10	55187	24580	44.54	315087	249787	79.28
2004	240306	193206	80.40	21072	16946	80.42	219233	176260	80.40
2005	261516	210369	80.44	22508	20527	91.20	239008	189842	79.43
2006	324916	279230	90.27	41014	38758	100.00	283882	240452.3	84.70
2007	348314	271562	77.96	49604	44547	89.81	298640	227017	76.02
2008	351110	288916	82.29	48225	39811	82.55	302865	244150	80.61
2009	336606	260229	77.31	59401	49480	83.30	277139	210682	76.02

11—37 各市森林病虫害防治情况（2009年）
Prevention of Forest Diseases and Pests by Region (2009)

地区 Region	合计 Total			森林病害 Forest Diseases			森林虫害 Forest Plague		
	发生面积(公顷) Area of Occurrence (hectare)	防治面积(公顷) Area of Prevention (hectare)	防治率(%) Prevention Rate (%)	发生面积(公顷) Area of Occurrence (hectare)	防治面积(公顷) Area of Prevention (hectare)	防治率(%) Prevention Rate (%)	发生面积(公顷) Area of Occurrence (hectare)	防治面积(公顷) Area of Prevention (hectare)	防治率(%) Prevention Rate (%)
总计 Total	**336606**	**260229**	**77.31**	**59401**	**49480**	**83.30**	**277139**	**210682**	**76.02**
合肥市 Hefei	8174	5820	71.19	1976	1298	65.68	6198	4521	72.95
淮北市 Huaibei	9596	8479	88.37	7067	6040	85.47	2529	2439	96.45
亳州市 Bozhou	31499	23193	73.63	10640	9360	87.97	20859	13833	66.32
宿州市 Suzhou	52305	37237	71.19	6100	5500	90.16	46205	31737	68.69
蚌埠市 Bengbu	15707	14713	93.67	775	486	62.74	14933	14227	95.27
阜阳市 Fuyang	41307	27856	67.44	8541	4187	49.02	32766	23670	72.24
淮南市 Huainan	860	825	95.92	23	16	70.59	838	809	96.60
滁州市 Chuzhou	25126	18218	72.51	3258	3255	99.92	21868	14963	68.42
六安市 Luan	60800	57147	93.99	8100	7887	97.37	52700	49260	93.47
马鞍山市 Maanshan	692	458	66.27	458	458	100.00	233		
巢湖市 Chaohu	14732	12095	82.10	1677	1550	92.45	13055	10545	80.77
芜湖市 Wuhu	2331	1048	44.95	58	58	100.00	2273	990	43.55
宣城市 Xuancheng	28833	24788	85.97	9087	7926	87.22	19745	16862	85.40
铜陵市 Tongling	234	207	88.61	207	207	100.00	27		
池州市 Chizhou	6126	3973	64.85	39	39	100.00	6020	3867	64.23
安庆市 Anqing	25618	19759	77.13	1365	1213	88.89	24253	18546	76.47
黄山市 Huangshan	12666	4413	34.84	30			12636	4413	34.92

主要统计指标解释

森林面积

指生长着乔木和竹林，郁闭度在0.3以上（不包括0.3）的林地面积，即有林地面积。它是反映森林资源总面积的重要指标。森林面积包括天然林面积和人工林面积。但不包括灌木林地和疏林地面积。

森林覆盖率

通常是指森林面积以及四旁树木的覆盖面积与土地总面积之比。森林覆盖率，是反映一个国家或地区森林资源和绿化水平的重要指标。计算公式：

森林覆盖率（%）＝森林面积/土地总面积×100%

活立林总蓄积量

指全部土地上树木蓄积的总量。包括森林蓄积、疏林蓄积、散生木蓄积和四旁树蓄积。

森林蓄积量

指一定森林面积上生长着林木树干材积总量。它是反映一个国家或地区森林资源总规模和水平的重要指标。

降水量

指降水深度，即降水平辅在地域面积上的深度。

降水总量

即降水深度（mm）×地域面积

水资源蕴藏量

指水资源总量中可以开采的水量。**水资源总量**

一定区域内的水资源总量指当地降水形成的地表和地下产水量，即地表径流量与降水入渗补给量之和，不包括过境水量。

地表水资源量

指河流、湖泊、冰川等地表水体中由当地降水形成的、可以逐年更新的动态水量，即天然河川径流量。

地下水资源量

指当地降水和地表水对饱水岩土层的补给量。

地表水与地下水资源重复量

指地表水和地下水相互转化的部分，即在河川径流量中包括一部分地下水排泄量，地下水补给量中包括一部分来源于地表水的入渗量。

供水总量

指各种水源工程为用户提供的包括输水损失在内的毛供水量。

地表水源水供水量

指地表水体工程的取水量，按蓄、引、提、调四种形式统计。从水库、塘坝中引水或提水，均属蓄水工程供水量；从河道或湖泊中自流引水的，无论有闸或无闸，均属引水工程供水量；利用扬水站从河道或湖泊中直接取水的，属提水工程供水量；跨流域调配指水资源一级区或独立流域之间的跨流域调配水量，不包括在蓄、引、提水量中。

地下水源供水量

指水井工程的开采量，按浅层谈水、深层承压水和微咸水分别统计。城市地下水源供水量包括自来水厂的开采量和工矿企业自备井的开采量。

其他水源供水量

包括污水处理再利用、集雨工程、海水淡化等水源工程的供水量。

用水总量

指分配给用户的包括输水损失在内的毛用水量。按用户特性分为农业、工业、生活和生态用水四大类。

农业用水

包括农田灌溉和林牧渔业用水。林牧渔业用水指林果地灌溉、草地灌溉和鱼塘补水。

工业用水

按新水取用量计，不包括企业内部的重复利用水量。

生活用水

包括城镇生活用水和农村生活用水。城镇生活用水由居民用水和公共用水（含服务业、商饮业、货运邮电业及建筑业等用水）组成；农村生活用水除居民生活用水外，还包括畜用水在内。

生态用水

仅包括河湖人工补水和城市环境用水。

工业废水排放量

指经过企业厂区所有排放口排到企业外部的工业废水量。包括生产废水、外排的直接冷却水、超标排放的矿井地下水和与工业废水混排的厂区生活污水，不包括外排的间接冷却水（清污不分流的间接冷却水应计算在内）。

工业废水排放达标量

指报告期内废水中各项污染物指标都达到国家或地方排放标准的外排工业废水量，包括未经处理外排达标的，经废水处理设施处理后达标排放的，以及经污水处理厂处理后达标排放的。

工业废水排放达标率

指工业废水排放达标量占工业废水排放量的百分率，计算公式为：

工业废水排放达标率=工业废水排放达标量/工业废水排放量×100%

城镇生活污水排放量

指城镇居民每年排放的生活污水。用人均系数法测算。测算公式为：

城镇生活污水排放量=城镇生活污水排放系数×市镇非农业人口×365

城镇生活污水中化学需氧量（COD）产生量

指城镇居民每年排放的生活污水中的COD的产生量。用人均系数法测算。测算公式为：

城镇生活污水中*COD*产生量=城镇生活污水中*COD*产生系数×市镇非农业人口×365

化学需氧量（COD）

测量有机和无机物质化学所消耗氧的质量浓度的水污染指数。

工业废气排放量

指报告期内企业厂区内燃料燃烧和生产工艺过程中产生的各种排入大气的含有污染物的气体的总量，以标准状态（273K，101325Pa）计算。测算公式为：

工业废气排放量=燃料燃烧过程中废气排放量+生产工艺过程中废气排放量

生活及其他SO_2排放量

以生活及其他煤炭消费量和其含硫量为基础，根据以下公式计算：

生活及其他SO_2排放量=生活及其他煤炭消费量×含硫量×0.8×2

工业SO_2排放量

指报告期内企业在燃料燃烧和生产工艺过程中排入大气的SO_2总量，计算公式为：

工业SO_2排放量=燃料燃烧过程中SO_2排放量+生产工艺过程中SO_2排放量

工业烟尘排放量

指企业厂区内燃料燃烧过程中产生的烟气中夹带的颗粒物排放量。

生活及其他烟尘排放量

指除工业生产活动以外的所有社会、经济活动及公共设施的经营活动中燃烧所排放的烟尘纯重量。以生活及其他煤炭消费量为基础进行测算。

工业粉尘排放量

指企业在生产工艺过程中排放的能在空气中悬浮一定时间的固体颗粒物排放量。如钢铁企业的耐火材料粉尘、焦化企业的筛焦系统粉尘、烧结机的粉尘、石灰窑的粉尘、建材企业的水泥粉尘等。不包括电厂排入大气的烟尘。

工业固体废物产生量

指报告期内企业在生产过程中产生的固体状、半固体状和高浓度液体状废弃物的总量，包括危险废物、冶炼废渣、粉煤灰、炉渣、煤矸石、尾矿、放射性废物和其他废物等；不包括矿山开采的剥离废石和掘进废石（煤矸石和呈酸性或碱性的废石除外）。酸性或碱性废石指采掘的废石其流经水、雨淋水的pH值小于4或pH值大于10.5者。

危险废物

指列入国家危险废物名录或根据国家规定的危险废物鉴别标准和鉴别方法认定的，具有爆炸性、易燃性、易氧化性、毒性、腐蚀性、易传染疾病等危险特性之一的废物。

工业固体废物综合利用量

指报告期内企业通过回收、加工、循环、交换等方式，从固体废物中提取或者使其转化为可以利用的资源、能源和其他原材料的固体废物量（包括当年利用往年的工业固体废物贮存量），如用作农业肥料、生产建筑材料、筑路等。综合利用量由原产生固体废物的单位统计。

工业固体废物综合利用率

指工业固体废物综合利用量占工业固体废物产生量（包括综合利用往年贮存量）的百分率。计算公式为：

工业固体废物综合利用率=工业固体废物综合利用量/（工业固体废物产生量+综合利用往年贮存量）×100%

工业固体废物贮存量

指报告期内企业以综合利用或处置为目的，将固体废物暂时贮存或堆存在专设的贮存设施或专设的集中堆存场所内的数量。专设的固体废物贮存场所或贮存设施必须有防扩散、防流失、防渗漏、防止污染大气、水体的措施。

工业固体废物处置量

指报告期内企业将固体废物焚烧或者最终置于符合环境保护规定要求的场所，并不再回取的工业固体废物量（包括当年处置往年的工业固体废物贮存量）。处置方式有填埋（其中危险废物应安全填埋）、焚烧、专业贮存场（库）封场处理、深层灌注、回填矿井及海洋处置（经海洋管理部门同意投海处置）等。

工业固体废物排放量

指报告期内企业将所产生的固体废物排到固体废物污染

防治设施、场所以外的数量，不包括矿山开采的剥离废石和掘进废石（煤矸石和呈酸性或碱性的废石除外）。

“三废”综合利用产品产值

指报告期内利用“三废”作为主要原料生产的产品价值（现行价）；已经销售或准备销售的应计算产品价值，留作生产自用的不应计算产品价值。

生活垃圾清运量

指报告期内收集和运送到垃圾处理厂（场）的生活垃圾数量。生活垃圾指城市日常生活或为城市日常生活提供服务的活动中产生的固体废物以及法律行政规定的视为城市生活垃圾的固体废物。包括：居民生活垃圾、商业垃圾、集市贸易市场垃圾、街道清扫垃圾、公共场所垃圾和机关、学校、厂矿等单位的生活垃圾。

生活垃圾无害化处理率

指报告期生活垃圾无害化处理量与生活垃圾产生量比率。在统计上，由于生活垃圾产生量不易取得，可用清运量代替。计算公式为：

生活垃圾无害化处理率=生活垃圾无害化处理量/生活垃圾产生量×100%

土地调查面积

指行政区域内的土地调查总面积，包括农用地、建设用地和未利用地。

农用地

指直接用于农业生产的土地，包括耕地、园地、林地、牧草地及其他农用地。

人工林面积

指由人工播种、植苗或扦插造林形成的生长稳定，（一般造林3-5年后或飞机播种5-7年后）每公顷保存株数大于或等于造林设计植树株数80%或郁闭度0.20以上（含0.20）的林分面积。

造林总面积

指报告期内在荒山、荒地、沙丘、退耕地等一切可以造林的土地上，采用人工播种、飞机播种、植苗造林、分植造林等方法新植成片乔木林和灌木林，经过检查验收符合《造林技术规程》要求的单位面积株数，并按《中华人民共和国森林法实施条例》规定，成活率达85%以上（含85%，年降雨量在400毫米以下且无浇灌条件的地区造林成活率达70%以上）的总面积。四旁植树如一侧在四行以上，连片面积0.066公顷（一亩）以上，应统计在造林面积内。造林面积，通常按所有制（国有、国有集体合作、集体和个人）、造林方式（人工、飞机播种）、主要林种用途（用材林、经济林、防护林、薪炭林、特种用途林）分组进行统计。

用材林

指以生产木材为主要目的的森林和林木，包括以生产竹材为主要目的的竹林。

经济林

指以生产果品，食用油料、饮料、调料，工业原料和药材为主要目的的林木。经济林是人们为了取得林木的果实、叶片、皮层、胶液等产品作为工业原料或者供食用所营造的林木，如油茶、油桐、核桃、樟树、花椒、茶、桑、果等。

防护林

指以防护为主要目的的森林、林木和灌木丛。包括水源涵养林，水土保持林，防风固沙林，农田、牧场防护林，护岸林，护路林等。

薪炭林

指以生产燃料为主要目的的林木。

特种用途林

指以国防、环境保护、科学实验等为主要目的的森林和林木。包括国防林、实验林、母树林、环境保护林、风景林，名胜古迹和革命纪念地的林木，自然保护区的森林。

退耕还林还草工程

是我国林业建设上涉及面最广、政策性最强、工序最复杂、群众参与度最高的生态建设工程。主要解决重点地区的水土流失问题。

野生动植物保护及自然保护区建设工程

野生动植物保护及自然保护区建设工程，是一个面向未来，着眼长远，具有多项战略意义的生态保护工程，也是呼应国际大气候、树立中国良好国际形象的“外交工程”。主要解决基因保存、生物多样性保护、自然保护、湿地保护等问题。

重点地区速生丰产用材林基地建设工程

重点地区以速生丰产用材林为主的林业产业基地建设工程，是我国林业产业体系建设的骨干工程，也是增强林业实力的“希望工程”。主要解决我国木材和林产品的供应问题。

湿地

指天然或人工、长久或暂时性的沼泽地、泥炭地或水域地带，包括静止或流动、淡水、半咸水、咸水体，低潮时水深不超过6米的水域以及海岸地带地区的珊瑚滩和海草床、滩涂、红树林、河口、河流、淡水沼泽、沼泽森林、湖泊、盐沼及盐湖。

自然保护区

指对有代表性的自然生态系统、珍稀濒危野生动植物物种的天然分布区、水源涵养区、有特殊意义的自然历史遗迹等保护对象所在的陆地、陆地水体或海域，依法划出一定面积进行特殊保护和管理的区域。以县及县以上各级人民政府正式批准建立的自然保护区为准（包括“六五”以前由部门或“革委会”批准且现仍存在的自然保护区）。风景名胜区、文物保护区不计在内。

生态示范区

指省级以上环境保护行政主管部门批准，以省、地、县政府为主按批准的生态示范区建设规划实施的行政区域。包括已经过国家或省级环境保护行政主管部门验收的和正在开展试点工作的。

滑坡

指斜坡上不稳定的岩土体在重力作用下沿一定软面（或滑动带）整体向下滑动的物理地质现象。地表水和地下水的作用以及人为的不合理工程活动对斜坡岩、土体稳定性的破坏，经常是促使滑坡发生的主要因素。在露天采矿、水利、铁路、公路等工程中，滑坡往往造成严重危害。

崩塌

指陡坡上大块的岩土体在重力作用下突然脱离母体崩落的物理地质现象。它可因多裂隙的岩体经强烈的物理风化、雨水渗入或地震而造成，往往毁坏建筑物，堵塞河道或交通路线。

泥石流

指山地突然爆发的包含大量泥沙、石块的特殊洪流，多见于半干旱山地高原地区。其形成条件是地形陡峻，松散堆积物丰富，有特大暴雨或大量冰融水的流出。

地面塌陷

指地表岩、土体在自然或人为因素作用下向下陷落，并在地面形成塌陷坑（洞）的一种动力地质现象。由于其发育的地质条件和作用因素的不同，地面塌陷可分为：岩溶塌陷、非岩溶塌陷。

环境污染与破坏事故

指由于违反环境保护法规的经济、社会活动与行为，以及意外因素的影响或不可抗拒的自然灾害等原因，致使环境受到污染，国家重点保护的野生动植物、自然保护区受到破坏，人体健康受到危害，社会经济和人民财产受到损失，造成不良社会影响的突发性事件。

环境污染治理投资

指在工业污染源治理和城市环境基础设施建设的资金投入中，用于形成固定资产的资金。包括工业新老污染源治理工程投资、建设项目“三同时”环保投资，以及城市环境基础设施建设所投入的资金。

营林固定资产投资

指在报告期内进行的营林基本建设和营林更新改造活动投资。

上年末结余资金

指在上年资金来源中没有形成固定资产投资额而结余的资金。包括尚未用到工程上去的材料价值、未开始安装的需要安装设备价值及结存的现金和银行存款等。

本年完成投资

指从本年1月1日起至本年最后一天止完成的全部投资额。本年完成投资是反映本年的实际投资规模，计算有关投资效果，进行年度国民经济平衡分析的重要指标。

Explanatory Notes for Major Statistical Indicators

Forest Area

refers to the area of forest land where trees, and bamboo grow with canopy density above 0.3, including land of natural woods and planted woods but excluding bush land and thin forest land, which reflects the total areas.

Forestry Coverage-rate

refers to the ratio of area of afforested land to total area of land(measured in recent). According to regulations of the country, when calculating Forestry Cover-rate, in addition to afforested land, bush land, forestry land inside farmland and along sides should be taken into account. This indicator reflects forestry resources and afforestation progress of a country or region. The statistics of Forestry Cover-rate in this statistical year book is calculated as follows:

Forestry Cover-rate(%)＝Area of Forestry Land/Area of Total Land×100%

Total Water Resources

refers to total volume of water resources measured as run-off for surface water from rainfall and recharge for groundwater in a given area, excluding transit water.

Surface Water Resources

refers to total renewable resources which exist in rivers, lakes, glaciers and other collectors from rainfall and are measured as run-off of rivers.

Groundwater Resources

refers to replenishment of aquifers with rainfall and surface water.

Duplicated Measurement Between Surface Water and Groundwater

refers to mutual exchange between surface water and groundwater, i.e. run-off of rivers includes some depletion with groundwater while groundwater includes some replenishment with surface water.

Water Supply

refers to gross water supply by supply systems from sources to consumers, including losses during distribution.

Surface Water Supply

refers to withdrawals by surface water supply system, broken down with storage, flow, pumping and transfer. Supply from storage projects includes withdrawals from reservoirs; supply from flow includes withdrawals from rivers and lakes with natural flows no matter if there are locks or not; supply from pumping projects includes withdrawals from rivers or lakes with pumping stations; and supply from transfer refers to water supplies transferred from first-level regions of water resources or

Total Standing Stock Volume

refers to the total stock volume of trees growing in land, including trees in forest, tress in sparse forest, scattered trees and trees planted by the side of farm houses and along the roads, rivers and fields.

Stock Volume of Forest

refers to total stock volume of wood growing in forest area, which shows the total size and level of forest resources of a country or a region.

Precipitation

refers to deep of precipitation, the deep of the area by precipitation.

Total Precipitation

refers to deep×area.

Total Water Resources Stock Volume

refers to the water volume that can be developed.

independent river drainage areas to others, and should not be covered under supplies of storage, flow and pumping.

Groundwater Supply

refers to withdrawals from supplying wells, broken down with shallow layer freshwater, deep layer freshwater and slightly brackish water. Groundwater supply for urban areas includes water mining by both waterworks and own wells of enterprises.

Other Water Supply Sources

include supplies by waste-water treatment, rain collection, seawater desalinization and other water projects.

Water Use

refers to gross water use distributed to users, including loss during transportation, broken down with use by agriculture, industry, living consumption and biological protection.

Water Use by Agriculture

includes uses of water by irrigation of farming fields and by forestry, animal husbandry and fishing. Water use by forestry, animal husbandry and fishing includes irrigation of forestry and orchards, irrigation of grassland and replenishment of fishing pools.

Water Use by Industry

refers to new withdrawals of water, excluding reuse of water within enterprises.

Water Use by Living Consumption

includes use of water for living consumption in both urban and rural areas. Urban water use by living consumption is composed of household use and public use (including services, commerce, restaurants, cargo transportation, posts, telecommunication and construction). Rural water use by living consumption includes both households and animals.

Water Use by Biological Protection

includes replenishment of rivers and lakes and use for urban environment.

Waste Water Discharged by Industry

refers to the volume of waste water discharged by industrial enterprises through all their outlets, including waste water from production process, directly cooled water, groundwater from mining wells which does not meet discharge standards and sewage from households mixed with waste water produced by industrial activities, but excluding indirectly cooled water discharged (It should be included if the discharge is not separated with waste water).

Industrial Waste Water Meeting Discharge Standards

refers to volume of industrial waste water discharge which, with or without treatment, reaches national or local standards with regard to all pollutants.

Ratio of Industrial Waste Water Meeting Discharge Standards

refers to percentage of industrial waste water meeting discharge standards over total industrial waste water discharge. It is calculated as:

Ratio of industrial waste water meeting discharge standards = industrial waste water meeting discharge standards / total industrial waste water discharge

Urban Non-industrial Waste Water Discharge

refers to annual discharge of non-industrial waste water by urban households. It is estimated by per capita coefficient using the formula:

Urban non-industrial waste water discharge = urban non-industrial waste water discharge coefficient urban non-agricultural population 365

Volume of Chemical Oxygen Demand (COD) Generated by Urban Non-industrial Waster Water

refers to chemical oxygen demand generated through the annual discharge of non-industrial waste water by urban households. It is estimated as:

Volume of chemical oxygen demand (cod) generated by urban non-industrial waster water = Coefficient of COD generated through urban non-industrial waste water urban non-agricultural population 365

Chemical Oxygen Demand (COD)

refers to index of water pollution measuring the mass concentration of oxygen consumed by the chemical breakdown of organic and inorganic matter.

Industrial Waste Air Emission

refers to discharge into atmosphere of waste air containing pollutants generated from fuel burning and production process in enterprises within a given period of time. It is calculated at standard status (273K, 101325Pa) as:

Industrial waste air emission = emission through fuel burning + emission through production process

SO_2 Emission through Non-industrial and Other Activities

is calculated on the basis of consumption of coal by households and other activities and the sculpture content of coal with the following formula:

SO_2 emission through non-industrial and other activities = consumption of coal by households and other activities sculpture content 0.8 2

SO_2 Emission through Industrial Activities

refers to volume of sculpture dioxide emission from fuel burning and production process by enterprises during a given period of time. It is calculated as:

SO_2 emission through industrial activities = SO_2 emission from fuel burning + SO_2 emission from production process

Industrial Soot Emission

refers to volume of soot in smoke emitted in process of fuel burning in premises of enterprises.

Soot Emission by Consumption and Others

refers to net volume of soot emitted by fuel burning from all social and economic activities and operation of public facilities other than industrial activities. It is calculated on the basis of coal consumption by households and others.

Industrial Dust Emission

refers to volume of dust emitted by production process of enterprises and suspended in the air for a given period of time, including dust from refractory material of iron and steel works, dust from coke-screening systems and sintering machines of coke plants, dust from lime kilns and dust from cement production in building material enterprises, but excluding soot and dust emitted from power plants.

Industrial Solid Wastes Produced

refers to total volume of solid, semi-solid and high concentration liquid residues produced by industrial enterprises from production process in a given period of time, including hazardous wastes, slag, coal ash, gangue, tailings, radioactive residues and other wastes, but excluding stones stripped or dug out in mining (gangue and acid or alkaline stones not included). A stone is acid or alkaline depending on the pH value of the water below 4 or above 10.5 when the stone is in, or soaked by, the water.

Hazardous Wastes

refers to those included in the national hazardous wastes catalogue or specified as any one of the following properties in the national hazardous wastes identification standards: explosive, ignitable, oxidizable, toxic, corrosive or liable to cause infectious diseases or lead to other dangers.

Industrial Solid Wastes Utilized

refers to volume of solid wastes from which useful materials can be extracted or which can be converted into usable resources, energy or other materials by means of reclamation, processing, recycling and exchange (including utilizing in the year the stocks of industrial solid wastes of the previous year). Examples of such utilizations include fertilizers, building materials and road materials. The information shall be collected by the producing units of the wastes.

Ratio of Industrial Solid Wastes Utilized

refers to the percentage of industrial solid wastes utilized over industrial solid wastes produced (including stocks of the previous years). It is calculated as:

Ratio of industrial solid wastes utilized = volume of industrial solid wastes utilized / (industrial solid wastes produced + stock of previous years) 100%

Stocks of Industrial Solid Wastes

refers to volume of solid wastes placed in special facilities or special sites for purposes of utilization or disposal. The sites or facilities should take measures against dispersion, loss, seepage, and air and water contamination.

Industrial Solid Wastes Disposed

refers to quantity of industrial solid wastes which are burnt or placed ultimately in the sites meeting the requirements for environmental protection and not salvaged or recycled (including disposition in the year of those wastes of previous years). The disposition includes landfill (Safe landfills should be conducted for hazardous wastes), incineration, containment spaces, deep underground disposal, backfill in mining pits and disposal at sea.

Industrial Solid Wastes Discharged

refers to volume of industrial solid wastes discharged by producing enterprises to disposal facilities or to other sites. The wastes exclude stones stripped or dug from mining (gangue and acid or alkaline waste stones not included).

Output Value of Products Made from Waste Gas, Waste Water and Solid Wastes

refers current value of products with waste gas, waste water and solid wastes as main materials of production. Products sold and ready to sell shall be included while those produced for own use shall not be included.

Consumption Wastes Transported

refers to volume of consumption wastes collected and transported to disposal factories or sites. Consumption wastes are solid wastes produced from urban households or from service activities for urban households, and solid wastes regarded by laws and regulations as urban consumption wastes, including those from households, commercial activities, markets, cleaning of streets, public sites, offices, schools, factories, mining units and other sources.

Ratio of Consumption Wastes Treated

refers to consumption wastes treated over that produced. In practical statistics, as it is difficult to estimate, the volume of consumption wastes produced is replaced with that transported. It is calculated as:

Ratio of consumption wastes treated = consumption wastes treated / consumption wastes produced ×100%

Area under Land Survey

refers to the total area of land, under the land survey, within the jurisdiction of the administrative region, including land for agriculture use, land for construction and unused land.

Land for Agriculture Use

refers to land directly used for agriculture production, including land for cultivation, gardening, forests, herbage and other agriculture activities.

Total Area of Afforestation

refers to the total area of land suitable for afforestation, including barren hills, idle land, sand dunes, 搡rain for green land, on which acres of arbores or bushes are planted through manual planting, airplane planting, plant seedlings, etc. in accordance with the required density standards of the *Technical Procedures of Afforestation,* and with a survival rate of over 85% in line with the *Implementing Rules of the Forest Law of the People Republic of China* (or a survival rate of 75% in areas with less that 400 mm of annual rainfall and without irrigation facilities). Included in the this category are trees planted alone the roadsides, riversides, or next to houses that occupy an area over 0.066 hectares, or where more than 4 lines of trees are planted. Total area of afforestation is further classified by ownership (state-owned, state-collective, collective or private), by approach of planting (manual, airplane), and by type of forests (timber, by-products, protection, fuel, special use, etc.).

Timber Forests

refer to forests which are mainly for the production of timber, including bamboo groves planted to harvest bamboos.

By-product Forests

refer to forests that mainly produce fruits, nuts, edible oil, beverages, indigents, raw materials and medicine materials. By-product forests are planted to harvest the fruits, leaves, bark or liquid of trees, and consume them as food or raw materials for the manufacturing industry, such as tea-oil trees, tong oil trees, walnut trees, camphor trees, tea bushes, mulberry trees, fruit trees, etc.

Protection Forests

refer to forests, trees and bushes planted mainly for protection or preservation purpose, including water resource conservation forests, water and soil conservation forests, windbreak and dune-fixing forests, farmland and pasture protection forests, riverside protection forests, roadside protection forests, etc.

Fuel Forests

refer to forests planted mainly for fuels.

Forests for Special Purpose

refer to forests planted mainly for national defense, environment protection or scientific experiments, including national defense forests, experimental forests, mother-tree forests, environment protection forests, scenery forests, and trees in historical or scenic spots, forests in natural reserves.

Project on Preservation of Natural Forests

is the Number One ecological project in China抯 forest industry that involves the largest investment. It consists of 3 components: 1) Complete halt of all cutting and logging activities in the natural forests at the upper stream of Yangtze River and the upper and middle streams of the Yellow River. 2) Significant reduction of timber production of key state forest zones in northeast provinces and in Inner Mongolia. 3) Better protection of natural forests in other regions through rehabilitation programmers.

Projects on Converting Cultivated Land to Forests and Grassland (Grain for Green Projects)

aiming at preventing soil erosion in key regions, these projects are ecological construction projects in the development of forest industry that have the widest coverage and most sophisticated procedures, with strong policy implications and most active participation of the people.

Projects on Protection Forests in North China and Yangtze River Basin

covering the widest areas in China with a rich variety of contents, these projects aim at solving the problem of sand and dust in northeastern China, northern China and northwestern China and the ecological issues in other areas. More specifically, they include phase IV of project on North China protection forests, phase II of project on protection forests at the middle and lower streams of Yangtze River and at the Huihe River and Taihu Lake valley, phase II of project on coastal protection forests, phase II of project on Pearl River protection forests, phase II project on greenery of Taihang Mountain and phase II projects on greenery of plains.

Projects on Harnessing Source of Sand and Dust in Beijing and Tianjin

these Beijing-ring projects aim at harnessing the sand and dust weather around Beijing and its vicinities. As the key to the development of Beijing-Tianjin ecological zone, these projects are of particular importance as it concerns the image of China抯 capital city and the whole country.

Projects on Preserving Wild Animals and Plants and on Construction of Nature Reserves

aiming at gene preservation and protection of bio-diversity, nature and wetlands, these projects look into the future with strategic perspective and are integrated with international trends.

Wetlands

refer to marshland and peat bog, whether natural or man-made, permanent or temporary; water covered areas, whether stagnant or flowing, with fresh or semi-fresh or salty water that is less than 6 meters deep at low tide; as well as coral beach, weed beach, mud beach, mangrove, river outlet, rivers, fresh-water marshland, marshland forests, lakes, salty bog and salt lakes along the coastal areas.

Nature Reserves

refer to certain areas of land, waters or sea that are representative in natural ecological systems, or are natural habitats for rare or endangered wild animals or plants, or water conservation zones, or the location of important natural or historic relics, which are demarked by law and put under special protection and management. Nature reserves are designated by the formal approval of governments at and above county level (including those approved by relevant departments or "revolutionary committees" before 1980). Scenic spots and cultural preservation zones are not included.

Ecological Demonstration Zones

refer to administrative areas approved by the environment protection agencies of central and provincial governments and established by provincial, prefecture or county governments in line with the approved programmed for ecological demonstration zones. They include those evaluated and accepted by the environment protection agencies of central and provincial governments and those under pilot development stage.

Landslides

refer to the geological phenomenon of unstable rocks and earth on slopes sliding down along certain soft surface as a result of gravitational force. Role of surface water and underground water, and destruction of the stability of slopes by irrational construction work are usually main factors triggering the landslides. Several damages are often caused by landslides in open mining, in water conservancy projects, and in the construction of railways and highways.

Collapse

refers to the geological phenomenon of large mass of rocks or earth suddenly collapsing from the mountain or cliff as a result of gravitational force. Usually caused by weathering of rocks, permanent of rain or earthquakes, collapse often destructs buildings and blocks river course or transport routes.

Mud-rock Flow

refers to the sudden rush of flood torrents containing large amount of mud and rocks in mountainous areas. It is found mostly in semi-arid hills or plateaus. High and precipitous topographic features, loose soil mass, heavy rains or melting water contribute to the mud-rock flow.

Land Subside

refers to the geological phenomenon of surface rocks or earth subsiding into holes or pits as a result of natural or human factors. Land subside can be classified as karst subside and non-karst subside.

Environment Pollution and Destruction Accidents

refer to sudden accidents, due to economic or social activities that are in contrast to environment protection laws or due to unforeseen factors or natural disasters, that lead to the environment pollution, the destruction of protected wild animals, plants or nature reserves, the damage to human health, the economic and property losses, and the negative impact on the society.

Investment in Environment Pollution Harnessing Projects

refers to the proportion of investment in fixed assets in the total investment in harnessing industrial pollution and in the construction of urban environment infrastructure facilities. It includes investment in harnessing sources of industrial pollution, investment in environment protection facilities designed concurrently with construction projects, and investment in urban environment infrastructure facilities.

Investment in Fixed Assets for Afforestation

refers to the investment in capital construction and updating projects in afforestation during the reference period.

Unspent Capitals from Last Year

refer to capitals from the last year that have not been invested in the fixed assets, including value of materials that have not been used yet, the value of equipment yet to be installed, as well as cash in hand and bank deposits.

Completed Investment during the Year

reflecting the actual size of investment completed during January 1 and December 31 of the reference year, this indicator is important in estimating investment efficiency and in making annual analysis of the performance of the national economy.

第十二篇

Chapter 12

农业

AGRICULTURE

简要说明

一、本篇资料反映我省农业生产和农村经济的基本情况，内容主要包括乡村户数、人口与从业人员、耕地、农业机械拥有量、农林牧渔业产值、主要产品产量、水利设施与灌溉防涝、农村居民家庭拥有生产性固定资产等。

二、本篇资料来源：除农村居民家庭拥有生产性固定资产由国家统计局安徽调查总队提供外，其余资料均来源于省统计局农村处的农村统计调查报表制度。

农村统计调查报表制度的统计范围包括各市、县（区）辖区的各种经济类型的全部农林牧渔业以及各非农行业附属的农林牧渔业生产单位。但不包括农业科学试验机构进行的农业生产。

农村统计调查报表制度是按照国家统计局统一要求，由各市、县（区）统计局收集、汇总报送，采取抽样调查、典型调查、重点调查和其他调查所取得的。部分指标及林业生产情况、渔业生产情况等指标均取自同级业务部门的统计资料。

农田水利建设和灌溉防涝情况、农作物受灾情况、农业机械和农产品加工机械拥有量、国营农场基本情况等资料由省水利厅、省民政厅、省农机局、省农垦总公司提供。

Brief Introduction

I. Data in this chapter show the basic conditions of agricultural production and rural economy, including mainly number of rural households, population and number of laborers, cultivated land, quantity of agricultural machinery, output of farming, forestry, animal husbandry and fishery, output of major products, facilities of water conservancy and irrigation and flood prevention, productive fixed assets owned by the rural households.

II. Source of data: Data come from the Agricultural Statistical Reporting System stipulated by the Agricultural Office of Anhui Statistical Bureau, except Data on productive fixed assets owned by the Enterprise Survey Organizanion of Anhui, which is supplied by the Rural Socio-economic Survey Organization of Anhui.

Statistics on agriculture cover all agricultural production activities except activities undertaken by agriculture research institutions.

Data on agriculture are collected, tabulated and processed by the statistical bureau in cities and counties, with sample survey, survey on key units and typical units and other surveys. Data on forestry production, state farm are taken from the professional departments at the same level.

Data on facilities of water conservancy and irrigation and flood prevention, crops disaster, agricultural machinery and processing machinery of agricultural products and state farm are provided by the Water Conservancy Department, the Department of Civil Affairs, Bureau of Agricultural Machinery and General Company of Agricultural Reclamation.

12—1　农村基层组织和农业基本情况
Basic Conditions of Rural Grassroots Units and Agriculture

指　　标	Item	1995	2000	2005	2008	2009
乡镇数（个）	Number of Township and Town Governments (unit)	1854	1841	1466	1248	1237
#镇个数	Number of Town Governments	847	941	915	875	871
村民委员会（个）	Number of Villagers' Committees (unit)	30523	30658	24076	15945	15858
乡村户数（万户）	Number of Rural Households (10000 household)	1244.30	1294.62	1346.13	1370.41	1392.59
乡村从业人员数（万人）	Number of Rural Laborers (10000 persons)	2592.24	2797.76	2939.21	3014.95	3052.55
#男	Male	1381.65	1487.89	1574.17	1619.65	1643.34
按国民经济行业分	**Grouped by Sector**					
农林牧渔业	Farming, Forestry, Animal Husbandry & Fishery	1930.26	2001.82	1766.94	1593.10	1566.05
工　业	Industry	173.34	161.52	299.34	428.51	465.72
建筑业	Construction	121.46	172.17	281.64	354.76	373.71
交通运输、仓储及邮政业	Transport, Storage and Postal Services	48.78	61.27	83.69	103.51	108.90
信息传输、计算机服务和软件业	Information Circulation, Computer Service and Software			9.11	15.66	18.13
批发和零售业	Wholesale and Retail Trade	61.77	103.87	137.52	175.84	183.39
住宿和餐饮业	Accommodation and Catering Trade			64.55	90.63	97.53
其他行业	Other Trades	256.63	297.11	296.42	252.94	239.12
自来水受益村数（个）	Villages with Access to Tap Water (unit)	4254	5490	6181	6225	7336
通汽车村数（个）	Villages with Motor Vehicle Communication (unit)	24790	29146	23317	15860	15797
通电话村数（个）	Villages with Telephone Communication (unit)	10608	50186	24034	15945	15850
年末实有耕地面积（千公顷）	Cultivated Areas (year-end) (1000 hectares)	4291.12	4229.55	4092.45	4144.98	4171.22
农业机械总动力（万千瓦）	Total Agricultural Machinery Power (10000 kw)	1836.00	2975.87	3983.83	4807.46	5108.85
农用排灌机械总动力（万千瓦）	Irrigation and Drainage Machinery for Agricultural Use (10000 kw)	394.72	522.98	581.82	628.07	644.95
农用大中型拖拉机（台）	Number of Large and Medium Agricultural Tractors (unit)	9622	29612	104798	90225	104998
农用大中型拖拉机动力（万千瓦）	Power of Large and Medium Agricultural Tractors (10000 kw)	36.31	73.58	237.69	311.71	383.79
小型拖拉机（万台）	Number of Mini-tractors (10000 units)	88.12	165.78	207.98	230.53	233.24
小型拖拉机动力（万千瓦）	Capacity of Mini-tractors (10000 kw)	703.85	1297.74	1669.06	1842.38	1861.59
大中型拖拉机配套农具（万部）	Number of Related Farm Implements of Large and Medium Tractor (10000 units)	1.24	2.80	7.97	15.27	19.46
小型拖拉机配套农具（万部）	Related Farm Implements of Mini-tractor (10000 units)	131.92	351.92	489.71	524.10	528.27
农用排灌柴油机（万台）	Number of Diesel Engines (10000 units)	67.98	31.41	33.70	37.18	38.21
农用排灌柴油机动力（万千瓦）	Power of Diesel Engines (10000 kw)	394.72	227.42	239.04	269.68	277.49
联合收获机（台）	Combine Harvester (unit)	978	9499	48739	77745	91276
农用运输车（辆）	Number of Transport Vehicles for Agricultural Use (unit)	20458	406806	607355	677989	670805
农用运输车动力（万千瓦）	Power of Transport Vehicles for Agricultural Use (10000 kw)		401.44	662.99	771.68	797.15
农作物总播种面积（千公顷）	Total Sown Area (1000 hectares)	8354.23	8418.01	8755.19	8967.90	9012.12
粮　食	Grain Crops	5852.48	5565.58	5988.10	6561.15	6605.57
谷　物	Cereal	4806.36	4506.56	4968.79	5303.91	5386.17
#稻　谷	Rice	2156.10	2005.49	2288.61	2218.99	2246.85
小　麦	Wheat	1992.66	1931.17	1989.53	2346.70	2355.27
玉　米	Corn	552.37	486.61	595.08	705.14	730.75
豆　类	Beans	517.70	601.81	794.91	1088.45	1050.34
薯　类	Tubers	528.42	457.21	224.40	168.78	169.05
油　料	Oil-bearing Crops	1263.47	1457.36	1303.05	936.68	968.82
棉　花	Cotton	482.72	328.84	381.27	381.41	327.67
麻　类	Fiber Crops	38.61	15.02	12.84	11.07	9.54
糖　料	Sugar Crops	4.77	8.40	5.73	6.79	5.77
烟　叶	Tobacco	20.08	19.67	10.83	9.69	10.40
蔬　菜	Vegetables	361.93	539.68	664.87	718.62	745.32

注：1．2002年以前交通运输、仓储及邮政业为交通运输仓储及邮电通信业；批发和零售业为批发零售贸易餐饮业。
　　2．2004年从业人员增加信息传输、计算机服务和软件业及住宿和餐饮业。

a) Before 2002, the sector of "transport, storage and postal services" was "transport, storage, postal and telecommunication" and the sector of "wholesale and retail trade" was "wholesale, retail trade and catering".

b) The range of employees added the sector of "information transmission, service of the computer and software industry and accommodation and catering trade" in 2004.

12—2 主要农林牧渔业生产情况

Output of Farming, Forestry, Animal Husbandry and Fishery

指　　标	Item	1995	2000	2005	2008	2009
农产品产量　（万吨）	Yield of Farm Crops　(10000 tons)					
粮　食	Grain	2652.74	2472.01	2605.31	3023.35	3069.87
谷　物	Cereal	2358.97	2202.23	2399.66	2842.32	2895.93
#稻　谷	Rice	1296.13	1195.14	1317.25	1383.51	1405.61
小　麦	Wheat	757.52	730.33	808.11	1167.90	1177.16
玉　米	Corn	265.53	247.28	234.97	286.65	304.70
豆　类	Beans	74.14	114.60	101.98	134.43	127.24
薯　类	Tubers	219.63	233.18	103.67	46.61	46.70
油　料	Oil-bearing Crops	191.76	285.06	270.67	228.03	240.35
#花　生	Peanuts	42.76	111.15	79.29	77.86	75.09
油菜籽	Rapeseeds	141.60	156.77	182.33	140.27	157.77
芝　麻	Sesame	7.39	16.62	89.57	7.34	6.62
棉　花	Cotton	30.12	28.50	31.10	36.88	34.56
黄红麻	Jute and Ambary Hemp	8.14	2.22	1.94	1.85	1.18
烟　叶	Tobacco	4.40	3.21	2.60	2.54	2.94
#烤　烟	Flue-cured Tobacco	4.26	3.09	2.47	2.40	2.89
蚕　茧	Silkworm Cocoons	4.04	2.46	3.13	3.84	2.88
茶　叶	Tea	4.59	4.54	5.96	7.59	8.20
园林水果	Garden Fruits	52.66	110.61	151.72	172.63	215.72
农产品单位面积产量（公斤/公顷）	Yield of Farm Crops per Hectare　(kg/hectare)					
谷　物	Cereal	4908	4887	4829	5359	5377
棉　花	Cotton	680	867	816	967	1055
花　生	Peanuts	2356	3328	3324	4004	4152
油菜籽	Rapeseeds	1429	1625	1912	2092	2186
芝　麻	Sesames	831	1049	822	1085	1115
黄红麻	Jute and Ambary Hemp	2556	2623	2981	3357	2849
烤　烟	Flue-cured Tobacco	2207	1638	2407	2624	2825
造林面积　（千公顷）	Afforested Area　(1000 hectares)	72.50	69.21	57.46	53.32	83.61
茶园面积　（千公顷）	Area of Tea Plantations at Year-end　(1000 hectares)	121.92	108.37	117.61	128.93	128.83
果园面积　（千公顷）	Area of Orchards at Year-end　(1000 hectares)	97.64	84.78	104.18	108.70	104.50
大牲畜年末头数　（万头）	Number of Large Animals (year-end)　(10000 heads)	723.70	559.35	366.16	145.18	149.47
#牛	Cattle and Buffaloes	701.34	552.95	364.35	144.52	148.81
马	Horses	5.35	1.58	0.35	0.21	0.20
驴	Donkeys	13.97	3.73	1.12	0.33	0.36
骡	Mules	3.04	1.09	0.34	0.11	0.10
肉猪出栏头数　（万头）	Number of Slaughtered Fattened Hogs　(10000 heads)	1674.58	2393.18	2812.08	2527.35	2680.21
猪年末头数　（万头）	Number of Hogs (year-end)　(10000 heads)	1565.56	1871.01	1737.41	1432.43	1482.56
羊年末头数　（万只）	Number of Sheep and Goats (year-end)　(10000 heads)	621.11	794.94	953.03	560.28	584.20
山　羊	Goats	613.22	792.52	950.18	557.25	580.98
绵　羊	Sheep	7.90	2.42	2.85	3.03	3.22
肉类产量　（万吨）	Output of Meat　(10000 tons)	197.75	311.52	382.88	343.92	362.59
#猪牛羊肉	Pork, Beef and Mutton	165.78	241.59	280.79	247.92	261.21
猪　肉	Pork	136.71	198.50	231.74	217.39	229.85
牛　肉	Beef	23.81	31.88	31.46	17.11	17.54
羊　肉	Mutton	5.26	11.21	17.59	13.42	13.82
奶　类　（吨）	Milk　(ton)	24904	41204	110491	181316	201000
#牛　奶	Cow Milk	24891	41194	110186	181275	201000
绵羊毛　（吨）	Sheep Wool　(ton)	313	174	129	189	153
禽　蛋　（万吨）	Poultry Eggs　(10000 tons)	51.24	107.40	122.06	112.10	118.19
淡水产品产量　（万吨）	Total Output of Freshwater Aquatic Products (10000 tons)	75.20	159.80	177.57	178.38	183.15

12—3 农业现代化情况
Statistics on Agricultural Modernization

指　　标	Sector	1995	2000	2005	2008	2009
农业机械化情况　（千公顷）	**Statistics on Agricultural Machinery　(1000 hectares)**					
机耕面积	Area Ploughed by Tractors	2770	3601	3775	3993	3983
机播面积	Seeded Area by Tractors	1463	1996	2329	2988	3305
#机播小麦面积	Wheat's Area by Tractors	1302	1447	1621	1959	1966
机械植保作业面积	Plant Protection Area by Tractors	1440	2865	2801	3248	3474
机械收获面积	Harvest Area by Tractors	1299	2425	3326	4523	4811
农村电气化情况	**Electrification of Rural**					
农村用电量　（亿千瓦时）	Electricity Consumed in Rural Area　(100 million kwh)	37.39	45.81	64.22	89.91	98.01
农用化肥施用量　（万吨）	Used Chemical Fertilizers　(10000 tons)	203.28	253.15	285.67	307.37	312.79
农用塑料薄膜使用量　（万吨）	Used Plastic Film　(10000 tons)	4.07	5.81	7.83	7.17	7.67
#地膜使用量	Plastic Used		3.11	3.38	3.50	3.66
地膜覆盖面积　（千公顷）	Plastic Used Area　(1000 hectares)		697.76	477.76	503.00	436.94
农用柴油使用量　（万吨）	Diesel Oil Use for Agriculture　(10000 tons)	32.90	41.62	55.58	63.21	65.78
农药使用量　（万吨）	Used Agricultural Chemical Insecticides　(10000 tons)	6.33	7.56	9.48	11.15	11.04
农田水利情况	**Irrigation and Water Conservancy**					
旱涝保收面积　（千公顷）	Area With Stable Yields Despite Drought or Water logging　(1000 hectares)	2091	2391	2533	2582	2597
除涝面积　（千公顷）	Flooded or Waterlogged Area Under Control　(1000 hectares)	2048	2148	2210	2247	2251
堤防保护耕地面积　（千公顷）	Protection Cultivated Land Areas of Embankment (1000 hectares)	2295	2294	2351	2357	2382
有效灌溉面积　（千公顷）	Irrigated Area　(1000 hectares)	2934	3197	3331	3454	3484
#机电排灌面积	Electrical Irrigation and Drainage Area	2471	2736	2875	2964	2991
机电井数　（万眼）	Electrical Well　(10000 units)	12.65	16.31	19.54	19.43	19.21
#已配套	Form a Complete Set	6.22	9.32	11.07	12.20	12.92

12—4 农田水利建设
Water Conservancy Construction

年份 Year	水电站装机容量（千瓦） Capacity of Rural Hydropower Station an Year-end (kw)	已建成水库（座） Number of Reservoirs (unit)	水库库容量（亿立方米） Capacity of Reservoirs (100 million cu.m)	节水灌溉面积（千公顷） Irrigated Area With Saved Water (1000 hectares)	治理水土流失面积（千公顷） Area of Soil Erosion Under Control (1000 hectares)	堤防长度（公里） Total Length of Dikes (km)	堤防保护耕地面积（千公顷） Area of Land Protected by Dikes (1000 hectares)
1985	54532	4340	175.58		1271.95	17554	2223.48
1990	66184	4533	182.25		1428.00	19222	2144.00
1995	96892	4787	184.39		1575.33	19524	2190.24
2000	98102	4815	185.10	534.86	1765.30	19902	2184.20
2003		4866	194.77	658.01	1883.10	20012	2190.50
2004	591058	4868	195.58	675.56	1916.00	20030	2189.37
2005	632092	4872	195.50	705.48	1955.90	20074	2226.94
2006	893122	4816	196.11	725.09	1983.64	20206	2319.11
2007	912200	4797	195.64	743.73	2017.53	20212	2319.86
2008	976400	4796	195.39	764.58	2059.19	20255	2357.22
2009	1068404	4808	194.99	788.63	2102.32	20377	2381.60

12—5 农村居民家庭平均每户生产性固定资产原值
Original Value of Productive Fixed Assets of per Rural Household

单位：元 (yuan)

指　标	Item	1995	2000	2005	2008	2009
合　计	**Total**	**2780.24**	**4160.98**	**5857.13**	**8620.77**	**8759.08**
役畜和产品畜	Draught and Commodity Animals	670.43	377.83	453.07	435.76	419.49
大中型铁木农具	Large and Medium Wood and Iron Farm Tools	212.61	312.26	416.33	694.01	656.28
农林牧渔业机械	Machinery of Farming, Forestry, Animal Husbandry and Fishery	812.95	1734.23	2719.81	3198.35	3514.80
工业机械	Industrial Machinery	31.32	113.76	74.81	167.34	136.38
运输机械	Transport Machinery	206.45	292.19	453.19	817.94	842.87
生产用房	Buildings for Productive Purpose	695.00	994.81	1140.46	2297.86	2061.49
其　他	Others	151.48	335.90	599.46	1009.51	1127.77

注：本表为农村住户抽样调查资料。
a) Data in this table are obtained from the sample surveys on rural households.

12—6 农村居民家庭每百户拥有生产性固定资产数量
Number of Productive Fixed Assets of per 100 Rural Household

指　标		Item		1995	2000	2005	2008	2009
汽　车	（辆）	Motor Vehicles	(unit)	0.34	0.47	1.00	1.45	1.33
大中型拖拉机	（台）	Large and Medium Tractors	(unit)	1.01	1.40	2.15	3.68	4.85
小型及手扶拖拉机	（台）	Mini and Walking Tractors	(unit)	19.99	29.02	40.16	39.91	39.73
机动脱粒机	（台）	Motorized Threshing Machines	(unit)	20.73	19.18	14.27	16.16	15.52
胶轮大车	（辆）	Carts With Rubber Tires	(unit)	0.98	12.19	5.74	4.90	5.19
收割机	（台）	Harvesters	(unit)		6.11	3.69	3.99	3.61
役　畜	（头）	Draught Animals	(head)	38.95	23.22	9.24	5.19	5.61
产品畜	（头）	Commodity Animals	(head)	24.52	28.06	27.90	20.32	19.61

注：本表为农村住户抽样调查资料。
a) Data in this table are obtained from the sample surveys on rural households.

12—7 农林牧渔业总产值及指数

Gross Output Value of Farming, Forestry, Animal Husbandry and Fishery and Related Indices

本表按当年价格计算。 (Data in value terms in this table are calculated at current prices.)

年份 Year	绝对数（万元） Gross Output Value (10000 yuan)						指数（%） Related Indices (%)					
	农林牧渔业总产值 Total of Farming, Forestry, Animal Husbandry and Fishery	农业 Farming	林业 Forestry	牧业 Animal Husbandry	渔业 Fishery	农林牧渔服务业 Agricultural Services	农林牧渔业总产值 Total of Farming, Forestry, Animal Husbandry and Fishery	农业 Farming	林业 Forestry	牧业 Animal Husbandry	渔业 Fishery	农林牧渔服务业 Agricultural Services
1990	3709359	2608524	169704	819844	111287		104.11	104.45	100.46	104.34	100.58	
1995	9802574	6379076	395940	2461908	565650		114.24	111.54	106.73	113.25	164.68	
2000	12199576	6752705	640199	3493827	1312845		101.66	98.60	107.58	105.50	105.02	
2003	13053603	6179242	733643	4434575	1296752	409391	94.00	83.28	95.05	109.15	99.66	97.15
2004	16444246	8420205	719266	5407823	1469033	427919	108.92	118.10	95.72	100.52	104.22	100.02
2005	16661915	8184809	784147	5535614	1656235	501110	101.41	97.85	105.18	103.91	106.68	115.49
2006	17427221	9075313	883803	4911580	1745031	811494	106.48	108.65	107.29	103.01	106.72	107.37
2007	20700913	10540065	1005045	6373559	1950244	832000	103.79	103.68	106.76	101.99	105.05	109.95
2008	24465113	11978860	1144563	8068922	2323265	949503	106.30	105.47	107.15	107.15	106.32	109.21
2009	25694570	12897937	1250981	7958223	2575913	1011516	105.54	103.98	110.59	106.41	107.50	106.93

注：1）从2003年年报起，农林牧渔业总产值增加农林牧渔服务业，原农业产值中的家庭兼营商品性工业取消。

2）2004年以后农林牧渔业总产值指数按农产品生产者价格指数缩减计算。

a) From the year 2003 yearport, "agriculture, forestry, animal husbandry and fishing services" was added in the total output value, merchantability industry undertaken by rural households on the side" was cancelled.

b) After 2004, GDP index is calculated by producer price index of agricultural products reducing.

12—8 农林牧渔业增加值及构成

Value-added of Farming, Forestry, Animal Husbandry and Fishery and its Composition

本表按当年价格计算。 (Data in value terms in this table are calculated at current prices.)

年份 Year	绝对数（万元） Gross Output Value (10000 yuan)						构成（%） Composition (%)					
	农林牧渔业增加值 Value added of Farming, Forestry, Animal Husbandry and Fishery	农业 Farming	林业 Forestry	牧业 Animal Husbandry	渔业 Fishery	农林牧渔服务业 Agricultural Services	农林牧渔业增加值 Value added of Farming, Forestry, Animal Husbandry and Fishery	农业 Farming	林业 Forestry	牧业 Animal Husbandry	渔业 Fishery	农林牧渔服务业 Agricultural Services
1990	2461001	1730576	112714	543881	73830		100.00	70.32	4.58	22.10	3.00	
1995	5812410	4013771	305216	1097630	395793		100.00	69.06	5.25	18.88	6.81	
2000	7320079	4296385	491481	1623483	908730		100.00	58.69	6.72	22.18	12.41	
2003	7493964	3777988	539228	2133030	877901	165817	100.00	50.41	7.20	28.46	11.72	2.21
2004	9500717	5220527	521468	2601163	984252	173307	100.00	54.95	5.49	27.38	10.36	1.82
2005	9664935	5033658	559526	2743105	1089396	239250	100.00	52.08	5.79	28.38	11.27	2.48
2006	10110276	5606000	631724	2355624	1151814	365114	100.00	55.45	6.25	23.30	11.39	3.61
2007	12001765	6468000	710665	3124000	1275000	424100	100.00	53.89	5.92	26.03	10.62	3.54
2008	14180737	7362249	803322	4023720	1519623	471823	100.00	51.92	5.66	28.37	10.72	3.33
2009	14954495	7939598	875841	3965014	1670359	503683	100.00	53.09	5.86	26.51	11.17	3.37

12—9 主要年份耕地面积
Cultivated Area in Major Years

单位：公顷 (hectare)

指标	Item	1995	2000	2005	2008	2009
年初实有耕地面积	Cultivated Area at the Beginning of the Year	4302821	4240001	4108856	4144171	4144981
年内新增耕地面积	Newly-increased Cultivated Area Within the Year	1782	4215	16913	21998	33204
年内减少耕地面积	Reduced Cultivated Area Within the Year	13485	14665	28370	25916	15084
#国家基建占地	Taken Up by National Capital Construction	5559	7720	7027	5356	7554
其他基建占地	Taken up by Others			3968	3895	4472
退耕还林还草占地	Returning Land for Farming to Forestry and Grass Plot			3136	386	1272
耕地改园地	Returning Land for Farming to Garden Plot			1431	13423	355
年末实有耕地面积	Cultivated Area at the End of the Year	4291118	4229551	4092451	4144981	4171222
水田	Paddy Field	1857616	1834333	1821499	1904492	1904695
旱地	Dry Field	2433502	2395218	2270952	2240489	2266527

注：年内新增、减少面积为耕地总资源数。
a) The newly-increased and reduced cultivated area refer to the total area of cultivated land.

12—10 主要年份林业生产情况
Conditions of Forest Production in Major Years

指标	Item	1995	2000	2005	2008	2009
营林情况 (公顷)	Management of Forest (hectares)					
人工造林面积	Afforested Area	72502	75703	57457	53322	70229
迹地更新面积	Refreshed Area		6560	3967	1338	763
新封山育林面积	Area of Setting Apart Mountains for Forestation		45860	50964	23162	19566
新增育苗面积	Area of Growing Seedlings		5933	7812	6000	7025
幼林抚育面积	Area of Tending Young Forest		379356		357060	421324
成林抚育面积	Area of Tending Adult Forest		431746	448187	541931	654852
油桐籽 (吨)	Tung-oil Seeds (ton)		3109	3208	1945	2656
油茶籽 (吨)	Tea-oil Seeds (ton)		10419	9743	34069	29973
板栗 (吨)	Chestnuts (ton)		45710	68786	120233	108715
竹材采伐量 (万根)	Determination of Bamboo Cut (10000 units)		4000	6315	7770	8364
木材采伐量 (万立方米)	Determination of Timber Cut (10000 cu.m)		263	328	406	374

12—11　农林牧渔业总产值（2009年）
Gross Output Value of Farming, Forestry, Animal Husbandry and Fishery (2009)

单位：万元　(10000 yuan)

指　　标	Item	按可比价格计算 Caculated According to Constant Price	按当年价格计算 At Current Prices
农林牧渔业总产值	**Total Gross Output Value**	**25819869**	**25694570**
农业产值	**Gross Output Value of Farming**	**12455642**	**12897937**
谷物及其他作物	Cereal and Other Crops	8257013	8386648
谷　物	Cereal		5902045
#小　麦	Wheat		2379121
稻　谷	Rive		2903970
玉　米	Corn		600259
薯　类	Tubers		142894
油　料	Oil-bearing Crops		967762
#花　生	Peanuts		316286
油菜籽	Rapeseeds		574006
豆　类	Beans		505383
棉　花	Cotton		648241
麻　类	Fiber Crops		7191
糖　类	Sugar Crops		31809
烟　叶	Tobacco		35652
其他农作物	Other Crops		145671
#饲料作物	Feed Crops		12441
蔬菜园艺作物	Vegetables and Gardening Crops	2705412	2898756
#蔬菜（含菜用瓜）	Vegetables (Including Gourd)		2798715
水果、坚果、饮料和香料作物	Fruits, Nuts, Beverage and Spice Crops	1279854	1386082
水果、坚果（含果用瓜）	Fruits and Nuts (Including Melon)		1152293
#苹　果	Apples		65477
茶及其他饮料	Tea and Other Beverages		233583
#茶	Tea		126312
香料作物	Spice Crops		206
中药材	Traditional Chinese Crude Drugs	213363	226451
林业产值	**Gross Output Value of Forestry**	**1265762**	**1250981**
林木的培育和种植	Cultivation and Planting of Woods	367363	386907
#造　林	Forestation		62454
竹木采运	Lumbering and Transport of Bamboo and Timber	429413	424026
#村及村以下	At Village Level and Below		228017
林产品	Forest Products	468986	440048
牧业产值	**Gross Output Value of Animal Husbandry**	**8585738**	**7958223**
牲畜饲养	Animals Breeding	1009429	1043883
#牛的饲养	Cattle and Buffaloes Breeding		529064
羊的饲养	Sheep and Goats Breeding		464206
其他牲畜饲养	Other Animals Breeding		1406
奶产品	Dairy Products		42378
#牛　奶	Milk		42337
毛绒产品	Down Products		1671
猪的饲养	Hogs Breeding	4900286	4168678
家禽的饲养	Poultry Breeding	2369018	2381493
狩猎和捕捉动物	Animals Hunting and Catching	12717	13353
其他畜牧业	Other Animal Husbandry	294288	350816
#蚕　茧	Silkworm Cocoon		56113
渔业产值	**Gross Output Value of Fishery**	**2497459**	**2575913**
淡水产品	Freshwater Aquatic Products	2497459	2575913
#养　殖	Cultured		2029631
#鱼　类	Fishes		1373399
甲壳类	Crustacean		909027
农林牧渔服务业	**Agricultural Services**	**1015268**	**1011516**

12—12 农作物主要产品生产和结构情况（2009年）
Production of Major Farm Products (2009)

指 标	Item	播种面积（千公顷）Sown Area (1000 hectares)	结 构 Composition	产 量（万吨）Yield (10000 tons)
农作物总播种面积	**Total**	**9012.12**		
粮食作物合计	Grain Crops	6605.57	73.30	3069.87
#夏收粮食	Summer-Harvest Crops	2398.60	26.62	1182.16
谷 物	Cereal	5386.17	59.77	2895.93
稻 谷	Rive	2246.85	24.93	1405.61
#籼 稻	Long-shaped Rice	1665.51	18.48	1054.96
粳 稻	Round-shaped Rice	433.55	4.81	276.64
早 稻	Early Rice	273.93	3.04	150.43
中稻和一季晚稻	Middle-season Rice and Single-crop Late Rice	1681.62	18.66	1111.50
双季晚稻	Late Rice	291.30	3.23	143.68
小 麦	Wheat	2355.27	26.13	1177.16
#硬粒小麦	Hard-grained Wheat	1158.60	12.86	576.09
软粒小麦	Soft-grained Wheat	1053.10	11.69	566.25
冬小麦	Wintry Wheat	2355.27	26.13	1177.16
玉 米	Corn	730.75	8.11	304.70
谷 子	Millet	0.10		
高 粱	Sorghum	1.10	0.01	0.20
其他谷物	Other Cereal	52.10	0.58	8.25
#大 麦	Barley	49.80	0.55	8.17
豆类合计	Beans	1050.34	11.65	127.24
#大 豆	Soybean	969.98	10.76	124.66
绿 豆	Mung Bean	63.11	0.70	2.04
红小豆	Small Red Bean	5.02	0.06	0.16
薯 类	Tubers	169.05	1.88	46.70
#马铃薯	Potato	8.33	0.09	4.80
油料合计	Oil-bearing Crops	968.82	10.75	240.35
#花 生	Peanuts	180.85	2.01	75.09
油菜籽	Rapeseeds	721.79	8.01	157.77
芝 麻	Sesame	59.36	0.66	6.62
向日葵籽	Sunflower Seeds	0.03		
棉 花	Cotton	327.67	3.64	34.56
麻类合计	Fiber Crops	9.54	0.11	2.28
#黄红麻	Jute and Ambary Hemp	4.15	0.05	1.18
苎 麻	Ramie	3.49	0.04	0.56
大 麻	Hemp	1.79	0.02	0.50
糖料合计	Sugar Crops	5.77	0.06	21.80
#甘 蔗	Sugarcane	5.76	0.06	21.80
烟叶合计	Tobacco	10.40	0.12	2.94
#烤 烟	Flue-cured Tobacco	10.22	0.11	2.89
药材类合计	Crude Drugs	55.07	0.61	34.12
蔬菜（含菜用瓜）	Vegetables (including gourd)	745.32	8.27	2028.05
瓜果类（果用瓜）	Melon and Fruit (Fruited Melon)	160.61	1.78	530.04
#西 瓜	Watermelon	130.85	1.45	452.97
甜 瓜	Muskmelon	14.24	0.16	43.94
草 莓	Strawberry	9.02	0.10	18.83
其他作物	Other Crops	123.36	1.37	
#青饲料	Green Feed	35.79	0.40	

12—13 各市农村基层组织情况（2009年）
Basic Conditions of Rural Grassroots Units by Region (2009)

地　区	Region	乡镇数（个）Number of Township and Town Governments	#镇数 Town Governments	村民委员会（个）Number of Villagers' Committees	乡村户数（户）Number of Households (household)	乡村人口数（人）Rural Population (person)	乡村从业人员数（人）Number of Rural Laborers (person)	#男 Male	自来水受益村（个）Villages with Access to Tap Water (unit)	通汽车村（个）Villages with Highway Communication (unit)	通电话村（个）Villages with Telephone Communication (unit)
总　计	**Total**	**1237**	**871**	**15858**	**13925872**	**53338556**	**30525543**	**16433365**	**7336**	**15797**	**15850**
合肥市	Hefei	52	34	880	686620	2691436	1638248	887448	298	880	880
淮北市	Huaibei	18	17	309	349728	1342227	715367	384668	120	309	309
亳州市	Bozhou	82	74	1259	1296760	5180358	2846938	1528340	221	1259	1259
宿州市	Suzhou	90	67	1233	1351603	5359749	3017870	1596795	331	1226	1233
蚌埠市	Bengbu	52	34	923	671700	2750444	1609876	855350	134	921	923
阜阳市	Fuyang	165	117	1762	2113546	8536603	4834370	2574810	278	1758	1762
淮南市	Huainan	45	24	570	340800	1333840	834765	454216	172	570	570
滁州市	Chuzhou	90	78	1050	917110	3639029	2078882	1143129	423	1038	1050
六安市	Luan	155	102	2368	1633100	6269085	3503212	1918106	704	2361	2361
马鞍山市	Maanshan	18	11	220	188890	651427	382024	205495	220	220	220
巢湖市	Chaohu	70	65	793	1012082	3595249	2121206	1155547	726	793	793
芜湖市	Wuhu	22	22	448	432035	1510999	867322	462273	387	448	448
宣城市	Xuancheng	81	52	793	707752	2372413	1453814	804106	613	793	793
铜陵市	Tongling	12	7	149	96072	312960	200161	106333	141	149	149
池州市	Chizhou	43	34	588	378931	1353760	779112	414406	464	588	588
安庆市	Anqing	147	89	1629	1382287	5236978	2896100	1556500	1273	1625	1628
黄山市	Huangshan	95	44	884	366856	1201999	746276	385843	831	859	884

12—14 各市乡村从业人员（2009年）
Rural Labor Force by Sector and Region (2009)

单位：人　(person)

地　区	Region	乡村从业人员数 Number of Rural Laborers	农林牧渔业 Farming, Forestry, Animal Husbandry and Fishery	工业 Industry	建筑业 Construction	交通运输、仓储及邮政业 Transportation Storage and Postal Services	信息传输、计算机服务和软件业 Information Circulation, Computer Service and Software	批发和零售业 Wholesale and Retail Trade	住宿和餐饮业 Accommodation and Catering Trade	其他行业 Other Trades
总　计	**Total**	**30525543**	**15660542**	**4657194**	**3737061**	**1089021**	**181297**	**1833923**	**975341**	**2391164**
合肥市	Hefei	1638248	686045	274807	356829	70349	15546	96783	57241	80648
淮北市	Huaibei	715367	403366	123566	86547	17625	4191	27812	16474	35786
亳州市	Bozhou	2846938	1552460	434715	273642	118584	13177	316390	89629	48341
宿州市	Suzhou	3017870	1846917	372563	237529	74045	10330	121963	52891	301632
蚌埠市	Bengbu	1609876	956154	184712	127912	39778	7149	82842	36429	174900
阜阳市	Fuyang	4834370	2323382	857037	596408	198932	26806	346561	159725	325519
淮南市	Huainan	834765	299928	167301	153049	50898	4631	60505	40353	58100
滁州市	Chuzhou	2078882	1225643	340591	190333	72444	10875	89873	51975	97148
六安市	Luan	3503212	1766598	418522	493472	115070	22780	154046	78558	454166
马鞍山市	Maanshan	382024	152996	83796	75638	13816	1714	23696	10279	20089
巢湖市	Chaohu	2121206	990660	325300	317906	67340	14157	125290	111511	169042
芜湖市	Wuhu	867322	383497	146591	81958	36930	8093	85367	28855	96031
宣城市	Xuancheng	1453814	769293	263725	155605	57697	6469	69124	47894	84007
铜陵市	Tongling	200161	76254	30722	20603	7465	1232	6780	4757	52348
池州市	Chizhou	779112	400646	106755	97076	21746	4316	30246	22156	96171
安庆市	Anqing	2896100	1419391	441809	392455	83485	25502	152599	121074	259785
黄山市	Huangshan	746276	407312	84682	80099	42817	4329	44046	45540	37451

12—15 各市农、林、牧、渔业总产值及指数（2009年）

Gross Output Value of Farming, Forestry, Animal Husbandry and Fishery and Related Indices by Region (2009)

本表绝对数按当年价格计算，指数按可比价格计算。
Absolute figures in this table are calculated at current prices while indices are calculated at comparable prices.

地区	Region	绝对数（万元）Gross Output Value of Farming, Forestry, Animal Husbandry and Fishery (10000 yuan)					
		农林牧渔业总产值 Total	农业 Farming	林业 Forestry	牧业 Animal Husbandry	渔业 Fishery	农林牧渔服务业 Agricultural Services
总计	**Total**	**25694570**	**12897937**	**1250981**	**7958223**	**2575913**	**1011516**
合肥市	Hefei	1857859	883059	41746	730471	163295	39288
淮北市	Huaibei	599687	358761	10921	188783	29463	11760
亳州市	Bozhou	2165835	1431037	52036	527652	56599	98511
宿州市	Suzhou	2821445	1504302	102096	1088869	60927	65251
蚌埠市	Bengbu	1706591	974343	33138	498063	171364	29683
阜阳市	Fuyang	3301752	1813641	121817	1168618	103017	94659
淮南市	Huainan	632956	350598	7599	185351	74392	15016
滁州市	Chuzhou	2280229	1145765	36368	739746	317447	40903
六安市	Luan	2490531	1087273	210631	853125	280093	59409
马鞍山市	Maanshan	391372	145632	4808	65202	166870	8860
巢湖市	Chaohu	2003617	1071695	53712	350293	309652	218265
芜湖市	Wuhu	748913	355003	53855	163471	136030	40554
宣城市	Xuancheng	1311615	546390	203297	334167	141062	86699
铜陵市	Tongling	149949	79669	12294	26117	22749	9120
池州市	Chizhou	668794	302590	61356	155212	101452	48184
安庆市	Anqing	2442484	1040283	158207	688945	423579	131470
黄山市	Huangshan	604496	289057	87100	196534	17921	13884

地区	Region	指数（上年=100）Gross Output Value of Farming, Forestry, Animal Husbandry and Fishery (preceding year=100)					
		农林牧渔业总产值 Total	农业 Farming	林业 Forestry	牧业 Animal Husbandry	渔业 Fishery	农林牧渔服务业 Agricultural Services
总计	**Total**	**105.54**	**103.98**	**110.59**	**106.41**	**107.50**	**106.93**
合肥市	Hefei	106.50	103.51	101.74	109.71	113.40	93.61
淮北市	Huaibei	105.73	103.49	106.79	110.14	104.49	102.38
亳州市	Bozhou	106.20	102.93	124.71	108.32	113.24	128.43
宿州市	Suzhou	106.20	105.73	112.74	108.61	112.40	105.85
蚌埠市	Bengbu	105.74	103.99	104.33	108.05	108.27	106.93
阜阳市	Fuyang	106.01	103.05	107.28	108.98	109.65	117.13
淮南市	Huainan	106.00	103.83	110.01	107.87	110.12	117.61
滁州市	Chuzhou	105.90	103.92	101.75	107.33	110.76	103.01
六安市	Luan	106.40	102.82	120.57	108.00	103.56	108.38
马鞍山市	Maanshan	105.20	102.47	123.62	105.95	107.80	111.08
巢湖市	Chaohu	106.39	105.33	106.00	105.03	105.12	116.42
芜湖市	Wuhu	105.20	105.83	100.22	106.77	105.28	104.30
宣城市	Xuancheng	106.30	106.91	110.35	101.19	108.15	107.16
铜陵市	Tongling	105.20	102.62	108.88	111.25	106.85	101.08
池州市	Chizhou	106.71	105.03	107.96	107.00	113.92	100.30
安庆市	Anqing	106.40	107.61	109.60	106.19	103.66	100.98
黄山市	Huangshan	105.50	103.18	107.59	101.92	105.53	118.47

注：全省农林牧渔业总产值指数按农产品生产者价格指数缩减计算。

a) The index of gross output value of agriculture, forestry, animal husbandry and fishery of the whole province reduces calculating according to producer's price index of agricultural products.

12—16 各市农、林、牧、渔业增加值及构成（2009年）

Value-added of Farming, Forestry, Animal Husbandry and Fishery and its Composition by Region (2009)

本表按当年价格计算。 (Data in value terms in this table are calculated at current prices.)

地　区 Region		绝对数（万元） Gross Output Value (10000 yuan)					
		农林牧渔业增加值 Value-added of Farming, Forestry, Animal Husbandry and Fishery	农　业 Farming	林　业 Forestry	牧　业 Animal Husbandry	渔　业 Fishery	农林牧渔服务业 Agricultural Services
总　计	**Total**	**14954495**	**7939598**	**875841**	**3965014**	**1670359**	**503683**
合肥市	Hefei	1086896	517009	30017	399077	114370	26423
淮北市	Huaibei	356555	218849	6511	105207	18832	7156
亳州市	Bozhou	1228449	863702	38586	243654	36261	46246
宿州市	Suzhou	1605458	947178	77382	512831	45031	23036
蚌埠市	Bengbu	1044003	581656	21890	287703	136796	15958
阜阳市	Fuyang	1741348	991990	84999	542927	69718	51714
淮南市	Huainan	417624	221151	6410	127336	51330	11397
滁州市	Chuzhou	1345107	681801	22655	391521	223221	25909
六安市	Luan	1380828	656871	143707	365343	178665	36242
马鞍山市	Maanshan	256543	96328	2934	40172	110543	6566
巢湖市	Chaohu	1065118	585002	32189	158168	178254	111505
芜湖市	Wuhu	418269	211556	32269	63190	95468	15786
宣城市	Xuancheng	781853	324406	151116	163108	95228	47995
铜陵市	Tongling	89712	50201	8382	12526	14217	4386
池州市	Chizhou	409841	197443	47601	77501	67181	20115
安庆市	Anqing	1420532	597245	109791	390885	256337	66274
黄山市	Huangshan	356653	180248	59402	98279	11698	7026

地　区 Region		构成（%） Composition (%)					
		农林牧渔业增加值 Value-added of Farming, Forestry, Animal Husbandry and Fishery	农　业 Farming	林　业 Forestry	牧　业 Animal Husbandry	渔　业 Fishery	农林牧渔服务业 Agricultural Services
总　计	**Total**	**100.00**	**53.09**	**5.86**	**26.51**	**11.17**	**3.37**
合肥市	Hefei	100.00	47.57	2.76	36.72	10.52	2.43
淮北市	Huaibei	100.00	61.38	1.83	29.51	5.28	2.01
亳州市	Bozhou	100.00	70.31	3.14	19.83	2.95	3.76
宿州市	Suzhou	100.00	59.00	4.82	31.94	2.80	1.43
蚌埠市	Bengbu	100.00	55.71	2.10	27.56	13.10	1.53
阜阳市	Fuyang	100.00	56.97	4.88	31.18	4.00	2.97
淮南市	Huainan	100.00	52.95	1.53	30.49	12.29	2.73
滁州市	Chuzhou	100.00	50.69	1.68	29.11	16.60	1.93
六安市	Luan	100.00	47.57	10.41	26.46	12.94	2.62
马鞍山市	Maanshan	100.00	37.55	1.14	15.66	43.09	2.56
巢湖市	Chaohu	100.00	54.92	3.02	14.85	16.74	10.47
芜湖市	Wuhu	100.00	50.58	7.71	15.11	22.82	3.77
宣城市	Xuancheng	100.00	41.49	19.33	20.86	12.18	6.14
铜陵市	Tongling	100.00	55.96	9.34	13.96	15.85	4.89
池州市	Chizhou	100.00	48.18	11.61	18.91	16.39	4.91
安庆市	Anqing	100.00	42.04	7.73	27.52	18.05	4.67
黄山市	Huangshan	100.00	50.54	16.66	27.56	3.28	1.97

12—17 各市耕地面积（2009年）
Area of Cultivated Land by Region (2009)

单位：公顷 (hectare)

地 区 Region		年初实有耕地面积 Cultivated Area at the Beginning of the Year	年内新增耕地面积 Newly-Increased Cultivated Area Within the Year	年内减少耕地面积 Reduced Cultivated Area Within the Year	#国家基建占地 Taken Up by National Capital Construction	年末实有耕地面积 Cultivated Area at the End of the Year	水田 Paddy Field	水浇地 Irrigated Land
总计	**Total**	**4144981**	**33204**	**15084**	**7554**	**4171222**	**1904695**	**1935269**
合肥市	Hefei	217175	3673	1587	577	219463	169653	43478
淮北市	Huaibei	134950	138	584	315	135949	293	135656
亳州市	Bozhou	495834	1894	964	673	497255	3585	488849
宿州市	Suzhou	475609	4659	744	614	479521	7861	385229
蚌埠市	Bengbu	289350	479	897	112	290760	103692	176152
阜阳市	Fuyang	574767	1131	1477	568	574489	55759	434217
淮南市	Huainan	114673	858	1220	674	114272	79228	30040
滁州市	Chuzhou	395148	3456	453	234	398142	285336	72396
六安市	Luan	427295	4708	945	425	432317	359929	44125
马鞍山市	Maanshan	49668	338	145	131	49157	44324	4833
巢湖市	Chaohu	290344	522	345	62	290547	232799	51410
芜湖市	Wuhu	90600	1432	1495	903	83348	76954	6044
宣城市	Xuancheng	151776	174	514	109	152961	138099	615
铜陵市	Tongling	24094	120	575	575	23638	18146	5492
池州市	Chizhou	81482	4837	1319	797	84480	61353	
安庆市	Anqing	284941	3039	1097	358	296955	227542	54108
黄山市	Huangshan	47275	1746	723	427	47968	40142	2625

注：年内新增、年内减少耕地面积为耕地总资源数。
a) Newly-increased and reduced cultivated land within the year refer to the total area of cultivated land.

12—18 各市主要农业机械年末拥有量（2009年）
Agricultural Machinery at the Year-end by Region (2009)

地 区 Region		农业机械总动力（万千瓦）Total Power of Agricultural Machinery (10000 kw)	大中型拖拉机 Large and Medium Agricultural Tractors: 数量（台）Number (unit)	动力（万千瓦）Capacity (10000 kw)	小型拖拉机 Mini-tractors: 数量（台）Number (unit)	动力（万千瓦）Capacity (10000 kw)	大中型拖拉机配套农具（部）Number of Large and Medium Tractor Towing Farm Machinery (unit)	小型拖拉机配套农具（部）Number of Mini-tractor Towing Farm Machinery (unit)	农用运输车（辆）Capacity of Transport Vehicles for Agricultural Use (unit)	节水灌溉面积（千公顷）Irrigated Area With Saved Water (1000 hectares)
总计	**Total**	**5108.85**	**104998**	**383.79**	**2332356**	**1861.59**	**194616**	**5282674**	**670805**	**803.05**
合肥市	Hefei	178.63	2470	10.71	128955	68.77	2961	263464	11059	2.41
淮北市	Huaibei	229.22	9650	29.11	108139	116.50	18819	333940	15800	118.90
亳州市	Bozhou	650.35	11560	51.95	182555	207.46	16408	415046	240341	189.00
宿州市	Suzhou	688.08	25991	76.83	221393	220.10	45910	529713	190667	174.96
蚌埠市	Bengbu	455.76	8073	32.76	331846	302.10	15685	747782	7521	5.33
阜阳市	Fuyang	565.26	16096	63.66	131501	142.36	38148	329806	103719	235.92
淮南市	Huainan	165.27	2709	11.28	117838	95.83	5434	266951	9253	4.05
滁州市	Chuzhou	532.69	15014	53.07	458250	267.73	22833	1038144	13645	2.26
六安市	Luan	563.87	7509	28.79	266662	190.02	18455	679248	23766	45.90
马鞍山市	Maanshan	48.51	755	3.05	9239	7.73	937	11607	975	
巢湖市	Chaohu	283.43	2388	10.98	122237	67.88	4829	264303	14055	0.83
芜湖市	Wuhu	100.84	363	1.43	29255	24.42	514	48759	2274	0.08
宣城市	Xuancheng	197.67	590	2.29	53325	46.07	631	74296	14384	2.90
铜陵市	Tongling	37.09	237	1.04	4404	2.99	490	7038	1519	0.50
池州市	Chizhou	98.63	196	0.89	65878	37.36	321	92079	5021	7.10
安庆市	Anqing	250.92	1347	5.86	85694	53.48	2191	152717	12369	7.10
黄山市	Huangshan	62.63	50	0.08	15185	10.79	50	27781	4437	5.81

注：节水灌溉面积为农委部门统计数。
a) The areas of water saving irrigation were statisticed by the committee on agriculture.

12—19 各市有效灌溉面积、农用化肥施用、用电情况（2009年）

Irrigated Area and Consumption of Chemical Fertilizer and Electricity in Rural Area by Region (2009)

地区	Region	有效灌溉面积（千公顷）Irrigated Area (1000 hectares)	旱涝保收面积（千公顷）Area With Stable Yields Despite Drought or Waterlogging (1000 hectares)	机电排灌面积（千公顷）Electrical Irrigation and Drainage Area (1000 hectares)	化肥施用量（吨）Consumption of Chemical Fertilizer (ton)	#氮肥 Nitrogenous Fertilizer	磷肥 Phosphate Fertilizer	钾肥 Potash Fertilizer
总计	**Total**	**3484.08**	**2597.47**	**2990.50**	**3127862**	**1118386**	**367507**	**305595**
合肥市	Hefei	244.28	167.80	172.74	191684	82322	34022	12462
淮北市	Huaibei	129.96	65.42	107.20	83176	16620	5007	8784
亳州市	Bozhou	300.79	196.70	321.12	293283	61467	32645	30287
宿州市	Suzhou	366.68	222.12	382.89	329138	122455	47048	29084
蚌埠市	Bengbu	202.39	172.90	251.81	275375	106473	36464	27908
阜阳市	Fuyang	366.54	229.50	446.90	363191	88451	27021	35051
淮南市	Huainan	103.60	86.20	135.05	131874	53942	22991	12147
滁州市	Chuzhou	354.87	276.95	210.28	315701	102737	42427	22906
六安市	Luan	381.46	318.22	165.81	358928	172373	36857	30564
马鞍山市	Maanshan	52.15	48.97	48.79	27474	13084	3873	1749
巢湖市	Chaohu	306.55	254.95	335.18	232816	91541	25029	31138
芜湖市	Wuhu	86.95	79.41	83.90	65456	26359	6270	6702
宣城市	Xuancheng	147.10	124.02	63.45	128797	50753	13401	9589
铜陵市	Tongling	25.91	19.61	18.25	20461	7620	5073	2950
池州市	Chizhou	83.43	76.19	58.83	56806	25223	2021	7824
安庆市	Anqing	256.47	216.05	144.60	214691	77390	26158	34106
黄山市	Huangshan	43.39	29.41	9.95	39011	19576	1200	2344

地区	Region	农用排灌机械（台）Number of Diesel Engines (unit)	农村用电量（万千瓦时）Electricity Consumed in Rural Area (10000 kwh)	农用塑料薄膜使用量（吨）Used Plastic Film (ton)	#地膜使用量（吨）Used of Plastic Film (ton)	地膜覆盖面积（公顷）The Area of Plastic Film Covered (hectares)	农用柴油使用量（吨）Consumption of Diesel Oil for Farm Use (ton)	农药使用量（吨）Consumption of Agricultural Pesticide (ton)
总计	**Total**	**1481055**	**980133.24**	**76678**	**36628**	**436943**	**657789**	**110423**
合肥市	Hefei	26991	50636.23	7175	2405	27042	41886	4489
淮北市	Huaibei	12730	13858.00	1224	428	3853	23497	1993
亳州市	Bozhou	64950	61192.00	4884	2690	28170	64321	7230
宿州市	Suzhou	38916	56795.53	14451	7733	72529	113411	21513
蚌埠市	Bengbu	12308	47695.60	9013	5810	82219	54665	5323
阜阳市	Fuyang	196853	88587.00	14317	2755	36839	37334	6958
淮南市	Huainan	14082	61307.00	811	435	6505	35821	5587
滁州市	Chuzhou	80190	74217.00	3294	2006	43853	34066	5816
六安市	Luan	175378	86547.06	5329	2989	32209	89089	9315
马鞍山市	Maanshan	80576	17379.00	789	335	2665	4983	2424
巢湖市	Chaohu	281495	128015.00	4434	2560	45994	61010	5621
芜湖市	Wuhu	158697	51839.83	1596	859	9355	13299	6270
宣城市	Xuancheng	126932	72663.80	2311	1128	10765	12056	4417
铜陵市	Tongling	31282	13926.00	290	174	2160	4585	880
池州市	Chizhou	63899	25174.62	499	272	5054	17903	5893
安庆市	Anqing	87521	113907.87	4354	2847	20862	43101	13866
黄山市	Huangshan	28255	16391.70	1907	1202	6869	6762	2828

12—20 各市农作物总播种面积（2009年）

Total Sown Areas of Farm Crops by Region (2009)

单位：公顷 (hectare)

地区 Region	农作物总播种面积 Total Sown Area	粮食作物播种面积 Sown Area of Grain Crops	谷物 Cereal	稻谷 Rice	小麦 Wheat	玉米 Corn	豆类 Soybeans	薯类 Tubers	油料 Oil-bearing Crops	#花生 Peanuts	油菜籽 Rapeseeds
总计 Total	**9012124**	**6605568**	**5386171**	**2246850**	**2355267**	**730750**	**1050343**	**169054**	**968819**	**180847**	**721788**
合肥市 Hefei	497410	278363	265678	199437	52629	10859	8864	3821	134751	12434	121352
淮北市 Huaibei	284593	260122	165970	381	123101	39575	92155	1997	4847	2472	1227
亳州市 Bozhou	1017034	843933	600697	3093	415619	176204	224471	18765	17117	6718	4772
宿州市 Suzhou	980417	776997	588170	8101	376368	200167	160606	28221	59537	45120	10433
蚌埠市 Bengbu	635766	468294	408447	106283	239179	61543	53038	6809	63234	55063	6197
阜阳市 Fuyang	1210534	987186	764605	61440	496787	205150	193082	29499	54490	9157	21130
淮南市 Huainan	245074	210124	197019	92498	101448	2396	10845	2260	5949	2169	3103
滁州市 Chuzhou	855730	681234	640022	340641	266551	31036	30541	10671	94528	23087	65372
六安市 Luan	881402	675616	648845	411518	214570	21711	18047	8724	110263	7750	100602
马鞍山市 Maanshan	96429	65710	64468	42919	20983	566	936	306	19039	34	18629
巢湖市 Chaohu	594302	350522	331207	264397	61270	5193	10679	8636	108208	5954	99015
芜湖市 Wuhu	208802	121842	116355	104151	10876	1066	3607	1880	33859	1309	32082
宣城市 Xuancheng	353480	223624	202024	155366	42683	3883	11986	9614	58415	4286	51946
铜陵市 Tongling	46784	26390	24728	17652	5596	1343	1266	396	9748	403	9191
池州市 Chizhou	194267	114749	109336	101181	5373	2695	3832	1581	36424	940	33207
安庆市 Anqing	775709	452460	426742	388274	32658	5492	13698	12020	127873	3456	114862
黄山市 Huangshan	132118	66129	50693	41246	326	9068	7253	8183	30537	495	28668

地区 Region	芝麻 Sesame	棉花 Cotton	麻类 Fiber Crops	#黄红麻 Jute and Ambary Hemp	糖料 Sugar Crops	烟叶 Tobacco	#烤烟 Fluecured Tobacco	药材 Medicinal Materials	蔬菜 Vegetables	瓜果类 Melon	茶园面积 Area of Tea Plantations at Year-end	果园面积 Area of Orchards at Year-end
总计 Total	**59356**	**327672**	**9543**	**4152**	**5765**	**10403**	**10223**	**55072**	**745317**	**160608**	**128826**	**104504**
合肥市 Hefei	965	18979			437			30	48042	16145	111	2047
淮北市 Huaibei	1147	3293			6	2		52	13405	2726		5222
亳州市 Bozhou	5627	18014	40	40	158	2609	2609	29690	82783	22655		1492
宿州市 Suzhou	3984	38895	93	65	81	375	375	454	60627	32632		59752
蚌埠市 Bengbu	1974	23387	20	20	26	235	235		61953	17660		3492
阜阳市 Fuyang	24203	18755	801	801	634	270	147	7662	121342	16589		3098
淮南市 Huainan	677	1107			28	1			23088	4777		1441
滁州市 Chuzhou	6069	10101	14	14	156			61	43220	13853	1566	4114
六安市 Luan	1911	10863	5131	3121	598	115	115	3978	61636	6171	22426	1584
马鞍山市 Maanshan	374	3939	104		63				6708	808	95	835
巢湖市 Chaohu	3239	58287	462		970				58454	10432	3077	3344
芜湖市 Wuhu	463	7428	64	63	552	1653	1653	1582	23900	2554	1521	1336
宣城市 Xuancheng	2122	12067	1787	23	952	3970	3952	2953	34448	5892	18514	4270
铜陵市 Tongling	154	4636	47		45			237	4368	954	235	385
池州市 Chizhou	2277	24597	810	2	28	996	969	744	13463	1590	11212	964
安庆市 Anqing	2805	72737	154	3	375	66	57	2502	66546	3043	21975	5505
黄山市 Huangshan	1365	587	16		656	111	111	5127	21334	2127	48094	5623

注：全省粮食播种面积来源于国家统计局安徽调查总队抽样调查数。

a) The sown area of grain is from Anhui Province survey organization of National bureau of Statistics sample survey.

12—21　各市主要农产品单位面积产量（2009年）
Yield of Major Farm Crops per Hectare by Region (2009)

单位：公斤/公顷　(kg/hectare)

地　区	Region	谷　物 Cereals	棉　花 Cotton	花　生 Peanuts	油菜籽 Rapeseeds	芝　麻 Sesame	黄红麻 Jute and Ambary Hemp	烤　烟 Flucured Tobacco	药　材 Medicinal Materials	蔬　菜 Vegetables	瓜果类 Melon
总　计	**Total**	**5377**	**1055**	**4152**	**2186**	**1115**	**2849**	**2825**	**6196**	**27211**	**33002**
合肥市	Hefei	7011	995	3786	2215	1438			933	20790	22123
淮北市	Huaibei	6165	1231	3059	1394	1123				29858	29764
亳州市	Bozhou	6578	1150	4545	2036	1204	4075	3422	4647	27418	34376
宿州市	Suzhou	5699	1023	4393	1865	1073	3585	5115	1731	37459	36108
蚌埠市	Bengbu	6170	1252	5227	1300	979	3300	2643		34847	43878
阜阳市	Fuyang	6040	1039	2306	2110	887	3409	1687	13637	33693	33924
淮南市	Huainan	6754	1599	4143	2081	1399				28556	30440
滁州市	Chuzhou	6371	1061	3293	2312	1136	1214		1951	29577	33845
六安市	Luan	6752	1216	3685	1909	1116	2606	1678	8424	19546	24831
马鞍山市	Maanshan	7128	1193	1735	2483	1348				23202	36918
巢湖市	Chaohu	6847	1144	2810	2621	1500				24557	27149
芜湖市	Wuhu	7117	1061	2445	2461	1596	6317	2595	3343	22824	43629
宣城市	Xuancheng	6225	1216	2631	2072	1393	3304	2284	3176	19690	29483
铜陵市	Tongling	6112	1108	2680	2188	1877			3776	23201	28539
池州市	Chizhou	6064	1194	2496	2235	1568	1000	3315	1253	22332	31962
安庆市	Anqing	6036	1303	2671	2184	1654	2333	2842	15426	20464	26841
黄山市	Huangshan	6061	1128	2226	1335	1142		2559	1798	17461	19740

12—22　各市主要农产品产量（2009年）
Yield of Major Farm Crops by Region (2009)

单位：吨　(ton)

地　区	Region	粮　食 Grain	谷　物 Cereal	#稻谷 Rice	小　麦 Wheat	玉　米 Corn	豆　类 Beans	薯　类 Tubers	油　料 Oil-bearing Crops	#花　生 Peanuts
总　计	**Total**	**30698725**	**28959304**	**14056119**	**11771623**	**3046987**	**1272375**	**467046**	**2403472**	**750893**
合肥市	Hefei	1904020	1862737	1505283	276567	70120	22329	18954	317275	47076
淮北市	Huaibei	1207201	1023251	3004	787445	216239	173750	10200	10569	7563
亳州市	Bozhou	4480201	3951119	22282	2833487	1071646	413438	115644	47022	30530
宿州市	Suzhou	3799887	3352038	64090	2213803	1056588	295572	152277	221936	198208
蚌埠市	Bengbu	2644086	2520003	794811	1405438	312749	88483	35600	297779	287790
阜阳市	Fuyang	5154788	4618140	456471	3029159	1127704	375864	160784	87158	21120
淮南市	Huainan	1370142	1330753	725738	596025	4838	24515	14874	16390	8986
滁州市	Chuzhou	4235091	4077719	2455910	1447387	165557	60826	96546	234096	76036
六安市	Luan	4506857	4381087	3135786	1136663	103348	61927	63843	222743	28556
马鞍山市	Maanshan	463826	459532	351868	105566	2098	2415	1879	46817	59
巢湖市	Chaohu	2359410	2267612	1949568	293847	23121	29142	62656	281069	16732
芜湖市	Wuhu	848808	828087	767045	53200	7011	7870	12851	82878	3200
宣城市	Xuancheng	1336750	1257694	1030199	204414	22849	23746	55310	122985	11278
铜陵市	Tongling	156186	151132	124707	18843	7252	2669	2385	21483	1080
池州市	Chizhou	678897	663025	637685	16502	8657	8771	7101	80133	2346
安庆市	Anqing	2666162	2575920	2452127	94953	27972	35084	55158	270739	9231
黄山市	Huangshan	348949	307230	283779	559	22785	13370	28349	42400	1102

12—22 续表 continued

单位：吨 (ton)

地区 Region		油菜籽 Rapeseeds	芝麻 Sesame	棉花 Cotton	麻类 Fiber Crops	黄红麻 Jute and Ambary Hemp	烟叶 Tobacco	烤烟 Flucured Tobacco	蚕茧 Silkworm Cocoons
总计	**Total**	**1577714**	**66208**	**345600**	**22750**	**11827**	**29414**	**28882**	**28838**
合肥市	Hefei	268811	1388	18886					2534
淮北市	Huaibei	1711	1288	4053			5		
亳州市	Bozhou	9716	6776	20711	163	163	8928	8928	
宿州市	Suzhou	19454	4274	39798	371	233	1918	1918	1152
蚌埠市	Bengbu	8057	1932	29269	66	66	621	621	
阜阳市	Fuyang	44575	21463	19481	2731	2731	622	248	74
淮南市	Huainan	6457	947	1770			4		
滁州市	Chuzhou	151167	6893	10715	17	17			
六安市	Luan	192054	2132	13209	13553	8134	193	193	4631
马鞍山市	Maanshan	46252	504	4699	117				
巢湖市	Chaohu	259480	4857	66694	904				
芜湖市	Wuhu	78939	739	7882	399	398	4290	4290	802
宣城市	Xuancheng	107618	2957	14676	2895	76	9082	9026	6050
铜陵市	Tongling	20114	289	5137	89				82
池州市	Chizhou	74217	3570	29363	1183	2	3279	3212	1871
安庆市	Anqing	250822	4640	94791	242	7	188	162	6361
黄山市	Huangshan	38270	1559	662	20		284	284	5281

地区 Region		茶叶 Tea	园林水果 Garden Fruits	#苹果 Apples	梨 Pears	葡萄 Grapes	药材 Medicinal Materials	蔬菜 Vegetables	瓜果类 Melon and Fruit (Fruited Melon)
总计	**Total**	**82032**	**2157169**	**368978**	**867949**	**214046**	**341220**	**20280546**	**5300422**
合肥市	Hefei	40	78337	41	6568	17483	28	998787	357178
淮北市	Huaibei		91967	22966	14139	17242		400243	81136
亳州市	Bozhou		43508	7874	5494	2691	137966	2269777	778785
宿州市	Suzhou		1460743	328904	744149	100597	786	2270997	1178278
蚌埠市	Bengbu		61831	765	33044	2950		2158846	774883
阜阳市	Fuyang		64723	7230	16376	6708	104489	4088417	562764
淮南市	Huainan		27729		6610	3506		659308	145414
滁州市	Chuzhou	685	67034	619	6345	14358	119	1278303	468853
六安市	Luan	16384	35633	92	6507	2721	33512	1204737	153234
马鞍山市	Maanshan	96	10147	96	960	1568		155639	29830
巢湖市	Chaohu	1459	72983	62	5998	28932	15	1435442	283217
芜湖市	Wuhu	2309	14050	129	1193	3207	5289	545487	111429
宣城市	Xuancheng	25017	30157	10	5419	1243	9378	678292	173712
铜陵市	Tongling	119	4467		196	1886	895	101340	27226
池州市	Chizhou	5396	5766	6	679	181	932	300649	50819
安庆市	Anqing	7022	30953	184	6134	483	38595	1361765	81676
黄山市	Huangshan	23505	57141		8138	8290	9216	372517	41988

注：全省粮食产量来源于国家统计局安徽调查总队抽样调查数。

a) The Output of grain is from Anhui Province survey organization of National bureau of statistics sample survey.

12—23 各市主要林业生产情况（2009年）
Conditions of Forest Production by Region (2009)

地　区	Region	营林情况（公顷） Management of Forest (hectares) 人工造林面积 Man-made Afforested Area	迹地更新面积 Reforestated Area	新封山育林面积 Area of Setting Apart Mountains for Afforestation	新增育苗面积 Area of Growing Seedlings	幼林抚育面积 Area of Tending Young Forest	成林抚育面积 Area of Tending Adult Forest	油桐籽（吨） Tung-oil Seeds (ton)	油茶籽（吨） Tea-oil Seeds (ton)	竹材采伐量（万根） Determination of Bamboo Cut (10000 units)	木材采伐量（万立方米） Determination of Timber Cut (10000 cu.m)
总　计	**Total**	**70229**	**763**	**19566**	**7025**	**421324**	**654852**	**2656**	**29973**	**8364**	**374**
合肥市	Hefei	2277	21		1548	7786	39248		3		4
淮北市	Huaibei	754	2	200	68	3413	7013				3
亳州市	Bozhou	3844			577	7066	19033			30	23
宿州市	Suzhou	5787		133	810	86487	132900	10			42
蚌埠市	Bengbu	876	75		236	16017	25062			2	19
阜阳市	Fuyang	6544			1120	31441	98124				22
淮南市	Huainan	356			97	500	14767				2
滁州市	Chuzhou	7523		766	992	24350	17431	2	2	6	20
六安市	Luan	6782		1373	503	23847	22505	629	8979	1964	31
马鞍山市	Maanshan	575	59	139	61	1034	1280			5	1
巢湖市	Chaohu	2621	94	2933	215	14705	48847	2	223	128	12
芜湖市	Wuhu	2826		867	115	11867	5104	11	5	69	3
宣城市	Xuancheng	8227		1199	45	28252	93850	133	239	4260	52
铜陵市	Tongling	732	67		20	1058	856	380	3	53	2
池州市	Chizhou	3325	445	2470	97	11900	17445	171	119	833	59
安庆市	Anqing	13382		9486	178	132807	60601	1276	11167	433	38
黄山市	Huangshan	3798			343	18794	50786	42	9233	582	41

12—24 各市牲畜饲养情况（2009年）
Number of Livestock by Region (2009)

单位：头（只）　(heads)

地　区	Region	大牲畜年末头数 Large Animals (year-end)	牛 Cattle and Buffaloes	马 Horses	驴 Donkeys	骡 Mules	肉猪出栏头数 Slaughtered Fattened Hogs	猪年末头数 Hogs (year-end)	羊年末只数 Sheep and Goats (year-end)	山羊 Goats	家禽（万只） Poultry (10000 heads)
总　计	**Total**	**1494686**	**1488100**	**1994**	**3564**	**1028**	**26802100**	**14825600**	**5842000**	**5809764**	**22540.84**
合肥市	Hefei	86394	86366		28		2244682	1116923	55556	55556	4782.28
淮北市	Huaibei	10646	10459	12	169	6	588237	353752	286710	284858	851.05
亳州市	Bozhou	126986	125936	536	168	346	2517148	1333953	1053395	1053395	1030.67
宿州市	Suzhou	150491	147215	658	2254	364	4199396	2638597	2122705	2095965	3139.22
蚌埠市	Bengbu	201312	201289	1	15	7	1727790	868738	605956	605956	1795.00
阜阳市	Fuyang	296578	295184	247	890	257	4819958	2517485	1104630	1104630	2074.80
淮南市	Huainan	53213	53213				436691	245925	117421	117421	689.97
滁州市	Chuzhou	166534	166534				2912890	1559689	306816	303816	2189.67
六安市	Luan	175802	175802				3688422	1952770	403157	403157	3186.08
马鞍山市	Maanshan	10711	10711				248795	110154	41642	41642	264.62
巢湖市	Chaohu	73989	73989				770400	443234	46466	46211	1823.00
芜湖市	Wuhu	10129	10129				455408	229834	20963	20848	879.00
宣城市	Xuancheng	53215	53215				958510	534448	36032	36032	2345.21
铜陵市	Tongling	3789	3789				97830	72878	4575	4575	329.47
池州市	Chizhou	17763	17763				640155	385454	12031	12031	605.29
安庆市	Anqing	127734	127734				2493765	1564330	48213	47939	2470.59
黄山市	Huangshan	32280	31652	540	40	48	882612	641553	5475	5475	288.51

注：全省猪、牛、羊、禽数据来源于国家统计局安徽调查总队畜禽监测数。

a) The pigs, sheep, poultry data is from Anhui Province survey organization of National bureau of statistics monitoring survey.

12—25 各市畜产品产量（2009年）
Output of Livestock Products by Region (2009)

单位：吨 (ton)

地 区 Region		肉 类 总产量 Output of Meat	猪牛羊肉 Output of Pork,Beef and Mutton	猪 肉 Pork	牛 肉 Beef	羊 肉 Mutton	奶 类 Milk	牛 奶 Cow Milk	禽 蛋 Poultry Eggs	蜂 蜜 Honey
总 计	**Total**	**3625873**	**2612150**	**2298494**	**175448**	**138208**	**201000**	**201000**	**1181919**	**16312**
合肥市	Hefei	368158	190036	183697	5104	1235	62505	62505	128761	
淮北市	Huaibei	79713	58280	51040	979	6261	12161	12161	39465	1
亳州市	Bozhou	267715	235774	196718	17304	21752	11226	11226	57521	25
宿州市	Suzhou	443031	379485	315704	17579	46202	11468	11468	218195	95
蚌埠市	Bengbu	270251	191592	144764	31220	15608	17340	17340	56274	
阜阳市	Fuyang	543745	473686	404208	42189	27289	2788	2788	120993	1813
淮南市	Huainan	79424	49365	40957	5517	2891	43788	43788	54950	12
滁州市	Chuzhou	335955	260458	237296	16014	7148	10130	10130	96876	200
六安市	Luan	475134	328192	300054	15617	12521	16093	16093	131908	483
马鞍山市	Maanshan	30796	20671	19444	119	1108	32850	32850	6118	234
巢湖市	Chaohu	165492	69903	63786	5309	808	3561	3561	77213	253
芜湖市	Wuhu	82492	40892	39303	1182	407	2728	2728	41591	128
宣城市	Xuancheng	197480	85111	81536	2820	755	980	980	46221	1881
铜陵市	Tongling	15425	8273	8100	120	53			5593	20
池州市	Chizhou	76480	53956	52361	1383	212	50	50	30001	469
安庆市	Anqing	289174	207724	197757	9112	855			146204	2178
黄山市	Huangshan	82652	76608	75528	1021	59	2940	2940	17968	8520

注：全省猪、牛、羊、禽数据来源于国家统计局安徽调查总队畜禽监测数。

a) The pigs, sheep, poultry data is from Anhui Province survey organization of National bureau of statistics monitoring survey.

12—26 各市农村居民家庭平均每户动物产品的出售量（2009年）
Sales of Livestock, Poultry, Small Animals and Fishery Per Rural Household by Region (2009)

地 区 Region		肉 猪（头）Fattened Hogs (head)	菜 羊（只）Mutton Sheep and Goat (head)	牛（头/百户）Cattle (head/100 households)	家 禽（只）Poultry (head)	蛋 类（公斤）Poultry Cocoons (kg)	蚕 茧（公斤）Silkworm Cocoons (kg)	水产品（公斤）Aquatic Products (kg)
合肥市	Hefei	0.94	0.04	1.53	10.25	5.25	4.26	10.88
淮北市	Huaibei	0.74	0.58	1.22	1.99	0.09		
亳州市	Bozhou	1.54	0.61	11.50	11.41	0.15		0.41
宿州市	Suzhou	1.53	0.94	0.77	6.98	25.46	2.68	0.26
蚌埠市	Bengbu	1.51	0.16	3.90	17.18	1.68		13.84
阜阳市	Fuyang	1.37	0.56	7.16	1.60	0.56	0.08	0.26
淮南市	Huainan	0.49	0.09	1.15	1.56	1.93		14.91
滁州市	Chuzhou	1.11	0.06	1.00	4.63	5.85		15.38
六安市	Luan	1.17	0.13	0.67	13.16	4.59	2.23	14.51
马鞍山市	Maanshan	0.23	0.04		0.38	1.34		126.83
巢湖市	Chaohu	0.65		0.05	6.19	2.16		52.85
芜湖市	Wuhu	0.20		0.25	2.15	1.93	0.12	38.29
宣城市	Xuancheng	0.41		0.82	10.73	1.15	5.60	72.83
铜陵市	Tongling	0.02			0.90	4.00		12.76
池州市	Chizhou	0.45		0.14	0.48	1.19	5.23	13.57
安庆市	Anqing	0.45	0.02	0.25	2.09	1.42	4.53	22.42
黄山市	Huangshan	1.13		1.52	3.70	30.82	19.56	5.74

12—27　各市水产品产量（2009年）
Output of Aquatic Products by Region (2009)

单位：吨　(ton)

地　区	Region	水产品总产量 Total Aquatic Products	养殖产量 Cultured Products	捕捞产量 Fishing Products	鱼　类 Fish	甲壳类 Crustacean	贝　类 Shell-fish	其它类 Others
总　计	**Total**	**1831462**	**1524177**	**307285**	**1439066**	**273716**	**82156**	**36524**
合肥市	Hefei	112710	80681	32029	70711	33070	5400	3529
淮北市	Huaibei	24390	23271	1119	24057	273	52	8
亳州市	Bozhou	38900	33123	5777	37194	1456	123	127
宿州市	Suzhou	34560	30465	4095	30127	3570	333	530
蚌埠市	Bengbu	93150	66309	26841	74881	12719	3011	2539
阜阳市	Fuyang	81050	66822	14228	67533	10418	2140	959
淮南市	Huainan	61500	46439	15061	48605	6396	5846	653
滁州市	Chuzhou	259200	229332	29868	191858	55454	9501	2387
六安市	Luan	245000	182708	62292	208006	26380	5954	4660
马鞍山市	Maanshan	68711	61134	7577	43274	17792	6830	815
巢湖市	Chaohu	164810	133350	31460	121240	29522	5074	8974
芜湖市	Wuhu	90220	79652	10568	72352	10077	4619	3172
宣城市	Xuancheng	94180	77132	17048	66017	16775	7792	3596
铜陵市	Tongling	20370	18716	1654	17465	1817	894	194
池州市	Chizhou	103576	94302	9274	83628	11837	7531	580
安庆市	Anqing	322075	285347	36728	266451	35723	16400	3501
黄山市	Huangshan	17060	15394	1666	15667	437	656	300

12—28　各市受灾面积（2009年）
Areas Covered by Natural Disaster by Region (2009)

单位：千公顷　(1000 hectares)

地　区	Region	农作物受灾情况合计 Total Situation of Crops Affected by Disaster		旱　灾 Drought		洪涝灾 Flood	
		受灾面积 Areas Covered	绝　收 Total Crops Failure	受灾面积 Areas Covered	绝　收 Total Crops Failure	受灾面积 Areas Covered	绝　收 Total Crops Failure
总　计	**Total**	**2614.79**	**167.57**	**1509.90**	**81.30**	**382.61**	**43.74**
合肥市	Hefei	133.61	6.64	111.77	5.93	0.54	
淮北市	Huaibei	137.31	3.67	127.13	3.67		
亳州市	Bozhou	495.47	46.33	448.41	46.33		
宿州市	Suzhou	430.61	7.53	319.47	7.53		
蚌埠市	Bengbu	193.23	12.46	175.32	9.14	5.12	2.13
阜阳市	Fuyang	127.81		105.81		0.14	
淮南市	Huainan	7.57	0.40			2.50	0.28
滁州市	Chuzhou	186.09	11.72	124.95	7.27	8.28	
六安市	Luan	197.67	8.68	97.01	1.41	33.96	4.12
马鞍山市	Maanshan	5.30	0.08			2.02	0.07
巢湖市	Chaohu	133.56	5.87			84.93	4.29
芜湖市	Wuhu	62.93	4.21			38.59	3.52
宣城市	Xuancheng	124.30	16.42			19.80	2.06
铜陵市	Tongling	35.21	3.11			12.07	2.98
池州市	Chizhou	92.71	4.97			79.68	2.05
安庆市	Anqing	237.08	34.69	0.03	0.02	88.27	21.73
黄山市	Huangshan	14.31	0.80			6.70	0.51

12—29 国营农场基本情况
Basic Statistics on State Farms

指　　标 Item			1995	2000	2005	2008	2009
农场数	（个）Number of Farms	(unit)	26	25	25	21	21
职工人数	（人）Number of Staff and Workers	(person)	65699	57773	44849	44754	44549
耕地面积	（千公顷）Cultivated Area	(1000 hectares)	34.51	34.36	32.98	37.37	34.53
农业机械总动力	（万瓦）Total Power of Agricultural Machinery	(10000 watts)	200084	241215	316001	363417	435068
农业机械拥有量	（台、辆）Ownership of Agricultural Machinery	(unit)					
大中型农用拖拉机	Large and Medium Agricultural Tractors		1159	1349	1765	2006	2439
小型及手扶拖拉机	Mini and Walking Agricultural Tractors		2041	3567	5569	7069	5838
农用排灌动力机械	Machinery for Agricultural Drainage and Irrigation		2138	3360	3802	5068	5297
联合收获机	Combine Harvesters		373	626	730	822	991
农用载重汽车	Trucks for Agricultural Use		232	186	71	100	181
农用化肥施用量	（吨）Consumption of Chemical Fertilizers	(ton)	39986	38355	47187	54482	60546
农业总产值	（万元）Gross Agricultural Output Value	(10000 yuan)	73529	59620	102784	137814	158485
农作物总播种面积	（千公顷）Sown Area of Farm Crops	(1000 hectares)	59.83	58.40	55.57	59.94	67.16
粮食作物	Grain		44.78	47.54	44.24	50.10	58.31
棉　花	Cotton		7.67	3.31	6.20	6.48	3.94
油　料	Oil-bearing Crops		4.44	5.54	3.98	1.77	3.04
年末实有茶园面积	Area of Tea Plantations (year-end)		3.47	3.40	3.38	3.17	3.17
年末实有果园面积	Area of Orchards (year-end)		1.18	1.19	1.14	1.07	1.07
主要农产品产量	Yield of Major Farm Crops						
粮食作物	（吨）Grain	(ton)	200836	222809	233538	304269	340652
棉　花	（吨）Cotton	(ton)	8206	3389	8730	10515	6593
油　料	（吨）Oil-bearing Crops	(ton)	5475	7253	7258	4017	5902
茶　叶	（吨）Tea	(ton)	3818	7793	10460	11762	11656
水　果	（吨）Fruits	(ton)	16695	15937	16776	20690	24751
畜牧业、渔业生产	Production of Animal Husbandry and Fishery						
大牲畜年末头数	（头）Number of Large Animals (year-end)	(head)	6365	6022	9581	7653	7463
猪年末头数	（头）Number of Hogs	(head)	22025	17532	19660	25192	26974
羊年末只数	（只）Number of Sheep and Goats	(head)	3924	6911	6319	5103	5751
畜产品产量	（吨）Output of Livestock Products	(ton)					
肉类总产量	Pork, Beef and Mutton		5148	8204	5556	7006	9448
#猪　肉	Pork		2067	2432	2778	2940	3679
牛　奶	Milk		10361	11845	18982	18064	20407
禽　蛋	Poultry Eggs		2027	3220	2605	1955	3440
水产品总产量	（吨）Total Output of Aquatic Products	(ton)	1317	2786	3431	4177	4635

注：本表为农垦系统数据。
a) Data in this table cover those of the land reclamation department.

12—30 各县（市）农村基本情况（2009年）
Basic Statement of Rural Area by County or City (2009)

县（市）	County (City)	乡镇数（个） Number of Township and Town Governments	#镇数 Town Governments	村民委员会（个） Number of Villagers' Committees (unit)	乡村户数（户） Number of Households (household)	乡村人口数（人） Rural Population (person)	乡村从业人员数（人） Number of Rural Laborers (person)	#男 Male	自来水受益村（个） Villages with Access to Tap Water (unit)	通汽车村（个） Villages with Highway Communication (unit)
合肥市辖区	Hefei Reigon of City	8	6	72	82097	276704	160719	89436	53	72
长丰县	Changfeng	14	9	255	179659	706838	408054	222940	83	255
肥东县	Feidong	17	10	279	241739	938647	597025	318564	86	279
肥西县	Feixi	13	9	274	183125	769247	472450	256508	76	274
淮北市辖区	Huaibei Reigon of City	7	7	94	109823	418660	233397	125195	60	94
濉溪县	Suixi	11	10	215	239905	923567	481970	259473	60	215
亳州市辖区	Bozhou Reigon of City	22	20	274	338063	1289141	692925	373473	23	274
涡阳县	Guoyang	24	24	378	340615	1338491	721559	381068	92	378
蒙城县	Mengcheng	14	12	255	273566	1129568	641266	351517	34	255
利辛县	Lixin	22	18	352	344516	1423158	791188	422282	72	352
宿州市辖区	Suzhou Reigon of City	24	15	322	346602	1321982	752844	390591	34	320
砀山县	Dangshan	12	12	158	212368	840152	512049	266238	146	158
萧县	Xiaoxian	22	17	275	342162	1292382	664526	372214	49	273
灵璧县	Lingbi	18	12	304	246995	1078910	596885	310981	60	304
泗县	Sixian	14	11	174	203476	826323	491566	256771	42	171
蚌埠市辖区	Bengbu Reigon of City	10	5	144	99271	346078	208403	112269	40	144
怀远县	Huaiyuan	18	9	364	277664	1196761	691373	366480	27	362
五河县	Wuhe	14	13	223	163530	659273	391040	206539	40	223
固镇县	Guzhen	10	7	192	131235	548332	319060	170062	27	192
阜阳市辖区	Fuyang Reigon of City	29	20	318	395810	1533330	874581	459850	78	316
界首市	Jieshou	18	12	151	176060	650404	379352	199130	43	149
临泉县	Linquan	31	21	382	458564	1955428	1038317	542118	48	382
太和县	Taihe	30	25	305	390301	1504007	914554	485805	46	305
阜南县	Funan	28	19	324	343611	1476270	838006	456931	51	324
颍上县	Yingshang	29	20	282	349200	1417164	789560	430976	12	282
淮南市辖区	Huainan Reigon of City	27	17	319	180798	720265	452139	247308	91	319
凤台县	Fengtai	15	5	213	134015	511369	318192	171680	77	213
毛集区	Maoji District	3	2	38	25987	102206	64434	35228	4	38
滁州市辖区	Chuzhou Reigon of City	8	8	88	78256	285585	153033	83955	51	88
天长市	Tianchang	14	14	119	151796	547401	319710	169811	113	119
明光市	Mingguang	13	12	139	136892	538071	302826	164891	71	139
来安县	Laian	11	7	130	102113	400354	244612	135889	19	130
全椒县	Quanjiao	9	9	94	84118	340504	188386	101755	59	94
定远县	Dingyuan	21	15	251	193307	852424	488785	272150	80	241
凤阳县	Fengyang	14	13	229	170628	674690	381530	214678	30	227
六安市辖区	Luan Reigon of City	36	23	579	421394	1607064	942167	514155	115	579
寿县	Shouxian	25	21	235	319927	1276706	726886	396190	70	235
霍邱县	Huoqiu	32	22	680	396936	1507328	800638	441156	103	680
舒城县	Shucheng	20	14	393	226449	864066	501903	277933	166	393

12—30 续表 continued

县（市） County (City)	乡镇数（个） Number of Township and Town Governments	#镇数 Town Governments	村民委员会（个） Number of Villagers' Committees (unit)	乡村户数（户） Number of Households (household)	乡村人口数（人） Rural Population (person)	乡村从业人员数（人） Number of Rural Laborers (person)	#男 Male	自来水受益村（个） Villages with Access to Tap Water (unit)	通汽车村（个） Villages with Highway Communication (unit)
金寨县 Jinzhai	22	10	277	143636	546727	289699	157394	137	270
霍山县 Huoshan	16	12	133	89501	330771	168457	91839	105	133
叶集区 Yeji District	4		71	35257	136423	73462	39439	8	71
马鞍山市辖区 Maanshan Reigon of City	5	2	53	38804	110408	65424	33067	53	53
当涂县 Dangtu	13	9	167	150086	541019	316600	172428	167	167
巢湖市辖区 Chaohu Reigon of City	12	11	138	181855	662226	371856	208490	129	138
庐江县 Lujiang	17	17	194	283696	1060177	542400	292709	144	194
无为县 Wuwei	23	19	262	307121	982153	674584	364245	262	262
含山县 Hanshan	8	8	96	96042	370175	221951	121220	96	96
和县 Hexian	10	10	103	143368	520518	310415	168883	95	103
芜湖市辖区 Wuhu Reigon of City	2	2	86	115182	436171	226116	124298	86	86
芜湖县 Wuhu	6	6	124	96037	339298	189006	100391	124	124
繁昌县 Fanchang	6	6	81	74883	243154	143003	77527	80	81
南陵县 Nanling	8	8	157	145933	492376	309197	160057	97	157
宣城市辖区 Xuancheng Reigon of City	18	14	177	214534	757187	452344	249337	150	177
宁国市 Ningguo	13	8	103	93350	311766	198054	105679	103	103
郎溪县 Langxi	11	7	97	82019	281326	169394	95394	88	97
广德县 Guangde	9	4	140	140589	441428	294794	167419	85	140
泾县 Jingxian	10	8	132	94826	302525	184149	101660	55	132
绩溪县 Jixi	10	6	76	45941	148795	82108	43733	76	76
旌德县 Jingde	10	5	68	36493	129386	72971	40884	56	68
铜陵市辖区 Tongling Reigon of City	4	3	38	20241	64765	37700	19829	36	38
铜陵县 Tongling	8	4	111	75831	248195	162461	86504	105	111
池州市辖区 Chizhou Reigon of City	11	10	165	144964	530554	298852	158175	136	165
东至县 Dongzhi	15	12	234	136828	490571	287992	152468	174	234
石台县 Shitai	7	5	79	27654	97775	57417	31144	77	79
青阳县 Qingyang	10	7	110	69485	234860	134851	72619	77	110
安庆市辖区 Anqing Reigon of City	13	5	136	95062	330723	185705	95565	123	135
桐城市 Tongcheng	12	12	198	175870	648350	366899	183453	147	198
怀宁县 Huaining	19	14	204	162382	631239	351150	186852	153	204
枞阳县 Zongyang	21	12	235	239834	894301	515278	299452	212	235
潜山县 Qianshan	15	10	175	139802	547800	292657	166672	143	173
太湖县 Taihu	14	9	174	132218	500164	279075	146599	71	174
宿松县 Susong	21	8	205	185477	709023	373907	194897	147	205
望江县 Wangjiang	9	7	120	145375	575742	330838	173905	112	120
岳西县 Yuexi	23	12	182	106267	399636	200591	109105	165	181
黄山市辖区 Huangshan Reigon of City	24	15	179	86339	277768	166858	86513	157	179
歙县 Shexian	27	12	297	141058	446420	275893	142491	281	273
休宁县 Xiuning	20	8	190	71605	251584	153224	79469	175	189
黟县 Yixian	7	3	66	25512	78391	55559	28973	66	66
祁门县 Qimen	17	6	152	42342	147836	94742	48397	152	152

12—31 各市、县农民人均纯收入
Per Capita Net Income of Peasants by County, Prefecture or City

单位：元 (yuan)

地　区 Region		1995	2000	2005	2008	2009
全　省	**Province Indices**	**1302.80**	**1934.60**	**2641.00**	**4202.50**	**4504.30**
合肥市	**Hefei**	**1300.00**	**1975.24**	**3207.26**	**5367.86**	**6065.00**
瑶海区	Yaohai District			5145.25	6499.26	7397.25
庐阳区	Luyang District			5164.05	7548.54	8606.01
蜀山区	Shushan District			5210.10	7931.26	8792.68
包河区	Baohe District			5203.20	6356.98	7304.82
长丰县	Changfeng	984.95	1460.93	2565.12	4599.77	5185.11
肥东县	Feidong	1210.83	1953.59	3134.44	5378.51	5962.21
肥西县	Feixi	1325.59	1950.29	3172.84	5412.12	6046.89
淮北市	**Huaibei**	**1381.74**	**2084.73**	**2665.08**	**4096.06**	**4546.97**
杜集区	Duji District		2357.44	3149.50	4881.16	5454.53
相山区	Xiangshan District		2781.60	3750.30	4472.00	4933.01
烈山区	Lieshan District		3004.99	2921.50	4140.00	4555.80
濉溪县	Suixi	1324.72	1977.20	2509.50	4006.39	4392.61
亳州市	**Bozhou**		**1922.26**	**2353.06**	**3584.51**	**3976.97**
谯城区	Qiaocheng District	1353.00	2160.00	2630.20	3961.10	4338.00
涡阳县	Guoyang	1253.00	2157.00	2607.01	3934.47	4349.62
蒙城县	Mengcheng	1336.00	2120.00	2637.58	3995.17	4434.45
利辛县	Lixin	996.00	1318.00	1601.75	2613.12	2940.49
宿州市	**Suzhou**	**1326.94**	**1800.56**	**2155.97**	**3670.73**	**4076.34**
埇桥区	Yongqiao District	1383.16	1866.79	2288.94	3785.17	4193.38
砀山县	Dangshan	1354.40	1798.57	2172.05	2904.22	3760.96
萧　县	Xiaoxian	1293.97	1969.08	2260.73	3968.98	4283.28
灵璧县	Lingbi	1206.45	1779.07	1963.44	3650.33	4000.76
泗　县	Sixian	1408.85	1685.05	2170.26	3780.15	4144.74
蚌埠市	**Bengbu**	**1460.13**	**2078.00**	**2780.20**	**4299.08**	**4726.80**
龙子湖区	Longzihu District			2932.73	4341.31	4675.24
蚌山区	Bangshan District			2681.27	3948.49	4303.12
禹会区	Yuhui District			2962.66	4000.15	4427.25
淮上区	Huaishang District			2843.13	4370.04	4716.45
怀远县	Huaiyuan	1497.91	2052.00	2757.17	4319.09	4765.85
五河县	Wuhe	1446.97	2152.00	2831.28	4310.31	4705.38
固镇县	Guzhen	1394.22	2087.22	2811.42	4348.24	4737.66
阜阳市	**Fuyang**	**1168.00**	**1834.00**	**2085.16**	**3187.00**	**3520.04**
颍州区	Yingzhou District		2201.00	2606.22	3942.56	4406.87
颍东区	Yingdong District		1901.00	1903.95	2880.14	3165.84
颍泉区	Yingquan District		1909.00	2415.02	3901.31	4269.64
临泉县	Linquan	1020.00	1498.00	1753.01	2619.97	2885.30
太和县	Taihe	1298.00	2124.00	2557.16	3950.89	4369.83
阜南县	Funan	996.00	1398.00	1662.17	2478.20	2803.26
颍上县	Yingshang	968.00	1835.00	1957.88	3189.65	3528.23
界首市	Jieshou	1257.00	2250.00	2608.16	3967.36	4334.73
淮南市	**Huainan**	**1472.37**	**2186.00**	**2786.16**	**4439.98**	**4892.85**
大通区	Datong District		2597.22	2745.28	4435.70	4893.25
田家庵区	Tianjaan District		3421.00	3196.21	5197.20	5667.80
谢家集区	Xiejiaji District		3230.07	3127.03	4839.21	5293.77
八公山区	Bagongshan District		3302.00	4268.23	5801.30	6297.90
潘集区	Panji District		2028.00	2361.70	4019.40	4465.44
凤台县	Fengtai	1433.11	1980.00	2817.92	4658.12	5102.97
毛集区	Maoji Distrct			3142.30	4897.13	5374.60
滁州市	**Chuzhou**	**1345.00**	**2239.78**	**2801.11**	**4543.16**	**5030.15**
琅琊区	Langya District	1966.00	2543.39	3938.32	5903.08	6430.67
南谯区	Nanqiao District	1301.00	2203.43	2887.67	4491.92	4812.68
来安县	Laian	1249.00	2260.00	3065.11	5326.75	5885.49
全椒县	Quanjiao	1500.00	2241.00	2852.00	4804.52	5332.72
定远县	Dingyuan	1320.00	2117.00	2335.78	4131.18	4553.05
凤阳县	Fengyang	1112.00	2158.27	2658.00	4448.06	4901.80
天长市	Tianchang	1659.00	2494.00	3803.46	5741.77	6427.53
明光市	Mingguang	1351.00	2102.23	2673.36	4185.57	4611.50

12—31 续表 continued

单位：元 (yuan)

县（市）	County (City)	1995	2000	2005	2008	2009
六安市	**Luan**	**1209.80**	**1571.27**	**2254.71**	**3646.96**	**4010.30**
金安区	Jinan District		1578.25	2218.40	3537.75	3960.90
裕安区	Yuan District		1426.18	2120.40	3519.26	3950.99
寿县	Shouxian	1257.63	1492.00	2316.65	3668.07	3924.19
霍邱县	Huoqiu	1300.00	1556.00	2298.01	3688.95	4060.52
舒城县	Shucheng	1109.80	1598.30	2304.40	3739.01	4117.10
金寨县	Jinzhai	1013.97	1542.00	2045.27	3432.00	3782.61
霍山县	Huoshan	1175.69	1575.12	2344.10	3910.89	4312.17
叶集区	Yeji District			2604.03	4023.00	4412.34
马鞍山市	**Maanshan**	**1507.70**	**2682.59**	**4511.19**	**7237.65**	**7946.65**
金家庄区	JInjiazhan District					9274.73
花山区	Huashan District					8837.56
雨山区	Yushan District					8330.32
当涂县	Dangtu	1410.70	2552.00	4397.61	7108.88	7808.19
巢湖市	**Chaohu**	**1250.00**	**2116.59**	**2919.44**	**4785.04**	**5271.21**
居巢区	Juchao District	1315.75	2270.65	3003.01	4496.93	4933.21
庐江县	Lujiang	1241.09	1984.09	2724.37	4402.51	4924.65
无为县	Wuwei	1195.92	1960.37	2814.54	4777.63	5280.25
含山县	Henshan	1278.86	2175.64	3134.50	5372.63	5953.20
和县	Hexian	1298.36	2177.13	3252.91	5330.86	5905.02
芜湖市	**Wuhu**	**1560.35**	**2658.00**	**3993.40**	**6136.12**	**6737.66**
弋江区	Yijiang District		3318.00	4370.00	5613.03	6293.25
鸠江区	Jiujiang District		3586.00	4607.09	5851.95	6472.23
三山区	Sanshang District				5330.00	6059.59
芜湖县	Wuhu	1529.82	2625.00	3998.45	6404.69	7064.97
繁昌县	Fanchang	1608.10	2564.36	3894.70	6218.17	6863.72
南陵县	Nanling	1517.87	2574.00	3941.46	6252.28	6812.88
宣城市	**Xuancheng**	**1588.00**	**2288.42**	**3157.21**	**5103.43**	**5631.62**
宣州区	Xuanzhou District	1668.00	2429.62	3438.32	5819.19	6432.98
郎溪县	Langxi	1580.00	1393.04	2225.90	4086.09	4492.66
广德县	Guangde	1601.00	2408.88	3753.00	6085.68	6646.76
泾县	Jingxian	1391.00	2360.63	2656.62	4103.39	4521.36
绩溪县	Jixi	1504.00	2364.50	3101.88	4530.94	5022.56
旌德县	Jingde	1590.00	2114.39	3053.40	4300.14	4638.20
宁国市	Ningguo	1644.00	2408.35	3953.99	6705.65	7292.48
铜陵市	**Tongling**	**1423.00**	**2436.00**	**3353.58**	**5573.09**	**6194.41**
狮子山区	Shuzushan District			3629.91	6099.79	7013.82
郊区	Region of City	1796.00	3082.00	3760.80	5933.13	6638.24
铜陵县	Tongling	1381.00	2356.00	3251.25	5468.90	6047.51
池州市	**Chizhou**	**1469.90**	**2071.85**	**2939.50**	**4757.91**	**4955.36**
市辖区	Reigon of City			4562.92	4770.46	5445.10
贵池区	Guichi District	1535.10	2267.97	3089.00	4818.10	5320.72
东至县	Dongzhi	1387.20	2053.87	2711.36	4450.21	4928.60
石台县	Shitai	1474.50	1144.77	1492.93	2536.26	2821.90
青阳县	Qingyang	1488.80	2145.86	2858.09	4570.01	5062.03
安庆市	**Anqing**	**1205.87**	**1804.07**	**2610.99**	**4132.77**	**4245.64**
迎江区	yingjiang District			3231.36	4931.40	5763.23
大观区	daguan District			3182.31	4828.00	5670.38
宜秀区	yixu District	1670.00	2513.48	3752.75	5229.56	5752.80
怀宁县	Huaining	1626.56	2386.00	3566.08	5150.78	5666.14
枞阳县	Zongyang	908.42	1589.34	1796.00	3245.35	3670.26
潜山县	Qianshan	1196.00	1390.00	1810.28	3046.73	3370.92
太湖县	Taihu	1058.15	1456.49	1748.15	2934.23	3252.03
宿松县	Susong	995.25	1391.48	1796.72	3397.98	3770.47
望江县	Wangjiang	1206.46	1706.39	1998.00	3324.02	3656.42
岳西县	Yuexi	790.35	1387.02	1838.57	2655.00	2973.32
桐城市	Tongcheng	1562.83	2472.02	3728.08	5698.40	6287.50
黄山市	**Huangshan**	**1075.00**	**2241.00**	**3157.82**	**5159.87**	**5703.64**
屯溪区	Tunxi District	1343.00	3073.00	4268.40	6440.19	6993.32
黄山区	Huangshan District	1188.00	2416.00	3398.08	5330.04	5948.33
徽州区	Huizhou District	1127.00	2455.35	3393.45	5275.00	5824.58
歙县	Shexian	918.00	2190.00	2988.26	4977.92	5513.44
休宁县	Xiuning	1145.00	2191.00	3170.19	5126.03	5707.74
黟县	Yixian	1119.00	2126.32	2995.53	5050.10	5562.06
祁门县	Qimen	1177.00	1944.13	2942.74	4961.02	5529.29

12—32 各县（市）农林牧渔业总产值（2009年）

Gross Putput Value of Farming, Forestry, Animal Husbandry and Fishery by County or City (2009)

本表按当年价格计算　(At current price)　　单位：万元　(10000 yuan)

县（市）	County (City)	农林牧渔业 Farming, Forestry, Animal Husban and Fishery	农业 Farming	林业 Forestry	牧业 Animal Husban	渔业 Fishery	农林牧渔服务业 Agricultural Services
合肥市辖区	Hefei Region of City	138721	69333	6188	36472	13302	13426
长丰县	Changfeng	554080	285042	9821	224976	27421	6820
肥东县	Feidong	617773	273538	17659	234585	80405	11586
肥西县	Feixi	547285	255146	8078	234438	42167	7456
淮北市辖区	Huaibei Region of City	202719	105730	4379	72833	16541	3237
濉溪县	Suixi	396968	253031	6542	115950	12922	8523
亳州市辖区	Bozhou Region of City	595016	436871	9620	112579	11586	24360
涡阳县	Guoyang	518986	372093	10205	108686	12813	15189
蒙城县	Mengcheng	535325	325170	26782	127845	15527	40001
利辛县	Lixin	516508	296903	5429	178542	16673	18961
宿州市辖区	Suzhou Region of City	717864	383945	27283	252208	23349	31079
砀山县	Dangshan	396508	241987	14124	125581	3118	11698
萧县	Xiaoxian	552263	276348	31314	230062	8872	5667
灵璧县	Lingbi	620424	321205	15372	264761	8590	10496
泗县	Sixian	534386	280817	14003	216257	16998	6311
蚌埠市辖区	Bengbu Region of City	108060	69953	1128	25116	10474	1389
怀远县	Huaiyuan	636663	381150	11302	170808	62813	10590
五河县	Wuhe	508252	254734	9482	153419	83800	6817
固镇县	Guzhen	444941	248571	10217	162662	11821	11670
阜阳市辖区	Fuyang Region of City	654100	340067	20006	253206	18532	22289
界首市	Jieshou	280318	153442	16336	95943	5297	9300
临泉县	Linquan	732202	424414	13038	259301	11299	24150
太和县	Taihe	550458	324702	19793	184175	10533	11255
阜南县	Funan	554161	312582	28169	177099	22047	14264
颍上县	Yingshang	530513	258434	24475	198894	35309	13401
淮南市辖区	Huainan Region of City	305764	187774	2051	74138	35933	5868
凤台县	Fengtai	264755	133775	4046	92961	26556	7417
毛集区	Maoji District	57159	29049	1070	15652	10596	792
滁州市辖区	Chuzhou Region of City	193316	103043	6366	57413	21921	4573
天长市	Tianchang	335233	152752	3475	80002	92357	6647
明光市	Mingguang	343870	146765	6377	94342	88826	7560
来安县	Laian	220179	139591	4434	55459	15773	4922
全椒县	Quanjiao	265350	147561	7142	70523	32366	7758
定远县	Dingyuan	559763	248409	4577	271828	30749	4200
凤阳县	Fengyang	362518	207644	3997	110179	35455	5243
六安市辖区	Luan Region of City	529269	252306	67021	143672	56911	9359
寿县	Shouxian	616945	253361	17893	234630	102251	8810
霍邱县	Huoqiu	607064	220991	37279	276690	58104	14000
舒城县	Shucheng	327805	147397	25996	100633	39269	14510

12—32 续表 continued

单位：万元 (10000 yuan)

县（市）	County (City)	农林牧渔业 Farming, Forestry, Animal Husban and Fishery	农业 Farming	林业 Forestry	牧业 Animal Husban	渔业 Fishery	农林牧渔服务业 Agricultural Services
金寨县	Jinzhai	234589	123352	34027	55330	11550	10330
霍山县	Huoshan	114077	62228	16083	22564	10802	2400
叶集区	Yeji District	60782	27638	12332	19606	1206	
马鞍山市辖区	Maanshan Region of City	44425	20253	1776	18498	3198	700
当涂县	Dangtu	346947	125379	3032	46704	163672	8160
巢湖市辖区	Chaohu Region of City	293724	130998	6860	77162	62224	16480
庐江县	Lujiang	463601	292284	17447	81311	64119	8440
无为县	Wuwei	685717	301305	19323	105121	111619	148349
含山县	Hanshan	223822	115450	7379	35406	38372	27215
和县	Hexian	336753	231658	2703	51293	33318	17781
芜湖市辖区	Wuhu Region of City	131461	71483	8084	22124	23221	6549
芜湖县	Wuhu	211145	118440	5025	37705	40166	9809
繁昌县	Fanchang	128275	44820	22033	36473	16413	8536
南陵县	Nanling	278032	120260	18713	67169	56230	15660
宣城市辖区	Xuancheng Region of City	396042	215773	12389	64216	78567	25097
宁国市	Ningguo	212962	45646	73252	75222	7222	11620
郎溪县	Langxi	153394	81807	9435	23733	31610	6809
广德县	Guangde	213431	70898	40853	77426	14947	9307
泾县	Jingxian	159465	65841	29372	51176	3576	9500
绩溪县	Jixi	108943	41548	21633	25169	2277	18316
旌德县	Jingde	67378	24877	16363	17225	2863	6050
铜陵市辖区	Tongling Region of City	24457	12714	1290	4986	4746	721
铜陵县	Tongling	102161	52828	10193	17237	14628	7275
池州市辖区	Chizhou Region of City	277293	121369	19375	73035	50421	13093
东至县	Dongzhi	268257	129734	18489	50287	39666	30081
石台县	Shitai	32815	15277	10392	6280	156	710
青阳县	Qingyang	90429	36210	13100	25610	11209	4300
安庆市辖区	Anqing Region of City	168278	65826	7148	34407	46180	14717
桐城市	Tongcheng	291057	121371	14614	109605	41452	4015
怀宁县	Huaining	282836	122140	12477	106026	32690	9503
枞阳县	Zongyang	377858	154622	19386	88098	102710	13042
潜山县	Qianshan	185720	85826	35563	53370	4251	6710
太湖县	Taihu	255779	65728	31816	122870	30645	4720
宿松县	Susong	437079	201997	9281	71281	99580	54940
望江县	Wangjiang	291532	143680	5278	58695	63064	20815
岳西县	Yuexi	152345	79093	22644	44593	3007	3008
黄山市辖区	Huangshan Region of City	176197	79282	28806	52001	12976	3132
歙县	Shexian	176451	91898	14854	65497	1652	2550
休宁县	Xiuning	141934	62075	19277	53840	2416	4326
黟县	Yixian	46430	18289	11244	14424	197	2276
祁门县	Qimen	63484	37513	12919	10772	680	1600

12—33 各县（市）农作物产量和耕地面积（2009年）
Yield of Farm Crops and Area of Cultivated Land by County or City (2009)

县（市）	County (City)	粮 食（吨）Grain (ton)	棉 花（吨）Cotton (ton)	油 料（吨）Oil-bearing Crops (ton)	耕地面积（公顷）Cultivated Area (hectare)	#水 田 Paddy Field	播种面积（公顷）Total Sown Area (hectare)
合肥市辖区	Hefei Region of City	74261	782	11768	11700	9062	26693
长丰县	Changfeng	606143	5859	69279	67552	51052	146600
肥东县	Feidong	671716	4784	139082	79888	60867	182072
肥西县	Feixi	551900	7461	97146	60323	48672	142045
淮北市辖区	Huaibei Region of City	220289	773	2078	24947	293	59726
濉溪县	Suixi	986912	3280	8491	111002		224867
亳州市辖区	Bozhou Region of City	854670	13074	7742	126984		260149
涡阳县	Guoyang	1274167	2019	7532	131146		276244
蒙城县	Mengcheng	1248927	4280	24396	122306	978	244928
利辛县	Lixin	1102437	1338	7352	116819	2607	235713
宿州市辖区	Suzhou Region of City	1096414	9087	36943	141855	548	279553
砀山县	Dangshan	255805	5306	36623	37273		97043
萧县	Xiaoxian	696748	13537	20273	91890	65	183683
灵璧县	Lingbi	962925	4365	60865	120171	2021	230048
泗县	Sixian	787995	7503	67232	88332	5227	190090
蚌埠市辖区	Bengbu Region of City	181712	193	2727	22008	12920	47551
怀远县	Huaiyuan	1208947	6372	72653	126745	52284	257073
五河县	Wuhe	775193	3405	61061	71475	36765	177464
固镇县	Guzhen	478234	19299	161338	70532	1723	153678
阜阳市辖区	Fuyang Region of City	883724	2897	16519	105404	35	221210
界首市	Jieshou	373011	2503	6384	38860		84417
临泉县	Linquan	1056996	5065	21436	113580	1316	253218
太和县	Taihe	950466	3038	9123	115580		231297
阜南县	Funan	846920	1819	25247	97792	17359	205316
颍上县	Yingshang	1043671	4159	8449	103273	37049	215076
淮南市辖区	Huainan Region of City	663771	1268	10406	58386	40221	128502
凤台县	Fengtai	587686	470	5069	45981	32487	96331
毛集区	Maoji District	118685	32	915	9905	6520	20241
滁州市辖区	Chuzhou Region of City	300832	2731	25033	27989	22458	73124
天长市	Tianchang	689168	16	24189	58940	57821	118893
明光市	Mingguang	537916	505	26776	55533	26931	123406
来安县	Laian	442991	268	38684	46512	35874	95594
全椒县	Quanjiao	431656	5329	60657	40454	29299	87832
定远县	Dingyuan	1116104	1258	39813	101946	74553	212305
凤阳县	Fengyang	716424	608	18944	66768	38400	144576
六安市辖区	Luan Region of City	838992	5274	74557	94127	80393	206921
寿县	Shouxian	1413689	4162	55609	121420	105462	244591
霍邱县	Huoqiu	1487916	1094	34881	123890	105157	240465
舒城县	Shucheng	401701	2469	34878	41601	26859	97112

12—33 续表 continued

县（市）	County (City)	粮食（吨）Grain (ton)	棉花（吨）Cotton (ton)	油料（吨）Oil-bearing Crops (ton)	耕地面积（公顷）Cultivated Area (hectare)	#水田 Paddy Field	播种面积（公顷）Total Sown Area (hectare)
金寨县	Jinzhai	150793	18	7897	23509	20143	43139
霍山县	Huoshan	106625	129	5161	16954	14484	28567
叶集区	Yeji District	107141	63	9760	10816	7431	20607
马鞍山市辖区	Maanshan Region of City	34717	97	6669	4826	4091	10237
当涂县	Dangtu	429109	4602	40148	44331	40233	86192
巢湖市辖区	Chaohu Region of City	348024	7938	65718	47798	34002	90362
庐江县	Lujiang	854324	5307	40157	72807	66469	180621
无为县	Wuwei	516564	40277	93024	85930	56480	170677
含山县	Hanshan	254812	10287	46450	34751	31534	53157
和县	Hexian	385686	2885	35720	49261	44314	99485
芜湖市辖区	Wuhu Region of City	101092	712	26616	13384	11262	32206
芜湖县	Wuhu	246221	4185	23998	21492	19021	61029
繁昌县	Fanchang	94894	1285	12488	15555	13770	24572
南陵县	Nanling	406601	1700	19776	32917	32901	90995
宣城市辖区	Xuancheng Region of City	502350	11878	45204	55141	48999	133422
宁国市	Ningguo	82222	241	14853	14327	12648	27236
郎溪县	Langxi	285618	1074	15537	24367	21612	62778
广德县	Guangde	193635	271	20809	24094	22354	50984
泾县	Jingxian	150203	983	9824	18938	18445	40109
绩溪县	Jixi	60435	29	9258	6781	5840	16766
旌德县	Jingde	62287	200	7500	9313	8201	22185
铜陵市辖区	Tongling Region of City	71306	419	2456	6683	6015	15350
铜陵县	Tongling	84880	4718	19027	16955	12131	31434
池州市辖区	Chizhou Region of City	307812	7848	32074	32337	25255	75601
东至县	Dongzhi	221916	20756	36551	34135	20054	80897
石台县	Shitai	19531	525	4595	3058	2638	8452
青阳县	Qingyang	129638	234	6913	14950	13406	29317
安庆市辖区	Anqing Region of City	106058	7668	21240	17338	10189	37495
桐城市	Tongcheng	389780	3728	38518	37930	33604	103977
怀宁县	Huaining	365230	5975	29520	38197	33030	105450
枞阳县	Zongyang	515906	12958	44016	38911	38774	130754
潜山县	Qianshan	239078	3100	13987	22758	21068	63467
太湖县	Taihu	208906	4751	17672	24383	20201	63336
宿松县	Susong	355633	30779	49154	48095	32240	128048
望江县	Wangjiang	396153	25539	54065	53727	25592	108763
岳西县	Yuexi	89418	293	2567	15616	12844	34419
黄山市辖区	Huangshan Region of City	93853	73	8848	13723	11111	31914
歙县	Shexian	80234	74	14097	10253	7983	39117
休宁县	Xiuning	99408	212	10848	12056	11133	33679
黟县	Yixian	27688	38	3715	5044	3970	9786
祁门县	Qimen	47766	265	4892	6892	5945	17622

12—34　各县（市）主要林业生产情况（2009年）
Production of Major Forestry Products by County or City (2009)

县（市）	County (City)	人工造林面积（公顷）Afforested Hilly Area (hectare)	木材采伐量（立方米）Amount of Timber Lumbered (cu.m)	茶园面积（公顷）Area of Tea Plantations (hectare)	茶叶产量（吨）Output of Tea (ton)	果园面积（公顷）Area of Orchards (hectare)	园林水果产量（吨）Output of Garden Fruits (ton)
合肥市辖区	Hefei Region of City	676	862	5		366	7084
长丰县	Changfeng	436	14340			367	12691
肥东县	Feidong	774	20000	29	4	476	17539
肥西县	Feixi	391	6000	77	36	838	41023
淮北市辖区	Huaibei Region of City	434	11220			5118	90331
濉溪县	Suixi	320	20002			104	1636
亳州市辖区	Bozhou Region of City	712	95000			806	19812
涡阳县	Guoyang	1200	110000			193	9547
蒙城县	Mengcheng	260	20			385	8510
利辛县	Lixin	1672	22830			108	5639
宿州市辖区	Suzhou Region of City	868	128000			4359	36694
砀山县	Dangshan	598	36435			48010	1090728
萧县	Xiaoxian	1403	94000			6235	263322
灵璧县	Lingbi	1438	97195			1108	68939
泗县	Sixian	1480	65200			40	1060
蚌埠市辖区	Bengbu Region of City	244	9188			475	4730
怀远县	Huaiyuan	194	32980			1662	20906
五河县	Wuhe	387	65000			869	22307
固镇县	Guzhen	51	78300			486	13888
阜阳市辖区	Fuyang Region of City	596	44650			948	11767
界首市	Jieshou	785	26080			535	8978
临泉县	Linquan	978	39400			780	23262
太和县	Taihe	2413	24610			325	4345
阜南县	Funan	1535	32000			213	11883
颍上县	Yingshang	237	49000			297	4488
淮南市辖区	Huainan Region of City	175	10821			775	19595
凤台县	Fengtai	133	4449			647	7836
毛集区	Maoji District	48	395			19	298
滁州市辖区	Chuzhou Region of City	2162	107112	1000	531	757	4704
天长市	Tianchang	693	38500	69	4	7	120
明光市	Mingguang	1279	3623	130	23	738	6586
来安县	Laian	959	8344	74	14	648	5711
全椒县	Quanjiao	880	26503	266	109	217	5818
定远县	Dingyuan	667	13464	20	4	639	11225
凤阳县	Fengyang	883	6870	7		1108	32870
六安市辖区	Luan Region of City	1626	20000	6149	2926	654	11016
寿县	Shouxian	381	61000	321		290	15252
霍邱县	Huoqiu	703	36260			101	2249
舒城县	Shucheng	158	49360	4394	2027	434	5848

12—34 续表 continued

县（市） County (City)		人工造林面积（公顷）Afforested Hilly Area (hectare)	木材采伐量（立方米）Amount of Tinber Lumbered (cu.m)	茶园面积（公顷）Area of Tea Plantations (hectare)	茶叶产量（吨）Output of Tea (ton)	果园面积（公顷）Area of Orchards (hectare)	园林水果产量（吨）Output of Garden Fruits (ton)
金寨县	Jinzhai	2216	103000	6252	6619	60	439
霍山县	Huoshan	1415	38333	5310	4812	20	320
叶集区	Yeji District	283	4380			25	509
马鞍山市辖区	Maanshan Region of City	151	4292	42	31	144	1617
当涂县	Dangtu	424	5299	53	65	691	8530
巢湖市辖区	Chaohu Region of City	123	22100	1188	403	824	13997
庐江县	Lujiang	515	14466	1037	675	1223	23994
无为县	Wuwei	527	19406	508	195	682	21936
含山县	Hanshan	1049	39172	293	168	467	11720
和县	Hexian	407	27000	51	18	148	1336
芜湖市辖区	Wuhu Region of City	328	5810	61	22	61	1850
芜湖县	Wuhu	747	830	416	1668	933	6429
繁昌县	Fanchang	951		333	105	232	3851
南陵县	Nanling	800	23650	711	514	110	1920
宣城市辖区	Xuancheng Region of City	1373	110052	4949	13939	1569	15560
宁国市	Ningguo	984	96958	2963	2121	572	3996
郎溪县	Langxi	563	15978	3214	5824	37	2656
广德县	Guangde	2133	67225	1778	992	321	3292
泾县	Jingxian	1455	139096	2869	1005	214	2271
绩溪县	Jixi	1156	37890	1806	810	1264	1264
旌德县	Jingde	563	48390	935	326	293	1118
铜陵市辖区	Tongling Region of City	552	8195	41	15	178	2942
铜陵县	Tongling	180	13480	194	104	207	1525
池州市辖区	Chizhou Region of City	400	162100	1741	974	309	2200
东至县	Dongzhi	1864	160187	4899	2116	220	1673
石台县	Shitai	501	109584	3725	2051	249	842
青阳县	Qingyang	560	160782	847	255	186	1051
安庆市辖区	Anqing Region of City	962	14445	435	6	513	15061
桐城市	Tongcheng	965	59529	1966	314	145	1761
怀宁县	Huaining	1404	16008	484	185	1658	2599
枞阳县	Zongyang	978	51000	307	146	370	617
潜山县	Qianshan	1731	101746	5227	1555	486	1496
太湖县	Taihu	2383	63360	3852	1635	765	2125
宿松县	Susong	2500	13500	1000	305	850	6480
望江县	Wangjiang	1447	25178	128	66	370	180
岳西县	Yuexi	1012	33100	8576	2810	348	634
黄山市辖区	Huangshan Region of City	1151	93386	7999	2984	1560	8738
歙县	Shexian	870	39325	16564	7601	3104	43110
休宁县	Xiuning	476	72300	11073	6585	274	1709
黟县	Yixian	199	33600	2135	1286	266	1925
祁门县	Qimen	1102	174481	10323	5049	419	1659

12—35 各县（市）畜牧业、渔业生产情况（2009年）
Production of Animal Husbandry, Fishery by County or City (2009)

县（市）	County (City)	出栏猪（头）Sjaughtered Fattened Hogs (heads)	出栏牛（头）Sjaughtered Cattle and Buffaloes (heads)	出栏羊（只）Sjaughtered Sheep and Goats (heads)	出栏家禽（万只）Sjaughtered Poultry (10000 heads)	禽蛋产量（吨）Output of Poultry Eggs (ton)	水产品产量（吨）Output of Aquatic Products (ton)
合肥市辖区	Hefei Region of City	99636	184	1058	788.90	788	10770
长丰县	Changfeng	884876	13632	51078	2610.00	24390	26624
肥东县	Feidong	883912	15871	26153	2281.00	44294	41603
肥西县	Feixi	376258	9785	21658	6200.00	59289	33713
淮北市辖区	Huaibei Region of City	253717	2644	127782	525.00	13812	15563
濉溪县	Suixi	334520	6044	344396	818.00	25653	8827
亳州市辖区	Bozhou Region of City	517490	20621	284369	669.84	14443	8305
涡阳县	Guoyang	457985	23015	509756	415.60	15134	10125
蒙城县	Mengcheng	691673	29738	287132	340.10	11314	10240
利辛县	Lixin	850000	52820	559126	584.37	16630	10230
宿州市辖区	Suzhou Region of City	1100000	11100	592040	906.00	40232	13660
砀山县	Dangshan	401570	11440	807886	215.50	22352	2000
萧县	Xiaoxian	854749	18531	800781	521.00	52869	5230
灵璧县	Lingbi	1039171	45429	413141	913.00	75019	5010
泗县	Sixian	803906	48902	570204	1256.00	27723	8660
蚌埠市辖区	Bengbu Region of City	87038	6519	22447	482.21	4182	9208
怀远县	Huaiyuan	580211	92851	430453	1323.39	10925	34360
五河县	Wuhe	410240	64264	246811	1188.00	16149	41050
固镇县	Guzhen	650301	52396	383912	1880.21	25018	8532
阜阳市辖区	Fuyang Region of City	1010204	36397	573294	1007.56	21906	14080
界首市	Jieshou	267680	13563	138980	348.00	9300	3680
临泉县	Linquan	1064342	86614	420205	1076.45	25768	7400
太和县	Taihe	891559	32856	275343	635.60	13464	8550
阜南县	Funan	772424	44227	277360	700.85	24829	12290
颍上县	Yingshang	813749	64690	278107	504.05	25726	35050
淮南市辖区	Huainan Region of City	159023	16546	77011	983.09	31133	28840
凤台县	Fengtai	233673	22173	145600	815.00	19572	22460
毛集区	Maoji District	43995	2154	17600	154.00	4245	10200
滁州市辖区	Chuzhou Region of City	153280	6122	81800	475.00	4180	23032
天长市	Tianchang	271945	892	2911	409.00	19472	53500
明光市	Mingguang	364003	39687	59882	540.00	17753	68317
来安县	Laian	232744	7296	56339	712.00	6391	19530
全椒县	Quanjiao	236270	5052	69256	1521.00	7786	34915
定远县	Dingyuan	1301923	24315	85880	858.00	20246	25226
凤阳县	Fengyang	352725	31033	148386	737.00	21048	34680
六安市辖区	Luan Region of City	666885	4610	62374	2232.00	9560	40913
寿县	Shouxian	1022594	41500	382000	2200.00	44000	83340
霍邱县	Huoqiu	1305015	35180	260556	1870.00	52700	72000
舒城县	Shucheng	207480	3556	4785	1695.00	20068	33489

12—35 续表 continued

县（市）	County (City)	出栏猪（头） Sjaughtered Fattened Hogs (heads)	出栏牛（头） Sjaughtered Cattle and Buffaloes (heads)	出栏羊（只） Sjaughtered Sheep and Goats (heads)	出栏家禽（万只） Sjaughtered Poultry (10000 heads)	禽蛋产量（吨） Output of Poultry Eggs (ton)	水产品产量（吨） Output of Aquatic Products (ton)
金寨县	Jinzhai	249770	17211	48654	295.00	4390	10008
霍山县	Huoshan	135000	3911	15122	318.54	763	4000
叶集区	Yeji District	101678	118	60013	190.40	427	1250
马鞍山市辖区	Maanshan Region of City	84791	362	25308	90.39	1654	2640
当涂县	Dangtu	164004	610	52000	715.00	4464	66071
巢湖市辖区	Chaohu Region of City	171950	6062	15046	1100.00	17864	31209
庐江县	Lujiang	193663	9125	3921	972.00	18467	38680
无为县	Wuwei	248536	20143	8853	1531.00	30959	56327
含山县	Hanshan	69685	1050	17580	452.00	5160	17939
和县	Hexian	86566	1008	9088	1564.00	4763	20655
芜湖市辖区	Wuhu Region of City	64343	464	3438	550.00	6671	19123
芜湖县	Wuhu	101633	607	10000	381.00	7413	29190
繁昌县	Fanchang	51651	479	1590	451.00	12771	12849
南陵县	Nanling	237781	6262	9108	1006.00	14736	29058
宣城市辖区	Xuancheng Region of City	186067	1632	18081	1564.00	11379	52611
宁国市	Ningguo	210000	2078	8000	1919.00	11000	4700
郎溪县	Langxi	66263	628	12981	400.00	6872	20506
广德县	Guangde	186582	342	16235	2403.00	10522	10200
泾县	Jingxian	100816	4149	3733	1000.00	3619	2661
绩溪县	Jixi	139659	6066	1009	39.00	1362	1932
旌德县	Jingde	69123	7496	2536	132.00	1467	1570
铜陵市辖区	Tongling Region of City	33979	264	240	115.35	1474	6322
铜陵县	Tongling	63851	474	2605	415.00	4119	14048
池州市辖区	Chizhou Region of City	250614	2219	6113	713.95	15071	48099
东至县	Dongzhi	271641	6484	7763	413.00	8168	41812
石台县	Shitai	35200	168	443	30.59	692	165
青阳县	Qingyang	82700	695	370	259.00	6070	13500
安庆市辖区	Anqing Region of City	106515	2347	2851	233.29	12110	35646
桐城市	Tongcheng	333826	2570	3070	560.00	52749	27122
怀宁县	Huaining	263823	5037	1572	476.00	11962	23020
枞阳县	Zongyang	169564	2608	2312	859.09	25557	74217
潜山县	Qianshan	221860	1584	5358	307.90	4383	4260
太湖县	Taihu	600200	21882	5112	2112.00	8077	26702
宿松县	Susong	318000	15200	8300	315.00	9000	73081
望江县	Wangjiang	317016	8700	8750	839.00	20124	57000
岳西县	Yuexi	162961	4439	14058	114.00	2242	1027
黄山市辖区	Huangshan Region of City	211865	5471	868	180.00	4653	11337
歙县	Shexian	295250	1277	1379	100.94	8139	1679
休宁县	Xiuning	260917	1322	287	89.40	3320	3047
黟县	Yixian	48991	645	535	22.20	597	229
祁门县	Qimen	65589	119	429	19.50	1259	768

12—36　各县（市）农业机械化及主要能源、物资消耗情况（2009年）
Mechanization of Agriculture and Consumption of Main Energy and Material by County or City (2009)

县（市）	County (City)	农业机械总动力（千瓦）Total Power of Agricultural Machinery (kw)	农用排灌机械（台）Number of Diesel Engines (unit)	农村用电量（万千瓦时）Electricity Consumed in Rural Areas (10000 kwh)	农用化肥施用量（吨）Consumption of Chemical Fertilizers (ton)	农用塑料薄膜使用量（吨）Consumption of Plastic Film for Farm Use (ton)	农药使用量（吨）Consumption of Agricultural Pesticide (ton)
合肥市辖区	Hefei Region of City	122816	2828	5029.23	19636	399	297
长丰县	Changfeng	586146	3555	12660.00	63324	4510	935
肥东县	Feidong	539498	10122	17780.00	54066	781	486
肥西县	Feixi	537798	10486	15167.00	54658	1485	2771
淮北市辖区	Huaibei Region of City	533317	3474	8288.00	15660	734	725
濉溪县	Suixi	1758880	9256	5570.00	67516	490	1268
亳州市辖区	Bozhou Region of City	1564276	27143	18517.00	76141	1623	1764
涡阳县	Guoyang	1601473	5066	12324.00	74971	914	1974
蒙城县	Mengcheng	2005152	10621	16200.00	82010	1741	1630
利辛县	Lixin	1332580	22120	14151.00	60161	606	1862
宿州市辖区	Suzhou Region of City	1706447	6001	11878.00	106327	3205	2340
砀山县	Dangshan	982138	8730	7020.00	37191	3627	12513
萧县	Xiaoxian	1401220	10830	12136.00	50489	4912	3912
灵璧县	Lingbi	1420377	3668	13514.53	74274	1142	1673
泗县	Sixian	1370593	9687	12247.00	60857	1565	1075
蚌埠市辖区	Bengbu Region of City	352079	2509	6111.60	16789	931	581
怀远县	Huaiyuan	2393258	5752	20657.00	117697	2196	1750
五河县	Wuhe	920584	2137	12105.00	80044	3368	1596
固镇县	Guzhen	891689	1910	8822.00	60845	2518	1396
阜阳市辖区	Fuyang Region of City	817093	15134	16645.00	93289	2678	798
界首市	Jieshou	362621	7961	11215.00	32009	890	565
临泉县	Linquan	1301758	130895	14411.00	80300	3801	1351
太和县	Taihe	1282727	17200	13107.00	66191	584	1107
阜南县	Funan	1001714	11666	18460.00	41992	4253	1100
颍上县	Yingshang	886650	13997	14749.00	49410	2111	2037
淮南市辖区	Huainan Region of City	912073	10232	38901.00	69586	589	2461
凤台县	Fengtai	740663	3850	18958.00	51490	189	2713
毛集区	Maoji District			3448.00	10798	33	413
滁州市辖区	Chuzhou Region of City	347599	4574	3180.00	24569	281	469
天长市	Tianchang	984876	7319	27276.00	47277	370	815
明光市	Mingguang	641201	2653	9865.00	41364	571	672
来安县	Laian	710206	27418	6897.00	36869	533	504
全椒县	Quanjiao	526103	9754	5828.00	32004	445	739
定远县	Dingyuan	1232482	10632	11665.00	79086	588	1227
凤阳县	Fengyang	884448	17840	9506.00	54532	506	1390
六安市辖区	Luan Region of City	1386703	35417	24243.40	68716	572	1192
寿县	Shouxian	1703309	69597	18379.00	148775	420	4258
霍邱县	Huoqiu	1298793	7206	20700.00	72833	2027	2269
舒城县	Shucheng	658750	40820	11242.00	22533	1109	1254

12—36 续表 continued

县（市）	County (City)	农业机械总动力（千瓦）Total Power of Agricultural Machinery (kw)	农用排灌机械（台）Number of Diesel Engines (unit)	农村用电量（万千瓦时）Electricity Consumed in Rural Areas (10000 kwh)	农用化肥施用量（吨）Consumption of Chemical Fertilizers (ton)	农用塑料薄膜使用量（吨）Consumption of Plastic Film for Farm Use (ton)	农药使用量（吨）Consumption of Agricultural Pesticide (ton)
金寨县	Jinzhai	335044	13100	6672.00	26979	740	123
霍山县	Huoshan	256117	9238	3976.66	3674	321	122
叶集区	Yeji District			1334.00	15418	140	97
马鞍山市辖区	Maanshan Region of City	68578	8651	6731.00	3171	207	161
当涂县	Dangtu	416531	71925	10648.00	24303	582	2263
巢湖市辖区	Chaohu Region of City	428521	22490	51156.00	35791	279	860
庐江县	Lujiang	1013436	72243	19878.00	64909	374	1357
无为县	Wuwei	614493	87389	39260.00	57580	1465	1586
含山县	Hanshan	299582	42561	5227.00	26809	233	406
和县	Hexian	478308	56812	12494.00	47727	2083	1412
芜湖市辖区	Wuhu Region of City	187776	36235	17548.83	13321	1041	4226
芜湖县	Wuhu	298389	42444	5665.00	22456	137	650
繁昌县	Fanchang	202672	33496	5948.00	6925	56	163
南陵县	Nanling	319566	46522	22678.00	22754	362	1231
宣城市辖区	Xuancheng Region of City	750594	51238	17744.00	40608	1058	2000
宁国市	Ningguo	197486	9725	14998.00	11268	346	416
郎溪县	Langxi	234702	14770	3803.00	25127	76	848
广德县	Guangde	511745	26121	21811.80	21591	242	341
泾县	Jingxian	143338	10129	8951.00	13821	239	441
绩溪县	Jixi	72118	10645	2857.00	9252	251	280
旌德县	Jingde	66687	4304	2499.00	7130	99	91
铜陵市辖区	Tongling Region of City	90918	3017	4488.00	5313	88	438
铜陵县	Tongling	280000	28265	9438.00	15148	202	442
池州市辖区	Chizhou Region of City	334858	22761	11235.44	19673	158	2072
东至县	Dongzhi	339094	24622	7856.24	26542	236	3134
石台县	Shitai	103347	1745	870.94	2566	31	170
青阳县	Qingyang	209047	14771	5212.00	8025	74	517
安庆市辖区	Anqing Region of City	291924	7548	13518.00	16289	234	853
桐城市	Tongcheng	406360	24783	27264.00	15825	422	1160
怀宁县	Huaining	338928	13701	9314.00	14361	1153	2060
枞阳县	Zongyang	397427	14419	17816.00	29104	502	2019
潜山县	Qianshan	278817	6429	11330.60	26383	413	813
太湖县	Taihu	176317	8751	6382.30	26146	361	972
宿松县	Susong	296590	5334	14756.00	44893	567	2898
望江县	Wangjiang	224533	5517	7856.00	31926	513	2903
岳西县	Yuexi	98294	1039	5670.97	9764	189	188
黄山市辖区	Huangshan Region of City	178197	10754	4616.70	9328	547	578
歙县	Shexian	179824	6422	6284.00	14070	627	1173
休宁县	Xiuning	125596	6130	2835.00	10508	399	650
黟县	Yixian	52707	2185	1047.00	3093	78	225
祁门县	Qimen	89932	2764	1609.00	2012	256	202

12—37　各县（市）农田水利情况（2009年）
Statement of Water Conservancy by County or City (2009)

单位：千公顷　(1000 hectares)

县（市）	County (City)	有效灌溉面积 Irrigated Areas	节水灌溉面积 Irrigated Area With Saved Water	旱涝保收面积 Area With Stable Yields Despite Drought or Waterlogging	机电排灌面积 Electrical Irrigation and Drainage Area	除涝面积 Flooded or Waterlogged Area Under Control	防洪耕地面积 Cultivated Area With Flood Prevention Measures
合肥市辖区	Hefei Region of City	9.90	5.70	7.33	7.42	4.07	4.10
长丰县	Changfeng	72.36	4.39	39.61	63.52	2.85	4.22
肥东县	Feidong	98.30	7.80	78.46	73.54	4.56	4.56
肥西县	Feixi	63.72	29.20	42.40	28.26	7.95	8.85
淮北市辖区	Huaibei Region of City	20.08	6.83	18.92	14.20	15.82	24.40
濉溪县	Suixi	109.88	37.50	46.50	93.00	110.00	71.00
亳州市辖区	Bozhou Region of City	74.87	17.37	42.91	74.87	114.90	38.00
涡阳县	Guoyang	71.39	5.11	40.88	71.39	113.33	87.40
蒙城县	Mengcheng	88.00	5.52	58.40	99.95	102.65	92.31
利辛县	Lixin	66.53	6.61	54.51	74.91	89.90	115.00
宿州市辖区	Suzhou Region of City	100.55	17.88	58.80	104.17	85.64	79.80
砀山县	Dangshan	51.30	25.62	37.69	51.30	37.85	30.00
萧县	Xiaoxian	72.82	38.68	43.60	71.38	64.10	59.28
灵璧县	Lingbi	73.22	15.87	41.46	78.83	101.21	106.67
泗县	Sixian	68.79	15.50	40.57	77.21	68.54	130.00
蚌埠市辖区	Bengbu Region of City	20.05	4.60	15.23	19.71	11.02	11.06
怀远县	Huaiyuan	89.01	11.37	78.85	96.78	90.52	125.70
五河县	Wuhe	52.37	11.36	46.69	94.14	59.41	61.78
固镇县	Guzhen	40.96	9.12	32.13	41.18	61.18	70.30
阜阳市辖区	Fuyang Region of City	74.09	6.20	49.21	89.61	87.43	102.48
界首市	Jieshou	26.46	2.75	16.04	26.64	30.23	20.45
临泉县	Linquan	62.73	11.08	31.13	66.01	71.45	15.79
太和县	Taihe	56.81	14.84	44.44	56.81	102.05	100.29
阜南县	Funan	60.62	3.92	30.96	88.09	60.74	26.60
颍上县	Yingshang	85.83	39.90	57.72	119.74	77.12	83.15
淮南市辖区	Huainan Region of City	59.90	22.98	47.40	82.99	23.05	47.91
凤台县	Fengtai	43.70	20.75	38.80	52.06	18.94	55.31
毛集区	Maoji District						
滁州市辖区	Chuzhou Region of City	27.49	3.90	24.51	13.47	3.15	4.51
天长市	Tianchang	57.80	3.44	46.38	40.82	11.40	15.67
明光市	Mingguang	47.69	5.23	40.50	30.18	14.93	14.97
来安县	Laian	43.51	2.09	37.44	21.98	12.33	14.00
全椒县	Quanjiao	39.98	2.93	34.65	19.20	6.29	5.93
定远县	Dingyuan	80.45	2.96	50.31	38.53	1.08	1.08
凤阳县	Fengyang	57.95	2.01	43.16	46.10	9.81	14.30
六安市辖区	Luan Region of City	93.14	69.38	59.02	33.36	8.16	8.02
寿县	Shouxian	98.64	81.42	86.28	55.03	23.22	89.15
霍邱县	Huoqiu	115.53	80.90	109.32	60.98	31.89	74.95
舒城县	Shucheng	41.88	17.61	38.64	10.31	10.09	30.00

12—37 续表1 continued

单位：千公顷 (1000 hectares)

县（市）	County (City)	有效灌溉面积 Irrigated Areas	节水灌溉面积 Irrigatcd Area With Saved Water	旱涝保收面积 Area With Stable Yields Despite Drought or Waterlogging	机电排灌面积 Electrical Irrigation and Drainage Area	除涝面积 Flooded or Waterlogged Area Under Control	防洪耕地面积 Cultivated Area With Flood Prevention Measures
金寨县	Jinzhai	17.77	10.34	14.99	3.00	0.21	1.67
霍山县	Huoshan	14.50	6.67	9.97	3.13	0.81	1.82
叶集区	Yeji District						
马鞍山市辖区	Maanshan Region of City	6.40	1.56	6.31	6.53	3.51	4.07
当涂县	Dangtu	45.75	4.05	42.66	42.26	43.34	45.77
巢湖市辖区	Chaohu Region of City	48.50	2.91	42.79	46.21	10.99	17.90
庐江县	Lujiang	73.45	21.41	64.71	91.85	35.12	34.55
无为县	Wuwei	101.35	2.53	79.09	110.56	67.20	
含山县	Hanshan	34.11	2.03	20.49	28.94	8.58	13.12
和县	Hexian	49.14	2.28	47.87	57.62	37.66	37.34
芜湖市辖区	Wuhu Region of City	19.38	0.00	16.44	21.88	19.81	16.04
芜湖县	Wuhu	20.60	0.35	18.44	20.46	16.78	16.40
繁昌县	Fanchang	14.53	1.00	14.53	15.40	9.43	9.50
南陵县	Nanling	32.44	6.50	30.00	26.16	15.12	18.20
宣城市辖区	Xuancheng Region of City	53.06	2.40	41.82	34.31	26.18	26.16
宁国市	Ningguo	13.02	0.82	10.65	3.87		5.81
郎溪县	Langxi	22.67	1.67	21.45	15.02	8.61	11.01
广德县	Guangde	27.39	2.19	25.75	5.17	0.68	5.68
泾县	Jingxian	16.16	1.70	13.95	3.05	0.26	1.70
绩溪县	Jixi	6.20	0.42	5.02	1.30		2.77
旌德县	Jingde	8.60	0.72	5.38	0.73		
铜陵市辖区	Tongling Region of City	7.86	0.44	3.11	6.08	1.41	2.86
铜陵县	Tongling	18.05	4.66	16.50	12.17	11.75	15.85
池州市辖区	Chizhou Region of City	30.77	0.20	30.77	29.81	23.48	24.05
东至县	Dongzhi	33.22	1.82	29.10	24.86	18.14	21.57
石台县	Shitai	3.73	0.73	3.42	0.43		0.77
青阳县	Qingyang	15.71	1.06	12.90	3.73	3.05	2.31
安庆市辖区	Anqing Region of City	13.65	1.11	9.08	15.88	8.85	3.47
桐城市	Tongcheng	39.58	2.07	29.75	15.52	11.54	7.80
怀宁县	Huaining	30.35	3.59	26.10	16.86	11.80	10.61
枞阳县	Zongyang	39.24	0.94	36.81	40.21	27.12	38.80
潜山县	Qianshan	23.94	1.90	21.67	10.15	6.03	14.17
太湖县	Taihu	20.64	2.03	16.78	4.49	2.35	2.40
宿松县	Susong	44.29	1.18	34.22	21.40	13.60	40.86
望江县	Wangjiang	32.52	1.19	30.30	20.04	27.62	36.73
岳西县	Yuexi	12.26	0.97	11.34	0.05	0.03	
黄山市辖区	Huangshan Region of City	11.62	3.05	9.60	4.09	0.64	6.12
歙县	Shexian	8.98	1.58	2.87	2.18		1.50
休宁县	Xiuning	11.02	1.17	9.15	2.20	0.75	2.30
黟县	Yixian	4.92	0.28	4.00	0.40		0.80
祁门县	Qimen	6.85	1.62	3.79	1.08		0.80

12—37　续表2　continued

县（市）	County (City)	已建成水库总库容（万立主米）Total of Established Reservoir Storage Capacity ($10000\ m^3$)	全部堤防保护人口（万人）Protection Population of Compelete Embankment (10000 persons)	水土流失治理面积（千公顷）Area of Soil Erosion Under Control (1000 hectares)	农作物受灾面积（千公顷）Area of Farm Crops by Natural Disaster (1000 hectares)	旱灾（千公顷）Area Affected by Drought (1000 hectares)	洪涝灾（千公顷）Area Affected by Flood (1000 hectares)
合肥市辖区	Hefei Region of City	45069.10	23.92	0.43	0.28		
长丰县	Changfeng	30173.20	3.10	0.96	65.37	61.67	
肥东县	Feidong	37435.25	25.45	17.66	50.58	50.10	
肥西县	Feixi	11701.00	18.50		17.39		0.54
淮北市辖区	Huaibei Region of City	1341.00	76.60	9.91	23.52	22.47	
濉溪县	Suixi		76.50	5.20	113.79	104.67	
亳州市辖区	Bozhou Region of City		40.00		163.70	124.60	
涡阳县	Guoyang		98.75		123.64	119.31	
蒙城县	Mengcheng		86.00		94.82	91.30	
利辛县	Lixin		70.15		113.30	113.20	
宿州市辖区	Suzhou Region of City	1777.00	94.50	10.61	131.15	120.33	
砀山县	Dangshan	2959.00	51.76	1.89	34.29	13.33	
萧县	Xiaoxian	1206.00	67.92	20.79	101.67	56.67	
灵璧县	Lingbi	684.00	98.10	4.50	82.60	67.13	
泗县	Sixian	247.31	73.63	7.00	80.90	62.00	
蚌埠市辖区	Bengbu Region of City	165.30	74.81		13.83	12.65	0.86
怀远县	Huaiyuan	115.00	131.97	1.00	95.09	84.33	
五河县	Wuhe	3604.50	62.01	6.50	61.23	55.40	4.27
固镇县	Guzhen		61.40		23.08	22.93	
阜阳市辖区	Fuyang Region of City		173.76		26.02	19.42	0.11
界首市	Jieshou		38.20		9.66	7.16	
临泉县	Linquan		23.10		28.83	24.15	
太和县	Taihe		128.60		19.80	19.78	0.03
阜南县	Funan		32.16		25.00	18.00	
颍上县	Yingshang		91.08		18.50	17.30	
淮南市辖区	Huainan Region of City	2655.40	149.26	3.57	4.60		
凤台县	Fengtai		59.30	10.17	1.83		1.40
毛集区	Maoji District				1.14		1.10
滁州市辖区	Chuzhou Region of City	40664.00	3.61	19.28	2.84		0.50
天长市	Tianchang	51037.00	25.00	6.45	41.61	23.00	1.00
明光市	Mingguang	24170.00	11.95	51.74	32.09	22.86	0.33
来安县	Laian	25906.00	14.39	32.80	22.42	14.60	
全椒县	Quanjiao	50021.00	9.54	28.76	41.63	37.83	
定远县	Dingyuan	68776.00	2.09	33.39	9.50		
凤阳县	Fengyang	32675.00	10.00	27.80	36.00	26.66	6.45
六安市辖区	Luan Region of City	10504.00	17.48	23.63	41.70	12.00	1.40
寿县	Shouxian	19987.00	74.03		52.55	48.53	
霍邱县	Huoqiu	25651.00	38.11		28.07	28.00	
舒城县	Shucheng	86210.00	50.19	77.32	38.76	6.80	22.82

12—37 续表3 continued

县（市） County (City)	已建成水库总库容（万立主米） Total of Established Reservoir Storage Capacity ($10000\ m^3$)	全部堤防保护人口（万人） Protection Population of Compelete Embankment (10000 persons)	水土流失治理面积（千公顷） Area of Soil Erosion Under Control (1000 hectares)	农作物受灾面积（千公顷） Area of Farm Crops by Natural Disaster (1000 hectares)	旱灾（千公顷） Area Affected by Drought (1000 hectares)	洪涝灾（千公顷） Area Affected by Flood (1000 hectares)
金寨县 Jinzhai	493332.00	14.73	138.19	19.89		5.47
霍山县 Huoshan	86080.00	5.70	82.66	12.18	0.18	4.27
叶集区 Yeji District				4.53	1.50	
马鞍山市辖区 Maanshan Region of City	499.83	37.75	0.13	0.20		
当涂县 Dangtu	585.50	59.37	9.53	5.10		2.02
巢湖市辖区 Chaohu Region of City	6346.00	33.55	53.51	35.83		26.08
庐江县 Lujiang	10111.00	30.80	52.65	36.42		18.76
无为县 Wuwei	2829.00	142.40	15.24	45.38		38.14
含山县 Hanshan	9223.20	9.64	32.90	8.12		0.85
和县 Hexian	6943.00	63.80	28.63	7.82		1.10
芜湖市辖区 Wuhu Region of City		100.43	2.20	9.68		5.49
芜湖县 Wuhu		29.14	2.73	20.22		14.02
繁昌县 Fanchang	1428.00	16.00	12.40	12.10		9.20
南陵县 Nanling	2402.00	32.10	26.00	20.94		9.88
宣城市辖区 Xuancheng Region of City	368046.40	46.16	27.76	51.37		12.51
宁国市 Ningguo	2658.00	2.75	31.12	10.08		1.59
郎溪县 Langxi	8603.00	12.58	16.70	16.31		2.90
广德县 Guangde	13328.00	1.02	24.89	22.60		0.00
泾县 Jingxian	2382.00	6.22	50.10	7.70		0.30
绩溪县 Jixi	1722.40	6.91	34.96	8.42		
旌德县 Jingde	1594.90		25.26	7.82		2.50
铜陵市辖区 Tongling Region of City	115.00	20.27	1.05	4.12		3.30
铜陵县 Tongling	1554.00	19.50	3.98	31.09		8.77
池州市辖区 Chizhou Region of City	3637.50	40.23	32.94	43.20		25.17
东至县 Dongzhi	13456.00	26.83	177.98	28.80		38.68
石台县 Shitai	2956.00	3.34	36.74	3.81		0.27
青阳县 Qingyang	7372.00	4.94	25.49	16.90		15.57
安庆市辖区 Anqing Region of City	717.00	7.82	5.10	20.03		10.74
桐城市 Tongcheng	14170.00	25.00	30.50	29.00	0.03	10.87
怀宁县 Huaining	9510.00	18.15	17.87	32.12		19.00
枞阳县 Zongyang	3769.00	96.00	31.20	42.67		20.00
潜山县 Qianshan	7491.00	20.00	77.79	13.77		7.12
太湖县 Taihu	245386.00	2.31	85.81	13.20		6.20
宿松县 Susong	12377.00	72.52	19.00	39.56		1.74
望江县 Wangjiang	1583.00	46.00	10.55	38.80		10.00
岳西县 Yuexi	8676.00		179.14	7.93		2.60
黄山市辖区 Huangshan Region of City	14822.94	14.06	74.94	4.50		3.10
歙县 Shexian	828.00	4.40	89.42	5.30		
休宁县 Xiuning	2048.00	3.84	62.35	0.85		
黟县 Yixian	3075.00	3.80	38.46	1.80		1.80
祁门县 Qimen	3333.00	4.00	33.09	1.86		1.80

主要统计指标解释

农林牧渔业总产值

农林牧渔业总产值是以货币表现的农林牧渔业的全部产品总量和对农林牧渔业生产活动进行的各种支持性服务活动的价值。它反映一定时期内农林牧渔业生产总规模和总成果，是观察农林牧渔业生产水平和发展速度，研究农林牧渔业内部比例关系、农林牧渔业与工业、农林牧渔业与国家建设、人民生活比例关系的重要指标，同时也是计算农林牧渔业劳动生产率和农林牧渔业增加值的基础资料。1957 年以前的农业总产值中包括了厩肥和农民自给性手工业（如农民自制衣服、鞋、袜，自己从事粮食初步加工等）。1958 年及以后的农业总产值，林业中增加了村及村以下竹木采伐产值；牧业中取消了厩肥产值；副业中取消了农民自给性手工业产值，增加了村及村以下办的工业产值；渔业中增加了海洋捕捞水产品产值。1980 年及以后的农业总产值，在副业中增加了农民家庭兼营工业商品部分的产值。从 1984 年起村及村以下工业产值划归工业。从 1993 年起取消副业，将野生动物的捕猎划入牧业，野生植物采集和农民家庭兼营商品性工业划归农业。2003 年起，取消农业中的农民家庭兼营商品性工业，增加了农林牧渔服务业。

粮食产量

指全社会的产量。包括国有经济经营的、集体统一经营的和农民家庭经营的粮食产量，还包括工矿企业办的农场和其他生产单位的产量。粮食除包括稻谷、小麦、玉米、高粱、谷子及其他杂粮外，还包括薯类和豆类。其产量计算方法，豆类按去豆荚后的干豆计算；薯类（包括甘薯和马铃薯，不包括芋头和木薯）1963 年以前按每 4 公斤鲜薯折 1 公斤粮食计算，从 1964 年开始改为按 5 公斤鲜薯折 1 公斤粮食计算。城市郊区作为蔬菜的薯类（如马铃薯等）按鲜品计算，并且不作粮食统计。其他粮食一律按脱粒后的原粮计算。

油料产量

指全部油料作物的生产量。包括花生、油菜籽、芝麻、向日葵籽、胡麻籽（亚麻籽）和其他油料。不包括大豆、木本油料和野生油料。花生以带壳干花生计算。

水产品产量

指人工养殖的水产品和天然生长的水产品的捕捞量。包括海水的鱼类、虾蟹类、贝类和藻类以及内陆水域的鱼类、虾蟹类和贝类，不包括淡水生植物。

猪、牛、羊肉产量

指当年出栏并已屠宰、除去头蹄下水后带骨肉（即胴体重）的重量。

期初（末）畜禽存栏头（只）数

指报告期初（末）农村各种合作经济组织和国营农场、农民个人、机关、团体、学校、工矿企业、部队等单位以及城镇居民饲养的大牲畜、猪、羊、家禽等畜禽的存栏数。

耕地面积

指可以用来种植农作物、经常进行耕锄的田地，包括熟地、当年新开荒地、连续撂荒未满三年的耕地和当年的休闲地（轮歇地），还包括以种植农作物为主并附带种植桑树、茶树、果树和其他林木的土地，以及沿海、沿湖地区已围垦利用的“海涂”、“湖田”等面积。不包括属于专业性的桑园、茶园、果园、果木苗圃、林地、芦苇地、天然或人工草地面积。

农作物播种面积

指实际播种或移植有农作物的面积。凡是实际种植有农作物的面积，不论种植在耕地上还是种植在非耕地上，均包括在农作物播种面积中。在播种季节基本结束后，因遭灾而重新改种和补种的农作物面积，也包括在内。

有效灌溉面积

指具有一定的水源，地块比较平整，灌溉工程或设备已经配套，在一般年景下当年能够进行正常灌溉的耕地面积。

农用化肥施用量

指本年内实际用于农业生产的化肥数量，包括氮肥、磷肥、钾肥和复合肥。化肥施用量要求按折纯量计算数量。折纯量是指把氮肥、磷肥、钾肥分别按含氮、含五氧化二磷、含氧化钾的百分之一百成份进行折算后的数量。复合肥按其所含主要成分折算。

农业机械总动力

指主要用于农、林、牧、渔业的各种动力机械的动力总和。包括耕作机械、排灌机械、收获机械、农用运输机械、植物保护机械、牧业机械、林业机械、渔业机械和其他农业机械〔内燃机按引擎马力折成瓦（特）计算、电动机按功率折成瓦（特）计算〕。不包括专门用于乡、镇、村、组办工业、基本建设、非农业运输、科学试验和教学等非农业生产方面用的动力机械与作业机械。

农林牧渔业劳动力

指全社会直接参加农林牧渔业生产活动的劳动力。

Explanatory Notes for Major Statistical Indicators

Gross Output Value of Farming, Forestry, Animal Husbandry and Fishery

refers to the total value of products and all kinds of supporting services of farming, forestry, animal husbandry and fishery, which reflects the total scale and result of agricultural production during a given period. It is an important indicator to observe the production level and the development speed of farming, forestry, animal husbandry and fishery and to research into the interior proportion relations of farming, forestry, animal husbandry and fishery, the proportion relations of farming, forestry, animal husbandry and fishery to industry, national construction and the lives of the people. It is also the basic data to calculate the labor productivity and value-added of farming, forestry, animal husbandry and fishery. Prior to 1957, Chinas gross agricultural output value included barnyard manure and handicraft products for self-consumption (clothes, shoes, stockings, and initial grain processing undertaken by peasant s). Since 1958, cutting and felling of bamboo and trees by villages and other cooperative organizations under villages have been included in forestry; value of barnyard manure has been excluded from animal husbandry; self consumed handicraft s has been excluded from sideline occupations, while the output value of industries run by villages and cooperative organizations under village had been included in sideline occupations and the out put value of fish catches by mot or fishing boats has been added to fishery. Since 1980, the value of handicraft products made for sale by individuals in households had been added to sideline occupations. Since 1984, industries run by villages and under villages have been included in the sector of industry. Since 1993, the subdivision of sideline occupations has been canceled, and the hunting of wild animals has been classified into animal husbandry, and the gathering of wild plants and commodity industry run by rural household have been included in farming. Since 2003, the commercial industrial activities undertaken by rural households as sideline production have been cancelled and the farming, forestry, animal husbandry and fishery services have been included in farming.

Grain Yield

refers to the yield in the whole country including grains produced by state farms, collective units, industrial enterprises and mines. Grain includes rice, wheat, corn, sorghum, millet and other miscellaneous grains as well as tubers and beans. Output of beans refers to dry beans without pods. The output of tubers (sweet potatoes and potatoes, not including taros and cassava) was converted into that of grain at the ratio 4:1, i.e. 4 kilograms of fresh tubers was equivalent to 1 kilogram of grain up to 1963.Since 1964 the ratio for conversion has been 5:1. Tubers supplied as vegetables (such as potatoes) in cities and suburbs are calculated as fresh vegetables and their output is not included in the output of grain. Output of all other grains refers to husked grain.

Yield of Oil-bearing Crops

refers to the total yield of oil bearing crops of various kinds, including peanuts, (dry, in shell) rapeseeds, sesame, sunflower seeds, flax seeds, and other oil bearing crops. Soybeans, oil-bearing woody plants, and wild oil-bearing crops are not included.

Output of Aquatic Products

refers to catches of both artificially cultured and naturally grown aquatic products, including fish, shrimps, crabs and shellfish in sea and inland water as well as seaweed. Freshwater plants are not included.

Output of Pork, Beef, and Mutton

refers to the meat of slaughtered hogs, cattle, sheep and goats with head, feet, and offal taken away.

Number of Livestock or Poultry in Stock at Beginning (or End)

refers to the total number of large animals, pigs, sheep, fowls, etc. raised by rural cooperative organizations, state farms, rural individuals, government agencies, schools, industrial and mining enterprises, army, and urban residents at the beginning (or end) of the reference period.

Cultivated Area (Area under cultivation)

refers to farmland which is plowed constantly for growing crops, including cultivated land, newly cultivated land in the current year, farmland left without cultivation for less than three years and fallow land in the current year, rotation land, rotation land of grass and crops, farmland with some fruit trees, mulberry trees and other trees and cultivated seashore land, lake land, and etc. The land of mulberry fields, tea plantations, orchards, nurseries of young plants, forest land, reed land, natural and man-made grassland and other land are not included in cultivated land.

Sown Area of Crops

refers to area of land sown or transplanted with crops regardless of being in cultivated area or non cultivated area. Area of land re-sown due to natural disasters is also included.

Irrigated Area

refers to areas that are effectively irrigated, i.e. level land which has water source and complete sets of irrigation facilities to lift and move adequate water for irrigation purpose under normal conditions.

Consumption of Chemical Fertilizers in Agriculture

refers to the quantity of chemical fertilizers applied in agriculture in the year, including nitrogenous fertilizer, phosphate fertilizer, potash fertilizer, and compound fertilizer. The consumption of chemical fertilizers is required in calculation to convert the gross weight into weight containing 100% effective component (e.g. 100% nitrogen content in nitrogenous fertilizer, 100% phosphorous pent oxide contents in phosphate fertilizer, 100% potassium oxide contents in potash fertilizer). Compound fertilizer is converted with its major component.

Total Power of Farm Machinery

refers to total mechanical power of machinery used in farming, forestry, animal husbandry, and fishery, including plough , irrigation and drainage, harvesting, transport, plant protection, stock breeding, forestry and fishery. The power of internal combustion engines is required to convert horsepower into watts and the power of electric motors is required to be converted into watts. Machinery employed for non agricultural purposes, such as the machines used in township run and village-run industry, construction, non agricultural transport, scientific experiments and teaching, is excluded.

Labour Force Engaged in Farming, Forestry, Animal Husbandry and Fishery

refers to the total laborers who are directly engaged in production of farming, forestry, animal husbandry and fishery.

第十三篇

Chapter 13

工业

INDUSTRY

简要说明

一、本篇主要包括以下几部分汇总资料：

1. 全部工业企业按登记注册类型、行业分组的企业单位数和工业总产值(其中 1995 年后工业总产值均按新规定计算)。

2. 全部年主营业务收入在 500 万元及以上的工业企业按地区和行业分组的主要经济指标和经济效益指标，主要包括工业总产值、工业增加值、资本金、流动资产、固定资产、流动负债、所有者权益、主营业务收入、主营业务税金及附加、利润总额、利税总额、工业增加值率、资金利税率、产值利税率、流动资产周转次数、全员劳动生产率等指标。

3. 大中型工业企业的主要经济指标。

4. 主要工业产品产量。

二、工业增加值均按生产法计算。

三、1998 年开始工业统计范围为全部国有企业及年主营业务收入在 500 万元及以上非国有工业企业。

四、1995 年及以后年份工业总产值为调整数。

五、资料来源：由省统计局工业处根据国家统计局工业统计报表制度收集、汇总、整理提供。

Brief Introduction

Ⅰ. Data in this chapter cover the following parts:

1. The number of industrial enterprises, the gross industrial output value of all industrial enterprises classified by registration status and industrial division. (The gross industrial output value is calculated according to the new stipulation after 1995.)

2. Main economic indicators and efficiency indicators of all state-owned industrial enterprises, and of non-state enterprises each with an main business revenue of over five million yuan, classified by region and by industrial division, including gross industrial output value, industrial value-added, capital, circulating assets, fixed assets, liquid liabilities, creditors's equity, main business revenue, main business tax and extra-charges, sales profit, total profits, ratio of value-added to gross industrial output value, ratio of profits and taxes to funds and output value, turnover of working capital and overall labor productivity.

3. Main economic indicators of large and medium size industrial enterprises.

4. Output of key industrial products.

Ⅱ. Value-added of industry are calculated by production approach.

Ⅲ. Since 1998, the coverage of industrial statistics is all state-owned industrial enterprises and non-state enterprises each with main business revenue over five million yuan.

Ⅳ. Data on gross industrial output value have been adjusted since 1995.

Ⅴ. Source of data: All data are prepared and provided by the Division of Industrial Statistics, Anhui Statistical Bureau, in accordance with the industrial statistical reporting system of SSB. Data are collected, tabulated and processed by the statistical bureau in the prefectures and cities.

13—1 工业企业单位数和总产值
Number of Industrial Enterprises and Gross Industrial Output Value

分　类	Sector	2000	2005	2008	2009
企业单位数　（个）	**Number of Industrial Enterprises (unit)**	**3680**	**5277**	**11392**	**14122**
在总计中：	Of the Total:				
国有及国有控股企业	State Controlling Share Hold Enterprises	1128	619	632	729
在总计中：	Of the Total:				
集体企业	Collective-owned Enterprises	979	261	226	211
私营企业	Private Enterprises	533	2725	7509	9526
港澳台商投资企业	Enterprises Funded by Entrepreneurs from Hong Kong, Macao and Taiwan	118	200	345	365
外商投资企业	Foreign Funded Enterprises	133	296	490	518
工业总产值　（亿元）	**Gross Industrial Output Value (100 million yuan)**	**1661.44**	**4567.23**	**11162.16**	**13312.60**
在总计中：	Of the Total:				
国有及国有控股企业	State Controlling Share Hold Enterprises	1044.54	2418.44	4834.94	538.50
在总计中：	Of the Total:				
集体企业	Collective-owned Enterprises	177.65	89.44	152.43	111.71
私营企业	Private Enterprises	77.16	714.73	2885.42	3989.53
港澳台商投资企业	Enterprises Funded by Entrepreneurs from Hong Kong, Macao and Taiwan	60.84	226.49	438.28	534.35
外商投资企业	Foreign Funded Enterprises	152.40	517.32	1037.58	1263.78

注：工业总产值按当年价格计算。

a)　Gross industrial output value is calculated at current prices.

13—2 工业增加值
Value-added of Industry

本表按当年价格计算　(Data in this table are calculated at current prices)　　单位：亿元　(100 million yuan)

年　份 Year	工业增加值 Value-added of Industry	内资企业 Domestic Funded Enterprise	#国有及国有控股企业 State-owned or Controlling Share Hold Industry	#集体企业 Collective-owned Industry	#私营企业 Private Enterprises	港澳台商投资企业 Enterprises Funded by Entrepreneurs from Hong Kong, Macao and Taiwan	外商投资企业 Foreign Funded Enterprises
2000	507.38	451.57	340.42	49.60	22.24	17.56	38.18
2001	577.18	499.06	376.62	46.74	35.79	30.16	47.96
2002	690.64	583.67	429.51	37.08	55.89	37.93	69.04
2003	881.52	740.34	532.98	30.11	98.85	54.93	86.25
2004	1190.47	1005.10	666.21	31.15	151.09	71.45	113.92
2005	1483.76	1250.18	835.34	22.17	215.10	78.46	155.16
2006	1885.64	1584.14	973.45	38.48	333.64	94.68	206.82
2007	2562.70	2185.24	1211.17	45.21	537.00	91.35	286.11
2008	3259.71	2783.05	1471.12	46.27	822.74	154.94	321.72
2009	3980.55	3474.52	1778.23	30.33	1095.93	151.98	354.05

注：口径为规模以上工业企业（下同）。2008年为工业快报口径。

a) They referred to industrial enterprises above designated size. The same as following tables. in 2008, It is for express industrial-caliber.

13—3 规模以上工业企业工业增加值
Value-added of Industry of All State-owned and Non-state-owned Industrial Enterprises Above Designed Size

单位：亿元 (100 million yuan)

行 业	Sector	2000	2005	2007	2008	2009
总 计	**Total**	**507.38**	**1483.75**	**2562.70**	**3259.71**	**3980.55**
总计中：	**Of the Total:**					
内资企业	Domestic Funded Enterprise	451.57	1250.13	2185.24	2783.05	3474.52
国有企业	State-owned Enterprise	171.00	247.63	299.99	355.44	399.62
集体企业	Collective-owned Enterprise	49.60	22.17	45.21	46.27	30.33
股份合作企业	Share Holding Cooperative Enterprises	16.45	9.81	13.33	19.60	25.33
联营企业	Joint Owned Enterprises	2.53	2.65	3.45	4.00	3.34
有限责任公司	Limited Liability Corporations	101.74	475.95	842.75	1060.09	1314.48
股份有限公司	Share-holding Corporations Ltd.	85.05	272.50	435.49	467.91	599.40
私营企业	Private Enterprises	22.24	215.10	537.00	822.74	1095.93
其他企业	Other Enterprises	2.96	4.32	8.01	7.00	6.09
港澳台商投资企业	Enterprises Funded by Entrepreneurs from Hong Kong, Macao and Taiwan	17.62	78.46	91.35	154.94	151.98
外商投资企业	Foreign Funded Enterprises	38.19	155.16	286.11	321.72	354.05
总计中：	**Of the Total:**					
独资企业	Enterprise Owned by a Sole Investor	240.87		525.51		716.51
合作合伙企业	Cooperative Enterprises	24.93		39.50		56.86
股份有限公司	Share-holding Corporations Ltd.	92.56		492.69		714.28
有限责任公司	Limited Liability Corporations	.149.03		1504.99		2492.90
总计中：	**Of the Total:**					
国有及国有控股企业	State Controlling Share Hold Enterprises	340.42	835.34	1211.17	1471.12	1778.23
总计中：	**Of the Total:**					
轻工业	Light Industry	206.02	452.18	753.82	911.06	1140.83
重工业	Heavy Industry	301.36	1031.57	1808.87	2348.65	2839.72
总计中：	**Of the Total:**					
大型企业	Large-sized Enterprises	270.74	658.94	1035.91	1245.31	1568.59
中型企业	Medium-sized Enterprises	77.68	470.09	735.80	781.75	993.49
小型企业	Small Enterprises	158.96	354.73	790.99	1232.65	1418.47

13—4 各市规模以上工业企业工业增加值
Value-added of Industry of All State-owned and Non-state-owned Industrial Enterprises Above Designed Size by Region

单位：亿元 (100 million yuan)

地 区	Region	2000	2005	2006	2007	2008	2009
总 计	**Total**	**507.38**	**1483.8**	**1885.64**	**2562.7**	**3259.71**	**3980.55**
合 肥 市	Hefei	81.29	263.74	358.22	466.21	606.29	767.51
淮 北 市	Huaibei	29.8	99.65	101.3	118.22	184.33	265.51
亳 州 市	Bozhou	-	25.74	32.71	46.11	66.73	85.39
宿 州 市	Suzhou	11.81	38.01	55.49	78.77	116.01	158.19
蚌 埠 市	Bengbu	32.58	74.6	85.34	103.46	138.44	189.81
阜 阳 市	Fuyang	22.63	49.18	63.93	95.04	126.31	155.14
淮 南 市	Huainan	30.71	116.06	128.55	163.22	241.67	280.15
滁 州 市	Chuzhou	32.07	74.37	85.44	120.72	166.18	193.87
六 安 市	Luan	18.78	46.79	58.01	95.16	143.5	187.12
马鞍山市	Maanshan	49.7	197.52	209.01	291.11	374.07	357.56
巢 湖 市	Chaohu	19.81	56.33	72.38	103.4	141.09	168.64
芜 湖 市	Wuhu	48.79	167.05	203.79	262.47	371.33	464.6
宣 城 市	Xuancheng	20.09	49.54	59.9	86.21	123.53	189.72
铜 陵 市	Tongling	23.5	92.39	138.35	168.01	187.09	172.97
池 州 市	Chizhou	4.02	18.96	25.05	31.05	46.63	60.98
安 庆 市	Anqing	50.24	105.54	119.91	154.34	194.21	262.06
黄 山 市	Huangshan	8.09	21.87	30.78	43.43	60.15	63.9

13—5　分行业规模以上工业企业工业增加值

Value-added of Industry of All Industrial Enterprises Above Designed Size by Industry

单位：万元　(10000 yuan)

行　业	Sector	2000	2005	2009
总　计	**Total**	**5073817**	**14837484**	**39805514**
煤炭开采和洗选业	Coal Mining and Dressing	320867	1633817	4947792
黑色金属矿采选业	Ferrous Metals Mining and Dressing	70179	182394	378175
有色金属矿采选业	Nonferrous Metals Mining and Dressing	16182	44536	164002
非金属矿采选业	Nonmetal Minerals Mining and Dressing	27057	50709	184026
农副食品加工业	Agricultural and Non-staple Food Processing Industry	195844	591405	1890361
食品制造业	Food Manufacturing	57560	257707	422953
饮料制造业	Beverage Manufacturing	290323	358211	870193
烟草制品业	Tobacco Manufacturing	297583	826086	1473301
纺织业	Textile Industry	348431	457682	966708
纺织服装、鞋、帽制造业	Textile Dress, Footwear and Headgear Manufacturing	35445	100452	490991
皮革毛皮羽毛（绒）及其制品业	Leather, Furs, Down and Related Products	45722	110752	271102
木材加工及木竹藤棕草制品业	Timber Processing, Bamboo, Cane, Palm Fiber and Straw Products	54401	146036	448915
家具制造业	Furniture Manufacturing	10379	12488	112504
造纸及纸制品业	Papermaking and Paper Products	58779	139473	401502
印刷业和记录媒介的复制	Printing and Record Medium Reproduction	22843	84667	279674
文教体育用品制造业	Cultural, Educational and Sports Goods Manufacturing	22542	43483	104895
石油加工、炼焦及核燃料加工业	Petroleum Processing, Coking and Nuclear Fuel Processing	104222	91315	553502
化学原料及制品制造业	Raw Chemical Materials and Chemical Products Manufacturing	272466	859906	2243274
医药制造业	Medical and Pharmaceutical Products	80400	171630	550331
化学纤维制造业	Chemical Fiber Manufacturing	32725	47925	69514
橡胶制品业	Rubber Products	89899	247263	474266
塑料制品业	Plastic Products	132576	357819	862420
非金属矿物制品业	Nonmetal Mineral Products	275397	667028	1926335
黑色金属冶炼及压延加工业	Smelting and Pressing of Ferrous Metals	351037	1658322	3046523
有色金属冶炼及压延加工业	Smelting and Pressing of Nonferrous Metals	156242	608836	1734038
金属制品业	Metal Products	51442	297738	1043575
通用设备制造业	Equipments in Current Use	191549	501564	1727364
专用设备制造业	Equipments in Special Use	113462	265661	1077540
交通运输设备制造业	Transport Equipment Manufacturing	262805	919855	2972449
电气机械及器材制造业	Electric Equipment and Machinery Manufacturing	353516	1301400	3783637
通信设备、计算机及其他电子设备制造业	Telecommunication Equipment, Computer and Other Electronic Equipment Manufacturing	87460	232679	591439
仪器仪表及文化办公用机械制造	Instruments, Meters, Cultural and Office	22813	99487	241023
工艺品及其他制造业	Handiwork and Other Manufacturing	25623	70598	202588
废弃资源和废旧材料回收工业	Recovery and Processing of Discarded Resources and Waste Materials		8236	120292
电力、热力的生产和供应业	Production and Supply of Electric Power and Heating Power	545371	1316260	2976075
燃气生产和供应业	Production and Supply of Gas	6334	13065	98771
水的生产和供应业	Production and Supply of Tap Water	32887	61001	103464

13—6 规模以上工业企业主要经济指标（2009年）

行业	Sector	企业单位数（个） Number of Enterprises (unit)	工业总产值（现价） Gross Industrial Output Value
总计	**Total**	**14122**	**13312.59**
总计中：	**Of the Total:**		
内资企业	Domestic Funded Enterprise	13239	11514.46
国有企业	State-owned Enterprise	249	1100.81
集体企业	Collective-owned Enterprise	211	111.71
股份合作企业	Share Holding Cooperative Enterprises	110	93.92
联营企业	Joint Owned Enterprises	18	13.70
有限责任公司	Limited Liability Corporations	2769	4027.71
股份有限公司	Share-holding Corporations Ltd.	277	2153.41
私营企业	Private Enterprises	9526	3989.53
其他企业	Other Enterprises	79	23.68
港澳台商投资企业	Enterprises Funded by Entrepreneurs from Hong Kong, Macao and Taiwan	365	534.35
外商投资企业	Foreign Funded Enterprises	518	1263.78
总计中：	**Of the Total:**		
国有及国有控股企业	State Controlling Share Hold Enterprises	729	5385.11
总计中：	**Of the Total:**		
轻工业	Light Industry	5690	3944.70
重工业	Heavy Industry	8432	9367.88
总计中：	**Of the Total:**		
大型企业	Large-sized Enterprises	82	4604.36
中型企业	Medium-sized Enterprises	873	3561.57
小型企业	Small Enterprises	13167	5146.65
按行业分	**Grouped by Sector**		
煤炭开采和洗选业	Coal Mining and Dressing	135	736.28
黑色金属矿采选业	Ferrous Metals Mining and Dressing	128	96.89
有色金属矿采选业	Nonferrous Metals Mining and Dressing	89	38.15
非金属矿采选业	Nonmetal Minerals Mining and Dressing	270	62.76
农副食品加工业	Agricultural and Non-staple Food Processing Industry	1369	923.23
食品制造业	Food Manufacturing	293	161.61
饮料制造业	Beverage Manufacturing	312	224.64
烟草制品业	Tobacco Manufacturing	8	198.45
纺织业	Textile Industry	729	359.88
纺织服装、鞋、帽制造业	Textile Dress, Footwear and Headgear Manufacturing	580	155.06
皮革毛皮羽毛（绒）及其制品业	Leather, Furs, Down and Related Products	206	100.98
木材加工及木竹藤棕草制品业	Timber Processing, Bamboo, Cane, Palm Fiber and Straw Products	566	186.66
家具制造业	Furniture Manufacturing	137	39.85
造纸及纸制品业	Papermaking and Paper Products	242	141.46
印刷业和记录媒介的复制	Printing and Record Medium Reproduction	193	85.95
文教体育用品制造业	Cultural, Educational and Sports Goods	156	38.55
石油加工、炼焦及核燃料加工业	Petroleum Processing, Coking and Nuclear Fuel Processing	30	247.11
化学原料及制品制造业	Raw Chemical Materials and Chemical Products	890	829.11
医药制造业	Medical and Pharmaceutical Products	246	169.98
化学纤维制造业	Chemical Fiber	31	37.37
橡胶制品业	Rubber Products	147	141.50
塑料制品业	Plastic Products	696	300.20
非金属矿物制品业	Nonmetal Mineral Products	1382	609.84
黑色金属冶炼及压延加工业	Smelting and Pressing of Ferrous Metals	161	1075.54
有色金属冶炼及压延加工业	Smelting and Pressing of Nonferrous Metals	197	741.13
金属制品业	Metal Products	695	359.18
通用设备制造业	Equipments in Current Use	1130	548.30
专用设备制造业	Equipments in Special Use	582	361.28
交通运输设备制造业	Transport Equipment	800	1228.48
电气机械及器材制造业	Electric Equipment and Machinery	890	1446.67
通信设备、计算机及其他电子设备制造业	Telecommunication Equipment, Computer and Other Electronic Equipment Manufacturing	243	194.62
仪器仪表及文化办公用机械	Instruments, Meters, Cultural and Office	103	67.31
工艺品及其他制造业	Handiwork and Other Manufacturing	170	69.63
废弃资源和废旧材料回收工业	Recovery and Processing of Discarded Resources and Waste Materials	58	46.76
电力、热力的生产和供应业	Production and Supply of Electric Power and Heating Power	153	1237.17
燃气生产和供应业	Production and Supply of Gas	34	31.85
水的生产和供应业	Production and Supply of Tap Water	71	19.18

Main Indicators Above Designated Size Industrial Enterprises (2009)

单位：亿元　(100 million yuan)

#新产品产值 Output Value of New Products	工业销售产值（现价） Value of Industrial Products Sales (At current prices)	#出口交货值 Delivery Value for Export	资产合计 Total Assets	流动资产合计 Circulating Funds	#存货 Stock	#产成品 Finished Product	固定资产原价 Original Value of Fixed Assets	固定资产累计折旧 Accumulated Depreciation of Fixed Assets	固定资产净值年平均余额 Annual Average Balance of Net Value of Fixed Assets
1152.11	**12929.06**	**573.02**	**12171.72**	**5011.67**	**1375.47**	**514.71**	**7237.98**	**2265.39**	**4970.46**
966.06	11203.73	374.81	10697.55	4238.87	1186.33	442.18	6458.95	2008.08	4448.74
29.38	1084.71	9.85	1063.10	348.86	133.21	21.20	983.94	353.52	628.24
6.53	108.12	0.78	49.54	32.84	6.59	2.63	19.91	7.51	12.40
38.25	89.77	1.20	44.79	25.35	7.09	3.55	20.15	6.62	13.53
1.87	14.00	0.14	8.45	3.29	0.52	0.27	7.25	2.55	4.70
198.13	3934.16	72.64	4648.27	1591.25	412.28	163.37	2803.93	842.69	1961.24
480.65	2105.78	116.99	2493.34	993.96	274.80	81.25	1586.38	552.26	1034.12
211.06	3843.97	172.61	2374.99	1235.79	349.69	168.68	1027.83	239.42	788.45
0.19	23.22	0.60	15.07	7.51	2.14	1.23	9.56	3.50	6.05
41.36	514.92	71.66	506.79	244.54	50.02	18.12	275.53	89.30	186.24
144.69	1210.41	126.55	967.38	528.26	139.12	54.42	503.49	168.01	335.48
530.23	5307.01	127.18	6809.72	2206.12	624.90	173.28	4809.30	1594.06	3213.06
401.90	3813.11	301.25	2513.06	1260.14	440.35	169.22	1180.68	356.51	824.00
750.21	9115.95	271.77	9658.66	3751.53	935.12	345.49	6057.30	1908.88	4146.46
553.29	4526.93	184.58	5250.17	1916.07	571.03	149.63	3305.95	1179.02	2126.93
416.91	3455.82	216.97	3430.23	1418.63	337.34	140.99	2227.65	699.53	1526.16
181.91	4946.31	171.47	3491.33	1676.98	467.10	224.09	1704.38	386.83	1317.37
0.40	732.66		1516.57	371.43	72.58	42.49	1012.72	353.90	658.82
0.81	93.72		254.76	75.18	9.92	5.21	69.44	22.28	47.16
	37.58		38.58	15.99	3.07	1.53	19.18	4.87	14.31
0.40	61.24	0.31	49.67	20.26	3.83	2.65	29.58	7.62	21.96
13.13	904.36	12.95	403.44	202.48	75.95	29.14	177.02	46.98	130.04
5.90	157.88	13.41	94.39	43.04	15.72	7.83	54.76	15.35	39.41
14.52	217.12	3.56	183.23	90.77	44.51	14.89	92.50	24.33	68.17
0.01	197.23	0.14	141.35	97.72	72.44	3.44	68.34	34.71	33.63
21.53	345.77	63.37	274.47	119.10	47.52	21.99	148.96	46.94	102.02
2.59	150.77	41.21	87.26	41.62	9.52	4.43	39.88	8.39	31.49
0.74	98.32	21.75	55.10	32.54	11.57	5.53	19.62	3.95	15.67
9.61	181.56	13.38	95.48	43.52	15.13	8.60	51.66	12.09	39.57
1.49	37.98	3.03	22.49	11.98	3.76	1.61	8.87	2.20	6.67
16.66	136.69	2.59	128.75	51.48	15.84	6.50	78.95	18.44	60.51
4.67	83.03	0.77	76.75	36.26	10.00	4.73	43.04	13.15	29.89
2.22	36.76	8.85	22.02	12.67	3.61	1.57	9.24	2.67	6.57
1.47	244.62	0.42	98.24	31.84	13.81	4.44	121.84	54.32	67.52
63.53	801.65	38.22	656.70	292.84	77.04	35.46	382.44	118.58	263.86
22.98	160.53	10.40	173.58	91.75	20.49	9.51	78.82	24.96	53.86
4.75	36.03	4.15	61.34	19.09	5.47	3.31	27.79	10.96	16.83
34.33	134.86	29.21	117.18	61.55	17.44	6.54	65.09	25.26	39.83
35.29	289.36	8.59	227.75	113.23	31.47	14.85	107.57	31.67	75.68
16.67	588.04	18.31	722.02	279.18	54.30	23.23	475.68	124.91	350.77
63.20	1058.80	19.31	1018.58	437.85	135.40	35.23	756.09	278.75	477.34
5.24	726.87	9.69	561.07	294.23	126.34	19.10	209.42	49.55	159.87
9.18	338.89	7.27	236.08	139.67	43.81	17.24	99.01	29.64	69.36
72.85	519.99	33.67	484.90	278.57	79.99	35.14	192.19	57.17	135.02
20.57	348.81	11.07	260.06	163.96	48.18	14.23	91.27	25.12	66.15
320.04	1183.24	85.92	1088.39	580.61	133.60	52.08	402.32	119.97	282.35
297.88	1391.33	74.70	871.10	521.28	111.38	57.52	279.47	86.16	193.31
60.14	182.44	13.55	210.84	121.67	29.91	15.19	75.02	25.42	49.60
5.46	63.10	3.48	69.61	48.97	6.42	2.61	20.38	7.79	12.58
3.86	67.57	19.22	45.49	24.58	7.35	3.79	18.93	2.78	16.19
0.05	46.31	0.00	17.12	10.38	2.77	1.86	7.23	1.75	5.48
19.94	1224.11	0.03	1655.59	186.66	13.19	0.89	1789.31	535.90	1251.45
	31.57	0.00	65.69	27.55	0.86	0.33	36.85	8.70	28.16
	18.26	0.48	86.05	20.16	1.28	0.01	77.49	28.16	49.33

13—6 续表 continued

行业	Sector	负债合计 Total Liabilities	流动负债 Liquid Liabilities
总计	**Total**	**7453.49**	**5308.60**
总计中：	**Of the Total:**		
内资企业	Domestic Funded Enterprise	6584.76	4566.32
国有企业	State-owned Enterprise	732.54	411.06
集体企业	Collective-owned Enterprise	26.68	25.50
股份合作企业	Share Holding Cooperative Enterprises	24.19	20.36
联营企业	Joint Owned Enterprises	4.68	4.48
有限责任公司	Limited Liability Corporations	3069.07	2011.43
股份有限公司	Share-holding Corporations Ltd.	1461.33	990.88
私营企业	Private Enterprises	1259.30	1097.06
其他企业	Other Enterprises	6.97	5.55
港澳台商投资企业	Enterprises Funded by Entrepreneurs from Hong Kong, Macao and Taiwan	320.86	248.95
外商投资企业	Foreign Funded Enterprises	547.86	493.33
总计中：	**Of the Total:**		
国有及国有控股企业	State Controlling Share Hold Enterprises	4515.48	2777.31
总计中：	**Of the Total:**		
轻工业	Light Industry	1337.34	1170.75
重工业	Heavy Industry	6116.15	4137.85
总计中：	**Of the Total:**		
大型企业	Large-sized Enterprises	3359.96	2269.27
中型企业	Medium-sized Enterprises	2111.99	1433.20
小型企业	Small Enterprises	1981.54	1606.13
按行业分	**Grouped by Sector**		
煤炭开采和洗选业	Coal Mining and Dressing	1082.46	572.68
黑色金属矿采选业	Ferrous Metals Mining and Dressing	93.41	90.15
有色金属矿采选业	Nonferrous Metals Mining and Dressing	14.26	11.15
非金属矿采选业	Nonmetal Minerals Mining and Dressing	24.54	18.93
农副食品加工业	Agricultural and Non-staple Food Processing Industry	206.18	173.32
食品制造业	Food Manufacturing	43.12	38.14
饮料制造业	Beverage Manufacturing	105.20	95.14
烟草制品业	Tobacco Manufacturing	28.11	28.05
纺织业	Textile Industry	154.00	124.65
纺织服装、鞋、帽制造业	Textile Dress, Footwear and Headgear Manufacturing	49.23	43.01
皮革毛皮羽毛（绒）及其制品业	Leather, Furs, Down and Related Products	28.35	24.82
木材加工及木竹藤棕草制品业	Timber Processing, Bamboo, Cane, Palm Fiber and Straw Products	49.45	40.13
家具制造业	Furniture Manufacturing	11.37	10.07
造纸及纸制品业	Papermaking and Paper Products	73.04	56.69
印刷业和记录媒介的复制	Printing and Record Medium Reproduction	36.19	32.32
文教体育用品制造业	Cultural, Educational and Sports Goods	12.76	11.55
石油加工、炼焦及核燃料加工业	Petroleum Processing, Coking and Nuclear Fuel Processing	78.81	67.86
化学原料及制品制造业	Raw Chemical Materials and Chemical Products	391.57	333.55
医药制造业	Medical and Pharmaceutical Products	92.18	82.10
化学纤维制造业	Chemical Fiber	33.20	21.37
橡胶制品业	Rubber Products	61.21	55.61
塑料制品业	Plastic Products	126.65	115.79
非金属矿物制品业	Nonmetal Mineral Products	389.85	275.37
黑色金属冶炼及压延加工业	Smelting and Pressing of Ferrous Metals	593.27	375.64
有色金属冶炼及压延加工业	Smelting and Pressing of Nonferrous Metals	407.75	349.16
金属制品业	Metal Products	133.88	120.69
通用设备制造业	Equipments in Current Use	265.70	238.36
专用设备制造业	Equipments in Special Use	140.85	129.38
交通运输设备制造业	Transport Equipment	718.05	621.94
电气机械及器材制造业	Electric Equipment and Machinery	488.78	466.59
通信设备、计算机及其他电子设备制造业	Telecommunication Equipment, Computer and Other Electronic Equipment Manufacturing	101.60	89.96
仪器仪表及文化办公用机械	Instruments, Meters, Cultural and Office	30.47	28.52
工艺品及其他制造业	Handiwork and Other Manufacturing	23.19	20.73
废弃资源和废旧材料回收工业	Recovery and Processing of Discarded Resources and Waste Materials	10.93	10.52
电力、热力的生产和供应业	Production and Supply of Electric Power and Heating Power	1274.18	480.39
燃气生产和供应业	Production and Supply of Gas	45.18	34.98
水的生产和供应业	Production and Supply of Tap Water	34.50	19.28

单位：亿元　(100 million yuan)

长期负债 Long-term Liabilities	所有者权益 Creditors' Equity	#实收资本 Capital Hold	主营业务收入 Revenue from principal Business	主营业务成本 Cost of Principal Business	主营业务税金及附加 Business and Extra Charges	利润总额 Total Profits	本年应付工资 Wages Payable in This Year	本年应交增值税 Value Added Tax Payable	全部从业人员年平均人数(万人) Annual Average employed Persons (10000 persons)
1977.86	**4681.47**	**2459.02**	**12787.17**	**10677.97**	**233.72**	**819.04**	**806.78**	**523.05**	**232.06**
1868.37	4079.98	2006.06	11201.27	9386.87	221.92	671.36	698.79	436.27	207.59
296.21	329.72	184.74	1086.54	721.41	129.69	83.14	50.72	57.28	12.54
1.02	22.79	6.56	108.85	93.04	0.63	10.33	6.98	3.91	2.96
1.40	19.24	9.76	86.86	72.34	0.66	8.75	6.03	3.45	2.11
0.20	3.77	3.99	14.44	12.31	0.11	0.63	0.82	0.25	0.25
975.37	1562.51	793.63	4078.30	3512.73	35.58	216.11	287.87	187.65	78.01
464.24	1029.50	382.46	2019.81	1700.01	26.12	121.89	144.21	80.44	28.27
128.91	1104.45	620.84	3784.14	3255.50	28.99	229.44	200.58	102.87	82.68
1.00	8.00	4.09	22.34	19.52	0.14	1.07	1.60	0.44	0.77
61.85	185.31	141.11	499.62	424.44	1.63	38.95	38.28	24.81	9.71
47.65	416.19	311.85	1086.27	866.66	10.18	108.73	69.71	61.96	14.75
1630.23	2280.90	1051.56	5352.11	4396.73	172.66	272.05	368.54	266.49	76.97
142.76	1161.75	609.02	3659.99	2970.54	126.91	270.83	244.23	142.75	85.62
1835.11	3519.72	1850.00	9127.18	7707.43	106.81	548.21	562.55	380.30	146.44
1068.18	1878.28	699.50	4550.53	3754.72	172.83	232.23	331.25	255.15	65.24
630.61	1309.15	766.89	3365.61	2707.90	28.16	305.44	230.56	126.65	61.82
279.07	1494.04	992.64	4871.03	4215.35	32.73	281.36	244.98	141.25	105.00
489.40	434.07	146.76	800.41	600.16	12.19	64.55	129.53	80.67	31.90
2.07	161.34	94.69	114.83	87.13	2.38	4.73	10.84	6.45	2.86
2.85	24.31	8.91	37.35	29.32	0.79	3.40	3.43	1.63	1.17
5.18	24.85	16.82	61.28	47.08	1.38	3.18	4.37	2.29	1.79
26.35	194.43	93.92	901.99	800.61	3.30	56.17	30.84	12.84	11.31
4.26	51.04	29.72	156.01	127.16	0.61	10.55	10.63	5.10	4.00
8.72	77.33	47.83	217.57	145.73	15.78	20.28	14.50	10.82	5.17
0.04	113.25	31.45	196.85	67.57	87.89	19.91	7.65	20.82	0.96
24.67	119.81	59.61	350.86	311.91	2.58	17.70	34.69	8.35	14.89
5.10	37.49	24.77	148.63	128.14	1.01	8.10	20.81	3.34	10.66
2.65	26.66	14.47	97.05	84.73	0.53	7.14	6.28	2.42	3.25
8.40	45.68	28.15	179.21	157.75	1.34	9.35	9.93	4.90	4.97
0.91	10.90	6.79	35.71	29.75	0.40	2.45	3.29	1.07	1.08
15.82	55.22	24.75	137.65	118.52	0.69	9.75	7.98	4.11	2.90
2.35	40.48	15.51	77.20	63.16	0.46	7.52	6.98	2.71	2.26
0.50	9.21	5.68	36.50	30.80	0.17	1.85	4.98	1.19	2.71
10.95	19.40	17.76	249.93	195.47	36.42	-3.82	4.03	9.22	0.71
53.78	264.22	161.90	776.34	650.12	3.29	61.62	45.10	21.64	11.82
9.13	80.72	51.04	176.40	138.75	0.82	14.04	13.12	6.33	4.85
11.82	28.13	9.16	35.52	30.71	0.29	1.97	1.67	0.68	0.61
5.45	55.72	28.40	118.98	93.99	0.60	13.09	12.53	5.71	3.51
9.14	100.02	48.20	284.65	241.07	1.97	19.54	15.28	7.75	6.00
101.36	330.53	209.17	586.02	484.19	5.24	50.97	32.24	25.09	14.09
216.89	424.24	139.52	1086.30	998.98	6.82	26.47	54.31	48.30	8.53
56.54	153.11	82.19	849.74	792.32	4.34	33.44	17.03	25.01	4.82
9.22	100.11	54.24	337.15	282.96	2.51	25.32	23.39	10.68	7.13
23.68	217.77	106.33	523.78	423.04	2.39	46.32	39.33	20.04	12.42
8.90	118.22	60.24	297.74	245.36	3.98	27.66	23.86	9.46	6.43
82.77	358.96	177.56	1082.76	917.61	14.90	55.74	70.54	27.75	16.04
16.42	376.21	237.70	1230.75	1015.39	10.82	95.47	72.28	70.92	15.49
10.81	108.92	46.75	163.27	133.80	1.66	14.81	16.05	4.93	4.77
1.57	39.14	14.35	64.48	45.25	0.24	9.94	4.09	2.89	1.03
1.88	22.07	9.33	68.05	54.79	1.06	6.31	5.56	2.08	2.44
0.24	6.19	4.21	47.56	44.51	0.35	2.04	1.28	2.59	0.51
724.20	380.28	298.13	1208.44	1020.89	4.16	66.96	43.53	51.59	7.12
10.20	20.37	23.21	33.62	27.01	0.12	3.87	1.66	0.93	0.50
13.61	51.08	29.79	16.60	12.25	0.24	0.62	3.16	0.78	1.34

13—7 规模以上工业企业主要经济效益指标（2009年）

行　业	Sector
总　　计	**Total**
总计中：	**Of the Total:**
内资企业	Domestic Funded Enterprise
国有企业	State-owned Enterprise
集体企业	Collective-owned Enterprise
股份合作企业	Share Holding Cooperative Enterprises
联营企业	Joint Owned Enterprises
有限责任公司	Limited Liability Corporations
股份有限公司	Share-holding Corporations Ltd.
私营企业	Private Enterprises
其他企业	Other Enterprises
港澳台商投资企业	Enterprises Funded by Entrepreneurs from Hong Kong, Macao and Taiwan
外商投资企业	Foreign Funded Enterprises
总计中：	**Of the Total:**
国有及国有控股企业	State Controlling Share Hold Enterprises
总计中：	**Of the Total:**
轻工业	Light Industry
重工业	Heavy Industry
总计中：	**Of the Total:**
大型企业	Large-sized Enterprises
中型企业	Medium-sized Enterprises
小型企业	Small Enterprises
按行业分	**Grouped by Sector**
煤炭开采和洗选业	Coal Mining and Dressing
黑色金属矿采选业	Ferrous Metals Mining and Dressing
有色金属矿采选业	Nonferrous Metals Mining and Dressing
非金属矿采选业	Nonmetal Minerals Mining and Dressing
农副食品加工业	Agricultural and Non-staple Food Processing Industry
食品制造业	Food Manufacturing
饮料制造业	Beverage Manufacturing
烟草制品业	Tobacco Manufacturing
纺织业	Textile Industry
纺织服装、鞋、帽制造业	Textile Dress, Footwear and Headgear Manufacturing
皮革毛皮羽毛（绒）及其制品业	Leather, Furs, Down and Related Products
木材加工及木竹藤棕草制品业	Timber Processing, Bamboo, Cane, Palm Fiber and Straw Products
家具制造业	Furniture Manufacturing
造纸及纸制品业	Papermaking and Paper Products
印刷业和记录媒介的复制	Printing and Record Medium Reproduction
文教体育用品制造业	Cultural, Educational and Sports Goods
石油加工、炼焦及核燃料加工业	Petroleum Processing, Coking and Nuclear Fuel Processing
化学原料及制品制造业	Raw Chemical Materials and Chemical Products
医药制造业	Medical and Pharmaceutical Products
化学纤维制造业	Chemical Fiber
橡胶制品业	Rubber Products
塑料制品业	Plastic Products
非金属矿物制品业	Nonmetal Mineral Products
黑色金属冶炼及压延加工业	Smelting and Pressing of Ferrous Metals
有色金属冶炼及压延加工业	Smelting and Pressing of Nonferrous Metals
金属制品业	Metal Products
通用设备制造业	Equipments in Current Use
专用设备制造业	Equipments in Special Use
交通运输设备制造业	Transport Equipment
电气机械及器材制造业	Electric Equipment and Machinery
通信设备、计算机及其他电子设备制造业	Telecommunication Equipment, Computer and Other Electronic Equipment Manufacturing
仪器仪表及文化办公用机械	Instruments, Meters, Cultural and Office
工艺品及其他制造业	Handiwork and Other Manufacturing
废弃资源和废旧材料回收工业	Recovery and Processing of Discarded Resources and Waste Materials
电力、热力的生产和供应业	Production and Supply of Electric Power and Heating Power
燃气生产和供应业	Production and Supply of Gas
水的生产和供应业	Production and Supply of Tap Water

Main Indicators on Economic Benefit Above Designed Size Industrial Enterprises by Industrial Branch (2009)

总资产贡献率 (%) Ratio of Total Assets to Industrial Output Value (%)	资产负债率 (%) Assets-liability Ratio (%)	流动资产周转次数 (次/年) Number of Times of Annual of Turnover Circulating Funds (times/year)	工业成本费用利润率 (%) Ratio of Profits to Industrial Cost (%)	产品销售率 (%) Proportion of Products Sold (%)
14.12	**61.24**	**2.55**	**6.90**	**97.12**
13.62	61.55	2.64	6.44	97.30
26.36	68.91	3.11	10.33	98.54
30.64	53.86	3.31	10.39	96.79
29.48	54.01	3.43	10.79	95.58
11.89	55.35	4.39	4.75	102.19
10.72	66.03	2.56	5.44	97.68
10.28	58.61	2.03	6.42	97.79
16.44	53.02	3.06	6.50	96.35
11.77	46.27	2.97	5.03	98.08
14.03	63.31	2.04	8.38	96.37
19.78	56.63	2.06	11.08	95.78
11.65	66.31	2.43	5.46	98.55
22.57	53.22	2.90	8.21	96.66
11.93	63.32	2.43	6.40	97.31
13.63	64.00	2.37	5.43	98.32
14.80	61.57	2.37	10.08	97.03
14.20	56.76	2.90	6.17	96.11
11.68	71.38	2.15	7.82	99.51
5.45	36.67	1.53	4.54	96.72
15.36	36.97	2.34	10.41	98.51
15.10	49.40	3.02	5.64	97.57
19.39	51.11	4.45	6.65	97.96
18.35	45.68	3.62	7.27	97.69
26.23	57.41	2.40	11.31	96.65
90.70	19.88	2.01	22.27	99.38
12.05	56.11	2.95	5.29	96.08
15.34	56.41	3.57	5.81	97.23
19.77	51.45	2.98	7.92	97.37
17.92	51.79	4.12	5.57	97.27
18.54	50.55	2.98	7.35	95.31
13.12	56.73	2.67	7.54	96.63
14.94	47.15	2.13	10.74	96.60
15.74	57.97	2.88	5.46	95.37
44.16	80.23	7.85	-1.85	98.99
14.59	59.63	2.65	8.50	96.69
13.24	53.10	1.92	8.64	94.44
6.25	54.12	1.86	5.71	96.42
18.05	52.24	1.93	12.24	95.31
14.92	55.61	2.51	7.37	96.39
12.41	53.99	2.10	9.45	96.42
9.06	58.24	2.48	2.54	98.44
12.43	72.67	2.89	4.08	98.08
17.52	56.71	2.41	8.26	94.35
14.95	54.80	1.88	9.85	94.84
16.68	54.16	1.82	10.02	96.55
9.56	65.97	1.86	5.45	96.32
21.16	56.11	2.36	8.28	96.17
10.94	48.19	1.34	9.58	93.74
19.20	43.78	1.32	18.47	93.75
22.15	50.97	2.77	10.25	97.04
29.83	63.85	4.58	4.41	99.04
9.35	76.96	6.47	6.09	98.94
8.18	68.78	1.22	12.66	99.13
2.41	40.10	0.82	3.54	95.23

13—8 国有控股工业企业主要经济指标（2009年）

行 业	Sector	企业单位数（个）Number of Enterprises (unit)	工业总产值（现价）Gross Industrial Output Value
总 计	**Total**	**729**	**5385.11**
总计中：	**Of the Total:**		
内资企业	Domestic Funded Enterprise	685	5159.21
国有企业	State-owned Enterprise	249	1100.81
集体企业	Collective-owned Enterprise	3	2.48
股份合作企业	Share Holding Cooperative Enterprises	3	5.03
联营企业	Joint Owned Enterprises	8	10.11
有限责任公司	Limited Liability Corporations	325	2372.34
股份有限公司	Share-holding Corporations Ltd.	64	1660.09
私营企业	Private Enterprises	30	8.06
其他企业	Other Enterprises	3	0.29
港澳台商投资企业	Enterprises Funded by Entrepreneurs from Hong Kong, Macao and Taiwan	13	46.20
外商投资企业	Foreign Funded Enterprises	31	179.70
总计中：	**Of the Total:**		
轻工业	Light Industry	236	756.98
重工业	Heavy Industry	493	4628.13
总计中：	**Of the Total:**		
大型企业	Large-sized Enterprises	50	3704.35
中型企业	Medium-sized Enterprises	195	1161.00
小型企业	Small Enterprises	484	519.76
按行业分	**Grouped by Sector**		
煤炭开采和洗选业	Coal Mining and Dressing	22	685.50
黑色金属矿采选业	Ferrous Metals Mining and Dressing	3	24.81
有色金属矿采选业	Nonferrous Metals Mining and Dressing	6	4.83
非金属矿采选业	Nonmetal Minerals Mining and Dressing	12	8.30
农副食品加工业	Agricultural and Non-staple Food Processing Industry	56	44.42
食品制造业	Food Manufacturing	8	4.07
饮料制造业	Beverage Manufacturing	18	47.45
烟草制品业	Tobacco Manufacturing	4	194.20
纺织业	Textile Industry	23	34.29
纺织服装、鞋、帽制造业	Textile Dress, Footwear and Headgear Manufacturing	7	2.40
皮革毛皮羽毛（绒）及其制品业	Leather, Furs, Down and Related Products	2	0.22
木材加工及木竹藤棕草制品业	Timber Processing, Bamboo, Cane, Palm Fiber and Straw Products	9	5.96
家具制造业	Furniture Manufacturing	1	0.11
造纸及纸制品业	Papermaking and Paper Products	7	26.84
印刷业和记录媒介的复制	Printing and Record Medium Reproduction	18	12.28
石油加工、炼焦及核燃料加工业	Petroleum Processing, Coking and Nuclear Fuel Processing	3	224.89
化学原料及制品制造业	Raw Chemical Materials and Chemical Products	45	243.36
医药制造业	Medical and Pharmaceutical Products	19	41.30
化学纤维制造业	Chemical Fiber	2	19.14
橡胶制品业	Rubber Products	3	1.30
塑料制品业	Plastic Products	12	69.67
非金属矿物制品业	Nonmetal Mineral Products	40	143.01
黑色金属冶炼及压延加工业	Smelting and Pressing of Ferrous Metals	12	751.07
有色金属冶炼及压延加工业	Smelting and Pressing of Nonferrous Metals	6	310.27
金属制品业	Metal Products	22	29.08
通用设备制造业	Equipments in Current Use	36	60.04
专用设备制造业	Equipments in Special Use	37	60.21
交通运输设备制造业	Transport Equipment	55	796.31
电气机械及器材制造业	Electric Equipment and Machinery	30	306.06
通信设备、计算机及其他电子设备制造业	Telecommunication Equipment, Computer and Other Electronic Equipment Manufacturing	20	44.72
仪器仪表及文化办公用机械	Instruments, Meters, Cultural and Office	4	6.57
工艺品及其他制造业	Handiwork and Other Manufacturing	3	2.15
电力、热力的生产和供应业	Production and Supply of Electric Power and Heating Power	128	1160.91
燃气生产和供应业	Production and Supply of Gas	4	5.57
水的生产和供应业	Production and Supply of Tap Water	52	13.79

Main Indicators of State-owned and State-holding Industrial Enterprises (2009)

单位：亿元　(100 million yuan)

#新产品产值 Output Value of New Products	工业销售产值（现价） Value of Industrial Products Sales (At current prices)	#出口交货值 Delivery Value for Export	资产合计 Total Assets	流动资产合计 Circulating Funds	#存货 Stock	#产成品 Finished Product	固定资产原价 Original Value of Fixed Assets	固定资产累计折旧 Accumulated Depreciation of Fixed Assets	固定资产净值年平均余额 Annual Average Balance of Net Value of Fixed Assets
530.23	**5307.01**	**127.18**	**6809.72**	**2206.12**	**624.90**	**173.28**	**4809.30**	**1594.06**	**3213.06**
501.37	5096.36	122.23	6626.70	2112.20	597.51	160.95	4688.51	1548.57	3137.76
29.38	1084.71	9.85	1063.10	348.86	133.21	21.20	983.94	353.52	628.24
	2.38		0.74	0.58	0.21	0.09	0.26	0.10	0.16
	4.12	0.22	3.86	1.65	0.61	0.22	2.26	0.67	1.59
1.87	10.43		6.64	2.38	0.35	0.22	6.30	2.28	4.02
64.38	2347.32	36.58	3518.99	994.75	247.72	79.98	2311.18	701.64	1609.55
405.74	1639.06	74.98	2027.38	761.78	214.63	58.70	1379.89	488.92	890.97
	8.06	0.59	5.89	2.13	0.77	0.54	4.63	1.44	3.19
	0.29		0.10	0.07	0.01		0.04	0.01	0.03
0.13	43.50	0.85	21.64	17.49	4.28	2.62	6.94	3.80	3.14
28.73	167.15	4.09	161.38	76.43	23.11	9.71	113.86	41.69	72.17
121.79	739.14	21.62	721.87	324.80	142.50	33.76	367.80	133.27	234.31
408.45	4567.86	105.55	6087.84	1881.32	482.40	139.52	4441.51	1460.80	2978.75
429.87	3668.47	100.68	4661.11	1557.55	478.29	118.02	3059.96	1091.31	1968.65
91.38	1138.53	22.28	1526.19	467.75	109.17	39.87	1273.37	399.71	871.70
8.99	500.01	4.22	622.42	180.82	37.44	15.38	475.97	103.04	372.71
	682.71		1470.07	351.63	69.85	40.86	983.78	345.11	638.67
	24.83		153.47	40.21	3.40	0.97	39.96	16.35	23.61
	4.83		9.26	4.81	0.56	0.27	5.13	1.70	3.43
	8.44	0.18	14.58	4.16	0.79	0.47	12.64	4.04	8.60
0.66	44.18	0.00	24.01	12.55	7.10	1.79	11.98	3.31	8.68
0.39	4.20	3.26	3.56	1.10	0.64	0.35	3.33	1.30	2.04
6.76	46.54	0.02	52.17	27.73	12.05	3.12	21.62	7.85	13.77
0.01	192.91	0.11	137.33	95.06	71.70	3.17	66.77	33.67	33.10
1.85	34.20	5.42	63.35	20.18	6.40	2.03	48.72	18.01	30.71
	2.44	0.06	1.68	1.27	0.15	0.02	0.63	0.22	0.41
	0.21		0.10	0.09	0.03	0.02	0.01		0.01
0.13	5.63		6.97	2.04	0.99	0.35	5.65	1.17	4.48
	0.10		0.11	0.05	0.04	0.03	0.05	0.00	0.05
12.02	26.20	0.25	52.78	17.64	6.45	1.55	40.33	8.18	32.15
	11.27		13.43	5.11	1.62	0.74	8.25	1.65	6.60
1.24	223.19	0.42	85.74	24.33	11.73	3.80	115.17	52.00	63.17
9.74	246.46	11.90	281.79	101.13	26.72	10.79	203.90	68.66	135.24
14.97	40.18	3.13	62.08	32.73	6.08	2.62	31.95	10.69	21.27
1.85	17.95	3.13	43.83	10.24	2.82	1.07	22.03	9.75	12.28
	1.31		1.13	0.80	0.26	0.09	0.44	0.14	0.30
7.18	68.72	2.15	84.74	39.18	9.39	2.72	40.58	14.74	25.61
0.00	137.86	5.62	239.25	97.83	9.82	3.57	176.07	59.26	116.81
62.86	742.88	7.70	800.09	313.52	105.70	17.98	677.20	255.80	421.39
	301.61	7.56	419.41	196.43	96.35	8.08	164.71	36.45	128.26
0.08	29.09		27.65	18.96	5.56	1.44	7.73	2.50	5.23
16.86	57.04	4.79	80.86	47.85	17.42	7.66	35.78	12.22	23.56
4.49	57.53	2.57	47.50	30.97	9.02	2.07	15.60	5.63	9.97
295.87	776.28	62.44	741.15	379.71	90.04	30.68	278.97	89.94	189.03
91.42	294.37	5.31	206.49	94.18	25.79	15.79	46.53	12.04	34.49
0.54	43.88	0.66	62.47	38.40	13.79	8.12	22.29	7.65	14.63
1.32	6.67		10.91	7.62	0.23	0.06	4.44	1.99	2.45
0.01	2.68		2.51	1.32	0.51	0.07	1.37	0.20	1.17
	1151.82	0.03	1523.12	159.95	10.64	0.84	1645.01	486.70	1156.36
	5.54		23.41	10.69	0.20	0.08	13.48	3.50	9.99
	13.27	0.48	62.72	16.65	1.07		57.19	21.64	35.55

13—8 续表 continued

行　业	Sector	负债合计 Total Liabilities	流动负债 Liquid Liabilities
总　　计	**Total**	**4515.48**	**2777.31**
总计中：	**Of the Total:**		
内资企业	Domestic Funded Enterprise	4394.96	2669.80
国有企业	State-owned Enterprise	732.54	411.06
集体企业	Collective-owned Enterprise	0.59	0.48
股份合作企业	Share Holding Cooperative Enterprises	2.74	2.10
联营企业	Joint Owned Enterprises	4.10	3.90
有限责任公司	Limited Liability Corporations	2421.25	1442.48
股份有限公司	Share-holding Corporations Ltd.	1231.75	808.01
私营企业	Private Enterprises	1.93	1.71
其他企业	Other Enterprises	0.05	0.05
港澳台商投资企业	Enterprises Funded by Entrepreneurs from Hong Kong, Macao and Taiwan	18.14	18.14
外商投资企业	Foreign Funded Enterprises	102.38	89.38
总计中：	**Of the Total:**		
轻工业	Light Industry	373.98	326.46
重工业	Heavy Industry	4141.50	2450.85
总计中：	**Of the Total:**		
大型企业	Large-sized Enterprises	3015.03	1961.98
中型企业	Medium-sized Enterprises	1053.11	561.37
小型企业	Small Enterprises	447.34	253.96
按行业分	**Grouped by Sector**		
煤炭开采和洗选业	Coal Mining and Dressing	1059.10	554.23
黑色金属矿采选业	Ferrous Metals Mining and Dressing	40.44	39.45
有色金属矿采选业	Nonferrous Metals Mining and Dressing	2.51	2.17
非金属矿采选业	Nonmetal Minerals Mining and Dressing	7.51	5.61
农副食品加工业	Agricultural and Non-staple Food Processing Industry	15.01	13.62
食品制造业	Food Manufacturing	1.67	1.61
饮料制造业	Beverage Manufacturing	26.56	25.49
烟草制品业	Tobacco Manufacturing	26.78	26.75
纺织业	Textile Industry	40.02	30.06
纺织服装、鞋、帽制造业	Textile Dress, Footwear and Headgear Manufacturing	0.90	0.82
皮革毛皮羽毛（绒）及其制品业	Leather, Furs, Down and Related Products	0.10	0.09
木材加工及木竹藤棕草制品业	Timber Processing, Bamboo, Cane, Palm Fiber and Straw Products	4.82	3.95
家具制造业	Furniture Manufacturing	0.04	0.02
造纸及纸制品业	Papermaking and Paper Products	34.84	24.88
印刷业和记录媒介的复制	Printing and Record Medium Reproduction	4.26	4.10
石油加工、炼焦及核燃料加工业	Petroleum Processing, Coking and Nuclear Fuel Processing	72.07	61.48
化学原料及制品制造业	Raw Chemical Materials and Chemical Products	176.71	145.86
医药制造业	Medical and Pharmaceutical Products	38.72	36.02
化学纤维制造业	Chemical Fiber	22.13	14.02
橡胶制品业	Rubber Products	0.61	0.61
塑料制品业	Plastic Products	48.59	47.70
非金属矿物制品业	Nonmetal Mineral Products	119.11	62.70
黑色金属冶炼及压延加工业	Smelting and Pressing of Ferrous Metals	472.67	279.16
有色金属冶炼及压延加工业	Smelting and Pressing of Nonferrous Metals	314.39	263.48
金属制品业	Metal Products	16.07	14.65
通用设备制造业	Equipments in Current Use	40.53	35.25
专用设备制造业	Equipments in Special Use	28.68	26.22
交通运输设备制造业	Transport Equipment	501.76	424.41
电气机械及器材制造业	Electric Equipment and Machinery	147.64	141.95
通信设备、计算机及其他电子设备制造业	Telecommunication Equipment, Computer and Other Electronic Equipment Manufacturing	29.31	25.92
仪器仪表及文化办公用机械	Instruments, Meters, Cultural and Office	4.17	3.87
工艺品及其他制造业	Handiwork and Other Manufacturing	1.04	0.80
电力、热力的生产和供应业	Production and Supply of Electric Power and Heating Power	1173.47	430.00
燃气生产和供应业	Production and Supply of Gas	19.86	18.36
水的生产和供应业	Production and Supply of Tap Water	23.39	12.01

单位：亿元 (100 million yuan)

长期负债 Long-term Liabilities	所有者权益 Creditors' Equity	#实收资本 Capital Hold	主营业务收入 Revenue from principal Business	主营业务成本 Cost of Principal Business	主营业务税金及附加 Business and Extra Charges	利润总额 Total Profits	本年应付工资 Wages Payable in This Year	本年应交增值税 Value Added Tax Payable	全部从业人员年平均人数(万人) Annual Average employed Persons (10000 persons)
1630.23	**2280.90**	**1051.56**	**5352.11**	**4396.73**	**172.66**	**272.05**	**368.54**	**266.49**	**76.97**
1621.89	2218.49	1004.26	5164.14	4242.28	171.63	259.24	358.77	254.29	75.42
296.21	329.72	184.74	1086.54	721.41	129.69	83.14	50.72	57.28	12.54
0.11	0.15	0.09	2.39	2.00	0.02	0.19	0.19	0.13	0.08
0.08	1.12	0.47	4.13	3.46	0.02	0.36	0.65	0.06	0.15
0.20	2.54	3.56	10.38	8.96	0.07	0.21	0.56	0.15	0.17
903.28	1087.28	523.86	2501.82	2176.33	20.65	102.64	193.71	136.41	43.83
421.83	793.74	288.68	1551.76	1324.16	21.09	72.28	112.45	60.01	18.44
0.18	3.90	2.84	6.84	5.71	0.09	0.41	0.47	0.26	0.21
	0.04	0.02	0.29	0.26		0.01	0.01	0.01	0.01
	3.50	2.52	45.45	43.73	0.05	1.04	1.35	5.56	0.18
8.34	58.92	44.78	142.52	110.72	0.98	11.77	8.42	6.63	1.36
43.00	345.70	141.03	675.49	455.99	96.76	44.48	47.89	43.72	12.30
1587.24	1935.20	910.53	4676.62	3940.74	75.90	227.57	320.65	222.77	64.66
1032.31	1634.24	582.10	3764.06	3130.25	161.73	151.43	276.51	202.20	54.06
466.22	473.05	323.45	1105.38	838.29	7.87	99.07	70.85	45.72	16.54
131.70	173.61	146.02	482.68	428.19	3.06	21.55	21.18	18.56	6.36
484.74	410.97	137.68	748.46	556.25	11.68	61.68	122.41	77.65	28.71
0.32	113.03	74.68	48.17	35.06	1.52	0.99	7.17	3.02	1.52
0.33	6.75	1.44	4.66	2.48	0.07	1.27	1.00	0.35	0.25
1.83	7.07	5.03	8.47	5.94	0.28	-0.17	0.94	0.41	0.30
1.33	8.87	7.42	48.53	44.11	0.11	2.18	1.33	0.53	0.55
0.06	1.85	0.63	4.00	3.32	0.02	0.11	0.39	0.18	0.13
0.31	25.61	13.92	49.07	27.58	5.64	2.77	4.55	2.32	1.32
0.02	110.55	30.52	192.45	64.07	87.87	19.43	6.98	20.59	0.84
8.45	23.28	6.58	41.78	39.23	0.14	0.05	4.09	1.22	1.88
0.08	0.75	0.45	2.43	1.99	0.02	0.29	0.38	0.07	0.18
		0.02	0.20	0.20			0.01	0.00	0.01
0.86	2.15	3.02	5.27	5.19	0.04	-0.14	0.25	0.26	0.13
	0.07	0.01	0.10	0.08		0.02	0.01		0.01
9.96	17.93	5.97	30.37	24.27	0.24	1.13	1.33	1.68	0.40
0.13	9.14	2.04	8.53	7.10	0.03	0.80	1.66	0.32	0.43
10.59	13.67	14.03	230.63	178.11	36.37	-4.37	3.53	8.75	0.52
30.71	105.08	57.02	227.97	203.01	0.73	8.93	21.65	3.83	4.28
2.19	23.35	15.13	63.12	51.53	0.29	3.06	4.71	2.13	2.02
8.11	21.70	3.93	17.38	14.72	0.05	0.71	1.04	0.17	0.32
	0.52	0.39	1.32	1.09	0.01	0.13	0.07	0.04	0.04
0.89	36.15	12.05	68.04	59.12	0.25	1.12	2.22	2.20	0.76
55.56	120.14	62.83	137.06	103.86	1.26	22.14	5.82	6.75	1.55
193.20	327.42	91.93	761.91	698.48	3.36	15.57	45.05	38.10	5.95
50.91	105.01	56.64	429.38	404.73	1.79	10.50	11.44	9.70	2.89
1.42	11.58	5.23	31.13	25.27	0.25	2.65	2.29	1.67	0.52
3.95	40.33	16.29	62.17	53.53	0.29	2.51	6.12	2.89	1.60
2.45	18.82	8.62	42.11	32.32	0.40	4.74	4.44	1.46	1.32
67.96	229.43	85.77	685.28	577.93	13.36	35.17	40.50	17.28	6.83
3.57	56.94	32.19	208.27	169.16	1.99	14.88	17.58	14.20	2.70
3.39	33.16	9.13	29.66	24.74	0.30	2.29	3.83	0.75	0.81
0.30	6.74	1.79	7.89	6.04	0.04	1.01	0.90	0.30	0.12
0.24	1.47	0.81	2.64	2.10		0.11	0.46	0.02	0.14
675.09	348.53	264.12	1135.62	959.33	4.11	60.49	41.36	46.95	6.76
1.50	3.52	4.11	6.42	5.62	0.03	0.07	0.50	0.10	0.15
9.78	39.32	20.13	11.61	9.16	0.17	-0.08	2.53	0.59	1.03

13—9 国有控股工业企业主要经济效益指标（2009年）

行　　业	Sector
总　　计	**Total**
总计中：	**Of the Total:**
内资企业	Domestic Funded Enterprise
国有企业	State-owned Enterprise
集体企业	Collective-owned Enterprise
股份合作企业	Share Holding Cooperative Enterprises
联营企业	Joint Owned Enterprises
有限责任公司	Limited Liability Corporations
股份有限公司	Share-holding Corporations Ltd.
私营企业	Private Enterprises
其他企业	Other Enterprises
港澳台商投资企业	Enterprises Funded by Entrepreneurs from Hong Kong, Macao and Taiwan
外商投资企业	Foreign Funded Enterprises
总计中：	**Of the Total:**
轻工业	Light Industry
重工业	Heavy Industry
总计中：	**Of the Total:**
大型企业	Large-sized Enterprises
中型企业	Medium-sized Enterprises
小型企业	Small Enterprises
按行业分	**Grouped by Sector**
煤炭开采和洗选业	Coal Mining and Dressing
黑色金属矿采选业	Ferrous Metals Mining and Dressing
有色金属矿采选业	Nonferrous Metals Mining and Dressing
非金属矿采选业	Nonmetal Minerals Mining and Dressing
农副食品加工业	Agricultural and Non-staple Food Processing Industry
食品制造业	Food Manufacturing
饮料制造业	Beverage Manufacturing
烟草制品业	Tobacco Manufacturing
纺织业	Textile Industry
纺织服装、鞋、帽制造业	Textile Dress, Footwear and Headgear Manufacturing
皮革毛皮羽毛（绒）及其制品业	Leather, Furs, Down and Related Products
木材加工及木竹藤棕草制品业	Timber Processing, Bamboo, Cane, Palm Fiber and Straw Products
家具制造业	Furniture Manufacturing
造纸及纸制品业	Papermaking and Paper Products
印刷业和记录媒介的复制	Printing and Record Medium Reproduction
石油加工、炼焦及核燃料加工业	Petroleum Processing, Coking and Nuclear Fuel Processing
化学原料及制品制造业	Raw Chemical Materials and Chemical Products
医药制造业	Medical and Pharmaceutical Products
化学纤维制造业	Chemical Fiber
橡胶制品业	Rubber Products
塑料制品业	Plastic Products
非金属矿物制品业	Nonmetal Mineral Products
黑色金属冶炼及压延加工业	Smelting and Pressing of Ferrous Metals
有色金属冶炼及压延加工业	Smelting and Pressing of Nonferrous Metals
金属制品业	Metal Products
通用设备制造业	Equipments in Current Use
专用设备制造业	Equipments in Special Use
交通运输设备制造业	Transport Equipment
电气机械及器材制造业	Electric Equipment and Machinery
通信设备、计算机及其他电子设备制造业	Telecommunication Equipment, Computer and Other Electronic Equipment Manufacturing
仪器仪表及文化办公用机械	Instruments, Meters, Cultural and Office
工艺品及其他制造业	Handiwork and Other Manufacturing
电力、热力的生产和供应业	Production and Supply of Electric Power and Heating Power
燃气生产和供应业	Production and Supply of Gas
水的生产和供应业	Production and Supply of Tap Water

Main Indicators on Economic Benefit of State-owned and State-holding Industrial Enterprises (2009)

总资产贡献率 (%) Ratio of Total Assets to Industrial Output Value (%)	资产负债率 (%) Assets-liability Ratio (%)	流动资产周转次数 (次/年) Number of Times of Annual of Turnover Circulating Funds (times/year)	工业成本费用利润率 (%) Ratio of Profits to Industrial Cost (%)	产品销售率 (%) Proportion of Products Sold (%)
11.65	**66.31**	**2.43**	**5.46**	**98.55**
11.54	66.32	2.44	5.39	98.78
26.36	68.91	3.11	10.33	98.54
45.60	80.00	4.12	8.70	95.95
12.69	70.99	2.50	9.54	82.02
6.84	61.81	4.36	2.25	103.08
8.73	68.81	2.52	4.08	98.95
8.65	60.76	2.04	4.91	98.73
13.44	32.68	3.21	6.44	100.02
19.74	54.60	4.14	2.50	100.00
31.33	83.82	2.60	2.32	94.14
13.46	63.44	1.86	9.39	93.02
26.32	51.81	2.08	8.20	97.64
9.91	68.03	2.49	5.13	98.70
12.13	64.68	2.42	4.24	99.03
11.61	69.00	2.36	10.48	98.06
8.16	71.87	2.67	4.64	96.20
11.58	72.04	2.13	7.96	99.59
3.57	26.35	1.20	2.16	100.10
18.51	27.08	0.97	37.45	100.10
5.32	51.49	2.04	-1.95	101.64
13.40	62.51	3.87	4.71	99.46
8.99	46.84	3.64	3.13	103.35
20.85	50.90	1.77	7.32	98.09
92.83	19.50	2.02	22.83	99.34
4.32	63.16	2.07	0.11	99.73
22.34	53.39	1.91	12.87	101.70
5.22	101.80	2.22	0.70	99.48
5.25	69.16	2.58	-2.31	94.46
18.19	34.29	2.00	19.97	93.38
8.31	66.02	1.72	4.00	97.64
9.19	31.72	1.67	10.16	91.76
49.22	84.06	9.48	-2.32	99.24
6.40	62.71	2.25	3.97	101.27
9.58	62.38	1.93	5.10	97.29
3.59	50.49	1.70	4.23	93.80
16.59	53.75	1.65	10.80	100.76
6.60	57.34	1.74	1.71	98.64
13.87	49.78	1.40	18.77	96.40
8.33	59.08	2.43	2.14	98.91
6.63	74.96	2.19	2.48	97.21
16.98	58.11	1.64	9.57	100.00
7.34	50.13	1.30	4.15	94.99
14.17	60.38	1.36	12.39	95.54
9.18	67.70	1.80	5.42	97.48
15.50	71.50	2.21	7.49	96.18
5.61	46.92	0.77	8.40	98.11
12.55	38.21	1.04	14.90	101.60
5.32	41.42	2.00	4.35	124.67
9.16	77.04	7.10	5.86	99.22
1.11	84.82	0.60	1.13	99.36
1.40	37.30	0.70	-0.65	96.23

13—10 外商投资和港澳台投资工业企业主要经济指标（2009年）

行业	Sector	企业单位数（个） Number of Enterprises (unit)	工业总产值（现价） Gross Industrial Output Value
总　　计	**Total**	**883**	**1798.13**
总计中：	**Of the Total:**		
港澳台商投资企业	Enterprises Funded by Entrepreneurs from Hong Kong, Macao and Taiwan	365	534.35
外商投资企业	Foreign Funded Enterprises	518	1263.78
总计中：	**Of the Total:**		
轻工业	Light Industry	425	809.06
重工业	Heavy Industry	458	989.07
总计中：	**Of the Total:**		
大型企业	Large-sized Enterprises	12	578.97
中型企业	Medium-sized Enterprises	172	708.13
小型企业	Small Enterprises	699	511.03
按行业分	**Grouped by Sector**		
煤炭开采和洗选业	Coal Mining and Dressing	1	2.74
黑色金属矿采选业	Ferrous Metals Mining and Dressing	2	7.15
有色金属矿采选业	Nonferrous Metals Mining and Dressing	2	0.50
非金属矿采选业	Nonmetal Minerals Mining and Dressing	6	1.48
农副食品加工业	Agricultural and Non-staple Food Processing Industry	27	43.50
食品制造业	Food Manufacturing	26	43.56
饮料制造业	Beverage Manufacturing	20	41.95
纺织业	Textile Industry	70	46.80
纺织服装、鞋、帽制造业	Textile Dress, Footwear and Headgear Manufacturing	75	40.16
皮革毛皮羽毛（绒）及其制品业	Leather, Furs, Down and Related Products	19	18.11
木材加工及木竹藤棕草制品业	Timber Processing, Bamboo, Cane, Palm Fiber and Straw Products	24	15.16
家具制造业	Furniture Manufacturing	6	8.00
造纸及纸制品业	Papermaking and Paper Products	19	17.85
印刷业和记录媒介的复制	Printing and Record Medium Reproduction	9	6.02
文教体育用品制造业	Cultural, Educational and Sports Goods	25	5.93
石油加工、炼焦及核燃料加工业	Petroleum Processing, Coking and Nuclear Fuel Processing	4	10.53
化学原料及制品制造业	Raw Chemical Materials and Chemical Products	47	138.83
医药制造业	Medical and Pharmaceutical Products	25	18.49
化学纤维制造业	Chemical Fiber	4	8.78
橡胶制品业	Rubber Products	15	65.04
塑料制品业	Plastic Products	44	38.38
非金属矿物制品业	Nonmetal Mineral Products	48	37.32
黑色金属冶炼及压延加工业	Smelting and Pressing of Ferrous Metals	10	90.23
有色金属冶炼及压延加工业	Smelting and Pressing of Nonferrous Metals	8	30.84
金属制品业	Metal Products	29	40.86
通用设备制造业	Equipments in Current Use	42	95.34
专用设备制造业	Equipments in Special Use	36	130.74
交通运输设备制造业	Transport Equipment	81	169.52
电气机械及器材制造业	Electric Equipment and Machinery	59	411.18
通信设备、计算机及其他电子设备制造业	Telecommunication Equipment, Computer and Other Electronic Equipment Manufacturing	43	39.27
仪器仪表及文化办公用机械	Instruments, Meters, Cultural and Office	4	25.70
工艺品及其他制造业	Handiwork and Other Manufacturing	16	16.64
废弃资源和废旧材料回收工业	Recovery and Processing of Discarded Resources and Waste Materials	3	10.44
电力、热力的生产和供应业	Production and Supply of Electric Power and Heating Power	8	95.02
燃气生产和供应业	Production and Supply of Gas	22	22.62
水的生产和供应业	Production and Supply of Tap Water	4	3.45

Main Indicators of Industrial Enterprises with Hong Kong, Macao, Taiwan and Foreign Funds (2009)

单位：亿元　(100 million yuan)

#新产品产值 Output Value of New Products	工业销售产值（现价） Value of Industrial Products Sales (At current prices)	#出口交货值 Delivery Value for Export	资产合计 Total Assets	流动资产合计 Circulating Funds	#存货 Stock	#产成品 Finished Product	固定资产原价 Original Value of Fixed Assets	固定资产累计折旧 Accumulated Depreciation of Fixed Assets	固定资产净值年平均余额 Annual Average Balance of Net Value of Fixed Assets
186.05	**1725.33**	**198.20**	**1474.17**	**772.81**	**189.14**	**72.53**	**779.02**	**257.31**	**521.72**
41.36	514.92	71.66	506.79	244.54	50.02	18.12	275.53	89.30	186.24
144.69	1210.41	126.55	967.38	528.26	139.12	54.42	503.49	168.01	335.48
81.86	770.05	118.30	500.39	283.48	75.96	32.88	234.47	72.21	162.26
104.18	955.28	79.90	973.78	489.33	113.19	39.65	544.56	185.10	359.46
73.07	550.06	61.90	301.07	205.02	50.78	20.15	124.61	48.58	76.03
95.53	690.42	89.45	718.80	328.39	73.94	26.24	450.89	150.73	300.15
17.45	484.86	46.86	454.31	239.39	64.43	26.14	203.53	57.99	145.54
	2.74		2.89	1.18	0.01		0.22	0.01	0.21
	6.91		19.07	3.96	0.27	0.07	8.41	1.29	7.12
	0.49		2.61	1.70	0.04	0.01	0.38	0.03	0.35
	1.44	0.12	3.02	0.94	0.11	0.07	1.19	0.25	0.94
0.36	42.92	1.49	41.60	20.41	6.64	1.73	16.01	4.80	11.21
0.53	42.17	2.10	30.18	12.52	3.59	0.94	21.39	6.75	14.64
0.26	41.32	0.01	42.27	18.96	10.24	2.25	26.80	6.66	20.13
1.69	45.76	10.96	35.70	15.32	5.64	2.25	23.91	7.63	16.28
	39.02	21.66	25.22	11.23	2.19	0.94	11.94	2.65	9.29
	17.57	7.68	10.25	5.84	1.50	0.37	4.21	0.70	3.51
0.39	14.69	6.30	14.40	6.00	2.28	1.14	8.62	3.06	5.56
1.11	7.54	1.84	4.54	3.24	0.52	0.12	1.01	0.34	0.68
0.35	16.06	0.49	16.16	7.56	2.76	1.77	6.45	2.22	4.22
0.31	5.78	0.00	8.56	4.20	1.28	0.64	6.31	2.17	4.14
0.60	5.52	3.29	4.04	2.44	0.91	0.32	1.36	0.29	1.07
	10.17		6.30	3.79	1.31	0.27	4.25	1.86	2.39
5.04	130.14	4.80	102.99	60.82	12.08	6.23	47.98	13.69	34.28
1.27	17.38	2.64	16.43	9.24	3.07	0.89	6.81	2.37	4.44
0.00	8.54	0.00	5.67	2.50	2.06	1.82	2.40	0.29	2.11
13.54	64.40	20.89	54.10	26.96	7.04	3.80	43.69	21.44	22.25
4.71	36.95	4.27	30.39	15.94	4.87	1.90	16.45	6.17	10.28
	37.75	1.30	71.49	23.10	5.22	2.90	47.94	11.18	36.76
0.25	84.95	2.76	53.28	30.87	8.35	5.73	21.18	8.68	12.50
	30.27		31.32	12.71	5.59	0.19	17.30	1.34	15.96
0.08	40.30	2.12	31.35	20.89	6.24	1.88	11.69	4.26	7.43
16.28	92.83	13.27	96.89	58.60	12.86	3.51	27.32	5.28	22.05
4.83	129.70	1.27	77.33	53.43	20.28	3.63	26.18	8.05	18.13
30.66	161.37	20.17	167.27	112.20	19.32	8.32	42.95	11.86	31.09
81.97	387.05	51.05	198.50	139.97	29.73	14.31	71.42	27.85	43.57
0.27	35.42	5.20	36.14	15.50	3.99	1.40	19.64	5.91	13.74
0.34	25.20	3.12	17.79	14.88	2.18	1.01	4.78	2.28	2.50
1.28	16.15	9.42	11.59	5.74	1.79	1.02	5.00	0.67	4.33
0.00	10.27		3.57	3.33	1.20	0.96	0.15	0.01	0.14
19.94	91.08		146.60	29.33	3.29	0.00	187.58	75.35	112.24
	22.39		39.38	15.29	0.55	0.16	21.79	4.95	16.84
	3.11		15.30	2.21	0.13	0.01	14.33	4.97	9.35

13—10 续表 continued

行业	Sector	负债合计 Total Liabilities	流动负债 Liquid Liabilities
总计	**Total**	**868.72**	**742.28**
总计中：	**Of the Total:**		
港澳台商投资企业	Enterprises Funded by Entrepreneurs from Hong Kong, Macao and Taiwan	320.86	248.95
外商投资企业	Foreign Funded Enterprises	547.86	493.33
总计中：	**Of the Total:**		
轻工业	Light Industry	288.69	267.55
重工业	Heavy Industry	580.03	474.73
总计中：	**Of the Total:**		
大型企业	Large-sized Enterprises	194.37	189.45
中型企业	Medium-sized Enterprises	427.15	335.44
小型企业	Small Enterprises	247.21	217.40
按行业分	**Grouped by Sector**		
煤炭开采和洗选业	Coal Mining and Dressing	2.72	2.72
黑色金属矿采选业	Ferrous Metals Mining and Dressing	3.74	3.09
有色金属矿采选业	Nonferrous Metals Mining and Dressing	0.39	0.39
非金属矿采选业	Nonmetal Minerals Mining and Dressing	0.59	0.49
农副食品加工业	Agricultural and Non-staple Food Processing Industry	24.63	21.20
食品制造业	Food Manufacturing	14.02	12.59
饮料制造业	Beverage Manufacturing	30.71	29.27
纺织业	Textile Industry	17.20	15.86
纺织服装、鞋、帽制造业	Textile Dress, Footwear and Headgear Manufacturing	13.51	11.34
皮革毛皮羽毛（绒）及其制品业	Leather, Furs, Down and Related Products	4.93	4.85
木材加工及木竹藤棕草制品业	Timber Processing, Bamboo, Cane, Palm Fiber and Straw Products	8.68	6.69
家具制造业	Furniture Manufacturing	3.65	3.61
造纸及纸制品业	Papermaking and Paper Products	8.35	6.80
印刷业和记录媒介的复制	Printing and Record Medium Reproduction	4.95	3.90
文教体育用品制造业	Cultural, Educational and Sports Goods	1.99	1.67
石油加工、炼焦及核燃料加工业	Petroleum Processing, Coking and Nuclear Fuel Processing	3.36	3.11
化学原料及制品制造业	Raw Chemical Materials and Chemical Products	67.68	63.15
医药制造业	Medical and Pharmaceutical Products	7.80	6.94
化学纤维制造业	Chemical Fiber	4.37	2.96
橡胶制品业	Rubber Products	30.60	29.18
塑料制品业	Plastic Products	14.48	11.86
非金属矿物制品业	Nonmetal Mineral Products	39.80	26.08
黑色金属冶炼及压延加工业	Smelting and Pressing of Ferrous Metals	30.54	29.14
有色金属冶炼及压延加工业	Smelting and Pressing of Nonferrous Metals	27.53	24.16
金属制品业	Metal Products	14.36	14.01
通用设备制造业	Equipments in Current Use	59.89	53.01
专用设备制造业	Equipments in Special Use	40.63	40.17
交通运输设备制造业	Transport Equipment	108.81	98.91
电气机械及器材制造业	Electric Equipment and Machinery	113.13	109.59
通信设备、计算机及其他电子设备制造业	Telecommunication Equipment, Computer and Other Electronic Equipment Manufacturing	17.67	14.39
仪器仪表及文化办公用机械	Instruments, Meters, Cultural and Office	8.82	8.81
工艺品及其他制造业	Handiwork and Other Manufacturing	5.84	4.75
废弃资源和废旧材料回收工业	Recovery and Processing of Discarded Resources and Waste Materials	2.30	2.26
电力、热力的生产和供应业	Production and Supply of Electric Power and Heating Power	100.10	55.94
燃气生产和供应业	Production and Supply of Gas	24.11	15.09
水的生产和供应业	Production and Supply of Tap Water	6.85	4.30

单位：亿元　(100 million yuan)

长期负债 Long-term Liabilities	所有者权益 Creditors' Equity	#实收资本 Capital Hold	主营业务收入 Revenue from principal Business	主营业务成本 Cost of Principal Business	主营业务税金及附加 Business and Extra Charges	利润总额 Total Profits	本年应付工资 Wages Payable in This Year	本年应交增值税 Value Added Tax Payable	全部从业人员年平均人数(万人) Annual Average employed Persons (10000 persons)
109.50	**601.50**	**452.96**	**1585.89**	**1291.10**	**11.80**	**147.68**	**108.00**	**86.77**	**24.47**
61.85	185.31	141.11	499.62	424.44	1.63	38.95	38.28	24.81	9.71
47.65	416.19	311.85	1086.27	866.66	10.18	108.73	69.71	61.96	14.75
16.83	208.35	167.94	691.34	539.30	7.32	66.10	53.97	46.81	13.37
92.67	393.14	285.02	894.56	751.80	4.49	81.58	54.03	39.97	11.09
4.91	106.70	82.38	461.56	367.89	5.96	46.05	33.72	37.73	4.01
77.48	289.05	208.31	655.73	524.29	4.18	64.79	49.12	29.42	11.51
27.10	205.74	162.27	468.61	398.93	1.66	36.83	25.15	19.62	8.95
	0.17	0.20	2.74	2.41		0.15	0.32	0.12	0.03
0.58	15.34	1.16	6.14	3.54	0.22	1.52	0.37	0.73	0.08
	2.22	0.13	0.49	0.31		0.08	0.15	0.06	0.05
0.10	2.43	1.49	1.25	0.73	0.01	0.15	0.06	0.10	0.03
0.60	16.79	11.65	43.25	35.46	0.01	3.59	1.77	2.20	0.78
1.43	16.10	12.08	40.23	30.07	0.01	3.20	2.47	1.96	0.77
1.40	11.56	14.84	39.46	25.55	2.31	4.85	2.54	1.98	0.70
1.32	18.34	15.08	44.48	38.64	0.18	2.33	6.28	1.21	1.67
2.03	11.57	8.62	37.96	32.21	0.07	3.13	5.62	0.76	2.51
0.03	5.32	4.97	17.29	13.68	0.01	1.70	1.75	0.60	0.84
1.70	5.68	4.31	13.89	12.60		0.12	1.06	0.55	0.29
0.04	0.89	0.84	6.70	5.60	0.10	0.76	0.63	0.38	0.15
1.55	7.81	5.44	13.69	10.72	0.01	2.44	1.05	0.39	0.28
1.05	3.61	2.03	5.21	3.84		0.94	0.76	0.29	0.13
0.05	2.04	1.45	5.61	4.63		0.50	1.01	0.13	0.71
0.26	2.91	1.50	8.82	8.40	0.02	0.34	0.25	0.31	0.10
3.93	35.31	45.12	120.69	82.33	0.11	16.51	3.30	6.60	0.91
0.86	8.54	5.98	14.20	8.88	0.02	1.86	0.71	0.79	0.29
1.41	1.29	1.23	8.51	8.19		0.55	0.10	0.06	0.03
1.42	23.50	18.12	54.59	44.60	0.09	6.65	4.37	2.50	1.13
2.62	15.62	8.16	35.62	29.28	0.04	4.23	2.42	1.05	0.74
9.65	31.69	25.74	35.36	30.06	0.10	1.77	2.50	1.68	1.05
1.40	22.74	13.38	84.06	78.99	0.77	1.83	1.45	6.35	0.31
3.37	3.74	7.10	31.29	30.93		-0.49	0.38	0.02	0.12
0.34	16.79	7.37	38.06	31.35	0.29	4.52	1.98	1.45	0.48
6.41	36.96	20.64	91.58	74.78	0.15	12.46	6.85	4.41	1.06
0.46	36.44	18.07	93.03	79.65	2.35	11.42	7.87	2.14	0.77
4.44	58.44	47.73	158.26	127.35	0.11	10.75	11.95	5.44	2.10
2.74	83.21	50.44	342.18	281.50	4.25	27.67	27.26	32.56	3.75
2.80	18.37	19.71	24.44	21.62	0.16	0.85	3.88	0.56	1.20
0.01	8.97	2.04	25.14	15.59		6.50	0.88	1.46	0.16
0.97	5.68	2.46	15.98	11.27	0.31	1.75	1.48	0.82	0.45
0.00	1.26	1.18	10.21	10.03		0.12	0.03	0.01	0.02
42.96	46.50	47.36	89.02	76.27		8.87	2.99	6.22	0.30
9.02	15.24	18.67	23.26	18.26	0.06	3.57	1.14	0.76	0.34
2.56	8.44	6.71	3.21	1.78	0.04	0.53	0.38	0.12	0.17

13—11 外商投资和港澳台工业企业主要经济效益指标（2009年）

行　　业	Sector
总　　计	**Total**
总计中：	**Of the Total:**
港澳台商投资企业	Enterprises Funded by Entrepreneurs from Hong Kong, Macao and Taiwan
外商投资企业	Foreign Funded Enterprises
总计中：	**Of the Total:**
轻工业	Light Industry
重工业	Heavy Industry
总计中：	**Of the Total:**
大型企业	Large-sized Enterprises
中型企业	Medium-sized Enterprises
小型企业	Small Enterprises
按行业分	**Grouped by Sector**
煤炭开采和洗选业	Coal Mining and Dressing
黑色金属矿采选业	Ferrous Metals Mining and Dressing
有色金属矿采选业	Nonferrous Metals Mining and Dressing
非金属矿采选业	Nonmetal Minerals Mining and Dressing
农副食品加工业	Agricultural and Non-staple Food Processing Industry
食品制造业	Food Manufacturing
饮料制造业	Beverage Manufacturing
纺织业	Textile Industry
纺织服装、鞋、帽制造业	Textile Dress, Footwear and Headgear Manufacturing
皮革毛皮羽毛（绒）及其制品业	Leather, Furs, Down and Related Products
木材加工及木竹藤棕草制品业	Timber Processing, Bamboo, Cane, Palm Fiber and Straw Products
家具制造业	Furniture Manufacturing
造纸及纸制品业	Papermaking and Paper Products
印刷业和记录媒介的复制	Printing and Record Medium Reproduction
文教体育用品制造业	Cultural, Educational and Sports Goods
石油加工、炼焦及核燃料加工业	Petroleum Processing, Coking and Nuclear Fuel Processing
化学原料及制品制造业	Raw Chemical Materials and Chemical Products
医药制造业	Medical and Pharmaceutical Products
化学纤维制造业	Chemical Fiber
橡胶制品业	Rubber Products
塑料制品业	Plastic Products
非金属矿物制品业	Nonmetal Mineral Products
黑色金属冶炼及压延加工业	Smelting and Pressing of Ferrous Metals
有色金属冶炼及压延加工业	Smelting and Pressing of Nonferrous Metals
金属制品业	Metal Products
通用设备制造业	Equipments in Current Use
专用设备制造业	Equipments in Special Use
交通运输设备制造业	Transport Equipment
电气机械及器材制造业	Electric Equipment and Machinery
通信设备、计算机及其他电子设备制造业	Telecommunication Equipment, Computer and Other Electronic Equipment Manufacturing
仪器仪表及文化办公用机械	Instruments, Meters, Cultural and Office
工艺品及其他制造业	Handiwork and Other Manufacturing
废弃资源和废旧材料回收工业	Recovery and Processing of Discarded Resources and Waste Materials
电力、热力的生产和供应业	Production and Supply of Electric Power and Heating Power
燃气生产和供应业	Production and Supply of Gas
水的生产和供应业	Production and Supply of Tap Water

Main Indicators on Economic Benefit of Industrial Enterprises with Hong Kong, Macao, Taiwan and Foreign Funds (2009)

总资产贡献率 (%) Ratio of Total Assets to Industrial Output Value (%)	资产负债率 (%) Assets-liability Ratio (%)	流动资产周转次数 (次/年) Number of Times of Annual of Turnover Circulating Funds (times/year)	工业成本费用利润率 (%) Ratio of Profits to Industrial Cost (%)	产品销售率 (%) Proportion of Products Sold (%)
17.80	**58.93**	**2.05**	**10.21**	**95.95**
14.03	63.31	2.04	8.38	96.37
19.78	56.63	2.06	11.08	95.78
24.79	57.69	2.44	10.60	95.18
14.21	59.57	1.83	9.92	96.58
30.73	64.56	2.25	10.93	95.01
15.01	59.43	2.00	11.03	97.50
13.65	54.41	1.96	8.42	94.88
9.46	93.96	2.32	5.76	100.00
13.38	19.60	1.55	33.22	96.56
5.03	14.86	0.29	19.87	97.81
8.80	19.46	1.33	13.60	96.89
15.13	59.20	2.12	9.12	98.66
17.62	46.45	3.21	8.77	96.81
21.93	72.66	2.08	14.60	98.51
11.86	48.18	2.90	5.61	97.78
16.53	53.56	3.38	8.77	97.16
23.44	48.11	2.96	11.31	96.99
7.20	60.25	2.32	0.83	96.95
28.27	80.42	2.07	11.95	94.20
18.26	51.70	1.81	20.39	90.00
16.16	57.78	1.24	21.21	96.04
16.07	49.28	2.30	9.62	93.13
11.37	53.43	2.33	3.76	96.56
23.71	65.71	1.98	15.84	93.74
17.59	47.48	1.54	15.03	93.99
12.01	77.19	3.40	6.46	97.26
19.22	56.56	2.02	13.43	99.02
18.79	47.63	2.23	13.15	96.27
5.79	55.68	1.53	5.12	101.16
17.40	57.31	2.72	2.23	94.15
0.91	87.88	2.46	-1.52	98.15
20.70	45.79	1.82	13.41	98.63
18.20	61.81	1.56	15.31	97.36
21.72	52.54	1.74	12.85	99.21
10.51	65.05	1.41	7.64	95.19
32.84	56.99	2.44	8.87	94.13
5.25	48.89	1.58	3.49	90.20
44.64	49.58	1.69	34.37	98.03
27.17	50.42	2.78	12.26	97.04
4.18	64.59	3.07	1.17	98.38
13.17	68.28	3.04	10.87	95.86
12.07	61.23	1.52	17.34	98.95
5.55	44.81	1.45	19.49	89.99

13—12 私营工业企业主要经济指标（2009年）

行业	Sector	企业单位数（个）Number of Enterprises (unit)	工业总产值（现价）Gross Industrial Output Value
总计	**Total**	**9526**	**3989.53**
总计中:	**Of the Total:**		
私营独资	Private Sole-source Investment Enterprise	1187	308.92
私营合伙	Private Partnership Enterprise	229	54.68
私营有限责任公司	Private Companies with Limited Liabilities	7650	3287.87
私营股份有限公司	Private Share-holding Companies with Limited Liabilities	460	338.06
总计中:	**Of the Total:**		
轻工业	Light Industry	3868	1582.92
重工业	Heavy Industry	5658	2406.61
总计中:	**Of the Total:**		
大型企业	Large-sized Enterprises	4	117.95
中型企业	Medium-sized Enterprises	262	846.66
小型企业	Small Enterprises	9260	3024.92
按行业分	**Grouped by Sector**		
煤炭开采和洗选业	Coal Mining and Dressing	56	23.45
黑色金属矿采选业	Ferrous Metals Mining and Dressing	101	54.19
有色金属矿采选业	Nonferrous Metals Mining and Dressing	68	27.93
非金属矿采选业	Nonmetal Minerals Mining and Dressing	188	42.00
农副食品加工业	Agricultural and Non-staple Food Processing Industry	1021	605.28
食品制造业	Food Manufacturing	183	69.32
饮料制造业	Beverage Manufacturing	195	57.86
烟草制品业	Tobacco Manufacturing	1	0.10
纺织业	Textile Industry	478	204.19
纺织服装、鞋、帽制造业	Textile Dress, Footwear and Headgear Manufacturing	395	85.84
皮革毛皮羽毛（绒）及其制品业	Leather, Furs, Down and Related Products	163	55.92
木材加工及木竹藤棕草制品业	Timber Processing, Bamboo, Cane, Palm Fiber and Straw Products	427	120.25
家具制造业	Furniture Manufacturing	108	27.73
造纸及纸制品业	Papermaking and Paper Products	158	75.59
印刷业和记录媒介的复制	Printing and Record Medium Reproduction	114	34.89
文教体育用品制造业	Cultural, Educational and Sports Goods	114	29.36
石油加工、炼焦及核燃料加工业	Petroleum Processing, Coking and Nuclear Fuel Processing	16	6.93
化学原料及制品制造业	Raw Chemical Materials and Chemical Products	579	232.25
医药制造业	Medical and Pharmaceutical Products	118	51.40
化学纤维制造业	Chemical Fiber	18	5.91
橡胶制品业	Rubber Products	92	24.94
塑料制品业	Plastic Products	520	147.36
非金属矿物制品业	Nonmetal Mineral Products	984	278.42
黑色金属冶炼及压延加工业	Smelting and Pressing of Ferrous Metals	127	268.02
有色金属冶炼及压延加工业	Smelting and Pressing of Nonferrous Metals	128	173.22
金属制品业	Metal Products	507	197.16
通用设备制造业	Equipments in Current Use	824	253.28
专用设备制造业	Equipments in Special Use	377	104.03
交通运输设备制造业	Transport Equipment	501	205.42
电气机械及器材制造业	Electric Equipment and Machinery	585	383.63
通信设备、计算机及其他电子设备制造业	Telecommunication Equipment, Computer and Other Electronic Equipment Manufacturing	142	64.27
仪器仪表及文化办公用机械	Instruments, Meters, Cultural and Office	65	20.98
工艺品及其他制造业	Handiwork and Other Manufacturing	123	40.31
废弃资源和废旧材料回收工业	Recovery and Processing of Discarded Resources and Waste Materials	32	15.20
电力、热力的生产和供应业	Production and Supply of Electric Power and Heating Power	8	0.89
燃气生产和供应业	Production and Supply of Gas	5	1.50
水的生产和供应业	Production and Supply of Tap Water	5	0.53

Main Indicators of Private Enterprises (2009)

单位：亿元　(100 million yuan)

#新产品产值 Output Value of New Products	工业销售产值（现价） Value of Industrial Products Sales (At current prices)	#出口交货值 Delivery Value for Export	资产合计 Total Assets	流动资产合计 Circulating Funds	#存货 Stock	#产成品 Finished Product	固定资产原价 Original Value of Fixed Assets	固定资产累计折旧 Accumulated Depreciation of Fixed Assets	固定资产净值年平均余额 Annual Average Balance of Net Value of Fixed Assets
211.06	**3843.97**	**172.61**	**2374.99**	**1235.79**	**349.69**	**168.68**	**1027.83**	**239.42**	**788.45**
5.57	302.14	5.74	152.91	77.59	20.20	10.30	78.37	16.29	62.08
1.76	53.92	1.10	38.12	17.06	3.67	2.22	22.26	5.05	17.20
181.43	3169.18	153.62	1976.77	1033.04	291.22	142.23	840.51	195.37	645.19
22.29	318.73	12.15	207.20	108.10	34.60	13.94	86.70	22.71	63.98
69.45	1531.05	121.52	789.41	398.53	141.66	68.66	359.71	84.63	275.12
141.61	2312.93	51.09	1585.58	837.26	208.03	100.02	668.12	154.79	513.33
	111.76	7.45	97.35	65.56	14.59	4.35	29.63	10.80	18.84
101.37	813.89	69.85	577.73	287.65	72.81	33.80	267.71	70.21	197.50
109.69	2918.32	95.31	1699.92	882.58	262.29	130.53	730.49	158.42	572.11
	23.12		21.77	7.51	1.09	0.67	15.61	3.65	11.96
0.64	51.47		66.04	24.40	4.91	3.52	16.50	3.44	13.06
	27.58		20.80	7.08	1.90	0.88	11.02	2.25	8.77
0.27	41.01	0.01	24.71	12.33	2.31	1.66	12.15	2.68	9.46
7.32	592.59	9.31	219.59	109.73	45.51	19.88	104.68	26.08	78.60
2.71	68.26	4.31	36.07	18.07	6.64	3.50	17.08	3.64	13.43
3.79	56.65	3.24	38.02	18.76	8.21	4.15	18.35	3.75	14.61
	0.09		0.05	0.02	0.01	0.01	0.03		0.02
13.75	194.08	41.03	115.16	56.49	23.80	12.24	50.64	11.60	39.05
1.42	83.88	15.90	39.61	19.17	5.10	2.40	19.62	3.46	16.16
0.40	54.14	7.91	27.41	17.48	6.59	3.51	9.65	2.61	7.04
8.29	117.44	6.71	53.90	25.01	8.31	4.85	26.06	4.26	21.81
0.37	26.63	1.19	15.61	7.75	2.88	1.36	6.33	1.41	4.92
4.23	73.43	1.35	45.76	19.66	5.06	2.60	24.14	5.76	18.38
1.82	33.43	0.21	27.54	10.28	3.04	1.49	14.52	3.54	10.99
1.29	28.07	4.98	15.60	8.87	2.27	1.04	6.71	2.03	4.68
0.23	6.62		3.86	2.07	0.45	0.18	1.72	0.29	1.43
21.49	223.43	9.08	129.47	65.63	19.90	9.28	58.85	13.89	44.97
3.59	47.41	2.65	44.98	23.68	6.16	3.05	18.52	5.46	13.06
	5.84		2.55	0.89	0.17	0.15	2.20	0.64	1.56
0.46	24.85	1.02	19.10	10.44	3.11	1.36	8.75	2.03	6.73
15.37	140.38	1.44	80.50	41.25	11.94	7.46	34.99	6.68	28.31
8.67	267.39	5.04	238.81	99.32	24.44	11.63	139.27	29.95	109.32
0.09	263.92	8.85	176.93	103.10	21.85	11.35	65.65	18.07	47.58
5.24	169.89	0.09	43.06	27.39	11.34	3.38	12.82	2.84	9.99
4.77	183.72	4.07	109.34	60.83	21.19	7.13	47.85	11.11	36.74
21.58	239.39	9.30	172.70	96.29	28.95	14.13	71.70	21.20	50.50
5.49	99.09	7.04	74.65	41.26	10.64	5.04	30.98	5.90	25.08
12.19	192.40	3.92	127.55	67.61	18.72	10.05	53.62	12.41	41.22
49.29	369.66	9.59	274.33	170.69	31.54	15.41	92.07	19.91	72.16
14.36	61.15	6.69	58.76	34.45	5.07	1.98	15.66	4.58	11.08
1.46	20.20	0.26	16.53	10.77	1.73	0.82	5.01	1.59	3.42
0.41	38.95	7.43	21.88	12.60	3.52	1.86	8.31	1.55	6.81
0.05	14.94		6.34	3.94	1.20	0.64	1.89	0.23	1.66
	0.89		2.66	0.44	0.08	0.02	2.75	0.72	2.04
	1.45		0.77	0.24	0.03		0.32	0.05	0.27
	0.53		2.57	0.28	0.03		1.80	0.19	1.61

13—12 续表 continued

行业	Sector	负债合计 Total Liabilities	流动负债 Liquid Liabilities
总　计	**Total**	**1259.30**	**1097.06**
总计中：	**Of the Total:**		
私营独资	Private Sole-source Investment Enterprise	66.97	58.98
私营合伙	Private Partnership Enterprise	16.38	12.71
私营有限责任公司	Private Companies with Limited Liabilities	1068.80	936.76
私营股份有限公司	Private Share-holding Companies with Limited Liabilities	107.15	88.61
总计中：	**Of the Total:**		
轻工业	Light Industry	404.75	348.91
重工业	Heavy Industry	854.55	748.15
总计中：	**Of the Total:**		
大型企业	Large-sized Enterprises	63.35	47.28
中型企业	Medium-sized Enterprises	294.88	241.77
小型企业	Small Enterprises	901.07	808.01
按行业分	**Grouped by Sector**		
煤炭开采和洗选业	Coal Mining and Dressing	7.81	4.61
黑色金属矿采选业	Ferrous Metals Mining and Dressing	41.96	40.81
有色金属矿采选业	Nonferrous Metals Mining and Dressing	9.04	7.07
非金属矿采选业	Nonmetal Minerals Mining and Dressing	13.00	10.19
农副食品加工业	Agricultural and Non-staple Food Processing Industry	101.29	82.75
食品制造业	Food Manufacturing	16.04	14.63
饮料制造业	Beverage Manufacturing	20.51	18.28
烟草制品业	Tobacco Manufacturing	0.03	0.01
纺织业	Textile Industry	64.85	53.92
纺织服装、鞋、帽制造业	Textile Dress, Footwear and Headgear Manufacturing	21.91	19.51
皮革毛皮羽毛（绒）及其制品业	Leather, Furs, Down and Related Products	14.00	12.28
木材加工及木竹藤棕草制品业	Timber Processing, Bamboo, Cane, Palm Fiber and Straw Products	27.49	22.26
家具制造业	Furniture Manufacturing	6.48	5.48
造纸及纸制品业	Papermaking and Paper Products	22.79	18.84
印刷业和记录媒介的复制	Printing and Record Medium Reproduction	14.28	12.24
文教体育用品制造业	Cultural, Educational and Sports Goods	9.44	8.79
石油加工、炼焦及核燃料加工业	Petroleum Processing, Coking and Nuclear Fuel Processing	2.07	2.02
化学原料及制品制造业	Raw Chemical Materials and Chemical Products	70.27	62.56
医药制造业	Medical and Pharmaceutical Products	23.48	20.67
化学纤维制造业	Chemical Fiber	1.15	0.90
橡胶制品业	Rubber Products	8.65	7.79
塑料制品业	Plastic Products	42.57	37.90
非金属矿物制品业	Nonmetal Mineral Products	136.20	112.71
黑色金属冶炼及压延加工业	Smelting and Pressing of Ferrous Metals	104.17	82.27
有色金属冶炼及压延加工业	Smelting and Pressing of Nonferrous Metals	29.46	27.84
金属制品业	Metal Products	62.35	55.52
通用设备制造业	Equipments in Current Use	93.40	85.02
专用设备制造业	Equipments in Special Use	37.71	34.06
交通运输设备制造业	Transport Equipment	75.39	68.33
电气机械及器材制造业	Electric Equipment and Machinery	129.97	120.24
通信设备、计算机及其他电子设备制造业	Telecommunication Equipment, Computer and Other Electronic Equipment Manufacturing	26.89	25.28
仪器仪表及文化办公用机械	Instruments, Meters, Cultural and Office	7.55	6.81
工艺品及其他制造业	Handiwork and Other Manufacturing	10.68	9.85
废弃资源和废旧材料回收工业	Recovery and Processing of Discarded Resources and Waste Materials	3.28	3.22
电力、热力的生产和供应业	Production and Supply of Electric Power and Heating Power	0.96	0.81
燃气生产和供应业	Production and Supply of Gas	0.43	0.27
水的生产和供应业	Production and Supply of Tap Water	1.74	1.28

单位：亿元　(100 million yuan)

长期负债 Long-term Liabilities	所有者权益 Creditors' Equity	#实收资本 Capital Hold	主营业务收入 Revenue from Principal Business	主营业务成本 Cost of Principal Business	主营业务税金及附加 Business and Extra Charges	利润总额 Total Profits	本年应付工资 Wages Payable in This Year	本年应交增值税 Value Added Tax Payable	全部从业人员年平均人数(万人) Annual Average employed Persons (10000 persons)
128.91	**1104.45**	**620.84**	**3784.14**	**3255.50**	**28.99**	**229.44**	**200.58**	**102.87**	**82.68**
6.65	85.18	48.07	299.91	262.13	2.64	16.87	16.19	6.89	7.75
3.36	21.60	9.52	53.82	45.29	0.51	3.26	3.09	1.35	1.74
103.24	898.25	509.94	3113.90	2680.48	22.16	188.02	162.92	85.75	66.93
15.66	99.42	53.31	316.51	267.60	3.68	21.28	18.37	8.88	6.26
44.25	379.50	191.68	1514.26	1318.64	11.15	92.37	90.72	29.81	38.98
84.66	724.95	429.16	2269.88	1936.86	17.84	137.07	109.86	73.06	43.69
14.57	34.00	10.92	115.12	101.80	0.29	8.24	5.19	4.90	1.47
44.11	280.88	130.06	792.84	663.49	8.18	64.10	55.81	24.33	16.52
70.23	789.57	479.86	2876.18	2490.20	20.52	157.11	139.58	73.63	64.69
3.14	13.96	4.71	24.45	20.63	0.22	1.49	1.51	1.29	0.78
0.70	24.08	17.13	49.35	41.15	0.41	0.10	2.58	1.77	0.98
1.83	11.76	5.03	27.57	22.54	0.70	2.05	2.11	1.13	0.77
2.48	11.65	7.91	41.98	33.02	0.88	2.44	2.46	1.44	1.03
16.40	116.44	52.49	587.18	522.33	2.63	33.27	17.85	7.15	6.84
1.18	19.95	9.47	68.14	57.50	0.32	4.09	4.04	1.79	1.80
1.84	16.84	7.38	56.19	44.75	2.02	4.27	2.73	1.60	1.24
0.02	0.01	0.01	0.08	0.06			0.01		
8.10	49.98	25.45	191.63	168.86	1.82	11.39	17.40	3.85	7.92
1.49	17.51	10.12	82.53	71.26	0.70	3.59	10.86	1.96	5.68
0.89	13.33	6.88	53.28	47.98	0.16	3.16	3.09	1.31	1.74
4.76	26.11	16.06	117.16	101.64	1.12	6.68	5.60	2.87	2.86
0.62	8.94	5.00	25.04	20.67	0.28	1.52	2.37	0.63	0.75
3.62	22.72	10.70	72.81	65.81	0.33	4.34	4.10	1.46	1.59
0.75	13.19	5.98	30.42	26.06	0.22	2.64	1.63	0.65	0.74
0.23	6.11	3.59	27.86	23.67	0.13	1.17	3.38	0.93	1.65
0.05	1.78	1.33	6.05	5.59	0.02	0.17	0.09	0.08	0.06
5.77	58.45	31.23	227.69	195.81	1.23	15.44	9.25	4.70	3.52
2.61	21.37	13.24	46.72	36.89	0.31	3.46	3.77	1.73	1.31
0.25	1.39	1.21	5.90	4.84	0.10	0.47	0.27	0.29	0.15
0.72	10.24	5.15	23.35	18.52	0.18	1.67	1.55	0.60	0.72
3.65	37.21	21.10	138.54	117.05	1.06	10.48	7.60	3.40	3.17
16.82	101.69	75.30	258.97	221.01	2.10	14.01	15.93	8.68	7.87
21.70	72.69	31.77	269.81	249.16	3.16	10.73	6.95	7.07	2.14
1.25	13.47	7.30	170.04	158.80	1.21	7.08	1.53	7.89	0.76
3.56	45.34	27.72	185.12	157.88	1.28	13.27	10.92	5.91	3.69
7.31	78.64	43.25	231.24	194.48	1.28	15.36	15.65	7.67	6.23
2.08	36.67	21.15	97.76	80.50	0.74	7.07	6.91	3.39	2.73
5.17	51.72	28.81	183.59	156.08	0.93	10.08	12.06	4.56	4.72
6.99	143.57	98.35	348.55	279.28	2.11	25.15	16.66	11.55	5.47
1.26	31.67	12.57	58.83	46.78	0.33	6.81	5.18	2.52	1.76
0.48	8.97	5.07	20.18	15.77	0.14	1.85	1.58	0.81	0.48
0.38	11.04	4.71	38.93	33.13	0.68	3.78	2.57	0.88	1.35
0.04	3.06	2.12	14.71	14.00	0.17	0.25	0.25	1.26	0.12
0.15	1.70	0.41	0.88	0.69	0.01	0.05	0.06	0.02	0.03
0.16	0.34	0.20	1.13	1.02	0.01	0.03	0.01	0.02	0.01
0.46	0.84	0.93	0.49	0.31	0.01	0.03	0.06	0.02	0.03

13—13 私营工业企业主要经济效益指标（2009年）

行　业	Sector
总　　计	**Total**
总计中：	**Of the Total:**
私营独资	Private Sole-source Investment Enterprise
私营合伙	Private Partnership Enterprise
私营有限责任公司	Private Companies with Limited Liabilities
私营股份有限公司	Private Share-holding Companies with Limited Liabilities
总计中：	**Of the Total:**
轻工业	Light Industry
重工业	Heavy Industry
总计中：	**Of the Total:**
大型企业	Large-sized Enterprises
中型企业	Medium-sized Enterprises
小型企业	Small Enterprises
按行业分	**Grouped by Sector**
煤炭开采和洗选业	Coal Mining and Dressing
黑色金属矿采选业	Ferrous Metals Mining and Dressing
有色金属矿采选业	Nonferrous Metals Mining and Dressing
非金属矿采选业	Nonmetal Minerals Mining and Dressing
农副食品加工业	Agricultural and Non-staple Food Processing Industry
食品制造业	Food Manufacturing
饮料制造业	Beverage Manufacturing
烟草制品业	Tobacco Manufacturing
纺织业	Textile Industry
纺织服装、鞋、帽制造业	Textile Dress, Footwear and Headgear Manufacturing
皮革毛皮羽毛（绒）及其制品业	Leather, Furs, Down and Related Products
木材加工及木竹藤棕草制品业	Timber Processing, Bamboo, Cane, Palm Fiber and Straw Products
家具制造业	Furniture Manufacturing
造纸及纸制品业	Papermaking and Paper Products
印刷业和记录媒介的复制	Printing and Record Medium Reproduction
文教体育用品制造业	Cultural, Educational and Sports Goods
石油加工、炼焦及核燃料加工业	Petroleum Processing, Coking and Nuclear Fuel Processing
化学原料及制品制造业	Raw Chemical Materials and Chemical Products
医药制造业	Medical and Pharmaceutical Products
化学纤维制造业	Chemical Fiber
橡胶制品业	Rubber Products
塑料制品业	Plastic Products
非金属矿物制品业	Nonmetal Mineral Products
黑色金属冶炼及压延加工业	Smelting and Pressing of Ferrous Metals
有色金属冶炼及压延加工业	Smelting and Pressing of Nonferrous Metals
金属制品业	Metal Products
通用设备制造业	Equipments in Current Use
专用设备制造业	Equipments in Special Use
交通运输设备制造业	Transport Equipment
电气机械及器材制造业	Electric Equipment and Machinery
通信设备、计算机及其他电子设备制造业	Telecommunication Equipment, Computer and Other Electronic Equipment Manufacturing
仪器仪表及文化办公用机械	Instruments, Meters, Cultural and Office
工艺品及其他制造业	Handiwork and Other Manufacturing
废弃资源和废旧材料回收工业	Recovery and Processing of Discarded Resources and Waste Materials
电力、热力的生产和供应业	Production and Supply of Electric Power and Heating Power
燃气生产和供应业	Production and Supply of Gas
水的生产和供应业	Production and Supply of Tap Water

Main Indicators on Economic Benefit of Private Industrial Enterprises (2009)

总资产贡献率 (%) Ratio of Total Assets to Industrial Output Value (%)	资产负债率 (%) Assets-liability Ratio (%)	流动资产周转次数 (次/年) Number of Times of Annual of Turnover Circulating Funds (times/year)	工业成本费用利润率 (%) Ratio of Profits to Industrial Cost (%)	产品销售率 (%) Proportion of Products Sold (%)
16.44	**53.02**	**3.06**	**6.50**	**96.35**
18.35	43.80	3.87	6.05	97.81
15.06	42.98	3.15	6.22	98.61
16.20	54.07	3.01	6.47	96.39
17.53	51.71	2.93	7.31	94.28
18.43	51.27	3.80	6.54	96.72
15.45	53.90	2.71	6.47	96.11
14.07	65.08	1.76	7.64	94.75
18.02	51.04	2.76	8.69	96.13
16.04	53.01	3.26	5.85	96.48
15.67	35.85	3.26	5.97	98.60
3.75	63.53	2.02	0.22	94.99
19.07	43.47	3.89	8.40	98.75
20.58	52.60	3.40	6.44	97.66
21.26	46.13	5.35	6.06	97.90
18.82	44.48	3.77	6.47	98.48
22.42	53.94	3.00	8.67	97.90
20.77	74.28	4.00	4.29	94.71
16.50	56.31	3.39	6.30	95.05
17.12	55.33	4.31	4.67	97.72
18.23	51.08	3.05	6.32	96.81
21.36	51.01	4.68	6.19	97.66
16.66	41.50	3.23	6.54	96.03
14.93	49.81	3.70	6.25	97.15
14.24	51.84	2.96	9.39	95.82
15.68	60.55	3.14	4.50	95.59
7.89	53.60	2.92	2.80	95.55
17.80	54.28	3.47	7.29	96.20
13.48	52.20	1.97	8.01	92.25
37.13	45.10	6.63	8.73	98.82
14.22	45.31	2.24	7.85	99.65
20.33	52.88	3.36	8.24	95.26
11.48	57.03	2.61	5.78	96.04
12.28	58.87	2.62	4.16	98.47
38.66	68.41	6.21	4.38	98.08
20.25	57.02	3.04	7.81	93.18
15.10	54.08	2.40	7.16	94.52
15.90	50.51	2.37	7.91	95.25
13.45	59.11	2.72	5.92	93.66
15.38	47.38	2.04	7.66	96.36
17.24	45.77	1.71	12.81	95.14
17.76	45.68	1.87	9.93	96.30
25.57	48.81	3.09	10.66	96.62
28.00	51.71	3.73	1.68	98.29
4.23	36.21	2.00	5.78	100.00
6.73	55.86	4.71	2.37	96.51
3.81	67.48	1.75	7.58	100.00

13—14 大中型工业企业主要经济指标（2009年）

行业	Sector	企业单位数（个）Number of Enterprises (unit)	工业总产值（现价）Gross Industrial Output Value
总计	**Total**	**955**	**8165.93**
总计中：	**Of the Total:**		
内资企业	Domestic Funded Enterprise	771	6878.83
国有企业	State-owned Enterprise	84	958.60
集体企业	Collective-owned Enterprise	12	18.33
股份合作企业	Share Holding Cooperative Enterprises	11	62.56
联营企业	Joint Owned Enterprises	1	5.40
有限责任公司	Limited Liability Corporations	280	2805.64
股份有限公司	Share-holding Corporations Ltd.	116	2062.25
私营企业	Private Enterprises	266	964.61
其他企业	Other Enterprises	1	1.45
港澳台商投资企业	Enterprises Funded by Entrepreneurs from Hong Kong, Macao and Taiwan	71	340.21
外商投资企业	Foreign Funded Enterprises	113	946.89
总计中：	**Of the Total:**		
轻工业	Light Industry	377	2125.18
重工业	Heavy Industry	578	6040.75
总计中：	**Of the Total:**		
大型企业	Large-sized Enterprises	82	4604.36
中型企业	Medium-sized Enterprises	873	3561.57
按行业分	**Grouped by Sector**		
煤炭开采和洗选业	Coal Mining and Dressing	28	693.88
黑色金属矿采选业	Ferrous Metals Mining and Dressing	10	41.51
有色金属矿采选业	Nonferrous Metals Mining and Dressing	4	6.33
非金属矿采选业	Nonmetal Minerals Mining and Dressing	2	4.98
农副食品加工业	Agricultural and Non-staple Food Processing Industry	38	243.78
食品制造业	Food Manufacturing	22	80.55
饮料制造业	Beverage Manufacturing	36	146.42
烟草制品业	Tobacco Manufacturing	6	197.97
纺织业	Textile Industry	63	152.23
纺织服装、鞋、帽制造业	Textile Dress, Footwear and Headgear Manufacturing	27	43.40
皮革毛皮羽毛（绒）及其制品业	Leather, Furs, Down and Related Products	14	38.45
木材加工及木竹藤棕草制品业	Timber Processing, Bamboo, Cane, Palm Fiber and Straw Products	8	21.89
家具制造业	Furniture Manufacturing	4	10.25
造纸及纸制品业	Papermaking and Paper Products	16	65.70
印刷业和记录媒介的复制	Printing and Record Medium Reproduction	9	37.91
文教体育用品制造业	Cultural, Educational and Sports Goods	10	13.98
石油加工、炼焦及核燃料加工业	Petroleum Processing, Coking and Nuclear Fuel Processing	3	227.82
化学原料及制品制造业	Raw Chemical Materials and Chemical Products	55	489.38
医药制造业	Medical and Pharmaceutical Products	28	71.31
化学纤维制造业	Chemical Fiber	2	21.66
橡胶制品业	Rubber Products	14	110.04
塑料制品业	Plastic Products	27	124.06
非金属矿物制品业	Nonmetal Mineral Products	61	239.81
黑色金属冶炼及压延加工业	Smelting and Pressing of Ferrous Metals	17	838.02
有色金属冶炼及压延加工业	Smelting and Pressing of Nonferrous Metals	14	432.01
金属制品业	Metal Products	35	147.59
通用设备制造业	Equipments in Current Use	68	226.93
专用设备制造业	Equipments in Special Use	30	150.62
交通运输设备制造业	Transport Equipment	82	923.29
电气机械及器材制造业	Electric Equipment and Machinery	86	1067.01
通信设备、计算机及其他电子设备制造业	Telecommunication Equipment, Computer and Other Electronic Equipment Manufacturing	34	137.09
仪器仪表及文化办公用机械	Instruments, Meters, Cultural and Office	5	40.79
工艺品及其他制造业	Handiwork and Other Manufacturing	17	30.38
废弃资源和废旧材料回收工业	Recovery and Processing of Discarded Resources and Waste Materials	4	15.88
电力、热力的生产和供应业	Production and Supply of Electric Power and Heating Power	61	1046.67
燃气生产和供应业	Production and Supply of Gas	6	17.00
水的生产和供应业	Production and Supply of Tap Water	9	9.37

Main Indicators of Large and Medium-sized Industrial Enterprises (2009)

单位：亿元 (100 million yuan)

#新产品产值 Output Value of New Products	工业销售产值（现价） Value of Industrial Products Sales (At current prices)	#出口交货值 Delivery Value for Export	资产合计 Total Assets	流动资产合计 Circulating Funds	#存货 Stock	#产成品 Finished Product	固定资产原价 Original Value of Fixed Assets	固定资产累计折旧 Accumulated Depreciation of Fixed Assets	固定资产净值年平均余额 Annual Average Balance of Net Value of Fixed Assets
970.20	**7982.75**	**401.55**	**8680.40**	**3334.69**	**908.37**	**290.62**	**5533.60**	**1878.55**	**3653.09**
801.60	6742.28	250.20	7660.53	2801.28	783.65	244.22	4958.10	1679.24	3276.91
28.15	943.32	8.37	829.21	296.01	124.29	18.54	792.07	310.75	479.36
5.22	18.15	0.03	11.80	7.50	1.50	0.59	6.02	3.03	2.99
35.02	60.24	0.75	23.16	12.63	3.67	2.03	11.50	4.32	7.18
	5.67		3.37	0.34	0.08	0.07	4.99	1.95	3.04
158.26	2766.14	49.61	3720.89	1188.91	303.50	109.19	2294.19	735.10	1559.09
473.58	2021.67	114.14	2395.56	942.08	263.04	75.54	1550.19	541.82	1008.37
101.37	925.65	77.30	675.07	353.21	87.40	38.15	297.34	81.00	216.34
	1.44		1.46	0.60	0.19	0.10	1.80	1.25	0.55
36.71	327.73	56.07	349.61	152.87	26.79	7.56	211.77	70.25	141.52
131.89	912.74	95.27	670.26	380.55	97.92	38.84	363.73	129.06	234.66
343.27	2050.29	175.26	1468.98	743.47	261.47	82.36	696.36	242.48	453.89
626.92	5932.47	226.28	7211.42	2591.23	646.90	208.26	4837.24	1636.08	3199.20
553.29	4526.93	184.58	5250.17	1916.07	571.03	149.63	3305.95	1179.02	2126.93
416.91	3455.82	216.97	3430.23	1418.63	337.34	140.99	2227.65	699.53	1526.16
	690.92		1489.40	358.29	70.67	41.41	998.84	350.17	648.67
0.58	40.74		189.83	54.87	4.71	1.63	57.50	19.92	37.58
	6.23		7.74	4.09	0.55	0.33	2.89	0.97	1.92
	4.99	0.18	7.63	2.22	0.53	0.25	7.24	2.81	4.43
2.17	238.39	2.24	145.00	70.69	21.24	5.90	53.87	16.52	37.34
0.50	78.32	7.39	45.59	17.27	6.15	2.68	32.14	9.73	22.41
11.03	141.96	0.81	117.66	60.83	31.30	7.55	58.55	18.38	40.17
	196.82	0.14	141.07	97.52	72.35	3.36	68.19	34.64	33.55
16.86	145.01	34.40	153.86	61.13	23.91	9.99	89.02	33.40	55.62
0.27	41.79	18.31	28.98	13.22	1.96	0.80	12.41	2.98	9.43
0.37	38.09	13.09	26.37	14.51	4.90	2.09	10.15	2.26	7.90
3.04	21.70	2.39	13.79	5.40	1.27	0.68	9.10	2.70	6.40
1.12	9.86	2.21	5.53	3.67	0.67	0.02	1.32	0.37	0.95
13.91	63.63	1.06	72.77	26.92	9.39	3.53	53.75	12.42	41.33
2.49	37.06	0.57	31.30	17.72	5.10	2.35	18.54	6.53	12.01
0.46	13.17	3.00	7.98	5.22	1.37	0.65	2.92	1.30	1.63
1.24	226.11	0.42	89.15	26.43	12.86	3.94	117.71	53.04	64.67
41.96	478.73	27.43	455.17	190.11	46.80	20.87	288.28	96.55	191.73
19.63	67.68	3.82	89.74	48.02	8.75	4.17	43.35	15.07	28.27
4.62	20.36	4.15	45.68	11.75	3.12	1.29	22.41	9.81	12.59
33.74	104.44	27.21	91.54	47.99	13.49	4.60	52.86	22.43	30.43
28.49	119.11	5.60	108.15	54.93	15.12	5.43	55.11	19.17	35.94
3.86	231.81	12.76	402.69	137.64	21.27	7.17	301.28	83.97	217.31
62.86	835.93	17.49	908.49	368.51	115.64	24.13	718.12	267.27	450.85
	423.82	9.61	482.09	241.36	108.29	13.14	186.64	45.02	141.62
1.09	136.37	2.03	94.04	60.84	20.84	6.74	41.08	16.73	24.35
57.94	216.15	23.91	257.10	143.75	40.66	17.53	106.37	34.16	72.21
3.46	148.83	8.84	112.28	74.52	26.02	5.52	38.51	13.41	25.10
307.44	902.60	80.87	884.67	467.04	105.17	38.68	325.16	103.88	221.28
274.74	1027.30	64.60	588.64	347.89	73.15	37.69	189.39	65.83	123.56
50.66	127.98	9.87	154.55	85.96	22.64	12.79	58.64	20.94	37.70
2.56	38.10	2.62	43.51	31.44	3.76	1.76	13.78	5.91	7.86
3.17	30.22	14.14	19.73	11.05	3.04	1.19	7.75	1.01	6.74
	15.74		7.08	3.18	0.68	0.29	4.66	1.30	3.35
19.94	1036.88	0.03	1270.10	139.08	9.93	0.37	1412.20	463.44	946.81
	17.00		42.94	18.78	0.38	0.08	23.55	5.98	17.57
	8.91	0.37	48.56	10.85	0.72	0.01	50.32	18.51	31.81

13—14 续表1 continued

行业	Sector	负债合计 Total Liabilities	流动负债 Liquid Liabilities
总计	**Total**	**5471.95**	**3702.47**
总计中:	**Of the Total:**		
内资企业	Domestic Funded Enterprise	4850.43	3177.58
国有企业	State-owned Enterprise	565.48	321.29
集体企业	Collective-owned Enterprise	5.99	5.83
股份合作企业	Share Holding Cooperative Enterprises	14.63	12.54
联营企业	Joint Owned Enterprises	2.40	2.40
有限责任公司	Limited Liability Corporations	2497.18	1595.13
股份有限公司	Share-holding Corporations Ltd.	1405.88	950.99
私营企业	Private Enterprises	358.23	289.05
其他企业	Other Enterprises	0.63	0.35
港澳台商投资企业	Enterprises Funded by Entrepreneurs from Hong Kong, Macao and Taiwan	228.29	169.47
外商投资企业	Foreign Funded Enterprises	393.22	355.42
总计中:	**Of the Total:**		
轻工业	Light Industry	794.51	698.80
重工业	Heavy Industry	4677.44	3003.67
总计中:	**Of the Total:**		
大型企业	Large-sized Enterprises	3359.96	2269.27
中型企业	Medium-sized Enterprises	2111.99	1433.20
按行业分	**Grouped by Sector**		
煤炭开采和洗选业	Coal Mining and Dressing	1067.43	559.05
黑色金属矿采选业	Ferrous Metals Mining and Dressing	54.23	52.82
有色金属矿采选业	Nonferrous Metals Mining and Dressing	1.27	1.10
非金属矿采选业	Nonmetal Minerals Mining and Dressing	5.12	3.72
农副食品加工业	Agricultural and Non-staple Food Processing Industry	81.95	65.74
食品制造业	Food Manufacturing	19.69	17.15
饮料制造业	Beverage Manufacturing	69.51	62.62
烟草制品业	Tobacco Manufacturing	27.94	27.92
纺织业	Textile Industry	85.94	65.47
纺织服装、鞋、帽制造业	Textile Dress, Footwear and Headgear Manufacturing	16.69	13.42
皮革毛皮羽毛（绒）及其制品业	Leather, Furs, Down and Related Products	12.99	10.81
木材加工及木竹藤棕草制品业	Timber Processing, Bamboo, Cane, Palm Fiber and Straw Products	7.74	5.13
家具制造业	Furniture Manufacturing	4.02	3.77
造纸及纸制品业	Papermaking and Paper Products	42.25	30.44
印刷业和记录媒介的复制	Printing and Record Medium Reproduction	12.24	12.01
文教体育用品制造业	Cultural, Educational and Sports Goods	4.56	4.40
石油加工、炼焦及核燃料加工业	Petroleum Processing, Coking and Nuclear Fuel Processing	74.61	63.76
化学原料及制品制造业	Raw Chemical Materials and Chemical Products	287.21	240.17
医药制造业	Medical and Pharmaceutical Products	50.10	45.42
化学纤维制造业	Chemical Fiber	23.41	15.27
橡胶制品业	Rubber Products	47.93	43.99
塑料制品业	Plastic Products	69.58	66.57
非金属矿物制品业	Nonmetal Mineral Products	207.34	120.18
黑色金属冶炼及压延加工业	Smelting and Pressing of Ferrous Metals	520.38	305.99
有色金属冶炼及压延加工业	Smelting and Pressing of Nonferrous Metals	351.53	299.47
金属制品业	Metal Products	57.35	50.53
通用设备制造业	Equipments in Current Use	139.94	123.01
专用设备制造业	Equipments in Special Use	66.19	60.51
交通运输设备制造业	Transport Equipment	596.11	513.40
电气机械及器材制造业	Electric Equipment and Machinery	352.92	337.64
通信设备、计算机及其他电子设备制造业	Telecommunication Equipment, Computer and Other Electronic Equipment Manufacturing	73.34	64.09
仪器仪表及文化办公用机械	Instruments, Meters, Cultural and Office	17.04	16.08
工艺品及其他制造业	Handiwork and Other Manufacturing	9.25	7.86
废弃资源和废旧材料回收工业	Recovery and Processing of Discarded Resources and Waste Materials	5.36	5.06
电力、热力的生产和供应业	Production and Supply of Electric Power and Heating Power	961.68	354.03
燃气生产和供应业	Production and Supply of Gas	34.54	25.89
水的生产和供应业	Production and Supply of Tap Water	12.55	7.98

单位：亿元　(100 million yuan)

长期负债 Long-term Liabilities	所有者权益 Creditors' Equity	#实收资本 Capital Hold	主营业务收入 Revenue from principal Business	主营业务成本 Cost of Principal Business	主营业务税金及附加 Business and Extra Charges	利润总额 Total Profits	本年应付工资 Wages Payable in This Year	本年应交增值税 Value Added Tax Payable	全部从业人员年平均人数(万人) Annual Average employed Persons (10000 persons)
1698.80	**3187.44**	**1466.39**	**7916.14**	**6462.62**	**200.99**	**537.67**	**561.81**	**381.80**	**127.06**
1616.40	2791.68	1175.70	6798.85	5570.45	190.85	426.83	478.97	314.65	111.54
239.14	263.72	126.16	944.88	597.90	128.68	73.43	43.51	53.24	10.02
0.16	5.81	1.78	19.30	15.22	0.15	2.93	2.81	0.92	0.92
0.29	7.53	3.32	57.53	47.33	0.50	6.95	4.29	2.79	1.30
	0.98	2.15	5.67	4.85		-0.03	0.14		0.05
867.80	1210.63	548.53	2937.29	2522.63	28.06	155.27	228.92	152.81	54.77
450.06	987.31	352.37	1924.74	1615.87	24.99	115.93	138.24	75.58	26.46
58.68	314.87	140.98	907.96	765.30	8.47	72.33	61.00	29.24	17.99
0.28	0.83	0.40	1.49	1.36	0.01	0.02	0.06	0.07	0.03
50.04	121.18	88.29	315.50	262.81	1.28	28.65	29.44	15.20	6.05
32.36	274.58	202.40	801.79	629.36	8.86	82.20	53.41	51.95	9.47
86.01	667.55	317.19	1913.96	1458.42	114.48	166.36	145.36	105.77	37.87
1612.78	2519.88	1149.20	6002.18	5004.21	86.50	371.31	416.44	276.03	89.20
1068.18	1878.28	699.50	4550.53	3754.72	172.83	232.23	331.25	255.15	65.24
630.61	1309.15	766.89	3365.61	2707.90	28.16	305.44	230.56	126.65	61.82
488.38	421.97	137.64	757.87	563.61	11.54	61.47	124.39	78.22	29.96
0.53	135.59	79.85	63.31	42.98	2.06	3.74	9.04	5.31	1.98
0.16	6.47	1.36	6.17	4.37	0.23	0.53	1.53	0.29	0.42
1.40	2.51	0.87	5.10	3.30	0.19	-0.26	0.56	0.22	0.16
12.42	62.10	26.41	236.47	207.76	0.47	21.68	11.26	4.44	3.53
2.28	25.86	16.65	77.10	60.20	0.15	4.64	6.07	3.32	1.75
6.26	48.08	27.81	142.26	85.71	13.76	14.88	10.70	8.59	3.36
0.02	113.13	31.34	196.45	67.37	87.78	19.90	7.61	20.77	0.95
18.81	67.86	26.36	153.74	137.33	0.88	8.31	18.49	3.33	6.89
2.68	12.09	6.83	40.90	34.27	0.20	3.93	6.34	0.71	2.19
1.72	13.39	7.54	37.68	30.80	0.12	4.35	2.89	1.03	1.17
2.61	6.05	3.32	21.45	19.25	0.08	0.92	1.75	0.68	0.91
0.17	1.51	1.27	9.04	7.54	0.11	0.76	1.41	0.45	0.18
11.63	30.42	9.49	65.34	54.92	0.39	5.16	3.61	2.53	1.07
0.23	19.05	5.51	34.32	27.15	0.14	4.18	4.12	1.55	1.01
0.16	3.42	1.63	12.67	10.27	0.03	0.75	1.67	0.39	0.62
10.85	14.54	14.65	233.47	181.01	36.36	-4.48	3.67	8.82	0.61
45.22	167.96	101.63	448.16	367.23	1.27	40.54	31.01	13.97	6.87
4.63	39.52	20.90	90.46	71.32	0.41	6.25	8.04	3.30	2.89
8.14	22.27	3.79	19.81	16.71	0.17	0.79	1.21	0.27	0.38
3.94	43.60	20.13	89.22	69.46	0.42	11.45	10.10	4.92	2.41
3.01	38.42	16.12	117.52	101.44	0.53	5.94	5.90	3.27	1.75
79.52	195.00	104.96	227.62	178.13	2.32	31.00	11.63	11.52	4.39
214.27	387.12	112.70	853.92	779.22	5.62	21.46	51.12	37.30	7.45
51.86	130.56	67.52	546.30	509.85	2.76	17.06	14.82	13.38	3.71
4.83	35.35	13.30	137.83	113.41	0.99	12.66	12.43	4.64	2.89
15.60	116.48	46.67	227.33	174.14	0.87	24.16	20.52	10.81	5.02
5.01	46.09	19.75	116.59	96.83	2.72	12.50	11.44	1.99	2.44
72.33	277.77	117.76	809.86	682.55	13.62	43.75	54.50	21.30	9.87
10.75	230.66	127.45	889.34	730.55	8.86	72.96	57.95	59.84	9.47
9.25	81.20	28.00	110.59	91.61	1.37	10.80	10.53	2.82	2.54
0.96	26.46	6.36	39.92	26.50	0.11	7.69	2.14	1.96	0.44
1.09	10.41	3.42	30.21	23.06	0.63	2.87	3.15	1.23	0.99
0.20	1.72	0.89	17.32	14.89	0.14	1.61	0.71	0.78	0.23
596.27	308.40	223.01	1024.32	857.00	3.54	62.13	36.89	46.94	5.73
8.65	8.39	15.12	17.70	14.32	0.04	1.51	1.03	0.43	0.28
2.96	36.01	18.38	8.81	6.57	0.12	0.10	1.56	0.47	0.56

13—15 大中型工业企业主要经济效益指标（2009年）

行　业	Sector
总　　计	**Total**
总计中:	**Of the Total:**
内资企业	Domestic Funded Enterprise
国有企业	State-owned Enterprise
集体企业	Collective-owned Enterprise
股份合作企业	Share Holding Cooperative Enterprises
联营企业	Joint Owned Enterprises
有限责任公司	Limited Liability Corporations
股份有限公司	Share-holding Corporations Ltd.
私营企业	Private Enterprises
其他企业	Other Enterprises
港澳台商投资企业	Enterprises Funded by Entrepreneurs from Hong Kong, Macao and Taiwan
外商投资企业	Foreign Funded Enterprises
总计中:	**Of the Total:**
轻工业	Light Industry
重工业	Heavy Industry
总计中:	**Of the Total:**
大型企业	Large-sized Enterprises
中型企业	Medium-sized Enterprises
按行业分	**Grouped by Sector**
煤炭开采和洗选业	Coal Mining and Dressing
黑色金属矿采选业	Ferrous Metals Mining and Dressing
有色金属矿采选业	Nonferrous Metals Mining and Dressing
非金属矿采选业	Nonmetal Minerals Mining and Dressing
农副食品加工业	Agricultural and Non-staple Food Processing Industry
食品制造业	Food Manufacturing
饮料制造业	Beverage Manufacturing
烟草制品业	Tobacco Manufacturing
纺织业	Textile Industry
纺织服装、鞋、帽制造业	Textile Dress, Footwear and Headgear Manufacturing
皮革毛皮羽毛（绒）及其制品业	Leather, Furs, Down and Related Products
木材加工及木竹藤棕草制品业	Timber Processing, Bamboo, Cane, Palm Fiber and Straw Products
家具制造业	Furniture Manufacturing
造纸及纸制品业	Papermaking and Paper Products
印刷业和记录媒介的复制	Printing and Record Medium Reproduction
文教体育用品制造业	Cultural, Educational and Sports Goods
石油加工、炼焦及核燃料加工业	Petroleum Processing, Coking and Nuclear Fuel Processing
化学原料及制品制造业	Raw Chemical Materials and Chemical Products
医药制造业	Medical and Pharmaceutical Products
化学纤维制造业	Chemical Fiber
橡胶制品业	Rubber Products
塑料制品业	Plastic Products
非金属矿物制品业	Nonmetal Mineral Products
黑色金属冶炼及压延加工业	Smelting and Pressing of Ferrous Metals
有色金属冶炼及压延加工业	Smelting and Pressing of Nonferrous Metals
金属制品业	Metal Products
通用设备制造业	Equipments in Current Use
专用设备制造业	Equipments in Special Use
交通运输设备制造业	Transport Equipment
电气机械及器材制造业	Electric Equipment and Machinery
通信设备、计算机及其他电子设备制造业	Telecommunication Equipment, Computer and Other Electronic Equipment Manufacturing
仪器仪表及文化办公用机械	Instruments, Meters, Cultural and Office
工艺品及其他制造业	Handiwork and Other Manufacturing
废弃资源和废旧材料回收工业	Recovery and Processing of Discarded Resources and Waste Materials
电力、热力的生产和供应业	Production and Supply of Electric Power and Heating Power
燃气生产和供应业	Production and Supply of Gas
水的生产和供应业	Production and Supply of Tap Water

Main Indicators on Economic Benefit of Large and Medium-sized Industrial Enterprises (2009)

总资产贡献率 (%) Ratio of Total Assets to Industrial Output Value (%)	资产负债率 (%) Assets-liability Ratio (%)	流动资产周转次数 (次/年) Number of Times of Annual of Turnover Circulating Funds (times/year)	工业成本费用利润率 (%) Ratio of Profits to Industrial Cost (%)	产品销售率 (%) Proportion of Products Sold (%)
14.09	**63.04**	**2.37**	**7.36**	**97.76**
13.35	63.32	2.43	6.78	98.01
31.63	68.20	3.19	10.97	98.41
34.20	50.77	2.57	16.87	99.03
45.02	63.17	4.56	12.97	96.29
-0.33	71.05	16.68	-0.68	105.09
10.35	67.11	2.47	5.35	98.59
10.15	58.69	2.04	6.42	98.03
17.45	53.07	2.57	8.56	95.96
8.39	43.08	2.48	1.10	99.51
14.17	65.30	2.06	9.89	96.33
22.52	58.67	2.11	11.44	96.39
27.20	54.09	2.57	9.96	96.48
11.42	64.86	2.32	6.59	98.21
13.63	64.00	2.37	5.43	98.32
14.80	61.57	2.37	10.08	97.03
11.47	71.67	2.12	7.82	99.57
5.89	28.57	1.15	6.59	98.14
13.72	16.41	1.51	9.96	98.38
4.85	67.06	2.30	-5.00	100.31
19.45	56.52	3.35	9.84	97.79
18.89	43.18	4.46	6.45	97.24
32.04	59.08	2.34	13.26	96.96
90.75	19.80	2.01	22.33	99.42
9.91	55.86	2.51	5.61	95.25
18.03	57.60	3.09	10.22	96.31
22.62	49.25	2.60	12.93	99.07
14.43	56.14	3.97	4.54	99.13
25.47	72.67	2.46	8.99	96.25
13.25	58.06	2.43	8.51	96.85
19.21	39.12	1.94	13.79	97.76
16.22	57.20	2.43	6.51	94.20
47.30	83.69	8.83	-2.34	99.25
13.71	63.10	2.36	9.72	97.82
12.00	55.83	1.88	7.42	94.91
4.29	51.25	1.69	4.05	93.99
19.89	52.35	1.86	14.48	94.91
11.73	64.34	2.14	5.32	96.01
12.43	51.49	1.65	15.32	96.66
8.18	57.28	2.32	2.63	99.75
8.12	72.92	2.26	3.21	98.10
20.58	60.99	2.27	10.38	92.40
14.56	54.43	1.58	12.21	95.25
16.47	58.95	1.56	11.23	98.81
9.30	67.38	1.73	5.71	97.76
24.87	59.96	2.56	8.74	96.28
10.43	47.45	1.29	10.23	93.36
22.77	39.17	1.27	24.20	93.39
25.86	46.91	2.73	10.66	99.47
36.13	75.67	5.45	10.26	99.10
10.87	75.72	7.36	6.76	99.06
5.55	80.45	0.94	9.26	100.00
1.44	25.84	0.81	1.13	95.09

13—16 工业分行业职工人数

Number of Staff and Workers in Industry by Industrial Branch

单位：人 (person)

项　　目	Item	1995	2000	2005	2008	2009
总　计	**Total**	**3113653**	**1626088**	**1552051**	**2108023**	**2320587**
按登记注册类型分	**Grouped Type of Registration**					
国　有	State-owned	1526763	800067	146883	226040	125431
集　体	Collective-owned	1401396	497414	43694	32093	29610
其　他	Other Ownership	185494	328607	1361474	18498900	2165546
按行业分	**Grouped by Sector**					
采掘业	**Mining and Quarrying**					
煤炭开采和洗选业	Coal Mining and Dressing	302167	255624	276451	307167	319025
黑色金属矿采选业	Ferrous Metals Mining and Dressing	40864	28444	30385	32932	28617
有色金属矿采选业	Nonferrous Metals Mining and Dressing	18832	9299	8004	10770	11714
非金属矿采选业	Nonmetal Minerals Mining and Dressing	74495	17013	14135	17781	17893
制造业	**Manufacturing**					
农副食品加工业	Agricultural and Non-staple Food Processing Industry	135990	59313	55730	98349	113064
食品制造业	Food Manufacturing	52584	20240	36699	41330	40008
饮料制造业	Beverage Manufacturing	87180	61831	47488	52227	51737
烟草制品业	Tobacco Manufacturing	16046	14905	9494	9896	9599
纺织业	Textile Industry	384329	186103	130701	142354	148936
纺织服装、鞋、帽制造业	Textile Dress, Footwear and Headgear Manufacturing	67831	22808	39937	86932	106622
皮革毛皮羽毛（绒）及其制品业	Leather, Furs, Down and Related Products	36360	16890	22948	31609	32480
木材加工及木竹藤棕草制品业	Timber Processing, Bamboo, Cane, Palm Fiber and Straw Products	39734	23803	27310	43580	49714
家具制造业	Furniture Manufacturing	19547	4008	2889	7943	10829
造纸及纸制品业	Papermaking and Paper Products	77756	30019	20514	26143	29035
印刷业和记录媒介的复制	Printing and Record Medium Reproduction	33039	12431	12200	18859	22602
文教体育用品制造业	Cultural, Educational and Sports Goods	23987	15687	17306	32047	27088
石油加工、炼焦及核燃料加工业	Petroleum Processing, Coking and Nuclear Fuel Processing	18264	8879	6579	7101	7114
化学原料及制品制造业	Raw Chemical Materials and Chemical Products	185646	112540	80801	100378	118185
医药制造业	Medical and Pharmaceutical Products	39499	26303	29246	47601	48504
化学纤维制造业	Chemical Fiber	12426	15177	5108	5853	6110
橡胶制品业	Rubber Products	37057	21850	23124	28964	35136
塑料制品业	Plastic Products	64292	28407	31679	49766	59987
非金属矿物制品业	Nonmetal Mineral Products	455413	121522	88375	123889	140881
黑色金属冶炼及压延加工业	Smelting and Pressing of Ferrous Metals	113064	75381	73458	79344	85330
有色金属冶炼及压延加工业	Smelting and Pressing of Nonferrous Metals	40659	36459	32289	45009	48233
金属制品业	Metal Products	75232	21200	29203	61003	71303
通用设备制造业	Equipments in Current Use	162994	76310	73557	116821	124154
专用设备制造业	Equipments in Special Use	96313	42924	36628	56121	64339
交通运输设备制造业	Transport Equipment	102966	64632	80207	138958	160394
电气机械及器材制造业	Electric Equipment and Machinery	94613	47752	70564	122845	154910
通信设备、计算机及其他电子设备制造业	Telecommunication Equipment, Computer and Other Electronic Equipment Manufacturing	31797	16334	22556	39991	47680
仪器仪表及文化办公用机械	Instruments, Meters, Cultural and Office	20939	5810	6195	9736	10334
工艺品及其他制造业	Handiwork and Other Manufacturing	67725	19200	30284	19557	24380
废弃资源和废旧材料回收工业	Recovery and Processing of Discarded Resources and Waste Materials			3054	3894	5105
电力燃气及水生产和供应业	**Production & Supply of Electric Power, Gas and Water**					
电力、热力的生产和供应业	Production and Supply of Electric Power and Heating Power	56949	83422	61342	73560	71169
燃气生产和供应业	Production and Supply of Gas	5634	5270	4034	4674	4987
水的生产和供应业	Production and Supply of Tap Water	12653	12893	11577	13039	13389

13—17 各市全部规模以上工业企业单位数和总产值（2009年）

Number Above Designated Size Industrial Enterprises and Gross Industrial Output Value by Region (2009)

单位：亿元 (100 million yuan)

地 区	Region	企业单位数（个）Number of Enterprises (unit)	#国有及国有控股企业 State-owned or Controlling Share Hold Industry	工业总产值（现价）Gross Industrial Output Value	#国有及国有控股企业 State-owned or Controlling Share Hold Industry	工业增加值（现价）Value-added of Industry	#国有及国有控股企业 State-owned or Controlling Share Hold Industry	工业销售产值（当年价）Value of Industrial Products Sales	#国有及国有控股企业 State-owned or Controlling Share Hold Industry
总 计	**Total**	**14122**	**729**	**13312.59**	**5385.11**	**3980.55**	**1778.23**	**12929.06**	**5307.01**
合 肥 市	Hefei	1917	171	2766.40	1103.50	767.51	283.11	2635.52	1065.37
淮 北 市	Huaibei	588	37	576.57	328.39	265.51	189.23	561.28	319.45
亳 州 市	Bozhou	464	29	237.90	75.32	76.88	32.58	226.75	74.12
宿 州 市	Suzhou	723	33	473.93	94.69	158.19	32.17	467.02	93.00
蚌 埠 市	Bengbu	600	33	530.11	212.12	189.81	92.52	525.84	213.61
阜 阳 市	Fuyang	681	69	504.23	201.90	155.14	69.49	502.17	201.11
淮 南 市	Huainan	420	33	638.35	484.76	280.15	233.31	640.73	491.34
滁 州 市	Chuzhou	1104	40	690.43	141.67	193.87	39.81	670.73	139.69
六 安 市	Luan	940	36	526.28	39.61	144.16	9.31	517.49	39.69
马鞍山市	Maanshan	705	35	1130.52	761.40	357.56	248.05	1113.90	757.40
巢 湖 市	Chaohu	947	36	556.67	39.61	187.12	9.31	546.84	39.69
芜 湖 市	Wuhu	1586	41	1554.41	647.04	464.60	168.89	1508.27	636.56
宣 城 市	Xuancheng	1111	23	730.43	72.32	189.72	18.27	694.13	70.59
铜 陵 市	Tongling	295	31	643.11	437.01	172.97	116.21	632.98	431.89
池 州 市	Chizhou	449	23	196.98	55.88	60.98	14.82	190.06	54.66
安 庆 市	Anqing	1414	56	958.76	302.26	262.06	75.05	931.88	298.92
黄 山 市	Huangshan	492	11	226.94	5.56	63.90	1.36	217.02	5.45

13—18 各市全部规模以上工业总产值（2009年）

Gross Industrial Output Value Industrial Enterprises Above Designated Size by Region (2009)

本表按当年价格计算 (Data in value terms in this table are calculated at current prices) 单位：亿元 (100 million yuan)

地 区	Region	工业总产值合计（当年价）Gross Industrial Outpnt Value	国有及国有控股企业 State-owned or Controlling Share Hold Industry	集体企业 Collective-owned Enterprises	股份有限公司 Share Holding Enterprises	港澳台商投资企业 Enterprises Funded by Enterpreneurs form Hong Kong, Macao and Taiwan	外商投资企业 Foreign Funded Enterprises	轻工业 Light Industry	重工业 Heavy Industry
总 计	**Total**	**13312.59**	**5385.11**	**111.71**	**2153.41**	**534.35**	**1263.78**	**3944.70**	**9367.88**
合 肥 市	Hefei	2766.40	1103.50	20.24	507.38	148.28	562.78	1083.61	1682.79
淮 北 市	Huaibei	576.57	328.39	2.58	60.29	12.00	19.22	121.47	455.10
亳 州 市	Bozhou	237.90	75.32	2.44	32.65	0.00	2.28	144.50	93.40
宿 州 市	Suzhou	473.93	94.69	5.33	28.36	2.61	10.35	248.31	225.62
蚌 埠 市	Bengbu	477.33	159.34	3.71	111.27	52.93	30.82	160.70	316.63
阜 阳 市	Fuyang	504.23	201.90	1.85	30.81	3.14	28.15	178.34	325.89
淮 南 市	Huainan	638.35	484.76	7.43	70.27	48.57	3.96	41.42	596.93
滁 州 市	Chuzhou	690.43	141.67	5.92	96.96	7.00	101.33	299.48	390.95
六 安 市	Luan	546.84	39.61	0.73	57.11	49.88	23.33	299.27	257.21
马鞍山市	Maanshan	1130.52	761.40	5.44	635.83	23.99	116.40	97.21	1033.32
巢 湖 市	Chaohu	593.86	90.84	0.12	77.94	14.99	22.07	167.10	426.75
芜 湖 市	Wuhu	1554.41	647.04	2.74	426.29	96.53	248.99	280.99	1273.43
宣 城 市	Xuancheng	730.43	72.32	42.10	129.17	10.85	47.15	184.23	546.20
铜 陵 市	Tongling	643.11	437.01	0.12	53.88	32.55	15.83	30.99	612.12
池 州 市	Chizhou	196.98	55.88	0.68	20.26	5.73	6.66	42.46	154.52
安 庆 市	Anqing	958.76	302.26	8.58	102.04	21.51	22.03	363.46	595.30
黄 山 市	Huangshan	226.94	5.56	1.69	16.36	5.07	2.42	101.56	125.38

注：部分市之间有交叉重复统计。

a) There are crossed and repetitive statistics in part regions.

13—19 各市全部规模以上工业企业主要经济指标（2009年）
Main Indicators Above Designated Size Industrial Enterprises by Region (2009)

单位：亿元(100 million yuan)

地 区 Region		企业单位数（个）Number of Enterprises (unit)	工业总产值（现价）Gross Industrial Output Value	工业销售产值（当年价）Value of Industrial Products Sales	资产合计 Total Assets	流动资产合计 Circulating Funds	固定资产原价 Original Value of Fixed Assets	固定资产净值年平均余额 Annual Average Balance of Net Value of Fixed Assets	流动负债 Liquid Liabilities
总　计	**Total**	**14122**	**13312.59**	**12929.06**	**12171.72**	**5011.67**	**7237.98**	**4970.46**	**5308.60**
合肥市	Hefei	1917	2766.40	2635.52	2027.06	1048.51	1003.01	645.00	1047.05
淮北市	Huaibei	588	576.57	561.28	834.32	249.90	501.57	324.79	313.26
亳州市	Bozhou	464	237.90	226.75	191.47	66.98	129.90	105.08	87.39
宿州市	Suzhou	723	473.93	467.02	270.37	89.99	232.00	159.40	89.40
蚌埠市	Bengbu	600	530.11	525.84	478.51	230.27	264.00	186.78	244.91
阜阳市	Fuyang	681	504.23	502.17	396.73	145.34	289.80	201.67	212.52
淮南市	Huainan	420	638.35	640.73	1230.75	284.56	946.82	640.45	384.11
滁州市	Chuzhou	1104	690.43	670.73	561.64	263.09	293.81	210.90	229.54
六安市	Luan	947	556.67	546.84	419.30	174.54	214.20	163.67	187.21
马鞍山市	Maanshan	705	1130.52	1113.90	1331.60	516.66	939.26	614.50	470.45
巢湖市	Chaohu	669	593.86	565.28	578.40	254.69	271.49	208.74	221.13
芜湖市	Wuhu	1586	1554.41	1508.27	1338.85	695.20	588.95	418.83	682.27
宣城市	Xuancheng	1111	730.43	694.13	464.52	224.89	236.99	167.40	210.06
铜陵市	Tongling	295	643.11	632.98	813.95	344.88	416.07	315.87	451.45
池州市	Chizhou	449	196.98	190.06	189.96	69.74	127.91	95.89	65.36
安庆市	Anqing	1414	958.76	931.88	595.91	235.24	434.99	290.87	236.02
黄山市	Huangshan	492	226.94	217.02	145.36	81.47	60.20	40.59	66.56

地 区 Region		长期负债 Long-term Liabilities	所有者权益 Creditors Equity	实收资本 Total Capital Hold	主营业务收入 Revenue from principal Business	主营业务成本 Cost of Principal Business	主营业务税金及附加 Business and Extra Charges	利润总额 Total Profits	本年应交增值税 Value Added Tax Payable
总　计	**Total**	**1977.86**	**4681.47**	**2459.02**	**12787.17**	**10677.97**	**233.72**	**819.04**	**523.05**
合肥市	Hefei	163.83	785.14	427.60	2392.02	1977.31	47.43	200.06	107.16
淮北市	Huaibei	173.95	335.53	123.92	583.97	471.55	8.62	35.84	38.74
亳州市	Bozhou	31.15	71.42	45.05	219.22	171.09	3.42	24.08	6.36
宿州市	Suzhou	71.58	104.78	62.08	467.43	410.03	3.95	24.92	13.97
蚌埠市	Bengbu	36.54	193.66	113.67	515.83	412.63	26.38	30.26	17.70
阜阳市	Fuyang	45.15	135.40	67.37	502.27	398.90	16.16	53.09	22.05
淮南市	Huainan	511.53	312.40	173.73	682.26	556.87	7.35	28.58	46.54
滁州市	Chuzhou	71.77	231.45	138.95	652.88	537.53	14.21	43.39	20.26
六安市	Luan	56.52	167.84	82.27	524.11	437.24	7.96	33.43	11.65
马鞍山市	Maanshan	251.14	561.98	260.88	1170.28	999.22	5.81	56.89	49.28
巢湖市	Chaohu	53.01	283.72	173.32	542.85	446.72	3.20	35.00	20.40
芜湖市	Wuhu	129.98	516.89	291.70	1416.51	1205.55	11.46	79.29	55.49
宣城市	Xuancheng	71.86	175.21	92.86	679.02	574.83	3.01	60.82	28.01
铜陵市	Tongling	117.07	244.30	140.51	774.15	686.31	2.66	20.45	18.67
池州市	Chizhou	40.71	77.54	47.35	187.95	157.85	1.76	11.19	6.00
安庆市	Anqing	64.69	287.94	147.16	943.94	764.36	44.40	63.21	26.88
黄山市	Huangshan	9.48	68.91	31.99	210.39	174.56	0.86	12.16	7.79

13—20 各市国有控股工业企业主要经济指标（2009年）
Main Indicators of State-owned and State Holding Majority Shares Industrial Enterprises by Region (2009)

单位：亿元(100 million yuan)

地 区 Region	企业单位数（个）Number of Enterprises (unit)	工业总产值（现价）Gross Industrial Output Value	工业销售产值（当年价）Value of Industrial Products Sales	资产合计 Total Assets	流动资产合计 Circulating Funds	固定资产原价 Original Value of Fixed Assets	固定资产净值年平均余额 Annual Average Balance of Net Value of Fixed Assets	流动负债 Liquid Liabilities
总 计 Total	**729**	**5385.11**	**5307.01**	**6809.72**	**2206.12**	**4809.30**	**3213.06**	**2777.31**
合肥市 Hefei	171	1103.50	1065.37	941.07	416.47	520.26	342.26	483.33
淮北市 Huaibei	37	328.39	319.45	652.48	168.15	415.34	257.82	247.84
亳州市 Bozhou	29	75.32	74.12	95.33	21.89	81.24	63.90	50.84
宿州市 Suzhou	33	94.69	93.00	107.94	14.92	144.05	89.03	26.97
蚌埠市 Bengbu	33	212.12	213.61	239.21	96.55	164.09	117.50	126.09
阜阳市 Fuyang	69	201.90	201.11	200.85	58.16	175.94	114.52	107.48
淮南市 Huainan	33	484.76	491.34	1076.28	224.16	816.78	562.79	314.81
滁州市 Chuzhou	40	141.67	139.69	156.80	53.78	111.12	77.07	44.98
六安市 Luan	36	39.61	39.69	67.58	9.04	71.48	49.52	21.06
马鞍山市 Maanshan	35	761.40	757.40	1038.97	357.25	827.13	531.12	328.95
巢湖市 Chaohu	33	90.84	85.36	154.53	37.19	98.09	70.90	49.78
芜湖市 Wuhu	41	647.04	636.56	692.50	311.18	342.15	240.04	327.65
宣城市 Xuancheng	23	72.32	70.59	111.35	42.98	94.73	60.32	35.68
铜陵市 Tongling	31	437.01	431.89	633.32	245.18	334.72	254.05	358.21
池州市 Chizhou	23	55.88	54.66	95.05	30.14	78.13	55.86	23.98
安庆市 Anqing	56	302.26	298.92	203.62	59.35	229.60	133.63	100.19
黄山市 Huangshan	11	5.56	5.45	9.61	1.91	11.84	6.22	2.34

地 区 Region	长期负债 Long-term Liabilities	所有者权益 Creditors Equity	实收资本 Total Capital Hold	主营业务收入 Revenue from principal Business	主营业务成本 Cost of Principal Business	主营业务税金及附加 Business and Extra Charges	利润总额 Total Profits	本年应交增值税 Value Added Tax Payable
总 计 Total	**1630.23**	**2280.90**	**1051.56**	**5352.11**	**4396.73**	**172.66**	**272.05**	**266.49**
合肥市 Hefei	120.58	330.33	158.61	924.13	767.00	32.06	47.23	52.00
淮北市 Huaibei	163.34	232.68	76.04	340.54	261.90	4.53	21.48	34.46
亳州市 Bozhou	21.58	22.70	15.67	72.98	44.92	2.66	12.15	3.54
宿州市 Suzhou	57.89	21.79	16.39	94.99	75.09	0.89	6.70	7.07
蚌埠市 Bengbu	18.69	94.41	47.01	208.71	143.77	24.14	16.28	11.63
阜阳市 Fuyang	30.36	60.47	22.45	199.57	133.52	12.19	53.70	11.70
淮南市 Huainan	478.25	262.24	129.63	530.09	428.27	6.66	19.26	40.67
滁州市 Chuzhou	39.50	45.89	32.81	125.12	86.48	10.57	7.66	5.00
六安市 Luan	32.66	10.99	9.97	41.71	31.46	0.37	7.75	1.00
马鞍山市 Maanshan	232.80	433.08	176.36	785.91	661.27	4.45	42.59	37.75
巢湖市 Chaohu	25.62	62.08	30.96	96.38	86.54	0.56	1.76	3.25
芜湖市 Wuhu	103.39	260.71	114.14	589.83	514.14	8.00	30.66	17.29
宣城市 Xuancheng	52.99	22.33	18.77	69.26	57.18	0.35	4.35	2.67
铜陵市 Tongling	101.18	173.91	97.75	564.96	499.86	1.99	13.25	14.16
池州市 Chizhou	33.31	37.59	21.71	54.52	44.30	0.60	3.82	2.52
安庆市 Anqing	34.79	67.40	42.30	309.89	246.09	37.03	1.10	11.76
黄山市 Huangshan	3.91	3.36	0.82	5.33	5.18	0.03	-0.08	0.12

13—21 各市外商投资和港澳台工业企业主要经济指标（2009年）

Main Indicators on Economic Benefit of Industrial Enterprises with Hong Kong, Macao, Taiwan and Foreign Funds by Region (2009)

单位：亿元(100 million yuan)

地区 Region		企业单位数（个）Number of Enterprises (unit)	工业总产值（现价）Gross Industrial Output Value	工业销售产值（当年价）Value of Industrial Products Sales	资产合计 Total Assets	流动资产合计 Circulating Funds	固定资产原价 Original Value of Fixed Assets	固定资产净值年平均余额 Annual Average Balance of Net Value of Fixed Assets	流动负债 Liquid Liabilities
总计	**Total**	**883**	**1798.13**	**1725.33**	**1474.17**	**772.81**	**779.02**	**521.72**	**742.28**
合肥市	Hefei	182	711.07	666.57	460.30	280.23	232.52	140.84	251.75
淮北市	Huaibei	31	31.22	30.12	41.76	12.80	35.41	19.29	15.07
亳州市	Bozhou	4	2.28	1.65	0.88	0.45	0.46	0.39	0.32
宿州市	Suzhou	18	12.96	12.49	13.30	6.03	7.35	6.31	7.32
蚌埠市	Bengbu	47	83.75	82.95	96.09	57.79	33.61	23.41	52.44
阜阳市	Fuyang	24	31.29	30.00	47.16	12.71	41.08	32.57	21.54
淮南市	Huainan	13	52.52	49.93	81.96	20.54	90.94	52.17	31.30
滁州市	Chuzhou	81	108.34	104.43	85.02	39.03	51.97	37.48	38.14
六安市	Luan	29	73.21	71.76	60.46	25.25	28.99	24.34	26.27
马鞍山市	Maanshan	54	140.39	139.53	131.66	69.69	51.39	36.47	58.85
巢湖市	Chaohu	43	37.06	36.08	42.09	18.08	26.69	20.13	19.30
芜湖市	Wuhu	158	345.52	337.90	249.57	160.70	97.35	64.05	143.13
宣城市	Xuancheng	62	58.00	56.48	42.55	20.04	17.48	12.51	18.03
铜陵市	Tongling	25	48.37	47.13	52.28	23.10	26.98	23.57	33.58
池州市	Chizhou	20	12.39	12.05	17.25	4.17	12.32	10.50	3.37
安庆市	Anqing	70	43.54	40.89	47.16	19.92	22.48	16.13	19.60
黄山市	Huangshan	23	7.49	6.65	5.37	2.87	2.11	1.65	2.58

地区 Region		长期负债 Long-term Liabilities	所有者权益 Creditors Equity	实收资本 Total Capital Hold	主营业务收入 Revenue from principal Business	主营业务成本 Cost of Principal Business	主营业务税金及附加 Business and Extra Charges	利润总额 Total Profits	本年应交增值税 Value Added Tax Payable
总计	**Total**	**109.50**	**601.50**	**452.96**	**1585.89**	**1291.10**	**11.80**	**147.68**	**86.77**
合肥市	Hefei	19.13	184.33	140.37	582.31	461.76	9.46	70.60	29.56
淮北市	Huaibei	1.72	24.92	15.65	29.88	26.29	0.29	2.53	1.37
亳州市	Bozhou		0.56	0.52	2.66	2.41		0.21	0.01
宿州市	Suzhou	0.53	5.45	4.87	13.02	11.45	0.08	0.91	0.44
蚌埠市	Bengbu	4.54	37.51	32.43	81.84	68.86	0.69	5.45	2.66
阜阳市	Fuyang	9.93	15.49	13.46	30.32	24.62	0.49	2.43	1.97
淮南市	Huainan	29.49	19.96	22.75	49.96	41.44	0.04	5.42	3.07
滁州市	Chuzhou	4.45	42.42	32.90	94.49	79.03	0.25	6.33	2.85
六安市	Luan	5.40	28.57	12.33	70.33	56.00	0.96	6.71	4.22
马鞍山市	Maanshan	5.24	62.44	37.85	133.38	101.87	0.04	9.14	6.40
巢湖市	Chaohu	8.64	14.06	8.60	35.13	28.46	0.13	2.72	1.35
芜湖市	Wuhu	7.46	98.02	76.84	303.82	254.13	0.18	23.03	28.30
宣城市	Xuancheng	2.52	20.90	14.63	55.91	45.12	0.04	7.51	2.33
铜陵市	Tongling	5.13	13.43	14.76	48.39	43.74		1.01	0.50
池州市	Chizhou	1.07	8.32	5.06	11.06	9.25	0.05	0.91	0.31
安庆市	Anqing	3.98	23.00	18.27	38.07	32.33	0.21	2.56	0.93
黄山市	Huangshan	0.27	2.52	1.87	6.62	5.32		0.40	0.27

13—22　各市私营工业企业主要经济指标（2009年）
Main Indicators of Private Enterprises by Region (2009)

单位：亿元(100 million yuan)

地区 Region	企业单位数（个） Number of Enterprises (unit)	工业总产值（现价） Gross Industrial Output Value	工业销售产值（当年价） Value of Industrial Products Sales	资产合计 Total Assets	流动资产合计 Circulating Funds	固定资产原价 Original Value of Fixed Assets	固定资产净值年平均余额 Annual Average Balance of Net Value of Fixed Assets	流动负债 Liquid Liabilities
总计 Total	**9526**	**3989.53**	**3843.97**	**2374.99**	**1235.79**	**1027.83**	**788.45**	**1097.06**
合肥市 Hefei	1307	662.30	618.87	415.74	220.20	191.41	126.84	201.45
淮北市 Huaibei	441	170.68	167.97	100.55	46.76	53.45	43.83	33.55
亳州市 Bozhou	210	66.41	62.63	37.41	19.70	17.43	13.79	15.11
宿州市 Suzhou	443	227.26	224.69	76.06	34.79	41.11	33.13	22.83
蚌埠市 Bengbu	337	127.14	123.70	55.69	30.49	25.56	18.81	26.82
阜阳市 Fuyang	286	104.64	103.89	48.33	24.97	24.80	19.83	20.73
淮南市 Huainan	229	56.31	54.98	36.76	20.48	20.35	14.18	17.20
滁州市 Chuzhou	686	301.91	293.13	219.38	123.65	85.60	63.89	102.88
六安市 Luan	687	302.32	295.55	200.22	93.63	74.21	61.00	95.11
马鞍山市 Maanshan	538	234.99	227.29	159.43	99.76	50.81	39.38	88.27
巢湖市 Chaohu	522	336.25	322.82	262.31	133.52	112.60	91.79	103.03
芜湖市 Wuhu	1230	390.14	374.60	240.45	127.29	98.43	78.60	132.77
宣城市 Xuancheng	789	332.54	316.21	156.81	85.07	59.25	45.24	82.60
铜陵市 Tongling	155	70.88	68.95	56.29	31.13	23.13	18.16	28.56
池州市 Chizhou	308	95.25	91.78	58.59	26.87	29.17	23.11	28.90
安庆市 Anqing	985	395.12	385.99	194.84	90.02	96.06	79.91	68.85
黄山市 Huangshan	410	145.88	139.75	85.69	49.10	30.27	22.52	45.29

地区 Region	长期负债 Long-term Liabilities	所有者权益 Creditors Equity	实收资本 Total Capital Hold	主营业务收入 Revenue from principal Business	主营业务成本 Cost of Principal Business	主营业务税金及附加 Business and Extra Charges	利润总额 Total Profits	本年应交增值税 Value Added Tax Payable
总计 Total	**128.91**	**1104.45**	**620.84**	**3784.14**	**3255.50**	**28.99**	**229.44**	**102.87**
合肥市 Hefei	12.81	189.19	94.06	599.02	510.79	3.39	47.96	15.70
淮北市 Huaibei	7.17	58.15	28.24	168.75	151.06	1.38	8.38	5.52
亳州市 Bozhou	2.77	19.24	11.52	61.66	53.13	0.35	5.09	1.05
宿州市 Suzhou	8.37	42.80	22.43	222.16	200.18	1.20	10.05	3.25
蚌埠市 Bengbu	2.86	25.55	14.19	121.97	112.32	0.56	1.98	0.39
阜阳市 Fuyang	0.79	26.40	10.06	104.29	91.37	2.61	8.17	1.40
淮南市 Huainan	1.12	18.26	12.06	55.40	47.26	0.25	2.76	1.05
滁州市 Chuzhou	18.02	97.10	47.76	290.44	247.98	1.81	19.05	8.21
六安市 Luan	9.51	91.85	40.85	278.93	240.86	3.71	11.98	3.99
马鞍山市 Maanshan	8.74	59.26	40.77	246.55	223.25	0.96	5.85	9.56
巢湖市 Chaohu	14.16	142.07	99.19	296.98	238.98	1.63	18.88	10.78
芜湖市 Wuhu	10.38	89.97	63.43	368.54	312.39	2.74	17.68	9.04
宣城市 Xuancheng	6.57	63.91	34.50	309.74	267.27	1.55	24.26	11.65
铜陵市 Tongling	5.89	21.41	13.65	69.27	63.23	0.26	2.01	1.16
池州市 Chizhou	4.63	23.82	15.00	91.45	77.52	0.89	5.32	2.58
安庆市 Anqing	12.44	110.80	54.75	380.29	319.51	5.33	32.23	8.29
黄山市 Huangshan	4.16	35.85	19.75	133.51	111.07	0.57	7.81	3.97

13—23 各市大中型工业企业主要经济指标（2009年）

Main Indicators of Large-scale and Medium-scale Industrial Enterprises by Region (2009)

单位：亿元(100 million yuan)

地　区 Region	企业单位数（个） Number of Enterprises (unit)	工业总产值（现价） Gross Industrial Output Value	工业销售产值（当年价） Value of Industrial Products Sales	资产合计 Total Assets	流动资产合计 Circulating Funds	固定资产原价 Original Value of Fixed Assets	固定资产净值年平均余额 Annual Average Balance of Net Value of Fixed Assets	流动负债 Liquid Liabilities
总　计 Total	**955**	**8165.93**	**7982.75**	**8680.40**	**3334.69**	**5533.60**	**3653.09**	**3702.47**
合肥市 Hefei	178	1928.45	1853.94	1427.75	713.01	751.57	474.88	757.58
淮北市 Huaibei	37	413.12	401.02	727.00	201.68	445.15	279.54	274.06
亳州市 Bozhou	28	88.39	84.46	104.86	27.36	82.59	68.10	56.94
宿州市 Suzhou	52	209.17	205.82	154.51	42.15	159.75	100.78	49.30
蚌埠市 Bengbu	51	302.24	302.47	311.54	156.48	174.76	111.60	163.04
阜阳市 Fuyang	49	319.53	319.38	285.96	89.96	235.76	159.15	160.29
淮南市 Huainan	45	557.58	561.21	1164.10	250.96	914.80	618.14	350.75
滁州市 Chuzhou	83	358.91	351.77	311.29	149.62	157.60	104.52	121.71
六安市 Luan	63	247.34	243.12	197.50	86.99	102.96	75.77	83.52
马鞍山市 Maanshan	46	828.32	824.63	1109.93	407.01	827.71	522.43	375.42
巢湖市 Chaohu	46	266.22	249.15	298.44	131.13	145.64	104.49	113.39
芜湖市 Wuhu	103	1012.35	989.73	962.78	477.91	438.80	308.08	470.47
宣城市 Xuancheng	56	254.82	241.04	207.89	103.27	112.31	68.92	73.77
铜陵市 Tongling	30	509.10	501.59	671.74	285.50	333.01	244.29	374.42
池州市 Chizhou	13	62.88	62.13	83.94	32.92	60.50	44.52	22.23
安庆市 Anqing	69	459.45	452.52	311.32	113.56	286.87	176.17	129.28
黄山市 Huangshan	13	46.85	42.39	47.16	29.30	16.61	10.52	17.07

地　区 Region	长期负债 Long-term Liabilities	所有者权益 Creditors Equity	实收资本 Total Capital Hold	主营业务收入 Revenue from principal Business	主营业务成本 Cost of Principal Business	主营业务税金及附加 Business and Extra Charges	利润总额 Total Profits	本年应交增值税 Value Added Tax Payable
总　计 Total	**1698.80**	**3187.44**	**1466.39**	**7916.14**	**6462.62**	**200.99**	**537.67**	**381.80**
合肥市 Hefei	127.66	524.58	267.57	1660.55	1361.22	43.35	144.36	85.69
淮北市 Huaibei	168.22	275.64	90.99	422.65	327.24	7.31	28.10	37.54
亳州市 Bozhou	17.61	30.13	19.51	84.08	59.56	2.60	7.37	3.84
宿州市 Suzhou	61.38	43.05	22.25	204.52	173.77	2.11	14.14	9.38
蚌埠市 Bengbu	17.30	129.14	69.01	293.90	213.48	25.30	22.65	14.62
阜阳市 Fuyang	38.93	84.41	33.55	319.04	237.01	13.36	41.14	14.94
淮南市 Huainan	506.59	284.72	151.91	600.77	487.87	6.90	25.43	44.46
滁州市 Chuzhou	39.40	126.97	62.80	335.63	258.08	12.76	25.94	12.72
六安市 Luan	34.72	76.11	28.98	222.05	174.55	5.89	20.51	9.23
马鞍山市 Maanshan	247.83	479.08	206.43	862.99	720.82	4.76	49.74	42.88
巢湖市 Chaohu	41.33	141.51	66.72	248.58	197.71	1.67	18.45	11.17
芜湖市 Wuhu	115.64	372.94	181.36	895.72	759.88	8.66	53.50	35.82
宣城市 Xuancheng	47.31	85.37	32.44	227.65	179.91	0.85	27.80	10.80
铜陵市 Tongling	98.30	199.00	104.56	641.00	570.36	2.27	16.43	15.41
池州市 Chizhou	17.90	39.74	17.86	61.55	48.24	0.69	7.28	2.58
安庆市 Anqing	40.39	139.01	62.39	472.58	367.80	38.03	24.22	16.04
黄山市 Huangshan	1.84	28.24	9.12	42.70	32.45	0.32	4.95	1.50

13—24 主要工业产品产量
Output of Major Industrial Products

项 目 Item		1995	2000	2005	2008	2009
原 煤 （万吨） Raw Coal	(10000 tons)	4444	4790	8434	11913	12849
洗 煤 （万吨） Coal Washing	(10000 tons)	497	464	823	1265	1493
铁矿石原矿量 （万吨） Iron Ore Products	(10000 tons)	1008	836	1100	2097	2595
铜金属含量 （吨） Amount Contained of Copper	(ton)	43442	45564	66466	129075	117052
混合饲料 （万吨） Blending Feed	(10000 tons)	125.0	102.9	161.0	337.2	81.7
原 盐 （吨） Raw Salt	(ton)		328413	567340	1377250	1435489
大 米 （吨） Rice	(ton)		951857	1567509	6900222	8134224
食用植物油 （万吨） Edible Vegetable Oil	(10000 tons)	95.27	39.72	49.99	45.51	65.05
乳制品 （吨） Dairy Products	(ton)	4575	14970	54343	399769	445164
罐 头 （吨） Can (tin)	(ton)	126847	24897	61143	217520	258566
鲜、冻畜肉 （万吨） Fresh and Frozen Meat	(10000 tons)		10.2	14.8	34.9	33.1
糖 果 （吨） Candy	(ton)		6740	4289	11140	12640
酱 油 （吨） Soy Sauce	(ton)		22367	7021	19826	25890
发酵酒精 （万千升） Fermented Alcohol	(10000 kl)	14.0	9.5	25.5	55.0	60.0
白 酒 （万千升） Liquor	(10000 kl)	46.1	46.7	22.4	29.0	29.7
啤 酒 （万千升） Beer	(10000 kl)	56.7	119.3	115.5	139.0	156.5
精制茶 （吨） Refined Tea	(ton)	25296	9951	57042	107390	119668
卷 烟 （亿支） Cigarettes	(100 million pieces)	970.0	788.5	1030.6	1161.8	1190.0
纱 （吨） Yarn	(ton)	223024	275052	383057	422727	482653
布 （万米） Cloth	(10000 m)	87501	74047	56293	49151	56251
棉 布 （万米） Cotton Cloth	(10000 m)	50040	35778	37373	37049	44481
印染布 （万米） Printing and Dyeing Cloth	(10000 m)	26163	14377	18332	19088	16848
绒线（毛线） （吨） Knitting Wool	(ton)	4496	31	1996	369	392
麻袋（混合数） （万条） Gunny Sack	(10000 pieces)	7653	1238	413		
丝 （吨） Silk	(ton)	5520	2118	3807	8027	7371
丝织品 （万米） Silk Fabrics	(10000 m)	8928	3446	2867	3405	3875
服 装 （万件） Clothing	(10000 units)	24225	6283	11288	25980	38427
梭织服装 Shuttled Clothing			3799	5079	15713	16409
针织服装 Knit Clothing			2433	3625	10267	22017
人造板 （万立方米） Man-made Board	(10000 cu.m)	81.2	65.4	200.2	385.0	417.1
机制纸及纸板 （万吨） Machine-made Paper and Paperboard	(10000 tons)	108.2	55.0	111.1	185.1	224.2

13—24 续表1 continued

项　目		Item		1995	2000	2005	2008	2009
纸制品	（吨）	Paper Products	(ton)		53876	228047	251473	339180
原油加工量	（万吨）	Volume of Processed Crude Oil	(10000 tons)		344.8	416.0	423.6	452.6
汽　油	（万吨）	Gasoline	(10000 tons)	74.1	79.4	86.0	87.7	97.5
柴　油	（万吨）	Diesel Oil	(10000 tons)	98.9	151.9	177.4	177.9	184.9
燃料油	（万吨）	Fuel Oil	(10000 tons)	48.5	10.7	8.3	13.1	16.6
液化石油气	（万吨）	Liquefied Petroleum	(10000 tons)		20.4	30.5	30.8	33.3
焦　炭	（万吨）	Coke	(10000 tons)	293.5	330.2	487.9	817.6	772.9
硫酸（折100%）	（万吨）	Sulfuric Acid (100%)	(10000 tons)	135.3	143.1	202.5	329.1	352.5
浓硝酸（折100%）	（万吨）	Enriched Nitric Acid (100%)	(10000 tons)	8.3	13.6	32.5	56.8	59.2
氢氧化钠（烧碱）（折100%）	（万吨）	Caustic Soda (100%)	(10000 tons)	11.4	10.8	18.8	22.8	26.6
碳酸钠（纯碱）	（万吨）	Soda Ash	(10000 tons)	9.8	8.1	24.1	37.0	35.6
合成氨	（万吨）	Synthetic Ammonia	(10000 tons)	164.2	179.4	231.4	224.7	249.1
农用氮肥磷钾化学肥料总计	（万吨）	Chemical Fertilizers	(10000 tons)	165.7	157.6	204.1	238.6	290.1
氮肥（折含N100%）	（万吨）	Nitrogen Fertilizers	(10000 tons)	110.9	120.9	148.2	184.5	228.8
磷　肥	（万吨）	Phosphate Fertilizers	(10000 tons)	54.7	36.5	55.9	53.9	60.8
化学农药	（万吨）	Chemical Pesticide	(10000 tons)	0.8	1.8	3.7	20.2	17.0
塑料树脂及共聚物	（吨）	Plastics	(ton)	51434	71687	268920	364003	488391
肥　皂	（吨）	Soap	(ton)	38473	20326	22803	30165	33206
合成洗涤剂	（万吨）	Synthetic Detergents	(10000 tons)	26.4	39.8	41.3	53.4	63.7
牙膏（自然支）	（万支）	Toothpaste	(10000 units)	14351	6941	65764	78696	67741
化学原料药	（吨）	Chemical Medicine	(ton)	6914	4807	18960	12400	8865
中成药	（吨）	Traditional Chinese Medicine	(ton)	38923	9371	9672	11529	13515
化学纤维	（万吨）	Chemical Fiber	(10000 tons)	2.0	12.4	11.4	10.7	18.8
轮胎外胎	（万条）	Tires	(10000 units)	145.0	574.0	1073.6	1219.3	1466.1
塑料制品	（吨）	Plastic Products	(ton)	690481	321435	735029	1341026	1463678
塑料薄膜	（吨）	Plastic Film	(ton)	100923	28057	173228	191268	178816
水　泥	（万吨）	Cement	(10000 tons)	1983	2136	3218	5915	7056
大理石板材	（万平方米）	Marble Plate	(10000 sq.m)	159.53	2.01	3.30	10.38	44.12
花岗石板材	（万平方米）	Granite Plate	(10000 sq.m)	115.77	4.07	11.60	24.65	19.30
平板玻璃	（万重量箱）	Plate Glass	(10000 weight cases)	242.5	151.5	507.7	576.4	1035.8
生　铁	（万吨）	Pig Iron	(10000 tons)	428.0	524.3	1105.7	1637.2	1661.6
钢	（万吨）	Steel	(10000 tons)	325.5	460.6	1105.6	1770.2	1759.7

13—24 续表2 continued

项　目		Item		1995	2000	2005	2008	2009
钢　材	（万吨）	Rolled Steel	(10000 tons)	267.6	431.7	1141.6	1906.6	2112.0
铁道用钢材		Steel Use for Railway		15.1	9.0	14.8	21.9	12.8
中小型钢材		Rolled-steel, Medium and Small		88.8	185.3	124.7	78.4	117.3
无缝钢管		Seamless Steel Pipe			3.0	25.4	56.8	50.1
线　材		Wire Rod		98.2	105.8	171.9	268.6	278.3
铜	（万吨）	Copper	(10000 tons)	8.2	22.8	35.9	53.8	59.1
工业锅炉	（蒸吨）	Industrial Boilers	(ton)	2318	779	2478	4051	2636
内燃机	（万千瓦）	Internal Combustion Engines	(10000 kw)	442.0	265.7	713.1	909.3	
金属切削机床	（台）	Metal-cutting Machine Tools	(unit)	4003	4743	11769	15517	10219
起重设备	（吨）	Derrick Equipment	(ton)	14291	2761	54935	150968	163400
叉　车	（台）	Forklift	(unit)	4273	10017	20303	38600	42504
泵	（台）	Pump	(unit)	467846	97578	82312	168491	257159
轴　承	（万套）	Bearing	(10000 sets)	2795	3212	8055	12763	15636
矿山设备	（吨）	Mining Equipment	(ton)	14245	39769	112593	40028	51956
小型拖拉机	（台）	Mini-tractors	(unit)	220967	168271	119899	50880	30603
农业运输机械	（辆）	Machinery for Agricultural Transportation	(unit)		250987	32287	21196	
汽　车	（辆）	Motor Vehicles	(unit)	30250	107187	401087	571440	915954
载货汽车		Trucks			37441	116639	138815	208442
公路汽车		Coach			69452	84980	71282	71611
交流电动机	（万千瓦）	Alternating Current Motor	(10000 kw)	208.9	164.4	515.8	1047.7	1251.0
变压器	（万千伏安）	Transformer	(10000 KVA)	487.0	520.3	1758.6	4593.6	4019.2
蓄电池	（千伏安时）	Storage Battery	(KVA.h)	487745	143046	806458	2619502	3525312
家用洗衣机	（万台）	Household Washing Machines	(10000 units)	127.7	131.7	441.8	695.0	1002.3
家用电冰箱	（万台）	Household Refrigerators	(10000 units)	150.4	169.9	530.4	1130.5	1565.8
电风扇	（万台）	Electric Fans	(10000 units)	134.70	11.00	2.93		
房间空气调节器	（万台）	Air Conditioners	(10000 units)	12.20	115.80	515.00	658.41	1022.79
电视机	（万部）	TV Sets	(10000 units)	79.0	159.7	374.4	229.7	389.9
#彩色电视机		Color TV		20.3	156.1	374.4	229.7	389.9
微型电子计算机	（部）	Micro-computers	(unit)		141777	42737	476	326
发电量	（亿千瓦时）	Electricity	(100 million kwh)	310.3	368.1	645.7	1093.4	1320.2
火　电		Thermal Power		297.9	363.5	634.9	1069.5	1300.2
水　电		Hydropower		12.4	4.58	10.87	14.90	16.39
煤　气	（亿立方米）	Gas	(100 million cu.m)	83.5	90.9	147.6	228.5	240.7

13—25 各市主要工业产品产量（2009年）

项目		Item		合肥市 Hefei	淮北市 Huaibei	亳州市 Bozhou	宿州市 Suzhou	蚌埠市 Bengbu
原煤	（万吨）	Raw Coal	(10000 tons)		4172.3	454.8	1175.6	
洗煤	（万吨）	Coal Washing	(10000 tons)		949.8	78.1	102.4	
铁矿石原矿量	（万吨）	Iron Ore Products	(10000 tons)		38.1			
混合饲料	（万吨）	Blending Feed	(10000 tons)	4.0	8.2			49.6
原盐	（万吨）	Raw Salt	(10000 tons)					
大米	（万吨）	Rice	(10000 tons)	45.9			2.0	34.1
食用植物油	（万吨）	Edible Vegetable Oil	(10000 tons)	8.3	1.3			5.4
白酒	（千升）	Liquor	(kl)	918.5	20679.2	97863.5	5267.2	17218.0
精制茶	（吨）	Refined Tea	(ton)	72.5				
纱	（吨）	Yarn	(ton)	5054.6	37802.4	18735.3	56636.0	23616.0
布	（万米）	Cloth	(10000 m)	10665.0	6521.9	0.0	3499.0	6324.6
机制纸及纸板	（万吨）	Machine-made Paper and Paperboard	(10000 tons)	30.0		2.4	54.7	6.5
原油加工量	（万吨）	Volume of Processed Crude Oil	(10000 tons)					
农用氮肥磷钾化学肥料总计	（万吨）	Chemical Fertilizers	(10000 tons)	28.3		13.6	55.7	
中成药	（吨）	Traditional Chinese Medicine	(ton)	713.8	26.1		1599.0	967.0
化学纤维	（万吨）	Chemical Fiber	(10000 tons)					0.3
轮胎外胎	（万条）	Tires	(10000 units)	1461.6				
水泥	（万吨）	Cement	(10000 tons)	430.4	279.5	91.7	197.5	306.6
平板玻璃	（万重量箱）	Plate Glass	(10000 weight cases)					605.3
生铁	（万吨）	Pig Iron	(10000 tons)	128.4				
钢	（万吨）	Steel	(10000 tons)	153.4				
成品钢材	（万吨）	Steel Products	(10000 tons)	239.5			0.3	6.8
铜	（万吨）	Copper	(10000 tons)					
叉车	（台）	Forklift	(unit)	36946.0				
农业运输机械	（辆）	Machinery for Agricultural Transportation	(unit)					
汽车	（辆）	Motor Vehicles	(unit)	390630.0				
载货汽车		Trucks		191685.0				
家用洗衣机	（万台）	Household Washing Machines	(10000 units)	992.0				
家用电冰箱	（万台）	Household Refrigerators	(10000 units)	1270.1				
房间空气调节器	（万台）	Air Conditioners	(10000 units)	519.3				
彩色电视机	（万部）	Color TV	(10000 units)	315.4				
发电量	（亿千瓦时）	Electricity	(100 million kwh)	81.5	66.9	1.8	81.0	64.1

注：宿州、亳州等市原煤、洗煤产量包含淮北、淮南企业下属位于该市境内矿的产量。

Output of Major Industrial Products by Region (2009)

阜阳市 Fuyang	淮南市 Huainan	滁州市 Chuzhou	六安市 Luan	马鞍山市 Maanshan	巢湖市 Chaohu	芜湖市 Wuhu	宣城市 Xuancheng	铜陵市 Tonglin	池州市 Chizhou	安庆市 Anqin	黄山市 Huangshan
535.0	7964.6				34.9		28.1	19.2	6.7	12.7	
	462.5										
			1227.2	1145.1	113.1	27.0		18.7	25.8		
		6.7	1.4			1.0	6.5		0.6	1.6	2.1
		143.6									
30.8	31.4	105.6	144.6	7.0	85.2	58.4	114.8	1.0	9.0	138.6	5.1
0.4	0.6	1.0	18.8	0.3	18.8	1.3	2.1	0.5	2.7	3.2	0.2
76858.0	132.5	10420.3	45218.9	284.0	3386.0	48.7	7698.9		5078.0	2926.0	3123.0
			3185.0				25871.0		12371.2	90.1	78077.8
41186.6	4375.0	16574.0	22589.9	8494.0	30912.2	24928.9	11984.0	4553.1	11673.6	155228.2	8309.4
2929.4	2456.0	472.0	0.0	2095.8	876.0	110.0	2886.0	1265.2	1885.8	14264.1	
	0.1	4.8	12.7	87.6	0.1	1.1	13.1			8.3	2.9
										452.6	
68.5	20.2	10.2	1.1		5.1	0.5	0.6	62.1	2.4	19.0	2.8
1566.4	970.8	982.0	388.5		2301.7	1072.1	470.4			1815.3	641.7
		7.0			3.7		0.1			7.9	
							3.6				0.9
176.7	212.3	498.4	236.8	349.4	1275.2	1113.3	533.1	699.5	50.7	515.6	89.7
		430.5									
				1406.8		122.2	4.2				
				1472.1		99.1	35.0	0.1			
	24.5	50.4	34.0	1461.9	8.6	153.5	41.4	63.8	26.0	0.4	1.0
0.3						1.9		57.0			
738.0					675.0	4145.0					
				16369.0		508567.0	388.0				
				16369.0			388.0				
		10.3									
		245.1	50.6								
		50.9				452.6					
		63.9				10.6					
66.7	463.5	8.8	14.3	158.0	52.3	69.8	37.2	78.0	30.1	46.2	0.2

a) Output of altogether coal and washed coal of Suzhou city including the output in Suzhou city belonged to Huaibei and Wanbei Mining Bureau.

13—26 规模以上工业主要产品生产能力
Main Prodnct Productivity of Industrial Enterprises Above Designated Size

项　　目		Item		2008	2009
化学纤维	（吨）	Chemical Fiber	(ton)	161860	253928
棉纺绽（环锭纺）	（锭）	Cotton Printing and Dyeing	(unit)	2842842	2799096
气流纺绽（转杯纺）	（头）	Gas Spins and Splits	(unit)	135240	166639
棉布织机	（台）	Cotton Fabric Loom	(unit)	64680	22018
家用电冰箱	（台）	Household Refrigerators	(unit)	15039690	19606854
家用洗衣机	（台）	Household Washing Machines	(unit)	10230000	11330000
房间空气调节器	（台）	Air Conditioners	(unit)	11150000	16100000
卷　烟	（万支）	Cigarettes	(10000 pieces)	13703094	14350500
彩色电视机	（台）	Color TV	(unit)	4980000	6030888
碳化钙（电石）	（吨）	Calcium Carbide	(ton)	46200	6200
农用氮磷钾化学肥料总计	（吨）	Chemical Fertilizers	(ton)	3434905	3805511
发电设备容量总计	（万千瓦）	Total of Generating Set Capacity	(10000 kw)	2596	2802
#火　电		Thermal Power			2627
水　电		Hydropower			89
金属切削机床	（台）	Metal-cutting Machine Tools	(unit)	84711	20057
汽　车	（辆）	Motor Vehicles	(unit)	1151600	1204900
轿　车	（辆）	Cars	(unit)	800000	823000
移动手机	（台）	Mobile Phone	(unit)		50000
电子计算机	（台）	Computer	(unit)	5000	1000
微型电子计算机	（台）	Micro-computers	(unit)	5000	1000
原　煤	（吨）	Raw Coal	(ton)	121410500	138188676
生　铁	（吨）	Pig Iron	(ton)	18752000	18897000
粗　钢	（吨）	Thick Steel	(ton)	21933000	22066003
钢　材	（吨）	Rolled Steel	(ton)	24673196	26433926
铁合金	（吨）	Ferroalloy	(ton)	7200	1500
焦　炭	（吨）	Cofe	(ton)	8895000	9045000
原　铝	（吨）	Primary Aluminum	(ton)	2450	2750
水泥熟料	（吨）	Cement Clinker	(ton)	96043959	104771059
水　泥	（吨）	Cement	(ton)	80299700	104953764
平板玻璃	（重量箱）	Plate Glass	(weight cases)	9800000	9880000
浮法玻璃		Float Glass		9800000	9880000

13—27　各县（市）工业企业单位数和总产值（2009年）
Number and Output Value of Industrial Enterprises by County or City (2009)

单位：亿元　(100 million yuan)

县（市）	County (City)	企业单位数（个）Number of Enterprises (unit)	工业总产值（当年价）Gross Industrial Output Value (at current prices)	工业销售产值（当年价）Sales Value of Industry (at current prices)	工业增加值（当年价）Value Added of Industry (at current prices)
瑶海区	Yaohai District	173	177.77	170.86	39.62
庐阳区	Luyang District	145	130.70	121.00	38.11
蜀山区	Shushan District	99	150.81	142.16	58.77
包河区	Baohe District	222	293.39	282.22	79.15
高新区	Guoxing District	218	390.49	364.99	110.13
经开区	Jingkai District	170	806.06	777.16	222.48
新站区	Xingzhan District	65	45.72	41.83	13.84
长丰县	Changfeng	247	174.27	160.25	44.21
肥东县	Feidong	306	231.86	219.66	67.52
肥西县	Feixi	305	368.18	358.26	93.67
杜集区	Duji District	195	59.98	59.05	18.70
相山区	Xiangshan District	99	333.68	323.64	192.90
烈山区	Lieshan District	129	69.57	68.57	21.66
濉溪县	Suixi	165	113.34	110.02	32.16
谯城区	Qiaocheng District	121	74.81	67.99	24.89
涡阳县	Guoyang	140	79.23	75.76	29.33
蒙城县	Mengcheng	134	42.91	41.94	17.31
利辛县	Lixin	58	11.89	11.76	3.41
宿州市辖区	District of Shuzhou City	20	92.57	91.15	38.51
埇桥区	Yongqiao District	256	127.37	125.94	42.11
砀山县	Dangshan	143	67.19	65.49	21.05
萧县	Xiaoxian	102	91.19	90.52	27.96
灵璧县	Lingbi	94	49.37	48.15	13.78
泗县	Sixian	108	46.24	45.77	14.78
龙子湖区	Longzihu District	60	43.60	43.66	12.65
蚌山区	Bengshan District	35	29.48	28.45	6.90
禹会区	Yuhui District	124	202.90	203.69	59.31
淮上区	Huaishang District	71	30.89	30.51	8.75
怀远县	Huaiyuan	100	88.88	87.10	30.40
五河县	Wuhe	106	40.35	39.20	11.72
固镇县	Guzhen	102	41.24	40.79	12.00
阜阳市辖区	District of Fuyang City	64	146.78	148.09	42.88
颍州区	Yingzhou District	36	14.04	13.87	3.59
颍东区	Yingdong District	37	17.72	17.36	4.54
颍泉区	Yingquan District	54	7.45	7.19	1.43
界首市	Jieshou	100	81.90	81.55	20.19
临泉县	Linquan	51	28.89	29.25	8.43
太和县	Taihe	115	87.40	86.47	26.14
阜南县	Funan	121	32.38	33.18	9.27
颍上县	Yingshang	103	87.68	85.20	39.29
淮南市辖区	District of Huainan City	30	520.22	524.79	246.14
大通区	Datong District	88	19.27	19.11	5.24
田家庵区	Tianjaan District	69	22.79	21.86	5.88
谢家集区	Xiejiaji District	43	24.97	24.54	7.63
八公山区	Bagongshan District	28	10.97	10.75	3.79
潘集区	Panji District	47	10.84	10.61	2.89
凤台县	Fengtai	94	23.30	23.20	6.99
毛集区	Maoji District	21	5.99	5.87	1.59
滁州市辖区	District of Chuzhou City	121	171.15	166.49	53.86
琅琊区	Langya District	51	28.51	27.60	8.10
南谯区	Nanqiao District	105	42.84	40.24	11.83
天长市	Tianchang	294	188.84	185.96	53.20
明光市	Mingguang	85	28.58	27.22	7.42
来安县	Laian	128	68.18	65.51	18.24
全椒县	Quanjiao	135	57.64	55.59	14.87
定远县	Dingyuan	89	36.63	36.09	8.13
凤阳县	Fengyang	96	68.06	66.03	18.21
六安市辖区	District of Luan City	6	21.68	22.26	10.54
金安区	Jinan District	85	48.65	47.14	15.12
裕安区	Yuan District	104	34.53	33.18	10.16

13—27 续表 continued

单位：亿元 (100 million yuan)

县（市） County (City)		企业单位数（个） Number of Enterprises (unit)	工业总产值（当年价） Gross Industrial Output Value (at current prices)	工业销售产值（当年价） Sales Value of Industry (at current prices)	工业增加值（当年价） Value Added of Industry (at current prices)
寿　县	Shouxian	112	76.02	75.43	22.07
霍邱县	Huoqiu	146	99.95	96.17	38.17
舒城县	Shucheng	148	69.50	68.31	19.67
金寨县	Jinzhai	83	41.74	41.04	13.52
霍山县	Huoshan	150	97.77	97.27	37.03
叶集区	Yieji District	48	21.30	21.04	6.43
开发区	Kaifa District	65	45.54	45.01	14.50
马鞍山市辖区	District of Maanshan City	146	803.82	798.59	273.55
金家庄区	Jinjiazhuang District	65	61.02	60.17	13.12
花山区	Huashan District	53	8.63	8.36	2.50
雨山区	Yushan District	99	43.36	42.02	10.73
当涂县	Dangtu	342	213.69	204.76	57.66
巢湖市辖区	District of Chaohu City	46	82.76	77.09	25.02
居巢区	Juchao District	106	92.45	89.78	23.41
庐江县	Lujiang	136	49.26	47.64	13.72
无为县	Wuwei	193	257.70	249.10	77.58
含山县	Hanshan	94	43.91	41.62	13.18
和　县	Hexian	94	67.78	60.03	18.01
镜湖区	Jinghu District	27	74.12	71.92	23.03
弋江区	Yijiang District	176	187.02	181.83	64.63
鸠江区	Jiujiang District	240	142.17	131.92	44.54
开发区	Kaifa District	210	748.36	730.11	181.62
三山区	Sanshang District	54	31.55	30.70	8.21
芜湖县	Wuhu	380	121.60	117.55	39.01
繁昌县	Fanchang	272	144.73	141.18	41.98
南陵县	Nanling	224	93.43	91.71	32.79
宣城市辖区	District of Xuancheng City	41	71.50	69.16	17.42
宣州区	Xuanzhou District	169	59.22	56.66	15.80
宁国市	Ningguo	262	186.02	174.23	53.11
郎溪县	Langxi	113	117.94	115.67	27.36
广德县	Guangde	223	175.52	162.78	43.68
泾　县	Jingxian	130	52.36	50.15	14.12
绩溪县	Jixi	100	47.75	46.19	12.55
旌德县	Jingde	73	20.11	19.30	5.68
铜官山区	Tongguanshan District	35	9.79	9.65	3.23
狮子山区	Shizishan District	56	19.19	18.60	3.64
郊　区	Suburb District	45	26.68	26.67	7.61
铜陵县	Tongling	110	81.62	79.28	24.95
贵池区	Guichi District	193	107.65	103.89	34.44
东至县	Dongzhi	112	40.22	39.70	12.07
石台县	Shitai	41	9.87	9.27	3.31
青阳县	Qingyang	103	39.25	37.20	11.16
迎江区	Yingjiang District	35	25.44	24.35	7.53
大观区	Daguan District	58	255.89	252.42	63.11
郊　区	Suburb District	67	26.98	26.31	8.01
桐城市	Tongcheng	293	136.46	133.97	38.30
怀宁县	Huaining	226	102.58	101.56	27.58
枞阳县	Zongyang	185	103.43	95.26	29.10
潜山县	Qianshan	107	56.15	54.39	16.10
太湖县	Taihu	82	41.35	39.27	11.23
宿松县	Susong	98	44.81	44.24	12.49
望江县	Wangjiang	97	47.82	46.37	12.81
岳西县	Yuexi	88	47.26	45.85	13.43
黄山市辖区	District of Huangshan City	23	27.31	25.89	8.47
屯溪区	Tunxi District	48	13.36	12.94	3.91
黄山区	Huangshan District	55	36.76	36.18	10.17
徽州区	Huizhou District	77	33.29	32.31	9.14
歙　县	Shexian	127	62.70	57.13	17.09
休宁县	Xiuning	67	27.35	26.93	7.77
黟　县	Yixian	36	10.53	10.31	2.66
祁门县	Qimen	59	15.63	15.33	4.71

主要统计指标解释

工业

指从事自然资源的开采，对采掘品和农产品进行加工和再加工的物质生产部门。具体包括：⑴对自然资源的开采，如采矿、晒盐等；⑵对农副产品的加工、再加工，如粮油加工、食品加工、轧花、缫丝、纺织、制革等；⑶对采掘品的加工、再加工，如炼铁、炼钢、化工生产、石油加工、机器制造、木材加工等，以及电力、自来水、煤气的生产和供应等；⑷对工业品的修理、翻新，如机器设备的修理、交通运输工具（包括小卧车）的修理等。

1984 年以前农村的村及村以下办工业归属农业，1984 年以后划归工业。

工业统计调查单位

工业统计调查单位分为两类：独立核算法人工业企业和工业活动单位。

（1)独立核算法人工业企业　是指从事工业生产经营活动的单位。独立核算法人工业企业应同时具备以下条件：①依法成立，有自己的名称、组织机构和场所，能够承担民事责任；②独立拥有和使用资产，承担负债，有权与其他单位签订合同；③独立核算盈亏，并能够编制资产负债表。

（2)工业活动单位　是指在一个场所从事一种或主要从事一种工业生产活动的经济单位。它包括独立核算工业企业按主营业务活动（即工业生产活动）划分的主营业务活动单位和非工业企业所属的工业生产活动单位（即原非独立核算工业生产单位)。工业活动单位，一般应同时具备以下三个条件：①具有一个场所，从事一种或主要从事一种工业活动；②单独组织工业生产、经营或业务活动；③单独核算收入和支出。

本年鉴中涉及的企业登记注册类型：

⑴ 国有及国有控股企业

指国有企业加上国有控股企业。国有企业（即过去的全民所有制工业或国营工业）是指企业全部资产归国家所有，并按《中华人民共和国企业法人登记管理条例》规定登记注册的非公司制的经济组织。包括国有企业、国有独资公司和国有联营企业。1957 年以前的公私合营和私营工业，后均改造为国营工业，1992 年改为国有工业，这部分工业的资料不单独分列时，均包括在国有企业内。国有控股企业是对混合所有制经济的企业进行的“国有控股”分类。它是指这些企业的全部资产中国有资产（股份）相对其他所有者中的任何一个所有者占资（股）最多的企业。该分组反映了国有经济控股情况。

⑵ 集体企业

指企业资产归集体所有，并按《中华人民共和国企业法人登记管理条例》规定登记注册的经济组织。是社会主义公有制经济的组成部分。包括城乡所有使用集体投资举办的企业，以及部分个人通过集资自愿放弃所有权并依法经工商行政管理机关认定为集体所有制的企业。

⑶ 股份有限公司

指根据《中华人民共和国企业法人登记管理条例》规定登记注册，其全部注册资本由等额股份构成并通过发行股票筹集资本，股东以其认购的股份对公司承担有限责任，公司以其全部资产对其债务承担责任的经济组织。

⑷ 港、澳、台商投资企业

指企业注册登记类型中的港、澳、台资合资、合作、独资经营企业和股份有限公司之和。

⑸ 外商投资企业

指企业注册登记类型中的中外合资、合作经营企业、外资企业和外商投资股份有限公司之和。

⑹ 本年鉴中涉及的名为“其他”的企业

均指除国有企业、集体企业、个体经营以外的其他类型工业企业（单位)。包括联营企业、私营企业、股份有限公司，有限责任公司；外商投资企业（中外合资经营、中外合作经营、外资企业)；港、澳、台投资企业（与大陆合资经营、与大陆合作经营、港、澳、台独资企业）及其他企业。

轻工业

指主要提供生活消费品和制作手工工具的工业。按其所使用的原料不同，可分为两大类：（1）以农产品为原料的轻工业，是指直接或间接以农产品为基本原料的轻工业。主要包括食品制造、饮料制造、烟草加工、纺织、缝纫、皮革和毛皮制作、造纸以及印刷等工业；（2）以非农产品为原料的轻工业，是指以工业品为原料的轻工业。主要包括文教体育用品、化学药品制造、合成纤维制造、日用化学制品、日用玻璃制品、日用金属制品、手工工具制造、医疗器械制造、文化和办公用机械制造等工业。

重工业

是指为国民经济各部门提供物质技术基础的主要生产资料的工业。按其生产性质和产品用途，可以分为下列三类：（1）采掘（伐）工业，是指对自然资源的开采，包括石油开采、煤炭开采、金属矿开采、非金属矿开采和木材采伐等工业；（2）原材料工业，指向国民经济各部门提供基本材料、动力和燃料的工业。包括金属冶炼及加工、炼焦及焦炭、化学、化工原料、水泥、人造板以及电力、石油和煤炭加工等工业；（3）加工工业，是指对工业原材料进行再加工制造的工业。包括装备国民经济各部门的机械设备制造工业、金属结构、水泥制品等工业，以及为农业提供的生产资料如化肥、农药等工业。

根据上述划分原则，修理业中以重工业产品为修理作业对象的划为重工业，反之划为轻工业。

工业总产值

是以货币表现的工业企业在一定时期内生产的已出售或可供出售工业产品总量，它反映一定时间内工业生产的总规模和总水平。它包括：在本企业内不再进行加工，经检验、包装入库（规定不需包装的产品除外）的成品价值，对外加工费收入，自制半成品、在产品期末初差额价值。工业总产值采用“工厂法”计算，即以工业企业作为一个整体，按企业工业生产活动的最终成果来计算，企业内部不允许重复计算，不能把企业内部各个车间（分厂）生产的成果相加。但在企业之间、行业之间、地区之间存在着重复计算。

工业增加值

是指工业企业在报告期内以货币表现的工业生产活动的最终成果。

实收资本

指企业实际收到的投资人投入的资本。按投资主体可分为国家资本、集体资本、法人资本、个人资本、港澳台资本和外商资本等。

资产合计

指企业拥有或控制的能以货币计量的经济资源。包括各种财产、债权和其他权利。资产按其流动性划分为流动资产、长期投资、固定资产、无形及递延资产和其他资产。

（1）流动资产　指企业可以在一年内或者超过一年的一个生产周期内变现或耗用的资产合计。包括现金及各种存款、短期投资、应收及预付款项、存货等。

（2）固定资产　指企业固定资产净值、固定资产清理、在建工程、待处理固定资产损失所占用的资金合计。

（3）无形资产　指企业长期使用而没有实物形态的资产。包括专利权、非专利技术、商标权、著作权、土地使用权、商誉等。

负债合计

指企业承担的能以货币计量，将以资产或劳务偿付的债务。负债一般按偿还期长短分为流动负债和长期负债、递延税项等。

（1）流动负债　指企业在一年内或者超过一年的一个营业周期内需要偿还的债务合计，其中包括短期借款、应付及预收款项、应付工资、应交税金和应交利润等。

（2）长期负债　指企业在一年以上或者超过一年的一个营业周期以上需要偿还的债务合计，其中包括长期借款、应付债务、长期应付款项等。

所有者权益

指企业投资人对企业净资产的所有权。企业净资产等于企业全部资产减去全部负债后的余额，其中包括投资者对企业的最初投入，以及资本公积金、盈余公积金和未分配利润，对股份制企业即为股东权益。

固定资产原价

指企业在建造、购置、安装、改建、扩建、技术改造某项固定资产时所支出的全部货币总额。它一般包括买价、包装费、运杂费和安装费等。

固定资产净值

是指固定资产原价减去历年已提折旧额后的净额。

流动资产

是指可以在一年或者超过一年的一个营业周期内变现或者耗用的资产，包括现金及各种存款、短期投资、应收及预付货款、存货等。

业务收入

指企业销售产品和提供劳务等主要经营业务取得的业务总额。

业务成本

指企业销售产品和提供劳务等主要经营业务的实际成本。

业务税金及附加

指企业销售产品和提供工业性劳务等主要经营业务应负

担的城市维护建设税、消费税、资源税和教育费附加。

产品销售利润

指企业销售产品和提供工业性劳务等主要经营业务收入扣除其成本、费用、税金后的利润。

利润总额

指企业实现的利润。

应交增值税

指企业在报告期内应交纳的增值税额。

总资产贡献率

反映企业全部资产的获利能力，是企业经营业绩和管理水平的集中体现，是评价和考核企业盈利能力的核心指标。计算公式为：

总资产贡献率（%）＝（利润总额＋税金总额＋利息支出）/ 平均资产总额×100%

资产负债率

该指标既反映企业经营风险的大小，也反映企业利用债权人提供的资金从事经营活动的能力。计算公式为：

资产负债率（%）＝负债总额 / 资产总额×100%

工业成本费用利润率

指在一定时期内实现的利润与成本费用之比，是反映工业生产成本及费用投入的经济效益指标，同时也是反映降低成本的经济效益的指标。计算公式为：

工业成本费用利润率（%）＝利润总额 / 成本费用总额×100%

工业增加值率

指在一定时期内工业增加值占同期工业总产值的比重，反映降低中间消耗的经济效益。计算公式为：

工业增加值率（%）＝工业增加值（现价）/ 工业总产值（现价）×100%

流动资产周转次数

指在一定时期内流动资产完成的周转次数，反映流动资产的周转速度。计算公式为：

流动资金周转次数＝产品销售收入 / 全部流动资产平均余额

产品销售率

指报告期工业销售产值与同期全部工业总产值之比，是反映工业产品已实现销售的程度，分析工业产销衔接情况，研究工业产品满足社会需求程度的指标。计算公式为：

产品销售率（%）=工业销售产值 / 工业总产值（现价）×100%

全员劳动生产率

指根据产品的价值量指标计算的平均每一个从业人员在单位时间内的产品生产量。是考核企业经济活动的重要指标，是企业生产技术水平、经营管理水平、职工技术熟练程度和劳动积极性的综合表现。目前我国的全员劳动生产率是将工业企业的工业增加值除以同一时期全部从业人员的平均人数来计算的。计算公式为：

全员劳动生产率＝工业增加值 / 全部从业人员平均人数

为了使各年度的全员劳动生产率数字可以比较，1990 年以前各年的全员劳动生产率均按指数换算成 1990 年不变价。

Explanatory Notes for Major Statistical Indicators

Industry

refers to the material production sector which is engaged in extraction of natural resources and processing and reprocessing of minerals and agricultural products, including (1) extraction of natural resources, such as mining, salt production; (2) processing and reprocessing of farm and sideline produces, such as rice husking, flour milling, wine making, oil pressing, cotton ginning, silk reeling, spinning and weaving, and leather making; (3) manufacture of industrial products, such as steel making, iron smelting, chemicals manufacturing, petroleum processing, machine building, timber processing; water and gas production and electricity generation and supply; (4)repairing of industrial products such as the repairing of machinery and means of transport (including cars).

Prior to 1984, the rural industry run by villages and cooperative organizations under village was classified into agriculture. Since 1984, it has been grouped into industry.

Units of Industrial Statistics and Inquiry

They are classified into two categories (1) corporate industrial enterprises with independent accounting system (2) industrial establishments.

a) Corporate industrial enterprises with independent accounting system refer to enterprises engaging in industrial production activities, which meet the following requirements: ①They are established legally, having their own names, organizations, location, able to take civil liability; ②They possess and use their assets independently, assume liabilities, and are entitled to sign contracts with other units; ③They are financially independent and compile their own balance sheets.

b)Industrial establishments refer to economic units which located in one single place and engaged entirely or primarily in one kind of industrial activity, including financially independent industrial enterprises and units engaged in industrial activities under the non industrial enterprises (or financially dependent). Industrial establishments generally meet the following requirements: ①They have each one location and are engaged in one kind of industrial activity each; ②They operate and manage their industrial production activities separately; ③They have accounts of income and expenditures separately.

(1)State-owned and state holding majority shares enterprises

refer to state-owned enterprises and the enterprises which state holds majority shares. State-owned enterprises (industry ownership by the whole people or state-run industry) refers to non-corporation economic units, where the entire assets are owned by the state and which have registered in accordance with the Regulation of the People's Republic of China on the Management of Registration of Corporate Enterprises, including the state-owned enterprise, sole state-funded corporation and state-owned joint ownership enterprise. Joint state-private industries and private industries, which existed before 1957, have been transformed into state-run industries. Since 1992, those were named state-owned industries. Statistics on these enterprises has been included in the state-industries since 1957 when separation of data was no longer necessary.

(2)Collective-owned Enterprises

refers to industrial enterprises where the means of production are owned collectively, including urban and rural enterprises invested by collectives and some enterprises which were formerly owned privately but have been registered in industrial and commercial administration agency as collective units through raising fund from the public.

(3)Share-holding Corporations Ltd.

Refer to economic units registered in accordance with the Regulation of the People's Republic of China on the Management of Registration of Corporate Enterprises, with total registered capitals divided into equal shares and raised through issuing stocks. Each investor hears limited liability to the corporation depending on the holding of shares, and the corporation bears liability to its debt to the maximum of its total assets.

(4)Enterprises with Funds form Hong Kong, Macao and Taiwan

refers to all industrial enterprises registered as the joint-venture, cooperative, sole (exclusive) investment industrial enterprises and limited liability corporations with funds from Hong Kong, Macao and Taiwan.

(5)Foreign Funded Enterprises

refers to all industrial enterprises registered as the joint-venture, cooperative, sole (exclusive) investment industrial enterprises and limited liability corporations with foreign funds.

Light Industry

refers to the industry that produces consumer goods and hand tools. It consists of two categories, depending on the materials used:

a) Industries using farm products as raw materials. These are branches of light industry which directly or indirectly use farm products as basic raw materials, including the manufacture of food and beverages, tobacco processing, textile, clothing, fur and leather manufacturing, paper making, printing, etc.

b) Industries using non farm products as raw materials. These are branches of light industry which use manufactured goods as raw materials, including the manufacture of cultural, educational articles and sports goods, chemicals, synthetic fiber, chemical products for daily use, glass products for daily use, metal products for daily use, hand tools, medical apparatus and instruments, and the manufacture of cultural and clerical machinery.

Heavy Industry

refers to the industry which produces capital goods, and provides various sectors of the national economy with necessary material and technical basis. It consists of the following three branches according to the purpose of production or the use of products:

a) Mining, quarrying and logging industry refers to the industry that extracts natural resources, including extraction of petroleum, coal, metal and non-metal ores and logging.

b) Raw materials industry refers to the industry that provides various sectors of the national economy with raw materials, fuels and power. It includes smelting and processing of metals, coking and coke chemistry, chemical materials and building materials such as cement, plywood, and power, petroleum refining and coal dressing.

c)Manufacturing industry refers to the industry that processes raw materials. It includes machine building industry which equips sectors of the national economy, industries of metal structure and cement products, industries producing means of agricultural production, such as chemical fertilizers and pesticides. According to the above principle of classification, the repairing trades which are engaged primarily in repairing products of heavy industry are classified into heavy industry while these engaged in repairing products of light industry are classified into light industry.

Gross Industrial Output Value

is the total volume of industrial products sold or available for sale in value terms which reflects the total achievements and overall scale of industrial production during a given period. It includes the value of the finished products, which are not to be further processed in the enterprises and have been inspected, packed and put in storage, the value of industrial services rendered to other units, and the changes in the value of the semi-finished products and products in process between the beginning and closing of the period. The gross industrial output value is calculated with factory method. No double calculations are to be made within the same enterprise. However, double counting does occur among different enterprises.

Value-added of Industry

refers to the final results of industrial production of the industrial enterprises in money terms during the reference period.

Capital Obtained

refers to capital actually received by the enterprise from investors. It can be further classified by investors as state capital, collective capital, corporate capital, individual capital, capital from Hong Kong, Macao and Taiwan and foreign capital.

Total Assets

refer to all economic resources, owned or controlled by enterprises that could be measured in monetary terms, including properties, creditors equity and other economic rights of all forms. Classified by the degree of equitability, total assets include circulating assets, long term investment, fixed assets, intangible assets and deferred assets, and other assets.

a)Circulating assets (working capital)

refer to assets which can be cashed in or spent or consumed in an operating cycle of one year or over one year, including cash, all kinds of deposits, short term investment, receivables, advance payment, stock, etc.

b)Fixed assets

refer to the net value of fixed assets, clearance of fixed assets, project under construction, fixed assets losses in suspense. These are corporations fund holdings.

c)Intangible assets

refer to the assets without material form used by enterprises over a long time, such as patents, non-patent technologies, trade marks, copyright, land use right, business reputation, etc.

Total Liabilities

refer to the debts, measured in monetary terms that enterprises are responsible for repayment in the form of cash, assets or labour. Classified by terms of repayment, liabilities include liquid liabilities and long-term liabilities.

a)Liquid liabilities (also called quick liabilities or immediate liabilities)

refer to enterprises total debt payable within an operating cycle of one year or over one year, including short term loans, payables and advance payments, wages payable, taxes payable and profit payable, etc.

b)Long term liabilities

refers to total debt payable within an operating cycle of one year or over one year, including long-term loans, payable liabilities, long-term payables, etc.

Creditors Equity

refers to investors ownership of net assets of the enterprise. It is equal to the total assets of the enterprise minus its total liabilities, including the primary input from investors, capital accumulation fund, surplus accumulation fund and undistributed profit. It is the shareholders equity in share-holding companies.

Original Value of Fixed Assets

refers to the original value of all fixed assets owned by industrial enterprises, calculated at the cost paid at the time of purchase, installation, reconstruction, expansion, and technical innovation and transformation of the said assets, which includes expenses on purchase, package, transportation, and installation, etc.

Net Value of Fixed Assets

is obtained by deducting depreciation over years from the

original value of fixed assets.

Working Capital (Circulating Assets)

refers to assets which can be cashed in or spent or consumed in an operating cycle of one year or over one year, which includes cash, various deposits, short term investment, and receivable payments, and advance payments, stock, etc.

Business Revenue of Industrial Products

refers to the revenue from the sales of products by industrial enterprises and the revenue from services provided and etc.

Business Cost of Industrial Products

refers to the actual cost of products of industrial enterprises and industrial services provided, etc.

Tax and Extra Charges of Business

refer to the tax on city maintenance and construction, consumption tax, resources tax and extra charges for education, which should be borne by the enterprises in selling products and providing industrial services.

Sales Profit of Products

refers to the profit gained by the enterprises by deducting cost, charges and taxes from the business income of the enterprises obtained in selling products and providing industrial services.

Total Profits

refer to the profits gained by the enterprises.

Value-added Tax Payable

refers to the amount of the value added tax which should be paid by the enterprises in the reporting period.

Ratio of Profits, Taxes and Interests to Average Assets

reflects the profit-making capability of all assets of the enterprise and is a key indicator manifesting the performance and management and evaluating the profit-making potential of the enterprise. It is calculated as follows:

Ratio of profits, taxes and interests to average assets (%) = [(Total profits+total Taxes+interest payment) / average assets] ×100%

Ratio of Debts to Assets

reflect both the operation risk and the capability of the enterprise in making use of the capital from the creditors. It is calculated as follows:

Ratio of debts to assets (%) = (Total debts/total assets)× 100%

Ratio of Profits to Total Industrial Costs

refers to the ratio of profits realized in a given period to the total costs in the same period, which reflects the economic efficiency of input cost and is calculated as follows:

Ratio of Profits to Total Industrial Cost(%)=(Total Profits/Total Costs)×100%

Value-added Rate of Industry

refers to the ratio of value added of industry in a given period to the gross output value in the same period, which reflects the economic efficiency of cutting down the intermediate input and is calculated as follows:

Value-added Rate of Industry(%)=[Value-added of Industry (at current prices)] / [Gross Output Value (at Current Prices)] ×100%

Turnover of Working Capital

refers to the number of times of turnover of working capital in a given period of time, which reflects the speed of the turnover of working capital and is calculated as follows:

Turnover of Working Capital(%)=(Sales Revenue of Products) / (Average Balance of Total Working Capital)×100%

Ratio of Sales to Gross Output Value

refers to the sales of industrial products to the gross industrial output value during the reference period, and is important in reflecting the linkage between production and sales and the extent of the needs of the society that has been met by the supply of industrial products. It is calculated as follows:

Ratio of Sales to Gross Output Value=Industrial sales/Gross industrial output value (at current prices) ×100%

Overall Labour Productivity of Industrial Enterprises

refers to the average output per employed person in industrial enterprises in value terms. At present, the value added and the average number of staff and workers of an industrial enterprise in a given period are used to calculate the overall labour productivity. The formula used is:

Overall Labour Productivity=(Value Added of Industry) / (Average Number of Staff and Workers)

For the purpose of comparison of the overall labour productivity among different years, the data on the overall labour productivity of the years prior to 1990 have been adjusted on the basis of 1990 constant prices.

第十四篇

Chapter 14

建筑业

CONSTRUCTION

简要说明

一、本篇资料反映我省建筑业概况和发展情况。主要包括建筑业企业生产经营情况，指标有企业个数、从业人员数、建筑业总产值、房屋建筑面积、机械设备、资产负债、利润税金、劳动生产率、技术装备率等。此外，2003 年及以前还包括农村建筑队主要指标。

二、建筑业企业资料由省统计局固定资产投资处提供。建筑业统计范围从 1996 年年报起由原城镇及城镇以上各种经济类型的建筑业企业扩大到具有建筑业资质等级四级及四级以上的各种经济类型的建筑业企业，资料来源依据国家统计局制定的“建筑业统计报表制度”收集的有关年报资料。

Brief Introduction

I. Data in this chapter show the general situation and the development of the construction in the province. They cover mainly the situation of production and management of the enterprises of construction, including number of enterprises number of employed persons, gross output value, floor space of the building, machinery and equipment, assets and liabilities, profits and taxes, labor productivity, per capita machinery, etc. They also cover the main indicators of the rural construction teams at 2003 and before.

II. Data on the enterprises of construction in this chapter are provided by the Division of Statistics in Investment in Fixed Assets, Anhui Statistical Bureau. The coverage of construction statistics has been enlarged since 1996 when the annual statistical reports were submitted. The original coverage includes all the construction enterprises of various types of ownership at and above town level. The new coverage includes all the construction enterprises of various types of ownership with qualification criteria at or above Class 4. Data are collected in accordance with the “reporting scheme of construction statistics” stipulated by the National Bureau of Statistics.

14—1 建筑业企业概况
Main Indicators on Construction Enterprises

年份 Year	总计 Total	内资 Domestic Funded	#国有经济 State-owned	#集体经济 Collective-owned	港澳台商投资企业 Funded from Hong Kong, Macao and Taiwan	外商投资企业 Foreign Funded	国有及国有控股企业 State Controlling Funded Hold Enterprises
企业单位数（个） Number of Enterprises (unit)							
1995	75321		146	317	4	1	
2000	40785		258				
2001	41187	1554	263	777	9	6	299
2002	38335	1678	245	545	12	6	
2003	37843	1697	226	448	10	6	325
2004	1926	1912	212	313	6	9	348
2005	1946	1934	193	278	8	4	321
2006	1996	1980	185	212	12	4	305
2007	2153	2137	183	176	12	4	303
2008	2357	2344	184	163	7	6	292
2009	2408	2394	172	151	7	7	259
从业人员（万人） Number of Persons Engaged (10000 persons)							
1995	177.31		24.23	14.17	0.02	0.03	
2000	125.62		21.66				
2001	151.68	86.79	25.64	39.12	0.09	0.45	26.66
2002	153.73	89.19	20.69	31.87	0.14	0.20	28.53
2003	155.77	90.80	20.09	28.04	0.17	0.18	27.24
2004	91.83	91.43	16.79	16.71	0.13	0.29	28.00
2005	98.57	98.13	16.67	13.45	0.32	0.11	24.35
2006	112.26	111.63	21.47	9.83	0.44	0.19	32.99
2007	123.25	122.52	22.09	8.75	0.50	0.23	34.10
2008	138.07	137.67	30.56	8.77	0.18	0.22	40.67
2009	143.53	143.14	27.00	7.67	0.14	0.26	37.65
总产值（万元） Gross Output Value (10000 yuan)							
1995	5821071		1078593	309454	1602	1231	
2000	5320294		1349050				
2001	6716291	4195109	1613065	1452490	1653466	7435	1781574
2002	7070835	5259807	1627324	1378030	13098	9278	2403850
2003	9108572	6207110	1851883	1248254	14496	8841	2928452
2004	7887558	7857732	2137019	937303	13296	16530	3806414
2005	9230814	9194875	2678924	815820	25256	10683	3674953
2006	11682365	11623868	3494138	623919	40253	18244	5651081
2007	15169772	15079204	4376254	582524	62313	28256	7081557
2008	18578870	18527361	5772807	767214	22006	29503	8085556
2009	22399290	22338010	6799816	777343	26469	34812	9256453

注：1．附营施工单位的生产活动在整个建筑生产活动中所占份额极小，加之资料不全，因而在总计中已略去。
2．2004年及以后年份为总承包和专业承包建筑业企业，城镇集体和农村建筑队不作统计。

a) The production activity of subsidiary construction units is omitted in the total because the portion is very small and the data are incomplete.
b) After 2004, Data are general contracting and professional contract of construction enterprises, Cities collective and construction crew of countryside doesn't count.

14—2 主要年份建筑业企业主要经济指标
Main Economic Indicators on Construction Enterprises

指 标 Item		1995	2000	2005	2008	2009
企业单位数 (个) Number of Construction Enterprises	(unit)	478	1571	1946	2357	2408
从业人数 (万人) Staff and Workers (annual average)	(10000 persons)	38.83	71.41	98.57	138.07	143.53
自有固定资产原价 (万元) Fixed Assets Owned (original value)	(10000 yuan)	507546	1135784	2403291	3110073	3429821
自有固定资产净值 (万元) Fixed Assets Owned (net value)	(10000 yuan)	361527	783712	1666488	2133815	2339897
自有机械设备净值 (万元) Net Value of Machinery and Equipment Owned	(10000 yuan)	165092	326347	889068	1111351	1166826
自有机械设备总台数 (台) Number of Machinery and Equipment Owned	(unit)	91742	237822	383944	395274	383615
自有机械设备总功率 (万千瓦) Total Power of Machinery and Equipment Owned	(10000 kw)	169.97	250.57	464.92	580.00	591.68
建筑业总产值 (万元) Gross Output Value of Construction	(10000 yuan)	1400973	3028240	9230814	18578870	22399290
建筑工程 Construction Projects		1193521	2621894	7859068	15974289	19511466
安装工程 Installation Projects		186860	331987	993979	1844416	2039479
其 他 Others		20592	74359	377768	760166	848346
固定资产本年折旧 (万元) Depreciation of Fixed Assets	(10000 yuan)	24803	55430	139061	204992	202884
应付工资 (万元) Wages Payable	(10000 yuan)	173855	409707	1144538	2863289	3059262
应付福利费 (万元) Welfare Expenses Payable	(10000 yuan)	17285	45175	146320	265705	265599
工程结算税金及附加 (万元) Taxes and Extra Charges on Project Settle Accounts	(10000 yuan)	38038	89526	300229	636809	829941
管理费用中的税金 (万元) Taxes in Management Expenses	(10000 yuan)	2666	8423	20141	56648	58056
工程结算利润 (万元) Profits of Project Settle Accounts	(10000 yuan)	134355	231345	607979	1339939	1557435
利润总额 (万元) Total Profits	(10000 yuan)	943	28123	178167	632968	743796
利税总额 (万元) Total Taxes	(10000 yuan)	61646	126073	498536	1326426	1631793
劳动生产率 (元/人) Overall Labor Productivity	(yuan/person)					
按总产值计算 In Terms of Gross Output Value		36080	42406	95803	131657	156258
房屋建筑施工面积 (万平方米) Floor Space of Buildings Under Construction	(10000 sq.m)	1985.43	4631.27	9869.50	16852.52	18693.89
房屋建筑竣工面积 (万平方米) Floor Space of Buildings Completed	(10000 sq.m)	853.33	2595.33	5081.27	7918.05	8815.42
技术装备率 (元/人) Value of Machines per Laborer	(yuan/person)	4252	4570	9020	7875	8129
动力装备率 (千瓦/人) Power of Machines per Laborer	(kw/person)	4.38	3.51	4.72	4.11	4.12
房屋建筑面积竣工率 (%) Ratio of Floor Space of Buildings Completed	(%)	42.98	56.04	51.48	46.98	47.16
产值利润率 (%) Ratio of Profit to Gross Output Value	(%)	0.06	0.93	1.93	3.41	3.32
产值利税率 (%) Ratio of Per-tax Profit to Gross Output Value	(%)	2.97	4.16	5.40	7.14	7.29

14—3 国有经济建筑业企业主要经济指标
Main Economic Indicators on State-owned Construction Enterprises

指 标 Item		1995	2000	2005	2008	2009
企业单位数 （个）	Number of Construction Enterprises (unit)	146	258	193	184	172
从业人数 （万人）	Staff and Workers (annual average) (10000 persons)	24.23	21.66	16.67	30.56	27.00
自有固定资产原价 （万元）	Fixed Assets Owned (original value) (10000 yuan)	416972	636476	918516	978059	1021525
自有固定资产净值 （万元）	Fixed Assets Owned (net value) (10000 yuan)	291809	403625	602836	617233	642178
自有机械设备净值 （万元）	Net Value of Machinery and Equipment Owned (10000 yuan)	129661	160000	347370	378195	355830
自有机械设备总台数 （台）	Number of Machinery and Equipment Owned (unit)	47796	63023	52287	55035	44235
自有机械设备总功率（万千瓦）	Total Power of Machinery and Equipment Owned (10000 kw)	137.59	127.93	134.58	144.10	155.42
建筑业总产值 （万元）	Gross Output Value of Construction (10000 yuan)	1078593	1349050	2678924	5772807	6799816
建筑工程	Construction Projects	910192	1199993	2228410	5207165	6317011
安装工程	Installation Projects	155217	128402	365681	428013	350356
其 他	Others	13184	20655	84834	137629	132449
固定资产本年折旧 （万元）	Depreciation of Fixed Assets (10000 yuan)	20951	34460	63261	78560	77987
应付工资 （万元）	Wages Payable (10000 yuan)	157735	155296	264523	785764	742523
应付福利费 （万元）	Welfare Expenses Payable (10000 yuan)	15773	20689	38889	58543	65091
工程结算税金及附加 （万元）	Taxes and Extra Charges on Project Settle Accounts (10000 yuan)	29677	39416	87807	201006	315748
管理费用中的税金 （万元）	Taxes in Management Expenses (10000 yuan)	1682	3070	3375	11696	22952
工程结算利润 （万元）	Profits of Project Settle Accounts (10000 yuan)	116337	117387	170674	410586	435376
利润总额 （万元）	Total Profits (10000 yuan)	630	-5159	34788	208719	192305
利税总额 （万元）	Total Taxes (10000 yuan)	31989	37327	91182	421420	531005
劳动生产率 （元/人）	Overall Labor Productivity (yuan/person)					
按总产值计算	In Terms of Gross Output Value	44515	62283	154711	183698	229175
房屋建筑施工面积（万平方米）	Floor Space of Buildings Under Construction (10000 sq.m)	1053.50	1166.52	1994.78	3279.61	3599.19
房屋建筑竣工面积（万平方米）	Floor Space of Buildings Completed (10000 sq.m)	409.30	566.55	747.17	1044.32	1051.93
技术装备率 （元/人）	Value of Machines per Laborer (yuan/person)	5351	7387	20836	12035	13181
动力装备率 （千瓦/人）	Power of Machines per Laborer (kw/person)	5.38	5.91	8.07	4.59	5.76
房屋建筑面积竣工率 （%）	Ratio of Floor Space of Buildings Completed (%)	38.90	48.57	37.46	31.84	29.23
产值利润率 （%）	Ratio of Profit to Gross Output Value (%)	0.10	-0.38	1.30	3.62	2.83
产值利税率 （%）	Ratio of Per-tax Profit to Gross Output Value (%)	3.00	2.77	3.40	7.30	7.81

14—4 集体经济建筑业企业主要经济指标
Main Economic Indicators on Collective Construction Enterprises

指标	Item		1995	2000	2005	2008	2009
企业单位数（个）	Number of Construction Enterprises	(unit)	317	983	278	163	151
从业人数（万人）	Staff and Workers (annual average)	(10000 persons)	14.17	37.20	13.45	8.77	7.67
自有固定资产原价（万元）	Fixed Assets Owned (original value)	(10000 yuan)	85112	340764	222841	168771	179644
自有固定资产净值（万元）	Fixed Assets Owned (net value)	(10000 yuan)	65977	256869	151513	99947	109538
自有机械设备净值（万元）	Net Value of Machinery and Equipment Owned	(10000 yuan)	33944	119608	74952	50399	44464
自有机械设备总台数（台）	Number of Machinery and Equipment Owned	(unit)	42308	134122	49967	26682	26252
自有机械设备总功率（万千瓦）	Total Power of Machinery and Equipment Owned	(10000 kw)	31.10	91.52	51.46	61.33	28.67
建筑业总产值（万元）	Gross Output Value of Construction	(10000 yuan)	309454	1222373	815820	767214	777343
建筑工程	Construction Projects		273710	1029445	598784	508734	528330
安装工程	Installation Projects		30815	154211	173967	197652	209067
其　他	Others		4929	38717	43069	60828	39946
固定资产本年折旧（万元）	Depreciation of Fixed Assets	(10000 yuan)	3569	14553	10190	9318	7746
应付工资（万元）	Wages Payable	(10000 yuan)	15120	184525	122867	129459	135863
应付福利费（万元）	Welfare Expenses Payable	(10000 yuan)	1372	17445	14570	11836	10887
工程结算税金及附加（万元）	Taxes and Extra Charges on Project Settle Accounts	(10000 yuan)	8035	36180	26367	25407	25238
管理费用中的税金（万元）	Taxes in Management Expenses	(10000 yuan)	947	4458	3079	3034	4367
工程结算利润（万元）	Profits of Project Settle Accounts	(10000 yuan)	17542	84433	57298	56280	74960
利润总额（万元）	Total Profits	(10000 yuan)	1301	26275	16798	19123	31814
利税总额（万元）	Total Taxes	(10000 yuan)	10283	66913	46244	47564	61419
劳动生产率（元/人）	Overall Labor Productivity	(yuan/person)					
按总产值计算	In Terms of Gross Output Value		21839	32859	62914	90763	107414
房屋建筑施工面积（万平方米）	Floor Space of Buildings Under Construction	(10000 sq.m)	905.20	2556.99	933.33	720.55	790.05
房屋建筑竣工面积（万平方米）	Floor Space of Buildings Completed	(10000 sq.m)	430.60	1539.42	553.89	391.53	442.66
技术装备率（元/人）	Value of Machines per Laborer	(yuan/person)	2395	3215	5573	5962	5799
动力装备率（千瓦/人）	Power of Machines per Laborer	(kw/person)	2.19	2.46	3.83	7.30	3.74
房屋建筑面积竣工率（%）	Ratio of Floor Space of Buildings Completed	(%)	47.60	60.20	59.35	54.30	56.03
产值利润率（%）	Ratio of Profit to Gross Output Value	(%)	0.40	2.15	2.06	2.49	4.09
产值利税率（%）	Ratio of Per-tax Profit to Gross Output Value	(%)	3.30	5.47	5.67	6.20	7.90

14—5 建筑业企业技术装备情况

Number and Power of Machinery and Equipment Owned by Construction Enterprises

年 份 Year	自有机械设备净值 (万元) Net Value of Machinery and Equipment Owned (10000 yuan)	自有机械设备总台数 (台) Number of Machinery and Equipment Owned (unit)	自有机械设备总功率 (万千瓦) Total Power of Machinery and Equipment Owned (10000 kw)	#施工机械功率 Power of Construction Machines	技术装备率 (元/人) Value of Machines per Laborer (yuan/person)	动力装备率 (千瓦/人) Power of Machines per Laborer (kw/person)
1995	165092	91742	169.97	139.66	4252	4.38
1998	245283	191244	220.05	172.34	3800	3.41
1999	287433	220975	255.35	200.25	4106	3.65
2000	326347	237822	250.57	197.56	4570	3.51
2001	428163	319755	316.30	272.26	4750	3.51
2002	735011	351576	370.81	312.15	8287	4.18
2003	723018	352540	310.48	310.48	7700	4.07
2004	690428	349167	450.59		7554	4.93
2005	889068	383944	464.92		9020	4.72
2006	781405	402482	515.72		6961	4.59
2007	951296	433405	532.35		7718	4.32
2008	1111351	395274	580.00		7875	4.11
2009	1166826	383615	591.68		8129	4.12

14—6 国有经济建筑业企业技术装备情况

Number and Power of Machinery and Equipment of State-owned Construction Enterprises

年 份 Year	自有机械设备净值 (万元) Net Value of Machinery and Equipment Owned (10000 yuan)	自有机械设备总台数 (台) Number of Machinery and Equipment Owned (unit)	自有机械设备总功率 (万千瓦) Total Power of Machinery and Equipment Owned (10000 kw)	#施工机械功率 Power of Construction Machines	技术装备率 (元/人) Value of Machines per Laborer (yuan/person)	动力装备率 (千瓦/人) Power of Machines per Laborer (kw/person)
1995	129661	47796	137.59	113.70	5351	5.38
1998	139448	55220	125.62	95.76	6465	5.82
1999	144873	60984	132.26	102.55	6162	5.63
2000	160000	63023	127.93	94.08	7387	5.91
2001	164475	72763	138.34	108.92	6415	5.40
2002	327766	86991	168.11	100.91	11341	5.95
2003	202299	60514	114.67	89.49	9427	5.34
2004	197022	52973	129.16		10586	6.94
2005	347370	52287	134.58		20836	8.07
2006	167597	60046	163.36		7805	7.61
2007	286147	60430	168.34		12954	7.62
2008	378195	55035	144.10		12035	4.59
2009	355830	44235	155.42		13181	5.76

14—7 建筑业企业主要生产指标（2009年）

指标	Item	合计 Total Enterprises	总承包 General Contractor	专业承包 Professional Contractor
企业单位个数 （个）	Number of Enterprises in Charge of Construction (unit)	2408	1309	1099
签订的合同额 （万元）	Volume of Signed Contracts (10000 yuan)	39667217	36134930	3532287
直接从建设单位承揽工程完成的产值 （万元）	Accomplished Output Value of the Project Taken Directly from Construction Units (10000 yuan)	22375475	19592760	2782716
自行完成施工产值	Output Value Completed by Self	22045011	19337344	2707667
分包出去工程产值	Engineering Subcontract Value	330464	255415	75048
从建设单位以外承揽工程完成的产值 （万元）	Accomplished Output Value of the Project Not Taken from Construction Units (10000 yuan)	354279	264290	89990
建筑业总产值 （万元）	Gross Output Value of Construction (10000 yuan)	22399290	19601634	2797657
#装饰装修产值	Decoration and Fixing UP	902404	421966	480438
在外省完成产值	In Other Provinces	4497730	4121491	376239
#建筑工程	Construction Projects	19511466	17851027	1660439
安装工程	Installation Projects	2039479	1147072	892407
其　他	Others	848346	603535	244811
竣工产值 （万元）	Output Value of Buildings Completed (10000 yuan)	12750792	10545126	2205665
房屋建筑施工面积 （万平方米）	Floor Space of Buildings Under Construction (10000 sq.m)	18693.89	18134.27	559.62
#本年新开工	Newly Started Projects in this Year	10720.68	10274.35	446.34
#投标承包的面积	Floor Space Through Tender for the Construction	14870.65	14498.87	371.78
#本年新开工	Newly Started Projects in this Year	8913.86	8610.12	303.74
房屋建筑竣工面积 （万平方米）	Floor Space of Buildings Completed (10000 sq.m)	8815.42	8459.31	356.11
自有机械设备净值 （万元）	Net Value of Machinery owned (10000 yuan)	1166826	996074	170752
自有机械设备总台数 （台）	Number of Machinery Owned (set)	383615	324531	59084
自有机械设备总功率 （万千瓦）	Capacity of Machinery Owned (10000 kw)	591.68	508.26	83.42
计算劳动生产率的平均人数 （人）	Labor Capacity Calculated by Average Person (person)	143.35	125.46	17.89
从业人员 （人）	Employed Persons at the Year-End (person)	143.53	125.64	17.90
#工程技术人员	Engineering Technical Personnel	18.48	15.61	2.87
#一级建造师	First Grade Architect	0.68	0.52	0.16
全员劳动生产率 （元/人）	Overall Labor Productivity (yuan/person)	156258	156241	156378
技术装备率 （元/人）	Per Capita Machinery Value (yuan/person)	8129	7928	9541
动力装备率 （千瓦/人）	Per Capita Machines Power (kw/person)	4.12	4.05	4.66
房屋建筑面积竣工率 （%）	Rate of Floor Space of Buildings Completed (%)	47.16	46.65	63.63

Main Indicators on Construction Enterprises (2009)

内资企业 Domestic Funded	#集 体 Collective-owned	#私 营 Private	港澳台商投资企业 Funded Enterprises from Hong, Kong, Macao and Taiwan	外商投资企业 Foreign Funded	国有及国有控股企业 State Controlling Funded Hold Enterprises	房屋工程建筑业 Building	土木工程建筑业 Civil Engineering	建筑安装业 Construction Installation Industry	建筑装饰业 Construction Decoration Industry	其他建筑业 Other
2394	123	1113	7	7	259	934	410	395	553	116
39583078	749862	7625239	39902	44237	21047466	18268390	17421897	3024550	677768	274612
22314194	563585	5655108	26469	34812	9335768	11736761	7622699	2158674	628998	228344
21983731	536684	5586596	26469	34812	9127228	11655603	7488923	2047983	624700	227803
330464	26901	68512			208540	81158	133776	110691	4298	541
354279	9266	108033			129224	176278	116628	42782	8510	10082
22338010	545951	5694629	26469	34812	9256453	11831880	7605551	2090764	633210	237885
901608	24004	419842	750	47	140125	365022	35955	24889	467494	9046
4479426	79832	385751	6637	11667	3275838	1771956	2311627	341795	46666	25686
19475687	413842	5014137	17420	18359	8338401	10915803	6757492	1246165	444078	147928
2029183	111999	436042	4359	5938	685020	572724	624215	751306	69775	21460
833140	20110	244450	4691	10514	233032	343353	223843	93294	119357	68498
12717228	476289	4066238	14604	18959	3461971	7913189	2629258	1525318	507567	175461
18669.70	609.70	5912.52	8.72	15.48	4560.75	16708.49	734.59	1222.96	2.37	25.47
10700.60	356.43	3791.66	6.97	13.12	1837.10	9466.42	455.23	781.62	0.27	17.14
14855.14	452.53	4304.66	2.40	13.12	4202.68	13459.13	548.01	841.41	0.27	21.84
8898.34	322.19	3021.61	2.40	13.12	1743.18	8012.44	327.14	559.74	0.27	14.27
8801.94	389.00	3193.29	3.77	9.71	1311.00	8030.47	250.14	514.07	1.76	18.99
1159702	33453	301645	3390	3734	460202	493321	525618	85476	28671	33740
382360	23079	129111	540	715	63392	247826	82628	26751	19539	6871
589.50	22.44	160.04	1.32	0.86	203.26	275.49	253.16	41.35	8.23	13.45
142.93	5.97	43.37	0.16	0.25	40.75	88.45	34.75	13.40	5.21	1.54
143.14	6.38	44.64	0.14	0.26	37.65	91.73	31.69	13.24	5.32	1.54
18.42	0.77	6.17	0.03	0.03	4.24	11.38	4.08	1.98	0.74	0.31
0.66	0.01	0.18	0.02	0.00	0.30	0.26	0.27	0.10	0.04	0.02
156282	91495	131312	165744	137161	227151	133770	218860	156002	121642	154511
8102	5243	6757	24655	14519	12222	5378	16585	6455	5385	21866
4.12	3.52	3.59	9.62	3.34	5.40	3.00	7.99	3.12	1.55	8.72
47.15	63.80	54.01	43.23	62.77	28.75	48.06	34.05	42.03	74.33	74.53

14—8　建筑业企业主要财务指标（2009年）

指　标	Item	流动资产合　计 Circulating Funds	#存　货 Stock	固定资产合　计 Total Fixed Assets
总　　计	**Total**	**13266328**	**3275708**	**2763601**
#国有及国有控股企业	State Controlling Share Hold Enterprises	7069717	1845641	961209
按登记注册类型分	**Grouped by registration Type**			
内资企业	Domestic Funded Enterprise	13200149	3267232	2740039
国有企业	State-owned Enterprise	4408486	959929	564539
集体企业	Collective-owned Enterprise	291945	64266	93509
股份合作企业	Share Holding Cooperative Enterprises	190019	26690	75318
联营企业	Joint Owned Enterprises	30877	8797	8077
有限责任公司	Limited Liability Corporations	5095469	1496347	1046715
股份有限公司	Share-holding Corporations Ltd.	679517	198595	200542
私营企业	Private Enterprises	2487403	503051	744756
其他企业	Other Enterprises	16432	9557	6583
港澳台商投资企业	Enterprises Funded by Entrepreneurs from Hong Kong, Macao and Taiwan	24272	1955	14956
外商投资企业	Foreign Funded Enterprises	41908	6521	8606
按国民经济行业分	**Grouped by Sector**			
房屋和土木工程建筑业	Building & Civil Engineering	11414651	2833954	2264557
房屋工程建筑业	Building	5172212	1388528	1230475
土木工程建筑业	Civil Engineering	6242440	1445426	1034081
#铁路道路隧道和桥梁工程建筑业	Railroad Road Tunnel &Bridge Engineering Enterprises	4102263	974625	518010
建筑安装业	Construction Installation Industry	1238213	316310	309845
建筑装饰业	Construction Decoration Industry	419684	90079	128053
其他建筑业	Other Construction Industry	193780	35364	61146
工程准备	Project Preparation	71332	8435	13449
按资质等级分	**By Qualification Standard**			
施工总承包	Chief Construction Contract	11332296	2836172	2237444
特　级	Top Grade	2356541	505338	241826
一　级	First Grade	4713022	1225145	771918
二　级	Second Grade	2775199	725733	652310
三级及以下	Third Grade and Below	1487533	379957	571391
专业承包	Professional Contract	1934033	439535	526156
一　级	First Grade	663400	155835	114053
二　级	Second Grade	630509	150866	229847
三级及以下	Third Grade and Below	640124	132834	182257

Main Financial Indicators on Construction Enterprises (2009)

单位：万元 (10000 yuan)

固定资产原价 Original Value of Fixed Assets	累计折旧 Progessive Deprecia-tion	#本年折旧 Deprecia-tion this Year	资产总计 Total of Assets	负债合计 Total of Liabilities	所有者权益 Creditors' Equity	#实收资本 Capital Hold	#国家资本 National Copital	工程结算收入 Project Settlement Income	工程结算成本 Project Settlement Cost	工程结算税金及附加 Project Settlement Tax and Extra Charges	工程结算利润 Main Business Profit
3429821	**1089924**	**202884**	**17040895**	**11536292**	**5504603**	**3661186**	**946642**	**23976723**	**21440347**	**829941**	**1557435**
1358904	508684	94987	8561522	6935942	1625580	1036886	938546	11956957	10919970	398194	620446
3399300	1082679	200932	16950235	11484978	5465257	3633196	943738	23915875	21391989	828263	1549237
817309	308451	68369	5340304	4404030	936274	586538	578872	7797999	7182503	261006	344040
122770	48732	4804	409388	246376	163011	116978		496061	432375	17796	41935
45175	11956	2163	293507	158663	134843	45669		225518	185595	7157	31846
22514	14463	1194	39165	19249	19916	9948	3100	32996	27074	1103	3488
1333626	414360	67488	6486031	4298040	2187992	1476721	341112	8900495	7934010	308132	601558
216000	59453	10266	964052	644011	320041	227249	20653	1160699	1028315	42885	80876
834044	223933	46409	3394203	1702424	1691779	1160225		5264557	4568470	188994	443189
7863	1330	239	23585	12184	11401	9868		37551	33648	1190	2306
18846	4008	1629	39580	15637	23944	18445	683	26436	20000	824	3379
11674	3238	322	51080	35678	15402	9546	2222	34413	28357	854	4819
2825987	907188	162742	14529346	10111809	4417537	2893830	830742	21077475	18965856	739564	1251607
1414213	397804	66341	6764209	4062778	2701431	1839648	270286	10667859	9548518	391828	642593
1411774	509385	96401	7765136	6049031	1716106	1054181	560456	10409616	9417338	347736	609013
734709	269026	47458	4901604	3970064	931540	619070	353650	7082050	6516994	237616	312754
373116	119082	22824	1663223	1020295	642928	439849	81563	2060893	1797595	61211	185133
150262	41292	13725	577360	262836	314525	223464	20229	610276	490086	21905	90982
80457	22363	3593	270966	141352	129614	104043	14108	228080	186809	7261	29713
18903	6235	1086	88781	44028	44753	32045	7631	70030	58684	2444	8301
2786651	887173	169164	14416387	10033029	4383357	2889403	842321	21287292	19187679	743616	1236211
355118	129705	29021	2819988	2363989	455999	258896	258896	3902453	3618837	127192	151323
985334	340501	64024	5836301	4509526	1326775	763107	354818	9714042	8841978	333920	507634
809392	257922	40041	3610694	2046438	1564256	1060219	142027	4650804	4100317	169180	334893
636807	159046	36078	2149404	1113077	1036327	807182	86581	3019993	2626548	113324	242362
643170	202751	33720	2624508	1503263	1121245	771784	104322	2689431	2252667	86325	321224
149629	48546	7951	828255	575661	252594	138054	46550	996545	855979	29122	106340
286528	97026	15106	924165	470392	453773	321199	43414	956334	805081	33047	106624
207013	57179	10664	872088	457210	414878	312531	14357	736552	591607	24156	108259

14—8 续表 continued

指 标	Item	其他业务利润 Other Business Profit	经营费用 Operating Expense	管理费用 Management Expense
总 计	**Total**	**41709**	**149001**	**725247**
#国有及国有控股企业	State Controlling Share Hold Enterprises	17452	18347	309714
按登记注册类型分	**Grouped by registration Type**			
内资企业	Domestic Funded Enterprise	42584	146386	721352
国有企业	State-owned Enterprise	11951	10451	174236
集体企业	Collective-owned Enterprise	864	3955	25666
股份合作企业	Share Holding Cooperative Enterprises	2244	920	16396
联营企业	Joint Owned Enterprises	18	1332	1496
有限责任公司	Limited Liability Corporations	18491	56795	281123
股份有限公司	Share-holding Corporations Ltd.	675	8623	34670
私营企业	Private Enterprises	8322	63905	186210
其他企业	Other Enterprises	20	407	1553
港澳台商投资企业	Enterprises Funded by Entrepreneurs from Hong Kong, Macao and Taiwan	-975	2232	1932
外商投资企业	Foreign Funded Enterprises	100	382	1964
按国民经济行业分	**Grouped by Sector**			
房屋和土木工程建筑业	Building & Civil Engineering	27106	120447	584400
房屋工程建筑业	Building	8876	84919	288463
土木工程建筑业	Civil Engineering	18230	35528	295938
#铁路道路隧道和桥梁工程建筑业	Railroad Road Tunnel &Bridge Engineering Enterprises	11126	14687	149250
建筑安装业	Construction Installation Industry	12543	16954	79158
建筑装饰业	Construction Decoration Industry	1778	7302	47361
其他建筑业	Other Construction Industry	281	4297	14328
工程准备	Project Preparation	23	601	3024
按资质等级分	**By Qualification Standard**			
施工总承包	Chief Construction Contract	32527	119786	577560
特 级	Top Grade	4785	5101	86003
一 级	First Grade	14464	30511	236622
二 级	Second Grade	12173	46414	133982
三级及以下	Third Grade and Below	1106	37760	120953
专业承包	Professional Contract	9182	29215	147687
一 级	First Grade	2625	5103	49521
二 级	Second Grade	3500	11582	48625
三级及以下	Third Grade and Below	3057	12530	49541

单位：万元 (10000 yuan)

#税 金 Tax	财务费用 Financial Expenses	营业利润 Operating Profit	利润总额 Total Profit	应交所得税 Payable Income Tax	劳动、失业保险费 Labor and Unemployment Insuarance Expenses	住房公积金和住房补贴 Public Accumulation Fund and Subsidy for Housing Construction	养老和医疗保险费 Retirement and Medical Insurance Premium	本年应付工资总额 Total Payable Wages this Year	本年应付福利费总额 Total Payable Welfarism this Year	全部从业人员年平均人数（人） Average Number of Staff and Workers (person)
58056	**80866**	**793030**	**743796**	**144076**	**90905**	**50153**	**80830**	**3059262**	**265599**	**1489777**
26785	23600	304584	264359	54163	69189	41114	47056	1019997	79591	418389
57832	80694	789776	740514	143476	90723	50091	80469	3050447	265254	1485433
21061	5231	176524	154431	39890	29719	21390	23153	536378	44329	238536
2987	1414	15719	15438	3077	510	817	2355	100531	8193	60460
1378	1737	15957	16061	3216	330	154	795	34629	2567	27445
11	39	1971	1948	578	211	119	629	5541	697	5218
15193	35799	303127	291612	48482	46983	23717	33838	1311713	109598	624236
3321	9570	37310	24978	5222	2502	1413	6040	153001	15157	78839
13761	26665	238635	235517	42893	10327	2436	13658	900614	83715	446369
120	240	532	529	118	141	46		8042	997	4330
146	24	448	475	105	129	40	185	4769	231	1770
79	148	2807	2807	494	53	21	176	4046	115	2574
49223	66510	627803	582821	118723	83798	44259	70037	2634663	235912	1279497
21297	42195	320812	298052	59824	21595	8486	28573	1834598	180056	924867
27926	24315	306991	284769	58899	62203	35773	41464	800066	55857	354630
16871	6592	168039	162681	39006	18606	13785	15952	429315	34059	194508
6201	9498	109020	106876	15714	4841	4164	7583	276615	19018	139508
1709	3319	42081	40183	8273	1671	1155	2391	116375	7953	54908
923	1539	14127	13915	1366	595	575	818	31608	2715	15864
186	218	5081	4759	344	201	275	232	10904	823	5934
47493	65847	625331	576733	117831	83557	46195	68834	2692438	238364	1302584
11992	-10916	81021	68606	16396	31663	15012	6073	181805	25218	59647
14575	44747	240728	231409	48484	35917	26043	39459	1185291	92708	474268
10537	18813	194271	170203	32283	10440	3361	14862	792687	72765	444021
10389	13203	109311	106516	20668	5536	1780	8440	532655	47672	324648
10563	15019	167699	167063	26244	7349	3958	11996	366824	27236	187193
2243	6319	53124	49725	6545	3662	1419	4910	135715	9892	57745
5124	5334	56165	59787	9704	2017	1553	4294	126703	8822	67626
3197	3366	58410	57552	9996	1670	986	2792	104406	8521	61822

14—9 劳务分包建筑业企业生产经营情况（2009年）

Productions and Business Indicators of Subcontract Construction Enterprises (2009)

指　标		Item		合　计 Total	国有及国有控股企业 State-owned and State-controlled Enterprises
生产情况		**Producing Indicators**			
企业单位数	（个）	Number of Enterprises	(unit)	364	5
建筑业总产值	（万元）	Gross Output Value of Costruction	(10000 yuan)	396505	21747
#装饰装修产值		Outpnt Value of Construction Pecoration		48394	3183
从业人员情况		Conditions of Employed Persons			
计算建筑业劳动生产率的平均人数	（人）	Average Number of Persons Calculated by Construction Labor Productivity	(person)	118751	8513
年末从业人数	（人）	Number of Employed Persons at the Year-end	(person)	123519	8866
#管理人员		Managerical Personnel		7718	82
#工程技术人员		Engineering Technical Persons		8287	27
#现场施工工人		Persons On-site Construction		108072	8586
财务状况		**Financial Indicators**			
资产负债		Assets and Liabilities			
固定资产原价	（万元）	Prime Cost of Fixed Assets	(10000 yuan)	3212	24
本年折旧	（万元）	Depreciation This Year	(10000 yuan)	3212	24
资产总计	（万元）	Total of Assets	(10000 yuan)	115236	3868
负债合计	（万元）	Total of Liabilities	(10000 yuan)	47640	1071
实收资本	（万元）	Paicl-up Capital	(10000 yuan)	41999	571
#国家资本		National Capital		571	571
集体资本		Collectively Owned Capital		2793	
法人资本		Capital of Artifical Person		11345	
个人资本		Individual Capital		27290	
损益及分配		Profit and Loss and Distribution			
营业收入合计	（万元）	Total Business Earning	(10000 yuan)	356704	18971
#主营业务收入		Main Business Earning		355208	18971
主营业务成本	（万元）	Main Business Cost	(10000 yuan)	321451	18034
主营业务税金及附加	（万元）	Main Business Tax and Affixation	(10000 yuan)	10883	127
费用合计	（万元）	Total Expense	(10000 yuan)	20746	754
营业利润	（万元）	Operating Profit	(10000 yuan)	15573	61
利润总额	（万元）	Total of Profit	(10000 yuan)	14708	61
从业人员劳动报酬	（万元）	Labour Reward of Staff and Workers	(10000 yuan)	209242	19265
劳动、失业保险费	（万元）	Labor and Unemployment Insurance Expenses	(10000 yuan)	2063	56
住房公积金及住房补贴	（万元）	Public Accumulation Fund and Subsidy for Housing Construction	(10000 yuan)	542	67
全部从业人员年平均人数	（人）	Average Number of Staff and Workers	(person)	116368	8515

14—10 建筑业企业房屋建筑完成情况（2009年）
Floor Space of Buildings Completed by Construction Enterprises (2009)

指 标	Item	房屋建筑竣工面积（万平方米）Completed Area of Building Construction (10000 sq.m)	国有及国有控股企业 State Controlling Funded Hold Enterprises	竣工房屋价 值（万元）Value of the Completed House (10000 yuan)	国有及国有控股企业 State Controlling Funded Hold Enterprises
总 计	**Total**	**8815.42**	**1311.00**	**7505718**	**1444239**
厂房、仓库	Workshops and Storehouses	1386.34	225.97	1029006	242653
住 宅	Residential Buildings	5481.79	768.42	4614306	737072
办公用房	Office Buildings	706.50	115.25	699379	149454
批发和零售用房	Buildings Used for Wholesale and Retail	93.22	21.02	74145	18173
住宿和餐饮用房	Buildings Used for Accommodation and Catering Services	72.41	5.96	87457	5933
居民服务业用房	Buildings Used for Resident Services	92.43	9.60	59157	9321
教育用房	Buildings Used for Education	527.64	84.70	417720	77009
文化、体育和娱乐用房	Buildings Used for Culture, Physical Training and Entertainment	52.85	14.70	99299	47104
卫生医疗用房	Buildings Used for Sanitation and Medical Services	106.59	17.71	92130	24326
科研用房	Buildings Used for Scientific Research	7.89	3.57	8101	4171
其他用房	Others	287.75	44.10	325018	129024

14—11 各市建筑业企业房屋建筑完成情况（2009年）
Floor Space of Buildings Completed by Construction Enterprises by Region (2009)

地 区	Region	房屋建筑竣工面积（万平方米）Completed Area of Building Construction (10000 sq.m)	住 宅 Residential Buildings	竣工房屋价 值（万元）Value of the Completed House (10000 yuan)	住 宅 Residential Buildings
总 计	**Total**	**8815.42**	**5481.79**	**7505718**	**4614306**
合 肥 市	Hefei	2682.80	1701.18	2560871	1563589
淮 北 市	Huaibei	150.46	91.74	124518	68553
亳 州 市	Bozhou	130.76	72.98	99363	53980
宿 州 市	Suzhou	226.23	129.43	184441	99721
蚌 埠 市	Bengbu	304.17	235.63	291562	228429
阜 阳 市	Fuyang	367.65	222.93	271682	169256
淮 南 市	Huainan	355.07	286.86	451727	320372
滁 州 市	Chuzhou	559.82	355.69	433952	270140
六 安 市	Luan	717.25	345.18	553419	277061
马鞍山市	Maanshan	389.55	214.99	317732	159071
巢 湖 市	Chaohu	314.78	241.71	278485	212181
芜 湖 市	Wuhu	692.12	498.52	575738	412835
宣 城 市	Xuancheng	298.65	174.44	231248	141866
铜 陵 市	Tongling	204.18	138.38	184283	118025
池 州 市	Chizhou	300.40	168.71	219930	128855
安 庆 市	Anqing	879.47	458.38	560997	286499
黄 山 市	Huangshan	242.06	145.05	165769	103876

14—12 各市按登记注册类型和行业分的建筑业企业单位数（2009年）

Number of Construction Enterprises by Registration Status, Section and Region (2009)

单位：个 (unit)

地 区	Region	合 计 Total Enterprises	内资企业 Domestic Funded	港澳台商投资企业 Funded by Entrepreneurs from Hong Kong, Macao and Taiwan	外商投资企业 Foreign Funded	国有及国有控股企业 State-owned and State-controlled Enterprises	房屋工程建筑业 Building	土木工程建筑业 Civil Engineering	建筑安装业 Construction Installation Industry	建筑装饰业 Construction Decoration Industry	其他建筑业 Other
总 计	**Total**	**2408**	**2394**	**7**	**7**	**259**	**934**	**410**	**395**	**553**	**116**
合 肥 市	Hefei	699	694	3	2	82	167	97	191	221	23
淮 北 市	Huaibei	57	55	2		9	22	11	10	6	8
亳 州 市	Bozhou	34	34			8	21	8	2	3	
宿 州 市	Suzhou	72	72			6	40	6	23	2	1
蚌 埠 市	Bengbu	128	127		1	18	38	21	22	43	4
阜 阳 市	Fuyang	109	109			18	54	31	6	10	8
淮 南 市	Huainan	71	71			16	32	13	14	7	5
滁 州 市	Chuzhou	117	115		2	15	47	25	19	20	6
六 安 市	Luan	130	130			10	74	40	4	8	4
马鞍山市	Maanshan	139	136	2	1	14	38	20	26	41	14
巢 湖 市	Chaohu	116	116			9	66	31	5	14	
芜 湖 市	Wuhu	138	138			16	48	21	20	41	8
宣 城 市	Xuancheng	116	115		1	2	42	18	12	36	8
铜 陵 市	Tongling	85	85			8	30	7	11	23	14
池 州 市	Chizhou	82	82			6	35	11	11	21	4
安 庆 市	Anqing	243	243			17	145	41	14	36	7
黄 山 市	Huangshan	72	72			5	35	9	5	21	2

14—13 各市按经济类型和行业分的建筑业总产值（2009年）

Overall Output Value of Enterprises in Charge of Construction by Ownership and Region (2009)

单位：万元 (10000 yuan)

地 区	Region	合 计 Total Enterprises	内资企业 Domestic Funded	港澳台商投资企业 Funded by Entrepreneurs from Hong Kong, Macao and Taiwan	外商投资企业 Foreign Funded	国有及国有控股企业 State-owned and State-controlled Enterprises	房屋工程建筑业 Building	土木工程建筑业 Civil Engineering	建筑安装业 Construction Installation Industry	建筑装饰业 Construction Decoration Industry	其他建筑业 Other
总 计	**Total**	**22399290**	**22338010**	**26469**	**34812**	**9256453**	**11831880**	**7605551**	**2090764**	**633210**	**237885**
合 肥 市	Hefei	10620021	10602312	10400	7309	5387978	4790782	4111222	1213868	448618	55532
淮 北 市	Huaibei	414712	404013	10698		241920	95481	276130	15819	1913	25369
亳 州 市	Bozhou	133992	133992			14852	102681	18277	11250	1785	
宿 州 市	Suzhou	545637	545637			144380	283329	30770	223424	1210	6904
蚌 埠 市	Bengbu	909341	905533		3808	433883	389315	454478	35388	18738	11422
阜 阳 市	Fuyang	572043	572043			96243	405755	148404	2803	9330	5750
淮 南 市	Huainan	1127901	1127901			935688	662698	430086	27853	4120	3144
滁 州 市	Chuzhou	794897	792371		2526	189629	441781	124220	204549	16310	8037
六 安 市	Luan	943522	943522			46601	696513	214955	11315	5997	14741
马鞍山市	Maanshan	1082327	1067004	5371	9952	493005	774979	232368	31432	13182	30367
巢 湖 市	Chaohu	582934	582934			66496	426056	146652	5300	4926	
芜 湖 市	Wuhu	2009792	2009792			895257	836090	953356	172551	37383	10413
宣 城 市	Xuancheng	460066	448849		11217	4502	339263	81338	17402	13362	8701
铜 陵 市	Tongling	479674	479674			106606	294171	83808	43401	14258	44035
池 州 市	Chizhou	421624	421624			44675	307151	66514	34758	7142	6059
安 庆 市	Anqing	968692	968692			136290	725050	177038	38365	21418	6821
黄 山 市	Huangshan	332118	332118			18449	260786	55936	1287	13518	591

14—14 各市建筑业企业生产情况（2009年）
Production Indicators on Construction Enterprises by Region (2009)

地 区 Region		企业单位个数（个）Number of Enterprises (unit)	总产值（万元）Total Output Value (10000 yuan)	建筑工程 Construction	安装工程 Installation	其它产值 Other Output Value	竣工产值（万元）Outpu Value of Buildings Completed (10000 yuan)
总 计	**Total**	**2408**	**22399290**	**19511466**	**2039479**	**848346**	**12750792**
合 肥 市	Hefei	699	10620021	9287831	967091	365099	4871207
淮 北 市	Huaibei	57	414712	366723	11549	36439	313053
亳 州 市	Bozhou	34	133992	122063	9157	2772	117166
宿 州 市	Suzhou	72	545637	422286	112886	10465	405279
蚌 埠 市	Bengbu	128	909341	827772	50199	31369	658916
阜 阳 市	Fuyang	109	572043	545886	22430	3727	409423
淮 南 市	Huainan	71	1127901	874462	249610	3828	688026
滁 州 市	Chuzhou	117	794897	677682	64224	52991	668214
六 安 市	Luan	130	943522	827308	61922	54291	732455
马鞍山市	Maanshan	139	1082327	864637	156732	60959	652075
巢 湖 市	Chaohu	116	582934	532639	40811	9484	408973
芜 湖 市	Wuhu	138	2009792	1837586	118474	53732	852320
宣 城 市	Xuancheng	116	460066	413067	27375	19624	344863
铜 陵 市	Tongling	85	479674	406884	43675	29115	296901
池 州 市	Chizhou	82	421624	368383	25203	28038	303385
安 庆 市	Anqing	243	968692	880111	36475	52106	801006
黄 山 市	Huangshan	72	332118	256146	41665	34307	227531

地 区 Region		房屋建筑施工面积（万平方米）Floor Space of Building Under Construction (10000 sq.m)	房屋建筑竣工面积（万平方米）Floor Space of Building Completed (10000 sq.m)	自有机械设备 Machinery and Equipment Owned			期末从业人数（万人）Staff and Workers (annual average) (10000 persons)
				净值（万元）Net Value (10000 yuan)	总台数（台）Number (unit)	总功率（万千瓦）Total Power (10000 kw)	
总 计	**Total**	**18693.89**	**8815.42**	**1166826**	**383615**	**591.68**	**143.53**
合 肥 市	Hefei	7413.62	2682.80	419862	107882	194.82	52.58
淮 北 市	Huaibei	216.91	150.46	54473	12596	27.90	3.48
亳 州 市	Bozhou	155.09	130.76	13259	8111	8.22	1.51
宿 州 市	Suzhou	434.46	226.23	31683	10455	19.92	6.11
蚌 埠 市	Bengbu	638.76	304.17	26720	7394	16.56	5.39
阜 阳 市	Fuyang	738.04	367.65	46750	26404	36.75	4.72
淮 南 市	Huainan	1216.55	355.07	42060	13876	19.06	5.08
滁 州 市	Chuzhou	873.80	559.82	34649	15434	20.54	6.40
六 安 市	Luan	1058.63	717.25	74816	36325	47.16	9.92
马鞍山市	Maanshan	585.71	389.55	78172	17737	29.65	6.06
巢 湖 市	Chaohu	620.07	314.78	58681	17893	24.10	5.53
芜 湖 市	Wuhu	1345.42	692.12	81448	26605	35.97	9.89
宣 城 市	Xuancheng	611.80	298.65	42182	14087	15.43	4.06
铜 陵 市	Tongling	438.20	204.18	20543	9707	19.22	3.96
池 州 市	Chizhou	449.65	300.40	15956	6724	9.80	2.93
安 庆 市	Anqing	1416.51	879.47	105004	42053	45.65	11.99
黄 山 市	Huangshan	480.67	242.06	20568	10332	20.93	3.92

14—15 各市国有经济建筑业企业生产情况（2009年）

Production of State-owned Construction Enterprises by Region (2009)

地 区 Region		企业单位个数（个）Number of Enterprises (unit)	总产值（万元）Total Output Value (10000 yuan)	建筑工程 Construction	安装工程 Installation	其它产值 Other Output Value	竣工产值（万元）Outpu Value of Buildings Completed (10000 yuan)
总　计	**Total**	**172**	**6799816**	**6317011**	**350356**	**132449**	**2461544**
合 肥 市	Hefei	48	4267959	3950921	243770	73268	1216604
淮 北 市	Huaibei	6	72469	64558	185	7726	36028
亳 州 市	Bozhou	6	12472	11378	420	675	10176
宿 州 市	Suzhou	6	144380	123334	21046		81458
蚌 埠 市	Bengbu	14	68624	56103	1503	11019	62055
阜 阳 市	Fuyang	13	84691	82125	2523	44	56081
淮 南 市	Huainan	8	705565	639326	65588	650	494525
滁 州 市	Chuzhou	12	164352	152183	7159	5010	143687
六 安 市	Luan	8	35864	24848	3552	7464	31461
马鞍山市	Maanshan	8	121417	114829	3328	3261	111276
巢 湖 市	Chaohu	9	66496	64120	1236	1141	45889
芜 湖 市	Wuhu	9	860715	858300		2415	65528
宣 城 市	Xuancheng	1	30	30			30
铜 陵 市	Tongling	3	34810	34482		329	1727
池 州 市	Chizhou	4	21168	11568		9600	10375
安 庆 市	Anqing	14	123788	123742	47		84794
黄 山 市	Huangshan	3	15016	5166		9850	9850

地 区 Region		房屋建筑施工面积（万平方米）Floor Space of Building Under Construction (10000 sq.m)	本年新开工面积 Newly Started Projects in this Year	自有机械设备 Machinery and Equipment Owned：净值（万元）Net Value (10000 yuan)	总台数（台）Number (unit)	总功率（万千瓦）Total Power (10000 kw)	期末从业人数（万人）Staff and Workers (annual average) (10000 persons)
总　计	**Total**	**3599.19**	**1430.50**	**355830**	**44235**	**155.42**	**27.00**
合 肥 市	Hefei	1968.88	798.77	204096	18938	71.01	14.06
淮 北 市	Huaibei	3.94	1.59	31037	3757	15.57	0.43
亳 州 市	Bozhou	0.77	0.57	1073	700	1.61	0.12
宿 州 市	Suzhou	126.27	90.69	7805	2010	7.01	1.33
蚌 埠 市	Bengbu	54.66	19.43	1382	758	1.06	0.59
阜 阳 市	Fuyang	16.70	9.43	12723	3412	13.04	0.63
淮 南 市	Huainan	989.14	324.81	11720	3787	4.72	2.38
滁 州 市	Chuzhou	114.04	78.99	7752	1093	3.22	1.23
六 安 市	Luan	5.53	4.64	8031	1972	7.49	0.43
马鞍山市	Maanshan	65.65	3.03	4368	587	2.47	0.51
巢 湖 市	Chaohu	5.08	3.85	9720	1460	4.14	0.37
芜 湖 市	Wuhu	9.89	2.95	39930	1664	11.08	2.93
宣 城 市	Xuancheng		0.00	29	3	0.01	
铜 陵 市	Tongling	17.05	9.63	780	157	1.06	0.16
池 州 市	Chizhou			611	206	0.76	0.08
安 庆 市	Anqing	221.59	82.11	11632	3181	3.94	1.55
黄 山 市	Huangshan			3142	550	7.23	0.20

14—16 各市建筑业企业主要财务指标（2009年）

Main Financial Indicators on Construction Enterprises by Region (2009)

单位：万元 (10000 yuan)

地　区 Region		流动资产合计 Circulating Funds	固定资产合计 Total Fixed Assets	固定资产原价 Original Value of Fixed Assets	累计折旧 Depreciation Drawn Accumulated	#本年 This Year	资产合计 Total Assets	负债合计 Total Liabilities	所有者权益 Creditors' Equity	#实收资本 Capital Hold	工程结算收入 Main Business Income
总　计	**Total**	**13266328**	**2763601**	**3429821**	**1089924**	**202884**	**17040895**	**11536292**	**5504603**	**3661186**	**23976723**
合 肥 市	Hefei	6919722	1046502	1303334	424034	93296	8445659	6289008	2156650	1300293	12827875
淮 北 市	Huaibei	219131	98808	129585	42711	6808	332641	183029	149612	94968	407553
亳 州 市	Bozhou	49076	28667	34293	6902	1362	81816	34695	47121	40755	126818
宿 州 市	Suzhou	173419	98604	121406	41758	4500	282402	123238	159165	124633	505212
蚌 埠 市	Bengbu	542139	138450	156975	52113	7190	747533	516935	230599	167699	901681
阜 阳 市	Fuyang	400923	109388	121565	34462	5478	539334	331277	208057	149866	515048
淮 南 市	Huainan	741926	96819	140935	50856	7096	879276	743778	135499	109689	1183671
滁 州 市	Chuzhou	358246	116803	119247	29218	4985	507982	271109	236873	192062	758318
六 安 市	Luan	354573	199539	198510	59319	9485	590885	239345	351540	188763	836541
马鞍山市	Maanshan	763931	123724	180707	66593	8757	952371	628506	323865	231190	1140721
巢 湖 市	Chaohu	326893	96703	130944	45078	7502	442343	229634	212709	148450	480997
芜 湖 市	Wuhu	921184	175149	238123	70760	14897	1187250	805605	381646	256033	1912918
宣 城 市	Xuancheng	334084	73016	93854	22887	3756	430565	260086	170479	122461	396797
铜 陵 市	Tongling	371420	61951	78375	25932	4160	461408	298032	163375	125776	462706
池 州 市	Chizhou	222926	37507	49958	16788	3825	273704	164463	109241	81385	344747
安 庆 市	Anqing	441421	194809	244727	71257	9917	669537	321992	347545	244882	862001
黄 山 市	Huangshan	125313	67164	87286	29258	9871	216189	95562	120627	82283	313120

地　区 Region		工程结算成本 Main Business Cost	工程结算税金及附加 Main Business and Extra Charges	工程结算利润 Main Business Profit	经营费用 Operating Expense	管理费用 Management Expense	#税金 Tax	财务费用 Financial Expenses	营业利润 Operating Profit	利润总额 Total Profit	本年应付工资总额 Total Payable Wages this Year
总　计	**Total**	**21440347**	**829941**	**1557435**	**149001**	**725247**	**58056**	**80866**	**793030**	**743796**	**3059262**
合 肥 市	Hefei	11570645	434303	757818	65110	314429	29776	25628	441750	413270	1401919
淮 北 市	Huaibei	342255	12098	48426	4774	35746	1204	710	11988	11920	84748
亳 州 市	Bozhou	106964	5120	12908	1827	6262	305	922	5756	5738	18150
宿 州 市	Suzhou	432508	16226	53812	2667	24237	4485	4741	24944	25960	76097
蚌 埠 市	Bengbu	814518	33905	49580	3678	30462	2053	8033	11714	13749	89216
阜 阳 市	Fuyang	461900	19133	31130	2885	18100	1127	2254	11499	11546	66980
淮 南 市	Huainan	1080680	36137	63960	2893	36862	1164	2282	26377	25558	152935
滁 州 市	Chuzhou	656226	25506	71130	5456	22105	4931	2918	46930	30620	115863
六 安 市	Luan	725016	32408	69700	9417	24896	1471	5883	39222	37985	166307
马鞍山市	Maanshan	1019418	36566	78397	6341	46799	1727	4640	29173	29814	145287
巢 湖 市	Chaohu	415513	19866	39607	6010	17383	684	1780	20877	21161	100829
芜 湖 市	Wuhu	1729432	68874	106299	8313	50484	2168	7339	49420	43249	224158
宣 城 市	Xuancheng	345026	15461	32241	4068	18497	838	1969	13395	12307	66344
铜 陵 市	Tongling	413566	14947	32911	1281	23938	1041	3015	10714	11636	77608
池 州 市	Chizhou	296643	14042	25788	8274	10409	572	2263	13542	14153	65134
安 庆 市	Anqing	751859	33573	64214	12356	33895	4159	5363	27702	27161	149442
黄 山 市	Huangshan	278179	11776	19515	3650	10745	352	1128	8030	7970	58246

14—17 各市国有经济建筑业企业主要财务指标（2009年）

Main Financial Indicators of State-owned Construction Enterprises by Region (2009)

单位：万元 (10000 yuan)

地区	Region	流动资产合计 Circulating Funds	固定资产合计 Total Fixed Assets	固定资产原价 Original Value of Fixed Asseds	累计折旧 Depreciation Drawn Accumulated	#本年 This Year	资产合计 Total Assets	负债合计 Total Liabilities	所有者权益 Creditors' Equity	#实收资本 Capital Hold	工程结算收入 Main Business Income
总计	**Total**	**5244722**	**704970**	**1021525**	**379347**	**77987**	**6352585**	**5221408**	**1131177**	**726128**	**9367875**
合肥市	Hefei	3883552	394054	572750	218393	49206	4583782	3859734	724048	421085	6834530
淮北市	Huaibei	62135	48799	63510	16479	3224	116030	75594	40436	24403	72062
亳州市	Bozhou	7783	4064	5257	1353	284	12603	7404	5199	4552	15136
宿州市	Suzhou	64045	23875	32425	11576	932	91933	54588	37346	29239	144351
蚌埠市	Bengbu	28971	10756	16715	6084	658	47802	22251	25551	22110	61997
阜阳市	Fuyang	96136	24969	31755	11248	888	122226	92170	30056	20010	91508
淮南市	Huainan	376427	35901	59925	25949	3176	419932	380477	39454	21606	691865
滁州市	Chuzhou	75727	22676	29465	8336	906	106696	71372	35325	28011	221755
六安市	Luan	19316	14889	19923	6367	605	39299	17530	21769	16744	39048
马鞍山市	Maanshan	54441	7540	18338	12156	1024	65049	39195	25854	23185	127475
巢湖市	Chaohu	85954	11917	21445	9666	938	98467	80010	18457	13197	53736
芜湖市	Wuhu	370806	51315	78483	28754	7867	468836	412170	56666	47310	835231
宣城市	Xuancheng	80	32	85	53	2	431	28	403	400	36
铜陵市	Tongling	19235	4143	3211	868	192	24668	15845	8823	5314	34107
池州市	Chizhou	35748	3207	5367	2160	542	39043	28059	10984	7258	21826
安庆市	Anqing	54334	24321	30995	8827	581	83029	48169	34859	26986	110518
黄山市	Huangshan	10033	22512	31876	11080	6962	32761	16815	15947	14719	12694

地区	Region	工程结算成本 Main Business Cost	工程结算税金及附加 Main Business and Extra Charges	工程结算利润 Main Business Profit	经营费用 Operating Expense	管理费用 Management Expense	#税金 Tax	财务费用 Financial Expenses	营业利润 Operating Profit	利润总额 Total Profit	本年应付工资总额 Total Payable Wages this Year
总计	**Total**	**8604779**	**315748**	**435376**	**11973**	**223752**	**22952**	**9713**	**215777**	**192305**	**742523**
合肥市	Hefei	6297430	230920	298723	7457	139725	18796	3168	163394	148292	467185
淮北市	Huaibei	60327	2341	9200	194	6789	192	734	2033	1893	8655
亳州市	Bozhou	13076	624	1363	74	623	121	183	589	585	1159
宿州市	Suzhou	131224	4550	8055	522	4786	643	426	2860	2841	14459
蚌埠市	Bengbu	54609	2649	4436	303	3653	94	14	777	755	12025
阜阳市	Fuyang	82315	4225	4452	516	2750	234	55	1838	1697	9632
淮南市	Huainan	627048	20911	43364	541	21666	419	1106	21388	20102	93868
滁州市	Chuzhou	202162	5339	13501	754	3109	1355	375	10385	10117	18426
六安市	Luan	34468	1109	3044	428	2144	110	283	713	622	5938
马鞍山市	Maanshan	120544	2619	4311	2	4035	45	73	237	202	12816
巢湖市	Chaohu	47449	2798	3410	79	1946	74	131	1557	1409	6774
芜湖市	Wuhu	771325	31045	32387	473	21918	498	2855	7725	1437	66521
宣城市	Xuancheng	30	2	4		10	2	2	-8	-8	16
铜陵市	Tongling	30520	1200	2383	4	4903	35	41	865	956	386
池州市	Chizhou	20406	719	498	203	255	36	72	190	192	2320
安庆市	Anqing	101622	3889	4733	273	4507	218	149	639	729	21165
黄山市	Huangshan	10224	807	1513	150	936	82	48	595	484	1179

主要统计指标解释

建筑业统计单位

指从事房屋、构筑物建造和设备安装活动的法人企业。建筑业法人企业应同时具备的条件是：①依法成立，有自己的名称、组织机构和场所，能够承担民事责任；②独立拥有和使用资产，承担负债，有权与其他单位签订合同；③独立核算盈亏，能够编制资产负债表。

建筑业总产值

是以货币表现的建筑业企业在一定时期内生产的建筑业产品和服务的总和。建筑业总产值包括：

⑴建筑工程产值：指列入建筑工程预算内的各种工程价值。

⑵设备安装工程产值：指设备安装工程价值，不包括被安装设备本身价值。

⑶房屋、构筑物修理产值：指房屋、构筑物修理所完成的价值，但不包括被修理房屋、构筑物本身的价值和生产设备的修理价值。

⑷非标准设备制造产值：指加工制造没有定型的、非标准的生产设备的加工费和原材料价值，以及附属加工厂为本企业承建工程制作的非标准设备的价值。

自有机械设备年末总台数

指归本企业所有，属于本企业固定资产的生产性机械设备年末总台数。包括施工机械、生产设备、运输设备以及其他设备。

自有机械设备年末总功率

指本企业自有施工机械、生产设备、运输设备以及其他设备等列为在册固定资产的生产性机械设备年末总功率，按设定能力或查定能力计算。包括机械本身的动力和为该机械服务的单独动力设备，如电动机等。计算单位用千瓦，动力换算可按 1 马力＝0.735 千瓦折合成千瓦数。电焊机、变压器、锅炉不计算动力。

工程结算收入

指企业承包工程实现的工程价款结算收入，以及向发包单位收取的除工程价款以外的按规定列作营业收入的各种款项，如临时设施费、劳动保险费、施工机械调迁费等以及向发包单位收取的各种索赔款。

工程结算利润

指已结算工程实现的利润，如亏损以“－”号表示。计算公式为：

工程结算利润＝工程结算收入－工程结算成本－工程结算税金及附加

Explanatory Notes for Major Statistical Indicators

Statistical Unit in Construction

refers to corporate enterprise engaged in the construction of buildings and structures and in the installation of equipment. A corporate construction enterprise should meet the following 3 requirements: ① being set up in line with relevant legal basis, having its full name, organization and location, and capable of taking civil liabilities; ② independently possessing and using its assets and assuming its liabilities, and entitled to sign contracts with other institutions; and ③ making independent accounts of its profits and losses, and capable of compiling its own balance sheet.

Gross Output Value of Construction

refers to total of construction products and services, expressed in money terms, completed by construction enterprises during a given period of time. It includes:

a) Output value of construction projects, that is the value of projects covered by the project budgets;

b) Output value of installation projects, that is the value of the installation of equipment, (excluding the value of the equipment to be installed);

c) Output value of repair of buildings and structures, that is the value created through the repairs of buildings or structures, but does not include the value of buildings or structures being repaired and the value of the repair of production equipment;

d) Output value of manufactured non-standard equipment that is the value of non-standard production equipment (including raw materials and manufacturing cost) made for the construction project, and the equipment manufactured by subsidiary workshops.

Total Number of Machinery and Equipment Owned by the End of Year

refers to the number of machines and equipment owned by the enterprises, and listed as the fixed assets of the enterprises by the end of the year, including machinery and equipment for construction, production and transportation.

Total Power of Machinery and Equipment Owned by the End of Year

refers to the total power of machinery and equipment owned by the enterprises, and listed as the fixed assets of the enterprises by the end of the year, including machinery and equipment for construction, production and transportation. The power of the machinery is calculated on basis of the designed or verified capacity, covering the power of the machinery/equipment and the separate power equipment serving the machinery/equipment (such as electric motors), but excluding welders, transformers and boilers. The unit used for the calculation of power is kilowatt, with horsepower converted to kilowatt by 1 horsepower=0.735 kilowatt.

Income from Settlement of Projects

refers to the income received by the construction enterprise from the contracted project through settlement procedures, and other charges to the contracture as operational costs in addition to the value of the project, such as temporary facility fee, labour insurance premium, moving cost of construction equipment, as well as various types of claims to the contracture.

Profit from Settlement of Projects

refers to profit realized through settled projects. It is calculated with the following formula:

Profit from Settlement of Projects=Income from Settlement of Projects-Settled Cost-Settled Taxes and Other Cost

第十五篇

Chapter 15

运输和邮电

TRANSPORT，POST AND TELECOMMUNICATION SERVICES

简要说明

一、交通运输业资料主要包括：铁路、公路、水路、民航四种运输方式的线路里程、运输设备拥有量，各种运输方式完成的货物运输量等。

邮电通信业资料主要包括：全省邮电局(所)及邮路情况，邮电通信主要电路及设备拥有量，主要邮电业务完成情况，邮电通信发展水平等资料。

二、有关交通运输资料分别来源于上海铁路局，省交通运输厅，民航安徽监管办，东航安徽分公司，省公安厅及本局有关年报资料。邮电通信业资料来源于省邮政公司、通信管理局。

三、各部门资料调查范围及统计单位。

1. 铁路资料：包括国家以及国有控股合资铁路运营情况，资料来源于国家铁道部反馈数据。

2. 公路、水运、港口资料：公路和水运线路里程为年末通车和通航里程数(不含在建和未正式投入使用的公路和航道)由省交通运输厅提供。民用和公路营运车辆拥有量分别由省公安厅、省交通运输厅和农机局提供。

3. 民航运输资料：民航运输统计对象为我省境内从事民用航空运输飞行和通用飞行的东方航空公司安徽分公司。

4. 邮电通信资料：邮电通信包括邮政和电信业务。邮电业务量按业务范围分为国内业务量和国际及港澳业务量(对台业务量统计在港澳中)。

Brief Introduction

I. Data of transport cover mainly the length of the routes of railways, highways, waterways and civil aviation transport, the ownership of the transport equipment, the freight traffic and passenger traffic accomplished by various means of transportation.

Data of post and telecommunications cover mainly the situation of post and telecommunications offices and postal routes, the telephone lines, telegraph lines and the ownership of the telecommunication facilities, the principal postal and telecommunications services rendered, and the level of the development of the postal and telecommunications services, etc.

II. Data on transport come from Shanghai Railway Bureau, the Department of Transportation,Civil Aviation Adminstration of Anhui Province,China Eastern Anhui Branch, the Department of Public Security and related annual report of Anhui Statistical Bureau. Data on post and telecommunications come from the provincial administrative bureau of post and telecommunications.

III. The statistical coverage and statistical units of the various data:

1. Data on railways :Include State-owned holding joint capital railway operation situation Data come from National Railway Department .

2. Data on highways, waterways and ports: The length of highways and waterways refer to the length open to traffic or navigation at the end of the year (not including the mileage of highways and waterways under construction but not officially put into use.) and Data are provided by the Department of Communication. Data on the stock of the highway civilian and transport business vehicles are provide by the Department of Public Security and Department of transportation and Agricultural Machinery Bureau .

3. Data on the civil aviation transport: The statistical units of the civil aviation transport include the enterprises registered in Anhui and engaged in the civil aviation transport flights and flights for general purpose, including the enterprises directly under the Civil Aviation Administration of Anhui Province or not under it.

4. Data on post and telecommunications: The post and telecommunications statistics cover postal and telecommunication services. The business volume of post and telecommunications is classified by business area into the domestic volume, the volume between China mainland and Hong Kong and Macao (including Taiwan) and the international volume.

15—1 交通运输业基本情况
Basic Conditions of Transportation

指标		Item		1995	2000	2005	2008	2009
运输线路长度	（公里）	Length of Transportation Routes	(km)					
铁路营业里程		Railways in Operation		1756	2164	2353	2871	2850
公　路		Highways		35178	44493	72807	148827	149184
内　河		Navigable Inland Waterways		5612	5611	5587	5596	5282
民　航		Total Civil Aviation Routes		34590	60553	72263	97638	83942
#国际航线		International Routes			6536	11616	25555	6286
客运量总计	（万人）	Total Passenger Traffic	(10000 persons)	57881	62033	72871	129488	141494
铁　路		Railways		2537	2994	3486	4662	5131
国　家		National		2537	2808	3307	4662	5131
地　方		Local and Joint Venture Railways			186	179		
公　路		Highways		54153	58026	68927	124426	135984
水　运		Waterways		1098	860	244	153	114
民　航		Total Civil Aviation Routes		93	153	214	247	265
旅客周转量总计	（万人公里）	Total Passenger-kilometers	(10000 passenger-km)	3827628	5368953	8062657	12135219	13321648
铁　路		Railways		1498866	2040820	3008651	3951292	4112300
国　家		National		1498866	1945470	2908851	3951292	4112300
地　方		Local and Joint Venture Railways			95350	99800		
公　路		Highways		2205313	3141134	4812462	7917468	8911759
水　运		Waterways		49231	36408	3093	3213	2204
民　航		Total Civil Aviation Routes		74218	150591	238451	263246	295385
货运量总计	（万吨）	Total Freight Traffic	(10000 tons)	40462.0	44535.5	67128.0	180170.0	196676.2
铁　路		Railways		5103	6473	10386	12014	11328
国　家		National		5103	6026	8638	10505	11328
地　方		Local and Joint Venture Railways			447	1748	1509	
公　路		Highways		30236	32740	49614	140379	157991
水　运		Waterways		5122	5320	7125	27774	27355
民　航		Total Civil Aviation Routes		1.0	1.5	3.0	2.5	2.6
货物周转量总计	（万吨公里）	Total Freight Ton-kilometers	(10000 tons-km)	9067545	10777360	15664802	58434942	63220048
铁　路		Railways		5605254	6201382	8837574	10116993	9897574
国　家		National		5605254	6106612	8577452	10036512	9897574
地　方		Local and Joint Venture Railways			94770	260122	80481	
公　路		Highways		1909684	2747117	4226699	37732927	42371867
水　运		Waterways		1551569	1826251	2596868	10582137	10947612
民　航		Total Civil Aviation Routes		1038	2610	3661	2885	2995
民用汽车拥有量	（辆）	Number of Civil Vehicles Owned	(unit)	244639	386706	804952	1348878	2023124
载客汽车辆数		Number of Buses and Cars		93088	187940	436372	832714	1083802
载货汽车辆数		Number of Trucks		135548	192348	332139	443653	566023
私人汽车拥有量		Number of Motor Vehicles Owned by Individuals		57202	156577	354139	734598	1315150
民用运输船舶拥有量	（艘）	Number of Civil Transport Vessels	(unit)			33372	26965	27620
#机动船		Motor Vessels		30700	21692	30439	24793	25446
驳　船		Barges		4474	3946	2933	2172	2174
私人运输船舶拥有量	（艘）	Number of Private-owned Transport Vessels	(unit)			10010	6225	4552
机动船		Motor Vessels		21410	12350	9989	6200	4535
驳　船		Barges		53	445	21	25	17

注：1．2009年铁路数据包含国家铁路及国有控股合资铁路，不含地方铁路。

2．2008年公路、水路运输量数据为全国公路、水路运输量专项调查数，统计范围与口径与往年有所不同。

a) In 2009, the railroad data contains the national railroad and the state-owned holding joint capital railroad, does not contain the local railway.

b) In 2008 ,data of highway, waterway traffic are the number of national special investigations, the scope and caliber of statistics are different from the previous years.

15—2 运输路线长度
Length of Transportation Routes

单位：公里 (km)

指标	Item	1995	2000	2005	2008	2009
铁路	**Railways**					
营业里程（省境内）	Length of Railways in Operation (within the boundaries of the province)	1756	2164	2353	2871	2850
公路	**Highways**					
公路里程	Total Length of Highways	35178	44493	72807	148827	149184
国道、省道	National and Provincial Routes	9897	10497	10997	12018	12322
县公路	County Routes	12847	17494	24200	23941	23960
乡公路	Village Routes	12176	16226	36606	36240	36230
专用公路	Special Highways	258	276	1004	1004	1004
高速公路	Express-way	123	470	1501	2506	2810
一级公路	First Class	197	264	338	385	475
二级公路	Second Class	4160	6347	9633	10077	10312
三级公路	Third Class	5277	9050	12537	14816	15198
四级公路	Forth Class	22345	26448	43074	106884	110629
等外公路	Highway Below Class IV	3076	1914	5724	14158	9759
在公路里程中：	Of the Total Length of Highways:					
晴雨通车里程	Length of Highways Opened to Traffic Despite Rain or Shine	33403	43252	69975	144973	145258
绿化里程	Length of Forestation Highways	21924	29512	49843	59376	59727
水运	**Waterways**					
内河航道通航里程	Length of Navigable Inland Waterways	5612	5611	5587	5596	5282
民航	**Total Civil Aviation Routes**					
国际航线	International Routes		6536	11616	25555	6286
国内航线	Domestic Routes	34590	54017	60647	72083	77656

15—3 运输线路质量
Quality of Transportation Routes

指　　标		Item		1995	2000	2005	2008	2009
铁路营业里程	**（公里）**	**Length of Railways in Operation**	**(km)**	**1756**	**2164**	**2353**	**2871**	**2850**
#复线里程	（公里）	Double-Tracking Length	(km)	823	947	1080	1453	1523
复线里程比重	(%)	Proportion	(%)	46.9	43.8	45.9	50.6	53.4
公路线路里程	**（公里）**	**Length of Highways**	**(km)**	**35178**	**44493**	**72807**	**148827**	**149184**
#等级公路里程	（公里）	Expressway and Class I to IV Highways	(km)	32102	42579	67083	134669	139424
等级公路里程比重	(%)	Proportion	(%)	91.3	95.7	92.1	90.5	93.5
内河航道里程	**（公里）**	**length of Navigable Inland Waterways**	**(km)**				**6507**	**6507**
#等级航道里程	（公里）	Standard Waterways	(km)				5226	5226
等级航道里程比重	(%)	Proportion	(%)				80.3	80.3

15—4 内河港口码头吞吐量
Volume of Passenger and Freight Handled in Ports of Inland Rivers

年份 Year	旅客吞吐量（万人） Passenger Handled (10000 persons)	#旅客离港量 Out-port	货物吞吐量（万吨） Cargo Handled (10000 tons)	#集装箱（万标准箱） Container (10000 standard cases)
1995	559.90	284.10	4764.90	
2000	164.00	77.00	7114.00	2.40
2001	218.92	110.04	6211.02	4.13
2002	173.66	100.81	8611.71	5.53
2003	207.60	138.22	11284.49	7.47
2004	223.97	148.08	16380.65	9.14
2005	182.49	137.49	17156.70	11.26
2006	166.20	116.20	19995.80	16.17
2007	191.35	161.35	24700.60	21.79
2008	203.00	118.28	27267.01	23.91
2009	96.11	54.61	26449.00	19.91

15—5 主要港口分货类吞吐量
Volume of Throughput in Major Ports by Type of Freight

单位：万吨 (10000 tons)

货　类	Type of Goods	2005	2008	2009
吞吐量合计	**Total Throughput**	**1850.47**	**1519.39**	**1139.03**
煤炭及制品	Coal and Products	962.91	948.89	635.38
金属矿石	Metal Ores	282.10	226.43	202.85
钢　铁	Steel and Iron	35.41	75.19	67.94
矿建材料	Mineral Building	243.00	60.30	24.63
水　泥	Cement	154.41	58.75	32.87
木　材	Timber	21.33	1.88	
非金属矿石	Nonmetal Ores	63.21	42.47	20.99
化肥及农药	Chemical Fertilizers and Pesticides	4.60		0.17
盐	Salt	2.35		0.20
粮　食	Grain	1.13	0.73	
机械、设备、电器	Machinery , Equipment, Electric Apparatus	3.23	3.52	0.19
化工原料及制品	Industrial Chemicals and Products	3.40	8.96	10.02
有色金属	Nonferrous Metals			
轻工、医药产品	Light industry, Medical Products	0.83		0.14
农林牧渔业产品	Agriculture, Forestry, Animal Husbandry and Fishery Products	1.95	0.55	0.65
其　他	Other	70.61	91.72	143.00

注：资料来源芜湖港口有限责任公司。
a) Data from Wuhu port Co.,Ltd.

15—6 全社会水路分货类运输量
Freight Traffic of Waterway

货　类	Type of Goods	货运量（万吨） Freight Traffic (10000 tons)		货物周转量（万吨公里） Frright Ton-kilometers (10000 tons-km)	
		2008	2009	2008	2009
合　计	**Total**	**27774**	**27355**	**10582137**	**10947612**
煤炭及制品	Coal and Products	1819	2643	587600	938958
石油天然气及制品	Petroleum Gas and Products	537	306	129686	171268
金属矿石	Metal Ores	2059	1133	709109	533438
钢　铁	Steel and Iron	1956	926	806551	382224
矿建材料	Mineral Building	15874	15132	5840880	5790810
水　泥	Cement	1756	3775	885986	1704265
木　材	Timber	110	53	58593	37080
非金属矿石	Nonmetal Ores	1010	876	473783	454243
#磷　矿	Phosphorus Ores				
化肥及农药	Chemical Fertilizers and Pesticides	76	152	24077	47119
盐	Salt	20	9	6311	5684
粮　食	Grain	174	594	86842	203566
机械、设备、电器	Machinery, Equipment, Electric Apparatus	20		3929	
化工原料及制品	Industrial Chemicals and Products	339	643	122991	249247
有色金属	Nonferrous Metals	25	17	11999	5123
轻工、医药产品	Light Industry, Medical Products	43	33	14503	10174
农林牧渔业产品	Agriculture, Forestry, Animal Husbandry and Fishery Products	38	9	14237	2802
其　他	Other	1918	1054	805060	411611

15—7 全社会公路分货类运输量
Freight Traffic of Highway

货类	Type of Goods	货运量（万吨） Freight Traffic (10000 tons) 2008	2009	货物周转量（万吨公里） Frright Ton-kilometers (10000 tons-km) 2008	2009
合计	**Total**	**140379**	**157991**	**37732927**	**42371867**
煤炭及制品	Coal and Products	7236	19476	1750475	6260141
石油天然气及制品	Petroleum Gas and Products	1816	4379	506912	1165276
#原　油	Crude Oil		135		59535
金属矿石	Metal Ores	5029	6985	502232	1305689
钢　铁	Steel and Iron	7137	15826	2390196	5882156
矿建材料	Mineral Building	34307	21590	3462381	3983915
水　泥	Cement	9610	12112	1433477	2767880
木　材	Timber	3874	3915	973966	1182777
非金属矿石	Nonmetal Ores	6639	5935	578944	1223932
#磷　矿	Phosphorus Ores		644		116302
化肥及农药	Chemical Fertilizers and Pesticides	2122	5283	251223	1396732
盐	Salt	496	1485	277503	509814
粮　食	Grain	10557	12361	2708902	3212744
机械、设备、电器	Machinery, Equipment, Electric Apparatus	9939	8905	6126719	2271930
化工原料及制品	Industrial Chemicals and Products	4694	7321	1974895	2077991
有色金属	Nonferrous Metals	825	1433	391660	348150
轻工、医药产品	Light Industry, Medical Products	5868	6475	2982039	2158074
#日用工业品	Industrial Commodity		1742		789617
农林牧渔业产品	Agriculture, Forestry, Animal Husbandry and Fishery Products	8359	5695	3612662	1540664
#棉　花	Cotton		601		293339
其　他	Other	21871	18815	7808741	5084002

15—8 主要年份公路线路年底到达数（按技术等级分）
Length of Highway Routes at the Year-end (classified by technical level)

单位：公里　(km)

年份 Year	公路里程总计 Total Length of Highways	等级路 Express-way and Class I to IV Hughway	高速 Express-way	一级 First Class	二级 Second Class	三、四级公路 Third and Forth Class	等外公路 Highway Below Class IV
1990	30126	25872		28	2167	23677	4254
1995	35178	32102	123	197	4160	27622	3076
2000	44493	42579	470	264	6347	35498	1914
2003	69560	63374	1070	301	8198	53805	6185
2004	71783	65800	1294	319	9143	55044	5983
2005	72807	67083	1501	338	9633	55611	5724
2006	147611	122584	1747	347	9162	111328	25027
2007	148372	128241	2206	362	9824	115849	20130
2008	148827	134669	2506	385	10077	121700	14158
2009	149184	139424	2810	475	10312	125827	9759

15—9 公路线路年底到达数（按技术等级分）（2009年）
Length of Highway Routes at the Year-end (classified by technical level) (2009)

单位：公里 (km)

项 目	Item	公路里程 总 计 Total Length of Highways	等级公路 Expressway and Class I to IV Highway 合 计 Total	高 速 Express-way	一 级 First Class	二 级 Second Class	三 级 Third Class	四 级 Forth Class	等外公路 Highway Below Class IV
上年年底到达数	End of Last Year	148827	134669	2506	385	10077	14816	106884	14158
国 道	National Routes	4703	4703	2272	215	1935	143	137	
省 道	Provincial Routes	7315	7309	234	153	5928	696	298	7
县 道	County Routes	23941	23885		18	2110	13048	8709	56
乡 道	Village and town Routes	36240	33448			54	552	32841	2792
专用公路	Highways for Special Use	1004	814			13	84	717	190
村 道	Village Routes	75625	64511			38	292	64182	11113
本年新建数	Newly Built in This Year	364	364	303			4	56	
国 道	National Routes	303	303	303					
省 道	Provincial Routes								
县 道	County Routes								
乡 道	Village and town Routes								
专用公路	Highways for Special Use								
村 道	Village Routes	60	60				4	56	
本年改建变更数	Changed in This Year	-7	4392		90	235	379	3689	-4399
国 道	National Routes	4	4		58	-55			
省 道	Provincial Routes	-2	-2		31	116	-146	-3	
县 道	County Routes	19	70		1	133	202	-266	-51
乡 道	Village and town Routes	-9	817			41	187	589	-826
专用公路	Highways for Special Use	0.0	178.0			11.0	-1.0	168.0	-178.0
村 道	Village Routes	-18.0	3327.0			-11.0	136.0	3202.0	-3344.0
本年年底到达数	End of This Year	149184	139424	2810	475	10312	15198	110629	9759
国 道	National Routes	5009	5009	2576	273	1880	143	137	
省 道	Provincial Routes	7313	7306	234	183	6044	551	295	7
县 道	County Routes	23960	23955		19	2243	13250	8443	5
乡 道	Village and town Routes	36230	34264			95	739	33430	1966
专用公路	Highways for Special Use	1004	992			24	83	885	12
村 道	Village Routes	75667	67898			26	432	67440	7769

15—10 各市公路线路年底到达数（按技术等级分）（2009年）
Length of Highway Routes at the Year-end by Region (classified by technical level) (2009)

单位：公里 (km)

地 区	Region	公路里程 总 计 Total Length of Highways	等级公路 Expressway and Class I to IV Highway 合 计 Total	高 速 Express-way	一 级 First Class	二 级 Second Class	三 级 Third Class	四 级 Forth Class	等外公路 Highway Below Class IV
总 计	**Total**	**149184**	**139424**	**2810**	**475**	**10312**	**15198**	**110629**	**9759**
合 肥 市	Hefei	8512	8460	305	92	543	1093	6427	52
淮 北 市	Huaibei	3581	3581	36	49	197	490	2809	
亳 州 市	Bozhou	10802	9729	176	10	608	1427	7509	1072
宿 州 市	Suzhou	12520	11776	121		998	1272	9385	743
蚌 埠 市	Bengbu	6493	5721	152		514	592	4463	773
阜 阳 市	Fuyang	11381	10761	187	18	829	1078	8650	620
淮 南 市	Huainan	4179	4011	46	14	253	475	3223	168
滁 州 市	Chuzhou	14539	14539	269	92	860	1438	11881	
六 安 市	Luan	13256	11116	168	1	781	1458	8707	2140
马鞍山市	Maanshan	4811	4365	113	65	406	728	3052	446
巢 湖 市	Chaohu	16177	14675	257	70	1113	1974	11260	1501
芜 湖 市	Wuhu	2229	2147	41		176	152	1778	82
宣 城 市	Xuancheng	11956	11741	102	21	811	997	9810	215
铜 陵 市	Tongling	1538	1512	58		233	106	1115	26
池 州 市	Chizhou	6828	5990	215	44	669	274	4788	838
安 庆 市	Anqing	14923	13913	321		925	889	11779	1011
黄 山 市	Huangshan	5460	5388	242		398	754	3994	71

15—11 各市公路客货运输量（2009年）
Volum of Highway Transportation By Region (2009)

地 区 Region		客运量（万人）Passenger Traffic (10000 persons)	旅客周转量（万人公里）Passenger-kilometers (10000 passenger-km)	货运量（万吨）Freight Traffic (10000 tons)	货物周转量（万吨公里）Freight Ton-kilometers (10000 tons-km)
总 计	**Total**	**135984**	**8911759**	**157991**	**42371867**
合肥市	Hefei	15044	1001917	13665	3477943
淮北市	Huaibei	5564	180509	4388	768411
亳州市	Bozhou	4855	369697	9172	4230139
宿州市	Suzhou	5855	327831	13332	3526794
蚌埠市	Bengbu	9320	370433	8878	2924296
阜阳市	Fuyang	16783	1256274	17600	6741151
淮南市	Huainan	4312	386841	3932	934968
滁州市	Chuzhou	6833	455407	7412	1915605
六安市	Luan	19736	1131504	18580	7348000
马鞍山市	Maanshan	2042	145258	9012	1356718
巢湖市	Chaohu	9963	1571064	5943	680094
芜湖市	Wuhu	8000	364109	7636	1345751
宣城市	Xuancheng	8255	301468	6868	1096181
铜陵市	Tongling	7583	173804	6046	377762
池州市	Chizhou	4201	237420	4200	595367
安庆市	Anqing	5787	439750	16556	3321214
黄山市	Huangshan	1851	198473	4771	1731473

15—12 公路密度及通达情况
Density and Reaching Status of Highways

指 标	Item	1995	2000	2005	2008	2009
公路密度	**Density of Highway**					
以国土面积计算（公里/百平方公里）	By Area of Territory (km/100 sq.m)	25.24	31.87	52.23	106.76	107.02
以人口数量计算（公里/万人）	By Population (km/10000 persons)	5.86	7.17	11.27	22.29	22.13
公路通达	**Reaching Status of Highways**					
乡镇数量（个）	Number of Townships (unit)	1854	1923	1547	1384	1380
#不通公路	Without Highway Communication	8	3	1		
不通公路乡镇所占比重（%）	Proportion of Townships Without Highway Communication (%)	0.43	0.20	0.06		
行政村数量（个）	Number of Villages (unit)	30523	29820	25553	18310	17271
#不通公路	Without Highway Communication	5000	4303	187	39	15
不通公路行政村所占比重（%）	Proportion of Villages Without Highway Communication (%)	16.38	14.40	0.73	0.02	0.09

15—13 主要年份机动车辆拥有量
Number of Civil Motor Vehicles Owned

单位：万辆 (10000 units)

指标	Item	1995	2000	2005	2008	2009
合计	**Total**			**575.48**	**760.24**	**818.00**
汽车	Motor Vehicles	24.46	38.67	105.85	170.17	202.31
#载客汽车	Buses and Cars	9.31	18.79	43.64	83.27	108.38
载货汽车	Trucks	13.55	19.23	33.21	44.37	56.60
#普通载货汽车	Ordinary Trucks	13.55	19.02	32.53	42.95	47.91
其他汽车	Other Motor Vehicles	0.33	0.59	29.00	42.53	37.33
三轮汽车	Tricycle			15.72	23.17	23.16
低速货车	Truck With Low Speed			9.64	12.10	11.79
摩托车	Motorcycles	16.53	86.81	246.50	330.31	364.30
拖拉机	Tractors	89.08	168.74	218.46	252.81	243.74
#大中型	Large and Medium Size	0.96	2.96	10.48	9.02	10.50
挂车	Trailers	1.41	2.08	4.65	6.93	7.62
其他类型车	Other Types of Vehicle	0.77	1.64	0.02	0.02	0.02
机动车驾驶员 (万人)	Number of Motor Drivers (10000 persons)		147.69	439.73	555.10	610.40
#汽车驾驶员	Automobile Drivers		94.14	285.40	364.64	411.17

15—14 机动车辆拥有量（2009年）
Number of Civil Motor Vehicles Owned (2009)

单位：辆 (unit)

指标	Item	总计 Total			总计中 In the Total		
			营运 For Business	非营运 Not for Business	进口 Import	个人 Individual	新注册 Registered Newly
合计	**Total**	**8179983**	**1083597**	**4659032**	**27594**	**4927316**	**843892**
汽车	Motor Vehicles	2023124	840914	1182210	25934	1315150	374878
#载客汽车	Buses and Cars	1083802	110390	973412	24240	782945	256887
载货汽车	Trucks	566023	468055	97968	1443	220407	90491
#普通载货汽车	Ordinary Trucks	479147	384368	94779	1302	211315	68606
其他汽车	Other Motor Vehicles	373299	262469	110830	251	311798	27500
三轮汽车	Tricycle	231581	153106	78475	1	230004	19627
低速货车	Truck With Low Speed	117930	104658	13272	1	77948	5599
摩托车	Motorcycles	3643039	167911	3475128	1647	3605817	459495
拖拉机	Tractors	2437354				188	
#大中型	Large and Medium Size	104998					
挂车	Trailers	76246	74769	1477	13	6125	9514
其他类型车	Other Types of Vehicle	220	3	217		36	5
机动车驾驶员 (万人)	Number of Motor Drivers (10000 persons)	610.40					
#汽车驾驶员	Automobile Drivers	411.17					

注：2009年拖拉机总数中不包括手扶变形运输机数。
a) In 2009, tractor total not including hand-held distortion transportation scheme.

15—15 各市机动车辆拥有量（2009年）
Number of Civil Motor Vehicles Owned by Region (2009)

单位：辆 (unit)

地 区 Region		汽 车 Number	载客汽车 Buses and Cars	载货汽车 Ordinary trucks	其他汽车 Other Motor Vehicles	摩托车 Motorcycle	拖拉机 Tractors	挂 车 Trailers	其他类型车 Other Types of Vehicle	机动车驾驶员（人） Number of Motor Drivers (person)
总 计	**Total**	**2023124**	**1083802**	**566023**	**373299**	**3643039**	**2437354**	**76246**	**220**	**6104001**
合 肥 市	Hefei	296625	224318	62944	9363	147377	131425	6441	28	602321
淮 北 市	Huaibei	62770	33912	11997	16861	75443	117789	2107		175616
亳 州 市	Bozhou	165988	55634	48054	62300	189036	194115	8704		437669
宿 州 市	Suzhou	161947	57179	34285	70483	276402	247384	5793		472833
蚌 埠 市	Bengbu	79701	48440	28543	2718	151603	339919	5115	10	334293
阜 阳 市	Fuyang	238650	85181	90047	63422	311209	147597	22447		546619
淮 南 市	Huainan	73733	45362	25826	2545	52392	120547	3650		173513
滁 州 市	Chuzhou	115913	62443	40234	13236	204114	473264	6599		335210
六 安 市	Luan	179767	91903	73408	14456	380688	274171	7925		554880
马鞍山市	Maanshan	54778	40651	12104	2023	114588	9994	1350	173	178448
巢 湖 市	Chaohu	83709	48308	18700	16701	190057	124625	374		310475
芜 湖 市	Wuhu	99588	74335	20192	5061	105057	29618	810		277457
宣 城 市	Xuancheng	107952	50763	30888	26301	284932	53915	2183	2	469486
铜 陵 市	Tongling	32504	21717	8015	2772	41816	4641	147	7	116222
池 州 市	Chizhou	35441	20829	11008	3604	142917	66074	344		185496
安 庆 市	Anqing	121714	74759	31048	15907	727501	87041	550		673019
黄 山 市	Huangshan	86170	26866	18258	41046	247463	15235	1707		260444
其 他	Other	26174	21202	472	4500	444				

15—16 各市私人车辆拥有量（2009年）
Possession of Private Vehicles by Region (2009)

单位：辆 (unit)

地 区 Region		汽车总计 Total	载客汽车 Passenger Vehicles	大 型 Large	中 型 Medium	小 型 Small	载货汽车 Trucks	中 型 Light-heavy	轻 型 Light	其他汽车 Others
总 计	**Total**	**1315150**	**782945**	**4478**	**23076**	**695106**	**220407**	**43460**	**149386**	**311798**
合 肥 市	Hefei	176082	162529	408	3189	149926	8019	919	6538	5534
淮 北 市	Huaibei	49812	26010	119	490	23722	7575	1168	4130	16227
亳 州 市	Bozhou	127923	46454	245	1066	39815	22619	2889	17470	58850
宿 州 市	Suzhou	125428	41592	276	1050	34881	15113	2521	9445	68723
蚌 埠 市	Bengbu	42307	35032	161	1421	30831	5587	1308	3919	1688
阜 阳 市	Fuyang	151418	64160	584	2147	54037	26052	2621	21005	61206
淮 南 市	Huainan	33491	27672	23	362	26189	4631	497	3755	1188
滁 州 市	Chuzhou	76296	44447	438	2329	36516	19616	5828	10806	12233
六 安 市	Luan	126136	74183	1277	3320	61228	38500	7287	23926	13453
马鞍山市	Maanshan	30772	27933	20	284	26775	1768	294	1359	1071
巢 湖 市	Chaohu	62523	36144	153	1834	32240	10761	2480	7658	15618
芜 湖 市	Wuhu	63147	54170	134	683	51375	5333	1329	3390	3644
宣 城 市	Xuancheng	73167	36695	175	2015	31834	17738	6075	9941	18734
铜 陵 市	Tongling	18454	14028	35	232	13414	2273	370	1818	2153
池 州 市	Chizhou	25615	14874	71	652	13259	7531	2048	4797	3210
安 庆 市	Anqing	97532	59454	352	1659	53240	23023	5183	16086	15055
黄 山 市	Huangshan	34823	17344	7	341	15602	4268	643	3343	13211
其 他	Other	224	224		2	222				

15—17 营运汽车拥有量
Number of Vehicles for Business Transportation

年份 Year	汽车总计 (辆) Total Number (unit)	载客汽车 Buses and Cars 辆数 (辆) Number (unit)	客位 (客位) Number of Seats (seat)	载货汽车 Trucks 辆数 (辆) Number (unit)	#普通载货汽车 Ordinary Trucks	吨位 (吨) Capacity (ton)	#普通载货汽车 Ordinary Trucks
1995	125127	24417	468558	100710	99257	455623	58488
2000	195800	41083	634782	154717	152711	574050	560603
2003	222540	41631	640087	180909	176780	650592	623009
2004	243000	43072	697463	199928	195489	810672	782289
2005	265746	43515	691381	222231	215938	917083	861406
2006	317385	76114	872788	241271	229341	1007575	917584
2007	347440	78737	914353	268703	258529	1138171	1044463
2008	396461	81956	985120	314505	301548	1662018	1515155
2009	454224	86344	1054876	367880	2089256	349971	1892368

15—18 各市营运汽车拥有量（2009年）
Number of Vehicles for Business Transportation by Region (2009)

地区	Region	汽车总计 (辆) Total Number (unit)	载客汽车 Buses and Cars 辆数 (辆) Number (unit)	客位 (客位) Number of Seats (seat)	载货汽车 Trucks 辆数 (辆) Number (unit)	#普通载货汽车 Ordinary Trucks	吨位 (吨) Capacity (ton)	#普通载货汽车 Ordinary Trucks
总计	**Total**	**454224**	**86344**	**1054876**	**367880**	**2089256**	**349971**	**1892368**
合肥市	Hefei	59788	11345	119236	48443	161978	46950	144506
淮北市	Huaibei	16341	2478	29129	13863	59747	13471	56644
亳州市	Bozhou	45116	4811	63776	40305	191340	40223	190794
宿州市	Suzhou	23834	4092	58334	19742	201871	18618	182931
蚌埠市	Bengbu	28937	4441	52958	24496	203573	23839	192088
阜阳市	Fuyang	61556	7515	114689	54041	411114	52309	391084
淮南市	Huainan	18702	4137	40532	14565	81976	10104	43524
滁州市	Chuzhou	29180	5911	69443	23269	218844	22426	203001
六安市	Luan	46325	9842	128150	36483	169714	35740	161461
马鞍山市	Maanshan	11724	3117	26379	8607	56163	7703	42069
巢湖市	Chaohu	17947	5697	53924	12250	38210	11703	31454
芜湖市	Wuhu	19126	4983	52183	14143	67808	13572	60603
宣城市	Xuancheng	20111	3670	50442	16441	79328	15882	73278
铜陵市	Tongling	9222	2365	29339	6857	24569	6597	23132
池州市	Chizhou	7844	2580	35237	5264	16473	5093	15628
安庆市	Anqing	25425	7492	98404	17933	51003	14971	30002
黄山市	Huangshan	13046	1868	32721	11178	55545	10770	50169

15—19 国、省道公路交通量（2009年）
Highway Traffic Quantity of National and Provincial Rortes (2009)

指标 Item		国道 National Routes	省道 Provincial Routes
观测里程（公里）	Length of Observation (km)	2865.9	5717.6
年平均日交通混合当量合计（辆/日）	Year Average Diurnal Transportation Mix Equivalent Total (unit/day)	11803.0	7767.0
机动车（当量数）	Vehicle (Equivalent Number)	11691.0	7568.0
汽车（当量数）	Automobile (equivalent number)	10044.0	5183.0
小型货车（自然数）	Jubilee wagon (natural number)	690.0	583.0
中型货车（自然数）	Medium freight vehicle (natural number)	905.0	468.0
大型货车（自然数）	Large Freight Vehicle (Natural Number)	664.0	369.0
小型客车（自然数）	Small Passenger Auto (natural number)	3112.0	1785.0
大型客车（自然数）	Large Passenger Auto (Natural Number)	572.0	324.0
拖拉机（当量数）	Tractors(Equivalent Number)	599.0	1091.0
非机动车（当量数）	Converted Number of Non-motor Vehicles	113.0	198.0
行驶量（万车公里/日）	Driving Quantity (10000 vehicle-km/day)	4238.0	5655.0
适应交通量（辆/日）	Suitable Traffic Quantity (unit/day)	26293.0	13767.0
交通拥挤度	Crowded Degree of Traffic	0.45	0.56

15—20 各市民用运输船舶拥有量（2009年）
Number of Civil Transport Vessels Owned by Region (2009)

地区 Region		总艘数（艘）Total Number (unit)	机动船 Motor Vessels				驳船 Barges	
			艘数（艘）Number (unit)	净载重量（吨）Dead Weight Tonnage (ton)	载客量（客位）Passenger Capacity (seat)	功率（千瓦）Drawing Power (km)	艘数（艘）Number (unit)	净载重量（吨）Dead Weight Tonnage (ton)
总计	**Total**	**27620**	**25446**	**15237162**	**14255**	**5498410**	**2174**	**755678**
合肥市	Hefei	1012	1001	550525	407	207579	11	5830
淮北市	Huaibei	377	375	107589		54430	2	670
亳州市	Bozhou	1484	1322	450775		192926	162	54175
宿州市	Suzhou	981	933	290454		42271	48	9166
蚌埠市	Bengbu	3496	3191	1816536		666900	305	102284
阜阳市	Fuyang	2448	1614	1053205		366093	834	320658
淮南市	Huainan	1391	700	376940		162358	691	228411
滁州市	Chuzhou	1450	1438	529790		209816	12	4935
六安市	Luan	2726	2726	1661129	1685	601949		
马鞍山市	Maanshan	1335	1324	892235	120	311483	11	1397
巢湖市	Chaohu	2367	2358	1562656	2555	538614	9	1770
芜湖市	Wuhu	3274	3244	2819527		913425	30	6931
宣城市	Xuancheng	1921	1921	1158991	352	516877		
铜陵市	Tongling	599	581	419652		139496	18	3300
池州市	Chizhou	1210	1205	698787		263859	5	1410
安庆市	Anqing	1365	1329	814796	4081	292077	36	14741
黄山市	Huangshan	182	182	24422	5055	15021		
交通集团	Jiaotong Group	2	2	9153		3236		

15—21 各市私人运输船舶拥有量（2009年）
Number of Private-owned Transport Vessels Owned by Region (2009)

地 区 Region		总艘数（艘）Total Number (unit)	机动船 Motor Vessels				驳船 Barges	
			艘数（艘）Number (unit)	净载重量（吨）Dead Weight Tonnage (ton)	载客量（客位）Passenger Capacity (seat)	功率（千瓦）Drawing Power (km)	艘数（艘）Number (unit)	净载重量（吨）Dead Weight Tonnage (ton)
总 计	**Total**	**4552**	**4535**	**2115281**	**3951**	**836051**	**17**	**3137**
合 肥 市	Hefei	396	396	112558		49564		
淮 北 市	Huaibei	89	89	24331		12754		
亳 州 市	Bozhou							
宿 州 市	Suzhou							
蚌 埠 市	Bengbu							
阜 阳 市	Fuyang							
淮 南 市	Huainan							
滁 州 市	Chuzhou	105	104	34109		14120	1	330
六 安 市	Luan	97	97	25794		13399		
马鞍山市	Maanshan	753	742	458650	120	162072	11	1397
巢 湖 市	Chaohu	1160	1160	438861	1791	176843		
芜 湖 市	Wuhu	11	11	26880		8400		
宣 城 市	Xuancheng	776	776	449479	352	207279		
铜 陵 市	Tongling	127	127	75103		27478		
池 州 市	Chizhou	323	318	152989		57098	5	1410
安 庆 市	Anqing	715	715	316527	1688	107044		
黄 山 市	Huangshan							

15—22 全省机场运输业务量（2009年）
Traffic Capacity of Airports (2009)

指 标	Item	运输起降架次（次）Number of Sorties of Taking-off and Landing	旅客（人）Number of Passengers (person)	过站旅客 Transit Passengers	货邮合计（吨）Goods and Postal Parcels (ton)	#货物 Goods
总 计	**Total**	**37656**	**3538466**	**246017**	**29091.8**	**27650.7**
国内航线	Domestic Routes	37150	3520895	240679	29080.5	27639.4
港澳航线	Hong Kong and Macao Routes	450	40652		102.4	102.4
国际航线	International Routes	506	17571	5338	11.3	11.3
进 港	Arrival	18828	1644653		16128.6	14225.5
国内航线	Domestic Routes	18575	1638290		15119.3	14216.2
港澳航线	Hong Kong and Macao Routes	225	18084		47.5	47.5
国际航线	International Routes	253	6363		9.3	9.3
出 港	Departure	18828	1893813	246017	13963.2	13425.2
国内航线	Domestic Routes	18575	1882605	240679	13961.2	13423.2
港澳航线	Hong Kong and Macao Routes	225	22568		56.7	56.7
国际航线	International Routes	253	11208	5338	2.0	2.0

注：货邮吞吐量不包括行李，2007以前年度包含行李。过站旅客包含在出港部分，是旅客的其中项。

a) The cargo throughput does not include baggage, Befoer 2007 it included baggage. Transit Passengers have been included in export visitors, It is a part of the passengers.

15—23 民航机场吞吐量（2009年）
Volume of Passenger and Freight Handled in Civil Airports (2009)

项目	Item	旅客吞吐量（人）Passenger Handled (person)	#发运量 Delivered	货物吞吐量（吨）Cargo Handled (ton)	#发运量 Delivered
合计	**Total**	**3538466**	**1893809**	**29091.8**	**13963.1**
合肥机场	Hefei Airport	3205694	1719565	28115.7	13115.8
黄山机场	Huangshan Airport	285179	149354	963.4	844.3
安庆机场	Anqing Airport	30187	15498	12.3	3.0
阜阳机场	Fuyang Airport	17406	9392	0.4	

15—24 东航（安徽公司）基本情况
Basic Statistics on Anhui Branch of the Eastern Air Lines, Inc.

指标		Item		1995	2000	2005	2008	2009
民用航空航线条数	（条）	Number of Civil Aviation Routes	(unit)	39	64	63	76	67
#国内航线		Domestic Routes		39	59	57	64	63
民用航空线里程	（公里）	Length of Civil Aviation Routes	(km)	34590	60553	72263	97638	83942
#国内航线		Domestic Routes		34590	54017	60647	72083	77656
民用航班飞行机场	（个）	Number of Civil Airports	(unit)	3	34	45	56	50
民用飞机架数	（架）	Number of Civil Aircraft	(unit)	18	13	11	16	16
客运量	（万人）	Passenger Traffic	(10000 person)	93.00	153.45	214.05	247.48	264.97
旅客周转量	（万人公里）	Passenger-kilometers	(10000 passenger-km)	74218.00	150447.83	238451.38	263245.87	295385.09
货（邮）运量	（吨）	Freight Traffic	(ton)	10000.00	15653.90	29753.40	25435.80	25646.90
货（邮）周转量	（万吨公里）	Freight Ton-kilometers	(10000 ton-km)	1038.00	1628.29	3661.38	2884.91	2995.11
总周转量	（万吨公里）	Total Air Traffic Ton-kilometers	(10000 ton-km)	6364.00	15071.24	24977.00	26376.74	29375.34
#国际航线		International Routes		16.00	866.63	1584.94	373.05	324.93
国内航线		Domestic Routes		6348.00	14204.61	23392.06	26003.69	29050.41

15—25 邮电业务基本情况
Basic Statistics on Postal and Telecommunications Service

指标	Item	1995	2000	2005	2008	2009
邮电业务总量 （万元）	**Business Volume of Post and Telecommunications Service (10000 yuan)**	**226453**	**1201398**	**2840149**	**5507520**	**6624847**
函件 （万件）	Number of Letters (10000 pcs)	24345.50	19270.14	21141.0	22798.3	24395.6
包件 （万件）	Number of Parcels (10000 pcs)	563.20	355.54	253.00	186.24	164.04
快递 （万件）	Pieces of Express Mail Services (10000 pcs)	130.80	309.64	506.00	805.8	1006.6
报刊期发数 （万份）	Number of Newspapers and Magazines Circulation (10000 copies)		929.81	738.00	396.72	518.20
集邮业务 （万枚）	Philately Business (10000 pcs)	11896.6	27645.0	4010.0	2009.3	971.7
长途电话(含移动) （亿次）	Number of Long-distance Calls (100 million times)	2.57	10.74	14.17	22.15	22.91
#全年长途通话时长 （亿分钟）	Long-distance Call Lasting Time (100 million minutes)				88.65	80.05
#移动电话长途通话时长 （亿分钟）	Length of Long-distance Calls (100 million minutes)				54.04	50.52
长途电话交换机容量（路端）	Capacity of Long-distance Telephone Exchanges (circuit)		185549	350538	713920	581909
固定电话年末用户 （万户）	Year-end Installed Telephones (10000 subscriber)	124.05	483.82	1349.52	1379.94	1267.25
城市电话用户 （万户）	Number of Urban Telephone Subscribers (10000 subscriber)	102.96	272.99	680.02	677.55	625.78
#住宅电话	Residential Telephone Subscribers			501.76	455.34	349.91
农村电话用户 （万户）	Number of Subscribers of Paging Service (10000 subscriber)	21.08	210.83	669.50	702.40	641.47
#住宅电话	Residential Telephone Subscribers			642.14	663.72	596.00
移动短信业务量 （万条）	Mobile Short Note Business Volume (10000 unit)			860595	2371590	2799388
营业网点 （处）	Number of Postal Offices (unit)	2717	3562	3488	6387	5867
邮路及农村投递路线总长度 （公里）	Length of Postal Routes and Rural Delivery Routes (km)	189502	205887	206287	229969	237033
#汽车邮路	Highway Routes	23123	30061	51111	47466	50607
铁路邮路	Railway Routes	2974	2320	1725	1929	2485
长途光缆纤芯长度（芯公里）	Length of Long-distance Optical Cable Core Lines (km)			26149.5	637100	705941
本地固定电话局用交换机容量 （万门）	Capacity of Local Telephone C.O. Switches Capacity (10000 lines)		717.05	1611.67	1613.76	1279.09
电话机 （万部）	Number of Telephone Sets (10000 units)		715.32	2396.43	3095.04	3421.59
固定电话	Fixed Telephone Sets		506.25	1349.52	1379.94	1267.25
移动电话	Mobile Telephone Sets		209.07	1046.91	1715.10	2154.34

15—26 邮电业务量
Post and Telecommunication Services

年份 Year	邮电业务总量（万元）Business Volume of Post and Telecommunications (10000 yuan)	邮政业务总量 Business Volume of Post	电信业务总量 Business Volume of Telecommunications	函件（万件）Number of Letters (10000 pcs)	报刊期发数（万份）Newspapers and Magazines Circulation (10000 copies)	快递（万件）Pieces of Express Mail Services (10000 pcs)	集邮业务（万枚）Philately (10000 pcs)	长途电话（万次）Number of Long Distance Telephone Calls (10000 times)	移动短信业务量（万条）Mobile Short Note Business Volume (10000 unit)
1995	226452.8	35946.8	190506.0	24345.5		130.8	11896.6	25655.5	
1999	789178.4	68415.5	720762.9	16815.3	787.3	211.9	29802.9	48914.3	
2000	1201397.5	80707.6	1120690.0	19270.1	929.8	309.6	27645.2	107424.7	
2001	1224566.5	161812.7	1062753.8	19202.3	791.8	401.3	22967.9	100155.0	
2002	1434890.3	170975.3	1263915.0	21276.0	770.1	400.3	17417.4	212598.0	
2003	1769409.7	188056.1	1581353.6	31091.5	692.4	426.3	13711.1	138206.0	
2004	2234666.3	192734.8	2041931.5	24012.4	800.6	432.5	8988.3	126399.4	
2005	2840148.8	199108.3	2641040.5	21141.0	738.0	506.4	4010.4	141732.5	860595
2006	3558089.9	231768.7	3326321.2	21519.8	559.9	565.9	3407.1	186255.0	1239475
2007	4464130.3	266660.0	4197470.3	22905.5	482.1	656.6	2898.6	222138.9	1803879
2008	5507520.1	310531.1	5196989.0	22798.3	396.7	805.8	2009.3	221521.2	2371590
2009	6624847.4	357243.8	6267603.6	24395.6	518.2	1006.6	971.7	151741.9	2799388

年份 Year	移动电话用户（户）Number of Mobile Telephone Subscribers (subscriber)	互联网上网人数（万人）Number of Internet Users (10000 persons)	固定电话年末用户（户）Year-end Installed Telephones (subscriber)	城市电话用户 Number of Urban Telephone Subscribers	#住宅电话 Residential Telephone Subscribers	乡村电话用户 Rural Telephone Subscribers	#住宅电话 Residential Telephone Subscribers	公用电话（户）Public Telephone (subscriber)	汇票（万笔）Postal Order (10000 times)
1995	59844		1240454	1029614	821158	210840			
1999	866099		3416972	2222475	1844170	1194497	1073310	83311	
2000	2090715		4838188	2729901	2304420	2108287	1899122	109335	
2001	4192371		6388141	3209103	2706110	3179961	3012808	104549	
2002	5414808		7922144	3763933	3100858	4158211	3983089	106494	
2003	6978769	184	10036783	3846270	3301912	5174502	5084220	303471	
2004	8733832	240	11497140	4222902	3549256	5871243	5781878	459383	
2005	10469094	276	13495209	6800203	5017570	6695006	6421357	655054	
2006	12166993	337	15013814	7547895	4372004	7465919	7331236	780280	217.8
2007	14100378	587	14942970	7252696	3881120	7690274	7317407	835987	245.6
2008	17150953		13799409	6775452	4553448	7023957	6637185	787916	353.5
2009	21543396		12672543	6257802	3499104	6414741	5960004	931667	385.7

15—27 各市邮电业务量（2009年）
Post and Telecommunication Services by Region (2009)

地区 Region		邮政业务总量（万元）Business Volume of Post (10000 yuan)	电信业务总量（万元）Business Volume of Telecommunications (10000 yuan)	函件（万件）Number of Letters (10000 pcs)	快递（万件）Pieces of Express Mail Services (10000 pcs)	报刊期发数（万份）Newspapers and Magazines Circulation (10000 copies)	集邮业务（万枚）Philately (10000 pcs)	包裹（万件）Number of Parcels (10000 pcs)
总计	**Total**	**357243.84**	**6267603.58**	**24395.57**	**1006.62**	**518.20**	**971.70**	**164.04**
合肥市	Hefei	40901.76	1097729.46	6302.15	315.01	51.27	155.76	38.31
淮北市	Huaibei	10020.34	228884.14	937.96	18.47	13.02	30.42	4.08
亳州市	Bozhou	21936.67	339036.65	574.08	43.73	17.69	9.98	5.32
宿州市	Suzhou	24345.44	411233.86	909.90	35.71	26.19	23.50	7.32
蚌埠市	Bengbu	16932.59	372516.64	2087.75	55.39	20.32	30.60	10.13
阜阳市	Fuyang	38894.97	586177.22	1632.20	85.14	29.33	16.64	10.42
淮南市	Huainan	15728.89	294945.59	1258.41	29.20	23.93	32.86	5.12
滁州市	Chuzhou	14968.13	404620.68	699.41	53.49	56.54	33.28	7.63
六安市	Luan	22979.18	389005.50	1479.24	40.56	37.28	42.66	9.19
马鞍山市	Maanshan	9929.82	223060.95	1939.92	32.41	38.38	24.16	4.99
巢湖市	Chaohu	27574.23	290526.82	1370.57	51.84	29.87	129.58	10.50
芜湖市	Wuhu	21642.80	407785.85	1645.42	65.83	40.97	35.06	12.54
宣城市	Xuancheng	13610.66	298831.26	1104.20	41.00	28.71	35.45	7.00
铜陵市	Tongling	9091.06	143054.05	225.50	20.05	12.70	296.16	2.80
池州市	Chizhou	11225.31	154653.57	407.54	24.48	17.12	4.17	4.53
安庆市	Anqing	45520.72	457688.34	1201.28	69.56	50.10	50.28	15.19
黄山市	Huangshan	11438.73	167855.02	620.01	24.91	24.79	21.15	8.96
其他	Others							

地区 Region		移动电话用户（万户）Number of Mobile Telephone Subscribers (10000 subscriber)	固定电话年末用户（万户）Year-end Installed Telephones (10000 subscriber)					公用电话（万部）Public Telephone (10000 unit)
				城市电话用户 Number of Urban Telephone Subscribers	#住宅电话 Residential Telephone Subscribers	乡村电话用户 Rural Telephone Subscribers	#住宅电话 Residential Telephone Subscribers	
总计	**Total**	**2154.34**	**1267.25**	**625.78**	**349.91**	**641.47**	**596.00**	**93.17**
合肥市	Hefei	299.34	160.88	118.98	52.75	41.90	34.12	22.37
淮北市	Huaibei	83.45	38.90	24.90	15.73	14.00	13.06	3.18
亳州市	Bozhou	131.77	73.62	23.83	13.62	49.79	47.35	4.00
宿州市	Suzhou	156.99	92.01	32.95	17.20	59.06	55.89	5.72
蚌埠市	Bengbu	127.25	69.47	41.95	25.35	27.51	24.91	9.15
阜阳市	Fuyang	220.67	114.87	46.07	22.61	68.80	65.98	5.41
淮南市	Huainan	100.46	48.98	40.11	26.43	8.87	7.03	4.72
滁州市	Chuzhou	142.67	77.69	32.87	18.36	44.82	41.59	7.02
六安市	Luan	157.85	104.11	29.44	18.79	74.66	71.37	3.98
马鞍山市	Maanshan	74.20	47.22	33.00	20.16	14.22	12.30	3.36
巢湖市	Chaohu	106.40	82.66	26.22	17.11	56.44	53.44	3.87
芜湖市	Wuhu	125.98	66.06	44.90	24.11	21.16	18.15	6.14
宣城市	Xuancheng	100.75	61.46	24.10	14.05	37.36	35.28	3.19
铜陵市	Tongling	43.01	23.86	18.67	10.43	5.19	4.37	1.93
池州市	Chizhou	57.71	35.75	13.75	8.13	22.00	20.72	1.48
安庆市	Anqing	166.42	126.75	51.53	34.11	75.23	71.78	5.06
黄山市	Huangshan	59.39	42.97	22.50	10.96	20.47	18.66	2.59
其他	Others							

15—28 邮电局所数及邮递线路（年底数）
Postal and Telecommunication Services Facilities (year-end)

单位：处 (unit)

年份 Year	邮电局所 Number of Post and Telecommunications Offices	信筒信箱 Number of Post Boxes	邮路总长度（公里） Length of Postal Routes (km)	汽车邮路 Highway Routes	铁路邮路 Railway Routes	农村投递线路（公里） Rural Delivery Routes (km)
1995	2717	6646	53088	23123	2974	136414
1999	4448	5965	60525	30093	3287	142280
2000	3562	6333	63445	30061	2320	142442
2002	3834	7689	72502	39853	2087	137147
2003	3400	8465	70671	38871	2087	137047
2004	3561	9063	70751	41061	2097	129916
2005	3488	6378	70599	51111	1725	135688
2006	3836	6471	64927	42634	2097	139571
2007	3894	6334	68800	44614	2097	141777
2008	6387	6112	88337	47466	1929	141632
2009	5867	6736	86463	50607	2485	150570

15—29 各市邮电局所数及邮递线路（2009年）
Postal and Telecommunication Services Facilities by Region (2009)

单位：处 (unit)

地区	Region	邮政局所 Number of Post and Telecommunications Offices	电信局所 Number of Post and Telecommunications Offices	信筒信箱 Number of Post Boxes	邮路总长度（公里） Length of Postal Routes (km)	汽车邮路 Highway Routes	铁路邮路 Railway Routes	农村投递线路（公里） Rural Delivery Routes (km)
总计	**Total**	**2874**	**2993**	**6736**	**86463**	**50607**	**2485**	**150570**
合肥市	Hefei	133	223	349	1270	1184		10531
淮北市	Huaibei	63	87	49	755	755		5330
亳州市	Bozhou	131	201	328	2095	2095		14256
宿州市	Suzhou	224	225	176	2312	2312		13902
蚌埠市	Bengbu	96	137	145	4649	3734		7433
阜阳市	Fuyang	285	361	130	3453	3453		18453
淮南市	Huainan	74	97	131	441	441		4732
滁州市	Chuzhou	312	284	276	2235	2235		11641
六安市	Luan	281	268	535	2916	2916		12082
马鞍山市	Maanshan	50	82	187	490	490		959
巢湖市	Chaohu	129	169	245	2403	2403		8211
芜湖市	Wuhu	113	70	247	3389	3389		2834
宣城市	Xuancheng	132	217	3059	2449	2449		7878
铜陵市	Tongling	75	42	73	464	376		1123
池州市	Chizhou	79	99	103	1505	1505		5849
安庆市	Anqing	457	295	319	4081	3967		17121
黄山市	Huangshan	240	136	384	5982	3312		7381
其他	Others				45575	13592	2485	

15—30 各市邮电通信电路及长途线路（2009年）
Telecommunication Facilities by Region (2009)

地 区 Region		长途业务电路（2M） Long Distance Lines (2M)	省 际 Inter-provincial	省 内 Within the Province	长途光缆纤芯长度（万芯公里） Length of Long Distance Fiber Core Lines (10000 Core km)	数据通信网长途电路（2M） Long Distance Lines of Data Communication Net (2M)	本地用中继光缆纤芯长度（万芯公里） Length of Local Optical Cable Core Lines (10000 Core km)
总 计	**Total**	**210684**	**52543**	**158141**	**70.59**	**511881**	**186.73**
合肥市	Hefei	203569	49905	153664	7.73	399885	25.55
淮北市	Huaibei	22	9	13	0.43	3024	4.70
亳州市	Bozhou	32	5	27	0.45	3024	11.53
宿州市	Suzhou	11		11	0.50	3528	12.38
蚌埠市	Bengbu	87	1	86	2.72	9611	5.84
阜阳市	Fuyang	85		85	0.97	9606	11.87
淮南市	Huainan	16		16	0.72	3024	7.43
滁州市	Chuzhou	52		52	0.51	3024	19.24
六安市	Luan	41		41	0.93	2268	12.98
马鞍山市	Maanshan	77		77	0.58	9072	5.86
巢湖市	Chaohu	26		26	0.55	2268	7.79
芜湖市	Wuhu	22		22	0.59	43175	6.74
宣城市	Xuancheng	33		33	0.88	3110	14.49
铜陵市	Tongling	19		19	0.63	3024	3.36
池州市	Chizhou	16		16	0.32	2142	8.29
安庆市	Anqing	26		26	1.27	9072	19.86
黄山市	Huangshan	10		10	0.97	3024	8.83
其 他	Others	6540	2623	3917	49.86		

15—31 各市邮电通信设备年末拥有量（2009年）
Telecommunication Facilities at Year-end by Region (2009)

地 区 Region		接入网光缆纤芯长度（万芯公里） Length of Fiber Core Cable Lines of Connected Net (10000 Core km)	长途电话交换机容量（路端） Capacity of Long-distance Telephone Exchanges (circuit)	本地固定电话局用交换机容量（门） Capacity of Local Telephone C.O. Switches (line)	#接入设备网容量 Capacity of Connected Equipment Net	用户交换机容量（门） Capacity of Exchanges Owned by Users (line)
总 计	**Total**	**290.29**	**581909**	**12790902**	**3272573**	**23600**
合肥市	Hefei	39.50	206153	1494321	495500	4500
淮北市	Huaibei	8.58	9424	372529	165181	
亳州市	Bozhou	13.36	17825	816563	125428	
宿州市	Suzhou	20.67	27120	1118279	128310	13300
蚌埠市	Bengbu	11.80	29364	722213	264135	556
阜阳市	Fuyang	17.59	54606	1187451	287923	384
淮南市	Huainan	12.49	17639	575774	132748	200
滁州市	Chuzhou	21.28	17887	804271	128855	512
六安市	Luan	19.98	29853	956693	187250	1000
马鞍山市	Maanshan	9.52	14610	397017	166326	116
巢湖市	Chaohu	17.31	24060	827134	129000	
芜湖市	Wuhu	16.80	31263	710304	188227	3000
宣城市	Xuancheng	15.92	18941	725993	87377	
铜陵市	Tongling	5.67	10075	264161	47953	32
池州市	Chizhou	11.95	11098	311503	101987	
安庆市	Anqing	34.33	41695	1104282	488132	
黄山市	Huangshan	13.55	15648	402414	148240	
其 他	Others		4648			

注：用户交换机容量指标只包括铁通公司提供的数据。
a) The Indicators of Exchange Capacity only includes the data which Tetong company provided.

15—32 邮电通信水平
Level of Postal and Telecommunication Services

指标	Item	1995	2000	2005	2008	2009
全省邮电通信水平	**National Level**					
平均每一邮政局所服务面积（平方公里）	Average Area Served by Every Post Office (sq.km)		63.70	68.84	47.55	48.50
平均每一邮政局所服务人员（万人）	Average People Served by Every Post Office (10000 person)		2.78	3.21	2.09	2.13
平均每人每年发函件数（件）	Annual Average Number of Letters Mailed per Capita (piece)	4.00	3.07	3.24	3.72	3.98
平均每百人每年订报刊数（份）	Annual Average Number of Newspaper and Magazine Subscribed per 100 Persons (piece)	15.47	14.81	11.33	6.47	8.45
平均每百人拥有电话机部数（含移动）（部）	Number of Telephone Sets Owned per 100 Persons (unit)	1.73	11.38	36.78	50.45	55.80
平均每百人拥有移动电话（部）	Number of Mobile Telephones Owned per 100 Persons (unit)		3.43	16.07	27.96	35.14
平均每千人拥有公用电话数（部）	Number of Public Telephones owned per 1000 Persons (unit)			10.70	12.84	15.20
农村邮电通信水平	**Rural Level**					
设有邮政局、所的乡（镇）比重（%）	Percentage of Townships with Post and Telecommunication Offices (%)	88.70	87.25	90.31	100.00	100.00
通邮的乡（镇）比重（%）	Percentage of Townships with Postal Routes Communication (%)	100.00	100.00	100.00	100.00	100.00
通邮的行政村比重（%）	Percentage of Villages with Postal Routes Communication (%)	99.80	100.00	100.00	100.00	100.00
已通固定电话的行政村比重（%）	Percentage of Administrative Village with Telephone (%)	42.27	100.00	100.00	100.00	100.00

主要统计指标解释

铁路营业里程

又称营业长度（包括正式营业和临时营业里程），指办理客货运输业务的铁路正线总长度。凡是全线或部分建成双线及以上的线路，以第一线的实际长度计算；复线、站线、段管线、岔线和特殊用途线以及不计算运费的联络线都不计算营业里程。铁路营业里程是反映铁路运输业基础设施发展水平的重要指标，也是计算客货周转量、运输密度和机车车辆运用效率等指标的基础资料。

公路里程

是指凡达到交通部《公路工程技术标准》规定的技术等级公路，并经公路主管部门正式验收交付使用的里程。包括大中城市的郊区公路以及通过城镇街道的里程和桥梁、隧道、渡口的长度，不包括大中城市的街道、厂矿、林区生产用道和农业生产用道的里程。两条或多条公路共同经由同一路段，只计算一次，不得重复计算里程长度。按公路技术等级分：等级公路里程和等外公路里程，等级公路里程可分为高速公路、一级公路、二级公路、三级公路、四级公路里程。

内河航道里程

是指凡能通航机动船、木帆船以及运输排筏（指利用排筏经营运输），其枯水期水深在0.3米及以上的天然河流、人工河渠、湖泊、水库航道里程。不包括仅供放流木材的河道。湖泊、水库航道里程（库区航道）按固定航线计算。两省以河为界的航道里程，双方均按一半计算，以免重复。

民用航空航线里程

指民用运输班机飞行的航线长度。航线长度指机场之间的距离。航空航线里程以年末到达数为准，因气候关系不能全年通航的航线，按年末情况统计，如果年末能继续通航则计入总长度，否则应扣除不计。计算航线里程可按重复和不重复两种方法，前者是指各航线相加的总和，后者则要扣除各航线之间的重复区段计算。

货（客）运量

指在一定时期内，各种运输工具实际运送的货物（旅客）数量。它是反映运输业为国民经济和人民生活服务的数量指标，也是制定和检查运输生产计划、研究运输发展规模和速度的重要指标。货运按吨计算，客运按人计算。货物不论运输距离长短、货物类别，均按实际重量统计。旅客不论行程远近或票价多少，均按一人一次客运量统计；半价票、小孩票也按一人统计。

货物（旅客）周转量

指在一定时期内，由各种运输工具运送的货物（旅客）数量与其相应运输距离的乘积之总和。它是反映运输业生产总成果的重要指标，也是编制和检查运输生产计划，计算运输效率、劳动生产率以及核算运输单位成本的主要基础资料。计算货物周转量通常按发出站与到达站之间的最短距离，也就是计费距离计算。计算公式为：

货物（旅客）周转量＝Σ货物（旅客）运输量×运输距离

民用汽车拥有量

指报告期末，在公安交通管理部门按照《机动车注册登记工作规范》，已注册登记领有民用车辆牌照的全部汽车数量。汽车拥有量统计的主要分类：根据汽车结构分为载客汽车、载货汽车及其他汽车；根据汽车所有者不同分为个人（私人）汽车、单位汽车；根据汽车的使用性质分为营运汽车、非营运汽车；根据汽车大小规格不同载客汽车分为大型、中型、小型和微型，载货汽车分为重型、中型、轻型和微型。

邮电业务总量（又称通信业务总量）

是以货币形式表现的通信企业为社会提供各类通信服务的总和。是用于观察通信业务发展变化总趋势的综合性总量指标。根据专业性质分为邮政业务总量和电信业务总量。电信业务总量又可细分为本地网通信业务总量、长途通信业务总量、移动通信业务总量、数据通信业务总量、电报业务总量等。按通信范围可分为：国内通信业务总量、国际及港澳台通信业务总量。计算公式为：

邮电业务总量＝Σ（各类通信业务量×不变单价）+出租代维及其他业务收入

＝邮政业务总量+电信业务总量

邮政业务总量＝Σ（各类邮政业务量×不变单价）+邮政出租代维及其他业务收入

电信业务总量＝Σ（各类电信业务量×不变单价）+电信出租代维及其他业务收入

移动电话用户

指通过移动电话交换机进入移动电话网、占用移动电话号码的电话用户。用户数量以报告期末在移动电话营业部门实际办理登记手续进入移动电话网的户数进行计算，一部移动电话统计为一户。计量单位：户。

电话用户

指接入国家公众固定电话网，并按固定电话业务进行经营管理的电话用户。1997年以前，电话用户分为市内电话用户和农村电话用户。“市内电话用户”是指接入县城及县以上城市的电话网上的电话用户；“农村电话用户”是指接入县邮电局农话台及县以下农村电话交换点，以县城为中心（除市话用户外）联通县、乡（镇）、行政村、村民小组的用户。从1997年起，电话用户数分组调整为以用户所在区域划分为“城市电话用户”和“乡村电话用户”，与过去的按市内电话和农村电话划分方法不同。而电话用户总数、电话机总部数统计范围不变。

住宅电话用户

指安装在居民住宅或农民家里并按照住宅电话用户登记注册和收费的电话用户。包括私人付费、单位付费和按规定免费安装的住宅电话用户。

Explanatory Notes for Major Statistical Indicators

Length of Railways in Operation

refers to the total length of the trunk line under passenger and freight transportation (including both full operation and temporary operation). The calculation is based on the actual length of the first line even if this line has a full or partial double track or more tracks, excluding double tracks, station sidings, tracks under the charge of stations, branch lines, special-purpose lines and the non-payable connecting lines. The length of railways in operation is an important indicator to show the development of the infrastructure for the railway transport, and also the essential data to calculate volume of passenger freight transport, traffic density and utilization efficiency of the locomotives and carriages.

Length of Highways

refers to the length of highways which are built in conformity with the grades specified by the <Highway Engineering Standard> formulated by the Ministry of Communications, and have been formally checked and accepted by the departments of highways and put into use. The length of highways includes that of the suburb highways at large and medium-sized cities, highways passing through streets at small cities and towns, and also the length of bridges and ferries. It does not include the length of streets in big and medium-sized cities and highways built for the production purpose at factories, mines, forest areas and agricultural areas. If two or more highways go the same section of the way, the length of the section is only calculated for once and no duplication is allowed. They could be classified by technical level into class highway and substandard highways. Class highway includes express-way and first class, second class, third class and forth class highway.

Length of Navigable Inland Waterways

refers to the length of the natural rivers, artificial rivers and canals, lakes, and reservoirs open to navigation that deep in 0.3 meters and above in dry season, which enables the transport by motor vessel, wooden sailing boats and rafts (using rafts to transport), excluding river courses which are only used to float odd logs. If two provinces take river as circle, the length of section is only calculated half to both sides, so as not to repeat.

Length of Civil Aviation Routes

refers to the length of all routes for regular civil aviation flights and it is usually the distance between airports. The length is calculated at the end of the year as the standard. The lines that can't open all through the year because of the weather are calculated at the end of the year. If it could continue and open at the end of the year, it should be calculated, otherwise it should be deducted and disregarded. There are usually two ways to calculate the length: duplicated calculation and unduplicated calculation. The former is to put the length of all air routes together, and the later is not to allow the duplication in calculation.

Freight (Passenger) Traffic

refers to the volume of freight (passenger) transported with various means. Freight transport is calculated in tons and passenger traffic is calculated in the number of persons. Despite the type of freight and traveling distance, the freight transport is calculated in the actual weight of the goods: and despite the traveling distance and ticket price, the passenger traffic is calculated by the principle that one person can be counted only once in one travel. The passenger who travels with a half price ticket or a child ticket is also calculated as one person. The freight (passenger) traffic provides a quantitative measure to show how the transport industry serves the national economy and people, and is also an important indicator for planning the transport industry and for studying the development scale and speed of the transport industry.

Freight Ton-kilometers (Passenger-kilometers)

refer to the sum of the products of the volume of transported cargo (passengers) multiplying by the transport distance, usually using ton-kilometer and passenger-kilometer as units for measurement. Normally, the shortest distance between the departure station and the destination station (i.e., the payable distance) is the basis to calculate the freight ton-kilometers. This is an important indicator to show the total results of the transport industry, to prepare and examine the transport plan and to measure the efficiency, the labour productivity and the unit cost of transport. The formula is as follows:

Freight Ton-kilometers (Passenger-kilometers) $=\sum$ {Freight (Passenger) Traffic $\times$ Distance of Transportation}

Measuring unit: ton-kilometer (person-kilometer)

Possession of Civil Motor Vehicles

refer to the total numbers of vehicles that are registered and received vehicles license tags according to the Work Standard for Motor Vehicles Registration formulated by the Transport Management Office under the department of public security at the end of the reference period. They are divided into categories. According to the structure of motor vehicles, they are divided into passenger vehicles, trucks and others; according to ownership into private vehicles and vehicles for the unit's use; according to kind of usage into working vehicles and non-working vehicles; and according to size of vehicles into large passenger vehicles, medium-sized passenger vehicles, small passenger vehicles and mini passenger vehicles, heavy trucks, light-heavy trucks, light trucks and mini-trucks.

Business Volume of Post and Telecommunications (Also called Business Volume of Communications)

refers to the total amount of communications services, expressed in currency terms, provided by communications enterprises for the society. It is a comprehensive indicator reflects the total trend of communication service. It could be divided into business volume of post and telecommunication by type and business volume of telecommunication includes business volume of local network, long-distance, mobile communication, digital communication and telegram. It could be divided into domestic, international and business volume of Hong Kong, Macao and Taiwan by the coverage. The formula is as follows:

Business Volume of Post and Telecommunications = Σ (Transaction of Communication Service × Constant Price) + Income from Leasing Maintenance and other Services

= Business Volume of Postal Services + Business Volume of Telecommunication Services

Business Volume of Postal Services =Σ (Transaction of Postal Service × Constant Price) + Income from Leasing, Maintenance and other Services

Business Volume of Telecommunication Services = Σ (Transaction of Telecommunication Service × Constant Price) + Income from Leasing, Maintenance and other Services

Mobile Telephone Subscribers

refer to the persons who own mobile telephone number connected with the mobile telephone communication network and have registered in mobile communication enterprises. The number of subscribers is calculated only when the subscribers who have gone through all the register formalities and entered into the mobile telephone network at the end of the report. One mobile telephone is treated as a subscriber.

Telephone Subscribers

refer to subscribers that are connected to the public line telephone network provided with telephone services. Before 1997, telephone subscribers were classified as city subscribers and village subscribers. City subscribers referred to those connected to city telephone networks in county towns and cities, while village subscribers referred to those connected to village telephone stations at and below counties. Since 1997, the classification of telephone subscribers was modified on the basis of physical location of the subscribers as "urban telephone subscribers" and "rural telephone subscribers", which is different from the previous classification of categorizing "local telephones" and "rural telephones", while the definition of total subscribers and total number of telephones remain unchanged.

Household Telephone Subscribers

refer to telephone sets installed in the dwelling units of residents or peasant families and registered and charged according to house telephone subscribers. They included three types of payment for the service: private payment, unit payment and free installing service.

第十六篇

Chapter 16

国内贸易

DOMESTIC TRADE

简要说明

一、本篇资料反映我省国内市场发展情况和批发零售业、餐饮业和住宿业商品经营情况。主要内容有批发零售业商品流通，限额以上批发零售企业、住宿餐饮企业财务状况，社会消费品零售总额、国内集市贸易等。

二、本篇资料是根据国家统计局的批发零售、住宿餐饮业统计报表制度进行搜集和加工整理。

本资料的调查范围：财务状况报表为各种经济类型的限额以上批发和零售业法人企业、住宿和餐饮业法人企业。社会消费品零售总额报表为有零售业务的各种经济类型的企业、行政事业单位。以上统计报表从基层起报，自下而上逐级综合上报，主要采取全面调查方法，局部资料有的以抽样调查推断，有的利用工商、税务等部门的有关资料推算。

三、限额以上批发和零售业、住宿和餐饮业统计限额标准：批发业：年主营业务收入在 2000 万元及以上；零售业：年主营业务收入在 500 万元以及上；住宿业：年主营业务收入在 200 万元及以上；餐饮业：年主营业务收入在 200 万元及以上。

Brief Introduction

I. Data in this chapter show the development of Anhui's domestic market and the sales of the commodities in wholesale and retail sale trade as well as catering trade accommodation industry, including mainly the circulation of commodities in the wholesale and retail sale trades, the financial condition of the wholesale, retail, accommodation and catering trade enterprises, the total sales of the consumer goods in the whole country and the domestic fair trade, etc.

II. Data in this chapter are collected and processed in accordance with the statistical reporting scheme on wholesale and retail sale trades as well as accommodation industry, catering trade, stipulated by the National Bureau of Statistics.

Statistical coverage: Statistics on financial conditions include all corporate enterprises of wholesale, retail, catering trade above the designated size and star size accommodation. Statistics on retail sales of consumer goods include all enterprises, institutional units and peasants engaged in retail sale business. The method used in data collection is a complete enumeration, under which all units are covered in the survey and data are reported from lower to higher level statistical offices. For local data, sample surveys are used, and in some cases, administrative registers from industrial and commercial administration and taxation administration are used in the estimation.

III. Criteria for wholesale and retail sale trades, hotels and catering services above designated size are as follows: wholesale trade, having 20 or more employees at year-end with annual sales over 20 million yuan; retail trade, having 60 or more employees at year-end with annual sales over 5 million yuan; hotels, certified hotels with star-ranking; catering services, having 40 or more employees with annual income over 2 million yuan.

16—1 国内贸易基本情况
Basic Conditions of Domestic Trade

指　　标	Item	1995	2000	2005	2008	2009
法人机构　（个）	**Number of Corporation Unit　(unit)**					
批发零售业	Engaged in Wholesale and Retail Trades	21644	651	815	1725	1859
住宿餐饮业	Accommodation and Catering Trade	2670	15	460	870	872
从业人员　（万人）	**Persons Engaged　(10000 persons)**					
批发零售业	Engaged in Wholesale and Retail Trades	189.1	13.2	12.8	21.0	21.7
住宿餐饮业	Accommodation and Catering Trade	33.8	0.6	5.3	8.6	8.9
批发零售贸易业　（亿元）	**Wholesale and Retail Trade　(100 million yuan)**					
商品购进总额	Total Purchases	1026.3	1901.1	1513.1	3258.8	3516.4
商品销售总额	Total Sale	1078.4	1764.0	3835.3	6566.1	7758.3
商品库存总额	Total Inventory	226.6	393.8	116.2	291.7	270.3
社会消费品零售总额（亿元）	**Total Retail Sales of Consumer Goods (100 million yuan)**	**599.6**	**1077.8**	**1776.7**	**3045.2**	**3527.8**
按销售单位所在地分	By Location of Establishments					
市	City	290.1	510.1	946.4	1678.9	1938.2
县	County	134.1	239.8	359.8	617.4	716.9
县以下	Under County Level	175.5	327.9	470.5	749.0	872.7
按行业分	By Sector					
批发零售业	Wholesale and Retail Trade	395.2	681.1	1509.6	2656.3	2958.2
住宿和餐饮业	Accommodation and Catering Trade	37.3	119.6	242.3	354.3	529.1
其　他	Others	106.1	22.4	24.8	34.6	40.5

注：1．2000年及以后法人机构和从业人员为限额以上企业。
2．批发零售业商品购、销、存总额1990年为国合商业口径，1995年为批发零售业口径（不含个体），2000年及以后为包含个体的批发零售业口径。
3．2005年及以后的商品购进总额、库存总额为限额以上口径。
4．住宿业从2005年纳入统计范围。
5．1995—2004年社会消费品零售总额是根据第一次经济普查结果重新调整后的数据。
6．2005—2008年社会消费品零售总额是根据第二次经济普查结果重新调整后的数据。

a) Corporation unit and persons engaged refer to statistics for enterises above designated size after 2000.
b) Total purchases, sale and inventory of wholesale and retail trade referred to statistics for state cooperative trade in 1990 and wholesale and ratail trade (excluding individual) in 1995, after 2000 those include individual trade.
c) After 2005, Total purchases and inveutory of commodities are above limited.
d) The accommodation industry was included in the range of counting since 2005.
e) The total retail sales of consumer goods sine 1995 to 2004 were adjusted newly according to the results of economic census.
f) The total retail sales of consumer goods sine 2005 to 2008 were adjusted newly according to the results of economic census.

16—2 消费品市场交易情况
Trade of Consumable Markets in Urban and Rural Areas

指　　标	Item	2005	2006	2007	2008	2009
消费品市场数　（个）	**Number of Consumable Markets　(unit)**	**2877**	**2491**	**1880**	**1845**	**1698**
城市市场	Urban Area	890	689	530	703	665
农村市场	Rural Area	1987	1802	1350	1142	1033
消费品市场构成　（%）	**Composition of Consumable Markets　(%)**					
城市市场	Urban Area	30.9	27.7	29.2	38.1	39.2
农村市场	Rural Area	69.1	72.3	71.8	61.9	60.8

16—3 限额以上批发零售、餐饮业基本情况（2009年，按登记注册类型分）

Basic Conditions of Enterprises Above Designated Size in Wholesale and Retail Sale and Catering Trade by Registration (2009)

指标	Item	法人企业（个）Number of Corporation Enterprises (unit)	从业人数（人）Engaged Persons (person)
总计	**Total**	**2353**	**259448**
批发业合计	**Wholesale Trade**	**706**	**93131**
国有控股	State-holding Enterprises	181	50613
内资企业	**Domestic-funded Enterprises**	**693**	**81507**
国有企业	State-owned Enterprises	100	33257
集体企业	Collective-owned Enterprises	8	641
股份合作企业	Cooperative Enterprises	5	245
联营企业	Joint Ownership Enterprises	1	8
有限责任公司	Limited Liability Corporations	220	16614
股份有限公司	Share-holding Corporations Ltd.	54	14220
私营企业	Private Enterprises	302	16381
其他	Other	3	141
港澳台商投资企业	**Enterprises with Investment from Hong Kong, Macao and Taiwan**	**8**	**8297**
合资经营企业	Joint-venture Enterprises	3	7408
独资经营企业	Enterprises with Sole Fund	5	889
外商投资企业	**Enterprises with Foreign Investment**	**5**	**3327**
中外合资经营企业	Joint-venture Enterprises	1	17
外资企业	Solely Foreign Funded Enterprises	4	3310
零售业合计	**Retail Trade**	**1148**	**124179**
国有控股	State-holding Enterprises	144	22740
内资企业	**Domestic-funded Enterprises**	**1116**	**114881**
国有企业	State-owned Enterprises	66	7139
集体企业	Collective-owned Enterprises	10	778
股份合作企业	Cooperative Enterprises	12	3029
联营企业	Joint Ownership Enterprises	3	137
有限责任公司	Limited Liability Corporations	347	41191
股份有限公司	Share-holding Corporations Ltd.	42	11032
私营企业	Private Enterprises	616	48433
其他	Other	20	3142
港澳台商投资企业	**Enterprises with Investment from Hong Kong, Macao and Taiwan**	**10**	**2062**
独资经营企业	Enterprises with Sole Fund	10	2062
外商投资企业	**Enterprises with Foreign Investment**	**22**	**7236**
中外合资经营企业	Joint-venture Enterprises	8	4461
外资企业	Solely Foreign Funded Enterprises	12	2541
投资股份有限公司	Share-holding Corporation Ltd.	2	234
餐饮业合计	**Catering Trade**	**499**	**42138**
国有控股	State-holding Enterprises	23	2091
内资企业	**Domestic-funded Enterprises**	**490**	**40162**
国有企业	State-owned Enterprises	18	1928
集体企业	Collective-owned Enterprises	9	632
股份合作企业	Cooperative Enterprises	4	300
有限责任公司	Limited Liability Corporations	75	6300
股份有限公司	Share-holding Corporations Ltd.	12	1285
私营企业	Private Enterprises	364	29241
其他	Other	8	476
港澳台商投资企业	**Enterprises with Investment from Hong Kong, Macao and Taiwan**	**5**	**1575**
合作经营企业	Co-cperation Enterprises	1	1179
独资经营企业	Enterprises with Sole Fund	3	341
投资股份有限公司	Share-holding Corporation Ltd.	1	55
外商投资企业	**Enterprises with Foreign Investment**	**4**	**401**
中外合资经营企业	Joint-venture Enterprises	1	100
中外合作经营企业	Cooperation Enterprises	1	55
外资企业	Solely Foreign Funded Enterprises	2	246

16—4 限额以上批发零售业商品购进、销售情况（2009年，按注册类型分）

Total Purchases, Sales and Inventory of Enterprises Above Designated Size in Wholesale and Retail Trade by Registration (2009)

单位：万元 (10000 yuan)

指标	Item	购进总额 Total Purchases Value	#进口 Imports	销售总额 Total Sales Value	批发 Wholesale Value	零售 Retail Value	年末库存总额 Stock (year-end)
总计	**Total**	**35163890**	**1493716**	**38636999**	**27392489**	**11244511**	**2703304**
批发业合计	**Wholesale Trade**	**26689472**	**1470306**	**29370035**	**26561668**	**2808368**	**1587369**
国有控股	State-holding Enterprises	15542819	1156863	17357530	14992165	2365365	744027
内资企业	**Domestic-funded Enterprises**	**25106945**	**1466306**	**27667035**	**24886163**	**2780872**	**1552883**
国有企业	State-owned Enterprises	7119055	76424	8055311	6653783	1401528	384036
集体企业	Collective-owned Enterprises	80780		87367	85367	1999	4925
股份合作企业	Cooperative Enterprises	111115		117926	117926		11005
联营企业	Joint Ownership Enterprises	1754		1796	1796		100
有限责任公司	Limited Liability Corporations	5491174	229452	6311947	5765447	546500	438511
股份有限公司	Share-holding Corporations Ltd.	7533185	1049795	7976106	7319719	656387	270744
私营企业	Private Enterprises	4358410	110636	4657431	4485299	172132	434892
其他	Other	411471		459151	456826	2325	8671
港澳台商投资企业	**Enterprises with Investment from Hong Kong, Macao and Taiwan**	**376446**		**438773**	**420702**	**18071**	**16700**
合资经营企业	Joint-venture Enterprises	279183		333269	328596	4673	5968
独资经营企业	Enterprises with Sole Fund	97263		105504	92106	13398	10733
外商投资企业	**Enterprises with Foreign Investment**	**1206082**	**4000**	**1264228**	**1254803**	**9425**	**17786**
中外合资经营企业	Joint-venture Enterprises	297		3710	2875	835	1
外资企业	Solely Foreign Funded Enterprises	1205784	4000	1260518	1251928	8590	17785
零售业合计	**Retail Trade**	**8474418**	**23410**	**9266964**	**830821**	**8436143**	**1115935**
国有控股	State-holding Enterprises	2155753		2548731	397342	2151389	178840
内资企业	**Domestic-funded Enterprises**	**7808936**	**23410**	**8594599**	**830821**	**7763779**	**1058189**
国有企业	State-owned Enterprises	573989		609119	60398	548721	27920
集体企业	Collective-owned Enterprises	31923		31694	3872	27822	3245
股份合作企业	Cooperative Enterprises	101093	240	124890		124890	13386
联营企业	Joint Ownership Enterprises	5271		6111		6111	299
有限责任公司	Limited Liability Corporations	3049918	9929	3233603	117968	3115635	383868
股份有限公司	Share-holding Corporations Ltd.	1368958		1734577	451457	1283120	118206
私营企业	Private Enterprises	2509195	13239	2663289	181038	2482251	491975
其他	Other	168590	2	191316	16088	175228	19289
港澳台商投资企业	**Enterprises with Investment from Hong Kong, Macao and Taiwan**	**132386**		**144981**		**144981**	**13552**
独资经营企业	Enterprises with Sole Fund	132386		144981		144981	13552
外商投资企业	**Enterprises with Foreign Investment**	**533095**		**527383**		**527383**	**44194**
中外合资经营企业	Joint-venture Enterprises	285537		280709		280709	20683
外资企业	Solely Foreign Funded Enterprises	233085		232124		232124	22005
投资股份有限公司	Share-holding Corporation Ltd.	14473		14550		14550	1506

16—5 限额以上批发零售业商品购进销售情况（2009年，按行业分）

Total Purchases, Sales and Inventory of Enterprises Above Designated Size in Wholesale and Retail Trade by Sector (2009)

单位：万元 (10000 yuan)

指 标	Item	购进总额 Total Purchases Value	销售总额 Total Sales Value	批 发 Wholesale Value	零 售 Retail Value	年末库存总额 Stock (year-end)
总 计	**Total**	**35163890**	**38636999**	**27392489**	**11244511**	**2703304**
批发业合计	**Wholesale Trade**	**26689472**	**29370035**	**26561668**	**2808368**	**1587369**
农畜产品批发	Wholesale of Farm Produce and Livestock Products	412940	384193	379664	4530	146524
食品、饮料及烟草制品批发	Wholesale of Food, Beverages and Tobaccos	3727752	4677483	4649847	27636	215655
#米、面制品及食用油批发	Wholesale of Rice, Flour and Edible Oil	652947	665162	662739	2423	89635
烟草制品批发	Wholesale of Tobaccos	2244208	3068832	3066679	2153	79782
纺织、服装及日用品批发	Wholesale of Textiles, Garments and Daily Consumer Articles	2118877	2241401	2218596	22805	69858
#服装批发	Wholesale of Garments	388911	421903	399815	22088	29462
文化、体育用品及器材批发	Wholesale of Culture, Sports Appliances and Equipments	292811	302364	292002	10362	40197
医药及医疗器材批发	Wholesale of Medicines and Medical Appliances	3545093	3662148	3012471	649677	219523
矿产品、建材及化工产品批发	Wholesale of Mineral Products, Building Materials and Chemical Products	11634420	12786841	10877075	1909766	520307
#煤炭及制品批发	Wholesale of Coal and Related Products	405513	399429	396122	3308	24268
石油及制品批发	Wholesale of Petroleum and Related Products	5936702	6621902	4731094	1890808	274974
金属及金属矿批发	Wholesale of Metal Materials	4031516	4317511	4316467	1043	92873
建材批发	Wholesale of Building Materials	258759	288126	273662	14464	28029
化肥批发	Wholesale of Chemical Fertilizer	697082	755843	755700	143	75582
机械设备、五金交电及电子产品批发	Wholesale of Machinery, Hardware and Electronic Equipment	4025154	4368136	4184939	183197	262247
#汽车、摩托车及零配件批发	Wholesale of Motor Vehicles, Motorcycles and Parts	1278243	1353619	1298539	55080	94971
家用电器批发	Wholesale of Household Electrical Appliances	1165275	1362876	1264607	98269	67729
计算机、软件及辅助设备批发	Wholesale of Computer, Software and Assistant Appliances	171878	174257	147579	26679	6423
贸易经纪与代理	Trade Broker and Agency	19758	24335	23940	396	2118
其他批发	Other Wholesale not Classified Elsewhere	912666	923135	923135		110942
零售业合计	**Retail Trade**	**8474418**	**9266964**	**830821**	**8436143**	**1115935**
综合零售	Integrated Retail	3306803	3553642	258937	3294704	423781
#百货零售	Retail of General Merchandise	1825123	1967848	241246	1726602	212265
超级市场零售	Retail of Supermarkets	1429065	1528739	13819	1514920	207346
食品、饮料及烟草制品专门零售	Retail of Food, Beverages and Tobaccos	159388	158067	16481	141586	10499
纺织、服装及日用品专门零售	Special Retail of Textiles, Garments and Daily Consumer Articles	138829	161999	9531	152468	40036
#服装零售	Retail of Garments	83276	91510	7971	83538	25210
文化、体育用品及器材专门零售	Retail of Culture, Sports Appliances and Equipments	248975	259102	14859	244244	24427
#体育用品零售	Retail of Sports Goods	949	830		830	241
图书零售	Retail of Books	238417	246557	12773	233784	17451
医药及医疗器材专门零售	Retail of Medicines and Medical Appliances	404482	445646	76569	369077	45932
#药品零售	Retail of Medicines	396886	438401	71628	366773	44577
汽车、摩托车、燃料及零配件专门零售	Retail of Motor Vehicles, Motorcycles, Fuel and Parts	3252720	3667227	359824	3307403	281458
#汽车零售	Retail of Motor Vehicles	2631909	2781091	215557	2565534	242072
机动车燃料零售	Retail of Fuel of Motor Vehicles	542664	806351	135578	670774	31645
家用电器及电子产品专门零售	Special Retail of Household Electric Appliances and Electronic Products	768111	791573	85015	706558	242191
#家用电器零售	Retail of Household Electric Appliances	564114	581619	50882	530737	62067
计算机、软件及辅助设备零售	Retail of Computer, Software and Assistant Appliances	138543	143614	29796	113818	11394
通讯设备零售	Retail of Communication Equipments	59221	60018	2030	57988	167807
五金、家具及室内装修材料专门零售	Special Retail of Hardware, Furniture and Decoration Materials	160414	171118	5008	166110	41264
无店铺及其他零售	Non-shop and Other Retails	34695	58592	4597	53995	6348

16—6 限额以上批发零售业主要商品分类销售额（2009年）

Total Sales of Enterprises Above Designated Size in Wholesale and Retail Sale by Category of Main Commodities (2009)

单位：万元 (10000 yuan)

指标	Item	合计 Total	批发 Wholesale	零售 Retail Sale
总计	**Total**	**33534340**	**24483719**	**9050621**
粮油、食品、饮料、烟酒类	Grain and Edible Vegetable Oil, Food, Beverages, Tobacco and Liquor	6270671	4741185	1529486
粮油、食品类	Grain and Edible Vegetable Oil, Food	2239083	1179827	1059256
#粮油类	Grain and Edible Vegetable Oil	546342	316448	229894
肉禽蛋类	Meat, Poultry and Eggs	229522	77206	152316
水产品类	Aquatic Products	91642	20657	70985
蔬菜类	Vegetables	70127	38134	31993
干鲜果品类	melons and Fruits	67935	13877	54058
饮料类	Beverages	557535	422638	134897
烟酒类	Tobacco and Liquor	3474053	3138719	335334
服装鞋帽、针、纺织品类	Garments, Footwear, Hats, Knitwear and Textiles	1640802	735447	905355
服装类	Garments	926112	341859	584252
鞋帽类	Footwear and Hats	316223	133752	182472
针、纺织品类	Knitwear and Textiles	398467	259836	138631
化妆品类	Cosmetics	380951	223989	156962
金银珠宝类	Gold, Silver and Jewelry	250985	62466	188519
日用品类	Articles for Daily Use	1260850	956421	304428
洗涤用品类	Washing Articles	412237	325847	86390
儿童玩具类	Toys	22068	5426	16642
五金、电料类	Hardware and Electrical Materials	48739	27710	21029
体育、娱乐用品类	Sports and Recreation Articles	68151	31507	36643
书报杂志类	Newspapers and Magazines	428419	195504	232915
电子出版物及音像制品类	E-journal and Video Products	33949	17791	16158
家用电器和音像器材类	Household Appliances and Video Appliances	2328221	1528859	799362
中西药品类	Traditional Chinese and Western Medicines	3837915	2894819	943096
西药	Western Medicines	2933079	2246187	686891
中草药及中成药	Chinese Herbal Medicine and Proprietary Chinese Medicine	659192	509564	149628
文化、办公用品类	Cultural and Official Goods	463461	316353	147108
家具类	Furniture	42442	8161	34282
通讯器材类	Communication Appliances	258225	158501	99723
煤炭及制品类	Coal and Related Product	281948	274508	7440
木材及制品类	Wood and Wooden Product	5591	5591	
石油及制品类	Petroleum and Related Product	4921472	3357061	1564411
化工材料类	Raw Chemical Materials	1145118	1145118	
化肥类	Chemical Fertilizer	579046	579046	
金属材料类	Metal Materials	2970715	2970715	
建筑及装潢材料类	Building and Decoration Materials	252317	171563	80755
机电产品及设备类	Mechanical and Electrical Products	1336894	1304652	32242
农机类	Agricultural Machinery	42738	42738	
汽车类	Automobile	3072850	1205107	1867744
种子饲料类	Seed and Feedstuff	140039	140039	
棉麻类	Cotton, Hemp	31660	31660	
其他类	Other	2061958	1978994	82964

16—7 限额以上批发零售企业主要财务指标情况（2009年，按登记注册类型分）

指标	Item	流动资产合计 Circulating Funds	#存货 Stock	流动资金平均余额 Annual Average Balance of Circulating Funds	固定资产原价 Original Value of Fixed Assets
批发零售企业总计	**Total**	**12390050**	**2277423**	**8123440**	**2758721**
批发企业合计	**Wholesale Trade**	**9381107**	**1466180**	**6226751**	**1627207**
国有控股	State-holding Enterprises	5459863	758710	3528454	1192396
内资企业	**Domestic-funded Enterprises**	**9099327**	**1412162**	**5956218**	**1575392**
国有企业	State-owned Enterprises	2884196	358156	1561784	778016
集体企业	Collective-owned Enterprises	27041	4601	24533	4192
股份合作企业	Cooperative Enterprises	39936	9847	32159	3586
联营企业	Joint Ownership Enterprises	71	14	73	106
其他联营企业	Other Joint Ownership Enterprises	71	14	73	106
有限责任公司	Limited Liability Company	2233664	399886	1566076	189788
国有独资公司	State-funded Corporations	254442	38538	262891	43329
其他有限责任公司	Other Limited Liability Corporations	1979222	361348	1303185	146460
股份有限公司	Share-holding Corporations Ltd.	2108609	307505	1606980	406553
私营企业	Private Enterprises	1785831	320523	1123552	192475
私营独资企业	Private-funded Enterprises	14044	2204	7747	2944
私营合伙企业	Private Partnership Enterprises	10	3		27
私营有限责任公司	Private Limited Liability Corporations	1728564	306001	1098441	143250
私营股份有限公司	Private Share-holding Corporations Ltd.	43213	12314	17364	46254
其　他	Other	19979	11631	41062	677
港澳台商投资企业	**Enterprises with Investment from Hong Kong, Macao and Taiwan**	**106901**	**36748**	**116791**	**46536**
合资经营企业	Joint-venture Enterprises	87422	28131	97554	45557
独资经营企业	Enterprises with Sole Fund	19479	8617	19237	979
外商投资企业	**Enterprises with Foreign Investment**	**174879**	**17270**	**153741**	**5279**
中外合资经营企业	Joint-venture Enterprises	351	54		50
外资企业	Solely Foreign Funded Enterprises	174528	17216	153741	5229
零售企业合计	**Retail Trade**	**3008944**	**811243**	**1896689**	**1131513**
国有及国有控股	State Controlling Share Hold Enterprises	728240	130154	445020	386300
内资企业	**Domestic-funded Enterprises**	**2802599**	**750128**	**1784241**	**998058**
国有企业	State-owned Enterprises	225851	18368	52285	95640
集体企业	Collective-owned Enterprises	4376	2310	3140	4064
股份合作企业	Cooperative Enterprises	23303	8559	10903	5111
联营企业	Joint Ownership Enterprises	1003	388	452	313
集体联营企业	Collective Joint Ownership Enterprises	489	167		44
其他联营企业	Other Joint Ownership Enterprises				
有限责任公司	Limited Liability Corporations	1091412	313709	706892	427493
国有独资公司	State-funded Corporations	27265	2122	19500	31468
其他有限责任公司	Other Limited Liability Corporations	1064147	311587	687392	396025
股份有限公司	Share-holding Corporations Ltd.	430454	105462	327270	170712
私营企业	Private Enterprises	979937	288893	651796	279267
私营独资企业	Private-funded Enterprises	61745	29311	29078	21079
私营合伙企业	Private Partnership Enterprises	7176	4078	4760	5795
私营有限责任公司	Private Limited Liability Corporations	794799	227706	539773	216640
私营股份有限公司	Private Share-holding Corporations Ltd.	116218	27797	78185	35752
其　他	Other	46262	12439	31504	15458
港澳台商投资企业	**Enterprises with Investment from Hong Kong, Macao and Taiwan**	**48799**	**12803**	**30195**	**20463**
独资经营企业	Enterprises with Sole Fund	48799	12803	30195	20463
外商投资企业	**Enterprises with Foreign Investment**	**157546**	**48313**	**82252**	**112993**
中外合资经营企业	Joint-venture Enterprises	85213	29202	35259	72844
外资企业	Solely Foreign Funded Enterprises	68118	18082	46994	39034
投资股份有限公司	Share-holding Corporation Ltd.	4214	1028		1115

Main Financial Indicators of Enterprises Above Designated Size in Wholesale and Retail Sale by Registration (2009)

单位：万元 (10000 yuan)

累计折旧 Progressive Depreciation	#本年折旧 Depreciation this Year	资产总计 Total of Assets	负债合计 Total of Liabilities	#流动负债 Liquid Liabilities	所有者权益 Creditors' Equity	#实收资本 Capital Hold	#国家资本 National Capital	主营业务收入 Main Business Income	主营业务成本 Main Business Cost	主营业务税金及附加 Main Business and Extra Charges
799577	**152205**	**16251144**	**11739523**	**11386096**	**4511621**	**2319005**	**1081827**	**33352625**	**30415754**	**179472**
492157	**86939**	**11839946**	**8484142**	**8304474**	**3355804**	**1499825**	**860040**	**25094901**	**22968675**	**147756**
351330	55746	7143439	4604465	4482714	2538974	885835	850573	14263056	12934153	109551
469842	**79975**	**11452305**	**8132538**	**7954146**	**3319768**	**1414447**	**860040**	**23594952**	**21879828**	**147745**
239240	35116	3767573	2110072	2073596	1657501	517592	509129	7517987	6554296	88313
1757	488	30484	27684	25556	2800	3219	1580	79642	70961	45
958	117	46956	40271	39125	6685	7089		105288	103588	43
91		177	82	82	95	300		1535	1499	
91		177	82	82	95	300		1535	1499	
59878	11244	2608766	1997412	1940519	611355	283556	112273	5679658	5372845	27879
19440	2405	297475	60060	54874	237415	12341	11242	607673	472716	18647
40438	8839	2311291	1937352	1885645	373939	271215	101031	5071985	4900130	9232
107900	20095	2840284	2197163	2140371	643122	291533	237059	5611228	5374933	6251
59894	12898	2137275	1740810	1715852	396465	310737		4194331	4003026	25144
593	78	20437	14008	14008	6430	3750		31952	29326	83
16	12	122	111	111	12	12		1390	1290	254
44390	11744	2020621	1658189	1639997	362432	290256		4041976	3861484	24237
14895	1064	96094	68503	61737	27592	16719		119013	110927	570
125	17	20790	19044	19044	1746	420		405283	398679	70
19434	**6399**	**202092**	**94782**	**93657**	**107310**	**84197**		**418413**	**351654**	**6**
19101	6285	134789	84132	83137	50657	25331		322356	261941	1
333	114	67303	10650	10520	56653	58866		96056	89713	5
2881	**566**	**185549**	**256823**	**256671**	**-71274**	**1181**		**1081536**	**737193**	**5**
35	9	366	318	318	48	48		3710	3048	2
2846	557	185183	256505	256353	-71323	1133		1077826	734146	3
307421	**65266**	**4411198**	**3255381**	**3081623**	**1155817**	**819180**	**221787**	**8257724**	**7447079**	**31715**
115195	15081	1203649	771765	734035	431884	257171	219427	2213109	1982270	8679
268858	**53618**	**4071782**	**2974794**	**2820941**	**1096988**	**780017**	**216887**	**7672370**	**6944018**	**30997**
24857	3227	334598	241230	229169	93368	65392	63456	569160	509966	2292
1166	184	8593	5810	4816	2782	2028		31433	26852	292
2368	79	29335	23127	21773	6209	4780	32	120121	112313	475
135	9	1564	988	669	576	868	206	5633	4676	12
		779	279	279	500	500		549	439	2
113881	21721	1600575	1207165	1144516	393410	274972	71466	2882902	2580071	15394
7689	752	61372	24755	15280	36617	14168	14168	50222	37325	220
106192	20969	1539204	1182411	1129237	356793	260804	57298	2832680	2542746	15174
59382	8107	679562	430990	400203	248572	130343	79028	1470905	1356187	3283
63157	19446	1343860	1005405	960872	338455	289463	2215	2420850	2196770	8833
4079	1142	90257	57896	54430	32361	22763	215	176032	156371	854
1885	152	12056	6136	5772	5920	4370		21184	18618	110
50399	16207	1080005	813177	777372	266828	243995	2000	1905120	1727329	7146
6795	1945	161542	128196	123298	33346	18336		318515	294453	724
3913	845	73694	60078	58924	13616	12171	484	171367	157182	418
5229	**1606**	**66745**	**49048**	**41943**	**17697**	**8954**		**128943**	**112150**	**89**
5229	1606	66745	49048	41943	17697	8954		128943	112150	89
33334	**10042**	**272671**	**231539**	**218738**	**41132**	**30209**	**4900**	**456411**	**390912**	**629**
25029	6035	161072	133321	123221	27751	18050	4900	240690	207489	289
7812	3834	106529	93956	91256	12572	11550		203480	173219	272
493	173	5071	4262	4262	809	609		12241	10204	68

16—7 续表 continued

指标	Item	主营业务利润 Main Business Profit	其他业务利润 Other Business Profit	营业费用 Operating Expense	管理费用 Management Expense
批发零售企业总计	**Total**	**2671590**	**134918**	**1393321**	**696166**
批发企业合计	**Wholesale Trade**	**1931752**	**58330**	**975347**	**425725**
国有控股	State-holding Enterprises	1208986	34317	375274	269155
内资企业	**Domestic-funded Enterprises**	**1521394**	**50764**	**594208**	**387583**
国有企业	State-owned Enterprises	880025	27561	221325	190569
集体企业	Collective-owned Enterprises	10565	271	501	633
股份合作企业	Cooperative Enterprises	1495	12	649	704
联营企业	Joint Ownership Enterprises	36		22	11
其他联营企业	Other Joint Ownership Enterprises	36		22	11
有限责任公司	Limited Liability Company	228304	12092	114305	90393
国有独资公司	State-funded Corporations	121077	487	10324	26722
其他有限责任公司	Other Limited Liability Corporations	107227	11605	103981	63671
股份有限公司	Share-holding Corporations Ltd.	213985	4532	135649	49977
私营企业	Private Enterprises	180451	6229	116341	54564
私营独资企业	Private-funded Enterprises	2445		661	544
私营合伙企业	Private Partnership Enterprises	46		27	
私营有限责任公司	Private Limited Liability Corporations	170492	6128	111702	51535
私营股份有限公司	Private Share-holding Corporations Ltd.	7468	101	3951	2485
其　他	Other	6534	67	5416	732
港澳台商投资企业	**Enterprises with Investment from Hong Kong, Macao and Taiwan**	**66455**	**6381**	**47208**	**10421**
合资经营企业	Joint-venture Enterprises	60415	6293	38797	8776
独资经营企业	Enterprises with Sole Fund	6040	88	8411	1645
外商投资企业	**Enterprises with Foreign Investment**	**343903**	**1185**	**333931**	**27721**
中外合资经营企业	Joint-venture Enterprises	226		325	**24**
外资企业	Solely Foreign Funded Enterprises	343677	1185	333606	27697
零售企业合计	**Retail Trade**	**739838**	**76588**	**417974**	**270441**
国有控股	State-holding Enterprises	214753	23966	91662	72772
内资企业	**Domestic-funded Enterprises**	**657026**	**59417**	**360815**	**243212**
国有企业	State-owned Enterprises	55257	2073	26055	14254
集体企业	Collective-owned Enterprises	2801	217	1385	1474
股份合作企业	Cooperative Enterprises	6921	63	5707	2446
联营企业	Joint Ownership Enterprises	611		305	368
集体联营企业	Collective Joint Ownership Enterprises	108		12	20
其他联营企业	Other Joint Ownership Enterprises				
有限责任公司	Limited Liability Corporations	268815	25690	151549	90277
国有独资公司	State-funded Corporations	10555	636	6589	4187
其他有限责任公司	Other Limited Liability Corporations	258260	25054	144960	86091
股份有限公司	Share-holding Corporations Ltd.	111424	14115	42629	33855
私营企业	Private Enterprises	198642	14920	122967	68718
私营独资企业	Private-funded Enterprises	18551	327	9179	5484
私营合伙企业	Private Partnership Enterprises	2813	187	1125	875
私营有限责任公司	Private Limited Liability Corporations	153874	13766	102793	56821
私营股份有限公司	Private Share-holding Corporations Ltd.	23404	640	9871	5537
其　他	Other	12557	2340	10218	31819
港澳台商投资企业	**Enterprises with Investment from Hong Kong, Macao and Taiwan**	**16603**	**4062**	**9103**	**6355**
独资经营企业	Enterprises with Sole Fund	16603	4062	9103	6355
外商投资企业	**Enterprises with Foreign Investment**	**66210**	**13109**	**48056**	**20874**
中外合资经营企业	Joint-venture Enterprises	34251	10071	24551	12846
外资企业	Solely Foreign Funded Enterprises	29989	2699	23504	6082
投资股份有限公司	Share-holding Corporation Ltd.	1970	339		1946

单位：万元　(10000 yuan)

财务费用 Financial Expenses	#利息支出 Interest Exchange	营业利润 Operating Profit	利润总额 Total Profit	应交所得税 Payable Income Tax	劳动、失业保险费 Labor and Unemploy-ment Insurance Expenses	住房公积金和住房补贴 Public Accumulation Fund and Subsidy for Housing Construction	本年应付工资总额 Total Payable Wages this Year	本年应付福利费总额 Total Payable Welfares this Year	本年应交增值税 Payable Value-added Tax this Year	全部从业人员年平均人数（人） Average Number of Staff and Workers (person)
83173	**47628**	**846297**	**876767**	**206940**	**12040**	**25560**	**473389**	**37329**	**737101**	**213441**
41793	**20958**	**658427**	**712481**	**177388**	**7266**	**19925**	**286024**	**23335**	**587847**	**91715**
13219	1314	603949	633569	154629	4879	14920	150039	13651	342887	50444
40823	**20131**	**659616**	**714449**	**174658**	**6801**	**17930**	**220564**	**19248**	**526362**	**80980**
-9643	-13154	500816	523240	127243	4058	11421	100502	10646	259089	33082
155	128	9575	8643	27	4	16	1082	76	1518	625
264	188	362	297	31	20	2	325	45	262	233
1	1	1	1			1	11	2		8
1	1	1	1			1	11	2		8
16753	14912	100539	120138	31858	1700	3247	47778	3816	108154	16622
-3751	-1506	84544	85458	21701	956	1444	14846	1385	21810	2606
20504	16418	15995	34680	10157	744	1803	32932	2431	86344	14016
24116	13892	24354	31856	7462	483	2295	38917	2863	57259	14198
9059	4132	23633	29935	8020	531	944	31771	1779	99387	16073
150	55	1212	1219	139			338	16	324	196
1		18	18			1	29	15	2	8
7884	3884	23473	28367	7826	523	943	30521	1714	98384	15182
1025	193	-1069	331	56	8	1	883	34	677	687
118	33	335	339	17	5	5	179	21	694	139
1107	**1015**	**14888**	**14018**	**2548**	**192**	**312**	**17909**	**1484**	**6451**	**7321**
1116	1057	18509	20329	2425	167	220	15914	1229	4091	6406
-9	-42	-3621	-6311	122	25	92	1995	255	2360	915
-137	**-188**	**-16077**	**-15987**	**182**	**272**	**1683**	**47551**	**2603**	**55034**	**3414**
1		226	226	15	1	10	50	5	631	17
-138	-188	-16303	-16212	167	271	1673	47501	2598	54403	3397
41380	**26670**	**187870**	**164287**	**29552**	**4774**	**5635**	**187365**	**13995**	**149254**	**121726**
7361	4080	92463	81191	9435	1663	3468	48324	5122	44558	22240
40576	**26279**	**171623**	**145547**	**25347**	**4571**	**4723**	**171806**	**13059**	**135820**	**112370**
1214	580	15465	9323	1085	160	608	12266	1159	9344	6836
176	122	1047	1067	55	39	6	771	84	222	778
191	141	359	375	81	28	21	2087	132	1266	2987
		387	311	6	1	3	195	3	66	136
		76					39	1	1	33
14844	7454	59918	47388	11998	2216	1827	68935	6809	65842	40405
-93	-107	3233	3437	6	321	291	3622	302	743	1238
14937	7561	56686	43951	11992	1895	1536	65312	6507	65100	39167
5914	4570	60244	57417	4169	963	1798	19159	1147	24624	10804
17665	12956	30526	25401	7793	1117	395	63684	3570	33243	47201
920	478	3860	2088	416	56	9	6268	283	3828	5970
367	342	219	850	35	3		1139	19	219	1060
13162	9114	20708	16427	5658	998	278	49614	2793	23862	36662
3215	3023	5739	6036	1683	61	108	6663	475	5333	3509
573	456	3676	4264	161	47	64	4709	156	1213	3223
-151	**-189**	**5371**	**7505**	**1249**	**34**	**79**	**3060**	**327**	**2716**	**2188**
-151	-189	5371	7505	1249	34	79	3060	327	2716	2188
954	**580**	**10876**	**11235**	**2956**	**169**	**834**	**12499**	**609**	**10718**	**7168**
866	670	7609	7872	2194	96	574	7167	267	6463	4489
86	-90	2907	2935	685	67	260	4937	322	4214	2445
2	0	360	428	78	7		396	20	41	234

16—8 限额以上批发零售企业主要财务指标情况（2009年，按行业分）

指　标	Item	流动资产合计 Circulating Funds	#存货 Stock	流动资金平均余额 Annual Average Balance of Circulating Funds	固定资产原价 Original Value of Fixed Assets
总　计	**Total**	**12390050**	**2277423**	**8123440**	**2758721**
批发业合计	**Wholesale Trade**	**9381107**	**1466180**	**6226751**	**1627207**
农畜产品批发	Wholesale of Farm Produce and Livestock Products	227209	80368	157005	63267
食品、饮料及烟草制品批发	Wholesale of Food, Beverages and Tobaccos	1671148	303188	1329707	294928
#米、面制品及食用油批发	Wholesale of Rice, Flour and Edible Oil	332498	116932	119063	26864
烟草制品批发	Wholesale of Tobaccos	1079326	126125	990658	186687
纺织、服装及日用品批发	Wholesale of Textiles, Garments and Daily Consumer Articles	542049	69468	459299	82661
#服装批发	Wholesale of Garments	201831	26433	163475	61928
文化、体育用品及器材批发	Wholesale of Culture, Sports Appliances and Equipments	139978	19701	121313	23135
医药及医疗器材批发	Wholesale of Medicines and Medical Appliances	852253	193450	391579	97926
矿产品、建材及化工产品批发	Wholesale of Mineral Products, Building Materials and Chemical Products	3901469	500324	2792634	967245
#煤炭及制品批发	Wholesale of Coal and Related Products	242984	20645	193180	30555
石油及制品批发	Wholesale of Petroleum and Related Products	1703277	210217	1033377	852630
金属及金属矿批发	Wholesale of Metal Materials	1386299	135458	1126515	44099
建材批发	Wholesale of Building Materials	112325	28349	46185	10166
化肥批发	Wholesale of Chemical Fertilizer	340110	85796	302716	21131
机械设备、五金交电及电子产品批发	Wholesale of Machinery, Hardware and Electronic Equipment	1870179	274323	865334	88187
#汽车、摩托车及零配件批发	Wholesale of Motor Vehicles, Motorcycles and Parts	993473	84785	259903	19584
家用电器批发	Wholesale of Household Electrical Appliances	330127	76169	297901	8963
计算机、软件及辅助设备批发	Wholesale of Computer, Software and Assistant Appliances	83074	4910	15058	454
贸易经纪与代理	Trade Broker and Agency	5127	1493	2103	881
其他批发	Other Wholesale not Classified Elsewhere	171696	23865	107777	8977
零售业合计	**Retail Trade**	**3008944**	**811243**	**1896689**	**1131513**
综合零售	Integrated Retail	1101309	398306	733619	630690
#百货零售	Retail of General Merchandise	628577	190394	490391	382187
超级市场零售	Retail of Supermarkets	457999	204927	241227	242292
食品、饮料及烟草制品专门零售	Retail of Food, Beverages and Tobaccos	53508	14480	36983	29506
纺织、服装及日用品专门零售	Special Retail of Textiles, Garments and Daily Consumer Articles	70980	33870	34824	12005
#服装零售	Retail of Garments	44013	20955	16050	8676
文化、体育用品及器材专门零售	Retail of Culture, Sports Appliances and Equipments	97013	13210	72340	69637
#体育用品零售	Retail of Sports Goods	463	206		25
图书零售	Retail of Books	88769	6091	65791	68541
医药及医疗器材专门零售	Retail of Medicines and Medical Appliances	196263	43112	144036	32232
#药品零售	Retail of Medicines	190799	42138	139971	31718
汽车、摩托车、燃料及零配件专门零售	Retail of Motor Vehicles, Motorcycles, Fuel and Parts	1075840	199706	602023	294678
#汽车零售	Retail of Motor Vehicles	852998	169862	558546	177450
机动车燃料零售	Retail of Fuel of Motor Vehicles	196170	21815	20256	113022
家用电器及电子产品专门零售	Special Retail of Household Electric Appliances and Electronic Products	302102	64726	191109	29723
#家用电器零售	Retail of Household Electric Appliances	228870	50482	139692	24103
计算机、软件及辅助设备零售	Retail of Computer, Software and Assistant Appliances	44404	9170	29157	1961
通讯设备零售	Retail of Communication Equipments	25839	4209	20383	3385
五金、家具及室内装修材料专门零售	Special Retail of Hardware, Furniture and Decoration Materials	100308	38964	70920	30009
无店铺及其他零售	Non-shop and Other Retails	11621	4870	10836	3033

Main Financial Inventory of Enterprises Above Designated Size in Wholesale and Retail by Sector (2009)

单位：万元 (10000 yuan)

累计折旧 Progressive Depreciation	#本年折旧 Depreciation this Year	资产总计 Total of Assets	负债合计 Total of Liabilities	#流动负债 Liquid Liabilities	所有者权益 Creditors' Equity	#实收资本 Capital Hold	#国家资本 National Capital	主营业务收入 Main Business Income	主营业务成本 Main Business Cost	主营业务税金及附加 Main Business and Extra Charges
799577	**152205**	**16251144**	**11739523**	**11386096**	**4511621**	**2319005**	**1081827**	**33352625**	**30415754**	**179472**
492157	**86939**	**11839946**	**8484142**	**8304474**	**3355804**	**1499825**	**860040**	**25094901**	**22968675**	**147756**
18208	2615	340031	226621	215511	113410	57504	40247	369971	337053	864
119523	21036	2038104	729915	703773	1308189	148185	92878	4256531	3370008	103553
7675	905	402967	331287	310452	71680	26608	19808	632587	608290	342
83640	12128	1234254	142229	140197	1092025	25174	24191	2729245	2003088	101793
17908	4509	729284	662811	643237	66472	113900	11273	1950173	1542438	975
9966	3066	355817	243097	224774	112721	98447	10013	399318	371189	689
8758	1780	253370	106845	101233	146525	90291	85482	222388	198114	672
25312	4680	987451	865766	863880	121685	100369	14773	3236887	3159320	2537
269042	46135	5289733	3868163	3771230	1421570	838866	592658	10391498	9829856	17463
11040	1925	358034	265714	262287	92320	84527	9427	372978	346492	629
234419	38487	2719585	1654082	1598341	1065503	583458	550789	6150078	5723158	7266
12476	2992	1542802	1425262	1390887	117539	88622	16166	2484647	2448664	3427
3126	606	128345	93128	91687	35218	15930	6543	268137	244800	5113
4926	1080	412489	335592	334637	76896	39953	5691	743234	716133	99
31049	5568	2005004	1851797	1837575	153208	121139	13655	3821576	3660630	8099
5356	1305	1027161	970161	968330	56999	57736	7565	1257935	1208695	1491
2392	1330	340316	333833	332971	6484	10388	4720	1134637	1095292	4081
187	71	87613	75914	75567	11699	11369		149283	145965	75
207	48	5998	4233	4233	1765	1030	500	23094	21686	596
2149	568	190971	167991	163802	22981	28540	8575	822783	849571	12998
307421	**65266**	**4411198**	**3255381**	**3081623**	**1155817**	**819180**	**221787**	**8257724**	**7447079**	**31715**
182895	36954	1829113	1396164	1310206	432949	312606	66390	3072755	2708073	14187
108654	14844	1084106	808095	755161	276011	195874	45423	1648362	1466036	9416
72383	21885	723329	577217	544194	146112	108440	14871	1367887	1195833	4277
5087	1396	87518	68199	52042	19318	14675	5691	145382	125554	647
3544	801	96650	73499	64498	23150	17245	125	144175	115813	613
1992	514	65382	52709	44903	12674	10586	125	84309	70360	286
23152	3569	170967	44260	43465	126707	55742	52434	227663	170315	883
6	3	482	461	461	21	50		710	606	
22929	3482	161838	35974	35180	125864	55031	52434	216862	161547	671
9879	2370	238918	193810	180446	45108	41332	9031	399285	362322	1150
9647	2324	230980	189098	175733	41883	40380	9031	392006	356797	1120
70747	16357	1490372	1103542	1060833	386829	283113	84586	3366081	3146641	6756
41335	11982	1138631	885891	851788	252739	195196	12413	2536038	2386266	5138
28195	4030	319051	194159	186139	124892	78964	72173	757331	691791	1400
8547	2181	350975	267887	262417	83088	56608	2012	693926	636712	1920
5790	1511	265805	212281	207315	53524	36424	40	512060	468584	1311
965	212	47294	33720	33515	13575	12679		124643	118030	201
1661	451	33949	18806	18806	15144	6913	1922	51219	44315	391
2562	1498	132271	101837	101585	30434	26852		153497	131645	5358
1007	141	14415	6181	6131	8234	11008	1518	54961	50005	202

16—8 续表 continued

指　标	Item	主营业务利润 Main Business Profit	其他业务利润 Other Business Profit	营业费用 Operating Expense	管理费用 Management Expense
总　计	**Total**	**2671590**	**134918**	**1393321**	**696166**
批发业合计	**Wholesale Trade**	**1931752**	**58330**	**975347**	**425725**
农畜产品批发	Wholesale of Farm Produce and Livestock Products	29674	1211	19726	18979
食品、饮料及烟草制品批发	Wholesale of Food, Beverages and Tobaccos	786251	9361	141395	180565
#米、面制品及食用油批发	Wholesale of Rice, Flour and Edible Oil	23548	1066	13398	7043
烟草制品批发	Wholesale of Tobaccos	639272	1253	48138	146524
纺织、服装及日用品批发	Wholesale of Textiles, Garments and Daily Consumer Articles	396042	3148	355549	43503
#服装批发	Wholesale of Garments	27513	1368	9120	8863
文化、体育用品及器材批发	Wholesale of Culture, Sports Appliances and Equipments	23940	2739	10743	6437
医药及医疗器材批发	Wholesale of Medicines and Medical Appliances	72339	2843	34147	31420
矿产品、建材及化工产品批发	Wholesale of Mineral Products, Building Materials and Chemical Products	554274	5322	296355	92716
#煤炭及制品批发	Wholesale of Coal and Related Products	25423	1845	18962	6521
石油及制品批发	Wholesale of Petroleum and Related Products	413322	1359	227053	53976
金属及金属矿批发	Wholesale of Metal Materials	46808	1656	19443	15905
建材批发	Wholesale of Building Materials	18587	97	1727	3089
化肥批发	Wholesale of Chemical Fertilizer	27004	98	13035	8606
机械设备、五金交电及电子产品批发	Wholesale of Machinery, Hardware and Electronic Equipment	158065	33440	113768	45848
#汽车、摩托车及零配件批发	Wholesale of Motor Vehicles, Motorcycles and Parts	47802	24736	35346	14226
家用电器批发	Wholesale of Household Electrical Appliances	40750	2280	32972	10746
计算机、软件及辅助设备批发	Wholesale of Computer, Software and Assistant Appliances	3242	53	2343	1016
贸易经纪与代理	Trade Broker and Agency	1113	157	445	303
其他批发	Other Wholesale not Classified Elsewhere	-89945	109	3219	5955
零售业合计	**Retail Trade**	**739838**	**76588**	**417974**	**270441**
综合零售	Integrated Retail	337361	61031	211281	165599
#百货零售	Retail of General Merchandise	168677	19723	72577	78801
超级市场零售	Retail of Supermarkets	158876	41055	133574	84197
食品、饮料及烟草制品专门零售	Retail of Food, Beverages and Tobaccos	13222	507	12562	5884
纺织、服装及日用品专门零售	Special Retail of Textiles, Garments and Daily Consumer Articles	27637	1242	17846	7698
#服装零售	Retail of Garments	13551	624	9630	5153
文化、体育用品及器材专门零售	Retail of Culture, Sports Appliances and Equipments	50582	1968	22771	16644
#体育用品零售	Retail of Sports Goods	103		89	
图书零售	Retail of Books	48761	1953	21947	16127
医药及医疗器材专门零售	Retail of Medicines and Medical Appliances	33826	1111	19448	9766
#药品零售	Retail of Medicines	32101	1110	18758	9152
汽车、摩托车、燃料及零配件专门零售	Retail of Motor Vehicles, Motorcycles, Fuel and Parts	203726	3125	83289	44768
#汽车零售	Retail of Motor Vehicles	135847	2866	50490	37483
机动车燃料零售	Retail of Fuel of Motor Vehicles	64053	224	30032	6561
家用电器及电子产品专门零售	Special Retail of Household Electric Appliances and Electronic Products	52180	7019	44754	14762
#家用电器零售	Retail of Household Electric Appliances	39699	5297	36184	9793
计算机、软件及辅助设备零售	Retail of Computer, Software and Assistant Appliances	5861	1195	4382	2299
通讯设备零售	Retail of Communication Equipments	6416	481	4052	2491
五金、家具及室内装修材料专门零售	Special Retail of Hardware, Furniture and Decoration Materials	16589	584	4608	3757
无店铺及其他零售	Non-shop and Other Retails	4716		1417	1563

单位：万元 (10000 yuan)

财务费用 Financial Expenses	#利息支出 Interest Exchange	营业利润 Operating Profit	利润总额 Total Profit	应交所得税 Payable Income Tax	劳动、失业保险费 Labor and Unemployment Insurance Expenses	住房公积金和住房补贴 Public Accumulation Fund and Subsidy for Housing Construction	本年应付工资总额 Total Payable Wages this Year	本年应付福利费总额 Total Payable Welfares this Year	本年应交增值税 Payable Value-added Tax this Year	全部从业人员年平均人数（人） Average Number of Staff and Workers (person)
83173	**47628**	**846297**	**876767**	**206940**	**12040**	**25560**	**473389**	**37329**	**737101**	**213441**
41793	**20958**	**658427**	**712481**	**177388**	**7266**	**19925**	**286024**	**23335**	**587847**	**91715**
3669	3306	-6457	10241	1171	221	360	8317	552	7201	5392
-15258	-12937	495548	508097	126144	4548	11013	105364	9695	156585	26710
4439	4328	2269	8785	2180	48	261	2957	307	2232	1803
-21726	-19071	457827	464832	118859	4118	9761	69283	7099	138221	11723
3257	1481	-798	3692	1833	397	2731	58466	3104	65364	7323
1011	555	12946	15626	706	62	178	7710	235	5720	3235
-476	-592	11683	9803	1253	45	267	4064	338	2758	1279
4364	3569	10113	11159	2676	479	592	17706	1387	26226	9515
39220	22551	152942	152295	34113	1256	4000	61833	6757	181151	30436
3049	2744	373	-594	306	59	99	2186	289	8569	922
13529	8105	123613	122294	25928	745	2941	44580	5419	141568	24214
14297	5163	13417	10497	1484	81	392	5946	308	23450	1993
1104	-127	12690	12678	3440	43	266	3996	37	2482	1087
5085	4989	2202	6479	2168	272	207	2834	377	1741	1379
4214	2009	31889	36959	9379	293	840	26705	1263	49322	9583
343	-467	18742	19451	5094	73	153	5088	377	6537	2666
-470	-756	2	107	751	36	166	10125	367	11642	3492
82	57	-110	248	95	41	37	1037	74	354	309
58	46	738	478	73	1	14	331	83	3316	104
2746	1525	-37229	-20242	746	27	108	3239	155	95925	1373
41380	**26670**	**187870**	**164287**	**29552**	**4774**	**5635**	**187365**	**13995**	**149254**	**121726**
17449	8986	80221	78467	16573	2679	2814	97504	7392	55631	76034
11663	6165	45068	41826	7421	522	1772	43115	5063	28516	35687
5359	2472	33301	34732	8631	2109	1006	53552	2249	25467	39652
1526	1309	1096	2276	389	150	88	6462	234	2140	4170
475	241	2994	2072	1026	69	49	5677	279	3225	3880
286	165	-741	-1671	111	46	10	3666	162	1545	2729
-221	-345	16510	14254	231	536	1312	12992	1383	4893	4001
		14	14	1			39		121	23
-324	-385	16116	13861	169	531	1306	12695	1351	3668	3790
2127	1706	6750	4066	905	424	320	10998	753	4642	6915
2078	1693	6379	4000	876	421	314	10791	724	4350	6836
15970	11735	55125	52467	6614	539	691	33177	2879	67780	16210
14505	10980	28133	30931	5252	381	370	25247	2264	47471	12488
1308	624	26644	21180	1327	152	318	6623	450	19725	3081
2993	2102	15589	1082	2459	310	281	15865	794	8144	7927
2529	1761	14509	-28	1923	200	222	10283	489	6422	5825
227	166	807	786	244	28	60	2491	83	791	1162
174	133	291	276	291	82		2966	217	778	871
910	829	7972	8229	923	46	26	3650	118	1945	2153
153	107	1614	1373	432	22	56	1041	162	853	436

16—9 限额以上住宿业和餐饮企业主要财务指标情况（2009年）

指标	Item	流动资产合计 Circulating Funds	#存货 Stock	流动资金平均余额 Annual Average Balance of Circulating Funds	固定资产原价 Original Value of Fixed Assets
总计	**Total**	**643751**	**43206**	**364464**	**1214387**
住宿业合计	**Total of Accommodation Enterprises**	**431387**	**23221**	**235946**	**961860**
国有控股	State-holding Enterprises	123138	8087	70637	418337
内资企业	**Domestic-funded Enterprises**	**377550**	**21425**	**183393**	**838437**
国有企业	State-owned Enterprises	60911	3870	35117	208300
集体企业	Collective-owned Enterprises	3446	517	2432	14309
股份合作企业	Cooperative Enterprises	3176	306	1739	19607
有限责任公司	Limited Liability Company	171132	8070	66990	265000
国有独资公司	State-funded Corporations	901	86	729	7576
其他有限责任公司	Other Limited Liability Corporations	170231	7984	66261	257425
股份有限公司	Share-holding Corporations Ltd.	35496	1078	8054	104538
私营企业	Private Enterprises	94606	6950	61327	191440
私营独资企业	Private-funded Enterprises	11307	932	3986	18493
私营有限责任公司	Private Limited Liability Corporations	73312	5232	53660	153134
私营股份有限公司	Private Share-holding Corporations Ltd.	8915	600	2263	14895
其他	Other	8758	629	7663	32148
港澳台商投资企业	**Enterprises with Investment from Hong Kong, Macao and Taiwan**	**44299**	**801**	**45612**	**73396**
外商投资企业	**Enterprises with Foreign Investment**	**9538**	**994**	**6941**	**50027**
按国民经济行业分	**By Sector**				
旅游饭店	Tourist Hotel	383197	20087	208830	868534
一般旅馆	Common Hotel	45051	2960	26597	87852
其他住宿服务	Other Accommodation Service	3139	174	519	5475
餐饮业合计	**Catering Trade**	**212364**	**19986**	**128518**	**252527**
国有控股	State-holding Enterprises	10248	930	3308	30546
内资企业	**Domestic-funded Enterprises**	**209641**	**19582**	**127691**	**241690**
国有企业	State-owned Enterprises	8466	836	2305	34626
集体企业	Collective-owned Enterprises	2077	431	1723	1646
股份合作企业	Cooperative Enterprises	4486	160	701	2165
有限责任公司	Limited Liability Company	33069	3878	20642	56199
国有独资公司	State-funded Corporations	353	110	189	469
其他有限责任公司	Other Limited Liability Corporations	32716	3768	20453	55730
股份有限公司	Share-holding Corporations Ltd.	3881	401	788	6103
私营企业	Private Enterprises	144676	13514	98446	137769
私营独资企业	Private-funded Enterprises	20547	2062	10742	37520
私营有限责任公司	Private Limited Liability Corporations	112629	10106	79241	83153
私营股份有限公司	Private Share-holding Corporations Ltd.	7935	715	6172	8307
其他	Other	12986	361	3086	3183
港澳台商投资企业	**Enterprises with Investment from Hong Kong, Macao and Taiwan**	**2387**	**337**	**517**	**10105**
外商投资企业	**Enterprises with Foreign Investment**	**336**	**68**	**311**	**732**
按国民经济行业分	**By Sector**				
正餐服务	Dinner	206942	19594	127374	240314
快餐服务	Fast Food	4815	291	734	10455
饮料及冷饮服务	Drink and Cold Drink Service	364	25	297	310
其他餐饮服务	Other Catering Service	244	76	113	1448

Main Financial Indicators of Enterprises Above Designated Size in Catering Trades by Status of Registration and by Sector (2009)

单位：万元 (10000 yuan)

累计折旧 Progressive Depreciation	#本年折旧 Depreciation this Year	资产总计 Total of Assets	负债合计 Total of Liabilities	#流动负债 Liquid Liabilities	所有者权益 Creditors' Equity	#实收资本 Capital Hold	#国家资本 National Capital	主营业务收入 Main Business Income	主营业务成本 Main Business Cost	主营业务税金及附加 Main Business and Extra Charges
356140	**64504**	**1866694**	**1227633**	**877724**	**639061**	**658476**	**165742**	**843177**	**398604**	**46328**
289594	**49951**	**1354501**	**887007**	**598987**	**467494**	**478387**	**155186**	**432533**	**174226**	**24128**
151249	17435	454604	289339	250508	165265	176130	154011	160897	72069	8669
262152	**43443**	**1182486**	**758220**	**551772**	**424266**	**418017**	**142015**	**382177**	**160286**	**21511**
79074	7876	223137	133642	106802	89495	81087	72874	79551	36507	4309
3028	1120	17298	15088	2890	2211	3494		5192	2082	276
3244	638	23409	19925	13404	3484	3102		7376	3676	405
83368	16946	471881	283795	211030	188086	168513	34328	141616	55753	8225
3782	389	5108	986	986	4121	3000	3000	2549	589	142
79586	16557	466773	282809	210044	183964	165513	31328	139067	55164	8083
25640	3169	124282	90773	68514	33510	50550	33247	33449	15882	1787
46557	11276	293129	197369	136314	95760	103208	100	103896	42961	5872
5909	1337	29784	23424	14451	6360	16177		13259	6274	1059
36478	9112	233261	158298	108904	74963	74747	100	78685	31061	4196
3629	766	24343	14157	11475	10186	9374		9248	3901	493
18937	2242	28530	16339	11528	12191	6663	66	11006	3399	632
19528	**4181**	**113025**	**77621**	**19849**	**35404**	**43104**	**8597**	**26748**	**6132**	**1371**
7914	**2327**	**58991**	**51167**	**27367**	**7824**	**17266**	**4575**	**23608**	**7808**	**1245**
269457	45457	1199802	797139	524827	402663	427089	147030	379084	150818	21049
18231	3991	147854	86797	71395	61057	50382	8057	50408	21499	2922
1906	504	6845	3071	2765	3774	915	100	3041	1909	157
66547	**14552**	**512193**	**340626**	**278737**	**171567**	**180089**	**10555**	**410645**	**224378**	**22201**
11027	1406	37560	29463	20496	8098	10689	10555	18060	8966	1021
61543	**13424**	**498228**	**329602**	**267909**	**168626**	**176579**	**10555**	**383046**	**213510**	**20823**
10665	1332	37460	31578	22639	5882	8796	8796	15013	7327	868
357	69	3760	3013	3013	747	701		5551	3395	256
760	92	6237	5565	5343	672	1443	113	3079	1603	179
11352	2886	108635	68682	52151	39953	38490	1646	61480	32533	3280
114	46	3234	1915	1887	1319	1533	1533	2124	927	120
11238	2841	105401	66767	50264	38634	36958	113	59357	31606	3161
1215	390	9582	5197	4414	4385	2949	1	9671	4678	489
35951	8482	317607	209755	174594	107851	118689		283494	161200	15506
6030	1552	62052	31653	18920	30399	26737		50372	29752	2753
26238	5950	227189	163722	145808	63467	80936		210862	118466	11521
1415	297	16983	10268	6955	6716	6249		12299	6828	705
1242	174	14946	5811	5755	9135	5511		4757	2774	246
4640	**1080**	**12388**	**10090**	**9893**	**2298**	**2665**		**23688**	**9462**	**1190**
364	**49**	**1578**	**934**	**934**	**643**	**844**		**3910**	**1406**	**187**
61358	13327	492951	324630	262746	168322	175016	10505	379793	211720	20628
4905	1121	16224	13189	13186	3036	4005	50	28091	11197	1426
200	44	683	673	670	10	400		1204	484	54
84	61	2335	2135	2135	200	668		1556	978	93

16—9 续表 continued

指　　标	Item	主营业务利润 Main Business Profit	其他业务利润 Other Business Profit	营业费用 Operating Expense	管理费用 Management Expense
总　　计	**Total**	**377933**	**5273**	**231222**	**160073**
住宿业合计	**Total of Accommodation Enterprises**	**216632**	**4041**	**123263**	**118916**
国有控股	State-holding Enterprises	74092	1278	42225	39001
内资企业	**Domestic-funded Enterprises**	**186645**	**3839**	**108135**	**100004**
国有企业	State-owned Enterprises	36706	776	23667	21201
集体企业	Collective-owned Enterprises	2833	27	1381	1283
股份合作企业	Cooperative Enterprises	3415	11	621	1135
有限责任公司	Limited Liability Company	72591	1431	44442	40748
国有独资公司	State-funded Corporations	1818		859	786
其他有限责任公司	Other Limited Liability Corporations	70772	1431	43583	39962
股份有限公司	Share-holding Corporations Ltd.	12588	465	5377	7149
私营企业	Private Enterprises	52025	1128	29577	24628
私营独资企业	Private-funded Enterprises	5752	16	3437	2678
私营有限责任公司	Private Limited Liability Corporations	40644	401	23307	19701
私营股份有限公司	Private Share-holding Corporations Ltd.	4773	712	2238	2162
其　他	Other	6427	1	2821	3793
港澳台商投资企业	**Enterprises with Investment from Hong Kong, Macao and Taiwan**	**19245**	**2**	**7274**	**12785**
外商投资企业	**Enterprises with Foreign Investment**	**10742**	**201**	**7855**	**6127**
按国民经济行业分	**By Sector**				
旅游饭店	Tourist Hotel	190955	3137	108850	106810
一般旅馆	Common Hotel	24702	198	13589	11483
其他住宿服务	Other Accommodation Service	975	707	825	623
餐饮业合计	**Catering Trade**	**161301**	**1232**	**107959**	**41157**
国有控股	State-holding Enterprises	9139	62	4178	4021
内资企业	**Domestic-funded Enterprises**	**146317**	**1232**	**96248**	**40165**
国有企业	State-owned Enterprises	8422	61	3503	3731
集体企业	Collective-owned Enterprises	1900	4	847	923
股份合作企业	Cooperative Enterprises	1297		856	520
有限责任公司	Limited Liability Company	24663	234	18318	6874
国有独资公司	State-funded Corporations	540		914	120
其他有限责任公司	Other Limited Liability Corporations	24123	234	17405	6754
股份有限公司	Share-holding Corporations Ltd.	4598	16	3358	983
私营企业	Private Enterprises	103830	916	68776	26733
私营独资企业	Private-funded Enterprises	17076	186	9412	4661
私营有限责任公司	Private Limited Liability Corporations	78886	670	54591	20490
私营股份有限公司	Private Share-holding Corporations Ltd.	4676	4	3087	1073
其　他	Other	1608		590	401
港澳台商投资企业	**Enterprises with Investment from Hong Kong, Macao and Taiwan**	**13037**		**10179**	**890**
外商投资企业	**Enterprises with Foreign Investment**	**1947**		**1532**	**102**
按国民经济行业分	**By Sector**				
正餐服务	Dinner	145051	1215	94802	39768
快餐服务	Fast Food	15099	17	12312	1002
饮料及冷饮服务	Drink and Cold Drink Service	666		455	88
其他餐饮服务	Other Catering Service	486		389	299

单位：万元　(10000 yuan)

财务费用 Financial Expenses	#利息支出 Interest Exchange	营业利润 Operating Profit	利润总额 Total Profit	应交所得税 Payable Income Tax	劳动、失业保险费 Labor and Unemployment Insurance Expenses	住房公积金和住房补贴 Public Accumulation Fund and Subsidy for Housing Construction	本年应付工资总额 Total Payable Wages this Year	本年应付福利费总额 Total Payable Welfares this Year	全部从业人员年平均人数（人） Average Number of Staff and Workers (person)
25896	**19961**	**-6020**	**-1819**	**8902**	**2011**	**2063**	**140835**	**10073**	**87872**
17300	**14206**	**-17144**	**-15268**	**3597**	**1363**	**1660**	**79596**	**5864**	**45990**
2771	2047	1601	2369	1913	613	1310	31848	2311	15917
14058	**11274**	**-13813**	**-11999**	**3366**	**1226**	**1352**	**71721**	**5374**	**41580**
1450	1050	-3114	-2151	990	442	720	18776	1281	8997
409	389	-212	-12	10	3	14	1010	76	721
189	148	1778	1778		26	44	1103	111	651
7055	6185	-13252	-11200	914	474	263	24396	1782	14611
58	32	116	116	14	8	11	530	50	230
6997	6153	-13367	-11316	900	466	252	23866	1732	14381
611	460	3177	2658	621	34	241	5164	616	3215
4234	3004	-2210	-3110	694	159	66	19316	1040	12283
298	172	-214	-57	84	3		2470	111	1947
3099	2210	-2475	-3074	544	139	64	14969	853	8974
689	474	465	-113	57	18	2	1556	53	1069
110	38	275	293	136	88	3	1903	469	1080
2645	**2519**	**-3457**	**-3446**	**190**	**102**	**240**	**3890**	**260**	**1974**
597	**413**	**126**	**177**	**42**	**35**	**68**	**3985**	**231**	**2436**
14840	12032	-16327	-14392	3391	1203	1489	70424	5295	39631
2218	1953	-811	-334	206	158	165	8562	532	5959
241	221	-6	-542		2	6	610	37	400
8596	**5755**	**11124**	**13449**	**5305**	**648**	**403**	**61238**	**4209**	**41882**
309	243	-188	-867	89	47	60	3932	239	2094
8225	**5669**	**8832**	**11171**	**4919**	**602**	**203**	**58542**	**3368**	**39906**
234	172	-401	-1109	45	30	59	3612	222	1921
190	50	-57	-7	81	95	11	1132	74	634
101	98	-181	-180				419	12	304
1459	1206	1281	1410	472	108	18	9670	409	6248
73	72	-29	8	27	15		312		205
1386	1134	1310	1402	446	93	18	9358	409	6043
238	209	35	99	78	14		1512	185	1256
5898	3838	7513	10233	4139	355	114	41538	2450	29059
750	412	3561	3300	476	26	9	7831	321	5938
4798	3130	2559	4771	3419	317	105	30128	2034	20531
283	261	340	1237	167	5		2224	49	1487
104	96	642	725	105	2		660	18	484
350	**73**	**1618**	**1604**	**376**	**41**	**192**	**2179**	**808**	**1575**
22	**14**	**675**	**674**	**10**	**5**	**8**	**517**	**33**	**401**
8077	5595	9550	11940	4859	599	194	57947	3312	39285
404	64	1768	1760	427	47	204	2783	892	2277
32	19	92	-11	13	1		165	1	125
83	78	-285	-240	6	1	6	343	4	195

16—10 限额以上批发和零售业连锁经营情况（2009年）
Basic Conditions of Chain-Enterprise Above Quota Wholesale and Retail (2009)

指 标		Item		合 计 Total	直销店 Directly-run Shops	加盟店 Alliance Shops
门店总数	（个）	Gross Number of Shops	(unit)	7622	2910	4712
从业人数	（人）	Number of People Engaged	(person)	71569	55634	15935
营业面积	（平方米）	Area of Business	(sq.m)	3187617	2893955	293662
连锁门店商品购进额	（万元）	Total Purchases	(10000 yuan)	8039057	7533377	505680
#统一配送商品购进额		Centralized Purchase and Delivery		3330274	3130863	199411
#自有配送中心配送商品购进额		Total Revenue of Purchasing by Self Purchase and Delivery		1383165	1250727	132438
非自有配送中心配送商品购进额		Total Revenue of Purchasing by Non-self Purchase and Delivery		51667	44067	7600
连锁门店商品销售额	（万元）	Sales Value of Commodities	(10000 yuan)	8043243	7518126	525117
#零售额		Revenue of Retail Sales		5497907	5288962	208945

16—11 限额以上住宿和餐饮业连锁经营情况（2009年）
Basic Conditions of Chain-Enterprise Above Quota Lodging and food and Beverage Industry (2009)

指 标		Item		合 计 Total	直销店 Directly-run Shops	加盟店 Alliance Shops
门店总数	（个）	Gross Number of Shops	(unit)	144	127	17
从业人数	（人）	Number of People Engaged	(person)	6569	5018	1551
营业面积	（平方米）	Area of Business	(sq.m)	252572	188125	64447
客房数	（间）	Guestroom Number		358		358
床位数	（个）	Bed Capacity		653		653
餐位数	（位）	Number of Seating Arrangement		46496	41360	5136
连锁门店商品购进额	（万元）	Chain shops Commodity Purchasing Volume	(10000 Yuan)	26537	19763	6774
#统一配送商品购进额		Centralized Purchase and Delivery		12450	10695	1755
#自有配送中心配送商品购进额		Total Revenue of Purchasing by Self Purchase and Delivery		10455	10455	
非自有配送中心配送商品购进额		Total Revenue of Purchasing by Non-self Purchase and Delivery		1755		1755
连锁门店营业额	（万元）	Chain shops Turnover (10000 Yuan)	(10000 yuan)	66666	54179	12487
#餐费收入		Catering Income		58965	49332	9633
商品销售额		Total Sales of Goods				

16—12 各市限额以上批发和零售业连锁经营情况（2009年）

Basic Conditions of Chain-Enterprise Above Quota Wholesale and Retail by Region (2009)

地　区 Region	门店总数 （个） Gross Number of Shops (unit)	从业人员 （人） Number of People Engaged (person)	营业面积 （平方米） Area of Business (sp.m)	商品购进总额 （万元） Total Purchases (10000 yuan)	#统一配送商品购进额 Centralized Purchase and Delivery	#自有配送中心配送 Total Revenue of Purchasing by Self	商品销售额 （万元） Sales Value of Commodities (10000 yuan)	零售额 Retail
总　计 Total	**7622**	**71569**	**3187617**	**8039057**	**3330274**	**1383165**	**8043243**	**5497907**
合肥市 Hefei	5177	45283	2064395	7529689	3006307	1174425	7524671	5062042
淮北市 Huaibei								
亳州市 Bozhou	65	518	14148	10638	853	853	10285	10285
宿州市 Suzhou								
蚌埠市 Bengbu	75	1122	28946	36325	36192		43453	43453
阜阳市 Fuyang	504	3627	126790	147159	36947	35952	151336	150065
淮南市 Huainan	12	158	3160	3399			3445	3445
滁州市 Chuzhou	29	450	8172	8850	8850	8850	8267	8267
六安市 Luan								
马鞍山市 Maanshan	158	1735	106346	133396	128303	128303	138110	56864
巢湖市 Chaohu	14	202	8300	6700	6700	6700	6675	6675
芜湖市 Wuhu	4	81	2000	2075	2075	2075	2446	2446
宣城市 Xuancheng	16	1308	93100	19753	19753	19753	18920	18920
铜陵市 Tongling	18	120	4844	5341	2350		3800	3610
池州市 Chizhou								
安庆市 Anqing	167	6332	219830	135192	81404	5714	131228	131228
黄山市 Huangshan	7	40	480	540	540	540	607	607

16—13 各市限额以上住宿和餐饮业连锁经营情况（2009年）

Basic Conditions of Chain-Enterprise Above Quota Lodging and Food and Beverage Industry by Region (2009)

地　区 Region	门店总数 （个） Gross Number of Shops (unit)	从业人员 （人） Number of People Engaged (person)	营业面积 （平方米） Area of Business (sp.m)	客房数 （间） Guestroom Number (unit)	床位数 （个） Bed Capacity (unit)	餐位数 （位） Number of eating Arrangement (unit)	商品购进总额 （万元） Total Purchases (10000 yuan)	营业额 （万元） Turnover (10000 yuan)
总　计 Total	**144**	**6569**	**252572**	**358**	**653**	**46496**	**26537**	**66666**
合肥市 Hefei	132	5327	227272	358	653	38396	21452	55903
淮北市 Huaibei								
亳州市 Bozhou								
宿州市 Suzhou								
蚌埠市 Bengbu								
阜阳市 Fuyang								
淮南市 Huainan								
滁州市 Chuzhou								
六安市 Luan								
马鞍山市 Maanshan	12	1242	25300			8100	5085	10763
巢湖市 Chaohu								
芜湖市 Wuhu								
宣城市 Xuancheng								
铜陵市 Tongling								
池州市 Chizhou								
安庆市 Anqing								
黄山市 Huangshan								

16—17 各市限额以上批发零售企业主要财务指标情况（2009年）

地　区	Region	流动资产合　计 Circulating Funds	#存　货 Stock	流动资金平均余额 Annual Average Balance of Circulating Funds	固定资产原　价 Original Value of Fixed Assets	累计折旧 Progressive Deprecia-tion	#本年折旧 Deprecia-tion this Year
总　计	**Total**	**12390050**	**2277423**	**8123440**	**2758721**	**799577**	**152205**
合 肥 市	Hefei	6315034	1090154	3859861	1180263	355937	73678
淮 北 市	Huaibei	264999	37630	189242	39633	12439	3310
亳 州 市	Bozhou	146702	37094	99774	35645	11329	2081
宿 州 市	Suzhou	220886	50589	110334	107579	29301	4284
蚌 埠 市	Bengbu	491560	82237	344567	133247	42310	8852
阜 阳 市	Fuyang	761614	158925	423093	165187	53528	7548
淮 南 市	Huainan	169045	51657	156290	83400	24851	4048
滁 州 市	Chuzhou	256695	72950	157034	118035	27918	4888
六 安 市	Luan	276187	86619	175927	127667	33549	5760
马鞍山市	Maanshan	843033	95198	789842	107043	28916	5240
巢 湖 市	Chaohu	305067	52551	252585	76247	24320	4304
芜 湖 市	Wuhu	873229	113330	553030	169357	42564	9149
宣 城 市	Xuancheng	335368	96792	257441	96718	28726	5556
铜 陵 市	Tongling	255917	73491	190517	50639	14600	3688
池 州 市	Chizhou	277523	78865	210925	75211	14540	3371
安 庆 市	Anqing	423071	74763	209378	139523	38746	4695
黄 山 市	Huangshan	174122	24579	143601	53328	16004	1751

16—18 各市限额以上住宿和餐饮企业主要财务指标情况（2009年）

地　区	Region	流动资产合　计 Circulating Funds	#存　货 Stock	流动资金平均余额 Annual Average Balance of Circulating Funds	固定资产原　价 Original Value of Fixed Assets	累计折旧 Progressive Deprecia-tion	#本年折旧 Deprecia-tion this Year
总　计	**Total**	**643751**	**43206**	**364464**	**1214387**	**356140**	**64504**
合 肥 市	Hefei	230942	14721	146991	344797	113177	21470
淮 北 市	Huaibei	3119	422	1363	15961	5242	893
亳 州 市	Bozhou	9553	553	5126	20644	5251	994
宿 州 市	Suzhou	10426	512	2420	30053	9640	1213
蚌 埠 市	Bengbu	12882	1199	10487	46158	15263	2177
阜 阳 市	Fuyang	16623	1230	8843	34148	14782	2438
淮 南 市	Huainan	21533	1454	19338	39848	8632	1950
滁 州 市	Chuzhou	16668	1402	10206	38259	6068	1344
六 安 市	Luan	26565	2524	12554	50037	8902	3155
马鞍山市	Maanshan	29356	1754	30195	28734	11203	1354
巢 湖 市	Chaohu	13316	1897	6477	35544	8654	1649
芜 湖 市	Wuhu	46369	2531	26384	121009	32118	8609
宣 城 市	Xuancheng	20861	1910	14581	51371	15809	2470
铜 陵 市	Tongling	20517	1850	16466	22730	7511	972
池 州 市	Chizhou	16976	2198	10714	44049	11516	2542
安 庆 市	Anqing	31761	4054	23882	83204	12931	2474
黄 山 市	Huangshan	116285	2994	18436	207840	69442	8801

Main Financial Indicators of Enterprises Above Designated Size in Wholesale and Retail by Region (2009)

单位：万元 (10000 yuan)

资产总计 Total of Assets	负债合计 Total of Liabilities	#流动负债 Liquid Liabilities	所有者权益 Creditors' Equity	#实收资本 Capital Hold	#国家资本 National Capital	主营业务收入 Main Business Income	主营业务成本 Main Business Cost	主营业务税金及附加 Main Business and Extra Charges
16251144	**11739523**	**11386096**	**4511621**	**2319005**	**1081827**	**33352625**	**30415754**	**179472**
8198379	6373477	6238547	1824902	1191277	668602	18234866	16763318	50472
334619	213030	205944	121589	67499	11018	416217	352796	3811
189149	109771	108772	79379	44276	17139	476038	420569	5479
389272	201973	187510	187299	67001	16405	696831	617911	6783
624361	449900	444400	174461	46746	6919	964289	868832	10266
947295	712407	702500	234888	110424	30983	2920831	2771430	10009
251291	130459	124778	120833	41943	16935	616388	534966	7019
434539	220306	202949	214233	77723	43763	813188	710612	7900
426191	179961	147742	246230	94302	33862	997811	836627	12016
974790	833054	822138	141736	88018	23784	984369	911692	5263
408333	249904	231743	158428	48565	23231	743496	641481	8250
1122837	833167	803454	289670	173114	86704	1915994	1783776	11239
487245	272835	247649	214410	57759	15977	1186549	1085345	12488
309606	232369	216003	77236	39990	26377	558366	512450	3347
350793	250932	243863	99860	48508	13173	371386	316449	8754
575200	343957	330287	231243	97018	40808	1025663	891548	11298
227245	132021	127816	95224	24845	6149	430342	395955	5078

Main Financial Indicators of Enterprises Above Designated Size in Catering Trades by Status of Registration and by Sector by Region (2009)

单位：万元 (10000 yuan)

资产总计 Total of Assets	负债合计 Total of Liabilities	#流动负债 Liquid Liabilities	所有者权益 Creditors' Equity	#实收资本 Capital Hold	#国家资本 National Capital	主营业务收入 Main Business Income	主营业务成本 Main Business Cost	主营业务税金及附加 Main Business and Extra Charges
1866694	**1227633**	**877724**	**639061**	**658476**	**165742**	**843177**	**398604**	**46328**
579411	350645	243537	228766	201902	52608	336028	155257	17946
16560	8540	7356	8020	5924	3678	10094	7395	616
28273	16782	12933	11491	10195	2026	12804	6156	842
31829	23082	9373	8747	10252	5702	11852	5611	661
54210	50434	46524	3776	16731	9922	21658	8607	1171
42204	24290	23024	17914	24722	842	24506	11718	1299
64498	52990	40657	11508	22377	6783	29523	14072	1583
67268	48038	27600	19230	16864	4493	28117	14711	1884
80486	54792	41165	25693	16295	2063	33852	18058	1577
65365	45911	43811	19454	12509	1192	35612	17213	1933
55857	37994	27207	17863	23909	5680	24124	11240	1274
159894	103838	57338	56056	54560	12707	64721	27703	3889
79546	54417	38024	25129	48804	1149	33566	15437	1926
48896	34759	29474	14137	15829	1086	22352	11120	1212
57886	34767	29570	23118	17549	10343	27122	11945	1358
127042	74613	47731	52428	34097	1435	56912	28648	2879
307472	211742	152401	95730	125960	44035	70334	33714	4278

16—17 续表 continued

地 区	Region	主营业务利润 Main Business Profit	其他业务利润 Other Business Profit	营业费用 Operating Expense	管理费用 Management Expense	财务费用 Financial Expenses	#利息支出 Interest Exchange
总 计	**Total**	**2671590**	**134918**	**1393321**	**696166**	**83173**	**47628**
合 肥 市	Hefei	1402602	90258	894445	293050	50305	29106
淮 北 市	Huaibei	59610	1078	26764	14159	1299	819
亳 州 市	Bozhou	48951	954	15766	18959	-99	370
宿 州 市	Suzhou	71956	2231	28446	19248	-257	-1202
蚌 埠 市	Bengbu	86387	3677	36343	27422	5045	3370
阜 阳 市	Fuyang	128049	4855	50008	41910	2121	1039
淮 南 市	Huainan	75284	3961	33522	17722	472	-413
滁 州 市	Chuzhou	90220	2649	37007	28156	1194	-532
六 安 市	Luan	149168	2683	30248	24311	720	2395
马鞍山市	Maanshan	58261	6276	36618	21034	2616	1242
巢 湖 市	Chaohu	101899	2503	27061	20993	1655	371
芜 湖 市	Wuhu	62662	7078	59234	72900	6608	3617
宣 城 市	Xuancheng	99928	1169	33512	27384	2845	1424
铜 陵 市	Tongling	42570	2262	15910	13350	2661	1983
池 州 市	Chizhou	45885	891	16634	12649	1106	902
安 庆 市	Anqing	117445	1703	38645	31094	2854	1478
黄 山 市	Huangshan	30714	690	13160	11826	2029	1658

16—18 续表 continued

地 区	Region	主营业务利润 Main Business Profit	其他业务利润 Other Business Profit	营业费用 Operating Expense	管理费用 Management Expense	财务费用 Financial Expenses	#利息支出 Interest Exchange
总 计	**Total**	**377933**	**5273**	**231222**	**160073**	**25896**	**19961**
合 肥 市	Hefei	160393	1357	91826	63282	9049	6523
淮 北 市	Huaibei	2083	6	859	2391	103	-2
亳 州 市	Bozhou	5743	34	3328	2151	208	82
宿 州 市	Suzhou	5579	291	3387	2503	365	290
蚌 埠 市	Bengbu	11881	65	7713	5813	557	430
阜 阳 市	Fuyang	10333	377	7665	4223	465	244
淮 南 市	Huainan	13868	127	9881	3980	676	550
滁 州 市	Chuzhou	11317	331	6435	4174	454	266
六 安 市	Luan	14218	60	7023	5884	1602	1459
马鞍山市	Maanshan	13488	153	11808	6067	1149	1020
巢 湖 市	Chaohu	11679	927	7444	4716	753	562
芜 湖 市	Wuhu	27928	443	20017	10664	3397	2680
宣 城 市	Xuancheng	14901	463	9048	6829	1024	825
铜 陵 市	Tongling	10020	86	5927	4518	1172	963
池 州 市	Chizhou	13818	205	6762	3207	382	298
安 庆 市	Anqing	22224	181	16360	8468	1724	1551
黄 山 市	Huangshan	28463	168	15738	21203	2816	2221

单位：万元　(10000 yuan)

营业利润 Operating Profit	利润总额 Total Profit	应交所得税 Payable Income Tax	劳动、失业保险费 Labor and Unemployment Insurance Expenses	住房公积金和住房补贴 Public Accumulation Fund and Subsidy for Housing Construction	本年应付工资总额 Total Payable Wages this Year	本年应付福利费总额 Total Payable Welfares this Year	本年应交增值税 Payable Value-added Tax this Year	全部从业人员年平均人数（人） Average Number of Staff and Workers (person)
846297	**876767**	**206940**	**12040**	**25560**	**473389**	**37329**	**737101**	**213441**
347863	346834	85813	4288	10979	229941	17477	392372	74999
18467	19546	5003	532	683	8816	450	20657	4605
15863	17002	3405	119	2231	14545	383	8514	5625
26375	27200	6037	490	851	14626	1100	11840	8084
25693	31586	5820	910	979	15028	2531	13493	7279
45431	42932	9758	599	1682	26578	2164	21253	15874
27706	28271	6368	676	785	12151	1209	11640	7085
29552	39896	8406	1334	1253	20294	1339	15454	10891
96572	96153	15602	403	614	21956	697	28505	13675
13674	17670	5922	309	582	15126	1149	18048	8549
46482	47024	10064	635	973	16083	2500	14358	8500
13744	25660	11634	534	1044	25704	1910	65958	14086
49585	37299	8301	157	778	14871	1411	49887	9260
12911	17417	4177	170	381	6885	466	15338	3766
16950	17948	4727	312	370	6691	666	8542	3443
54316	51319	11844	315	971	17432	1188	17873	15007
5113	13012	4060	257	405	6661	691	23371	2713

单位：万元　(10000 yuan)

营业利润 Operating Profit	利润总额 Total Profit	应交所得税 Payable Income Tax	劳动、失业保险费 Labor and Unemployment Insurance Expenses	养老保险和和住房补贴 Public Accumulation Fund and Subsidy for Housing Construction	住房公积金工资总额 Total Payable Wages this Year	本年应付福利费总额 Total Payable Welfares this Year	本年应付增值税 Payable Value-added Tax this Year	全部从业人员年平均人数（人） Average Number of Staff and Workers (person)
-6020	**-1819**	**8902**	**2011**	**13456**	**2063**	**140835**	**10073**	**87872**
5663	4400	5408	896	5867	915	50096	4697	27698
-1264	118	13	14	272	56	2944	117	1622
256	419	73	2	73	2	2694	188	2352
-377	-893	41	5	109	3	2927	19	1801
-2144	-529	82	42	579	33	3743	183	2497
-283	-389	148	62	341	31	3909	183	3492
-543	-482	18	23	305	17	4554	295	2977
556	958	158	113	273	2	5084	235	3791
-232	1404	229	15	176	2	5059	219	3952
-2406	-1398	307	68	807	51	6699	594	4271
-357	-478	68	16	256	44	4468	400	3241
-493	-236	1004	200	1055	223	10712	607	6087
301	16	277	46	230	70	6053	319	4029
-1510	-942	93	77	330	42	3890	176	2483
3668	3210	139	51	405	93	4224	400	2586
-468	-237	155	160	486	41	9450	397	6727
-6386	-6761	692	219	1891	438	14330	1045	8266

16—16 各市限额以上批发零售、餐饮企业从业人数（2009年）

Number of Persons Engaged in Enterprises Above Designated Size in Wholesale and Retail Sale, and Inventory Catering Trade by Region (2009)

单位：人 (person)

地　区	Region	合　　计 Total	批发和零售业 Wholesale Trade and Retail Value	零　售　业 Retail Value	餐　饮　业 Catering Value
总　　计	**Total**	**259448**	**217310**	**124179**	**42138**
合 肥 市	Hefei	94893	76285	27444	18608
淮 北 市	Huaibei	5516	4883	3357	633
亳 州 市	Bozhou	6884	5771	3477	1113
宿 州 市	Suzhou	9756	8383	5999	1373
蚌 埠 市	Bengbu	8114	7272	5147	842
阜 阳 市	Fuyang	17685	15980	9154	1705
淮 南 市	Huainan	8010	7203	4993	807
滁 州 市	Chuzhou	12480	11102	5492	1378
六 安 市	Luan	15829	13838	9990	1991
马鞍山市	Maanshan	10759	8733	7145	2026
巢 湖 市	Chaohu	9729	8539	6459	1190
芜 湖 市	Wuhu	16080	14127	9401	1953
宣 城 市	Xuancheng	11473	9440	7050	2033
铜 陵 市	Tongling	5196	3819	3048	1377
池 州 市	Chizhou	4768	3807	2258	961
安 庆 市	Anqing	18508	15444	11977	3064
黄 山 市	Huangshan	3768	2684	1788	1084

16—17 各市限额以上批发零售业商品购进、销售和库存情况（2009年）

Total Purchases, Sales and Inventory of Enterprises Above Designated Size in Wholesale and Retail and Inventory by Region (2009)

单位：万元 (10000 yuan)

地　区	Region	购进总额 Total Purchases Value	#进　口 Imports	销售总额 Total Sales Value	批　发 Wholesale Value	零　售 Retail Value	年末库存总额 Stock (year-end)
总　　计	**Total**	**35163890**	**1493716**	**38636999**	**27392489**	**11244511**	**2703304**
合 肥 市	Hefei	19966681	690976	21219072	16272141	4946931	1325773
淮 北 市	Huaibei	349876		465962	277994	187968	36499
亳 州 市	Bozhou	415535		532136	324289	207847	38774
宿 州 市	Suzhou	495320		770691	363416	407275	53487
蚌 埠 市	Bengbu	918518	4485	1042109	682408	359701	184042
阜 阳 市	Fuyang	2889716		3328717	2479497	849220	180976
淮 南 市	Huainan	643034	240	719572	436566	283007	76486
滁 州 市	Chuzhou	758808		903126	618156	284971	113779
六 安 市	Luan	911972		1060095	520205	539890	100607
马鞍山市	Maanshan	1723506	703492	1846952	1462140	384812	74286
巢 湖 市	Chaohu	724016	62052	789498	512063	277434	58841
芜 湖 市	Wuhu	1891881	14933	2088456	1226752	861704	127676
宣 城 市	Xuancheng	1084975	1926	1313556	723473	590082	73923
铜 陵 市	Tongling	636781		628701	409461	219241	80437
池 州 市	Chizhou	380082	724	429874	269155	160718	63763
安 庆 市	Anqing	948667		1030661	498351	532310	90635
黄 山 市	Huangshan	424523	14890	467823	316422	151400	23322

16—18 亿元商品交易市场情况（2009年）
Market Above 100 million Yuan (2009)

指　　标	Item	市场个数（个）Number of Markets (unit)	年末摊位数（个）Number of Booths (unit)	总成交额（万元）Transaction Value (10000 yuan)
全　　省	**Total**	**135**	**80283**	**13994406**
综合市场	**Comprehensive Markets**	**37**	**33270**	**5146037**
#工业品综合市场	Markets for Manufactured Goods	5	8239	799742
农业品综合市场	Markets for Agricultural Goods	22	13209	1876898
专业市场	**Specialized markets**	**98**	**47013**	**8848369**
#纺织品服装鞋帽市场	Textile, Clothing, Shoes and Hats	8	5622	408046
食品饮料烟酒市场	Food, Drink, Tobacco and Liquor	6	3839	712244
药材药品及医疗器材市场	Raw Material for Medicine, Drugs and Medical Supplies	2	5461	835286
家具市场	Furniture	6	844	141320
小商品市场	Small Commodity	1	1593	23261
文化音像书报杂志市场	Culture, Audio Video, Books, Newspapers, Magazines			
机动车市场	Vehicle	9	1714	655363
金属材料市场	Metal Material	6	1495	3062762
木材市场	Lumber	1	156	2100
建材装饰材料市场	Construction Decoration Material	6	4053	205039
粮油市场	Cooking Oil	3	1092	258546
干鲜果品市场	Dry and Fresh Fruits	3	260	67046
蔬菜市场	Vegetables	8	6204	442073
肉食禽蛋市场	Meats and Eggs	9	2069	351426
土畜产品市场	Native Products and Animal Products	1	315	38276
农业生产资料市场	Agricultural means of Production	2	160	20080
通讯器材市场	Communications Equipment	1	45	16000
花卉市场	Flower	2	567	20660
五金电料市场	Hardware and Electrical Materials Market	2	401	36580

16—19 各市亿元商品交易市场情况（2009年）
Market Above 100 million Yuan by Region (2009)

地　区	Region	市场个数（个）Number of Markets (unit)	年末摊位数（个）Number of Booths (unit)	营业面积（万平方米）Business Area (10000 sq.m)	总成交额（万元）Transaction Value (10000 yuan)
总　　计	**Total**	**135**	**80283**	**7463567**	**13994406**
合 肥 市	Hefei	37	20904	2221252	6056931
淮 北 市	Huaibei	7	5049	359930	299998
亳 州 市	Bozhou	2	4700	42000	946168
宿 州 市	Suzhou				
蚌 埠 市	Bengbu	7	3634	502228	163443
阜 阳 市	Fuyang	20	10206	840045	1047946
淮 南 市	Huainan	6	3311	571480	754798
滁 州 市	Chuzhou	6	4343	108139	111564
六 安 市	Luan	3	3227	22860	68107
马鞍山市	Maanshan	7	2382	73600	353438
巢 湖 市	Chaohu	14	5513	590419	397231
芜 湖 市	Wuhu	6	5865	160700	254092
宣 城 市	Xuancheng	8	2775	132304	740640
铜 陵 市	Tongling	7	987	224775	619860
池 州 市	Chizhou	1	361	3935	17100
安 庆 市	Anqing	4	7026	1609900	2163090
黄 山 市	Huangshan				

16—20 亿元以上商品交易市场摊位分类情况（2009年）
Classification of Commodity Exchange Markets of Transaction Value over 100 Million Yuan (2009)

指 标	Item	年末摊位数（个）Number of Booths (unit)	总成交额（万元）Transaction Value (10000 yuan)
合 计	**Total**	**80283**	**13994406**
食品、饮料、烟酒类	Food, Beverages, Tobacco and Liquor	32154	4250522
服装鞋帽、针、纺织品类	Clothing, Shoes, Hats and Textiles	15311	1213027
化妆品类	Cosmetics	940	81138
金银珠宝类	Gold, Silver and Jeweler	21	15061
日用品类	Articles for Daily Use	2461	217620
五金、电料类	Hardware & Electrical Materials	2170	301867
体育、娱乐用品类	Sports & Recreational Articles	478	93529
书报杂志类	Newspapers and Magazines	388	101749
电子出版物及音像制品类	E-journal and Video Products	153	4488
家用电器和音像器材类	Household Appliances and Video Equipments	2342	731872
中西药品类	Traditional Chinese and Western Medicine	4665	843955
文化办公用品类	Cultural and official Goods	603	63224
家具类	Furniture	2339	290145
通讯器材类	Communication Appliances	143	35222
煤炭及制品类	Coal and Related Products	8	278
木材及制品类	Wood and Wooden Products	1002	286144
石油及制品类	Petroleum and Related Products	4	55
化工材料及制品类	Raw Chemical Materials and Related Products	731	172535
金属材料类	Metal Materials	1807	3210280
建筑及装潢材料类	Building and Decoration Materials	6795	938175
机电产品及设备类	Mechanical & Electrical Products	1069	423873
汽车类	Automobile	652	516327
种子饲料类	Seed and Feedstuff	315	17029
棉麻类	Cotton and Hemp	42	3050
其他类	Others	3690	183241

16—21 各市社会消费品零售总额（2009年）
Total Retailsale of Consumer Goods in Major Years by Region (2009)

单位：万元 (10000 yuan)

地 区	Region	社会消费品零售总额 Total Retail Sales of Consumer Goods	市 City	县 County	县以下 Under County Level	批发零售业 Wholesale and Retail Sale Trade	住宿和餐饮业 Accomoda-tion and Catering Trade	其他行业 Others
总 计	**Total**	**35277844**	**19381832**	**7168904**	**8727107**	**29582200**	**5290875**	**404768**
合肥市	Hefei	7034168	6194424	385761	453983	6144732	879244	10193
淮北市	Huaibei	1059316	768383	107959	182974	898966	155897	4453
亳州市	Bozhou	1908172	459471	656083	792618	1551401	320219	36552
宿州市	Suzhou	1676533	571717	455499	649317	1466253	165860	44420
蚌埠市	Bengbu	2269774	1405428	417421	446924	1834965	434809	
阜阳市	Fuyang	2821561	999836	919062	902664	2324976	420968	75617
淮南市	Huainan	1590974	1310998	153229	126748	1319442	255239	16294
滁州市	Chuzhou	1836153	711564	478403	646185	1505494	299439	31220
六安市	Luan	2355499	539611	794039	1021850	2077733	277766	
马鞍山市	Maanshan	1257477	964457	135980	157040	1070827	170429	16221
巢湖市	Chaohu	1796870	322688	740586	733597	1479049	262055	55766
芜湖市	Wuhu	2415072	1719473	396625	298974	2128171	279208	7694
宣城市	Xuancheng	1671316	633417	387618	650282	1390563	248176	32578
铜陵市	Tongling	838221	715095	56179	66947	657681	176130	4409
池州市	Chizhou	791784	294021	193209	304554	647694	122761	21329
安庆市	Anqing	2879350	1328527	614778	936045	2262762	583143	33444
黄山市	Huangshan	1075604	442724	276475	356405	821492	239533	14578

16—22 各县（市）社会消费品零售总额（2009年）

Total Retailsale of Consumer Goods in Major Years by County or City (2009)

单位：万元 (10000 yuan)

县（市）	County or City	社会消费品零售总额 Total Retail Sales of Consumer Goods	市 City	县 County	县以下 Under County Level	批发零售业 Wholesale and Retail Sale Trade	住宿和餐饮业 Accomoda-tion and Catering Trade	其他行业 Others
合肥市辖区	Hefei Region of City	6183640	6183640			5394462	783398	5781
长丰县	Changfeng	186905		77441	109465	162004	24321	580
肥东县	Feidong	358209		170424	187785	316163	40484	1562
肥西县	Feixi	305414		148680	156734	272104	31041	2270
淮北市辖区	Huaibei Region of City	768383	768383			646105	118819	3460
濉溪县	Suixi	290933		107959	182974	252861	37078	994
亳州市辖区	Bozhou Region of City	697464	459471		237993	548169	132680	16615
涡阳县	Guoyang	466789		259863	206926	374737	83270	8783
蒙城县	Mengcheng	437805		248442	189363	366070	62345	9390
利辛县	Lixin	306114		147777	158336	262426	41924	1764
宿州市辖区	Suzhou Region of City	758456	571717		186739	718727	35547	4182
砀山县	Dangshan	217428		113055	104373	135672	57611	24145
萧县	Xiaoxian	339671		149308	190363	293152	36621	9898
灵璧县	Lingbi	193231		99516	93715	171989	18900	2342
泗县	Sixian	167747		93620	74127	146713	17181	3853
蚌埠市辖区	Bengbu Region of City	1405428	1405428			1079569	325859	
怀远县	Huaiyuan	410666		173148	237517	371520	39146	
五河县	Wuhe	246435		138991	107444	215641	30794	
固镇县	Guzhen	207245		105282	101963	168235	39010	
阜阳市辖区	Fuyang Region of City	1034229	863268		170962	849743	149894	34592
界首市	Jieshou	212794	136568		76226	162782	37961	12050
临泉县	Linquan	338968		143924	195044	285487	49851	3630
太和县	Taihe	634821		426925	207896	552455	70809	11556
阜南县	Funan	279742		163864	115878	220021	58282	1439
颍上县	Yingshang	321008		184349	136659	254487	54171	12350
淮南市辖区	Huainan Region of City	1310998	1310998			1091870	202834	16294
凤台县	Fengtai	279977		153229	126748	227572	52405	
滁州市辖区	Chuzhou Region of City	436770	381399		55371	382145	48804	5821
天长市	Tianchang	290001	188820		101181	243680	43749	2572
明光市	Mingguang	243272	141345		101927	193046	49026	1200
来安县	Laian	213899		124178	89721	169341	41828	2730
全椒县	Quanjiao	211842		116202	95641	167645	39857	4340
定远县	Dingyuan	216640		118102	98538	165423	46860	4357
凤阳县	Fengyang	223729		119922	103807	184214	29315	10200
六安市辖区	Luan Region of City	750372	539611		210761	667597	82775	
寿县	Shouxian	381367		223387	157980	333911	47456	
霍邱县	Huoqiu	441502		166838	274664	392354	49148	
舒城县	Shucheng	308816		139804	169012	278742	30074	

16—22 续表 continued

单位：万元 (10000 yuan)

县（市）	County or City	社会消费品零售总额 Total Retail Sales of Consumer Goods	市 City	县 County	县以下 Under County Level	批发零售业 Wholesale and Retail Sale Trade	住宿和餐饮业 Accomoda-tion and Catering Trade	其他行业 Others
金寨县	Jinzhai	253066		144666	108400	206318	46748	
霍山县	Huoshan	152379		87197	65182	137000	15380	
叶集区	Yeji District	67997		32145	35852	61811	6186	
马鞍山市辖区	Maanshan Region of City	964457	964457			811914	139555	12988
当涂县	Dangtu	293020		135980	157040	258913	30874	3233
巢湖市辖区	Chaohu Region of City	450871	322688		128183	378084	72787	
庐江县	Lujiang	368110		205994	162116	302722	55633	9755
无为县	Wuwei	557754		329163	228591	465817	70779	21158
含山县	Hanshan	156159		76702	79457	116728	27147	12284
和县	Hexian	263976		128727	135249	215698	35709	12569
芜湖市辖区	Wuhu Region of City	1719473	1719473			1524524	194949	
芜湖县	Wuhu	224216		130339	93877	190810	32148	1258
繁昌县	Fanchang	182371		118845	63526	159620	19367	3384
南陵县	Nanling	289012		147441	141571	253217	32743	3052
宣城市辖区	Xuancheng Region of City	653300	393158		260142	548442	96363	8495
宁国市	Ningguo	308659	240259		68401	249297	53623	5740
郎溪县	Langxi	126411		62612	63799	104375	11553	10483
广德县	Guangde	246840		124893	121947	215724	27024	4092
泾县	Jingxian	147625		88095	59530	118610	26865	2150
绩溪县	Jixi	109051		66212	42839	89541	19510	
旌德县	Jingde	79430		45805	33625	64574	13238	1618
铜陵市辖区	Tongling Region of City	715095	715095			557364	154100	3631
铜陵县	Tongling	123126		56179	66947	100317	22031	778
池州市辖区	Chizhou Region of City	419581	294021		125560	341918	72273	5390
东至县	Dongzhi	173917		77461	96456	143244	18863	11810
石台县	Shitai	50985		30515	20470	42108	8303	574
青阳县	Qingyang	147301		85233	62068	120425	23322	3555
安庆市辖区	Anqing Region of City	1173951	1173951			863100	310348	503
桐城市	Tongcheng	307755	154576		153178	243921	63294	540
怀宁县	Huaining	281786		87471	194315	227639	51487	2660
枞阳县	Zongyang	260785		106838	153947	209119	44051	7615
潜山县	Qianshan	212538		104622	107916	166483	42762	3293
太湖县	Taihu	150081		51680	98401	127192	15369	7520
宿松县	Susong	213163		126369	86794	184354	27279	1530
望江县	Wangjiang	178001		86692	91309	150015	19882	8103
岳西县	Yuexi	101291		51106	50185	90939	8673	1680
黄山市辖区	Huangshan Region of City	559190	442724		116466	408885	142038	8267
歙县	Shexian	264168		111743	152425	217815	45576	777
休宁县	Xiuning	125962		86460	39502	107452	16640	1870
黟县	Yixian	39492		25004	14488	27252	11248	992
祁门县	Qimen	86792		53268	33524	60088	24031	2673

主要统计指标解释

社会消费品零售总额

指国民经济各行业直接售给城乡居民和社会集团的消费品总额。它是反映各行业通过多种商品流通渠道向居民和社会集团供应的生活消费品总量，是研究国内零售市场变动情况、反映经济景气程度的重要指标。

社会消费品零售总额包括：⑴售给城乡居民作为生活用的商品和修建房屋用的建筑材料；⑵售给社会集团的各种办公用品和公用消费品；⑶售给机关、团体、学校、部队、企业、事业单位的职工食堂和旅店（招待所）附设专门供本店旅客食用，不对外营业的食堂的各种食品、燃料；企业、单位和国营农场直接售给本单位职工和职工食堂的自己生产的产品；⑷售给部队干部、战士生活用的粮食、副食品、衣着品、日用品、燃料；⑸售给来华的外国人、华侨、港澳台同胞的消费品；⑹居民自费购买的中、西药品、中药材及医疗用品；⑺报社、出版社直接售给居民和社会集团的报纸、图书、杂志，集邮公司出售的新、旧纪念邮票、特种邮票、首日封、集邮册、集邮工具等；⑻旧货寄售商店自购、自销部分的商品；⑼煤气公司、液化石油气站售给居民和社会集团的煤气灶具和罐装液化石油气；⑽农民售给非农业居民和社会集团的商品。不包括售给国民经济各部门企业、事业单位（包括国有经济的农场）生产经营用的各种原材料、燃料、设备、工具等和售给批发零售贸易业、餐饮业作为转卖用的商品，旧货寄售商店受托寄售卖出的商品，服务业的营业收入，邮局出售邮票的收入，自来水、电力、煤气生产（供应）单位的产品供应收入，也不包括农民之间的商品销售。

批发零售业商品购、销、存总额

指各种登记注册类型的批发、零售业（不包括个体）企业（单位）以本企业（单位）为总体的商品购进、销售、库存总额。

商品购进总额

指从本企业（单位）以外的单位和个人购进（包括从境外直接进口）作为转卖或加工后转卖的商品总额。它反映批发零售业从国内、国外市场上购进商品的总量。商品购进总额包括：⑴从工农业生产者购进的商品；⑵从出版社、报社的出版发行部门购进的图书、杂志和报纸；⑶从各种登记注册类型的批发零售贸易企业（单位）购进的商品；⑷从其他单位购进的商品，如从机关、团体、企业等单位购进的剩余物资，从餐饮业、服务业购进的商品，从海关、市场管理部门购进的缉私和没收的商品，从居民手中收购的废旧商品等；⑸从国（境）外直接进口的商品。不包括企业（单位）为自身经营用和未通过买卖行为而收入的商品以及销售退回、商品升溢等。

商品销售总额

指对本企业（单位）以外的单位和个人出售（包括对境外直接出口）的商品总额。它反映批发零售业在国内市场上销售商品以及出口商品的总量。商品销售总额包括：⑴售给城乡居民和社会集团消费用的商品；⑵售给工业、农业、建筑业、运输邮电业、批发零售业、餐饮业、服务业等作为生产、经营使用的商品；⑶售给批发零售业作为转卖或加工后转卖的商品；⑷对国（境）外直接出口的商品。不包括出售本企业（单位）自用的废旧包装用品；未通过买卖行为付出的商品；经本单位介绍，由买卖双方直接结算，本单位只收取手续费的业务；购货退出的商品以及商品损耗和损失等。

批发零售业库存

指报告期末各种登记注册类型的批发零售企业（单位）已取得所有权的商品。它反映批发零售企业（单位）的商品库存情况和对市场商品供应的保证程度。期末库存包括：⑴存放在批发零售贸易业经营单位（如门市部、批发站、经营处）仓库、货场、货柜和货架中的商品；⑵挑选、整理、包装中的商品；⑶已记入购进而尚未运到本单位的商品，即发货单或银行承兑凭证已到而货未到的部分；⑷寄放他处的商品，如因购货方拒绝承付而暂时存放在购货方的商品和已办完加工成品收回手续而未提回的商品；⑸委托其他单位代销（未作销售或调出）尚未售出的商品；⑹代其他单位购进尚未交付的商品。不包括所有权不属于本单位的商品、拨付除批发零售贸易业以外的其他行业所属独立核算加工厂等加工生产尚未收回成品的商品、代国家物资储备部门保管的商品等。

库存总额采用的计算价格是：农副产品采购单位按购进价计算；批发单位按进货价计算；零售单位按核算价格计算，即按什么价格核算就按什么价格计算。

批发和零售业、住宿和餐饮业重点企业限额标准

批发业：年销售额在 80000 万元及以上；零售业：年销售额在 20000 万元以及上；住宿业：年营业收入在 2000 万元及以上；餐饮业：年营业收入在 3000 万元及以上。

Explanatory Notes for Major Statistical Indicators

Total Retail Sales of Consumer Goods

refer to the sum of retail sales of consumer goods sold by all sectors of the national economy to urban and rural residents and social groups. This indicator is used to show the supply of consumers goods through various channels to households and institutions, and is very important for the study on changes at the domestic retail market, and on economic cycles.

The retail sales of consumer goods include: (1) commodities sold to urban and rural residents for their daily use and building materials sold to them for the construction or repair of houses; (2) office appliances and supplies sold to institutions; (3) food and fuels sold to canteens of institutions, enterprises, schools, military units and to canteens of hotels and hostels that only serve their guests, and commodities produced by enterprises, institutions or state farms and sold directly to their employees or their canteens; (4) grain and non-staple food, clothing, daily articles and fuels sold to military personnel; (5)consumer goods sold to foreigners, overseas Chinese, and Chinese compatriots from Taiwan, Hong Kong and Macao during their stay in the mainland of China; (6) Chinese and western medicines, herbs and medical facilities purchased by residents; (7) newspapers, books and magazines directly sold to residents and social groups by publishers, new and old commemorative stamps, special stamps, first-day covers, stamp albums and other stamp-collection articles sold by stamp companies; (8) consumer goods purchased and then sold by second-hand shops; (9) stoves and other heating facilities and liquefied gas sold by gas companies to households and institutions; and (10) commodities sold by farmers to non-agricultural residents and social groups. Excluded under this heading are: raw materials, fuels, equipment, tools sold to enterprises, institutions and state farms for production purpose; commodities sold to trade establishments for re-selling; commissioned sales at second-hand shops; operational income of urban public utilities; stamps sold at post offices; income of water, power, gas production and supply establishments from the supply of their products; and sales of commodities among farmers.

Purchase, Sales and Stock of Commodities by Wholesale and Retail Trade

refer to the purchase, sales and stock of commodities by wholesale and retail establishments of different status of registration (excluding individual sellers).

Total Purchases of Commodities

refer to the total value of purchases of commodities by the establishments from other establishments or individuals (including direct import from abroad) for the purpose of re-selling, either with or without further processing of the commodities purchased. This indicator is used to show the total value of purchases of commodities by wholesale and retail establishments from domestic and overseas markets. The total purchases include: (1) agricultural and industrial products purchased from producers; (2) books, magazines and newspapers purchased from distribution departments of the publishers; (3) commodities purchased from wholesale and retail establishments of different status of registration; (4) commodities purchased from other units, such as surplus materials purchased from government agencies, enterprises or institutions, commodities purchased from catering and service establishments, confiscated goods purchased from customs authorities or market management agencies, second-hand goods and wastes purchased from residents; and (5) commodities directly imported from abroad. Excluded are commodities purchased by establishments (units) for use in their own business operation, commodities obtained without buying or selling procedures, rejected commodities, etc.

Total Sales of Commodities

refer to value of commodities sold by the establishments to other establishments and individuals (including direct export). This indicator is used to show the total value of sales of commodities at domestic markets and export. The total sales include: (1) commodities sold to urban and rural residents and social groups for their consumption; (2) commodities sold to establishments in industry, agriculture, construction, transportation, post and telecommunications, wholesale and retail trades, catering trade and public utility for their production and operation; (3) commodities sold to wholesale and retail establishments for re selling, with or without further processing; and; (4)commodities for direct export to other countries. Excluded are selling of waste packaging materials used by the establishments (units) themselves, commodities transferred without buying or selling procedures, commission income from brokerage in transactions whose settlement is directly handled by buyers and sellers, rejected commodities in the purchase, loss in commodities, etc.

Commodity Stock of Wholesale and Retail Enterprises

refers to total commodities possessed by wholesale and retail enterprises (units) of various types of registration status at the end of the reference period, which reflects the commodity stock level of various wholesale and retail enterprises and the potential for market supply. It includes: (1) commodities located in storage, garages, counters, and shelves of operating units (such as sale stores, wholesale centers, and operating offices) of wholesale and retail enterprises; (2) commodities in the process of selecting, sorting, and packing; (3)commodities not arrived but recorded as purchase in the account, i.e. commodities not arrived but payment receipts for the commodities from the sellers or the banks arrived; (4) commodities deposited in other places rather than places mentioned above, for instance: commodities in the hold of purchasers temporarily due to the refusal of payment and commodities not taken back after going through the formalities; (5) commodities entrusted to other units to sell but not sold yet; (6) commodities purchased for other units but not delivered yet. Commodities not included as stock are those not owned by the enterprises (units), those allocated to financially independent factories rather than wholesale and retail enterprises for processing but not taken back yet, and finally those put in stock by wholesale and retail enterprises on behalf of the state material reserves units.

For the calculation of the value of commodities stock, the value is calculated at purchasing prices in agricultural goods purchasing units and wholesale units, and at the accounting prices in retail units.

第十七篇

Chapter 17

对外经济贸易

FOREIGN TRADE AND ECONOMIC COOPERATION

简要说明

一、我省进出口贸易的规模、进出口商品结构、贸易伙伴国的进出口总额以及三资企业的进出口变化情况，根据合肥海关资料加工整理。

二、利用外资资料来源于省商务厅，是根据国家商务部和国家统计局共同制订的《利用外资统计制度》加工、整理而成。

三、外商投资企业注册登记情况。资料来源于省工商行政管理局，是根据国家工商行政管理局制订的《工商行政管理系统统计报表制度》进行统计、加工、整理而得。凡以工商行政管理机关核准注册，在我省的中外合资经营企业、中外合作经营企业、外商独资企业、中外股份公司、在华从事经营活动的外国及港澳台地区企业及外国公司在我省境内设立的分支机构均列入统计范围。

四、对外承包工程和劳务合作的发展状况。资料来源于省商务厅，是根据国家商务部与国家统计局共同制订的《对外承包工程和劳务合作统计制度》通过全面调查方法进行加工、整理而得。

Brief Introduction

I. Data on scale of import and export, commodity structure, total volume of import and export to trade partner and change in import and export of joint, cooperative or exclusively foreign-funded ventures are collected in accordance with the data provided by the Hefei Customs.

II. Data on overall situation of the utilization of foreign capital in Anhui come from the Provincial Department of Commerce and are tabulated in accordance with the "Statistical Scheme on the Utilization of Foreign Capital" designed by the Ministry of Commerce and Economic Cooperation and the National Bureau of Statistics.

III. Data on the registration of the foreign-funded enterprises in various regions come from the Provincial Administration for Industry and Commerce and are tabulated in accordance with the "Statistical Reporting Scheme in the Administrative System of Administration for Industry and Commerce" stipulated by the State Administration for Industry and Commerce. The statistical coverage includes all the Sino-foreign joint ventures, Sino-foreign cooperative enterprises, ventures exclusively with foreign investment, Sino-foreign shareholding companies, foreign enterprises and enterprises of Hong Kong, Macao and Taiwan engaged in commercial activities and the branch offices of the foreign companies, which have been approved by and registered at the Administration for Industry and Commerce to set up in boundary of Anhui Province.

IV. Data on development of the contracted projects, labor services cooperation and design and consultation service with foreign countries come from the Provincial Department of Commerce and are collected with the method of complete enumeration and are tabulated in accordance with the "Statistical Reporting Scheme on the Contracted Projects and Labor Services Cooperation with Foreign Countries" jointly stipulated by the Ministry of Commerce and Economic Cooperation and the National Bureau of Statistics.

17—1 对外经济贸易基本情况
Foreign Trade and Economic Cooperation

指　　标		Item		1995	2000	2005	2008	2009
进出口总额	**（万美元）**	**Total Imports and Exports**	**(USD 10000)**	**200739**	**334689**	**911971**	**2043529**	**1563520**
出口总额		Total Exports		139358	217206	519038	1135271	888729
进口总额		Total Imports		61381	117483	392933	908258	674791
进出口差额		Balance		+77977	+99723	+126105	+227013	+213938
对外签订利用外资（合同）项目	**（个）**	**Number of Projects for Utilization of Foreign Capital in the Signed Agreements & Contracts**	**(unit)**	**757**	**250**	**421**	**256**	**303**
#对外借款		Foreign Loans		4	3			
外商直接投资		Foreign Direct Investments		753	247	421	256	303
对外签订利用外资（合同）金额	**（万美元）**	**Total Amount of Foreign Capital to Be Utilized in the Signed Agreements & Contracts**	**(USD 10000)**	**133856**	**75154**	**155358**	**205628**	**208883**
对外借款		Forign Loans		13216	8800			
外商直接投资		Foreign Direct Investments		120640	63602	155358	205628	208883
外商其他投资		Other Foreign Investments			2752			
实际利用外资金额	**（万美元）**	**Total Amount of Foreign Capital Actually Used**	**(USD 10000)**	**76749**	**41521**	**68845**	**348988**	**388416**
对外借款		Forign Loans		28493	6922			
外商直接投资		Foreign Direct Investments		48256	31847	68845	348988	388416
外商其他投资		Other Foreign Investments			2752			
外商投资企业基本情况		**Registered Foreign-funded Enterprises**						
年底登记户数	（户）	Number of Registered Enterprises	(unit)	2949	2216	2165	2535	2522
投资总额	（万美元）	Total Investment	(USD 10000)	610297	914400	1548601	2546453	2790596
注册资本	（万美元）	Registered Capital	(USD 10000)	422852	586788	890476	1474882	1598971
#外　方		Capital from Foreign Partners		232027	341328	593280	1075415	1160774
对外承包工程和劳务合作合同金额	**（万美元）**	**Contracted Value of Contracted Projects and Lobor Cooperation**	**(USD 10000)**	**1689**	**17609**	**50398**	**151528**	**103014**
#对外承包工程		Contracted Projects		866	11768	36396	144575	98077
对外劳务合作		Labor Cooperation		745	5350	4731	6436	4937

17—2 海关出口商品分类金额
Value of Exports by Category of Commodities (Customs Statistics)

单位：万美元　(USD 10000)

指　标	Item	2000	2005	2008	2009
总　额	**Total**	**217206**	**519038**	**1135271**	**888729**
初级产品	Primary Goods	28988	37045	97965	84468
食品及主要供食用的活动物	Food and Live Animals Used Chiefly for Food	18098	22603	37224	38360
饮料及烟类	Beverages and Tobacco	29	17	20	92
非食品原料	Non-edible Raw Materials	10246	14288	20431	17162
矿物燃料、润滑油及有关原料	Mineral Fuels, Lubricants and Related Materials	596	16	17	47
动、植物油脂及腊	Animal and Vegetable Oils, Fats and Wax	19	121	40273	28807
工业制成品	Manufactured Goods	188218	481993	1037306	804262
化学品及有关产品	Chemicals and Related Products	22855	60227	133151	96766
轻纺产品、橡胶制品、矿冶产品及其制品	Light and Textile Industrial Products, Rubber Products, Minerals Metallurgical Products	72552	205767	388043	287919
机械及运输设备	Machinery and Transport Equipment	25386	142220	365161	264346
杂项制品	Miscellaneous Products	67425	72718	106633	114773
未分类的商品	Goods not Classified		1061	44317	40458

17—3 海关进口商品分类金额
Value of Imports by Category of Commodities (Customs Statistics)

单位：万美元　(USD 10000)

指　标	Item	2000	2005	2008	2009
总　额	**Total**	**117483**	**392933**	**908258**	**674791**
初级产品	Primary Goods	45718	208280	599735	380781
食品及主要供食用的活动物	Food and Live Animals Used Chiefiy for Food	941	8113	14915	19047
饮料及烟类	Beverages and Tobacco		4	33	63
非食品原料	Non-edibla Raw Materials	43747	189954	558210	337873
矿物燃料、润滑油及有关原料	Mineral Fuels, Lubricants and Related Materials	577	8101	6791	14086
动、植物油脂及腊	Animal and Vegetable Oils, Fats and Wax	453	2108	19785	9712
工业制成品	Manufactured Goods	71765	184653	308523	294010
化学品及有关产品	Chemicals and Related Products	12448	30386	43976	47804
轻纺产品、橡胶制品、矿冶产品及其制品	Light and Textile Industrial Products, Rubber Products, Minerals Metallurgical Products	14791	42157	50810	80173
机械及运输设备	Machinery and Transport Equipment	41439	102515	176829	127100
杂项制品	Miscellaneous Products	3087	9595	25829	28849
未分类的商品	Goods not Classified			11079	10084

17—4 海关进出口商品分类金额
Value of Imports and Exports by Category of Commodities (Customs Statistics)

单位：万美元 (USD 10000)

品名	Item	2008 出口 Exports	2008 进口 Imports	2009 出口 Exports	2009 进口 Imports
总值	**Total**	**1135271**	**908258**	**888729**	**674791**
初级产品	**Primary Goods**	**97965**	**599735**	**84468**	**380781**
食品及活动物	Food and Live Animals	37224	14915	38360	19047
活动物	Live Animals	118	164	77	3192
肉及肉制品	Meat and Related Products	896	2279	599	2823
乳品及蛋品	Dairy Products and Eggs	36	274	5	605
鱼、甲壳及软体类动物及其制品	Fish, Shellfish and Mollusks and Related Products	1947	51	1171	70
谷物及其制品	Cereals and Related Products	1676	8	2647	8
蔬菜及水果	Vegetables and Fruits	16138	2144	13475	2258
糖、糖制品及蜂蜜	Sugar, Sugar Products and Honey	4913	81	5150	224
咖啡、茶、可可、调味料及其制品	Coffee, Tea, Coco, Spices and Related Products	4771	308	5502	660
饲料（不包括未碾磨谷物）	Feed (excluding unbranded cereal)	722	8242	750	8705
杂项食品	Miscellaneous Food	6007	1365	8984	501
饮料及烟类	Beverages and Tobacco	20	33	92	63
饮　料	Beverages	17	33	43	63
烟草及其制品	Tobacco and Its Products	3		49	
非食用原料（燃料除外）	Inedible Material (excluding fuel)	20431	558210	17162	337873
生皮及生毛皮	Raw Hides and Raw Furs	82	737	14	392
油籽及含油果实	Oil Seeds and Fruits Containing Oil	4917	2052	3547	11912
生橡胶（包括合成橡胶及再生橡胶）	Raw Rubber (including synthetic rubber and reclaimed rubber)	74	17595	105	11069
软木及木材	Cork and Timber	1272	741	1946	756
纸浆及废纸	Paper Pulp and Waste Paper	1738	21139	1314	31083
纺织纤维（羊毛条除外）及其原料	Textile Fibers (excluding wool taps) and Related Waste Material	6133	5922	3980	4304
天然肥料及矿物（煤、石油及宝石除外）	Natural Fertilizer and Mineral (excluding coal, petroleum and precious stone)	1056	9715	692	809
金属矿砂及金属废料	Metal Ore and Metal Waste Material	4	499607		277133
其他动、植物原料	Other Animal and Plant Material	5156	702	5564	414
矿物燃料、润滑油及有关原料	Mineral Fuel, Lubrication Oil and Related Raw Material	17	6791	47	14086
煤、焦炭及煤砖	Coal, Coke and Briquette		2859	1	11444
石油、石油产品及有关原料	Petroleum, Petroleum Products and Related Material	17	3881	47	2642
天然气及人造气	Natural Gas and Person Gas-producing		51		
动植物油、脂及蜡	Animal Fat, Vegetable Oil and Wax	40273	19785	28807	9712
动物油、脂	Animal Fat	79	3205	278	2883
植物油、脂	Vegetable Oil	725	11688	142	2851
已加工的动植物油、脂及动植物蜡	Processed Animal Fat, Vegetable Oil and Wax	7	182	9	61
其他动植物油、脂及蜡	Other Animal Fat,Vegetable Oil and Wax	39462	4711	28379	3917
工业制品	**Industrial Products**	**1037306**	**308523**	**804262**	**294010**
化学成品及有关产品	Chemical Products and Related Products	133151	43976	96766	47804
有机化学品	Organic Chemical Products	70231	12390	54764	13852
无机化学品	Inorganic Chemical Products	7743	1327	6394	828

17—4 续表 continued

单位：万美元 (USD 10000)

品名	Item	2008 出口 Exports	2008 进口 Imports	2009 出口 Exports	2009 进口 Imports
染料、鞣料及着色料	Dyestuff, Tanning Material and Coloring Material	2898	1110	2381	798
医药品	Medical and Pharmaceutical Products	10710	27	9760	41
精油、香料及盥洗、光洁制品	Essential Oil, Perfume, Sanitary and Surface Finishing Articles	8062	1938	7084	2064
制成废料	Produced Wasted Articles	15353		4874	
初级形状的塑料	Primary Shaped Plastics	5235	20887	3586	23243
非初级形状的塑料	Non-primary Shaped Plastics	9891	1923	5219	2338
其他化学原料及产品	Other Chemical Material and Products	3028	4375	2705	4638
按原料分类的制成品	Products by Raw Material	388043	50810	287919	80173
皮革、皮革制品及已鞣毛皮	Leather and Its Products and Tan Hide	12999	2	12136	5
橡胶制品	Rubber Products	35523	9316	29643	9277
软木及木制品（家具除外）	Cork and Wooden Products (excluding furniture)	2141	57	2546	165
纸及纸板、纸浆、纸及纸板制品	Paper, Paperboard, Paper Pulp and Paper Products	4925	863	5024	1011
纺纱、织物、制成品及有关产品	Spinning, Fabric and Related Products	154690	8847	155251	10168
非金属矿物制品	Nonmetal Mineral Products	11737	1749	13401	1805
钢 铁	Iron and Steel	119017	7951	33282	19144
有色金属	Nonferrous Metal	12229	14180	10914	32492
金属制品	Metal Products	34783	7844	25723	6105
机械及运输设备	Machinery and Transportation Equipment	365161	176829	264346	127100
动力机械及设备	Dynamic Machinery and Equipment	17129	25672	15941	21129
特种工业专用机械	Special Industrial Machinery	31510	59837	21804	35908
金工机械	Metalworking	5018	29566	4264	16737
通用工业机械设备及零件	General Industrial Machinery Equipment and Accessories	82091	34494	48635	30610
办公用机械及自动数据处理设备	Office Machinery and Automatic Data Processing Equipment	5495	5357	5849	3395
电信和声音的录制及重放装置设备	Telecommunication, Sound Recording and Playing Equipment	11897	1384	18748	2414
电力机械、器具及其电气零件	Electric Machinery, Implements and Spare Parts	72190	14373	68515	13407
陆路车辆（包括气垫式）	Land Route Vehicles (including hover-motor)	125812	6142	64346	3221
其他运输设备	Other Transportation Equipment	14021	5	16243	279
杂项制品	Miscellaneous Manufactured Articles	106633	25829	114773	28849
活动房屋、卫生水道、供热及照明装置	Prefabricated House, Sanitation, Water Pipe, Heating and Lighting Installation	8328	182	5305	50
家具及其零件、褥垫及类似填充制品	Furniture and Accessories, Mattress, Bedding Articles	22225	154	32356	116
旅行用品、手提包及类似品	Box and Bag, Travel Goods	4800	1	5498	
服装及衣着附件	Garments, Clothing Accessories	5340	17	4820	13
鞋 靴	Footwear	26313	5	26016	6
专业、科学及控制用仪器装置	Professional, Scientific and Dominating Instrument	10129	16602	9099	18403
摄影器材、光学物品及钟表	Photographic Equipment, Optical Goods, Clocks and Watches	1641	3884	2309	5083
杂项制品	Miscellaneous Manufactured Articles	27856	4985	29289	5178
未分类的商品	Goods Not Classified	44317	11079	40458	10084

17—5 安徽省同各国（地区）进出口总额
Anhui's Foreign Trade With Related Countries and Territories

单位：万美元 (USD 10000)

国别（地区）	Country (territory)	2008 进出口总额 Total	2008 出口总额 Exports	2008 进口总额 Imports	2009 进出口总额 Total	2009 出口总额 Exports	2009 进口总额 Imports
合计	**Total**	**2043529**	**1135271**	**908258**	**1563520**	**888729**	**674791**
亚洲	**Asia**	**682384**	**436156**	**246228**	**554488**	**351781**	**202703**
阿富汗	Afghanistan	255	255		395	395	
巴林	Bahrain	1113	1113		1219	1219	
孟加拉国	Bangladesh	7903	7849	54	9050	8993	56
文莱	Brunei	153	153		267	267	
缅甸	Myanmar	1189	1153	36	2811	2763	49
柬埔寨	Cambodia	703	703		352	352	
塞浦路斯	Cyprus	623	609	13	479	479	
朝鲜	Democratic People's Republic of Korea	40	39	1	128	128	
香港	Hong Kong	50490	47280	3210	36577	29875	6702
印度	India	50578	35945	14634	35428	24434	10994
印度尼西亚	Indonesia	27516	16089	11428	18575	11722	6852
伊朗	Iran	15222	11886	3335	13135	12126	1009
伊拉克	Iraq	2077	2077		6328	6327	
以色列	Israel	6853	6338	515	4326	4088	238
日本	Japan	185185	69242	115943	142398	56305	86093
约旦	Jordan	2317	2317		2992	2992	
科威特	Kuwait	2996	1925	1071	1084	1084	
老挝	Laos	4480	233	4248	1470	363	1107
黎巴嫩	Lebanon	2229	2229		1686	1686	
澳门	Macao	1740	1739		202	202	
马来西亚	Malaysia	38626	15407	23219	32325	18218	14107
马尔代夫	Maldives	62	62		50	50	
蒙古	Mongolia	508	508		576	576	
尼泊尔	Nepal	93	93		162	162	
阿曼	Oman	1041	1041		1748	589	1158
巴基斯坦	Pakistan	9428	9032	396	9767	9095	672
巴勒斯坦	Palestine	33	33		22	22	
菲律宾	The Philippines	11063	10409	654	9559	7628	1931
卡塔尔	Qatar	2801	2147	653	1053	1040	13
沙特阿拉伯	Saudi Arabia	22474	18987	3486	10455	8904	1551
新加坡	Singapore	23922	20674	3248	26572	22165	4407
韩国	Republic of Korea	75947	41929	34018	64976	26451	38525
斯里兰卡	Sri Lanka	1687	1615	72	1068	1022	46
叙利亚	Syria	5854	5854		4059	4059	
泰国	Thailand	23910	19562	4348	24271	20214	4057
土耳其	Turkey	13783	12776	1007	11082	8302	2779
阿联酋	United Arab Emirates	37006	35566	1440	20428	20311	117
也门共和国	Arab Republic of Yemen	2393	2384	9	2124	2124	
越南	Viet Nam	13582	12875	706	19675	18504	1171
台湾	Taiwan	27451	12763	14688	26083	12887	13196
东帝汶	East Timor	2	2		41	41	
哈萨克斯坦	Kazakhstan	907	895	12	1325	894	431
吉尔吉斯坦	Kirghiz Tanzania	1420	1420		922	917	5
塔吉克斯坦	Tajikistan	205	205		227	227	
土库曼斯坦	Turkmenistan	142	142		305	281	24
乌兹别克斯坦	Uzbekistan	1224	1208	16	1333	1298	35
亚洲其他	Other of Asia	3780		3780	5378		5378
非洲	**Africa**	**139678**	**112712**	**26966**	**134402**	**107999**	**26404**
阿尔及利亚	Algeria	7310	7310		10610	10581	29
安哥拉	Angola	9828	9828		7918	7918	
贝宁	Benin	2489	2489		2210	2210	
博茨瓦那	Botswana	338	338		675	675	
布隆迪	Burundi				6	6	

17—5 续表1 continued

单位：万美元 (USD 10000)

国 别（地区）	Country (territory)	2008 进出口总额 Total	2008 出口总额 Exports	2008 进口总额 Imports	2009 进出口总额 Total	2009 出口总额 Exports	2009 进口总额 Imports
喀麦隆	Cameroon	887	877	11	656	656	
加那利群岛	Canary Islands	69	69		17	17	
佛得角	Cape Verde	49	49		44	44	
中 非	Central Africa	12		12	4	4	
乍 得	Chad	5	5		1	1	
科摩罗	Comoros	7	7		5	5	
刚 果	The Congo	2833	2820	14	564	555	9
吉布提	Djibouti	394	359	35	561	561	
埃 及	Egypt	20992	20898	94	17096	16958	138
赤道几内亚	Equatorial Guinea	38	38		76	76	
埃塞俄比亚	Ethiopia	2139	1348	791	5784	3688	2097
加 蓬	Gabon	90	85	5	51	51	
冈比亚	Gambia	388	377	11	147	147	
加 纳	Ghana	5227	5227		5374	5374	
几内亚	Guinea	512	512		707	707	
几内亚比绍	Guineabissau	8	8		9	9	
科科迪瓦	Cote D'ivoire	818	818		1491	1488	3
肯尼亚	Kenya	2303	2072	231	2348	2236	113
利比里亚	Liberia	353	353		290	290	
利比亚	Libya	2129	2129		6905	6905	
马达加斯加	Madagascar	2395	2395		1204	1204	
马拉维	Malawi	185	185		660	660	
马 里	Mali	41	41		114	114	
毛里塔尼亚	Mauritania	3734	401	3333	1228	485	743
毛里求斯	Mauritius	283	283		286	286	
摩洛哥	Morocco	4908	4869	39	4136	4104	31
莫桑比克	Mozambique	2373	2271	102	4093	3664	430
纳米比亚	Namibia	437	437		198	198	
尼日尔	Niger	81	75	6	60	60	
尼日利亚	Nigeria	13189	13037	152	9579	9434	145
留尼汪	Reunion	141	141		126	126	
卢旺达	Rwanda	1	1		42	42	
圣多美普林西比	Sao Tome Principe				15	15	
塞内加尔	Senegal	1074	1051	23	598	598	
塞舌尔	Seychelles	11	11		17	17	
塞拉利昂	Sierra Leone	188	188		178	178	
索马里	Somali	124	124		87	87	
南 非	South Africa	31079	14351	16727	19630	9198	10432
苏 丹	Sudan	9844	9607	237	10959	10370	589
坦桑尼亚	Tanzania	1210	1210		1383	1023	360
多 哥	Togo	1531	1531		1376	1362	14
突尼斯	Tunisia	1267	1263	4	1550	1546	3
乌干达	Uganda	526	524	2	335	334	1
布基纳法索	Burkina Faso	47	47		96	96	
扎伊尔	Zaire	660	254	406	7388	438	6950
赞比亚	Zambia	4819	85	4734	5414	1097	4317
津巴布韦	Zimbabwe	193	193		79	79	
莱索托	Lesotho						
斯威士兰	Swaziland	50	50		1	1	
厄立特里亚	Eritrea				4	4	
马约特岛	Mayuete Island	29	29		17	17	
非洲其他	Other of Africa	39	39				
欧 洲	**Europe**	**403365**	**293338**	**110027**	**284162**	**183412**	**100749**
比利时	Belgium	17547	14154	3392	13600	11133	2468
丹 麦	Denmark	5118	4167	950	4630	3523	1107

17—5 续表2 continued

单位：万美元 (USD 10000)

国别（地区）	Country (territory)	2008 进出口总额 Total	2008 出口总额 Exports	2008 进口总额 Imports	2009 进出口总额 Total	2009 出口总额 Exports	2009 进口总额 Imports
英　国	United Kingdom	29154	24456	4698	30500	27404	3096
德　国	Germany	92188	35282	56906	74480	28817	45663
法　国	France	22337	16611	5726	19479	15869	3611
爱尔兰	Ireland	2895	2186	709	2415	2332	82
意大利	Italy	35778	27050	8729	24875	18951	5924
卢森堡	Luxembourg	2	1	1	156	111	45
荷　兰	Netherlands	21014	18298	2717	16774	14977	1798
希　腊	Greece	9155	9021	135	3663	2871	791
葡萄牙	Portugal	3794	3777	16	2250	2126	123
西班牙	Spain	19828	17388	2440	15348	12541	2807
阿尔巴尼亚	Albania	206	206		296	296	
安道尔	Andorra				2	2	
奥地利	Austria	5416	1885	3531	7018	1563	5455
保加利亚	Bulgariy	1809	1589	220	910	877	34
芬　兰	Finland	4981	3878	1103	4147	2530	1617
直布罗陀	Gibraltar						
匈牙利	Hungary	1418	1336	82	891	815	75
冰　岛	Iceland	52	52		23	23	
列支敦士登	The Principality of Liechtenstein	1		1	1		1
马耳他	Malta	323	157	166	342	336	7
摩纳哥	Monaco	51	42	8	105	77	29
挪　威	Norway	3206	1818	1388	3144	1560	1583
波　兰	Poland	8062	6973	1089	5416	4891	525
罗马尼亚	Romania	3658	2745	913	1838	1596	241
圣马力诺	Sanmarino				2	1	1
瑞　典	Sweden	8878	3852	5026	8678	3270	5407
瑞　士	Switzerland	5025	916	4109	4865	809	4056
爱沙尼亚	Estonia	940	938	2	557	550	7
拉脱维亚	Latvia	749	748		564	550	14
立陶宛	Lithuania	2820	2819	1	2075	2070	5
格鲁吉亚	Georgia	341	341		210	210	
亚美尼亚	Armenia	943	15	928	18	18	
阿塞拜疆	Azerbaijan	609	609		254	254	
白俄罗斯	Byelorussia	764	764		88	88	
摩尔多瓦	Moldora	210	210		25	25	
俄罗斯	Russia	53630	50364	3266	22173	10912	11260
乌克兰	Ukraine	29875	29566	309	4651	3793	858
南斯拉夫	Yugoslavia						
斯洛文尼亚	Slovenia	1893	1425	468	1651	910	741
克罗地亚	Croatia	1742	1741		1248	1247	1
捷克共和国	Czech	3970	3140	830	2440	1634	806
斯洛伐克	Slovak	1739	1586	153	1614	1505	109
前南马其顿	Macedonia	108	108		61	61	
波　黑	Bosnia	45	45		357	14	343
塞尔维亚	Serbra	340	340		250	192	59
黑山	Montenegro	127	127		78	78	
拉丁美洲	**Latin America**	**399167**	**105927**	**293240**	**254457**	**79633**	**174827**
安提瓜	Antigua	42	42		14	14	
阿根廷	Argentina	18957	17820	1138	10115	8239	1876
阿鲁巴岛	Aruba Island	34	34		34	34	
巴哈马	The Bahamas	79	79		31	31	
巴巴多斯	Barbados	71	71		41	41	
伯利兹	Belize	6	6		59	59	
玻利维亚	Bolivia	169	169		222	184	38
巴　西	Brazil	98027	16979	81047	47899	14932	32968
开曼群岛	Cayman Islands	8	8				
智　利	Chile	164074	16777	147297	105100	12348	92752

17—5 续表3 continued

单位：万美元 (USD 10000)

国 别（地区）	Country (territory)	2008 进出口总额 Total	2008 出口总额 Exports	2008 进口总额 Imports	2009 进出口总额 Total	2009 出口总额 Exports	2009 进口总额 Imports
哥伦比亚	Colombia	6661	6659	2	4792	4790	2
多米尼克	Commonwealth of Dominica	131	131		10	10	
哥斯达黎加	Costa Rica	885	882	3	2548	2526	22
古 巴	Cuba	473	473		122	122	
库腊索岛	Curacao	58	58		12	12	
多米尼加	Dominican	853	853		3328	695	2633
厄瓜多尔	Ecuador	3563	3441	122	2845	2563	282
法属圭亚那	French Guiana	14	14		6	6	
格林纳达	Grenada	77	77		117	117	
瓜德罗普	Guaderopu	63	63		37	37	
危地马拉	Guatemala	1110	1110		1050	1034	17
圭亚那	Guyana	109	109		114	114	
海 地	Haiti	400	400		431	431	
洪都拉斯	Honduras	532	529	3	287	283	5
牙买加	Jamaica	305	305		306	306	
马提尼克	Matinik	65	65		34	34	
墨西哥	Mexico	12185	7902	4283	13167	7917	5250
尼加拉瓜	Nicaragua	361	361		277	277	
巴拿马	Panama	6350	5985	365	4325	3923	402
巴拉圭	Paraguay	4960	4960		1982	1957	25
秘 鲁	Peru	66048	7218	58830	44171	5712	38459
波多黎各	Puerto Rico	455	455		386	386	
圣卢西亚	Saint Lucia	18	18		50	50	
圣马丁岛	Saint Martin Island	22	22		11	11	
圣文格林纳	Saint Article Greener	6	6		6	6	
萨尔瓦多	El Salvador	385	379	6	245	245	
苏里南	Surinam	162	162		177	177	
特立一巴哥	Trinidad and Tobago	1011	1011		451	451	
特立一凯科	Trinidad Cacao	8	8				
乌拉圭	Uruguay	5153	5008	145	4305	4209	96
委内瑞拉	Venezuela	5138	5138		5175	5175	
英属维尔京群岛	Virgin	8	8		2	2	
荷属安第列斯群岛	Antilles Guilder Ang	123	123		173	173	
拉丁美洲其他	Other of Latin America	9	9				
北美洲	**North America**	**258296**	**169140**	**89156**	**226922**	**146873**	**80050**
加拿大	Canada	36907	19962	16945	39175	15882	23293
美 国	United States	221277	149091	72186	187694	130973	56722
格陵兰	Greenland	25		25	35		35
百慕大	Bermuda Is.	87	87		18	18	
大洋洲	**Oceanic**	**160546**	**17998**	**142548**	**109074**	**19033**	**90040**
澳大利亚	Australia	154954	15130	139824	99707	13511	86196
库克群岛	Cook Islands	2	2				
斐 济	Fiji	140	140		222	222	
新喀里多尼	New Karidoni	52	52		22	22	
瓦努阿图	Vanuatu	90	90		6	6	
新西兰	New Zealand	4761	2047	2714	5834	1992	3842
诺福克岛	Norfolk Island	6		6			
巴布亚新几	Papua New Guinea	309	309		367	367	
所罗门群岛	Solomon Is.	27	24	4	18	15	2
汤 加	Tonga	5	5		3	3	
萨摩亚	Samoa	15	15		13	13	
基里巴斯	Kiribati						
密克罗尼西	Micronesia	21	21		5	5	
马绍尔群岛	Marshall Island	9	9		2840	2840	
贝劳共和国	Palau						
法属波利尼西亚	French Polynesia	117	117		35	35	
瓦利斯和浮图纳	Wallis and The Buddha Accepts	33	33		1	1	
大洋洲其他	Other of Oceania	6	6		1	1	
国别(地区)不详	**Nationality (Area) Unclear**	**93**		**93**	**18**		**18**

17—6 安徽省主要商品出口数量和金额

Volume and Value of Main Export Commodifies of Anhui Province

单位：万美元 (USD 10000)

品名		Item		2008 数量 Volume	2008 金额 Value	2009 数量 Volume	2009 金额 Value
总值		**Total**			**1135271**		**888729**
活猪（种猪除外）	（头）	Live Hogs	(head)	4280	81	112250	28
肉及杂碎	（吨）	Meat and meat offal		3025	1007	2786	756
冻鸡	（吨）	Frozen Chicken	(ton)	1636	364	2004	371
水海产品	（吨）	Aquatic Products	(ton)	126	82	775	365
粮食	（吨）	Grain food		13645	1753	11256	1582
蔬菜	（吨）	Vegetable	(ton)	51705	5916	45945	5734
鲜、干水果及坚果	（吨）	Dried、Fresh Fruits and Nuts	(ton)	4979	692	3417	496
乳品	（吨）	Diary products		61	18		
果蔬汁	（吨）	Fruit and vegetable juices		4742	492	506	32
食用油籽	（吨）	Edible Oil Seed	(ton)	27759	4964	22854	3553
食用植物油（包括棕榈油）	（吨）	Edible Vegetable Oil	(ton)	3627	658	6358	112
烘焙花生	（吨）	Dries Cultivated Peanuts	(ton)	3904	591	2894	312
天然蜂蜜	（吨）	Natural Honey	(ton)	12805	2105	11131	1843
茶叶	（吨）	Tea	(ton)	21266	3891	25586	4957
辣椒干	（吨）	Dried Chilies	(ton)	580	107	196	40
猪肉罐头	（吨）	Canned Pork	(ton)	492	123	16	4
番茄酱	（吨）	Tomato paste in cans and tomato ketchup		2955	280	2262	232
蘑菇罐头	（吨）	Canned Mushroom	(ton)	4172	477	1920	176
肠衣	（吨）	Casing	(ton)	211	241	151	172
填实用羽毛、羽绒	（吨）	Feathers and Dawn for Stuffing	(ton)	4021	3298	4129	3133
药材	（吨）	Medical Materials	(ton)	14836	3364	20787	4939
纸烟	（条）	Cigarette		352	3	14900	49
肥料	（吨）	Fertilizer	(ton)	316214	15599	200373	4874
锯材	（立方米）	Wood sawn lengthwise		13009	745	17124	1330
胶合板及类似多层板	（立方米）	Plywood, veneered panels and similar laminated wood		135570	5176	77926	3068
印刷品	（吨）	Printed articles		1643	566	1766	734
生丝	（吨）	Raw Silk	(ton)	28	69	84	201
山羊绒	（吨）	Fine hair of goats	(ton)			2	17
黏土及其他耐火矿物	（吨）	Clay and Other Fireproof Mineral	(ton)	569929	701	507152	591
天然硫酸钡(重晶石)	（吨）	Natural barium sulphate				516	13
钨品	（千克）	Tungsten ores and articles		643	1	465	4
氧化锌及过氧化锌	（吨）	Zinc Oxide and Zinc Peroxide	(ton)	356	73	21	4
碳酸钠（纯碱）	（吨）	Disodium carbonate		7682	217	22442	374
柠檬酸	（吨）	Citric acid		117180	11758	150548	12394
合成有机染料	（吨）	Synthetic Organic Dyestuffs	(ton)	93	51	64	42
锌钡白（立德粉）	（吨）	Lithopone	(ton)	110	7	44	3
医药品		Medical and Pharmaceutical Products			7881		7027
美容化妆品及护肤品	（吨）	Cosmetics and Skin Moisturizer	(ton)	850	485	879	322
口腔及牙齿清洁剂	（吨）	Oral Cavity and Tooth Cleanser	(ton)	598	75	94	13
洗衣粉	（吨）	Detergent	(ton)	38794	2311	34296	1712
农药	（吨）	Insecticides, herbicides and the like products		9249	3772	10895	2796
初级形状的聚氯乙烯	（吨）	Elementary Shape Polyving Chloride	(ton)	186	24	189	25
新的充气橡胶轮胎	（万条）	New pneumatic rubber tyres		746	31817	9643	26012
家用或装饰用木制品	（吨）	Woodwork used for Household & Decoration	(ton)	4122	932	3085	811
纸及纸板（未切成形的）	（吨）	Paper and Paperboard in Rolls	(ton)	5513	1005	5101	1109

17—6 续表1 continued

单位：万美元 (USD 10000)

品名	Item	2008 数量 Volume	2008 金额 Value	2009 数量 Volume	2009 金额 Value
纺织纱线、织物及制品	Spinning, Fabric and Related Products		72043		69112
塑料编织袋(周转袋除外) (万条)	Bags and sacks of PP or PE strip(not incl.for intermediate use)	3998	806	6103	1232
水泥及水泥熟料 (吨)	Cement and cement clinkers (ton)	66988	407	100578	547
花岗岩石材及制品 (吨)	Granite and Related Products (ton)	6768	308	12329	437
平板玻璃 (平方米)	Plate Glass (sq.m)	1212278	343	5453813	210
玻璃制品	Glass Products		6144		6712
家用陶瓷制品 (吨)	Porcelain and Pottery Ware for Household Use (ton)	11497	910	9103	704
珍珠、钻石、宝石及半宝石	Pearls, precious and semi-precious stones		12		11
生铁及镜铁 (吨)	Pig iron and spiegeleisen			15718	594
铁合金 (吨)	Ferro-alloys	1084	141	24	4
钢 材 (吨)	Rolled Steel (ton)	1263807	118716	420286	32575
未锻造的铜及铜材 (吨)	Unwrought Copper and Rolled Copper (ton)	5518	3716	6609	3084
未锻造的铝及铝材 (吨)	Aluminum and Aluminum Alloys (ton)	4500	1582	5161	1458
镁及其制品(包括废碎料)	Magnesium and Product (Including waste fragments)	6	4	6	2
钢铁或铜制标准紧固件 (吨)	Iron or Copper Nails,Bolts,etc. (ton)	2155	423	3626	518
不锈钢厨具、餐具等家用器具(吨)	Stainless Steel Kitchen Utensils、Dinner Service (ton)	65	33	97	55
餐桌、厨房及其他家用搪瓷器(吨)	Porcelain Used for Dining Table、Kitchen and Others (ton)	9856	2183	7680	1602
手用或机用工具 (吨)	Hand Tools and Tools for Machines (ton)	4154	1110	5354	1185
电 扇 (台)	Fans (unit)	686739	862	957238	1240
空气调节器 (台)	Air Conditioner (unit)	1087884	14447	715353	9515
冰箱 (台)	Refrigerators	2852527	30254	2361987	29019
洗衣机 (台)	Washing machines, household or laundry-type	794207	7897	859120	8656
微波炉 (台)	Microwave ovens	222	2	2204	23
纺织机械及零件	Textile Machinery		225		583
家用缝纫机 (台)	Household sewing machine			4633	4
工业用缝纫机 (台)	Industrial Sewing Machine (unit)	1356	19	623	18
金属加工机床 (台)	Machine Tools (unit)	23606	3184	17013	2506
电子计算器（包括具有计算功能的袖珍数据记） (台)	Electronic Calculator (including mini calculator with the function of calculation) (unit)	1147826	75	1340837	76
自动数据处理设备及其部件 (台)	Automatic Date Processing Equipments and Parts (unit)	3488633	1108	4452236	1644
自动数据处理设备的零件 (吨)	Automatic Date Processing Equipment's Components (unit)	9060	2452	10508	2744
打印机（包括多功能一体机） (台)	Printers(incl. multi-functional peripherals)	775	24	359	11
液晶显示板 (个)	Liquid crystal display panel	279264	116	136473	580
轴 承 (万套)	Bearings	1166	688	672	333
电动机及发电机 (台)	Electric Motors and Generators (unit)	1325206	2001	959135	1244
变压器 (个)	Transformers (unit)	1719797	1609	1232824	1501
静止式变流器 (个)	Static Converters (unit)	2521140	1960	2544861	2247
原电池 (万个)	Primary Cells and Batteries (10000 units)	2401	274	1953	203
蓄电池 (个)	Electric Accumulators (unit)	150932	336	80625	185
电话机 (台)	Telephone sets	3130	1	21879	149
扬声器 (个)	Loudspeakers (unit)	4574094	486	5131851	356
激光唱机	Compact disc players	3903	26	7803	55
录、放像机 (台)	Record,Videoplayer (unit)	33481	41	436575	866
声音录制或重放设备 (台)	Sound Record or Replayer Equipments (unit)	21990	79	11253	57
收音机 (台)	Radio (unit)	58505	37	272434	16

17—6 续表2 continued

单位：万美元 (USD 10000)

品名		Item		2008 数量 Volume	2008 金额 Value	2009 数量 Volume	2009 金额 Value
电视机	(台)	TV Sets	(unit)	825659	4204	922209	9474
录放音、像机及唱机的零附件		Records Playback,Camera and Record Player's Appendix			99		329
电视、收音机及无线电讯设备的零附件	(吨)	TV、Radio and Wireless Telecommunication Equipment's Appendix	(ton)	6896	7327	8017	7267
电容器	(吨)	Capacitor	(ton)	1564	1072	1700	1321
印刷电路	(万块)	Printed Circuit		1112	12	1091	45
通断保护电路装置及零件		Make and Break Protection Circuit Installment and Components			2280		4150
节能灯	(万只)	Saving Energy Lamp	(10thousand unit)	2535	1455	2027	1181
二极管及类似半导体器件	(万个)	Diode and Semi Conducts	(unit)	55739	3003	49884	3586
集成电路	(万个)	Electronic integrated circuits		11125	2319	3607	2462
电线和电缆	(吨)	Electric Wire, Cable	(ton)	16538	9326	15822	7908
集装箱	(个)	Containers		4	7		
汽　车	(辆)	Motor Vehicles	(unit)	127753	97309	61421	43633
装有引擎的汽车底盘	(台)	Chassis of Motor Car loaded with Engine	(unit)	10296	2007	2792	1559
汽车零件		Parts of Motor Vehicles			30764		12498
摩托车	(辆)	Motorcycles	(unti)	104046	2847	43574	1485
自行车	(辆)	Bicycles	(unit)	563334	1226	612830	1232
摩托车及自行车的零件		Parts of Motocycles and Bicycles			3517		3012
船　舶	(艘)	Vessels	(unit)	41	8413	1237	12194
照相机	(架)	Camera	(unit)	20002	4		
医疗仪器及器械		Medical Instruments and Appliances			4547		4563
手　表	(万只)	Wrist Watches		5	1	105	80
日用钟	(万只)	Clocks		14	47	184	186
家具及其零件		Furniture			7805		19415
床垫、寝具及类似品		Mattress,Bedding and Similar			14680		14444
灯具、照明装置及类似品		Lamps and Lanlerns,LLLumination Devices and simelar			4472		3421
箱包及类似容器		suit-case, hand bags and similar containers			17465		17313
体育用具及设备		Sports Apparatus and Equipments			5025		4790
服装及衣着附件		Garments, Clothing Accessories			93256		97236
鞋　类		Footwear			26313		26016
塑料制品	(吨)	Plastic Articles	(ton)	31339	7202	36555	8186
玩　具		Toys			9997		8419
游戏机	(台)	Game-machine	(unit)	50992	85	82922	21
圣诞用品	(吨)	Christmas Things		828	317	1811	986
足球、篮球、排球	(万个)	Football, Basketballs and Volleyballs		811	885	936	762
打火机	(万个)	Porket lighters, gas-filled		458	27		
艺术珍藏品及古董		Artistic Treasured Possession and Antique			12		19
伞	(万把)	Umbrellas		237	533	162	472
竹编结品	(吨)	Bamboo Products	(ton)	2494	1168	2374	533
藤编结品	(吨)	Rattan Products	(ton)	347	204	24944	1168
草编结品	(吨)	Straw Mats and Straw Products	(ton)	2061	1269	347	204
柳编结品	(吨)	Wickerwork	(ton)	23752	14304	2061	1269
机电产品		Mechanical and Electrical Products			454120		338363
高新技术产品		New High Technical Products			191398		150068
农产品		Agriculture products			51280		50769

17—7 进出口商品贸易方式总值（2009年）

Total Value of Import and Export Trade Way (2009)

单位：万美元 (USD 10000)

指标	Item	进出口 Imports & Exports 金额 Value	比重(%) Portion (%)	出口 Exports 金额 Value	比重(%) Portion (%)	进口 Imports 金额 Value	比重(%) Portion (%)
总计	**Total**	**1563520**	**100.00**	**888729**	**100.00**	**674791**	**100.00**
一般贸易	General Trade	1229024	78.61	659040	74.16	569984	84.47
国家间、国际组织无偿援助和赠送的物资	Between Countries, International Organizations Aid and Donated Materials	3015	0.19	3015	0.34		
其他境外捐赠物资	Other Donations of Goods Outside	3				3	
补偿贸易	Compensation						
来料加工装配贸易	Assembly Processing Trade	13039	0.83	9221	1.04	3818	0.57
进料加工贸易	Processing With Imported Trade	253815	16.23	167256	18.82	86559	12.83
加工贸易进口设备	Processing Trade Imported Equipment	158	0.01			158	0.02
寄售代销贸易	Consignment Selling Trade						
边境小额贸易	Small Amount Border Trade						
对外承包工程出口货物	Exports Contracted Projects	38399	2.46	38399	4.32		
租赁贸易	Lease Trade						
外商投资企业作为投资进口的设备、物品	Foreign-invested Enterprises as the Import Investment of Equipment, Goods	10455	0.67			10455	1.55
出料加工	Material Processing						
易货贸易	Barter						
免税外汇商品	Duty-free Foreign Exchange Goods						
保税仓库进出境货物	Inward and Outward Goods of Free Trade Storeh	3257	0.21	595	0.07	2662	0.39
保税区仓储转口货物	Re-export Goods of Free Trade Zone						
出口加工区进口设备	Export Processing Zones Imported Equipment	681	0.04			681	0.10
其他	Other	11674	0.75	11204	1.26	470	0.07

17—8 对外签订利用外资协议（合同）额
Utilization of Foreign Capital Through Signed Contracts (Agreements)

单位：万美元 (USD 10000)

指标	Item	1995	2000	2005	2008	2009
总额	**Total**	**133856**	**75154**	**155358**	**205628**	**208883**
对外借款	**Foreign Loans**	**13216**	**8800**			
#外国政府贷款	Government Loans	600	5000			
国际金融组织贷款	Loans from International Financial organizations	5076	3800			
出口信贷	Export Credit	7540				
外商直接投资	**Foreign Direct Investments**	**120640**	**63602**	**155358**	**205628**	**208883**
#合资经营	Joint Ventures Enterprises	77780	5974	41919	41856	36456
合作经营	Cooperative Operation Enterprises	4047	20784	9563	14557	9550
独资经营	Foreign Own Investment Enterprises	38813	36844	102721	147782	162402
外商投资股份制	Foreign Invested Shareholding Enterprises			1155	1433	475
外商其他投资	**Other Foreign Investment**		**2752**			
#补偿贸易	Compensation Trade					
加工装配	Processing Assembly		2752			

17—9 实际利用外资额
Foreign Capital Actually Used

单位：万美元 (USD 10000)

指标	Item	1995	2000	2005	2008	2009
总额	**Total**	**76749**	**41521**	**68845**	**348988**	**388416**
对外借款	**Foreign Loans**	**28493**	**6922**			
#外国政府贷款	Government Loans	10647				
国际金融组织贷款	Loans from International Financial organizations	11073				
外国银行商业贷款	Commercial Loans of Foreign Banks	6773				
外商直接投资	**Foreign Direct Investments**	**48256**	**31847**	**68845**	**348988**	**388416**
#合资经营	Joint Ventures Enterprises	31112	11921	24801	130139	159714
合作经营	Cooperative Operation Enterprises	1619	6965	2316	4940	1555
独资经营	Foreign Own Investment Enterprises	15525	12961	41728	208533	210767
外商投资股份制	Foreign Invested Shareholding Enterprises				5376	16380
外商其他投资	**Other Foreign Investment**		**2752**			
#补偿贸易	Compensation Trade					
加工装配	Processing Assembly		2752			

17—10 主要年份对外承包工程和劳务合作

Contracted Projects and Labor Services Cooperation With Foreign Countries in Major Years

年份 Year	签订合同的国家（地区）数（个） Number of Countries or Territories With Contracts Signed	合同数（份） Number of Contracts	合同金额（万美元） Contracted Value (USD 10000)	完成营业额（万美元） Value of Business Fulfilled (USD 10000)
总计 Total				
1995	38	93	1689	3621
2000		126	17609	10344
2003		183	20779	16208
2004		125	23558	21264
2005		92	50398	28250
2006		207	65796	42373
2007		202	120004	71851
2008		172	151528	121157
2009		173	103014	161606
#对外承包工程 Contracted Projects				
1995	6	9	866	3180
2000		44	11768	7308
2003		69	14799	12081
2004		51	19300	15300
2005		19	36396	12585
2006		127	54218	30626
2007		35	113163	59298
2008		40	144575	107879
2009		55	98077	149363
对外劳务合作 Labour Cooperation				
1995	14	78	745	299
2000		69	5350	2922
2003		96	4832	3624
2004		74	4258	5964
2005		66	4731	6968
2006		75	9308	8865
2007		166	6810	12163
2008		124	6436	13001
2009		118	4937	12243
实际咨询 Design Consultation				
1995	5	6	78	142
2000		13	491	114
2003		18	1148	503
2004				
2005		7	9271	8697
2006		5	2270	2882
2007		1	31	390
2008		8	517	277
2009				

注：签订合同的国家（地区）是指表中所列年份同我省签订有承包工程和劳务合作的国家、地区数。

a) Countries or territories with contracts signed refers to the countries or territories having contracted projects and labor cooperation with Anhui province.

17—11 外商投资企业年末企业数、投资总额及注册资本（2009年）

Number, Investment and Registered Capital of Foreign-funded Enterprises (2009)

项　目	Item	企业数（个）Number of Registered Enterprises (unit)	投资总额（万美元）Total Investment (USD 10000)	注册资本（万美元）Registered Capital (USD 10000)	#外方 Capital Invested by Foreign Partner
总　计	**Total**	**2522**	**2790596**	**1598971**	**1160774**
按投资方式分	**Grouped by Type of Investment**				
#中外合资	Joint Ventures Enterprises	599	608741	319125	148918
中外合作	Cooperative Operation Enterprises	38	61756	30740	20223
外资企业	Foreign Investment Share Enterprises	1867	1959420	1093497	953284
外商投资股份制	Foreign Invested Shareholding Enterprises	18	160679	155609	38349
按国民经济行业分	**Grouped by Sector**				
农林牧渔业	Farming, Forestry, Animal Husbandry and Fishery	67	69641	36655	28817
采矿业	Mining and Quarrying	29	26881	14669	12842
制造业	Manufacturing	1720	1588675	945618	632943
电力、煤气及水的生产和供应业	Production and Supply of Electric Power, Gas and Water	86	371593	118919	80211
建筑业	Construction	40	55868	35585	29475
交通运输、仓储及邮政业	Transportation, Storage and Postal Services	24	54032	42610	20333
信息传输、计算机服务和软件业	Information Circulation, Computer Service and Software	32	89726	56342	56183
批发和零售业	Wholesale and Retail Trade	71	34997	23012	21298
住宿和餐饮业	Accommodation and Catering Trade	63	65847	38911	34406
金融业	Banking	2	1309	1279	481
房地产业	Real Estate Trade	232	281285	190311	159433
租赁和商务服务业	Leasing and Commercial Services	45	40288	34327	33841
科学研究、技术服务和地质勘查业	Scientific Research, Technical Services and Geological Prospecting	36	43855	23898	21944
水利、环境和公共设施管理业	Water Conservancy, Environmental and Public Facilities Management	33	37497	21188	16515
居民服务和其他服务业	Resident Services and Other Services	23	8533	7343	7096
教　育	Education	2	17	17	17
卫生、社会保障和社会福利业	Health Care, Social Protection and Social Welfare	1	1572	1209	472
文化、体育和娱乐业	Culture, Sports and Entertainment	12	8155	4216	2800
其他行业	Others	4	10827	2862	1667

17—12 各市外商投资企业年末企业数、投资总额及注册资本（2009年）

Number, Investment and Registered Capital of Foreign-funded Enterprises by Region (2009)

地　区	Region	企业数（个）Number of Registered Enterprises (unit)	投资总额（万美元）Total Investment (USD 10000)	注册资本（万美元）Registered Capital (USD 10000)	#外方 Capital Invested by Foreign Partner
总　计	**Total**	**2522**	**2790596**	**1598971**	**1160774**
合 肥 市	Hefei	725	1350567	825596	565481
淮 北 市	Huaibei	45	67134	29660	14129
亳 州 市	Bozhou	42	16759	8332	6545
宿 州 市	Suzhou	55	32675	15519	12354
蚌 埠 市	Bengbu	99	69768	39185	29246
阜 阳 市	Fuyang	63	80702	38274	31804
淮 南 市	Huainan	39	118834	40133	36239
滁 州 市	Chuzhou	169	86460	52011	42243
六 安 市	Luan	79	35323	23171	19004
马鞍山市	Maanshan	132	127506	74899	64773
巢 湖 市	Chaohu	106	118203	50153	36434
芜 湖 市	Wuhu	329	306181	176622	128861
宣 城 市	Xuancheng	179	82048	49915	38226
铜 陵 市	Tongling	68	81814	45556	28921
池 州 市	Chizhou	82	47210	29614	25775
安 庆 市	Anqing	175	95602	56698	44198
黄 山 市	Huangshan	135	73810	43634	36542

17—13 外国和港澳台地区直接投资（按行业）（2009年）

Direct Investment of Foreign Countries, Hong Kong, Macao and Taiwen by Sector (2009)

指 标	Item	新签协议 Newly Signed Agreement: 合同数（个）Number of Contracts (unit)	新签协议 Newly Signed Agreement: 投资额（万美元）Investment (USD 10000)	实际投资合计（万美元）Total Actual Investment (USD 10000)	#现金 Cash	期末实有企业数（个）Number of Enterprises at the End of the Period (unit)	#本期新增企业 Newly Increased In this Period
总 计	**Total**	**303**	**208883**	**388416**	**388416**	**2522**	**266**
按投资方式分	**Grouped by Type of Investment**						
#合资企业	Joint Ventures Enterprises	91	36456	159714	159714	599	32
合作企业	Cooperative Operation Enterprises	15	9550	1555	1555	38	4
外资企业	Foreign Investment Enterprises	196	162402	210767	210767	1867	230
外商投资股份制	Foreign Invested Shareholding Enterprises	1	475	16380	16380	18	
按国民经济行业分	**Grouped by Sector**						
农林牧渔业	Farming, Forestry, Animal Husbandry and Fishery	12	7472	5309	5309	67	10
采矿业	Mining and Quarrying	1	1213	6501	6501	29	1
制造业	Manufacturing	205	153347	256518	256518	1720	177
电力、煤气及水的生产和供应业	Production and Supply of Electric Power, Gas and Water	11	9486	26863	26863	86	7
建筑业	Construction	1	790	468	468	40	1
交通运输、仓储及邮政业	Transportation, Storage and Postal Services	2	3500	12463	12463	24	2
信息传输、计算机服务和软件业	Information Circulation, Computer Service and Software	9	1648	588	588	32	6
批发和零售业	Wholesale and Retail Trade	20	8295	9519	9519	71	20
住宿和餐饮业	Accommodation and Catering Trade	7	2068	3741	3741	63	7
金融业	Banking			2207	2207	2	1
房地产业	Real Estate Trade	1	498	50115	50115	232	14
租赁和商务服务业	Leasing and Commercial Services	10	5092	6561	6561	45	6
科学研究、技术服务和地质勘查业	Scientific Research, Technical Services and Geological Prospecting	7	-499	6638	6638	36	8
水利、环境和公共设施管理业	Water Conservancy, Environmental and Public Facilities Management	5	1485	808	808	33	3
居民服务和其他服务业	Resident Services and Other Services	6	2759			23	2
教 育	Education	4	8284	7	7	2	
卫生、社会保障和社会福利业	Health Care, Social Protection and Social Welfare	1	581			1	
文化、体育和娱乐业	Culture, Sports and Entertainment	1	300	110	110	12	1
其他行业	Others					4	

17—14 外国和港澳台地区直接投资（按国别和地区）（2009年）

Direct Investment of Foreign Countries and Hong Kong, Macao and Taiwan by Countries and Regions (2009)

指 标	Item	新签协议 Newly Signed Agreement 合同数（个）Number of Contracts (unit)	投资额（万美元）Investment (USD 10000)	实际投资合计（万美元）Total Actual Investment (USD 10000)	#现金 Cash	期末实有企业数（个）Number of Enterprises at the End of the Period (unit)	#本期新增企业 Newly Increased In this Period
合 计	**Total**	**303**	**208883**	**388416**	**388416**	**2522**	**266**
亚 洲	Asia	237	182056	237320	237320	1611	200
#不 丹	Bhutan					3	
文 莱	Brunei			414	414	6	
香 港	Hong Kong	172	153465	170373	170373	954	145
印 度	India			1400	1400	3	
印度尼西亚	Indonesia	1	1000	401	401	8	1
伊 朗	Iran	1	200	318	318	3	1
日 本	Japan	15	4083	18942	18942	160	12
澳 门	Macao	1	14	9031	9031	12	1
马来西亚	Malaysia	4	821	1555	1555	17	4
菲律宾	Philippines	2	1400			5	2
新加坡	Singapore	4	3594	23937	23937	90	4
韩 国	Republic of Korea	6	190	3036	3036	60	6
泰 国	Thailand	1	7220	168	168	9	1
土耳其	Turkey			77	77	3	
阿拉伯联合酋长国	United Arab Emirates			378	378	8	
台 湾	Taiwan	28	9043	6291	6291	268	23
非 洲	Africa	1	3782	4701	4701	15	1
#肯尼亚	Kenya			73	73	1	
利比里亚	Liberia			30	30	1	
毛里求斯	Mauritius		595	4598	4598	9	
欧 洲	Europe	22	6216	51550	51550	257	20
#比利时	Belgium			25	25	2	
丹 麦	Denmark	1	176	4675	4675	5	1
英 国	United Kingdom	2	-7150	5091	5091	34	1
德 国	Federal Republic of Germany	8	9118	5619	5619	56	5
法 国	France	1	97	3448	3448	26	2
意大利	Italy	3	1942	3958	3958	30	2
荷 兰	Netherlands	1	1694	6136	6136	14	2
西班牙	Spain		-414	1745	1745	28	
奥地利	Austria	1	8	470	470	4	1
瑞 典	Sweden			113	113	4	
瑞 士	Switzerland	2	518	531	531	6	2
俄罗斯	Russia		-900	118	118	19	1
捷克共和国	Czech					1	
拉丁美洲	Latin America	10	5985	38179	38179	217	9
#阿根廷	Argentina			157	157	3	
巴巴多斯	Barbados		2133	4448	4448	5	
巴 西	Brazil	2	102	160	160	6	2
开曼群岛	Cayman Islands	1	2235	492	492	12	1
英属维尔京群岛	Virgin	5	314	31739	31739	176	5
北美洲	North America	22	-3557	19844	19844	320	19
#加拿大	Canada	4	701	4929	4929	50	2
美 国	United States	18	-4258	13059	13059	264	17
大洋洲	Oceanic	8	2533	8424	8424	80	8
#澳大利亚	Australia	6	304	899	899	46	7
新西兰	New Zealand	1	370	254	254	7	
萨摩亚	Samoa	1	1859	5590	5590	27	1
其 他	Other	9	11868	28398	28398	22	9

17—15 各市商品进出口总额
Import and Export Commodities by Region

单位：万美元 (USD 10000)

地区	Region	2008 进出口总额 Total	2008 出口总额 Exports	2008 进口总额 Imports	2009 进出口总额 Total	2009 出口总额 Exports	2009 进口总额 Imports	同比增长% Increased by %
总计	**Total**	**2043529**	**1135271**	**908258**	**1563520**	**888729**	**674791**	**-22.5**
合肥市	Hefei	769769	542993	226776	642755	444790	197965	-16.6
淮北市	Huaibei	10942	10270	672	11083	9580	1503	1.5
亳州市	Bozhou	11070	9015	2055	16256	14400	1856	43.9
宿州市	Suzhou	8627	7091	1536	8399	6589	1810	-2.6
蚌埠市	Bengbu	39429	35764	3665	38470	33385	5085	-2.4
阜阳市	Fuyang	18329	14041	4288	20829	14119	6710	13.6
淮南市	Huainan	13554	3063	10491	12126	2952	9174	-10.5
滁州市	Chuzhou	70273	58170	12103	68793	53611	15182	-2.0
六安市	Luan	33261	32363	898	33035	32084	951	-1.4
马鞍山市	Maanshan	334576	110258	224318	163860	35784	128076	-51.3
巢湖市	Chaohu	44793	39881	4912	44184	33147	11037	-1.7
芜湖市	Wuhu	203634	147987	55647	142840	89508	53332	-29.7
宣城市	Xuancheng	56074	49797	6277	46588	39879	6709	-16.9
铜陵市	Tongling	347219	19227	327992	221477	17717	203760	-30.8
池州市	Chizhou	10846	6950	3896	19678	7045	12633	108.6
安庆市	Anqing	53269	34762	18507	49840	38776	11064	-7.0
黄山市	Huangshan	17864	13639	4225	23308	15363	7945	30.5

17—16 各市外商直接投资
Foreign Direct Investment by Region

地区	Region	项目（个） Number of Projects (unit) 2008	2009	同比增长% Increased by	合同外资额（万美元） Contract Value (USD 10000) 2008	2009	实际利用外资额（万美元） Used Value (USD 10000) 2008	2009	同比增长% Increased by
总计	**Total**	**256**	**303**	**18.4**	**205628**	**208883**	**348988**	**388416**	**11.3**
合肥市	Hefei	70	59	-15.7	77575	49543	99378	85746	-13.7
淮北市	Huaibei	6	3	-50.0	3461	3364	8938	13412	50.1
亳州市	Bozhou	4	12	200.0	758	3832	5993	11026	84.0
宿州市	Suzhou	7	3	-57.1	2533	6094	7207	9632	33.6
蚌埠市	Bengbu	11	15	36.4	3274	11962	21021	24069	14.5
阜阳市	Fuyang	10	7	-30.0	7828	4717	4295	4842	12.7
淮南市	Huainan	3	3		1981	3959	6346	7343	15.7
滁州市	Chuzhou	10	15	50.0	9175	8092	9113	9331	2.4
六安市	Luan	7	10	42.9	5212	9039	8791	11442	30.2
马鞍山市	Maanshan	22	16	-27.3	14169	19487	41669	57238	37.4
巢湖市	Chaohu	12	12		7959	10999	19894	24983	25.6
芜湖市	Wuhu	23	35	52.2	19823	32030	50685	59214	16.8
宣城市	Xuancheng	18	27	50.0	9240	10843	11626	14709	26.5
铜陵市	Tongling	5	10	100.0	14701	12464	16170	15644	-3.3
池州市	Chizhou	9	24	166.7	8962	8233	10608	11932	12.5
安庆市	Anqing	24	25	4.2	9612	9551	15486	16518	6.7
黄山市	Huangshan	15	27	80.0	9365	4674	11768	11335	-3.7

主要统计指标解释

进出口总额

指实际进出我国国境的货物总金额。包括对外贸易实际进出口货物，来料加工装配进出口货物，国家间、联合国及国际组织无偿援助物资和赠送品，华侨、港澳台同胞和外籍华人捐赠品，租赁期满归承租人所有的租赁货物，进料加工进出口货物，边境地方贸易及边境地区小额贸易进出口货物（边民互市贸易除外），中外合资企业、中外合作经营企业、外商独资经营企业进出口货物和公用物品，到、离岸价格在规定限额以上的进出口货样和广告品（无商业价值、无使用价值和免费提供出口的除外），从保税仓库提取在中国境内销售的进口货物，以及其他进出口货物。进出口总额用以观察一个国家在对外贸易方面的总规模。我国规定出口货物按离岸价格统计，进口货物按到岸价格统计。

商品经营单位所在地进、出口额

指所在地海关注册登记的有进出口经营权的企业实际进、出口额。

商品目的地进口额和商品货源地出口额

目的地进口额是指进口货物的消费、使用或最终抵运地的实际进口额；货源地出口额是指出口货物的产地或原始发货地的实际出口额。

利用外资

指我国各级政府、部门、企业和其他经济组织通过对外借款、吸收外商直接投资以及用其他方式筹措的境外现汇、设备、技术等。

对外借款

是我国利用外资的重要部分。指通过对外正式签订借款协议，从境外筹措的资金，包括外国政府贷款、国际金融组织贷款、外国银行商业贷款、出口信贷以及对外发行债券等。1996 年及以前还包括对外发行股票。

外商直接投资

指外国企业和经济组织或个人（包括华侨、港澳台胞以及我国在境外注册的企业）按我国有关政策、法规，用现汇、实物、技术等在我国境内开办外商独资企业、与我国境内的企业或经济组织共同举办中外合资经营企业、合作经营企业或合作开发资源的投资（包括外商投资收益的再投资），以及经政府有关部门批准的项目投资总额内企业从境外借入的资金。

外商其他投资

指除对外借款和外商直接投资以外的各种利用外资的形式。包括企业在境内外股票市场公开发行的以外币计价的股票（目前主要是在香港证券市场发行的 H 股和在境内证券市场发行的 B 股）发行价总额，国际租赁进口设备的应付款，补偿贸易中外商提供的进口设备、技术、物料的价款，加工装配贸易中外商提供的进口设备、物料的价款。

对外承包工程

指各对外承包公司以招标议标承包方式承揽的下列业务：⑴承包国外工程建设项目，⑵承包我国对外经援项目，⑶承包我国驻外机构的工程建设项目，⑷承包我国境内利用外资进行建设的工程项目，⑸与外国承包公司合营或联合承包工程项目时我国公司分包部分，⑹对外承包兼营的房屋开发业务。对外承包工程的营业额是以货币表现的本期内完成的对外承包工程的工作量，包括以前年度签订的合同和本年度新签订的合同在报告期内完成的工作量。

对外劳务合作

指以收取工资的形式向业主或承包商提供技术和劳动服务的活动。我国对外承包公司在境外开办的合营企业，中国公司同时又提供劳务的，其劳务部分也纳入劳务合作统计。劳务合作营业额按报告期内向雇主提交的结算数(包括工资、加班费和奖金等）统计。

对外设计咨询

指以服务成果向业主收费的技术服务项目。包括承担地形地貌测绘，地质资源勘探与普查，建设区域规划，提供设计文件、图纸、生产工艺技术资料和工程技术经济咨询，工程项目的可行性考察、研究和评估，进行技术指导和培训人员等；也包括承担国（境）内利用外资进行建设的工程项目的上述规定的设计咨询项目的收取外币部分。

Explanatory Notes for Major Statistical Indicators

Total Imports and Exports at Customs

refer to the value of commodities imported into and exported from the boundary of China. They include the actual imports and exports through foreign trade, imported and exported goods under the processing and assembling trades and materials, supplies and gifts as aid given gratis between governments and by the United Nations and other international organizations, and contributions donated by overseas Chinese, compatriots in Hong Kong and Macao and Chinese with foreign citizenship, leasing commodities owned by tenant at the expiration of leasing period, the imported and exported commodities processed with imported materials, commodities trading in border areas (excluding mutual exchange goods), the imported and exported commodities and articles for public use of the Sino-foreign joint ventures, cooperative enterprises and ventures exclusively with foreign own investment. Also included are import or export of samples and advertising goods for whose CIF or FOB value are beyond the permitted ceiling (excluding goods of no trading or use value and free commodities for export), imported goods sold in China from bonded warehouses and other imported or exported goods. The indicator of the total imports and exports at customs can be used to observe the total size of external trade in a country. In accordance with the stipulation of the Chinese government, imports are calculated at CIF, while exports are calculated at FOB.

Import Export Value by Location of China's Foreign Trade Managing Units

refers to actual value of imports and exports carried out by corporations which have been registered by the local customhouse and are vested with right to run import export business.

Import Value of Commodities by the Places of their Destination and Export Value of Commodities by the Places of their Origin in China

The former indicator refers to the value of import commodities of the places of their consumption, utilization or the places of their final destination. The latter indicator refers to the value of export commodities of the places of their origin or the places of the commodities dispatched.

Utilization of Foreign Capital

refers to remittance, equipment and technology financed from abroad, by loans, foreign direct investment and other forms undertaken by the Chinese governments at all levels, by various departments, enterprises and other economic units.

Foreign Borrowings

an important part of China's utilization of foreign capital, it refer to funds borrowed from abroad through formal signing of borrowing agreements with foreign institutions, including loans of foreign governments, loans of international financial institutions, commercial loans of foreign banks, export credit, and funds raised by Chinese bonds (and shares before 1996) issued abroad.

Direct Investment by Foreign Entrepreneurs

refers to the investments inside China by foreign enterprises and economic organizations or individuals (including overseas Chinese, compatriots from Hong Kong and Macao, and Chinese enterprises registered abroad), following the relevant policies and laws of China, for the establishment of ventures exclusively with foreign own investment, Sino-foreign joint ventures and cooperative enterprises or for co-operative exploration of resources with enterprises or economic organizations in China. It includes the re investment of the foreign entrepreneurs with the profits gained from the investment and the funds that enterprises borrow from abroad in the total investment of projects which are approved by the relevant department of the government.

Other Investment by Foreign Entrepreneurs

refers to all forms of utilization of foreign capitals other than foreign borrowings and foreign direct investment. It includes the total value of stock shares in foreign currencies issued by enterprises at domestic or foreign stock exchanges (now mainly consisting of H shares issued at Hong Kong Security Market and B shares issued at domestic security markets), rent payable for the imported equipment through international leasing arrangement, cost of imported equipment, technology and materials provided by foreign counterparts in compensation trade and processing and assembly trade.

Contracted Projects with Foreign Countries

refer to projects undertaken by Chinese contractors (project contracting companies) through bidding process. They include: (1)overseas civil engineering construction projects financed by foreign investors; (2)overseas projects financed by the Chinese government through its foreign aid programs; (3)construction projects of Chinese diplomatic missions, trade offices and other institutions stationed abroad; (4)construction projects in China financed by foreign investment; (5)sub-contracted projects to be taken by Chinese contractors through a joint umbrella project with foreign contractor(s); (6)housing development projects. The business income from international contracted projects is the work volume of contracted projects completed during the reference period, expressed in monetary terms, including completed work on projects signed in previous years.

Service Cooperation with Foreign Countries

refers to the activities of providing technology and labour services to employers or contractors in the forms of receiving salaries and wages. Labour services providing by contractual joint ventures of Chine statistics of service co operation with foreign countries. The business income of labour service co operation is the income in the form of wages and salaries, overtime pay, bonuses and other remuneration received from the employers during the reference period.

Overseas Design and Consultation Service

refers to projects with charges for technical services from overseas operators. It includes geographic and topographic mapping, geological resource prospecting and survey, planning of construction areas, provision of design documents, blueprints, materials on production process and techniques, as well as engineering, technical and economic consultation, and feasibility study, research and evaluation of projects. Also included under this category are the above-mentioned services of foreign-financed projects in China that are paid in foreign currencies.

第十八篇

Chapter 18

旅游

TOURISM

简要说明

一、旅游业发展情况。入境国际旅游(外国人、华侨、港澳同胞和台湾同胞)人数、不同经济类型的涉外饭店数量及规模情况的资料来源于省旅游局。

二、全省及各市国内旅游资料，是安徽省统计局、安徽省旅游局根据国家旅游局的抽样调查方案和工作要求，组织调查取得。

Brief Introduction

I. Development of tourism: Data on total number of international tourists received (foreigners, overseas Chinese, Chinese compatriots from Hong Kong, Macao and Taiwan), number of tourist hotel in various types and their scale come from the Provincial Tourism Administration.

II. Data on domestic tourism in the province and all cities are collected by the Provincial Statistical Bureau and the Provincial Tourism Administration in accordance with the sample survey scheme stipulated by the State Tourism Administration.

18—1 旅游事业发展
Development of Tourism

指标	Item	1995	2000	2005	2008	2009
旅行社总数 （个）	Total Number of Travel Agencies (unit)	142	332	599	791	890
组团社	Number of Groups	29	35	37	38	20
国内旅行社	Domestic Travel Agencies	113	297	562	753	870
旅行社职工人数 （人）	Number of Staff and Workers of Travel Agencies (person)	2389	3848	6900	9794	9000
国际旅行社	International Travel Agencies	677	873	1392	1867	
国内旅行社	Domestic Travel Agencies	1712	2975	5508	7927	
入境旅游人数 （人）	Total Number of International Tourists Inbound (person)	142855	318430	632895	1320947	1561600
外国人	Foreigners	74626	167850	410580	908195	977457
港澳和台湾同胞	Compatriots from Hong Kong, Macao and Taiwan	68229	150580	222315	412752	584143
国内居民出境总人数(人)	Total Number of Domestic Resident Outbound (person)		5140	64806	125714	93523
国内旅游人数 （万人次）	Total Number of Domestic Tourists (10000 persons)	1782	2974	4684	9938	12268
旅游收入	Income of Tourism					
国际旅游外汇收入(万美元)	Foreign Exchange Earnings (USD 10000)	4435.90	8621.45	18558.90	45445.40	56583.90
国内旅游收入 （亿元）	Earnings from Domestic Tourism (100 million yuan)	8.38	150.48	288.96	700.24	863.78
旅游部门基本情况	**Basic Statement of Tourism Departments**					
旅游管理机构 （个）	Number of Tourism Administrative Setups (unit)	42	91	100	115	
职工人数 （人）	Number of Staff and Workers (person)	28547	50881	58000	64173	
旅游星级宾馆 （个）	Tourist Hotels With Star Class (unit)	60	163	373	433	456
#五星级	Five Star Class			5	5	10
四星级	Four Star Class		6	38	69	82
三星级	Three Star Class	10	52	111	165	170
二星级	Two Star Class	42	90	202	184	186
一星级	One Star Class	8	15	17	10	8
旅游涉外或星级宾馆	Tourist Hotels Concerning Foreign Affairs or With Star Class					
客房 （间）	Number of Rooms (unit)	11818	22824	34759	44316	44749
床位 （张）	Number of Beds (unit)	27415	48318	67782	80194	81594
客房出租率 （%）	Room Occupancy (%)	52.27	50.98	63.19	62.02	61.36
经营情况	Business Status					
营业收入 （亿元）	Business Income (100 million yuan)	11.39	38.83	51.75	41.65	45.69
利润总额 （万元）	Total Profits (10000 yuan)	6281.60	-2125.56	16960.99	2292.50	28875.00

注：2000年前的客房、床位、客房出租率为涉外饭店情况，2001年以后为星级宾馆情况。

a) Number of rooms, beds and room occupancy refered to hotels concerning foreign affairs before 2000 and they refered to hotels with star class after 2001.

18—2 各市旅游星级饭店（宾馆）住宿设施情况（2009年）
Accommodation Facilities of Hotels Concerning Foreign Affairs by Region (2009)

地 区	Region	饭 店 (宾馆) (个) Number of Hotels (unit)	五星级 Five Star Class	四星级 Four Star Class	三星级 Three Star Class	二星级 Two Star Class	一星级 One Star Class	客 房 (间) Number of Rooms (unit)	床 位 (张) Number of Beds (unit)	客房出租率 (%) Room Occupancy (%)
总 计	**Total**	**456**	**10**	**82**	**170**	**186**	**8**	**447949**	**81594**	**61.36**
合肥市	Hefei	46	5	13	18	10		7645	12795	62.90
淮北市	Huaibei	4			1	3		574	1089	75.20
亳州市	Bozhou	13		1	4	8		970	1289	49.80
宿州市	Suzhou	8		1	5	2		691	1357	53.80
蚌埠市	Bengbu	18	1	1	8	8		1934	3362	65.00
阜阳市	Fuyang	15		2	5	8		1416	2492	66.76
淮南市	Huainan	22		4	7	11		1693	2951	76.50
滁州市	Chuzhou	19	1	3	4	11		1513	2734	53.03
六安市	Luan	25		5	10	10		2368	4345	56.80
马鞍山市	Maanshan	22		5	7	8	2	1882	3382	64.40
巢湖市	Chaohu	27		4	11	12		1855	3481	79.80
芜湖市	Wuhu	25		5	9	11		2470	4281	61.66
宣城市	Xuancheng	45		4	16	20	5	2938	5483	55.10
铜陵市	Tongling	16		3	3	9	1	1173	1984	64.54
池州市	Chizhou	28		4	14	10		2179	4169	52.14
安庆市	Anqing	49		7	14	28		4213	7691	68.84
黄山市	Huangshan	74	3	20	34	17		9235	18709	47.56

注：本表星级宾馆（酒店）指2009年底止已得到国家旅游局或省旅游局批准的，不包括已报未批部分。

a) The star class of hotel in this table refer to be approved by the National Tourism Administration or Anhui Tourism Administration up to the Year-end of 2009 excluding those hed been reported but unapproved.

18—3 国际旅游外汇收入及构成
Foreign Exchange Earnings and It's Composition

指 标	Iten	2005 数额(万美元) Value (10000 USD)	2005 比重(%) Percentage (%)	2007 数额(万美元) Value (10000 USD)	2007 比重(%) Percentage (%)	2008 数额(万美元) Value (10000 USD)	2008 比重(%) Percentage (%)	2009 数额(万美元) Value (10000 USD)	2009 比重(%) Percentage (%)
总 计	**Total**	**18558.09**	**100.00**	**34400.48**	**100.00**	**45445.40**	**100.00**	**56583.90**	**100.00**
长途交通	Long Distance Transportation	4676.64	25.20	13553.79	39.40	18087.20	39.80	17031.80	30.10
#民 航	Air	3544.60	19.10	11661.76	33.90	15360.50	33.80	10298.30	18.20
铁 路	Railway	575.30	3.10	481.61	1.40	727.10	1.60	1923.90	3.40
汽 车	Highway	278.37	1.50	756.81	2.20	1045.20	2.30	2546.30	4.50
游 览	Visiting	686.65	3.70	791.21	2.30	1181.60	2.60	2433.10	4.30
住 宿	Accommodation	2208.41	11.90	2889.64	8.40	3862.90	8.50	6903.20	12.20
餐 饮	Cater	1818.69	9.80	2476.83	7.20	3363.00	7.40	5036.00	8.90
商品销售	Commodity Sale	5957.15	32.10	8496.92	24.70	10952.30	24.10	14089.40	24.90
娱 乐	Entertainment	1132.04	6.10	860.01	2.50	1227.00	2.70	2716.00	4.80
邮电通讯	Postal and Communication	630.98	34.00	1823.23	5.30	2272.30	5.00	2602.90	4.60
市内交通	Local Transportation	185.58	10.00	550.41	1.60	727.10	1.60	1075.10	1.90
其他服务	Other Service	1261.95	6.80	2958.44	8.60	3772.00	8.30	4696.50	8.30

18—4　接待外国人旅游人数（按国别分）
Number of Foreign Tourists by Country

单位：人 (person)

指 标　Item	1995	2000	2005	2008	2009
总　计　Total	**74626**	**167850**	**410580**	**908195**	**977457**
#日　本　Japan	18725	47272	47040	108842	112856
韩　国　Republic of Korea	5578	21659	188096	415603	359631
新加坡　Singapore	12589	16568	13392	22118	40336
美　国　United States	7060	18456	37124	75688	84334
英　国　United Kingdom	964	3111	7639	29769	36908
法　国　France	1692	5836	13839	28018	44256
德　国　Federal Republic Of Germany	2115	4699	16012	31422	41073
俄罗斯　Russia	195	832	1636	11310	16912

18—5　国内旅游情况人数结构（按年龄、身份和职业分）（2009年）
Number of Domestic Tourists by Age, Identity and Occupation (2009)

单位：%

指 标 Item	按身份分组 By Identity			按职业分组 By Occupation									
	人数合计（人） Total (person)	城镇居民 Urban Residents	非城镇居民 Unurban Residents	公务员 Public Servicers	企管人员 Business Managerial Staff	军人 Soliders	工人 Workers	服务销售人员 Sale-Ssmen	农民 Peasants	专业人员 Professional Staff	离退休人员 Retirees	学生 Students	其他 Otherents
合　计　Total	**100**	**90.6**	**9.4**	**15.0**	**29.7**	**1.6**	**8.4**	**15.7**	**2.1**	**9.0**	**3.3**	**4.2**	**11.0**
65岁以上　65 and Over	100	94.5	5.5	11.6	10.8	1.0	4.0	7.3	0.8	2.3	51.4	0.2	10.5
45—64岁　45—64	100	90.7	9.3	16.5	31.3	1.9	7.7	11.3	2.8	8.4	9.2	0.1	10.8
25—44岁　25—44	100	91.3	8.7	16.0	32.8	1.6	9.3	16.8	1.9	9.8	0.1	0.7	10.9
15—24岁　15—24	100	85.9	14.1	6.9	12.6	1.0	5.9	20.7	1.7	7.4	0.1	32.0	11.7
14岁以下　14 and Under	100	69.0	31.0									92.9	7.1

18—6 国内旅游主要经济指标
Main Economic Indicators of Domestic Tourism

年份 Year	人数 (万人次) Total Number (10000 person-times)	总收入 (万元) Total Income (10000 yuan)	一日游 One-day Tour		过夜旅游 Overnight Tour	
			人数 (万人次) Total Number (10000 person-times)	收入 (万元) Income (10000 yuan)	人数 (万人次) Total Number (10000 person-times)	收入 (万元) Income (10000 yuan)
2000	2974	1504750	630	50361	2344	1454389
2001	3364	1749100	578	80100	2786	1669000
2002	3884	2029176	764	122387	3120	1906789
2003	3338	1871134	319	136631	3019	1734503
2004	4329	2499461	702	128597	3627	2370864
2005	4684	2889576	917	203580	3767	2685996
2006	6159	3876315	1161	282663	4998	3593652
2007	7849	5436824	1601	540079	6248	4896745
2008	9938	7002353	2566	979407	7372	6022946
2009	12268	8637842	3901	1654709	8367	6983133

18—7 各市国内旅游主要经济指标（2009年）
Main Economic Indicators of Domestic Tourism by Region (2009)

地区	Region	总收入 (万元) Total Income (10000 yuan)	一日游 One-day Tour		过夜旅游 Overnight Tour	
			人数 (人次) Total Number (person-times)	收入 (万元) Income (10000 yuan)	人数 (人次) Total Number (person-times)	收入 (万元) Income (10000 yuan)
总计	**Total**	**8637842**	**39012011**	**1654709**	**83669387**	**6983133**
合肥市	Hefei	1654643	6186392	277769	10933244	1376874
淮北市	Huaibei	145593	1593796	27413	1359204	118180
亳州市	Bozhou	182726	1147084	35445	2176975	147281
宿州市	Suzhou	220824	2482550	103522	2217494	117302
蚌埠市	Bengbu	285573	2340281	44465	5311865	241108
阜阳市	Fuyang	221015	1308527	30358	3371459	190657
淮南市	Huainan	212641	2487455	49998	2714409	162643
滁州市	Chuzhou	307075	970318	35611	4059363	271464
六安市	Luan	313221	436169	15571	4112365	297650
马鞍山市	Maanshan	260253	3103406	56482	2252651	203771
巢湖市	Chaohu	296638	550729	21203	3918403	275435
芜湖市	Wuhu	595759	2601463	173518	3975521	422241
宣城市	Xuancheng	340380	1634419	42495	3724747	297885
铜陵市	Tongling	195368	1052169	47874	2503254	147494
池州市	Chizhou	899705	5642766	444650	4488083	455055
安庆市	Anqing	970891	1400957	83357	13522179	887534
黄山市	Huangshan	1535537	4073530	164978	13028171	1370559

18—8 国内旅游人均花费（2009年）
Per Capita Costs of Domestic Tourism (2009)

单位：元 (yuan)

指标 Item		平均每人花费 Per Capita Expenditure	交通费 Local Transportation	住宿费 Accommod-ation	餐饮费 Cater	购物费 Commodity Sale	平均逗留天数（天） Average Number of Days (day)
总花费	Total Expenditure	755.20	65.88	127.05	156.89	185.15	1.49
一日游	One-day Tour	345.55	23.19	1.58	81.89	94.67	1.00
过夜花费	Overnight Tour	889.32	79.84	168.10	181.43	214.82	1.98
#宾馆饭店	Living in Hotel	918.50	81.40	180.14	186.36	218.22	1.98
#住亲友家	Living in Relative's or Friend's Home	498.78	59.27	6.55	116.97	170.61	2.00

18—9 各市国内旅游人均花费（2009年）
Per Capita Costs of Domestic Tourism by Region (2009)

单位：元 (yuan)

地区 Region		平均每人花费 Per Capita Expenditure	交通费 Local Transportation	住宿费 Accommod-ation	餐饮费 Cater	购物费 Commodity Sale	平均逗留天数（天） Average Number of Days (day)
总计	**Total**	**755.20**	**65.88**	**127.05**	**156.89**	**185.15**	**1.49**
合肥市	Hefei	1138.67	160.57	253.18	293.90	266.88	1.32
淮北市	Huaibei	509.50	36.30	78.82	106.76	196.15	1.05
亳州市	Bozhou	636.59	32.48	102.60	95.15	278.90	1.46
宿州市	Suzhou	594.31	42.46	121.50	200.24	149.66	1.04
蚌埠市	Bengbu	479.87	89.95	118.20	88.82	137.15	1.39
阜阳市	Fuyang	493.80	23.29	46.19	101.60	206.01	1.29
淮南市	Huainan	510.52	23.77	102.12	161.02	144.50	0.99
滁州市	Chuzhou	672.74	42.90	138.85	182.44	124.33	2.13
六安市	Luan	712.31	43.06	110.36	151.65	163.86	2.15
马鞍山市	Maanshan	510.95	62.53	82.33	121.19	101.86	0.88
巢湖市	Chaohu	605.72	47.67	107.67	115.33	105.06	1.11
芜湖市	Wuhu	1044.84	64.65	159.43	211.52	267.46	1.98
宣城市	Xuancheng	804.32	58.57	163.62	135.09	158.73	2.06
铜陵市	Tongling	678.85	74.68	175.98	164.86	132.44	1.66
安庆市	Anqing	997.67	123.35	148.36	166.90	119.44	0.75
池州市	Chizhou	795.70	50.05	86.77	197.01	250.71	1.38
黄山市	Huangshan	862.50	65.77	130.65	120.92	185.69	1.77

18—10 国家级黄山风景区旅游事业发展情况
Development of Tourism of Huang Shan Scenic at National Level

指　　标　　Item			1995	2000	2005	2008	2009
接待人数	（人次）Tourists Received	(person-time)	831058	1172871	1709658	2243943	2356221
接待海外游客	Overseas Tourists		41562	73485	159980	230486	244796
国内游客	Domestic Tourists		789496	1099386	1549678	2013457	2111425
营业收入	（万元）Business Income	(10000 yuan)	18382	47881	75017	115701	144024
#游览设施	Touring Facilities		10140	18040	41505	64683	66899
住宿设施	Lodging Facilities		5248	9655	14517	17925	16909
娱乐设施	Entertainment Facilities		93		334	657	609
餐饮设施	Catering Facilities		2524	4004	7427	10430	10468
商业设施	Commercial Facilities		377	182	500	1160	914
外汇收入	（万美元）Foreign Exchange Earnings	(USD 10000)	291	588	2080	4067	5129
涉外宾馆（酒店）住宿设施	Lodging Facilities of Tourist Hotels						
宾馆（酒店）	（个）Number of Hotels	(unit)	11	15	14	14	14
#四星级	Four Star Class				6	9	8
三星级	Three Star Class		4	5	4	3	1
二星级	Two Star Class		2	1	2		
客　房	（间）Number of Rooms	(unit)	1420	1781	1496	1277	2056
床　位	（张）Number of Beds	(unit)	4050	5775	4562	3918	4440
客房出租率	（%）Room Occupancy	(%)	49	42	62	58	52
旅游车辆	（辆）Number of Touring Vehicles	(unit)	64	191	95	115	129
#大型车辆	Large-sized Vehicles		19	25	65	65	94
中型车辆	Middle-sized Vehicles		30	50	5	21	6
小型车辆	Small-sized Vehicles		15	62	25	29	29

18—11 国家级九华山风景区旅游事业发展情况
Development of Tourism of Jiu Hua Shan Scenic at National Level

指　　标　　Item			1995	2000	2005	2008	2009
接待人数	（人次）Tourists Received	(person-time)	438000	443900	648308	2723500	3100000
接待海外游客	Overseas Tourists		10019	13569	24695	80012	120000
国内游客	Domestic Tourists		427981	430331	623613	2643488	2980000
营业收入	（万元）Business Income	(10000 yuan)	10940	12000	28962	265566	310000
#游览设施	Touring Facilities		1130	3579	11006	106226	124000
住宿设施	Lodging Facilities		2990	2493	7240	66392	77500
娱乐设施	Entertainment Facilities		350	293	579	5311	6200
餐饮设施	Catering Facilities		4010	2860	4345	39835	46500
商业设施	Commercial Facilities		2460	2775	5792	47802	55800
外汇收入	（万美元）Foreign Exchange Earnings	(USD 10000)	1047	334	307	1611	
涉外宾馆（酒店）住宿设施	Lodging Facilities of Tourist Hotels						
宾馆（酒店）	（个） Number of Hotels	(unit)	3	3	8	8	9
#四星级	Four Star Class				1	1	1
三星级	Three Star Class			1	4	5	6
二星级	Two Star Class		2	2	3	2	2
客　房	（间） Number of Rooms	(unit)	216	299	646	735	711
床　位	（张） Number of Beds	(unit)	545	625	1266	1344	1388
客房出租率	（%） Room Occupancy	(%)	59	45	58	68	
旅游车辆	（辆）Number of Touring Vehicles	(unit)	78	59	64	101	106
#大型车辆	Large-sized Vehicles		19	19	32	32	37
中型车辆	Middle-sized Vehicles		37	30	22	38	38
小型车辆	Small-sized Vehicles		22	10	10	31	31

18—12 风景名胜区（2009年）
Scenic Spots (2009)

名称 Name	级别 Grade	主要特点 Main Characteristics	类别 Kinds	面积（平方公里） Area(sq.km)	地址 Address
黄山	国家级	世界自然和文化遗产，中国十大风景名胜。以“奇松、怪石、云海、温泉”四绝而闻名	山岳型	154	黄山市
九华山	国家级	中国四大佛教名山之一，是佛教地藏菩萨道场。始于唐开元年间，现存古寺庙94座，佛像1万余尊、文物五千余件	山岳型	120	池洲市
天柱山	国家级	“擎天一柱”海拔1450米，道、佛教同存，汉武帝封“南岳”。佛教二、三祖修行地。李白、白居易、苏轼等400余摩崖碑刻	山岳型	82.46	潜山县
琅琊山	国家级	宋代大文学家欧阳修《醉翁亭》而闻名，有著名醉翁亭、醒图、琅琊寺等	山岳型	78.2	滁州市
齐云山	国家级	中国四大道教名山之一，始于唐，盛于明，兴于清，有道教墓葬22外和大量摩崖石碑刻，属丹霞地貌	山岳型	110.4	休宁县
采石矶	国家级	长江三大名矶之首，有“采石山水甲江南”之誉。唐代大诗人李白留下许多不朽诗篇，并在附近香山归宿		48	马鞍山市
巢湖	国家级	中国五大淡水湖之一，著名姥山、褒禅山、中庙、范增墓等景点	湖泊型	1000	巢湖市
花山谜窟	国家级	人工石窟群，口小内大，有36处，最高30米。所建年代？为何建？何年成？为“千古之谜”		80.6	黄山市
太极洞	国家级	洞龄2.5亿年，长5400多米，分干、水洞而得名。宋代范仲淹等留下不少碑文石刻，《中国石林》称为“桂林山水，广德石洞”	溶洞型	20	广德县
花亭湖	国家级	著名人口湖，有龙山、西风湖、佛图寺、海会寺等六大景区和温泉，沿湖生长方形法华竹而绝名	湖泊型	250	太湖县
浮山	省级	古火山之一，佛教禅宗鼻祖慧可大师道场，中国禅宗发祥地。有36岩、72洞、26怪石、34奇峰。南宋以来480多摩崖石刻	山岳型	45	枞阳县
天堂寨	省级	主峰天堂顶海拔129米，有天塘“瑶池”。大小瀑布100余条而闻名，大别山山脉第二高峰	山岳型	37.2	金寨县
太平湖	省级	安徽最大人工湖，有“西山观鱼，三峡水趣，桂林景色，龙门”等五大景区。堪与太湖媲美，漓江竞秀	湖泊型	260	黄山区
敬亭山	省级	原名昭亭山，晋文帝时改为敬亭山，南齐谢眺以来李白等文人留下诗文800余篇，为中国著名“江南诗山”	山岳型	15.3	宣城市
白崖寨	省级	建寨700余年，寨十华里，宽1米，高2.8—5米，大块岩石砌成。有炮台、点将台等，誉称“南国小长城”	山岳型	57	宿松县
西山	省级	溶洞、石、峰、泉、花、树、禽为一体，有古乌霞寺，著名“牡丹之乡”。唐代诗人李白等留下脍炙人口的诗文	山岳型	22.6	南陵县
齐山——秋浦仙境	省级	全长180公里，是著名“诗河”。李白、杜牧、苏轼等留下40余首诗篇，有古石城遗址，昭明钓台、仰天堂古迹名胜	山岳型	25.78	池州市
石台溶洞群	省级	石台称为“溶洞之县”，有蓬莱、鱼龙、慈云等100余处溶洞。著名“蓬莱仙洞”长3000余米，钟乳奇秀，玲珑剔透	溶洞型	29.3	池州市
小孤山	省级	孤峰如柱，兀立长江，称“长江绝岛”，有古炮台、烽火石等古战场遗迹，古刹启秀寺是长江中唯一“妈祖古庙”		8.5	宿松县

18—12　续表　continued

名　称 Name	级别 Grade	主要特点 Main Characteristics	类　别 Kinds	面　积（平方公里）Area(sq.km)	地　址 Address
凤阳山	省　级	有明中都皇故城、明皇陵石刻、鼓楼台、龙兴寺、古钟、离城、佛教古寺、卧牛湖、奇洞等	山岳型	45	凤阳县
涂山——白乳泉	省　级	大禹娶涂山氏为妻，著名“启母石”——涂山氏化身。唐贞元年白乳泉得名，誉为“天下第七泉”	山岳型	66.35	怀远县
南岳山—佛子岭水库	省　级	古岳庙留汉武帝封石刻门楣，有书法家于佑仁题“小南岳”等文人石刻，为“远东第一坝”	山岳、湖泊型	175	霍山县
万佛山—龙河口水库	省　级	“世界第一人工土石大坝”，有周瑜祖坟、祖慈钓鱼台、五老观太极等景观，国家级保护动植物50余种	山岳、湖泊型	207	舒城县
皇藏峪	省　级	汉高祖称帝前因避秦兵而藏身此地，封为“皇藏峪”。有天然洞穴、井泉、峰峦叠翠、涧水淙淙	山岳型	22.76	萧　县
八公山	省　级	西汉淮南王刘安等八公在此炼丹并食之成仙得名，有珍珠、玛瑙等24泉、淮南王、碧霞元君庙等	山岳型	90	淮南市
大龙山	省　级	山势雄伟、蜿蜒似龙，有92峰、82岩、72岭、82洞、32壑、108奇石和乌、白、黄、赤四大名溪和6大瀑布等	山岳型	120	安庆市
颍州西湖	省　级	北宋宰相晏殊、文学家欧阳修、苏轼等留下113首诗篇。原碑林长廊、八卦阵、八仙石雕和“会老堂”等		24.32	阜阳市
龙须湖	省　级	湖水容量3252万立方米，植被丰富，珍禽野兽较多，湖光山色、风光秀美	湖泊型	110	郎溪县
铜锣寨	省　级	碧峰伟崖，陡不可攀，海拔1096米，有奇松、怪石、云海、温泉“四绝”，素称“江北小黄山”	山岳、古关寨	47	霍山县
大华山	省　级	云峰寺始唐朝，地藏王在此结庵1300余年。太平军的“羊破寨”、庆云寺等，东石笋高38米，为“中华第一石笋”	山岳型	56	六安市
合肥环城公园—西郊	省　级	西郊有蜀山风景、董铺和大房郢水库、森林公园、科学岛等，著名北宋“包拯”——包公祠座落环城公园	城市近郊公园	32	合肥市
紫蓬山	省　级	三国名刹——西庐寺，魏将李典，宋名将葛升墓，淮军名将刘铭传故居。有21米高的如来大佛，五百罗汉、文昌阁等	山岳型	48	肥西县
五柳	省　级	著名“呵泉、龙泉、珍珠泉”等，大方寺、闵祠等殷商文化遗址和众多汉墓		26	宿州市
凤凰山	省　级	宋代古民居，荆公书堂，大明寺，莲花寺和大雄宝殿等自然和人文景观20余处	山岳型	28.4	铜陵市
司空山	省　级	中华佛教禅宗发源地，有“祖禅刹、三祖洞、乌牛古石、南崖瀑布”等，赵朴初题为“禅宗第一山”	山岳型	46.8	岳西县
大历山	省　级	唐玄宗二年始建“翠观庵”，明建“尧舜寺”，有法藏寺、尧池、舜井、伏虎洞、白龙洞等，钟乳奇异，山色峻美	山岳型	26	东至县
卜塘	省　级	山峦叠峰、沟壑纵横、林木绢绣、飞泉叮咚，竹海、古树、清泉、钟鼓并称“四绝”	山岳型	45	马鞍山市
龙子湖	省　级	禹王庙、汤和墓、东明皇陵、中都城、龙兴寺、栖岩寺和淮河风情园等	湖泊型	36.2	蚌埠市
汤池	省　级	汉文帝建庐江国时称“坑泉”，水温63℃，为“华东第一温泉”，有三国周郎和小乔沐浴池、古寺、十三庵等	温泉	22.5	庐江县

18—13 国家级重点文物保护单位
National Grade Main Cultural Relics

名 称 Name	时 代 Era	地 址 Address	批 次 Batch	公布时间 Announcement Time
新四军军部旧址	1938-1941	泾县云岭乡	第一批	1961.3
明中都皇故城及皇陵石刻	明	凤阳县	第二批	1982.2
安丰塘（芍陂）	春秋-清	寿县	第三批	1988.1
龙川胡氏宗祠	明-清	绩溪县瀛洲乡	第三批	1988.1
潜口民宅	明-清	黄山市徽州区尘潜口村	第三批	1988.1
许国石坊	明	歙县	第三批	1988.1
花戏楼	清	亳州市谯城区	第三批	1988.1
广教寺双塔	宋	宣州市宣州区敬亭山	第三批	1988.1
和县猿人遗址	旧石器时代	和县陶店乡	第三批	1988.1
薛家岗遗址	新石器时代	潜山县	第四批	1996.11
大工山-凤凰山铜矿遗址	西周至宋	南陵县、铜陵市	第四批	1996.11
棠樾石牌坊群	明、清	歙县郑村乡	第四批	1996.11
老屋阁及绿绕亭	明	黄山市徽州区西溪南村	第四批	1996.11
罗东舒祠（宝伦阁）	明	黄山市徽州区呈坎村	第四批	1996.11
渡江战役总前委旧址	1949年3月-4月	肥东县撮镇瑶岗村	第四批	1996.11
陈山遗址	旧石器时代	宣州市宣州区	第五批	2001.6
凌家滩遗址	新石器时代	含山县	第五批	2001.6
尉迟寺遗址	新石器时代	蒙城县	第五批	2001.6
寿春城遗址	战国	寿县	第五批	2001.6
寿州窑遗址	南朝至塘	淮南市	第五批	2001.6
柳孜运河码头遗址	唐至宋	濉溪县	第五批	2001.6
繁昌窑遗址	宋	繁昌县	第五批	2001.6
皖南土墩墓群	西周至春秋	南陵县、繁昌县	第五批	2001.6
曹氏家族墓群	东汉、三国	亳州市谯城区	第五批	2001.6
朱然家族墓地	三国	马鞍山市	第五批	2001.6
水西双塔	宋	泾县	第五批	2001.6
亳州古地道	宋、元	亳州市谯城区	第五批	2001.6
白崖寨	元至清	宿松县	第五批	2001.6
程氏三宅	明	黄山市屯溪区	第五批	2001.6
呈坎村古建筑群	明、清	黄山市徽州区	第五批	2001.6
渔梁坝	唐至清	歙县	第五批	2001.6
宏村古建筑群	明、清	黟县	第五批	2001.6
西递村古建筑群	明、清	黟县	第五批	2001.6
寿县古城墙	宋至清	寿县	第五批	2001.6
查济古建筑群	宋至清	泾县	第五批	2001.6
天柱山山谷流泉摩崖石刻	宋至清	潜山县	第五批	2001.6
人字洞遗址	旧石器时代	繁昌县	第六批	2006.5
临涣城址	战国	濉溪县	第六批	2006.5
李白墓	唐	当涂县	第六批	2006.5
蒙城万佛塔	宋	蒙城县	第六批	2006.5
溪头三槐堂	明	休宁县	第六批	2006.5
振风塔	明	安庆市迎江区	第六批	2006.5
郑氏宗祠	明	歙县	第六批	2006.5
江村古建筑群	明至清	旌德县	第六批	2006.5
南屏村古建筑群	明至清	黟县	第六批	2006.5
祁门古戏台	明至清	祁门县	第六批	2006.5
许村古建筑群	明至民国	歙县	第六批	2006.5
黄田村古建筑群	清	泾县	第六批	2006.5
世太史第	清	安庆市迎江区	第六批	2006.5
竹山书院	清	歙县	第六批	2006.5
齐云山石刻	宋至清	休宁县	第六批	2006.5
李氏庄园	清	霍邱县	第六批	2006.5
刘铭传旧居	清	肥西县	第六批	2006.5
冯玉祥旧居	1936-1937年	巢湖市居巢区	第六批	2006.5
半塔保卫战旧址	1941年	来安县	第六批	2006.5
淮海战役总前委和华东野战军指挥部旧址	1948年	濉溪县、萧县	第六批	2006.5

18—14 自然保护区
Nature Protection Areas

名　称 Name	级别 Grade	保护对象 Protection Objects	类　型 Kinds	面　积 (公顷) Area(hectares)	地　址 Address
牯牛降自然保护区	国家级	中亚热带常绿阔叶林，珍稀动植物	森林生态	6713	祁门县，石台县
鹞落坪自然保护区	国家级	北亚热带常绿阔叶林，珍稀动植物	森林生态	12300	岳西县
天马自然保护区	国家级	北亚热带常绿落叶阔叶林，珍稀动植物	森林生态	28914	金寨县
杨子鳄自然保护区	国家级	野生杨子鳄	野生动物	18565	宣州市
升金湖自然保护区	国家级	白头鹞等珍稀水禽，湿地生态	湿地生态	33400	东至县
淡水豚自然保护区	国家级	珍稀水生生物	野生动物	31518	铜陵县
皇甫山自然保护区	省　级	森林生态，鸟类	森林生态	3600	滁州市
清凉峰自然保护区	省　级	中亚热带常绿阔叶林，珍稀动植物	森林生态	2761	歙　县
皇藏峪自然保护区	省　级	暖温带落叶阔叶林	森林生态	2067	萧　县
清凉峰自然保护区	省　级	中亚热带常绿阔叶林，珍稀动植物	森林生态	5050	绩溪县
岭南自然保护区	省　级	中亚热带常绿阔叶林，珍稀动植物	森林生态	2771	休宁县
十里山自然保护区	省　级	中亚热带常绿阔叶林，珍稀动植物	森林生态	1936	黄山区
板桥自然保护区	省　级	中亚热带常绿阔叶林，珍稀动植物	森林生态	5000	宁国市
板仓自然保护区	省　级	北中亚热带常绿落叶阔叶林，珍稀动植物	森林生态	1523	潜山县
万佛山自然保护区	省　级	北亚热带常绿落叶阔叶林，珍稀动植物	森林生态	2000	舒城县
枯井园自然保护区	省　级	北中亚热带常绿落叶林，珍稀动植物	森林生态	4000	岳西县
五溪山自然保护区	省　级	中亚热带常绿阔叶林，珍稀动植物	森林生态	4050	黟　县
天湖自然保护区	省　级	中亚热带常绿阔叶林，珍稀动植物	森林生态	4500	徽州区
佛子岭自然保护区	省　级	森林生态	森林生态	6667	霍山县
老山自然保护区	省　级	中亚热带常绿阔叶林，珍稀动植物	森林生态	16909	贵池区
九龙峰自然保护区	省　级	中亚热带常绿阔叶林，珍稀动植物	森林生态	2720	黄山区
查湾自然保护区	省　级	中亚热带常绿阔叶林，珍稀动植物	森林生态	1600	祁门县
紫石塔自然保护区	省　级	中亚热带常绿阔叶林，珍稀动植物	森林生态	6670	东至县
沿江自然保护区	省　级	珍稀水禽及其生境	湿地生态	120000	安庆市
沱湖自然保护区	省　级	珍稀水禽及其生境	湿地生态	4200	五河县
十八索自然保护区	省　级	珍稀水禽及其生境	湿地生态	7500	贵池区
八里河自然保护区	省　级	珍稀水禽及其生境	湿地生态	14600	颍山县
东西湖自然保护区	省　级	珍稀水禽及其生境	湿地生态	14200	霍邱县
石白湖自然保护区	省　级	珍稀水禽及其生境	湿地生态	10666	当涂县
酥梨种质资源保护区	省　级	种质资源	植　物	13980	砀山县
颍州西湖自然保护区	省　级	湿地及水禽	湿地生态	11000	颍州区
六股尖自然保护区	省　级	华东黄杉等珍稀植物	森林生态	2747	休宁县
盘台自然保护区	省　级	南方红豆杉等	森林生态	668	青阳县
大方寺自然保护区	省　级	暖温带落叶阔叶林	森林生态	2080	埇桥区
女山湖自然保护区	省　级	珍稀水禽	湿地生态	21000	明光市

主要统计指标解释

旅游人数

包括入境国际旅游人数、出境居民人数和国内旅游人数。

⑴入境国际旅游人数：指来中国参观、访问、旅行、探亲、访友、休养、考察、参加会议和从事经济、科技、文化、教育、宗教等活动的外国人、华侨、港澳同胞和台湾同胞的人数。不包括外国在我国的常驻机构，如使领馆、通讯社、企业办事处的工作人员；来我国常住的外国专家、留学生以及在岸逗留不过夜人员。

⑵出境居民人数：指大陆居民因公务活动或私人事务短期出境的人数。公务活动出境居民人数包括在国际交通工具上的中国服务员工，因私出境居民人数不包括在国际交通工具上的中国服务员工。

⑶国内旅游人数：指我国大陆居民和在我国常住1年以上的外国人、华侨、港澳台同胞离开常住地在境内其他地方的旅游设施内至少停留一夜，最长不超过6个月的人数。

国际旅游（外汇）收入

指入境旅游的外国人、华侨、港澳同胞和台湾同胞在中国大陆旅游过程中发生的一切旅游支出，对于国家来说就是国际旅游（外汇）收入。

国际旅行社

指经营对外招徕并接待外国人、华侨、港澳同胞和台湾同胞来中国、归国或回内地旅游业务的旅行社。

国内旅行社

指负责经营招徕、组团、接待国内旅客的旅游业务，以及不对外招徕，负责经营接待国际旅行社或其它涉外部门组织的外国人、华侨、港澳同胞和台湾同胞来中国、归国或回内地的旅游业务的旅行社。

涉外饭店

指经有关部门批准，允许接待外国人、华侨、港澳同胞和台湾同胞的饭店。

Explanatory Notes for Major Statistical Indicators

Number of Tourists

include international tourists entering into China, Chinese residents going abroad and domestic tourists.

a) International tourists refer to foreigners, overseas Chinese, Chinese compatriots from Hong Kong, Macao and Taiwan coming to China for sightseeing, visits, tours, family reunions, vacations, study tours, conferences and other activities of a business, scientific and technological, cultural, educational and religious nature. It does not include representatives and employees of resident institutions of foreign countries in China such as embassies, consulates, news agencies and offices of foreign companies and organizations, nor does it include long-term foreign experts or students residing in China, or persons in transition without spending a night in China.

b) Chinese residents going abroad refer to Chinese residents going abroad for short terms for either public business or private purposes. Chinese employees working on international transport carriers are included in those going abroad for public business purpose, not in those for private purpose.

c) Domestic tourists refer to residents of the mainland of China who stay for one night at least but no more than 6 months at tourist facilities in other places than their permanent residence within the territory of the mainland China, including foreigners, overseas Chinese and Chinese compatriots from Hong Kong, Macao and Taiwan who have resided in China for over one year.

Foreign Exchange Earnings from International Tourism

refer to the total expenditures of foreigners, overseas Chinese, Chinese compatriots from Hong Kong, Macao and Taiwan during their stay in the mainland of China, which are earnings of foreign exchange from international tourism from the point of view from China.

International Travel Agencies

refer to travel agencies engaged in the promotion, solicitation, organization and reception of tours to the mainland of China by foreigners, overseas Chinese, Chinese compatriots from Hong Kong, Macao and Taiwan.

Domestic Travel Agencies

refer to travel agencies engaged in the promotion, solicitation, organization and reception of domestic tourists, and in the reception of foreigners, overseas Chinese, Chinese compatriots from Hong Kong, Macao and Taiwan organized by international travel agencies or other departments concerned, without their own promotion and solicitation program.

Tourist Hotels

refer to hotels that are able, with the approval of departments concerned, to accommodate foreigners, overseas Chinese, Chinese compatriots from Hong Kong, Macao and Taiwan.

第十九篇

Chapter 19

教育、科技

EDUCATION，SCIENCE

简要说明

一、本篇反映我省的教育事业的发展情况和科学技术活动基本情况。

二、教育部分包括高等教育、中等教育、初等教育、幼儿教育、特殊教育和各种类型的各级成人教育等，主要指标有各级各类学校的校数、在校学生数、招生数、毕业生数、教职工数、教师数等。

教育统计资料主要由省教育厅提供，技工学校的资料来源于省人力资源和社会保障厅。

三、科学技术部分主要包括了我省科技活动的规模、构成、布局和发展状况的资料，收录了全省有关部门年度的科技统计数据。

反映科技机构、大中型工业企业和高等学校三大科技活动主体单位的机构数、人员数和经费收支等情况，根据省科技厅、省教育厅、省国防工办、省统计局科技统计综合年报汇总。

专利申请受理量和批准量由省专利局提供。

Brief Introduction

I. Data in this chapter show the development of Anhui’s education as well as the basic conditions of the activities of science and technology.

II. Data on education cover the situations on higher education, secondary education, primary education, kindergartens and special education and all kinds of adult education etc. The main indicators cover the number of schools of various levels and categories, students enrolled, new students enrolled, graduates, staff and workers and number of teachers etc.

The statistical data on education are mainly provided by the Provincial Commission of Education. In addition, data on the technical training schools are provided by the Department of Labor and Social Security.

III. Data on science and technology cover mainly the scale, composition, distribution and development of the scientific and technological activities, including the statistical data of the departments concerned under the provincial government on science and technology in.

The table on the basic conditions of the scientific and technological activities show in a summary way the number of institutions and personnel in scientific and technological institutions, large and medium-sized industrial enterprises and universities and colleges, the three main bodies engaged in the scientific and technological activities as well as their income and expenditure. Data are collected and tabulated in accordance with the annual reporting scheme on science and technology statistics of the Provincial Commission of Science, Provincial Commission of Education, Provincial Office of Science, Technology and Industry for National Defence and the provincial Statistical Bureau.

Data on the number of patent applications examined and certified are provided by Anhui Patent Office.

19—1 教育事业基本情况
Basic Statistics on Education

指 标	Item	1995	2000	2005	2008	2009
学校数 （所）	**Number of Schools (unit)**					
普通高等学校	Regular Institutions of Higher Education	35	42	81	93	95
中等学校	Secondary Schools	5059	4621	4533	4446	4320
#普通中等专业学校	Regular Specialized Secondary Schools	152	138	98	102	105
中等技术学校	Technical Secondary Schools	111	104	79	87	90
中等师范学校	Teacher Secondary Schools	41	34	19	15	15
普通中学	Regular Secondary Schools	4170	3767	3948	3963	3856
高 中	Senior Secondary Schools	617	674	760	782	769
初 中	Junior Secondary Schools	3553	3093	3188	3181	3087
职业中学	Vocational Secondary Schools	737	716	487	381	359
小 学	Primary Schools	29343	24281	20142	16116	14974
幼儿园	Kindergartens	2243	3932	2715	3232	3611
特殊教育	Special Schools	44	70	67	62	61
专任教师 （万人）	**Number of Full-time Teachers (10000 persons)**					
普通高等学校	Regular Institutions of Higher Education	1.16	1.51	3.24	4.36	4.64
中等学校	Secondary Schools	16.53	18.63	22.04	24.19	24.64
#普通中等专业学校	Regular Specialized Secondary Schools	0.85	0.88	0.61	0.76	0.78
中等技术学校	Technical Secondary Schools	0.63	0.68	0.48	0.63	0.66
中等师范学校	Teacher Secondary Schools	0.22	0.21	0.14	0.13	0.13
普通中学	Regular Secondary Schools	14.03	15.81	19.70	21.97	22.46
高 中	Senior Secondary Schools	2.04	2.92	5.11	6.32	6.39
初 中	Junior Secondary Schools	11.98	12.90	14.59	15.64	16.07
职业中学	Vocational Secondary Schools	1.65	1.94	1.73	1.46	1.39
小 学	Primary Schools	26.73	27.37	25.95	25.10	24.86
幼儿园	Kindergartens	2.21	2.65	1.65	2.07	2.50
特殊教育	Special Schools	0.06	0.09	0.10	0.10	0.11
招生数 （万人）	**New Student Enrollment (10000 persons)**					
普通高等学校	Regular Institutions of Higher Education	2.94	7.62	19.87	27.35	27.94
中等学校	Secondary Schools	124.11	150.27	185.31	180.04	171.49
#普通中等专业学校	Regular Specialized Secondary Schools	4.41	4.92	7.85	10.16	9.74
中等技术学校	Technical Secondary Schools	3.52	4.41	7.24	9.60	8.96
中等师范学校	Teacher Secondary Schools	0.90	0.51	0.61	0.56	0.79
普通中学	Regular Secondary Schools	105.23	129.75	155.43	148.57	141.52
高 中	Senior Secondary Schools	11.44	21.96	43.46	43.58	42.47
初 中	Junior Secondary Schools	93.78	107.78	111.97	104.99	99.05
职业中学	Vocational Secondary Schools	14.47	15.59	22.03	21.31	20.22
小 学	Primary Schools	119.94	116.60	81.52	84.98	83.86
幼儿园	Kindergartens		84.29	50.02	56.52	58.56
特殊教育	Special Schools	0.40	0.22	0.24	0.23	0.24
在校学生 （万人）	**Student Enrollment (10000 persons)**					
普通高等学校	Regular Institutions of Higher Education	8.80	18.24	58.91	80.83	87.78
中等学校	Secondary Schools	328.76	422.79	534.19	527.25	509.49
#普通中等专业学校	Regular Specialized Secondary Schools	12.08	19.19	18.55	27.71	27.99
中等技术学校	Technical Secondary Schools	9.50	16.60	16.63	26.15	25.85
中等师范学校	Teacher Secondary Schools	2.59	2.59	1.92	1.56	2.15
普通中学	Regular Secondary Schools	281.53	358.32	460.86	443.57	428.00
高 中	Senior Secondary Schools	28.94	54.14	116.90	133.71	130.57
初 中	Junior Secondary Schools	252.58	304.18	343.96	309.86	297.42
职业中学	Vocational Secondary Schools	35.14	45.28	54.78	55.97	53.49
小 学	Primary Schools	606.88	644.24	584.11	520.35	486.88
幼儿园	Kindergartens	103.48	116.19	72.38	87.53	93.82
特殊教育	Special Schools	1.54	1.83	1.80	1.63	1.51
毕业生数 （万人）	**Graduates (10000 persons)**					
普通高等学校	Regular Institutions of Higher Education	2.90	2.59	11.70	19.11	20.57
中等学校	Secondary Schools	81.48	123.18	160.90	177.60	172.81
#普通中等专业学校	Regular Specialized Secondary Schools	3.20	6.04	3.78	7.72	8.48
中等技术学校	Technical Secondary Schools	2.39	4.37	3.20	7.16	7.96
中等师范学校	Teacher Secondary Schools	0.81	1.68	0.58	0.56	0.52
普通中学	Regular Secondary Schools	71.26	102.31	142.61	152.11	146.50
高 中	Senior Secondary Schools	7.37	13.15	30.10	43.75	44.92
初 中	Junior Secondary Schools	63.89	89.16	112.52	108.36	101.58
职业中学	Vocational Secondary Schools	7.02	14.83	14.51	17.76	17.83
小 学	Primary Schools	103.24	121.20	116.25	103.93	98.37
幼儿园	Kindergartens			40.24	41.19	41.74
特殊教育	Special Schools	0.07	0.20	0.20	0.16	0.16

19—2 研 究 生 数
Number of Postgraduates

单位：人 (person)

年 份 Year	研究生数 Number of Postgraduates					
	在学人数 Student Enrollment	#硕 士 Master	招生数 New Student Enrollment	#硕 士 Master	毕业生数 Graduates	#硕 士 Master
1995	2828	2389	1051	845	588	516
2000	5820	4689	2522	2060	1135	890
2005	21505	17865	8198	7000	4148	3300
2008	34982	30652	13204	11862	7947	6956
2009	34603	30503	13067	11784	9244	8206

19—3 普通高等学校分科在校学生数
Student Enrollment in Regular Institutions of Regular Institutions of Higher Education

单位：人 (person)

项 目	Item	2008			2009		
		合 计 Total	本 科 Regular College Course	专 科 Specialized Subject (Three Years)	合 计 Total	本 科 Regular College Course	专 科 Specialized Subject (Three Years)
合 计	**Total**	**808276**	**399296**	**408980**	**877782**	**439285**	**438497**
哲 学	Philosophy	221	221		221	221	
经济学	Economics	40299	22642	17657	43487	25430	18057
法 学	Law	20872	12640	8232	20408	12735	7673
教育学	Education	41118	15487	25631	38412	15988	22424
文 学	Literature	107654	63112	44542	117429	70516	46913
历史学	History	2377	2377		2357	2357	
理 学	Science	61750	61742	8	66860	66814	46
工 学	Engineering	288135	119023	169112	317363	133604	183759
农 学	Agriculture	13554	8567	4987	14294	9210	5084
医 学	Medicine	77192	36376	40816	83943	39002	44941
管理学	Management	155104	57109	97995	173008	63408	109600

19—4 普通高等学校分科招生数
New Student Enrollment in Regular Institutions of Regular Institutions of Higher Education

单位：人 (person)

项 目	Item	2008			2009		
		合 计 Total	本 科 Regular College Course	专 科 Specialized Subject (Three Years)	合 计 Total	本 科 Regular College Course	专 科 Specialized Subject (Three Years)
合 计	**Total**	**273451**	**114880**	**158571**	**279440**	**124153**	**155287**
哲 学	Philosophy	57	57		54	54	
经济学	Economics	12605	6046	6559	13247	7459	5788
法 学	Law	6052	3268	2784	5628	3222	2406
教育学	Education	13052	4013	9039	12346	4276	8070
文 学	Literature	35291	18294	16997	37246	20699	16547
历史学	History	652	652		518	518	
理 学	Science	18001	18001		19053	19007	46
工 学	Engineering	103486	36611	66875	100154	38382	61772
农 学	Agriculture	4216	2405	1811	4425	2655	1770
医 学	Medicine	26765	9027	17738	26688	9459	17229
管理学	Management	53274	16506	36768	60081	18422	41659

19—5 普通高等学校分科毕业生数
Graduates of Regular Institutions of Regular Institutions of Higher Education

单位：人 (person)

项目 Item		2008 合计 Total	2008 本科 Regular College Course	2008 专科 Specialized Subject (Three Years)	2009 合计 Total	2009 本科 Regular College Course	2009 专科 Specialized Subject (Three Years)
合计	**Total**	**191120**	**74911**	**116209**	**205749**	**82717**	**123032**
哲学	Philosophy	55	55		56	56	
经济学	Economics	9621	4711	4910	10716	5327	5389
法学	Law	5774	3158	2616	6063	3147	2916
教育学	Education	16631	2810	13821	14619	3423	11196
文学	Literature	25825	11479	14346	26803	13209	13594
历史学	History	523	523		502	502	
理学	Science	12960	12941	19	13139	13139	
工学	Engineering	63386	21564	41822	69465	23424	46041
农学	Agriculture	2994	1519	1475	3274	1612	1662
医学	Medicine	17674	5695	11979	19497	6761	12736
管理学	Management	35677	10456	25221	41615	12117	29498

19—6 普通高等学校分科专任教师数（2009年）
Number of Full-time Teachers by Field of Study in Regular Higher Educational Institutions (2009)

单位：人 (person)

项目 Item		合计 Total	正高级 With Chief Senior Title	副高级 With Deputy Senior Title	中级 With Middle-rank Title	初级 With Junior Title	无职称 Without Title
合计	**Total**	**46374**	**3329**	**11889**	**17554**	**10547**	**3055**
哲学	Philosophy	1585	103	384	715	302	81
经济学	Economics	3305	175	795	1388	694	253
法学	Law	2089	126	536	899	436	92
教育学	Education	3664	131	866	1468	906	293
文学	Literature	9137	348	1968	3556	2579	686
历史学	History	607	68	189	226	100	24
理学	Science	6853	778	1988	2503	1246	338
工学	Engineering	11391	878	3026	4168	2586	733
农学	Agriculture	903	120	274	330	134	45
医学	Medicine	3452	440	1073	1036	721	182
管理学	Management	3388	162	790	1265	843	328

19—7 普通中等专业学校分科学生数（2009年）
Number of Students by Field of Study in Regular Specialized Secondary Schools (2009)

单位：人 (person)

项目	Item	毕业生数 Graduates	招生数 New Student Enrollment	在校学生数 Student Enrollment
合计	**Total**	**84762**	**97420**	**279947**
农林类	Agriculture and Forestry	132	742	1150
资源与环境类	Resource and Environment	1833	173	566
能源类	Energy	89	159	159
土木水利工程类	Civil Engineering and Irrigation	3599	6136	12530
加工制造类	Processing and manufacturing	31170	23084	80252
交通运输类	Transportation	1518	1988	6894
信息技术类	Information Technology	16919	13455	44811
医药卫生类	Health	12533	22500	54820
商贸与旅游类	Trade and Travel	3893	5532	15229
财经类	Economics and Finance	3400	5326	14076
文化艺术与体育类	Culture, Art and Physical	3557	4175	13576
社会公共事业类	Social Public Affairs	272	3955	7850
师范类	Teacher Training	5166	7853	21478
其他	Others	681	2342	6556

19—8 普通中等专业学校分科专任教师数（2009年）
Full-time Teachers in Regular Specialized Secondary Schools by Field of Study (2009)

单位：人 (person)

项目	Item	合计 Total	正高级 With Chief Senior Title	副高级 With Deputy Senior Title	中级 With Middle-rank Title	初级 With Junior Title	无职称 Without Title
总计	**Total**	**7837**	**93**	**2203**	**2457**	**2312**	**772**
文化基础课	Basic Courses Teachers	3284	30	993	1096	898	267
专业课:小计	Specialized Courses Teachers	4263	62	1171	1256	1312	462
农林类	Agriculture and Forestry	91		42	30	18	1
资源与环境类	Resource and Environment	31		12	13	4	2
能源类	Energy	62		23	10	21	8
土木水利工程类	Civil Engineering and Irrigation	116		38	40	29	9
加工制造类	Processing and manufacturing	958	9	278	307	262	102
交通运输类	Transportation	52	2	8	14	19	9
信息技术类	Information Technology	639	24	130	186	229	70
医药卫生类	Health	627	6	215	140	182	84
商贸与旅游类	Trade and Travel	160	2	36	42	60	20
财经类	Ecnomics and Finance	291	11	94	111	63	12
文化艺术与体育类	Culture, Art and Physical	407	5	48	120	149	85
社会公共事业类	Social Public Affairs	35		12	12	8	3
师范类	Teacher Training	645	2	179	186	232	46
其他	Others	149	1	56	45	36	11
实习指导课	Practical Training Teachers	290	1	39	105	102	43

19—9 技工学校数和学生数

Number of Technical Schools, Students, Staff and Teachers

年份 Year	学校数（所） Schools (unit)	在校学生数（人） Student Enrollment (person)	毕业生数（人） Graduates (person)	招生数（人） New Student Enrollment (person)	教职工数（人） Staff and Teachers (person)
1995	130	91661	28998	33435	8687
2000	114	42628	24532	13583	6359
2003	95	56431	13322	27411	4705
2004	99	64616	18193	34879	5021
2005	109	86431	27287	34393	6031
2006	95	87463	28792	39482	5319
2007	93	87041	29515	38355	5601
2008	96	101131	37599	50210	5735
2009	93	93647	31393	31836	6716

19—10 初中毕业生和小学毕业生升学率及小学学龄儿童入学率

Percentage of Graduates of Junior Secondary Schools and Primary Schools Entering Higher Level Schools, Percentage of School-Age Children Enrolled

年份 Year	初中毕业生升学率 Percentage of Graduates of Junior Secondary Schools Entering Senior Secondary Schools Entering Senior			小学毕业生升学率 Percentage of Graduates of Primary Schools Entering Junior Secondary Schools			小学学龄儿童入学率 Percentage of School-age Children Enrolled		
	初中毕业生数（万人） Graduates of Junior Secondary Schools (10000 persons)	高级中等学校招生数（万人） Students Entering Senior Secondary Schools (10000 persons)	升学率（%） Percentage of Graduates of Junior Secondary Schools Entering Senior Secondary Schools	小学毕业生数（万人） Graduates of Primary Schools (10000 persons)	初级中等学校招生数（万人） Students Entering Junior Secondary Schools (10000 persons)	升学率（%） Percentage of Graduates of Junior Schools Entering Junior Secondary Schools	学龄儿童数（万人） School-age Children (10000 person)	已入学学龄儿童数（万人） School-age Children Enrolled in Schools (10000 persons)	入学率（%） Enrollment Ratio
1995	67.36	21.26	31.56	103.24	101.95	98.76	554.98	553.28	99.70
2000	97.60	32.66	33.46	121.20	118.22	97.55	620.02	617.94	99.67
2003	104.82	52.24	49.83	127.10	127.91	100.64	618.91	613.31	99.09
2004	113.15	62.96	55.64	124.32	124.32	100.00	584.34	581.65	99.54
2005	117.50	71.10	60.51	116.25	115.73	99.56	549.35	546.83	99.54
2006	118.17	77.60	65.66	110.40	110.37	99.97	523.41	521.96	99.72
2007	114.66	79.13	69.02	96.02	99.49	103.62	513.99	512.98	99.81
2008	108.59	76.94	70.86	103.93	105.17	101.18	493.73	492.92	99.84
2009	101.67	74.70	73.47	98.37	99.17	100.81	466.60	466.03	99.88

19—11 平均每万人口在校学生数和大中小学学生构成
Student Enrollment per 100 Population and Composition of Students Enrolled

年 份 Year	各级学校在校学生数占全省人口(%) Students as Percentage of Total Population	平均每万人口中（人） Number of Students per 10000 Population (person)			大中小学学生占学生总数（%） Students of Different Level as Percentage of Total Students (%)		
		大学生 University and College Students	中学生 Secondary School Students	小学生 Primary School Students	大学生 University and College Students	中学生 Secondary School Students	小学生 Primary School Students
1995	15.93	14.67	469.22	1011.47	0.92	29.46	63.51
1998	17.13	17.06	524.07	1054.22	1.00	30.59	61.54
1999	17.23	21.43	547.61	1034.35	1.24	31.79	60.04
2000	17.38	29.05	574.05	1032.11	1.67	32.83	59.03
2001	18.16	42.14	622.54	1155.78	2.42	37.59	60.20
2002	17.72	52.17	633.81	1086.41	2.94	35.76	61.30
2003	17.75	64.39	672.49	1038.18	3.63	37.89	58.49
2004	19.72	77.72	788.67	967.00	3.94	40.00	49.04
2005	19.21	90.42	791.40	896.49	4.71	41.21	46.68
2006	20.36	108.63	853.27	913.73	5.34	41.91	44.88
2007	20.28	119.41	835.75	898.17	5.89	41.21	44.29
2008	19.87	131.93	815.38	849.35	6.64	41.03	42.74
2009	19.23	143.12	785.08	793.87	7.44	40.82	41.28

注：中学生数中不包括中等专业学校在校学生数。

a) The number of secondary school students excludes the students of specialized secondary schools.

19—12 各级学校教师负担学生数
Student-teacher Ratio by Level of School

单位：人 (person)

年 份 Year	普通高等学校 Regular Institutions of Higher Education		中等学校 Secondary Schools		小学 Primary Schools	
	教师数 Number of Teachers	平均每个教师负担学生数 Student-teacher Ratio	教师数 Number of Teachers	平均每个教师负担学生数 Student-teacher Ratio	教师数 Number of Teachers	平均每个教师负担学生数 Student-teacher Ratio
1995	11566	7.61	165255	19.89	267271	22.71
1998	11573	9.07	177999	21.68	275393	23.55
1999	12375	10.75	182670	22.28	276616	23.21
2000	15065	12.11	186323	22.69	273745	23.53
2001	17914	14.08	193963	22.27	276103	25.06
2002	21131	15.62	199966	23.22	272010	25.27
2003	24744	16.57	205907	24.14	266458	24.82
2004	29538	16.97	212495	24.64	262528	23.76
2005	32438	18.16	220408	24.24	259493	22.51
2006	36797	18.04	227771	23.90	256368	21.78
2007	40743	17.93	235381	22.85	254777	21.57
2008	43624	18.53	241885	21.80	251020	20.73
2009	46374	18.93	246388	20.68	248595	19.59

19—13 各级学校女学生和女教师数
Number of Female Students and Teachers by Level of School

指 标	Item	1995	2000	2005	2008	2009
女学生数 （万人）	**Number of Female Students (10000 persons)**	**423.59**	**504.95**	**546.15**	**521.32**	**500.29**
普通高等学校	Regular Institutions of Higher Education	2.17	5.96	25.50	38.23	41.48
普通中等专业学校	Regular Specialized Secondary Schools	5.05	10.94	10.52	15.08	15.77
普通中学	Regular Secondary Schools	116.23	161.20	211.58	203.30	196.41
职业中学	Vocational Secondary Schools	15.20	20.37	25.14	25.79	24.26
小 学	Primary Schools	284.94	306.48	273.41	238.91	222.38
女学生占学生总数的百分比(%)	**Percentage of Female Students to Total Students (%)**	**44.85**	**46.45**	**46.39**	**46.20**	**46.15**
普通高等学校	Regular Institutions of Higher Education	24.63	32.67	43.29	47.30	47.25
普通中等专业学校	Regular Specialized Secondary Schools	41.80	56.99	56.71	54.43	56.33
普通中学	Regular Secondary Schools	41.28	44.99	45.91	45.83	45.89
职业中学	Vocational Secondary Schools	43.26	44.98	45.89	46.08	45.35
小 学	Primary Schools	46.05	47.57	46.81	45.91	45.67
女教师数 （万人）	**Number of Female Teachers (10000 persons)**	**13.16**	**15.36**	**18.19**	**20.16**	**20.75**
普通高等学校	Regular Institutions of Higher Education	0.30	0.48	1.19	1.73	1.86
普通中等专业学校	Regular Specialized Secondary Schools	0.29	0.31	0.23	0.31	0.34
普通中学	Regular Secondary Schools	3.14	4.05	5.78	7.09	7.49
职业中学	Vocational Secondary Schools	0.32	0.45	0.50	0.48	0.46
小 学	Primary Schools	9.10	10.06	10.48	10.55	10.60
女教师占教师总数的百分比(%)	**Percentage of Female Teachers to Total Teachers(%)**	**29.63**	**32.33**	**35.51**	**37.57**	**38.34**
普通高等学校	Regular Institutions of Higher Education	26.00	32.05	36.82	39.59	40.07
普通中等专业学校	Regular Specialized Secondary Schools	34.65	32.05	38.25	41.06	43.00
普通中学	Regular Secondary Schools	22.38	35.17	29.36	32.27	33.36
职业中学	Vocational Secondary Schools	19.61	23.29	28.79	33.16	33.38
小 学	Primary Schools	34.06	36.76	40.40	42.01	42.63

19—14 各级各类成人学校基本情况（2009年）

Student Enrollment in Adult Schools by Level and Type (2009)

单位：人 (person)

指标	Item	学校数(所) Schools (unit)	毕业生数 Graduates	招生数 New Student Enrollment	在校学生数 Student Enrollment	教职工人数 Teachers and Staff	#专任教师 Full-time Teachers
总计	**Total**	**1107**	**541543**	**94904**	**632335**	**7035**	**4084**
成人高等教育	**Adult's Higher Education**		**80992**	**71114**	**156169**		
成人高等学校	**Adult Education Schools**	**6**	**1898**	**2385**	**5857**	**1377**	**749**
广播电视大学	Radio and TV Universities	1	412	1666	2296	276	128
职工、农民高等学院	Schools of Higher Education for Staff, Workers and Peasants	3	1120	293	2686	367	291
管理干部学院	Colleges for Management Cadres	1	366	426	875	734	330
教育学院	Institute of Education	1					
普通高等学校办函授部或夜大学、成人脱产班	**Correspondence Department, Evening University or Classes for Adults Who Temporarily Released from Their Work**		**79094**	**68729**	**150312**		
成人中等专业学校	**Specialized Secondary Schools for Adults**	**78**	**13130**	**23790**	**51188**	**2646**	**1518**
成人中小学校	**Secondary and Primary Schools for Adults**	**127**	**20681**		**22457**	**25**	**11**
成人中学	Secondary Schools for Adults	4	62		53	6	3
农民中学	Secondary Schools for Peasants	4	62		53	6	3
成人小学	Primary Schools for Adults	123	20619		22404	19	8
民办小学	Primary Schools for peasants	123	20619		22404	19	8
#扫盲班	Literacy Courses	92	20478		22319	9	2
成人技术培训学校	**Technical Training Schools for Adults**	**896**	**426740**		**402521**	**2987**	**1806**
职工技术培训学校	Technical Training Schools for Staff and Workers						
农民技术培训学校	Technical Training Schools for Peasants	729	337116		317749	864	510
其他培训机构（含社会培训机构）	Other Training Organs (Including Social Training Organs)	167	89624		84772	2123	1296

19—15 各市普通高等学校和中等专业学校情况（2009年）
Number of Specialized Secondary Schools by Region and Type (2009)

单位：人 (person)

地区 Region		学校数（所）Number of Schools (unit)		毕业生数 Number of Graduates		招生数 New Student Enrollment		在校学生数 Student Enrollment	
		高等 Advanced	中等 Middle	高等 Advanced	中等 Middle	高等 Advanced	中等 Middle	高等 Advanced	中等 Middle
总计	**Total**	**95**	**105**	**205749**	**84762**	**279440**	**97420**	**877782**	**279947**
合肥市	Hefei	43	32	83940	26964	112776	26360	352091	78102
淮北市	Huaibei	3	4	7790	3407	9126	6640	29880	14440
亳州市	Bozhou	2	2	1929	3542	3302	8032	8568	17372
宿州市	Suzhou	2	6	4372	5854	6509	6467	19996	20266
蚌埠市	Bengbu	5	11	13111	9265	16603	6490	52048	21227
阜阳市	Fuyang	4	9	5774	3783	9602	7342	29646	21258
淮南市	Huainan	5	5	13543	5956	17966	5865	57985	18077
滁州市	Chuzhou	3	4	7849	3646	11264	3653	37419	10792
六安市	Luan	4	4	6577	2838	10265	4525	30706	12113
马鞍山市	Maanshan	4	5	7545	2069	12435	2082	38955	7313
巢湖市	Chaohu	2	1	5231	987	5469	1140	18345	2847
芜湖市	Wuhu	8	8	27487	3720	34197	4079	111177	13458
宣城市	Xuancheng	1	1	1015	1031	1736	1199	4094	4127
铜陵市	Tongling	3	2	7159	773	7639	1013	24681	3704
池州市	Chizhou	2	2	2932	1216	6075	1790	15297	5415
安庆市	Anqing	3	5	5904	8610	10194	8636	32769	23918
黄山市	Huangshan	1	4	3591	1101	4282	2107	14125	5518

19—16 各市特殊教育情况（2009年）
Basic Statistics on Special Education by Region (2009)

单位：人 (person)

地区 Region		学校数（所）Number of Schools (unit)	毕业生数 Number of Graduates	招生数 New Student Enrollment	在校学生数 Student Enrollment	教职工数 Number of Staff and Teachers	#专任教师 Full-time Teachers
总计	**Total**	**61**	**1629**	**2435**	**15144**	**1288**	**1069**
合肥市	Hefei	4	128	200	1102	136	127
淮北市	Huaibei	1	24	40	439	41	37
亳州市	Bozhou	3	89	165	1118	101	79
宿州市	Suzhou	5	168	286	1456	192	131
蚌埠市	Bengbu	5	55	71	549	94	86
阜阳市	Fuyang	6	150	442	2195	107	84
淮南市	Huainan	1	71	37	403	34	25
滁州市	Chuzhou	3	181	227	1281	50	46
六安市	Luan	7	147	175	1102	115	91
马鞍山市	Maanshan	2	38	36	372	61	55
巢湖市	Chaohu	3	94	131	822	32	32
芜湖市	Wuhu	3	77	69	447	76	64
宣城市	Xuancheng	4	159	145	921	48	38
铜陵市	Tongling	1	33	30	283	30	28
池州市	Chizhou	3	89	128	843	36	32
安庆市	Anqing	8	87	182	1286	111	92
黄山市	Huangshan	2	39	71	525	24	22

19—17 各市普通中学分城乡学校数和在校学生数（2009年）

Number of Regular Secondary Schools and Student Enrollment by Urban and Rural Areas and by Region (2009)

地 区 Region	学校数（所）Number of Regular Secondary Schools (unit)							
	合 计 Total	#高中 Senior Secondary Schools	城 市 Urban Areas	#高中 Senior Secondary Schools	县 镇 Counties and Towns	#高中 Senior Secondary Schools	农 村 Rural Areas	#高中 Senior Secondary Schools
总 计 Total	**3856**	**769**	**533**	**246**	**1137**	**402**	**2186**	**121**
合 肥 市 Hefei	256	81	107	40	56	32	93	9
淮 北 市 Huaibei	139	28	72	21	10	3	57	4
亳 州 市 Bozhou	323	40	16	4	140	35	167	1
宿 州 市 Suzhou	310	50	14	8	107	40	189	2
蚌 埠 市 Bengbu	188	41	37	14	44	19	107	8
阜 阳 市 Fuyang	506	56	41	18	105	23	360	15
淮 南 市 Huainan	132	39	53	25	11	5	68	9
滁 州 市 Chuzhou	287	63	22	15	63	32	202	16
六 安 市 Luan	422	65	18	6	153	48	251	11
马鞍山市 Maanshan	57	21	21	12	17	8	19	1
巢 湖 市 Chaohu	260	66	22	14	97	48	141	4
芜 湖 市 Wuhu	122	30	22	11	48	17	52	2
宣 城 市 Xuancheng	161	26	14	7	78	16	69	3
铜 陵 市 Tongling	49	21	30	18	6	3	13	0
池 州 市 Chizhou	111	23	7	7	36	13	68	3
安 庆 市 Anqing	408	98	24	18	114	49	270	31
黄 山 市 Huangshan	125	21	13	8	52	11	60	2

地 区 Region	在校学生数（人）Student Enrollment (person)							
	合 计 Total	#高中 Senior Secondary Schools	城 市 Urban Areas	#高中 Senior Secondary Schools	县 镇 Counties and Towns	#高中 Senior Secondary Schools	农 村 Rural Areas	#高中 Senior Secondary Schools
总 计 Total	**4279960**	**1305719**	**837231**	**379912**	**1939344**	**790771**	**1503385**	**135036**
合 肥 市 Hefei	320227	110112	132153	49519	117667	51869	70407	8724
淮 北 市 Huaibei	160531	51369	69519	28155	30502	12002	60510	11212
亳 州 市 Bozhou	341070	92045	48199	23326	222597	68719	70274	
宿 州 市 Suzhou	414707	121648	46364	24127	252076	95609	116267	1912
蚌 埠 市 Bengbu	224736	70719	42931	16806	103072	46339	78733	7574
阜 阳 市 Fuyang	598700	142775	94571	48412	236081	88258	268048	6105
淮 南 市 Huainan	148414	44905	76011	33244	17678	8063	54725	3598
滁 州 市 Chuzhou	272138	91192	53162	28319	103869	48295	115107	14578
六 安 市 Luan	436444	131068	40724	18223	230851	100166	164869	12679
马鞍山市 Maanshan	80527	29079	38295	15486	28758	13540	13474	53
巢 湖 市 Chaohu	282562	82168	27072	12213	155084	66328	100406	3627
芜 湖 市 Wuhu	132781	46382	30697	13554	66996	30718	35088	2110
宣 城 市 Xuancheng	141150	43478	27605	13457	82503	27527	31042	2494
铜 陵 市 Tongling	43257	14536	27805	9831	8098	4705	7354	
池 州 市 Chizhou	109895	36255	22720	15272	46220	17829	40955	3154
安 庆 市 Anqing	494026	171740	42567	22831	194279	93274	257180	55635
黄 山 市 Huangshan	78795	26248	16836	7137	43013	17530	18946	1581

19—18 各市普通中学分城乡招生数和毕业生数（2009年）

Number of New Student Enrollment and Graduates of Regular Secondary Schools by Urban and Rural Areas and by Region (2009)

单位：人 (person)

地 区	Region	招生数 New Student Enrollment							
		合计 Total	#高中 Senior Secondary Schools	城市 Urban Areas	#高中 Senior Secondary Schools	县镇 Counties and Towns	#高中 Senior Secondary Schools	农村 Rural Areas	#高中 Senior Secondary Schools
总　计	**Total**	**1415219**	**424743**	**277030**	**125263**	**645438**	**256522**	**492751**	**42958**
合肥市	Hefei	109240	37711	44572	16796	41401	18170	23267	2745
淮北市	Huaibei	57418	16926	23868	9306	10780	3964	22770	3656
亳州市	Bozhou	129005	30688	16889	7954	84783	22734	27333	
宿州市	Suzhou	144503	39294	15190	7694	89020	31097	40293	503
蚌埠市	Bengbu	68429	22471	13868	5682	31359	14376	23202	2413
阜阳市	Fuyang	205186	47325	30511	15963	78051	29084	96624	2278
淮南市	Huainan	49034	14941	24159	10920	6011	2814	18864	1207
滁州市	Chuzhou	97126	30399	18432	9492	38055	16312	40639	4595
六安市	Luan	140426	45167	14571	6961	73571	32748	52284	5458
马鞍山市	Maanshan	25690	9824	12458	5091	9301	4707	3931	26
巢湖市	Chaohu	91944	25127	8460	3595	50192	20512	33292	1020
芜湖市	Wuhu	39204	14538	9719	4287	20082	9856	9403	395
宣城市	Xuancheng	44174	13028	9248	4118	24850	7860	10076	1050
铜陵市	Tongling	13666	4693	9023	3226	2510	1467	2133	
池州市	Chizhou	33017	11912	6894	4608	14225	6105	11898	1199
安庆市	Anqing	143978	51943	13752	7123	58196	28925	72030	15895
黄山市	Huangshan	23179	8756	5416	2447	13051	5791	4712	518

地 区	Region	毕业生数 Number of Graduates							
		合计 Total	#高中 Senior Secondary Schools	城市 Urban Areas	#高中 Senior Secondary Schools	县镇 Counties and Towns	#高中 Senior Secondary Schools	农村 Rural Areas	#高中 Senior Secondary Schools
总　计	**Total**	**1465020**	**449248**	**261383**	**119171**	**655693**	**281432**	**547944**	**48645**
合肥市	Hefei	95474	34280	37948	13784	34865	17384	22661	3112
淮北市	Huaibei	57620	17230	23427	9198	8930	3982	25263	4050
亳州市	Bozhou	126047	32271	14645	7708	82083	24563	29319	
宿州市	Suzhou	154430	43547	13695	7853	93522	34965	47213	729
蚌埠市	Bengbu	88913	23854	14301	5304	39084	16660	35528	1890
阜阳市	Fuyang	194956	50496	29588	15658	76278	32463	89090	2375
淮南市	Huainan	55879	17940	27578	12795	6378	3207	21923	1938
滁州市	Chuzhou	108357	31863	16905	8999	39820	16764	51632	6100
六安市	Luan	144507	51924	10443	4950	78999	41546	55065	5428
马鞍山市	Maanshan	24116	8406	11767	4566	7899	3840	4450	
巢湖市	Chaohu	90693	30669	8725	4152	49374	25190	32594	1327
芜湖市	Wuhu	45896	15820	10942	4658	22959	10458	11995	704
宣城市	Xuancheng	44492	17346	7790	4084	27057	12717	9645	545
铜陵市	Tongling	14280	4602	9319	3314	2463	1288	2498	
池州市	Chizhou	33112	9691	5864	3570	13657	5166	13591	955
安庆市	Anqing	158058	52361	13334	6793	57105	26390	87619	19178
黄山市	Huangshan	28190	6948	5112	1785	15220	4849	7858	314

19—19 各市小学分城乡学校数和在校学生数（2009年）

Basic Statistics on Primary Schools by Urban and Rural Areas and by Region (2009)

地　区 Region		学校数（所）Number of Primary Schools (unit)	城市 Urban Areas	县镇 Counties and Towns	农村 Rural Areas	在校学生数（人）Student Enrollment (person)	城市 Urban Areas	县镇 Counties and Towns	农村 Rural Areas
总　计	**Total**	**14974**	**800**	**1229**	**12945**	**4868785**	**664382**	**1024627**	**3179776**
合肥市	Hefei	730	153	73	504	334192	147106	55074	132012
淮北市	Huaibei	393	137	12	244	188224	70733	14307	103184
亳州市	Bozhou	1487	50	135	1302	506257	38523	127519	340215
宿州市	Suzhou	1240	20	119	1101	472324	27946	107330	337048
蚌埠市	Bengbu	893	99	55	739	275817	45159	44783	185875
阜阳市	Fuyang	2420	30	130	2260	906405	48873	143129	714403
淮南市	Huainan	476	53	13	410	162694	57174	10700	94820
滁州市	Chuzhou	721	38	82	601	307805	38252	71055	198498
六安市	Luan	1918	26	176	1716	453059	26382	116810	309867
马鞍山市	Maanshan	158	34	18	106	71865	32456	13000	26409
巢湖市	Chaohu	1087	34	83	970	304020	19136	76674	208210
芜湖市	Wuhu	231	29	43	159	118688	25815	40439	52434
宣城市	Xuancheng	323	15	71	237	141202	13198	64489	63515
铜陵市	Tongling	107	36	14	57	42229	23719	5099	13411
池州市	Chizhou	425	8	37	380	103989	12060	23019	68910
安庆市	Anqing	1824	27	120	1677	412493	26830	83780	301883
黄山市	Huangshan	541	11	48	482	67522	11020	27420	29082

地　区 Region		毕业生数（人）Number of Graduates (person)	城市 Urban Areas	县镇 Counties and Towns	农村 Rural Areas	招生数（人）New Student Enrollment (person)	城市 Urban Areas	县镇 Counties and Towns	农村 Rural Areas
总　计	**Total**	**983747**	**124207**	**208851**	**650689**	**838578**	**104518**	**162650**	**571410**
合肥市	Hefei	68263	25368	12068	30827	54059	24179	8665	21215
淮北市	Huaibei	40524	14278	2960	23286	26628	11159	1881	13588
亳州市	Bozhou	99290	7514	24769	67007	89619	5960	21427	62232
宿州市	Suzhou	105870	5629	25811	74430	82137	4355	15937	61845
蚌埠市	Bengbu	45722	7927	7506	30289	43059	7206	6806	29047
阜阳市	Fuyang	167696	8490	26826	132380	179979	8713	23225	148041
淮南市	Huainan	34252	10826	2007	21419	26489	8825	1735	15929
滁州市	Chuzhou	68696	7077	15442	46177	46833	5740	10402	30691
六安市	Luan	86705	4758	22419	59528	83198	4103	20196	58899
马鞍山市	Maanshan	15657	6517	2594	6546	10944	4698	2122	4124
巢湖市	Chaohu	66324	3545	17630	45149	47959	2892	11473	33594
芜湖市	Wuhu	24483	5296	8164	11023	20587	3944	7092	9551
宣城市	Xuancheng	30624	2683	12768	15173	22218	1946	9899	10373
铜陵市	Tongling	8718	4826	1008	2884	6506	3536	776	2194
池州市	Chizhou	20471	2025	4935	13511	17664	1825	3376	12463
安庆市	Anqing	86273	5489	16142	64642	69993	3823	13597	52573
黄山市	Huangshan	14179	1959	5802	6418	10706	1614	4041	5051

19—20 各市职业中学基本情况（2009年）
Basic Statistics on Vocational Secondary Schools by Region (2009)

单位：人 (person)

地 区 Region		学校数（所）Number of Schools (unit)	毕业生数 Number of Graduates	招生数 New Student Enrollment	在校学生数 Student Enrollment	教职工数 Number of Staff and Teachers	#专任教师 Full-time Teachers
总 计	**Total**	**359**	**178343**	**202218**	**534948**	**18115**	**13925**
合肥市	Hefei	48	29178	22158	69770	2310	1476
淮北市	Huaibei	26	6358	7171	21298	938	597
亳州市	Bozhou	18	9009	13466	30156	819	664
宿州市	Suzhou	17	12218	8986	32587	1283	1109
蚌埠市	Bengbu	14	7261	3811	16175	680	605
阜阳市	Fuyang	46	20839	22424	50996	2183	1808
淮南市	Huainan	13	5389	7033	16896	414	287
滁州市	Chuzhou	23	13438	15289	39847	1096	933
六安市	Luan	32	16622	22110	53249	1763	1373
马鞍山市	Maanshan	3	3828	4211	14432	152	113
巢湖市	Chaohu	28	13366	16906	48459	1131	909
芜湖市	Wuhu	11	5518	4928	13976	488	316
宣城市	Xuancheng	22	9005	8173	27809	1547	1236
铜陵市	Tongling	4	2638	3520	8860	206	130
池州市	Chizhou	7	3638	7012	17792	468	409
安庆市	Anqing	29	15554	28696	54905	1879	1425
黄山市	Huangshan	18	4484	6324	17741	758	535

19—21 各市幼儿园基本情况（2009年）
Basic Statistics on Kindergartens by Region (2009)

地 区 Region		园数（所）Number of Kindergartens (unit)	幼儿数（人）Student Enrollment (person)	教职工数（人）Number of Staff and Terchers (person)	#教师 Teachers
总 计	**Total**	**3611**	**938241**	**38029**	**25004**
合肥市	Hefei	415	92360	7090	4226
淮北市	Huaibei	88	33307	1229	947
亳州市	Bozhou	144	74471	1741	1386
宿州市	Suzhou	209	60109	1749	1324
蚌埠市	Bengbu	124	38659	1577	1033
阜阳市	Fuyang	309	134215	3344	2589
淮南市	Huainan	74	24963	1423	969
滁州市	Chuzhou	276	69327	1800	1313
六安市	Luan	559	98030	3730	2363
马鞍山市	Maanshan	155	23086	2140	1132
巢湖市	Chaohu	166	65718	1510	1036
芜湖市	Wuhu	340	43045	3615	2173
宣城市	Xuancheng	392	60002	3142	2035
铜陵市	Tongling	48	10374	769	479
池州市	Chizhou	110	28194	918	574
安庆市	Anqing	117	51844	1341	808
黄山市	Huangshan	85	30537	911	617

19—22 各级各类学校教育经费收入情况表（2009年）
Basic Statistics on Educational Funds in Various Schools (2009)

单位：千元 (1000 yuan)

指 标	Item	合 计 Total	国家财政性教育经费 Government Appropriation for Education	#预算内教育经费 Budgetary	民办学校中举办者投入 Conducting Investment of Voluntary School	社会捐赠经费 Donations for Education	事业收入 Undertaking Revenue	其他收入 Other Income
总 计	**Total**	**51360721**	**37662896**	**35545132**	**482785**	**240617**	**11845398**	**1129025**
高等学校	Institutions of Higher Education	11876872	5142519	5041992	185331	30075	5932570	586377
普通高等学校	Regular Institutions of Higher Education	11571076	5015516	4916480	185331	29802	5769175	571252
本科学校	Undergraduate Courses Schools	8794911	4147986	4121715	70250	29404	4100337	446934
专科学校	Specialized Courses Schools	369983	138031	126610		377	225608	5967
职业学校	Vocational Schools	2406182	729499	668155	115081	21	1443230	118351
成人高等学校	Institutions of Higher Education for Adults	305796	127003	125512		273	163395	15125
中等职业学校	Vocational Secondary Schools	3828490	2295357	1744045	112514	2888	1341121	76610
中等专业学校	Specialized Secondary Schools	1589897	783175	610635	47684	229	722433	36376
职业高中	Vocational Schools	1882350	1342130	1021414	47162	2659	462330	28069
#农 村	Rural Areas	495149	366607	307315	16761	1679	102222	7880
技工学校	Technical Schools	186189	79123	29677			99811	7255
成人中等专业学校	Specialized Secondary Schools for Adults	170054	90929	82319	17668		56547	4910
中 学	Secondary Schools	18000036	13548093	12786970	140240	115557	3921249	274897
普通中学	Regular Secondary Schools	18000036	13548093	12786970	140240	115557	3921249	274897
普通高中	Senior Secondary Schools	6869749	3548040	3195465	46139	27874	3093499	154197
#农 村	Rural Areas	1385694	741747	726508	32308	5545	577418	28676
普通初中	Regular Junior Secondary Schools	11130287	10000053	9591505	94101	87683	827750	120700
#农 村	Rural Areas	7561853	7315956	7156544	37354	16992	139682	51869
成人中学	Secondary Schools for Adults							
小 学	Primary Schools	15770622	15263941	14767661	44700	86258	256550	119173
普通小学	Regular Primary Schools	15770622	15263941	14767661	44700	86258	256550	119173
#农 村	Rural Areas	11636218	11416732	11215639	31680	35812	90241	61753
成人小学	Primary Schools for Adults							
特殊教育	Special Education	118198	111725	92981		953	3167	2353
特殊教育学校	Schools for Special Education	116611	110138	91725		953	3167	2353
工读学校	Schools of Working and Studying in Part-time	1587	1587	1256				
幼 儿 园	Kindergartens	423894	264050	251679		933	145484	13427
教育行政单位	Educational Administration unit	615512	495102	406233		2605	92237	25568
教育事业单位	Education Unit	452354	342378	256350		1162	83624	25190
其 他	Others	274743	199731	197221		186	69396	5430

注：捐赠收入中港、澳、台及海外捐赠13912千元。

a) The donation of income of Hong Kong, Macao and Taiwan and overseas is 13,912 thousand Yuan.

19—23 全省科技活动基本情况
Basic Statistics on Scientific and Technological Activities

指 标	Item	1995	2000	2005	2008	2009
科技活动	**Scientific and Technological Activities**					
科技机构数 （个）	Number of Scientific Technological Research Institutions (unit)	882	984	917	1533	2682
科技活动人员 （万人）	Personnel Engaged in S&T Activities (10000 persons)	6.77	9.72	8.94	14.99	23.40
#科学家、工程师	Scientists and Engineers	3.84	5.57	5.81	9.98	
科技经费筹集额 （亿元）	Funding for S&T Activities (100 million yuan)	15.34	49.01	133.18	254.54	
#政府资金	Government Fund	2.95	13.88	31.39	41.45	
企业资金	Self-raised Funds by Enterprise	8.13	25.44	76.70	180.53	
科技经费内部支出 （亿元）	Internal Expenditures on S&T Activities (100 million yuan)	13.36	42.69	127.63	245.45	
#劳务费	Service Fees			19.25	40.91	
固定资产购建费	Purchases or Construction of Fixed Assets			57.43	90.36	
研究与试验发展经费支出	Expenditure on R&D (100 million yuan)	2.74	20.02	45.61	99.49	138.54
#基础研究	Basic Research			4.12	5.54	8.98
应用研究	Applied Research			9.15	11.33	15.26
试验发展	Experimental Development			27.99	78.93	114.29
#政府资金	Government Fund			14.48	25.07	29.65
企业资金	Self-raised Funds by Enterprise			27.40	70.23	95.29
#相当于GDP比例 (%)	Proportion of Expenditure on R&D to GDP (%)			0.85	1.12	1.37
科技成果及获奖数 （项）	**Achievements in S&T and National Prizes Won (item)**					
重大科学技术成果	Number of Major Achievements in Science and Technology	556	511	546	668	760
国家发明奖	Number of National Invention Prizes Awarded				1	
国家科学技术进步奖	Number of National Scientific and Technological Progress Prizes Awarded	1	1	4	10	11
获国家自然科学奖	Number of National Natural Sciences Prize Awarded			1	1	1
高技术产品进出口额 （亿美元）	**Total Value of Export and Import of High-tech Products (USD 100 million)**					
高技术产品出口额	High-tech Production Export					
高技术产品进口额	High-tech Production Import					
技术市场成交额 （万元）	**Transaction Value in Technical Market (10000 yuan)**		**61011**	**142553**	**324865**	**356174**
专 利	**Patent**					
专利申请受理量 （件）	Total Patent Applications Examined (unit)	1026	1877	3516	10409	16386
发 明	Creation and Inventions	152	301	903	2729	4465
实用新型	Utility Models	734	1080	1715	3988	7065
外观设计	Designs	140	496	898	3692	4856
专利申请授权量 （件）	Total Patent Applications Authorized (unit)	574	1482	1939	4346	8594
发 明	Creation and Inventions	18	104	238	489	795
实用新型	Utility Models	469	894	1072	2512	4226
外观设计	Designs	87	484	629	1345	3573

注：所有涉及R&D清查的数据均为初步统计数据。

a) All the data referring to R&D are preliminary statistics.

19—24 县以上政府部门属研究与开发机构及科技信息与文献机构数、人员数

State-owned Research and Development Institutions and Information and Literature Institutions at and Above County Level and Persons Engaged

年份 Year	合计 Total		自然科学技术领域 Field of Natural Sciences and Humanities			社会、人文科学技术领域 Field of Social Sciences and Humanities			科技信息和文献机构 Scientific-technical Information and Literature Institutions		
	机构（个） Institutions (unit)	从业人员（人） Employees (person)	机构（个） Institutions (unit)	从业人员（人） Employees (person)	科技活动人员 S&T Personnel	机构（个） Institutions (unit)	从业人员（人） Employees (person)	科技活动人员 S&T Personnel	机构（个） Institutions (unit)	从业人员（人） Employees (person)	科技活动人员 S&T Personnel
1995	196	12881	167	12127	5874	10	383	290	19	371	251
2000	167	7373	139	6690	4523	10	369	289	18	314	229
2003	143	6942	117	6241	4431	9	367	320	17	334	311
2004	130	6583	105	5916	4310	8	332	288	17	335	294
2005	125	6425	100	5764	4155	8	327	292	17	334	307
2006	122	6412	97	5748	4183	8	327	301	17	337	312
2007	116	6027	91	5364	4140	8	331	299	17	332	310
2008	108	6292	85	5431	4153	8	389	336	15	472	415
2009	104	6224	81	5397	4278	7	343	310	16	484	454

19—25 县级以上政府部门属研究与开发机构及科技信息与文献机构科技经费筹集和支出总额

Total Funds and Total Expenditures of State-owned Research and Development Institutions and Information and Literature Institutions at and Above County Level

单位：万元 (10000 yuan)

年份 Year	合计 Total		自然科学技术领域 Field of Natural Sciences and Humanities			社会、人文科学技术领域 Field of Social Sciences and Humanities			科技信息和文献机构 Scientific-technical Information and Literature Institutions		
	科技经费筹集总额 Funds	科技经费支出总额 Expenditures	科技经费筹集总额 Funds	政府科技拨款 Government Appropriations	科技经费支出总额 Expenditures	科技经费筹集总额 Funds	政府科技拨款 Government Appropriations	科技经费支出总额 Expenditures	科技经费筹集总额 Funds	政府科技拨款 Government Appropriations	科技经费支出总额 Expenditures
1995	49598	47068	48239	12430	45784	776	566	727	583	424	557
2000	101388	51908	98004	26988	48804	1871	1231	1741	1513	955	1363
2003	71092	66656	65797	42707	62308	3069	1809	2424	2226	1181	1924
2004	66572	65419	60801	48477	60211	3652	2042	3041	2119	1928	2167
2005	69881	66852	63694	51429	61396	3991	2268	3026	2196	1774	2430
2006	76227	67613	69374	52703	61476	3937	2482	3656	2916	2485	2481
2007	90051	83437	81096	62910	76123	4910	3123	4457	4045	3008	2857
2008	100551	90811	85274	71395	77284	5405	3970	5361	9872	6965	8166
2009	156716	103130	142846	107400	91744	6543	4455	5364	7327	5182	6022

19—26 自然科学和技术领域经费收入（2009年）
Receipts in the Field of Natural Science and Technology (2009)

单位：千元 (1000 yuan)

指标	Item	科技经费筹集额 Funding for Scientific and Technological Activities	#政府资金 Government Funds	#非政府资金 Non-Government Funds	生产经营收入 Production Income	其他收入 Others
总计	**Total**	**1428464**	**1074002**	**354462**	**157557**	**104855**
按隶属关系分	**Group by Administrative Relationship**					
省级部门属	Under the Provincial Departments	376579	297027	79552	6418	48761
地市级部门属	Under the Prefectural Departments	112257	105656	6601	124923	17956
中央部门属	Under the Departments of the State Council	939628	671319	268309	26216	38138
中国科学院	Under the Chinese Academy of Science	939628	671319	268309	26216	38138
按学科领域分	**Group by Branch of Science**					
自然科学	Natural Science	947766	679457	268309	26216	39502
农业科学	Agriculture	194169	176699	17470	2981	23792
医学科学	Medicine	18320	14235	4085	3072	25745
工程科学与技术	Engineering and Technology	264576	200281	64295	125288	15124
社会、人文科学	Social Sciences and Humanities	3633	3330	303		692

19—27 自然科学和技术领域经费支出（2009年）
Expenditures in the Field of Natural Science and Technology (2009)

单位：千元 (1000 yuan)

指标	Item	科技经费内部支出 Expenditures for Scientific and Technological Activities	人员费用 Personnel Expenditure	其他日常支出 Other Routine Expenditure	设备购置费 Expenditure for Equipment	生产经营支出 Expenditure of Production	其他支出 Others
总计	**Total**	**917440**	**247663**	**445057**	**120186**	**153680**	**574258**
按隶属关系分	**Group by Administrative Relationship**						
省级部门属	Under the Provincial Departments	334999	91889	184305	29718	9145	39377
地市级部门属	Under the Prefectural Departments	118639	41181	29352	29352	118319	17149
中央部门属	Under the Departments of the State Council	463802	114593	231400	231400	26216	517732
中国科学院	Under the Chinese Academy of Science	463802	114593	231400	231400	26216	517732
按学科领域分	**Group by Branch of Science**						
自然科学	Natural Science	470481	118846	233703	75026	26216	518973
农业科学	Agriculture	186512	62875	99643	11770	5289	14245
医学科学	Medicine	16787	5860	5872	5055	1111	19810
工程科学与技术	Engineering and Technology	239919	58189	104027	28299	121064	20888
社会、人文科学	Social Sciences and Humanities	3741	1893	1812	36		342

19—28 研究与试验发展（R&D）经费支出情况（2009年）
Research and Development (R&D) Funds and Internal Expenditure (2009)

单位：万元 (10000 yuan)

项 目	Item	R&D经费支出 Expenditure for R&D	经常性支出按活动类型分 By Activities			#人员劳务费 Labor Expenses
			基础研究 Fundamental Research	应用研究 Applied Rescarch	试验发展 Experimental	
总计	**Total**	**1385398**	**89845**	**152629**	**1142925**	**273693**
一、按执行部门分组	**Grouped by Execution Department**					
科研机构	Scientific Research Institution	207382	43867	82908	80607	30507
高等学校	College	112992	44442	46981	21569	22884
工业企业	Industrial Enterprise	933215	106	13581	919528	182432
非工业企业	Non-Industrial Enterprise	110313	457	3714	106142	27951
事业单位	Institution	21496	973	5444	15079	9919
二、按登记注册类型分组	**Grouped by Registration Form**					
国有企业	State-owned Enterprise	361984	57355	111096	193533	66302
集体企业	Collective Enterprise	4747			4747	1260
股份合作企业	Stock Cooperative Enterprise	2699			2699	256
联营企业	Pooled Enterprise	543			543	17
有限责任公司	Limited Company	286967		270	286697	54728
股份有限公司	Stock Limited Company	349634		53	349581	64191
私营企业	Private Enterprise	137496		2236	135260	28297
其他企业	Other Enterprise	767			767	493
港、澳、台商投资企业	Hong Kong ,Macao, Taiwanese Investment Enterprise	36341			36341	5090
外商投资企业	Foreign Investment Enterprise	73767			73767	12974
三、按隶属关系分组	**Grouped by Subordination Relations**					
中 央	Central	299122	35080	75613	188430	52372
地 方	Local	1086276	54764	77016	954495	221321

19—29 各市研究与试验发展（R&D）经费支出情况（2009年）
Research and Development (R&D) Funds and Internal Expenditure by Region (2009)

单位：万元 (10000 yuan)

地 区	Region	R&D经费 Expenditure for R&D	经常性支出按活动类型分 By Activities			按支出用途分 By Expenditure	
			基础研究 Fundamental Research	应用研究 Applied Rescarch	试验发展 Experimental	#人员劳务费 Labor Expenses	#设备购置费 Expenditure for Equipment
总 计	**Total**	**1385398**	**89845**	**152629**	**1142925**	**273693**	**210876**
合 肥 市	Hefei	484352	64447	62411	357494	114795	77995
淮 北 市	Huaibei	35929	1107	2746	32076	4114	7041
亳 州 市	Bozhou	7978	77	54	7847	1251	2451
宿 州 市	Suzhou	7189	272	700	6218	1671	806
蚌 埠 市	Bengbu	60527	573	2607	57347	8671	10912
阜 阳 市	Fuyang	15644	632	394	14618	4448	2925
淮 南 市	Huainan	70699	1790	3477	65432	20134	9174
滁 州 市	Chuzhou	16152	760	1324	14067	5490	2541
六 安 市	Luan	7326	271	510	6545	1494	1384
马鞍山市	Maanshan	107800	545	7594	99662	17143	16132
巢 湖 市	Chaohu	21270	115	46	21110	4789	4848
芜 湖 市	Wuhu	187531	3623	3334	180574	38647	30799
宣 城 市	Xuancheng	38322	30	2338	35954	7119	5222
铜 陵 市	Tongling	117679	251	1172	116256	15978	19632
池 州 市	Chizhou	6580	648	83	5849	1586	1425
安 庆 市	Anqing	35053	1604	870	32579	7989	7002
黄 山 市	Huangshan	13664	188	224	13253	3315	4146

19—30 科 技 成 果
Achievements in Scientific and Technological Research

单位：项 (item)

指 标	Item	2005	2008	2009
科技成果	Achievements in Science and Technology	546	668	760
按成果水平分	By Level of Achievements			
国际领先	Being First Created in the World	11	15	38
国际先进	Attaining Advanced World Levels	72	117	93
国内领先	Being First Created in China	271	346	432
国内先进	Attaining Advanced Domestic Levels	146	136	150
其 他	Others	10	16	6
按成果分	By Type of Achievements			
基础理念	Fundamental Theory Research Results	34	36	35
应用技术	Application of Technological	510	630	719
软 科 学	Soft Scientific	2	2	6
按推广应用分	By Pauperization			
已 推 广	Been Populated	485	610	694
未 应 用	Not Been Populated	25	20	25

19—31 高 等 学 校 科 技 活 动 情 况
Basic Statistics on Higher Education for Scientific and Technological Activities

指 标	Item	1995	2000	2005	2008	2009
科技活动人员 （人）	S&T Personnel (person)	19457	23242	24530	30293	30032
＃科学家和工程师	Scientists and Engineers	18619	22366	23608	29280	28913
研究与发展人员全时当量（人年）	Full-time Equivalent of R&D Personnel (man.year)	4000	7100	5022	6394	6882
＃科学家和工程师	Scientists and Engineers	3900	6800	4395	5220	6705
＃基础研究	Fundamental Research	1000	1300	1500	2558	2784
应用研究	Applied Research	1000	1500	2501	2972	3089
实验发展	Experimental Development	2900	4000	397	348	636
科技经费筹集额 （万元）	Sources of Funds for S&T (10000 yuan)	12087	40266	121861	170933	204173
＃政府资金	Government Funds	3019	29000	69818	108413	137006
银行贷款	Bank Loans	36	1300	103	231	246
科技经费内部支出额 （万元）	Intramural Expenditure for S&T (10000 yuan)	12235	26816	109522	151189	184438
＃劳务费	Labor Expenses	2824	3309	16454	23319	39783
固定资产购置费	Expenses on Fixed Assets	2627	7401	22857	35186	47293
＃研究与发展经费支出	R&D Expenditure	6246	17259	66574	89120	108936

19—32 规模以上工业企业R&D基本情况（2009年）

行 业	Sector	企业单位数（个）Number of Enterprises (unit)	#有R&D活 动 Activity for R&D
总 计	**Total**	**13460**	**1084**
按企业规模分组	**Grouped by Light & Heavy Industries**		
大型企业	Large-sized Enterprises	81	58
中型企业	Medium-sized Enterprises	873	246
小型企业	Small Enterprises	12506	780
按隶属关系分组	**Grouped by Subordination Relations**		
中 央	Central	101	40
地 方	Local	13359	1044
按登记注册分组	**By Status of Registration**		
内资企业	Domestic Funded Enterprise	12619	982
#国有企业	State-owned Enterprise	236	43
集体企业	Collective-owned Enterprise	194	6
有限责任公司	Limited Liability Corporations	2639	280
私营企业	Private Enterprises	9086	556
港澳台商投资企业	Enterprises Funded by Entrepreneurs from Hong Kong, Macao and Taiwan	344	42
外商投资企业	Foreign Funded Enterprises	497	60
按企业控股情况分组	**Grouped by Enterprise Holding**		
国有控股	State Share Controlling	696	147
集体控股	Collective Share Controlling	355	27
私人控股	Private Share Controlling	11142	780
港澳台商控股	Hong Kong、Macao and Taiwan Share Controlling	255	23
外商控股	Foreign Merchant Share Controlling	321	34
其 他	Others	690	73
按国民经济行业分组	**Grouped by Sector**		
煤炭开采和洗选业	Coal Mining and Dressing	124	8
黑色金属矿采选业	Ferrous Metals Mining and Dressing	119	5
有色金属矿采选业	Nonferrous Metals Mining and Dressing	83	2
非金属矿采选业	Nonmetal Minerals Mining and Dressing	260	4
农副食品加工业	Agricultural and Non-staple Food Processing Industry	1341	59
食品制造业	Food Manufacturing	284	27
饮料制造业	Beverage Manufacturing	305	31
烟草制品业	Tabacco Manufacturing	8	2
纺织业	Textile Industry	688	31
纺织服装、鞋、帽制造业	Textile Dress, Footwear and Headgear Manufacturing	550	7
皮革毛皮羽毛（绒）及其制品业	Leather, Furs, Down and Related Products	197	4
木材加工及木竹藤棕草制品业	Timber Processing, Bamboo, Cane, Palm Fiber and Straw Products	537	9
家具制造业	Furniture Manufacturing	127	2
造纸及纸制品业	Papermaking and Paper Products	233	10
印刷业和记录媒介的复制	Printing and Record Medium Reproduction	181	4
文教体育用品制造业	Cultural, Educational and Sports Goods	149	3
石油加工、炼焦及核燃料加工业	Petroleum Processing, Coking and Nuclear Fuel Processing	28	3
化学原料及制品制造业	Raw Chemical Materials and Chemical Products	851	120
医药制造业	Medical and Pharmaceutical Products	232	53
化学纤维制造业	Chemical Fiber	29	1
橡胶制品业	Rubber Products	142	13
塑料制品业	Plastic Products	661	33
非金属矿物制品业	Nonmetal Minera Products	1309	39
黑色金属冶炼及压延加工业	Smelting and Pressing of Ferrous Metals	158	9
有色金属冶炼及压延加工业	Smelting and Pressing of Nonferrous Metals	188	20
金属制品业	Metal Products	667	39
通用设备制造业	Equipments in Current Use	1065	134
专用设备制造业	Equipments in Special Use	554	77
交通运输设备制造业	Transport Equipment	768	105
电气机械及器材制造业	Electric Equipment and Machinery	841	126
通信设备、计算机及其他电子设备制造业	Telecommunication Equipment, Computer and Other Electronic Equipment Manufacturing	230	57
仪器仪表及文化办公用机械	Instruments, Meters, Cultural and Office	93	24
工艺品及其他制造业	Handiwork and Other Manufacturing	161	9
废弃资源和废旧材料回收工业	Recovery and Processing of Discarded Resources and Waste Materials	50	
电力、热力的生产和供应业	Production and Supply of Electric Power and Heating Power	152	13
燃气生产和供应业	Production and Supply of Gas	34	
水的生产和供应业	Production and Supply of Tap Water	61	1

Above Scale Industrial Enterprise R&D basic Situation (2009)

#有科技机构 Unit Of S&T	新产品销售收入(万元) Revenue of New Pproduct Sales (10000 yuan)	R&D人员合计(人) Staff Of R&D (person)	#参加项目人员 Staff of Participating in Project	#女性 Female	#研究人员 Staff of Researcher	#全时人员 Staff of Full Time	R&D人员折合全时当量合计(人年) Total Work Volume of Conversion Staff of Full Time (person year)	#研究人员 Staff of Researcher	应用研究人员 Staff of Apply Researcher	试验发展人员 Staff of Experimental and Development Researcher
1262	**15333831**	**60451**	**47249**	**8956**	**18846**	**37375**	**42196**	**13164**	**259**	**41936**
62	7341615	27012	21495	3149	8966	15401	19639	6060	2	19636
347	5348019	20214	15822	3505	5955	13556	13784	4406	257	13527
853	2644196	13225	9932	2302	3925	8418	8773	2698		8773
33	494804	5301	4030	986	2234	3969	4244	1855	247	3997
1229	14839026	55150	43219	7970	16612	33406	37951	11310	12	37939
1140	12312043	54575	42726	7904	17554	33013	38165	12242	259	37906
34	400875	4164	3491	796	1811	3025	3142	1422	247	2895
9	27814	94	81	25	55	56	27	14		27
311	3187603	20232	15748	2707	8363	9329	13400	5655		13400
678	2847707	12338	9347	1912	3558	7317	8146	2460	12	8134
46	630921	2089	1627	372	451	1435	1414	366		1414
76	2390867	3787	2896	680	841	2927	2617	557		2617
137	6958495	31517	25365	4185	11144	18506	22443	7763	247	22196
36	686124	1607	1365	222	422	992	1355	349		1355
951	5655413	22092	16695	3677	6042	13996	14732	4186	12	14720
29	322773	1063	811	209	306	710	827	268		827
34	987586	1462	1064	286	413	1243	805	221		805
75	723441	2710	1949	377	519	1928	2034	377		2034
7		7082	6003	306	3925	1004	4045	2428		4045
5		172	115	40	114	98	93	61		93
	8000	17	12		1		14	1		14
7	3869	55	37	10	16	16	33	10		33
92	464234	994	791	160	228	515	646	151		646
26	55679	522	372	199	128	293	303	81		303
36	193204	884	534	128	356	441	421	156		421
2	79969	102	74	35	39	56	76	30	2	74
45	331113	1588	1092	389	408	886	1203	295		1203
11	23758	116	97	62	37	72	69	23		69
6	49364	30	23	7	6	16	27	5		27
23	46779	175	139	18	17	154	99	9		99
3	17425	54	52	2	1	4	10	1		10
15	205401	374	299	62	70	312	252	57		252
8	83563	364	295	57	85	206	332	76		332
11	29298	39	33	14	7	14	14	2		14
1	15023	92	75	10	60	61	92	60		92
131	890412	5026	3953	999	1713	3139	4061	1435		4061
65	279672	2230	1903	631	565	1202	1255	406		1255
3	61173	87	85	1		41	65			65
18	293850	1416	974	199	338	1200	1196	222		1196
49	320233	972	779	97	249	738	786	201		786
50	266344	1109	822	144	448	549	775	341		775
9	1738006	859	781	104	420	338	542	295		542
26	577948	4203	2828	340	1437	2254	2479	918		2479
41	319070	1580	1340	223	515	1026	797	253		797
131	1102280	4462	3457	781	1446	3276	3018	1053	12	3006
93	725782	2992	2116	446	805	2119	2034	544		2034
114	3342580	11351	9165	1474	1360	9073	8997	979	1	8996
146	3105612	6128	4709	1109	1983	4054	4331	1349		4331
55	493637	3019	2339	645	1007	2512	2127	808	245	1882
21	103848	1532	1342	119	703	1398	1455	671		1455
7	105800	288	181	66	120	151	231	103		231
1	905									
4		448	366	65	216	111	249	123		249
		89	66	14	23	46	71	18		71

19—33 规模以上工业企业R&D经费情况（2009年）

行 业	Sector	R&D经费支出合计 Expendi-ture for R&D
总 计	**Total**	**907724**
按企业规模分组	**Grouped by Light & Heavy Industries**	
大型企业	Large-sized Enterprises	542678
中型企业	Medium-sized Enterprises	239206
小型企业	Small Enterprises	125841
按隶属关系分组	**Grouped by Subordination Relations**	
中 央	Central	70187
地 方	Local	837538
按登记注册分组	**By Status of Registration**	
内资企业	Domestic Funded Enterprise	798208
#国有企业	State-owned Enterprise	57595
集体企业	Collective-owned Enterprise	1173
有限责任公司	Limited Liability Corporations	259229
私营企业	Private Enterprises	131132
港澳台商投资企业	Enterprises Funded by Entrepreneurs from Hong Kong, Macao and Taiwan	36325
外商投资企业	Foreign Funded Enterprises	73192
按企业控股情况分组	**Grouped by Enterprise Holding**	
国有控股	State Share Controlling	555747
集体控股	Collective Share Controlling	22045
私人控股	Private Share Controlling	252215
港澳台商控股	Hong Kong、Macao and Taiwan Share Controlling	10861
外商控股	Foreign Merchant Share Controlling	36130
其 他	Others	30726
按国民经济行业分组	**Grouped by Sector**	
煤炭开采和洗选业	Coal Mining and Dressing	78268
黑色金属矿采选业	Ferrous Metals Mining and Dressing	1351
有色金属矿采选业	Nonferrous Metals Mining and Dressing	543
非金属矿采选业	Nonmetal Minerals Mining and Dressing	168
农副食品加工业	Agricultural and Non-staple Food Processing Industry	13442
食品制造业	Food Manufacturing	3184
饮料制造业	Beverage Manufacturing	9912
烟草制品业	Tabacco Manufacturing	1693
纺织业	Textile Industry	13701
纺织服装、鞋、帽制造业	Textile Dress, Footwear and Headgear Manufacturing	1647
皮革毛皮羽毛（绒）及其制品业	Leather, Furs, Down and Related Products	341
木材加工及木竹藤棕草制品业	Timber Processing, Bamboo, Cane, Palm Fiber and Straw Products	606
家具制造业	Furniture Manufacturing	36
造纸及纸制品业	Papermaking and Paper Products	6064
印刷业和记录媒介的复制	Printing and Record Medium Reproduction	6304
文教体育用品制造业	Cultural, Educational and Sports Goods	582
石油加工、炼焦及核燃料加工业	Petroleum Processing, Coking and Nuclear Fuel Processing	1997
化学原料及制品制造业	Raw Chemical Materials and Chemical Products	53550
医药制造业	Medical and Pharmaceutical Products	17936
化学纤维制造业	Chemical Fiber	1952
橡胶制品业	Rubber Products	19019
塑料制品业	Plastic Products	14303
非金属矿物制品业	Nonmetal Minera Products	18021
黑色金属冶炼及压延加工业	Smelting and Pressing of Ferrous Metals	56594
有色金属冶炼及压延加工业	Smelting and Pressing of Nonferrous Metals	88576
金属制品业	Metal Products	20570
通用设备制造业	Equipments in Current Use	58626
专用设备制造业	Equipments in Special Use	34387
交通运输设备制造业	Transport Equipment	202833
电气机械及器材制造业	Electric Equipment and Machinery	129059
通信设备、计算机及其他电子设备制造业	Telecommunication Equipment, Computer and Other Electronic Equipment Manufacturing	28407
仪器仪表及文化办公用机械	Instruments, Meters, Cultural and Office	18076
工艺品及其他制造业	Handiwork and Other Manufacturing	1888
废弃资源和废旧材料回收工业	Recovery and Processing of Discarded Resources and Waste Materials	
电力、热力的生产和供应业	Production and Supply of Electric Power and Heating Power	3550
燃气生产和供应业	Production and Supply of Gas	
水的生产和供应业	Production and Supply of Tap Water	540

Above Scale Industrial Enterprise R&D Funds Situation (2009)

单位：万元　(10000 yuan)

按活动类型分组 Grouped by Active Type		按支出用途分组 Grouped by Using of Funds				按资金来源分组 Grouped by Source of Funds			R&D经费		
应用研究支出 Applied Research Expenditure	试验发展支出 Experiment Development Expanditure	经常费支出 Normal Funds Expenditure	#人员劳务费 Salary	资产性支出 Capital Expenditure	#土建工程 Construction Project	政府资金 Government	企业资金 Enterprise	境外资金 Alien	外部支出 Outside Expenditure	对境内研究机构支出 Foreign Research Instition	对境内高等学校支出 Demestic University
2928	**904797**	**748498**	**169405**	**159226**	**6893**	**76553**	**754323**	**5024**	**84070**	**22831**	**18628**
34	542644	435267	87327	107411	4234	50331	478767	87	64171	12772	12103
2894	236312	208573	52516	30632	918	20050	173901	4176	13249	6765	3795
	125841	104658	29562	21183	1741	6172	101655	760	6650	3295	2730
691	69496	65745	19255	4441	66	10661	53677	1359	3748	1852	1518
2237	835301	682753	150150	154785	6827	65892	700646	3665	80322	20979	17111
2928	795280	664891	151642	133317	6340	74090	662702	2788	78284	19208	16907
691	56904	48477	13139	9118	136	9268	42512	1359	2481	1149	942
	1173	917	240	256	4	120	1053		9		
	259229	216865	47759	42364	2306	13861	232501	240	14884	6594	6610
2184	128948	109150	26753	21982	1332	4838	104087	445	9382	4933	3259
	36325	20851	5078	15474	91	1376	31747	420	596	319	278
	73192	62756	12685	10435	463	1087	59873	1817	5190	3305	1444
691	555057	464447	96991	91301	4266	61280	467450	2998	62464	11847	11101
	22045	17440	3967	4605	63	1079	19163		919	345	515
2237	249978	212693	54623	39523	2041	12781	201316	1341	19478	10325	6592
	10861.1	9864	2780	997	11	217	9759	420	268	150	118
	36130	19609	3781	16521	378	565	32679	163	426	26	2
	30726	24446	7263	6280	135	631	23956	102	515	138	301
	78268	67284	18818	10984	283	6237	71944	87	7004	1886	4675
	1351	1015	242	337	3		848		611	135	204
	543	337	69	206	15		543		50		
	168	112	29	56		1	126		3		3
	13442	12006	1439	1437	124	791	10154		840	64	772
	3184	2161	1032	1023	25	119	2485		214	143	60
	9912	7239	1266	2674	106	118	9451		446	121	325
34	1660	1181	720	513		14	1680		307	286	21
	13701	8866	3092	4835	121	695	10728	203	426	148	276
	1647	1578	352	69		1	1628		9		9
	341	310	101	31	1	30	311		79	32	47
	606	533	154	74			606		8		8
	36	22	13	15	1		36				
	6064	4592	939	1471	33	131	5804		278	150	67
	6304	3539	1037	2765		555	5655	93	295	141	104
	582	438	58	144		134	447				
	1997	1662	403	335	10	300	1362		327		327
	53550	44710	11436	8840	520	1346	46864	87	1600	683	680
	17936	15496	3802	2440	165	493	16089	494	3761	2968	561
	1952	473	408	1480	39	50	1902				
	19019	15095	4911	3924	89	125	15460		659	120	146
	14303	13240	1939	1063	62	65	14198	35	330	123	207
	18021	11885	1996	6136	90	413	16507	20	343	121	180
	56594	52758	5513	3836	379	361	45310		184	6	162
	88576	71424	11803	17152	1240	2085	86492		2554	1091	1356
	20570	18644	7003	1926	45	2983	15220	1359	560	240	260
2184	56442	51293	13794	7333	332	2605	45851	743	1717	922	547
	34387	30579	6865	3808	527	1170	28856		1238	565	665
53	202780	172163	36356	30670	2083	43042	149165	1578	48293	5709	3648
	129059	89644	19880	39415	500	2841	116501	83	7982	5385	2366
657	27750	26200	9023	2207	59	5411	14562	70	1642	300	508
	18076	16791	3188	1285	38	3962	13003	172	623	39	237
	1888	1832	554	56	1	377	546		75	57	18
	3550	3004	789	546	4	100	3451		1500	1283	193
	540	397	383	143			540		116	116	

19—34 规模以上工业企业全部R&D项目和政策情况（2009年）

行业	Sector	项目数（项）Number of Items (unit)
总计	**Total**	**5234**
按企业规模分组	**Grouped by Light & Heavy Industries**	
大型企业	Large-sized Enterprises	1776
中型企业	Medium-sized Enterprises	1757
小型企业	Small Enterprises	1701
按隶属关系分组	**Grouped by Subordination Relations**	
中央	Central	673
地方	Local	4561
按登记注册分组	**By Status of Registration**	
内资企业	Domestic Funded Enterprise	4353
#国有企业	State-owned Enterprise	611
集体企业	Collective-owned Enterprise	14
有限责任公司	Limited Liability Corporations	1153
私营企业	Private Enterprises	1266
港澳台商投资企业	Enterprises Funded by Entrepreneurs from Hong Kong, Macao and Taiwan	237
外商投资企业	Foreign Funded Enterprises	644
按企业控股情况分组	**Grouped by Enterprise Holding**	
国有控股	State Share Controlling	2131
集体控股	Collective Share Controlling	101
私人控股	Private Share Controlling	2397
港澳台商控股	Hong Kong、Macao and Taiwan Share Controlling	127
外商控股	Foreign Merchant Share Controlling	166
其他	Others	312
按国民经济行业分组	**Grouped by Sector**	
煤炭开采和洗选业	Coal Mining and Dressing	277
黑色金属矿采选业	Ferrous Metals Mining and Dressing	12
有色金属矿采选业	Nonferrous Metals Mining and Dressing	3
非金属矿采选业	Nonmetal Minerals Mining and Dressing	5
农副食品加工业	Agricultural and Non-staple Food Processing Industry	102
食品制造业	Food Manufacturing	47
饮料制造业	Beverage Manufacturing	66
烟草制品业	Tabacco Manufacturing	29
纺织业	Textile Industry	84
纺织服装、鞋、帽制造业	Textile Dress, Footwear and Headgear Manufacturing	20
皮革毛皮羽毛（绒）及其制品业	Leather, Furs, Down and Related Products	4
木材加工及木竹藤棕草制品业	Timber Processing, Bamboo, Cane, Palm Fiber and Straw Products	16
家具制造业	Furniture Manufacturing	5
造纸及纸制品业	Papermaking and Paper Products	21
印刷业和记录媒介的复制	Printing and Record Medium Reproduction	14
文教体育用品制造业	Cultural, Educational and Sports Goods	6
石油加工、炼焦及核燃料加工业	Petroleum Processing, Coking and Nuclear Fuel Processing	14
化学原料及制品制造业	Raw Chemical Materials and Chemical Products	330
医药制造业	Medical and Pharmaceutical Products	264
化学纤维制造业	Chemical Fiber	5
橡胶制品业	Rubber Products	304
塑料制品业	Plastic Products	83
非金属矿物制品业	Nonmetal Minera Products	83
黑色金属冶炼及压延加工业	Smelting and Pressing of Ferrous Metals	34
有色金属冶炼及压延加工业	Smelting and Pressing of Nonferrous Metals	107
金属制品业	Metal Products	119
通用设备制造业	Equipments in Current Use	546
专用设备制造业	Equipments in Special Use	298
交通运输设备制造业	Transport Equipment	822
电气机械及器材制造业	Electric Equipment and Machinery	846
通信设备、计算机及其他电子设备制造业	Telecommunication Equipment, Computer and Other Electronic Equipment Manufacturing	308
仪器仪表及文化办公用机械	Instruments, Meters, Cultural and Office	276
工艺品及其他制造业	Handiwork and Other Manufacturing	29
废弃资源和废旧材料回收工业	Recovery and Processing of Discarded Resources and Waste Materials	
电力、热力的生产和供应业	Production and Supply of Electric Power and Heating Power	50
燃气生产和供应业	Production and Supply of Gas	
水的生产和供应业	Production and Supply of Tap Water	5

Above Scale Industrial Enterprise R&D Items and Basic Policy Situation (2009)

参加项目人员（人）Staff Taken Part in Items (person)	项目人员折合全时当量（人年）ZFull-time Equivalent of Staff Taken Part in Items (person/year)	全部项目经费内部支出（万元）All Project Interior Expense (10000 yuan)	使用来自政府部门的科技活动资金（万元）Using from Government Department's Technique Cctivity Fund (10000 yuan)	研究开发费用加计扣除减免税（万元）Total Research and Development Expense Counting Tax Reliefs (10000 yuan)	高新技术企业减免税（万元）Tax Reliefs of High and New Technology Enterprises (10000 yuan)
47249	**34072.3**	**744624.9**	**122521.6**	**52317.2**	**102094.4**
21495	16015.2	456027.0	75156.6	35062.4	49023.4
15822	11131.5	183238.9	29729.0	9872.2	33249.5
9932	6925.6	105359.0	17636.0	7382.6	19821.5
4030	3310.0	46185.4	12107.4	1781.1	2319.5
43219	30762.3	698439.5	110414.2	50536.1	99774.9
42726	30853.4	658650.6	116922.5	49616.3	83028.6
3491	2786.5	39518.9	10376.0	1060.5	2259.2
81	22.7	1099.9	121.2	128.0	85.0
15748	10550.1	212928.7	27802.6	18663.0	30194.9
9347	6404.8	102266.2	11659.4	7167.9	16797.2
1627	1164.2	21876.9	2487.8	1019.2	5651.3
2896	2054.7	64097.4	3111.3	1681.7	13414.5
25365	18526.1	473694.6	87004.8	34679.4	45754.2
1365	1200.9	17303.5	2640.5	413.9	3287.3
16695	11503.0	198206.8	27425.9	14727.1	33584.5
811	685.2	10135.0	696.0	524.0	3428.6
1064	573.2	20947.8	1195.3	895.8	12523.2
1949	1583.9	24337.2	3559.1	1077.0	3516.6
6003	3152.9	60078.0	10710.6	11759.2	
115	68.9	970.5	20.0		
12	9.9	310.0	2.8		
37	23.3	163.3	21.0	57.3	15.0
791	529.7	12052.1	2648.6	593.0	115.0
372	234.7	2831.7	347.3	7.4	21.4
534	293.9	7464.0	386.5	100.4	189.2
74	60.8	611.9	48.0		
1092	826.4	11927.7	1719.1	336.2	73.7
97	57.7	1629.0	108.3	14.8	56.8
23	20.6	295.1	136.7	248.6	30.0
139	84.8	327.6	83.3	6.0	65.3
52	9.4	35.9			
299	218.8	5402.9	178.0	699.5	1034.1
295	268.7	3487.2	1769.9	54.5	2415.0
33	11.5	565.3	150.0	153.1	24.9
75	88.8	1482.6	324.0	449.2	
3953	3459.3	43559.1	3652.2	4729.2	12787.1
1903	1095.2	15042.7	2163.8	1722.1	4529.8
85	63.2	423.0	90.0	440.0	546.6
974	846.3	13201.8	405.5	2499.7	2762.3
779	661.4	12527.8	237.9	371.0	1426.9
822	561.9	12354.2	2482.7	691.1	851.8
781	488.6	51836.9	2268.2	5776.3	8147.4
2828	1555.7	70957.6	4152.0	260.1	8682.7
1340	685.3	16654.0	4193.3	288.5	2756.8
3457	2516.6	37970.4	3981.1	2667.1	14499.3
2116	1532.1	31051.4	2776.7	1610.7	2369.8
9165	7523.6	183753.8	59009.8	12651.4	19460.5
4709	3629.1	104868.3	5070.8	1753.6	15943.0
2339	1661.2	22494.0	8133.2	675.0	2086.4
1342	1417.1	13296.5	4362.2	1078.5	1069.6
181	147.5	1493.3	713.4	208.7	134.0
			49.0		
366	214.6	3162.3	125.0	415.0	
66	52.8	343.0	0.7		

19—35 规模以上工业企业自主知识产权和技术情况（2009年）

行业	Sector	专利申请数（件） Number of Patent Application (unit)	发明专利 Patent of Invention
总计	**Total**	**8505**	**2408**
按企业规模分组	**Grouped by Light & Heavy Industries**		
大型企业	Large-sized Enterprises	2393	858
中型企业	Medium-sized Enterprises	2142	533
小型企业	Small Enterprises	3970	1017
按隶属关系分组	**Grouped by Subordination Relations**		
中　央	Central	333	116
地　方	Local	8172	2292
按登记注册分组	**By Status of Registration**		
内资企业	Domestic Funded Enterprise	7560	2150
#国有企业	State-owned Enterprise	335	103
集体企业	Collective-owned Enterprise	15	4
有限责任公司	Limited Liability Corporations	1871	616
私营企业	Private Enterprises	3065	745
港澳台商投资企业	Enterprises Funded by Entrepreneurs from Hong Kong, Macao and Taiwan	362	95
外商投资企业	Foreign Funded Enterprises	583	163
按企业控股情况分组	**Grouped by Enterprise Holding**		
国有控股	State Share Controlling	2695	970
集体控股	Collective Share Controlling	164	44
私人控股	Private Share Controlling	4750	1118
港澳台商控股	Hong Kong、Macao and Taiwan Share Controlling	156	55
外商控股	Foreign Merchant Share Controlling	308	83
其　他	Others	432	138
按国民经济行业分组	**Grouped by Sector**		
煤炭开采和洗选业	Coal Mining and Dressing	162	68
黑色金属矿采选业	Ferrous Metals Mining and Dressing	2	1
有色金属矿采选业	Nonferrous Metals Mining and Dressing		
非金属矿采选业	Nonmetal Minerals Mining and Dressing	4	2
农副食品加工业	Agricultural and Non-staple Food Processing Industry	330	85
食品制造业	Food Manufacturing	116	25
饮料制造业	Beverage Manufacturing	271	21
烟草制品业	Tabacco Manufacturing	67	23
纺织业	Textile Industry	99	25
纺织服装、鞋、帽制造业	Textile Dress, Footwear and Headgear Manufacturing	13	
皮革毛皮羽毛（绒）及其制品业	Leather, Furs, Down and Related Products	10	2
木材加工及木竹藤棕草制品业	Timber Processing, Bamboo, Cane, Palm Fiber and Straw Products	53	21
家具制造业	Furniture Manufacturing	5	1
造纸及纸制品业	Papermaking and Paper Products	36	10
印刷业和记录媒介的复制	Printing and Record Medium Reproduction	22	6
文教体育用品制造业	Cultural, Educational and Sports Goods	76	4
石油加工、炼焦及核燃料加工业	Petroleum Processing, Coking and Nuclear Fuel Processing	9	3
化学原料及制品制造业	Raw Chemical Materials and Chemical Products	396	217
医药制造业	Medical and Pharmaceutical Products	421	227
化学纤维制造业	Chemical Fiber	8	4
橡胶制品业	Rubber Products	116	18
塑料制品业	Plastic Products	179	43
非金属矿物制品业	Nonmetal Minera Products	363	61
黑色金属冶炼及压延加工业	Smelting and Pressing of Ferrous Metals	153	69
有色金属冶炼及压延加工业	Smelting and Pressing of Nonferrous Metals	107	32
金属制品业	Metal Products	250	59
通用设备制造业	Equipments in Current Use	851	190
专用设备制造业	Equipments in Special Use	599	156
交通运输设备制造业	Transport Equipment	2065	645
电气机械及器材制造业	Electric Equipment and Machinery	1125	228
通信设备、计算机及其他电子设备制造业	Telecommunication Equipment, Computer and Other Electronic Equipment Manufacturing	319	96
仪器仪表及文化办公用机械	Instruments, Meters, Cultural and Office	160	50
工艺品及其他制造业	Handiwork and Other Manufacturing	7	3
废弃资源和废旧材料回收工业	Recovery and Processing of Discarded Resources and Waste Materials	7	2
电力、热力的生产和供应业	Production and Supply of Electric Power and Heating Power	103	11
燃气生产和供应业	Production and Supply of Gas		
水的生产和供应业	Production and Supply of Tap Water	1	

Above Scale Industrial Enterprises Intellectual Property Rights and Technical Situation (2009)

有效发明专利数（件）Invention Number of Patents Effectively (unit)	境外授权 Overseas Authorization	专利所有权转让及许可数（项）Patent all Power Transfer and Clearanc eNumber (item)	专利所有权转让及许可收入（万元）Patent all Power Transfer and Clearance Income (10000 yuan)	发表科技论文（篇）Publish Technical Papers (unit)	拥有注册商标数（件）Registered Trademark Nubmer (unit)	境外注册 Overseas Registered	形成国家行业标准数（项）National and Industry Standard Number (item)	引进技术经费支出（万元）Introduction Technology funds Experditure (10000 yuan)	消化吸收经费支出（万元）Digestion Absorption Funds Experditure (10000 yuan)	购买国内技术经费支出（万元）Purchasing Domestic Technology Funds Experditure (10000 yuan)	技术改造经费支出（万元）Technological Transformation Funds Experditure (10000 yuan)
3496	**77**	**376**	**5831**	**2353**	**4365**	**313**	**761**	**70280**	**97791**	**74021**	**1336033**
479	34	66	85	1052	1356	192	85	48688	73874	34202	768811
1007	13	105	255	735	989	91	322	16207	15685	31217	395357
2010	30	205	5491	566	2020	30	354	5385	8232	8603	171865
128	32	13		503	313	43	155	761	1322	1196	141183
3368	45	363	5831	1850	4052	270	606	69518	96469	72825	1194850
3100	55	331	5415	2266	4112	263	705	42967	88433	71993	1240402
111	32	6		494	274	42	149	761	1511	1280	153106
2				3	17		4		17	157	1870
826	5	82	556	879	1312	74	142	17376	9540	20059	512428
1626	16	155	1294	276	1452	32	264	2258	9072	12209	172982
130	7	27	410	38	159	40	47	11835	8855	1633	43069
266	15	18	6	49	94	10	9	15478	502	395	52562
677	38	73	85	1663	1541	182	256	35101	74194	51857	927757
138		23	15	29	82		14	5228	2103	436	33658
2253	18	243	5325	576	2366	84	451	8431	12232	20360	283619
87	6			8	100	34	18	6280	8840	585	38367
112	12	14	6	33	40	8	3	15195	112	53	16238
229	3	23	400	44	236	5	19	44	309	731	36395
21				343	3		2				27122
1				54	34					4	3515
											2795
5				5	2		1				5619
89	3	19	3563	58	357	1	37	64	471	820	24545
17		3	5	16	127	2	13		178	224	6680
86				43	768	30	11		80	653	14320
				46	200	42	1				22750
33		1		14	85	7	23	4288	8704	1228	41995
5				8	13	1	1		5	203	1671
4				2	32	7	3	80		370	1098
3		9	200	4	46		2	225	48	86	8437
1					17		2		1	3	85
16	1	6	269	8	22		2	289	684	642	18550
24					6		7	6776	2054	990	6197
15	4			3	17	2				91	1616
7				10	2			104			47545
211	3	24	230	183	482	10	57	5772	2728	2471	201424
142	7	14	139	53	626	61	108	32	2497	1980	15082
2		1	50	4	1			350			9570
69	1	9		9	72	9	25		722	145	2852
134		12	60	11	83	33	30		29	100	5979
490	2	6		28	79	6	11	12	473	1405	35743
76				346	42	18	6	895	5563	6	136433
42				120	26	5	16	9110	3311	311	164409
161	12	18		185	88	7	153	32	171	179	9302
466	3	17	40	89	203	4	58	1215	3541	1987	86240
263		35	162	125	120		49	13308	840	721	21279
448	38	73	35	170	437	34	49	23663	61919	48093	273839
376	2	97	467	86	232	14	55	3826	3170	10237	60198
179	1	15	610	80	92	18	31	27	42	275	3202
55		16		110	20	1	7	30	210	5	2414
17				3	27	1	1	182		53	2045
6					1					37	11
30		1		134	1				350	703	70396
					1						
2				3	1						1075

19—36 大中型工业企业R&D基本情况（2009年）

行业	Sector	企业单位数（个）Number of Enterprises (unit)	#有R&D活动 Activity for R&D
总计	**Total**	**954**	**304**
按企业规模分组	**Grouped by Light & Heavy Industries**		
大型企业	Large-sized Enterprises	81	58
中型企业	Medium-sized Enterprises	873	246
按隶属关系分组	**Grouped by Subordination Relations**		
中　央	Central	47	28
地　方	Local	907	276
按登记注册分组	**By Status of Registration**		
内资企业	Domestic Funded Enterprise	775	257
#国有企业	State-owned Enterprise	81	31
集体企业	Collective-owned Enterprise	12	1
有限责任公司	Limited Liability Corporations	282	85
私营企业	Private Enterprises	272	72
港澳台商投资企业	Enterprises Funded by Entrepreneurs from Hong Kong, Macao and Taiwan	69	19
外商投资企业	Foreign Funded Enterprises	110	28
按企业控股情况分组	**Grouped by Enterprise Holding**		
国有控股	State Share Controlling	241	101
集体控股	Collective Share Controlling	56	13
私人控股	Private Share Controlling	492	147
港澳台商控股	Hong Kong、Macao and Taiwan Share Controlling	55	11
外商控股	Foreign Merchant Share Controlling	63	14
其　他	Others	47	18
按国民经济行业分组	**Grouped by Sector**		
煤炭开采和洗选业	Coal Mining and Dressing	27	7
黑色金属矿采选业	Ferrous Metals Mining and Dressing	14	4
有色金属矿采选业	Nonferrous Metals Mining and Dressing	4	
非金属矿采选业	Nonmetal Minerals Mining and Dressing	2	1
农副食品加工业	Agricultural and Non-staple Food Processing Industry	38	10
食品制造业	Food Manufacturing	24	3
饮料制造业	Beverage Manufacturing	35	10
烟草制品业	Tabacco Manufacturing	4	1
纺织业	Textile Industry	65	16
纺织服装、鞋、帽制造业	Textile Dress, Footwear and Headgear Manufacturing	26	2
皮革毛皮羽毛（绒）及其制品业	Leather, Furs, Down and Related Products	14	2
木材加工及木竹藤棕草制品业	Timber Processing, Bamboo, Cane, Palm Fiber and Straw Products	8	
家具制造业	Furniture Manufacturing	4	
造纸及纸制品业	Papermaking and Paper Products	16	2
印刷业和记录媒介的复制	Printing and Record Medium Reproduction	9	2
文教体育用品制造业	Cultural, Educational and Sports Goods	10	
石油加工、炼焦及核燃料加工业	Petroleum Processing, Coking and Nuclear Fuel Processing	3	1
化学原料及制品制造业	Raw Chemical Materials and Chemical Products	54	28
医药制造业	Medical and Pharmaceutical Products	27	17
化学纤维制造业	Chemical Fiber	2	1
橡胶制品业	Rubber Products	13	6
塑料制品业	Plastic Products	27	5
非金属矿物制品业	Nonmetal Minera Products	61	6
黑色金属冶炼及压延加工业	Smelting and Pressing of Ferrous Metals	17	4
有色金属冶炼及压延加工业	Smelting and Pressing of Nonferrous Metals	14	6
金属制品业	Metal Products	35	10
通用设备制造业	Equipments in Current Use	65	27
专用设备制造业	Equipments in Special Use	29	12
交通运输设备制造业	Transport Equipment	83	47
电气机械及器材制造业	Electric Equipment and Machinery	91	41
通信设备、计算机及其他电子设备制造业	Telecommunication Equipment, Computer and Other Electronic Equipment Manufacturing	34	16
仪器仪表及文化办公用机械	Instruments, Meters, Cultural and Office	5	3
工艺品及其他制造业	Handiwork and Other Manufacturing	17	3
废弃资源和废旧材料回收工业	Recovery and Processing of Discarded Resources and Waste Materials	4	
电力、热力的生产和供应业	Production and Supply of Electric Power and Heating Power	59	10
燃气生产和供应业	Production and Supply of Gas	5	
水的生产和供应业	Production and Supply of Tap Water	9	1

R&D Basic Situation of Large and Middle scale Industrial Enterprise (2009)

#有科技机构 Unit Of S&T	新产品销售收入（万元） Revenue of New Pproduct Sales (10000 yuan)	R&D人员合计（人） Staff Of R&D (person)	#参加项目人员 Staff of Participa-ting in Project	#女性 Female	#研究人员 Staff of Researcher	#全时人员 Staff of Full Time	R&D人员折合全时当量合计（人年） Total Work Volume of Conversion Staff of Full Time (person year)	#研究人员 Staff of Researcher	应用研究人员 Staff of Apply Researcher	试验发展人员 Staff of Experimental and Development Researcher
409	**12689635**	**47226**	**37317**	**6654**	**14921**	**28957**	**33423**	**10467**	**259**	**33164**
62	7341615	27012	21495	3149	8966	15401	19639	6060	2	19636
347	5348019	20214	15822	3505	5955	13556	13784	4406	257	13527
24	462456	5035	3838	962	2164	3794	4104	1808	247	3857
385	12227179	42191	33479	5692	12757	25163	29319	8659	12	29306
348	10120471	42723	33875	5847	13954	25481	30285	9789	259	30026
25	366439	3995	3363	767	1751	2903	3027	1380	247	2780
1	14694	53	48	7	39	27	9	7		9
123	2629638	16603	13076	2043	7265	6800	10821	4853		10821
115	1409839	5125	3933	695	1343	3080	3436	995	12	3424
24	489078	1457	1097	274	356	1055	1020	289		1020
37	2080087	3046	2345	533	611	2421	2118	389		2118
109	6765818	30531	24632	4028	10900	17853	21837	7591	247	21590
20	613247	1342	1169	178	344	766	1193	293		1193
237	3704714	11612	8858	1830	2876	7385	7716	2026	12	7704
15	267644	911	670	183	276	611	689	241		689
13	831282	1064	775	203	289	971	548	135		548
15	506930	1766	1213	232	236	1371	1441	181		1441
7		7068	5995	305	3920	1000	4034	2424		4034
5		162	106	39	111	95	83	58		83
2	540	31	24	6	13	6	17	7		17
19	140240	452	389	52	80	194	264	48		264
6	28847	105	48	49	9	87	54	5		54
14	150555	622	369	88	284	284	213	92		213
2	79968	85	72	29	34	39	71	28	2	69
27	291798	1352	914	318	356	802	1071	264		1071
3	5690	56	47	28	20	36	39	13		39
3	34477	15	14	2	5	6	15	5		15
2	21449									
	291									
4	184302	175	137	35	30	135	111	24		111
3	78038	333	281	49	83	196	303	74		303
3	8690									
1		62	62	7	52	49	62	52		62
36	586470	3654	2930	753	1291	2246	3175	1162		3175
19	180781	1595	1410	433	373	781	795	268		795
2	39365	87	85	1	0	41	65			65
9	275519	1298	885	179	316	1158	1132	210		1132
9	215777	665	548	58	167	573	595	149		595
12	192678	555	395	84	290	225	431	232		431
5	1690948	794	729	99	378	287	488	260		488
8	490072	3998	2676	313	1399	2146	2305	882		2305
11	170535	1108	930	172	394	812	552	173		552
40	831858	2517	2004	507	786	2044	1790	611	12	1778
15	522199	1211	806	165	298	830	783	208		783
53	3130096	10584	8614	1339	1160	8614	8483	844	1	8482
60	2789720	4720	3732	871	1592	3231	3402	1105		3402
17	390234	2139	1646	512	666	1800	1506	551	245	1262
4	67170	1088	966	43	497	999	1079	492		1079
4	90424	191	95	43	87	97	189	87		189
1	905									
3		415	342	61	207	98	245	121		245
		89	66	14	23	46	71	18		71

19—37 大中型工业企业R&D经费情况（2009年）

行　业	Sector	R&D经费内部支出合　计 Expenditure for R&D
总　　计	**Total**	**781883**
按企业规模分组	**Grouped by Light & Heavy Industries**	
大型企业	Large-sized Enterprises	542678
中型企业	Medium-sized Enterprises	239206
按隶属关系分组	**Grouped by Subordination Relations**	
中　央	Central	68674
地　方	Local	713209
按登记注册分组	**By Status of Registration**	
内资企业	Domestic Funded Enterprise	687183
#国有企业	State-owned Enterprise	56162
集体企业	Collective-owned Enterprise	418
有限责任公司	Limited Liability Corporations	224743
私营企业	Private Enterprises	62491
港澳台商投资企业	Enterprises Funded by Entrepreneurs from Hong Kong, Macao and Taiwan	30889
外商投资企业	Foreign Funded Enterprises	63811
按企业控股情况分组	**Grouped by Enterprise Holding**	
国有控股	State Share Controlling	546238
集体控股	Collective Share Controlling	18944
私人控股	Private Share Controlling	156601
港澳台商控股	Hong Kong、Macao and Taiwan Share Controlling	8748
外商控股	Foreign Merchant Share Controlling	28680
其　他	Others	22672
按国民经济行业分组	**Grouped by Sector**	
煤炭开采和洗选业	Coal Mining and Dressing	78248
黑色金属矿采选业	Ferrous Metals Mining and Dressing	1078
有色金属矿采选业	Nonferrous Metals Mining and Dressing	
非金属矿采选业	Nonmetal Minerals Mining and Dressing	43
农副食品加工业	Agricultural and Non-staple Food Processing Industry	8058
食品制造业	Food Manufacturing	619
饮料制造业	Beverage Manufacturing	7875
烟草制品业	Tabacco Manufacturing	1664
纺织业	Textile Industry	12038
纺织服装、鞋、帽制造业	Textile Dress, Footwear and Headgear Manufacturing	1254
皮革毛皮羽毛（绒）及其制品业	Leather, Furs, Down and Related Products	250
木材加工及木竹藤棕草制品业	Timber Processing, Bamboo, Cane, Palm Fiber and Straw Products	
家具制造业	Furniture Manufacturing	
造纸及纸制品业	Papermaking and Paper Products	4307
印刷业和记录媒介的复制	Printing and Record Medium Reproduction	6217
文教体育用品制造业	Cultural, Educational and Sports Goods	
石油加工、炼焦及核燃料加工业	Petroleum Processing, Coking and Nuclear Fuel Processing	554
化学原料及制品制造业	Raw Chemical Materials and Chemical Products	38408
医药制造业	Medical and Pharmaceutical Products	9943
化学纤维制造业	Chemical Fiber	1952
橡胶制品业	Rubber Products	17591
塑料制品业	Plastic Products	11857
非金属矿物制品业	Nonmetal Minera Products	14749
黑色金属冶炼及压延加工业	Smelting and Pressing of Ferrous Metals	55860
有色金属冶炼及压延加工业	Smelting and Pressing of Nonferrous Metals	85688
金属制品业	Metal Products	15884
通用设备制造业	Equipments in Current Use	41424
专用设备制造业	Equipments in Special Use	18927
交通运输设备制造业	Transport Equipment	194908
电气机械及器材制造业	Electric Equipment and Machinery	114604
通信设备、计算机及其他电子设备制造业	Telecommunication Equipment, Computer and Other Electronic Equipment Manufacturing	19870
仪器仪表及文化办公用机械	Instruments, Meters, Cultural and Office	12939
工艺品及其他制造业	Handiwork and Other Manufacturing	1333
废弃资源和废旧材料回收工业	Recovery and Processing of Discarded Resources and Waste Materials	
电力、热力的生产和供应业	Production and Supply of Electric Power and Heating Power	3203
燃气生产和供应业	Production and Supply of Gas	
水的生产和供应业	Production and Supply of Tap Water	540

R&D Funds Basic Situation of Large and Middle Scale Industrial Enterprise (2009)

单位：万元 (10000 yuan)

按活动类型分组 Grouped by Active Type		按支出用途分组 Grouped by Using of Funds				按资金来源分组 Grouped by Source of Funds			R&D经费外部支出		
应用研究支出 Applied Research Expenditure	试验发展支出 Experiment Development Expanditure	经常费支出 Normal Funds Expenditure	#人员劳务费 Salary	资产性支出 Capital Expenditure	#土建工程 Construction Project	政府资金 Government	企业资金 Enterprise	境外资金 Alien	Outside Expenditure	对境内研究机构支出 Foreign Research Instition	对境内高等学校支出 Demestic University
2928	**778956**	**643840**	**139843**	**138043**	**5152**	**70381**	**652668**	**4263**	**77420**	**19536**	**15898**
34	542644	435267	87327	107411	4234	50331	478767	87	64171	12772	12103
2894	236312	208573	52516	30632	918	20050	173901	4176	13249	6765	3795
691	67984	64482	18661	4193	62	10630	52407	1359	3649	1818	1466
2237	710972	579359	121182	133851	5090	59751	600261	2904	73772	17719	14432
2928	684255	572302	125819	114881	4804	68260	572796	2592	71911	16112	14188
691	55471	47285	12676	8877	127	9240	41213	1359	2450	1144	930
	418	317	140	101	3		418		9		
	224743	186748	39941	37995	1808	11613	205208	170	13178	5761	5901
2184	60307	53607	11026	8885	307	1873	47943	320	4984	2771	1387
	30889	16137	3742	14752	65	1298	27398	26	393	125	268
	63811	55401	10283	8411	283	824	52474	1645	5117	3299	1442
691	545547	455756	95095	90482	4182	61012	459233	2998	61886	11562	10866
	18944	14575	3307	4369	62	831	16522		901	345	497
2237	154364	133463	31734	23138	622	7687	124306	1146	13870	7528	4208
	8748	8005	2329	744	1	175	8547	26	166	50	116
	28680	14022	2222	14658	215	377	26828	93	362	26	2
	22672	18020	5156	4653	71	299	17232		235	25	210
	78248	67264	18811	10984	283	6237	71924	87	6982	1886	4653
	1078	742	193	337	3		575		611	135	204
	43	43	1			1			3		3
	8058	7365	499	693	36	434	6855		443	5	438
	619	415	210	204	3		619		44		44
	7875	5496	818	2380	100	36	7840		291	82	209
34	1630	1151	712	513		14	1650		307	286	21
	12038	7694	2769	4344	24	601	10018	203	356	132	223
	1254	1245	132	9			1254				
	250	233	70	17	1	10	240		74	32	42
	4307	3009	424	1298	33		4307		48		1
	6217	3452	1005	2765		555	5569	93	295	141	104
	554	554	231				554		327		327
	38408	32624	8072	5783	305	472	33880		1109	558	412
	9943	8594	2204	1350	53	278	9548	118	2293	1666	441
	1952	473	408	1480	39	50	1902				
	17591	14296	4641	3295	80	120	14037		643	118	131
	11857	11435	1334	422	12	1	11857		150		150
	14749	9212	1118	5537	1	266	13433				
	55860	52104	5358	3756	373	360	44752		148	6	135
	85688	68795	11398	16894	1238	2028	83660		2503	1090	1306
	15884	14620	5817	1264	10	2936	11537	1359	425	175	250
2184	39240	36995	9605	4428	126	2258	31188	743	1143	746	317
	18927	16665	3478	2262	187	274	16900		616	372	244
53	194855	165621	34669	29287	1957	42677	141902	1578	48166	5674	3578
	114604	78422	16299	36183	256	2073	103744	83	7263	4940	2099
657	19213	18765	6260	1105	30	4886	10423		1099	69	264
	12939	12166	1839	773		3586	8594		473	21	121
	1333	1318	381	15		221	176		39	39	
	3203	2677	707	526	4	10	3193		1457	1249	183
	540	397	383	143			540		116	116	

19—38 大中型工业企业全部R&D项目和政策情况（2009年）

行　业	Sector	项目数（项） Number of Items (unit)
总　　计	**Total**	**3533**
按企业规模分组	**Grouped by Light & Heavy Industries**	
大型企业	Large-sized Enterprises	1776
中型企业	Medium-sized Enterprises	1757
按隶属关系分组	**Grouped by Subordination Relations**	
中　央	Central	649
地　方	Local	2884
按登记注册分组	**By Status of Registration**	
内资企业	Domestic Funded Enterprise	2838
#国有企业	State-owned Enterprise	584
集体企业	Collective-owned Enterprise	2
有限责任公司	Limited Liability Corporations	723
私营企业	Private Enterprises	325
港澳台商投资企业	Enterprises Funded by Entrepreneurs from Hong Kong, Macao and Taiwan	146
外商投资企业	Foreign Funded Enterprises	549
按企业控股情况分组	**Grouped by Enterprise Holding**	
国有控股	State Share Controlling	1998
集体控股	Collective Share Controlling	64
私人控股	Private Share Controlling	1077
港澳台商控股	Hong Kong、Macao and Taiwan Share Controlling	86
外商控股	Foreign Merchant Share Controlling	103
其　他	Others	205
按国民经济行业分组	**Grouped by Sector**	
煤炭开采和洗选业	Coal Mining and Dressing	276
黑色金属矿采选业	Ferrous Metals Mining and Dressing	11
有色金属矿采选业	Nonferrous Metals Mining and Dressing	
非金属矿采选业	Nonmetal Minerals Mining and Dressing	2
农副食品加工业	Agricultural and Non-staple Food Processing Industry	28
食品制造业	Food Manufacturing	10
饮料制造业	Beverage Manufacturing	38
烟草制品业	Tabacco Manufacturing	28
纺织业	Textile Industry	66
纺织服装、鞋、帽制造业	Textile Dress, Footwear and Headgear Manufacturing	11
皮革毛皮羽毛（绒）及其制品业	Leather, Furs, Down and Related Products	2
木材加工及木竹藤棕草制品业	Timber Processing, Bamboo, Cane, Palm Fiber and Straw Products	
家具制造业	Furniture Manufacturing	
造纸及纸制品业	Papermaking and Paper Products	6
印刷业和记录媒介的复制	Printing and Record Medium Reproduction	12
文教体育用品制造业	Cultural, Educational and Sports Goods	
石油加工、炼焦及核燃料加工业	Petroleum Processing, Coking and Nuclear Fuel Processing	12
化学原料及制品制造业	Raw Chemical Materials and Chemical Products	170
医药制造业	Medical and Pharmaceutical Products	120
化学纤维制造业	Chemical Fiber	5
橡胶制品业	Rubber Products	272
塑料制品业	Plastic Products	47
非金属矿物制品业	Nonmetal Minera Products	14
黑色金属冶炼及压延加工业	Smelting and Pressing of Ferrous Metals	23
有色金属冶炼及压延加工业	Smelting and Pressing of Nonferrous Metals	84
金属制品业	Metal Products	69
通用设备制造业	Equipments in Current Use	271
专用设备制造业	Equipments in Special Use	147
交通运输设备制造业	Transport Equipment	682
电气机械及器材制造业	Electric Equipment and Machinery	665
通信设备、计算机及其他电子设备制造业	Telecommunication Equipment, Computer and Other Electronic Equipment Manufacturing	201
仪器仪表及文化办公用机械	Instruments, Meters, Cultural and Office	194
工艺品及其他制造业	Handiwork and Other Manufacturing	16
废弃资源和废旧材料回收工业	Recovery and Processing of Discarded Resources and Waste Materials	
电力、热力的生产和供应业	Production and Supply of Electric Power and Heating Power	46
燃气生产和供应业	Production and Supply of Gas	
水的生产和供应业	Production and Supply of Tap Water	5

All R&D Items and Policies Situation of Large and Middle Scale Industrial Enterprise (2009)

参加项目人员（人） Staff Taken Part in Items (person)	项目人员折合全时当量（人年） ZFull-time Equivalent of Staff Taken Part in Items (person/year)	全部项目经费内部支出（万元） All Project Interior Expense (10000 yuan)	使用来自政府部门的科技活动资金（万元） Using from Government Department's Technique Cctivity Fund (10000 yuan)	研究开发费用加计扣除减免税（万元） Total Research and Development Expense Counting Tax Reliefs (10000 yuan)	高新技术企业减免税（万元） Tax Reliefs of High and New Technology Enterprises (10000 yuan)
37317	**27146.7**	**639265.9**	**104885.6**	**44934.6**	**82272.9**
21495	16015.2	456027.0	75156.6	35062.4	49023.4
15822	11131.5	183238.9	29729.0	9872.2	33249.5
3838	3199.8	44737.4	12022.4	1726.8	2237.4
33479	23946.9	594528.5	92863.2	43207.8	80035.5
33875	24655.6	566194.8	101138.9	43355.2	72902.4
3363	2688.3	38124.9	10337.0	932.8	2093.7
48	8.0	348.3			
13076	8569.6	184643.5	21497.4	17419.6	26406.8
3933	2670.5	45205.3	3741.5	3188.2	11824.6
1097	826.8	17130.2	2013.8	819.0	4082.7
2345	1664.3	55940.9	1732.9	760.4	5287.8
24632	18045.4	464670.3	86077.3	34254.1	43435.5
1169	1079.5	14504.1	2169.3	75.6	2761.7
8858	5976.1	119589.1	14925.8	8905.8	25035.4
670	554.9	8275.3	332.0	521.3	2985.4
775	381.5	14552.3	601.3	676.1	5579.3
1213	1109.3	17674.8	779.9	501.7	2475.6
5995	3146.5	60058.0	10710.6	11759.2	
106	59.1	697.6			
24	12.8	37.8	21.0	46.1	
389	231.3	7506.0	1653.3	510.2	
48	25.2	530.3	61.0		
369	160.4	5640.6	94.3	70.4	189.2
72	60.2	582.1	48.0		
914	721.1	10578.0	1494.6	309.4	20.1
47	33.0	1253.6	100.0	1.0	30.0
14	14.0	244.4	106.7	20.0	30.0
			52.0		65.3
137	95.3	3928.9	15.0	23.3	912.8
281	254.5	3400.2	1720.9	54.5	2415.0
				46.1	24.9
62	74.4	453.8	4.0	449.2	
2930	2777.4	31040.2	1749.3	4085.3	10689.2
1410	731.2	8379.3	1143.5	400.7	2662.1
85	63.2	423.0	85.0	440.0	546.6
885	798.9	12176.0	268.7	2345.6	2617.8
548	506.3	10597.9	33.0	280.4	1049.5
395	304.9	9620.3	1408.0	299.5	479.1
729	444.9	51335.3	1980.0	5631.3	8140.3
2676	1422.7	68582.2	3954.0	229.6	8621.5
930	473.6	12268.9	3949.3	264.4	1722.1
2004	1521.5	23181.4	2757.2	1933.5	6912.5
806	547.3	17420.5	416.5	656.5	875.2
8614	7131.7	177389.6	57779.5	12441.0	19040.7
3732	2953.8	93260.0	2691.6	1450.6	13495.1
1646	1139.3	15494.7	6550.6	224.6	1383.0
966	1069.2	8922.0	3669.0	391.5	301.6
95	109.2	1094.3	310.0	205.7	49.3
			49.0		
342	211.0	2826.0	10.0	365.0	
66	52.8	343.0			

19—39 大中型工业企业自主知识产权和技术情况（2009年）

行业	Sector	专利申请数（件） Number of Patent Application (unit)	发明专利 Patent of Invention
总计	**Total**	**4535**	**1391**
按企业规模分组	**Grouped by Light & Heavy Industries**		
大型企业	Large-sized Enterprises	2393	858
中型企业	Medium-sized Enterprises	2142	533
按隶属关系分组	**Grouped by Subordination Relations**		
中　央	Central	291	111
地　方	Local	4244	1280
按登记注册分组	**By Status of Registration**		
内资企业	Domestic Funded Enterprise	3916	1222
#国有企业	State-owned Enterprise	285	93
集体企业	Collective-owned Enterprise	3	
有限责任公司	Limited Liability Corporations	917	365
私营企业	Private Enterprises	585	120
港澳台商投资企业	Enterprises Funded by Entrepreneurs from Hong Kong, Macao and Taiwan	231	47
外商投资企业	Foreign Funded Enterprises	388	122
按企业控股情况分组	**Grouped by Enterprise Holding**		
国有控股	State Share Controlling	2547	927
集体控股	Collective Share Controlling	96	26
私人控股	Private Share Controlling	1478	294
港澳台商控股	Hong Kong、Macao and Taiwan Share Controlling	86	30
外商控股	Foreign Merchant Share Controlling	190	54
其　他	Others	138	60
按国民经济行业分组			
煤炭开采和洗选业	Coal Mining and Dressing	162	68
黑色金属矿采选业	Ferrous Metals Mining and Dressing	2	1
有色金属矿采选业	Nonferrous Metals Mining and Dressing		
非金属矿采选业	Nonmetal Minerals Mining and Dressing	1	1
农副食品加工业	Agricultural and Non-staple Food Processing Industry	107	32
食品制造业	Food Manufacturing	15	2
饮料制造业	Beverage Manufacturing	216	9
烟草制品业	Tabacco Manufacturing	67	23
纺织业	Textile Industry	49	18
纺织服装、鞋、帽制造业	Textile Dress, Footwear and Headgear Manufacturing	6	
皮革毛皮羽毛（绒）及其制品业	Leather, Furs, Down and Related Products	9	1
木材加工及木竹藤棕草制品业	Timber Processing, Bamboo, Cane, Palm Fiber and Straw Products		
家具制造业	Furniture Manufacturing		
造纸及纸制品业	Papermaking and Paper Products	4	1
印刷业和记录媒介的复制	Printing and Record Medium Reproduction	22	6
文教体育用品制造业	Cultural, Educational and Sports Goods	6	
石油加工、炼焦及核燃料加工业	Petroleum Processing, Coking and Nuclear Fuel Processing	3	3
化学原料及制品制造业	Raw Chemical Materials and Chemical Products	126	80
医药制造业	Medical and Pharmaceutical Products	248	139
化学纤维制造业	Chemical Fiber	6	4
橡胶制品业	Rubber Products	82	10
塑料制品业	Plastic Products	80	26
非金属矿物制品业	Nonmetal Minera Products	75	9
黑色金属冶炼及压延加工业	Smelting and Pressing of Ferrous Metals	127	56
有色金属冶炼及压延加工业	Smelting and Pressing of Nonferrous Metals	59	14
金属制品业	Metal Products	95	24
通用设备制造业	Equipments in Current Use	273	39
专用设备制造业	Equipments in Special Use	118	44
交通运输设备制造业	Transport Equipment	1690	571
电气机械及器材制造业	Electric Equipment and Machinery	624	134
通信设备、计算机及其他电子设备制造业	Telecommunication Equipment, Computer and Other Electronic Equipment Manufacturing	111	39
仪器仪表及文化办公用机械	Instruments, Meters, Cultural and Office	50	26
工艺品及其他制造业	Handiwork and Other Manufacturing	2	
废弃资源和废旧材料回收工业	Recovery and Processing of Discarded Resources and Waste Materials	7	2
电力、热力的生产和供应业	Production and Supply of Electric Power and Heating Power	93	9
燃气生产和供应业	Production and Supply of Gas		
水的生产和供应业	Production and Supply of Tap Water		

Self-owned Intellectual Property Rights and Technology Situation of Large and Middle Scale Industrial Enterprise (2009)

有效发明专利数（件）Invention Number of Patents Effectively (unit)	境外授权 Overseas Authorization	专利所有权转让及许可数（项）Patent all Power Transfer and Clearanc eNumber (item)	专利所有权转让及许可收入（万元）Patent all Power Transfer and Clearance Income (10000 yuan)	发表科技论文（篇）Publish Technical Papers (unit)	拥有注册商标数（件）Registered Trademark Nubmer (unit)	境外注册 Overseas Registered	形成国家行业标准数（项）National and Industry Standard Number (item)	引进技术经费支出（万元）Introduction Technology funds Experditure (10000 yuan)	消化吸收经费支出（万元）Digestion Absorption Funds Experditure (10000 yuan)	购买国内技术经费支出（万元）Purchasing Domestic Technology Funds Experditure (10000 yuan)	技术改造经费支出（万元）Technological Transformation Funds Experditure (10000 yuan)
1486	**47**	**171**	**340**	**1787**	**2345**	**283**	**407**	**64894**	**89559**	**65419**	**1164168**
479	34	66	85	1052	1356	192	85	48688	73874	34202	768811
1007	13	105	255	735	989	91	322	16207	15685	31217	395357
113	32	13		481	277	43	155	761	1301	1184	140099
1373	15	158	340	1306	2068	240	252	64133	88258	64234	1024068
1282	36	140	130	1752	2197	242	386	39950	80397	63873	1083251
99	32	6		475	258	42	149	761	1216	1199	148925
					4		2		17		1200
415	2	36		644	742	71	72	16366	7676	18743	463233
307		24	5	44	211	14	25	273	3246	6061	74664
55		20	210	24	103	39	13	10135	8715	1247	36667
149	11	11		11	45	2	8	14809	447	299	44250
580	38	72	85	1576	1426	182	246	34023	73247	51504	913880
110		22	15	19	52		13	5176	2103	219	29615
624	1	63	240	172	708	63	134	6407	5211	12630	149963
32					87	33	8	4580	8700	550	33099
55	8	7		5	15	1	3	14709	57	33	15521
85		7		15	57	4	3		240	483	22090
21				343	3		2				24739
1				54	34						1223
											500
4				1	1						4763
24		4		11	99		13			96	13949
1		1	5	3	39				87	90	3002
30				26	465	30	2		45	570	10117
				31	200	42	1				22750
24		1		11	35	6	22	4288	8648	1178	30706
3					5	1				149	47
3					22	4	2	50		200	600
				4	5			46			
2					2		1	268	630	627	13414
24							7	5176	2052	150	5247
					5	1					1200
2				10				104			47500
87	2	10		67	211	10	21	5772	46	1496	189804
74		1		9	428	60	32	12	1153	788	9635
2		1	50	2	1			350			7220
55	1	8		7	54	8	14		657	85	2012
92				1	44	33	9			20	154
5		2		5	11	2	1			500	17483
59				346	40	18	6	895	5548		133476
23				113	18	5	9	9059	3267	195	162323
48	5	17		179	14	3	147		59	102	2651
236	1	8		49	53	2	21	700	2584	1456	66839
46		9	15	29	12		13	11243	110	238	13251
312	35	73	35	159	388	30	35	23531	61679	47499	267832
166	2	30	25	51	78	9	31	3400	2679	9167	40146
91	1	4	210	52	59	18	16		15	112	2247
4		1		87	2		1		210		1931
16				3	16	1	1				65
6					1					37	11
25		1		131					90	666	66317
				3							1015

19—40 各市规模以上工业企业R&D基本情况（2009年）
Above Scale Industrial Enterprise R&D basic Situation by City (2009)

地 区 Region		企业单位数 (个) Number of Enterprises (unit)	#有R&D活 动 Activity for R&D	#有科技机 构 Unit Of S&T	新 产 品 销售收入 (万元) Revenue of New Pproduct Sales (10000 yuan)	R&D人员 合 计 (人) Staff Of R&D (person)	#参 加 项目人员 Staff of Participa-ting in Project	#女 性 Female
总 计	**Total**	**13460**	**1085**	**1262**	**15333831**	**60451**	**47249**	**8956**
合 肥 市	Hefei	1737	222	217	4840275	15524	11893	2764
淮 北 市	Huaibei	580	21	55	154350	3178	2494	337
亳 州 市	Bozhou	429	34	27	101262	896	777	121
宿 州 市	Suzhou	720	28	46	240833	663	489	168
蚌 埠 市	Bengbu	598	56	71	438345	3853	3294	735
阜 阳 市	Fuyang	624	38	28	288288	1989	1331	404
淮 南 市	Huainan	384	30	41	63332	5004	4219	194
滁 州 市	Chuzhou	1099	45	80	697108	1603	1336	214
六 安 市	Luan	899	21	66	526558	365	272	69
马鞍山市	Maanshan	670	77	50	1923095	2289	1767	313
巢 湖 市	Chaohu	651	41	45	447586	1424	1131	269
芜 湖 市	Wuhu	1477	170	171	3286329	11608	9461	1614
宣 城 市	Xuancheng	1051	66	75	728158	3219	2506	424
铜 陵 市	Tongling	279	32	50	326500	4495	2930	553
池 州 市	Chizhou	424	45	55	230258	611	543	85
安 庆 市	Anqing	1377	113	130	799753	2366	1834	458
黄 山 市	Huangshan	461	46	55	241801	1364	972	234

地 区 Region		#研究人员 Staff of Researcher	#全时人员 Staff of Full Time	R&D人员折合全时当量合计 (人年) Total Work Volume of Conversion Staff of Full Time (person year)	#研究人员 Staff of Researcher	应 用 研究人员 Staff of Apply Researcher	试 验 发展人员 Staff of Experimental and Development Researcher
总 计	**Total**	**18846**	**37375**	**42196**	**13164**	**259**	**41936**
合 肥 市	Hefei	4332	12394	11238	3087	247	10991
淮 北 市	Huaibei	2429	688	2238	1718		2238
亳 州 市	Bozhou	143	305	344	94		344
宿 州 市	Suzhou	144	234	331	84		331
蚌 埠 市	Bengbu	1412	2905	2843	1119	1	2842
阜 阳 市	Fuyang	598	1177	1586	449		1586
淮 南 市	Huainan	1887	856	2469	930		2469
滁 州 市	Chuzhou	730	1103	1177	594		1177
六 安 市	Luan	143	247	244	86		244
马鞍山市	Maanshan	969	1387	1642	715		1642
巢 湖 市	Chaohu	411	905	1227	338		1227
芜 湖 市	Wuhu	1493	7967	8271	998		8271
宣 城 市	Xuancheng	902	2299	2464	704	12	2452
铜 陵 市	Tongling	1888	2185	3118	1302		3118
池 州 市	Chizhou	181	256	256	74		256
安 庆 市	Anqing	838	1549	1646	609		1646
黄 山 市	Huangshan	346	918	1104	264		1104

19—41 各市规模以上工业企业R&D经费情况（2009年）

Above Scale Industrial Enterprise R&D Funds Situation by Region (2009)

单位：万元 (10000 yuan)

地区	Region	R&D经费内部支出合计 Expenditure for R&D	按活动类型分组 Grouped by Active Type：应用研究支出 Applied Research Expenditure	试验发展支出 Experiment Development Expanditure	按支出用途分组 Grouped by Using of Funds：经常费支出 Normal Funds Expenditure	#人员劳务费 Salary	资产性支出 Capital Expenditure	#土建工程 Construction Project
总计	**Total**	**907724**	**2928**	**904797**	**748498**	**169405**	**159226**	**6893**
合肥市	Hefei	266270	691	265580	219537	52111	46733	1006
淮北市	Huaibei	29593		29593	23512	2900	6081	217
亳州市	Bozhou	7545		7545	5064	1056	2480	127
宿州市	Suzhou	4851		4851	4402	1291	448	34
蚌埠市	Bengbu	55185	53	55132	45414	6903	9772	231
阜阳市	Fuyang	12619		12619	10793	3319	1826	159
淮南市	Huainan	61884		61884	54583	17923	7301	143
滁州市	Chuzhou	13450		13450	11582	4757	1868	38
六安市	Luan	5974		5974	4848	1124	1126	14
马鞍山市	Maanshan	78849		78849	68244	10061	10605	644
巢湖市	Chaohu	20858		20858	15957	4579	4901	106
芜湖市	Wuhu	174341		174341	143721	32788	30620	2214
宣城市	Xuancheng	34503	2184	32319	29193	6464	5311	387
铜陵市	Tongling	92574		92574	73956	13189	18618	1209
池州市	Chizhou	5244		5244	4038	1266	1206	56
安庆市	Anqing	31114		31114	24926	6796	6189	273
黄山市	Huangshan	12870		12870	8728	2879	4141	39

地区	Region	按资金来源分组 Grouped by Source of Funds：政府资金 Govern-ment	企业资金 Enterprise	境外资金 Alien	R&D经费外部支出 Outside Expenditure	对境内研究机构支出 Foreign Research Instition	对境内高等学校支出 Demestic University
总计	**Total**	**76553**	**754323**	**5024**	**84070**	**22831**	**18628**
合肥市	Hefei	27924	216773	1840	41928	9428	7183
淮北市	Huaibei	3349	24860	20	2275	498	1748
亳州市	Bozhou	284	7078		865	543	136
宿州市	Suzhou	137	4228		301	173	127
蚌埠市	Bengbu	4667	43863	120	1729	552	206
阜阳市	Fuyang	140	11309	87	1090	571	508
淮南市	Huainan	3303	58581		4837	1561	2857
滁州市	Chuzhou	110	10176	184	678	281	288
六安市	Luan	173	3623	70	735	200	258
马鞍山市	Maanshan	932	60588	1552	1382	409	636
巢湖市	Chaohu	671	19360		2858	2421	339
芜湖市	Wuhu	28401	140624	220	18349	3089	1224
宣城市	Xuancheng	303	30897	118	1444	518	487
铜陵市	Tongling	1922	89205	743	2898	1442	1342
池州市	Chizhou	417	4709		428	162	153
安庆市	Anqing	2812	19074		1378	610	751
黄山市	Huangshan	1010	9375	70	894	373	387

19—42 各市规模以上工业企业全部R&D项目和政策情况（2009年）

Above Scale Industrial Enterprise R&D Items and Basic Policy Situation by Region (2009)

地 区 Region	项目数 (项) Number of Items (unit)	参加项目人员 (人) Staff Taken Part in Items (person)	项目人员折合全时当量 (人年) ZFull-time Equivalent of Staff Taken Part in Items (person/year)	全部项目经费内部支出 (万元) All Project Interior Expense (10000 yuan)	使用来自政府部门的科技活动资金 (万元) Using from Government Department's Technique Cctivity Fund (10000 yuan)	研究开发费用加计扣除减免税 (万元) Total Research and Development Expense Counting Tax Reliefs (10000 yuan)	高新技术企业减免税 (万元) Tax Reliefs of High and New Technology Enterprises (10000 yuan)
总 计 Total	**5234**	**47249**	**34072.3**	**744624.9**	**122521.6**	**52317.2**	**102094.4**
合肥市 Hefei	2196	11893	9003.8	228320.6	35928.7	7500.0	29355.4
淮北市 Huaibei	111	2494	1837.8	21366.2	7773.7	776.0	418.7
亳州市 Bozhou	72	777	293.5	5022.8	790.4	277.5	560.7
宿州市 Suzhou	62	489	242.1	4431.5	345.5	245.4	330.3
蚌埠市 Bengbu	476	3294	2593.2	42840.9	5770.3	349.5	1681.0
阜阳市 Fuyang	97	1331	1096.3	11193.9	1011.1	6004.2	2359.8
淮南市 Huainan	248	4219	1842.8	49442.7	5691.5	9505.9	1320.7
滁州市 Chuzhou	95	1336	1140.9	11824.4	661.3	1511.4	6557.5
六安市 Luan	38	272	182.0	4305.4	1412.5	1668.5	2243.1
马鞍山市 Maanshan	199	1767	1360.4	70325.5	3115.9	5283.7	5602.5
巢湖市 Chaohu	154	1131	1030.7	15070.2	1062.3	1025.4	4605.0
芜湖市 Wuhu	692	9461	6851.3	152583.2	46907.0	10479.9	22184.9
宣城市 Xuancheng	304	2506	2040.5	19190.6	962.0	3459.9	7857.6
铜陵市 Tongling	136	2930	2183.1	73936.4	3506.1	1591.5	9724.2
池州市 Chizhou	78	543	221.9	4577.3	684.2	382.7	417.4
安庆市 Anqing	191	1834	1331.2	20722.6	4157.6	1844.5	4145.7
黄山市 Huangshan	85	972	820.8	9470.7	2741.5	411.2	2729.9

19—43 各市规模以上工业企业自主知识产权和技术情况（2009年）

Above Scale Industrial Enterprises Intellectual Property Rights and Technical Situation by Region (2009)

地 区 Region		专利申请数（件）Number of Patent Application (unit)	发明专利 Patent of Invention	有效发明专利数（件）Invention Number of Patents Effectively (unit)	境外授权 Overseas Authorization	专利所有权转让及许可数（项）Patent all Power Transfer and Clearanc eNumber (item)	专利所有权转让及许可收入（万元）Patent all Power Transfer and Clearance Income (10000 yuan)	发表科技论文（篇）Publish Technical Papers (unit)
总 计	**Total**	**8505**	**2408**	**3496**	**77**	**376**	**5831**	**2353**
合 肥 市	Hefei	1752	498	1287	20	119	3916	696
淮 北 市	Huaibei	194	73	71	2	27	35	341
亳 州 市	Bozhou	280	44	37		13	532	56
宿 州 市	Suzhou	62	26	21	1	15	2	22
蚌 埠 市	Bengbu	554	236	162		22		230
阜 阳 市	Fuyang	180	53	36				57
淮 南 市	Huainan	225	51	73		28		97
滁 州 市	Chuzhou	424	83	121		5		43
六 安 市	Luan	219	37	61	3	9	25	58
马鞍山市	Maanshan	413	118	282	2	21	164	433
巢 湖 市	Chaohu	198	41	111		25	50	36
芜 湖 市	Wuhu	2678	810	602	35	61	730	43
宣 城 市	Xuancheng	472	123	243	12	14	340	50
铜 陵 市	Tongling	259	64	128		10		125
池 州 市	Chizhou	99	29	62				13
安 庆 市	Anqing	338	80	124	2	6	37	35
黄 山 市	Huangshan	158	42	75		1		18

地 区 Region		拥有注册商标数（件）Registered Trademark Nubmer (unit)	境外注册 Overseas Registered	形成国家行业标准数（项）National and Industry Standard Number (item)	引进技术经费支出（万元）Introduction Technology funds Experditure (10000 yuan)	消化吸收经费支出（万元）Digestion Absorption Funds Experditure (10000 yuan)	购买国内技术经费支出（万元）Purchasing Domestic Technology Funds Experditure (10000 yuan)	技术改造经费支出（万元）Technological Transforma-tion Funds Experditure (10000 yuan)
总 计	**Total**	**4365**	**313**	**761**	**70280**	**97791**	**74021**	**1336033**
合 肥 市	Hefei	859	115	320	18199	6834	3070	207033
淮 北 市	Huaibei	105	2	50	255	498	673	39912
亳 州 市	Bozhou	544	37	14	12	871	906	16625
宿 州 市	Suzhou	103			153	171	738	14531
蚌 埠 市	Bengbu	481	60	31	156	1156	386	63508
阜 阳 市	Fuyang	149		11	15	300	1182	38245
淮 南 市	Huainan	56		3	494	558	793	182000
滁 州 市	Chuzhou	194	3	6	829	2060	2901	33862
六 安 市	Luan	120	7	31	626	2107	4012	44503
马鞍山市	Maanshan	226	25	42	1163	7083	611	188563
巢 湖 市	Chaohu	175	1		384	507	4840	55180
芜 湖 市	Wuhu	549	34	39	27124	58730	33876	103226
宣 城 市	Xuancheng	224	13	91	492	1462	1193	17470
铜 陵 市	Tongling	96	1	37	10387	4023	15078	215504
池 州 市	Chizhou	183	2	5		969	652	8861
安 庆 市	Anqing	181	13	55	4619	8008	1646	95627
黄 山 市	Huangshan	120		26	5373	2454	1465	11384

19—44 各市大中型工业企业R&D基本情况（2009年）
R&D Basic Situation of Large and Middle scale Industrial Enterprise by Region (2009)

地区 Region		企业单位数（个）Number of Enterprises (unit)	#有R&D活动 Activity for R&D	#有科技机构 Unit Of S&T	新产品销售收入（万元）Revenue of New Pproduct Sales (10000 yuan)	R&D人员合计（人）Staff Of R&D (person)	#参加项目人员 Staff of Participating in Project	#女性 Female
总　计	**Total**	**954**	**304**	**409**	**12689635**	**47226**	**37317**	**6654**
合肥市	Hefei	177	70	91	4321428	12000	9168	2199
淮北市	Huaibei	35	6	13	52501	2860	2253	279
亳州市	Bozhou	30	6	10	87853	588	553	36
宿州市	Suzhou	51	8	20	102029	428	332	117
蚌埠市	Bengbu	53	27	28	369096	3356	2923	645
阜阳市	Fuyang	49	13	13	249986	1388	889	260
淮南市	Huainan	45	10	10	39274	4754	4055	156
滁州市	Chuzhou	77	11	26	540359	1115	986	140
六安市	Luan	62	9	21	425362	197	135	29
马鞍山市	Maanshan	46	16	13	1806194	1259	1002	155
巢湖市	Chaohu	46	17	25	320980	1086	864	210
芜湖市	Wuhu	106	49	54	2813588	9704	7958	1306
宣城市	Xuancheng	51	17	26	529506	2314	1914	275
铜陵市	Tongling	30	11	14	246914	4154	2682	499
池州市	Chizhou	12	4	9	141788	216	209	32
安庆市	Anqing	72	23	28	498958	1206	976	214
黄山市	Huangshan	12	7	8	143819	601	418	102

地区 Region		#研究人员 Staff of Researcher	#全时人员 Staff of Full Time	R&D人员折合全时当量合计（人年）Total Work Volume of Conversion Staff of Full Time (person year)	#研究人员 Staff of Researcher	应用研究人员 Staff of Apply Researcher	试验发展人员 Staff of Experimental and Development Researcher
总　计	**Total**	**14921**	**28957**	**33423**	**10467**	**259**	**33164**
合肥市	Hefei	3264	9781	8838	2286	247	8591
淮北市	Huaibei	2362	576	2024	1671		2024
亳州市	Bozhou	64	145	161	51		161
宿州市	Suzhou	60	132	170	20		170
蚌埠市	Bengbu	1254	2561	2481	1007	1	2480
阜阳市	Fuyang	427	749	1086	307		1086
淮南市	Huainan	1788	706	2361	885		2361
滁州市	Chuzhou	615	766	811	513		811
六安市	Luan	93	146	146	63		146
马鞍山市	Maanshan	549	716	933	411		933
巢湖市	Chaohu	339	726	970	293		970
芜湖市	Wuhu	1040	6987	7173	721		7173
宣城市	Xuancheng	636	1624	1868	515	12	1857
铜陵市	Tongling	1719	1970	2910	1207		2910
池州市	Chizhou	77	96	75	23		75
安庆市	Anqing	506	853	861	378		861
黄山市	Huangshan	128	423	557	115		557

19—45 各市大中型工业企业R&D经费情况（2009年）

R&D Funds Basic Situation of Large and Middle Scale Industrial Enterprise by Region (2009)

单位：万元 (10000 yuan)

地区	Region	R&D经费内部支出合计 Expenditure for R&D	按活动类型分组 Grouped by Active Type		按支出用途分组 Grouped by Using of Funds			
			应用研究支出 Applied Research Expenditure	试验发展支出 Experiment Development Expanditure	经常费支出 Normal Funds Expenditure	#人员劳务费 Salary	资产性支出 Capital Expenditure	#土建工程 Construction Project
总计	**Total**	**781883**	**2928**	**778956**	**643840**	**139843**	**138043**	**5152**
合肥市	Hefei	227268	691	226577	184414	42438	42854	438
淮北市	Huaibei	27867		27867	22419	2374	5449	215
亳州市	Bozhou	5047		5047	2892	509	2155	102
宿州市	Suzhou	2418		2418	2225	538	193	3
蚌埠市	Bengbu	49710	53	49656	41132	6129	8578	98
阜阳市	Fuyang	9898		9898	8563	2417	1336	76
淮南市	Huainan	60181		60181	53122	17518	7059	124
滁州市	Chuzhou	10522		10522	9139	3734	1383	18
六安市	Luan	4393		4393	3423	801	970	3
马鞍山市	Maanshan	60351		60351	54602	7319	5749	431
巢湖市	Chaohu	17284		17284	12827	3554	4458	103
芜湖市	Wuhu	158345		158345	130264	28587	28081	2019
宣城市	Xuancheng	28337	2184	26153	24034	5010	4303	200
铜陵市	Tongling	88726		88726	70980	12247	17746	1204
池州市	Chizhou	1627		1627	1112	365	515	
安庆市	Anqing	22153		22153	18071	4780	4082	118
黄山市	Huangshan	7757		7757	4623	1522	3134	

地区	Region	按资金来源分组 Grouped by Source of Funds			R&D经费外部支出 Outside Expenditure		
		政府资金 Govern-ment	企业资金 Enterprise	境外资金 Alien		对境内研究机构支出 Foreign Research Instition	对境内高等学校支出 Demestic University
总计	**Total**	**70381**	**652668**	**4263**	**77420**	**19536**	**15898**
合肥市	Hefei	25499	188054	1359	39685	8107	6459
淮北市	Huaibei	3320	23757		2265	489	1747
亳州市	Bozhou	74	4973		676	429	61
宿州市	Suzhou		2418		139	60	79
蚌埠市	Bengbu	4483	40217	120	1590	528	93
阜阳市	Fuyang	89	8946	87	916	428	477
淮南市	Huainan	3140	57041		4699	1458	2827
滁州市	Chuzhou	49	7621	83	555	192	254
六安市	Luan	28	2495		686	164	250
马鞍山市	Maanshan	747	44664	1552	611	217	271
巢湖市	Chaohu	547	16012		2784	2421	266
芜湖市	Wuhu	27752	126210	203	17723	2773	935
宣城市	Xuancheng	138	24923	118	1239	353	464
铜陵市	Tongling	1797	86186	743	2186	1140	996
池州市	Chizhou		1627		222	115	
安庆市	Anqing	2103	11689		756	298	449
黄山市	Huangshan	618	5836		689	368	271

19—46 各市大中型工业企业全部R&D项目和政策情况（2009年）

All R&D Items and Policies Situation of Large and Middle Scale Industrial Enterprise by Region (2009)

地 区 Region	项目数（项） Number of Items (unit)	参加项目人员（人） Staff Taken Part in Items (person)	项目人员折合全时当量（人年） ZFull-time Equivalent of Staff Taken Part in Items (person/year)	全部项目经费内部支出（万元） All Project Interior Expense (10000 yuan)	使用来自政府部门的科技活动资金（万元） Using from Government Department's Technique Cctivity Fund (10000 yuan)	研究开发费用加计扣除减免税（万元） Total Research and Development Expense Counting Tax Reliefs (10000 yuan)	高新技术企业减免税（万元） Tax Reliefs of High and New Technology Enterprises (10000 yuan)
总 计 Total	**3533**	**37317**	**27146.7**	**639265.9**	**104885.6**	**44934.6**	**82272.9**
合肥市 Hefei	1671	9168	7035.2	194023.2	29788.5	5371.9	24774.3
淮北市 Huaibei	86	2253	1663.6	19835.5	7205.7	732.0	93.2
亳州市 Bozhou	32	553	152.1	2930.2	364.4	193.9	513.9
宿州市 Suzhou	27	332	129.5	2289.9	18.0	195.9	280.0
蚌埠市 Bengbu	375	2923	2308.2	39131.4	5247.8	206.7	1455.5
阜阳市 Fuyang	65	889	705.2	8779.7	812.2	5456.9	2322.5
淮南市 Huainan	216	4055	1769.4	48085.1	4991.4	8911.4	617.2
滁州市 Chuzhou	31	986	851.8	9242.8	318.4	1505.4	6416.2
六安市 Luan	17	135	101.0	3302.4	520.0	1319.4	1679.9
马鞍山市 Maanshan	65	1002	794.0	55085.6	2619.3	4664.2	4214.4
巢湖市 Chaohu	115	864	819.9	11831.8	760.1	883.3	4064.4
芜湖市 Wuhu	433	7958	5936.6	139733.7	44065.4	10067.9	13739.3
宣城市 Xuanchen	196	1914	1649.2	14434.7	495.3	3280.6	7074.6
铜陵市 Tongling	98	2682	2026.9	70978.0	3125.5	681.1	9513.8
池州市 Chizhou	10	209	72.2	1382.3			269.6
安庆市 Anqing	73	976	738.6	13646.9	2579.7	1258.1	3183.3
黄山市 Huangsha	23	418	393.3	4552.7	1973.9	205.9	2060.8

19—47 各市大中型工业企业自主知识产权和技术情况（2009年）

Self-owned Intellectual Property Rights and Technology Situation of Large and Middle Scale Industrial Enterprise by Region (2009)

地 区 Region		专利申请数（件）Number of Patent Application	发明专利 Patent of Invention	有效发明专利数（件）Invention Number of Patents Effectively	境外授权 Overseas Authorization	专利所有权转让及许可数（项）Patent all Power Transfer and Clearanc eNumber	专利所有权转让及许可收入（万元）Patent all Power Transfer and Clearance Income	发表科技论文（篇）Publish Technical Papers
总 计	**Total**	**4535**	**1391**	**1486**	**47**	**171**	**340**	**1787**
合 肥 市	Hefei	836	217	463	9	66	229	512
淮 北 市	Huaibei	69	23	20	2	10	5	289
亳 州 市	Bozhou	192	19	13		8		20
宿 州 市	Suzhou	28	8	6				8
蚌 埠 市	Bengbu	342	175	107		2		145
阜 阳 市	Fuyang	115	44	16				40
淮 南 市	Huainan	124	32	35		12		86
滁 州 市	Chuzhou	246	43	83		4		23
六 安 市	Luan	91	11	15		7	25	43
马鞍山市	Maanshan	216	50	86		1		400
巢 湖 市	Chaohu	104	30	71		10	50	21
芜 湖 市	Wuhu	1669	609	317	35	48	31	35
宣 城 市	Xuancheng	230	57	125	1	3		23
铜 陵 市	Tongling	97	28	60				118
池 州 市	Chizhou	17	3	2				6
安 庆 市	Anqing	120	30	40				16
黄 山 市	Huangshan	39	12	27				2

地 区 Region		拥有注册商标数（件）Registered Trademark Nubmer (unit)	境外注册 Overseas Registered	形成国家行业标准数（项）National and Industry Standard Number (item)	引进技术经费支出（万元）Introduction Technology funds Experditure (10000 yuan)	消化吸收经费支出（万元）Digestion Absorption Funds Experditure (10000 yuan)	购买国内技术经费支出（万元）Purchasing Domestic Technology Funds Experditure (10000 yuan)	技术改造经费支出（万元）Technological Transforma-tion Funds Experditure (10000 yuan)
总 计	**Total**	**2345**	**283**	**407**	**64894**	**89559**	**65419**	**1164168**
合 肥 市	Hefei	534	109	227	14780	3839	2152	197398
淮 北 市	Huaibei	29	2	7	204	120	125	29989
亳 州 市	Bozhou	359	36	2	12	402	420	11487
宿 州 市	Suzhou	52			141	66	621	9030
蚌 埠 市	Bengbu	403	60	15	6	1021	370	60585
阜 阳 市	Fuyang	26		4		148	585	30433
淮 南 市	Huainan	37		3	120	321	433	162910
滁 州 市	Chuzhou	110	3		652	1965	1773	27219
六 安 市	Luan	51	5	19	596	1565	3474	25812
马鞍山市	Maanshan	100	21	15	1163	6729	477	170507
巢 湖 市	Chaohu	76			350	191	4360	39651
芜 湖 市	Wuhu	396	26	22	26715	57833	33232	87512
宣 城 市	Xuancheng	75	9	35	2	1364	621	13069
铜 陵 市	Tongling	16		27	10324	3968	14854	210395
池 州 市	Chizhou	3					100	6833
安 庆 市	Anqing	64	12	22	4589	7684	918	74441
黄 山 市	Huangshan	14		9	5241	2344	906	6898

19-48 大中型工业企业科技活动基本情况
Basic Statistics on Science and Technology Activities of Large and Medium-sized Industrial Enterprises

指标	Item	1995	2000	2005	2008	2009
有研究与试验发展活动的企业（个）	**Number of Enterprises Having R&D Activities (unit)**				**257**	**304**
有研究与试验发展活动的企业占全部企业的比重 (%)	Percentage of Enterprises Having R&D Activities to Total Number of Enterprises (%)				29.51	31.87
科技机构数 （个）	**Number of Scientific and Technological Institutions(unit)**	**483**	**261**	**321**	**468**	**607**
科技活动人员 （万人）	**Personnel Engaged in S&T Activities (10000 persons)**	**3.02**	**5.43**	**4.41**	**8.44**	**9.80**
#科学家和工程师	Scientists and Engineers	1.03	2.61	2.72	5.35	
研究与试验发展折合全时人员 （万人年）	**Full-time Equivalent of R&D Personnel (10000 man-year)**				**2.77**	**3.34**
#科学家和工程师	Scientists and Engineers					
科技机构科技活动人员数 （万人）	**Personnel Engaged in S&T Activities in S&T Institutions (10000 persons)**				**3.47**	**4.00**
#科学家和工程师	Scientists and Engineers					
科技经费筹集额 （亿元）	**Funding for S&T Activities (100 million yuan)**	**7.60**	**22.06**	**83.66**	**165.10**	
#政府资金	Government Funds					
企业资金	Self-raised Funds by Enterprises	4.95	17.22	62.76	144.84	
金融机构贷款	Loans from Finance Institutions					
科技经费内部支出 （亿元）	**Intramural Expenditures on S&T Activities (100 million yuan)**				**202.04**	
#开发新产品经费支出	Expenditure on New Product Development				82.04	112.50
研究与试验发展经费支出 （亿元）	**Expenditure on R&D (100 million yuan)**				**61.22**	**78.20**
#政府资金	Government Funds				2.10	7.00
企业资金	Self-raised Funds by Enterprises				58.29	65.30
研究与试验发展经费支出占主营业务收入的比重 （%）	**Percentage of Expenditure on R&D To Sales Revenue (%)**				**0.84**	**0.99**
技术引进经费支出 （亿元）	**Expenditure for Acquisition of Foreign Technology (100 million yuan)**				**8.96**	**6.50**
消化吸收经费支出 （亿元）	**Expenditure for Assimilation of Technology (100 million yuan)**				**2.85**	**8.96**
购买国内技术支出 （亿元）	**Expenditure for Purchase of Domestic Technology (100 million yuan)**				**4.79**	**6.50**
专利申请数 （件）	**Patent Applications (piece)**				**2717**	**4535**
#发明专利数	Invention Patents				795	1391
拥有发明专利数 （件）	**Invention Patents Owned (piece)**				**2453**	**1486**

19—49 科协系统科技活动情况（2009年）
Basic Statistics on Scientific and Technological Activities of Associations for Science and Technology (2009)

项目		Item		科协合计 Total Number of Associations for Science & Technology	省科协 provincial Associations	省级学会 Provincial-level Learned Societies
机构数	**（个）**	**Number of Associations or Learned Societies**	**(unit)**	**104**	**1**	**152**
直属单位		Enterprises and Non-profit Organizations Attached to Associations or Learned Societies		40	8	
人员数	**（人）**	**Personnel**	**(person)**			
机关		Associations		798	36	1568
直属单位		Enterprises and Non-profit Organizations Attached to Associations or Learned Societies		410	137	
学会理事		Members of Councils				8764
学术活动		**Academic Activities**				
国内学术会议		Domestic Academic Meetings				
次数	（次）	Number	(times)	451	43	333
参加人数	（人次）	Number of Participants	(person-time)	91547	14825	37342
交流论文数	（篇）	Number of Papers Presented	(unit)	4134	2034	7068
国际学术会议		International Meetings Held in China				
次数	（次）	Number	(times)			3
参加人数	（人次）	Number of Participants	(person-time)			489
交流论文数	（篇）	Number of Papers Presented	(unit)			65
国际民间科技交流		International Folk Exchange of S&T				
接待来访科技团组	（个）	International Group on S&T Received Home	(unit)	24	6	39
接待总人数	（人次）	Person Received	(person-time)	368	126	115
外派科技团组	（个）	Number of Study Tours Sent Aboard	(unit)	5	2	29
外派总人数	（人次）	Total People Sent Aboard	(person-time)	32	22	174
科技培训		**Training Program**				
院校培训人数	（人次）	Number of Persons Trained in Universities and Colleges	(person-time)	157103		
科普活动		**Activities for Popular Science**				
讲座次数	（次）	Number of Lectures	(times)	4338	34	689
听讲座人数	（人次）	Number of Participants	(person-time)	2767788	28000	151461
展览次数	（次）	Number of Exhibitions	(times)	2855	10	211
参观展览人数	（人次）	Number of Participants	(person-time)	3638011	8500	205920
青少年科技竞赛次数	（次）	Number of Teenagers Participating in Science and Technology Competitions	(time)	297	9	24
咨询活动		**Consultative Activities**				
完成合同	（项）	Number of Consultative Contracts Completed	(item)	3736	2460	73
合同实现金额	（万元）	Revenue from Fulfillment of Consultative Contracts	(10000 yuan)	33627.2	24095.0	193.9
出版		**Publications**				
科技期刊种数	（种）	Number of Academic Journals	(kind)	1	1	40
论文集种数	（种）	Number of Collections of Articles	(kind)	29	29	66
论文集发行量	（册）	Number of Copies Distributed	(copies)	2900	2900	16860
科技报纸种数	（种）	Number of Scientific & Technological Newspapers	(kind)	1	1	1

19—50 省级以上开发区主要经济指标
Main Economic Indicators of Development Areas above the Provincial Level

项 目	Item	2005	2008	2009
全区经营（销售）收入 （万元）	Business (Sales) Income (10000 yuan)	28434212	63340086	74338148
#区内工业销售收入	Industrial Sales Value	17810979	44149462	55202709
#区内主导产业销售收入	Sales Vale of Leading Industry	13051703	40909480	49972030
工业总产值（当年价格） （万元）	Gross Industrial Output Value (10000 yuan)	19656636	46124009	58943045
#外资企业	Solely Foreign-funded Enterprises	6856607	12641672	14931763
#规模以上工业企业	Industrial Enterprises Above Definited Size	17651523	43446248	55507180
第二产业增加值 （万元）	The Value-added of the Secondary Industry (10000 yuan)			
#工业增加值	Industrial Added Value			
出口总额 （万美元）	Total Export (USD 10000)	180147	500558	471451
#外资企业	Solely Foreign-funded Enterprises	98162	224272	200151
进口总额 （万美元）	Total Import (USD 10000)	83341	221260	224055
#外资企业	Solely Foreign-funded Enterprises	59992	153943	153712
税收总额 （万元）	Total Tax (10000 yuan)	859850	2045577	2846548
#外资企业	Solely Foreign-funded Enterprises	247420	452209	634547
#内资企业	Domestic Funded Enterprises	587301	1438065	1976258
财政收入 （万元）	Financial Revenue (10000 yuan)	1238406	2746824	3742334
#土地收入	Revenue From Land	347797	665666	833521
固定资产投资总额 （万元）	Investment in Fixed Assets (10000 yuan)	5865200	18385118	25538388
#基础设施投资	In Infrastructure Projects	1379397	3010248	3912585
利用外商直接投资情况	Foreign Direct Investments			
当年新批进区外商投资企业 （个）	Foreign Investment Enterprises Entered this Year(unit)	243	127	137
#当年建成投产企业	Built Up and Produced this Year	107	89	80
新批外商投资项目投资总额 （万美元）	Total Amount of Foreign Investment Items Approved Newly (USD 10000)	282748	395431	282598
#合同外资金额	Foreign Investment Amount by Contract	181471	257952	213949
当年实际利用外商直接投资额 （万美元）	Foreign Direct Investment Amount Actually Used this Year (USD 10000)	63873	200921	251644
利用内资情况	Domestic Investment			
当年新批进区省外境内企业 （个）	Number of Domestic Funded Enterprises Approved into Development Areas (unit)	1159	2961	1869
#当年建成投产企业	Built Up and Produced this Year	420	1120	1499
合同引进省外境内资金 （万元）	Amount of Domestic Funds Out of Anhui Province Indroduced by Contracts (10000 yuan)	5518988	13175871	20441461
当年实际利用省外境内资金 （万元）	Ammount of Domestic Funds Out of Anhui Province Accually Used this Year (10000 yuan)	2531565	9041735	13634110
当年实际利用省内资金 （万元）	Ammount of Funds of Anhui Province Accually Used this Year (10000 yuan)	1313202	4246296	5409642

19—51 各省级开发区主要经济指标（2009年）

Main Economic Indicators of Enterprises in Development Areas (2009)

指标 Item	合肥高新技术产业开发区 Hefei New High Technology Industry Devlopment District	合肥经济技术开发区 Hefei Economy and Technology Development District	合肥瑶海经济开发试验区 Hefei Yaohai Economy Development District	芜湖经济技术开发区 Wuhu Economy and Technology Development District
全区企业经营收入（万元）Business Income (10000 yuan)	8338417	4800000	4734522	9128674
工业总产值（万元）Gross Industrial Output Value (10000 yuan)	8035568	3960000	1456754	9133315
出口总额（万美元）Total Export (USD 10000)	71385	90000	12467	51207
进口总额（万美元）Total Import (USD 10000)	70189	16700	2402	46042
税收总额（万元）Total Tax (10000 yuan)	368210	217684	151265	461406
财政收入（万元）Financial Revenue (10000 yuan)	513791	222800	205370	551973
固定资产投资总额（万元）Investment in Fixed Assets (10000 yuan)	2484276	1586620	2357673	1255026
#基础设施投资额 In Infrastructure Projets	273334	290000	258101	195679
利用外商直接投资情况 Foreign Direct Investment				
当年新批进区外商投资企业（个）Number of Foreign Funded Enterprises Approved into Development Areas (unit)	4	11	11	7
新批外部投资项目投资总额（万美元）Foreign Investment Actually Used (USD 10000)	25311	17630	16631	28622
#合同外资金额 Foreign Capital Through Contracts	7124	16146	6065	16741
当年实际利用外商直接投资额（万美元）Ammount of Accually Foreign Direet Investment at this Year (USD 10000)	32077	14384	3543	33921
利用内资情况 Domestic Investment				
当年新批进区省外境内企业（个）Number of Domestic Funded Enterprises Approved into Development Areas (unit)	165		45	86
当年建成投产企业 Built Up and Produced this Year	95		17	182
合同引进省外境内资金金额（万元）Ammount of Domestic Funds Out of Anhui Province Indroduced by Contracts (10000 yuan)	809800	630789	1108923	252853
当年实际利用省外境内资金金额（万元）Ammount of Domestic Funds Out of Anhui Province Accually Used this Year (10000 yuan)	445678	630789	1183251	687211

指标 Item	蚌埠高新技术产业开发区 Bengbu New High Technology Industry Devlopment District	铜陵经济技术开发区 Tongling Economy and Technology Development District	安庆经济技术开发区 Anqing Economy and Technology Development District	滁州经济技术开发区 Chuzhou Economy and Technology Development District
全区企业经营收入（万元）Business Income (10000 yuan)	2852000	1650000	3620000	2180000
工业总产值（万元）Gross Industrial Output Value (10000 yuan)	2395000	1380000	1003141	1670000
出口总额（万美元）Total Export (USD 10000)	25608	7179	8114	6200
进口总额（万美元）Total Import (USD 10000)	2809	19230	6189	4800
税收总额（万元）Total Tax (10000 yuan)	30159	40178	35688	39828
财政收入（万元）Financial Revenue (10000 yuan)	59606	64240	40013	40569
固定资产投资总额（万元）Investment in Fixed Assets (10000 yuan)	462000	771904	480297	340000
#基础设施投资额 In Infrastructure Projets	35000	289465	70611	100000
利用外商直接投资情况 Foreign Direct Investment				
当年新批进区外商投资企业（个）Number of Foreign Funded Enterprises Approved into Development Areas (unit)		3	5	5
新批外部投资项目投资总额（万美元）Foreign Investment Actually Used (USD 10000)		7635	9079	8350
#合同外资金额 Foreign Capital Through Contracts		2642	9079	8350
当年实际利用外商直接投资额（万美元）Ammount of Accually Foreign Direet Investment at this Year (USD 10000)	8018	14874	6026	4394
利用内资情况 Domestic Investment				
当年新批进区省外境内企业（个）Number of Domestic Funded Enterprises Approved into Development Areas (unit)	9	12	39	60
当年建成投产企业 Built Up and Produced this Year	4	11	32	48
合同引进省外境内资金金额（万元）Ammount of Domestic Funds Out of Anhui Province Indroduced by Contracts (10000 yuan)	386500	2636496	323590	713300
当年实际利用省外境内资金金额（万元）Ammount of Domestic Funds Out of Anhui Province Accually Used this Year (10000 yuan)	265000	493270	381069	364612

19—52 合肥国家高新技术产业开发区企业经营状况（2009年）
Enterprises Business of Hefei National Development Zone for New and High-level Technology Industries (2009)

经济类型 Ownership	企业数（家）Enterprises (unit)	总产值（万元）Gross Output Vaue (10000 yuan)	总收入（万元）Total Revenue (10000 yuan)	#技术性收入 Technical Revenue	利税总额（万元）Total Pre-tax Profit (10000 yuan)	#利润 Profit	出口创汇（万美元）Foreign Exchange Earned Through Export (USD 10000)	年末职工人数（人）Number of Staff and Norkers at Year-end (person)	全员劳动生产率（万元/人）Overall Labor Productivity (10000 yuan /person)
总计 Total	**398**	**10715534**	**10736286**	**817054**	**2301407**	**741313**	**100101**	**113430**	**33.7**
#三资企业 Joint, Cooperative or Exclusively Foreign-funded Ventures	44	1812112	1646236	128	195474	115288	12668	17947	33.1
国有经济 State-owned	22	3525491	3400840	179385	1410051	262387	29405	27668	67.0
集体经济 Collective-owned	1	3557	4604	477	274	144		156	4.3
私营企业 Private	161	368958	386321	16594	66370	40004	5825	9862	11.4
联营经济 Jointly-operated									
股份制经济 Share Holding	168	4050611	4576051	620469	534026	273126	44182	57319	17.5
中外合资 Sino-foreign Joint Venture	17	1444829	1263810	58	121458	69387	8554	8191	58.0
港澳台侨与大陆合资 China-Hong Kong/macao/ Taiwan Joint Venture	13	1088029	843133		110231	60120	10868	2105	135.7
港澳台侨独资企业 H.K/Macao/Taiwan Funded	2	20211	16066		4304	2865	91	100	65.5
其他经济 Others	14	213848	245461	71	54692	33280	1175	8029	9.4

19—53 合肥国家高新技术产业开发区产品概况（2009年）
Products of Hefei National Development Zone for New and High-level Technology Industries (2009)

单位：万元 (10000 yuan)

技术领域	Field of Technology	产品数（种）Quantity of Products (kind)	产值 Output Value	年销售收入 Annual Sales Revenue	出口额 Volume of Export
总计	**Total**	**778**	**9411688**	**8305583**	**505015**
电子与信息	Electronics and Information Industry	289	353227	316744	80457
生物医药技术	Biology and Medicine	94	313998	291167	23472
新材料	New Materials	52	348123	344136	22401
光机电一体化	Photoelectric, Mechanical and Electrical products	248	5507586	4662397	197083
新能源高效节能	New Energy Sources and Energy Saving Devices	38	887140	709359	179088
环境保护	Environmental Protection	8	15931	15872	
航空航天技术	Aviation Technology	3	17216	15366	101
核应用技术	Nuclear Application Technology	7	5479	5376	
其他高技术	Other High-level Technology	23	25600	23657	2413
非高技术	Unhigh-level Technology	16	1937388	1921509	

19—55 省级监督抽查产品质量情况
Results of Sampling Check on Product Quality Under Provincial Supervision

年 份 Year	抽查企业（个） Number of Enterprises Selected (unit)	无不合格品企业数（个） Number of Enterprises Without Products Unqualified	抽查产品 Products Selected in Sampling （类） Number of Types	（种） Number of Kinds	合格产品（批次） Number of Products Qualified (kind)	样品合格率（%） Rate of Sample Products Qualified (%)
1995	714	427	47	1083	716	66.10
2000	34063	94204	12	102		
2004	14389	3064	12	99	12714	78.85
2005	16282	12966	12	99	14656	80.59
2006	16701	13666	12	99	15495	83.03
2007	15964	2539	12	102	15558	85.59
2008	17021	15001	12	114	16665	88.14
2009	19424	17100	12	103	21981	89.34

注：2000年的34063、94204均为产品品种数。

a) Data "34062、94204" of 2000 are number of Kinds of Products.

19—56 技术市场成交情况
Business of Technological Markets

项 目	Item	成交项目（项） Transaction Projects (item) 2008	2009	成交金额（万元） Transaction Value (10000 yuan) 2008	2009
总 计	**Total**	**5667**	**5888**	**324865**	**356174**
按卖方分	**By Selling Party**				
企业法人	Enterprise Artificial Person	2753	2498	272076	295849
事业法人	Institution Artificial Person	2906	3386	51843	59929
社团法人	Social Organization Artificial Person	7	2	864	315
自然人	Natural Person		2		80
机关法人	Agencies & Organization Artificial Person				
其 他	Others	1		82	
按买方分	**By Buying Party**				
企业法人	Enterprise Artificial Person	4713	4556	285658	314477
事业法人	Institution Artificial Person	600	861	28530	24387
社团法人	Social Organization Artificial Person	14	15	303	386
自然人	Natural Person	6	6	75	214
机关法人	Agencies & Organization Artificial Person	314	429	9856	15920
其 他	Others	20	21	443	790

19—56 产品质量监督检查情况（2009年）
Results of The Quality of Products and Commodities Under State Supervision (2009)

项目	Item	产品质量 Product Quality 监督检验企业数（个） Number of Enterprises Supervised & Checked (unit)	有不合格产品企业所占比例（%） Proportion of Enterprises With Products Unqualified (%)	批次合格率（%） Rate of Batch-time Qualified (%)
总计	**Total**	**19424**	**11.96**	**89.34**
农用产品	**Agricultural Products**	**769**	**11.83**	**89.53**
农用化肥	Chemical Fertilizers	460	14.35	87.14
化学农药	Chemical Pesticides	48	8.30	85.86
饲料	Forages	76	5.26	97.03
农用薄膜	Agricultural Films	6		100.00
种子	Seeds			
加工食品和饮料	**Food and Beverage**	**10119**	**12.91**	**88.00**
食用植物油	Edible Vegetable Oil	852	7.75	92.25
糕点糖果	Cake	1912	10.93	86.42
乳制品	Dairy Products	39	2.56	98.72
罐头	Canned Food	106	0.94	99.19
白酒	White Spirit	574	11.56	91.83
啤酒	Beer	111	1.80	99.33
冷冻饮料	Frozen Beverage	57	3.51	96.43
家用电器	**Household Electric Appliances**	**74**	**6.76**	**94.87**
电风扇	Electric Fans	1		100.00
电热器具	Electric Heating Appliances	4		100.00
厨房电器具	Electric Cooking Utensils	9		100.00
轻工产品	**Light Industrial Products**	**1774**	**9.19**	**92.39**
纸	Paper	32	3.13	96.15
纸制品	Paper Products	115	19.13	81.67
家具	Furniture	143	13.29	89.44
铝制品压力锅	Pressure Cooker Made of Aluminum	2		100.00
眼镜（架、片）	Spectacles (glass & frame)	928	5.28	93.86
灯泡灯管	Electric Bulbs & Fluorescence Tubes	8	25.00	75.00
燃气灶具	Cooking Utensils of Gas	5		100.00
纺织、鞋类产品	**Textile and Shoes**	**154**	**14.29**	**90.25**
布（印染、色织、坯布）	Cloth	6		100.00
丝麻织品	Silk & Fabrics			
针织品	Knit Goods			
鞋	Shoes			
化工产品	**Chemical Products**	**295**	**4.07**	**96.02**
涂料、油漆	Paint	150	4.67	95.16
化学试剂	Chemical Reagent	22		100.00
建材产品	**Building Raw Materials**	**4772**	**11.86**	**89.31**
水泥	Cement	752	3.06	96.90
水泥预制构件	Cement Prefabricated Components	760	8.95	91.97
砖瓦	Bricks & Tiles	2571	16.88	84.63
水暖管件	Waterpipe	18	16.67	83.33

19—56 续表 continued

项 目 Item		产 品 质 量 Product Quality 监督检验企业数(个) Number of Enterprises Supervised & Checked (unit)	有不合格产品企业所占比例(%) Proportion of Enterprises With Products Unqualified (%)	批次合格率(%) Rate of Batch-time Qualified (%)
机械、电器产品	**Mechanical and Electrical Products**	**923**	**8.88**	**93.94**
轴 承	Bearings	27	7.41	96.00
阀门、泵	Valves	52	3.85	97.01
电线、电缆	Electric Wire	358	8.38	92.54
低压电器元件	Low-voltage Electric Elements	53		100.00
电动工具	Electric Tools	31		100.00
电动机柴油机	Motors & Diesel Engines	16		100.00
冶金产品及金属制品	**Metallurgical and Metal Products**	**263**	**20.15**	**85.60**
线 材	Wire Rod	58	10.34	90.91
型 材	Section Steel	65	3.08	96.51
其他产品	**Others**	**116**	**6.03**	**95.63**

19—57 三种专利申请受理、授权量
Three Types of Patent Applications Examined and Authorized

单位：项 (item)

指 标 Item		2000	2005	2008	2009
申请受理量合计	**Total Applications Examined**	**1877**	**3516**	**10409**	**16386**
发 明	Creations and Inventions	301	903	2729	4465
实用新型	Utility Models	1080	1715	3988	7065
外观设计	Designs	496	898	3692	4856
在三种专利申请中	**Of the Three Tyree Types of Patent Application**				
个 人	Individual	1423	2282	4791	6306
大专院校	Universities and Colleges	72	209	464	682
科研单位	Research Institutions	75	167	192	499
工矿企业	Industrial and Mineral Enterprises	300	839	4943	8830
机关团体	Government Agencies and Organizations	7	19	19	69
申请授权量合计	**Total Applications Authorized**	**1482**	**1939**	**4346**	**8594**
发 明	Creations and Inventions	104	238	489	795
实用新型	Utility Models	894	1072	2512	4226
外观设计	Designs	484	629	1345	3573
在三种专利申请中	**Of the Three Tyree Types of Patent Application**				
个 人	Individual	1085	1234	1934	3487
大专院校	Universities and Colleges	30	85	212	312
科研单位	Research Institutions	58	70	189	203
工矿企业	Industrial and Mineral Enterprises	302	537	1995	4576
机关团体	Government Agencies and Organizations	7	13	16	16

主要统计指标解释

普通高等学校

指按照国家规定的设置标准和审批程序批准举办，通过国家统一招生考试，招收高中毕业生为主要培养对象，实施高等教育的全日制大学、独立设置的学院和高等专科学校、短期职业大学。

成人高等学校

指按照国家有关规定审批，招收通过全国成人高教统一招生考试的具有高中毕业或同等学历的在职从业人员，利用脱产、半脱产、业余或函授等多种形式对其实施高等学历教育，培养高等教育专科或本科毕业水平的专门人才，修业年限、课程设置和总学时数均按高等学历教育要求付诸实施的学校。包括广播电视大学、职工高等学校、农民高等学校、管理干部学院、教育学院、独立设置的函授学院等。

小学学龄儿童入学率

指调查范围内已入小学学习的学龄儿童占校内外学龄儿童总数（包括弱智儿童，不包括盲聋哑儿童）的比重。计算公式为：

小学学龄儿童入学率＝已入学的小学学龄儿童数/校内外小学学龄儿童总数×100%

独立研究与开发机构

指有明确的任务和研究方向，有一定学术水平的业务骨干和一定数量的研究人员，具有研究、开发、开展学术工作的基本条件，主要进行科学研究与技术开发活动，并且在行政上有独立的组织形式，财务上独立核算盈亏，有权与其他单位签订合同，在银行有单独户头的单位。包括国务院各部门、中国科学院、中国社会科学院和各省、自治区、直辖市以及地（市）以上〔含地（市）〕各部门所属的国有科学研究与技术开发机构。

独立研究与开发机构职工

指在独立研究与开发机构工作，并由其支付工资的人员。包括长期职工、临时职工和招聘人员，不包括编制以外的离休、退休人员和停薪留职人员。

研究与发展经费支出

指用于研究与发展课题活动（基础研究、应用研究、实验发展）的全部实际支出，包括用于研究与发展课题活动的直接支出和间接用于研究与发展活动的支出（如研究院、所管理费，维持研究院、所正常运转的必需费用和与研究发展有关的基本建设支出）。

科学家和工程师

指具有大学本科及以上学历和不具备上述学历但有高、中级职称的人员。

其他科技人员

指大专、中专毕业和具有初级职称的从事科技活动人员。

专业技术人员

指已取得科学技术职称，或大学、中专的理、工、农、医科系毕业，以及国民经济各部门从工作实践中提拔，从事理、工、农、医等自然科学技术的研究、教学、生产的专业人员和在机关、企业、事业中从事科学技术业务管理工作的专业人员。

工程技术人员

指在国民经济各行业中从事工程技术工作的自然科学技术专业人员，包括高级工程师、工程师、助理工程师、技术员和未评定职称的技术人员。

农业技术人员

指在国民经济各行业中从事农业技术工作的自然科学技术专业人员，包括高级农艺师、农艺师、助理农艺师、技术员和未评定职称的技术人员。

卫生技术人员

指在国民经济各行业中从事卫生医务工作的自然科学技术专业人员，包括正副主任医师、主治医师、医师、医（护）士和未评定职称的技术人员。

科学研究人员

指在国民经济各行业中从事科学技术活动的自然科学技术专业人员，包括正副研究员、助理研究员、研究实习员、技术员和未评定职称的技术人员。

自然科学教学人员

指在国民经济各行业中从事自然科学技术教学活动的专业人员，包括正副教授、讲师、助教、教师和在中学从事自然科学技术教学活动的人员。

发明

是专利法及其实施细则所称的发明，指对有关产品、方法或其改进所提出的新的技术方案。

实用新型

是专利法及其实施细则所称的实用新型，指对产品的形状、构造或者其结合所提出的适于实用的新的技术方案。

外观设计

是专利法及其实施细则所称的外观设计，指对产品的形状、图案、色彩或者其结合所作出的富有美感并适于工业上应用的新设计。

Explanatory Notes for Major Statistical Indicators

Regular Institutions of Higher Learning

refer to educational establishments set up according to the government evaluation and approval procedures, enrolling graduates from senior secondary schools and providing higher education courses and training for senior professionals. They include full-time universities, colleges, high professional schools and short-term professional universities.

Institutions of Higher Learning for Adults

refer to educational establishments, set up in line with relevant rules approved by the government, enrolling staff and workers with senior secondary school or equivalent education, and providing higher education courses in many forms of full time, part time, spare time, or correspondence for adults. Professionals thus trained receive a qualification equivalent to graduates studying regular courses at regular universities, colleges and professional colleges. Institutions of higher learning for adults include Radio and TV universities, schools of high education for staff and workers and peasants, colleges for management cadres, pedagogical colleges, independent correspondence colleges.

Enrollment Rate of Primary School age Children

refers to the proportion of school age children enrolled at schools to the total number of school age children both in and outside schools (including retarded children, but excluding blind, deaf and mute children). The formula is:

Enrollment Rate of Primary School age Children=(Total Primary School age Children at Schools)/(Total Primary School age Children Both at and Outside Schools)×100%

Independent Research and Development Institutions

refer to the state owned institutions which have direct mission and research purpose, a certain number of core member with higher research level and a certain number of research personnel, necessary conditions for R & D activities and engaging in scientific research and technological development. The institutions also have their own independent organization and finance, authority to sign contracts with other units, with their own accounts in banks. Independent research and development institutions include the institutions attached to central government agencies, Chinese Academy of Sciences. Chinese Academy of Social Sciences and the institutions attached to local governments.

Personnel of Independent Research and Development Institutions

refers to the persons working in and receiving payment from research and development institutions. It includes regular full-time and temporary staff and workers and employees working on contracts, but excludes retirees and persons leaving their work without payment but still retaining their posts, who are not on the employee list.

Total Expenditure on Research and Development

refers to all actual expenditure made for R&D (basic research, applied research and experimental development) in reference period. It includes direct expenditure on R&D and indirect expenditure on R&D (including management and necessary administrative expenses of research institutes, investment in capital construction relating to R & D).

Scientists and Engineers

refer to persons who have completed university or higher education or obtained titles of senior and middle level professional positions.

Other Technical Personnel

refers to persons involved in science and technology with secondary specialized education or three-year college education and persons with junior professional titles.

Natural Scientific and Technical Personnel

refers to those professionals holding scientific and technical titles or taking such positions, or being graduated from departments of science, engineering, agriculture and medicine, and/or having been promoted in practice in different sectors of the national economy and working on research, teaching and production technique in the scientific and technological fields such as science, engineering, agriculture and medicine, etc. and the professionals doing administrative work related to science and technology in government agencies, enterprises and institutions.

Engineering Professionals

refer to the persons who are engaged in engineering science and technology in different sectors of the national economy, including senior engineers, engineers, assistant engineers, technicians and technical personnel without professional titles.

Agricultural Professionals

refer to the persons who are working on the science of agriculture in different sectors of the national economy, including senior agronomists, agronomists, assistant agronomists, technicians and technical personnel without professional titles.

Public Health Professionals

refer to the persons who are engaged in medical and health work in different sectors of the national economy, including director doctors and their deputies, doctors in charge, doctors, paramedics, nurses and technical personnel without professional titles.

Scientific Research Personnel

refers to those personnel engaged in scientific and technical activities in different sectors of the national economy, including research fellows and their deputies, assistant research fellows, research trainees, technicians and technical personnel without professional titles.

Teaching Personnel of Natural Sciences

refers to those professionals engaged in the teaching of natural science and technology in different sectors of the national economy, including professors, associate professors, lecturers, teaching assistants, teachers and teaching personnel in science and technology in middle schools.

Inventions

refer to the inventions as specified by the patent law and its detailed rules and regulations for implementation. They refer to the new technical proposals to the products or methods or their modifications.

Utility Models

refer to the utility models as specified by the patent law and its detailed rules and regulations for implementation. They refer to the practical and new technical proposals on the shape and structure of the product or the combination of both.

Designs

refer to the designs as specified by the patent law and its detailed rules and regulation for implementation. They refer to the aesthetics and industry applicable new designs for the shape, pattern and color of the product, or their combinations.

第 二 十 篇

Chapter 20

文化、体育、卫生、社会福利和其他

CULTURE,SPORTS,PUBLIC HEALTH, SOCIAL WELFARE AND OTHERS

简要说明

一、本篇主要反映我省文化、体育、卫生、社会福利及其他事业发展情况。

文化：主要包括艺术、图书馆、群众文化、文物、广播、电视、新闻出版等文化事业的机构、人员及业务活动情况。资料主要来自省文化厅、省广播电影电视局、省新闻出版局。

体育：包括群众体育和竞技体育，主要内容有体育系统职工、运动员、教练员和裁判员等人数，体育场地数等。

卫生：主要内容为卫生机构、人员、床位数，医院诊疗人次及入院人数。

社会福利：主要包括社会福利事业的机构人员、社会福利救济、婚姻状况等情况。

其他：主要包括历届省人大、政协基本情况、司法情况、交通事故、火灾事故情况等。

二、上述资料分别由省体育局、卫生厅、民政厅、公安厅等部门提供，是根据有关部门制定的统计报表制度进行统计、汇总整理而成的。这些统计报表制度包括体育事业统计报表制度，卫生事业统计报表制度，民政事业统计报表制度，公安统计报表制度等，一般都是逐级汇总上报。

Brief Introduction

I. Data in this chapter show the development of culture, sports, public health, social welfare and other undertakings.

Culture: Data on culture cover mainly the situations on institutions, personnel and business activities of arts, libraries, mass culture, cultural relics, broadcasting, films, televisions, news and publication etc. By the Provincial Department of Culture. By the Provincial Administration of Broadcasting, film and Television. By the Provincial Press and Publication House.

Sports: Data cover mass sports (sports for all) and athletics sports, including mainly the number of staff and workers in sports departments, number of athletes, coaches and referees, number of stadiums and gymnasiums etc.

Public health: Data include mainly the number of institutions, personnel, hospital beds, number of patients treated and in^{a2}patients.

Social welfare: Data include mainly the number of institutions and personnel, social welfare relief, and marital status etc.

Others: Data cover mainly the number of deputies of the Provincial People's Political Consultative Conferences over the sessions, the judicial conditions, basic statistics on traffic accidents and fires.

II. The above^{a2}mentioned data are provide by the Provincial Commission of Sports, Department of Public Health, Department of Civil Affairs and the Department of Public Security, etc. Data are collected and tabulated in accordance with the statistical reporting schemes stipulated by the departments concerned, including the statistical reporting schemes on sports, public health, civil administration, organization of trade unions and public security. Data are generally reported to the higher authorities level by level.

20—1 文化艺术和文物事业机构、人员情况（2009年）
Number of Institutions and Personnel in Culture, Art and Cultural Relies (2009)

机构类别	Category of Institution	机构数（个）Number of Institutions (unit)	从业人员（人）Number of Persons Engaged (person)
文化及相关产业	**Culture and Relative Industry**	**14751**	**77699**
艺术事业	Art Institutions	177	5654
艺术表演团体	Art Performance Troupes	86	4150
话剧、儿童剧、滑稽剧团	Drama, Children, Plays and Comedy Troupes	13	648
歌剧、舞剧、歌舞剧团	Opera, Ballet and Dance Troupes	2	161
歌舞团、轻音乐团	Song and Dance Troupe, Light Muscic Troupe	7	595
文工团、文宣队、乌兰牧骑	Cultural and Performance Troupes and Ulanmuchi (equestrain art troupes)	2	61
戏曲剧团	Local Opera Troupes	53	2497
#京　剧	Beiking Opera Troupes	5	289
曲艺、杂技、木偶、皮影团	Recitation and Ballad Troupes, Acrobatics and Circus Troupes, Puppet Show Troupes and Shadow Play Troupes	4	286
艺术表演场所	Art Centers	63	1085
剧场、影剧院	Theaters and Music Halls	60	1065
图书馆事业	Libraries	89	1229
群众文化事业	Mass Culture	1480	4728
省级文化馆、群众艺术馆	Provincial Cultural Building & People's Art Center	1	37
地市级文化馆、群众文化馆	Prefeture-level City Cultural Building & People's Art Center	14	254
县、市文化馆	County & City Cultural Building	105	1165
文化站	Cultural Stations	1360	3272
乡镇文化站	Township Cultural Stations	1254	3018
艺术教育事业	Culture and Education	6	535
文化市场经营单位	Cultural Market Management Unit	12485	48511
文艺科研	Literary and Scientific Research	9	88
文化科技研究	Cultural Science and Technology Research	8	55
综合性艺术研究	Comprehensive Artistic Research	1	6
文物业	**Cultural Relics**	**164**	**1856**
文物机构合计	Total of Cultural Relic Organization	92	748
文物保护管理机构	Cultural Relic Protection Management Organization	85	485
文物科研机构	Scientific and Research Historical Relics Agency	1	46
其他文物机构	Other Historical Relics Agency	6	217
博物馆合计	Museums	68	1035
艺术类博物馆	Comprehensive Museum	2	8
综合性博物馆	Historical Museum	41	808
历史类博物馆	Other Museum	18	173
文物商店	Cultural Relics Agencies	4	73

20—2 艺术表演团体演出情况（2009年）
Basic Statistics on Performance of Art Troupes (2009)

种类	Item	演出场数（场）Number of Performances (shows)	#到农村演出 Shows in Rural Areas	国内演出观众人数（千人次）Number of Audience While Perfoming at Home (1000 person-times)
总计	**Total**	**18407**	**5722**	**14675**
国有剧团	Troupes Sponsored by State-owned Units	16252	5071	12496
集体经营剧团	Troupes Sponsored by Collective Units	464	360	625
按剧种分	**Art Troupes**			
话剧、儿童剧、滑稽剧团	Drama, Children, Plays and Comedy Troupes	1342	719	1738
歌剧、舞剧、歌舞剧团	Opera, Ballet and Dance Troupes	622	240	784
歌舞团、轻音乐团	Song and Dance Troupe, Light Music Troupe	1412	420	2041
文工团、文宣队、乌兰牧骑	Cultural and Performance Troupes and Ulanmuchi (equestrian art troupes)	320	210	212
戏曲剧团	Local Opera Troupes	7225	3947	8561
曲艺、杂技、木偶、皮影团	Recitation and Ballad Troupes, Acrobatics and Circus Troupes, Puppet Show Troupes and Shadow Play Troupes	5839	28	1073

20—3 群众艺术馆、文化馆站业务活动及经费情况（2009年）
Basic Statistics on Activities and Expenditures of Mass Art Centers and Cultural Centers (2009)

项目	Item	总计 Total	群众艺术馆、文化馆 Mass Art Centers Cultural Centers	文化站 Cultural Stations
单位数（个）	Number of Units (unit)	1480	120	1360
举办展览（个）	Exhibition (unit)	3250	639	2611
组织文艺活动（次）	Art Performances and Story-telling Sessions (times)	11124	3303	7821
举办训练班	Training Coirses			
班次（次）	Number of Classes (times)	7712	2185	5527
结业人次（人次）	Number of Persons Completing Courses (person-times)	408460	109980	298480
群众艺术馆、文化馆负责指导单位	Units Responsible for Guiding Mass Art Centers and Cultural Centers			
馆办文艺团体（个）	Literature Groups Hold by Art and Cultural Buildings	227	227	
群众业余演出团、队（个）	Part-time Art Groups (unit)	4635	1898	2737
总支出（万元）	Total Expenditures (10000 yuan)	23908	9412	14496

20—4 公共图书馆业务活动及经费情况（2009年）
Facilities, Services and Expenditures of Public Libraries (2009)

项目 Item				总计 Total	省级公共图书馆 Public Libraries at Provincial Level	地市级公共图书馆 Public Libraries at Prefectural Level	县级公共图书馆 Public Libraries at County Level
公共图书馆	（个）	Number of Public Libraries	(unit)	89	1	15	73
总藏量	（千册）	Total Collections	(1000 volumes)	11362	2973	3700	4689
图书		Books		8796	2035	2898	3863
#古籍		Ancient Works		578	352	145	81
报刊		Newspapers and Periodicals		1305	274	511	520
开架书刊	（千册）	Open Books and Periodicals	(1000 volumes)	3332	480	1178	1674
发放借书证数	（千个）	Number of Library Cards Distributed	(1000 units)	263	75	70	118
图书流通情况		Circulation of Books					
总流通人次	（千人次）	Total Number of Circulation	(1000 person-times)	6714	1301	2102	3311
书刊外借册次	（千册次）	Number of Books Borrowed by the Readers	(1000 volume-times)	5777	1244	1724	2809
为读者服务举办各种活动		Service Activities Provided for Readers					
次数	（次）	Number of Activities	(times)	1343	87	367	889
参加人数	（千人次）	Number of Readers Involved	(1000 person-times)	594	65	225	303
总支出	（万元）	Total Expenditures	(10000 yuan)	11014	2570	3570	4874
#基本支出		Basic Expenditures		6795	1360	2078	3357
#藏量购置费		Purchase Expenses		1468	506	567	395
本年新购藏量	（千册）	Number of Books Purchased During the Year	(1000 volumes)	819	168	180	471
公用房屋建筑面积	（千平方米）	Floor Space of Public Buildings	(1000 sq.m)	211	37	86	88
#书库		Stack Rooms		45	8	20	18
阅览室		Reading Rooms		51	9	21	22
阅览室坐席数	（千个）	Seating Capacity of Reading Rooms	(1000 seats)	16	2	6	8

20—5 博物馆、文物机构业务活动及经费情况（2009年）
Facilities, Services and Expenditures of Museums and Cultural Relic Agencies (2009)

项目 Item				文物保护管理机构 protection and Management Agencies	文物科研机构 Scientific and Research Historical Relics Preservation	其他文物机构 Other Agencies	博物馆 Museums
藏品	（件）	Number of Units	(unit)	66447	233		425117
#一级品		Number of Exhibitions	(unit)	455	21		1108
业务活动		Art Performances and Story-telling Sessions					
陈列展览	（个）	Training Courses	(unit)	108	28		681
参观人次	（千人次）	Number of Classes	(1000 person-times)	4160	30		9843
总支出	（万元）	Total Expenditures	(10000 yuan)	4452	555	238	134595
#基本支出		Basic Expenditures		2706	554	167	5463
修缮费		Cultural Centers in County Towns		4500	55		2651
增加值	（万元）	Cultural Clubs	(10000 yuan)	1872	419	2296	4072

20—6 广播、电视事业发展情况
Basic Statistics on Broadcasting and Television Stations

指标	Item	2000	2005	2008	2009
职工人数 （人）	Number of Staff and Workers (person)	15655	16026	18040	19475
广播电台 （座）	Number of Broadcasting Stations (set)	15	17	17	17
中波发射台及转播台 （座）	Number of Broadcast Transmission Stations and Relaying Stations (set)	23	22	23	23
中波发射机功率 （千瓦）	Broadcast Power of Transmitters (kw)	472	633	881	894
县广播电视台 （座）	Number of Wire Broadcast Stations in Counties and Cities (set)	50	62	63	62
广播人口覆盖率 （%）	Listener Rating (%)	94.80	95.58	96.82	97.01
电视台 （座）	Number of Television Stations (set)	17	17	17	17
电视发射台及转播台 （座）	Television Transmission Stations and Relaying Stations (set)	350	218	170	161
电视发射机功率 （千瓦）	Power of Trandmitters (kw)	320.14	429.30	656.26	772.45
电视人口覆盖率 （%）	Viewer Rating (%)	93.82	95.00	96.92	97.20

20—7 广播、电视覆盖率
Listeners and Viewers Rate

指标	Item	覆盖人口（万人） Covered Population (10000 persons)		覆盖率（%） Covering Ratio (%)	
		2008	2009	2008	2009
广　播	**Broadcasting**	**6463.60**	**6539.63**	**96.82**	**97.01**
中央台第一套节目	Program I of China National Broadcasting	6306.75	6397.23	94.47	94.90
省台第一套节目	Program I of Provincial Broadcasting	6284.47	6357.45	94.14	94.31
地市台第一套节目	Program I of Prefectural (city) Broadcasting	5525.34	5672.70	82.77	84.15
县级台节目	Programs of County Broadcasting	4275.10	4323.20	64.04	64.13
电　视	**Television**	**6470.43**	**6552.04**	**96.92**	**97.20**
中央电视台第一套节目	Relaying Program I of CCTV	6331.93	6443.25	94.85	95.58
省电视台第一套节目	Program I of Provincial Television	6263.89	6387.50	93.83	94.75
地市级电视台节目	Programs of Prefectural (city) Television	5262.68	5491.35	78.83	81.46
县级电视台节目	Programs of County Television	4383.99	4514.94	65.67	66.98

20—8 广播、电视节目制作时间
Basic Statistics on Broadcasting and Television

单位：小时　(hour)

指标	Item	2008	2009
广播节目制作	**Production of Broadcasting**	**238774**	**228870**
#新　闻	News Programs	36718	36894
专　题	Special Subject Programs	81044	84939
综　艺	Variety Entertainment	80833	67157
广播剧	Broadcasting Play	506	527
广　告	Advertisement	23073	21449
其　他	Others	16600	17904
电视节目制作	**Production of TV Programs**	**71253**	**75181**
#新　闻	News Programs	21407	22627
专　题	Special Subject Programs	16947	17983
综　艺	Variety Entertainment	8934	7417
影视剧	TV Play	474	3041
广　告	Advertisement	16709	15406
其　他	Others	6782	8707

20—9 广播、电视宣传基本情况（2009年）
Basic Statistics on Broadcasting and Television (2009)

项目	Item	节目套数（套）Number of Programs (set)	全年公共节目播出时间（小时）Time of Program Transmission All the Year (hour)	制作节目时间（小时）Time of Making Program (hour)	新闻节目 News Programs	专题节目 Special Subject Programs	综艺节目 Variety Emtertainment
无线广播合计	**All Radio Broadcasting Stations**	**105**	**481671**	**228870**	**36894**	**84939**	**67157**
安徽台	Anhui Broadcasting Station	9	60454	35694	5100	15855	5487
地方台	Local Station	96	421217	193176	31794	69084	61670
电视播映合计	**All Television Stations**	**123**	**648882**	**75181**	**22627**	**17983**	**7417**
安徽电视台	Anhui Television Station	9	42458	11973	3042	3960	662
地方台	Local Television Station	114	606424	63208	19585	14023	6755

20—10 图书、杂志和报纸出版数量
Number of Books, Magazines and Newspaper Published

年份 Year	图书 Books Published				杂志 Magazines Published				报纸 Newspapers Publised			
	种类（种）Number of Publications (kind)	#新出版 New Publications	总印数（万册）Printed Copies (10000 copies)	总印张数（万印张）Printed Sheets (10000 sheets)	种类（种）Number of Publications (kind)	每期平均印数（万册）Average Printed Copies Per Issue (10000 copies)	总印数（万册）Printed Copies (10000 copies)	总印张数（万印张）Printed Sheets (10000 sheets)	种类（种）Number of Publications (kind)	每期平均印数（万册）Average Printed Copies Per Issue (10000 copies)	总印数（万份）Printed Copies (10000 copies)	总印张数（万印张）Printed Sheets (10000 sheets)
1985	788	702	20708	67570	88	284	2375	9342	52	422	43826	31309
1990	1514	1107	22117	75645	79	215	1825	4735	38	239	32258	22527
1995	1926	1069	27555	109340	123	347	3197	8076	52	361	47569	49024
1998	2106	1031	36936	144643	138	421	4411	11112	56	390	53906	68712
1999	2321	1121	34952	141926	147	421	4685	13075	62	406	62682	90871
2000	2125	1002	30992	156767	150	621	7736	19538	84	416	76083	114736
2001	2984	1029	28540	125807	160	596	7276	18042	90	404	74768	123464
2002	2976	1396	27822	140010	183	500	6161	16696	101	389	70819	144237
2003	3489	1698	27423	153904	186	478	6013	16953	101	400	80566	221686
2004	4389	2344	28461	204565	171	388	5000	14057	95	427	87206	237351
2005	3970	1847	25220	118056	177	433	5804	17418	97	393	98134	302498
2006	3751	1689	21528	121327	174	451	5634	17020	97	401	99753	295248
2007	3378	1492	23800	133893	176	457	6342	24403	99	495	106760	327679
2008	5139	1964	27900	194730	176	444	5908	19513	98	465	101600	383952
2009	5560	1331	27204	172802	176	432	5977	23776	97	472	105905	357801

20—11 体育活动基本情况
Basic Statement of Sports

指　　标	Item	1995	2000	2005	2008	2009
举办全民健身活动次数（次）	Times of Activities That the Whole Nation in Health Conducted (times)			1354	2249	3774
现代体育项目活动	Modern Sports Activities				1429	1582
民间传统体育活动	Traditional Sports				820	2192
参加全民健身活动人数（人）	People Participating the Activities That the Whole Nation in Health (person)			1492763	2262173	2598576
现代体育项目活动	Modern Sports Activities				1344541	1299758
民间传统体育活动	Traditional Sports				917632	1298818
优秀运动员（人）	Number of Athletes in Grades (person)	436	1345	1408	1424	623
运动健将	International Master of Sports			35	24	152
一级运动员	First Grade Sportsman	39	139	86	152	265
二级运动员	Second Grade Sportsman	96	428	1287	1248	108
等级教练员人数（人）	Number of Coaches in Grades (person)				674	687
等级裁判员发展人数（人）	Number of Referees in Grades (person)				863	936
在国内外比赛中获奖牌数（枚）	Number of Medals Won in the Matches Both Inside and Outside the Country (unit)	74	92	78.5	235.0	109.0
金　牌	Gold Medals	28	25	22.5	69.0	40.0
银　牌	Silver Medals	21	31	27	69.0	30.0
铜　牌	Bronze Medals	25	36	29	97	39
体育俱乐部（个）	Sports Club (unit)				262	236
青少年体育俱乐部	Youth Sports Club				119	76
社区体育健身俱乐部	Community Sports Fitness Club				112	114
其它体育俱乐部	Other Sports Club				31	46

注：优秀运动员2008年以前为等级运动员。

a) Before 2008, Top athletes were athlete in Grades .

20—12 全省体育场地数
Number of Stadiums and Gymnasiums

单位：个 (unit)

指　　标	Item	2007		2008		2009	
		总计 Total	体育系统 Sports System	总计 Total	体育系统 Sports System	总计 Total	体育系统 Sports System
总　　计	**Total**	**12951**		**12972**	**244**	**12974**	**246**
#体育场	Stadiums	82		82	24	84	26
体育馆	Gymnasiums	48		50	33	50	33
游泳跳水馆	Swimming and Diving Centers	7		7	5	7	5
室内外游泳池	Indoor and Outdoor Swimming Pools	29		29	12	29	12
有固定看台的灯光球场	Illuminated Fields With Fixed Seating	76		76	26	76	26
运动场	Playground	304		304	33	304	33
小运动场	Small Playground	2559		2562	10	2562	10
篮、排球场	Basketball and Volleyball ground	9846		9862	101	9862	101

20—13 体育系统职工人数（2009年）

Number of Staff and Workers in Sports System (2009)

单位：人 (person)

人员分类 Category of Personnel		合计 Total	#优秀运动队 Excellent Sports Teams	体育运动学校 Physical Education and Sports Schools	业余学校 Sparetime Sports Schools	公共体育场馆 Public Stadiums and Cymnasiums	机关人员 Officers
总计	**Total**	**4248**	**1156**	**85**	**599**	**199**	**1268**
公务员	Public Servants	742					742
运动员	Athletes	623	619				
专职教练员	Full-time Coaches	687	161	24	338		120
专职文化教师	Full-time Teachers	284		27	82		5
科技人员	Scientific and Technical Personnel	44	6		14		
医务人员	Medical Personnel	35	6	2	4		
管理人员	Administrative Personnel	759	188	19	105	114	163
其他	Others	1074	176	13	56	85	

20—14 等级运动员、等级裁判员发展人数（2009年）

Number of Athletes and Referees in Grades by Type of Sports (2009)

单位：人 (person)

运动项目 Item		等级运动员 Number of Athletes in Grades	运动健将 International Master of Sports	一级 First Grade Sportsman	二级 Second Grade Sportsman	等级裁判员 Number of Referees in Grades	国际、国家级 International National Referees	一级 First Grade Referees	二级 Second Grade Referees
总计	**Total**	**1997**	**33**	**140**	**1824**	**962**	**26**	**393**	**543**
#田径	Track and Field	460		4	456	208	5	52	151
游泳	Swimming	91	3	11	77	10	2		8
体操	Gymnastics	3		2	1				
蹦床	Spring Bed	10			10	5		4	1
举重	Weightlifting	15	2	8	5	4	2	2	
拳击	Boxing	69	1	5	63	1		1	
国际式摔跤	Wrestling	93	7	1	85	1		1	
柔道	Judo	86	3	13	70	14		11	3
跆拳道	Kickboxing	78	0	4	74	4		4	
击剑	Fencing	73		4	69	6		6	
赛艇	Racing Shell	9		1	8				
皮划艇	Canoeing	18		2	16				
射击	Shooting	45	2	22	21	23			23
足球	Football	65		6	59	11		7	4
篮球	Basketball	92		2	90	194		121	73
排球	Volleyball	20			20	10		10	
乒乓球	Table Tennis	83		1	82	40	1	1	38
羽毛球	Badminton					116		30	86
网球	Tennis	27		3	24	20		18	2
手球	Handball	216		1	215				
技巧	Sports Acrobatics								
武术	Wu Shu	262	1	39	222	31	5	24	2
国际象棋	International Chess	14		2	12				
中国象棋	Chinese Chess	23			23	46			46
围棋	Weiqi	4	1		3	15			15
其他	Others	141	13	9	119	203	11	101	91

20—15 卫 生 机 构 数
Number of Health Institutions

单位：个 (unit)

年份 Year	总计 Total	医院卫生院 Hospitals	#县及县以上医院 At and Above County Level	疗养院、所 Sanatoriums	门诊部、所 Clinics	专科防治所、站 Specialized Prevention & Treatment Centers or Stations	疾病预防控制中心(防疫站) Disease Prevention and Controlling Center (Anti-epidemic Clinics)	妇幼保健院(所、站) Maternity and Child Care Centers	医学科学研究机构 Research Institutes of Medical Science	其他卫生机构 Other Institutions
1995	6593	3243	466	10	2772	68	132	109	15	177
2000	6705	2953	482	11	3156	63	166	110	15	164
2002	8851	2853	637	9	5497	68	137	119	16	152
2003	9201	2765	292	9	5776	64	133	117	13	324
2004	8973	2709	314	9	5809	61	132	116	14	123
2005	9197	2684	317	9	6039	54	132	117	14	148
2006	9288	2585	313	9	6182	50	130	116	14	202
2007	8502	2552	309	9	4649	48	129	118	14	983
2008	7854	2564	312	8	3871	44	127	119	13	1108
2009	7010	2426	321	8	3095	47	124	118	13	1179

注：2007年后门诊部、所项不包括社区卫生服务站。

a) Clinics in 2007 Doesn't Include Health Service Station for Community.

20—16 卫 生 机 构 人 员 数
Number of Engaged Persons in Health Institutions

单位：人 (person)

年份 Year	人员合计 Total	#卫生技术人员 Medical Technical Personnel	#执业(助理)医师 Licensed (Assistant) Doctors	#注册护士 Registered Nurse	每万人口专业卫生技术人员数 Number of Medical Technical Personnel per 10000 Population
1995	184884	150619	66714	36308	25.05
2000	188278	153808	69943	41226	24.64
2002	178040	146148	59527	40014	22.95
2003	185916	153802	62112	42306	23.99
2004	190763	157993	64483	45048	24.49
2005	193973	159788	66102	47329	26.00
2006	204498	169181	69421	50392	27.69
2007	214121	174724	69132	55081	28.58
2008	227470	187785	73845	60860	30.65
2009	244477	202382	79230	69291	33.00

20—17 卫生机构、床位、人员数（2009年）
Number of Health Units, Beds and Staff (2009)

指　　标	Item	机构数（个）Health Institutions (unit)	床位数（张）Beds (unit)	人员数（人）Persons Engaged (person)	#卫生技术人员 Medical technical Personnel
总　计	**Total**	**7010**	**176724**	**244477**	**202382**
医　院	Hospitals	712	113669	142755	117734
综合医院	Comprehensive Hospitals	490	86408	110786	91553
中医医院	Hospitals of Traditional Chinese Medicine	86	13642	18488	15677
中西医结合医院	Hospitals Combined by Medium Doctors	7	810	976	773
专科医院	Specialized Hospitals	126	12641	12443	9688
口腔医院	Stomatological Hospitals	7	62	463	386
眼科医院	Ophthalmology Hospitals	15	473	603	363
耳鼻喉科医院	Ear, Nose and Throat Hospitals	1	20	37	24
肿瘤医院	Malignant Tumour Hospitals	7	1393	1228	970
妇产(科)医院	Gynecology Hospitals	9	573	582	440
心血管病医院	Cardiovascular Disease Hospitals	1	175	153	124
儿童医院	Children's Hospitals	2	453	823	749
精神病医院	Mental Hospitals	15	4476	3107	2408
传染病医院	Infection Hospitals	8	1677	1715	1329
皮肤病医院	Dermatological Hospitals	1	20	25	23
结核病医院	Tubercle Hospitals	2	448	476	386
麻风病医院	Leprosy Hospitals	4	172	36	20
骨科医院	Orthopedic Hospitals	11	564	641	513
康复医院	Rehabilitation Hospitals	9	834	880	695
整形外科医院	Plastic Surgery Hospital	1	20	30	26
其他专科医院	Other Specialized Hospitals	33	1281	1644	1232
护理院	Nursing Hospitals	3	168	62	43
疗养院	Sanatoriums	8	1574	434	270
社区卫生服务中心(站)	Community Health Service Center (station)	984	4475	10114	8692
社区卫生服务中心	Community Health Center	196	3677	5601	4729
社区卫生服务站	Community Health Service Station	788	798	4513	3963
卫生院	Commune Hospitals	1714	51766	61506	51855
街道卫生院	Hospitals in the Streets	14	444	547	419
乡镇卫生院	Township Hospitals	1700	51322	60959	51436
中心卫生院	Center Hospital	469	22563	28370	24363
乡卫生院	Rural Hospitals	1231	28759	32589	27073
门诊部	Outpatient Departments	122	426	1664	1355
诊所、卫生所、医务室	Clinics、Health Institute、Medical Office	2973		7672	7322
急救中心（站）	First-aid Center (station)	10		310	165
采供血机构	Blood Collecting and Supply Organizations	23		1017	717
妇幼保健院（所、站）	Maternity and Child Care Centers (stations)	118	2968	6205	5060
专科疾病防治院（所、站）	Specialized Disease Prevention and Treatment Canters (stations)	47	1846	2678	1906
疾病预防控制中心	Disease Prevention and Controlling Center	124		5592	4286
卫生监督所(中心)	Health Supervision Centers	103		2606	2090
医学科学研究机构	Research Institutes of Medical Science	13		464	316
医学在职培训机构	Medical On-the-job Training Organizations	29		715	226
健康教育所（站、中心）	Health Education Offices (stations or centers)	2		20	8
其他卫生机构	Other Health Institutions	28		725	380

20—18 卫生机构各类人员数（2009年）
Persons Engaged in Health Care Institutions by Type of Occupation (2009)

单位：人 (person)

指 标	Item	合 计 Total	按设置主办单位分 Grouped by Managing Organization 政府办 Set Up by Government	社会办 Set Up by Society	个人办 Set Up by Individual
总 计	**Total**	**244477**	**195830**	**32275**	**16372**
卫生技术人员	Medical Technical Personnel	202382	162204	26314	13864
其他技术人员	Other Technical Personnel	11824	10173	1091	560
管理人员	Managerial Personnel	11692	8748	2067	877
工勤技能人员	Logistics Workers	18579	14705	2803	1071
卫生技术人员	**Medical Technical Personnel**				
执业（助理）医师	Licensed (Assistant) Doctors	79230	62710	10212	6308
#执业医师	Licensed Doctors	61554	48070	8767	4717
注册护士	Registered Nurses	69291	53514	10834	4943
药师（士）	Pharmaceutics Personnel	11009	8891	1555	563
技师（士）	Laboratory Personnel	13289	10961	1658	670
#检验师	Teacher of Examine	8810	7292	1124	394
其 他	Others	29563	26128	2055	1380

20—19 医疗机构门诊、住院服务情况（2009年）
Outpatient Service of Medical Institution、the Situation of Hospital Service (2009)

医院类别	Type of Hospital	总诊疗人次数（人次） Total Number of Patients Treated (person-times)	#门、急诊 Out-patients and Emergency Patients	入院人数（人） Hospital Admissions (person)	出院人数（人） Being Out of Hospital (person)	每百门、急诊入院人数（人） Hospital Admissions per 100 Out-patient Times and Emergency Patient-times (person)
总 计	**Total**	**123247733**	**118161689**	**5600918**	**5604345**	**5.18**
医 院	Hospitals	54172131	51763297	3338357	3318862	6.45
疗养院	Sanatoriums	144713	136693	7898	7856	5.78
社区卫生服务中心（站）	Community Health Service Centers	9482211	8701909	78900	78401	0.91
卫生院	Commune Hospitals	44057066	42665397	2045602	2069561	4.79
门诊部	Clinics	1079454	1059075	9909	9910	0.94
诊所、卫生所、医务室	Clinics、Health Institute、Medical Office	10222249	9899221			
妇幼保健院（所、站）	Maternity and Child Care Centers (stations)	3113603	3006392	110938	110526	3.69
专科疾病防治院（所、站）	Speclalized Disease Prevention and Treatment Centers (stations)	361951	315350	9314	9229	2.95

20—20 医疗机构病床使用情况（2009年）
Utilization of Hospital Beds at and Above County Level (2009)

医院类别	Type of Hospital	病床周转次数（次）Turnover of Beds (times)	病床工作日（日）Number of Days per Bed in Use in a Year (days)	病床使用率（%）Utilization Rate of Beds (%)	出院者平均住院日（日）Average Hospitalization Period (days)
总　计	**Total**	**33.41**	**278.20**	**76.22**	**7.89**
医　院	Hospitals	30.39	311.22	85.26	9.80
疗养院	Sanatoriums	7.12	84.39	23.12	7.24
社区卫生服务中心（站）	Community Health Service Centers	20.81	174.77	47.88	6.38
卫生院	Commune Hospitals	42.43	221.14	60.59	4.82
门诊部	Clinics	25.73	162.74	44.59	6.26
妇幼保健院（所、站）	Maternity and Child Care Centers (stations)	37.57	244.63	67.02	7.07
专科疾病防治院（所、站）	Speclalized Disease Prevention and Treatment Centers (stations)	5.98	229.39	62.85	36.85

20—21 各市卫生机构、床位数（2009年）
Number of Health Institutions, Beds and Persons Engaged by Region (2009)

地　区	Region	机构合计（个）Health Institutions (unit)	医院、卫生院 Hospital	疾病预防控制中心 Disease Prevention and Controlling Center	妇幼保健所、站 Maternity and Child Care Centers	门诊部 Outpatient Departments	床位合计（张）Beds Total (unit)	#医院、卫生院 Hospital
总　计	**Total**	**7010**	**2426**	**124**	**118**	**122**	**176724**	**165435**
合 肥 市	Hefei	793	223	10	10	51	25928	24781
淮 北 市	Huaibei	331	99	3	6		9553	8594
亳 州 市	Bozhou	142	118	5	4		8306	8152
宿 州 市	Suzhou	346	128	6	6		9515	9074
蚌 埠 市	Bengbu	404	134	9	9	9	12020	11250
阜 阳 市	Fuyang	399	219	9	9		16690	15992
淮 南 市	Huainan	436	104	8	9	5	9825	8825
滁 州 市	Chuzhou	418	192	8	8	7	10453	9661
六 安 市	Luan	470	200	9	9	3	14120	13480
马鞍山市	Maanshan	332	56	6	5	7	4068	3894
巢 湖 市	Chaohu	434	185	6	6	2	12045	10504
芜 湖 市	Wuhu	489	127	8	7	14	9459	8768
宣 城 市	Xuancheng	343	130	8	8	4	7984	7480
铜 陵 市	Tongling	171	37	5	2	2	3712	3381
池 州 市	Chizhou	230	87	6	3	2	4044	3873
安 庆 市	Anqing	741	252	10	10	1	13895	13056
黄 山 市	Huangshan	531	135	8	7	15	5107	4670

20—22 各市卫生机构人员数（2009年）
Number of Persons Engaged in Health Institutions by Region (2009)

单位：人 (person)

地区 Region		合计 Total	#卫生技术人员 Medical Technical Personnel	#执业（助理）医师 Licensed (Assistant) Doctors	#执业医师 Licensed Doctors	#注册护士 Senior and Junior Nurses
总计	**Total**	**244477**	**202382**	**79230**	**61554**	**69291**
合肥市	Hefei	36245	30019	10759	9215	11951
淮北市	Huaibei	13670	10905	4340	3422	4387
亳州市	Bozhou	10778	8573	3152	2092	2338
宿州市	Suzhou	15099	12502	5037	2999	3806
蚌埠市	Bengbu	15686	12236	4896	3852	4471
阜阳市	Fuyang	21431	17542	6877	5081	4722
淮南市	Huainan	12479	10171	4067	3414	4072
滁州市	Chuzhou	14296	11902	4915	3727	3729
六安市	Luan	20052	17322	6772	4793	4586
马鞍山市	Maanshan	7872	6530	2508	2168	2731
巢湖市	Chaohu	14668	12469	4992	3399	3882
芜湖市	Wuhu	14268	11775	4746	4122	4511
宣城市	Xuancheng	10515	9056	3732	2873	2854
铜陵市	Tongling	5415	4414	1816	1655	1803
池州市	Chizhou	5852	5005	2055	1676	1871
安庆市	Anqing	18993	15940	6190	5112	5333
黄山市	Huangshan	7158	6021	2376	1954	2244

20—23 各市村卫生室基本情况（2009年）
The Basic Situation of Health Room by Region (2009)

地区 Region		机构数（个） Health Institutions (unit)	按设置、主办单位分 Grouped by Setting Up and Managing Organizations: 村办 Set Up by Village	乡卫生院设点 Spot of Township Commune Hospital	联合办 Joint Set Up	私人办 Private Set Up	其他 Others	人员数（人） Persons Engaged (person)	乡村医生 Rural Doctors	卫生员 Health Workers
总计	**Total**	**17788**	**8236**	**3202**	**1258**	**3730**	**1362**	**54844**	**52607**	**2237**
合肥市	Hefei	783	87	434	30	193	39	1888	1773	115
淮北市	Huaibei	389	211	17	3	152	6	1095	1088	7
亳州市	Bozhou	1293	874	249	142	1	27	6479	6266	213
宿州市	Suzhou	1767	719	164	165	715	4	6577	6144	433
蚌埠市	Bengbu	1308	763	102	24	407	12	3508	3345	163
阜阳市	Fuyang	1579	1050	106	66	23	334	8646	8223	423
淮南市	Huainan	661	49	197	30	92	293	1262	1161	101
滁州市	Chuzhou	982	588	164	133	30	67	3368	3131	237
六安市	Luan	2465	659	1230	334	197	45	7192	7029	163
马鞍山市	Maanshan	248	108	38		102		589	573	16
巢湖市	Chaohu	1081	283	271	62	343	122	2658	2574	84
芜湖市	Wuhu	560	394	63	6	89	8	1101	1079	22
宣城市	Xuancheng	1283	579	44	12	619	29	1639	1578	61
铜陵市	Tongling	201	154	36			11	251	249	2
池州市	Chizhou	641	368	11	10	209	43	1561	1539	22
安庆市	Anqing	1825	1154	53	112	186	320	6203	6038	165
黄山市	Huangshan	722	196	23	129	372	2	827	817	10

20—24 各市医院病床使用情况（2009年）
Hospital Beds Usage by Region (2009)

地 区 Region		实有床位(张) Hospital Beds (number)	出院人数 The Nubmer of Recovery Person	病床周转次数 Hospital Beds Turnover	病床工作日(日) Hospital Beds Working Days (days)	病床使用率(%) Bed Occupancy Rate	出院者平均住院日 The Average Days Hospitalization Recovery Persons
总 计	**Total**	**113785**	**3318862**	**30.4**	**311.2**	**85.26**	**9.8**
合肥市	Hefei	20272	502503	28.9	318.3	87.20	10.6
淮北市	Huaibei	7394	156417	20.8	280.3	76.78	12.4
亳州市	Bozhou	3851	166475	43.8	338.7	92.79	7.3
宿州市	Suzhou	3808	147644	38.1	346.2	94.85	8.5
蚌埠市	Bengbu	8715	248415	28.7	307.8	84.34	10.3
阜阳市	Fuyang	9520	338831	36.5	349.5	95.76	9.2
淮南市	Huainan	7684	157025	20.7	287.0	78.63	13.5
滁州市	Chuzhou	5999	198133	33.8	307.2	84.16	8.9
六安市	Luan	6513	207691	32.4	279.3	76.52	8.5
马鞍山市	Maanshan	3365	89105	24.3	274.1	75.11	11.2
巢湖市	Chaohu	6280	184814	33.8	315.9	86.54	8.8
芜湖市	Wuhu	7044	194039	28.3	307.6	84.26	10.4
宣城市	Xuancheng	5008	170217	34.7	324.5	88.89	8.6
铜陵市	Tongling	3070	63109	20.7	334.6	91.67	14.7
池州市	Chizhou	2954	105706	38.6	308.5	84.52	7.8
安庆市	Anqing	8899	285593	32.7	313.2	85.81	9.2
黄山市	Huangshan	3409	103145	30.4	295.0	80.83	9.6

20—25 各市乡镇卫生院病床使用情况（2009年）
Hospital Beds Usage of Beds of Township Hospitals by Region (2009)

地 区 Region		实有床位(张) Hospital Beds (number)	出院人数 The Nubmer of Recovery Person	病床周转次数 Hospital Beds Turnover	病床工作日(日) Hospital Beds Working Days (days)	病床使用率(%) Bed Occupancy Rate	出院者平均住院日 The Average Days Hospitalization Recovery Persons
总 计	**Total**	**51302**	**2054152**	**42.5**	**220.6**	**60.44**	**4.8**
合肥市	Hefei	4509	124378	28.7	165.1	45.22	4.8
淮北市	Huaibei	1226	45007	38.0	251.6	68.94	5.7
亳州市	Bozhou	4301	211355	49.9	250.6	68.65	4.9
宿州市	Suzhou	5098	232369	47.2	295.9	81.07	6.0
蚌埠市	Bengbu	2535	151859	62.0	239.1	65.49	3.6
阜阳市	Fuyang	6313	381601	59.7	273.3	74.87	4.3
淮南市	Huainan	1141	49600	44.0	264.3	72.42	5.4
滁州市	Chuzhou	3647	120591	34.4	192.5	52.73	5.4
六安市	Luan	6967	253744	38.4	194.0	53.15	4.8
马鞍山市	Maanshan	529	11776	26.8	144.1	39.47	5.1
巢湖市	Chaohu	4224	129738	40.5	163.8	44.87	3.6
芜湖市	Wuhu	1704	25548	20.1	131.3	35.97	4.7
宣城市	Xuancheng	2472	107103	44.1	245.3	67.20	5.1
铜陵市	Tongling	311	7474	25.5	201.1	55.09	5.1
池州市	Chizhou	919	38284	43.5	249.6	68.38	5.4
安庆市	Anqing	4145	130893	33.2	181.6	49.75	4.9
黄山市	Huangshan	1261	32832	28.3	179.7	49.24	5.7

20—26 民生工程卫生服务体系基本情况
The Basic Information of Livelihood Projects of Health Service System

				2008	2009
农村卫生达标	(个数)	Rural Health Standards	(unit)		
乡镇卫生院		Township Hospitals		206	168
中心院		Center Court			
一般院		General Hospital			
村卫生室		Village Health Office		3050	2461
城市社区规范化建设	(个数)	Standardization of Construction in Urban Communities	(unit)		
社区卫生服务中心		Community Health Center		88	81
社区卫生服务站		Community Health Service Station		331	300
社区卫生服务机构总数	(个数)	The Total of Community Health Service	(unit)	918	984
社区卫生服务中心		Community Health Center		120	196
社区卫生服务站		Community Health Service Station		798	788
社区培训	(人)	Community Training	(person)		
全科医师		General Doctor		1488	1858
社区护士		Community Nurse		1318	2022
规范化建设资金财政投入	(万元)	Standardization of Construction Funds for Financial Investment	(10000 yuan)		
农村卫生体系建设		Rural health System Construction		24169.0	24868.4
社区卫生体系建设		Community Health System Construction		22172.0	16729.0

注：农村卫生达标中村卫生室达标个数3050为2007年和2008年合计数。

a) In rural health standards, the number of village health office 3050 is the sum of it in 2007 and 2008.

20—27 重大传染病救治及救助情况
Significant Infectious Diseases Treatment and Rescue Situation

				2008	2009
重大传染病救治财政投入	(万元)	Significant Financial Investment for Treatment of Infectious Diseases	(10000 yuan)		
艾滋病		AIDS		2285.70	1660.00
结核病		Tuberculosis		2068.00	1240.20
晚期血吸虫病		Blood-sucking Advanced Disease		2107.00	3010.00
其　他		Other			
重大传染病免费救治	(人)	Free Treatment of Major Infectious Diseases	(person)		
艾滋病		AIDS		2574	2464
结核病		Tuberculosis		5500	7487
晚期血吸虫病		Blood-sucking Advanced Disease		6020	6130
其　他		Other			

20—28 历届安徽省人民代表大会代表人数
Number of Anhui Province the National People's Congress Represents

单位：人 (person)

			代表总数 Total Number of Deputies	#女代表 Female Deputies	占代表总数(%) As Percentage to Total	少数民族代表 Ethnic Minority Deputies	占代表总数(%) As Percentage to Total
一届	First Congress	(1954)	448	69	15.40	8	1.79
二届	Second Congress	(1958)	496	68	13.71	9	1.81
三届	Third Congress	(1964)	497	96	19.32	9	1.81
五届	Fifth Congress	(1978)	998	196	19.64	28	2.81
六届	Sixth Congress	(1983)	813	167	20.54	34	4.18
七届	Seventh Congress	(1988)	729	157	21.54	28	3.84
八届	Eighth Congress	(1993)	729	164	22.50	27	3.70
九届	Ninth Congress	(1998)	728	195	26.79	35	4.81
十届	Tenth Congress	(2003)	732	204	27.87	33	4.64
十一届	Eleventh Congress	(2008)	730	212	29.04	34	4.66

20—29 历届政协安徽省委员会委员人数
Number of Anhui Province Political Consultative Conference Committee Member

单位：人 (person)

			委员总数 Total Number of Deputies	#中国共产党委员 Deputies from the Communist Party of China	占委员总数(%) As Percentage to Total	少数民族委员 Ethnic Minority Deputies	占委员总数(%) As Percentage to Total
一届	First Congress	(1954)	171	53	30.99	6	3.51
二届	Second Congress	(1958)	308	88	28.57	8	2.60
三届	Third Congress	(1964)	372	108	29.03	18	4.84
四届	Fourth Congress	(1978)	506	297	58.70	21	4.15
五届	Fifth Congress	(1983)	724	231	31.91	30	4.14
六届	Sixth Congress	(1988)	694	234	33.72	40	5.76
七届	Seventh Congress	(1993)	705	245	34.75	40	5.67
八届	Eighth Congress	(1998)	730	273	37.40	37	5.07
九届	Ninth Congress	(2003)	740	278	37.57	37	5.00
十届	Tenth Congress	(2008)	745	286	38.39	38	5.10

20—30 工会组织情况
Basic Statistics on Trade Unions

年份 Year	工会基层组织数（个） Number of Grassroots Unions (unit)	全省已建工会组织的基层单位职工与会员人数（人） Membership and Number of Staff and Workers in Grassroots Unions (person) 职工人数 Number of Staff and Workers	#女职工 Female	#农民工 Rural Workers	会员人数 Membership	#女会员 Female	#农民工 Rural Workers	工会专职工作人员人数（人） Number of Full-time Personnel of Unions (person)
2000	31912	3536165	1334967		3192764	1194474		
2005	35828	4599881	1614030		4384087	1502544		13684
2008	53600	6359701	2148826	1870322	6003181	2040547	1870322	16171
2009	57519	6843598	2325186	2117190	6330614	2205830	1922219	18356

20—31 妇女参政议政状况
Basic Conditions on Women's Participating in the Administration and Discussion of State Affairs

单位：人 (person)

项目	Item	2000	2005	2008	2009
省人大代表数	Number of Deputies to the Provincial People's Congress	745	732	731	739
#女性	Female	194	204	212	212
省政协委员数	Number of Deputies to the Provincial People's Political Consultative Conferences	738	750	745	743
#女性	Female	142	151	161	165
省级国家机关各部门负责人数	Number of Leading Cadres in All Departments of the Provincial Government Organs	361		312	449
#女性	Female	40		37	60
省级党政班子负责人数	Number of Leading Cadres in the Provincial Party and Government Offices	16	18	18	18
#女性	Female	1	2	2	2
地级党政班子负责人数	Number of Leading Cadres in the Prefecture Party and Government Offices	286	285	251	247
#女性	Female	25	23	27	28
县级党政班子负责人数	Number of Leading Cadres in the County Party and Government Offices	1762	1717	1494	1494
#女性	Female	172	224	180	198
中共党员人数（万人）	Number of the Chinese Communist Party Members (10000 persons)	259.4	285.0	303.0	307.1
#女性	Female	37.4	44.8	51.9	55.5
干部人数（万人）	Number of Cadres (10000 persons)	122.1	113.8	113.6	
#女性	Female	35.5	36.1	37.8	
企业职工代表大会代表人数（万人）	Number of Deputies to the Congress of Staff and Workers in Enterprises (10000 person)	40.3	22.5	23.0	26.1
#女性	Female	12.9	6.4	6.4	7.4

20—32 妇女儿童教育培训情况
Basic Conditions on Women and Children's Education and Training

项目	Item	2000	2005	2008	2009
国有企事业单位各类专业技术人员数（万人）	Number of Professional and Technical Personnel in State-owned Enterprises and Institutions (10000 persons)	85.5	81.4	83.3	83.7
#女性	Female	27.4	29.0	37.1	
脱盲人口数（万人）	Number of People Casting Off Illiteracy (10000 persons)	20.4	8.6	22.7	2.1
#女性	Female	14.0	2.8	13.6	1.1
小学学龄儿童入学率（%）	Percentage of School-age Children Enrolled (%)	99.7	99.5	99.8	99.9
女性	Female	99.7	99.5	99.8	99.9
男性	Male	99.7	99.5	99.8	99.9
小学辍学率（%）	Percentage of Primary School Students Quitting Their Studies (%)	0.40	0.70	0.25	0.20
女性	Female	0.40	0.60	0.28	0.20
男性	Male	0.40	0.80	0.22	0.20
普通初中辍学率（%）	Percentage of Junior Secondary School Students Quitting Their Studies(%)	2.00	2.40	1.28	0.92
女性	Female	1.80	2.50	1.31	0.88
男性	Male	2.20	2.30	1.26	0.95

20—33 妇女卫生保健状况
Basic Conditions on Women Hygiene

项　　目	Item	2000	2005	2008	2009
居民户合格碘盐食用率 (%)	Household Consumption of Iodized Salt Qualified Rate (%)	98.4	90.0	98.79	99.17
农村改水受益人口普及率 (%)	Percentage of People Benefited from Remade Water in Rural Area (%)	98.5	99.0	97.73	98.40
农村享有卫生厕所的人口覆盖率 (%)	Coverage Rate of people Who Enjoy Sanitary Toilet (%)	40.1	54.2	53.30	54.10
妇幼保健机构病床数 (张)	Number of Sickbeds in Maternity and Child Care Organs (unit)	2121	2322	2986	2968
妇幼保健机构医生数 (人)	Number of Doctors in Maternity and Child Care Organs (person)	1933	2010	2130	2212
孕产妇系统管理率 (%)	Percentage of Pregnant and Lying-in Women Under System Management (%)	74.8	59.4	42.97	40.29
住院分娩率 (%)	Percentage of Childbirths in Hospital (%)	73.9	86.1	96.25	97.75
孕产妇死亡率 (1/10万)	Death Rate of Pregnant and Lying-in Women (1/100 thousand)	48.4	41.2	28.75	23.62
非住院分娩消毒接生率 (%)	Percentage of Practicing Midwifery With New Methods Out of Hospital (%)	96.1	96.1	99.74	90.20
已婚育龄妇女避孕率 (%)	Contraception Rate of Married Women in Their Childbearing Age (%)	91.9	91.4	95.30	95.00
婚前医学检查率 (%)	Percentage of Medical Examinations Before Marriage (%)	21.3	4.5	4.71	29.47

20—34 儿童卫生保健状况
Basic Conditions on Children Hygiene

项　　目	Item	2000	2005	2008	2009
婴儿死亡率 (‰)	Death Rate of Infants (‰)	29.00	21.77	11.76	10.71
5岁以下儿童死亡率 (‰)	Death Rate of Children Below Five (‰)	34.70	24.23	14.49	13.57
住院分娩出生缺陷发生率 (‰)	Percentge of Childbirth Defects in Hospital (‰)	10.20	8.83	10.05	10.52
四苗全程免疫接种率 (%)	Rate of Inoculating With the "Four Vaccines" in the Whole Course (%)	97.90	94.13	94.76	95.91
#卡介苗接种率	Rate of Inoculating With BCG Vaccine	99.70	99.62	99.68	99.17
脊髓灰质炎疫苗接种率	Rate of Inoculating With Polio Vaccine	98.90	97.76	98.97	99.77
百白破疫苗接种率	Rate of Inoculating With Joint Vaccine of Pertussis, Diphtheria and Tetanus	98.30	97.60	98.33	99.01
麻疹疫苗接种率	Rate of Inoculating With Measles Vaccine	98.60	97.13	96.42	98.19
乙肝疫苗接种率 (%)	Rate of Inoculating With Hepatitis B Vaccine (%)	86.30	96.95	98.26	98.73
7岁以下儿童保健管理率 (%)	Percentage of Children Below Seven Under Health Management (%)	71.80	65.98	56.59	56.65
新生儿访视率 (%)	Investigation Rate to Newborn (%)	81.40	68.88	59.41	60.92
新生儿破伤风发病率 (1/万)	Morbidity of Tetanus of Newbon (1/10000)	0.20	0.03	0.14	0.03

20—35 妇联组织及工作情况
Basic Statistics of Women's Associations

项目	Item	2005	2008	2009
妇联组织数（个、所）	Number of Women's Associations (unit)	33121	32073	32132
妇女儿童活动中心（个）	Number of Activity Centers for Women and Children (unit)	53	63	63
妇联兴办各类家长学校（个）	Number of Householders' Schools Set Up by Women's Associations (unit)	16981	15926	16374
家长人数（万人）	Number of Householders (10000 persons)	332.58	50.70	79.00
妇联自办托幼园所（所）	Number of Nurseries and Kindergartens Set Up by Women's Associations (unit)	64	50	85
入托儿童数（人）	Number of Children Enrolled (person)	12052	12225	33730
资助女童入学或返校数（人）	Number of Sponsored Female Children Beginning or Returning to School (person)	18533	10825	10509
社会捐助总额（万元）	Total Social Donation (10000 yuan)	1062.0	500.8	555.0
妇联陪审员人数（人）	Number of Juniors in Women's Associations (person)	258	186	172
妇联维权干部中取得律师资格证书的人数（人）	Number of Upholding Right Cadres in Women's Associations Got Lawyer Credentials (person)	13	23	140
来信件数（件）	Number of Incoming Letters (unit)	497	637	
来访人数（人）	Number of Coming Visitors (person)	11745		
双学双比活动	Status of "Double-study and Double-emulation"			
接受技术培训人数（万人）	Number of Technique Trainees (10000 persons)	66.00	59.40	107.09
获绿色证书人数（人）	Number of Persons got Green Certificates (person)	13436	7687	6288
女农民技术员人数（人）	Number of Female Peasant Technicians (person)	15041		
妇代会主任是农民技术员数（人）	Number of Female Peasant Technicians on Women's Conference (person)	7555	1403	1672
建立各类农业科技指导合作性组织	All Kinds of Agricultural S&T Guidance and Cooperative Association			1928
农村妇女科技指导中心（个、所）	Number of Rural Women's S&T Guidance Centres (unit)	206	126	
农村妇女专业技术协会（个、所）	Number of Rural Women's Associations of Professional Technique (unit)	2877	576	
妇联自（联）办农业基地（亩）	Agricultural Base (jointly) Organized by the Women's Federation (mu)	1108.5	1306.0	3250.0
三八绿色工程	March Eighth Green Project			
基地个数（个）	Number of Bases (unit)	651	558	754
基地亩数（亩）	Area of Bases (mu)	81129.8	56553.0	205781.0
巾帼扶贫	Woman's Anti-poverty			
脱贫户数（户）	Number of Households Shaking Off Poverty (household)	30902	7805	5021
扶贫项目数（个）	Number of Anti-poverty Projects (unit)	422	27	54
农村妇女学校数（所）	Number of Rural Woman Schools (unit)	996	459	1654
失业妇女再就业	Unemployed Female Reemployed			
妇联培训失业妇女人数（人）	Unemployed Women Trained by the Women's Federation (person)	70994	110234	156165
建立培训基地或学校数（个、所）	Number of Training Bases or Schools (unit)	216		
帮助失业妇女就业人数（人）	Number of Unemployed Female Reemployed (person)	63641	91418	117811
巾帼创业带头人数（人）	Number of Undertaking Pace-setters of Woman (person)	1351		
获职业资格证书人数（人）	Number of People Obtained details of the Job (person)	11213		
社区妇女工作	Women's Work of Community			
妇联建立及管理的巾帼社区服务实体数（个、所）	Number of Serving Entities of Community Set Up and Organized by the Women's Federation (unit)	691		
中华巾帼志愿者数（人）	Number of Chinese Woman Volunteers (person)	24002		
受表彰情况	Basic Statistics on Commendation			
"双学双比"女能手数（人）	Female Deft Hands of "Double-study and Double-emulation" (person)	10618	1882	9085
评选巾帼建功标兵数（人）	Women Pacesetters in Performing Meritorious Services (person)	1450	721	1284
巾帼文明示范岗数（个、所）	Number of Woman's Civilization Demonstration Posts (unit)	1139	704	1925
三八红旗手（人）	March 8th Red Banner Winners (person)	3474	2548	2691
三八红旗集体（个）	March 8th Red Banner Groups (unit)	442	669	841
五好文明家庭（户）	"Five Good" Civilized Families (household)	62863	117787	303820
十星级家庭（户）	Ten Star Class Families (household)	49545		

20—36 残疾人事业基本情况
Basic Information of People With Disabilities

指　　标		Item		2005	2008	2009
康　复		**Rehabilitation**				
白内障复明手术		Sight-restoring Cataract Surgery				
白内障复明手术	(万例)	Sight-restoring Cataract Surgeries	(10000 cases)	2.5	3.3	3.4
人工晶体植入率	(%)	Artificial Intra-ocular Lens Implantation Rate	(%)	84	89	95
低视力配用助视器	(人)	Vision-aids Provided for Individuals With Low-vision	(person)	3646	1052	1411
聋儿康复		Rehabilitation of Children With Hearing Disability				
年收训聋儿	(人)	Hearing and Speech Training	(person)	1126	942	860
聋儿入普幼普小率	(%)	Enrollment Rate of Trained Children to Ordinary Kindergartens and Primary Schools	(%)	14.6	25.0	30.0
培训家长	(人)	Parents Trained	(person)	1141	1192	1253
精神病防治康复		Prevention and Treatment of Psychiatric Diseases				
开展精神病防治康复工作市县数	(个)	Counties Carried on the Works of Prevention and Treatment of Psychiatric Diseases	(unit)	10	44	44
综合防治康复精神病人数	(万人)	Prevention and Treatment Provided for Patients With Severe Psychiatric Diseases	(10000 persons)	5.4	13.1	12.3
监护率	(%)	Guardianship Rate	(%)	95.5	92.6	92.0
显好率	(%)	Significant Improvement Rate	(%)	70.6	64.0	62.3
社会参与率	(%)	Social Involvement Rate	(%)	63.9	53.0	52.0
肇事率	(%)	Violent Events Rate	(%)	0.050	0.060	0.060
康复训练与服务	(人)	Rehabilitation Training and Service	(person)			
肢体残疾康复训练数		Function Training Provided to Persons With Physical Disability		3490	3336	5377
智残儿童康复训练数		Rehabilitation Training Provided to Children With Intellectual Disability		1640	1205	1021
脑瘫儿童康复训练数		Rehabilitation Training Provided to Children With Cerebral Palsy		652	852	992
麻风畸残康复		Rehabilitation of People With Leprosy				
矫治手术	(例)	Orthopedic Surgeries	(case)	85	8	110
发放辅助用具	(件)	Assistant Devices Provided	(unit)	4530	8	60
康复训练	(人)	Rehabilitation Training	(person)	56	8	110
教　育		**Education**				
未入学适龄残疾儿童少年	(万人)	School-age Disabled Children Without Schooling	(10000 persons)	1.39	1.19	0.76
职业教育与培训		Vocational Education and Training				
机构数	(个)	Facilities	(unit)	65	115	94
教育与培训人数	(人)	Number of Educated and Trained	(person)	16972	23322	21375
就　业		**Employment**				
城镇残疾人就业状况		Employment of Urban Handicapped				
当年安排就业人员	(人)	Persons Employed in the Year	(person)	19484	19049	13416
#按比例就业		Employed by Quota Scheme		5151	4180	2782
集中就业		Employed at Welfare Enterprises		7942	6011	3460
个体就业		Self-employed		6391	8858	7174
未安排就业	(人)	Unemployed	(person)	64015	84898	66837
农村残疾人就业状况		Employment of Rural Handicapped				
就　业	(万人)	Employed	(10000 persons)	95.6	110.9	103.8
未就业	(万人)	Unemployed	(10000 persons)	16.4	24.0	22.0
残疾人就业服务机构	(个)	Employment Placement Service Facilities for Disabled Jobseekers	(unit)	107	117	117
省		Provinces		1	1	1
市		Cities (inc. cities at county level)		17	17	17
县（含县级市）		County		53	58	58
市辖区		Districts Under the Jurisdiction of Cities		36	41	41
盲人按摩		**Massage by Persons With Visual Disability**				
保健按摩员培训	(人)	Massage Therapists Training	(person)		493	640
医疗按摩员培训	(人)	Keep-fit Massager Training	(person)	513	277	372
扶　贫		**Poverty Alleviation**				
扶贫开发解决温饱	(万人)	Rural Handicapped Overcome Poverty by Government's Poverty Reduction Program	(10000 persons)	8.5	3.2	6.0
尚未解决温饱贫困残疾人	(万人)	Rural Handicapped Remained in Poverty	(10000 persons)	59.5	70.0	28.4
#可扶持贫困残疾人		Rural Handicapped Remained in Poverty Can Be Supported		39.3	40.0	20.0
残联组织建设		**Organization Building of Disabled Persons' Federation**				
残疾人工作者数	(人)	Workers for Handicapped	(person)	2800	2885	2747

20—37 婚姻登记和离婚情况
Number of Marriage and Divorces

指　标 Item				1995	2000	2005	2008	2009
内地居民登记结婚	（对）	Registered Marriages	(couple)	609626	491959	439401	557553	609248
初　婚	（人）	First Marriages	(person)	1202392	956554	832838	1029440	1117275
再　婚	（人）	Remarriages	(person)	16860	27358	45964	87238	101221
离　婚	（对）	Divorces	(couple)	29877	42723	57476	99996	116810
离婚率	（‰）	Divorce Rate	(‰)	1.00	1.37	1.76	3.26	3.45

20—38 各市婚姻登记和离婚情况（2009年）
Number of Marriage and Divorces by Region (2009)

地　区	Region	内地居民登记结婚（对）Registered Marriages (couple)	初　婚（人）First Marriages (person)	再　婚（人）Remarriages (person)	登记离婚数（对）Quantity of Registered Divorcing (couple	离婚率（‰）Divorce Rate (‰)
总　计	**Total**	**609248**	1117275	**101221**	**64590**	**1.91**
合肥市	Hefei	63948	112999	14897	7806	3.19
淮北市	Huaibei	24430	45876	2984	2193	2.02
亳州市	Bozhou	54565	105469	3661	4201	1.42
宿州市	Suzhou	57195	107467	6923	5009	1.59
蚌埠市	Bengbu	33834	62167	5501	5156	2.87
阜阳市	Fuyang	84687	164965	4409	4573	0.92
淮南市	Huainan	26679	47887	5471	1667	1.38
滁州市	Chuzhou	38681	71016	6346	4455	1.99
六安市	Luan	50707	97852	3562	4121	1.17
马鞍山市	Maanshan	12655	19380	5930	3314	5.16
巢湖市	Chaohu	38910	66850	10970	4213	1.84
芜湖市	Wuhu	20972	36146	5798	4232	3.67
宣城市	Xuancheng	25383	40584	10182	4633	3.34
铜陵市	Tongling	6525	10365	2685	1656	4.48
池州市	Chizhou	12741	23469	2013	1462	1.83
安庆市	Anqing	45553	83938	7168	4161	1.35
黄山市	Huangshan	11783	20845	2721	1738	2.34

注：本表数据由民政厅提供，离婚人数不包括法院的调解和判决离婚数。
a) Data in this table are provided by provincial department of civil affairs. The number of divorces excludes those mediated and iudged by courts.

20—39 律师、公证、调解工作基本情况
Basic Statistics on Lawyers, Notarization and Mediation

指标		Item		1995	2000	2005	2008	2009
律师工作		**Lawyers**						
律师事务所	(个)	Number of Law Offices	(unit)	265	326	407	441	466
律　师	(人)	Lawyers	(person)	3284	3073	3820	4355	4518
#专职律师		Full-time Lawyers		2012	1972	3424	3792	3985
兼职律师		Part-time Lawyers		1272	1101	347	247	252
公职律师		Government Lawyers				49	68	53
公司律师		Corporation Counsel					11	11
法援律师		Legal Aid Lawyers					237	217
聘请担任常年法律顾问的单位	(处)	Number of Units With Permanent Legal Advisors	(unit)	12390	8713	10322	10688	11162
民事、经济诉讼代理	(件)	Civil, Economic Litigation Agents	(case)	14301	42404	89734	62592	77145
刑事诉讼辩护及代理	(件)	Defense and Agent of Criminal Cases	(case)	10420	16549	18217	15230	15859
行政诉讼代理	(件)	Agent of Administrative Action	(case)		1957	3089	2200	2188
非诉讼法律事务	(件)	Number of Non-litigious legal Affairs	(case)	18850	12477	23253	19118	16797
解答法律询问	(件)	Number of Legal Advisory Services	(case)	120808	32165	186503	483082	242315
代写法律事务文书	(件)	Number of Legal Documents Written on Behalf of Clients	(case)	44111	40189	16580	35417	30943
公证工作		**Notarization**						
公证处	(个)	Number of Notary Offices	(unit)	104	113	108	84	84
公证人员	(人)	Notaries personnel	(person)	533	590	666	704	724
#公证员		Notaries			396	399	356	349
公证员助理		Assistant Notaries				100	153	167
办理公证文书	(件)	Number of Notarized Documents	(unit)	560614	336817	250658	316140	383739
涉外及港澳台公证文书	(件)	Number of Foreign-related, Hong Kong, Macao and Taiwan Notarized Documents	(case)			29105	48653	47584
人民调解工作		**Number of People's Mediation**						
司法助理员	(人)	Number of Judicial Assistants	(person)	2311	2564	4148	4283	4305
人民调解委员会	(个)	Number of people's Mediation Committees	(unit)	36988	38180	31180	22842	22863
调解人员	(人)	Number of Mediators	(person)	337279	282420	205785	138856	135987
调解民间纠纷	(件)	Number of Civil Disputes Mediated	(case)	350946	288952	198869	140110	139246

20—40 劳动争议仲裁委员会受理及处理案件情况（2009年）

Labour Disputes Accepted and Handled by Labour Dispute Arbitration Committees (2009)

单位：件 (case)

案件类别	Category of Cases	合计 Total	国有企业 State-owned Enterprises	城镇集体企业 Urban Collective-owned Enterprises
上期未结案件数	**Number of Cases Left Over from Last Period**	**214**	**23**	**23**
案件受理情况	**Cases Accepted**			
案件数	Number of Cases	7907	1144	580
#集体争议案件数	Number of Collective Disputes	201	59	8
劳动者当事人数 （人）	Number of Persons Involves (person)	12103	2144	759
#集体争议劳动者当事人数	Number of Persons Involved in Collective Disputes	2901	657	95
案件处理情况	**Case Settled**			
结案件数	Number of Cases Settled	7797	1122	585
处理方式	**Manners of Settlement**			
仲裁调解	By Mediation	3358	455	201
仲裁裁决	By Arbitration Lawsuit	3235	464	315
其他方式	Others	547	66	42
处理结果	**Result of Settlement**			
用人单位胜诉	Won by Units	878	140	152
劳动者胜诉	Lawsuit Won by Laborers	3424	407	233
双方部分胜诉	Lawsuit Partly Won by Both Parties	3495	575	200
本期未结案数	**Number of Cases Dissettled**	**324**	**45**	**18**
案外调解争议数	**Number of Cases Settled by Other Forms**	**2540**	**255**	**81**

案件类别	Category of Cases	外商投资及港澳台投资企业 Foreign Funded and Hong Kong, Macao & Taiwan Chinese Funded Enterprises	私营企业 Private Enter-prises	其他 Others
上期未结案件数	**Number of Cases Left Over from Last Period**	**10**	**100**	**56**
案件受理情况	**Cases Accepted**			
案件数	Number of Cases	285	4761	1103
#集体争议案件数	Number of Collective Disputes	13	112	9
劳动者当事人数 （人）	Number of Persons Involves (person)	544	7386	1232
#集体争议劳动者当事人数	Number of Persons Involved in Collective Disputes	119	1921	109
案件处理情况	**Case Settled**			
结案件数	Number of Cases Settled	277	4672	1106
处理方式	**Manners of Settlement**			
仲裁调解	By Mediation	94	2080	503
仲裁裁决	By Arbitration Lawsuit	140	1898	411
其他方式	Others	13	310	115
处理结果	**Result of Settlement**			
用人单位胜诉	Won by Units	45	457	79
劳动者胜诉	Lawsuit Won by Laborers	120	2128	524
双方部分胜诉	Lawsuit Partly Won by Both Parties	112	2087	503
本期未结案数	**Number of Cases Dissettled**	**18**	**189**	**53**
案外调解争议数	**Number of Cases Settled by Other Forms**	**73**	**1786**	**330**

20—41 公安机关立案的刑事案件情况
Criminal Cases Registered in Public Security Organs

案件类别	Category of Cases	立案（起） Number of cases Registered (case) 2008	2009	构成（%） Vomposition (%) 2008	2009
总计	**Total**	**205505**	**209520**	**100.00**	**100.00**
杀人	Homicide	433	419	0.21	0.20
伤害	Injury	5415	6218	2.63	2.97
抢劫	Robbery	6151	6340	2.99	3.03
强奸	Rape	1324	1406	0.64	0.67
拐卖人口	Kidnapping and Selling People	57	376	0.03	0.18
盗窃	Larceny	157198	158903	76.49	75.84
诈骗	Fraud	9327	11045	4.54	5.27
伪造、变造货币，持有使用伪造货币	Forging and Fabricating Bills or Using Forged Bills	82	275	0.04	0.13
其他	Others	25518	24538	12.42	11.71
总计中：青少年刑事案件作案成员占全部作案比重	In Total: Proportion of Young People In Criminal Cases	17081	16127	33.60	33.88

20—42 公安机关受理、查处治安案件情况
Offense Caese Against Public order Handled by Public Security Organs

单位：起 (case)

案件类别	Category of Cases	2008 受理 Number of Cases Accepted to be Treated	2008 查处 Number of Cases Investigated and Treated	2009 受理 Number of Cases Accepted to be Treated	2009 查处 Number of Cases Investigated and Treated
总计	**Total**	**418859**	**400110**	**565163**	**544568**
扰乱单位、公共场所秩序	Disturbing Unit & Public Order	4379	4132	4404	4349
寻衅滋事	Making Trouble	3340	3032	3117	2808
阻碍执行职务	Handling Public Affairs	1391	1364	1224	1200
非法携带枪支、弹药、管制刀具	Illegal Holding of Gun、Ammo & Tube Cutting Tool	1083	1068	801	783
违反危险物质管理规定	Violation of Management Rule of Dangerous Material	620	612	753	715
殴打他人	Hitting other People	204045	198137	274744	267475
盗窃	Stealing	43951	37433	45410	38520
诈骗、抢夺、敲诈勒索财物	Swindle Snatch & Blackmail Blackmailing Money & Goods	3577	2938	3798	3040
哄抢	Making Scramble	57	48	99	89
卖淫、嫖娼	Prostitution & Go Whoring	1168	1153	1446	1415
赌博	Gambling	6884	6817	6953	6818
其他	Other	148364	143376	222414	217356

20—43 检察机关直接立案侦查案件情况（2009年）
Cases Under Direct Investigation by Procurator's Offices (2009)

案件类别	Category of Cases	受案（起）Cases Accepted (case)	立案合计 Total Number of Cases Registered 件 (case)	立案合计 人 (person)	大案（件）Large Cases (case)	要案（人）Key Cases (person)	结案合计 Total Number of Cases Setted 件 (case)	结案合计 人 (person)
总　　计	**Total**	**1487**	**1262**	**1646**	**72**	**102**	**1259**	**1637**
贪污贿赂案件小计	**Sub-total of Cases on Corruption and Bribery**	**1195**	**1046**	**1358**		**91**	**1030**	**1328**
贪　　污	Corruption	438	349	586		10	352	578
贿　　赂	Bribery	601	553	588		73	536	565
挪用公款	Misappropriation of Public Funds	145	137	169		5	137	171
集体私分	Collectve Illegal Possession of Public Funds	11	7	15		3	5	13
巨额财产来源不明	Unstated Source of Large Properties							1
渎职案件小计	**Sub-total of Cases on Abuse and Dereliction of Duty**	**292**	**216**	**288**	**72**	**11**	**229**	**309**
滥用职权	Abuse of Power	109	86	105	39	9	94	119
玩忽职守	Dereliction of Duty	116	97	115	28	2	89	106
徇私舞弊	Fraudulent Practice	48	24	31	4		31	37
其　　他	Others	19	9	37	1		15	47

20—44 检察机关处理申诉案件情况（2009年）
Appeals Handled by Procurator's Offices (2009)

单位：件　(case)

案件类别	Category of Cases	受　理 Cases Accepted	立案复查 Cases Registered of Reinvestigation	结　案 Cases Settled	改变原决定 Original Decision Changed
总　　计	**Total**	**3917**	**588**	**601**	**62**
不服刑事拘留	Appeals Against Criminal Detention	37			
不服不立案	Appeals Against Rejection of The Case	255			
不服逮捕	Appeals Against Arrest	59			
不服不批准	Appeals Against Rejection of Arrest	82	38	38	4
不服不起诉	Appeals Against Rejection of Prosecute	187	175	162	10
不服撤案	Appeals Against Withdrawal of the Case	14	2	3	
不服原免于起诉	Appeals Against Original Exemption of Lawsuit	19	3	5	2
不服刑事判决	Appeals Against Judgment of Criminal Case	799	271	281	1
不服劳教	Appeals Against Judgment of Reeducation Through Labor	6			
其　　他	Others	2459	99	112	45

20—45 人民法院行政一审案件收结案情况（2009年）
First Trial Administrative Cases Accepted and Settled by Courts (2009)

单位：件 (case)

项 目 Item	收 案 Cases Accepted	结 案 Cases Settled						结案中单独提起行政赔偿 Of the Cases Settled: Set Administrative Compensation Alome
			维 持 Affirmation of Original Judgement	撤 销 Cancellation	驳回起诉 Reject	撤 诉 Withdrwal	其 他 Other	
总 计 Total	**3255**	**3052**	**626**	**336**	**236**	**1031**	**823**	**97**
公 安 Public Security	509	497	197	68	17	147	68	20
资 源 Resources	951	889	122	118	106	284	259	23
城 建 City Construction	966	870	178	108	63	265	256	30
工 商 Industry and Commerce	99	93	30	7	8	26	22	7
卫 生 Health	24	22	6		1	10	5	1
环 保 Environmental Protection	19	19	0	1	2	4	12	1
交 通 Traffic	79	78	4	3	2	44	25	3
税 务 Tax	2	2	1			1		
其 他 Others	606	582	88	31	37	250	176	12

20—46 人民法院刑事一审案件收结案情况（2009年）
First Trial Criminal Cases Accepted and Settled by Courts (2009)

单位：件 (case)

案件类别	Category of Cases	收 案 Cases Accepted	结 案 Cases Settled
总 计	**Total**	**22775**	**21782**
危害公共安全罪	Offences Against Public Security	3946	3804
破坏社会主义市场经济秩序罪	Offences Against Socialist Economic Order	761	721
侵犯公民人身权利、民主权利罪	Offences Against Citizens' Personal and Democratic Rights	6008	5682
侵犯财产罪	Offences Against Properties	7503	7241
妨碍社会管理秩序罪	Offences Against Social Management of order	3467	3346
危害国防利益罪	Offences Against National Defense	3	3
贪污贿赂罪	Offences on Corruption and Bribery	967	880
渎 职 罪	Offences on Dereliction of Duty	116	101
其 他	Others	4	4

20—47 人民法院合同纠纷一审案件收结案情况（2009年）

First Trial Cases of Contract Disputes Accepted and Settled by Courts (2009)

单位：件 (case)

项目	Item	收案 Cases Accepted	结案 Cases Settled	判决 Hudgement	驳回起诉 Reject	撤诉 Withdrwal	调解 Mediation	其他 Other
总计	**Total**	**83912**	**77323**	**34391**	**1118**	**19634**	**20799**	**1381**
买卖合同	Buying and Selling Contracts	19194	17775	7507	190	4729	5079	270
房地产开发经营合同	Real Estate Developing and Managing Contracts	3447	3041	1551	37	720	712	21
供用电、水、气、热力合同	Electricity, Water and Gas and Using Contracts	380	340	271	1	46	22	
借款合同	Loan Contracts	30244	28260	13059	289	6402	8127	383
租赁合同	Leasing Contracts	3955	3639	1646	54	1095	784	60
建设工程合同	Construction Project Contracts	3484	2952	1454	61	678	701	58
承揽合同	Contractor	2466	2285	749	34	468	1008	26
运输合同	Transportation Contracts	1063	982	646	19	161	135	21
知识产权合同	Intellectual property Right	33	32	10		16	3	3
经营合同	Operating Contracts	1924	1730	883	15	419	388	25
农村承包合同	Rural Contracts	1730	1501	464	60	416	549	12
电信合同	Telecommunication Contracts	536	524	33		250	201	40
服务合同	Service Contracts	3396	3202	1139	23	1662	360	18
劳动争议	Labour Contention	6729	6148	2823	248	1352	1498	227
劳务合同	Labour Contracts	1903	1815	787	23	432	535	38
其他	Others	3428	3097	1369	64	788	697	179

20—48 人民法院婚姻家庭、继承、权属、侵权纠纷及其他民事一审案件收结案情况（2009年）

First Trial Civil Cases of Marriage and Family, Inheritance, Right and Infringement Disputes and Other Civil Cases Accepted and Settled by Courts (2009)

单位：件 (case)

项目	Item	收案 Cases Accepted	结案 Cases Settled	判决 Hudgement	驳回起诉 Reject	撤诉 Withdrwal	调解 Mediation	其他 Other
总计	**Total**	**114898**	**105973**	**44425**	**736**	**20869**	**35825**	**4118**
婚姻家庭	Marriage and Family	62198	58807	20574	271	13386	24008	568
继承	Inheritance	784	683	263	6	155	244	15
所有权及与所有权相关权利纠纷	Ownership and Related Right Disputes	9857	8704	3727	225	2444	2144	164
票据、证券权益纠纷	Rights and Interests Disputes of Bills and Securities	49	44	15	2	20	7	
股东权纠纷	Shareholder Right Disputes	333	271	129	10	73	50	9
知识产权	Intellectual Property Right	471	448	154	4	191	95	4
不正当竞争纠纷	Illegitimate Competition Disputes	38	33	12	1	11	9	
人身权纠纷	Personal Right Disputes	33038	29855	17566	108	3416	8474	291
特殊侵权纠纷	Special Infringement Disputes	1977	1715	803	35	370	472	35
不当得利	irrational Interests	661	612	265	13	183	136	15
无因管理	No Cause management	12	11	7	1	3		
适用特别程序案件	Cases Suitable for Special Procedure	4632	4075	600	41	454	42	2938
其他	Others	848	715	310	19	163	144	79

20—49 全省统计执法检查情况（2009年）

Statistical Law Enforcement Inspection Situation (2009)

地 区 Region	检查单位（个）Inspection Unit (unit)	统计违法行为（件）Statistical Illegal Activity (case)	立案案件（件）Put on Record Case (case)	结案案件（件）Settled Lawsuit Case (case)				
				合计 Total	按违法性质分 Grouped by Illegal Character			
					虚报瞒报统计资料 Making False Reports & Hiding the Truth in Reports	伪造篡改统计资料 Forge & Distort Statistical Data	拒报屡次迟报统计资料 Refuse to Submit Statistical Reports & Report Belatedly Seveal Times	阻挠妨碍统计执法检查 Thwart and Hinder Statistical Law Enforcement
总 计 Total	**6432**	**1359**	**983**	**987**	**206**		**112**	**4**
合 肥 市 Hefei	357	58	58	58	29		3	3
淮 北 市 Huaibei	169	30	19	19				
亳 州 市 Bozhou	242	12	9	9	1		2	
宿 州 市 Suzhou	1175	261	62	49	7		3	
蚌 埠 市 Bengbu	327	95	63	63				
阜 阳 市 Fuyang	468	163	108	100	31		43	
淮 南 市 Huainan	356	90	87	86	32		11	
滁 州 市 Chuzhou	415	83	76	76	1		2	
六 安 市 Luan	343	41	41	41	14		5	
马鞍山市 Maanshan	210	56	56	56	1		4	
巢 湖 市 Chaohu	275	33	32	32	13		4	
芜 湖 市 Wuhu	413	63	48	40	21		9	1
宣 城 市 Xuancheng	353	90	90	89	7		21	
铜 陵 市 Tongling	218	39	25	25	1		2	
池 州 市 Chizhou	245	60	58	58	4		1	
安 庆 市 Anqing	542	103	100	135	18		1	
黄 山 市 Huangshan	324	82	51	51	26		1	

地 区 Region	结案案件（件）Settled Lawsuit Case (case)							未结案案件（件）Settling Lawsuit Cases (case)
	未按规定设置原始记录和统计台帐 Installing Original Records & Statistical Table Account Without the Regulation	其他 Other	按处理情况分 Grouped by Handling Situation					
			通报批评 Circulation Criticism	警告 Admoni-tion	罚款 Fines		其他 Other	
					件数 Cases	金额（万元）Sum of Money (10000 yuan)		
总 计 Total	**199**	**466**	**536**	**99**	**84**	**16.48**	**275**	**48**
合 肥 市 Hefei	20	3	56		5	0.86		
淮 北 市 Huaibei		19	10				9	
亳 州 市 Bozhou	6		8		1	1.00		
宿 州 市 Suzhou	17	22	49					13
蚌 埠 市 Bengbu		63	33				30	
阜 阳 市 Fuyang	20	6	58	12	28	3.02	2	8
淮 南 市 Huainan	27	16	55	9	2	1.40	22	2
滁 州 市 Chuzhou	5	68		2			74	
六 安 市 Luan	18	4	35		6	1.80		
马鞍山市 Maanshan	11	40	31	23			2	
巢 湖 市 Chaohu	1	14	17	3	2	0.40	10	
芜 湖 市 Wuhu	2	7		40	2	0.20		8
宣 城 市 Xuancheng	40	21	22	3	1	0.20	63	1
铜 陵 市 Tongling	6	16	25					
池 州 市 Chizhou	1	52	12	1			45	
安 庆 市 Anqing	8	108	91	6	37	7.60	1	16
黄 山 市 Huangshan	17	7	34				17	

20—50 交通和火灾事故发生情况
Basic Statistics on Traffic Accidents and Fires

指 标 Item		1995	2000	2005	2008	2009
交通事故发生数 (起)	Number of Traffic Accidents (unit)	4137	25809	17474	8413	8191
一次性死亡三人以上事故	Accidents With More Than Three Deaths One Time	51	57	85	48	59
重 大	Serious	2097	3669	4021	2590	2516
一 般	Ordinary	1989	22083	13368	5775	5616
交通事故损失 (万元)	Losses of Traffic Accidents (10000 yuan)	1698.0	7970.0	6118.0	2308.0	2427.8
一次性死亡三人以上事故	Accidents With More Than Three Deaths One Time	197.0	304.0	306.0	149.0	266.5
重 大	Serious	683.0	1589.0	1933.0	1026.0	1057.0
一 般	Ordinary	818.0	6077.0	3879.0	1133.0	1104.3
火灾事故发生数 (起)	Number of Fires (unit)	2012.0	6099.0	9182.0	5882.0	5479.0
特 大	Extraordinarily Serious	5	2	1	12	
重 大	Serious	72	8	6	27	
一 般	Ordinary	1935	6089	9175	5843	5479
火灾事故损失 (万元)	Losses of Fires (10000 yuan)	2946.0	5704.0	3393.4	8618.6	8280.2
特 大	Extraordinarily Serious	312.0	2373.0	361.5	3721.2	
重 大	Serious	1167.0	358.0	370.9	1369.0	
一 般	Ordinary	1467.0	2973.0	2661.0	3528.4	8280.2

20—51 交通事故情况(2009年)
Basic Statistics on Traffic Accidents (2009)

指 标 Region		发生数 (起) Number of Araffic Accidents (case)	死亡人数 (人) Number of Deaths (person)	受伤人数 (人) Number of Injuries (person)	损失折款 (万元) Losses Coverted Into Cash (10000 yuan)
总 计	**Total**	**8191**	**2930**	**10307**	**2427.8**
#一次性死亡三人以上事故	Accidents With More Than Three Deaths One Time	59	226	151	266.5
重大事故	Serious	2516	2704	1493	1057
机 动 车	Motor-driven Vehicles	**7786**	**2833**	**9861**	**2397.6**
#汽 车	Automobiles	4719	1921	5776	2103.8
摩托车	Motorcycles	2197	515	3120	173.1
拖拉机	Tractors	542	256	573	83.5
农业运输车	Transport Vehicles for Agricultural Use	328	141	392	37.3
非机动车	Non-motor-driven Vehicles	**350**	**63**	**411**	**18.4**
#自行车	Bicycles	52	9	52	3.5
#其它非机动车	Other Non-motor-driven Vehicles	298	54	359	14.9
行人、乘车人	Pedestrians	45	31	22	11.4

注：机动车其中数的受伤人数及损失折款有重复计算。

a) Theirs is repeated calculation in the number of injured persons and losses converted into cash of motor-driven vehicles.

20—52 火灾事故发生情况（2009年）
Basic Statistics on Fires (2009)

项　目 Item		合　计 Total	按事故发生程度分 By Serious Degree of Fires		
			特　大 Extraordinarily Serious	重　大 Serious	一　般 Ordinary
发　生（起）Fires	(case)	5479			5479
死　亡（人）Deaths	(person)	45			45
受　伤（人）Injuries	(person)	24			24
损失折款（万元）Losses Converted Into Cash	(10000 yuan)	8280.2			8280.2
平均每起事故损失（元）Average Loss Per Fire	(yuan)	15112.6			15112.6

20—53 灾　害　情　况（2009年）
Statistics on Disasters (2009)

项　目 Item		自然灾害直接经济损失（亿元）Direct Losses of Natural Disasters (100 million yuan)		农作物灾害（万公顷）Area of Crop Disaster (10000 hectare)		受灾人口（万人）Population Covered (10000 persons)
			农业经济损　失 Agricultural Losses	受灾面积 Areas Covered	绝收面积 Areas of Total Crop Failure	
总　计	**Total**	**145.15**	**109.45**	**261.48**	**16.76**	**2972.55**
旱　灾	Drought	29.31	29.31	150.99	8.13	1236.25
洪涝灾	Floods	26.55	16.57	38.26	4.37	644.34

20—54 救　灾　情　况
Statistics on Disaster Relief

单位：万元　(10000 yuan)

项　目 Item		财政资金投入 Investment of Financial Fund		救灾物资投入（折款）Investment of Relief to Disaster Areas		接受捐赠下拨 Appropriation to Lower Levels From Donation	
		2008	2009	2008	2009	2008	2009
总　计	**Total**	**60016**	**29502**			**11006**	**897**
中　央	Central Government	44760	23600			1436	
省　级	Provincial-level	9318	4005			5828	
地　市	Prefecture-level	1554	376			1449	266
县　级	County-level	4385	1522			2293	631

20—55 各市交通事故情况(2009年)
Basic Statistics on Traffic Accidents by Region (2009)

地　区 Region		合计 Total 发生数(起) Number of Traffic Accidents (case)	死亡人数(人) Number of Deaths (person)	受伤人数(人) Number of Injuries (person)	损失折款(万元) Losses Coverted Into Cash (10000 yuan)	#城区 Urban Areas 发生数(起) Number of Traffic Accidents (case)	死亡人数(人) Number of Deaths (person)	受伤人数(人) Number of Injuries (person)
总　计	**Total**	**8191**	**2930**	**10307**	**2428**	**2331**	**528**	**2758**
合 肥 市	Hefei	692	303	730	314	350	96	376
淮 北 市	Huaibei	311	80	332	56	176	15	199
亳 州 市	Bozhou	336	199	378	87	43	19	40
宿 州 市	Suzhou	438	235	467	167	64	34	57
蚌 埠 市	Bengbu	462	136	599	103	154	16	194
阜 阳 市	Fuyang	315	154	408	76	64	30	70
淮 南 市	Huainan	287	98	350	82	101	25	117
滁 州 市	Chuzhou	292	234	359	339	50	24	50
六 安 市	Luan	822	279	1050	176	97	26	121
马鞍山市	Maanshan	325	86	385	72	152	32	161
巢 湖 市	Chaohu	560	214	736	226	93	24	111
芜 湖 市	Wuhu	250	202	208	121	106	77	90
宣 城 市	Xuancheng	722	167	1142	169	117	21	199
铜 陵 市	Tongling	88	32	99	28	48	10	51
池 州 市	Chizhou	231	111	300	77	43	19	40
安 庆 市	Anqing	1370	301	1812	221	338	40	430
黄 山 市	Huangshan	690	99	952	114	335	20	452

20—56 各市火灾事故情况(2009年)
Basic Statistics on Fires by Region (2009)

地　区 Region		发生数(起) Number of Fires (case)	死亡人数(人) Number of Deaths (person)	受伤人数(人) Number of Injuries (person)	直接经济损失(万元) Direct Losses (10000 yuan)	人口火灾发生率(1/10万人) Average Number of Fires Per 100 Thousand People
总　计	**Total**	**5479**	**45**	**24**	**8280.2**	**9.0**
合 肥 市	Hefei	1394	7	3	662.6	28.4
淮 北 市	Huaibei	499	6		563.5	24.3
亳 州 市	Bozhou	111	2	3	283.4	2.2
宿 州 市	Suzhou	208	1	6	851.4	3.7
蚌 埠 市	Bengbu	372	5	1	327.2	11.6
阜 阳 市	Fuyang	162	5	1	827.9	1.9
淮 南 市	Huainan	237	2		31.3	10.3
滁 州 市	Chuzhou	237	2	2	612.0	5.8
六 安 市	Luan	410	3		466.0	6.7
马鞍山市	Maanshan	770	1	1	88.5	60.6
巢 湖 市	Chaohu	57	2	4	165.3	1.4
芜 湖 市	Wuhu	184	2	1	894.2	8.1
宣 城 市	Xuancheng	122	2	2	745.4	4.7
铜 陵 市	Tongling	44			65.3	6.1
池 州 市	Chizhou	128	1		263.4	9.0
安 庆 市	Anqing	476	4		957.0	8.5
黄 山 市	Huangshan	68			475.9	4.9

20—57 民政行业单位基本情况
Basic Conditions of Civil Affairs Agencies

项　目	Item	单位数（个） Number of Enterprises (unit) 2008	2009	职工人数（人） Number of Staff and Workers (person) 2008	2009
民政行业单位	**Civil Affairs Agencies**				
民政行政机关	Civil Affairs Administrative Departments	123	123	2732	2755
民政事业单位	Civil Affairs Institutions				
优抚安置单位	Agencies for Serviceman	144	143	1601	1575
救灾储备单位	Salvation and Institutions	7	6	20	20
社区服务中心	Community Service Centers	311	454	2096	3049
婚姻登记服务类单位	Marriage Registration Institutions	51	59	297	343
收养类单位	Residential Institutions	2235	2296	10995	12487
救助类单位	Salvation Institutions	37	40	337	368
殡仪类单位	Funeral and Interment Institutions	168	176	2834	2927
福利彩票发行单位	Welfare Lottery Issuing Institutions	42	41	353	295
慈善团体	Charity Institutions	46		143	
老龄行政机构	Aging Population Institutions	86	91	195	208
其他事业单位	Other Institutions	77	77	318	318
民间组织	Non-governmental Organizations				
社会团体	Social Organization	8613	9086		
基金会	Fund Organization	26	30		
民办非企业单位	Non-enterprise Units Run by NGO	4238	4844		
基层群众自治组织	Grass Roots Autonomy Organizations				
社区居委会	Neighborhood Committee	3197	3199		
村委会	Village Committee	15856	15732		
福利企业	Social Welfare Enterprises	417	411	19828	19566

20—58 社会福利救济主要费用情况
Basic Statistics on Social Welfare Relief Funds

单位：万元 (10000 yuan)

指 标	Item	1995	2000	2005	2008	2009
总 计	**Total**	**41792.4**	**81751.9**	**230317.2**	**534618.5**	**575828.5**
国家支出	Government Funds	13482.9	34226.4	210274.1	534618.5	575828.5
优抚对象补助金额	Funds for Family Members of Martyrs and Disabled Veterans	19759.0	39372.4	88134.3	193343.9	125629.2
国家支出	Government Funds	9915.0	21314.6	71018.2	193343.9	125629.2
困难户得救济金额	Funds for Poor Households	1386.4	9539.6	110022.3	323202.0	347884.0
国家支出	Government Funds	370.7	8404.2	110022.3	323202.0	347884.0
社会散居孤老残幼供养金额	Funds for Orphans, Disabled, Elderly and Young Persons in Society	15028.5	25044.1	22867.4	6045.8	60178.4
国家支出	Government Funds	1553.1	1385.3	22867.4	6045.8	60178.4
城乡各种福利院支出	Funds for Urban and Rural Welfare Homes of All Types	5618.5	7795.8	9293.2		
光荣院	Homes for the Disabled Veterans	357.3	659.1	951.3	5717.4	7415.6
国家支出	Government Funds	347.0	659.1	934.5	5717.4	7415.6
城乡社会福利院	Social Welfare Homes	5261.2	7136.7	8341.9	6309.4	34721.3
国家支出	Government Funds	1297.1	2463.2	5431.7	6309.4	34721.3

20—59 社会福利事业单位基本情况（2009年）
Basic Statistics on Social Welfare Institutions (2009)

项目	Item	单位数（个）Number of Homes (unit)	工作人员（人）Number of Staff and Workers (person)	床位（张）Number of Beds (unit)	年末收养人数（人）Number of Persons Housed (person)
总计	**Total**	**2479**	**14430**	**170895**	**139475**
收养性福利事业单位	Adopting Social Welfare Institutions	2296	12487	169229	139364
国家办	Run by Governments	147	2662	14560	11763
集体和民办	Run by Collective Units and Privates	2149	9825	154669	127601
#光荣院	Homes for Disabled Veterans	51	358	1751	1108
社会福利院	Social Welfare Homes	60	1015	6322	4674
儿童福利院	Baby Welfare Homes	18	547	2956	2589
城镇老年性福利机构	Urban Elderly Welfare Units	177	2009	16744	10612
农村老年性福利机构	Rural Elderly Welfare Units	1984	7990	140578	119755
优抚安置单位	Units for Arranging the Family Members of Martyrs and Disabled Veterans	143	1575		
救助类单位	Rescue Agencies	40	368	1666	111

20—60 享受补助、救济人员情况
Persons Receiving Subsidies or Relief Funds

单位：人、户 (person、household)

指标	Item	2000	2005	2008	2009
城乡居民最低生活保障人数	**Number of Persons Receiving Lowest Cost-of-living in urban Area and Rural Area**	**229433**	**1228365**	**2856258**	**3079122**
城镇居民最低生活保障人数	Number of Persons Receiving Lowest Cost-of-living in Urban Area	126460	977182	993548	949802
农村居民最低生活保障人数	Number of Persons Receiving Lowest Cost-of-living in Rural Area	102973	251183	1862710	2129320
传统救济情况	**Traditional Relief**				
农村定期救济户数	Number of Households Receiving Periodic Relief in Rural Areas		617775	532772	517232
#困难户	Households in Urgent Need		174210	54985	50991
#五保户	Households Enjoying the Five Guarantees		375129	477787	466241

20—61 城乡居民最低生活和社会保障网络基本情况

Basic Statistics on People Receiving Lowest Cost-of-living and Social Security Network in Urban and Rural Area

年份 Year	城镇社区服务设施数（个） Number of Urban Welfare Facilities (unit)	#社区服务单位个数 Number of Community Service	城镇便民、利民服务网点（个） Number of Urban Service Points for Civilian (unit)	城乡居民最低生活保障 People Receiving Lowest Cost-of-living in Urban and Rural Area 城镇低保人数（万人） Number of Persons Receiving Lowest Cost-of-living in Urban Area (10000 person)	保障金额（万元） Amount of Money (10000 yuan)	农村低保人数（万人） Number of Persons Receiving Lowest Cost-of-living in Rural Area (10000 person)	保障金额（万元） Amount of Money (10000 yuan)
1995	7661		13094				
2000	7868	1728	17334	12.64	12054.2	10.30	1802.4
2004	7446	359	22321	99.04	66448.5	26.81	3681.2
2005	6815	327	18327	97.72	76012.5	25.12	3594.9
2006	5419		12323	100.92	89285.5	27.10	5763.2
2007	3649		17452	100.40	119365.7	142.00	53082.4
2008	3675		16727	99.35	160436.7	186.27	102582.1
2009	4982		14306	94.98	185934.6	212.93	160335.4

20—62 各市城乡居民最低生活保障和社会保障网络基本情况（2009年）

Basic Statistics on People Receiving Lowest Cost-of-living and Social Security Network in Urban and Rural Area by Region (2009)

地区	Region	城镇社区服务设施数（个） Number of Urban Welfare Facilities (unit)	城镇便民、利民服务网点（个） Number of Urban Service Points for Civilian (unit)	城乡居民最低生活保障 People Receiving Lowest Cost-of-living in Urban and Rural Area 城镇低保人数（人） Number of Persons Receiving Lowest Cost-of-living in Urban Area (person)	保障金额（万元） Amount of Money (10000 yuan)	农村低保人数（人） Number of Persons Receiving Lowest Cost-of-living in Rural Area (person)	保障金额（万元） Amount of Money (10000 yuan)
总计	**Total**	**4982**	**14306**	**949802**	**185934.6**	**2129320**	**160335.4**
合肥市	Hefei	751	4998	60207	15056.9	110046	8850.8
淮北市	Huaibei	219	34	69097	10637.9	42883	3044.5
亳州市	Bozhou	28	10	36648	6600.5	214339	15563.7
宿州市	Suzhou	239	224	48527	7786.6	221706	15354.8
蚌埠市	Bengbu	376	3479	54713	10493.1	96244	7593.3
阜阳市	Fuyang	60	720	111903	17743.1	354293	25179.3
淮南市	Huainan	246	441	72625	11482.4	50724	4198.7
滁州市	Chuzhou	881	1420	75741	14516.1	142752	10466.7
六安市	Luan	31	229	74951	15985.0	255956	20527.1
马鞍山市	Maanshan	905	439	34649	7083.9	22052	2308.5
巢湖市	Chaohu	371	256	63330	13878.5	154146	11525.8
芜湖市	Wuhu	153	1637	56996	13511.6	45272	3772.7
宣城市	Xuancheng	34	22	38233	7236.0	87640	6581.2
铜陵市	Tongling	283	144	26967	6822.4	10561	998.7
池州市	Chizhou	13	8	20737	4604.5	53693	4371.0
安庆市	Anqing	247		78126	16781.4	217342	16328.4
黄山市	Huangshan	145	245	26352	5714.7	49671	3670.2

20—63 就业训练中心综合情况
Comprehensive Insitution of Occupation Training Center

项　目		Item		2005	2008	2009
就业训练中心个数	（个）	Numbers of Occupation Training Center	(unit)	82	81	99
拥有实习场地		Possessing of Practice Place		68		
劳动预备制度定点培训机构数		Numbers of Fixed-point Training Institution for Labor Reserve System		29	40	49
在职教职工总人数	（人）	Total Numbers of Teaching and Administra l tive Staffs on the Job	(person)	553	1649	1392
教　师		Teachers		344	1184	918
兼职教师人数	（人）	Part-time Teachers	(person)	378	902	794
经费来源总计	（万元）	Total of Source of Fund	(10000 yuan)	5425	5996	55233
财政补助费		Fiscal Subsidies		800	1170	10901
职业培训补贴		Subsidies for Vocational Training		4046	4388	35833
有偿培训补贴		Subsidies for Compensated Training		1181	248	7585
其他收入		Other Revenue		118	191	904
经费支出总计	（万元）	Total of Expenditure of Fund	(10000 yuan)	5517		
教学经费		Education Fund		4680		
人员经费		Personal Fund		803		
就业训练人数	（人）	Numbers of Occupation Training Persons	(person)	133638	261401	219666
女　性		Female		70251	132231	102992
上年末结转		Carried Forward from the Previous Year		2315		
结业人数	（人）	Graduation Population	(person)	133159	257117	197593
按训练对象分组		Grouped by Training Object				
劳动预备制学员		Labor Preparation System Student		6403	11685	12677
下岗失业人员		Laid-off Workers		78717	99994	76495
农村劳动者		Employment of Rural Labor		25686	125371	99470
其他人员		Other Person		22353	7063	8097
按训练期限分组		Grouped by Training Allowed Time				
六个月以下		6 Month & Below		127263	236795	196866
六个月至一年		6 Month－1 Year		5230	18022	6330
一年以上		1 Year & up		666	2300	1045
按获取证书分组		Grouped by Obtained Certificate				
初级职业资格		Elementary Professional Qualification		52379	137939	95481
中级职业资格		Intermediate Professional Qualification		7362	20722	11922
高级职业资格		Senior Professional Qualification		877	1456	2267
技师资格		Technician Qualification		290	347	262
就业人数	（人）	Employment Figures (person)	(person)	90253	200143	159829
农村劳动者		Employment of Rural Labor		17700	114261	88669

20—64 工 伤 保 险 情 况
Situtiom of Industrial Injury Insurance

单位：人、万元 (person, 10000 yuan)

项 目	Item	2005	2008	2009
参保人数	Insurance Population	1481894	2928970	3204073
农民工人数	Number of Rural Workers		748802	976793
享受伤残待遇人数	Number of Enjoy Wounded and Disabled Treatment Population	8356	24600	34003
享受工伤保险待遇的职业病人数	Number of Enjoy Industrial Injury Insurance Treatment Population	2806	142	5799
因工死亡人数	Number of On-duty Deaths	95	403	628
供养亲属人数	Number of Support Relatives	4717	3535	4132
基金收入	Fund Revenue	14709	44564	47492
基金支出	Fund Expense	7176	21095	29497
累计结余	Accumulative Surplus	17243	66057	84066
储备金	Reserve Fund	357	5539	7486

20—65 各市基本医疗保险情况（2009年）
Medical Insurance Situation by Region (2009)

地 区 Region	参 保 人 数（人） Numbers of Population Participated in Medical Insurance (person)			资 金（万元） Fund (10000 yuan)			
	合 计 Total	职工小计 Total of Staffs & Workers	退休人员小 计 Total of Retirees	收 入 Income	支 出 Expenditure	累计结余 Accumulative Surplus	个人帐户 Personal Account
总 计 Total	**5702162**	**4098635**	**1603527**	**750058**	**563867**	**941269**	**309719**
合 肥 市 Hefei	880860	672449	208411	149678	106195	199475	78182
淮 北 市 Huaibei	378458	261163	117295	33474	19443	41694	12053
亳 州 市 Bozhou	180138	141705	38433	27068	16721	29512	12750
宿 州 市 Suzhou	247652	192307	55345	30779	17852	48926	14304
蚌 埠 市 Bengbu	389688	260853	128835	47999	35538	52450	17999
阜 阳 市 Fuyang	333405	255554	77851	33542	26401	43278	19871
淮 南 市 Huainan	426104	271210	154894	31879	27732	56281	14370
滁 州 市 Chuzhou	330657	256377	74280	44806	36912	62569	22291
六 安 市 Luan	284622	211186	73436	49366	26990	73157	20382
马鞍山市 Maanshan	334804	225775	109029	34749	33826	41154	18704
巢 湖 市 Chaohu	231584	164816	66768	37141	26432	39682	15245
芜 湖 市 Wuhu	418455	270476	147979	56527	53278	51290	22187
宣 城 市 Xuancheng	237166	170810	66356	28943	20820	34742	11622
铜 陵 市 Tongling	243085	168534	74551	22812	18674	28642	10710
池 州 市 Chizhou	120121	91285	28836	14632	11431	19609	8260
安 庆 市 Anqing	371704	272242	99462	49151	38600	68903	4161
黄 山 市 Huangshan	151481	110753	10728	19862	16860	23243	4536
其 他 Other	142178	101140	41038	37650	30162	26662	2092

注：合肥市医疗保险基金收入、支出、累计结余项目中包含省本级相应项目基金
a) The medcial insurance fund income,expenditure and accumulative suplus of Hefei city including provincial corresponding item fund.

20—66 各市城镇居民参加医疗保险情况（2009年）
Medical Insurance for Urban Residents by Region (2009)

地　区	Region	参保人数（人） People Participated in Medical Insurance (person)	基金收支情况（万元） Revenue and Expenses (10000 yuan)		
			基金收入 Revenue	基金支出 Expenses	累计节余 Accumulative Surplus
总　计	**Total**	**8655631**	**147704**	**97360**	**155885**
合 肥 市	Hefei	1191279	19251	8180	28488
淮 北 市	Huaibei	520102	6629	3891	8178
亳 州 市	Bozhou	350322	4809	3730	4583
宿 州 市	Suzhou	392797	6265	4762	7382
蚌 埠 市	Bengbu	482382	8414	3893	10852
阜 阳 市	Fuyang	646585	8561	5529	12857
淮 南 市	Huainan	519623	12232	4715	13955
滁 州 市	Chuzhou	616674	11355	7232	11321
六 安 市	Luan	614082	11088	8985	10309
马鞍山市	Maanshan	385518	8119	4963	8688
巢 湖 市	Chaohu	592789	10149	6607	10306
芜 湖 市	Wuhu	740234	12234	9699	8578
宣 城 市	Xuancheng	323868	5683	5404	3316
铜 陵 市	Tongling	190448	4264	4644	1529
池 州 市	Chizhou	148722	2451	2319	1925
安 庆 市	Anqing	748525	12470	9587	11082
黄 山 市	Huangshan	191681	3730	3220	2538

20—67 农村社会养老保险情况
Situation of Rural Old-age Insurance

单位：万人、万元　(10000 persons, 10000 yuan)

项　目	Item	2005	2008	2009
参保人数	People Participated in	147	153	160
本年领取养老金人数	People Receiving Old-age Pension This Year	2	8	9
本年保险资金收入	Insurance Fund Revenue This Year	3272	16442	23061
本年保费收入	Insurance Premium This Year	1608	13874	20705
个人缴费	Individual Paying	1111	9804	13359
集体补助	Collective Subsidy	497	1475	1352
政府补贴	Government Subsidy		2595	5993
本年基金运营收益	Fund Operating Earning	1559	2365	2211
其他收入	Other Earning	106	203	144
本年保险金支出	Insurance Expenditure This Year	1143	4669	6531
养老金支出	Old-age Pension Expenditure	807	3501	5266
本年提取管理费	Management Fee Drawed This Year	43	149	119
年末基金滚存结余	Fund Blance Year-end	61321	85031	100644

20—68 基本养老保险情况
Conditions of Basic Endowment Insurance

年 份 Year	参保职工（人）Active Contributors (person) 年末数 Number at the year-end	#企业 Enterprises	离休、退休退职人员年末人数（人）Retirees at the Year-end (person)	基金收支情况（万元）Revenue and Expenses (10000 yuan) 基金收入 Revenue	基金支出 Expenses	累计可用结余基金 Total Usable Balance
1995	2099011	2099011	442875	131000	99000	105938
2000	3119157	3091751	903164	431000	526700	148000
2003	3430677	3303036	1135507	873533	832462	228055
2004	3450517	3285630	1188445	1026149	917557	330110
2005	3469852	3383325	1247613	1210063	1011918	585680
2006	3614088	3532764	1338138	1639319	1304720	925172
2007	3855442	3767541	1447758	2076644	1540523	1461173
2008	4202763	4107353	1581377	2648464	1975524	2134114
2009	4586947	4492001	1694577	3006151	2334678	2805587

20—69 各市基本养老保险情况（2009年）
Conditions of Basic Endowment Insurance by Region (2009)

地 区	Region	参保职工（人）Active Contributors (person) 年末数 Number at the year-end	#企业 Enterprises	离休、退休退职人员年末人数（人）Retirees at the Year-end (person)	基金收支情况（万元）Revenue and Expenses (10000 yuan) 基金收入 Revenue	基金支出 Expenses	累计可用结余基金 Total Usable Balance
总 计	**Total**	**4586947**	**4492001**	**1694577**	**2436381**	**1880198**	**2273160**
合肥市	Hefei	873353	839920	215129	457461	323121	420213
淮北市	Huaibei	227414	227414	54567	147901	64233	215306
亳州市	Bozhou	83167	83167	32208	49447	40678	83412
宿州市	Suzhou	136900	136900	51433	75924	65636	92706
蚌埠市	Bengbu	288583	288583	116818	141242	147505	36191
阜阳市	Fuyang	205224	178324	71524	104564	90273	116549
淮南市	Huainan	239259	239259	96788	124632	116031	31026
滁州市	Chuzhou	231345	229578	82820	169616	96397	260733
六安市	Luan	193157	193157	76988	159709	88118	163546
马鞍山市	Maanshan	292344	292344	126985	207490	184980	175945
巢湖市	Chaohu	169858	169858	73131	102887	84151	94120
芜湖市	Wuhu	349246	349246	149307	216922	210764	54177
宣城市	Xuancheng	179003	179003	54641	96696	67481	163052
铜陵市	Tongling	149407	149407	47670	81501	56442	89656
池州市	Chizhou	78585	78585	19060	42410	25478	58854
安庆市	Anqing	350182	317336	122204	201970	172801	160498
黄山市	Huangshan	116089	116089	35936	56009	46109	57176

20—70 新型农村合作医疗基本情况

Basic Information of New Type Rural Cooperative Medical

年 份 Year	参合人口 (万人) Participation Population (10000 persons)	参合率 (%) Participation Rate (%)	补偿受益 (万人次) Compensation Benefit (10000 persons times)	住院率 (%) Hospitalization Rate (%)	住院实际补偿比 (%) Hospitalization Compensation Rate (%)	基金总额 (万元) The Total Volume of Funds (10000 yuan)	当年筹资 (万元) Yearly Raised Fund (10000 yuan)	农民缴纳 Fund from Farmers	基金支出 (万元) Fund Expenditure (10000 yuan)	#住 院 Hospitalization
2003-2004	336.6	75.5	186.4	3.1	23.0	13327.3	13327.3	4003.9	8930.6	7586.1
2005	614.0	81.2	181.7	3.1	23.2	20506.0	17376.6	6271.5	14804.6	12553.6
2007	3593.5	85.8	1080.9	3.2	32.9	206415.3	184890.7	35702.3	142049.2	121934.3
2008	4523.9	90.2	1798.3	5.5	46.1	494812.5	430155.8	72296.2	380801.8	346963.6
2009	4651.7	93.6	2477.7	6.6	46.9	590908.0	471793.3	92409.4	506910.8	452125.8

20—71 各市新型农村合作医疗基本情况（2009年）

Basic Information of New Type Rural Cooperative Medical by Region (2009)

地 区 Region	参合人口 (万人) Participation Population (10000 persons)	参合率 (%) Participation Rate (%)	补偿受益 (万人次) Compensation Benefit (10000 persons times)	住院率 (%) Hospitalization Rate (%)	住院实际补偿比 (%) Hospitalization Compensation Rate (%)	基金总额 (万元) The Total Volume of Funds (10000 yuan)	当年筹资 (万元) Yearly Raised Fund (10000 yuan)	农民缴纳 Fund from Farmers	基金支出 (万元) Fund Expenditure (10000 yuan)	#住 院 Hospitalization
总 计 Total	**4651.7**	**93.6**	**2477.7**	**6.6**	**46.9**	**590908.0**	**471793.3**	**92409.4**	**506910.8**	**452125.8**
合 肥 市 Hefei	221.6	97.5	176.7	6.3	44.9	29659.9	22223.0	4431.9	25108.4	22945.5
淮 北 市 Huaibei	119.9	101.5	91.9	7.3	45.3	15782.6	12188.5	2397.6	14017.4	12306.3
亳 州 市 Bozhou	443.4	91.2	259.7	7.3	48.3	59355.9	45556.9	8883.2	52077.8	45557.8
宿 州 市 Suzhou	458.6	89.6	304.3	7.2	51.7	58446.2	47146.1	9214.2	51635.4	45508.4
蚌 埠 市 Bengbu	247.5	95.3	129.1	6.6	48.8	31024.3	24826.7	4950.0	24861.4	22851.6
阜 阳 市 Fuyang	715.4	88.5	163.5	6.6	48.0	89790.7	74241.7	14262.2	68408.9	62755.2
淮 南 市 Huainan	116.7	95.3	35.1	5.9	54.1	14440.4	11693.1	1839.5	12567.1	11490.1
滁 州 市 Chuzhou	331.5	95.8	308.6	6.2	45.3	42531.3	33512.7	6630.9	36796.1	32491.2
六 安 市 Luan	536.6	94.6	150.4	6.4	46.3	65173.6	53569.4	10732.7	59622.4	55507.7
马鞍山市 Maanshan	53.7	99.6	74.6	6.5	46.5	7856.7	5362.4	1076.0	7326.9	6152.6
巢 湖 市 Chaohu	357.4	94.6	109.0	5.6	44.6	41013.2	35664.2	7148.5	37717.4	34675.9
芜 湖 市 Wuhu	100.6	97.3	116.0	5.2	46.9	12314.2	10044.3	2011.6	11345.1	9749.2
宣 城 市 Xuancheng	213.5	94.0	143.1	7.8	43.3	27659.3	20930.9	4126.1	23507.1	20732.7
铜 陵 市 Tongling	30.1	97.3	9.5	5.9	48.6	4572.8	3952.4	601.6	4118.7	3295.4
池 州 市 Chizhou	126.1	98.4	40.5	6.8	46.5	15551.9	12581.0	2521.1	13925.6	12643.4
安 庆 市 Anqing	472.8	96.5	321.4	6.0	45.9	63294.7	47539.0	9455.3	52655.5	44052.4
黄 山 市 Huangshan	106.3	94.4	44.3	7.0	41.8	12440.3	10761.2	2127.3	11219.7	9410.3

20—72 各市失业保险基本情况（2009年）
Basic Conditions of Unemloyment Insurance by Region (2009)

单位：万人 (10000 persons)

地 区 Region		本年参保人数 Contributors This Year				
		合计 Total	企业 Enterprises	国有企业 State-owned Enterprises	集体企业 Collected-owned Enterprises	事业单位 Institutions
总 计	**Total**	**377.80**	**271.11**	**147.00**	**36.90**	**97.90**
合肥市	Hefei	62.50	47.26	25.37	1.86	8.29
淮北市	Huaibei	24.10	20.98	15.51	3.90	3.19
亳州市	Bozhou	14.50	7.60	4.40	0.98	6.85
宿州市	Suzhou	22.00	13.90	7.00	2.20	8.10
蚌埠市	Bengbu	20.34	14.57	6.73	1.01	5.76
阜阳市	Fuyang	27.10	15.87	13.21	2.45	11.23
淮南市	Huainan	30.60	27.00	21.20	5.40	3.50
滁州市	Chuzhou	20.00	13.33	6.09	2.77	6.76
六安市	Luan	22.70	12.70	7.10	3.50	9.90
马鞍山市	Maanshan	18.60	16.70	2.66	1.35	1.69
巢湖市	Chaohu	17.11	11.17	4.73	1.67	5.93
芜湖市	Wuhu	24.50	20.80	7.91	2.37	3.65
宣城市	Xuancheng	15.10	10.70	3.73	1.38	4.23
铜陵市	Tongling	14.32	12.62	8.34	1.01	1.70
池州市	Chizhou	7.21	4.57	1.99	0.61	2.58
安庆市	Anqing	26.00	14.20	8.01	3.38	11.13
黄山市	Huangshan	10.60	6.66	3.82	0.88	3.24

地 区 Region		领取失业保险金人数 Beneficiaries of Unemployment Insurance this year	资金（万元） Fund (10000 yuan)		
			收入 Income	支出 Expenditure	累计结余 Accumulative Surplus
总 计	**Total**	**266946**	**144190.47**	**114844.79**	**213963.21**
合肥市	Hefei	118483	31254.93	24519.36	51658.00
淮北市	Huaibei	15715	10748.76	13270.69	23148.91
亳州市	Bozhou	5424	3318.06	4594.18	7419.47
宿州市	Suzhou	7180	2984.03	2150.51	9719.10
蚌埠市	Bengbu	9874	8606.62	6426.00	11361.87
阜阳市	Fuyang	9915	5141.88	5069.01	16324.04
淮南市	Huainan	3073	14789.47	10291.88	16648.34
滁州市	Chuzhou	12557	6068.13	3489.05	8745.89
六安市	Luan	17005	6325.15	4395.86	9108.66
马鞍山市	Maanshan	9204	13557.86	19834.95	12816.87
巢湖市	Chaohu	12192	5027.34	2846.04	1854.45
芜湖市	Wuhu	11791	14958.50	4222.67	5796.98
宣城市	Xuancheng	3745	2790.81	1007.28	3672.56
铜陵市	Tongling	6730	6003.24	3053.34	8023.42
池州市	Chizhou	4458	2646.33	1828.08	3269.27
安庆市	Anqing	18411	7815.94	7108.62	7187.44
黄山市	Huangshan	1099	2138.06	737.27	6952.70
其 他	Other	90.00	15.37		10255.25

主要统计指标解释

文化事业机构

指从事专业文化工作和为专业文化工作服务的独立建制的单位。不包括这些单位另外举办独立核算的其他机构和各部门的业余文化组织。

艺术表演团体

指从事戏曲、音乐、舞蹈、杂技等专业艺术表演，有独立帐户的单位，不包括半工半艺、半农半艺和民间职业剧团。

电影放映单位

指具有放映机器设备、固定或不固定的放映场所与专职或兼职的放映技术人员，经有关部门登记批准，经常为一定的观众对象放映电影的机构。包括经批准对外开放进行营业，并与电影发行放映管理机构分帐的专用放映单位和军委系统租片单位。

等级运动员人数

指经考核正式批准授予等级运动员称号的人数。运动员等级分为国际级运动健将、运动健将、一级运动员、二级运动员、三级运动员、少年级运动员。

等级裁判员人数

指经考核正式批准授予等级裁判员称号的人数。裁判员等级分为国际裁判、国家级裁判、一级裁判、二级裁判、三级裁判。

体育场

指有400米跑道（中心含足球场），有固定道牙，跑道6条以上，并有固定看台的室外田径场地。体育场按看台容纳观众人数分为：甲级25000人以上，乙级15000-25000人，丙级5000-15000人，丁级5000人以下。

体育馆

指有固定看台，可供篮球、排球、羽毛球、乒乓球、体操等项目训练比赛活动用的室内运动场地。体育馆按看台容纳观众人数分为：甲级6000人以上，乙级4000-6000人，丙级2000-4000人，丁级2000人以下。

医院

指设有固定床位，能收容病人住院并能为病人提供医疗、护理服务的医疗机构，包括县及县以上医院、农村乡卫生院和其他医院三部分。医院按所属性质不同分为卫生部门、工业及其他部门和集体经济单位三类。县及县以上医院按业务性质不同分为综合医院和专科医院。

艺术表演观众人数（人次）

指售票、包场演出或民族地区免费演出的艺术表演观众人次数，不包括彩排审查和内部观摩演出的观看人次数。

图书纯销售

指向读者直接销售的图书以及直接向国外出口的图书。

书刊排字

指用手工排字和激光排版生产的、可供印刷的排字产量。

书刊印刷

指铅印和胶印印书。

胶印印刷

指用胶印机完成的单色或多色印刷产品。

零件印刷

指单张小件印品。

卫生技术人员

指卫生事业机构支付工资的全部职工中现任职务为卫生技术工作的专业人员，包括中医师、西医师、中西医结合高级医师、护师、中药师、西药师、检验师、其他技师、中医士、西医士、护士、助产士、中药剂士、西药剂士、检验士、其他技士、其他中医、护理员、中药剂员、西药剂员、检验员和其他初级卫生技术人员。

医生

指经卫生部门审查合格，从事医疗工作的专业人员。分为中医医生和西医医生。包括卫生技术人员中的中医师、西医师、中西医结合高级医师、中医士、西医士和其他中医。

社会福利事业单位

指集中收养社会孤老、残、幼的机构，包括由民政部门管理的社会福利院、儿童福利院、精神病人福利院和城镇集体举办的福利院及农村集体举办的敬老院。

社会福利事业单位收养人数

包括民政部门管理和城镇、农村集体举办的社会福利事业单位中收养的老人、少年儿童、缺乏生活自理能力的残疾人员和精神病人。

社会福利企业单位

指以安置城镇有一定劳动能力的盲、聋、哑和肢体残疾人员就业为目的，享受国家减免税待遇的国有或集体企业。包括福利工厂、福利商业和服务业、假肢厂和安置农场等单位。

农村五保户

指农村中既无劳动能力，又无经济来源的老、弱、孤、残的农民，其生活由集体供养，实行保吃、保穿、保住、保医、保葬（孤儿保教），简称“五保”。享受五保待遇的家庭叫五保户。

双扶户

包括被扶持的优抚户和贫困户。主要是对具有一定劳动能力且生活困难的两户给予一定的救济金以扶持其通过生产自救达到脱贫的目的。

律师

指受聘参加法律顾问处工作，担任法律顾问、刑（民）事代理人、刑事辩护人，办理非诉讼事件、解答法律询问，代写法律事务文书等主要从事律师业务的专职法律工作者和兼职律师。

公证人员

指在国家公证机关依法办理公证事务的司法人员，包括公证员、助理公证员和在公证处工作的其他人员。

办理公证文书

指公证处在一定时期内办结的公证文书件数。公证文书按司法部规定或批准的格式制作，包括国内公证和涉外公证两部分。国内公证分为经济合同公证和民事法律关系公证两大类。

调解人员

指在人民调解委员会担负调解民间一般民事纠纷和轻微违法行为引起纠纷的工作人员，包括调解委员会的委员和调解小组的调解员。

调解民间纠纷

指调解委员会依照法律规定，根据自愿原则，用说服教育的方法调解民间发生的有关民事权利和义务的争执，促成当事双方达到协议和谅解，解决纠纷。包括婚姻家庭纠纷，财产权益纠纷等，不包括法院受理调解的民事案件数。

受理劳动争议案件数

指劳动争议仲裁委员会根据国家有关规定，对劳动争议当事人的申请予以审查，符合受理条件而正式立案、准备处理的劳动争议案件数。

立案

指检察机关对犯罪线索进行初步调查后，认为存在职务犯罪事实并需要追究刑事责任时，依法决定作为刑事案件进行侦查的诉讼活动，是追究犯罪的开始。

大案

贪污贿赂犯罪案件指贪污、贿赂数额在 5 万元以上，挪用公款案在 10 万元以上，其他案件在 50 万元以上。渎职犯罪大案一般为直接经济损失 5 万元以上，死亡 1 人以上或者重伤 3 人以上的案件；或虽然没有造成经济损失和伤亡，但犯罪情节恶劣或造成严重后果的案件。

要案

指县、处级以上干部的犯罪案件。

决定逮捕

指检察机关对直接受理、自行侦查的案件，认为需要逮捕犯罪嫌疑人时，依据法律作出的逮捕决定。

批准逮捕

指检察机关对公安机关、国家安全机关、监狱管理机关提出逮捕的犯罪嫌疑人进行审查，根据事实，依法作出逮捕决定。

决定起诉

指检察机关对公安机关、国家安全机关、监狱管理机关和检察机关内设机构反贪污贿赂部门移送起诉的刑事犯罪嫌疑人进行审查，根据事实，依法向人民法院提起公诉。

离休、退休、退职人员

指正式办理了离休、退休、退职手续，并享受相应的离休、退休、退职待遇的人员。

保险福利费用

指企业、事业、机关单位在工资以外实际支付给职工和离休、退休、退职人员个人以及用于集体的劳动保险和福利费用。

（1）职工保险福利费用包括：

①医疗卫生费：指实行公费医疗企业的职工及其供养的直系亲属的医疗费、医务经费、职工因工负伤就医路费以及住院伙食补助费等；卫生部门开支的事业及机关单位职工的公费医疗经费；未参加公费医疗的企业、事业和机关单位职工的医药费。

②文体宣传费：指企业、事业和机关单位实际支付的文体宣传费，不包括学习费。

③集体福利事业补贴费：指对职工浴室、理发室、洗衣房、哺乳室、托儿所等集体福利设施各项支出与收入相抵后的差额补助费。

④集体福利设施费：指按照国家规定开支的集体福利设施费用，如职工食堂炊事用具的购置费、修理费、职工宿舍的修缮费用。不包括由企业、事业、机关单位自筹经费开支的职工福利设施的基本建设费用。

⑤其他：指上述费用以外，单位支付给职工的保险福利费。

（2）离休、退休、退职人员保险福利费用包括：

①离休金：指发给离休人员的工资和按 1982 年国务院发

布的“关于老干部离职休养制度的几项规定”，发给符合规定的离休干部相当于1-2个月标准工资的生活补贴及1988年增发的生活补贴费。

②退休金：指按照国家有关规定发给退休人员的退休费及1988年增发的生活补贴费。

③退职生活费：指按照1978年国务院《关于工人退休、退职的暂行办法》规定，定期发给退职人员的生活费及1988年增发的生活补贴费。

④其他：指上述费用以外，单位支付给离休、退休、退职人员的保险福利费。

Explanatory Notes for Major Statistical Indicators

Cultural Institutions

refer to units which have their own organizational system and independent accounting system and specialize in or serve cultural development. They exclude other establishments run by these cultural institutions and amateur cultural groups established by various departments.

Art Troupe

refers to the troupe which is engaged in drama, opera, music, dance, acrobatics or other art performance, opens independent accounts with banks and has self-supporting accounting system; excluding the troupes which are engaged partly in industrial or agricultural activities, partly in art performance and the professional troupes organized by the people.

Film Projection Units

refer to units with film projection equipment, full or part time projectionists, permanent or non permanent places, approved by related administrative departments to show films regularly for certain groups of audience, including those film projection units which have been approved to give commercial shows and run business with independent accounting system as well as those film renting units of the military system.

Number of Spectators at Art Performance

refers to the number of attendants at commercial shows, completely booked shows or free shows given in minority national areas, and does not include the number of spectators at rehearsals for examination and internal shows for study.

Net Sales of Books

refers to books sold directly to readers and directly exported.

Typesetting of Books

refers to the volume of work (characters) of manual or laser typesetting ready for printing.

Printing of Books

refers to printing of books by stereotype or offset printing method.

Offset Printing

refers to mono or multi color materials printed by offset press.

Small Piece Printing

refers to printing of single-sheet products in small quantity.

Number of Athletes in Grades

refers to the number of athletes who have been given titles through examination. The titles of athletes include international masters of sports, masters of sports, first-grade, second-grade and third-grade sportsmen and young athletes.

Number of Referees in Grades

refers to the number of referees who have been given titles after examination. They are classified as international referees, national referees and referees of the first, second and third grades.

Stadiums

refer to stadiums for track and field events with six lane 400-meter tracks around soccer fields, permanent track marks and permanent bleachers. Stadiums are classified according to seating capacity. They include: Class A stadiums seating 25000 people each. Class B stadiums seating 15000 to 25000 people each. Class C stadiums seating 5000 to 15000 people each, and Class D stadiums seating fewer than 5000 people.

Gymnasiums

refer to indoor sports grounds with permanent seats in which basketball, volleyball. badminton, table tennis and gymnastics competitions can be held. Gymnasiums are classified according to seating capacity. They include Class A gymnasiums seating over 6000 people. Class B gymnasiums seating 4000 to 6000 people. Class C gymnasiums seating 2000 to 4000 people, and Class D gymnasiums seating fewer than 2000 people.

Hospitals

refer to medical institutions with permanent hospital beds, which are able to take in patients and provide them with medical and nursing services. Hospitals are classified into three categories: hospitals at or above the county level, hospitals of rural townships, and other hospitals. According to their ownership, hospitals can be classified into three categories: hospitals under the public health departments, hospitals under industrial and other departments and collective-owned hospitals. Hospitals at or above county level are divided into comprehensive and specialized hospitals.

Medical Technical Personnel

refers to all medical staff and workers employed by medical institutions, including doctors of Chinese and Western medicine, senior doctors who integrate traditional Chinese therapeutics with Western therapeutics in practice, senior nurses, pharmacists of Chinese and Western medicine, laboratory specialists, other specialists, paramedics of Chinese and Western medicine, nurses, midwives, druggists in Chinese and Western medicine, laboratory technicians, other technicians, other practitioners of Chinese medicine, nursing attendants, pharmacological workers of Chinese and Western medicine, laboratory workers, and other primary medical personnel.

Doctors

refer to qualified professional medical workers approved to practice by public health departments. They are classified into doctors of Chinese medicine, doctors of Western medicine, senior doctors who integrate traditional Chinese therapeutics with Western therapeutics in practice, paramedics of Chinese medicine and Western medicine, and other specialists of Chinese medicine.

Social Welfare Institutions

refer to institutions taking care of old people without children, handicapped people and orphans. They include social welfare institutions run by civil affairs departments, children welfare institutions, social welfare institutions for mental patients, and collective-owned old people's homes in rural areas.

Number of People Taken in by Social Welfare Institutions

refers to the number of old people, children, totally dependent handicapped people and mental patients taken in by social welfare institutions run by civil affairs departments and those run by collective units in urban and rural areas.

Social Welfare Enterprises

are collective owned enterprises which employ the blind, deaf-mute, and other handicapped people who are able to work in cities and towns and enjoy exemption from state taxes, including welfare plants, welfare commercial services, artificial limb plants and farms, etc.

Rural Households with Livelihood Guaranteed in Five Aspects

refer to the households in which there are old people without child, orphans and handicapped people who are unable to work and without financial resources in rural areas. They are taken care of by the collective units and their food, clothing, housing, medical care, funeral expenses (or schooling for orphans) are guaranteed to be provided for.

Households in the Poor Household Support Program

refer to the households of martyrs and disabled servicemen, and poor households, who are able to work but in poor conditions, receiving government or collective relief funds. In this way, the households can get to work and make themselves break away from poverty.

Lawyers

are legal workers who are employed full time by legal counseling firms to act as legal advisers, agents in criminal or civil lawsuits, or defenders in criminal lawsuits, or to handle non-litigious legal affairs, to advise on matters of law or to write legal papers for others. Both full-time and part time lawyers are included.

Notary Personnel

refers to judicial workers of the state notary offices handling notarization work according to law. They include notaries, assistant notaries, and other people working for notary offices.

Notarized Documents

refer to the documents settled by notary offices in a year. The notary documents are drawn up in accordance with the regulations of the Ministry of Justice, including domestic documents and foreign-related documents. Domestic documents are divided into two major categories, documents on economic contracts and documents on civil legal relations.

Mediators

refer to workers on people's mediation committees responsible for mediating in civil disputes and cases of slight infraction of the law. They include members of the mediation committees and mediators of mediation groups.

Mediation of Civil Disputes

refers to mediation committees' work in mediating in civil disputes concerning civil rights and duties through persuasion and education in accordance with the provisions of law on a voluntary basis, so as to solve disputes by helping the parties involved come to an agreement and understanding. These disputes include divorce cases and disputes over property ownership, but exclude the civil cases to be handled by the court.

Number of Labour Dispute Cases Accepted

refers to the number of cases of labour dispute submitted that, after being reviewed by the labour dispute arbitration committees in line with the relevant state regulations, are accepted and registered for treatment.

Acceptance of Case

refers to the decision made by the procurators office to confirm the act of crime after initial investigation and to start legal proceedings of the case as criminal case.

Large Case

In case of corruption and bribery, it refers to the case involves a bribery of over 50000 yuan, or a misappropriation of over 100000, or other cases involving 500000 yuan. In case of offence on dereliction of duty, it refers to the case that causes an economic loss of over 50000, loss of one life, or severe injury of 3 persons; or a case that displays extremely disgusting behavior of the offender or results in grave aftermath.

Key Case

refers to a case committed by government officials with a ranking of division director or county administrator.

Decision on Arrest

refers to decision made by procurators office, in accordance with laws, to arrest the suspect(s) in the cases that are accepted and to be investigated by procurators office.

Approval for Arrest

refers to the decision made by procurators office, in accordance with laws and relevant facts, to approve the arrest of the suspect(s) that is proposed by the public security departments, state security departments or authority of prisons.

Decision on Prosecution

refers to the decision made by procurators office, in accordance with laws and relevant facts, to institute proceedings to the people court against the suspect(s) of criminal cases handed over by the public security departments, state security departments or authority of prisons, or by the anti-corruption departments within the procurators office.

Retired or Resigned Personnel

refers to the persons who have formally gone through the formalities for their retirement or quitting work and enjoy the corresponding treatments.

Insurance and Welfare Funds

refers to labour insurance and welfare fund paid by enterprises, organizations and institutions to their staff and workers as well as retired and resigned persons in addition to their wages and salaries.

(1) Insurance and Welfare Funds for Staff and Workers include:

a)Medical Care Allowance: It refers to the cost of medical care of staff and workers and their dependent family members who are covered by the medicare system of enterprises, traveling expenses of injured employees to hospital and their per diem subsidies during hospitalization, cost of medical care of employees who are covered by the medicare system of institutions and organizations, as well as cost of medicine of employees of enterprises and institutions who are not covered by the medicare system.

b)Expenses for Recreational, Sports and Publicity Activities: They refer to actual payment made by enterprises and institutions in recreational, sports and publicity activities, excluding training cost.

c)Subsidies to Collective Welfare Undertakings: They refer to subsidies to the operation of welfare undertakings that can not fully cover their cost, such as public bath rooms, barbershops, laundries, nurseries and kindergartens.

d)Expenses for Collective Welfare Facilities: They refer to expenses for collective welfare facilities that are spent in line with state regulations, such as the purchase and repair of cooking utensils for canteens, and repair of living quarters of staff and workers, but excluding the expenses for welfare projects that are constructed with self-raised funds.

e)Others: They refer to their insurance and welfare funds paid to staff and workers.

(2)Insurance and Welfare Funds for Retired and Resigned Staff and Workers:

a)Pensions for retired veteran cadres: They refer to pensions, other subsidies, and additional allowances paid to retired in line with relevant government documents.

b)Pensions for Retirement: They refer to living allowance, other subsidies and additional allowances paid to retired staff and workers in line with the relevant government documents.

c)Resignation Allowances for Living Expenses: They refer to living allowance, and additional allowances subsidies paid to resigned staff and workers in line with relevant government instructions.

d)Others: They refer to other expenses, including moving and settlement allowance, allowance for difficult families, book and newspaper allowance, subsidy for non staple foods, housing subsidy, water and electricity subsidy, special allowance for staff and workers of national minorities, traveling cost for senior retired staff, etc.

第二十一篇

Chapter 21

企业景气调查

BUSINESS SURVEY
OF ENTERPRISES

简要说明

一、根据国家统计局《关于印发〈企业景气调查制度〉的通知》（国统字[1997]381 号）文件精神，国家统计局安徽调查总队决定对 1124 户重点景气调查企业进行定期统计调查。

二、本资料由国家统计局安徽调查总队提供。

Brief Introduction

I. The "Notice of the System of Enterprise Business Survey" (NBS [1997] No.381) stipulated by NBS,, The NBS Survey Office in Anhui decided to 1124 key enterprises received business survey.

II. The data are provided by The NBS Survey Office in Anhui.

21—1 全省企业景气指数（2009年）
Business Indices of Enterprises in Anhui Province (2009)

指　　标	Item	一季度 The First Quarter	二季度 The Second Quarter	三季度 The Third Quarter	四季度 The Fourth Quarter
总体状况	**Total**	**115.9**	**125.5**	**138.9**	**140.9**
按行业门类分	**By Sector**				
工　　业	Industry	109.5	123.2	136.6	135.7
建筑业	Construction	102.6	112.2	129.9	145.1
交通运输、仓储和邮政业	Transportation, Storage, Postal & Telecommunication	109.7	110.0	111.3	116.3
批发和零售业	Wholesale & Retail Trade	140.2	134.5	147.2	156.8
房地产业	Real Estate Trade	98.9	119.5	136.0	145.8
社会服务业	Social Service	129.4	137.3	156.0	150.0
信息传输、计算机服务和软件业	Information Transmission, Computer Services and Software	167.7	171.1	167.5	181.1
住宿和餐饮业	Lodging and Catering	105.4	113.4	112.1	131.3
按企业注册类型分	**By Type of Registration**				
国有企业	State-owned Enterprises	128.9	121.9	127.5	133.7
集体企业	Collective-owned Enterprises	97.4	102.6	113.2	123.7
股份合作企业	Share Holding Cooperative Enterprises	117.9	130.4	162.5	144.6
有限责任公司	Limited Liability Companies	109.4	120.2	132.5	140.0
股份有限公司	Company Limited With Share Holding	117.7	133.1	154.1	145.1
私营企业	Private Owned Enterprises	124.2	117.6	135.3	147.8
外商及港、澳、台投资企业	Foreign Funded Enterprises and Enterprises Funded by Entrepreneurs from H.K./Macao/Taiwan	124.1	139.8	140.8	141.5
按企业规模分	**By Scale of Enterprises**				
大　　型	Large-sized	140.9	133.7	159.6	168.6
中　　型	Middle-sized	114.1	126.1	140.4	139.5
小　　型	Small-sized	108.0	117.3	122.1	133.6
特殊分类	**Specially Classified**				
国家重点企业	Key Enterprises	82.3	101.1	156.6	126.9
国家试点企业集团成员	National Experiment Site Enterprise Group Members	133.3	166.7	200.0	189.9
乡镇企业	Township Enterprises	106.4	108.9	117.5	135.0
上市公司	Listed Companies	112.5	132.6	161.4	136.0
国有控股企业	State Controlling Share Hold Enterprises	119.2	124.4	138.3	140.4

21—2 全省企业家信心指数（2009年）
Faith Indices of Enterprises in Anhui Province (2009)

指标	Item	一季度 The First Quarter	二季度 The Second Quarter	三季度 The Third Quarter	四季度 The Fourth Quarter
总体状况	**Total**	**109.9**	**120.8**	**130.3**	**136.4**
按行业门类分	**By Sector**				
工业	Industry	105.3	114.6	126.6	132.3
建筑业	Construction	109.4	109.4	129.8	140.0
交通运输、仓储和邮政业	Transportation, Storage, Postal & Telecommunication	124.3	129.3	123.8	130.6
批发和零售业	Wholesale & Retail Trade	115.2	127.8	131.2	150.4
房地产业	Real Estate Trade	90.5	124.7	136.9	144.9
社会服务业	Social Service	113.7	129.4	136.0	134.0
信息传输、计算机服务和软件业	Information Transmission, Computer Services and Software	161.9	171.9	181.5	181.9
住宿和餐饮业	Lodging and Catering	106.1	112.8	122.0	139.2
按企业注册类型分	**By Type of Registration**				
国有企业	State-owned Enterprises	132.2	127.7	129.5	137.8
集体企业	Collective-owned Enterprises	86.8	102.6	113.2	107.9
股份合作企业	Share Holding Cooperative Enterprises	125.0	137.5	150.0	150.0
有限责任公司	Limited Liability Companies	102.5	116.9	125.3	137.1
股份有限公司	Company Limited With Share Holding	110.1	118.5	141.5	146.1
私营企业	Private Owned Enterprises	126.1	127.6	142.7	100.0
外商及港、澳、台投资企业	Foreign Funded Enterprises and Enterprises Funded by Entrepreneurs from H.K./Macao/Taiwan	125.0	135.0	139.2	134.4
按企业规模分	**By Scale of Enterprises**				
大型	Large-sized	109.0	129.8	137.1	154.8
中型	Middle-sized	109.1	117.8	132.3	135.5
小型	Small-sized	108.2	119.5	124.8	134.4
特殊分类	**Specially Classified**				
国家重点企业	Key Enterprises	77.1	98.9	155.4	126.9
国家试点企业集团成员	National Experiment Site Enterprise Group Members	66.7	100.0	189.9	133.3
乡镇企业	Township Enterprises	113.9	113.9	114.7	115.5
上市公司	Listed Companies	103.6	111.0	150.7	142.4
国有控股企业	State Controlling Share Hold Enterprises	111.1	119.0	131.4	138.9

21—3 全省分行业企业景气指数（2009年）
Business Indices of Enterprises in Anhui Province by Sector (2009)

指　标	Item	一季度 The First Quarter	二季度 The Second Quarter	三季度 The Third Quarter	四季度 The Fourth Quarter
工　业	**Industry**				
企业家信心指数	Faith Indices of Enterprises	105.3	114.6	126.2	132.3
企业景气指数	Business Indices of Enterprises	109.5	123.2	136.6	135.7
生产成本	Production Cost	104.5	93.2	78.9	62.9
生产总量	Production Total Quantity	105.9	121.5	139.0	125.2
产品订货	Product Ordering	102.4	113.0	124.2	126.7
#国外订货	From Overseas	83.9	91.1	91.9	99.2
产品销售	Product Sale	103.5	120.8	139.2	128.1
产品销售价格	Product Selling Price	73.6	88.4	106.8	114.1
产成品库存	Finished Product Stock	109.3	119.2	124.5	131.6
盈利(亏损)变化	Profit (Loss) Change	92.2	117.2	133.2	129.8
流动资金	Floating Capital	83.6	89.9	103.4	102.4
企业融资	Enterprise Financing	86.1	89.3	91.8	92.4
货款拖欠	Loan Delinquency	91.6	94.9	104.1	109.4
劳动力需求	Labor Force Demand	103.0	101.6	113.2	114.0
固定资产投资	Fixed Asset Investment	93.9	116.5	122.2	123.7
科技创新	Technological Innovation	113.4	122.1	124.0	125.6
主要原材料及能源购进价格	Purchase Price of Major Raw Materials and Energy	120.3	87.2	63.3	51.5
主要原材料及能源供应	Supply of Major Raw Materials and Energy	140.0	144.3	141.3	134.7
建筑业	**Construction**				
企业家信心指数	Faith Indices of Enterprises	109.4	109.4	129.8	140.0
企业景气指数	Business Indices of Enterprises	102.6	112.2	129.9	145.1
工程合同	Project Contract	73.3	109.5	124.2	130.7
#国(境)外工程合同	From Overseas	87.1	97.9	98.8	101.3
建筑工程量	Construction Resilience	62.0	112.5	130.7	135.7
新开工工程量	Newly started Construction Resilience	58.5	115.6	120.4	120.1
技术设备能力	Technical Equipment Ability	152.0	140.3	143.0	151.2
工程进度	Project Progress	103.6	130.9	151.3	146.7
工程结算收入	Revenue of Project Settlement Accounts	50.9	92.2	120.6	141.1
建筑材料购进价格	Purchase Price of Building Material	122.2	104.1	68.4	63.9
工程结算成本	Costs of Project Settlement Accounts	116.3	81.9	66.3	69.3
盈利(亏损)变化	Profit (Loss) Change	87.4	101.9	115.8	127.6
流动资金	Floating Capital	80.2	71.0	82.0	80.2
企业融资	Enterprise Financing	56.7	63.0	78.8	79.0
工程款拖欠	Project Funds Delinquency	91.8	69.8	91.5	81.2
劳动力需求	Labor Force Demand	71.3	109.4	130.0	123.0
固定资产投资	Fixed Asset Investment	82.3	93.9	101.4	102.5

21—3 续表1 continued

指 标	Item	一季度 The First Quarter	二季度 The Second Quarter	三季度 The Third Quarter	四季度 The Fourth Quarter
交通运输、仓储和邮政业	**Transport、Post、Telecommunication Services**				
企业家信心指数	Faith Indices of Enterprises	124.3	129.3	123.8	130.6
企业景气指数	Business Indices of Enterprises	109.7	110.0	111.3	116.3
业务预订	Business Orders	103.2	87.9	96.2	111.0
业务量	Business Volume	110.0	90.6	98.8	113.4
业务收费价格	Business Charge Price	97.5	102.5	106.2	108.9
业务成本	Business Cost	89.4	70.7	75.3	59.4
盈利(亏损)变化	Profit (Loss) Change	96.4	98.1	92.6	102.8
流动资金	Floating Capital	74.8	77.3	79.7	79.4
企业融资	Enterprise Financing	72.3	75.3	81.2	76.3
货款拖欠	Loan Delinquency	101.3	102.8	95.0	105.1
劳动力需求	Labor Force Demand	90.7	105.6	92.5	92.8
固定资产投资	Fixed Asset Investment	115.7	121.3	119.8	132.2
批发和零售业	**Wholesale & Retail Sale Trade**				
企业家信心指数	Faith Indices of Enterprises	115.2	127.8	131.2	150.4
企业景气指数	Business Indices of Enterprises	140.2	134.5	147.2	156.8
购货合同	Purchasing Contract	116.1	108.5	113.6	127.5
商品购进价格	Purchasing Price of Commodities	103.2	96.1	78.9	58.9
商品销售	Commodity Marketing	108.9	98.0	123.9	139.8
#出 口	Export	90.3	92.7	105.3	108.4
商品销售价格	Selling Price of Commodities	84.9	98.1	114.4	127.8
商品库存	Commodity Stock	135.9	124.9	130.2	136.6
经营费用	Management Cost	88.9	91.1	82.8	67.0
竞争能力	Competitive Ability	143.0	141.8	145.8	154.1
盈利(亏损)变化	Profit (Loss) Change	117.6	124.0	133.9	140.2
流动资金	Floating Capital	110.3	114.4	128.1	128.5
企业融资	Enterprise Financing	99.8	99.3	107.8	119.3
货款拖欠	Loan Delinquency	105.0	116.6	112.3	120.8
劳动力需求	Labor Force Demand	93.3	84.7	105.3	122.4
固定资产投资	Fixed Asset Investment	102.0	100.9	108.0	111.8

21—3 续表2 continued

指　标	Item	一季度 The First Quarter	二季度 The Second Quarter	三季度 The Third Quarter	四季度 The Fourth Quarter
房地产业	**Real Estate Industry**				
企业家信心指数	Faith Indices of Enterprises	90.5	124.7	136.9	144.9
企业景气指数	Business Indices of Enterprises	98.9	119.5	136.0	145.8
土地开发	Land Space Developed	77.3	94.3	100.8	105.9
完成投资	Finished Investment	88.2	111.2	118.9	134.7
新开工情况	Newly Started	79.1	87.1	99.9	99.4
房屋竣工	Buildings Completed	97.3	98.7	109.9	111.2
商品房预售	Commercial Houses Sold in Advince	90.7	116.1	123.3	120.3
商品房销售	Commercial Houses Sold	99.1	112.8	122.5	115.8
商品房销售价格	Commercial Houses Selling Price	85.2	111.1	130.6	146.0
空置商品房	Vacant Commercial Houses	130.1	140.4	153.6	159.8
盈利(亏损)变化	Profit(Loss) Change	76.6	98.0	117.9	137.5
流动资金	Floating Capital	68.4	87.7	93.6	116.6
企业融资	Enterprise Financing	57.0	70.3	79.1	89.5
货款拖欠	Loan Delinquency	101.5	117.9	118.0	123.2
劳动力需求	Labor Force Demand	84.5	106.4	99.1	100.3
固定资产投资	Fixed Asset Investment	101.4	105.7	107.2	119.3
社会服务业	**Social Service Industry**				
企业家信心指数	Faith Indices of Enterprises	113.7	129.4	136.0	134.0
企业景气指数	Business Indices of Enterprises	129.4	137.3	156.0	150.0
服务预订	Service Orders	115.3	113.3	118.0	100.0
竞争能力	Competitive Ability	152.9	149.0	154.0	148.0
旅游客源	Traveling Source of Tourists	104.6	121.7	147.8	104.0
收费(服务)价格	Charge(service) Price	94.5	78.0	102.0	92.8
业务量	Business Volume	117.7	105.9	136.0	100.8
营业成本	Business Cost	76.5	62.8	60.0	80.0
盈利(亏损)变化	Profit (Loss) Change	102.4	105.9	120.0	102.8
流动资金	Floating Capital	106.3	113.7	114.0	108.4
企业融资	Enterprise Financing	102.4	92.5	104.2	106.4
货款拖欠	Loan Delinquency	111.8	100.4	106.0	99.6
劳动力需求	Labor Force Demand	111.4	109.4	116.0	102.4
固定资产投资	Fixed Asset Investment	111.4	110.2	126.0	128.0

21—3 续表3 continued

指　标	Item	一季度 The First Quarter	二季度 The Second Quarter	三季度 The Third Quarter	四季度 The Fourth Quarter
信息传输、计算机服务和软件业	**Information Transmission、Computer Service & Software Industry**				
企业家信心指数	Faith Indices of Enterprises	161.9	171.9	181.5	181.9
企业景气指数	Business Indices of Enterprises	167.7	171.1	167.5	181.1
产品销售（提供服务）	Product Sale (Service Provide)	128.4	163.3	153.3	169.3
产品订货	Product Ordering	125.2	145.1	160.0	160.2
竞争能力	Competitive Ability	173.7	158.8	152.2	172.1
销售（收费）价格	Selling(charge) Price	94.4	91.1	92.9	90.0
营业收入	Business Income	134.4	159.3	149.1	165.1
营业成本	Business Cost	81.3	60.8	55.1	53.0
盈利(亏损)变化	Profit(Loss) Change	122.8	117.7	134.6	147.7
流动资金	Floating Capital	143.5	143.5	147.2	144.2
企业融资	Enterprise Financing	124.3	124.3	130.1	124.3
货款拖欠	Loan Delinquency	144.1	112.7	117.0	104.9
劳动力需求	Labor Force Demand	115.6	119.0	131.4	128.3
固定资产投资	Fixed Asset Investment	123.5	139.7	144.1	152.6
住宿和餐饮业	**Lodging and Catering**				
企业家信心指数	Faith Indices of Enterprises	106.1	112.8	122.0	139.2
企业景气指数	Business Indices of Enterprises	105.4	113.4	112.1	131.3
业务预订	Service Ordering	71.7	91.2	108.8	132.6
业务量	Business Volume	64.1	91.2	112.1	130.4
竞争能力	Competitive Ability	133.5	126.5	122.0	133.7
客房出租	Guest Room Hiring	68.2	84.9	87.9	90.9
收费(服务)价格	Charge (service) Price	79.0	89.2	92.3	103.3
营业收入	Business Income	57.6	87.9	102.2	126.6
营业成本	Business Cost	86.6	94.7	71.4	58.9
盈利(亏损)变化	Profit (Loss) Change	78.7	94.5	105.5	116.1
流动资金	Floating Capital	93.3	96.5	87.9	96.8
企业融资	Enterprise Financing	71.0	77.4	80.0	87.5
货款拖欠	Loan Delinquency	89.7	91.6	96.7	91.9
劳动力需求	Labor Force Demand	102.2	99.6	111.0	119.6
固定资产投资	Fixed Asset Investment	92.4	108.4	115.4	107.3

主要统计指标解释

企业家信心指数

也称为宏观经济景气指数，它是根据企业家对当前本企业所在国民经济行业当前经济运行态势所做出的定性判断和对未来发展变化所做出的定性预期（通常是指对“乐观”“不变”“不乐观”的选择）而编制的景气指数，用以综合反映当前宏观经济状况和企业家对宏观经济的看法与信心、综合反映未来宏观经济运行景气状况的发展变化趋势和企业家对宏观经济的看法与信心。

企业景气指数

也称企业生产经营综合景气指数，它是根据企业家对当前企业生产经营状况所做出的综合定性判断和对未来发展变化所做出的综合定性预期（通常是指对“上升”“不变”“下降”的选择）而编制的景气指数，用以综合反映当前企业生产经营综合景气状况和未来发展变化的趋势。

企业景气调查

也称为经济周期调查或短期经济观测调查，它是以企业家或负责人为调查对象，采用问卷调查方式，定期收集企业家对宏观经济运行和企业经营景气现状的定性判断、对未来经济景气状况变动预期的一种统计调查。

Explanatory Notes for Major Statistical Indicators

Faith Index of Entrepreneur

also called “macro business index”. It is usually drawn up according to the entrepreneurs' judgment and anticipation to the external market economic environment and macro policy (including “optimistic”, “ordinary”, “not optimistic”), so as to reflect the entrepreneurs' feeling and faith about macro economy., and reflect the entrepreneurs' feeling and faith about future macro economy business and development changing Tendency

Business Index of Enterprise

also called “comprehensive production and management index of enterprise”. It is usually drawn up according to the entrepreneurs' judgment and development changing tendency to the operation status of enterprise, so as to reflect the status of production and operation of enterprises. business and development changing Tendency .

Business Survey of Enterprise

Business Survey of Enterprise is a survey system set up adapted to the new situation of socialist market economy and drawing on the experience of the countries with market economy. The business indices of enterprise are drawn up through giving out regular questionnaire to some entrepreneurs and collecting their judgment and anticipation to the operation status of enterprise and macro economical situation.

第二十二篇

Chapter 22

省级和县级主要经济指标及位次

MAIN ECONOMIC INDICATORS AND THEIR ORDERS OF PRECEDENCE OF PROVINCE AND COUNTY

简要说明

一、本篇包括全国分省(市)主要年份经济指标及位次和本省县级主要经济指标及位次。

二、各县资料均来自本年鉴各篇。

三、人均指标依据年平均人数计算。

Brief Introduction

I. This chapter includes main economic indicators and their orders of precedence of provinces and counties of Anhui in major years.

II. Data of counties are extracted from the concerned data in other chapters in this yearbook.

III. Per capita indicators are calculated in accordance with annual average population.

22—1 全国分省（市）主要年份生产总值及位次

Gross Domestic Product and Their Orders of Precedence in Major Years by Province or City

本表按当年价格计算 (Data in value terms in this table are calculated at current prices.) 单位：亿元 (100 million yuan)

省（市）	Province or City	1995	位次 Order of Precedence	2000	位次 Order of Precedence	2005	位次 Order of Precedence	2008	位次 Order of Precedence	2009	位次 Order of Precedence
全国	**National Total**	**60794**		**99215**		**184937**		**314045**		**340507**	
北京	Beijing	1507.69	15	3161.00	13	6886.31	10	11115.00	12	12153.03	13
天津	Tianjin	931.97	23	1701.88	22	3697.62	20	6719.01	21	7521.85	20
河北	Hebei	2849.52	6	5043.96	6	10096.11	6	16011.97	6	17235.48	6
山西	Shanxi	1076.03	20	1845.72	20	4179.52	16	7315.40	17	7358.31	21
内蒙古	Inner Mongolia	857.06	24	1539.12	24	3895.55	19	8496.20	15	9740.25	15
辽宁	Liaoning	2793.40	7	4669.10	8	8009.01	8	13668.58	8	15212.49	7
吉林	Jilin	1137.23	19	1951.51	19	3620.27	22	6426.10	22	7278.75	22
黑龙江	Heilongjiang	1991.40	13	3151.40	14	5511.50	14	8314.37	16	8587.00	16
上海	Shanghai	2499.43	8	4771.17	7	9154.18	7	14069.87	7	15046.45	8
江苏	Jiangsu	5155.25	2	8553.69	2	18305.66	3	30981.98	2	34457.30	2
浙江	Zhejiang	3557.55	4	6141.03	4	13437.85	4	21462.69	4	22990.35	4
安徽	**Anhui**	**1810.66**	**14**	**2902.09**	**15**	**5350.17**	**15**	**8851.66**	**14**	**10062.82**	**14**
福建	Fujian	2094.90	12	3764.54	10	6568.93	11	10823.01	13	12236.53	12
江西	Jiangxi	1169.73	18	2003.07	18	4056.76	18	6971.05	20	7655.18	19
山东	Shandong	4953.35	3	8337.47	3	18516.87	2	30933.28	3	33896.65	3
河南	Henan	2988.37	5	5052.99	5	10587.42	5	18018.53	5	19480.46	5
湖北	Hubei	2109.38	11	3545.39	12	6520.14	12	11328.89	11	12961.10	11
湖南	Hunan	2132.13	10	3551.49	11	6511.34	13	11555.00	10	13059.69	10
广东	Guangdong	5933.05	1	10741.25	1	22366.54	1	36796.71	1	39482.56	1
广西	Guangxi	1497.56	16	2080.04	16	4075.75	17	7021.00	19	7759.16	18
海南	Hainan	363.25	28	526.82	28	894.57	28	1503.06	28	1654.21	28
重庆	Chongqing	1016.25	22	1603.16	23	3070.49	24	5793.66	23	6530.01	23
四川	Sichuan	2443.21	9	3928.20	9	7385.11	9	12601.23	9	14151.28	9
贵州	Guizhou	636.21	26	1029.92	27	1979.06	26	3561.56	26	3912.68	26
云南	Yunnan	1222.15	17	2011.19	17	3472.89	23	5692.12	24	6169.75	24
西藏	Tibet	56.11	31	117.80	31	251.21	31	394.85	31	441.36	31
陕西	Shaanxi	1036.85	21	1804.00	21	3675.66	21	7314.58	18	8169.80	17
甘肃	Gansu	557.76	27	1052.88	26	1933.98	27	3166.82	27	3387.56	27
青海	Qinghai	167.80	30	263.68	30	543.32	30	1018.62	30	1081.27	30
宁夏	Ningxia	175.19	29	295.02	29	606.10	29	1203.92	29	1353.31	29
新疆	Xinjiang	814.85	25	1363.56	25	2604.19	25	4183.21	25	4277.05	25

注：1) 因分级核算，各省、市、自治区汇总数不等于全国数据（后同）。
2) 2008年为按照第二次全国经济普查修订的数据（后同）。

a) Because of Caculating in different levels, the sum total data of every province、municipalities directly under the central government autonomous region were not equal to the whole country data.

b) Data in 2008 are the second national economical general survey revision data (same as below).

22—2 全国分省（市）主要年份生产总值第一产业及位次
Gross Domestic Product of Precedence and Their Orders of Precedence by Province or City

本表按当年价格计算 (Data in value terms in this table are calculated at current prices.) 单位：亿元 (100 million yuan)

省（市）	Province or City	1995	位次 Order of Precedence	2000	位次 Order of Precedence	2005	位次 Order of Precedence	2008	位次 Order of Precedence	2009	位次 Order of Precedence
全国	**National Total**	**12136**		**14945**		**22420**		**33702**		**35226**	
北京	Beijing	72.16	26	76.58	27	97.99	27	112.83	28	118.29	28
天津	Tianjin	60.80	27	73.69	28	112.38	26	122.58	26	128.85	26
河北	Hebei	631.34	7	824.55	6	1503.07	3	2034.59	5	2207.34	5
山西	Shanxi	168.69	23	179.86	25	262.42	25	313.58	25	477.59	24
内蒙古	Inner Mongolia	260.18	19	350.80	18	589.56	18	907.95	18	929.60	18
辽宁	Liaoning	392.20	13	503.40	13	882.41	12	1302.02	11	1414.90	11
吉林	Jilin	303.99	16	398.73	16	625.61	17	916.72	17	980.57	17
黑龙江	Heilongjiang	371.20	15	383.15	17	684.60	15	1088.94	14	1154.33	14
上海	Shanghai	59.82	28	76.68	26	80.34	28	111.80	29	113.82	29
江苏	Jiangsu	866.24	2	1048.34	3	1461.49	5	2100.11	4	2261.86	3
浙江	Zhejiang	549.96	10	630.98	11	892.83	11	1095.96	13	1163.08	13
安徽	**Anhui**	**584.12**	**9**	**741.77**	**8**	**966.50**	**9**	**1418.09**	**10**	**1495.45**	**9**
福建	Fujian	464.82	11	640.57	10	841.20	13	1158.17	12	1182.74	12
江西	Jiangxi	374.64	14	485.14	14	727.37	14	1060.38	15	1098.66	15
山东	Shandong	1010.13	1	1268.57	1	1963.51	1	3002.65	1	3226.64	1
河南	Henan	762.99	4	1161.58	2	1892.01	2	2658.78	2	2769.05	2
湖北	Hubei	619.77	8	662.30	9	1082.13	8	1780.00	8	1795.90	8
湖南	Hunan	685.30	5	784.92	7	1274.15	7	1892.40	7	1969.69	7
广东	Guangdong	864.49	3	986.32	4	1428.27	6	1973.05	6	2010.27	6
广西	Guangxi	449.64	12	538.70	12	912.50	10	1453.75	9	1458.49	10
海南	Hainan	128.90	24	192.00	24	300.75	24	436.04	24	462.19	25
重庆	Chongqing	264.19	18	284.87	20	463.40	20	575.40	21	606.80	21
四川	Sichuan	662.46	6	945.58	5	1481.14	4	2216.15	3	2240.61	4
贵州	Guizhou	227.13	21	271.20	21	368.94	22	539.19	22	550.27	22
云南	Yunnan	302.69	17	431.80	15	669.81	16	1020.56	16	1067.60	16
西藏	Tibet	23.48	31	36.39	31	48.04	31	60.62	31	63.88	31
陕西	Shaanxi	217.27	22	258.22	22	435.77	21	753.72	19	789.64	19
甘肃	Gansu	110.65	25	194.10	23	308.06	23	462.27	23	497.05	23
青海	Qinghai	39.62	29	40.12	30	65.34	30	105.57	30	107.40	30
宁夏	Ningxia	35.41	30	46.03	29	72.08	29	118.94	27	127.25	27
新疆	Xinjiang	240.71	20	288.18	19	509.99	19	691.07	20	759.74	20

22—3 全国分省（市）主要年份生产总值第二产业及位次

Gross Domestic Product of Secondary Industry and Their Orders of Precedence in Major Years by Province or City

本表按当年价格计算 (Data in value terms in this table are calculated at current prices.) 单位：亿元 (100 million yuan)

省（市） Province or City	1995	位次 Order of Prece-dence	2000	位次 Order of Prece-dence	2005	位次 Order of Prece-dence	2008	位次 Order of Prece-dence	2009	位次 Order of Prece-dence
全国 National Total	**28679**		**45556**		**87598**		**149003**		**157639**	
北京 Beijing	645.81	15	1033.29	15	2026.51	17	2626.41	23	2855.55	23
天津 Tianjin	518.55	18	863.83	16	2051.17	16	3709.78	18	3987.84	18
河北 Hebei	1322.77	8	2514.96	5	5232.50	6	8701.34	6	8959.83	6
山西 Shanxi	494.45	19	858.37	17	2353.16	14	4242.36	15	3993.80	17
内蒙古 Inner Mongolia	308.78	24	582.57	24	1773.21	20	4376.19	13	5114.00	13
辽宁 Liaoning	1390.00	7	2344.40	6	3953.28	8	7158.84	7	7906.34	7
吉林 Jilin	475.22	20	768.89	20	1580.83	21	3097.12	20	3541.92	20
黑龙江 Heilongjiang	1048.60	9	1731.70	9	2971.68	11	4319.75	14	4060.72	16
上海 Shanghai	1419.41	5	2207.63	8	4452.92	7	6085.84	8	6001.78	11
江苏 Jiangsu	2715.26	2	4435.89	2	10355.04	3	16993.34	3	18566.37	3
浙江 Zhejiang	1854.52	4	3273.93	4	7166.15	4	11567.42	4	11908.49	4
安徽 Anhui	**660.09**	**14**	**1056.78**	**14**	**2245.90**	**15**	**4198.93**	**16**	**4905.22**	**14**
福建 Fujian	882.34	11	1628.45	10	3200.26	9	5318.44	10	6005.30	10
江西 Jiangxi	403.74	23	700.76	22	1917.47	18	3554.81	19	3919.45	19
山东 Shandong	2355.78	3	4164.45	3	10628.62	2	17571.98	2	18901.83	2
河南 Henan	1394.98	6	2294.15	7	5514.14	5	10259.99	5	11010.50	5
湖北 Hubei	780.18	12	1437.38	11	2810.01	12	5082.04	11	6038.08	9
湖南 Hunan	770.67	13	1293.18	13	2596.71	13	5028.93	12	5687.19	12
广东 Guangdong	2900.22	1	4999.51	1	11339.93	1	18502.20	1	19419.70	1
广西 Guangxi	535.86	16	732.76	21	1510.68	22	3037.74	22	3381.54	22
海南 Hainan	78.48	28	103.97	30	220.07	30	423.55	30	443.43	30
重庆 Chongqing	412.28	22	623.83	23	1259.12	24	3057.78	21	3448.77	21
四川 Sichuan	980.91	10	1433.11	12	3067.23	10	5823.39	9	6711.87	8
贵州 Guizhou	232.52	27	391.20	27	826.63	27	1370.03	27	1476.62	27
云南 Yunnan	534.78	17	833.25	18	1432.76	23	2452.75	24	2582.53	24
西藏 Tibet	13.24	31	27.05	31	63.52	31	115.56	31	136.63	31
陕西 Shaanxi	441.67	21	782.58	19	1849.28	19	3861.12	17	4236.42	15
甘肃 Gansu	256.83	26	421.65	26	838.56	26	1470.34	26	1523.43	26
青海 Qinghai	64.58	30	108.83	29	264.61	29	557.12	29	575.33	29
宁夏 Ningxia	74.67	29	121.43	28	281.23	28	609.98	28	662.32	28
新疆 Xinjiang	283.97	25	537.58	25	1164.79	25	2070.76	25	1929.59	25

22—4 全国分省（市）主要年份生产总值第三产业及位次

Gross Domestic Product of Precedence Industry and Their Orders of Precedence in Main Years by Province or City

本表按当年价格计算 (Data in value terms in this table are calculated at current prices.)　　单位：亿元 (100 million yuan)

省（市）	Province or City	1995	位次 Order of Precedence	2000	位次 Order of Precedence	2005	位次 Order of Precedence	2008	位次 Order of Precedence	2009	位次 Order of Precedence
全国	**National Total**	**19978**		**38714**		**74919**		**131340**		**147642**	
北京	Beijing	789.72	10	2051.13	6	4761.81	5	8375.76	5	9179.19	5
天津	Tianjin	352.62	22	764.36	20	1534.07	18	2886.65	17	3405.16	16
河北	Hebei	895.41	7	1704.45	8	3360.54	7	5276.04	7	6068.31	7
山西	Shanxi	412.89	17	807.49	18	1563.94	17	2759.46	18	2886.92	20
内蒙古	Inner Mongolia	288.10	25	605.74	24	1532.78	19	3212.08	15	3696.65	14
辽宁	Liaoning	1011.20	6	1821.20	7	3173.32	9	5207.72	8	5891.25	8
吉林	Jilin	358.02	21	783.89	19	1413.83	20	2412.26	21	2756.26	21
黑龙江	Heilongjiang	571.60	14	1036.55	15	1855.22	15	2905.68	16	3371.95	17
上海	Shanghai	1020.20	5	2486.86	4	4620.92	6	7872.23	6	8930.85	6
江苏	Jiangsu	1573.75	3	3069.46	2	6489.14	2	11888.53	2	13629.07	2
浙江	Zhejiang	1153.07	4	2236.12	5	5378.86	4	8799.31	4	9918.78	4
安徽	**Anhui**	**566.45**	**15**	**1103.54**	**14**	**2137.77**	**14**	**3234.64**	**14**	**3662.15**	**15**
福建	Fujian	747.74	11	1495.52	11	2527.47	13	4346.40	13	5048.49	13
江西	Jiangxi	391.35	18	817.17	16	1411.92	21	2355.86	22	2637.07	22
山东	Shandong	1587.44	2	2904.45	3	5924.74	3	10358.64	3	11768.18	3
河南	Henan	830.40	8	1597.26	9	3181.27	8	5099.76	9	5700.91	9
湖北	Hubei	709.43	12	1445.71	13	2628.00	12	4466.85	12	5127.12	12
湖南	Hunan	676.16	13	1473.39	12	2640.48	11	4633.67	10	5402.81	10
广东	Guangdong	2168.34	1	4755.42	1	9598.34	1	16321.46	1	18052.59	1
广西	Guangxi	512.06	16	808.58	17	1652.57	16	2529.51	20	2919.13	19
海南	Hainan	155.87	28	230.85	28	373.75	28	643.47	28	748.59	28
重庆	Chongqing	339.78	23	694.46	23	1347.97	24	2160.48	24	2474.44	24
四川	Sichuan	799.84	9	1549.51	10	2836.74	10	4561.69	11	5198.80	11
贵州	Guizhou	176.56	27	367.52	27	783.49	27	1652.34	25	1885.79	25
云南	Yunnan	384.68	19	746.14	22	1370.32	23	2218.81	23	2519.62	23
西藏	Tibet	19.39	31	54.37	31	139.65	31	218.67	31	240.85	31
陕西	Shaanxi	377.91	20	763.20	21	1390.61	22	2699.74	19	3143.74	18
甘肃	Gansu	190.28	26	437.13	26	787.36	26	1234.21	27	1367.08	27
青海	Qinghai	63.60	30	114.73	30	213.37	30	355.93	30	398.54	30
宁夏	Ningxia	65.10	29	127.56	29	252.79	29	475.00	29	563.74	29
新疆	Xinjiang	290.17	24	537.80	25	929.41	25	1421.38	26	1587.72	26

22—5 全国分省（市）主要年份城镇固定资产投资及位次
Unban Investment in Fixed Assets and Their Orders of Precedence in Main Years by Province or City

单位：亿元 (100 million yuan)

省（市）	Province or City	1995	位次 Order of Precedence	2000	位次 Order of Precedence	2005	位次 Order of Precedence	2008	位次 Order of Precedence	2009	位次 Order of Precedence
全国	**National Total**	**20019.26**		**24243**		**75096.48**		**148167.25**		**194138.62**	
北京	Beijing	864.85	9	1186	6	2595.41	10	3520.95	19	4149.63	23
天津	Tianjin	396.55	17	526	17	1367.48	24	3175.12	23	4446.83	22
河北	Hebei	907.75	6	1048	7	3361.65	7	7465.13	6	10472.25	5
山西	Shanxi	270.64	23	457	22	1671.91	19	3194.51	22	4509.56	21
内蒙古	Inner Mongolia	251.32	24	347	24	2563.54	11	5320.59	10	7144.35	11
辽宁	Liaoning	865.49	8	1028	8	3669.71	5	8879.22	3	11605.17	3
吉林	Jilin	320.29	20	485	20	1595.92	21	4687.35	13	5958.62	14
黑龙江	Heilongjiang	517.62	14	741	13	1638.17	20	3368.21	20	4696.08	19
上海	Shanghai	1597.89	3	1679	2	3198.57	8	4371.63	15	4718.76	18
江苏	Jiangsu	1764.76	2	1645	3	6211.87	2	11370.85	2	14266.88	2
浙江	Zhejiang	1482.62	4	1445	5	4756.95	4	6519.11	7	7453.64	9
安徽	**Anhui**	**476.10**	**15**	**576**	**15**	**2140.03**	**14**	**5936.17**	**9**	**7940.55**	**8**
福建	Fujian	683.02	12	810	12	1970.12	15	4586.63	14	5548.61	16
江西	Jiangxi	282.54	22	322	25	1933.93	16	4317.92	16	6006.69	13
山东	Shandong	1308.62	5	1564	4	7274.83	1	12528.44	1	15439.10	1
河南	Henan	783.14	11	885	11	3528.29	6	8700.11	4	11455.01	4
湖北	Hubei	785.09	10	988	10	2433.23	12	5133.31	11	7183.68	10
湖南	Hunan	523.00	13	634	14	2174.91	13	4820.60	12	6880.09	12
广东	Guangdong	2315.83	1	2536	1	5760.73	3	8602.89	5	10238.46	6
广西	Guangxi	403.15	16	398	23	1554.25	22	3320.24	21	4689.88	20
海南	Hainan	182.08	25	150	28	351.51	29	667.95	29	942.57	29
重庆	Chongqing			459	21	1786.43	17	3715.90	18	4855.11	17
四川	Sichuan	901.42	7	1016	9	2989.60	9	6340.50	8	9061.43	7
贵州	Guizhou	161.79	26	288	27	916.09	26	1603.22	26	2040.02	27
云南	Yunnan	390.45	18	504	19	1550.18	23	3106.24	24	4117.53	24
西藏	Tibet	35.13	30	49	31	187.22	31	265.37	31	328.66	31
陕西	Shaanxi	310.18	21	529	16	1761.18	18	4273.46	17	5890.47	15
甘肃	Gansu	145.76	27	322	26	790.22	27	1495.64	27	2076.38	26
青海	Qinghai	53.11	29	132	29	312.56	30	513.38	30	689.12	30
宁夏	Ningxia	62.17	28	124	30	382.71	28	735.52	28	964.16	28
新疆	Xinjiang	331.97	19	520	18	1210.09	25	1974.47	25	2418.51	25

22—6 全国分省（市）主要年份农林牧渔业总产值及位次

Gross Output Value of Farming, Forestry, Animal Husbandry, and Fishery and Their Orders of Precedence in Main Years by Province or City

本表按当年价格计算 (Data in value terms in this table are calculated at current prices.) 单位：亿元 (100 million yuan)

省（市） Province or City	1995	位次 Order of Prece-dence	2000	位次 Order of Prece-dence	2005	位次 Order of Prece-dence	2008	位次 Order of Prece-dence	2009	位次 Order of Prece-dence
全国 National Total	**20340.90**		**24777**		**39450.89**		**58002.00**		**60361.01**	
北京 Beijing	164.47	26	195	27	268.85	26	304.00	26	314.95	26
天津 Tianjin	133.25	27	156	28	258.41	27	268.00	28	281.65	28
河北 Hebei	1147.83	6	1549	5	2600.83	3	3505.00	5	3640.93	5
山西 Shanxi	299.68	22	302	25	483.80	24	596.00	25	908.74	22
内蒙古 Inner Mongolia	373.59	20	518	18	980.21	18	1526.00	18	1570.58	18
辽宁 Liaoning	761.80	12	967	12	1671.57	9	2477.00	9	2704.58	9
吉林 Jilin	490.28	16	598	17	1050.49	17	1615.00	16	1734.26	15
黑龙江 Heilongjiang	670.03	14	625	16	1294.41	14	2123.00	12	2251.10	12
上海 Shanghai	182.47	25	216	26	233.39	28	280.00	27	283.15	27
江苏 Jiangsu	1686.78	2	1874	3	2576.98	4	3591.00	4	3816.02	3
浙江 Zhejiang	891.71	10	1040	10	1428.28	12	1780.00	14	1873.40	14
安徽 Anhui	**980.26**	**9**	**1220**	**7**	**1666.19**	**10**	**2447.00**	**10**	**2569.46**	**10**
福建 Fujian	765.38	11	1029	11	1396.15	13	1965.00	13	2001.24	13
江西 Jiangxi	631.71	15	760	14	1142.99	15	1680.00	15	1733.82	16
山东 Shandong	1857.48	1	2294	1	3741.81	1	5613.00	1	6003.09	1
河南 Henan	1304.25	5	1981	2	3309.70	2	4670.00	2	4871.51	2
湖北 Hubei	988.53	8	1126	9	1775.58	8	2940.00	8	2985.19	8
湖南 Hunan	1046.97	7	1219	8	2056.24	7	3325.00	6	3207.88	7
广东 Guangdong	1445.48	4	1632	4	2447.57	6	3298.00	7	3337.59	6
广西 Guangxi	743.50	13	827	13	1448.37	11	2390.00	11	2377.20	11
海南 Hainan	202.10	24	309	24	475.88	25	665.00	24	705.04	25
重庆 Chongqing			413	21	662.19	21	871.00	21	913.11	21
四川 Sichuan	1520.26	3	1370	6	2457.46	5	3903.00	3	3689.81	4
贵州 Guizhou	344.85	21	412	22	571.84	22	844.00	22	875.20	24
云南 Yunnan	474.46	17	680	15	1068.58	16	1595.00	17	1706.19	17
西藏 Tibet	35.90	30			67.74	31	88.00	31	93.38	31
陕西 Shaanxi	381.65	19	472	20	730.72	20	1278.00	19	1337.22	19
甘肃 Gansu	289.37	23	323	23	521.53	23	808.00	23	876.28	23
青海 Qinghai	55.10	29	58	30	94.04	30	153.00	30	157.30	30
宁夏 Ningxia	56.55	28	78	29	138.00	29	227.00	29	243.50	29
新疆 Xinjiang	415.19	18	487	19	831.06	19	1177.00	20	1297.61	20

22—7 全国分省（市）主要年份工业增加值及位次

Value-added of Industry and Their Orders of Precedence in Main Years by Province or City

本表按当年价格计算 (Data in value terms in this table are calculated at current prices.)　　单位：亿元 (100 million yuan)

省（市） Province or City		1999	位次 Order of Precedence	2000	位次 Order of Precedence	2005	位次 Order of Precedence	2008年比去年增长位次 Compared to Last Year	2009年比去年增长位次 Compared to Last Year
全国	**National Total**	**21564.74**		**25394.80**		**66425.20**			
北京	Beijing	584.48	13	722.65	12	1705.40	15	31	25
天津	Tianjin	490.09	16	630.09	14	1783.00	13	8	2
河北	Hebei	946.62	7	1132.66	8	3219.00	7	20	17
山西	Shanxi	400.65	19	428.71	19	1712.00	14	29	31
内蒙古	Inner Mongolia	235.73	25	279.54	24	1135.50	20	1	1
辽宁	Liaoning	935.84	8	1194.03	7	3007.40	8	14	10
吉林	Jilin	412.22	18	496.19	18	1200.80	19	11	10
黑龙江	Heilongjiang	933.80	9	1213.05	6	2166.30	10	21	19
上海	Shanghai	1541.71	4	1687.18	4	3994.70	5	28	30
江苏	Jiangsu	2234.58	2	2604.37	2	8054.00	3	18	14
浙江	Zhejiang	1267.75	5	1560.11	5	4904.70	4	24	29
安徽	**Anhui**	**494.51**	**14**	**507.38**	**17**	**1373.90**	**17**	**3**	**3**
福建	Fujian	665.02	10	797.12	11	2235.20	9	15	18
江西	Jiangxi	248.97	23	269.73	25	828.50	24	4	6
山东	Shandong	2098.80	3	2549.35	3	8411.90	1	19	12
河南	Henan	993.62	6	1116.39	9	3228.00	6	10	14
湖北	Hubei	646.42	11	1011.77	10	1847.90	12	5	6
湖南	Hunan	461.82	17	528.06	16	1535.90	16	12	5
广东	Guangdong	2788.16	1	3423.86	1	8290.00	2	22	26
广西	Guangxi	281.80	21	323.88	22	833.10	23	2	9
海南	Hainan	54.63	30	63.25	30	138.00	30	30	27
重庆	Chongqing	239.47	24	283.73	23	716.40	25	5	8
四川	Sichuan	634.31	12	662.44	13	2034.40	11	13	4
贵州	Guizhou	196.04	27	216.99	27	561.60	27	24	23
云南	Yunnan	491.12	15	531.47	15	1018.10	21	23	20
西藏	Tibet	8.42	31	9.25	31	17.40	31	27	22
陕西	Shaanxi	345.95	20	411.17	20	1267.20	18	8	13
甘肃	Gansu	225.57	26	244.73	26	601.80	26	26	23
青海	Qinghai	58.32	29	63.34	29	179.50	29	7	21
宁夏	Ningxia	61.60	28	73.68	28	202.30	28	17	16
新疆	Xinjiang	256.72	22	356.62	21	933.30	22	16	28

注：工业月度快报口径。
a) Data in the table are preliminary statistics.

22—8 全国分省（市）主要年份社会消费品零售总额及位次
Total Retail Sales of Consumer Goods and Their Orders of Precedence in Main Years by Province or City

本表按当年价格计算 (Data in value terms in this table are calculated at current prices.) 单位：亿元 (100 million yuan)

省（市）	Province or City	1995	位次 Order of Prece-dence	2000	位次 Order of Prece-dence	2005	位次 Order of Prece-dence	2008	位次 Order of Prece-dence	2009	位次 Order of Prece-dence
全　国	**National Total**	**20620.0**		**34152.6**		**67958.7**		**108487.7**		**125342.7**	
北　京	Beijing	827.0	12	1443.3	11	2902.8	11	4589.0	10	5309.9	10
天　津	Tianjin	375.6	20	736.6	18	1190.1	23	2000.3	23	2430.8	23
河　北	Hebei	852.1	10	1613.9	9	2952.9	10	4880.4	8	5764.9	8
山　西	Shanxi	376.0	19	629.1	21	1401.2	17	2356.5	18	2809.0	18
内蒙古	Inner Mongolia	295.0	23	484.0	24	1344.1	19	2363.3	17	2855.3	17
辽　宁	Liaoning	1122.0	6	1847.6	5	2999.0	6	4917.5	7	5812.6	7
吉　林	Jilin	481.5	17	810.9	17	1460.8	16	2484.3	16	2957.3	16
黑龙江	Heilongjiang	682.7	13	1094.0	14	1760.1	15	2838.6	15	3401.8	15
上　海	Shanghai	970.0	7	1722.3	8	2973.0	8	4537.1	11	5173.2	11
江　苏	Jiangsu	1650.0	2	2604.1	2	5699.9	3	9661.4	3	11484.1	3
浙　江	Zhejiang	1395.7	4	2298.8	4	4631.7	4	7441.7	4	8622.3	4
安　徽	**Anhui**	**599.6**	**15**	**1077.8**	**15**	**1765.0**	**14**	**2965.5**	**14**	**3527.8**	**14**
福　建	Fujian	670.4	14	1372.8	12	2345.8	13	3828.0	13	4481.0	13
江　西	Jiangxi	410.9	18	704.9	19	1236.2	21	2082.8	21	2484.4	21
山　东	Shandong	1442.7	3	2545.9	3	6126.4	2	10381.2	2	12363.0	2
河　南	Henan	906.7	9	1786.7	7	3358.4	5	5662.5	5	6746.4	5
湖　北	Hubei	931.8	8	1789.4	6	2964.6	9	4965.8	6	5928.4	6
湖　南	Hunan	837.4	11	1364.7	13	2459.1	12	4119.7	12	4913.7	12
广　东	Guangdong	2304.1	1	4071.9	1	7882.6	1	12772.2	1	14891.8	1
广　西	Guangxi	535.5	16	859.2	16	1397.0	18	2338.4	19	2790.7	19
海　南	Hainan	109.2	27	172.5	28	268.6	28	448.4	28	537.5	28
重　庆	Chongqing			643.4	20	1215.8	22	2064.1	22	2479.0	22
四　川	Sichuan	1300.5	5	1523.7	10	2981.4	7	4800.8	9	5758.7	9
贵　州	Guizhou	197.6	26	343.7	27	606.9	27	1014.9	26	1247.3	25
云　南	Yunnan	369.6	21	583.2	23	1034.4	24	1718.5	24	2051.1	24
西　藏	Tibet			42.9	31	73.1	31	129.1	31	156.6	31
陕　西	Shaanxi	369.5	22	607.6	22	1322.4	20	2256.1	20	2699.7	20
甘　肃	Gansu	229.9	25	362.7	26	632.8	26	990.1	27	1183.0	26
青　海	Qinghai	57.8	28	82.1	30	160.5	30	252.8	30	300.5	30
宁　夏	Ningxia	57.2	29	90.2	29	174.3	29	285.2	29	339.3	29
新　疆	Xinjiang	253.7	24	374.5	25	637.8	25	1025.7	25	1177.5	27

注：我省1995年至2004年的数据是根据2004年经济普查结果进行了调整。
a) The data of Anhui Province since 1995 to 2004 were adjusted according to the result of 2004 economic census.

22—9 全省分县（市）主要经济指标及位次（2009年）

Main Economic Indicators and Their Orders of Precedence of All Counties (2009)

县（市） County (City)		生产总值（亿元）Gross Demestic Product (100 million yuan)		人均生产总值（元）Per Capita Gross Demestic Product (yuan)		财政收入（万元）Government Revenue (10000 yuan)		人均财政收入（元）Per Capita Government Revenue (yuan)		财政支出（万元）Government Expenditure (10000 yuan)	
		指标 Amount	位次 Order of Prece-dence	指标 Amount	位次 Order of Prece-dence	指标 Amount	位次 Order of Prece-dence	指标 Amount	位次 Order of Prece-dence	指标 Amount	位次 Order of Prece-dence
长丰县	Changfeng	123.45	6	16399	12	62302	10	776.26	19	155479	21
肥东县	Feidong	181.74	2	17091	11	92180	3	837.42	17	208130	4
肥西县	Feixi	206.71	1	23916	4	102030	2	1100.46	10	206220	5
濉溪县	Suixi	89.70	19	8485	40	50636	18	468.58	34	164869	18
涡阳县	Guoyang	110.45	11	7124	51	38235	24	257.38	51	188676	7
蒙城县	Mengcheng	99.90	14	7307	49	37683	25	287.40	47	167479	14
利辛县	Lixin	85.80	22	5225	59	25132	39	161.46	56	179668	11
砀山县	Dangshan	65.34	40	6685	55	15330	57	157.76	58	135689	28
萧县	Xiaoxian	97.74	15	6971	53	24299	41	173.30	54	184928	9
灵璧县	Lingbi	78.56	29	6561	56	15863	55	131.72	59	147219	26
泗县	Sixian	73.46	31	8129	42	16935	53	187.02	53	120426	38
怀远县	Huaiyuan	118.05	8	8428	41	32106	30	241.76	52	161184	19
五河县	Wuhe	78.13	30	10289	31	23191	43	320.03	43	111519	43
固镇县	Guzhen	69.75	37	10742	29	18518	50	300.14	46	102403	47
界首市	Jieshou	57.42	44	7672	45	25081	40	323.04	41	108781	45
临泉县	Linquan	83.82	23	3466	61	21828	46	101.34	60	197181	6
太和县	Taihe	91.58	18	5588	58	28587	33	169.70	55	177024	12
阜南县	Funan	69.61	38	4308	60	16127	54	98.68	61	166751	17
颍上县	Yingshang	102.21	13	6348	57	58715	12	352.51	38	233543	2
凤台县	Fengtai	146.23	5	23960	3	104014	1	1395.15	6	181999	10
天长市	Tianchang	119.63	7	18534	9	66699	9	1039.23	12	158328	20
明光市	Mingguang	59.55	42	8789	37	26975	36	420.29	35	108892	44
来安县	Laian	62.71	41	11523	26	28554	34	571.26	30	94325	51
全椒县	Quanjiao	54.04	46	11600	25	35353	28	758.68	22	101799	48
定远县	Dingyuan	70.45	36	7480	48	29217	32	303.72	45	152640	24
凤阳县	Fengyang	72.64	33	9690	33	42797	22	573.49	29	126720	36
寿县	Shouxian	93.37	16	6843	54	21611	47	158.93	57	167285	15
霍邱县	Huoqiu	115.07	9	6993	52	57639	13	321.40	42	235016	1
舒城县	Shucheng	79.97	28	8006	43	31124	31	311.35	44	166851	16
金寨县	Jinzhai	51.18	50	7637	46	22673	44	339.53	40	134980	29

22—9 续表1 continued

县（市） County (City)		生产总值 (亿元) Gross Demestic Product (100 million yuan)		人均生产总值 (元) Per Capita Gross Demestic Product (yuan)		财政收入 (万元) Government Revenue (10000 yuan)		人均财政收入 (元) Per Capita Government Revenue (yuan)		财政支出 (万元) Government Expenditure (10000 yuan)	
		指标 Amount	位次 Order of Prece-dence	指标 Amount	位次 Order of Prece-dence	指标 Amount	位次 Order of Prece-dence	指标 Amount	位次 Order of Prece-dence	指标 Amount	位次 Order of Prece-dence
霍山县	Huoshan	66.79	39	18051	10	43721	20	1179.28	9	120845	37
当涂县	Dangtu	149.25	4	22966	5	91900	4	1413.64	5	169844	13
庐江县	Lujiang	83.20	24	7577	47	42831	21	365.30	37	184956	8
无为县	Wuwei	178.22	3	12605	21	77614	6	545.81	31	226736	3
含山县	Hanshan	52.74	48	12094	24	36035	27	813.70	18	97185	49
和县	Hexian	71.90	35	11105	27	39404	23	599.16	28	118421	40
芜湖县	Wuhu	80.42	26	20965	6	69938	8	1726.18	3	127646	35
繁昌县	Fanchang	87.62	21	27773	1	74320	7	2354.78	1	128501	33
南陵县	Nanling	81.63	25	14791	14	51974	16	940.77	14	128803	32
宁国市	Ningguo	114.85	10	27741	2	89603	5	2328.27	2	148855	25
郎溪县	Langxi	51.87	49	13140	19	25506	38	754.38	23	82193	55
广德县	Guangde	89.02	20	16113	13	55708	15	1089.26	11	131723	31
泾县	Jingxian	41.62	53	10802	28	27107	35	762.24	20	90139	53
绩溪县	Jixi	27.48	58	18613	8	21271	48	1198.47	8	63248	58
旌德县	Jingde	17.25	59	9412	36	11238	59	746.15	25	45930	60
铜陵县	Tongling	57.52	43	19545	7	50664	17	1721.71	4	94947	50
东至县	Dongzhi	53.18	47	10387	30	34319	29	632.87	27	118343	41
石台县	Shitai	9.36	61	9985	32	7389	61	677.08	26	46965	59
青阳县	Qingyang	30.54	56	12335	22	36783	26	1284.43	7	87026	54
桐城市	Tongcheng	102.82	12	13655	18	56463	14	750.31	24	152700	23
怀宁县	Huaining	80.34	27	12317	23	59114	11	855.69	16	145200	27
枞阳县	Zongyang	93.19	17	9607	35	49621	19	512.38	33	155243	22
潜山县	Qianshan	54.99	45	9626	34	23762	42	408.42	36	128128	34
太湖县	Taihu	45.57	52	7870	44	15632	56	277.30	48	118647	39
宿松县	Susong	72.49	34	8611	39	22221	45	269.90	50	134162	30
望江县	Wangjiang	46.85	51	7147	50	17177	51	275.42	49	103883	46
岳西县	Yuexi	34.28	55	8716	38	14129	58	350.15	39	93563	52
歙县	Shexian	72.99	32	13779	17	26583	37	541.95	32	111747	42
休宁县	Xiuning	36.32	54	12797	20	20901	49	760.54	21	73754	56
黟县	Yixian	13.69	60	14250	16	9579	60	997.14	13	38626	61
祁门县	Qimen	29.52	57	14750	15	17130	52	912.62	15	64740	57

22—9 续表2 continued

县（市） County (City)		职工平均工资（元）Average Wage of Staff and Workers (yuan)		规模以上工业增加值（亿元）Gross Industrial Output Value at and Above Township Level (100 million yuan)		人均工业增加值（元）Per Capita Gross Industrial Output Value (yuan)		农林牧渔业总产值（万元）Gross Output Value of Farming, Forestry, Animal Husbandry and Fishery (10000 yuan)	
		指标 Amount	位次 Order of Precedence	指标 Amount	位次 Order of Precedence	指标 Amount	位次 Order of Precedence	指标 Amount	位次 Order of Precedence
长丰县	Changfeng	28350	16	44.21	7	0.55	14	554080	10
肥东县	Feidong	29442	11	67.52	3	0.61	12	617773	5
肥西县	Feixi	28655	13	93.67	1	1.01	3	547285	13
濉溪县	Suixi	25536	26	32.16	16	0.30	28	396968	23
涡阳县	Guoyang	22939	45	29.33	18	0.20	45	518986	17
蒙城县	Mengcheng	22864	46	17.31	32	0.13	53	535325	14
利辛县	Lixin	21154	53	3.41	59	0.02	61	516508	18
砀山县	Dangshan	20568	55	21.05	26	0.22	39	396508	24
萧县	Xiaoxian	22031	48	27.96	20	0.20	43	552263	11
灵璧县	Lingbi	21156	52	13.78	38	0.11	56	620424	4
泗县	Sixian	18908	60	14.78	36	0.16	48	534386	15
怀远县	Huaiyuan	20205	58	30.40	17	0.23	37	636663	3
五河县	Wuhe	21888	49	11.72	48	0.16	50	508252	19
固镇县	Guzhen	22305	47	12.00	47	0.19	47	444941	21
界首市	Jieshou	18530	61	20.19	27	0.26	33	280318	35
临泉县	Linquan	20414	56	8.43	52	0.04	60	732202	1
太和县	Taihe	21433	51	26.14	23	0.16	51	550458	12
阜南县	Funan	20674	54	9.27	51	0.06	59	554161	9
颍上县	Yingshang	29679	10	39.29	10	0.24	36	530513	16
凤台县	Fengtai	30601	7	6.99	56	0.09	57	264755	39
天长市	Tianchang	25196	29	53.20	5	0.83	9	335233	30
明光市	Mingguang	19886	59	7.42	55	0.12	55	343870	28
来安县	Laian	23656	40	18.24	29	0.37	21	220179	43
全椒县	Quanjiao	24696	33	14.87	35	0.32	24	265350	38
定远县	Dingyuan	22966	44	8.13	53	0.08	58	559763	8
凤阳县	Fengyang	23116	42	18.21	30	0.24	35	362518	26
寿县	Shouxian	20242	57	22.07	25	0.16	49	616945	6
霍邱县	Huoqiu	24490	35	38.17	13	0.21	40	607064	7
舒城县	Shucheng	26072	23	19.67	28	0.20	46	327805	31
金寨县	Jinzhai	24860	32	13.52	40	0.20	42	234589	41

22—9 续表3 continued

县（市） County (City)		职工平均工资（元）Average Wage of Staff and Workers (yuan)		规模以上工业增加值（亿元）Gross Industrial Output Value at and Above Township Level (100 million yuan)		人均工业增加值（元）Per Capita Gross Industrial Output Value (yuan)		农林牧渔业总产值（万元）Gross Output Value of Farming, Forestry, Animal Husbandry and Fishery (10000 yuan)	
		指标 Amount	位次 Order of Prece-dence	指标 Amount	位次 Order of Prece-dence	指标 Amount	位次 Order of Prece-dence	指标 Amount	位次 Order of Prece-dence
霍山县	Huoshan	23609	41	37.03	14	1.00	4	114077	54
当涂县	Dangtu	33011	5	57.66	4	0.89	6	346947	27
庐江县	Lujiang	25214	28	13.72	39	0.12	54	463601	20
无为县	Wuwei	30405	8	77.58	2	0.55	15	685717	2
含山县	Hanshan	28970	12	13.18	42	0.30	27	223822	42
和县	Hexian	27646	17	18.01	31	0.27	32	336753	29
芜湖县	Wuhu	36581	2	39.01	11	0.96	5	211145	46
繁昌县	Fanchang	34637	4	41.98	9	1.33	2	128275	53
南陵县	Nanling	31585	6	32.79	15	0.59	13	278032	36
宁国市	Ningguo	37028	1	53.11	6	1.38	1	212962	45
郎溪县	Langxi	25119	30	27.36	22	0.81	10	153394	50
广德县	Guangde	30026	9	43.68	8	0.85	7	213431	44
泾县	Jingxian	28426	14	14.12	37	0.40	18	159465	49
绩溪县	Jixi	28422	15	12.55	44	0.71	11	108943	55
旌德县	Jingde	24200	37	5.68	57	0.38	20	67378	58
铜陵县	Tongling	34764	3	24.95	24	0.85	8	102161	56
东至县	Dongzhi	26806	19	12.07	46	0.22	38	268257	37
石台县	Shitai	23884	38	3.31	60	0.30	25	32815	61
青阳县	Qingyang	25867	25	11.16	50	0.39	19	90429	57
桐城市	Tongcheng	26428	22	38.30	12	0.51	16	291057	33
怀宁县	Huaining	26480	21	27.58	21	0.40	17	282836	34
枞阳县	Zongyang	24386	36	29.10	19	0.30	26	377858	25
潜山县	Qianshan	23815	39	16.10	34	0.28	30	185720	47
太湖县	Taihu	25488	27	11.23	49	0.20	44	255779	40
宿松县	Susong	25031	31	12.49	45	0.15	52	437079	22
望江县	Wangjiang	21600	50	12.81	43	0.21	41	291532	32
岳西县	Yuexi	23087	43	13.43	41	0.33	23	152345	51
歙县	Shexian	26620	20	17.09	33	0.35	22	176451	48
休宁县	Xiuning	27289	18	7.77	54	0.28	29	141934	52
黟县	Yixian	24587	34	2.66	61	0.28	31	46430	60
祁门县	Qimen	26034	24	4.71	58	0.25	34	63484	59

22—9 续表4 continued

县（市） County (City)	人均农林牧渔业总产值（元）Per Capita Gross Outpnt Value of Farming, Forestry, Animal Husbandry and Fishery (yuan)		农民人均纯收入（元）Annual per Capita Net Income of Rural Residents (yuan)		社会消费品零售总额（万元）Total Retail Sale of Consumer Goods (10000 yuan)		人均社会消费品零售总额（元）Per Capita Total Retail Sale of Consumer Goods (yuan)	
	指标 Amount	位次 Order of Precedence	指标 Amount	位次 Order of Precedence	指标 Amount	位次 Order of Precedence	指标 Amount	位次 Order of Precedence
长丰县 Changfeng	6903.60	3	5185.11	22	186905	43	2328.76	53
肥东县 Feidong	5612.22	9	5962.21	11	358209	9	3254.19	36
肥西县 Feixi	5902.84	5	6046.89	10	305414	17	3294.10	35
濉溪县 Suixi	3673.48	43	4392.61	38	290933	19	2692.25	47
涡阳县 Guoyang	3493.52	48	4349.62	40	466789	3	3142.16	38
蒙城县 Mengcheng	4082.84	35	4434.45	37	437805	5	3339.08	34
利辛县 Lixin	3318.37	54	2940.49	58	306114	16	1966.66	56
砀山县 Dangshan	4080.48	36	3760.96	51	217428	34	2237.56	55
萧县 Xiaoxian	3938.74	39	4283.28	43	339671	10	2422.54	52
灵璧县 Lingbi	5151.63	17	4000.76	47	193231	42	1604.48	60
泗县 Sixian	5901.31	6	4144.74	44	167747	47	1852.46	58
怀远县 Huaiyuan	4794.06	25	4765.85	29	410666	6	3092.30	40
五河县 Wuhe	7013.75	2	4705.38	31	246435	30	3400.74	32
固镇县 Guzhen	7211.55	1	4737.66	30	207245	41	3359.00	33
界首市 Jieshou	3610.47	44	4334.73	41	212794	38	2740.76	45
临泉县 Linquan	3399.33	50	2885.30	59	338968	11	1573.70	61
太和县 Taihe	3267.67	56	4369.83	39	634821	1	3768.46	27
阜南县 Funan	3390.74	51	2803.26	61	279742	24	1711.65	59
颍上县 Yingshang	3185.09	58	3528.23	54	321008	12	1927.26	57
凤台县 Fengtai	3551.18	46	5102.97	23	279977	23	3755.35	28
天长市 Tianchang	5223.23	14	6427.53	7	290001	20	4518.47	14
明光市 Mingguang	5357.77	11	4611.50	33	243272	31	3790.38	25
来安县 Laian	4405.00	32	5885.49	14	213899	36	4279.36	16
全椒县 Quanjiao	5694.48	8	5332.72	20	211842	40	4546.19	13
定远县 Dingyuan	5818.85	7	4553.05	34	216640	35	2252.02	54
凤阳县 Fengyang	4857.83	22	4901.80	28	223729	33	2998.02	42
寿县 Shouxian	4537.18	28	3924.19	48	381367	7	2804.68	44
霍邱县 Huoqiu	3385.05	52	4060.52	46	441502	4	2461.86	51
舒城县 Shucheng	3279.18	55	4117.10	45	308816	13	3089.22	41
金寨县 Jinzhai	3512.98	47	3782.61	49	253066	28	3789.67	26

22—9 续表5 continued

县（市） County (City)		人均农林牧渔业总产值（元） Per Capita Gross Outpnt Value of Farming, Forestry, Animal Husbandry and Fishery (yuan)		农民人均纯收入（元） Annual per Capita Net Income of Rural Residents (yuan)		社会消费品零售总额（万元） Total Retail Sale of Consumer Goods (10000 yuan)		人均社会消费品零售总额（元） Per Capita Total Retail Sale of Consumer Goods (yuan)	
		指标 Amount	位次 Order of Prece-dence	指标 Amount	位次 Order of Prece-dence	指标 Amount	位次 Order of Prece-dence	指标 Amount	位次 Order of Prece-dence
霍山县	Huoshan	3076.98	60	4312.17	42	152379	49	4110.11	20
当涂县	Dangtu	5336.87	12	7808.19	1	293020	18	4507.34	15
庐江县	Lujiang	3953.98	38	4924.65	27	368110	8	3139.55	39
无为县	Wuwei	4822.20	24	5280.25	21	557754	2	3922.32	24
含山县	Hanshan	5054.09	19	5953.20	12	156159	48	3526.20	31
和县	Hexian	5120.52	18	5905.02	13	263976	26	4013.90	23
芜湖县	Wuhu	5211.39	15	7064.97	3	224216	32	5534.00	4
繁昌县	Fanchang	4064.31	37	6863.72	4	182371	44	5778.30	3
南陵县	Nanling	5032.58	20	6812.88	5	289012	21	5231.33	7
宁国市	Ningguo	5533.66	10	7292.48	2	308659	14	8020.27	1
郎溪县	Langxi	4536.86	29	4492.66	36	126411	53	3738.80	29
广德县	Guangde	4173.23	33	6646.76	6	246840	29	4826.48	9
泾县	Jingxian	4484.12	30	4521.36	35	147625	51	4151.18	18
绩溪县	Jixi	6138.17	4	5022.56	25	109051	56	6144.25	2
旌德县	Jingde	4473.60	31	4638.20	32	79430	59	5273.80	6
铜陵县	Tongling	3471.73	49	6047.51	9	123126	55	4184.19	17
东至县	Dongzhi	4946.85	21	4928.60	26	173917	46	3207.15	37
石台县	Shitai	3006.94	61	2821.90	60	50985	60	4671.91	10
青阳县	Qingyang	3157.71	59	5062.03	24	147301	52	5143.64	8
桐城市	Tongcheng	3867.72	41	6287.50	8	307755	15	4089.60	21
怀宁县	Huaining	4094.14	34	5666.14	16	281786	22	4078.94	22
枞阳县	Zongyang	3901.73	40	3670.26	52	260785	27	2692.84	46
潜山县	Qianshan	3192.13	57	3370.92	55	212538	39	3653.07	30
太湖县	Taihu	4537.33	27	3252.03	56	150081	50	2662.32	48
宿松县	Susong	5308.91	13	3770.47	50	213163	37	2589.15	49
望江县	Wangjiang	4674.49	26	3656.42	53	178001	45	2854.11	43
岳西县	Yuexi	3775.42	42	2973.32	57	101291	57	2510.20	50
歙县	Shexian	3597.34	45	5513.44	19	264168	25	5385.64	5
休宁县	Xiuning	5164.63	16	5707.74	15	125962	54	4583.44	12
黟县	Yixian	4833.19	23	5562.06	17	39492	61	4110.97	19
祁门县	Qimen	3382.18	53	5529.29	18	86792	58	4623.94	11

附　录

APPENDIX

简要说明

一、附表 1：贫困县监测情况由省农村贫困监测办公室提供。贫困概念指在一定的社会方式和生活方式下，个人家庭所得难以维持基本生存要求状况。

二、附表 2：全部林业部门产业总产值由省林业厅提供。

三、附表 3：全省建制镇基本情况由省局农业处提供。

四、附表 4：2008 年环保数据由省环境保护厅提供。

Brief Introduction

Ⅰ. The attached schedule 1: Data on observation and survey of counties are provided by the Rural Poverty Observation and Survey Office of Anhui Province. Poverty means that the income of the persons in the family can't meet the basic living demand in certain social and living style.

Ⅱ. The attached schedule 2 : Gross Output Value of All Industries in Forestry System was provided by Department of Forestry of Anhui Province.

III. The attached schedule 3 : Basic situation of entire province organic town was provided by Department of agriculture of Anhui Province.

附录1—1　全省农村贫困监测调查情况（2009年）
Observation and Survey of Poverty in Rural Areas (2009)

		贫困人口（万人）Poor Population (10000 persons)	贫困发生率（%）Proportion of Poor Population to the Total (%)
总　计	**Total**	**250.66**	**7.06**
扶贫开发重点县	Key Counties of Poverty-relief and Development	159.23	6.81
国家扶贫开发重点县	National Key Counties of Poverty-relief and Development	134.52	7.55
省扶贫开发重点县	Prvincial Key Counties of Poverty-relief and Development	24.71	4.44
非扶贫开发重点县	Non-key-counties of Poverty-relief and Development	91.43	3.11

附录1—2　各市农村贫困监测调查情况（2009年）
Observation and Survey of Poverty in Rural Areas by Region (2009)

地　区	Region	贫困人口（万人）Poor Population (10000 persons)	贫困发生率（%）Proportion of Poor Population to the Total (%)
总　计	**Total**	**250.66**	**7.06**
合肥市	Hefei	7.31	2.63
淮北市	Huaibei	3.31	2.68
亳州市	Bozhou	13.02	2.45
宿州市	Suzhou	16.89	3.07
蚌埠市	Bengbu	3.82	1.47
阜阳市	Fuyang	50.16	5.73
淮南市	Huainan	3.16	2.45
滁州市	Chuzhou	11.10	3.16
六安市	Luan	40.42	6.66
马鞍山市	Maanshan	0.62	0.96
巢湖市	Chaohu	23.48	6.12
芜湖市	Wuhu	1.94	1.66
宣城市	Xuancheng	13.42	5.89
铜陵市	Tongling	0.35	1.15
池州市	Chizhou	5.21	3.96
安庆市	Anqing	51.05	10.09
黄山市	Huangshan	5.40	4.80

附录1—3 农村扶贫开发重点县监测调查情况（2009年）
Observation and Survey of Poor County (2009)

地　　区	Region	贫困人口（万人）Poor Population (10000 persons)	贫困发生率（%）Proportion of Poor Population to the Total (%)
总　计	**Total**	**159.23**	**6.81**
国家扶贫开发重点县	**At National Level**	**134.52**	**7.55**
长丰县	Changfeng	4.05	5.76
枞阳县	Zongyang	10.03	11.64
潜山县	Qianshan	5.34	10.14
太湖县	Taihu	8.33	16.66
宿松县	Susong	5.17	7.18
岳西县	Yuexi	5.80	16.13
临泉县	Linquan	10.82	5.33
阜南县	Funan	8.90	5.88
颍上县	Yingshang	9.20	6.21
无为县	Wuwei	11.61	9.31
金安区	Jinan District	5.61	8.32
裕安区	Yuan District	6.85	8.16
寿　县	Shouxian	4.74	3.96
霍邱县	Huoqiu	6.63	4.19
舒城县	Shucheng	6.17	7.10
金寨县	Jinzhai	6.45	11.02
霍山县	Huoshan	3.57	11.31
利辛县	Lixin	8.02	5.58
石台县	Shitai	2.64	30.05
泾　县	Jingxian	4.59	16.05
省扶贫开发重点县	**At Provincial Level**	**24.71**	**4.44**
潘集区	Panji District	1.42	4.01
凤台县	Fengtai	1.03	1.75
歙　县	Shexian	2.09	4.90
休宁县	Xiuning	0.96	4.02
祁门县	Qimen	1.25	8.49
埇桥区	Yongqiao District	4.78	3.36
灵璧县	Lingbi	4.07	3.63
泗　县	Sixian	2.66	3.17
郎溪县	Langxi	5.76	20.56
绩溪县	Jixi	0.69	4.92

附录1—4　山区、库区县农村贫困监测调查情况（2009年）
Observation and Survey of Counties in Mountain Area and Reservoir Area (2009)

地　　区	Region	贫困人口（万人）Poor Population (10000 persons)	贫困发生率（%）Proportion of Poor Population to the Total (%)
总　　计	**Total**	**78.28**	**7.48**
库区县合计	**Total of Counties in Reservior Area**	**29.70**	**10.21**
六 安 市	**Luan**	28.64	8.72
金 安 区	Jinan District	5.61	8.32
裕 安 区	Yuan District	6.85	8.16
舒 城 县	Shucheng *	6.17	7.09
金 寨 县	Jinzhai *	6.45	11.02
霍 山 县	Huoshan *	3.57	11.29
宣 城 市	**Xuancheng**	7.67	3.84
宣 州 区	Xuanzhou District	1.30	1.89
广 德 县	Guangde	0.29	0.65
泾　　县	Jingxian	4.59	16.04
绩 溪 县	Jixi	0.69	4.90
旌 德 县	Jingde	0.66	5.24
宁 国 市	Ningguo	0.14	0.45
池 州 市	**Chizhou**	5.20	3.95
贵 池 区	Reigon Guichi	1.22	2.35
东 至 县	Dongzhi	0.87	1.85
石 台 县	Shitai *	2.64	30.03
青 阳 县	Qingyang	0.47	1.96
安 庆 市	**Anqing**	31.37	11.42
桐 城 市	Tongcheng	6.72	10.51
潜 山 县	Qianshan	5.34	10.14
太 湖 县	Taihu *	8.33	16.67
宿 松 县	Susong	5.17	7.18
岳 西 县	Yuexi	5.80	16.14
黄 山 市	**Huangshan**	5.40	4.80
黄 山 区	Huangshan District *	0.46	3.65
徽 州 区	Huizhou Distric	0.35	4.74
歙　　县	Shexian *	2.09	4.91
休 宁 县	Xiunin	0.96	4.02
黟　　县	Yixian	0.29	3.77
祁 门 县	Qimen	1.25	8.51

注：“*”号为库区县。

a) "*" Means the county (district) in reservoir area.

附录2　全部林业部门产业总产值
Gross Output Value of All Industries in Forestry System, Anhui Province

单位：万元　（10000 yuan）

指　标	Item	2009
总　计	**Total**	**5135559**
第一产业	**The First Industry**	**1250981**
林木的培育和种植	Silviculture	386907
育种和育苗	Seeds and seedlings	126178
造　林	Afforestation	62454
林木的抚育和管理	Forest tending and management	196297
木材和竹材的采运	Timber and Bamboo Logging and Transportation	424026
木材采运	Timber logging and transportation	347421
竹材采运	Bamboo logging and transportation	119214
经济林产品的种植与采集	Economic Forest Planting and Products Collecting	1032353
花卉的种植	Flowers Industry	145025
陆生野生动物繁育与利用	Land Wild Animals Raising and Utilization	25885
林业服务业	Forestry Service Industry	11480
第二产业	**The Second Industry**	**2617299**
木材加工及木、竹、藤、棕、苇制品制造	Timber processing and wood, bamboo, vine, palm, and reeds products	2083363
木、竹、藤家具制造	Wooden, Bamboo and Vine Furniture	129532
木、竹、苇浆造纸	Wood, Bamboo and Reeds Pulp/Paper	29328
林产化学产品制造	Forestry Chemical Products	21173
木质工艺品和木质文教体育用品制造	Wooden Craftwork and Education/Sports Tools	38045
非木质林产品加工制造业	Non-wood Forestry Products	239956
其　他	Others	51718
第三产业	**The Third Industry**	**386617**
林业旅游与休闲服务	Forestry Tourism and Relaxation Service	253471
林业生态服务	Forestry Zoology Service	72876
林业专业技术服务	Forestry Technical Service	14046
林业公共管理服务	Forestry Public Adminstration and Service	31395

注：该表由省林业厅提供，统计核算执行国家林业局部门统计制度，并由国家统计局备案。

a) The table is provided by Forestry Department of Anhui Province, the statistics is in accordance with the regulation made by China State Forestry Administration, which is put on records in China State Statistic Bureau.

附录3　全省建制镇基本情况（2009年）
Basic Conditions on Organic Town of the Province (2009)

镇 Town	总人口（人）Population (person)	从业人员数（人）Number of Employed Persons (person)	粮食总产量（吨）Grain (ton)	肉类总产量（吨）Output of Meat (ton)	企业个数（个）Number of Enterprises (unit)	工业企业 Industry and Enterprise	财政总收入（万元）Total Revenue (10000 yuan)	农民人均纯收入（元）Per Net Income of Farmer (yuan)
合肥市瑶海区								
大兴镇	17898	7611	2597	208	211	102	1898	8400
合肥市庐阳区								
大杨镇	32181	25281	2397	2535	106	92	8800	9139
合肥市蜀山区								
井岗镇	72000	22500	798	157	530	75	17000	9148
南岗镇	15498	8883	4796	1568	115	26	2300	8386
合肥市包河区								
大圩镇	54000	11876	1519	1520	723	216	4480	7736
淝河镇	21489	16473	9184	1380	34	19	1928	6964
合肥市长丰县								
水湖镇	116581	73910	44626	19512	310	78	5441	6410
庄墓镇	27923	17951	17413	2787	26	24	506	5405
杨庙镇	39340	24314	36051	4592	44	30	1686	5620
吴山镇	46282	29998	39162	8671	57	39	2396	5472
岗集镇	59158	33575	28055	6095	226	179	12000	6444
双墩镇	89167	53418	53641	11302	221	154	10858	6402
下塘镇	93600	58940	66176	12769	89	39	2900	5600
朱巷镇	41608	15161	34960	6135	32	28	700	5310
三十头镇	42862	24860	21284	6933	371	192	5673	6599
合肥市肥东县								
店埠镇	173908	126072	53362	7404	621	196	22901	7005
撮镇镇	92118	55270	29245	4197	341	245	18755	6815
梁园镇	85127	48440	50159	11033	59	34	1626	6046
桥头集镇	56102	32332	22329	2788	186	186	3900	6471
长临河镇	49998	34837	26258	6183	35	17	1291	6185
石塘镇	69867	41850	45669	5300	150	42	1151	6427
古城镇	73765	46820	59821	10253	17	12	1872	5385
八斗镇	78073	42131	55313	9942	20	14	1168	5530
元疃镇	31760	19850	29225	6237	27	25	1029	5857
白龙镇	74909	49985	59449	10463	32	29	2292	5491
包公镇	63840	39066	35915	3726	24	16	735	5743
合肥市肥西县								
上派镇	146238	71220	29552	11388	462	140	17360	6658
三河镇	61852	33693	34329	2665	146	66	6558	6467
高刘镇	67291	45865	52652	4669	109	33	1912	5728
官亭镇	87750	54978	59383	20190	93	56	2017	5881
小庙镇	70413	44558	47469	21048	189	86	6089	6646
山南镇	76946	48347	48743	7304	189	58	4130	6031
花岗镇	103353	57170	65859	22032	179	121	2891	6302
紫蓬镇	32218	21062	17250	3836	50	30	2652	5946
桃花镇	22090	14780	2194	97	284	143	8703	6689
丰乐镇	55845	32112	40875	1869	37	31	2170	5790
淮北市杜集区								
石台镇	28126	12204	11422	1468	268	85	2800	5325
段园镇	28126	18905	11532	1523	151	107	824	5395
淮北市相山区								
渠沟镇	69597	36566	34077	3862	70	66	2626	4317
淮北市烈山区								
烈山镇	65890	34491	14911	5720	172	112	4320	4940
宋疃镇	53003	32188	26159	7507	69	60	2157	4820
古饶镇	87648	53731	81916	3396	805	25	855	4650
淮北市濉溪县								
濉溪镇	122770	48670	10261	1550	326	99	11846	4507

附录3　续表1　continued

镇 Town	总人口（人）Population (person)	从业人员数（人）Number of Employed Persons (person)	粮食总产量（吨）Grain (ton)	肉类总产量（吨）Output of Meat (ton)	企业个数（个）Number of Enterprises (unit)	工业企业 Industry and Enterprise	财政总收入（万元）Total Revenue (10000 yuan)	农民人均纯收入（元）Per Net Income of Farmer (yuan)
韩村镇	69415	64540	57175	2044	320	176	13000	4397
刘桥镇	57806	27554	30190	5657	421	110	3404	4396
五沟镇	101721	54885	109681	6997	143	42	10427	4374
临涣镇	91701	48312	81990	2989	480	240	697	4395
百善镇	119563	58045	103400	5552	225	64	2599	4385
铁佛镇	113938	51884	98120	4396	547	87	2462	4381
南坪镇	91706	63735	129790	4694	52	12	2166	4384
双堆集镇	101184	48399	150998	6034	61	27	126	4379
孙町镇	119715	50779	111983	5968	187	115	4700	4383
亳州市谯城区								
古井镇	71963	42781	52301	1003	158	131	2510	4218
卢庙镇	39341	22550	13496	3132	110	6	538	4122
华佗镇	43762	28397	26012	3807	80	37	350	4119
魏岗镇	54948	28536	34562	7264	89	76	520	4896
牛集镇	67900	38370	39986	5923	70	30	600	4321
颜集镇	51362	37580	23963	465	10	0	450	4197
五马镇	41123	28375	18426	1493	28	18	560	4355
十八里镇	68909	48236	26254	3760	242	140	353	4695
谯东镇	66820	45860	28423	3086	86	32	262	3910
十九里镇	56001	35280	27956	1282	67	54	470	4268
沙土镇	61150	37510	41023	1203	28	22	220	4120
观唐镇	60927	31520	24972	475	49	36	441	4420
大杨镇	61702	39676	55896	3986	42	26	517	4015
城父镇	61058	27901	29652	1493	41	41	330	3005
十河镇	66671	38851	55512	2712	49	45	560	4438
双沟镇	79753	45120	67270	4723	402	31	663	4301
淝河镇	45365	30018	42332	1153	11	3	435	4602
古城镇	52230	34512	43986	2489	36	0	500	4256
龙扬镇	55945	35120	55963	1936	21	16	131	3812
立德镇	46146	33102	39963	1101	26	14	196	4167
亳州市涡阳县								
城关镇	111590	62920	1346	18	695	421	3480	5226
城西镇	48863	23546	34395	2801	298	130	190	4267
城东镇	35386	16263	26827	1597	381	112	279	4460
西阳镇	42560	25713	38571	2301	670	25	122	4744
双庙镇	58874	30087	62099	2579	573	160	88	4315
楚店镇	55409	33640	50780	1560	218	126	69	4228
高公镇	44863	26829	36142	2097	46	24	86	4475
闸北镇	79857	41050	64015	1640	1620	282	143	4500
高炉镇	50346	29745	56024	1122	1469	335	259	4721
曹市镇	70969	31527	90985	2600	152	26	104	4559
青町镇	74556	37290	80416	4682	536	42	96	4508
石弓镇	52723	31141	45575	2335	85	26	103	4389
龙山镇	67914	32525	62290	3083	126	83	159	4569
义门镇	83054	49830	32978	1769	710	85	181	4563
新兴镇	75422	34182	73430	1968	102	49	125	4518
临湖镇	64749	32870	62019	3739	46	15	105	4463
丹城镇	60385	31621	67947	1980	867	236	93	4445
马店集镇	49782	30202	52523	2435	70	70	75	4501
花沟镇	58865	31488	47894	2583	1210	175	96	4234
店集镇	38386	20426	34903	2115	749	63	81	4461
陈大镇	56035	32919	38143	2066	789	247	75	4469
牌坊镇	81225	39857	90566	2916	322	52	119	4268
公吉寺镇	51000	26880	45368	2053	844	403	142	4466
标里镇	57888	33312	57657	2799	35	16	76	4484
亳州市蒙城县								
城关镇	108212	51276	1363	118	466	131	5000	5106

附录3 续表2 continued

镇 Town	总人口（人）Population (person)	从业人员数（人）Number of Employed Persons (person)	粮食总产量（吨）Grain (ton)	肉类总产量（吨）Output of Meat (ton)	企业个数（个）Number of Enterprises (unit)	工业企业 Industry and Enterprise	财政总收入（万元）Total Revenue (10000 yuan)	农民人均纯收入（元）Per Net Income of Farmer (yuan)
双涧镇	65564	35150	55724	3748	232	185	252	4526
小涧镇	77353	40910	55968	3741	350	185	820	4402
坛城镇	56675	30890	67755	4656	375	140	479	4481
许疃镇	67952	35000	88220	3804	164	64	510	4345
板桥镇	78471	39986	85155	4141	196	98	664	4480
马集镇	65990	38280	68337	3894	135	120	453	4312
岳坊镇	60251	29250	63376	3943	360	330	807	4493
立仓镇	105759	55939	112827	5096	380	120	893	4406
楚村镇	94710	44783	93111	5351	121	118	540	4403
乐土镇	95417	43267	113461	4541	300	138	380	4453
三义镇	77353	50859	73921	3718	30	25	560	4362
篱笆镇	64967	32330	59552	3989	40	12	920	4445
亳州市利辛县								
城关镇	159783	103939	62111	5273	646	123	6081	3398
阚疃镇	94336	49092	61157	5809	76	26	999	3252
张村镇	84175	48350	51943	1910	36	6	754	3078
江集镇	74689	38347	51110	4276	326	122	830	3063
旧城镇	57822	30790	45447	3616	554	110	553	2814
西潘楼镇	64985	31859	37894	2401	106	54	889	2572
孙集镇	44509	17282	36314	2460	201	101	459	2783
汝集镇	68768	46641	51306	3422	450	190	530	3106
巩店镇	75627	41891	60121	4840	657	310	578	3002
王人镇	62493	39260	43338	6342	49	17	607	3015
王市镇	56591	38487	34142	3736	326	54	483	3039
永兴镇	53431	29378	39125	5027	52	11	616	2910
马店镇	70394	40333	45738	4721	536	219	614	2853
大李集镇	55942	27166	41685	2772	259	118	485	2620
胡集镇	88155	43403	58626	4837	66	19	590	2956
展沟镇	42389	19733	32544	1642	560	170	499	2546
程家集镇	59201	33114	52333	3593	251	77	598	2921
中疃镇	64302	36277	57854	2910	800	300	587	2779
望疃镇	94198	49140	83795	6783	80	31	842	2860
宿州市埇桥区								
符离镇	121163	63262	39654	4656	185	140	2388	4325
芦岭镇	84498	51384	58403	4460	153	80	1106	4483
朱仙庄镇	82060	34200	54501	6023	189	181	2584	4210
褚兰镇	48234	27484	32595	3130	66	58	300	3995
曹村镇	63883	35581	52657	5067	48	43	445	4220
夹沟镇	68962	36082	55558	4694	38	32	363	4165
栏杆镇	75715	39178	46652	5671	30	25	303	4321
时村镇	84321	39102	42166	2218	44	27	242	4154
永安镇	62660	39274	50503	4515	23	21	639	4214
灰古镇	35286	20650	16587	4804	27	18	255	3982
大店镇	79100	47865	80269	6405	28	21	665	4313
西寺坡镇	62394	34877	62604	3467	52	22	226	4353
桃园镇	95644	46169	87579	5999	173	83	1428	3925
祁县镇	82752	33575	46440	4845	130	105	1212	4618
大营镇	41505	19632	46457	5730	22	16	181	4059
宿州市砀山县								
砀城镇	161926	60087	13526	4258	217	152	1765	4261
赵屯镇	64770	43256	27415	2912	146	84	357	4153
李庄镇	57146	33269	7841	3054	66	38	190	4231
唐寨镇	78140	44520	8225	2652	71	44	246	4272
葛集镇	62767	30934	9095	1926	59	24	853	4225
周寨镇	80718	50961	24789	6239	77	65	163	4271
玄庙镇	91332	46307	26446	6531	63	41	251	4268

附录3 续表3 continued

镇 Town	总人口（人） Population (person)	从业人员数（人） Number of Employed Persons (person)	粮食总产量（吨） Grain (ton)	肉类总产量（吨） Output of Meat (ton)	企业个数（个） Number of Enterprises (unit)	工业企业 Industry and Enterprise	财政总收入（万元） Total Revenue (10000 yuan)	农民人均纯收入（元） Per Net Income of Farmer (yuan)
官庄镇	55100	26288	20743	2987	68	38	197	4255
曹庄镇	40352	23664	25912	2214	23	18	251	4238
关帝庙	102881	48278	40905	5117	275	128	191	4202
朱楼镇	40076	22019	20488	3105	71	38	85	4250
良梨镇	57162	33462	23416	2810	55	25	340	4162
程庄镇	61050	31091	3162	2159	9	2	209	4298
宿州市萧县								
龙城镇	112139	62793	26129	3688	199	173	4661	4970
黄口镇	94933	49324	43452	5500	30	16	647	4150
杨楼镇	79451	46462	56253	4709	651	157	537	4815
闫集镇	52819	25136	33894	2934	369	212	57	4528
新庄镇	78562	36811	46652	7622	32	32	389	4110
刘套镇	46590	22210	22635	3312	200	70	344	4260
马井镇	69973	34213	41322	4980	286	98	137	4200
大屯镇	67990	32106	4450	1090	26	25	115	4350
赵庄镇	68869	34353	51890	3735	509	225	340	4368
杜楼镇	66906	34607	50281	6976	58	47	1624	4782
丁里镇	42550	19833	23645	3560	78	41	357	4172
王寨镇	76836	39600	35525	5326	20	17	1685	4804
祖楼镇	48431	25640	32604	4600	47	30	95	4560
青龙镇	28516	12703	17431	1985	116	36	150	4809
张庄寨	74755	37131	68469	3621	35	29	325	3958
永固镇	30652	15310	18254	2713	385	118	2304	4957
白土镇	30243	16419	22099	2579	22	22	454	4536
官桥镇	21203	13360	17664	4014	266	26	219	3920
宿州市灵璧县								
灵城镇	113930	28685	43135	4875	182	169	3182	4750
韦集镇	52340	31665	55621	5593	34	29	875	4200
黄湾镇	49923	27129	40874	2603	26	14	818	4350
娄庄镇	81756	44322	102916	15805	108	70	1336	4280
杨疃镇	73566	37635	65050	2934	19	14	1193	4427
尹集镇	78272	41426	49280	3388	46	26	1201	4010
浍沟镇	53735	25769	38196	3228	28	24	757	4231
尤集镇	55853	29168	39458	3689	109	57	931	4500
下楼镇	69333	26332	65771	4072	34	30	1239	4327
朝阳镇	75669	39656	53290	6479	32	25	1157	4280
渔沟镇	65850	30260	49429	4896	68	60	1250	3967
高楼镇	73592	29697	49352	7212	39	29	1091	4471
冯庙镇	78339	46587	61177	6659	24	24	1167	4326
宿州市泗县								
泗城镇	89919	62710	28356	5004	206	41	1581	4167
墩集镇	35052	21436	31642	6700	14	10	137	4150
丁湖镇	56519	29340	82665	7567	6	6	161	4157
草沟镇	84514	49517	81840	12015	17	11	288	4236
长沟镇	48739	40460	71000	4000	28	26	232	4341
黄圩镇	66107	38024	47279	9964	975	344	1289	4174
大庄镇	66483	37769	58480	7897	35	35	523	4155
山头镇	73615	33560	84240	5023	23	5	138	4123
刘圩镇	49458	31731	34125	7061	11	10	207	4140
黑塔镇	83238	47760	129810	6480	2800	1690	148	4148
草庙镇	26228	15802	31922	4898	19	6	157	4159
屏山镇	64921	35370	71851	9137	50	20	217	4168
蚌埠市龙子湖区								
长淮卫镇	45402	29972	15979	1468	156	50	946	4990
蚌埠市禹会区								
秦集镇	46661	29793	29908	1023	146	145	1562	4288

附录3　续表4　continued

镇 Town	总人口（人）Population (person)	从业人员数（人）Number of Employed Persons (person)	粮食总产量（吨）Grain (ton)	肉类总产量（吨）Output of Meat (ton)	企业个数（个）Number of Enterprises (unit)	工业企业 Industry and Enterprise	财政总收入（万元）Total Revenue (10000 yuan)	农民人均纯收入（元）Per Net Income of Farmer (yuan)
蚌埠市淮上区								
小蚌埠镇	48724	25438	8451	2310	124	86	1900	5191
吴小街镇	27044	12187	11201	3130	107	83	1525	4653
曹老集镇	47426	28491	44794	1857	27	10	1600	4498
蚌埠市怀远县								
城关镇	161900	92224	26837	3498	448	119	9375	5384
包集镇	77810	41258	63486	5377	38	18	1937	4832
龙亢镇	64278	32912	57607	4295	18	7	1554	4992
河溜镇	64549	39545	74521	3814	16	3	1270	4381
常坟镇	96070	64007	82553	9087	57	36	1734	4896
马城镇	85851	41969	59281	7964	103	41	1874	5268
双桥镇	53861	27870	56986	7460	20	6	1389	4569
魏庄镇	45133	30076	44314	4073	11	5	1042	4646
万福镇	55255	36809	71795	3597	18	11	958	4701
唐集镇	66168	41000	89811	6740	41	25	1391	5145
蚌埠市五河县								
城关镇	105899	68482	20479	2789	176	41	1354	4870
新集镇	51652	26395	49724	5119	32	18	280	4732
沫河口镇	69364	36434	110285	3773	99	19	528	4810
小溪镇	29719	21626	34850	6760	146	132	188	4795
双忠庙镇	55455	34670	56830	4594	47	27	367	4779
小圩镇	43585	30213	49095	3728	9	3	318	4790
东刘集镇	64936	37549	90360	8892	12	5	431	4691
头铺镇	52926	30821	35452	4267	14	6	388	4485
大新镇	28204	16500	27116	1243	11	9	237	4800
武桥镇	28811	16480	39679	4256	28	18	194	4757
朱顶镇	48449	32511	35851	7117	61	50	459	4529
浍南镇	55654	32721	103614	4466	134	21	343	4788
申集镇	50602	31351	70806	5074	6	6	249	4519
蚌埠市固镇县								
城关镇	118537	26470	35809	8890	226	113	5987	4923
王庄镇	37789	21906	36954	6994	13	13	328	4841
新马桥镇	55944	33851	37520	7595	86	65	744	4614
连城镇	45964	26272	29102	7492	38	24	398	4673
刘集镇	56352	34965	48981	10293	38	28	839	4834
任桥镇	55618	31317	55149	10901	15	13	356	4801
湖沟镇	61991	36771	48926	8529	21	19	786	4650
濠城镇	30362	18005	24557	8047	14	10	350	4639
阜阳市颍州区								
王店镇	63818	31720	38421	3771	7	6	459	4140
程集镇	44091	22469	27918	3890	9	8	406	4556
三合镇	34904	22648	28334	2776	9	5	237	3868
西湖镇	33888	20292	19560	3042	47	42	116	3946
九龙镇	39139	26083	24065	3700	8	2	139	4239
三十里铺镇	40994	24596	24333	3412	5	4	338	4432
袁集镇	44615	19800	26264	2538	16	13	105	3977
阜阳市颍东区								
口孜镇	81356	42914	42088	2750	65	11	870	2822
插花镇	82877	48000	49431	4000	66	14	567	3353
袁寨镇	66606	39930	21527	2280	30	12	630	3420
枣庄镇	43153	29020	39540	4080	18	9	435	2644
老庙镇	43637	18000	34808	3412	17	16	640	2818
正午镇	47257	21396	33925	9284	27	15	475	3395
杨楼孜镇	38861	23198	19965	2423	19	10	309	2665
新乌江镇	48417	25639	33391	2818	20	11	470	2765
阜阳市颍泉区								

附录3　续表5 continued

镇 Town	总人口（人） Population (person)	从业人员数（人） Number of Employed Persons (person)	粮食总产量（吨） Grain (ton)	肉类总产量（吨） Output of Meat (ton)	企业个数（个） Number of Enterprises (unit)	工业企业 Industry and Enterprise	财政总收入（万元） Total Revenue (10000 yuan)	农民人均纯收入（元） Per Net Income of Farmer (yuan)
伍明镇	118996	66464	66973	8996	307	140	900	4279
宁老庄镇	106293	61490	61313	7371	396	288	976	4250
闻集镇	131328	79876	70545	5900	336	148	538	4237
行流镇	102366	60142	49966	11600	530	50	620	4261
阜阳市界首市								
光武镇	61117	36052	25813	1099	176	132	8488	4438
泉阳镇	43639	26360	30005	2011	24	6	283	4336
芦村镇	30172	16956	19090	712	18	4	296	4104
新马集	45557	26688	24944	1242	32	13	288	4066
大黄镇	36765	18919	20583	586	29	28	259	4321
田营镇	31199	17916	14327	578	40	38	12005	4191
陶庙镇	53911	29843	31537	1635	33	27	939	4340
王集镇	50323	29933	31102	1545	10	5	293	4280
砖集镇	47391	31972	31845	2196	20	16	329	4321
顾集镇	39400	19046	35585	3352	4	2	268	4300
代桥镇	30594	18231	20945	711	6	6	190	4292
舒庄镇	31899	17043	22842	1423	5	1	325	4018
阜阳市临泉县								
城关镇	172666	89800	22000	2680	998	189	2371	3102
杨桥镇	65461	37445	33699	4312	93	32	605	2920
同城镇	58995	32788	26028	5715	34	19	324	3316
谭棚镇	62622	36186	45569	9514	35	28	318	2830
老集镇	66416	34320	33936	5292	80	50	284	2798
滑集镇	75231	45112	38742	2280	13	8	288	2918
吕寨镇	57330	33711	30116	2448	36	16	461	2800
单桥镇	59239	35233	37872	3869	10	8	335	2768
长官镇	80078	38539	52094	7965	25	12	416	3010
宋集镇	78468	48560	49596	4747	107	34	353	2951
张新镇	55016	29810	28887	3607	15	3	346	2385
艾亭镇	70437	35337	37239	3864	81	46	490	2738
陈集镇	64912	36121	40102	3687	13	9	184	2830
韦寨镇	82468	49290	45460	4318	161	56	412	2810
迎仙镇	73199	40330	42973	3556	53	22	194	2890
瓦店镇	68386	35560	37949	6485	18	8	445	2886
姜寨镇	68923	36850	28920	4044	22	18	416	2720
庙岔镇	68389	30942	29308	3662	16	3	399	2720
黄岭镇	72567	38172	38101	6567	29	13	276	2958
白庙镇	55568	27968	25711	2065	46	32	333	2961
关庙镇	65950	29366	35846	4462	11	8	361	2903
阜阳市太和县								
城关镇	59600	38400	14366	3742	1285	248	8614	4596
旧县镇	53969	32812	46111	3350	31	11	515	4366
税镇镇	43730	18038	23034	2735	221	105	1184	4217
皮条孙镇	24696	18730	14081	940	81	81	397	4482
原墙镇	55746	31424	34810	2616	42	36	114	4440
倪邱镇	54933	32000	34741	2056	57	47	362	4195
李兴镇	69647	38892	30986	1742	31	20	387	4019
大新镇	53384	29643	35378	2856	313	158	346	4233
肖口镇	56462	34866	32030	3540	107	51	2400	4589
关集镇	49006	30757	31559	2350	27	22	131	4234
三塔镇	66356	35923	51098	6725	45	40	39	4400
双浮镇	46594	25704	31368	2568	20	14	100	4470
蔡庙镇	33189	18920	23095	2257	35	35	148	4288
三堂镇	48216	31707	39556	7480	66	45	123	4426
苗集镇	47139	28674	41323	5120	213	119	460	4346
赵庙镇	59144	37943	33463	1962	214	119	114	4120

附录3　续表6　continued

镇 Town	总人口（人）Population (person)	从业人员数（人）Number of Employed Persons (person)	粮食总产量（吨）Grain (ton)	肉类总产量（吨）Output of Meat (ton)	企业个数（个）Number of Enterprises (unit)	工业企业 Industry and Enterprise	财政总收入（万元）Total Revenue (10000 yuan)	农民人均纯收入（元）Per Net Income of Farmer (yuan)
宫集镇	43391	26642	33816	2258	16	9	67	3827
坟台镇	82345	50616	59024	3847	35	6	477	4356
洪山镇	61708	41575	45416	4290	35	35	58	4123
清浅镇	40783	12071	24260	1668	13	12	32	4253
五星镇	44730	28982	24662	2876	55	55	388	4450
高庙镇	23597	14294	15990	1654	14	12	41	4297
桑营镇	39332	20648	29215	1692	13	6	98	4304
大庙镇	51708	31130	28833	2105	26	26	145	4011
阮桥镇	46488	33221	36894	3057	60	37	65	4108
双庙镇	47192	29542	21129	2153	480	123	106	4441
阜阳市阜南县								
鹿城镇	177211	51197	41870	1485	594	120	4390	3819
方集镇	42008	22160	16015	3875	264	90	101	2295
中岗镇	42202	18550	19435	3218	47	9	307	2597
柴集镇	68716	37922	40238	3336	336	51	123	2911
新村镇	56129	34046	30595	2186	270	62	118	2856
三塔镇	74576	35403	38477	4079	19	7	246	2801
朱寨镇	75084	42489	38717	4618	8	3	192	2555
柳沟镇	45082	25136	24045	2721	21	12	84	2758
赵集镇	50129	29612	21459	2354	284	92	205	3008
田集镇	59264	32660	30606	3603	391	45	123	2790
苗集镇	59750	27939	39554	3738	13	12	77	2541
黄岗镇	55003	34081	32158	1146	48	41	1005	3002
焦陂镇	66086	37144	34676	2853	48	36	62	2821
张寨镇	58573	31565	35300	2612	32	6	121	2826
王堰镇	57138	27715	28011	2396	39	28	113	2230
地城镇	39570	19742	24936	3028	16	12	102	2487
洪河桥镇	66147	41321	19533	2847	230	75	329	2438
王家坝镇	30240	17144	5230	1251	4	3	322	2680
王化镇	37550	19835	23625	1768	12	7	68	2570
曹集镇	45479	21039	22570	1945	142	52	226	2656
阜阳市颍上县								
慎城镇	163254	89178	38091	6175	76	60	3177	3650
谢桥镇	81728	43130	58433	4706	85	70	2093	3851
南照镇	51714	28903	30053	3247	48	27	291	3751
杨湖镇	54498	28752	24837	1436	24	17	145	3693
江口镇	84690	37573	33341	4669	19	10	139	3490
润河镇	67722	35301	43943	5189	40	19	133	3657
新集镇	48050	20308	25948	2063	11	4	80	3587
六十铺镇	61791	41233	46114	4185	21	10	193	3572
耿棚镇	81280	37297	36831	4403	66	58	171	3597
半岗镇	56466	29442	44952	3184	24	19	88	3363
王岗镇	40760	18450	31124	787	18	10	68	3501
夏桥镇	50996	24975	47691	3211	37	27	319	3576
江店孜镇	53762	31025	64524	3973	8	6	71	3533
陈桥镇	46542	24688	43574	2595	29	20	142	3537
黄桥镇	66692	43431	27199	3204	26	26	107	3515
八里河镇	56201	24058	40177	1277	15	6	150	3750
迪沟镇	42084	21326	30182	2723	20	9	307	3802
西三十铺镇	43960	17565	20432	1692	340	162	52	3547
红星镇	35881	15611	31032	1884	13	7	92	3403
十八里铺镇	54652	28983	27377	3347	58	46	104	3287
鲁口镇	37990	20717	21651	1212	8	4	374	3405
淮南市大通区								
上窑镇	30109	15784	21170	980	145	127	3085	7140
洛河镇	16194	10425	10870	697	1993	628	925	6732

附录3　续表7　continued

镇 Town	总人口（人） Population (person)	从业人员数（人） Number of Employed Persons (person)	粮食总产量（吨） Grain (ton)	肉类总产量（吨） Output of Meat (ton)	企业个数（个） Number of Enterprises (unit)	工业企业 Industry and Enterprise	财政总收入（万元） Total Revenue (10000 yuan)	农民人均纯收入（元） Per Net Income of Farmer (yuan)
九龙岗镇	30588	19735	11919	436	62	41	2200	6062
淮南市田家庵区								
舜耕镇	31985	4902	2232	868	2032	213	39162	7386
安成镇	24621	18847	12818	1102	1060	298	21470	6984
曹庵镇	35497	20380	23493	2371	14	11	674	5712
淮南市谢家集区								
望峰岗镇	48237	21710	1064	196	777	47	5573	7820
李郢孜镇	44174	26972	4519	602	735	107	3707	7888
唐山镇	21055	11168	8535	667	618	32	5759	7919
杨公镇	35621	20596	38053	964	274	73	402	4699
淮南市八公山区								
八公山镇	17394	5649	937	291	688	150	12028	6792
山王镇	51249	15296	6786	796	63	51	3835	6527
淮南市潘集区								
高皇镇	52501	28225	30502	2490	35	26	368	4650
平圩镇	38955	21570	22815	2547	23	19	3422	4650
泥河镇	37370	19465	35188	1462	23	9	1210	4365
潘集镇	36841	24280	49608	1506	16	10	1765	4630
芦集镇	54961	25190	52459	2027	23	16	910	4580
淮南市凤台县								
城关镇	54761	8214			2781	83	5885	
新集镇	50285	30806	48664	2534	896	145	1522	5661
朱马店镇	42028	22029	45447	2559	323	93	951	5003
岳张集镇	47663	38453	44067	2512	215	161	1413	5464
顾桥镇	29308	17588	26267	1710	372	269	1100	5240
毛集镇	54014	31200	39809	2249	101	17	7435	6316
夏集镇	31248	18691	34822	1860	42	25	1050	5178
桂集镇	43134	25301	43457	4326	346	25	1122	5638
滁州市南谯区								
乌衣镇	53010	32030	47380	3980	58	54	7230	5842
沙河镇	38955	26818	42147	3571	73	54	3000	5137
章广镇	31007	17500	31238	2100	14	10	936	4655
黄泥岗镇	21168	12017	26487	520	29	19	949	4755
珠龙镇	18188	9106	20770	1000	21	7	905	4826
大柳镇	10345	5987	16520	775	24	20	1200	4938
腰铺镇	27163	12567	25435	2532	136	130	7200	5762
施集镇	32568	16906	29564	2237	19	18	1081	4468
滁州市天长市								
铜城镇	72310	45197	110248	3182	292	218	30734	6583
汊涧镇	60650	32257	55937	3476	103	87	3162	6520
秦栏镇	66726	48710	49076	2282	369	331	7456	6980
大通镇	40157	21103	73145	2881	69	68	575	6020
杨村镇	42121	23265	49327	1722	88	85	2972	6501
石梁镇	31470	17822	37237	1532	54	52	1700	6211
金集镇	37128	21849	39365	1809	114	95	1546	6298
永丰镇	24483	14298	40093	1656	43	42	1131	6423
仁和集镇	40876	26152	48506	1117	134	112	1728	6550
冶山镇	32739	20235	32120	1520	82	80	1966	6354
郑集镇	22515	12817	20480	1762	44	41	564	6198
张铺镇	32509	18741	54677	1635	37	27	403	6180
新街镇	25400	14910	29366	1549	35	34	714	6172
万寿镇	15247	9015	16185	1340	33	18	1207	6447
滁州市明光市								
张八岭镇	35341	16915	26177	1347	78	33	397	4940
三界镇	22469	12012	16009	1861	11	9	273	5222
管店镇	21076	8600	9803	2313	85	40	585	5201
自来桥镇	31224	14580	25508	5633	18	9	171	4404

附录3　续表8　continued

镇 Town	总人口（人）Population (person)	从业人员数（人）Number of Employed Persons (person)	粮食总产量（吨）Grain (ton)	肉类总产量（吨）Output of Meat (ton)	企业个数（个）Number of Enterprises (unit)	工业企业 Industry and Enterprise	财政总收入（万元）Total Revenue (10000 yuan)	农民人均纯收入（元）Per Net Income of Farmer (yuan)
涧溪镇	51876	27982	48751	5846	49	37	520	5217
石坝镇	50773	30544	57058	6188	48	43	527	4872
苏巷镇	24574	11628	37947	3206	13	8	376	4930
桥头镇	32202	17854	43106	2432	29	18	750	4648
女山湖镇	41438	25580	36947	2667	21	18	1205	4521
古沛镇	30939	19430	35566	2129	34	18	380	4920
潘村镇	71214	34621	42580	3992	37	21	360	4938
柳巷镇	32473	15451	19954	499	13	4	270	3416
滁州市来安县								
新安镇	107107	71690	49093	2430	426	221	5063	5940
半塔镇	79719	44516	67133	5009	152	90	1187	5856
水口镇	59642	38239	61492	4759	50	37	5974	5912
汊河镇	40224	23888	39960	2758	88	76	2370	5902
大英镇	15769	9860	16391	893	6	6	483	5852
雷官镇	28389	18163	27826	1727	10	10	469	5854
施官镇	43422	24547	48879	2661	44	26	710	5850
舜山镇	36816	19758	36050	1832	14	12	1540	5906
滁州市全椒县								
襄河镇	120816	55362	52108	3676	605	288	20770	5604
古河镇	40832	20016	35926	4988	89	80	1076	5400
大墅镇	48321	23230	51530	3819	56	24	764	5495
二郎口镇	55211	25900	59750	8407	79	63	1153	5148
武岗镇	23029	9003	24057	2651	55	32	603	5531
马厂镇	39819	22358	30708	6164	40	22	389	5269
石沛镇	28026	13848	22350	4811	46	23	503	4890
十字镇	38861	17229	47345	3475	212	102	2857	5620
西王镇	26685	13010	29870	889	38	20	226	5099
六镇镇	44245	23335	61157	5651	73	40	640	5487
滁州市定远县								
定城镇	158182	85600	107554	12016	1710	413	3050	5255
炉桥镇	107560	51241	80978	8579	2055	1365	2605	4600
永康镇	60643	35240	71310	6730	53	28	558	4760
吴圩镇	64085	36790	90876	11465	138	22	788	4485
朱湾镇	22450	11200	32654	1400	10	10	117	4026
张桥镇	51146	31890	75658	10360	538	56	1100	4518
藕塘镇	50745	23499	68590	6600	386	294	842	4908
池河镇	53537	33000	81027	6720	15	12	1321	4345
连江镇	39673	29400	40869	5000	11	11	361	4326
界牌集镇	27320	10316	39814	4579	6	3	598	5142
仓　镇	30249	16240	45490	4721	7	6	450	4855
三和集镇	32076	19950	47952	4093	8	8	220	3942
西卅店镇	37369	31196	52612	6050	18	12	489	4122
桑涧镇	38700	18600	57000	4210	45	22	200	3899
蒋集镇	31984	17750	37132	4021	8	2	280	4480
大桥镇	25434	13980	33617	5366	3	2	910	4138
滁州市凤阳县								
府城镇	131657	68490	72547	5500	228	81	10095	4919
临淮镇	35410	21653	12157	3057	380	58	1700	4910
武店镇	56547	36367	27120	5600	503	403	1250	4990
西泉镇	38790	20200	29944	3755	450	280	667	4972
官塘镇	34586	20130	36656	2628	32	29	516	4861
刘府镇	67534	37838	70049	5352	128	109	3504	4978
大庙镇	46360	25792	72142	3746	142	139	5463	4980
殷涧镇	27650	13900	52047	2900	56	32	651	4890
总铺镇	48469	27648	68020	3992	164	148	1239	4906
红心镇	32793	21346	50700	3054	17	8	605	4790

附录3 续表9 continued

镇 Town	总人口（人）Population (person)	从业人员数（人）Number of Employed Persons (person)	粮食总产量（吨）Grain (ton)	肉类总产量（吨）Output of Meat (ton)	企业个数（个）Number of Enterprises (unit)	工业企业 Industry and Enterprise	财政总收入（万元）Total Revenue (10000 yuan)	农民人均纯收入（元）Per Net Income of Farmer (yuan)
板桥镇	60153	35728	77272	3284	156	76	1880	4801
枣巷镇	27498	19825	29800	569	6	2	458	4910
大溪河镇	30111	13930	44013	1400	22	7	532	4917
小溪河镇	52380	27000	63100	1900	470	265	1433	4820
六安市金安区								
木厂镇	41955	24389	24115	2386	22	14	453	4262
马头镇	35625	24118	19200	1640	8	6	174	3621
东桥镇	36697	22973	37608	7282	22	12	389	4081
张店镇	51678	27862	28547	1911	18	16	573	4358
毛坦厂镇	21937	7688	5745	692	18	10	800	4476
东河口镇	52325	26910	27528	954	12	6	327	3910
双河镇	45437	26761	29103	2231	9	7	300	4018
施桥镇	58365	31088	34167	1327	538	213	421	4302
孙岗镇	55883	35890	36042	4294	27	27	712	4446
三十铺镇	65939	34028	52549	2099	58	28	2650	4320
椿树镇	36996	21105	30436	1150	23	23	389	3978
六安市裕安区								
苏埠镇	80472	56452	22660	7878	98	42	1171	4378
韩摆渡镇	52388	26744	10041	2133	30	18	155	4546
新安镇	69164	43386	19955	4244	45	34	1016	3699
顺河镇	44755	26363	31474	1734	6	4	304	3857
独山镇	74556	46310	25579	1821	63	25	582	4838
石婆店镇	44043	27134	19622	1094	10	10	163	3545
城南镇	39110	28126	15037	3594	41	39	2854	4382
丁集镇	51979	29056	28948	970	41	26	418	4300
固镇镇	42588	28431	35110	2960	53	53	326	4208
徐集镇	40860	24750	26872	3535	11	11	594	4037
分路口镇	48520	29104	21591	1352	38	20	1025	4369
江家店镇	42672	26006	25332	5379	13	12	231	3583
六安市寿县								
寿春镇	126374	37176	38310	8830	950	315	3550	5065
双桥镇	57486	31057	82515	11326	730	42	209	4502
涧沟镇	49512	24487	50074	6031	9	4	420	4308
丰庄镇	42373	23525	47698	2245	41	11	202	4160
正阳关镇	62980	37479	71480	1022	22	13	1025	4890
迎河镇	76339	35519	69771	18454	26	11	891	4001
板桥镇	64669	37379	68081	9342	6	5	552	4262
安丰塘镇	49395	25788	66870	1745	12	9	251	4284
堰口镇	61631	35283	74222	10204	38	32	1242	4250
保义镇	57995	30828	70352	5370	28	6	634	3850
隐贤镇	51847	28626	46240	1622	139	37	559	4225
安丰镇	80857	45879	38310	7411	52	32	403	4595
众兴镇	52968	32612	82515	3692	18	18	690	4142
茶庵镇	32477	17270	50074	2387	21	15	339	4011
三觉镇	60594	37565	47698	7333	75	26	587	4140
炎刘镇	72193	45199	71480	12186	11	5	1200	4156
刘岗镇	40623	22178	69771	4928	60	22	521	4261
双庙集镇	31407	17424	68081	4248	6	4	240	3681
小甸镇	71581	45550	66870	5310	128	32	537	4251
瓦埠镇	24503	14732	74222	5057	27	11	956	3966
大顺镇	38796	25963	70352	2096	35	21	372	4140
六安市霍邱县								
城关镇	119607	65468	32814	1132	687	190	3112	4512
河口镇	27499	11630	20005	811	255	18	223	4090
周集镇	78365	37855	71811	3662	42	22	541	4600
临水镇	58847	32785	57801	4171	261	54	1500	4159
新店镇	74001	37713	81220	8493	39	18	1102	4365

附录3　续表10　continued

镇 Town	总人口（人）Population (person)	从业人员数（人）Number of Employed Persons (person)	粮食总产量（吨）Grain (ton)	肉类总产量（吨）Output of Meat (ton)	企业个数（个）Number of Enterprises (unit)	工业企业 Industry and Enterprise	财政总收入（万元）Total Revenue (10000 yuan)	农民人均纯收入（元）Per Net Income of Farmer (yuan)
石店镇	55989	29832	79123	18588	271	86	352	4480
马店镇	34648	16820	34266	7806	25	15	754	3900
孟集镇	54490	21145	86628	8242	463	188	433	4568
花园镇	41234	22010	41376	3478	375	87	685	3674
户胡镇	59942	20142	66460	12041	204	96	659	4800
长集镇	36009	18528	27723	5303	13	8	844	4582
洪集镇	42720	24900	37705	6524	949	0	317	4690
姚李镇	55480	33288	34106	7097	56	48	1075	5050
乌龙镇	40005	24696	41576	14185	506	143	641	4800
高塘镇	48589	25103	69162	10718	726	318	720	5100
龙潭镇	33977	23159	48722	15126	768	389	313	4901
岔路镇	33977	17146	50723	7607	17	8	598	5218
冯井镇	67201	33545	66067	5898	327	151	850	4123
众兴集镇	37237	16694	32601	3086	10	3	519	4438
夏店镇	36921	20333	33867	4254	405	156	280	4457
曹庙镇	34532	19856	31864	12078	322	49	308	3900
六安市舒城县								
城关镇	192303	125274	32631	7427	1087	657	4324	5620
晓天镇	38695	19665	8182	907	46	30	194	3207
桃溪镇	34824	18452	31538	2194	60	45	1688	5185
万佛湖镇	40351	19417	10174	1517	97	66	416	4580
千人桥镇	58538	34067	35296	2425	56	56	492	5450
百神庙镇	43510	27394	31061	2100	43	31	158	4582
杭埠镇	55985	31836	37181	2399	60	54	1336	5615
舒茶镇	33245	18329	16105	3430	34	29	199	4250
南港镇	53163	32136	17441	2052	124	113	290	3801
干汊河镇	57839	36255	20807	3426	78	70	435	4494
张母桥镇	35342	18150	12827	1084	23	18	162	4275
五显镇	37268	20670	6537	2544	54	45	147	4252
山七镇	33010	19815	7479	829	50	6	112	3315
河棚镇	21586	14619	4073	441	58	13	127	3302
汤池镇	52316	26000	20612	1679	8	3	146	3612
六安市金寨县								
梅山镇	115261	35785	12299	2099	6629	2500	2042	4100
麻埠镇	14985	7926	529	95	510	200	365	4123
青山镇	23759	9840	3959	383	791	430	187	4557
燕子河镇	35863	12100	11000	1400	910	88	1684	4358
天堂寨镇	17465	8198	5573	721	530	17	760	4212
古碑镇	43461	19389	7413	3469	1188	662	215	4226
吴家店镇	29291	10049	9704	1107	406	41	372	3864
斑竹园镇	25323	13788	6544	1547	1242	24	242	4492
汤家汇镇	47421	17236	15177	1753	417	21	279	4132
南溪镇	52762	34878	13647	1865	936	28	287	4384
双河镇	23500	12856	3505	823	431	28	140	4015
六安市霍山县								
衡山镇	81958	45762	13526	1929	607	248	12169	5363
佛子岭镇	17573	10337	2400	600	25	12	520	4120
下符桥镇	21344	10201	12891	549	41	37	275	4533
但家庙镇	15049	9011	8793	646	46	27	440	4652
与儿街镇	36983	18423	18819	3379	74	32	518	4887
黑石渡镇	26029	14079	6666	438	44	27	300	4716
诸佛庵镇	34540	15396	6779	533	18	18	545	4947
落儿岭镇	10058	4793	1334	146	55	52	864	5356
磨子潭镇	15531	8014	3743	478	40	32	501	4300
大化坪镇	25388	12495	6735	637	430	58	719	4302
漫水河镇	20084	9706	4140	551	6	6	280	4100

附录3　续表11　continued

镇 Town	总人口（人）Population (person)	从业人员数（人）Number of Employed Persons (person)	粮食总产量（吨）Grain (ton)	肉类总产量（吨）Output of Meat (ton)	企业个数（个）Number of Enterprises (unit)	工业企业 Industry and Enterprise	财政总收入（万元）Total Revenue (10000 yuan)	农民人均纯收入（元）Per Net Income of Farmer (yuan)
上土市镇	18634	11141	4875	665	22	5	260	3100
六安市叶集试验区								
叶集镇	64006	31392	3000	2196	585	326	623	4430
马鞍山市雨山区								
向山镇	45953	9417	5084	2213	251	194	8267	8956
银塘镇	24150	11510	11869	789	98	70	3003	8369
马鞍山市花山区								
霍里街道	39296	19817	11757	1164	225	163	12600	8826
马鞍山市当涂县								
姑孰镇	138811	113825	37614	788	1552	490	49083	8080
黄池镇	48692	28207	34557	839	856	169	4001	8060
乌溪镇	24484	11449	11921	490	107	48	3051	7975
石桥镇	48568	25482	53498	862	1845	362	5002	8026
塘南镇	32764	18661	25997	1931	45	35	1272	7822
护河镇	31693	19577	37314	440	79	66	3901	7772
太白镇	63658	43003	40369	1200	328	240	32666	8171
丹阳镇	56121	28409	37429	1009	257	150	8651	8000
博望镇	86912	42163	33728	286	586	521	20249	8176
新市镇	40432	22679	23415	467	126	80	9300	8037
巢湖市居巢区								
栏杆集镇	47369	26862	32617	4150	18	14	320	4786
苏湾镇	59368	34200	45920	7200	115	40	510	4876
柘皋镇	79397	49860	45809	5618	44	41	2050	5032
银屏镇	36645	18556	1290	1150	47	39	3200	4912
夏阁镇	65230	37125	38625	1037	143	38	3040	4887
中埠镇	33030	20577	28176	2760	76	67	2196	5080
散兵镇	38467	22137	10726	514	121	118	7366	4986
烔炀镇	65495	38160	23755	3200	58	54	2518	4881
黄麓镇	41713	22185	13821	1586	54	52	4120	4970
槐林镇	68569	34460	45832	2502	519	486	3437	5026
坝镇镇	34825	17242	23011	1554	68	55	1024	4948
巢湖市庐江县								
庐城镇	156051	73545	71320	2245	3775	427	20174	5624
冶父山镇	55955	31265	43106	4000	126	98	4370	5462
万山镇	45378	20245	40560	1897	80	46	1768	4993
汤池镇	47771	19668	30672	1630	88	19	1067	5046
郭河镇	62681	36901	53835	4610	102	34	1406	5345
金牛镇	36321	13125	34594	2697	91	31	767	4637
石头镇	37320	18062	34650	820	74	33	613	5179
同大镇	87059	42197	72677	1514	90	56	1631	5037
白山镇	62065	33783	36523	3305	61	51	657	4916
盛桥镇	71828	35285	48667	4390	321	104	846	5095
白湖镇	102863	44212	61604	1988	108	73	1847	4782
龙桥镇	57401	36464	34859	1820	72	43	13143	4527
矾山镇	67316	32022	21940	1057	692	145	3185	4847
罗河镇	68929	29320	35599	2288	40	26	1538	5244
泥河镇	93419	49452	79047	3105	407	163	2104	5136
乐桥镇	59645	30480	50019	1630	65	43	213	4093
柯坦镇	61689	27603	45967	2309	664	147	446	3673
巢湖市无为县								
无城镇	198100	123100	29549	2250	306	161	15178	7352
襄安镇	60408	31507	24879	1810	67	44	1757	4892
二坝镇	58481	34794	7287	1208	72	59	1474	6004
汤沟镇	62825	37310	6469	3050	105	57	1250	4972
陡沟镇	74413	45033	8931	188	105	26	1132	5213
石涧镇	78159	43834	38093	4840	71	49	1735	4403

附录3　续表12　continued

镇 Town	总人口（人）Population (person)	从业人员数（人）Number of Employed Persons (person)	粮食总产量（吨）Grain (ton)	肉类总产量（吨）Output of Meat (ton)	企业个数（个）Number of Enterprises (unit)	工业企业 Industry and Enterprise	财政总收入（万元）Total Revenue (10000 yuan)	农民人均纯收入（元）Per Net Income of Farmer (yuan)
严桥镇	70129	38044	37829	2412	82	65	1090	4356
开城镇	65900	30186	47218	1510	86	70	1260	4388
蜀山镇	66121	32999	48355	1212	113	56	1296	5203
牛埠镇	68876	40953	31480	1276	62	36	1037	4422
刘渡镇	42975	20698	15939	1523	20	14	912	4903
姚沟镇	37426	21922	5946	283	68	57	6743	7060
泥汊镇	70507	40250	15431	1465	312	69	6300	5454
白茆镇	88432	58234	13933	425	112	32	2368	6188
福渡镇	42220	20986	9260	1351	127	41	1197	5618
泉塘镇	61291	37172	36458	12427	48	10	1294	5337
赫店镇	42575	21996	22011	1867	23	19	1480	6148
红庙镇	44070	20039	23741	576	38	26	997	4390
高沟镇	48019	34729	6452	2020	796	412	80113	7942
巢湖市含山县								
环峰镇	118112	73620	49210	5170	221	120	13036	6537
运漕镇	41397	21284	31619	480	55	10	2690	6319
铜闸镇	33790	19530	13640	2198	59	48	1480	5255
陶厂镇	38531	21618	19985	2132	78	37	1087	6177
林头镇	74368	40907	33845	1887	412	361	19900	7047
清溪镇	48462	26417	26764	1525	94	82	2446	5538
仙踪镇	65646	47461	30443	960	49	36	4030	5306
昭关镇	24941	14300	26311	350	24	22	730	5230
巢湖市和县								
历阳镇	137929	76500	39233	2741	2981	187	18235	6612
沈巷镇	119379	86347	58474	2325	287	243	8854	6044
白桥镇	51463	31753	34387	419	61	39	2493	5940
姥桥镇	61585	29215	35394	1461	90	32	1769	5863
功桥镇	49645	33476	31799	972	348	52	982	5605
西埠镇	56306	28109	48287	4005	193	158	2230	5947
香泉镇	42331	26567	36594	25712	50	46	3814	5870
乌江镇	64607	39810	42971	3017	272	188	12600	6349
善厚镇	34137	18832	31069	727	70	32	665	5314
石杨镇	40493	22685	27498	1864	76	63	9070	5269
芜湖市弋江区								
火龙岗镇	75599	35170	29165	2080	242	135	5300	6293
芜湖市三山区								
峨桥镇	53300	32106	18655	2238	129	65	1627	5984
芜湖市芜湖县								
湾沚镇	113553	80650	42076	6827	729	229	11322	7246
六郎镇	83264	51008	57249	3150	340	178	9873	7243
陶辛镇	54114	30818	41450	1775	102	64	5189	6912
方村镇	38832	18613	32821	1322	226	198	6879	7068
红杨镇	55674	30450	43426	1568	115	29	4681	6810
花桥镇	38240	22717	29199	1053	83	49	4385	6921
芜湖市繁昌县								
繁阳镇	107123	54547	16634	2581	474	125	12742	7684
荻港镇	47664	28412	8292	1151	89	56	13967	7620
孙村镇	59826	41270	19886	2244	407	407	18198	8101
平铺镇	31046	19089	28360	759	22	10	1828	6839
新港镇	55968	31934	13232	2067	85	76	4500	7609
峨山镇	24443	12890	8490	891	72	68	2458	7604
芜湖市南陵县								
籍山镇	137412	52246	74768	9447	560	226	8642	6817
许镇镇	110348	69237	88901	9558	142	140	8872	6819
弋江镇	106112	71253	80887	8665	259	127	6106	6814
三里镇	46758	28516	41041	5102	148	98	3050	6817
何湾镇	45226	25010	29130	4250	65	41	2856	6812

附录3　续表13　continued

镇 Town	总人口（人） Population (person)	从业人员数（人） Number of Employed Persons (person)	粮食总产量（吨） Grain (ton)	肉类总产量（吨） Output of Meat (ton)	企业个数（个） Number of Enterprises (unit)	工业企业 Industry and Enterprise	财政总收入（万元） Total Revenue (10000 yuan)	农民人均纯收入（元） Per Net Income of Farmer (yuan)
工山镇	56555	35565	42929	4220	66	54	2301	6816
烟墩镇	20663	13481	13562	4239	25	20	1623	6803
家发镇	30237	17315	31371	2596	78	67	3557	6807
宣城市宣州区								
水阳镇	89952	54944	15399	844	944	247	3607	7455
狸桥镇	66202	41092	26029	2831	312	306	6106	7711
沈村镇	40780	26605	41008	2896	341	335	579	6412
古泉镇	24913	13938	33470	4845	103	74	1581	6574
洪林镇	43031	27970	33482	1308	678	162	1703	6445
寒亭镇	20314	11755	27152	2458	435	76	928	6473
文昌镇	19985	11360	9251	172	600	174	711	6526
孙埠镇	53671	30131	32390	3955	2199	615	13147	7164
向阳镇	44906	26566	27289	3776	143	79	2003	7038
杨柳镇	36863	23744	38555	2985	888	127	1179	7271
水东镇	32710	18750	10414	4783	1136	177	4248	7103
新田镇	21173	11710	9317	586	275	101	930	6561
周王镇	21454	13106	10495	604	672	48	1864	6246
溪口镇	25168	16398	2659	708	635	85	640	5749
宣城市宁国市								
港口镇	35486	22627	6703	5693	113	52	20941	7458
梅林镇	21401	14279	6023	4496	70	68	1518	7290
中溪镇	27497	18859	6134	2978	124	101	6031	7510
宁墩镇	15405	9600	4626	1692	50	37	894	7053
仙霞镇	21675	12746	6040	2170	22	17	203	7405
甲路镇	14585	8819	1887	5073	107	40	302	7208
胡乐镇	14382	5660	2799	2781	35	32	190	7291
霞西镇	23927	15485	7770	101	36	32	312	6923
宣城市郎溪县								
建平镇	64036	11903	34472	1521	176	56	1596	5268
十字镇	45109	18742	33036	900	228	150	2208	4260
新发镇	15859	9340	17683	1616	45	42	5833	5450
涛城镇	25872	15976	34098	733	48	32	1596	5200
南丰镇	32858	19923	29044	785	41	24	1446	4928
梅渚镇	30024	16490	31447	1357	150	120	5947	5345
毕桥镇	19056	9410	14570	988	58	0	214	5056
东夏镇	19157	10843	18800	286	10	10	71	5024
宣城市广德县								
桃州镇	147436	84707	30586	3989	986	161	10196	7259
柏垫镇	46219	29627	5175	3257	105	81	681	6512
誓节镇	73130	48294	33317	9071	54	31	2282	6731
邱村镇	72210	47613	52821	6111	1997	450	3230	7332
新杭镇	80360	44206	35159	4145	2509	527	32000	7312
宣城市泾县								
泾川镇	93361	47276	11970	1954	346	176	7787	5094
茂林镇	23241	7818	13915	941	17	12	1401	4239
榔桥镇	35294	23135	37900	2348	775	350	1521	5009
桃花潭镇	32006	14177	15638	1093	891	435	465	4219
琴溪镇	19389	14465	9774	1417	70	52	850	4919
蔡村镇	18925	12076	11258	975	33	16	317	4535
云岭镇	42839	25511	25886	5225	122	98	3239	3736
黄村镇	23834	17337	14612	893	71	16	242	3995
丁家桥镇	16367	11582	10678	519	436	357	1140	4485
宣城市绩溪县								
华阳镇	57429	8556	4116	886	144	15	951	5259
临溪镇	10279	6237	5411	1238	62	45	582	5212
长安镇	22041	14635	8912	1620	41	39	183	5105

附录3　续表14　continued

镇 Town	总人口（人）Population (person)	从业人员数（人）Number of Employed Persons (person)	粮食总产量（吨）Grain (ton)	肉类总产量（吨）Output of Meat (ton)	企业个数（个）Number of Enterprises (unit)	工业企业 Industry and Enterprise	财政总收入（万元）Total Revenue (10000 yuan)	农民人均纯收入（元）Per Net Income of Farmer (yuan)
上庄镇	14620	8725	5097	1065	30	29	476	5093
扬溪镇	13182	8180	5411	1088	18	16	155	5100
伏岭镇	20621	12682	8892	1125	43	40	61	4710
金沙镇	8600	4200	2436	609	17	10	101	5040
宣城市旌德县								
旌阳镇	24161	12721	8894	1487	2402	138	1415	4880
蔡家桥镇	16104	8455	7955	745	35	19	157	4768
三溪镇	13307	7530	7345	614	37	24	243	4884
庙首镇	12102	7816	4560	624	18	4	273	4950
白地镇	14051	7339	7048	1375	18	16	179	4835
铜陵市狮子山区								
西湖镇	24007	13732	6087	312	810	65	3006	7014
铜陵市郊区								
大通镇	22716	14128	3432	419	118	87	2608	6139
铜山镇	16692	8610	3645	689	20	18	1911	7240
铜陵市铜陵县								
五松镇	36584	27438	852	2697	1017	163	954	6063
顺安镇	50640	26688	12704	1676	325	117	1701	6195
钟鸣镇	47589	26336	15134	991	113	95	855	6097
天门镇	43850	25672	17713	2761	2454	258	807	6248
池州市市辖区								
九华镇	6156	3289			56	2	526	
池州市贵池区								
殷汇镇	48432	26100	13029	933	77	27	629	5556
牛头山镇	40245	22525	25374	997	94	29	3250	5674
涓桥镇	32274	17861	15805	1998	183	141	618	5846
梅街镇	22352	13211	7946	1304	81	78	4382	4919
梅村镇	27076	14703	7507	1536	53	22	571	4944
唐田镇	24137	13948	7387	638	55	17	321	5094
牌楼镇	22643	13159	8562	475	33	27	550	4575
乌沙镇	45246	26628	19026	1259	138	102	744	5129
棠溪镇	11233	6297	4493	302	39	37	1140	5341
池州市东至县								
尧渡镇	78382	48900	20571	2246	214	205	5433	5512
东流镇	33554	19073	33882	4455	118	56	2131	4996
大渡口镇	69901	42972	10378	4455	318	130	1497	5412
胜利镇	58504	33956	37156	1637	89	78	805	5004
张溪镇	59768	34178	24230	2751	57	35	546	4567
洋湖镇	31986	18400	8767	1491	1380	261	210	4570
葛公镇	26020	15340	4181	1404	32	27	171	4464
香隅镇	38397	21172	27015	1812	1238	64	1639	5032
官港镇	29705	17034	6425	1792	40	12	367	4740
昭潭镇	19843	11140	6451	1662	47	41	285	4986
龙泉镇	28068	16421	15623	1532	89	45	502	4903
泥溪镇	24813	13151	6239	1059	90	21	252	4730
池州市石台县								
仁里镇	26813	15396	1815	414	259	174	1550	2815
七都镇	18253	11380	4931	772	25	17	586	2620
仙寓镇	14891	8430	2170	373	9	6	529	3019
丁香镇	10347	5976	2216	259	21	8	267	2883
小河镇	21055	12559	4749	432	36	19	239	2941
横渡镇	9300	5210	1564	361	24	16	206	2644
池州市青阳县								
蓉城镇	76042	47532	22970	2750	407	63	9120	5704
木镇镇	28179	16724	18823	1675	65	52	3108	5543
庙前镇	24089	12294	11864	2200	742	156	570	5590
陵阳镇	25626	14243	17534	936	710	120	4694	5359

附录3　续表15　continued

镇 Town	总人口（人） Population (person)	从业人员数（人） Number of Employed Persons (person)	粮食总产量（吨） Grain (ton)	肉类总产量（吨） Output of Meat (ton)	企业个数（个） Number of Enterprises (unit)	工业企业 Industry and Enterprise	财政总收入（万元） Total Revenue (10000 yuan)	农民人均纯收入（元） Per Net Income of Farmer (yuan)
新河镇	18438	11676	15984	954	61	56	2037	5550
丁桥镇	20900	12327	12362	612	49	43	4588	5320
朱备镇	9574	5453	4020	155	9	6	450	5502
杨田镇	21357	11908	13796	453	71	67	1266	5300
安庆市迎江区								
老峰镇	31135	19050	4916	2108	65	22	800	5100
安庆市大观区								
海口镇	46837	25614	10294	1011	55	10	1856	5400
安庆市宜秀区								
大龙山镇	22553	11548	3868	695	76	33	1500	5869
杨桥镇	25970	14532	5188	717	94	62	1050	5409
罗岭镇	27900	16010	22488	384	51	25	615	5906
安庆市桐城市								
孔城镇	80043	42303	50834	3040	1011	460	2307	5928
吕亭镇	60775	37015	40635	2789	1359	348	4229	5784
范岗镇	65988	38926	38095	5218	1558	1108	3197	5685
新渡镇	66234	40454	41800	2159	2241	1319	4866	6106
双港镇	60096	36528	27900	1632	2383	386	2230	7000
大关镇	69662	42522	42000	3320	863	80	1574	6185
青草镇	73232	34079	42023	5491	138	125	1247	6475
金神镇	59680	33113	44618	2103	987	458	5200	6905
嬉子湖镇	24669	13374	8570	550	55	27	250	4135
唐湾镇	13155	7248	1790	202	126	23	959	4057
黄甲镇	13647	7574	14800	16	27	14	244	3526
鲟鱼镇	1100	712			28	8	2542	6202
安庆市怀宁县								
高河镇	69972	39827	32988	1594	73	53	4900	5592
石牌镇	83011	57712	30816	4290	123	61	2773	6457
月山镇	31527	13963	12336	964	195	137	5684	6591
马庙镇	44191	24315	36260	2083	168	162	8618	6463
金拱镇	29588	18372	19393	3443	88	75	2028	5230
茶岭镇	31972	18116	12766	1620	358	169	3039	5711
公岭镇	27021	13669	17174	710	22	20	831	4681
黄墩镇	37368	23230	18329	673	61	30	1150	4916
三桥镇	27532	17136	21530	963	24	16	450	5230
小市镇	24924	16800	24096	306	47	38	441	4583
黄龙镇	19721	16178	10302	726	14	9	351	4206
平山镇	35615	18387	15216	2409	36	36	600	5230
腊树镇	35010	20267	24892	1426	22	20	450	4521
洪铺镇	39418	22152	16407	1175	30	25	195	4562
江镇镇	35694	15483	9548	1084	25	24	426	4629
安庆市枞阳县								
枞阳镇	94936	56962	25257	2628	118	29	4408	3754
欧山镇	50522	28324	20658	835	759	205	1800	3739
汤沟镇	92396	52183	43618	826	38	26	2118	4589
老洲镇	74844	51346	28560	4806	68	47	570	3847
陈瑶湖镇	51014	28098	42082	162	97	91	644	4115
周潭镇	45831	37031	33995	1300	19	8	1240	3787
横埠镇	75486	43795	48355	1987	92	25	1083	3808
项铺镇	28648	16316	15766		79	48	480	2830
钱桥镇	56700	21108	47690	769	50	26	202	3667
其林镇	44950	23340	43495	884	130	27	1283	4022
义津镇	54088	29867	54340	2573	811	94	1630	3967
浮山镇	20513	7943	16455	654	6	4	580	2713
官埠桥镇	40850	20890	25120	2420	32	30	1610	3886
安庆市潜山县								

附录3　续表16　continued

镇 Town	总人口（人）Population (person)	从业人员数（人）Number of Employed Persons (person)	粮食总产量（吨）Grain (ton)	肉类总产量（吨）Output of Meat (ton)	企业个数（个）Number of Enterprises (unit)	工业企业 Industry and Enterprise	财政总收入（万元）Total Revenue (10000 yuan)	农民人均纯收入（元）Per Net Income of Farmer (yuan)
梅城镇	110607	45000	33395	5759	147	70	2717	4303
源潭镇	66580	38750	36249	2921	375	359	4299	4291
余井镇	61197	32002	37663	2420	94	82	280	3850
王河镇	54268	28689	18961	1035	16	6	1200	4074
黄铺镇	52800	30000	30271	3176	56	25	340	3959
槎水镇	36545	19330	9285	1827	146	134	359	3124
水吼镇	33321	16498	7726	894	29	23	320	3027
官庄镇	33394	16054	16867	693	71	19	520	3105
黄泥镇	21979	13252	8665	1614	82	30	330	3806
黄柏镇	15982	5230	5143	326	58	47	65	2900
天柱山镇	13282	7160	2004	150	33	9	1538	3314
安庆市太湖县								
晋熙镇	81502	53849	13769	11179	1785	204	9414	4580
徐桥镇	48596	24029	27279	6159	103	58	1700	4310
新仓镇	73275	39200	33081	13989	170	42	270	3873
小池镇	41361	22450	25021	12092	312	237	2380	3234
寺前镇	29596	17349	5038	2233	50	23	1417	2981
天华镇	31948	14980	6432	2696	66	24	493	2929
牛镇镇	24626	12175	6321	1193	4	4	1052	2987
弥陀镇	37960	19112	8587	1265	293	137	1066	3213
北中镇	37198	20963	16477	2867	46	9	589	3059
百里镇	24765	11780	8340	1625	46	20	948	2859
安庆市宿松县								
孚玉镇	80676	48400	8232	521	380	52	2891	4018
复兴镇	55835	26401	9526	64	46	22	1250	4048
汇口镇	46702	27735	9635	196	28	23	750	3500
许岭镇	52309	25325	29700	1500	110	20	650	3850
下仓镇	36334	20883	33778	600	40	23	476	3298
二郎镇	32485	16229	11780	661	20	18	365	3600
破凉镇	43182	23713	20388	636	51	43	880	3600
凉亭镇	39880	22173	15369	646	67	32	615	3175
长铺镇	30493	17320	1200	673	29	24	586	3800
安庆市望江县								
华阳镇	157256	63260	26624	2542	76	76	748	3907
杨湾镇	32891	18685	13525	2396	48	34	220	3621
漳湖镇	27761	15263	31349	3724	2	2	345	3650
赛口镇	40013	22445	40638	3772	32	18	270	3866
高士镇	77031	44664	60151	4235	65	48	1100	3778
鸦滩镇	78849	44307	58546	4709	146	121	701	3491
长岭镇	76829	45481	47262	4049	85	72	1289	3738
太慈镇	75415	41039	50372	3821	37	32	487	3321
安庆市岳西县								
天堂镇	53902	13423	2646	514	2601	282	3200	3551
店前镇	24990	14852	9088	632	61	47	320	3198
来榜镇	22896	12057	4500	355	165	44	305	2488
菖蒲镇	23260	10860	4640	272	150	45	557	2600
头陀镇	10157	6515	3316	184	53	53	246	2180
白帽镇	21596	10650	7828	810	15	10	160	3380
温泉镇	32369	17956	7518	563	55	44	732	2680
响肠镇	19182	9881	4216	643	37	31	66	2242
河图镇	11977	5717	5495	363	84	34	312	3200
五河镇	19212	11750	7832	401	73	26	105	2100
主簿镇	8039	4887	3420	140	42	35	120	4668
冶溪镇	24986	13130	7001	1192	15	13	478	2780
黄尾镇	7150	3100	2719	227	13	13	240	2539
黄山市屯溪区								

附录3 续表17 continued

镇 Town	总人口（人） Population (person)	从业人员数（人） Number of Employed Persons (person)	粮食总产量（吨） Grain (ton)	肉类总产量（吨） Output of Meat (ton)	企业个数（个） Number of Enterprises (unit)	工业企业 Industry and Enterprise	财政总收入（万元） Total Revenue (10000 yuan)	农民人均纯收入（元） Per Net Income of Farmer (yuan)
屯光镇	19081	12704	3539	1751	128	39	4434	7197
阳湖镇	27925	12466	988	1318	149	57	6266	7428
黎阳镇	13501	9465	1463	1331	189	37	4227	7383
新潭镇	9515	5594	2820	1538	115	34	2725	6303
奕棋镇	10324	6901	3144	1429	596	75	2871	6403
黄山市黄山区								
甘棠镇	17551	9303	5732	1239	60	33	7802	7151
仙源镇	10991	6169	5348	653	32	24	757	5519
汤口镇	11252	6391	1010	732	45	8	4360	7428
谭家桥镇	7582	5129	4386	700	41	16	1831	5710
太平湖镇	9849	5820	2920	152	47	13	2208	6050
焦村镇	14890	8647	7865	589	32	21	910	5751
耿城镇	9369	6012	4680	497	24	12	9500	6927
三口镇	9364	5809	5688	1260	18	12	957	5682
黄山市徽州区								
岩寺镇	26498	16423	9523	2098	113	76	8426	6814
西溪南镇	16361	9789	7629	1131	41	36	1808	5972
潜口镇	12858	8242	4774	1192	29	14	1266	5533
呈坎镇	13072	9274	3771	694	45	35	2220	5804
黄山市歙县								
徽城镇	61825	37095	4066	2214	520	285	14006	8116
深渡镇	25459	17790	1740	724	44	18	858	6411
北岸镇	25323	17844	5300	2909	110	78	1756	5747
富堨镇	16823	9131	8092	1470	27	12	1305	6278
郑村镇	16220	9308	7259	2624	113	56	2211	7026
桂林镇	27708	18488	10929	2053	56	42	4062	6722
许村镇	9749	3899	5209	656			212	5135
溪头镇	17457	10630	3300	1144	8	8	308	4615
杞梓里镇	31164	19978	1746	1101	14	13	808	5519
霞坑镇	20018	12474	4498	499	9	7	498	6082
岔口镇	18431	11262	662	303	12	11	615	4414
街口镇	14578	8710	722	536	2		162	4543
王村镇	23562	17552	8090	1345	33	10	757	5694
黄山市休宁县								
海阳镇	49482	33520	11623	3285	1540	105	11540	7489
齐云山镇	13486	8436	7358	1710	19	13	863	5722
万安镇	22845	12990	14037	4168	104	31	1607	5954
五城镇	23532	12416	9700	1869	29	29	1607	6070
东临溪镇	18980	12494	5636	1171	31	28	1246	5849
兰田镇	13250	8385	5152	1446	12	10	560	5898
溪口镇	23300	11564	9451	1176	34	30	2793	5872
流口镇	5675	3855	110	175	3	3	326	4440
汪村镇	10841	6910	1156	354	6	6	264	4491
黄山市黟县								
碧阳镇	40958	23968	10437	1577	175	160	2767	5978
宏村镇	17768	13043	7401	1205	50	15	3351	5721
渔亭镇	9398	5600	2748	468	47	25	1215	5848
西递镇	6248	4571	1316	350	27	1	1502	5675
黄山市祁门县								
祁山镇	49926	33590	6344	1091	2803	912	5929	6765
小路口镇	6804	4790	2314	152	298	16	147	5898
金字牌镇	11594	7412	3654	541	117	35	1053	6076
平里镇	7594	4858	2263	216	30	10	507	5928
历口镇	15277	8377	4045	401	11	11	301	5429
闪里镇	9298	5860	2948	296	12	12	212	5441
安凌镇	13946	8251	7148	912	472	115	221	4976

附录4—1　各市工业废水排放及处理（2008年）

Discharge and Treatment of Industrial Waste Water by Region (2008)

地　区　Region		汇总工业企业个数（个）Number of Industrial Enterprises (unit)	工业废水排放总量（万吨）Total Volume of Waste Water Discharge (10000 tons)	#排入污水处理厂 Disperses into the Sewage Treatment Plants	工业废水中污染物排放量（吨）Total Volume Pollutant of Waste Water Discharge (ton) #化学需氧量 COD	#石油类 Petroleum
总　计	**Total**	**2993**	**67007.40**	**4279.35**	**126895.68**	**305.91**
合 肥 市	Hefei	357	2093.29	564.05	2944.76	3.52
淮 北 市	Huaibei	83	1651.74		3014.80	8.19
亳 州 市	Bozhou	46	1216.99	157.23	1852.29	2.05
宿 州 市	Suzhou	94	2325.18		3259.34	0.60
蚌 埠 市	Bengbu	86	6854.41	2411.00	8422.23	0.80
阜 阳 市	Fuyang	89	2955.84	211.03	3638.68	5.73
淮 南 市	Huainan	92	6294.63	105.85	7042.82	62.17
滁 州 市	Chuzhou	290	3929.22	42.58	14976.66	3.12
六 安 市	Luan	429	5417.50		8194.60	9.86
马鞍山市	Maanshan	85	9487.05	304.89	5714.69	138.08
巢 湖 市	Chaohu	182	2997.56		4626.00	0.02
芜 湖 市	Wuhu	300	4785.03	223.00	10915.21	2.22
宣 城 市	Xuancheng	309	5116.09		8200.21	9.33
铜 陵 市	Tongling	128	4222.19	76.60	4238.80	0.70
池 州 市	Chizhou	110	1133.93		8812.01	8.13
安 庆 市	Anqing	268	4684.62	183.11	28001.93	51.37
黄 山 市	Huangshan	45	1842.10		3040.65	

地　区　Region		#氨　氮 Ammonia & Nitrogen	工业废水排放达标量（万吨）Industrial Waste Water Meeting Discharge Standards (10000ton)	废水治理设施数（套）Number of Facilities for Treatment of Waste Water (set)	废水治理设施处理能力（万吨／日）Handling Ability of Facilities for Treatmnent of Waste Water (10000cu.m/h)	废水治理设施运行费用（万元）Opearating Cost of Facilities of Waste Water (10000Yuan)
总　计	**Total**	**14650.18**	**64438.44**	**1795**	**999.53**	**153801.3**
合 肥 市	Hefei	117.81	2011.12	170	90.97	8879.2
淮 北 市	Huaibei	190.04	1637.02	73	34.34	7562.0
亳 州 市	Bozhou	911.71	1192.03	62	64.47	5063.9
宿 州 市	Suzhou	479.79	2239.93	72	22.08	5684.7
蚌 埠 市	Bengbu	756.38	6824.83	85	16.67	13912.1
阜 阳 市	Fuyang	2356.65	2936.20	97	125.86	12687.6
淮 南 市	Huainan	3353.85	6158.32	148	82.86	12264.1
滁 州 市	Chuzhou	1016.37	3484.71	111	53.12	4175.5
六 安 市	Luan	2476.10	5211.07	106	45.99	2571.6
马鞍山市	Maanshan	159.00	8877.24	105	284.85	44033.8
巢 湖 市	Chaohu	305.33	2666.31	88	11.48	3565.2
芜 湖 市	Wuhu	98.14	4740.80	144	21.41	7288.8
宣 城 市	Xuancheng	1106.68	4875.66	167	21.10	2459.0
铜 陵 市	Tongling	177.06	4183.62	123	92.82	11120.0
池 州 市	Chizhou	245.28	1109.24	71	2.55	1709.5
安 庆 市	Anqing	440.95	4448.24	128	22.99	10199.3
黄 山 市	Huangshan	459.03	1842.10	45	5.96	625.0

附录4—2 各市工业废气排放及处理（2008年）

Emission and Treatment of Industrial Waste Gas by Region (2008)

地 区 Region		汇总工业企业个数（个）Number of Industrial Enterprises (unit)	工业废气治理设施数（套）Number of Facilities for treat-ment of Waste Gas (set)	工业废气排放总量（万标立方米）Total Volume of Industrial Waste Gas Emission (10000 cu.m)	燃料燃烧过程中废气排放量 Volume of Waste Gas in the Process of Fuel Burning	生产工艺过程中废气排放量 Volume of Waste Gas from the Process of Production
总 计	**Total**	**2993**	**4669**	**157493896**	**68687581**	**88806315**
合肥市	Hefei	357	389	6337658	4131425	2206233
淮北市	Huaibei	83	256	5839984	4793821	1046163
亳州市	Bozhou	46	87	670041	409513	260528
宿州市	Suzhou	94	126	2400317	2372590	27727
蚌埠市	Bengbu	86	100	1787847	1441784	346063
阜阳市	Fuyang	89	191	3975485	3155875	819610
淮南市	Huainan	92	293	26228403	25296402	932001
滁州市	Chuzhou	290	86	3178890	1156838	2022052
六安市	Luan	429	283	1440810	896352	544458
马鞍山市	Maanshan	85	241	39277610	7462090	31815520
巢湖市	Chaohu	182	524	17837949	1267149	16570800
芜湖市	Wuhu	300	340	13877732	3430489	10447243
宣城市	Xuancheng	309	554	7054698	3238914	3815784
铜陵市	Tongling	128	311	7793365	2653043	5140322
池州市	Chizhou	110	378	8312848	2464029	5848819
安庆市	Anqing	268	447	11302885	4347143	6955742
黄山市	Huangshan	45	63	177374	170124	7250

地 区 Region		工业二氧化硫去除量（吨）Volume of Sulphur Sioxide Removed (ton)	工业烟尘排放量（吨）Volume of Industrial Soot Emission (ton)	工业烟尘去除量（吨）Volume of Industrial Soot Removed (ton)	工业粉尘排放量（吨）Volume of Industrial Dust Emission (ton)	工业粉尘去除量（吨）Volume of Industrial Dust Romoved (ton)
总 计	**Total**	**1333969**	241527	**10971644**	**322382**	3209640
合肥市	Hefei	4654	12670	890555	5710	130902
淮北市	Huaibei	4185	25024	1372328	21533	57753
亳州市	Bozhou	1232	1403	23742	268	10419
宿州市	Suzhou	20218	10774	353572	2632	5891
蚌埠市	Bengbu	1106	12190	168544	2713	3549
阜阳市	Fuyang	31970	4387	1107206	103	24916
淮南市	Huainan	85247	41782	3888113	5898	39244
滁州市	Chuzhou	2297	23855	71602	49078	13083
六安市	Luan	4695	5207	109551	12596	102878
马鞍山市	Maanshan	34576	10627	1109987	21875	1569802
巢湖市	Chaohu	30021	17774	211846	79614	482357
芜湖市	Wuhu	16580	12546	189007	33313	318659
宣城市	Xuancheng	9071	6074	44697	51131	78224
铜陵市	Tongling	1034139	11509	960108	14356	303296
池州市	Chizhou	38960	35100	427700	11427	26903
安庆市	Anqing	14819	7372	37895	6621	41649
黄山市	Huangshan	200	3234	5191	3515	114

附录4—3　各市工业固体废物产生及处理利用（2008年）

Discharge, Treatment and Utilization of Industrial Solid Wastes by Region (2008)

地　区	Region	汇总工业企业个数 (个) Number of Industrial Enterprises (unit)	工业固体废物产生量 (万吨) Volume of Industrial Solid Wastes Produced (10000 tons)	#危险废物产生量 (吨) Dangerous Wastes (ton)	工业固体废物综合利用量 (万吨) Volume of Industrial Solid Wastes Utilized in a Comprehensive Way (10000 ton)
总　计	**Total**	**2993**	**7568.57**	**81119.43**	**6325.62**
合肥市	Hefei	357	244.29	11925.56	242.27
淮北市	Huaibei	83	832.52	195.50	777.68
亳州市	Bozhou	46	154.19	0.50	153.91
宿州市	Suzhou	94	314.02		263.43
蚌埠市	Bengbu	86	83.70	81.50	76.58
阜阳市	Fuyang	89	301.91	22015.00	263.67
淮南市	Huainan	92	1881.56	757.91	1756.05
滁州市	Chuzhou	290	66.76	675.48	60.67
六安市	Luan	429	374.24	110.55	278.74
马鞍山市	Maanshan	85	1689.24	21590.46	1036.35
巢湖市	Chaohu	182	149.72	60.50	108.32
芜湖市	Wuhu	300	172.34	3620.87	162.98
宣城市	Xuancheng	309	53.36	8.00	51.36
铜陵市	Tongling	128	938.70	10645.50	773.74
池州市	Chizhou	110	98.23	720.00	81.12
安庆市	Anqing	268	208.11	8712.10	233.75
黄山市	Huangshan	45	5.66		5.01

地　区	Region	工业固体废物贮存量 (万吨) Volume of Industrial Solid Wastes Accumulated (10000 tons)	工业固体废物处置量 (万吨) Volume of Industrial Solid Wastes Treated (10000 tons)	“三废”综合利用产品产值 (万元) Output Value of Products Made from Comprehensive Utilization of Waste Cas, Waste Water & Solid Wastes (10000 yuan)
总　计	**Total**	**451.45**	**861.89**	**576974.0**
合肥市	Hefei	0.61	1.42	25100.6
淮北市	Huaibei	16.32	38.52	18376.9
亳州市	Bozhou	0.01	0.26	8256.8
宿州市	Suzhou	34.80	15.80	4764.0
蚌埠市	Bengbu	7.03	0.09	70590.2
阜阳市	Fuyang	36.04	2.20	42592.9
淮南市	Huainan	125.41	44.22	46830.6
滁州市	Chuzhou	6.00	0.09	34983.8
六安市	Luan	95.49	0.01	5041.8
马鞍山市	Maanshan	47.80	605.09	20957.2
巢湖市	Chaohu	41.40	0.01	52503.8
芜湖市	Wuhu		9.36	77200.7
宣城市	Xuancheng	2.00		13038.2
铜陵市	Tongling	21.77	143.43	118903.3
池州市	Chizhou	16.63	0.47	7527.7
安庆市	Anqing	0.14	0.25	29932.7
黄山市	Huangshan		0.66	372.8

附录4—4 各市城市空气质量指标（2008年）
Ambient Air Quality in Main Cities by Region (2008)

单位：毫克／立方米 (milligram/cu.m)

地 区	Region	可吸入颗粒物 (PM_{10}) Clean Area	二氧化硫 (SO_2) Lightly Polluted Area	二氧化氮 (NO_2) Moderately Polluted Area	空气质量达到及好于二级的天数（天） Days of Air Quality Equal to or Above Grade Ⅱ (days)
全省平均	**Average**	**0.082**	**0.030**	**0.028**	**347**
合 肥 市	Hefei	0.134	0.022	0.025	258
淮 北 市	Huaibei	0.084	0.019	0.024	353
亳 州 市	Bozhou	0.053	0.024	0.019	363
宿 州 市	Suzhou	0.084	0.020	0.020	349
蚌 埠 市	Bengbu	0.078	0.032	0.026	355
阜 阳 市	Fuyang	0.076	0.034	0.053	357
淮 南 市	Huainan	0.072	0.026	0.028	356
滁 州 市	Chuzhou	0.086	0.022	0.024	344
六 安 市	Luan	0.094	0.077	0.034	343
马鞍山市	Maanshan	0.081	0.036	0.033	359
巢 湖 市	Chaohu	0.067	0.028	0.021	359
芜 湖 市	Wuhu	0.099	0.025	0.021	337
宣 城 市	Xuancheng	0.056	0.012	0.017	366
铜 陵 市	Tongling	0.085	0.018	0.025	354
池 州 市	Chizhou	0.072	0.060	0.032	351
安 庆 市	Anqing	0.081	0.030	0.035	351
黄 山 市	Huangshan	0.084	0.026	0.032	345

附录4—5 各市城市道路交通噪声监测情况（2008年）
Monitoring of Urban Road Traffic Noise in Key Cities by Region (2008)

地 区	Region	监测总长度（公里） Total Length of Roads (km)	路段平均宽度（米） Average Width of Roads (m)	平均车流量（辆／小时） Average Traffic Volume (car/hour)	噪声均值 (LeqdBA) Average Noise Value (LeqdBA)
总 计	**Total**	**771.38**	**34.5**	**1416**	**69.3**
合 肥 市	Hefei	94.02	41.0	2342	72.1
淮 北 市	Huaibei	28.16	23.0	1235	67.9
亳 州 市	Bozhou	42.10	43.7	574	69.0
宿 州 市	Suzhou	52.00	30.0	951	70.9
蚌 埠 市	Bengbu	113.12	43.0	1082	66.2
阜 阳 市	Fuyang	16.50	34.0	1440	73.1
淮 南 市	Huainan	48.40	33.7	962	67.8
滁 州 市	Chuzhou	23.10	26.2	1095	69.4
六 安 市	Luan	67.80	33.6	1279	68.6
马鞍山市	Maanshan	56.30	31.0	1290	66.9
巢 湖 市	Chaohu	40.05	44.0	1047	73.5
芜 湖 市	Wuhu	35.66	35.7	2012	68.4
宣 城 市	Xuancheng	24.47	42.0	1682	69.5
铜 陵 市	Tongling	29.23	32.6	1721	69.5
池 州 市	Chizhou	14.60	22.2	2921	66.6
安 庆 市	Anqing	47.50	38.4	1668	70.6
黄 山 市	Huangshan	38.38	31.5	766	67.4

附录4—6　各市环境污染与破坏事故情况（2008年）
Environment Pollution and Destruction Accidents by Region (2008)

地　区　Region		环境污染与破坏事故次数（次）Number of Pollution and Destruction Accidents (time)	水污染 Water Pollution	大气污染 Air Pollution	噪声与振动危害 Noise and Vibration Pollution	污染直接经济损失（万元）Direct Economic Losses (10000 yuan)	污染事故赔款总额（万元）Total Compensation of Pollution Accident (10000 yuan)	污染事故罚款总额（万元）Total Amount of Fines on Pollution Accidents (10000 yuan)
总　计	**Total**	**16**	**9**	**6**		**1440.70**	**30.00**	
合 肥 市	Hefei	2		2		3.70		
淮 北 市	Huaibei	2		2		9.00		
亳 州 市	Bozhou	1	1					
宿 州 市	Suzhou	2	2			1098.70	30.00	
蚌 埠 市	Bengbu							
阜 阳 市	Fuyang							
淮 南 市	Huainan							
滁 州 市	Chuzhou	2	1	1		320.00		
六 安 市	Luan	1	1					
马鞍山市	Maanshan	1	1					
巢 湖 市	Chaohu							
芜 湖 市	Wuhu	1	1					
宣 城 市	Xuancheng							
铜 陵 市	Tongling	1		1		1.30		
池 州 市	Chizhou	1	1			2.80		
安 庆 市	Anqing	2	1			5.20		
黄 山 市	Huangshan							

附录4—7　各市自然保护基本情况（2008年）
Basic Situation of Natural Protection by Region (2008)

地　区　Region		自然保护区(市级以上) Nature Reserves		珍稀濒危动物繁殖场（个）Number of Farms to Breed Rare or Endangered Animals (unit)	珍稀植物引种栽培场（个）Cultivating Farms of Rare Plants (unit)	生态示范区建设试点地区和单位（个）Number of Experimental Units and Region of Ecological Demonstration Zones (unit)	已批准国家级生态示范区（个）Number of Approved the National-level Ecological Demonstration Zones (unit)
		个数（个）Number of Nature Reserves (unit)	面积（万公顷）Area of Nature Reserves (10000 hectares)				
总　计	**Total**	**37**	**46.13**			**34**	**13**
合 肥 市	Hefei						
淮 北 市	Huaibei					1	
亳 州 市	Bozhou					1	1
宿 州 市	Suzhou	3	1.80			2	1
蚌 埠 市	Bengbu	3	1.91			2	
阜 阳 市	Fuyang	2	2.56			3	1
淮 南 市	Huainan						
滁 州 市	Chuzhou	2	2.46			1	
六 安 市	Luan	4	5.18			3	3
马鞍山市	Maanshan	1	1.07			1	1
巢 湖 市	Chaohu					2	
芜 湖 市	Wuhu					3	
宣 城 市	Xuancheng	3	5.34			5	1
铜 陵 市	Tongling	1	3.15				
池 州 市	Chizhou	5	5.90			1	1
安 庆 市	Anqing	4	13.78			5	1
黄 山 市	Huangshan	9	2.98			4	3

安徽统计资料发行站最新书目

（仅供参考，以最后出书为准）

安徽统计年鉴—2010（含光盘）
中国统计年鉴—2010（含光盘）
新中国60年
新中国六十年统计资料汇编
中国发展报告—2009
安徽统计年鉴—2009（含光盘）
中国统计年鉴—2009（含光盘）
国际统计年鉴—2009
中国农村统计年鉴—2009
中国工业统计年鉴—2009
中国能源统计年鉴—2009
中国贸易外经统计年鉴—2009
中国经济景气月报
安徽省国民经济核算历史资料（1952—2003）
国民经济行业分类注释
合肥统计年鉴—2010
淮北统计年鉴—2010
亳州统计年鉴—2010
宿州统计年鉴—2009
蚌埠统计年鉴—2010
阜阳统计年鉴—2010
淮南统计年鉴—2010
滁州统计年鉴—2010
六安统计年鉴—2010
马鞍山统计年鉴—2010
巢湖统计年鉴—2010
芜湖统计年鉴—2010
宣城统计年鉴—2010
铜陵统计年鉴—2010
池州统计年鉴—2010
安庆统计年鉴—2010
黄山统计年鉴—2010
全国各省市统计年鉴—2010